하나님의 숨소리

하나님의 숨소리 구약전서 2

2024년 6월 5일 제 1판 인쇄 발행

저 작 자 ㅣ 정남덕
펴 낸 이 ㅣ 박종래
펴 낸 곳 ㅣ 도서출판 명성서림

등록번호 ㅣ 301-2014-013
주   소 ㅣ 04625 서울시 중구 필동로 6(2층·3층)
대표전화 ㅣ 02)2277-2800
팩   스 ㅣ 02)2277-8945
이 메 일 ㅣ ms8944@chol.com

값 30,000원
ISBN 979-11-93543-86-3

하나님의 말씀(음성) 성경 바이블 복음 메시지

하나님의 숨소리

|

저작자 정남덕

구약전서·2

시가서

욥기, 시편, 잠언, 전도서, 아가

예언서

이사야, 예레미야, 예레미야애가, 에스겔, 다니엘, 호세아, 요엘, 아모스,
오바댜, 요나, 미가, 나훔, 하박국, 스바냐, 학개, 스가랴, 말라기

휴대폰으로 QR코드를 스캔하시면 음성으로 들을 수 있습니다.
기독교성서연구원

도서출판 명성서림

서문

　이렇게 '하나님의 숨소리'를 출판하게 저희에게 능력 주신 하나님께 감사드립니다.

　저는 평신도로서 평범한 신앙생활을 하는 중이었는데 어느 날 갑자기 암 선고를 받아 세브란스 병원에서 2000년 1월 위 절제와 이에 부수하여 임파선 전부를 절제하는 수술을 받았고 2월 중순경에 퇴원하였습니다. 그 와중에 여러 가지 기이한 일들, 즉, 신비한 일들이 나타나서 아프면 그런가 보다 하였습니다. 그러는 중에 미국 국적인 처남이 저의 집을 방문하여 저에게 영어와 함께 기록된 성경을 주었습니다. 그 당시 저는 몸을 뒤척이는 것도 통증으로 어려웠습니다. 그런데 제가 창세기 1장 1절부터 읽어보는데 그 한 구절마다 살아 움직인다는 것을 느끼게 되었습니다.

　그래서 하루에 한 장씩 한글번역 성경과 영문 성경을 독파하고 무슨 의미인지를 묵상(렉시오 디비나)을 하였습니다. 그 과정이 2000년 5월에 시작하여 2007년 6월에 끝났습니다.

그리고 다시 2008년 1월부터 2014년 10월까지 그 번역 내용을 USB 와 컴퓨터에 기록하였습니다.

그 후 번역 내용을 수정하여 2018년 10월 한국저작권위원회에 출원하여 10월 30일 저작물 '하나님의 숨소리' 등록 확인을 받았습니다.

저희(기독교성서연구원)들이 이 책을 출시하는 것은 우리가 하나님의 음성을 들으면 하나님을 만나고 그것을 마음에 새기면 우리가 성령으로 봉인된다는 진리를 체험하였기 때문입니다. 반복하여 들으면 명백히 우리가 알지도 못하고 느끼지도 못한 것들이 떠오른다는 것입니다.

그래서 성경에 '귀 있는 자는 들을지어다.'라는 어구가 많이 있습니다.
우리는 예수가 그리스도라는 복음을 듣고 믿음으로써 그 신앙으로 하나님으로부터 의로움을 인정받아, 우리가 의롭게 되는 것입니다.

기독교성서연구원 일동 배

주석문

　본 성경 '하나님의 숨소리' 구약전서에서,

　시가서인 '욥기'는 실제로 생존해 있던 욥이란 사람에 의해서 기록됐다는 견해와 누구나 겪을 수 있는 인간의 고난을 신원 미상의 저자가 이야기로 꾸며서 만들었다는 견해가 있고,

　'시편'은 애통의 시, 감사의 시, 찬송의 시, 즉위 시, 왕에 관한 시, 예배의식의 시, 지혜와 율법의 시등으로 분류되며,

　'잠언'은 하나님께로부터 지혜의 은사를 받은 것으로 유명한 이스라엘 왕 솔로몬과 관련이 있는 전통적 지혜 문학의 총체이고,

　'전도서'는 지혜 문학의 전통에 근거를 두고 기록한 것으로 삶의 의미에 대한 숙고와 인간이 얻는 만족의 한계를 측정하는 일을 체험적인 고찰에 의하여 결합시킨 책이고,

　'아가'는 아름다운 노래라는 뜻으로 노래들 가운데 노래(the Song of Songs)라고 번역되기도 하며,

　예언서 중 대 선지서는 '이사야(예루살렘과 유다에 관한 예언)'
　'예레미야(사상의핵심은 하나님과 인간 사이의 관계에 대한 관심)'
　'예레미야애가(B.C. 586년 바벨론에 의해 예루살렘과 성전 파괴에 대해 슬퍼한 책)'

'에스겔[그는 바벨론 포로기 동안 활동했고 B.C. 593년에 선지자의 소명을 받았고, 23년 동안 활동을 기록한 책],

'다니엘서(이스라엘 왕족으로 바벨론 왕 느브갓네살에 의해 포로로 잡혀가 바벨론에서 여러 왕들을 섬겼던 다니엘의 활동과 묵시적 이상을 기록한 책) 가 있으며,

예언서중 소 선지서인 호세아, 요엘, 아모스, 오바댜, 요나, 미가, 나훔, 하박국, 스바냐, 학개, 스가랴, 말라기등의 선지자들이 영감으로 하나님의 숨소리(음성)을 듣고 기록한 책들입니다.

위와 같은 구약전서 시가서와 예언서도 저는 평신도로서 어떠한 외부적 환경적 간섭을 받지 않고 오직 신앙(faith)에 기초하여 묵상을 거쳐서 최대한 기도하고 기도하면서 하나님의 뜻을 알려고 하였습니다. 하나님은 우리에게 은혜로 내려주실 '만나'를 하늘의 구중궁궐 깊은 곳에 감추어 두시고 우리가 그분에게 접근하도록 기다리고 계십니다. 그래서 이런 말이 성경에 쓰여있습니다. '귀 있는 자는 들을지어다. 내가 극복하는 자에게 하늘에 숨겨둔 만나를 주고 또 흰돌을 주리니 그 흰돌 위에는 새 이름이 있나니 받은자 외에는 그 이름을 알 수 없느니라.' 하였습니다.

그러므로 우리는 하나님의 음성 듣기를 끊임없는 인내로서 극복하면 각 사람의 처한 환경 안에서 하나님의 은혜가 우리와 함께 함을 느끼게 될 것입니다.

기독교성서구원 일동 배

하나님(하느님)의 숨소리

(디모데 후서 3장 16절)

3장
16. 모든 성경은 하나님(하느님)의 영감으로 나타난 숨소리로 가르침과 훈계 바르게 함과 의로움을 교유하기에 유익하나니,

(All scripture is God - breathed and is useful for teaching, rebuking, correcting and training in righteousness. - NIV)

(Every part of Scripture is God - breathed and useful one way or another - showing us truth, exposing our rebellion, correcting our mistakes, training us to live God's way. -THE MESSAGE)

(All scripture is given by inspiration of God, and is profitable for doctrine, for reproof, for correction, and for instruction in righteousness. -KJV)

(All scripture is inspired by God and is useful for teaching, for refutation, for correction, and for training in righteousness. - NAB)

창세기(GENESIS-만물창조의 기원)

하늘(heaven), 지구(earth), 창공(sky), 땅(land-육지),
바다, 물, 하나님의 영(바람)

1장

① 맨 처음에 유일한 참신이신 하나님께서 하늘들과 지구를 창조하셨
느니라.

(In the beginning God created the heaven and the earth.-KJV)

(In the beginning, God created the heavens and the earth-NIV)

(In the beginning, when God created the heavens and the earth-
NAB)

(First this: God created the heavens and the Earth- THE
MESSAGE)

② 보이는 모든 것과 보이지 않는 모든 것을 창조하셨느니라, 그 때 지구
는 형태가 없고 비어있었으며 칠흑 같은 어둠이 깔려있었고 하나님
의 영(세찬 바람)이 수면위를 맴돌았느니라.

(And the earth without form, and void; and darkness was upon
the face of the deep; And the Spirit of God moved upon the face
of the waters.-KJV)

(Now the earth was formless and empty,darkness was over the
surface of the deep, and the Spirit of God was hovering over the
waters.-NIV)

(and the earth was without form or shape, with darkness over the abyss and a mighty wind sweeping over the waters.-NAB)

(all you see, all you don't see. Earth was a soup of nothingness, a bottomless emptiness, an inkyblackness. God's Spirit brooded like a bird above the watery abyss.-THE MESSAGE)

③ 하나님이 "빛이 있으라" 하시매 빛이 있었느니라.

④ 그 빛이 하나님이 보시기에 좋았고 하나님은 어둠과 빛을 분리하셨느니라.

⑤ 하나님은 빛을 "낮"이라 칭하시고 어둠을 "밤"이라 칭하시니라. 그리고 저녁이 되고 아침이 되니 이는 첫째 날이니라.

⑥ 하나님이 말씀하시길 "물과 물을 분리시켜서 수면사이에 공간이 있으라, 하니라."

(And God said, Let there be a firmament in the midst of the waters, and let it divide the waters from the waters.-KJV)

(And God said, "Let be an expanse between the waters to separate water from water."-NIV)

(Then God said: Let there be a dome in the middle of the waters, to separate one body of water from the other.-NAB)

(God spoke: "Sky! In the middle of the waters; separate water from water!"-THE MESSAGE)

⑦ 그래서 하나님이 공간을 만들고 공간 위에 있는 물로부터 공간 아래에 있는 물을 분리하셨느니라. 그리고 그렇게 되었느니라.

⑧ 하나님이 그 공간을 "창공"이라 말씀하셨느니라. 그리고 저녁이 되고 아침이 되니 둘째 날이니라.

(And God called the firmament Heaven. And the evening and
the morning were the second day.-KJV)

(God called the expanse "sky" and there was evening, and there
was morning-the second day.-NIV)

(God called the dome "sky" Evening came, and morning
followed-the second day.-NAB)

(And there it was: he named sky the Heavens; It was evening, it
was morning –Day Two-THE MESSAGE)

⑨ 하나님이 "창공 아래의 물이 한 곳에 모이라 그리고 지면이 드러나라"
하시매 그렇게 되니라.

⑩ 하나님이 그 마른 지면을 "땅"이라 칭하시고 모인 물들을 "바다"라 칭
하시니라. 그리고 하나님이 보시기에 좋았더라.

(And God called the dry land Earth, and the gathering together
of the waters called he Seas; God saw that it was good.-KJV)

(God called the dry ground "land" and the gathered waters he
called "seas" And God saw that it was good.-NIV)

(God called the dry land "earth," and the basin of water he called
"sea." God saw that it was good.-NAB)

(God named the earth Earth. He named the pooled water
Ocean. God saw that it was good.-THE MESSAGE).

신앙(faith)이란?

히브리서11장

① 신앙은 우리가 희망하는 것들이 이루어진다고 확실히 믿으며, 우리가 보지 못하는 것도 있다고 확신하는 것입니다.(Now faith is the substance of things hoped for, the evidence of things not seen. -KJV)

(Now faith is being sure of what we hope for and certain of what we do not see – NIV)

(Faith is the realization of what is hoped for and evidence of things not seen- NAB)

(The fundamental fact of existence is that this trust in God, ghis faith, is the firm foundation under every thing that makes life worth living. It's our handle on what we can't see- THE MESSAGE)

② 옛사람들도 이 신앙으로써 보지 못하는 것을 확신하였습니다.

③ 신앙으로써 우주가 하나님의 말씀으로 지어진 것과 보이는 것이 보일 수 없는 것으로부터 나왔다는 것을 우리는 깨닫게 됩니다.

차례

004 ⋯ 서문

006 ⋯ 주석문

008 ⋯ 하나님(하느님)의 숨소리

009 ⋯ 창세기(GENESIS-만물창조의 기원)

012 ⋯ 신앙(faith)이란?

016 ⋯ 시가서 / 욥기

081 ⋯ 시가서 / 시편

220 ⋯ 시가서 / 잠언

278 ⋯ 시가서 / 전도서

299 ⋯ 시가서 / 아가

308 ··· 예언서 / 이사야

414 ··· 예언서 / 예레미야

526 ··· 예언서 / 예레미야 애가

536 ··· 예언서 / 에스겔

636 ··· 예언서 / 다니엘

667 ··· 예언서 / 호세아

684 ··· 예언서 / 요엘

690 ··· 예언서 / 아모스

703 ··· 예언서 / 오바댜

705 ··· 예언서 / 요나

709 ··· 예언서 / 미가

719 ··· 예언서 / 나훔

723 ··· 예언서 / 히박국

728 ··· 예언서 / 스바냐

733 ··· 예언서 / 학개

736 ··· 예언서 / 스가랴

753 ··· 예언서 / 말라기

욥기

· 본 성경듣기는 QR코드 인식으로 들을 수 있습니다

● 1장

① 우스 땅에 욥이라는 이름을 가진 사람이 있었는데, 그 사람은 순진하고 정직하여 하나님을 경외하며 악을 멀리하는 사람이더라,

② 그 소생은 남자가 일곱이요, 여자가 셋이며,

③ 그 소유물은 양이 칠천이요, 약대가 삼천이요, 소가 오백 쌍이요, 암나귀가 오백이며 종도 많이 있었으니, 이 사람은 동방의 모든 사람 중에서 가장 큰 자더라,

④ 그 아들들이 자기 생일이면 각각 자기 집에서 잔치를 베풀었고, 그 누이 셋도 청하여 함께 먹고 마시니라,

⑤ 그 잔치 날이 지나면 욥이 그들을 불러다가 성결케 하되 아침에 일어나서 그들의 명수대로 태우는 제사(번제)를 드렸으니, 이는 욥이 말하기를 혹시 내 아들들이 죄를 범하여 마음으로 하나님을 배반하였을까, 함이더라, 욥이 항상 이같이 행하였더라,

⑥ 하루는 하나님의 아들들이 와서 여호와 앞에 섰고, 사단도 그들 가운데 왔는지라,

⑦ 여호와께서 사단에게 이르시되 네가 어디서 왔느냐? 사단이 여호와께 대답하여 말하기를, 땅에서 여기저기 다니고, 또 땅에서 위로 아래로 다니다 왔나이다, 하매,

⑧ 여호와께서 사단에게 말씀하시기를, 네가 내 종 욥을 유의하여 보았느냐? 그와 같이 순전하고 정직하여 하나님을 경외하며 악에서 떠난 자 세상에 없느니라, 하시니라,

⑨ 사단이 여호와께 대답하여 말씀드리기를, 욥이 어찌 까닭 없이 하나님을 두려워하겠나이까?

⑩ 주님께서 그와 그 집과 그 모든 소유물을 산울타리로 두르심이 아니니이까? 주님

께서 그 손으로 하는 일에 복을 주셨으며, 그 재산을 그 땅에서 불어나게 하셨나이다,

⑪ 이제 주님의 손을 펴서 그의 모든 소유물을 치소서, 그리하시면 주님의 얼굴 앞에서 주님을 욕하리이다,

⑫ 여호와께서 사단에게 말씀하시기를, 내가 그의 소유물을 다 네 손에 붙이노라, 오직 그의 몸에는 네 손을 대지 말지니라, 사단이 곧 여호와 앞에서 물러가니라,

⑬ 하루는 욥의 자녀들이 그 맏형의 집에서 음식을 먹으며 포도주를 마실 때에,

⑭ 한 종이 욥에게 와서 말하기를, 소는 밭을 갈고 나귀는 그 곁에서 풀을 뜯고 있는데,

⑮ 스바 사람들이 갑자기 이르러 그것들을 빼앗고 칼로 종들을 죽였나이다, 나만 홀로 피한고로 주인께 고하러 왔나이다, 하니라,

⑯ 그가 아직 말할 때에 또 한 종이 와서 말하기를, 하나님의 불이 하늘에서 내려와서 양과 종을 살라 버렸나이다, 나만 홀로 피한고로 주인께 고하러 왔나이다, 하니라,

⑰ 그가 아직 말할 때에 또 한 종이 와서 말하기를, 갈대아 사람이 세 무리를 지어 갑자기 약대에게 달려들어 그것을 빼앗으며 칼로 종들을 죽였나이다, 나만 홀로 피한고로 주인께 고하러 왔나이다,

⑱ 그가 아직 말할 때에 또 한 사람이 와서 말하기를, 주인의 자녀들이 그 맏형의 집에서 음식을 먹으며 포도주를 마시고 있는데,

⑲ 거친 들에서 대풍이 와서 집 네 모퉁이를 치매 그 소년들 위에 무너지므로 그들이 죽었나이다, 나만 홀로 피한고로 주인께 고하러 왔나이다, 한지라,

⑳ 그때에 욥이 일어나 그의 겉옷을 찢고, 머리털을 밀고 땅에 엎드려 경배드리며,

㉑ 말씀드리기를, 내가 나의 어머니의 태에서 맨몸으로 나왔으니, 내가 맨몸인 채 그리로 돌아가리이다, 여호와께서 주셨고, 또 여호와께서 취하여 가셨으니, 여호와의 이름이 찬송을 받으실지니이다, 하니라,

㉒ 이 모든 일에도 욥이 죄를 짓지 아니하였고, 하나님을 향하여 어리석게 원망하지도 아니하였더라.

● 2장

① 어느날, 천사들이 여호와께 보고하기 위하여 왔을 때 사탄도 거기에 나타났느니라,

(Again there was a day, when the sons of God came to present themselves before the LORD, and Satan came also among them to present himself before the LORD.-KJV)

(On another day the angels came to present themselves before the LORD, and Satan also came with them to present himself before him.-NIV)

(ONE DAY, when the sons of God came to present themselves before the LORD, the satan also came with them.-NAB)

(One day when the angels came to report to GOD, Satan also showed up,-THE MESSAGE)

② 여호와께서 사탄에게 말씀하시기를, 네가 어디서 왔느냐? 하시니, 사탄이 여호와께 대답하여 말하기를, 땅에서 두루 돌아 여기 저기 다녀왔나이다, 하니,

③ 여호와께서 사탄에게 말씀하시기를, 네가 내 종 욥을 유의하여 보았느냐? 그와 같이 순전하고 정직하여 하나님을 경외하며 악에서 떠난 자가 세상에 없느니라, 네가 나를 격동하여 까닭 없이 그를 치게 하였어도 그가 오히려 자기의 순전을 굳게 지켰느니라, 하시니,

④ 사탄이 여호와께 대답하여 말하기를, 인간은 그의 생명을 보존하기 위하여는 무엇이든지 하나이다.하니라,

(And Satan answered the LORD and said, Skin for skin, yea, all that a man hath will he give for his life.-KJV)

("Skin for skin!" Satan replied. "A man will give all he has for his own life.-NIV)

(Satan answered, "A human would do anything to save his life.-THE MESSAGE)

(The Satan answered the LORD and said, "Skin for skin! All that a man has he will give for his life.-NAB)

⑤ 이제 여호와의 손을 펴서 그의 뼈와 살을 치소서 그리하시면 정녕 대면하여 여호와를 욕하리이다,

⑥ 여호와께서 사탄에게 이르시되, 내가 그를 네 손에 붙이노라! 오직 그의 생명은 해하지 말지니라,

⑦ 이에 사탄이 여호와 앞에서 물러가서 욥을 쳐서 그 발바닥에서 정수리까지 악창이

나게 한지라,

⑧ 욥이 재들 가운데 앉아서 기와 조각을 가져다가 몸을 긁고 있더라,

⑨ 그 아내가 그에게 이르되, "당신이 아직까지도 당신의 성실성을 보전하여 굳게 지키느뇨? 차라리 하나님을 욕하고 죽으라!" 하니라,

⑩ 그가 이르되 그대의 말은 어리석은 여자 중 하나의 말 같도다, 우리가 하나님께 복을 받았은즉, 재앙도 받지 아니하겠느뇨? 하고 모든 일에 욥이 입술로 범죄치 아니하니라,

⑪ 때에 욥의 친구 세 사람이 그에게 이 모든 재앙이 임하였다 함을 듣고, 각각 자기 처소에서부터 이르렀으니, 곧 데만 사람 엘리바스와 수아 사람 빌닷과 나아마 사람 소발이라, 그들이 욥과 함께 슬퍼하고 그를 위로하러 왔더라,

⑫ 그들이 멀리서 눈을 들었으나, 그들은 그를 알아보지 못하매, 그들이 일제히 소리질러 울며 각각 자기의 겉옷을 찢고 하늘을 향하여 티끌을 날려 자기 머리에 뿌리니라,,

⑬ 이와 같이 그들이 그와 함께 칠일 낮과 칠일 밤을 땅바닥에 앉아 있었으나 아무도 그에게 한마디도 말하는 사람이 없었으니, 이는 그들이 욥의 고통이 대단히 극심함을 알았기 때문이니라.

● 3장

① 그 후에 욥이 입을 열어 자기의 생일을 저주하니라,

② 욥이 말하기를,

③ 나의 태어난 날과, 남아를 배었다 하던 그 밤도 없었더라면,

④ 그 날이 캄캄하였었더라면, 하나님이 위에서 돌아보시 마셨더라면, 빛도 그 날을 비취지 말았었더라면,

⑤ 유암과 사망의 그늘이 그 날을 자기 것이라 주장하였었더라면, 구름이 그 위에 덮였었더라면, 낮을 캄캄하게 하는 것이 그 날을 두렵게 하였었더라면,

⑥ 그 밤이 심한 어두움에 잡혔었더라면, 해의 날 수 가운데 기쁨이 되지 말았었더라면, 달의 수에 들지 말았었더라면,

⑦ 그 밤이 적막하였었더라면, 그 가운데서 즐거운 소리가 일어나지 말았었더라면,

⑧ 날을 저주하는 자 곧 큰 악어를 격동시키기에 익숙한 자가 그 밤을 저주하였었더라면,

⑨ 그 밤에 새벽 별들이 어두웠었더라면, 그 밤이 광명을 바랄지라도 얻지 못하며 동틈을 보지 못하였었더라면, 좋았을 것을,

⑩ 이는 내 모태의 눈을 닫지 아니하였고, 내 눈으로 환난을 보지 않도록 하지 아니하였음이로구나,

⑪ 어찌하여 내가 태에서 죽어 나오지 아니하였었던가? 어찌하여 내 어미가 낳을 때에 내가 숨지지 아니하였던가?

⑫ 어찌하여 무릎이 나를 달았던가? 어찌하여 유방이 나로 빨게 하였던가?

⑬ 그렇지 아니하였던들, 이제는 내가 평안히 누워서 자고 쉬었을 것이니,

⑭ 자기를 위하여 거친 터를 수축한 세상 임금들과 의사들과 함께 있었을 것이요,

⑮ 혹시 금을 가지며 은으로 집에 채운 목백들과 함께 있었을 것이며,

⑯ 도 부지 중에 낙태한 아이 같아서 세상에 있지 않았겠고, 빛을 보지 못한 아이들 같았었을 것이라,

⑰ 거기서는 악한 자가 소요를 그치며 거기서는 곤비한 자가 평강을 얻으며,

⑱ 거기서는 갇힌 자가 다 함께 평안히 있어 감독자의 소리를 듣지 아니하며,

⑲ 거기서는 작은 자나 큰 자나 일반으로 있고 종이 상전에게서 놓이느니라,

⑳ 어찌하여 곤고한 자에게 빛을 주셨으며 마음이 번뇌한 자에게 생명을 주셨는고,

㉑ 이러한 자는 죽기를 바라도 오지 아니하니 그것을 구하기를 땅을 파고 숨긴 보배를 찾음보다 더하다가,

㉒ 무덤을 찾아 얻으면 심히 기뻐하고 즐거워하나니,

㉓ 하나님에게 둘러 싸여 길이 아득한 사람에게 어찌하여 빛을 주셨는고?

㉔ 나는 먹기 전에 탄식이 나며 나의 앓는 소리는 물이 쏟아지는 것 같구나,

㉕ 나의 두려워하는 그것이 내게 임하고 나의 무서워하는 그것이 내 몸에 미쳤구나,

㉖ 평강도 없고 안온도 없고 안식도 없고 고난만 임하였구나.

● 4장

① 이에 데만 사람 엘리바스가 대답하여 말하기를,

② 내가 네게 한마디 해도 되겠나? 그러한 상황에서 조용히 있기는 어렵지, 하니라,

(If we assay to commune with thee, wilt thou be grieved? But who can withhold himself from speaking?-KJV)

("If someone ventures a word with you, will you be impatient?-NIV)

(If someone attempts a word with you, would you mind? How can anyone refrain from speaking?-NAB)

("Would you mind if I said something to you? Under the circumstances it's hard to keep quiet.-THE MESSAGE)

③ 보라, 전에 네가 여러 사람을 가르쳤고, 연약한 손들을 강하게 하였도다,

④ 넘어져 가는 자를 붙들어 주었고, 무릎이 약한 자를 강하게 하였거늘,

⑤ 이제 이 일이 네게 임하매 네가 답답하여 하고, 이 일이 네게 당하매 네가 놀라는구나,

⑥ 이것이 곧 너의 두려움이며, 네 신뢰하는 것이며 , 네 소망이며, 네 정직한 길들이 아니더냐?

⑦ 내가 네게 원하노니, 기억하라, 죄없이 멸망한 자가 누구냐? 의인으로서 끊어진 자가 어디에 있느냐?

⑧ 내가 보건대 악을 밭갈고 독을 뿌리는 자는 그대로 거두나니,

⑨ 다 하나님의 입기운에 멸망하고 그 콧김에 사라지느니라,

⑩ 사자의 우는 소리와 사나운 사자의 목소리가 그치고, 젊은 사자의 이가 부러지며,

⑪ 늙은 사자는 움킨 것이 없어 죽고, 암사자의 새끼는 흩어지느니라,

⑫ 무슨 말씀이 내게 가만히 임하고, 그 가는 소리가 내 귀에 들렸었나니,

⑬ 곧 사람이 깊이 잠들 때쯤 하여서니라, 내가 그 밤에 본 환상들로 인하여 생각이 번거로울 때에,

⑭ 두려움과 떨림이 내게 이르러서 모든 골절이 흔들렸었느니라,

⑮ 그 때에 영이 내 앞으로 지나매, 내 몸에 털이 주뼛하였었느니라,

⑯ 그 영이 서는데 그 형상을 분변치는 못하여노 오식 한 형상이 내 눈 앞에 있었느니라, 그 때 내가 조용한 중에 목소리를 들으니 이르기를,

⑰ 죽을 운명인 인생이 어찌 하나님보다 의롭겠느냐? 사람이 어찌 그 창조하신 이보다 성결하겠느냐?

⑱ 하나님은 그 종이라도 오히려 믿지 아니하시며, 그 천사(사자)라도 우둔하다 책망하시나니,,

⑲ 하물며 흙집에 살며, 티끌로 터를 삼고, 하루살이에게라도 눌려 죽을 자이겠느냐?

⑳ 그들은 아침부터 저녁까지 멸망하고 영원히 사라지되, 아무도 생각하여 주는 이가 없느니라,

㉑ 천막 말뚝을 뽑아낼 때 천막이 그대로 무너지듯, 우리가 죽을 때가 되면 살아온 세월이 무색할 만큼 미련한 존재로 죽느니라.

(Doth not their excellency which is in them go away? They die, even without wisdom.-KJV)

(Are not the cords of their tent pulled up, so that they die wirhout wisdom?-NIV)

(When the tent stakes are ripped up, the tent collapses — we die and are never the wiser for having lived.-THE MESSAGE)

(The pegs of their tent are plucked up; they die without knowing wisdom.-NAB)

● 5장

① 부르짖어 보아라, 네게 응답할자가 있겠느냐? 거룩한 자 중에 네가 누구에게로 향하겠느냐?

② 분노가 미련한 자를 죽이고 시기가 어리석은 자를 멸하느니라.

③ 내가 미련한 자의 뿌리 박는 것을 보고 그 집을 당장에 저주하였노라.

④ 그 자식들은 평안한데서 멀리 떠나고 성문에서 눌리나 구하는 자가 없으며,

⑤ 그 추수한 것은 주린 자가 먹되, 가시나무 가운데 있는 것도 빼앗으며, 올무가 그의 재산을 향하여 입을 벌리느니라.

⑥ 재앙은 티끌에서 일어나는 것이 아니요, 고난은 흙에서 나는 것이 아니니라.

⑦ 인간이 고생을 타고 태어나는 것은 불티가 위로 날음같이 자명한 일이네.

⑧ 나 같으면 하나님께 구하고 내 일을 하나님께 의탁하리라.

⑨ 하나님은 크고 측량할 수 없는 일을 행하시며 기이한 일을 셀 수 없이 행하시나니,

⑩ 비를 땅에 내리시고 물을 밭에 보내시어 촉촉히 적시는 분이시네.

⑪ 그분은 몰락한 자들을 일으켜 세우시고 슬픔에 빠진 이들의 든든한 발판이 되어 주신다네.

⑫ 하나님은 남을 헤치려는 자들의 흉계를 좌절시키시어 그들의 음모가 하나도 성사되지 못하게 하신다네.

⑬ 그분은 아는체 하는 자들로 하여금 그들의 꾀에 빠지게 하시며 간교한 자들의 계획이 쓰레기와 같이 쓸려나가게 하시느니라.

(He taketh the wise in their own craftiness: ane the counsel of the forward is carried headlong.-KJV)

(He catches the wise in their craftiness, and the schemes of the willy are swept away.-NIV)

(He catches the wise in their own ruses, and the designs of the crafty are routed.-NAB)

(He catches the know-it-alls in their conspiracies-all that intricate intrigue swept out with the trash!-THE MESSAGE)

⑭ 그들은 낮에도 캄캄함을 만나고 대낮에도 더듬기를 밤과 같이 하느니라,

⑮ 그러나 하나님은 가난한 자들을 칼과 그들의 입과 강한 자들의 손에서 구해주시느니라,

⑯ 그러므로 가난한 자가 소망이 있고 불의가 스스로 입을 막느니라,

⑰ 볼지어다, 하나님께 징계받는 자에게 복이 있나니, 그런즉, 너는 전능자의 경책을 업신여기지 말지니라,

⑱ 하나님은 아프게 하시다가 싸매시며 상하게 하시다가 그 손으로 고치시나니,

⑲ 여섯가지 환난에서 너를 구원하시며 일곱가지 환난이라도 그 재앙이 네게 미치지 않게 하시며,

⑳ 기근 때에 죽음에서 전쟁 때에 칼 권세에서 너를 구속하실 터인즉,

㉑ 네가 혀의 채찍을 피하여 숨을 수가 있고 멸망이 올 때에도 두려워 아니할 것이라,

㉒ 네가 멸망과 기근을 비웃으며 들짐승을 두려워 아니할 것은,

㉓ 밭에 돌이 너와 언약을 맺겠고 들짐승이 너와 화친할 것임이라,

㉔ 네가 네 장막의 평안함을 알고 네 우리를 살펴도 잃은 것이 없을 것이며,

㉕ 네 자손이 많아지며 네 후예가 땅에 풀 같은 줄을 네가 알 것이라,

㉖ 네가 장수하다가 무덤에 이르리니, 곡식단이 그 기한에 운반되어 올리움 같으리라,

㉗ 볼지어다, 우리가 찾아낸 것이 바로 그리하도다, 너는 그것을 듣고 네 유익을 위하여 그것을 알지니라, 하시니라.

● 6장

① 욥이 대답하야 기로되,

② 오 나의 고통을 전부 달아 보고, 나의 재앙을 다 저울에 둘 수 있다면!

③ 그것이 바다의 모래보다도 더 무거울 것으로 내가 우리에 갇힌 고양이처럼 절규하는 것이 이상한가?

(For now it would be heavier than the sand of the sea; therefore my words are swallowed up.-KJV)

(It would surely outweigh the sand of seas-no wonder my words have been impetuous.-NIV)

(They would now outweigh the sands of sea! Because of this I speak without restraint.-NAB)

(It would be heavier than all the sand of the sea! Is it any wonder that I'm screaming like a caged cat?-THE MESSAGE)

④ 전능자의 살이 내 몸에 박히매, 나의 영이 그 독을 마셨나니 하나님의 두려움이 나를 엄습하여 치는구나,

⑤ 들 나귀가 풀이 있으면 어찌 울겠으며 소가 꼴이 있으면 어찌 울겠느냐?

⑥ 싱거운 것이 소금없이 먹히겠느냐 닭의 알 흰자위가 맛이 있겠느냐?

⑦ 이런 것을 만지기도 내 마음이 싫어하나니 못된 식물 같이 여김이니라,

⑧ 하나님이 나의 구하는 것을 얻게 하시며 나의 사모하는 것 주시기를 내가 원하나니,

⑨ 이는 곧 나를 멸시하기를 기뻐하사 그 손을 들어 나를 끊으실 것이라,

⑩ 그러할지라도 내가 오히려 위로를 받고 무정한 고통 가운데서도 기뻐할 것은 내가 거룩하신이의 말씀을 거역지 아니하였음이니라,

⑪ 내가 무슨 기력이 있관대 기다리겠느냐? 내 마지막이 어떠하였관대 오히려 참겠느냐?

⑫ 나의 기력이 어찌 돌의 기력이겠느냐? 나의 삶이 어찌 놋쇠겠느냐?

⑬ 나의 도움이 내 속에 없지 아니하냐? 나의 지혜가 내게서 쫓겨나지 아니하였느냐?

⑭ 피곤한 자 곧 전능자 경외하는 일을 폐한 자를 그 벗이 불쌍히 여길 것이어늘,

⑮ 나의 형제는 내게 성실치 아니함이 시냇물의 마름 같고 개울의 잦음 같구나,

⑯ 얼음이 녹으면 물이 검어지며 눈이 그 속에 감추었을지라도,

⑰ 따뜻하면 마르고 더우면 그 자리에서 아주 없어 지나니,

⑱ 떼를 지은 객들이 시냇가로 다니다가 돌이켜 광야로 가서 죽고,

⑲ 데마의 떼들이 그것을 바라보고 스바의 행인들도 그것을 사모하다가,

⑳ 거기 와서는 바라던 것을 부끄리고 낙심하느니라

㉑ 너희도 허망한 자라 너희가 두려운 일을 본즉 겁내는구나,

㉒ 내가 언제 너희에게 나를 공급하라 하더냐? 언제 나를 위하여 너희 재물로 예물을 달라더냐?

㉓ 내가 언제 말하기를 대적의 손에서 나를 구원하라 하더냐? 포악한 자의 손에서 나를 구속하라 하더냐?

㉔ 내게 가르쳐서 나의 허물된 것을 깨닫게 하라, 내가 잠잠하리라,

㉕ 옳은 말은 어찌 그리 유력한지? 그렇지만 너희의 책망은 무엇을 책망함이뇨?

㉖ 너희가 말을 책망하려느냐 소망이 끊어진 자의 말은 바람 같으니라,

㉗ 너희는 고아를 제비 뽑으며 너희 벗을 매매할 자로구나,

㉘ 이제 너희가 나를 향하여 보기를 원하노라, 내가 너희를 대면하여 결코 거짓말 하지 아니하리라,

㉙ 너희는 돌이켜 불의한 것이 없게 하기를 원하노라, 너희는 돌이키라 내 일이 의로우니라,

㉚ 내 혀에 어떤 불의한 것이 있으랴? 내 미각이 어찌 잘못된 것들을 분별할 수 없겠느냐?

● 7장

① 인생은 발버둥치는 것, 그렇지 않은가? 인생은 종신 중노동 형이지 아닌가?

   (Is there not an appointed time to man upon earth? Are not his days also like the days of an hireling?-KJV)

   ("Does not man have hard service on earth? Are not his days like those of a hired man?-NIV)

   (Is not life on earth a drudgery, its days like those of hireling?-NAB)

   (Human life is a struggle, isn't it? It's a life sentence to hard labor.-THE MESSAGE)

② 종은 저물기를 열심히 기다리고, 품군은 자기 삯을 기다리는 것과 같이,

③ 내가 여러 달을 허무하게 보내게 되었으며, 지루한 밤들이 내게 정하여졌도다,

④ 내가 누울 때면 말하기를, 언제 일어날꼬? 언제나 밤이 갈꼬? 하며 새벽까지 이리

뒤척 저리 뒤척 하는구나,

⑤ 내 살에는 구더기와 흙 조각이 의복처럼 입혔고, 내 가죽은 합창되었다가 터지는 구나,

⑥ 나의 날은 베틀의 북보다 빠르니 소망없이 지나가는도다,

⑦ 내 생명이 한 호흡 같음을 생각하옵소서, 나의 눈이 다시 복된 것을 보지 못하리이다,

⑧ 나를 본 자의 눈이 다시는 나를 보지 못할 것이고, 주의 눈이 나를 향할지라도 내가 있지 아니하리이다,

⑨ 구름이 사라져 없어짐 같이 음부로 내려가는 자는 다시 올라오지 못할 것이오니,

⑩ 그는 다시 자기 집으로 돌아가지 못하겠고, 자기 처소도 다시 그를 알지 못하리이다,

⑪ 그런즉, 내가 내 입을 금하지 아니하고 내 마음의 아픔을 인하여 말하며 내 영혼의 괴로움을 인하여 원망하리이다,

⑫ 내가 바다니이까? 용이니이까? 주께서 어찌하여 나를 지키시나이까?

⑬ 내가 말하기를, 내 자리가 나를 위로하고, 내 침상이 내 수심을 풀리라 할때에,

⑭ 주님께서 꿈으로 나를 놀래시고, 환상으로 나를 두렵게 하시나이다,

⑮ 이러므로 이러한 삶을 살기 보다는 차라리 이불보 덮어쓰고 숨 막혀 죽는 것이 나으니이다

(So that my soul chooseth strangling, and death rather than my life.-KJV)

(So that I prefer strangling and death, rather than this body of mine.-NIV)

(That I'd rather strangle in the bedclothes than face this kind of life any longer.-THE MESSAGE)

⑯ 내가 생명을 싫어하고 항상 살기를 원치 아니하오니, 나를 놓으소서! 내 날은 헛것이니이다,

⑰ 사람이 무엇이관대 주님께서 높이시나이까? 주님께서 주님의 마음을 그에게 두시나이까?

⑱ 주님께서 매일 아침 그를 찾아보시며 매 순간마다 그를 연단하시나이까?

⑲ 어느 때까지 주님께서는 나를 떠나지 않으시며, 내가 침을 삼킬 때까지 나를 내버려두지 아니하시리이까?

⑳ 오 사람들을 보존하시는 주님이시여, 내가 죄를 지었사오니, 내가 주님께 무엇을 하리이까? 어찌하여 주님께서는 나로 하여금 주님을 거역하는 과녁을 삼으시어 나로 하여금 내 자신에게 짐이 되게 하시나이까?

㉑ 주님께서 어찌하여 내 허물을 사하여 주지 아니하시며, 내 죄악을 제하여 버리지 아니 하시나이까? 내가 이제 흙에 누우리니, 주님께서 나를 부지런히 찾으실지라 도 내가 있지 아니하리이다.

● 8장

① 수아 사람 빌닷이 대답하여 가로되,

② 네가 어느 때까지 이런 말을 하겠으며 어느 때까지 네 입의 말이 광풍과 같겠는가?

③ 하나님이 어찌 심판을 굽게 하시겠으며 전능하신 이가 어찌 공의를 굽게 하시겠는 가?

④ 네 자녀들이 주께 득죄하였으므로 주께서 그들을 그 죄에 붙이셨나니,

⑤ 네가 만일 하나님을 부지런히 구하며 전능하신 이에게 빌고,

⑥ 또 청결하고 정직하면 정녕 너를 돌아보시고, 네 의로운 집으로 형통하게 하실 것 이라,

⑦ 네 시작은 미약하였으나 네 나중은 심히 창대하리라,

⑧ 청컨대 너는 옛시대 사람에게 물으며, 조상의 터득한 일을 배울지어다,

⑨ (우리는 어제부터 있었을 뿐이라 아무것도 모르나니, 이는 세상에 있는 우리의 날 들이 그림자이기 때문이라)

⑩ 그들이 네게 가르쳐 이르지 아니하겠느냐? 그 마음에서 나는 말을 발하지 아니하 겠느냐?

⑪ 왕골이 늪도 없이 나겠으며 갈대가 물 없이 자라겠느냐?

⑫ 이런 것은 푸르러도 아직 벨 때 되기 전에 다른 풀보다 일찍이 마르느니라,

⑬ 하나님을 잊어버리는 자의 길은 다 이와 같고 위선자의 소망은 없어지리니,

⑭ 그의 소망이 끊어질 것이요, 그의 신뢰하는 것은 거미줄같이 되리라,

⑮ 그 집을 의지할지라도 집이 서지 못하고 굳게 잡아도 집이 보존되지 못하리라,

⑯ 그가 해 앞에서 푸르러서, 그의 가지는 자기 동산에서 뻗어나가며,

⑰ 그 뿌리가 돌 무더기로 에워싸이고, 돌 가운데로 들어 갔을지라도,

⑱ 그곳에서 뽑히면 그 자리도 모르는 체하고 이르기를, 내가 너를 보지 못하였다 하

리니,

⑲ 보라, 이것이 그의 길의 기쁨이니 그 땅에서는 다른 자들이 자라느니라,

⑳ 하나님은 순전한 사람을 버리지 아니하시고 악한 자를 붙들어 주지 아니하시느니라,

㉑ 그분께서 마침내 웃음으로 네 입에, 즐거운 소리로 네 입술에 채우시리니,

㉒ 너를 미워하는 자들은 수치로 옷 입을 것이요, 사악한 자들의 거하는 처소는 간 곳이 없게 되리라, 하니라.

● 9장

① 욥이 대답하여 말하기를,

② 내가 진실로 그 일이 그런 줄을 알거니와 어떻게 사람이 하나님 앞에 의로우리요?

③ 사람이 하나님과 논쟁하려 할지라도 천마디 가운데에 한 마디도 대답하지 못하리라,

④ 하나님은 마음이 지혜로우시며 힘이 강하시니, 누가 그분을 대적하여 자신을 완고하게 하고도 형통한 자가 누구이랴?

⑤ 그분이 진노하심으로 산을 무너뜨리시며, 옮기실지라도 산이 깨닫지 못하며,

⑥ 그분이 지구를 움직여 그 위치로부터 흔들어서 그 기둥이 흔들리게 하는도다,

⑦ 그분은 해에게 비취지 못하게 하시며, 별들의 빛을 봉하시는도다,

⑧ 그분 홀로 하늘들을 펴시고 바다 물결을 밟으시는도다,

⑨ 북두칠성과 오리온과 묘성과 남방의 별자리들을 만드셨으며,

⑩ 측량할 수 없는 큰 일을 셀 수 없는 기이한 일을 행하시느니라,

⑪ 그가 내 앞으로 지나시나 내가 보지 못하며, 그가 내 앞에서 나아가시나 내가 깨닫지 못하느니라,

⑫ 하나님이 빼앗으시면 누가 막을 수 있으며, 무엇을 하시나이까? 누가 물을 수 있으랴?

⑬ 하나님이 진노를 돌이키지 아니하시니, 라합을 돕는 자들이 그 아래 굴복하겠거든,

⑭ 하물며 내가 감히 대답하겠으며 무슨 말을 택하여 더불어 변론하겠느냐?

⑮ 내가 의로울지라도 감히 대답하지 못하고, 나를 심판하실 그에게 간구하였을 뿐이로다,

⑯ 만일 내가 그분을 부르므로 그분이 내게 대답하셨을지라도 내 음성을 들으셨다고
는 내가 믿지 아니하리라,

⑰ 그분이 폭풍으로 나를 꺾으시고 까닭 없이 내 상처를 많게 하시며,

⑱ 나로 숨을 쉬지 못하게 하시며 괴로움으로 내게 채우시는구나,

⑲ 힘으로 말하면 그분은 강하시고 심판으로 말하시면 누가 그분을 호출하겠느냐?

⑳ 가령 내가 의로울지라도 내 입이 나를 정죄하리니, 가령 내가 순전할지라도 나의
패괴함을 증거하리라,

㉑ 나는 순전하다마는 내가 나를 돌아보지 아니하고 내 생명을 천히 여기는구나,

㉒ 일이 다 일반이라, 그러므로 나는 말하기를, 하나님이 순전한 자나 악한 자나 멸망
시키신다 하나니,

㉓ 홀연히 재앙이 내려 도륙될 때에 무죄한 자의 고난을 그가 비웃으시리라,

㉔ 세상이 악인의 손에 붙이웠고 재판관의 얼굴도 가리워졌나니, 그렇게 되게 한 이
가 그분이 아니시면 누구이뇨?

㉕ 나의 날이 파발꾼보다 빨리 지나가며 달아나 버리나니, 그날들이 좋은 일을 보지
못하는도다,

㉖ 그 지나가는 것이 빠른 배 같고 움킬 것에 날아 내리는 독수리와도 같구나,

㉗ 가령 내가 말하기를 내 원통함을 잊고 얼굴 빛을 고쳐 즐거운 모양을 하자 할지라
도,

㉘ 오히려 내 모든 고통을 두려워 하오니, 주님께서 나를 무죄히 여기지 않으실 줄을
아나이다.

㉙ 내가 정죄하심을 입을진대, 어찌 내가 헛되이 수고하리이까?

㉚ 내가 눈 녹은 물로 몸을 씻고 잿물로 손을 깨끗이 할지라도,

㉛ 주님께서 나를 개천에 빠지게 하시리니, 내 옷이라도 나를 싫어 하리이다.

㉜ 하나님은 나 처럼 사람이 아니신즉, 내가 그에게 대답함도 불가하고 대질하여 재
판할 수도 없고,

㉝ 우리 사이에 중재인도 없나니 우리 둘 위에 손을 얹을 판결자도 없도다,

㉞ 주님께서 그 막대기를 내게서 떠나게 하시고, 그 위엄으로 나를 두렵게 하지 아니
하시길 원하노라,

㉟ 그리하시면 내가 두려움 없이 말하리라, 그러나 지금의 나는 그렇지 못하도다.

● 10장

① 나는 나의 생을 지속할 수가 없나니, 나는 그러한 인생이 싫어! 나는 책상 위에 나의 인생의 괴로움을 뒷전에 숨기지 않고 전부 다 말하려고 하느니라,

(My soul is weary of my life, I will leave my complaint upon myself; I will speak in the bitterness of my soul.-KJV)

("I loathe my very life; therefore I will give free rein to my complaint and speak out in the bitterness of my soul.-NIV)

(I loathe my life. I will give myself up to complaint; I will speak from the bitterness of my soul.-NAB)

("I can't stand my life-I hate it! I'm putting it all out on the table, all the bitterness of my life-I'm holding back nothing."-THE MESSAGE)

② 내가 하나님께 말씀드리오리니, 나를 정죄하지 마옵시고 무슨 연고로 나로 더불어 다투시는지 나로 알게 하옵소서,

③ 주님께서는 나를 학대 하시는 것과 주님의 손으로 지으신 것을 멸시하시는 것을 좋아하시며, 반면에 주님께서는 악인들의 계략에 미소지으십니까?

④ 주님의 눈이 육신의 눈이니이까? 주님께서 사람의 보는 것처럼 보시리이까?

⑤ 주님의 날이 어찌 인생의 날과 같으며 주의 해가 어찌 인생의 날과 같기로,

⑥ 나의 허물을 찾으시며 나의 죄를 찾으시나이까?

⑦ 주님께서는 내가 악하지 않은 줄을 아시나이다, 주님의 손에서 나를 벗어나게 할 자도 없나이다,

⑧ 주님의 손으로 나를 만드사 전체를 이루셨거늘, 이제 나를 멸하시나이다,

⑨ 기억하옵소서 주님께서 내 몸 지으시기를 흙을 뭉치듯 하셨거늘, 다시 나를 티끌로 돌려 보내려 하시나이까?

⑩ 주님께서 나를 젖과 같이 쏟으셨으며 엉긴 젖처럼 엉기게 하지 아니하셨나이까?

⑪ 가죽과 살로 내게 입히시며 뼈와 힘줄로 나를 뭉치시고,

⑫ 생명과 은혜를 내게 주시고 권고하심으로 내 영을 지키셨나이다,

⑬ 그러한데 주님께서 이것들을 마음에 품으셨나이다, 이 뜻이 주께 있은 줄을 내가 아나이다,

⑭ 내가 범죄하면 주께서 나를 죄인으로 인정하시고 내 죄악을 사유치 아니하시나이다,

⑮ 내가 악하면 화가 있을 것이오며, 내가 의로울지라도 머리를 들지 못하올 것은 내 속에 부끄러움이 가득하고 내 환난을 목도 함이니이다,

⑯ 내가 머리를 높이 들면 주님께서 사자처럼 나를 사냥하시며, 내게 주님의 기이한 능력을 다시 나타내시나이다,

⑰ 주님께서는 나에게 불리한 새로운 증거들을 가져오셔서 나에 대한 주님의 분노를 증가시키나니 환난과 전쟁이 나에 대하여 끊일 날이 없으니이다,

⑱ 주님께서 나를 태에서 나오게 하셨음은 어찜이니이까? 그렇지 아니하였더면 내가 기운이 끊어져 아무 눈에도 보이지 아니하였을 것이라,

⑲ 사산아로 태어나서 숨 한번 못쉬고 바로 땅에 묻혔다면 좋았을 것을,

⑳ 나의 날들은 적지 아니하니이까? 그런즉 이제 그치시고 나를 내버려 두시어 나로 하여금 위로를 조금 갖게 하옵소서,

㉑ 내가 돌아오지 못할 땅 곧 어둡고 죽음의 그늘진 땅으로 가기 전에 그리하옵소서,

㉒ 이 땅은 어두워서 흑암 같고 죽음의 그늘이 져서 아무 질서도 없고 광명도 흑암 같으니이다.

(A land of darkness, as darkness itself; and of the shadow of death, without any order, and where the light is as darkness.-KJV)

(to the land of deepest night, of deep shadow and disorder, where even the light is like darkness.-NIV)

(And banished for good to the land of the dead, blind in the final dark?-THE MESSAGE)

(The dark, disordered land where darkness is the only light.-NAB)

● 11장

① 그때에 나아마 사람 소발이 대답하여 말하기를,

② 말들이 많으니 어찌 대답이 없겠느냐? 말로 가득한 사람이 의롭다함을 받겠느냐?

③ 네 거짓말이 사람들을 잠잠하게 하겠느냐? 네가 조롱할 때에 너를 부끄럽게 할 사람이 없겠느냐?

④ 네가 말하기를, 나의 교리는 순수하고 나는 주님의 눈에 깨끗하다, 하나,

⑤ 오 하나님께서 말씀하시고 너를 향하여 자신의 입술을 여시어,

⑥ 지혜의 오묘한 것들을 네게 보여주시기를 바라노니, 그 은밀한 것들은 있는 것의

두 배나 됨이로다! 그러므로 하나님께서는 네게서 네 죄악이 받을 것보다 더 적게 거두시는 것을 알지니라,

⑦ 네가 찾는다고 하나님을 찾아낼 수 있겠느냐? 네가 전능하신 분을 완전히 찾아낼 수 있겠느냐?

⑧ 그것들은 하늘들보다 높으니 네가 어찌 하겠으며? 그것들은 음부보다 깊으니 네가 어찌 알겠느냐?

⑨ 그것들의 칫수는 지구보다 길고 바다보다도 넓으니라,

⑩ 만일 하나님께서 쫓아 오셔서 법정에 소환하고 너희를 잡아 가두시면 누가 그분을 막을 수 있느냐?

⑪ 그분은 부질없는 허세를 꿰뚫어 보시고 멀리서도 악을 찾아내시지, 아무도 그분의 눈을 가릴 수 없네!

⑫ 머리가 빈 사람이 깨닫는 시간이면 노새가 말을 배울 수 있을 걸세.

(For vain man would be wise, though man be born like a wild ass's colt.-KJV)

(But a witless man can no more become wise than a wild donkey's colt can be born a man.-NIV)

(An empty head will gain understanding, when a colt of a wild jackass is born human-NAB)

(Hollow men, hollow women, will wise up about the same time mules learn to talk.-THE MESSAGE)

⑬ 만일 네가 마음을 바로 정하고 주님을 향하여 손을 들 때에,

⑭ 네 손에 죄악이 있거든 멀리 버리라, 불의로 네 장막에 거하지 못하게 하라

⑮ 그리하면 네가 정녕 흠없는 얼굴을 들게 되고 굳게 서서 두려움이 없으리니,

⑯ 곧 네 환난을 잊을 것이고, 그것을 물이 흘러감 같이 기억할 것이며,

⑰ 네 생명의 날이 대낮보다 밝으리니, 어두움이 있다 할지라도 아침과 같이 될 것이요,

⑱ 네가 소망이 있으므로 든든할지며 두루 살펴 보고 안전히 쉬리니,

⑲ 네가 누워도 두렵게 할 자가 없겠고, 많은 사람이 네게 찾아와 복을 빌어달라고 청원하리라,

⑳ 그러나 사악한 자들은 눈이 어두어서 도망하지 도망하지 못하리니, 그들의 소망은

숨을 거두는 것과 같으리라.

● 12장

① 욥이 대답하여 말하기를,

② 나는 너희들이 전문가들이라는 것을 확신하네, 너희가 죽으면 우리에게 사는 법을
알려줄 자가 없을걸세,

(No doubt but ye are the people, and wisdom shall die with you.-KJV)

("Doubtless you are the people, and wisdom will die with you!-NIV)

(No doubt you are the people with whom wisdom shall die!-NAB)

("I'm sure you speak for all the experts, and when you die there'll be no
one left to tell us how to live.-THE MESSAGE)

③ 그러나 나도 너희 같은 깨달음이 있어 너희만 못하지 아니하니, 그 같은 일을 누가
알지 못하겠느냐?

④ 하나님께 불러 아뢰어 들으심을 입은 내가 이웃에게 웃음 받는 자가 되었으니, 의
롭고 순전한 자가 조롱거리가 되었구나,

⑤ 평안한 자의 마음은 재앙을 멸시하나, 재앙이 실족하는 자를 기다리는구나,

⑥ 사기꾼들이 경비가 철저한 집안에서 안전하게 지내고 하나님을 모독하는 거만한
자들이 오히려 호사스럽게 산다네, 그들은 그들을 보호해 줄 신(god)을 돈을 주고
데려왔다네,

(The tabermacles of robbers prosper, and they that provoke God are
secure; into whose hand God bringeth abundantly.-KJV)

(The tents of marauders are undisturbed, and those who provoke God are
secure-those who carry their god in their hands.-NIV)

(Yet the tents of robbers are prosperous, and those who provoke God are
secure, whom has in his power.-NAB)

(Grooks reside safely in high-security houses, insolent blasphemers live
in luxury; they've brought and paid for a god who'll protect them.-THE
MESSAGE)

⑦ 이제 모든 짐승에게 물어보라, 그것들이 네게 가르치리라, 공중의 새에게 물어보
라, 그것들이 또한 네게 고하리라,

⑧ 땅에게 말하라, 네게 가르치리라, 바다의 고기도 네게 설명하리라,

⑨ 이것들 중에 어느 것이 여호와의 손이 이를 행하신 줄을 알지 못하랴,

⑩ 생물들의 혼과 인생들의 영이 다 그의 손에 있느니라,

⑪ 입이 음식의 맛을 변별함 같이 귀가 말을 분변하지 아니하느냐?

⑫ 늙은 자에게는 지혜가 있고 장수하는 자에게는 깨달음이 있느니라,

⑬ 지혜와 권능이 하나님께 있고 계략과 깨달음도 그에게 속하였나니,

⑭ 그가 헐으신즉 다시 세울 수 없고, 사람을 가두신즉 놓이지 못하느니라,

⑮ 그가 물을 그치게 하신즉, 곧 마르고 물을 내신즉 곧 땅을 뒤집나니,

⑯ 능력과 지혜가 그에게 있고, 속은 자와 속이는 자가 다 그에게 속하였으므로,

⑰ 모사꾼을 벌거벗겨 끌어 가시며, 재판장으로 어리석은 자가 되게 하시며,

⑱ 왕들의 맨 것을 풀어 그들의 허리를 동이시며,

⑲ 제사장들을 벌거벗겨 끌어 가시고, 권력이 있는 자를 넘어뜨리시며,

⑳ 충성된 자의 말을 없이 하시며, 늙은 자의 신중함을 빼앗으시며,

㉑ 귀족들에게 멸시를 쏟으시고, 강한 자의 띠를 푸시며,

㉒ 어두운 가운데서 은밀한 것을 드러내시며, 죽음의 그늘을 광명한데로 나오게 하시며,

㉓ 만국을 커지게도 하시고, 다시 멸하기도 하시며, 열국으로 광대하게도 하시고, 다시 사로잡히게도 하시며,

㉔ 만민의 지도자들의 이성을 빼앗으시고, 그들을 길 없는 거친 들로 유리하게 하시며,

㉕ 빛 없이 캄캄한데를 더듬게 하시며, 취한 사람 같이 비틀거리게 하시느니라.

• 13장

① 나의 눈이 이것을 다 보았고, 나의 귀가 이것을 듣고 통달하였느니라,

② 너희 아는 것을 나도 아노니, 너희만 못한 내가 아니니라,

③ 참으로 나는 전능자에게 말씀하려 하며 하나님께 내 문제를 변론하려 하노라,

④ 너희는 거짓말을 지어내는 자요, 다 쓸데 없는 돌파리 의원이니라!

⑤ 너희가 잠잠하고 잠잠하기를 원하노라, 이것이 너희의 지혜일 것이니라,

⑥ 너희는 나의 변론을 들으며, 내 입술의 항변을 들어 보라,

⑦ 너희가 하나님에게 사악하게 말하려느냐? 그분에게 속이는 말을 하려느냐?

⑧ 너희가 하나님께 불공평하게 보이려느냐? 또 너희가 하나님께 그 문제를 쟁론하려느냐?

⑨ 하나님이 너희를 감찰하시면 좋겠느냐? 너희가 사람을 속임 같이 그분을 속이려느냐?

⑩ 만일 너희가 비밀리에 편파성을 보인다면 그분은 확실히 너희를 책망하시리라,

⑪ 그 존귀가 너희를 두렵게 하지 않겠으며, 그 위엄이 너희에게 임하지 않겠느냐?

⑫ 너희 격언은 재 같은 속담이요, 너희의 방어하는 것은 토성이니라,

⑬ 너희는 잠잠하고 나를 버려두어 말하게 하라, 무슨 일이 임하든지 내가 당하리라,

⑭ 내가 어찌하여 내 살을 이로 물고 내 생명을 내 손에 두겠느냐?

⑮ 그분께서 나를 죽이실지라도 나는 그분을 신뢰할 것이라, 그러나 나는 그분 앞에서 내 자신의 길들을 그대로 지킬 것이요,

⑯ 그분께서 또한 나의 구원이 되시오니, 이는 위선자가 그분 앞에 나오지 못하기 때문이라,

⑰ 너희는 내 말을 부지런히 듣고 나의 선포하는 것을 너희 귀로 들으라,

⑱ 이제 내가 내 사건에 대하여 각오하였나니, 나는 내가 결백하게 됨을 아노라,

⑲ 어떤 사람이 나에 대하여 시비를 걸 수 있느냐? 만일 그렇다면, 나는 침묵하고 죽으리라,

⑳ 오직 내게 이 두가지 일을 행하지 마옵소서, 그리하시면 내가 주의 얼굴을 피하여 숨지 아니하오리니,

㉑ 주님의 손을 나로부터 멀리 하여 주옵시고, 주님의 두려움으로 말미암아 내가 놀라는 것을 멈추게 하여 주시옵소서,

㉒ 그리하시고 주는 나를 부르소서, 내가 대답하리이다, 아니면, 나로 말하게 하옵시고 주는 내게 대답하옵소서,

㉓ 나의 불법과 죄가 얼마나 많으니이까? 나의 허물과 죄를 내게 알게 하옵소서,

㉔ 주님께서 어찌하여 얼굴을 가리우시고, 나를 주의 대적으로 여기시나이까?

㉕ 주님께서는 어찌하여 낙엽을 이리저리 날리시며, 건조한 그루터기를 뽑아내려 하시나이까?

㉖ 이는 주님께서 나의 괴롭고 쓰라린 일들을 기록하시고, 나의 젊었을 때의 죄를 나에게 부담지워주셨기 때문이니이다,

㉗ 주님께서는 또한 나의 발에 족쇄를 채우시고, 나의 모든 길들을 면밀히 보시며 내

발자취들에 표시를 해 놓으시니,

㉘ 그가 썩은 물건같이 소멸되어 마치 좀먹은 의복 같으니이다.

● 14장

① 여인으로부터 태어난 우리 인간은 오래 살지 못하고 고난(trouble)이 가득하니라,

② 그는 꽃과 같이 피고 시들어 없어지고 그림자 같이 사라져 없어나이다,

③ 주님께서는 그와 같은 사람에게 눈을 고정하시나이까? 주님께서는 그를 심판하시기 위하여 주님 앞으로 이끌어내시나이까?

④ 누가 깨끗한 것을 더러운 것 가운데서 낼 수 있으리이까? 아무도 없나이다,

⑤ 그 날을 정하셨고 그 달 수도 주께 있으므로 그 제한을 정하여 넘어가지 못하게 하셨사온즉,

⑥ 그에게서 눈을 돌이켜 그로 쉬게 하사, 품군 같이 그 날을 마치게 하옵소서,

⑦ 나무는 소망이 있나니 찍힐지라도 다시 움이 나서 연한 가지가 끊이지 아니하며,

⑧ 그 뿌리가 땅에서 늙고 줄기가 흙에서 죽을지라도,

⑨ 물 기운에 움이 돋고 가지가 발하여 새로 심은 것과 같거니와,

⑩ 사람은 죽으면 소멸되나니, 그 기운이 끊어진즉 그가 어디 있느뇨?

⑪ 물들이 바다로부터 줄어지고 강바닥이 건조해서 바짝 마름 같이,

⑫ 사람이 누우면 다시 일어나지 못하고, 하늘이 없어지기까지 눈을 뜨지 못하며 잠을 깨지 못하느니라,

⑬ 오 주님께서는 나를 음부에 감추시고, 주님의 진노가 쉴 때까지 나를 숨기시며, 나를 위하여 기한을 정하시고, 나를 기억하옵소서,,

⑭ 사람이 죽으면 어찌 다시 살리이까? 나는 나의 싸우는 모든 날 동안을 참고 놓이기를 기다렸나이다,

⑮ 주님께서는 나를 부르셨고 나는 대답하였겠나이다, 주님께서는 주님의 손으로 지으신 것을 아껴 보셨겠나이다,

⑯ 그러하온데 이제 주께서 나의 걸음을 세시오니, 나의 죄를 살피지 아니하시나이까?

⑰ 내 허물을 주머니에 봉하시고 내 죄악을 싸매시나이다,

⑱ 무너지는 산은 정녕 흩어지고 바위는 그 자리에서 옮겨가고,

⑲ 물은 돌을 닳게 하고 넘치는 물은 땅의 티끌을 씻어 버리나이다, 이와 같이 주께서

는 사람의 소망을 끊으시나이다,

⑳ 주님께서는 사람을 영영히 이기셔서 그가 사라지게 하시며, 그의 얼굴 빛을 변하게 하시고 쫓아 보내시오니,

㉑ 그 아들들이 존귀하게 되어도 그분이 그것을 알지 못하며, 또 그들이 비천하게 되어도 그가 그것들을 깨닫지 못하나이다

㉒ 오직 자기에게 붙어 있는 그의 살이 아픔을 느끼고, 자기 안에 있는 그의 혼이 애통할 뿐이니이다, 하니라.

● 15장

① 그 때에 데만 사람 엘리바스가 대답하여 말하기를,

② "만약 네가 정말 지혜로운 사람이라면, 그렇게 수다쟁이처럼 헛된 말만 늘어놓겠는가?

(Should a wise man utter vain knowledge, and fill his belly with the east wind?-KJV)

("Would a wise man answer with empty notions or fill his belly with the hot east wind?"-NIV)

(Does a wise man answer with windy opinions, or puff himself up with east wind?-NAB)

("If you were truly wise, would you sound so much like a wind bag, belching hot air?-THE MESSAGE)

③ 한창 진지한 주장을 펼치는데 헛소리나 늘어놓고 쓸데없는 말을 지껄이겠는가?

④ 참으로 네가 하나님의 경외하는 일을 폐하여 하나님 앞에 묵도하기를 그치게 하는구나,

⑤ 네 죄악이 네 입을 가르치나니 네가 간사한 자의 혀를 택하였구나,

⑥ 너를 정죄한 것은 내가 아니요, 네 입이라, 네 입술이 너를 쳐서 증거하느니라,

⑦ 네가 제일 처음 난 사람이냐? 산들이 있기 전에 네가 출생하였느냐?

⑧ 하나님의 모의를 네가 들었느냐? 지혜를 홀로 가졌느냐?

⑨ 너의 아는 것이 무엇이기로 우리가 알지 못하겠느냐? 너의 깨달은 것이 무엇이기로 우리에게는 없겠느냐?

⑩ 우리 중에는 머리가 세기도 하고 연로하기도 하여 네 부친보다 나이 많은 자가 있

느니라,

⑪ 하나님의 위로와 네게 온유하게 하시는 말씀을 네가 어찌 작다 하느냐?

⑫ 어찌하여 네가 마음에 끌리며 네 눈을 번쩍여,

⑬ 네 영으로 하나님을 반대하고 네 입으로 말들을 하느냐?

⑭ 사람이 무엇이관대 깨끗하겠느냐? 여인에게서 난 자가 무엇이관대 의롭겠느냐?

⑮ 하나님은 그 거룩한 자들을 믿지 아니 하시나니, 하늘이라도 그의 보시기에 부정하거든,

⑯ 하물며 악을 짓기를 물 마심같이 하는 가증하고 부패한 사람이겠느냐?

⑰ 내가 네게 보이리니, 나의 말을 들으라, 내가 본 것을 설명하리라,

⑱ 이는 곧 지혜로운 자들이 그 열조에게서 받아 숨기지 아니하고 전하여 온 것이라,

⑲ 이 땅은 그들에게만 주셨으므로 외방인은 그들 중에 왕래하지 못하였였느니라,

⑳ 그 말에 이르기를, 악인은 그 일평생에 고통을 당하며 강포자의 햇수는 작정되었으므로,

㉑ 그 귀에는 놀라운 소리가 들리고, 그 형통할 때에 멸망시키는 자가 그에게 임하리니,

㉒ 그가 어두운데서 나오기를 바라지못하고 칼날의 기다림이 되느니라,

㉓ 그는 유리하며 양식을 구하여 이르기를, 어디 있느냐? 하며 흑암과 날이 가까운 줄을 스스로 아느니라,

㉔ 환난과 고통이 그를 두렵게 하며 싸움을 준비한 왕처럼 그를 쳐서 이기리니,

㉕ 이는 그 손을 들어 하나님을 대적하며 교만하여 전능자를 배반함이니라,

㉖ 그는 목을 굳게 하고 두터운 방패로 하나님을 치려고 달려나가니,

㉗ 그 얼굴에는 살이 찌고 허리에는 기름이 엉기었고,

㉘ 그는 황무한 성읍 사람이 살지 아니하는 집 돌무더기가 될 곳에 거하였음이니라,

㉙ 그는 부요하지 못하고 재산이 항상 있지 못하며, 그 산업이 땅에서 증식하지 못할 것이며,

㉚ 그는 어두움을 피하지 못하리니, 불꽃이 그의 가지를 말릴 것이고, 하나님의 입김 (숨소리, 숨쉼)이 그를 멀리 떠나게 하리라,

(He will not escape the darkness, a flame will wither his shoots, and the breath of GOD's mouth will carry him away.-NIV)

(A flame shall sear his early growth, and with the wind his blossoms shall disappear.-NAB)

(He shall not depart out of darkness; the flame shall dry up his branches, and by the breath of his mouth shall go away.-KJV)

(And then death-don't think they'll escape that! They'll end up shriveled weeds, brought down by a puff of God's breath.-THE MESSAGE)

㉛ 그는 가치없는 것을 믿어 그 자신을 속이지 말지니라, 이는 그가 그것을 믿음으로써 아무것도 얻을 수 없음이니라,

㉜ 그의 날이 이르기 전에 그 일이 이룰 것인즉, 그 가지가 푸르지 못하리니,

㉝ 포도열매가 익기 전에 떨어짐 같고 감람 꽃이 곧 떨어짐 같으리라,

㉞ 신앙이 없는 위선자들은 황폐할 것이요, 불의 화염이 뇌물을 좋아하는 자의 장막을 태울것이니라,

㉟ 그들은 재앙을 잉태하고, 악을 낳으며, 그들의 삶은 속임수를 배양하는 자궁이라네. 하니라.

● 16장

① 그때에 욥이 대답하여 말하기를,

② 이런 말은 내가 많이 들었느니라, 너희 모두는 형편없는 위로자들이로다,

③ 허망한 말들에 어찌 끝이 있겠느냐? 아니면 무엇이 너를 담대하게 하기에 네가 이같이 대답하는고?

④ 나도 너희처럼 말할 수 있나니, 가령 너희 마음 자리에 있다 하자, 나도 말을 지어 너희를 치며 너희를 향하여 머리를 흔들 수 있느니라,

⑤ 그래노 입으로 너희를 상하게 하며 입술의 위로로 너희의 근심을 풀있으리라,

⑥ 내가 말하여도 내 근심이 풀리지 아니하나니, 잠잠한들 어찌 평안하랴?

⑦ 이제 주께서 나를 곤고케 하시고, 나와 같이하는 모든 자들을 황폐케 하셨나이다,

⑧ 주님께서 나를 시들게 하셨으니, 이는 나를 향하여 증거를 삼으심이라, 나의 파리한 모양이 일어나서 대면하여 나의 죄를 증거하나이다,

⑨ 그분께서 그분의 진노하심으로 나를 찢으시니, 그분이 나를 미워하시는도다, 그분께서 나에게 이빨들을 가시나니, 나의 원수가 나에게 자기 눈을 날카롭게 하는도다,

⑩ 사람들이 나를 향하여 그들의 입을 크게 벌리고 그들이 내 뺨을 구짖듯이 때렸으

며, 그들이 나를 대적하려고 함께 모였도다,

⑪ 하나님이 나를 경건치 않은 자에게 붙이시며, 사악한 자들의 손에 넘겨주셨도다,

⑫ 내가 평안하였으나 그분께서 나를 꺾으시고, 내 목을 잡아 던져 나를 부쉐뜨리시며, 나를 세워 과녁을 삼으셨도다,

⑬ 그 살로 나를 사방으로 쏘아 인정 없이 내 허리를 뚫고 내 쓸개로 땅에 흘러나오게 하시는구나,

⑭ 그분께서 나를 꺾고 다시 꺾고 용사같이 내게 달려드시니,

⑮ 내가 굵은 베를 꿰어매어 내 피부를 덮었고 내 뿔을 티끌 속에서 더럽혔도다,

⑯ 내 얼굴은 눈물로 더러워졌으며, 내 눈꺼플 위에는 죽음의 깊은 그늘이 어른거리는도다,

⑰ 그러나 나는 내 손으로 포학한 바 없고 나의 기도도 역시 순결하느니라,

⑱ 오 땅이여, 내 피를 가리우지 말라, 나의 울부짖음이 결코 쉬도록 놓아두지 말지니라,

⑲ 그래 이제 보라, 나를 증언할 자가 하늘에 계시나니, 나의 변호인은 높은 데 계시니라,

⑳ 나의 친구들은 나를 조롱하나 내 눈은 하나님께 눈물을 쏟아 내는도다,

㉑ 한 사람이 자기 이웃을 위하여 변호하는 것같이, 어떤 한 사람이 나를 위하여 하나님께 신원하다면 얼마나 좋겠는가!

㉒ 몇 년이 지났을 때, 나는 결코 돌아올 수 없는 여정을 가고 있을 것임이니라.

● 17장

① 나의 기운이 쇠하였으며, 나의 날이 다 하였고, 무덤이 나를 위하여 예비되었도다,

② 나를 조롱하는 자들이 오히려 나와 함께 있지 아니하나이까? 내 눈이 그들의 분노함을 보고 있지 아니하나이까?

③ 이제는 나를 놓아주시고 주님께서 나의 보증이 되옵소서, 나로 더불어 손을 칠 자가 누구이리이까?

④ 주님께서 그들이 깨닫지 못하도록 그들의 마음을 닫으셨나이다, 그래서 주님께서는 그들이 승리하도록 허락하지 않으셨나이다,

⑤ 그들의 친구를 배신하는 자들은 그의 자녀들에게 배신의 유산을 물려주게 되는 것이니라,

(He that speaketh flattery to his friends, even the eyes of his children shall fail.-KJV)

(If a man denounces his friends for reward, the eyes of his children will fail.-NIV)

(For a share of property he informs on friends, while the eyes of his children grow dim.-NAB)

(Those who betray their own friends leave a legacy of abuse to their children.-THE MESSAGE)

⑥ 하나님이 나로 백성의 이야기거리가 되게 하시니, 그들이 내 얼굴에 침을 뱉는구나,

⑦ 내 눈은 근심으로 인하여 어두워지고, 나의 온 지체는 그림자 같구나,

⑧ 정직한 자들은 이 일에 놀라고 무죄한 자들은 위선자들을 향하여 분노 하리니,

⑨ 그러므로 의인은 그 길을 독실히 행하고 손이 깨끗한 자는 점점 힘을 얻느니라,

⑩ 그러나 너희는 모두 다시 돌이키라, 이는 내가 너희 중에서 지혜로운 사람을 하나도 찾을 수 없기 때문이라,

⑪ 나의 인생은 거의 끝났네, 내 모든 계획은 부서졌고, 희망은 꺼져버렸어,

⑫ 밤이 지나고 낮이 오리라는 희망, 새벽이 밝아 올 것이라는 희망이 사라졌네,

(They change the night into day: the light is short, because of darkness.-KJV)

(These men turn night into day; in the face of darkness they say, 'Light is near.'-NIV)

(My hope that night would turn into day, my hope that dawn was about to break.-THE MESSAGE)

(They would change the night into day; where there is darkness they talk of approaching light.-NAB)

⑬ 내가 기대할 집은 묘지 뿐이고 내가 바랄 위로가 튼튼한 관 뿐이라면, 가족을 다시 만날 길이 한 길 속으로 내려가는 것이고,

⑭ 거기서 만날 가족이 벌레들 뿐이라면, 그런 것을 소망이라 말할 수 있겠나?

⑮ 그때 나의 소망이 어디 있으며? 누가 나의 소망을 알수 있겠나?

⑯ 아니지, 소망과 내가 함께 묻힌다면, 너희 모두는 소망과 나의 둘의 장례식에 올 것

<u>으로</u> 생각하네!

(They shall go down to the bars of the pit, when our rest together is in the dust.-KJV)

(Will it go down to the gates of death? Will we desend together into the dust?-NIV)

(Will they descend with me into Sheol? Shall we go down together into the dust?-NAB)

(No. If hope and I are to be buried together, I suppose you'll all come to the double funeral!-THE MESSAGE)

● 18장

① 그때에 수아 사람 빌닷이 끼어들어 말하기를,

② 정말 지루하기 짝이 없는 말장난만 하고 있군! 정신 차리게! 그런 후에야 우리는 토론을 할 수 있지.

(How long will it be, ere ye make an end of words? Mark, and afterwards we will speak.-KJV)

("When will you end these speeches? Be sensible, and then we can talk.-NIV)

(When will you put an end to words? Reflect, and then we can have discussion.-NAB)

(How monotonous these word games are getting! Get serious! We need to get down to business.-THE MESSAGE)

③ 어찌하여 네가 보기에 우리가 가축들로 간주되고 멍청하게 여겨지느냐?

④ 그는 자기의 분노로 스스로를 찢는도다, 너를 위하여 지구가 버림을 당하겠느냐? 바위가 그 자리에서 옮기겠느냐?

⑤ 참으로 사악한 자들의 등불은 꺼지고 그의 불의 화염은 타지 아니하리니,

⑥ 그 장막 안의 빛은 어두워지고, 그 위의 등불은 꺼질 것이요,

⑦ 그 강한 걸음이 곤하여지고, 그 자신의 꾀에 스스로 빠질 것이니,

⑧ 이는 그 발이 <u>스스로</u> 그물에 들어가고 얽는 줄을 밟음이며,

⑨ 덫이 그의 발 뒤꿈치를 걸 것이요, 강도가 그를 쳐서 이기리라,

⑩ 올무가 그를 노려 땅에 놓여 있고 길에는 그를 빠뜨릴 함정이 있도다,

⑪ 두렵게 하는 것들이 사방에서 그를 놀래고 그 뒤를 쫓아 올것이며,

⑫ 그의 힘은 굶주림으로 쇠약하여 지고 그 곁에는 재앙이 기다릴 것이며,

⑬ 그것이 피부의 대부분을 먹어버리고, 사망의 장자가 그의 사지를 먹어버리나니,

(It shall devour the strength of his skin: even the firstborn of death shall devour his strength.-KJV)

(It eats away parts of skin; death's firstborn devours his limbs.-NIV)

(His skin is eaten to the limbs, the firstborn of Death eats his limbs.-NAB)

(To lay them out for a gourmet meal, a treat for ravenous Death.-THE MESSAGE)

⑭ 그가 그 의뢰하던 장막에서 뽑혀서 무서움의 왕에게로 잡혀가고,

⑮ 그에게 속하지 않은 자가 그 장막에 거하리니, 유황이 그 처소에 뿌려질 것이며,

⑯ 아래서는 그 뿌리가 마르고 위에서는 그 가지가 찍힐 것이며,

⑰ 그의 기념이 땅에서 없어지고 그의 이름이 거리에서 전함이 없을 것이며,

⑱ 그는 빛으로부터 어둠 속으로 내몰리며 세상에서 쫓겨날 것이며,

⑲ 그는 그 백성 가운데서 아들도 없고 손자도 없을 것이고 그의 거하던 곳에는 한 사람도 남을 자가 없을 것이라,

⑳ 앞에 간 자들이 무서워하였던 것같이 그의 뒤에 오는 자들도 그의 날을 보고 놀라리라,

㉑ 불의한 자의 집이 이러하고, 하나님을 알지 못하는 자의 처소도 그러하니라.

● 19장

① 그때에 욥이 대답하여 말하기를,

② 얼마나 오랫동안 너희가 나를 괴롭게 하고 말들로 나는 산산이 부수려 하느냐?

③ 너희가 나를 열번이나 꾸짖고 나를 학대하고도 부끄러워 아니하는구나,

④ 내가 과연 허물이 있었다 할지라도 그 허물은 내게 남아 있느니라,

⑤ 참으로 만일 너희가 나를 대적하여 너희 자신을 높이고 나를 대적하여 내가 비난받아야 한다고 주장할지라도,

⑥ 하나님께서 나를 굴복하게 하시고 그분의 그물로 나를 에워싸신 줄을 알아야 하느니라,

⑦ 비록, 내가 포학을 당한다고 부르짖으나 응답이 없고, 내가 간구할지라도 답함이 없구나,

⑧ 그분이 내 길을 막아 지나지 못하게 하시고 내 행로들에 어둠을 두셨도다,

⑨ 나의 영광을 벗기시며 나의 면류관을 머리에서 취하시고,

⑩ 사면으로 나를 헐으시니 나는 죽었구나, 내 소망을 나무 뽑듯 뽑으시고,

⑪ 나를 향하여 진노하시고, 원수 같이 보시는구나,

⑫ 그 군대가 일제히 나아와서 길을 수축하고, 나를 치며 내 장막을 둘러 진 쳤구나,

⑬ 나의 형제들로 나를 멀리 떠나게 하시니, 나를 아는 모든 사람이 내게서 멀어졌구나,

⑭ 내 친척은 나를 버리며 가까운 친구는 나를 잊었구나,

⑮ 내 집에 우거한 자와 내 계집 종들은 나를 낯선자로 여기니 내가 그들 앞에서 타국 사람이 되었구나,

⑯ 내가 내 종을 불러도 대답지 아니하니, 내 입으로 그에게 청하여야 하겠구나,

⑰ 나의 숨소리를 내 아내가 싫어하고, 나의 형제들에게 나는 귀찮은 존재가 되는구나,

⑱ 어린 아이들이라도 나를 업신여기고 내가 일어나면 나를 조롱하는구나,

⑲ 나의 가까운 친구들이 나를 미워하고, 나의 사랑하는 사람들이 돌이켜 나의 대적이 되었구나

⑳ 내 피부와 살이 뼈에 붙었고 남은 것은 겨우 잇거풀 뿐이로구나,

㉑ 나의 친구야! 너희는 나를 불쌍히 여기라! 하나님의 손이 나를 치셨구나,

㉒ 너희가 어찌하여 하나님처럼 나를 핍박하느냐? 내 살을 먹고도 부족하냐?

㉓ 나의 말이 곧 기록되었으면 책에 씌어졌으면

㉔ 철필과 납으로 영영히 돌에 새겨졌으면 좋겠노라!

㉕ 내가 알기로는 나의 구속자는 살아 계셔서 끝날에 그분께서 지구위에 서서 계실 것이니라,

㉖ 내 피부의 구더기들이 이 몸을 멸한 뒤에도, 내가 육체 안에서 하나님을 보리라,

㉗ 내가 친히 그분을 보리니, 나의 눈으로, 남의 눈이 아닌 나 자신의 눈으로 그분을 볼것이니라, 내 안에서 나의 마음이 그분 보기를 매우 갈망하는도다,

㉘ 너희가 만일 이르기를, 우리가 그를 어떻게 칠꼬 하며, 또 이르기를, 일의 뿌리가 그에게 있다 할진대,

㉙ 너희는 칼을 두려워할지니라, 분노는 칼의 형벌을 부르나니, 너희가 심판이 있는 줄을 알게 되리라.

● 20장

① 그때에 나아마 사람 소발이 대답하여 말하기를,

② 나의 생각이 내가 빨리 대답하도록 하나니, 이는 내가 대단히 혼란스럽기 때문이니라,

③ 내가 나를 부끄럽게 하는 책망을 들었으므로 나의 슬기로운 마음이 내게 대답하는구나,

④ 너는 사람이 지구에 뿌리 박은 옛날 이후로 그것이 존재하여 옴을 확실히 아는도다,

⑤ 사악한 자들이 이기는 것은 짧고 위선자들의 즐거움도 잠간이니라,

⑥ 그 높기가 하늘에 닿고 그 머리가 구름에 미칠지라도,

⑦ 그는 자기의 배설물처럼 영원히 없어질 것이라, 그를 보았던 자가 이르기를, "그가 어디 있느냐?" 하리라,

⑧ 그는 꿈 같이 지나가니 다시 찾을 수 없을 것이요, 밤에 보이던 환상처럼 쫓겨가리니,

⑨ 그를 본 눈이 다시 그를 보지 못할 것이요, 그의 처소도 다시 그를 보지 못할 것이며,

⑩ 그의 자녀들이 가난한 자에게 은혜를 구하겠고, 그도 얻은 재물을 자기 손으로 도로 줄 것이며,

⑪ 그 기골이 청년 같이 강장하나, 그 기세가 그와 함께 흙에 누우리라,

⑫ 그는 비록 악을 달게 여겨 혀 밑에 감추며,

⑬ 아껴서 버리지 아니하고 입에 물고 있을지라도,

⑭ 그의 음식이 창자 속에서 변하며 뱃속에서 독사의 쓸개가 되느니라,

⑮ 그가 재물을 삼켰을지라도 다시 토할 것은 하나님이 그 배에서 도로 나오게 하심이니,

⑯ 그가 독사의 독을 빨며 뱀의 혀에 죽을 것이라,

⑰ 그는 강 곧 꿀과 엉긴 젖이 흐르는 강을 보지 못할 것이요,

⑱ 수고하여 얻은 것을 도로 주고 삼키지 못할 것이며, 매매하여 얻은 재물로 즐거워

하지 못하리니,

⑲ 이는 그가 가난한 자를 학대하고 버림이요, 자기가 세우지 않은 집을 빼앗음이니라,

⑳ 그는 마음에 족한 줄을 알지 못하니, 그 기뻐하는 것을 하나도 보존치 못하겠고,

㉑ 남긴 것이 없이 몰수히 먹으니, 그런즉 그 형통함이 오래지 못할 것이라,

㉒ 풍족할 때에도 궁핍에 이르리니, 사악한 자들의 모든 손이 그 사람 위에 임하리라,

㉓ 그가 배를 불리려 할 때에 하나님이 맹렬히 진노를 내리시니, 밥 먹을 때에 그의 위에 비같이 쏟으시리라,

㉔ 그가 철병기를 피할 때에는 놋활이 쏘아 꿸 것이요,

㉕ 몸에서 그 살을 빼어 낸즉, 번쩍번쩍하는 촉이 그 쓸개에서 나오고 큰 두려움이 그에게 임하느니라,

㉖ 모든 캄캄한 것이 그의 보물을 위하여 쌓이고, 사람이 피우지 않은 불이 그를 멸하며 그 장막에 남은 것을 사르리라,

㉗ 하늘이 그의 죄악을 드러낼 것이요, 땅이 일어나 그를 칠 것인즉,

㉘ 그의 집의 번영이 떠나가고 그의 재물은 그분의 진노하시는 날에 흘러가리라,

㉙ 이것이 하느님께로부터 받을 사악한 자의 몫이고 하느님께서 그에게 정하여 준 유산이니라, 하니라.

● 21장

① 그때에 욥이 대답하여 말하기를,

② 너희는 내 말을 자세히 들으라, 이것이 너희의 위로가 될 것이니라,

③ 내가 말하도록 용납하고 내가 말한 후에 조롱하라,

④ 나로 말하면 내가 사람에게 불평하는 것이냐? 만일 그렇다면 어찌 내 영이 불안하지 아니하겠느냐?

⑤ 나를 보아라 놀랄지니라, 너희 손으로 너희 입을 막을지니라,

⑥ 내가 기억하기만 하여도 두려우며 심한 떨림이 몸을 사로잡는구나,

⑦ 어찌하여 악인들이 살아 가며 장수를 하고 권력도 막강하냐?

⑧ 그들은 그들의 자녀들이 성공하는 것을 보고 손주들을 보는 기쁨을 얻는다네,
(Their seed is established in their sight with them, and their offspring before their eyes.-KJV)

(They see their children established around them, their offspring before their eyes.-NIV)

(Their progeny is secure in their sight; their offspring are before their eyes.-NAB)

(They get to see their children succeed, get to watch and enjoy their grandchildren.-THE MESSAGE)

⑨ 그들의 집은 평화롭고 두려워할 일이 없네, 하느님의 매가 그 위에 임하지 않으며,

⑩ 그들의 수소는 영락 없이 새끼를 베게 하고 그 암소는 새끼를 낳고 낙태하지 않는 구나,

⑪ 그들은 아이들을 내어 보냄이 양떼 같고 그 자녀들은 춤 추는구나,

⑫ 그들은 템블린과 하프의 음악에 맞추어 노래하고 그들은 피리부는 소리에 즐거워 하네,

⑬ 그들은 그들의 날들을 풍족하게 지내다가 평안히 음부에 내려가네,

⑭ 그러나 그들은 하느님께 말하네, 우리를 그냥 놔 두시오!, 우리는 당신의 길들(하고 자하는 방식)을 알고 싶지 아니하나이다, ,

⑮ 전능자가 누구이기에 우리가 섬기며 우리가 그에게 기도한들 무슨 이익을 얻으랴? 하는구나,

⑯ 그러나 그들이 잘되고 못되는 것은 그들의 손에 있지 아니하나니, 그래서 나는 악 인들의 행태로부터 멀리 떨어져 있네,

⑰ 악인의 등불이 꺼짐이나 재앙이 그들에게 임함이나 하느님이 진노하사 그들을 곤 고게 하심이나,

⑱ 그들이 바람 앞에 겨불 같이 폭풍에 불려가는 겨 같이 되는 일이 몇 번이나 있있느 냐?

⑲ 하나님이 그의 죄악을 쌓아 두셨다가 그 자손에게 갚으신다 하거니와 그 몸에 갚 으셔서 그로 깨닫게 하셔야 할 것이라,

⑳ 자기의 멸망을 자기의 눈으로 보게 하시며 전능자의 진노를 마시게 하셔야 할 것 이니라,

㉑ 이는 그의 달수가 중간에서 끊어지면 그가 없어진 뒤에 자기 집에 대하여 무슨 관 계가 있겠느냐?

㉒ 그러나, 하나님은 높은 자들을 심판하시나니, 누가 능히 하나님께 지식을 가르치

겠느냐?

㉓ 어떤 사람은 죽도록 기운이 충실하여 평강하며 안일하고,

㉔ 그 그릇에는 젖이 가득하며 그 골수는 윤택하였고,

㉕ 어떤 사람은 죽도록 마음에 고통하고 복을 맛보지 못하였어도,

㉖ 이 둘이 일반으로 흙 속에 눕고 그 위에 구더기가 덮이는구나,

㉗ 내가 너희의 생각을 알고 너희가 나를 해하려는 계략을 아노니,

㉘ 이는 너희가 말하기를, 통치자의 집이 어디 있느냐? 악인들의 거하던 장막이 어디 있으뇨? 함이라,

㉙ 너희가 길 가는 사람들에게 묻지 아니하였느냐? 너희는 그들의 표식을 알지 못하느냐?

㉚ 악인은 남기워서 멸망의 말을 기다리움이 되고 멸망의 날을 맞으러 끌려 나감이 된다, 하느니라,

㉛ 누가 능히 그의 행위를 면박하며, 누가 능히 그가 행한 것에 대하여 되갚아 주겠느냐?

㉜ 그림에도 불구하고 그는 무덤으로 옮겨져서 무덤안에 계속 있으리니,

㉝ 그 골짜기의 흙은 그에게 달콤하고 많은 사람들이 그를 따르며 무수한 사람들이 그보다 먼저 갔느니라,

(The clods of the valley shall be sweet unto him, and every man shall draw after him, as there are innumerable before him.-KJV)

(The soil in the valley is sweet to him; all men follow after him, and a countless throng goes before him?-NIV)

(Gently lowered into expensive graves, with everyone telling lies about how wonderful they were.-THE MESSAGE)

(Sweet to him are the clods of valley. All humankind will follow after him, and countless others before him.-NAB)

㉞ 그런데도 너희의 대답 속에서 거짓이 남아 있음을 보노라, 너희가 어찌 나를 헛되이 위로하려 하느냐? 하니라.

● 22장

① 그때에 데만 사람 엘리바스가 대답하여 말하기를,

② 지혜로운 자가 그 자신에게 유익하게 하는 것같이 사람이 하느님께 유익하게 할 수 있는가?

③ 네가 의롭다 한들 그것이 전능하신 분께 무슨 기쁨이 되겠느냐? 네가 네 행위를 온전하게 한들 그것이 그분께 무슨 이익이 있겠느냐?

④ 하느님께서 네가 두려워서 너를 책망하시고 너를 재판에 붙이시겠느냐?

⑤ 네 악이 크지 아니하냐? 네 죄악이 끝이 없지 아니하냐?

⑥ 까닭 없이 형제의 물건을 볼모 잡으며, 헐벗은 자의 의복을 벗기며,

⑦ 갈한 자에게 물을 마시우지 아니하며, 주린 자에게 음식을 주지 아니하였구나,

⑧ 권세 있는 자가 토지를 얻고 존귀한 자가 거기서 사는구나,

⑨ 네가 과부를 빈손으로 돌아가게 하며, 고아의 팔을 꺾었도다,

⑩ 이러므로 올무들이 너를 둘러 있고 두려움이 홀연히 너를 불안하게 하며,

⑪ 또 어두움이 너로 볼수 없게 하고, 넘치는 물들이 너를 덮었느니라,

⑫ 하느님이 높은 하늘에 계시지 아니하냐? 보라 별들의 높음을 그것들이 얼마나 높은데 있는가?

⑬ 그러나 네가 말하기를, 하느님께서 어떻게 아시겠느냐? 그분께서 어두운 구름을 통과하여 심판하실 수 있으시겠느냐?

⑭ 짙은 구름들이 그분을 가리우면 그분께서 보지 못하시고, 그분은 하늘의 궤도를 거니실 뿐이로다, 하는도다,

⑮ 너는 사악한 자들이 밟았던 그 옛적 길을 지키려느냐?

⑯ 그것들은 때가 이르기 전에 끊어버리웠고 그 터는 홍수로 인하여 휩쓸려갔느니라,

⑰ 그들이 하느님께 말하기를, 우리를 떠나소서 하며 또 말하기를, 전능자가 우리를 위하여 무엇을 하실 수 있으랴? 하였으나,

⑱ 그분께서는 좋은 것으로 그들의 집을 채우셨느니라, 오직 사악한 자들의 계획은 내게서 멀리 있도다,

⑲ 의인들은 그것을 보고 기뻐하며, 무죄한 자들은 그들을 조롱하여 비웃기를,

⑳ 우리의 대적이 끊어졌고 그 남은 것이 불사른바 되었다 하느니라,

㉑ 너는 하느님과 화목하고 평안하라, 그리하면 복이 네게 임하리라,

㉒ 내가 너에게 권하노니, 너는 그 입에서 교훈을 받고 그분의 말씀을 네 마음에 두라,

㉓ 네가 만일 전능자에게로 돌아 가고 또 네 장막에서 불의를 멀리 버리면 다시 흥하리라,

㉔ 그때에 너는 금을 티끌같이 쌓고 오빌의 금을 시내의 돌(the stones of the brooks)같이 쌓으리라,

㉕ 그리하면 전능자가 네 보배가 되시며 네게 귀한 은이 되시리라,

㉖ 이에 네가 전능자를 기뻐하여 하느님께로 얼굴을 들 것이라,

㉗ 너는 그분에게 네 기도를 드리리니, 그분께서는 네 기도를 들으시고, 너는 네 서원을 성취하리라,

㉘ 네가 무엇을 경영하면 이루어질 것이요, 네 길에 빛이 비취리라,

㉙ 사람들이 넘어짐을 당하면, 너는 말하기를, 그들을 일으켜 세우라, 하라, 그리하면 그분께서 그 겸허한 자를 도와주시리라,

㉚ 그분께서는 그가 무죄한 자가 아니라도 건져내시리니, 네 손이 깨끗함으로 인하여 그런 자도 건져내심을 얻으리라.

• 23장

① 그때에 욥이 대답하여 말하기를,

② 오늘도 나의 불평이 비통하고 신음을 막는 내 손은 무거웁구나,

(Even to day is my complaint bitter. My stroke is heavier than my groaning.-KJV)

("Even today my complaint is bitter; his hand is heavy in spite of my groaning.-NIV)

(Today especially my complaint is bitter,his hand is heavy upon me in my groaning.-NAB)

("I'm not letting up-I'm standing my ground. My complaint is legitimate.-THE MESSAGE)

③ 내가 어찌하면 하나님 계신 곳을 알꼬! 그리하면 그 보좌 앞에 나아가서,

④ 그 앞에서 호소하며 논거를 가지고 말을 입에 채우고,

⑤ 내게 대답하시는 말씀을 내가 알고 내게 이르시는 것을 내가 깨달으리라,

⑥ 그가 큰 권능을 가지시고 나로 더불어 다투실까 아니라 도리어 내 말을 들으시리라,

⑦ 거기서는 정직자가 그와 변론할 수 있은즉, 내가 심판자에게서 영영히 벗어나리라,

⑧ 그런데 내가 앞으로 가도 그가 아니 계시고 뒤로 가도 보이지 아니하며,

⑨ 그가 왼편에서 일하시나 내가 만날 수 없고 그가 오른편으로 돌이키시나 뵈올 수 없구나,

⑩ 나의 가는 길을 오직 그가 아시나니, 그가 나를 단련하신 후에는 내가 정금 같이 나오리라,

⑪ 내 발이 그의 걸음을 바로 따랐으며, 내가 그의 길을 지켜 치우치지 아니하였고,

⑫ 내가 그의 입술의 명령을 어기지 아니하고, 일정한 음식보다 그 입의 말씀을 귀히 여겼구나,

⑬ 그는 뜻이 일정하시니, 누가 능히 돌이킬까? 그 마음에 하고자 하시는 것이면 그것을 행하시나니,

⑭ 그런즉, 내게 작정하신 것을 이루실 것이라, 어런 일이 그에게 많이 있느니라,

⑮ 그러므로 내가 그의 앞에서 떨며 이를 생각하고 그를 두려워하는구나,

⑯ 하나님이 나로 낙심케 하시며 전능자가 나로 두렵게 하시나니,

⑰ 이는 어두움으로 나를 끊지 아니하셨고 흑암으로 내 얼굴을 가리우지 아니하셨음이니라.

● 24장

① 전능하신 분이 심판의 날을 감추시는게 아니라면 어째서 우리에게 알려 주시지 아니하시는가?

(Why, seeing times are not hidden from the Almighty, do they that know him not see his days?-KJV)

(Why does the Almighty not see times for judgment? Why must those who know him look in vain for such days?-NIV)

(Why are times not see by the Almighty, and why do his friends not see his days?-NAB)

(But if judgment Day isn't hidden from the Almighty, why are we kept in the dark?-THE MESSAGE)

② 살인을 저지르고, 도둑질과 거짓말, 불법적인 일들을 밥 먹듯 하고도 무사히 넘어가는 자들이 있지 않은가?

③ 그들은 가난한 이들을 등치고 불행한 이들을 착취하며,

④ 빈궁한 자를 길에서 몰아 내나니 세상에 가난한 자가 다 스스로 숨는구나,

⑤ 그들은 거친 땅의 들나귀 같아서, 나가서 일하며 먹을 것을 부지런히 구하니, 광야가 그 자식을 위하여 그에게 먹을 것을 내는구나

⑥ 밭에서 남의 곡식을 베며, 악인의 남겨 둔 포도를 따며,

⑦ 의복이 없어 벗은 몸으로 밤을 지내며, 추위에 덮을 것이 없으며,

⑧ 산중 소나기에 젖으며, 가리울 것이 없어 바위를 안고 있느니라,

⑨ 어떤 사람은 고아를 어미 품에서 빼앗으며, 가난한 자의 옷을 볼모로 잡으므로,

⑩ 그들이 옷이 없어 벌거벗고 다니며 주리면서 곡식 단을 메며,

⑪ 그 사람의 담 안에서 기름을 짜며 목말라 하면서 술 틀을 밟느니라,

⑫ 인구 많은 성중에서 사람들이 신음하며, 상한 자가 부르짖으나, 하나님이 그 불의를 보지 아니하시느니라,

⑬ 또 광명을 배반하는 사람들은 이러하니, 그들은 광명의 길을 알지 못하,며 그 첩경에 머물지 아니하는 자라,

⑭ 사람을 죽이는 자는 새벽에 일어나서 가난한 자나 빈궁한 자를 죽이,고 밤에는 도적같이 되며,

⑮ 간음하는 자의 눈은 저물기를 바라며, 아무 눈도 나를 보지 못하리라, 하고 얼굴을 변장하며,

⑯ 밤에 집을 뚫는 자는 낮에는 문을 닫고 있은즉, 광명을 알지 못하나니,

⑰ 그들은 다 아침을 흑암 같이 여기니, 흑암의 두려움을 앎이니라,

⑱ 그들은 물 위에 빨리 흘러가고, 그 산업은 세상에서 저주를 받나니, 그들이 다시는 포도원 길로 행치 못할 것이니라,

⑲ 가뭄과 더위가 눈 녹은 물을 곧 말리나니, 음부가 범죄자에게도 그와 같은 것인즉,

⑳ 태가 그를 잊어버리고 구더기가 그를 달게 먹을 것이라, 그는 기억함을 다시 얻지 못하나니, 불의가 나무처럼 꺽이리라,

㉑ 그는 잉태치 못하므로 해산치 못한 여인을 학대하며, 과부를 선대치 아니하는 자니라,

㉒ 그러나 하나님이 그 권능으로 강한 자들을 보존시키시니, 살기를 바라지 못할 자도 일어나는구나,

㉓ 하나님이 그들을 호위하사, 평안케 하시나 그 눈은 그들의 길에 있구나,

㉔ 그들은 높아져도 잠시간에 없어지나니, 낮아져서 범인처럼 제함을 당하고 곡식 이

삭 같이 베임을 입느니라,

㉕ 가령, 그렇지 않을지라도 능히 내 말을 거짓되다 지적하거나, 내 말이 헛되다 변박할 자 누구이랴? 하니라.

• 25장

① 그때에 수아 사람 빌닷이 대답하여 말하기를,

② 주권과 위엄은 하나님께 있나니,그분은 하늘의 가장 높은 곳에서 평화를 베푸시느니라,

③ 그분의 군대의 수를 셀수 있느냐? 그분의 빛의 비춤을 입지 않은 자가 누구냐?

④ 그런즉 하나님 앞에서 사람이 어찌 의롭다 하며, 여자에게서 난 자가 어찌 깨끗 하다 할 수 있겠느냐?

⑤ 하나님이 보실 때에는 달도 빛을 내지 않고 별들도 완벽하지 못하느니라,

(Behold even to the moon, and it shineth not; yea, the stars are not pure in his sight.-KJV)

(If even the moon is not bright and the stars are not pure in his eyes,-NIV)

(Even the moon is not bright and the stars are not clean in his eyes.-NAB)

(Why, even the moon has its flaws, even the stars aren't perfect in God's eyes,-THE MESSAGE)

⑥ 그런데 하물며 민달팽이와 구더기에 불과한 평범한 사람(남녀)들이야 더 말할 나위가 있겠는가!

• 26장

① 그러나 욥이 대답하여 말하기를,

② 네가 힘 없는 자를 잘 도왔구나, 기력 없는 팔을 참 잘 구원하였구나,

③ 지혜 없는 자를 참 잘 가르쳤구나, 큰 지식을 참 잘 나타내었구나,

④ 네가 누구를 향하여 말을 내었느냐? 뉘 영이 네게서 나왔느냐?

⑤ 음령들이 큰 물과 수족 밑에서 떠나니,

⑥ 하나님 앞에는 음부도 드러나며 멸망의 웅덩이도 가리움이 없음이니라,

⑦ 그는 북편 하늘을 허공에 펴시며 땅을 공간에 다시며,

⑧ 물을 **빽빽한** 구름에 싸시나 그 밑의 구름이 찢어지지 아니하느니라,

⑨ 그는 자기의 보좌 앞을 가리우시고 자기 구름으로 그 위에 펴시며,

⑩ 수면에 경계를 그으셨으되 빛과 어두움의 지경까지 한정을 세우셨느니라,

⑪ 그가 꾸짖으신즉, 하늘기둥이 떨며 놀라느니라,

⑫ 그는 권능으로 바다를 흉융케 하시며, 지혜로 교만한 자들을 치시는도다,

⑬ 그분의 영으로 하늘을 단장하시고, 손으로 날랜 뱀을 찌르시나니,

⑭ 이런 것은 그분의 길의 시작점이요, 우리가 그에게 대하여 들은 것도 심히 적은 소리뿐이니라, 그분의 능력의 천둥소리를 누가 능히 알아들을 수 있겠느냐?

● 27장

① 또한 욥이 계속하여 비유로 말하기를,

② 살아 계신 하나님! 그분이 나를 정당하게 대하여 주지 않으시고, 전능자께서 나의 생을 쓰리게 하셨도다,

(As God liveth, who hath taken away my judgment; and the Almighty, who hath vexed my soul;-KJV)

(As surely as God lives, who has denied me justice, the Almighty, who has made me taste bitterness of soul,-NIV)

(As God lives, who takes away my right, the Almighty, who has made my life bitter,-NAB)

(God-Alive! He's denied me justice! God Almighty! He's ruined my life!-THE MESSAGE)

③ (나의 생명이 아직 내 속에 완전히 있고 하나님의 기운이 오히려 내 코에 있느니라)

④ 결코 내 입술이 불의를 말하지 아니하며, 내 혀가 속임을 말하지 아니하리라,

⑤ 나는 단정코 너희를 옳다 하지 아니하겠고, 죽기 전에는 나의 순전함을 버리지 않을 것이라,

⑥ 내가 내 의를 굳게 잡고 놓지 아니하리니, 일평생 내 마음이 나를 책망치 아니하리라,

⑦ 나의 대적은 악인 같이 되고, 일어나 나를 치는 자는 불의한 자 같이 되기를 원하노라,

⑧ 위선자가 이익을 얻었으나, 하나님이 그 영혼을 취하실 때에는 무슨 소망이 있으

랴,

⑨ 환난이 그에게 임할 때에 하나님이 어찌 그 부르짖음을 들으시랴?

⑩ 그가 어찌 전능자를 기뻐하겠느냐? 항상 하나님께 불러 아뢰겠느냐?

⑪ 하나님의 하시는 일을 내가 너희에게 가르칠 것이요, 전능자의 뜻을 내가 숨기지 아니하리라,

⑫ 너희가 다 이것을 보았거늘, 어찌하여 아주 헛된 사람이 되었는고?

⑬ 이것이 곧 사악한 사람이 하나님께로부터 받을 그 몫이고, 전능자로부터 받을 억압자들의 유산이니라,

⑭ 만일 그의 자녀들이 번성할지라도 그것은 칼을 위함이요, 그 후손은 빵에 배부르지 못할 것이니,

⑮ 그에게 남은 자들은 죽음으로 묻히게 될 것이요, 그의 과부들은 울지 아니하리라,

⑯ 그가 비록 은을 티끌 같이 쌓고 의복을 진흙 같이 예비할지라도,

⑰ 그 예비한 것을 의인이 입을 것이요, 그 은은 무죄자가 나눌 것이며,

⑱ 그가 지은 집은 누에고치 집 같고, 파수꾼에 의하여 지어진 초막 같으니라,

⑲ 그가 누울때는 부자로 누우나, 더 이상 그렇게 부자가 아닐 것이고, 그가 눈을 뜬 때에는 모든 것이 없어졌느니라,

⑳ 두려움이 물 같이 그를 따라 미칠 것이며, 폭풍이 밤에 그를 빼앗아갈 것이며,

㉑ 동풍이 그를 날려 보내며 그 처소에서 몰아내리라,

㉒ 하나님이 그를 아끼지 아니하시고 쏘시나니, 그가 그 손에서 피하려 하여도 못할 것이라,

㉓ 사람들이 그를 향하여 손뼉을 치며 그를 비웃고 그 처소에서 쫓아내리라.

● 28장

① 참으로 은이 나는 광맥이 있고, 연단하는 금도 단련하는 곳이니, 사람들이 그것을 찾는도다,

② 철은 땅속에서 캐내고 구리는 광석을 녹여 얻지,

③ 광부들은 어두운 땅속을 뚫고 들어가 산의 뿌리를 더듬어 광석을 찾고, 숨 막히는 어둠 속에서 파고 또 판다네,

(He setteth an end to darkness, and searcheth out all perfection: the stones of darkness, and the shadow of death.-KJV)

(Man puts an end to the darkness; he searches the farthest recesses for ore in the blackest darkness.-NIV)

(He sets a boundary for the darkness; the farthest confines he explores.-NAB)

(Miners penetrate the earth's darkness, searching the roots of the mountains for ore, digging away in the suffocating darkness.-THE MESSAGE)

④ 그들은 사람들의 자취가 없는 먼 곳에 수직 갱도를 파고 밧줄을 내려 갱도 안으로 들어가네,

⑤ 지구 표면이 곡창지대라면 그 심층은 대장간이라서 광석에서 사파이어를 떼어내고 돌에서 금을 캐내지,

⑥ 그 돌 가운데는 남보석이 있고 사금도 있으며,

⑦ 그 길은 솔개도 알지 못하고 매의 눈도 보지 못하며,

⑧ 위엄스러운 짐승도 밟지 못하였고, 사나운 사자도 그리로 지나가지 못하였느니라,

⑨ 사람이 굳은 바위에 손을 대고 산을 뿌리까지 무너뜨리며,

⑩ 돌 가운데로 도랑을 파서 각종 보물을 눈으로 발견하고,

⑪ 시냇물을 막아 스미지 않게 하고 감취었던 것을 밝은데로 내느니라,

⑫ 그러나 지혜는 어디서 얻으며 명철을 곳은 어디인고?

⑬ 그 값을 사람이 알지 못하나니 사람 사는 땅에서 찾을 수 없구나,

⑭ 깊은 물이 이르기를, 내 속에 있지 아니하다, 하며, 바다가 이르기를, 나와 함께 있지 아니하다 하느니라,

⑮ 정금으로도 바꿀 수 없고, 은을 달아도 그 값을 당치 못하리니,

⑯ 오빌이 금이나 귀한 수마노나 남보석으로도 그 값을 당치 못하겠고,

⑰ 황금이나 유리라도 비교할 수 없고 정금 장식으로도 바꿀 수 없으며,

⑱ 산호나 수정으로도 말할 수 없나니, 지혜의 값은 홍보석보다 귀하구나,

⑲ 구스의 황옥으로도 비교할 수 없고 순금으로도 그 값을 측량하지 못하리니,

⑳ 그런 즉, 지혜는 어디서 오며 명철의 곳은 어디인고?

㉑ 모든 생물의 눈에 숨겨졌고, 공중의 새에게 가리워졌으며,

㉒ 멸망과 사망도 이르기를, 우리가 귀로 그 소문은 들었다 하느니라,

㉓ 하나님이 그 길을 깨달으시며 있는 곳을 아시나니,

㉔ 이는 그가 땅 끝까지 감찰하시며 온 천하를 두루 보시며,

㉕ 바람의 경중을 정하시며, 물을 되어 그 분량을 정하시며,

㉖ 비를 위하여 명령하시고, 우뢰와 번개를 위하여 길을 정하셨음이라,

㉗ 그 때에 그분께서 그것을 보시고 그것을 선포하셨고, 그분께서 그것을 예비하셨으며 참으로 그것을 찾아내셨도다,

㉘ 또 그분께서 사람에게 이르시기를, 보라, 주님을 두려워함이 곧 지혜요, 악을 피함이 깨달음이라 하셨느니라.

(And he said to man, "The fear of Lord – that is wisdom and to shun evil is understanding."-NIV)

● 29장

① 욥이 계속하여 비유를 들어 말하기를,

② 오, 나에게 지나간 좋은 날들이 있었지 그 날들이 그립지, 그 날들에는 하나님이 나를 대단히 알뜰하게 돌봐주었지,

(Oh that I were as in months past, as in the days when God preserved me;-KJV)

(How I long for the months gone by, for the days when God watched over me,-NIV)

(Oh, that I were as in the months past, as in the days when God watched over me:-NAB)

(Oh, how I long for the good old days, when God took such very good care of me.-THE MESSAGE)

③ 그 때는 그분의 등불이 내 머리에 비취었고, 내가 그 광명을 힘입어 어둠을 지나 걸었느니라,

④ 나의 나이 한창이었을 때, 그 때는 하나님의 우정이 내 장막 위에 있었으며,

⑤ 그 때는 전능자가 오직 나와 함께 계셨고, 나의 자녀들이 나를 둘러 있었으며,

⑥ 내가 우유로 발을 씻고, 반석이 나를 위하여 기름시내를 흘려 내었으며,

⑦ 그 때는 내가 성문에 나가서 광장에 자리를 잡으면,

⑧ 나를 보고 소년들은 숨으며 노인들은 몸을 일으켜 세웠지,

⑨ 고관들은 말을 삼가고, 손으로 입을 가리우며,

⑩ 귀인들은 소리를 죽이고, 그들의 혀는 입천장에 붙었지,

⑪ 귀가 들은즉 나를 위하여 축복하고, 눈이 본즉 나를 위하여 증거하였었나니,

⑫ 이는 내가 하소연하는 빈민과 도와줄 자 없는 고아를 구해 주었기 때문이네,

⑬ 죽어가는 사람이 나를 위하여 복을 빌었으며, 과부의 마음이 나로 인하여 기뻐 노래하였지,

⑭ 나는 의로움의 옷을 입었고, 정의가 나의 겉옷이고 머리두건이었느니라,

⑮ 나는 소경의 눈도 되고 절뚝발이의 발도 되며,

⑯ 가난한 이들에게는 아버지 였고, 알지 못하는 이의 소송도 살펴주었으며,

⑰ 불의한 자의 어금니를 꺾고, 그 잇사이에서 겁탈한 물건을 내뱉게 하였지,

⑱ 그래서 나는 이렇게 생각하였지, 내 보금자리에서 눈을 감고 내가 살 날을 모래알처럼 많게 하리라,

⑲ 내 뿌리는 물가로 뻗어서 내 가지에서는 이슬이 밤을 새우리라,

⑳ 내 명예는 나와 함께 늘 새롭고 내손의 활은 날로 강하여지느니라,

㉑ 사람들은 내 말을 들으며 나의 가르치기를 잠잠히 기다리다가,

㉒ 내가 말한 후에 그들이 말을 하지 못하였었나니, 이는 나의 말이 그들이 들으니 맞기 때문이니라,

㉓ 그들이 나를 기다리는 것을 비를 기다리는 것같이 하였으며, 또 봄비를 기다리듯 입을 벌렸지,

㉔ 내가 웃으면 그들은 황송하여 믿기지 아니하였고, 내 얼굴빛 하나도 놓치지 않으려 하였지,

㉕ 나는 그들의 길을 선택해 주고 으뜸으로 앉았었나니, 왕이 군중에 거함도 같았고, 애곡하는 자를 위로하는 사람도 같았었느니라.

● 30장

① 그러나 이제는 나보다 젊은 자들이 나를 조롱하니, 그들의 아비들은 나의 보기에는 내가 나의 양떼 지키는 개들과 함께 지내게 하기도 꺼렸을 자들이라,

② 그들의 기력이 쇠하였나니, 그들의 손의 힘이 나에게 무슨 유익이 되겠냐?

③ 이는 그들이 궁핍과 기근으로 처량하더니 예전에 캄캄하고 거친 들에서 마른 흙을 씹으며,

④ 떨기나무 가운데서 짠나물도 꺾으며, 대싸리 뿌리로 음식으로 삼느니라,

⑤ 사람들이 도적을 외침같이 그들에게 소리지름으로 그들은 사람 가운데서 쫓겨나서,

⑥ 침침한 골짜기와 흙구덩이와 바위 구멍에서 살며,

⑦ 떨기나무 가운데서 나귀처럼 부르짖으며 가시나무 아래 모여 있느니라,

⑧ 그들은 본래 미련한 자의 자식이요, 비천한 자의 자식으로 고토에서 쫓겨난 자니라,

⑨ 이제는 내가 그들의 노래가 되며, 그들의 조롱거리가 되었고,

⑩ 그들은 나를 미워하여 멀리 하고 내 얼굴에 침 뱉기를 주저하지 아니하나니,

⑪ 이는 하나님이 내 줄을 늘어지게 하시고, 나를 곤고케 하시매, 무리가 내 앞에서 굴레를 벗었음이니라,

⑫ 그 낮은 무리가 내 우편에서 일어나 내 발을 밀뜨리고, 나를 대적하여 멸망시킬 길을 쌓으며,

⑬ 도울 자없는 그들이 내 길을 헐고 내 재앙을 재촉하는구나,

⑭ 성을 크게 파괴하고 그 파괴한 가운데로 몰려 들어 오는 것같이 그들이 내게로 달려드니,

⑮ 놀람이 내게 임하는구나, 그들이 내 영광을 바람 같이 내 복록이 구름 같이 지나 갔구나,

⑯ 이제는 내 마음이 내 속에서 녹으니, 환난날이 나를 잡음이라,

⑰ 밤이 되면 내 뼈가 쑤시니, 나의 몸에 아픔이 쉬지 아니하는구나,

⑱ 하나님의 큰 능력으로 하여 옷이 추하여져서 옷깃처럼 내 몸에 붙었구나,

⑲ 하나님이 나를 진흙 가운데 던지셨고, 나로 티끌과 재 같게 하셨구나,

⑳ 내가 주께 부르짖으오나, 주께서 대답지 아니 하시오며, 내가 섰사오나, 주께서 굽어 보시기만 하시나이다,

㉑ 주께서 돌이켜 내게 잔혹히 하시고 완력으로 나를 핍박하시오며,

㉒ 나를 바람 위에 들어 얹어 불려가게 하시며 태풍 중에 소멸케 하시나이다,

㉓ 내가 아나이다, 주께서 나를 죽게 하사 모든 생물을 위하여 정한 집으로 끌어 가시리이다,

㉔ 그러나 사람이 넘어질 때에 어찌 손을 펴지 아니하며 재앙을 당할 때에 어찌 도움을 부르짖지 아니하겠는가?

㉕ 고생의 날 보내는 자를 위하여 내가 울지 아니하였는가? 빈궁한 자를 위하여 내 마

음에 근심하지 아니하였는가?

㉖ 내가 복을 바랐더니 화가 왔고, 광명을 기다렸더니 흑암이 왔구나,

㉗ 내 마음이 어지러워서 쉬지 못하는구나, 환난날이 내게 임하였구나,

㉘ 나는 햇볕에 쬐지 않고 검어진 살을 가지고 걸으며, 사람들 중에 서서 도움을 부르 짖고 있느니라,

㉙ 나는 이리의 형제요, 타조의 벗이로구나,

㉚ 내 가죽은 검어져서 떨어졌고, 내 뼈는 열기로 하여 탔구나,

㉛ 내 수금은 애곡으로 변하였고, 내 피리는 애통하는 소리로 되었구나.

● 31장

① 나는 음욕을 품고 소녀를 쳐다보지 않기로 내 눈들과 언약을 하였느니라,

② 무엇이 저 너머에 계신 하나님으로부터 오는 인간의 몫이고, 저 높은 곳에 계신 전능자로부터 주어진 인간의 유업인가?

③ 불의자에게 환난이 아니겠느냐? 행악자에게는 재앙이 아니겠느냐?

④ 그가 내 길들을 보지 아니하시느냐? 내 걸음을 다 세지 아니하시느냐?

⑤ 내가 만일 거짓 속에 걸어왔고 남을 속이려고 내 발이 서둘렀다면,

⑥ 나를 공평한 저울판에 달아 보시라지, 그러면 하나님께서 내가 흠 없음을 알게 되실 것이네,

⑦ 언제 내 걸음이 길에서 떠났던가, 내 마음이 내 눈을 따라갔던가, 내 손에 더러운 것이 묻었던가,

⑧ 그리하였으면, 나의 심은 것을 타인이 먹으며, 나의 농작물이 뿌리까지 뽑히는 것이 마땅하니라,

⑨ 언제 내 마음이 여인에게 유혹되어 이웃의 문을 엿보아 기다렸던가,

⑩ 그리하였으면 내 처가 타인의 매를 돌리며 타인이 더불어 동침하는 것이 마땅하니라,

⑪ 이는 중죄라, 재판장에게 벌 받을 악이요,

⑫ 멸망 하도록 사르는 불이라, 나의 모든 소출을 뿌리까지 없이 할 것이니라,

⑬ 남종이나 여종이나 나로 더불어 쟁변할 때에 내가 언제 그의 사정을 멸시하였던가,

⑭ 그리하였으면, 하나님이 일어나실 때에는 내가 어떻게 하겠느냐? 하나님이 국문하

실 때에는 내가 무엇이라 대답하겠느냐?

⑮ 나를 태 속에 만드신 자가 그도 만들지 아니하셨느냐? 우리를 뱃속에 지으신 자가 하나가 아니시냐?

⑯ 내가 언제 가난한 자의 소원을 막았던가? 과부의 눈으로 실망케 하였던가?

⑰ 나만 홀로 음식물을 먹고 고아에게 먹이지 아니하였던가?

⑱ 실상은 내가 젊었을 때부터 고아를 기르기를 그의 아비처럼 하였으며 내가 모태에서 나온 후로 과부를 인도하였었노라?

⑲ 내가 언제 사람이 의복이 없이 죽게 된 것이나 빈궁한 자가 덮을 것이 없는 것을 보고도,

⑳ 나의 양털로 그 몸을 더웁게 입혀서 그로 나를 위하여 복을 빌게 하지 아니하였던가?

㉑ 나를 도와주는 자가 성문에 있음을 보고 내가 손을 들어 고아를 쳤던가?

㉒ 그리하였으면 내 어깨가 어깨 뼈에서 떨어지고 내 팔 뼈가 부러짐이 마땅하니라,

㉓ 나는 하나님의 재앙을 심히 두려워 하고 그 위엄을 인하여 아무 것도 할 수 없느니라,

㉔ 내가 언제 금으로 내 소망을 삼고 정금더러 너는 내 의뢰하는 바라 하였던가,

㉕ 언제 재물의 풍부함과 손으로 얻는 것이 많으로 기뻐하였던가,

㉖ 언제 태양의 빛남과 달의 명랑하게 운행되는 것을 보고,

㉗ 내 마음이 가만히 유혹되어 손에 입맞추었던가,

㉘ 이 역시 재판장에게 벌 받을 죄악이니, 내가 그리하였으면 위에 계신 하나님을 배민힌 것이니라,

㉙ 내가 언제 나를 미워하는 자의 멸망을 기뻐하였으며, 그의 재앙 만남을 인하여 기운을 뽐내었던가,

㉚ 실상은 내가 그의 죽기를 구하는 말로 저주하여 내 입으로 범죄케 아니하였느니라,

㉛ 내 장막 사람의 말이 주인의 고기에 배부르지 않은 자가 어디 있느뇨? 하지 아니하니하였었는가?

㉜ 나그네로 거리에서 자게 하지 아니하고 내가 행인에게 내 문을 열어 주었었노라,

㉝ 내가 언제 큰 무리를 두려워하며 족속의 멸시를 무서워함으로 잠잠하고 문에 나가지 아니하며,

㉞ 타인처럼 내 죄악을 품에 숨겨 허물을 가리었었던가,
㉟ 누구든지 나의 말을 들을지니라, 나의 서명이 여기 있으니, 전능자가 내게 답하시기를 원하노라, 내 대적의 기록한 소송장이 내게 있었으면,
㊱ 내가 어깨에 메기도 하고 면류관처럼 머리에 쓰기도 하며,
㊲ 내 걸음의 수효를 그에게 고하고 왕족처럼 가까이 하였으리라,
㊳ 만일 내 토지가 부르짖어 나를 책망하며, 그 이랑이 일시에 울어 댔다면,
㊴ 만일 내가 값을 내지 않고 그 수확물을 빼앗으며 그 그 주인들을 상심케 하였다면,
㊵ 밀 대신에 엉겅퀴가 나고 보리 대신에 잡초가 자라도 마땅하니라, 하고 욥의 말을 끝내니라.

• 32장

① 이와 같이 욥이 스스로 의롭게 여기므로, 이세 사람들이 욥의 말에 대답하기를 그치니라,
② 그 대에 람 족속 부스 사람 바라겔의 아들 엘리후가 노를 발하니, 그가 욥에게 노를 발함은 욥이 하나님보다 자기가 의롭다 하였기 때문이요,
③ 또한 그가 세 친구들에게 노를 발함은 그들이 대답를 찾지도 못하였고 그리고도 욥을 정죄하였기 때문이라,
④ 이제 엘리후가 욥이 말할 때까지 기다렸으니, 이는 그들이 자기보다 나이가 많았기 때문이라,
⑤ 엘리후가 이 세 사람의 입에 대답이 없는 것을 보자 그의 분노가 발하였으니,
⑥ 부스 사람 바라겔의 아들 엘리후가 대답하여 말하기를, 나는 연소하고 당신들은 연로하므로 내가 두려워하여 당신들께 감히 내 의견을 보여주지 못하였습니다,
⑦ 나는 '나이들은 분들이 말을 하여야 하며 연륜이 지혜를 가르쳐야 한다.' 고 생각합니다,
⑧ 그러나 사람의 속에는 심령이 있나니 전능자의 영적(숨소리,속삭임)기운이 사람에게 깨달음을 주십니다,

(But there is a spirit in man: and the inspiration of the Almighty giveth them understanding.-KJV)

(But it is the spirit in a man, the breath of the Almighty, that gives him understanding.-NIV)

(But there is a spirit in human beings, the breath of the Almighty, that gives them understanding.-NAB)

(But I see I was wrong-it's God's Spirit in a person, the breath of the Almighty One, that makes wise human insight possible.-THE MESSAGE)

⑨ 위대한 사람들이라고 항상 지혜로운 것이 아니요, 나이든 사람이라고 공의를 깨닫는 것이 아닙니다,

⑩ 그러므로 내가 말하노니, 내 말을 들으라, 나도 내 의견을 보이리라,

⑪ 나는 당신들이 말을 하는 동안 기다렸고, 나는 당신들의 변명에 귀를 기울였습니다, 그 동안에 그 변명에 합당한 말을 찾고 있었습니다,

⑫ 자세히 들은즉, 당신들 가운데 욥을 꺽어 그 말을 대답하는 자가 없도다,

⑬ 당신들이 혹시라도 말하기를, 우리가 지혜를 깨달았었구나, 그를 이길 자는 하나님이시요, 사람이 아니라 하지 말지니라,

⑭ 그가 내게 말을 내지 아니하였으니, 나도 당신들의 말처럼 그에게 대답지 아니하리라,

⑮ 그들이 놀라서 다시 대답하지 못하니 할 말이 없음이로구나,

⑯ 그들이 말이 없이 가만히 서서 다시 대답지 아니한즉, 내가 어찌 더 기다리랴,

⑰ 나도 내 본분대로 대답하고 나도 내 의향을 보이리니,

⑱ 내게 말이 가득하고, 내 심령이 나를 강박함이니라,

⑲ 보라, 내 가슴은 봉한 포도주 같고, 새 가죽 부대가 터지게 됨 같구나,

⑳ 내가 말을 발하여야 시원할 것이라 내 입을 열어 대답하리라,

㉑ 나는 결코 사람의 낯을 보지 아니하며 사람에게 아첨하지 아니하나니,

㉒ 이는 아첨할 줄을 알지 못함이리, 만일 그리하면 나를 지으신 자가 나를 취하시리로다.

• 33장

① 그런즉 이제 욥이 내 말을 듣고, 나의 모든 말에 귀를 기울여 듣기를 원하노라,

② 내가 입을 여니, 내 혀가 입에서 동하는구나,

③ 내 말이 내 마음의 정직함을 나타내고, 내 입술이 아는 바를 진실히 말하리라,

④ 하나님의 영이 나를 지으셨고, 전능하신 하나님의 숨소리가 나에게 생명을 주셨도다,

(The Spirit of God hath made me, and the breath of the Almighty hath given me life.-KJV)

(The Spirit of God has made me; the breath of the Almighty gives me life.-NIV)

(For the spirit of God made me, the breath of the Almighty keeps me alive.-NAB)

(The Spirit of God made me what I am, the breath of God Almighty give me life!-THE MESSAGE)

⑤ 네가 할 수 있거든 그때 나에게 대답하고, 너 자신을 준비하여 내 앞에 서라,

⑥ 나와 네가 하나님 앞에서 똑 같으니, 나도 역시 흙으로 지으심을 입었느니라,

⑦ 내 위엄으로는 너를 두렵게 하지 못하고, 내 권세로는 너를 누르지 못하리라,

⑧ 네가 실로 나의 듣는데 말하였고, 나는 네 말소리를 들었느니라, 이르기를,

⑨ 나는 깨끗하여 죄가 없고 허물이 없으며 불의도 없거늘,

⑩ 하나님이 나를 칠 틈을 찾으시며 나를 대적으로 여기사,

⑪ 내 발을 착고에 채우시고, 나의 모든 길을 감시하신다, 하였느니라,

⑫ 내가 네게 대답하리라, 이 말에 네가 의롭지 못하니, 하나님은 사람보다 크심이니라,

⑬ 하나님은 인간의 모든 말들에 대하여 답하지 아니하시나니, 네가 하나님께 불평을 말함은 어쩜이야?

⑭ 이는 하나님께서 한 번 말씀하시고, 참으로 두번 말씀하셔도 사람은 그것을 깨닫지 못하는도다,

⑮ 사람이 침상에서 졸며 깊이 잠들 때에나 꿈에나 밤의 이상 중에,

⑯ 사람의 귀를 여시고, 인치듯 교훈하시나니,

⑰ 이는 사람으로 그 꾀를 버리게 하려 하심이며, 사람에게 교만을 막으려 하심이라

⑱ 그는 사람의 혼으로 구덩이에 빠지지 않게 하시며, 그 생명으로 칼에 멸망치 않게 하시느니라,

⑲ 또는 사람이 병상의 고통과 뼈가 늘 쑤심의 징계를 받나니,

⑳ 그의 마음은 음식을 싫어하고, 그의 혼은 별미를 싫어하며,

㉑ 그의 살은 파리하여 보이지 아니하고, 보이지 않던 뼈가 드러나서,

㉒ 그의 혼이 구덩이에 그의 생명이 멸하는 자에게 가까워 지느니라,

㉓ 그럴 때에 만일 일천 천사 가운데 하나가 그 사람의 해석자로 함께 있어서 그 정당히 행할 것을 보일진대,

㉔ 그때에 그분께서 그 사람에게 은혜를 베풀어 말하기를, 그를 건져서 구덩이에 내려가지 않게 하라, 내가 한 대속물을 얻었다, 하시리라,

㉕ 그런즉 그 살이 어린 아이보다 연하여져서 소년 때를 회복할 것이요,

㉖ 그는 하나님께 기도하므로 하나님이 은혜를 베푸사, 그로 자기의 얼굴을 즐거이 보게 하시고, 사람에게 그 의를 회복시키시느니라,

㉗ 그가 사람 앞에서 노래하여 이르기를, 내가 전에 범죄하였고 옳은 것을 굽게 하였으나, 그것이 내게 무익 하였었구나,

㉘ 하나님이 내 영혼을 건지사 구덩이에 내려가지 않게 하셨으니, 내 생명이 빛을 보겠구나 하리라,

㉙ 하나님이 사람에게 이 모든 일을 재삼 행하심은,

㉚ 그 영혼을 구덩이에서 끌어 돌이키고, 생명의 빛으로 그에게 비취려 하심이니라,

㉛ 욥이여 귀를 기울여 내게 들으라, 잠잠하라, 내가 말하리라,

㉜ 만일 할 말이 있거든 대답하라, 내가 너를 의롭게 하려 하노니, 말하라,

㉝ 만일 없으면, 내 말을 들으라, 잠잠하라, 내가 지혜를 너에게 가르치리라, 하니라..

● 34장

① 그때에 엘리후가 말하기를,

② 너희 지혜있는 자들아 내 말을 들으며, 지식 있는 자들아 내게 귀를 기울이라,

③ 이는 혀가 음식물의 맛을 보는 것같이 귀는 말들을 분별하기 때문이니라,

④ 우리가 스스로 옳은 것은 택하고, 무엇이 선한가 우리끼리 알아보자,

⑤ 욥이 말하기를 나는 죄가 없으나, 하나님은 나의 죄 없음을 부인하셨고,

⑥ 내가 정직하나 거짓말쟁이가 되었고, 나는 허물이 없으나 내 상처가 낫지 못하게 되었느니라, 하였으니,

⑦ 욥은 물 마시는 것과 같이 비방을 받느니라, 그러니 어떤 사람이 욥과 같으랴?

⑧ 악한 일을 하는 자들과 사귀며, 악인과 함께 다니는도다,,

⑨ 이는 그가 말하기를, 사람이 하나님과 함께 기뻐하는 것이 그에게 아무것도 유익한 것이 없도다, 하였기 때문이라,

⑩ 그러므로 너희 총명한 자들아 내 말을 들으라, 하나님은 단정코 악을 행치 아니하

시고, 전능자는 단정코 불의를 행치 아니하시며,

⑪ 사람의 행위들대로 그에게 갚으시고 각자 자기의 길들에 따라 얻게 하시는도다,

⑫ 진실로 하나님은 악을 행치 아니하시고, 전능자는 공의를 굽히지 아니하시느니라,

⑬ 누가 그분께 세상을 맡겼습니까? 누가 온 누리를 세웠습니까?

(Who hath given him a charge over the earth? or who hath disposed the whole world?-KJV)

(Who appointed him over the earth? Who put him in charge of the whole world?-NIV)

(Who gave him charge over the earth, or who set all the world in its place?-NAB)

(It's impossible for God to do anything wicked, for the Mighty One to subvert justice.-THE MESSAGE)

⑭ 당신의 영을 되돌리시고, 당신의 입김을 도로 거두시면,

⑮ 모든 육체는 일체로 망하고, 사람은 진토로 돌아 가리라,

⑯ 만일 너희가 분별력이 있거든 이말을 듣고, 나의 하는 말소리에 귀를 기울이라,

⑰ 정의를 미워하는 자가 지배할 수 있느냐? 너희가 의롭고 전능하신 분을 정죄하려느냐?

⑱ 그분은 왕들에게 '너희는 쓸모가 없다, 고 하며 귀족들에게도 '너희들은 사악하다,' 고 하시지 않느냐?

⑲ 왕족을 외모로 취치 아니하시고, 부자를 가난한 자보다 더 생각하지 아니하시나니, 이는 그들이 다 그의 손으로 지으신바가 됨이니라,

⑳ 그들은 밤중 순식간에 죽나니, 백성은 떨며 없어지고 세력있는 자도 사람의 손을 대지 않고 제함을 당하느니라,

㉑ 하나님은 사람의 길을 주목하시고, 사람의 모든 걸음을 감찰하시나니,

㉒ 악을 행한 자는 숨을 만한 흑암이나 어두운 그늘이 없느니라,

㉓ 하나님은 사람을 심판하시기에 오래 생각하실 것이 없으시니,

㉔ 세력 있는 자를 조사할 것 없이 꺾으시고, 다른 사람을 세워 그를 대신하게 하시느니라,

㉕ 이와 같이 그들의 행위를 아시고, 그들을 밤 사이에 엎으신즉, 멸망하나니,

㉖ 그들을 악한 자로 여겨 사람의 목전에서 치심은,

㉗ 그들이 그분 뒤를 따르려 하지 않고 그분의 길은 하나도 알려고 하지 않으면서,

㉘ 그들은 가난한 자들의 부르짖음이 그분 앞에 도달케 해서 그분이 곤궁한 자들의 부르짖음을 듣게 하느니라,

㉙ 그분께서 침묵을 지키신다고 한들, 그것이 당신과 무슨 상관이 있습니까? 하나님이 얼굴을 숨기신다 한들, 어찌하겠습니까? 그러나 침묵하시든 숨으시든, 하나님은 여전히 존재하시며 다스리기에,

㉚ 하나님을 미워하는 자들이 그분의 자리를 차지하여 사람들의 삶을 망치는 일은 없을 것이니라,

㉛ 참으로 이렇게 하나님께 말씀드리는 것이 마땅하니라, '내가 죄를 지었으니 다시는 범죄치 아니하겠나이다.,

㉜ 그리고 내가 볼 수 없는 것을 나에게 가르치소서, 만일 내가 잘못하였으면, 다시는 그렇게 하지 아니하겠나이다.' 라고,

㉝ 당신이 하나님 뜻대로 살고 싶지 않다고 해서, 하나님이 당신 뜻대로 움직이셔야 합니까? 선택은 당신의 몫입니다, 내가 대신할 수는 없지요, 어느 쪽을 선택할 것인지 말해보십시오.

(Should it be according to thy mind? He will recompense it, whether thou refuse, or whether thou chose; and not I: therefore speak what thou knowest.-KJV)

(Should God then reward you on your terms, when you refuse to repent? You must decide, not I; so tell me what you know.-NIV)

(Just because you refuse to live on God's terms, do you think he should start living on your terms? You choose, I can't do it for you. Tell me what you decide.-THE MESSAGE)

(Would you then say that God must punish, when you are disdainful? It is you who must choose, not I; speak, therefore, what you know.-NAB)

㉞ 생각을 올바르게 하는 사람들이 이구동성으로 하는 말, 내 말에 동의하는 지혜로운 사람들이 하는 말이 있습니다,

("All right thinking people say-and the wise who have listened to me concur-'Job is an ignoramus. He talks utter nonsense.'-THE MESSAGE)

(Let men of understanding tell me, and let a wise man hearken unto me.-

KJV)

("Men of understanding declare, wise men who hear me say to me,-NIV)

(Those who understand will say to me, all the wise who hear my views:-NAB)

㉟ '욥은 무식한 사람이야, 그는 헛소리를 지껄이고 있어.' 하고

㊱ 오! 욥이 악인들같이 대답하므로, 욥이 끝까지 테스트를 받을지도 모르지! 하니라,

㊲ 이는 그가 자기 죄에다 반역을 더하여 우리중에서 손뼉을 치며 하나님을 대적하는 말들을 많이 하기 때문이라, 하니라.

● 35장

① 엘리후가 말을 더하여, 가로되

② 이는 네가 말하기를, 나의 의는 하나님의 의보다 낫다 하였으니, 너는 이것이 옳다고 생각하느냐?,

③ 이는 네가 말하기를, 그런즉 그것이 네게 무슨 유익이 있으며, 내가 내 죄에서 깨끗해진다면 나는 무슨 유익을 얻을 것인가? 하였도다,

④ 내가 너와 및 너와 함께 있는 네 동무들에게 대답하리라,

⑤ 너는 하늘을 우러러 보라, 네 위의 높은 구름을 바라보라,

⑥ 네가 범죄한들 하나님께 무슨 영향이 있겠느냐? 네 죄악이 많다한들 하나님께 무슨 관계가 있겠으며,

⑦ 네가 의로운들 하나님께 무엇을 드리겠으며, 그가 네 손에서 무엇을 받으시겠느냐?

⑧ 네 악은 너와 같은 사람이나 해 할 따름이요, 네 의는 인생이나 유익하게 할 뿐이니라,

⑨ 사람들은 심한 학대 아래에서 부르짖으며, 힘센자들의 팔로부터 구원을 간구하느니라,

⑩ 그러나 나를 지으신 분, 하나님, 곧 사람으로 밤중에 노래하게 하시며,

⑪ 우리를 지구의 짐승들보다 더 많이 가르치시고 하늘의 새들보다 더 지혜롭게 만드신 분이신 하나님은 어디 계시는가? 하고 말하는 자가 하나도 없도다,

⑫ 그들이 거기서 부르짖으나 아무도 대답치 아니하는 것은 사악한 자들의 교만함 때문이니라,

⑬ 하나님께서는 헛된 것은 결코 듣지 아니하시며, 전능하신 분께서는 그것을 중히 여기지 아니하실 것이라,

⑭ 더욱이 그때에 네가 하나님은 뵈올 수 없고 일의 송사는 그분 앞에 있으니, 나를 그를 기다릴 뿐이라, 하니라,

(Although thou sayest thou shalt not see him, yet judgment is before him; therefore trust in him.-KJV)

(How much less, then, will he listen when you say that you do not see him, that your case is before him and you must wait for him,-NIV)

(Even though you say, "You take no notice of it," the case is before him; with trembling wait upon him.-NAB)

(So why would he notice you just because you say you're tired of waiting to be heard,-THE MESSAGE)

⑮ 하나님이 진노하심으로 벌을 주기 아니하셨고, 횡포를 심히 살피지 아니하셨으므로,

⑯ 이제 너 욥이 헛되이 이 입을 열어 지식 없는 말을 많이 하는도다, 하니라.

● 36장

① 엘리후가 말을 이어 가로되,

② 나를 잠간 용납하라, 내가 네게 보이리니, 이는 내가 하나님을 위하여 오히려 할 말이 있음이라,

③ 내가 먼데서 지식을 취하고, 나를 지으신 자에게 의를 돌려 보내리라,

④ 진실로 내 말이 거짓이 아니라, 지식이 구비한 자가 너와 함께 있느니라,

⑤ 하나님은 전능하시나 아무도 멸시치 아니하시며 그분께서는 능력과 지혜가 강하시느니라,

⑥ 그분은 사악한 자들을 살려 두지 아니하시고, 가련한 이들의 권리는 보장하시느니라,

(He preserveth not the life of the wicked: but giveth right to the poor.-KJV)

(He does not keep the wicked alive but gives the afflicted their rights.-NIV)

(For the wicked, though, it's a different story-he doesn't give them the time of day, but champions the rights of their victims.-THE MESSAGE)
(He establishes the right of the poor; he does not divert his eyes from the just.-NAB)

⑦ 그 눈을 의인에게서 돌이키지 아니하시고, 그를 왕과 함께 영원히 위에 앉히사 존귀하게 하시며,

⑧ 혹시 그들이 족쇄에 매이거나 고난의 줄들에 얽혔으면,

⑨ 그 때에 그분께서는 그들의 소행과 허물을 보이사 그 교만한 행위를 알게 하시고,

⑩ 그들의 귀를 열어 교훈을 듣게 하시며, 명하여 죄악에서 돌아오게 하시나니,

⑪ 만일 그들이 청종하여 섬기면 형통히 날을 보내며 즐거이 해를 지낼 것이요,

⑫ 만일 그들이 청종치 아니하면 칼에 망하며 이유를 알지도 못하고 죽을 것이니라,

⑬ 마음이 불경스러운 자들은 마음에 화를 품어서, 그분께서 그들을 속박하실지라도 도움을 구하지 아니하느니라,

⑭ 그들은 젊어서 죽으며 그들의 생명은 수치 속에서 망하느니라,

⑮ 하나님은 고난중에 있는 자를 그 고난할 즈음에 구원하시며, 학대 당할 즈음에 그 귀를 여시나니,

⑯ 그러므로 하나님이 너를 고난중에서 이끌어 내사, 좁지 않고 넓은 곳으로 옮기려 하셨은즉, 무릇 네 상에 차린 것은 살진 것이 되었으리라,

⑰ 이제는 악인의 받을 벌이 네게 가득하였고, 심판과 공의가 너를 잡았나니,

⑱ 진노가 넘친다 하여 반항으로 이끌릴지라도, 대속물이 넉넉하다고 하여 현혹되지도 말아야 하느니라,

⑲ 너의 부르짖음이나 너의 세력이 어찌 능히 너의 곤고한 가운데서 너로 유익하게 하겠느냐?

⑳ 너는 밤 곧 인생이 자기 곳에서 제함을 받는 때를 사모하지 말것이니라,

㉑ 삼가 악으로 치우치지 말라, 네가 환난보다 이것을 택하였느니라,

㉒ 하나님은 그 권능으로 큰 일을 행하시나니, 누가 그같이 교훈을 베풀겠느냐?

㉓ 누가 그를 위하여 그의 길을 정하였느냐? 누가 말하기를, 주께서 불의를 행하셨나이다, 할 수 있으랴?

㉔ 너는 하나님의 하신 일 찬송하기를 잊지 말지니라, 인생이 그 일을 노래하였느니라,

㉕ 그 일을 모든 사람이 우러러 보나니 먼데서도 보느니라,

㉖ 하나님은 크시니, 우리가 그를 알 수 없고 그 년수를 계산할 수 없느니라,

㉗ 그가 물을 가늘게 이끌어 올리신즉, 그것이 안개 되어 비를 이루고,

㉘ 그것이 공중에서 내려 사람 위에 쏟아지느니라,

㉙ 구름의 폐임과 그의 장막의 울리는 소리를 누가 능히 깨달으랴?

㉚ 그가 번개 빛으로 자기의 사면에 두르시며 바다 밑도 가리우시며,

㉛ 이런 것들로 만민을 징벌하시,며 이런 것들로 먹을 것을 풍성하게 주시느니라,

㉜ 그는 번개 빛으로 그 두 손을 싸시고, 그것을 명하사, 푯대를 맞추게 하시나니,

㉝ 그 울리는 소리가 풍우를 표시하고, 육축에게까지 그 올라 오는 것을 표시하느니라.

• 37장

① 이로 인하여 내 마음이 떨리며 자기 처소에서 떠나느니라,

② 하나님의 음성, 곧 그분의 입에서 나오는 우르르 소리를 들으라, 들으라,

(Hear attentively the noise of his voice, and the sound that goeth out of his mouth.-KJV)

(Listen! Listen to the roar of his voice, to the rumbling that comes from his mouth.-NIV)

(Listen to it! Listen to his thunder, the rolling, rumbling thunder of his voice.-THE MESSAGE)

(Listen to his angry voice and the rumble that comes forth from his mouth!-NAB)

③ 그 소리를 온 하늘 아래에 퍼치시며, 번개 빛으로 지구 끝까지 이르게 하시고,

(He directeth it under the whole heaven, and his lightning unto the ends of the earth.-KJV)

(He unleasehes his lightning beneath the whole heaven and sends it to the ends of the earth.-NIV)

(Everywhere under the heavens he sends it, with his light, to the ends of the earth.-NAB)

(He lets loose his lightnings from horizon to horizon, lighting up the earth from pole to pole.-THE MESSAGE)

④ 그 후에 큰 음성을 내시나니 곧 그분께서 자신의 위엄의 음성으로 천둥을 내시며, 그분의 음성이 들릴 때에 그분께서 그것들을 멈추게 하지 아니하시리라,

⑤ 하나님께서 자신의 음성으로 놀라운 천둥 소리를 내시며, 우리가 이해할 수 없는 큰 일들을 행하시나니,

⑥ 눈을 명하여 지구에 내리라 하시며, 적은 비와 큰 비도 그같이 내리게 하시느니라,

⑦ 그가 각 사람의 손을 봉인하시나니, 이는 그 지으신 모든 사람으로 그것을 알게 하려 하심이니라,

⑧ 짐승들은 숨는 곳으로 들어가서 그 굴에 머물며,

⑨ 남쪽에서는 회오리바람이 불어오고 북쪽에서는 찬 바람이 불어오느니라,

⑩ 하나님의 입김으로 인하여 서리가 내리고 물들의 넓이가 줄어지느니라,

⑪ 그가 습기로 **빽빽한** 구름 위에 실으시고 번개 빛의 구름을 널리 펴신즉,

⑫ 구름이 인도하시는대로 두루 행하나니, 이는 무릇 그의 명하시는 것을 온 세상에 이루려 함이라,

⑬ 혹 징벌을 위하며 혹 토지를 위하며 혹 긍휼 베푸심을 위하여 구름으로 오게 하시느니라,

⑭ 오 욥아! 이것을 귀 기울려 들으라, 그리고 가만히 서서 하나님의 경이로운 일들을 깊이 생각해보라,

⑮ 하나님이 어떻게 이런것들에게 명령하셔서 그 구름의 번개 빛으로 번쩍번쩍하게 하시는지 네가 아느냐?

⑯ 구름이 균형잡혀 떠 있는 것과 지식으로 보았을 때에도 완벽한 그분의 경이로운 일들을 네가 아느냐?

⑰ 남풍으로 하여 지구가 고요할 때에 네 의복이 따뜻한 까닭을 네가 아느냐?

⑱ 구리를 부어 만든 단단한 거울 같은 창공을 네가 그분과 함께 펼 수 있느냐?

⑲ 우리가 그에게 할 말을 너는 우리에게 가르치라, 이는 우리가 어둠으로 인하여 우리 말을 조리있게 할 수 없기때문이니라,

⑳ 내가 말하고 싶은 것을 어찌 그에게 고할 수 있으랴? 어찌 삼키우기를 바랄 자가 있으랴?

㉑ 사람들이 구름이 있으면 그때는 밝은 빛을 볼 수 없느니라, 그러나 바람이 지나가면 구름이 없이 맑아져서 밝은 빛을 볼수 있느니라,

㉒ 북방에서는 금 빛이 나오나니, 하나님께서는 두려운 위엄이 있느니라,

㉓ 전능자를 우리가 측량할 수 없나니, 그는 권능이 지극히 크사, 심판이나 무한한 공의를 굽히지 아니 하심이니라,

㉔ 그러므로 사람들은 그분을 경외할지니, 그분께서는 마음에 지혜롭다 하는 어떤자도 중히 여기지 아니하시는도다, 하니라.

● 38장

① 그때에 여호와께서 폭풍 가운데에서 욥에게 말씀하여 가라사대,

② 무지한 말로 이치를 어둡게 하는 자가 누구냐?

③ 너는 대장부처럼 허리를 묶고 내가 네게 묻는 것을 대답할지니라,

④ 내가 땅의 기초를 놓을 때에 네가 어디 있었느냐? 네가 깨달아 알았거든 말할지니라,

⑤ 누가 그 치수를 재었는지 네가 아느냐? 누가 그 위에다 측량줄을 펼쳤느냐?

⑥ 그것들의 기초는 무엇위에 세웠겠느냐? 또는 그것을 주춧돌은 누가 놓았느냐?

⑦ 그 때에 새벽 별들이 함께 노래하며 하나님의 아들들이 다 기쁘게 소리하였었느니라,

⑧ 바닷물이 태에서 나옴 같이 넘쳐 흐를 때에 문으로 그것을 막은 자가 누구냐?

⑨ 그 때에 내가 기름으로 그 의복을 만들고 흑암으로 그 강보를 만들고,

⑩ 그것을 위하여 나의 정하여 놓은 곳을 요동시키고, 빗장들과 문들을 세우고,

⑪ 이르기를, 네가 여기까지 오고 넘어가지 못하리니, 네 교만한 물결이 여기 그칠지니라, 하였었노라,

⑫ 네가 나던 날부터 아침을 명하였었느냐? 새벽으로 그 처소를 알게 하여,

⑬ 그것으로 땅끝에 비취게 하고, 악인을 그 가운데서 흔들어 떨쳐버린 일이 있었느냐?

⑭ 땅이 변화하여 진흙에 인친 것 같고 만물이 옷같이 나타나되,

⑮ 악인에게는 그 빛이 금한바 되고 그들의 높이 든 팔이 꺾이느니라,

⑯ 네가 바다 근원에 들어갔었느냐? 깊은 물밑으로 걸어 다녔었느냐?

⑰ 사망의 문이 네게 나타났었느냐? 사망의 그늘진 문을 네게 보았었느냐?

⑱ 땅의 넓이를 네가 측량하였었느냐? 다 알거든 말할지니라,

⑲ 광명의 처소는 어느 길로 가며 흑암의 처소는 어디냐?

⑳ 네가 능히 그 지경으로 인도할 수 있느냐? 그 집의 길을 아느냐?

㉑ 네가 아마 알리라, 네가 그 때에 났었나니, 너의 년수가 많음이니라,

㉒ 네가 눈 곳간에 들어갔었느냐? 우박 창고를 보았느냐?

㉓ 내가 환난 때와 전쟁과 격투의 날을 위하여 이것을 저축하였노라,

㉔ 광명이 어느 길로 말미암아 뻗치며 동풍이 어느 길로 말미암아 흩어지느냐?

㉕ 누가 폭우를 위하여 길을 내었으며 우뢰의 번개 길을 내었으며,

㉖ 사람 없는 땅에 사람 없는 황야에 비를 내리고,

㉗ 황무하고 공허한 토지를 축축하게 하고 연한 풀이 나게 하였느냐?

㉘ 비가 아비가 있느냐? 이슬 방울은 누가 낳았느냐?

㉙ 얼음은 뉘 태에서 났느냐? 공중의 서리는 누가 낳았느냐?

㉚ 물이 돌 같이 굳어지고 해면이 어느니라,

㉛ 네가 묘성을 매어 떨기 되게 하겠느냐? 삼성의 띠를 풀겠느냐?

㉜ 네가 열 두 궁성을 때를 따라 이끌어 내겠느냐? 북두성과 그 속한 별들을 인도하겠느냐?

㉝ 네가 하늘의 법도를 아느냐? 하늘로 그 권능을 땅에 베풀게 하겠느냐?

㉞ 네 소리를 구름에 올려 큰 물로 네게 덮이게 하겠느냐?

㉟ 네가 번개를 보내어 가게 하되 그것으로 네게 우리가 여기 있나이다, 하게 하겠느냐?

㊱ 가슴 속의 지혜는 누가 준 것이냐? 마음속의 깨달음은 누가 준 것이냐?

㊲ 누가 지혜로 구름을 계수하겠느냐?

㊳ 티끌로 진흙을 이루며 흙덩이로 서로 붙게 하겠느냐?

㊴ 네가 암사자를 위하여 먹이를 사냥하겠느냐? 젊은 사자의 식량을 채우겠느냐?

㊵ 그것들이 굴에 엎드리며 삼림에 누워서 기다리는 때에니라,

㊶ 까마귀 새끼가 하나님을 향하여 부르짖으며 먹을 것이 없어서 오락가락 할 때에, 그것을 위하여 먹을 것을 예비하는 자가 누구냐?

• 39장

① 산 염소가 새끼 치는 때를 네가 아느냐? 암사슴의 새끼 낳을 기한을 네가 알 수 있느냐?

② 그것이 몇 달 만에 만삭되는지 아느냐? 그 낳을 때를 아느냐?

③ 그것들은 몸을 구푸리고 새끼를 낳아 그 괴로움을 지내어 버리며,

④ 그 새끼는 강하여져서 빈들에서 길리우다가 나가고는 다시 돌아오지 아니하느니라,

⑤ 누가 들나귀를 놓아 자유하게 하였느냐? 누가 빠른 나귀의 매인 것을 풀었느냐?

⑥ 내가 광야를 들나귀의 집으로, 불모지를 그것들의 거주지들로 삼았느니라,

⑦ 그 들나귀는 성읍의 군중의 지꺼리는 것을 업신여기니 몰이꾼의 부르짖음도 무시하는도다,

⑧ 초장이 된 산으로 두루 다니며 여러 가지 푸른 것을 찾느니라,

⑨ 들 소가 어찌 즐겨 네게 복종하며 네 외양간에 머물겠느냐?

⑩ 네가 능히 줄로 들소를 매어 이랑을 갈게 하겠느냐? 그것이 어찌 골짜기에서 너를 따라 쓰레를 끌겠느냐?

⑪ 그것의 힘이 많다고 네가 그것을 의지하겠느냐? 네 수고하는 일을 그것에게 맡기겠느냐?

⑫ 그것이 네 곡식을 집으로 실어 오며 네 타작 마당에 곡식 모으기를 그것에게 의탁하겠느냐?

⑬ 타조가 날개를 즐겁게 푸덕댄다고 과연 그것이 황새의 깃이며 털이 될 수 있느냐?

(Gavest thou goodly wings unto the peacocks? Or wings and feathers unto the ostrich?-KJV)

("The wings of the ostrich flap joyfully, but they can not compare with the pinions and feathers of the stork.-NIV)

(The wings of ostrich flap away; her plumage is lacking in feathers.-NAB)

(The ostrich flaps her wings futilely-all those beautiful feathers, but useless!-THE MESSAGE)

⑭ 그것이 알을 땅에 버려두어 모래에서 더워지게 하고,

⑮ 밭에 깨어 질 것이나 들짐승에게 밟힐 것을 생각지 아니하고,

⑯ 마치 제 새끼들이 자기 것이 아닌 것처럼 하며, 새끼들에게 무정하게 하며 자기의 수고가 헛되게 될지라도 두려워하지 아니하나니,

⑰ 이는 하나님께서 그것에게 지혜를 허락하지 않으시고 슬기를 나누어 주지 아니하였기 때문이니라,

⑱ 그러나 그 몸을 떨쳐 뛰어갈 때에는 말과 그 탄 자를 경히 여기느니라,

⑲ 말의 힘을 네가 주었느냐? 네가 천둥으로 그것의 목을 옷 입혔느냐?

⑳ 네가 그것으로 메뚜기처럼 뛰게 하였느냐? 그 위엄스러운 콧소리가 두려우니라,

㉑ 그것이 골짜기에서 땅을 긁고 자기힘 있음을 기뻐하며, 무장한 자들을 맞으러 나가느니라,

㉒ 두려움을 비웃고 놀라지 아니하며, 칼을 당할지라도 물러나지 아니하니,

㉓ 그 위에서는 전동과 빛난 작은 창과 큰 창이 쟁쟁하며,

㉔ 땅을 삼킬듯이 맹렬히 성내며 나팔 소리를 들으면 머물러 서지 아니하고,

㉕ 나팔 소리 나는대로 소소히 울며, 멀리서 싸움 냄새를 맡고, 장관의 호령과 떠드는 소리를 듣느니라,

㉖ 매가 떠 올라서 날개를 펼쳐 남방으로 향하는 것이 어찌 네 지혜로 말미암음이냐?

㉗ 독수리가 공중에 떠서 높은 곳에 보금자리를 만드는 것이 어찌 네 명령을 의지함이냐?

㉘ 그것이 낭떠러지에 집을 지으며 뾰족한 바위 끝이나 험준한데 거하며,

㉙ 거기서 움킬 만한 것을 살피나니, 그 눈이 멀리 봄이며,

㉚ 그 새끼들도 피를 빠나니 살륙 당한 자 있는 곳에는 그것도 거기 있느니라.

● 40장

① 여호와께서 또 욥에게 말씀하여 가라사대,

② 변박하는 자가 전능자와 다투겠느냐? 하나님과 변론하는 자는 대답할지니라,

③ 욥이 여호와께 대답하여 가로되,

④ 나는 미천하오니 무엇이라 주께 대답하리이까? 손으로 내 입을 가릴 뿐이로소이다,

⑤ 내가 한 두번 말 하였사온즉, 다시는 더하지도 아니하겠고 대답지도 아니하겠나이다,

⑥ 여호와께서 폭풍 가운데서 욥에게 말씀하여 가라사대,

⑦ 너는 대장부처럼 허리를 묶고, 내가 네게 묻는 것을 대답할지니라,

⑧ 네가 내 심판을 폐하려느냐? 스스로 의롭다 하려 하여 나를 불의하다 하느냐?

⑨ 네가 하나님처럼 팔이 있느냐? 하나님처럼 우렁차게 울리는 소리를 내겠느냐?

⑩ 너는 위엄과 존귀로 스스로 꾸미며 영광과 화미를 스스로 입을지니라,

⑪ 너의 넘치는 노를 쏟아서 교만한 자를 발견하여 낱낱이 낮추되,

⑫ 곧 모든 교만한 자를 발견하여 낮추며 악인을 그 처소에서 밟아서,

⑬ 그들을 함께 진토에 묻고 그 얼굴을 싸서 어둑한 곳에 둘지니라,

⑭ 그리하면, 네 오른손이 너를 구원할 수 있다고 내가 인정하리라,

⑮ 이제 소 같이 풀을 먹는 하마를 볼지어다, 내가 너를 지은 것 같이 그것도 지었느니라,

⑯ 그 힘은 허리에 있고, 그 세력은 배의 힘줄에 있고,

⑰ 그 꼬리 치는 것은 백향목이 흔들리는 것 같고, 그 넓적다리 힘줄은 서로 연락되었으며,

⑱ 그 뼈는 놋관 같고, 그 가릿대는 철장 같으니,

⑲ 그것은 하나님의 창조물 중에 으뜸이라, 그것을 지은 자가 칼을 주었고,

⑳ 모든 들짐승들이 뛰노는 산들은 분명히 그것들을 위하여 먹이를 내느니라,

㉑ 그것이 연 줄기 아래나 갈밭 가운데나 못속에 엎드리니,

㉒ 연 그늘이 덮으며 시내 버들이 둘렀구나,

㉓ 강이 창일한다 할지라도 그는 놀라지 않고, 요단강이 불어 그 입에 미칠지라도 그는 안전하느니라,

㉔ 누가 그가 눈을 뜨고 있을 때 잡을 수 있으며, 올가미로 그 코를 꿸 수 있겠느냐?
(He taketh it with his eyes: his nose pierceth through snares.-KJV)
(Can anyone capture him by the nose?-NIV)
(Who can capture him by his eyes, or pierce his nose with a trap?-NAB)
(But you'd never want him for a pet - you'd never be able to housebreak him!-THE MESSAGE)

● 41장

① 네가 능히 낚시로 리바이어던(악어)를 낚을 수 있겠느냐? 노끈으로 그의 혀를 꿸 수 있겠느냐?

② 줄로 그 코를 꿸 수 있겠느냐? 갈고리로 그 아가미를 꿸 수 있겠느냐?

③ 그것이 어찌 네게 연속 간구하겠느냐? 유순한 말로 네게 이야기 하겠느냐?

④ 어찌 너와 계약하고 영영히 네 종이 되겠느냐?

⑤ 네가 어찌 새를 놀리는 것 같이 그것을 놀리겠으며, 네 소녀들을 위하여 그것을 매어 두겠느냐?

⑥ 누가 그 입을 열어젖힐 수 있느냐? 그의 공포스러운 잇빨이 가까이 있는데,

(Shall the companions make a banquet of him? Shall they part him among the merchants?-KJV)

(Will traders barter for him? Will they divide him up among the merchants?-NIV)

(Who can force open the doors of his face, close to his terrible teeth?-NAB)

(Will you put him on display in the market and have shoppers haggle over the price?-THE MESSAGE)

⑦ 네가 능히 창으로 그 가죽을 찌르거나 작살로 그 머리를 찌를 수 있겠느냐?

⑧ 손을 그것에게 좀 대어 보라, 싸울 일이 생각나서 다시는 아니하리라,

⑨ 잡으려는 소망은 헛것이라, 그것을 보기만 하여도 낙담하지 않겠느냐?

⑩ 아무도 그것을 격동시킬 용맹이 없거든 능히 나를 당할 자가 누구냐?

⑪ 누가 먼저 내게 주고 나로 갚게 하였느냐? 온 천하에 있는 것이 다 내 것이니라,

⑫ 내가 악어의 지체와 큰 힘과 훌륭한 구조에 대하여 잠잠치 아니하리라,

⑬ 누가 그 가죽을 벗기겠으며 그 아가미 사이로 들어가겠는고?

⑭ 누가 그 얼굴의 문을 열 수 있을까? 그의 이빨은 무시무시하게 두루 둘러있도다,

⑮ 그의 비늘들은 그의 자랑이라, 촘촘하게 봉인한 것같이 서로 닫혀 있어,

⑯ 비늘과 비늘이 서로 가까이 있으니 그 비늘 사이로 바람도 들어갈 수 없으며,

⑰ 그것들이 서로 연하여 붙었으니 능히 나눌 수도 없구나,

⑱ 그것이 재채기를 한즉 광채가 발하고 그 눈은 새벽 눈꺼풀이 열림 같으며,

⑲ 그 입에서는 횃불이 나오고 불똥이 뛰어나며,

⑳ 그 콧구멍에서는 연기가 나오니 마치 솥이 끓는 것과 갈대의 타는 것 같구나,

㉑ 그 숨이 능히 숯불을 피우니, 불꽃이 그 입에서 나오며,

㉒ 힘이 그 목에 뭉키었고 두려움이 그 앞에서 뛰는구나,

㉓ 그 살의 조각들이 서로 연하고 그 몸에 견고하여 움직이지 아니하며,

㉔ 그 마음이 돌 같이 단단하니, 그 단단함이 맷돌 아랫짝 같구나,

㉕ 그것이 일어나면 용사라도 두려워하며 경겁하여 창황하며,

㉖ 칼로 칠지라도 쓸데 없고 창이나 살이나 작살도 소용이 없구나,

㉗ 그것이 철을 초개같이 놋을 썩은 나무같이 여기니,

㉘ 살이라도 그것으로 도망하게 못하겠고, 물매 돌도 그것에게는 겨 같이 여기는구나,

㉙ 몽둥이도 검불 같이 보고 창을 던짐은 우습게 여기며,

㉚ 그의 아래 쪽에는 날카로운 돌들이 있나니 그가 진흙 위에 뾰족한 것들을 펼치는도다,

㉛ 그는 깊음을 솥처럼 끓이고 바다를 향유단지 같이 만들며,

㉜ 그는 자기 뒤에 길을 내어 빛이 나게 하니, 보는 사람이 생각하기에 그 깊음이 백발과 같도다, 하니라,

㉝ 땅 위에는 그와 같이 생긴 것이 없나니, 그는 두려움이 없게 지음을 받았음이라,

㉞ 그는 모든 높은 것들을 바라보나니 곧 그는 교만의 자식들을 다스리는 왕이니라, 하시니라,

● 42장

① 그때에 욥이 여호와께 대답하여 가로되,

② 주께서는 무소불능하시며, 무슨 계획이든지 못 이루실 것이 없는 줄 아오니,

③ 무지한 말로 이치를 가리우는 자가 누구니이까? 내가 스스로 깨달을 수 없는 일을 말하였고, 스스로 알 수 없고 헤아리기 어려운 일을 말하였나이다,

④ 내가 말하겠사오니 주여 들으시고, 내가 주께 묻겠사오니, 주여 내게 알게 하옵소서,

⑤ 내가 주께 대하여 귀로 듣기만 하였삽더니, 이제는 눈으로 주를 뵈옵나이다,

⑥ 그러므로 내가 나를 미워하고 티끌과 재 가운데서 회개하나이다,

⑦ 여호와께서 욥에게 이 말씀을 하신 후에 데만 사람 엘리바스에게 이르시되, 내가 너와 네 두 친구에게 노하나니, 이는 너희가 나를 가리켜 말한 것이 내 종 욥의 말 같이 정당하지 못함이니라,

⑧ 그런즉, 너희는 수송아지 일곱과 수양 일곱을 취하여, 내 종 욥에게 가서, 너희를 위하여 번제를 드리라, 내 종 욥이 너희를 위하여 기도할것인즉, 내가 그를 기쁘게 받으리니, 너희의 어리석은 행위대로 너희에게 갚지 아니하리라, 이는 너희가 나를 가리켜 말한 것이 내종 욥의 말같이 정당하지 못함이니라,

⑨ 이에 데만 사람 엘리바스와 수아 사람 발닷과 나아마 사람 소발이 가서 여호와께서 자기들에게 명하신대로 행하니라, 여호와께서 욥을 기쁘게 받으셨더라,

⑩ 욥이 그 친구들을 위하여 기도드렸더니, 여호와께서 욥의 곤경을 돌이키시고, 욥에게 그 전 소유보다 갑절이나 주신지라,

⑪ 이에 그의 모든 형제와 자매와 및 전에 알던 자들이 다 와서, 그 집에서 그와 함께 빵을 먹고 여호와께서 그에게 내리신 모든 재앙에 대하여 그를 위하여 슬퍼하며 위로하고, 각자가 금 한 닢과 금고리 하나씩을 주었더라,

⑫ 여호와께서 욥의 처음보다 말년에 복을 더하게 하시니, 그가 양 일만 사천과 약대 육천과 고 일천 겨리와 암나귀 일천을 두었고,

⑬ 또 아들 일곱과 딸 셋을 낳았으며,

⑭ 그가 첫째 딸은 여미마라 이름하였고, 둘째 딸은 굿시아라 이름하였고, 셋째 딸은 게렌합북이라 이름하였으며,

⑮ 전국 중에 욥의 딸들처럼 아리따운 여자가 없었더라, 그 아비가 그들에게 그 오라비처럼 유업을 주었더라,

⑯ 그 후에 욥이 일백 사십년을 살며 아들과 손자 사대를 보았고,

⑰ 나이 늙고 기한이 차서 죽었더라.

시편

· 본 성경듣기는 QR코드 인식으로 들을 수 있습니다

● 1장

① 복 있는 사람은 악인들의 말(권유)을 좇지 아니하고 죄인의 가는 길에 서지 아니하며 오만한 자의 자리에 앉지 아니하고,

(Blessed is the man that walketh not in the counsel of the ungodly, nor standeth in the way of sinners, nor sitteth in the seat of the scornful.-KJV)

(BLESSED IS the man who does not walk in the counsel of the wicked or stand in the way of sinners or sit in the seat of mockers-NIV)

(Blessed is the man who does not walk in the counsel of the wicked, Nor stand in the way of sinners, nor sit in company with scoffers.-NAB)

(How well God must like you-you don't hang out at Sin Saloon, you don't slink along Dead-End Road, you don't go to Smart-Mouth College.-THE MESSAGE)

② 오직 여호와의 율법을 즐거워하여 그 율법을 주야로 묵상하는 자로다,

③ 저는 시냇가에 심은 나무 같아서 시절을 좇아 과실을 맺으며 그 잎사귀가 마르지 아니하리니, 저가 무엇을 하든지 형통하리로다,

④ 악인은 그렇지 아니하나니, 오직 바람에 나는 겨와 같도다,

⑤ 그러므로 악인은 심판의 때에 견디지 못할 것이요, 죄인들은 의인의 회중에 있지도 아니하리니,

⑥ 이는 여호와께서 의인들의 길을 지켜 보호하시기 때문이니라, 그러나 악인들의 길은 망하리로다.

● 2장

① 어찌하여 열방들이 공모하며 백성들이 헛된 음모를 꾸미는가?

② 세상의 군왕들이 나서며 관원들이 서로 꾀하여 여호와와 그 기름 받은 자를 대적 하며,

③ 우리가 그 맨 것을 끊고 그 결박을 벗어 버리자 하도다,

④ 하늘에 계신 자가 웃으심이여 주께서 저희를 비웃으시리로다,

⑤ 그 때에 분을 발하며 진노하사 너희를 놀래어 이르시기를,

⑥ "내가 나의 왕을 나의 거룩한 산 시온에 세웠노라." 하시리라,

⑦ 나는 여호와의 섭리를 선포하느라, 즉 그분께서 말씀하시기를, '너는 나의 아들이 니라, 오늘 내가 너의 아버지가 되었도다." 하시니라,

⑧ 내게 구하라 내가 열방을 유업으로 주리니 네 소유가 땅 끝까지 이르리로다,

⑨ 네가 철장으로 저희를 깨뜨림이여 질그릇 같이 부수리라 하시도다,

⑩ 그런즉 군왕들아 너희는 지혜를 얻으며 세상의 관원들아 교훈을 받을지어다

⑪ 여호와를 경외함으로 섬기고, 떨림으로 즐거워할지어다,

⑫ 그 아들에게 입 맞추라, 그렇지 아니하면 그분께서 진노하실 것이고 그분께서 조 금만 진노하셔도 너희가 그 길에서 망하리로다, 여호와를 의지하는 자는 다 복이 있느니라.

● 3장[다윗이 그 아들 압사롬을 피할 때에 지은시]

① 오 여호와여, 나의 대적이 어찌 그리 많은지요! 일어나 나를 치는 자가 많나이다!

② 많은 사람이 나를 가리켜 말하기를 저는 하나님께 도움을 얻지 못한다, 하나이 다.(셀라)

③ 그러나 오 여호와여, 주는 나의 방패시요 나의 영광이시며 나의 머리를 들어 올리 는 분이시이다,

④ 내가 나의 목소리로 여호와께 부르짖으니 그 성산에서 응답하시는도다,(셀라)

⑤ 내가 누워 자고 깨었으니 여호와께서 나를 붙드심이로다,

⑥ 수만인이 나를 포위하여 공격하려 하여도 나는 두려워 아니하리이다,

⑦ 오 여호와여! 일어나소서, 오 나의 하나님이여! 나를 구원하소서, 주께서 나의 모든 원수의 뺨을 치시며 악인들의 이를 꺾으셨나이다,

⑧ 구원은 주님께로부터 오나니, 주의 축복이 주의 백성에게 내리게 하옵소서. (셀라)

● 4장[다윗의 시 영장으로 현악에 맞춘 노래]

① 나의 의로우신 하나님이여, 내가 당신에게 청(부탁)할 때에 대답하여 주시옵소서,
나의 곤란에서 나를 구해주시옵고, 나에게 자비를 베풀어 주시옵고 나의 기도를
들어주시옵소서,

② 오 너희 사람의 아들들아, 어느 때까지 나의 영광을 바꾸어 욕되게 하려느냐? 너희
는 어느때까지 헛된 것을 좋아하고 거짓을 구하겠느뇨? (셀라)

(O ye sons of men, how long will ye turn my glory into shame? How long
will ye love vanity, and seek after leasing? Selah.-KJV)

(How long, O men, will you turn my glory into shame? How long will you
love delusions and seek false gods?-NIV)

(How long, O people, will you be hard of heart? Why do you love what is
worthless, chase after lies?-NAB)

(You rabble – how long do I put up with your scorn? How long will you
lust after lies? How long will you live crazed by illusion?-THE MESSAGE)

③ 그러나 여호와께서 자기를 위하여 신앙있는 자들을 따로 골라 놓으신 줄을 너희는
알지니, 내가 청(부탁)할 때에 여호와께서는 들으시리이다,

④ 너희는 떨며 범죄치 말지어다, 자리에 누워 심중에 말하고 잠잠할지어다,(셀라)

⑤ 똑바른 희생물들을 바치고 여호와를 믿어 의지할지니라,

⑥ 많은 사람들이 "누가 우리에게 선을 보일수 있느뇨?" 하니, 오 여호와여, 당신의 얼
굴의 빛을 우리에게 비춰주시옵소서,

⑦ 당신은 내 마음속에 크신 기쁨을 채우셨나이다, 그 기쁨은 저희가 그들의 곡식과
새 포도주가 풍부힐 때보다 더 크니이다,

⑧ 내가 평안히 눕고 자기도 하리니, 나를 안전히 거하게 하시는 이는 오직 여호와시
니이다.

● 5장[다윗의 시 영장으로 현악에 맞춘 노래]

① 여호와여 나의 말에 귀를 기울이사 나의 탄식소리를 살펴주시옵소서,

② 나의 왕, 나의 하나님이여, 나의 부르짖는 소리를 들으소서, 내가 주께 기도하나이
다,

③ 여호와여 아침에 주께서 나의 소리를 들으시리니, 아침에 내가 주께 기도하고 바

라리이다,

④ 주는 죄악을 기뻐하는 신이 아니시니, 악이 주와 함께 거하지 못하리이다,

⑤ 오만한 자가 주의 목전에 서지 못하리니, 주는 모든 행악자를 미워하시나이다,

⑥ 거짓말하는 자를 멸하시리니, 여호와께서는 피 흘리기를 즐기고 속이는 자를 싫어하시나이다,

⑦ 오직 나는 주의 풍성한 자비를 힘입어, 주의 집에 들어가 경외함으로 주의 성전을 향하여 경배하리이다,

⑧ 여호와여 나의 원수들 때문이니 주의 의로움으로 나를 인도하시고, 주의 길을 내 앞에 바르게 놓아주소서,

(Lead me, O LORD, in thy righteousness because of mine enemies; make thy way straight before my face.-KJV)

(Lead me, O LORD, in your righteousness because of my enemies-make straight your way before me.-NIV)

(Lord, guide me in your justice because of my foes; make straight your way before me.-NAB)

(Waiting for directions to get me safely through enemy lines.-THE MESSAGE)

⑨ 그들 입에는 신실함이 없고 그들 속에는 흉계만이 들어 있으며 그들 목구멍은 열린 무덤이고 그들 혀로는 아첨하나이다,

⑩ 하나님이여 그들을 정죄하사 자기 꾀에 빠지게 하시고 그 많은 허물로 인하여 그들을 쫓아내소서 정녕 그들이 주를 거역하나이다,

⑪ 오직 주에게 피하는 자는 다 기뻐하고 주의 보호로 인하여 영영히 기뻐 외치며, 주의 이름을 사랑하는 자들은 주를 즐거워하리이다,

⑫ 여호와여, 주는 의인에게 복을 주시고, 큰 방패 같은 호의로 저를 호위하시나이다.-THE MESSAGE)

● 6장[다윗의 시 영장으로 현악 스미닛에 맞춘 노래]

① 여호와여, 주의 분으로 나를 견책하지 마옵시고, 주의 진노로 나를 징계하지 마옵소서,

② 여호와여, 나에게 자비를 베푸소서, 내가 연약하나이다, 오, 여호와여, 나를 낮게

하여 주옵소서, 나의 뼈가 고통스럽나이다,

③ 나의 영혼도 심히 초조하나이다, 오, 여호와여, 어느 때, 어느 때까지니이까?

④ 오, 여호와여, 돌아오시어, 나를 구원하여 주옵소서, 당신의 한량없는 사랑으로 나를 구원하여 주옵소서,

⑤ 죽으면 어떤 사람도 당신을 기억하지 못하나이다, 무덤으로부터 당신께 감사드릴 자가 누구오리이까?

⑥ 나는 탄식함으로 지쳐버리고, 밤마다 울음으로 요를 적시며, 눈물로 침상을 흠뻑 적시나이다,

⑦ 내 눈이 슬픔으로 인하여 약하여지고, 나의 모든 적들 때문에 보이지 않나이다,

⑧ 악을 행하는 너희 모두는 나로부터 떠나가라, 왜냐하면 여호와께서 나의 울음소리를 들으셨기 때문이니라,

⑨ 여호와께서 내 간구를 들으셨도다, 여호와께서는 내 기도를 받으시리로다,

⑩ 내 모든 원수가 부끄러움을 당하고 당황하리니, 그들은 갑작스러운 부끄러움을 당하고 물러가리로다.

● **7장**[다윗의 식가욘, 베냐민인 구시의 말에 대하여 여호와께 한 노래]

① 오 여호와, 나의 하나님이여, 내가 주께 피하오니, 나를 추적하는 쫓는 모든 자에게서 나를 구하여 건져주시옵소서,

② 만일 나를 건져낼 자 없으면 저희가 사자 같이 나를 찢고 뜯을까 하나이다,

③ 오 여호와, 나의 하나님이여, 만일 내가 그런 짓을 했다면 만일 제 손에 불의가 있다면,

④ 만일 내가 친구에게 악을 서시르고 원수를 빈털터리 되게 강탈하였나면

⑤ 원수로 나의 영혼을 쫓아 잡아 내 생명을 땅에 짓밟고 내 명에가 흙먼지 속에 뒹굴게 하소서,(셀라)

⑥ 오 여호와여, 진노함으로 일어나소서, 내 대적들의 노를 막으시며, 나를 위하여 깨시어 주께서 명하신 심판이 임하게 하옵소서,

⑦ 주님 주위로 사람들을 모이게 하옵시고 높은 곳에서 그들을 지배하소서,

⑧ 지극히 높은 곳에 계신 오 여호와여, 주님께서 만민을 심판하시나니, 나의 의로움과 흠 없음에 따라 나를 판단하시옵소서,

⑨ 오 의로우신 하나님, 당신은 사람의 마음과 이성을 탐색하시나니 사악한 자들의

악행을 끝내시고 의로운 자들을 안전하게 하여주시옵소서,

⑩ 나의 방패는 마음이 곧은 자들을 구원하시는 가장 높은 곳에 계시는 하나님이시로다,

⑪ 하나님은 의로우신 재판장이시나 사악한 자들에게는 매일 분노하시는 분이시로다,

⑫ 사람이 회개치 아니하면 그분께서 그 칼을 갈으심이여 그 활을 이미 당기어 예비하셨도다,

⑬ 죽일 무기를 또한 예비하셨으니, 그분은 그분의 불화살을 예비하시는도다,

⑭ 악으로 가득 채워지고 근심을 마음에 품는 자는 환멸을 낳는도다,

⑮ 저가 웅덩이를 파 만들어서 저가 만든 그 웅덩이에 빠지도다,

⑯ 그가 야기한 근심이 그 자신에게 돌아오고 그의 포악은 자기 머리 위로 내려오느니라,

⑰ 나는 여호와의 의로움으로 인하여 그분께 감사를 드리며, 가장 높은 곳에 계신 여호와의 이름에 찬양 노래를 하나이다.

● **8장**[다윗의 시, 영장으로 깃딧에 맞춘 노래]

① 오 여호와 나의 주님이시여, 당신의 이름이 온 지구 상에서 얼마나 장엄한지요! 주님은 당신의 영광을 하늘 저 너머에 두셨나이다,

② 주님의 적들로 인하여 어린 아이와 젖먹이의 입으로 주님은 권능을 세우시어 적들과 복수자를 잠잠케 하시나이다

③ 주님의 손가락으로 만드신 주의 하늘과 주의 베풀어 두신 달과 별들을 내가 보오니,

④ 사람이 무엇이관대 주께서 저를 잊지 않으시고, 보살피시나이까

(What is man, that thou art mindful of him? And the son of man, that rhou visitest him?-KJV)

(what is man that you are mindful of him, the son of man that you care for him?-NIV)

(What is man that you are mindful of him, and a son of man that you care for him?-NAB)

(Why do you bother with us? Why take a second look our way?-THE

MESSAGE)

⑤ 저를 천사보다 조금 못하게 하시고 영화와 존귀로 관을 씌우셨나이다,

⑥ 주님의 손으로 만드신 것을 다스리게 하시고 만물을 그 발 아래 두셨으니,

⑦ 곧 모든 우양과 들짐승이며,

⑧ 공중의 새와 바다의 어족과 해로에 다니는 것이니이다,

⑨ 오 여호와, 나의 주님이시어, 당신의 이름이 온 지구 안에서 어찌 그리 장엄한지요!

● 9장[다윗의 시, 영장으로 뭇랍벤에 맞춘 노래]

① 오 여호와여, 내가 마음을 다하여 주님을 찬양하고 주님의 모든 놀라운 일들을 말하리이다,

② 오 지극히 높으신 분이시여, 내가 주님 안에서 기뻐하고 즐거워하며 주의 이름을 찬송하리이다,

(I will be glad and rejoice in thee: I will sing praise to thy name, O thou most High.-KJV)

(I will be glad and rejoice in you; I will sing praise to your name, O Most High.-NIV)

(I will delight and rejoice in you; I will sing hymns to your name, Mosr High.-NAB)

(I'm whistling, laughing, and jumping for joy; I'm singing your song, High God.-THE MESSAGE)

③ 내 원수들이 물러갈 때에 주의 앞에서 넘어져 패망하리이다,

④ 이는 주께서 나의 의와 사정을 옹호하셨고 보좌에 앉으사 의롭게 심판하셨기 때문이니이다,

⑤ 주께서는 이교도들을 책망하시고 악인들을 패망시켰으며 그들의 이름을 영원히 도말하였나이다,

⑥ 원수들은 영원히 폐허 속으로 사라졌고 주님께서는 그들의 성읍들을 파멸시켰나이다, 그들에 대한 기억도 없어졌나이다,

⑦ 여호와께서는 영원히 통치하시나니, 주께서는 심판을 위하여 그분의 보좌를 마련하셨도다,

⑧ 그분은 의로움으로 세상을 심판하시고 공의로서 사람들을 지배하실 것이로다,

⑨ 여호와는 박해 당하는 자의 피난처시고 환난 때에 요새(근거지,성채)이시로다

⑩ 주의 이름을 아는 자는 주를 의지하나니, 이는 주께서 주를 찾는 자들을 버리지 아니하심이니이다.

⑪ 너희는 시온에 좌정하신 여호와를 찬송하고 그분이 하신 일들을 네가 만나는 모든 사람에게 선포할찌니라.

⑫ 어떻게 그분이 살인자의 뒤를 쫓으시며 우리에게서 눈을 떼지 않으시고, 모든 흐느낌과 신음소리를 들으셨는지를,

(When he maketh inquisition for blood, he remembereth them: he foretteth not the cry of the humble.-KJV)

(For he who avenges blood remembers; he does not ignore the cry of the afflicted.-NIV)

(For the avenger of bloodshed remembers, does not forget the cry of the afflicted.-NAB)

(How he tracks down killers yet keep his eye on us, registers every whimper amd moan.-THE MESSAGE)

⑬ 오 여호와여, 나의 적들이 나를 어떻게 박해하는 지를 보시고, 나에게 자비를 베푸시어 죽음의 문들에서 나를 들어 올려주소서,

⑭ 그리하시면 시온의 딸의 문들에서 내가 당신의 찬송을 노래할 것이니라, 그리고 거기에서 당신의 구원을 기뻐하리이다

⑮ 이교도들은 그들이 판 웅덩이에 빠졌고 그들의 발은 그들이 숨긴 그물에 걸렸느니라,

⑯ 하나님의 일하시는 방법이 잘 알려져 있으므로 그들은 변명치 못하느니라, 사악한 자들에 의하여 만들어진 기계들이 그들 자신의 손을 불구로 만드는도다. (힉가욘, 셀라)

(The LORD is known by the judgment which he executeth; the wicked is snared in the work of his own hands, Higgaion. Selah.-KJV)

(The LORD is known by his justice; the wicked are ensnared by the work of their hand. Higgaion. Selah.-NIV)

(The LORD is revealed in making judgments: by the deeds they do the wicked are trapped.-NAB)

(They have no excuse; the way God works is well-known. The cunning machinery made by the wicked has maimed their own hands.-THE MESSAGE)

⑰ 사악한 자들은 음부로 돌아갈 것이고, 하나님을 잊어버린 모든 이교도들도 그리 하리로다,

⑱ 그러나 궁핍한 자들이라고 해서 항상 잊어버려지는 것은 아니하고, 또한 비참한 자들의 희망도 영영이 없어지지는 아니하리느니라,,

⑲ 오 여호와여, 일어나시어, 사람이 승리하지 못하게 하시고, 이교도들이 주님의 면 전에서 심판을 받게 하옵소서,

⑳ 오 여호와여, 저들로 두려움에 떨게 하시고, 이교도들로 하여금 그들이 죽을 운명 인 사람인줄 알게 하소서(셀라)

● 10장

① 오 여호와여, 어찌하여 멀리 서서 계시나이까? 어찌하여 고난의 때에 당신 자신을 숨기시나이까?

② 사악한 자가 교만에 빠져 가난한 자들을 박해하나니, 자기들이 꾀한 계략에 빠지 게 하소서,

③ 사악한 자는 그 마음의 소욕을 자랑하고, 탐욕하는 자를 옹호하며 여호와를 매도 하느니라,

④ 사악한 자는 그의 교만함으로 여호와께 간구하지 않으며 그의 모든 생각에서 하나 님이 안중에 없나이다,

⑤ 사악한 자들의 길은 항상 고통스럽고, 수님의 심판늘은 사악한 자의 눈을 벗어나 훨씬 더 높이 있으니, 그가 자기의 모든 원수를 비웃으며

⑥ 자기 마음에 말하기를 ,나는 요동치 아니하며 대대로 환난을 당치 아니하리라 하 나이다,

⑦ 그의 입에는 저주와 기만과 사기가 가득하고, 그의 혀 밑에는 해악과 허영이 있나 이다,

⑧ 그가 마을들의 숨어 기다리는 곳들에 앉아, 은밀한 곳에서 죄 없는 사람들을 죽이 며, 그 눈은 몰래 먹이될 자를 엿보나 엿보나이다,

⑨ 사자가 그 굴혈에 엎드림 같이 저가 은밀한 곳에 엎드려 가련한 자를 잡으려고 기

다리며 그물을 끌어 가련한 자를 잡나이다,

⑩ 저가 구푸려 자신을 낮추니, 이것은 그의 강한 자들로 인하여 가난한 자들이 넘어 지게 하려함이니이다,

⑪ 저가 마음에 이르기를, 하나님이 잊으셨고 그의 얼굴을 가리우셨으니 결코 보지아 니하시리라 하나이다,

⑫ 오 여호와여 일어나옵소서, 오 하나님이여 손을 드셔서, 소망없는 자들을 잊지 마 옵소서,

⑬ 어찌하여 사악한 자가 하나님을 멸시하나이까? 또 "주님은 나를 감찰하지 아니하 리라" 고 그는 마음속으로 말하나이까?

⑭ 주님께서는 그것을 보셨나이다, 이는 주님께서 해악과 악의를 보시고, 주님의 손 으로 그것을 갚으려 하시기 때문이니, 가난한 자들의 주님께 의지하나이다, 주님 은 아버지 없는 자들을 도우시는 분이시니이다,

⑮ 악인의 팔을 꺾으소서 악한자의 악을 없기까지 찾으소서,

⑯ 여호와께서는 영원무궁토록 왕이시니 열방이 주의 땅에서 멸망하였나이다,

⑰ 여호와여 주는 겸손한 자의 소원을 들으셨으니, 저희 마음을 예비하시며 귀를 기 울여 들으시고,

⑱ 고아와 압박 당하는 자를 위하여 심판하사 세상에 속한 자로 다시는 위협지 못하 게 하시리이다.

● 11장[다윗의 시, 영장으로 한 노래]

① 내가 여호와께 피하였거늘 네가 나더러 새 같이 네 산으로 도망하라 함은 어찜인 고?

(In the LORD put I my trust: how say ye to my soul, Flee as a bird to your mountain?-KJV)

(IN THE LORD I take refuge. How then can you say to me: "Flee like a bird to your mountain.-NIV)

(In the Lord I take refuge; how can you say to me, "Flee like a bird to the mountains!-NAB)

(I've already run for dear life straight to the arms of GOD. So why would I run away now when you say,-THE MESSAGE)

② 악인이 활을 당기고 살을 시위에 먹임이여 마음이 바른 자를 어두운데서 쏘려 하는도다,

③ 만일 터(기초)들이 무너지면 의인들이 무엇을 할 수 있을까?(아무것도 할 수 없느니라.)

④ 여호와께서는 거룩한 성전 안에 계시고, 하늘에 있는 그분의 보좌에 앉아 있으시니라, 그분은 사람의 아들들(인생)을 통촉하시고 그분의 눈은 사람들을 그들을 감찰하시는도다,

⑤ 여호와는 의인을 감찰하시고 악인과 폭력을 좋아하는 자들을 마음에 미워하시도다,

⑥ 악인에게 그물을 내려 치시리니 불과 유황과 태우는 바람이 저희 잔의 소득이 되리로다,

⑦ 여호와는 의로우사, 그분은 정의를 좋아하시나니, 정직한 자는 그분의 얼굴을 볼 것이로다.

● **12장**[다윗의 시, 영장으로 스미닛에 맞춘 노래]

① 여호와여, 도와주소서, 경건한 자가 끊어지고 신실한 자도 사람들 중에서 없어지도소이다,

② 모든 사람이 이웃에게 거짓을 말하고, 아첨하는 입술과 가식적인 마음을 가지고 말하는도다,

③ 여호와여, 모든 아첨하는 입술과 거만한 혀를 끊어주소서,

④ 그들이 말하기를, 우리는 우리의 혀로 승리할 것이고, 우리 입술은 우리의 것이니 누가 우리를 수관 하리요, 함이로다,

⑤ 여호와가 말씀하시기를, 약한자의 학대 받음과 곤궁한 자의 탄식으로 인하여, 내가 이제 일어나서 그들을 괴롭히는 자들로부터 그들을 보호할 것이니라, 하시니라,

⑥ 여호와의 말씀은 순결하시어, 흙 도가니에서 일곱번 단련한 은 같도다,

⑦ 오 여호와여, 저희를 안전하게 지켜주시어, 그러한 사람들로부터 우리를 영원히 보호하여 주시옵소서,

⑧ 부도덕한 자들이 높임을 받는 때에는 악인들이 도처에서 횡행하느니라.

● 13장[다윗의 시, 영장으로 한 노래]

① 여호와여 어느 때까지 나를 잊으시려하나이까? 영원히 잊으시려 하나이까? 당신의 얼굴을 나에게서 언제까지 숨기시려 하나이까?

② 언제까지 내가 걱정하여야 하며, 날마다 나의 마음에 슬픔하기를 언제까지 하리이까? 어느 때까지 내 원수가 나를 이겨서 기뻐 날뛰게 하려하나이까?

③ 오 여호와 나의 하나님이시어, 나를 생각하시어 응답하여 주소서, 나의 눈에 빛을 주소서, 그렇지 않으면 내가 잠들어 죽을까 하오며,

④ 나의 적이 이르기를, "내가 저를 이기었다," 할까 하오며, 내가 요동될 때에 나의 대적들이 기뻐할까 하나이다,

⑤ 그러나 나는 주의 한량없는 사랑을 믿어 의지하며, 나의 마음은 주의 구원을 기뻐하리이다,

⑥ 나는 여호와를 노래하리이다, 이는 주님께서 나를 후대하셨기 때문이니이다

● 14장[다윗의 시, 영장으로 한 노래]

① 어리석은 자는 그 마음에 이르기를 "하나님이 없다." 하도다, 그들은 그들의 행위는 가증하여 선을 행하는 자가 없도다,

② 여호와께서 하늘로부터 사람들의 자손들을 굽어 살피사, 깨달아 하나님을 구하는 자가 있는지 알려 하시는도다,

③ 그들은 옆길로 돌아섰고 그들은 함께 부패하였으며, 선을 행하는 자가 없나니 하나도 없도다,

④ 악을 행하는 자는 다 무지하나니, 저희가 사람들이 빵을 먹듯이 나의 백성들을 삼켜버리면서 여호와를 부르지 아니하는도다,

⑤ 저희가 거기서 크게 두려워하였으니, 이는 하나님이 의인들과 함께 계심이로다,

⑥ 너희 악을 해하는 자들은 가난한 자들의 계획을 방해하나 여호와께서는 그들의 피난처가 되시느니라,

⑦ 오 이스라엘의 구원은 시온에서 나올 것이니라, 그 구원의 때에 여호와께서는 그분의 백성의 운명을 회복하게 하실것이니라, 그때에 야곱이 즐거워하고 이스라엘이 기뻐하리로다,

● 15장[다윗의 시]

① 여호와여 주님의 장막에 유할 자 누구며? 주님의 거룩한 산에 거할 자 누구이오니까?

② 그는 그의 발길이 비난받지 아니하고, 의로운 일을 행하며, 그 마음에서 진리를 말하는 자이니이다,

③ 그는 자기 혀로 험담하지 아니하고, 자기 이웃에게 악을 행하지 아니하며, 자기 이웃을 비방하지 아니하는 자이니다,

④ 그는 비열한 자를 멸시하나 여호와를 경외하는 자를 존중하고, 그는 자신이 서원한 것은 그것이 손해를 줄찌라도 지키는 자이니라,

⑤ 그는 고리로 돈을 빌려주지 아니하고(who lends his money without usury) 뇌물을 받고 무죄한 자를 해치 아니하는 자이니, 이런 일을 행하는 자는 영영히 요동치 아니하리이다.

● 16장[다윗의 믹담]

① 오 하나님이시여, 나를 안전하게 지켜주시옵소서, 내가 주님께 피난하나이다,

② 내가 여호와께 말씀드리나니, 당신은 나의 주이시고, 주 외에는 선함이 없나이다
(O my soul, thou hast said unto the LORD, Thou art my Lord: my goodness extendeth not to thee;-KJV)
(I said to the LORD, "You are my Lord; apart from you I have no good thing."-NIV)
(I said to the Lord, you are my Lord, you are my only good.-NAB)
(I say to GOD, "Be my Lord!" Without you, nothing makes sense.-THE MESSAGE)

③ 땅에 있는 성도들에 관하여 말하자면 그들은 영광스러운 존재들이니 나의 모든 즐거움이 그들에게 있느니라,

④ 다른 신들을 추종하는 자들의 슬픔은 증가할 것이니라, 나는 그들이 제사드리는 피를 제공하지 않을 것이고 내 입술로 그들의 이름도 부르지 아니하리이다,

⑤ 여호와여, 당신은 나의 유업과 나의 잔을 할당하셨나니, 당신은 나의 몫을 안전하게 하셨나이다,

⑥ 나를 위하여 그으신 경계선들은 좋은 곳들을 나에게 주셨나이다, 확실히 나는 아

주 기쁜 유업을 얻었나이다,

⑦ 나를 여호와를 찬송하리로다, 그분은 나에게 조언하시나니, 밤에서 조차도 나의 마음이 나를 가르치시는도다,

⑧ 내가 여호와를 항상 내 앞에 모시나니라, 그가 내 우편에 계시므로 내가 요동치 아니하리로다,

⑨ 그러므로 내 마음이 기쁘고 내 혀(말)도 즐거워하며 내 육체도 안전하게 쉬리라,

⑩ 여호와께서는 내 영혼을 음부에 버리지 아니하시고, 여호와의 독실한 신자가 지옥을 보지 않게 하실 것임이니이다,

(For thou wilt not leave my soul in hell; neither wilt thou suffer thine Holy One to see corruption.-KJV)

(because you will not abandon me to the grave, nor will you let your Holy One see decay.-NIV)

(For you will not abandon my soul to Sheol, nor let your devout one see the pit.-NAB)

(You cancelled my ticket to hell – that's not my destination!-THE MESSAGE)

⑪ 여호와께서는 생명의 길로 내게 보이시고, 주의 앞에 있는 기쁨과 주의 오른 손에 가진 영원한 즐거움으로 나를 충만하리로다.

● 17장[다윗의 기도]

① 오 여호와여, 나의 정당한 간구를 들으소서, 나의 부르짖음에 귀를 기울여 주소서, 나의 기도에 당신의 귀를 기울여 주소서, 그 기도는 거짓된 입술에서 나오지 않나이다,

② 나의 옹호((변명)가 여호와께로부터 나오게 하옵시고, 당신의 눈은 옳은 것을 보게 하소서,

③ 비록 주께서 내 마음을 시험하시고, 밤에 나를 조사하시더라도, 또 주께서 나를 테스트하시더라도, 주께서는 어느것도 찾을 수 없나이다. 나는 나의 입이 죄를 아니 지을 것을 결심하였나이다.

④ 사람들의 행위에 관하여 말하면, 나는 주님의 입으로부터의 말씀에 의하여 강포한 자들의 길에서 나를 지키었나이다,

⑤ 나의 발걸음이 여호와의 길에서 굳게 서서, 나의 발이 실족지 아니하였나이다,

⑥ 오 하나님이여, 내가 당신께 부탁하오니, 당신께서는 나에게 응답하시리이다, 나의 말에 귀를 기울여 주시어 나의 기도를 들어주소서,

⑦ 당신의 광대한 사랑의 경이로움을 보여주소서, 당신은 오른손으로 구원하시고 적들로부터 당신 안에 피난처를 마련하시는 자이시니이다,

⑧ 나를 눈동자 같이 지키시고 주의 날개의 그늘 아래 감추시나이다,

⑨ 나를 공격하는 악인들과 나를 에워싸고 있는 죽어 마땅한 적들로부터 나를 지켜주소서,

⑩ 그들은 그들의 마음을 무정하게 닫고 그들은 입으로 교만하게 말하나이다,

⑪ 그들은 눈에 불을 켜고 나를 에워싸고 넘어뜨려 땅에 내 던지나이다,

⑫ 그들은 먹이를 찾는 굶주린 사자와 같고 은밀한 곳에 잠복하여 웅크리고 있는 거대한 사자 같으니이다,

⑬ 오 여호와여, 일어나시어 그들을 대적하시어 그들을 넘어뜨리시고, 주의 칼로 악인들에게서 나를 구원하소서,

⑭ 오 여호와여, 주님의 손이 된 사람들과 이생에서 자기들의 몫을 받은 세상의 사람들로부터 나를 구하소서, 그들은 주님께서 감추어두신 보화로 그들의 배를 채우고, 그들의 어린 아이들도 풍부히 가지며, 그들의 자녀들을 위하여 부를 축적하나이다,

(From men which are thy hand, O LORD, from men of the world, which have their portion in this life, and whose belly thou fillest with thy hid treasure; they are full of children, and leave the rest of their substance to their babes.-KJV)

(O LORD, by your hand save me from such men, from men of this world whose reward is in this life. You still the hunger of those you cherish; their sons have plenty, and they store up wealth for their children.-NIV)

(Slay them with your sword; with your hand, Lord slay them; snatch them from the world in their prime. Their bellies are being filled with your friends; their children are satisfied too, 렉 소묘 share what is left with their young.-NAB)

(Barehanded, GOD, break these mortals, these flat -earth people who can't think beyond today. I'd like to see their bellies swollen with famine food, The weeds they've sown harvested and baked into famine bread, With second helpings for their children and crusts for their babies to chew on.-THE MESSAGE)

⑮ 그리고 나는 의로움 안에서 당신의 얼굴을 뵈리니, 내가 잠이 깰 때에, 나는 당신의 형상을 보고 만족하리이다.(I will be satisfied with seeing your likeness.)

● **18장[여호와의 종 다윗의 시, 영장으로 한 노래, 여호와께서 다윗을 그 모든 원수와 사울의 손에서 구원하신 날에 다윗이 이 노래의 말로 여호와께 아뢰어 가로되]**

① 나의 힘이 되신 여호와여, 내가 주를 사랑하나이다,

② 여호와는 나의 반석이시요, 나의 요새시요, 나를 건지시는 자시요, 나의 하나님이시요 나의 피할 바위시요, 나의 방패시요, 나의 구원의 뿔이시요, 나의 산성이시로다,

③ 내가 찬송 받으실 여호와께 아뢰리니, 내 원수들에게서 구원을 얻으리로다,

④ 사망의 슬픔들이 나를 에워싸고, 경건치 아니한 사람들의 급류가 나늘 당황케 하는도다,

⑤ 음부의 줄이 나를 두르고, 사망의 올무가 내게 이르렀도다,

⑥ 내가 환난에서 여호와께 아뢰며, 나의 하나님께 부르짖었더니, 그분이 그 전에서 내 소리를 들으심이여, 그 앞에서 나의 부르짖음이 그 귀에 들렸도다,

⑦ 이에 땅이 진동하고, 산의 터도 요동하였으니, 그의 진노로 인함이로다,

⑧ 그 코에서 연기가 오르고, 입에서 불이 나와 사름이여 그 불에 숯이 피었도다,

⑨ 저가 또 하늘을 드리우시고 강림하시니, 그 발 아래는 어둑캄캄하도다,

⑩ 그룹을 타고 날으심이여, 바람 날개로 높이 뜨셨도다,

⑪ 저가 흑암으로 그 숨는 곳을 삼으사, 장막 같이 자기를 두르게 하심이여, 곧 물의 흑암과 공중의 빽빽한 구름으로 그리하시도다,

⑫ 그 앞에 광채로 인하여 빽빽한 구름이 지나며 우박과 숯불이 내리도다,

⑬ 여호와께서 하늘에서 뇌성을 발하시고, 지존하신 자가 음성을 내시며 우박과 숯불이 내리도다,

⑭ 그 살을 날려 저희를 흩으심이여 많은 번개로 파하셨도다,

⑮ 이럴 때에 여호와의 꾸지람과 콧김을 인하여 물밑이 드러나고 세상의 터가 나타났도다,,

⑯ 그분이 위에서 보내사 나를 취하심이여 많은 물에서 나를 건져 내셨도다,

⑰ 나를 강한 원수와 미워하는 자에게서 건지셨음이여 저희는 나보다 힘센 연고로다,

⑱ 저희가 나의 재앙의 날에 내게 이르렀으나 여호와께서 나의 의지가 되셨도다,

⑲ 나를 또 넓은 곳으로 인도하시고, 나를 기뻐하심으로 구원하셨도다,

⑳ 여호와께서 내 의를 따라 상 주시며 내 손의 깨끗함을 좇아 갚으셨으니

㉑ 이는 내가 여호와의 도를 지키고 사악하게 내 하나님을 떠나지 아니하였으며,

㉒ 그 모든 규례가 내 앞에 있고, 내게서 그 율례를 버리지 아니하였음이로다,

㉓ 내가 또한 그 앞에 완전하여 나의 죄악에서 스스로 지켰나니,

㉔ 그러므로 여호와께서 내 의를 따라 갚으시되, 그 목전에 내 손의 깨끗한대로 내게 갚으셨도다,

㉕ 자비한 자에게는 주의 자비하심을 나타내시고, 완전한 자에게는 주의 완전하심을 보이시며,

㉖ 깨끗한 자에게는 주의 께끗하심을 보이시며, 사특한 자에게는 주의 거스리심을 보이시리니

㉗ 주께서 겸손한 백성은 구원하시고, 교만한 눈은 낮추시리이다,

㉘ 주께서 나의 등불을 켜심이여, 여호와 내 하나님이 내 흑암을 밝히시리이다,

㉙ 내가 주를 의뢰하고 적군을 달리며 내 하나님을 의지하고 담을 뛰어 넘나이다,

㉚ 하나님의 도는 완전하고 여호와의 말씀은 흠이 없으니, 그분은 자기에게 피하는 모든 자의 방패시로다,

㉛ 여호와 외에 누가 하나님이며 누가 반석이뇨?

㉜ 이 하나님이 힘으로 내게 띠 띠우시며, 내 길을 완전케 하시며,

㉝ 나의 발로 암사슴 같게 하시며, 나를 나의 높은 곳에 세우시며,

㉞ 내 손을 가르쳐 싸우게 하시니, 내 팔이 활을 당기도다,

㉟ 주께서 또 주의 구원하는 방패를 네게 주시며, 주의 오른손이 나를 붙들고, 주의 온유함이 나를 크게 하셨나이다,

㊱ 내 걸음을 넓게 하셨고 나로 실족지 않게 하셨나이다,

㊲ 내가 내 원수를 따라 미치리니, 저희가 망하기 전에는 돌이키지 아니하리이다,

㊳ 내가 저희를 쳐서 능히 일어나지 못하게 하리니, 저희가 내 발 아래 엎드러지리이

다,

㊴ 데저 주께서 나로 전쟁케 하려고 능력으로 나를 무장하게 하사, 일어나 나를 치는 자로 내게 굴복케 하셨나이다

㊵ 주께서 또 내 원수들로 등을 내게로 향하게 하시고, 나로 나를 미워하는 자를 끊어 버리게 하셨나이다,

㊶ 저희가 부르짖으나 구원할 자가 없었고, 여호와께 부르짖어도 대답지 아니하셨나이다,

㊷ 내가 저희를 바람 앞에 티끌 같이 부숴뜨리고, 거리의 진흙 같이 쏟아 버렸나이다,

㊸ 주께서 나를 백성의 다툼에서 건지시고, 열방의 으뜸을 삼으셨으니, 내가 알지 못하는 백성이 나를 섬기리이다,

㊹ 저희가 내 풍성을 들은 즉시로 내게 순복함이여 이방인들이 내게 복종하리로다,

㊺ 이방인들이 쇠미하여 그 견고한 곳에서 떨며 나오리로다,

㊻ 여호와는 생존하시니 나의 반석을 찬송하며 내 구원의 하나님을 높일찌로다,

㊼ 이 하나님이 나를 위하여 보수 하시고 민족들로 내게 복종케 하시도다,

㊽ 주께서 나를 나의 원수들에게서 구조하시니, 주께서 실로 나를 대적하는 자의 위에 나를 드시고 나를 강포한 자에게서 건지시나이다,

㊾ 여호와여, 이러므로 내가 열방 중에서 주께 감사하며 주의 이름을 찬송하리이다,

㊿ 여호와께서 그 왕에게 큰 구원을 주시며 기름부음 받은 자에게 인자를 베푸심이여 영영토록 다윗과 그 후손에게로다,

● **19장**[다윗의 시 , 영장으로 한 노래]

① 하늘이 하나님의 영광을 선포하고 창공이 그 손으로 하신 일을 나타내는도다,

② 낮은 낮에게 말하고, 밤은 밤에게 지식을 전하니,

③ 언어가 없고 들리는 소리도 없으나,

④ 그 소리가 온 땅에 통하고 그 말씀이 세계 끝까지 이르도다, 하나님이 해를 위하여 하늘에 장막을 베푸셨도다,

⑤ 해는 그 방에서 나오는 신랑과 같고, 그 길을 달리기 기뻐하는 장사 같아서,

⑥ 하늘 이 끝에서 나와서 하늘 저 끝까지 운행함이여, 그 온기에서 피하여 숨은 자 없도다,

⑦ 여호와의 율법은 완전하여 영혼을 소성케 하고, 여호와의 증거는 확실하여 우둔한

자로 지혜롭게 하며,

⑧ 여호와의 교훈은 정직하여 마음을 기쁘게 하고, 여호와의 계명은 순결하여 눈을 밝게 하도다,

⑨ 여호와를 경외하는 도는 정결하여 영원까지 이르고, 여호와의 규례는 확실하여 다 의로우니,

⑩ 금 곧 많은 정금보다 더 사모할 것이며, 꿀과 송이꿀보다 더 달도다,

⑪ 또 주의 종이 이로 경계를 받고 이를 지킴으로 상이 크니이다,

⑫ 자기 허물을 능히 깨달을 자 누구리요? 나를 숨은 허물에서 벗어나게 하소서,

⑬ 또 주의 종으로 고의적인 를 짓지 말게 하사, 그 죄가 나를 주장치 못하게 하소서, 그리하시면 내가 정직하여 큰 죄과에서 벗어나겠나이다,

⑭ 나의 반석이시요, 나의 구속자이신 여호와여, 내 입의 말과 마음의 묵상이 주의 전에 받아들여지게 하옵소서.

● 20장[다윗의 시, 영장으로 한 노래]

① 환난 날에 여호와께서 네게 응답하시고, 야곱의 하나님의 이름이 너를 높이 드시며,

② 성소에서 너를 도와주시고, 시온에서 너를 붙드시며,

③ 네 모든 예물들을 기억하시며, 네 태우는 제사를 받으시기를 원하노라(셀라)

④ 네 마음의 소원대로 허락하시고 네 모든 계획을 이루시기를 원하노라,

⑤ 우리가 너의 승리로 인하여 개가를 부르며, 우리 하나님의 이름으로 우리 깃발을 세우리니, 여호와께서 네 모든 기도를 이루시기를 원하노라,

⑥ 여호와께서 자기에게 속한바 기름부음 받은 자를 구원하시는술 이제 내가 아노니, 그 오르손에 구원하는 힘으로 그 거룩한 하늘에서 저에게 응락하시리로다,

⑦ 혹은 병거 혹은 말을 의지하나, 우리는 여호와 우리 하나님의 이름을 자랑하리로다,

⑧ 저희는 굽어 엎드러지고 우리는 일어나 바로 서도다,

⑨ 여호와여 구원하소서, 우리가 부를 때에 왕은 응락하소서.

● 21장[다윗의 시, 영장으로 한 노래]

① 오 여호와여, 왕이 주의 힘을 인하여 기뻐하며 주의 구원을 인하여 크게 기뻐하나

이다

② 그 마음의 소원을 주셨으며 그 입술의 구함을 거절치 아니하셨나이다.(셀라)

③ 주의 선한 복으로 저를 영접하시고 순금 면류관을 그 머리에 씌우셨나이다.

④ 저가 생명을 구하매, 주님께서 그것을 그에게 주셨으니, 곧 영원무궁한 긴 날들이
   니이다.

⑤ 주께서 주신 승리를 통하여 그의 영광을 크게 하시고, 그에게 광영과 위엄을 주셨
   나이다.

⑥ 저로 영영토록 지극한 복을 받게 하시며 주의 앞에서 기쁘고 즐겁게 하시나이다.

⑦ 왕이 여호와를 의지하오니, 지극히 높으신 자의 인자함으로 요동치 아니하리이다.

⑧ 주님의 손이 주님의 모든 원수를 찾아내시고, 주님의 오른손이 주님의 적들을 잡
   으시리리이다.

⑨ 주님께서 노하실 때에 그들을 불가마같이 만드시리니, 주님께서 주님의 진노하심
   으로 그들을 삼키시며 또 불이 그들을 삼켜버리리이다.

⑩ 주님께서 그들의 자손들을 지구로부터 멸절시키고 인류(인간)으로부터 단절시키
   리로다.

⑪ 이는 그들이 주님을 대적하여 악을 꾸미고 간계를 품었으나, 그들이 능히 성취할
   수 없기 때문이니이다.

⑫ 그러므로 주님께서 그들의 얼굴을 향하여 활시위의 화살들을 쏠 준비를 하시면 주
   님께서 그들을 돌아서게 하시리이다.

⑬ 오 여호와여, 흠숭(높임)을 받으시옵소서, 이는 주님의 능력으로 인함이니이다, 우
   리는 주님의 권능을 노래하고 칭송하나이다.

● 22장[다윗의 시, 영장으로 아앨렛샤할에 맞춘 노래]

① 내 하나님이여, 내 하나님이여, 어찌 나를 버리셨나이까? 어찌 나를 멀리하여 돕지
   아니하옵시며 내 신음하는 소리를 듣지 아니하시나이까?

② 내 하나님이여, 내가 낮에도 부르짖고 밤에도 잠잠치 아니하오나 응답지 아니하시
   나이다.

③ 이스라엘의 찬송 중에 거하시는 주여, 주는 거룩하시나이다.

④ 우리 열조가 주께 신뢰하였고 신뢰하였으므로 저희를 건지셨나이다.

⑤ 저희가 주께 부르짖어 구원을 얻고 주께 의뢰하여 수치를 당치 아니하였나이다.

⑥ 나는 벌레요, 사람이 아니라, 사람의 훼방거리요, 백성의 조롱거리니이다,

⑦ 나를 보는 자는 다 비웃으며, 입술을 비쭉이고, 머리를 흔들며 말하되,

⑧ 저가 여호와께 의탁하니 구원 하실걸 저를 기뻐하시니 건지실걸 하나이다,

⑨ 오직 주께서 나를 모태에서 나오게 하시고, 내 모친의 젖을 먹을 때에 의지하게 하셨나이다,

⑩ 내가 날 때부터 주께 맡긴바 되었고, 모태에서 나올 때부터 주는 내 하나님이 되셨사오니,

⑪ 나를 멀리하지 마옵소서, 환난이 가깝고 도울 자 없나이다,

⑫ 많은 황소가 나를 에워싸고, 바산의 힘센 소들이 나를 둘렀으며,

⑬ 내게 그 입을 벌림이 찢고 부르짖는 사자 같으니이다,

⑭ 나는 물같이 쏟아 졌고, 내 모든 뼈는 어그러졌으며, 내 마음은 밀초 같아서 내 속에서 녹았으며,

⑮ 내 힘이 말라 질그릇 조각 같고 내 혀가 잇틀에 붙었나이다, 주께서 또 나를 사망의 진토에 두셨나이다,

⑯ 개들이 나를 에워쌌으며, 악한 무리가 나를 둘러 내 수족을 찔렀나이다,

⑰ 내가 내 모든 뼈를 셀 수 있나이다, 저희가 나를 주목하여 보고,

⑱ 내 겉옷을 나누며 속옷을 제비 뽑나이다,

⑲ 여호와여 멀리하지 마옵소서, 나의 힘이시여 속히 나를 도우소서,

⑳ 내 영혼을 칼에서 건지시며 내 유일한 것을 개의 세력에서 구하소서,

㉑ 나를 사자의 입에서 구하소서, 주께서 내게 응락하시고, 들소 뿔에서 구원하셨나이다,

㉒ 내가 주의 이름을 형제에게 선포하고 회중에서 주를 찬송하리이다,

㉓ 여호와를 두려워하는 너희여 그를 찬송할지어다, 야곱의 모든 자손이여 그에게 영광을 돌릴찌어다, 너희 이스라엘 모든 자손이여 그를 경외할지어다,

㉔ 그는 고통 받는 자의 고통을 멸시하거나 싫어하지 아니하시고, 그 얼굴을 저에게서 숨기지 아니하시고 부르짖을 때에 들으셨도다,

㉕ 큰 회중 가운데에서 나의 찬송은 주께로서 온 것이니, 주를 경외하는 자 앞에서 나의 서원을 갚으리이다,

㉖ 겸손한 자는 먹고 배부를 것이며, 여호와를 찾는 자는 그를 찬송할 것이라, 너의 마음은 영원히 살지어다,

㉗ 땅의 모든 끝이 여호와를 기억하고 돌아오며, 열방의 모든 족속이 주의 앞에 경배하리니,

㉘ 나라는 여호와의 것이요, 여호와는 열방의 주재심이로다,

㉙ 세상의 모든 풍비한 자가 먹고 경배할 것이요, 진토에 내려가는 자, 곧 자기 영혼을 살리지 못할 자도 다 그 앞에 절하리로다,

㉚ 후세의 자손들이 여호와를 섬길 것이요, 미래의 세대들은 여호와에 대하여 전해 들을 것이니라,

(A seed shall serve him; it shall be accounted to the Lord for a generation.-KJV)

(Posterity will serce him; future generations will be told about the Lord.-NIV)

(And I will live for the Lord; my descendants will serve you.-NAB)

(Our children and their children will get in on this. As the word is passed along from parent to child.-THE MESSAGE)

㉛ 그들은 그분의 의로움을 아직 태어나지 않은 사람들에게 선포할 것이니라, 이는 그분께서 의로움을 행하셨다 할 것이로다.

● 23장[다윗의 시]

① 여호와는 나의 목자시니, 내게 부족함이 없으리로다,

② 그가 나를 푸른 초장에 누이시며 쉴만한 물 가으로 인도하시는도다,

③ 내 영혼을 소생시키고 자기 이름을 위하여 의의 길로 인도하시는도다,

④ 내가 사망의 음침한 골짜기를 다닐지라도 해를 두려워하지 않을 것은 주께서 나와 함께 하심이라, 주의 지팡이와 막대기가 나를 안위하시나이다,

⑤ 주께서 내 원수의 목전에서 내게 상을 베푸시고 기름으로 내 머리에 바르셨으니 내 잔이 넘치나이다,

⑥ 나의 평생에 선하심과 인자하심이 정녕 나를 따르리니 내가 여호와의 집에 영원히 거하리로다,

● 24장[다윗의 시]

① 지구와 지구 안에 있는 모든 것이 여호와의 것이고, 세상과 세상에 살고 있는 모든

자도 여호와의 것이로다,

② 여호와께서 바다 위에 그 기초를 세우시고 강들 위에 건설하셨도다,

(For he hath founded it upon the seas, and established it upon yhe floods.-KJV)

(for he founded it upon the seas and established it upon the waters.-NIV)

(For he founded it on the seas, established it over the rivers.-NAB)

(He built it on Ocean foundations, laid it out on River girders.-THE MESSAGE)

③ 여호와의 산에 오를 자 누구며? 그 거룩한 곳에 설 자가 누군고?

④ 곧 손이 깨끗하며 마음이 청결하며 뜻을 허탄한데 두지 아니하며 거짓 맹세치 아니하는 자로다,

⑤ 저는 여호와께 복을 받고, 구원의 하나님께 의를 얻으리니,

⑥ 이는 여호와를 찾는 족속이요, 야곱의 하나님의 얼굴을 구하는 자로다(셀라),

⑦ 문들아 너희 머리를 들찌어다, 영원한 문들아 들릴찌어다, 영광의 왕이 들어 가시리로다,

⑧ 영광의 왕이 뉘시뇨? 강하고 능한 여호와시요, 전쟁에 능한 여호와시로다,

⑨ 문들아 너희 머리를 들찌어다, 영원한 문들아 들릴찌어다, 영광의 왕이 들어 가시리로다,

⑩ 영광의 왕이 뉘시뇨? 만군의 여호와께서 곧 영광의 왕이시로다(셀라),

● 25장

① 여호와여, 나의 영혼이 주를 우러러 보나이다,

② 나의 하나님이여, 내가 주께 의지하였사오니, 나로 부끄럽지 않게 하시고, 나의 원수로 나를 이기어 개가를 부르지 못하게 하소서,

③ 그의 소망이 주안에 있는 자는 수치를 당하지 아니하나, 이유없이 배반하는 자는 수치를 당하리이다,

④ 여호와여 주의 도를 내게 보이시고 주의 길을 내게 가르치소서,

⑤ 주의 진리로 나를 지도하시고 교훈하소서, 주는 내 구원의 하나님이시니 내가 종일 주를 바라나이다,

⑥ 여호와여 주의 긍휼하심과 인자하심이 영원부터 있었사오니 주여 이것을 기억하

옵소서,

⑦ 여호와여, 내 젊은 시절의 죄와 허물을 기억하지 마시고, 주의 인자하심을 따라 나를 기억하시되 주의 선하심을 인하여 하옵소서,

⑧ 여호와는 선하시고 정직하시니, 그러므로 그 도로 죄인을 교훈하시리로다,

⑨ 온유한 자를 공의로 지도하심이여, 온유한 자에게 그 도를 가르치시리로다,

⑩ 여호와의 모든 길은 그 언약과 증거를 지키는 자에게 인자와 진리로다,

⑪ 여호와여 나의 죄악이 중대하오니, 주의 이름을 인하여 사하소서,

⑫ 여호와를 경외하는 자 누구뇨? 그 택할 길을 저에게 가르치시리로다,

⑬ 저의 영혼은 평안히 거하고, 그 자손은 땅을 상속하리로다,

⑭ 여호와의 친밀함이 경외하는 자에게 있음이여, 그 언약을 저희에게 보이시리로다,

⑮ 내 눈이 항상 여호와를 앙망함은 내 발을 그물에서 벗어나게 하실것임이로다,

⑯ 주여 나는 외롭고 괴롭사오니, 내게 돌이키사 나를 긍휼히 여기소서,

⑰ 내 마음의 근심이 많사오니 나를 곤난에서 끌어내소서,

⑱ 나의 곤고와 환난을 보시고 내 모든 죄를 사하소서,

⑲ 내 원수를 보소서, 저희가 많고 나를 심히 미워함이니이다,

⑳ 내 영혼을 지켜 나를 구원하소서! 내가 주께 피하오니 수치를 당치 말게 하소서,

㉑ 내가 주를 바라오니 성실과 정직으로 나를 보호하소서,

㉒ 하나님이여, 이스라엘을 그 모든 환난에서 구속하옵소서.

● 26장[다윗의 시]

① 내가 흠없는 생을 살았으며, 요동치 아니하고 여호와를 의지 하였사오니, 여호와여 나를 판단하소서,

② 오 여호와여, 나를 테스트하시고 나를 시험하사 나의 마음과 이성을 시험하소서,

③ 주님의 사랑이 내 목전에 있기에 내가 주님의 진리 안에서 걷고 있나이다,

④ 나는 거짓된 사람과 같이 앉지 아니하고, 또 나는 위선자들과 사귀지도 아니하리이다,

⑤ 나는 행악자들의 모임을 혐오하고 나는 사악한 자들과 같이 앉지 아니하리이다,

⑥ 오 여호와여, 내가 나의 손을 씻어 깨끗하게 하여 주님의 제단에 두루 다니면서,

⑦ 큰소리로 주님을 찬양하며 주님의 놀라운 행위들을 말하리이다,

⑧ 여호와여 내가 주의 계신 집과 주의 영광이 거하는 곳을 사랑하오니,

⑨ 내 영혼을 죄인과 함께 내 생명을 살인자와 함께 거두지 마소서,

⑩ 저희 손에 악한 계획이 있고 그 오른손에 뇌물이 가득하오나,

⑪ 나는 나의 흠없는 생을 영위하니 나를 구속하여주시고 나에게 자비를 베풀어 주시옵소서,

⑫ 내 발이 평평한 지면 위에 섰사오니, 많은 사람들 안에서 나는 여호와를 송축하리이다.

● 27장[다윗의 시]

① 여호와는 나의 빛이요, 나의 구원이시니, 내가 누구를 두려워하리요, 여호와는 내 생명의 능력이시니, 내가 누구를 무서워하리요,

② 나의 대적 나의 원수된 행악자가 내 살을 내 살을 먹으려고 내게로 왔다가 실족하여 넘어졌도다,

③ 군대가 나를 대적하여 진 칠찌라도 내 마음이 두렵지 아니하며, 전쟁이 일어나 나를 치려 할찌라도 내가 오히려 대담하리로다,

④ 내가 여호와께 청하였던 한가지 일 곧 그것을 구하리니, 곧 나로 내 생전에 여호와의 집에 거하여 여호와의 아름다움을 앙망하며 그 전에서 사모하게 하실 것이라,

⑤ 여호와께서 환난 날에 나를 그 초막 속에 비밀히 지키시고, 그 장막 은밀한 곳에 나를 숨기시며 바위 위에 높이 두시리로다,

⑥ 이제 내 머리가 나를 두른 내 원수 위에 들리리니, 내가 그 장막에서 즐거운 제사를 드리겠고 노래하여 여호와를 찬송하리로다,

⑦ 오 여호와여, 내가 소리로 부르짖을 때에 들으시고, 나에게 자비를 베푸사 나의 말에 응답하여 주옵소서,

⑧ 너희는 내 얼굴을 찾으라 하실때에 내 마음이 주님께 말하되, 여호와여 내가 주의 얼굴을 찾으리이다, 하였나이다,

⑨ 주님의 얼굴을 내게서 숨기지 마시고, 주의 종을 노하여 버리지 마소서, 주는 나의 도움이 되셨나이다, 나의 구원의 하나님이시여 나를 버리지 말고 떠나지 마옵소서,

⑩ 내 부모는 나를 버렸으나, 여호와는 나를 받아들였나이다,

⑪ 오 여호와여, 주님의 길을 나에게 가르쳐주시고 내 원수를 피하여 나를 평탄한 길로 인도하옵소서,

⑫ 내 생명을 내 대적의 뜻에 맡기지 마소서, 이는 거짓 증언자가 나에 대해 증언하고 폭력을 부추기기 때문이니이다,

⑬ 나는 아직도 이러한 것에 대하여 대담하니, 아는 우리가 살고 있는 땅에서 여호와의 선함을 보고 있음이로다,

⑭ 너는 여호와를 기다릴찌어다, 용기를 낼찌니라, 그리하면 그분께서 네 마음에 힘을 주시리라, 내가 여호와를 의지하여 말하노라.

● 28장[다윗의 시]

① 여호와여 내가 주께 부르짖으오니, 나의 반석이여, 내게 귀를 막지 마소서, 주께서 내게 잠잠하시면 내가 무덤에 내려가는 자와 같을까 하나이다,

② 내가 주의 성소를 향하여 나의 손을 들고 주께 부르짖을 때에 나의 간구하는 소리를 들으소서,

③ 악인과 행악하는 자와 함께 나를 끌지 마옵소서, 저희는 그 이웃에게 화평을 말하나 그 마음에는 악독이 있나이다,

④ 저희의 행사와 그 행위의 악한대로 갚으시며 저희 손의 지은대로 갚아 그 마땅히 받을 것으로 보응하소서,

⑤ 저희는 여호와의 행하신 일과 손으로 지으신 것을 생각지 아니하므로 여호와께서 저희를 파괴하고 건설치 아니하시리이다,

⑥ 여호와를 찬송함이여, 내 간구하는 소리를 들으심이로다,

⑦ 여호와는 나의 힘과 나의 방패시니 내 마음이 저를 의지하여 도움을 얻었도다, 그러므로 내 마음이 크게 기뻐하며 내 노래로 저를 찬송하리로다,

⑧ 여호와는 저의 힘이시요, 그 기름 부음 받은 자의 구원의 산성이시로다,

⑨ 주님의 백성을 구원하시며 주님의 유업에 복을 주시고, 그들의 목자가 되시어 그들을 영원토록 보살펴 주옵소서.

● 29장[다윗의 시]

① 너희 권능있는 자들아 영광과 권능을 여호와께 돌리고 들릴지어다,

② 여호와의 이름에 합당한 영광을 돌리며 거룩한 옷을 입고 여호와께 경배할지어다,

③ 여호와의 소리가 물 위에 있도다, 영광의 하나님이 뇌성을 발하시니, 여호와는 많은 물 위에 계시도다,

④ 여호와의 소리가 힘 있음이여 여호와의 소리가 위엄차도다,

⑤ 여호와의 소리가 백향목을 꺾으심이여, 여호와께서 레바논 백향목을 꺾어 부수시도다,

⑥ 그 나무를 송아지 같이 뛰게 하심이여, 레바논과 시리온으로 들송아지 같이 뛰게 하시도다

⑦ 여호와의 소리가 화염을 가르시도다,

⑧ 여호와의 소리가 광야를 진동하심이여, 여호와께서 가데스 황야를 진동하시도다,

⑨ 여호와의 소리가 암사슴으로 낙태케 하시고, 삼림을 말갛게 벗기시니 그 전에서 모든 것이 말하기를 영광이라 하도다,

⑩ 여호와께서 홍수 때에 좌정하셨음이여, 여호와께서 영영토록 왕으로 좌정하시도다,

⑪ 여호와께서 자기 백성에게 힘을 주심이여, 여호와께서 자기 백성에게 평강의 복을 주시리로다.

● 30장[다윗의 시, 곧 성전 낙성가]

① 오 여호와여, 내가 주를 높일 것은 주께서 나를 끌어 내사, 내 대적으로 나를 인하여 기뻐하지 못하게 하심이니이다,

② 여호와 내 하나님이여 내가 주께 부르짖으매 나를 고치셨나이다,

③ 여호와 주께서 내 영혼을 음부에서 끌어내어 나를 살리사, 무덤으로 내려가지 않게 하셨나이다,

④ 주의 성도들아 여호와를 찬송하며 그 거룩한 이름에 감사할지어다,

⑤ 그 노염은 잠간이요, 그 은총은 평생이로다, 저녁에는 울음이 기숙할지라도 아침에는 기쁨이 오리로다,

⑥ 내가 형통할 때에 말하기를, 영영히 요동치 아니하리라, 하였도다

⑦ 여호와께서 주의 은혜로 내 산을 굳게 세우셨더니, 주의 얼굴을 가리우시매 내가 근심하였나이다,

⑧ 여호와여 내가 부르짖고 여호와께 간구하기를,

⑨ 내가 무덤에 내려갈 때에 나의 피가 무슨 유익이 있으리요? 어찌 진토가 주를 찬송하며 주의 진리를 선포하리이까?

⑩ 오 여호와여, 들으시고 나에게 자비를 베푸소서, 오 여호와여, 나의 돕는 자가 되옵

소서,

⑪ 주님께서 나의 울부짖음을 춤으로 변하게 하시고, 나의 삼베옷을 벗기고 나를 기쁨의 옷을 입히셨나이다,

⑫ 이는 잠잠치 아니하고 내 영광으로 주님을 찬송케 하심이니, 여호와 나의 하나님이여, 내가 주께 영영히 감사하리이다.

● 31장[다윗의 시, 영장으로 한 노래]

① 오 여호와여, 내가 주께 피하오니 나로 영원히 부끄럽게 마시고 주의 의로움으로 나를 구원하소서,

② 내게 귀를 기울여 속히 구원하시고, 나를 구원하는 강한 산성인 피난의 바위가 되소서,

③ 주는 나의 반석과 산성이시니, 그러므로 주의 이름을 인하여 나를 인도하시고 지도하소서,

④ 저희가 나를 위하여 비밀히 친 그물에서 빼어 내소서, 주는 나의 산성이시니이다,

⑤ 내가 나의 영을 주의 손에 부탁하나이다, 진리의 하나님 여호와여 나를 구속하였나이다,

⑥ 내가 가치없는 우상들을 숭상하는 자를 미워하고, 나는 여호와를 흠숭하나이다,

⑦ 내가 주님의 인자하심을 기뻐하며 즐거워할 것은, 주님께서 나의 곤란을 아시고 나의 영혼의 고뇌를 아셨나이다,

⑧ 주님께서는 나를 적의 수중에 넘기지 아니하시고, 내 발을 넓은 장소에 두셨나이다,

⑨ 오 여호와여, 나에게 자비를 베푸소서, 나는 곤궁에 처해 있나이다, 나의 눈은 슬픔으로 인하여 약해지고 나의 영혼과 몸은 비탄으로 인하여 약해졌나이다,

⑩ 내 생명은 고뇌로 인하여 쇠잔하고, 나의 한해의 세월은 신음으로 지새며, 나의 힘이 고통으로 인하여 쇠약하고, 나의 뼈는 약해졌나이다,

⑪ 내가 모든 대적으로 말미암아 이웃으로부터 심한 경멸을 당하고, 나의 친구들의 공포가 되나이다, 그 친구들은 나를 피하여 거리에서 나늘 보고 있나이다,

⑫ 내가 마치 죽은 것 같이 나는 그들에 의하여 잊혀지고 있으며, 나는 깨진 그릇같이 되었나이다,

⑬ 나는 많은 사람의 비방을 듣고 있으며 다방면에서 나에 대한 협박이 있나이다, 그

들은 나에 대하여 음모를 꾸미고 내 생명을 빼앗기로 하였나이다,

⑭ 여호와여 그러하여도 나는 주께 의지하고 말하기를 주는 내 하나님이시라 하였나이다,

⑮ 나의 시대가 주의 손에 있사오니, 내 원수와 핍박하는 자의 손에서 나를 건지소서,

⑯ 주의 얼굴을 주의 종에게 비취시고, 주의 인자하심으로 나를 구원하소서,

⑰ 오 여호와여, 내가 주님를 불렀사오니 나를 부끄럽게 마시고, 악인을 부끄럽게 하사 음부에서 잠잠케 하소서,

⑱ 교만하고 완악한 말로 무례히 의인을 치는 거짓 입술로 벙어리 되게 하소서,

⑲ 주님를 두려워하는 자를 위하여 쌓아 두신 은혜, 곧 인생 앞에서 주께 피하는 자를 위하여 베푸신 은혜가 어찌 그리 큰지요,

⑳ 주님께서 저희를 은밀한 곳에 숨기사 사람의 꾀에서 벗어나게 하시고, 비밀히 장막에 감추사 구설의 다툼에서 면하게 하시리이다,

㉑ 여호와를 찬송할지어다, 내가 포위된 성에 있을 때에 주님께서는 나에게 놀랄만한 사랑을 보이셨기 때문이니이다,

㉒ 나는 놀라서 말하나니, "내가 주의 시야에서 벗어나 있도다." 하니라, 그러나 내가 주님께 도움을 부르짖을 때에 주님께서 나의 간구하는 소리를 들으셨나이다,

㉓ 너희 모든 성도들아, 여호와를 사랑하라, 여호와께서 성실한 자들를 보호하시고 교만히 행하는 자에게 엄중히 갚으시느니라,

㉔ 여호와께 소망을 가지는 모든 자들아, 강하고, 담대하며, 포기하지 말고, 곧 여기에 오실 하나님을 기대하십시오.

(Be of good courage, and he shall strengthen your heart, all ye that hope in the LORD.-KJV)

(Be strong and take heart, all you who hope in the LORD.-NIV)

(Be strong and take heart, all who hope in the Lord.-NAB)

(Be brave. Be strong. Don't give up. Expect GOD to get here soon.-THE MESSAGE)

● 32장[다윗의 마스길]

① 허물의 사함을 얻고 그 죄의 가리움을 받은자는 복이 있도다,

② 마음에 간사가 없고 여호와께 정죄를 당치 않은 자는 복이 있도다,

③ 내가 토설치 아니할 때에 종일 신음하므로 내 뼈가 쇠하였도다,

④ 주의 손이 주야로 나를 누르시오니 내 진액이 화하여 여름 가물에 마름 같이 되었나이다(셀라),

⑤ 내가 이르기를 내 허물을 여호와께 자복하리라 하고 주께 내 죄를 아뢰고 내 죄악을 숨기지 아니하였더니 곧 주께서 내 죄의 악을 사하셨나이다(셀라),

⑥ 이로 인하여 무릇 경건한 자는 주를 만날 기회를 타서 주께 기도할찌라 진실로 홍수가 범람할찌라도 저에게 미치지 못하리이다,

⑦ 주는 나의 은신처이오니 환난에서 나를 보호하시고 구원의 노래로 나를 둘러싸리이다(셀라),

⑧ 내가 너의 갈 길을 가르쳐 보이고 너를 주목하여 훈계하리로다,

⑨ 너희는 무지한 말이나 노새 같이 되지 말찌어다, 그것들은 자갈과 굴레로 단속하지 아니하면 너희에게 가까이 오지 아니하리이다,

⑩ 악인에게는 많은 화가 있으나, 여호와의 한량없는 사랑이 여호와를 신뢰하는 자를 두르리로다,

⑪ 너희 의인들아 여호와를 기뻐하며 즐거워할찌어다, 마음이 정직한 너희들아 다 즐거이 외칠찌어다.

• 33장

① 너희 의로운 자들아 여호와를 즐거워하라, 찬송은 정직한 자의 마땅히 할바로다,

② 수금으로 여호와께 감사하고, 열 줄 비파로 찬송할찌어다,

③ 새 노래로 그를 노래하며 즐거운 소리로 정교하게 연주할찌어다,

④ 여호와의 말씀은 정직하며 그 행사는 다 진실하시도다,

⑤ 여호와께서는 정의와 공의를 사랑하심이여, 세상에 여호와의 인자하심이 충만하도다,

⑥ 여호와의 말씀으로 하늘이 지음이 되었으며 그 배열이 그 입 기운으로 이루었도다,

⑦ 저가 바닷물을 모아 무더기 같이 쌓으시며 깊은 물을 곳간에 두시도다,

⑧ 온 지구는 여호와를 두려워하며 세계의 모든 거민은 그를 경외할찌어다,

⑨ 저가 말씀하시매 이루었으며 명하시매 견고히 섰도다,

⑩ 여호와께서 이교도들의 계획을 좌절시키시고, 민족들의 목적들을 무효케 하시도

다,

⑪ 여호와의 계획은 영영히 서고 그분의 마음의 목적은 대대를 통하여 서리로다,

⑫ 자기들의 하나님이 여호와이신 민족은 복이 있도다, 여호와께서 자기 유업으로 택하신 백성은 복이 있도다,

⑬ 여호와께서 하늘에서 내려다 보시고 모든 인류를 감찰하시느니라,

⑭ 곧 그 거하신 곳에서 세상의 모든 거민을 주시하시는도다,

⑮ 그분께서 모든 사람들의 마음을 형성하시고, 그들이 하는 모든 행동을 감찰하시는도다,

⑯ 많은 군사가 있다고 해서 왕이 구조되는 것도 아니며, 막강한 힘이 있는 용사도 그 자신을 피할 수 없느니라,

⑰ 말이 있다고 안전하지 않으니라, 대간히 큰 힘으로도 어떤 자도 구할 수 없느니라,

⑱ 여호와는 그 경외하는 자, 곧 그 인자하심을 바라는 자를 살피사,

⑲ 저희 영혼을 사망에서 건지시며 저희를 기근시에 살게 하시는도다,

⑳ 우리는 여호와에 소망을 가지고 기다리니, 그분은 우리의 도움이시고 방패시로다,

㉑ 우리 마음이 그분 안에서 즐거워하나니, 이는 우리가 그분의 성스러운 이름을 신뢰함이니이다,

㉒ 오 여호와여, 주님의 한량없는 사랑을 우리에게 베푸소서, 동일하게 우리도 주님에게 우리의 소망을 바라고 있나이다.

● **34장**[다윗이 아비멜렉 앞에서 미친체하다가 쫓겨나서 지은 시]

① 내가 여호와를 항상 송축함이여, 그분을 송축함을 내 입에 계속하리로다,

② 내 영혼이 여호와로 자랑하리니,겸손한 자가 이를 듣고 기뻐하리로다,

③ 나와 함께 여호와를 영화롭게 하시고 그 이름을 다 함께 드높일지어다,

④ 내가 여호와께 구하매 내게 응답하시고, 내 모든 두려움에서 나를 건지셨도다,

⑤ 그분을 앙망하는 자들은 광채를 입었으니, 그들의 얼굴이 영영히 부끄러움으로 덮히지 아니하리로다,

⑥ 이 불쌍한 자가 부르짖으매, 여호와께서 들으시고 그 모든 환난에서 그를 구원하셨도다,

⑦ 여호와의 사자가 주를 경외하는 자를 둘러 진 치고 저희를 건지시는도다,

⑧ 너희는 여호와의 선하심을 맛보아 알지어다, 그에게 피하는 자는 복이 있도다,

⑨ 너희 성도들아, 여호와를 경외하라, 그분을 경외하는 자에게는 부족함이 없도다,

⑩ 젊은 사자들이 약해져서 주릴지라도, 여호와를 구하는 자는 어떤 것에도 부족함이 없으리로다,

⑪ 나의 자녀들아, 와서 내 말을 들어라, 내가 여호와를 경외함에 대하여 너희에게 가르치리로다,

⑫ 너희들 누구라도 생명을 사랑하고 많은 좋은 날들을 보기를 원하느니라,

⑬ 너의 혀를 악으로부터 지키고 너의 입술을 거짓말 하는 것으로부터 지킬지니라,

⑭ 악을 버리고 선을 행하며, 화평을 찾아 따를찌어다,

⑮ 여호와의 눈은 의인을 향하시고, 그 귀는 저희 부르짖음에 기울이시는도다,

⑯ 여호와의 얼굴은 행악하는 자를 대항하시고, 지구로부터 그들의 자취를 지워버리려 하시는도다,

⑰ 의인들이 부르짖으매 여호와께서는 그들의 말을 들으시고 그들을 모든 환난에서 구원하시는도다,

⑱ 여호와께서는 마음이 상한 자들을 가까이 하시고, 심령에 통회하는 자를 구원하시는도다,

⑲ 의로운 사람이 많은 고난을 가질 수 있으나, 여호와께서 그 모든 고난에서 그를 구원하시는도다,

⑳ 여호와께서는 그 모든 뼈를 보호하여 주시니, 그들 중에 하나도 꺾이지 아니하리로다,

㉑ 악이 악인들을 살해할 것이라, 의인들의 적들은 죄를 받으리로다,

㉒ 여호와께서는 그분의 종들을 구속하시나니, 그분에게 피난처를 구하는 자는 어느 누구도 죄를 받지 아니하리로다.

● **35장**[다윗의 시]

① 오 여호와여, 나와 다투는 자들에게 나의 사정을 변론하여 주시고, 나와 싸우는 자들과 싸워주소서,

② 큰 방패와 둥근 손 방패를 잡으시고, 일어나셔서 나를 도우러 오소서,

③ 또한 창을 빼시어, 나를 박해하는 자들을 대적하여 그 길을 막으시며 내 혼에게 '내가 너를 구원하리라." 말하여 주소서,

④ 내 생명을 찾는 자로 뿌끄러워 수치를 당게 하시며, 나를 상해하려 하는 자로 물러

가 낭패케 하소서,

⑤ 저희로 바람 앞에 겨와 같게 하시고 여호와의 사자로 몰아내소서,

⑥ 저희 길을 어둡고 미끄럽게 하시고 여호와의 사자로 저희를 따르게 하소서,

⑦ 저희가 무고히 나를 잡으려고 그 그물을 웅덩이에 숨기며 무고히 내 생명을 해하려고 함정을 팠사오니,

⑧ 멸망으로 졸지에 저에게 임하게 하시고, 그 숨긴 그물에 스스로 잡히게 하시며, 멸망 중에 떨어지게 하소서,

⑨ 내 영혼이 여호와를 즐거워함이여, 그 구원을 기뻐하리로다,

⑩ 내 모든 뼈가 이르기를, 여호와 같은 자 누구리요? 그는 가난한 자를 그보다 강한 자에게서 건지시고 가난하고 궁핍한 자를 노략하는 자에게서 건지시는 이라 하리로다,

⑪ 불의한 증인이 일어나서 내가 알지 못하는 일로 내게 힐문하며,

⑫ 내게 선을 악으로 갚아 나의 영혼을 외롭게 하나,

⑬ 나는 저희가 병 들었을 때에 굵은 베옷을 입으며 금식하여 내 영혼을 괴롭게 하였더니 내 기도가 내 품으로 돌아왔도다,

⑭ 내가 나의 친구와 형제에게 행함 같이 저희에게 행하였으며, 내가 굽히고 슬퍼하기를 모친을 곡함 같이 하였도다,

⑮ 오직 내가 환난을 당하매 저희가 기뻐하여 서로 모임이여 비류가 나의 알지 못하는 중에 모여 나를 치며 찢기를 마지 아니하도다,

⑯ 저희는 연회에서 망령되이 조롱하는 자 같이 나를 향하여 그 이를 갈도다,

⑰ 주여 어느때까지 관망하시리이까? 내 영혼을 저 멸망자에게서 구원하시며 내 유일한 것을 사자들에게서 건져주소서,

⑱ 내가 대회 중에서 주께 감사하며 많은 백성 중에서 주를 찬송하리이다,

⑲ 무리에게 나의 원수된 자로 나를 인하여 기뻐하지 못하게 하시며 무고히 나를 미워하는 자로 눈짓하지 못하게 하소서,

⑳ 대저 저희는 화평을 말하지 아니하고, 평안히 땅에 거하는 자를 거짓말로 모해하며,

㉑ 또 저희가 나를 향하여 입을 크게 벌리고 하하 우리가 목도하였다 하나이다,

㉒ 여호와여 주께서 이를 보셨사오니 잠잠하지 마옵소서, 주여 나를 멀리하지 마옵소서,

㉓ 나의 하나님 나의 주여 떨치고 깨쳐서 나를 공판하시며 나의 송사를 다스리소서,

㉔ 여호와 나의 하나님이여 주의 공의대로 나를 판단하사 저희로 나를 인하여 기뻐하지 못하게 하소서,

㉕ 저희로 그 마음에 이르기를, 아하 소원 성취하였다 하지 못하게 하시며, 우리가 저를 삼켰다 하지 못하게 하소서,

㉖ 나의 해를 기뻐하는 자들로 부끄러워 낭패하게 하시며, 나를 향하여 자긍하는 자로 수치와 욕을 당케 하소서,

㉗ 나의 의를 즐거워하는 자로 기꺼이 부르고 즐겁게 하시며, 그 종의 형통을 기뻐하시는 여호와는 광대하시다 하는 말을 저희로 항상 하게 하소서,

㉘ 나의 혀가 주님의 의로움을 말할 것이고, 온 종일 주님을 찬송하리이다.

● 36장 [여호와의 종 다윗의 시, 영장으로 한 노래]

① 사악한 자의 죄 지음에 관하여 내 마음에 이르기를, 그의 목전에는 하나님을 두려워함이 없다, 하느니라,

② 저가 스스로 자긍하기를 자기 죄악이 드러나지 아니하고 미워함을 받지도 아니하리라 함이로다,

③ 그 입의 말들은 사악하고 속임수라, 그가 현명해지고 선을 행하는 것을 그쳤도다,

④ 저는 그 침상에서도 악을 도모하고, 악의 길에 자신을 세우며 옳지 않은 일을 거절하지 아니하는도다,

⑤ 오 여호와여, 주님의 인자하심이 하늘에까지 도달하고, 주님의 신실하심이 구름까지 미치나이다,

⑥ 주님의 의로움은 웅장한 산들과 같고, 주님의 정의는 깊은 바다와 같으니라, 오 여호와여, 사람과 짐승을 보호하여 주시옵소서,

⑦ 주님의 한량없는 사랑이 어찌 그리 보배로우신지요! 무릇 인생들이 주님의 날개 그늘 아래 피하나이다

⑧ 저희가 주님의 집의 살찐 것으로 풍족히 먹을 것이며, 주님께서는 주님의 기쁨의 강물을 그들에게 마시우시리이다

⑨ 대저 생명의 원천이 주께 있사오니, 주의 광명 중에 우리가 광명을 보리이다,

⑩ 주님을 아는 자에게 주의 인자 하심을 계속하시며, 마음이 정직한 자에게 주의 의를 베푸소서,

⑪ 교만한 자의 발이 내게 미치지 못하게 하시며, 악인의 손이 나를 쫓아내지 못하게 하소서.

⑫ 악을 행하는 자가 거기 넘어졌으니 엎드러지고 다시 일어날 수 없으리이다.

● 37장[다윗의 시]

① 악한 자들로 인하여 고민하지 말며, 불의를 행하는 자를 부러워하지 말찌어다.

② 이는 그들이 풀과 같이 곧 베어질 것이며, 푸른 채소 같이 시들 것이기 때문이라.

③ 여호와를 의뢰하고 선을 행하라, 그리하면 네가 땅에 거하고, 여호와께서 너를 먹일 것이니라.

④ 또 여호와를 기뻐하라, 그리하면 그분께서 네 마음의 소원을 이루어 주시리로다.

⑤ 너의 길을 여호와께 맡기고 그분을 신뢰하라, 그리하면 그분께서 그것을 이루어 주시고,

⑥ 그분께서 너의 의로움을 새벽빛같이 빛나게 하시고, 너의 정의를 한낮의 태양같게 하시리라.

⑦ 여호와 앞에서 조용하며 인내를 가지고 그분을 기다려라, 사람들이 그들의 인생에서 성공하였다고 해서 너는 초조해하지 마라, 또 그들이 그들의 악한 계획을 이루었을 때에도 초조해하지 말지니라.

⑧ 분노을 그치고, 노염을 다른 데로 돌려라, 초조해 하지 마라, 그것은 악으로 이끄니라.

⑨ 이는 행악하는 자는 끊어질 것이나 여호와를 기대 하는 자는 땅을 차지하리로다.

⑩ 잠시 후에 악인이 없어지리니, 네가 그곳을 자세히 살필지라도 없으리로다.

⑪ 오직 온유한 자는 땅을 상속받으며 풍부한 화평으로 즐기리로다.

⑫ 사악한 자들은 의인들에 대하여 음모를 꾸미고 그들에 대하여 이를 가는도다.

⑬ 그러나 여호와께서는 사악한 자들을 비웃으리니, 이는 여호와께서 그들의 멸망의 날이 오는 것을 아시기 때문이니라.

⑭ 사악한 자들이 칼을 빼고 자기들의 활을 당기어 가난하고 궁핍한 자들을 쓰러뜨리고 정직하게 행하려는 자들을 죽이려 하나,

⑮ 그들의 칼은 자신들의 심장을 찌를 것이요, 그들의 활들은 부러지리로다.

⑯ 의인들이 가진 적은 소유가 사악한 자들의 많은 부보다 나으니라.

⑰ 악인의 팔은 부러지나 의인은 여호와께서 붙드시는도다.

⑱ 여호와께서 완전한 자의 날을 아시니 저희 유업은 영원하리로다,

⑲ 저희는 환난 때에 부끄럽지 아니하며 기근의 날에도 풍족하려니와,

⑳ 악인은 멸망하고 여호와의 원수는 어린 양의 기름 같이 타서 연기되어 없어지리로다,

㉑ 악인은 꾸고 갚지 아니하나 의인은 은혜를 베풀고 주는도다,

㉒ 주의 복을 받은 자는 땅을 차지하고, 주의 저주를 받은 자는 끊어지리로다,

㉓ 여호와께서 사람의 걸음을 정하시고 그 길을 기뻐하시나니,

㉔ 저는 넘어지나 아주 엎드러지지 아니함은 여호와께서 손으로 붙드심이로다,

㉕ 내가 어려서부터 늙기까지 의인이 버림을 당하거나 그 자손이 걸식함을 보지 못하였도다,

㉖ 저는 종일토록 은혜를 베풀고 꾸어주니 그 자손이 복을 받는도다,

㉗ 악에서 떠나 선을 행하라, 그리하면 네가 그 땅에서 영영히 거하리니,

㉘ 여호와께서 공의를 사랑하시고 그 성도를 버리지 아니하심이로다, 저희는 영영히 보호를 받으나 악인의 자손은 끊어지리로다,

㉙ 의인이 땅을 차지함이여 거기 영영히 거하리로다,

㉚ 의인의 입은 지혜를 말하고 그 혀는 공의를 이르며,

㉛ 그 마음에는 하나님의 법이 있으니 그 걸음에 실족함이 없으리로다,

㉜ 악인이 의인을 엿보아 살해할 기회를 찾으나,

㉝ 여호와는 저를 그 손에 버려두지 아니하시고 재판 때에도 정죄치 아니하시리로다,

㉞ 여호와를 기다리며 그분의 도를 지키라, 그리하면 악인이 끊어질 때에 여호와께서는 너를 높이 올려 그 땅을 네게 주리라, 이것을 네가 목도하리로다,

㉟ 나는 월계수같이 잘 뻗어나가는 큰 세력을 가진 사악하고 무례한 사람을 보았느니라,

㊱ 그러나 그가 곧 사라졌고 더 이상 있지 아니하도다, 비록 내가 그를 찾았으나 그는 발견될 수가 없었느니라,

㊲ 비난받지 않는 사람에 대하여 생각(고려)해보고, 곧은 사람을 살펴보라, 그 사람의 앞날은 평화이니라,

㊳ 그러나 모든 죄인들은 멸망할 것이고, 사악한 자들의 미래는 없어지리이다,

㊴ 그러나 의인들의 구원은 여호와께로부터 오고, 여호와는 환난 때에 그들의 산성이시로다,

㊵ 여호와께서는 그들을 도와 건지시나니, 그분께서는 사악한 자들로부터 그들을 건
져서 구원하셨느니라, 이는 그들이 여호와를 의지하였기 때문이니라.

● 38장[다윗의 기념케 하는 시]

① 오 여호와여, 주의 노로 나를 책하지 마시고 분노로 나를 징계치 마소서,

② 주의 살이 나를 찌르고 주의 손이 나를 심히 누르시나이다,

③ 주의 진노로 인하여 내 살에 성한 곳이 없사오며 나의 죄로 인하여 내 뼈에 평안함
이 없나이다.

④ 내 죄악이 내 머리에 넘쳐서 무거운 짐 같으니 감당할 수 없나이다,

⑤ 내 상처가 썩어 악취가 나오니 나의 우매한 연고로소이다,

⑥ 내가 아프고 심히 구부러졌으며 종일토록 슬픈 중에 다니나이다,

⑦ 내 허리에 열기가 가득하고 내 살에 성한 곳이 없나이다,

⑧ 내가 피곤하고 심히 상하였으며 마음이 불안하여 신음하나이다,

⑨ 주여 나의 모든 소원이 주의 앞에 있사오며 나의 탄식이 주의 앞에 감추이지 아니
하나이다,

⑩ 내 심장이 몹시 두근거리고 내 기력이 쇠하여 내 눈의 빛도 나를 떠났나이다,

⑪ 나의 사랑하는 자와 나의 친구들이 나의 상처로부터 멀리 서 있으며 나의 친척들
도 멀리 섰나이다,

⑫ 내 생명을 찾는 자가 올무를 놓고 나를 해하려는 자가 해로운 일을 말하며 종일토
록 계략을 도모하오나,

⑬ 나는 귀 먹은 자 같이 듣지 아니하고 벙어리 같이 입을 열지 아니하오니,

⑭ 나는 듣지 못하는 자 같아서 입에는 비난할 말들이 없나이다,

⑮ 오 여호와여, 내가 주님 안에서 소망을 가짐이오니, 오 주님, 나의 하나님이시어,
주님께서는 들으시리이다,

⑯ 이는 내가 말하기를, 내게 들으소서, 그렇지 아니하면 그들이 나로 인하여 기뻐할
까 함이니, 내 발이 미끄러질때에 그들이 나를 대적하여 위세를 부리리이다, 하였
으나,

⑰ 이는 내가 넘어지게 되었고, 나의 슬픔이 항상 내 앞에 있기 때문이니이다,

⑱ 또 나는 나의 죄악을 밝혀 드러낼 것이요, 나의 죄로 인하여 괴로워하리이다,

⑲ 그러나 나의 원수들은 활기차고 강하며 나를 까닭 없이 미워하는 자들이 많아졌나

이다,

⑳ 선을 악으로 갚는 자들도 나의 대적들이니라, 왜냐하면 내가 선한 것을 따르기 때문이니이라,

㉑ 오 여호와여, 나를 버리지 마소서, 오 나의 하나님이여, 나를 멀리 하지 마소서,

㉒ 속히 오셔서 나를 도우소서, 오 여호와 나의 구원자이시여.

● **39장**[다윗의 시,영장 여두둔으로 한 노래]

① 내가 말하기를 나의 행위를 조심하여 내 혀로 범죄치 아니하리니, 악인이 내 앞에 있을 때에 내가 내 입에 자갈을 먹이리라 하였도다,

② 내가 잠잠하여 선한 말도 발하지 아니하니 나의 근심이 더 심하도다,

③ 내 마음이 내 속에서 뜨거워서 묵상할 때에 화가 발하니 나의 혀로 말하기를,

④ 여호와여 나의 종말과 연한의 어떠함을 알게 하사, 나로 나의 연약함을 알게 하소서,

⑤ 주님께서는 나의 연한을 손 한뼘의 넓이로 만드셨나이다, 나의 연한의 잠간은 주님 앞에서는 아무것도 아니이니다, 각 사람의 생은 숨 한번 쉬는 순간이니이다(셀라),

⑥ 사람은 이리 저리 다니는 단순한 허깨비이니이다, 그는 부산하게 움직이나 만사가 헛되니라, 그는 부를 쌓으나 누가 그것을 얻을지는 알지못하느니라,

⑦ 그러나 여호와여, 이제 내가 무엇을 바라리요? 나의 소망은 여호와께 있나이다,

⑧ 나를 모든 죄과에서 건지시며, 우매한 자에게 욕을 보지 않게 하소서,

⑨ 내가 잠잠하고 입을 열지 아니하옴은 주께서 이를 행하신 연고이니이다,

⑩ 나를 벌하지 마옵소서, 주의 손이 치심으로 내가 다 태워졌나이다,

⑪ 주님께서는 사람들의 죄에 대하여 꾸짖고 훈련시키시며 그들의 부를 좀과 같이 소멸하게 하시니, 각 사람의 인생은 허사(숨한번 쉬는것)뿐이니이다(셀라)

⑫ 여호와여 나의 기도를 들으시며 나의 부르짖음에 귀를 기울이소서, 내가 눈물 흘릴 때에 잠잠하지 마옵소서, 대저 나는 주께 객이 되고 거류자가 됨이 나의 모든 열조 같으니이다,

⑬ 오 나를 용서하시어 내가 떠나가서 아주 없어지기 전에, 나로 하여금 기력을 회복하게 하옵소서.

● **40장**[다윗의 시, 영장으로 한 노래]

① 내가 여호와를 기다리고 기다렸더니 귀를 기울이사 나의 부르짖음을 들으셨도다,

② 나를 기가 막힐 웅덩이와 수렁에서 끌어 올리시고 내 발을 반석 위에 두사 내 걸음을 견고히 하셨도다,

③ 새 노래 곧 우리 하나님께 올릴 찬송을 내 입에 두셨으니, 많은 사람이 보고 두려워하여 여호와를 의지하리로다,

④ 여호와를 의지하고 교만한 자와 거짓에 치우치는 자를 돌아보지 아니하는 자는 복이 있도다,

⑤ 여호와 나의 하나님이여, 주님의 행하신 기적이 많고, 우리를 향하신 주의 생각도 많도소이다, 내가 들어 말하고자 하나, 주의 앞에 베풀 수도 없고 그 수를 셀 수도 없나이다,

⑥ 주께서 나의 귀를 통하여 들리시기를, 제사와 예물을 기뻐 아니하시며 번제와 속죄제를 요구치 아니하신다, 하신지라,

⑦ 그 때에 내가 말하기를, 내가 왔나이다, 나를 가리켜 기록한 것이 두루마리 책에 있나이다,

⑧ 나의 하나님이여, 내가 주의 뜻 행하기를 즐기오니, 주의 법이 나의 심중에 있나이다, 하였나이다,

⑨ 내가 많은 사람들 중에서 의의 기쁜 소식을 전하였나이다, 여호와야 내가 내 입술을 닫지 아니할 줄을 주께서 아시나이다,

⑩ 내가 주님의 의를 내 심중에 숨기지 아니하고, 주님의 성실과 구원을 선포하였으며, 내가 주님의 인자와 진리를 많은 사람들 중에서 숨기지 아니하였나이다,

⑪ 오 여호와여, 주님의 자비를 나로부터 거두지 마시고, 주님의 사랑과 진리로써 나를 항상 보호하여 주옵소서,

⑫ 이는 헤아릴 수 없이 많은 재앙이 나를 에워쌓고, 내 죄악들이 나를 붙들고 있으므로 내가 쳐다 볼 수 없으니, 그것들이 나의 머리털보다도 많나이다, 그러므로 내 마음이 나를 넘어뜨리나이다,

⑬ 오 여호와여, 나를 기꺼이 구원하여 주옵소서, 오 여호와여, 속히 오셔서 나를 도와 주옵소서,

⑭ 나의 영혼을 찾아 멸하는 자로 다 수치와 낭패를 당케 하시며 나의 해를 기뻐하는 자로다 물러가 욕을 당케 하소서,

⑮ 나를 향하여 하하 하는 자로 자기 수치를 인하여 놀라게 하소서,

⑯ 무릇 주를 찾는 자는 다 주로 즐거워하고 기뻐하게 하시며, 주의 구원을 사랑하는 자는 항상 말하기를, 여호와는 광대하시다, 하게 하소서,

⑰ 그러나 나는 가난하고 궁핍하나이다, 여호와여, 나를 생각하여 주옵소서, 주님께서는 나의 도움이시요, 건지시는 자시라, 오 나의 하나님이여, 지체하지 마시옵소서.

● 41장[다윗의 시, 영장으로 한 노래]

① 가난한 자들을 염려하는 자는 복이 있나니, 여호와께서 고난의 때에 그를 건지시리이다,

② 여호와께서 저를 보호하사 살게 하시리니, 저가 세상에서 복을 받을 것이며, 저를 그 원수들의 뜻에 맡기지 아니하시리이다,

③ 여호와께서 병상에 있는 그에게 힘을 주시며, 그의 병든 때에 그의 모든 침상을 마련하시리이다,

④ 내가 말하기를, 여호와여 나를 긍휼히 여기소서, 내가 주께 범죄하였사오니 내 영혼을 고치소서, 하였나이다,

⑤ 나의 원수가 내게 대하여 악담하기를, 저가 어느 때에 죽어서 그 이름이 사라질까? 하나이다,

⑥ 그가 나를 보러 와서 거짓을 말하고 그의 마음에는 사악함을 쌓으며, 밖으로 나가서는 그것을 알리나이다,

⑦ 나를 미워하는 자가 다 내게 대하여 수근거리고, 나를 해하려고 꾀하며,

⑧ 이르기를, 악한 병이 저에게 들었으니, 이제 저가 눕고 다시 일어나지 못하리라, 하오니

⑨ 나와 빵을 같이 나누어 먹었던 내가 신뢰하였던 가까운 친구까지도 그이 발꿈치를 들어 나에게 대적하나이다,

⑩ 그러나 오 주 여호와여, 나에게 자비를 베푸시어 나를 일으키사 나로하여금 그들에게 되갚게 하여주소서,

⑪ 이로써 내가 여호와께서 나에 대하여 기뻐하시는 줄을 아나니, 이는 나의 적이 나를 이기지 못하기 때문이니이다,

⑫ 여호와께서 나의 성실함을 격려하시고 나를 그분의 면전에 영원히 두시나이다,

⑬ 이스라엘의 하나님, 여호와를 찬송하리이다, 영원히 영원히 찬송하리이다, 아멘 아멘!!!!!

● 42장[고라 자손의 마스길, 영장으로 한 노래]
① 오 하나님이시여, 사슴이 시냇물을 찾기에 갈급함 같이 내 영혼이 주를 찾기에 갈급하니이다,
② 내 영혼이 하나님 곧 생존하시는 하나님을 갈망하나니, 내가 어느 때에 나아가서 하나님 앞에 뵙겠나이까?
③ 사람들이 종일 나더러 하는 말이 네 하나님이 어데 있느뇨? 하니, 내 눈물이 주야로 내 음식이 되었나이다,
④ 내가 이 일들을 기억할 때에 내 안에 있는 내 혼을 쏟아 붓사오니, 이는 내가 전에 사람들과 함께 갔었고, 거룩한 날을 지키는 사람들과 더불어 기쁨의 소리와 찬양으로 하나님의 전으로 갔었나이다,
⑤ 내 영혼아 네가 어찌하여 낙망하며 어찌하여 내 속에서 불안하여 하는고? 너는 하나님을 바라라 그 얼굴의 도우심을 인하여 내가 오히려 찬송하리로다,
⑥ 내 하나님이여 내 영혼이 내 속에서 낙담이 되므로 내가 요단 땅과 헤르몬과 미살 산에서 주를 기억하나이다,
⑦ 주의 폭포 소리에 깊은 바다가 서로 부르며 주의 파도와 물결이 나를 뒤덮나이다,
⑧ 낮에는 여호와께서 그 인자함을 베풀고 밤에는 그 찬송이 내게 있어 생명의 하나님께 기도하리로다,
⑨ 내 반석이신 하나님께 말하기를, 어찌하여 나를 잊으셨나이까? 내가 어찌하여 원수의 압제로 인하여 슬프게 다니나이까? 하리로다,
⑩ 내 뼈를 찌르는 칼 같이 내 대적이 나를 비방하여 늘 말하기를, 네 하나님이 어디 있느냐? 하도다
⑪ 내 영혼아 네가 어찌하여 낙망하며 어찌하여 내 속에서 불안하여 하는고? 너는 하나님을 소망하라, 나는 내 얼굴을 도우시는 내 하나님을 오히려 찬송하리로다,

● 43장
① 하나님이여 나를 판단하시되 경건치 아니한 나라에 대하여 내 송사를 변호하시며 간사하고 불의한 자에게서 나를 건지소서,

② 주는 나의 힘이 되신 하나님이시어늘 어찌하여 나를 버리셨나이까? 내가 어찌하여 원수의 압제로 인하여 슬프게 다니나이까?

③ 주의 빛과 주의 진리를 보내어 나를 인도하사 주의 성산과 장막에 이르게 하소서,

④ 그런즉 내가 하나님의 단에 나아가 나의 극락의 하나님께 이르리이다, 하나님이여, 나의 하나님이여, 내가 수금으로 주를 찬양하리이다,

⑤ 내 영혼아 네가 어찌하여 낙망하며 어찌하여 내 속에서 불안하여 하는고? 너는 하나님을 소망하라, 나는 내 얼굴을 도우시는 내 하나님을 오히려 찬송하리로다,

● **44장**[고라 자손의 마스길, 영장으로 한 노래]

① 오 하나님이시여, 우리는 아주 옛날 우리 조상들이 살던 시기에 주님께서 하셨던 일을 우리 조상들을 통하여 들었나이다,

② 주님께서 주의 손으로 모든 이교도들을 내 쫓으시고 우리 조상들을 그곳에 정주케 하셨고, 이교도 사람들을 처부수어 우리 조상들을 번성케하셨나이다,

③ 저희가 자기 칼로 땅을 얻어 차지함이 아니요, 너희 팔이 저희를 구원함도 아니라, 오직 주의 오른손과 팔과 얼굴의 빛으로 하셨으니 주께서 저희를 기뻐하신 연고니이다,

④ 하나님이여 주는 나의 왕이시니, 야곱에게 구원을 베푸소서,

⑤ 우리가 주를 의지하여 우리 대적을 누르고 우리를 치려 일어나는 자를 주의 이름으로 밟으리이다,

⑥ 나는 내 활을 의지하지 아니할 것이라, 내 칼도 나를 구원치 못하리이다,

⑦ 오직 주께서 우리를 우리 대적에게서 구원하시고, 우리를 미워하는 자로 수치를 당케 하셨나이다,

⑧ 우리가 종일 하나님으로 자랑하였나이다, 우리가 하나님의 이름을 영영히 감사하리이다(셀라),

⑨ 그러나 이제는 우리 주께서 우리를 버려 욕을 당케 하시고, 우리 군대와 함께 나아가지 아니하시나이다,

⑩ 주께서 우리를 대적에게서 돌아서게 하시니, 우리를 미워하는 자가 자기를 위하여 탈취하였나이다,

⑪ 주께서 우리로 먹힐 양 같게 하시고 열방 중에 흩으셨나이다,

⑫ 주께서 주의 백성을 무료로 파심이여 저희 값으로 이익을 얻지 못하셨나이다,

⑬ 주께서 우리로 이웃에게 욕을 당케 하시니 둘러 있는 자가 조소하고 조롱하나이다,

⑭ 주께서 우리로 열방 중에 말거리가 되게 하시며, 민족 중에서 머리 흔듦을 당케 하셨나이다,

⑮ 나의 능욕이 종일 내 앞에 있으며 수치가 내 얼굴을 덮었으니,

⑯ 나를 비방하고 후욕하는 소리를 인함이요, 나의 원수와 보수자의 연고니이다,

⑰ 이 모든 일이 우리에게 임하였으나, 우리가 주를 잊지 아니하며, 주의 언약을 어기지 아니하였나이다,

⑱ 우리 마음이 돌아서지 아니하였고, 우리 걸음도 주의 길을 떠나지 아니하였으나,

⑲ 그러나 주님께서는 용들의 처소에서 우리에게 심한 상처를 내시고 죽음의 그늘로 우리를 덮으셨나이다,

⑳ 우리가 우리 하나님의 이름을 잊어버렸거나, 우리 손을 이방 신에게 향하여 폈더면,

㉑ 하나님이 이를 찾아내지 아니하셨으리이까? 이는 주님께서 마음의 비밀들을 아시기 때문이니이다,

㉒ 참으로 우리가 주님을 위하여 온 종일 죽임을 당하였으며, 도살당할 양같이 여김을 받았나이다,

㉓ 오 주님이시여, 깨어나소서, 어찌하여 주무시나이까? 일어나시어 우리를 영영히 버리지 마소서,

㉔ 어찌하여 주의 얼굴을 가리우시고 우리 고난과 압제를 잊으시나이까?

㉕ 우리 영혼은 진토에 구부러져 내렸고 우리 몸은 땅에 붙었사오니,

㉖ 일어나시어 우리를 도우소서, 주의 끊임없는 사랑으로 우리를 구원하여 주시옵소서.

● 45장[고라 자손의 마스길, 사랑의 노래, 영장으로 소산님에 맞춘 것]

① 내 마음에서 좋은 말이 넘쳐 왕에 대하여 지은 것을 말하리니, 내 혀는 글 잘쓰는 필객의 붓과 같도다,

② 왕은 인생보다 아름다워 은혜를 입술에 머금으니, 그러므로 하나님이 왕에게 영영히 복을 주시도다,

③ 능한 자여 칼을 허리에 차고 왕의 영화와 위엄을 입으소서,

④ 왕은 진리과 온유와 공의를 위하여 위엄있게 타고 승전하소서, 왕의 오른손이 왕에게 두려운 일을 가르치리이다,

⑤ 왕의 살이 날카로워 왕의 원수의 염통을 뚫으니, 만민이 왕의 앞에 엎드러지는도다,

⑥ 오 하나님, 주님의 보좌는 영영히 지속될 것이고, 정의의 지팡이가 주님의 왕국의 지팡이가 될 것이니이다,

⑦ 왕이 정의를 사랑하고 악을 미워하시니, 그러므로 하나님 곧 왕의 하나님께서 즐거움의 기름을 부으시어, 왕의 동료들보다 높이셨나이다,

⑧ 왕의 모든 옷은 몰약과 침향과 육계의 향기가 있으며, 상아궁에서 나오는 현악은 왕을 즐겁게 하도다,

⑨ 왕의 귀비 중에는 열왕의 딸이 있으며, 왕후는 오빌의 금으로 꾸미고 왕의 우편에 서도다,

⑩ 딸이여 듣고 생각하고 귀를 기울일찌어다, 네 백성과 아비 집을 잊어 버릴찌어다,

⑪ 그러하면 왕이 너의 아름다움을 사모하실찌라, 저는 너의 주시니 너는 저를 경배할찌어다,

⑫ 두로의 딸이 예물을 드리고, 백성 중 부한 자도 네 은혜를 구하리로다,

⑬ 왕의 딸이 궁중에서 모든 영화를 누리니, 그 옷은 금으로 수 놓았도다,

⑭ 수 놓은 옷을 입은 자가 왕께로 인도함을 받으며, 시종하는 동무 처녀들도 왕께로 이끌려 갈 것이라,

⑮ 저희가 기쁨과 즐거움으로 인도함을 받고 왕궁에 들어가리로다,

⑯ 왕의 아들들이 왕의 열조를 계승할 것이라, 왕이 저희로 온 세계의 군왕을 삼으리로다,

⑰ 내가 왕의 이름을 만세에 기억케 하리니, 그러므로 만민이 왕을 영영히 찬송하리로다.

● **46장**[고라 자손의 시, 영장으로 알라못에 맞춘 노래]
① 하나님은 우리의 피난처시요 힘이시니 환난 중에 곧바로 만나는 도움이시니라,
② 그러므로 땅이 흔들리고 산들이 바다 한가운데로 옮겨진다 할지라도,
③ 바닷물이 울부짖고 요동할지라도, 바닷물이 넘침으로 산들 이 흔들릴지라도, 우리가 두려워아니하리로다(셀라),

④ 거기에 강이 있으니, 시내들이 하나님의 성읍 곧 지극히 높으신 이의 장막들의 거룩한 처소를 기쁘게 할 것이라,

⑤ 하나님이 그 성중에 거하시매, 성이 요동치 아니할 것이라, 새벽에 하나님이 도우시리로다,

⑥ 이방인들이 격노하고 왕국들이 요동하였으나 그분이 소리를 내시매 지구의 거민들이 조용해졌도다,

(The heathen raged, the kingdoms were moved; he uttered his voice, the earth melted.-KJV)

(Nations are in uproar, kingdoms fall; he lifts his voice, the earth melts.-NIV)

(Though nations rage and kingdoms totter, he utters his voice and the earth melts.-NAB)

(Godless nations rant and rave, kings and kingdoms threathen, but Earth does anything he says.-THE MESSAGE)

⑦ 만군의 여호와께서 우리와 함께 하시니 야곱의 하나님은 우리의 피난처시로다(셀라),

⑧ 와서 여호와의 행적을 볼지어다, 지구를 황무케 하셨도다,

⑨ 그분께서 지구 끝까지 전쟁을 그치게 하셨나니, 그분께서 활을 꺾고 창을 두 동강 내시며 병거를 불사르시는도다,

⑩ 이르시기를, 너희는 가만히 있어 내가 하나님 임을 알지어다, 내가 이교도들과 지구 거민들 중에서 높임을 받으리라 하시도다,

⑪ 만군의 여호와께서 우리의 함께 계시며, 야곱의 하나님은 우리의 피난처이시로다 (셀라).

● 47장[고라 자손의 시, 영장으로 한 노래]

① 너희 모든 백성들아 손바닥을 칠지어다, 승리의 함성으로 하나님께 외칠지어다,

② 지극히 높으신 여호와는 대단히 장엄하신 분이시요, 온 지구 거민을 다스리시는 위대한 왕이시니라!

③ 여호와께서 그 백성들을 우리 아래에, 또 이방인들을 우리 발아래에 복종하게 하시느니라,

④ 그리고 여호와께서는 우리를 위하여 우리의 상속분을 마련하셨나니, 이것(상속분)은 그분이 사랑한 야곱의 긍지(pride)로다(셀라),

⑤ 하나님께서는 즐거움의 외침 중에 올라가시고, 여호와께서는 어린양의 뿔나팔 소리 중에 꼭대기에 올라 가시도다,

(God is gone up with a shout, the LORD with a sound of trumpet.-KJV)

(God has ascended amid shouts of joy, the LORD amid the sound of trumpets.-NIV)

(God has gone up with a shout; the Lord, amid trumpet blasts.-NAB)

(Loud cheers as God climbs the mountain, a ram's horn blast at the summit.-THE MESSAGE)

⑥ 하나님을 찬양하라, 찬양하라, 우리 왕을 찬양하라, 찬양하라,

⑦ 이는 하나님은 온 지구 거민의 왕이시기 때문이니라, 찬송가로 그분을 노래할지어다,

⑧ 하나님은 이교도들을 다스리시며 그분의 거룩한 보좌에 앉아계시도다,

⑨ 아브라함의 하나님의 백성들로써 열방의 귀족들이 모였나니, 이는 지구의 왕들이 하나님께 종속되기 때문이니라, 그분께서 지극히 높임을 받으시니라.

● 48장

① 여호와는 위대하시니, 우리 하나님의 성, 그분의 거룩한 산에서 극진히 찬송받으시리로다,

② 터가 높고 아름다워 온 세계가 즐거워함이니, 북편에서 가장 높은 위대한 왕의 성, 시온 산이로다,

③ 하나님은 그의 성 안에 계시며 그분 자신을 요새로 보여주셨느니라,

④ 왕들이 군대를 합류했을 때, 그들이 함께 진군할 때,

⑤ 그들이 보고 놀라워서 공포에 질려 빨리 갔도다,

⑥ 거기서 떨림이 저희를 잡으니, 고통이 해산하는 여인 같도다,

⑦ 주님께서 동풍으로 다시스의 배를 깨뜨리시도다,

⑧ 우리가 들은대로 만군의 여호와의 성 우리 하나님의 성에서 보았나니 하나님이 이를 영영히 견고케 하시리로다(셀라),

⑨ 하나님이여 우리가 주의 성전 안에서 주의 한량없는 사랑을 생각하였나이다,

⑩ 하나님이여 주의 이름과 같이 찬송도 땅 끝까지 미쳤으며, 주의 오른손에는 정의가 충만하였나이다,

⑪ 주님의 판단으로 인하여, 시온산은 기뻐하고, 유다의 마을들은 즐거워할지어다,

⑫ 너희는 시온을 활보하고 그 시온을 돌아다녀서 그 망대들의 수를 세어봐라,

⑬ 그 성벽들은 자세히 체크하고 궁궐들도 잘 살펴서 다음 세대에게 그것을 알려주라,

⑭ 이는 이분 하나님이 영원한 우리 하나님이시니, 그분은 끝까지 우리의 인도자가 되시기 때문이니라.

● 49장[고라 자손의 시, 영장으로 한 노래]

① 너희 모든 백성들아 이를 들으라, 세상의 거민들아 귀를 기울이라,

② 귀천 빈부를 물론하고 다 들을지어다,

③ 내 입은 지혜를 말하겠고, 내 마음의 묵상은 깨달음이 되리로다,

④ 나는 비유의 말에 내 귀를 기울이고, 수금을 켜서 나의 오묘한 문제를 풀리로다,

⑤ 내 발꿈치의 죄악이 나를 포위하는 그날에 내가 어찌 두렵지 않으리요?

⑥ 자신의 재물을 의지하고 부유함을 스스로 자랑하는 자들 중에

⑦ 어떤 수단으로도 자기 형제를 구속하거나, 그를 위하여 하나님께 대속물을 바칠 자가 없도다,

⑧ 이는 그들의 영혼을 구속하는 일은 값진 것으로 어떤 보상을 하더라도 충분치 못하기 때문이니라,

⑨ 이것은 그로 하여금 영원히 살아서 썩어짐을 보지 아니하게 하려는 것이니라,

⑩ 이는 지혜로운 자들이 죽는 것같이, 어리석은 자들과 짐승 같은 자도 죽어 그들의 재물은 다른 이들에게 남기고 가는 것을 그가 보기 때문이니라,

⑪ 그들은 자기들의 집이 영영히 있고 그 거처가 대대로 이어지리라고 속으로 생각하며, 자기들의 땅들을 자기 이름으로 붙여서 부르도다,

⑫ 그럼에도 불구하고 사람은 존귀하나 오래 살지 못하나니, 사람은 결국 죽는 짐승들과 같도다,

⑬ 이러한 그들의 행위는 어리석으나 그들의 후손은 그들의 말들에 찬동하는 도다(셀라),

⑭ 그들은 양같이 무덤 안에 두었나니 죽음이 그들을 먹을 것이요, 정직한 자들이 아

침에 그들을 지배하리니, 그들의 아름다움이 그들의 거처를 떠나 무덤 안에서 소
멸되리라,

⑮ 그러나 하나님은 내 혼을 무덤의 권세로부터 구속하시리니, 이는 그분께서 나를
받아들이실 것이기 때문이라, 셀라,

⑯ 누군가가 부하여지고 그 집의 영화가 커질 때에 너는 두려워 말지어다,

⑰ 저가 죽으매 가져가는 것이 없고 그 영광이 저를 따라 내려가지 못함이로다,

⑱ 저가 비록 생시에 자기를 축하하며 스스로 좋게 함으로 사람들에게 칭찬을 받을찌
라도,

⑲ 저가 그의 조상들의 세대에게로 돌아가 함께 하리니, 이제 저는 인생의 빛을 결코
보지 못하리로다,

⑳ 많은 부를 가져도 깨닫지 못하는 사람은 사멸하는 짐승들과 같으니라.

● 50장[아삽의 시]

① 한분이신 전지전능한 하나님, 여호와께서 말씀하사 해 돋는 데서부터 지는 데까지
지구의 거민을 부르셨도다,

② 완전히 아름다운 시온에서 하나님이 빛을 발하셨도다,

③ 우리 하나님이 임하사 잠잠치 아니하시니, 그 앞에는 불이 삼키고 그 사방에는 광
풍이 불리로다,

④ 하나님이 그 백성을 판단하시려고 윗 하늘과 아래 땅에 반포하여,

⑤ 이르시되 나의 성도를 내 앞에 모으라, 곧 제사로 나와 언약한 자니라 하시도다,

⑥ 하늘이 그 공의를 선포하리니, 하나님 그는 심판장이심이로다(셀라),

⑦ 내 백성아 들을지어다, 내가 말하리라, 이스라엘아 내가 네게 증거하리라, 나는 하
나님 곧 네 하나님이로다,

⑧ 내가 너의 제물을 인하여는 너를 책망치 아니하리니, 네 번제가 항상 내 앞에 있음
이로다,

⑨ 내가 네 집에서 수소나 네 우리에서 수염소를 취치 아니하리니,

⑩ 이는 삼림의 짐승들과 천산의 생축이 다 내것이며,

⑪ 산의 새들도 나의 아는 것이며 들의 짐승도 내 것임이로다,

⑫ 내가 가령 주려도 네게 이르지 않을 것은 세계와 거기 충만한 것이 내 것임이로다,

⑬ 내가 수소의 고기를 먹으며 염소의 피를 마시겠느냐?

⑭ 감사로 하나님께 제사를 드리며 지극히 높으신 자에게 네 서원을 갚으며,

⑮ 환난 날에 나를 부르라, 내가 너를 건지리니, 네가 나를 영화롭게 하리로다,

⑯ 악인에게는 하나님이 이르시되, 네가 어찌 내 율례를 전하며 내 언약을 네 입에 두느냐?

⑰ 네가 교훈을 미워하고 내 말을 네 뒤로 던지며,

⑱ 도적을 본즉 연합하고 간음하는 자와 동류가 되며,

⑲ 네 입을 악에게 주고 네 혀로 궤사를 지으며,

⑳ 앉아서 네 형제를 공박하며 네 어미의 아들을 비방하는도다,

㉑ 네가 이 일을 행하여도 내가 잠잠하였더니, 네가 나를 너와 같은 줄로 생각하였도다, 그러나 내가 너를 책망하여 네 죄를 내 눈앞에 차례로 놓으리라, 하시는도다,

㉒ 하나님을 잊어버린 너희여, 이제 이를 생각하라, 그렇지 않으면 내가 너희를 찢으리니, 건질자 없으리라,

㉓ 감사로 제사를 드리는 자가 나를 영화롭게 하나니, 그 행위를 옳게 하는 자에게 내가 하나님의 구원을 보이리라.

● 51장[다윗의 시, 영장으로 한 노래, 다윗이 밧세바와 동침한 후 선지자 나단이 저에게 온 때에]

① 오 하나님이시여, 나에게 자비를 베푸소서, 주님의 무한한 사랑과 크신 자비로써 나의 죄들을 도말하여 주소서,

② 나의 죄악을 씻어주시어 나의 죄로부터 나를 깨끗게 하여주옵소서,

③ 이는 내가 내 죄과를 알고 내 죄가 항상 내 앞에 있음을 알기 때문이니이다,

④ 내가 태어난 이래로 오랜 세월 동안 주님께 대하여 죄를 범하였나이다, 그러나 주님이 말씀하시는 것은 철저히 진리이니이다, 주님 내게 들어오소서, 그리하여 나에게 새로운 참 생명을 주시옵소서,

(Against thee, thee only, have I sinned, and done this evil in thy sight: that thou mightest be justified when thou speakest, and be clear when thou judgest.-KJV)

(Against you, you only, have I sinned and done what is evil in your sight, so that you are proved right when you speak and justified when you judge.-NIV)

(Against you, you alone have I sinned; I have done what is evil in your eyes So that you are just in your word, and without reproach in your judgment.-NAB)

(I've been out of step with you for a long time, in the wrong since before I was botn. What you're after is truth from the inside out. Enter me, then; conceive a new, true life-THE MESSAGE)

⑤ 내가 죄악 중에 출생하였음이여, 모친이 죄 중에 나를 잉태하였나이다,

⑥ 중심에 진실함을 주님께서 원하시오니, 내 속에 지혜를 알게 하시리이다,

⑦ 우슬초로 나를 정결케 하소서, 내가 정하여지리이다, 나를 씻어주소서, 내가 눈보다 희리이다,

⑧ 나로 즐겁고 기쁜 소리를 듣게 하사, 주께서 꺾으신 뼈로 즐거워하게 하소서,

⑨ 주의 얼굴을 내 죄에서 돌이키시고, 내 모든 죄악을 도말하소서,

⑩ 하나님이여 내 속에 정한 마음을 창조하시고, 내 안에 정직한 영을 새롭게 하소서,

⑪ 나를 주님 앞에서 쫓아내지 마시고, 주의 성신을 내게서 거두지 마소서,

⑫ 주님의 구원의 즐거움을 내게 회복시키시고, 자원하는 심령을 주사 나를 붙드소서,

⑬ 그러하면 내가 범죄자에게 주의 도를 가르치리니, 죄인들이 주께 돌아오리이다,

⑭ 하나님이여, 나의 구원의 하나님이여, 피 흘린 죄에서 나를 건지소서, 내 혀가 주의 의를 높이 노래하리이다,

⑮ 주여 내 입술을 열어 주소서, 내 입이 주를 찬송하여 전파하리이다,

⑯ 주는 희생제물을 즐겨 아니하시나니, 그렇지 아니하면 내가 드렸을 것이라, 주는 태우는 제사도 기뻐하지 아니하시나이다,

⑰ 하나님께 드리는 희생제물은 우리의 상하고 뉘우치는 마음이니이다, 오 하나님이시여 그것을 주님께서 멸시치 아니하시리이다.

(The sacrifices of God are a broken spirit: a broken and contrite heart, O God, thou wilt not despise.-KJV)

(The sacrifices of God are a broken spirit; a broken and contrite heart, O God, you will not despise.-NIV)

(My sacrifice, O God, is a contrite spirit; a contrite, humbled heart, O God, you will not scorn.-NAB)

(I learned God-worship when my pride was shattered. Heart-shattered lives ready for love don't for a moment escape God's notice.-THE MESSAGE)

⑱ 주의 은택으로 시온을 번성케하시고, 예루살렘성을 쌓으소서

⑲ 그 때에 주님께서 의로운 희생제물과 온전한 태우는 제사를 기뻐하시리니, 저희가 수소를 주님의 단에 드리리이다.

● **52장**[다윗의 마스길, 영장으로 한 노래, 에돔인 도액이 사울에게 이르러 다윗이 아히멜렉의 집에 왔더라 말하던 때에]

① 너희 힘센 자여, 너는 악의 행위를 자랑하느뇨? 하나님의 눈으로 볼때에는 불명예스러운 너는 왜 온 종일 자랑하느뇨?

② 네 혀가 심한 악을 꾀하고 날카로운 칼날같이 속임수로 일하는도다,

③ 너는 선보다는 악을 사랑하고 진실을 말함보다는 거짓말하기를 더 사랑하는도다(셀라).

④ 오 너의 간사한 혀여, 네가 남을 해하는 말을 좋아하는도다,

⑤ 확실히 하나님은 너를 쓰러뜨려서 영영히 파멸시킬 것이고, 그분은 너를 너의 장막으로부터 잡아채 낼것이니라, 그분은 너를 네 생존하는 땅에서 뿌리를 뽑으시리로다(셀라),

⑥ 의인들은 보고 염려하며 그를 비웃으며 말하기를,

⑦ 보라, 이 사람은 하나님으로 자기 힘을 삼지 아니하고, 오직 그 재물의 풍부함을 의지하며 제 사악함으로 스스로 강하게 하던자,라 하리로다,

⑧ 그러나 나는 하나님의 집에 있는 푸른 올리브 나무와 같이 하나님의 자비하심을 영원무궁토록 신뢰하는도다,

⑨ 주님께서 이를 행하셨으므로 내가 영영히 주님을 찬양하고, 주님의 이름이 선하시므로, 나는 주님의 이름에 소망을 두리이다, 내가 주님의 성도들 앞에서 주님을 찬양하리로다.

● **53장**[다윗의 마스길, 영장으로 마할랏에 맞춘 노래]

① 어리석은 자는 그 마음에 이르기를, 하나님이 없다, 하도다, 저희는 부패하며 가증한 악을 행함이여 선을 행하는 자가 없도다,

② 하나님이 하늘에서 인생을 굽어 살피사, 지각이 있는 자와 하나님을 찾는 자가 있는가 보려 하신즉

③ 각기 물러가 함께 더러운 자가 되고, 선을 행하는 자 없으니, 하나도 없도다,

④ 죄악을 행하는 자는 무지하뇨? 저희가 떡 먹듯이 내 백성을 먹으면서 하나님을 부르지 아니하는도다,

⑤ 저희가 두려움이 없는 곳에서 크게 두려워 하였으니, 너를 대하여 진 친 저희의 뼈를 하나님이 흩으심이라, 하나님이 저희를 버리신고로 네가 저희를 수치를 당케 하였도다,

⑥ 오 이스라엘의 구원이 시온으로부터 오지 않았는가? 하나님이 그 백성의 포로된 것을 회복시켰을 때 야곱은 즐거워하고 이스라엘은 기뻐하리로다.

● **54장**[다윗의 마스길, 영장으로 현악에 맞춘 노래, 십인이 사울에게 이르러 말하기를 다윗이 우리 곳에 숨지 아니하였나이까 하던 때에]

① 오 하나님이시여, 주님의 이름으로 나를 구원하옵시고, 주님의 힘으로 나의 혐의를 풀어주소서,

② 오 하나님이시여, 내 기도를 들어주소서, 나의 입에서 나오는 말에 귀를 기울여주소서,

③ 이는 낯선자들이 나를 대적하여 일어나며 박해자들이 나를 죽이려하나이다, 그들은 하나님은 안중에도 없음이니이다.(셀라).

④ 확실히 하나님은 나를 도우시는 자시라, 여호와께서는 나를 지탱하는 자이시니이다,

⑤ 주님께서 내 원수에게 악으로 갚으시리니, 주님의 진리 안에서 그들을 멸하소서,

⑥ 나는 기꺼이 지금 경배드리리이다, 그렇게 준비되었나이다, 나는 주님 하나님께 감사드리나이다, 이는 주님은 선하시기 때문이니이다,

(I will freely sacrifice unto thee: I will praise thy name, (O LORD) for it is good.-KJV)

(I will sacrifice a freewill offering to you; I will praise your name, O LORD, for it is good.-NIV)

(Then I will offer you generous sacrifice and give thanks to your name, Lord, for it is good.-NAB)

(I'm ready now to worship, so ready. I thank you, GOD-you're so good.-
THE MESSAGE)

⑦ 그분은 모든 환난에서 나를 건지시고 나의 눈은 나의 적들에 대한 승리를 보았나
이다.

● 55장[다윗의 마스길, 영장으로 현악에 맞춘 노래]

① 오 하나님이시여, 내 기도에 귀를 기울이시고 ,내가 간구할 때에 숨지 마소서,

② 내게 굽히사 응답하소서, 내가 근심으로 편치 못하여 탄식하오니,

③ 이는 원수의 소리와 악인의 압제의 연고라, 저희가 죄악으로 내게 더하며 노하여
나를 핍박하나이다,

④ 내 마음이 내 속에서 심히 아파하며 사망의 위험이 내게 미쳤나이다,

⑤ 두려움과 떨림이 내게 이르고, 황공함이 나를 덮었도다,

⑥ 나의 말이 내가 비둘기 같이 날개가 있으면 날아가서 편히 쉬리로다,

⑦ 내가 멀리 날아가서 황야에 거하리로다(셀라),

⑧ 내가 피난처에 속히 가서 폭풍과 광풍을 피하리라, 하였도다,

⑨ 내가 성내에서 강포와 분쟁을 보았사오니, 주여 저를 멸하소서, 저의 혀를 나누소
서,

⑩ 저희가 주야로 성벽 위를 두루 다니고 성중에는 죄악과 슬픔이 있나이다,

⑪ 사악함이 한 가운데 있으며 기만과 간계가 그 거리들로부터 떠나지 아니하나이다,

⑫ 적이 나를 모욕하였더라도 나는 그것을 참을 수 있었을 것이니라, 적이 나에 대하
여 도발하였더라도 나는 그를 피하여 숨을 수 있었으리라,

⑬ 그러나 그가 바로 나 같은 사람인 너로다, 나의 안내자요, 나의 가까운 친구로다,

⑭ 우리가 함께 다정하게 의논하였으며 무리지어 하나님의 전에서 다녔도다,

⑮ 사망이 홀연히 저희에게 임하여 산채로 음부에 내려갈지어다, 이는 악독이 저희
거처에 있고, 저희 가운데 있음이로다,

⑯ 나는 하나님께 부르짖으리니, 여호와께서 나를 구원하시리로다,

⑰ 저녁과 아침과 정오에 내가 근심하여 탄식하리니, 여호와께서 내 소리를 들으시로
다,

⑱ 나를 대적하는 자 많더니, 나를 치는 전쟁에서 저가 내 생명을 속죄하사 해를 입지
않게 하셨도다,,

⑲ 태고부터 계신 하나님이 들으시고(셀라) 변치 아니하며 하나님을 경외치 아니하는 자에게 고통을 주시리로다,

⑳ 나의 동료는 그의 친구들을 쳐서 그는 그의 약속을 파기하였도다,

㉑ 그의 말은 버터같이 듣기 좋으나 그의 마음 속에는 전쟁이 있도다, 그의 말들은 기름보다도 더 부드러웠으나 그들은 이미 이미 뽑힌 칼이로다,

㉒ 너의 걱정거리들을 주님께 맡겨라, 그분이 너를 떠받치시리이다, 그분은 결코 의인들을 흔들리는 것을 결코 허락하지 않을 것이니라,

㉓ 그러나 오 하나님, 주님께서는 사악한 자들을 파멸의 구덩이로 데려가시리니, 남을 피흘리게 하고 속이는 자들은 그들의 생의 절반도 살지 못하리이다, 그러나 나에 관하여 말하면, 나는 주님을 신뢰하여 의지하나이다.

● 56장[다윗의 믹담 시, 영장으로 요낫 엘렘르호김에 맞춘 노래, 다윗이 가드에서 블레셋인에게 잡힌 때에]

① 오 하나님이시여, 나에게 은혜를 베풀어주소서, 사람들이 나를 치려고 종일 치며 압제하나이다

② 나의 원수들이 온 종일 나를 삼키려 하고, 나를 교만히 치는 자들이 많사오니,

③ 내가 두려워 하는 날에는 주를 의지하리이다,

④ 내가 하나님 안에서 그분의 말씀을 찬송하리이다, 내가 하나님을 의지하여 나는 두려워하지 아니하나이다, 그리고 죽을 운명인 사람이 내게 무엇을 하리이까?

⑤ 온종일 저희는 내 말을 곡해하고 그들은 항상 나를 해할 음모를 꾸미나이다,

⑥ 그들은 음모를 꾸미고 숨어 기다리며 나의 일거수 일투족을 살피고 나의 목숨을 노리나이다,

⑦ 죄 지은 그들이 피하는 것을 고려하지 마옵소서, 오 하나님이시여, 주님의 분노 속으로 이방인들을 던지소서,

⑧ 나의 한탄함을 기록하시옵고, 나의 눈물을 주의 병에 담으소서, 이것이 주의 책에 기록되지 아니하였나이까?

⑨ 내가 아뢰는 날에 내 원수가 물러가리니, 하나님이 나를 도우심인 줄 아나이다,

⑩ 내가 하나님을 의지하여 그분의 말씀을 찬송하고, 또 여호와를 의지하여 그분의 말씀을 찬송하리이다,

⑪ 나는 하나님을 신뢰하고 의지하느니라, 나는 두려워 아니하느니라, 인간이 내게

무엇을 할수 있으리이까?

⑫ 오 하나님이시여, 내가 주께 서원함이 있사온즉, 내가 감사의 예물을 주께 드리나이다,

⑬ 이는 주님께서 나를 사망에서 건지셨고, 나의 발이 걸려넘어지지 않게 하셨으며, 나로 하여금 하나님 앞 빛 안에서 걷게 하셨나이다.

● **57장**[다윗의 시, 영장으로 알다스헷에 맞춘 노래, 다윗이 사울을 피하여 굴에 있던 때에]

① 오 하나님이시여, 나에게 자비를 베푸시고, 나에게 자비를 베푸소서, 내 영혼이 주께로 피하나이다, 나는 주의 날개 그늘 아래서 이 재앙이 지나기까지 피하리이다,

② 내가 지극히 높으신 하나님께 부르짖음이여, 곧 나를 위하여 모든 것을 이루시는 하나님께로다 ,

③ 그분이 하늘에서 보내셔서 나를 삼키려 하는 자의 비방으로부터 나를 구원하시로다, 셀라, 하나님께서는 그분의 사랑과 그분의 신실함을 보여주시리로다,

④ 나는 사자들의 가운데 있으며 나는 굶주린 짐승들 중에 누웠있도다, 그 사람(짐승)들의 이빨은 창살이고, 그들이 혀는 날카로운 검이로다,

⑤ 오 하나님이시여, 주는 하늘 위에 높이 들리시고 주의 영광은 온 지구 위에 높아지기를 원하나이다,

⑥ 그들은 내 발걸음을 붙들고자 그물을 펴놨고 내가 곤궁에 빠졌도다, 그들은 나의 길에 구덩이를 파 놓았으나 그들 자신이 구 구덩이에 빠졌도다(셀라),

⑦ 오 하나님이시여, 내 마음이 안정되었고, 내 마음이 안정되었사오니, 내가 노래하고 내가 찬송하리이다,

⑧ 내 영광아 깰지어다, 비파야 수금아 깰지어다, 내가 새벽을 깨우리로다,

⑨ 오 주여 이교들 중에서 주님을 찬송하리이다, 나는 만민들 중에서 주님을 노래하리이다,

⑩ 이는 주님의 사랑은 한량없어서 하늘에 다다르고 주님의 신실하심은 창공에 닿으리이다,

⑪ 오 하나님이시여, 하늘 위로 높임을 받으시고, 주님의 영광이 온 지구 위에 거하시기를 원하나이다.

● 58장[다윗의 믹담 시, 영장으로 알다스헷에 맞춘 노래]

① 오 너희 지배자들은 정말로 공정히 말하느뇨? 너희들은 사람들 가운데서 바르게 판단하느뇨?

② 아니다, 너희는 마음 속으로 사악함을 행하며, 지구 위에서 너희 손은 폭력을 행사하는도다,

③ 악인은 모태에서부터 멀어졌음이여 나면서부터 곁길로 나아가 거짓을 말하는도다,

④ 저희의 독은 뱀의 독 같으며 저희는 귀를 막은 귀머거리 독사 같으니,

⑤ 곧 술사가 아무리 공교한 마술을 행할지라도 그 소리를 듣지 아니하는 독사로다,

⑥ 오 하나님이시여, 저희 입에서 이를 꺾으소서 여호와여 젊은 사자의 어금니를 꺾어 내시며,

⑦ 저희로 급히 흐르는 물 같이 사라지게 하시며 겨누는 살이 꺾임 같게 하시며,

⑧ 소멸하여 가는 달팽이 같게 하시며, 만기되지 못하여 출생한 자가 일광을 보지 못함 같게 하소서,

⑨ 가시나무 불이 가마를 더웁게 하기 전에 저가 생 것과 불붙는 것을 회리바람으로 제하여 버리시리이다,

⑩ 의인들은 그들이 보복 당함과 그들이 그들의 발을 악인들의 피에 씻음에 즐거워하리로다,

⑪ 그때에 사람들이 말하기를, 확실히 의인들에게는 보상이 있고, 확실히 지구 사람들을 판단하시는 분은 한분 하나님이 계시다, 하리로다.

● 59장[다윗의 믹담 시, 영장으로 알다스헷에 맞춘 노래, 사울이 사람을 보내어 다윗을 죽이려고 그 집을 지킨 때에]

① 나의 하나님이여 내 원수에게서 나를 건지시고 일어나 치려는 자에게 나를 높이 드소서,

② 사악을 행하는 자에게서 나를 건지시고, 피흘리기를 즐기는 자에게서 나를 구원하소서,

③ 저희가 나의 생명을 해하려고 엎드려 기다리고 강한 자가 모여 나를치려 하오니, 여호와여 이는 나의 범과를 인함이 아니요, 나의 죄를 인함도 아니로소이다,

④ 내가 허물이 없으나 저희가 달려와서 스스로 준비하오니, 주여 나를 도우시기 위

하여 깨사 감찰하소서,

⑤ 만군의 하나님 여호와 이스라엘의 하나님이여 일어나 모든 이교도들을 벌하소서, 무릇 간사한 악인을 긍휼히 여기지 마소서(셀라)

⑥ 저희가 저물게 돌아와서 개처럼 울며 성으로 두루 다니고,

⑦ 그 입으로 악을 토하며, 그 입술에는 칼이 있어 이르기를, 누가 들으리요? 하나이다,

⑧ 여호와여 주께서 저희를 웃으리니 모든 이교도들을 비웃으리이다,

⑨ 하나님은 나의 산성이시니, 저의 힘을 인하여 내가 주를 바라리이다,

⑩ 나의 하나님이 그 인자하심으로 나를 영접하시며, 내 원수의 보응 받는 것을 나로 목도케 하시리이다,

⑪ 저희를 죽이지 마옵소서, 나의 백성이 잊을까 하나이다, 우리 방패되신 주여, 주의 능력으로 저희를 흩으시고 낮추소서,

⑫ 저희 입술의 말은 곧, 그 입의 죄라, 저희의 저주와 거짓말을 인하여 저희로 그 교만한 중에서 사로잡히게 하소서,

⑬ 진노하심으로 소멸하시되 없기까지 소멸하사, 하나님이 야곱 중에 다스리심을 땅 끝까지 알게 하소서(셀라),

⑭ 저희로 저물게 돌아와서 개처럼 울며 성으로 두루 다니게 하소서,

⑮ 저희는 식물을 위하여 유리하다가 배부름을 얻지 못하면 밤을 세우려니와

⑯ 나는 주의 힘을 노래하며 아침에 주의 인자하심을 높이 부르오리니, 주는 나의 산성이시며 나의 환난 날에 피난처 심이니이다,

⑰ 나의 힘이시여 내가 주께 찬송하오리니, 하나님은 나의 산성이시며 나를 긍휼히 어기시는 하나님이심이니이다,

● **60장**[다윗이 교훈하기 위하여 지은 믹담, 영장으로 수산에둣에 맞춘 노래, 다윗이 아람 나하라임과 아람소바와 싸우는 중에 요압이 돌아와 에돔을 염곡에서 쳐서 일만 이천인을 죽인 때에]

① 하나님이여 주께서 우리를 버려 흩으셨고 분노하였사오나, 지금은 우리를 회복시키소서,

② 주께서 땅을 진동시키사 갈라지게 하였사오니, 그 틈을 기우소서 땅이 요동함이니이다,

③ 주께서 주의 백성에게 어려움을 보이시고 비척거리리게 하는 포도주로 우리에게 마시우셨나이다,

④ 주를 경외하는 자에게 기를 주시고 진리를 위하여 달게 하셨나이다(셀라),

⑤ 주의 사랑하시는 자를 건지시기 위하여 우리에게 응답하사 오른손으로 구원하소서,

⑥ 하나님이 그 거룩하심으로 말씀하시되, 내가 뛰놀리라, 내가 세겜을 나누며 숙곳 골짜기를 척량하리라,

⑦ 길르앗이 내 것이요, 므낫세도 내 것이며, 에브라임은 내 머리의 보호자요, 유다는 나의 홀이며

⑧ 모압은 내 목욕통이라 애돔에는 내 신을 던지리라, 블레셋아, 나를 인하여 외치라 하셨도다,

⑨ 누가 나를 이끌어 견고한 성에 들이며 누가 나를 에돔에 인도할꼬,

⑩ 하나님이여 주께서 우리를 버리지 아니하셨나이까? 하나님이여 주께서 우리 군대와 함께 나아가지 아니하시나이다,

⑪ 우리를 도와 대적을 치게 하소서, 사람의 구원은 헛됨이니이다,

⑫ 우리가 하나님을 의지하고 용감히 행하리니, 저는 우리의 대적을 밟으실 자심이로다.

● **61장**[다윗의 시, 영장으로 현악에 맞춘 노래]

① 오 하나님이시여, 나의 부르짖음을 들으시고 나의 기도에 귀를 기울여주옵소서,

② 내 마음이 눌릴 때에 땅 끝에서부터 주께 부르짖으오리니, 나보다 높은 바위에 나를 인도하소서,

③ 주는 나의 피난처시요, 원수에 대항하는 견고한 망대심이니이다,

④ 내가 영원히 주의 장막에 거하며, 내가 주의 날개 밑에 피하리이다(셀라),

⑤ 오 하나님이시여, 내 서원을 들으시고, 주의 이름을 경외하는 자들의 상속 분을 내게 주셨나이다,

⑥ 왕의 생명의 날들을 연장하여 주옵소서, 그리하면 그의 연수가 대대에 미치리이다,

⑦ 그가 영원히 하나님 앞에 거하리니, 오 자비와 진리를 예비하시어 그를 보호하여 주옵소서,

⑧ 그리하시면 내가 주의 이름을 영원히 찬양하며, 날마다 나의 서원들을 이행하리이다.

● 62장[다윗의 시, 영장으로 여두둔의 법칙을 의지하여 한 노래]

① 나의 영혼이 오직 하나님 안에서 휴식을 발견하나이다, 나의 구원을 그분으로부터 오는도다,

② 오직 주님만 나의 반석이시요, 나의 구원이시요, 나의 산성이시니, 내가 크게 요동치 아니하리로다,

③ 언제까지 너희가 사람에게 해악을 끼치려고 생각하느냐? 너희 모두가 죽임을 당하리니 너희가 기울어지는 담과 흔들리는 울타리 같이 되리라,

④ 그들은 오직 그분의 높으심에서 그분을 떨어뜨리려고 의논할 뿐이며 거짓들을 기뻐하는도다, 그들이 입으로는 축복하나 속으로는 저주를 하는도다, 셀라,

⑤ 오 나의 영혼아, 오직 하나님 안에서 휴식을 취하여라, 이는 나의 소망이 그분으로부터 오기 때문이니라,

⑥ 오직 그분만 나의 반석이시요, 나의 구원이시요, 나의 산성이시니, 내가 요동치 아니하리로다,

⑦ 나의 구원과 영광이 하나님께 있음이여, 내 힘의 반석과 피난처도 하나님께 있도다,

⑧ 오 백성들아, 항상 주님을 의지하라, 그분께 너희들의 마음을 쏟아부어라, 이는 하나님은 우리의 피난처시기 때문이니이라(셀라),

⑨ 낮은 지위로 태어났다고 별거 아니고 높은 지위로 태어난 것도 별거 아니니 둘을 저울에 날년 그것들은 아무것도 아니니라, 함께 그것들은 한숨거리들이니라,

⑩ 포학을 의지하지 말며 탈취한 것으로 허망하여 지지 말며 재물이 늘어도 거기 치심치 말찌어다,

⑪ 하나님이 한두번 하신 말씀을 내가 들었나니 권능은 하나님께 속하였다, 하셨도다,

⑫ 오 주여, 주님은 사랑이시오니, 주님께서 확실히 각 사람이 행한 대로 갚으심이니이다.

● 63장[다윗의 시, 유다 황야에 있을 때에]

① 오 하나님이시여, 주는 나의 하나님이시라, 내가 간절히 주를 찾나이다, 물이 없고 건조하며 메마른 땅에서 내 영혼이 주를 갈망하며 내 육체가 주를 앙모하나이다,

② 나는 성소에서 주님을 보고 있으며 주님의 능력과 영광을 바라보았나이다,

③ 주님의 사랑이 생명보다 더 좋으므로 내 입술이 주님의 영광을 찬양할 것이니이다,

④ 나는 살아 있는한 주님을 찬양할 것이고 주님의 이름으로 내 손을 들리이다,

⑤ 많은 먹을거리가 내 영혼을 만족시킬 것이고, 노래하는 입술로 내 입이 주님을 찬양할 것이니라,

⑥ 내가 나의 침상에서 주님을 기억하고 밤에 잠자지 않고 있을 때에 주님을 묵상하나이다,

⑦ 이는 주님이 나의 도움이 되셔서 내가 주님의 날개 그늘에서 노래부르기 때문이니이다,

⑧ 나의 영혼이 주님께 달라붙으니 주님의 오른손이 나를 들어올리시니이라,

⑨ 나의 생명을 해하려던 그들은 멸망할 것이니라, 그들은 지구의 나락으로 떨어질 것이니라,

⑩ 그들은 칼에 붙인바 되고 여우들의 밥이 될 것이니라,

⑪ 그러나 왕은 하나님 안에서 즐거워 할 것이고, 하나님의 이름으로 맹세한 모든 사람은 주님을 찬양할 것이나, 거짓말쟁이의 입은 막히리로다,

● 64장[다윗의 시, 영장으로 한 노래]

① 오 하나님이시여, 나의 기도하는 소리를 들으시고, 원수의 위협으로부터 나의 생명을 보호하여 주옵소서,

② 주님 사악한 자들의 음모로부터 나를 숨기시고, 행악자들의 폭동으로부터 나를 벗어나게 하소서,

③ 그들은 칼 같이 그들의 혀를 날카롭게 하고, 치명적인 화살 같이 그들의 말을 내뱉느니라,

④ 그들은 죄없는 사람을 숨어서 활을 쏘고, 또 두려움없이 갑자기 죄없는 사람을 쏘느니라,

⑤ 그들은 서로서로 악한 계략을 고무하고 그들의 올무를 숨기는 것에 대하여 의논하

면서 말하기를, "누가 그것들을 알리요?" 하니라,

⑥ 그들은 죄악을 도모하며 이르기를, "우리가 완벽한 계책을 찾았다!" 하니라, 확실히 사람의 속생각과 속 뜻은 깊도다,

⑦ 그러나 하나님이 그들을 화살로 쏘시리니, 그들이 갑자기 쓰러질 것이니라,

⑧ 그분은 그들 자신의 혀를 그들에게 돌리시어 그들을 파멸하게 하시리니, 그들을 보는 모든 자들이 다 머리를 흔들리로다,

⑨ 모든 사람들이 두려워 할것이고, 그들은 하나님의 일을 선포할 것이며, 하나님이 역사하신 일들을 숙고하리로다,

⑩ 의인들은 여호와를 인하여 즐거워하고 그분 안에서 피난처를 구하리니, 모든 마음이 올바른 사람은 그분을 찬양할지니라.

● 65장[다윗의 시, 영장으로 한 노래]

① 오 하나님이시여, 시온에 계신 주님을 찬송하며 기다리오니, 우리가 주께 한 서원이 이루어지게 하옵소서,

② 오 기도를 들으시는 주여, 모든 사람들이 주님께 나아가리이다,

③ 우리가 죄들에 의하여 매몰될 때, 주님께서는 우리의 죄를 사하시리이다,

④ 주님께서 택하시고 가까이 오게 하사 주님의 뜰에 거하게 하신 사람은 복이 있나이다, 우리가 주님의 집, 특히 주님 성전의 아름다움으로 만족하리이다,

⑤ 우리 구원자이신 하나님이시여, 주님께서는 의롭고 놀라운 행위로써 우리에게 응답하시나이다, 땅의 모든 끝과 먼 바다에 있는 자들이 주님을 신뢰하나이다,

⑥ 주님은 주의 힘으로 산을 만드시고, 권능으로 자신을 무장시키시나이다,

⑦ 주님께서는 바다의 포효와 파도들의 요동 그리고 이방인들의 소동을 진정시키시나이다,

⑧ 땅 끝에 거하는 자들이 주님의 불가사의한 일들을 두려워하나이다, 거기에서 주님께서는 여명과 석양을 노래하시리이다,

⑨ 주님께서는 땅을 관리하사 땅에 물을 대시어 그 땅을 심히 윤택케 하시나이다, 하나님의 강들에는 물이 가득하게 하시어 사람들에게 곡식을 주시나이다, 이는 주님께서 그렇게 하도록 정하신 것이니이다,

⑩ 주님께서 밭고랑에 물을 넉넉히 대사 그 이랑을 평평하게 하시며 또 단비로 부드럽게 하시고 그 싹에 복주시나이다,

⑪ 주님의 은택으로 해마다 관 씌우시니 주님의 마차에는 풍요가 넘치나이다,

⑫ 주님의 은택이 황야의 초장에 풍만하고 언덕들도 기쁨으로 옷을 입었나이다,

⑬ 목초지에는 양떼들로 덮혔고 골짜기들은 곡식으로 덮혔나이다, 그들이 다 즐거이 외치고 노래하나이다.

● 66장[시, 영장으로 한 노래]

① 온 지구에 거하는 사람들아, 하나님께 즐겁게 소리칠지어다.

② 그 이름의 영광을 노래하고, 그분의 찬양을 영화롭게 할찌어다,

③ 하나님께 말하나이다, "주님께서 하신 일이 어찌 그리 장엄한지요!" 주님의 힘이 대단히 크므로 적들이 주님 앞에 엎드리나이다,

④ 온 지구 거민들이 주님께 경배하고 주님을 찬양하며 주님의 이름을 찬양할찌니어다(셀라),

⑤ 와서 하나님의 행하신 것을 보아라, 인간을 위한 하나님의 행하심이 얼마나 장엄한가를!

⑥ 하나님이 바다를 변하여 육지 되게 하셨으므로 그들이 도보로 강을 통과하고, 우리가 거기서 주로 인하여 기뻐하였도다,

⑦ 그분께서 자기의 권능으로 영원히 다스리시며, 그분의 두눈으로 이교도들을 감찰하시나니 거역 하는 자들은 자고하지 말찌어다(셀라).

⑧ 만민들아, 우리 하나님을 송축하며 그 송축소리가 그분께 들리게 할찌어다,

⑨ 그분은 우리 생을 보호하시고 우리의 발걸음을 실족치 않게 하시는도다,

⑩ 오 하나님이시여, 주께서 우리를 시험하시되 우리를 단련하시기를 은을 단련함 같이 하셨으며,

⑪ 우리를 끌어 감옥에 들어가게 하시고, 어려운 짐을 우리의 등에 두셨으며,

⑫ 사람들로 우리 머리 위로 타고 가게 하셨나이다, 우리가 불과 물을 통행하였더니, 주께서 우리를 끌어내사 풍부한 곳에 들이셨나이다,

⑬ 내가 태우는 제사를 가지고, 주의 집에 들어가서 나의 서원을 갚으리니,

⑭ 이는 내 입술이 발한 것이요, 내 환난 때에 내 입술이 말한 것이니이다,

⑮ 내가 수양의 향기와 함께 살진 것으로 주께 태우는 제사를 드리고 수소와 염소를 드리리이다(셀라),

⑯ 하나님을 두려워하는 너희들아! 다 와서 들으라 하나님이 내 영혼을 위하여 행하

신 일을 내가 선포하리로다,

⑰ 내가 내 입으로 그에게 부르짖으며, 내 혀로 높이 찬송하였도다,

⑱ 내가 내 마음에 죄악을 품으면 주께서 듣지 아니하시리라,

⑲ 그러나 하나님이 실로 들으셨으며, 내 기도 소리에 주의 하셨도다,

⑳ 하나님을 찬송하리로다, 저가 내 기도를 물리치지 아니하시고, 그 인자하심을 내게서 거두지도 아니하셨도다,

● **67장**[시 곧 노래, 영장으로 현악에 맞춘 것]

① 하나님은 우리를 긍휼히 여기사 복을 주시고, 그 얼굴 빛으로 우리에게 비취사(셀라),

② 주의 도를 땅 위에 주의 구원을 만방 중에 알리소서,

③ 하나님이여, 민족들로 주를 찬송케 하시며, 모든 민족으로 주를 찬송케 하소서,

④ 열방은 기쁘고 즐겁게 노래할지니, 주는 민족들을 공평히 판단하시며, 땅 위에 열방을 치리하실 것임이니이다(셀라,)

⑤ 하나님이 민족들로 주를 찬송케 하시며, 모든 민족으로 주를 찬송케 하소서,

⑥ 땅이 그 소산을 내었도다, 하나님 곧 우리 하나님이 우리에게 복을 주시리로다,

⑦ 하나님이 우리에게 복을 주시리니, 땅의 모든 끝이 하나님을 경외하리로다,

● **68장**[다윗의 시, 영장으로 한 노래]

① 하나님은 일어나사 원수를 흩으시며, 주를 미워하는 자로 주의 앞에서 도망하게 하소서,

② 연기가 몰려감 같이 저희를 몰아내소서, 불 앞에서 밀이 녹음 같이 악인이 하나님 앞에서 망하게 하소서,

③ 의인은 기뻐하여 하나님 앞에서 뛰놀며 기뻐하고 즐거워할찌어다,

④ 하나님께 노래하며 그 이름을 찬양하라, 타고 황야에 행하시던 자를 위하여 대로를 수축하라, 그 이름은 여호와시니 그 앞에서 뛰놀찌어다,

⑤ 그 거룩한 처소에 계신 하나님은 고아의 아버지시며 과부의 재판장이시라,

⑥ 하나님은 고독한 자로 가속 중에 처하게 하시며, 수금된 자를 이끌어 내사 형통케 하시느니라, 오직 거역하는 자의 거처는 메마른 땅이로다,

⑦ 하나님이여 주의 백성 앞에서 앞서 나가사, 황야에 행진하셨을 때에(셀라),

⑧ 땅이 진동하며 하늘이 하나님 앞에서 떨어지며, 저 시내산도 하나님 곧 이스라엘의 하나님 앞에서 진동하였나이다.

⑨ 하나님이여 흡족한 비를 보내사, 주의 산업이 곤핍할 때에 견고케 하셨고,

⑩ 주의 회중으로 그 가운데 거하게 하셨나이다. 하나님이여, 가난한 자를 위하여 주의 은택을 준비하셨나이다.

⑪ 주께서 말씀을 주시니, 소식을 공포하는 여자가 큰 무리라,

⑫ 여러 군대의 왕들이 도망하고 도망하니, 집에 거한 여자도 탈취물을 나누도다,

⑬ 너희가 양우리에 누울 때에는 그 날개를 은으로 입히고, 그 깃을 황금으로 입힌 비둘기 같도다,

⑭ 전능하신 자가 열왕을 그 중에서 흩으실 때에는 살몬에 눈이 날림 같도다,

⑮ 바산의 산은 하나님의 산이여, 바산의 산은 높은 산이로다,

⑯ 너희 높은 산들아! 어찌하여 하나님이 거하시려 하는 산을 시기하여 보느뇨? 진실로 여호와께서 이 산에 영영히 거하시리로다,

⑰ 하나님의 병거가 천천이요, 만만이라, 주께서 그 중에 계심이 시내산 성소에 계심 같도다,

⑱ 주께서 높은 곳으로 오르시며 자로잡은 자를 끌고, 선물을 인간에게서 또는 패역자 중에서 받으시니 여호와 하나님이 저희와 함께 거하려 하심이로다,

⑲ 날마다 우리 짐을 지시는 주, 곧 우리의 구원이신 하나님 만을 찬송할찌어다,

⑳ 하나님은 우리에게 구원의 하나님이시라 사망에서 피함이 주 여호와께로 말미암거니와,

㉑ 그 원수의 머리,곧 그 죄과에 항상 행하는 자의 정수리는 하나님이 쳐서 깨치시리로다,

㉒ 주께서 말씀하시기를, 내가 저희를 바산에서 돌아오게 하며 바다 깊은데서 도로 나오게 하고,

㉓ 너로 저희를 심히 치고 그 피에 네 발을 잠그게 하며, 네 개의 혀로 네 원수에게서 제 분깃을 얻게 하리라, 하시도다,

㉔ 하나님이여! 저희가 주의 행차하심을 보았으니, 곧 나의 하나님 나의 왕이 성소에 행차하시는 것이라,

㉕ 소고 치는 동녀 중에 가객은 앞서고 악사는 뒤따르나이다,

㉖ 이스라엘의 근원에서 나온 너희여 대회 중에서 하나님 곧 주를 송축할찌어다,

㉗ 거기는 저희 주관자 작은 베냐민과 유다의 방백과 그 무리와 스불론의 방백과 납달리의 방백이 있도다,

㉘ 네 하나님이 네 힘을 명하셨도다, 하나님이여 우리를 위하여 행하신 것을 견고히 하소서,

㉙ 예루살렘에 있는 주의 전을 위하여 왕들이 주께 예물을 드리리이다,

㉚ 갈밭의 들짐승과 수소의 무리와 만민의 송아지를 꾸짖으시고, 은 조각을 발 아래 밟으소서, 저가 전쟁을 즐기는 백성을 흩으셨도다,

㉛ 방백들은 애굽에서 나오고, 구스인은 하나님을 향하여 그 손을 신속히 들리로다,

㉜ 땅의 열방들아! 하나님께 노래하고 주께 찬송할찌어다(셀라),

㉝ 옛적 하늘들의 하늘을 타신 자에게 찬송하라, 주께서 그 소리를 발하시니 웅장한 소리로다,

㉞ 너희는 하나님께 능력을 돌릴찌어다, 그 위엄이 이스라엘 위에 있고 그 능력이 하늘에 있도다,

㉟ 하나님이여 위엄을 성소에서 나타내시나이다, 이스라엘의 하나님은 그 백성에게 힘과 능을 주시나니 하나님을 찬송할지어다.

● **69장[다윗의 시, 영장으로 소산님에 맞춘 노래]**

① 하나님이여 나를 구원하소서, 물들이 나의 영혼까지 흘러 들어왔나이다,

② 내가 설 곳이 없는 깊은 수렁에 빠지며 깊은 물에 들어가니 큰 물이 내게 넘치나이다,

③ 내가 부르짖음으로 피곤하여 내 목이 마르며 내 하나님을 바람으로 내 눈이 쇠하였나이다,

④ 무고히 나를 미워하는 자가 내 머리털보다 많고, 무리히 내 원수가 되어 나를 끊으려 하는 자가 강하였으니, 내가 취치 아니 한 것도 물어 주게 되었나이다,

⑤ 하나님이여, 나의 우매함을 아시오니, 내 죄가 주의 앞에서 숨김이 없나이다,

⑥ 만군의 주 여호와여! 주를 바라는 자로 나를 인하여 수치를 당케 마옵소서, 이스라엘의 하나님이여 주를 찾는 자로 나를 인하여 욕을 당케 마옵소서,

⑦ 내가 주를 위하여 훼방을 받았사오니 수치가 내 얼굴에 덮였나이다,

⑧ 내가 내 형제에게는 객이 되고, 내 모친의 자녀에게는 외인이 되었나이다,

⑨ 주의 집을 위하는 열성이 나를 삼키고, 주를 훼방하는 훼방이 내게 미쳤나이다,

⑩ 내가 곡하고 금식함으로 내 영혼을 경계 하였더니, 그것이 도리어 나의 욕이 되었으며,

⑪ 내가 굵은 베로 내 옷을 삼았더니, 내가 저희의 말거리가 되었나이다,

⑫ 성문에 앉은 자가 나를 말하며 취한 무리가 나를 가져 노래하나이다,

⑬ 여호와여 열납하시는 때에 나는 주께 기도하오니, 많은 사랑과 구원의 진리로 내게 응답하소서

⑭ 나를 수렁에서 건지사 빠지지 말게 하시고, 나를 미워하는 자에게서와 깊은 물에서 건지소서,

⑮ 큰 물이 나를 엄몰하거나 깊음이 나를 삼키지 못하게 하시며, 웅덩이로 내 위에 그 입을 닫지 못하게 하소서,

⑯ 오 여호와시여, 주님의 사랑의 선하심으로부터 나에게 응답하여 주시옵고, 주님의 크신 자비를 나에게 베풀어주옵소서,

⑰ 주의 얼굴을 주의 종에게서 숨기지 마소서, 내가 환난 중에 있사오니 속히 내게 응답하소서,

⑱ 내 영혼에게 가까이 하사, 구속하시며 내 원수를 인하여 나를 속량하소서,

⑲ 주께서 나의 훼방과 수치와 능욕을 아시나이다, 내 대적이 다 주의 앞에 있나이다,

⑳ 훼방이 내 마음을 상하여 근심이 충만하니, 긍휼이 여길 자를 바라나 없고 안위할 자를 바라나 찾지 못하였나이다,

㉑ 저희가 쓸개를 나의 식물로 주며 갈할 때에 초로 마시웠사오니,

㉒ 저희 앞에 밥상이 올무가 되게 하시며 저희 평안이 덫이 되게 하소서,

㉓ 저희 눈이 어두어 보지 못하게 하시며 그 허리가 항상 떨리게 하소서,

㉔ 주의 분노를 저희 위에 부으시며 주의 맹렬하신 노로 저희에게 미치게 하소서,

㉕ 저희 거처로 황폐하게 하시며 그 장막에 거하는 자가 없게 하소서,

㉖ 대저 저희가 주의 치신 자를 핍박하며 주께서 상케 하신 자의 슬픔을 말하였사오니,

㉗ 저희 죄악에 죄악을 더 정하사 주의 의에 들어오지 못하게 하소서,

㉘ 저희를 생명책에서 도말하사 의인과 함께 기록되게 마소서,

㉙ 오직 나는 가난하고 슬프오니 하나님이여 주의 구원으로 나를 높이소서,

㉚ 내가 노래로 하나님의 이름을 찬양하며 감사함으로 하나님을 광대하시다 하리니,

㉛ 이것이 소 곧 뿔과 굽이 있는 황소를 드림보다 여호와를 더욱 기쁘시게 함이 될것

이라,

㉜ 온유한 자가 이를 보고 기뻐하나니 하나님을 찾는 너희들아 너희 마음을 소생케 할찌어다,

㉝ 여호와는 궁핍한 자를 들으시며 자기를 인하여 수금된 자를 멸시치 아니 하시나니,

㉞ 천지가 그를 찬송할 것이요 바다와 그 중의 모든 동물도 그리할찌로다,

㉟ 하나님이여 시온을 구원하시고 유다 성읍들을 건설하시리니 무리가 거기 거하여 소유를 삼으리로다,

㊱ 그 종들의 후손이 또한 이를 상속하고 그 이름을 사랑하는 자가 그 중에 거하리로다,

● **70장**[다윗의 기념케 하는 시, 영장으로 한 노래]

① 오 하나님이시여, 속히 나를 건지소서, 여호와여 속히 나를 도우소서,,

② 내 영혼을 찾는 자로 수치와 무안을 당케 하시며, 나의 상함을 기뻐하는 자로 물러가 욕을 받게 하소서,

③ 아하! 아하! 하는 자로 자기 수치를 인하여 물러가게 하소서,

④ 주를 찾는 모든 자로 주를 인하여 기뻐하고 즐거워하게 하시며 주의 구원을 사모하는 자로 항상 말하기를, "하나님은 광대하시다." 하게 하소서,

⑤ 나는 가난하고 궁핍하오니 하나님이여 속히 내게 임하소서, 주는 나의 도움이시요, 나를 건지시는 자시오니 여호와여 지체치 마소서,

● **71장**

① 여호와여, 주께 피하오니, 나로 영영히 수치를 당케 마소서,

② 주의 의로 나를 건지시고 나를 풀어 주시며 주의 귀를 내게 기울이사 나를 구원하소서,

③ 주는 내게 항상 가서 피하여 거할 바위가 되소서, 주께서 나를 구원하라 명하셨으니, 이는 주께서 나의 반석이시요, 나의 산성이심이니이다,

④ 나의 하나님이여, 나를 악인의 손 곧 불의한 자와 흉악한 자의 장중에서 피하게 하소서,

⑤ 주 여호와여 주는 나의 소망이시요, 나의 어릴 때부터 의지이시라,

⑥ 내가 모태에서부터 주의 붙드신바 되었으며, 내 어미 배에서 주의 취하여 내신바 되었사오니, 나는 항상 주를 찬송하리이다,

⑦ 나는 많은 사람에게 이상한 존재가 되었사오나 주는 나의 견고한 피난처이오시니다,

⑧ 주를 찬송함과 주를 존숭함이 종일토록 내 입에 가득하리이다,

⑨ 나를 늙은 때에 버리지 마시며 내 힘이 쇠약한 때에 떠나지 마소서,

⑩ 나의 원수들이 내게 대하여 말하며 나의 영혼을 엿보는 자가 서로 꾀하여,

⑪ 이르기를, 하나님이 저를 버리셨은즉, 따라 잡으라, 건질 자가 없다 하오니,

⑫ 하나님이여, 나를 멀리 하지 마소서, 나의 하나님이여, 속히 나를 도우소서,

⑬ 내 영혼을 대적하는 자로 수치와 멸망을 당케 하시며, 나를 모해하는 자에게는 욕과 수욕이 덮이게 하소서,

⑭ 나는 항상 소망을 품고 주를 더욱 더욱 찬송하리이다,

⑮ 내가 측량할 수 없는 주의 의와 구원을 내 입으로 종일 전하리이다,

⑯ 내가 주 여호와의 능하신 행적을 가지고 오겠사오며 주의 의 곧 주의 의만 진술하겠나이다,

⑰ 하나님이여 나를 어려서부터 교훈 하셨으므로 내가 지금까지 주의 기사를 전하였나이다,

⑱ 하나님이여 내가 늙어 백수가 될 때에도 나를 버리지 마시고, 내가 주의 힘을 후대에 전하고 주의 능을 장래 모든 사람에게 전하기까지 나를 버리지 마소서,

⑲ 하나님이여, 주의 의가 또한 지극히 높으시니이다, 하나님이여, 주께서 대사를 행하였사오니 누가 주와 같으리이까,

⑳ 우리에게 많고 심한 고난을 보이신 주께서 우리를 다시 살리시며 땅 깊은 곳에서 다시 이끌어 올리시니이다,

㉑ 나를 더욱 창대하게 하시고, 돌이키사 나를 위로하소서,

㉒ 나의 하나님이여, 내가 또 비파로 주를 찬양하며 주의 성실을 찬양하리이다, 이스라엘의 거룩하신 주여 내가 수금으로 주를 찬양하리이다,

㉓ 내가 주를 찬양할 때에 내 입술이 기뻐 외치며, 주께서 구속하신 내 영혼이 즐거워하리이다,

㉔ 내 혀도 종일토록 주의 의를 말씀하오니, 나를 모해 하려하던 자가 수치와 무안을 당함이니이다,

● 72장[솔로몬의 시]

① 하나님이여, 주의 판단력을 왕에게 주시고 주의 의를 왕의 아들에게 주소서,

② 저가 주의 백성을 의로 판단하며 주의 가난한 자를 공의로 판단하리니,

③ 의로 인하여 산들이 백성에게 평강을 주며 작은 산들도 그리하리로다,

④ 저가 백성의 가난한 자를 신원하며 궁핍한 자의 자손을 구원하며 압박하는 자를 꺾으리로다,

⑤ 저희가 해가 있을 동안에 주를 두려워하며, 달이 있을 동안에 대대로 그리하리로다,

⑥ 저는 벤 풀에 내리는 비 같이 땅을 적시는 소낙비 같이 임하리니,

⑦ 저의 날에 의인이 흥왕하여 평강의 풍성함이 달이 다할 때까지 이르리로다,

⑧ 저가 바다에서부터 바다까지와 강에서부터 땅 끝까지 다스리리니,

⑨ 광야에 거하는 자는 저희 앞에 굽히며 그 원수들로 티끌을 핥을 것이며,

⑩ 다시 스와 섬의 왕들이 공세를 바치며 스바와 시바 왕들이 예물을 드리리로다,

⑪ 만왕이 그 앞에 부복하며 열방이 다 그를 섬기리로다,

⑫ 저는 궁핍한 자의 부르짖을 때에 건지며 도움이 없는 가난한 자도 건지며,

⑬ 저는 가난한 자와 궁핍한 자를 긍휼히 여기며 궁핍한 자의 생명을 구원하며,

⑭ 저희 생명을 압박과 강포에서 구속하리니, 저희 피가 그 목전에 귀하리로다,

⑮ 저희가 생존하여 스바의 금을 저에게 드리며 사람들이 저를 위하여 항상 기도하고 종일 찬송하리로다,

⑯ 산꼭대기의 땅에도 화곡이 풍성하고, 그 열매가 레바논 같이 흔들리며, 성에 있는 자가 땅의 풀 같이 왕성하리로다,

⑰ 그 이름이 영구함이여, 그 이름이 해와 같이 장구하리로다, 사람들이 그로 인하여 복을 받으리니, 열방이 다 그를 복되다 하리로다,

⑱ 홀로 기사를 행하시는 여호와 하나님, 곧 이스라엘의 하나님을 찬송하며,

⑲ 그 영화로운 이름을 영원히 찬송할지어다, 온 땅에 그 영광이 충만할찌어다, 아멘! 아멘!

⑳ 이것으로써 이새의 아들 다윗의 기도를 마치느니라,

● 73장[아삽의 시]

① 하나님이 참으로 이스라엘 중 마음이 정결한 자에게 선을 행하시나,

② 나는 거의 실족할뻔 하였고, 내 걸음이 미끌어질뻔 하였으니,

③ 이는 내가 사악한 자의 형통함을 보고, 사악한 자를 부러워하였음기 때문이로다,

④ 그들은 고통이라고는 없고, 그의 몸은 건강하고 강하며,

⑤ 사람들이 당하는 괴로움이 없고, 인간 질병에의 전염도 없나니,

⑥ 그러므로 교만이 저희 목걸이요 강포가 저희 입는 옷이며,

⑦ 살찜으로 저희 눈이 솟아나며 저희 소득은 마음의 소원보다 지나며,

⑧ 저희는 능욕하며, 악에게 압제하여 말하며, 거만히 말하며,

⑨ 저희 입은 하늘에 두고, 저희 혀는 땅에 두루 다니도다,

⑩ 그러므로 그 백성이 이리로 돌아와서 잔에 가득한 물을 다 마시며,

⑪ 말하기를, 하나님이 어찌 알랴? 지극히 높은 자에게 지식이 있으랴? 하도다,

⑫ 볼지어다, 이들은 악인이라 항상 평안하고, 재물은 더 하도다,

⑬ 내가 내 마음을 정히 하며 내 손을 씻어 무죄하다, 한 것이 실로 헛되도다,

⑭ 나는 종일 재앙을 당하며 아침마다 징책을 보았도다,

⑮ 내가 만일 그들이 말하는 것과 같이 말하리라 생각하였다면, 나는 후대의 자손들을 저버렸을 것이다,

⑯ 내가 모든 이것을 알려고 노력했으나, 그것은 나에게는 심히 어려운 것이도다,

⑰ 하나님의 성소에 들어갈 때에야 결국 내가 그들의 종국적인 운명을 알았도다,

⑱ 주께서 참으로 저희를 미끄러운 곳에 두시며 파멸에 던지시니,

⑲ 저희가 어찌 그리 졸지에 황폐되었는가 놀람으로 전멸하였나이다,

⑳ 주여 그것들은 일장춘몽이며 주가 일어나셨을 때의 그림자 같이 없어지니이다,

㉑ 내 마음이 산란하며 내 심장이 찔렸나이다,

㉒ 내가 이같이 우매 무지하니 주의 앞에 짐승이오나,

㉓ 내가 항상 주와 함께하니 주께서 내 오른손을 붙드셨나이다,

㉔ 주의 교훈으로 나를 인도하시고, 후에는 영광으로 나를 영접하시리니,

㉕ 하늘에서는 주 외에 누가 내게 있으리요? 땅에서는 주 밖에 나의 사모할 자 없나이다,

㉖ 내 육체와 마음은 쇠잔하나 하나님은 내 마음의 반석이시요, 영원한 분깃이시라,

㉗ 대저 주를 멀리하는 자는 망하리니, 음녀 같이 주를 떠난 자를 주께서 다 멸하셨나이다,

㉘ 하나님께 가까이 함이 내게 복이라, 내가 주 여호와를 나의 피난처로 삼아 주의 모

든 행사를 전파하리이다,

● 74장[아삽의 마스길]

① 하나님이여, 주께서 어찌하여 우리를 영원히 버리시나이까? 어찌하여 주의 치시는 양을 향하여 진노의 연기를 발하시나이까?

② 옛적부터 얻으시고 구속하사 주의 기업의 지파로 삼으신 주의 회중을 기억하시며 주의 거하신 시온산도 생각하소서!

③ 영구히 파멸된 곳으로 주의 발을 드십소서, 원수가 성소에서 모든 악을 행하였나이다,

④ 주의 대적이 주의 회중에서 훤화하며 자기 기를 세워 표적을 삼았으니,

⑤ 저희는 마치 도끼를 들어 삼림을 베는 사람 같으니이다,

⑥ 이제 저희가 도끼와 철퇴로 성소의 모든 조각품을 쳐서 부수고,

⑦ 주의 성소를 불사르며 주의 이름이 계신 곳을 더럽혀 땅에 엎었나이다,

⑧ 저희의 마음에 이르기를, 우리가 그것을 진멸하자 하고, 이 땅에 있는 하나님의 모든 회당을 불살랐나이다,

⑨ 우리의 표적이 보이지 아니하고 선지자도 다시 없으며, 이런 일이 얼마나 오랠는지 우리 중에 아는 자도 없나이다,

⑩ 하나님이여, 대적이 언제까지 훼방하겠으며, 원수가 주의 이름을 영원히 능욕하리이까?

⑪ 주께서 어찌하여 주의 손 곧 오른손을 거두시나이까? 주의 품에서 빼사 저희를 멸하소서,

⑫ 히니님은 예로부터 나의 왕이시라, 인간에 구원을 베푸셨나이다,

⑬ 주께서 주의 능력으로 바다를 나누시고, 물 가운데 용들의 머리를 깨뜨리셨으며,

⑭ 악어의 머리를 파쇄하시고, 그것을 사막에 거하는 자에게 먹이로 주셨으며,

⑮ 바위를 쪼개사 큰 물을 내시며, 길이 흐르는 강들을 말리우셨나이다,

⑯ 낮도 주의 것이요, 밤도 주의 것이라, 주께서 빛과 해를 예비하셨으며,

⑰ 땅의 경계를 정하시며, 여름과 겨울을 이루셨나이다,

⑱ 여호와여 이것을 기억하소서! 원수가 주를 비방하며 우매한 백성이 주의 이름을 능욕하였나이다,

⑲ 주의 맷비둘기의 생명을 들짐승에게 주지 마시며, 주의 가난한 자의 목숨을 영영

히 잊지 마소서,

⑳ 언약을 돌아보소서, 대저 땅 흑암한 곳에 강포한 자의 처소가 가득하였나이다,

㉑ 학대받은 자로 부끄러이 돌아가게 마시고, 가난한 자와 궁핍한 자로 주의 이름을 찬송케 하소서,

㉒ 하나님이여, 일어나사 주의 원통을 푸시고, 우매한 자가 종일 주를 비방하는 것을 기억하소서,

㉓ 주의 대적의 소리를 잊지 마소서! 계속해서 일어나는 주의 적들의 소동을 무시하지 마소서!

● 75장 [아삽의 시, 영장으로 알다스헷에 맞춘 노래]

① 하나님이여, 우리가 주께 감사하고 감사함은 주의 이름이 가까움이라 사람들이 주의 기사를 전파하나이다,

② 주의 말씀이 내가 정한 기약을 당하면 정의로 판단하리니,

③ 지구의 기둥은 내가 세웠거니와, 지구와 그 모든 거민이 소멸되리라, 하시도다(셀라),

④ 내가 오만한 자더러 오만히 행치 말라, 하며 행악자더러 뿔을 들지 마라, 하였노니,

⑤ 너희 뿔을 높이 들지 말며, 교만한 목으로 말하지 말찌어다,

⑥ 대저 높이는 일이 동에서나 서에서 말미암지 아니하며, 남에서도 말미암지 아니하고,

⑦ 오직 재판장이신 하나님이 이를 낮추시고 저를 높이시느니라,

⑧ 여호와의 손에 잔이 있어 술 거품이 일어나는도다, 속에 섞은 것이 가득한 그 잔을 하나님이 쏟아 내시나니, 실로 그 찌끼까지도 지구의 모든 악인이 기울여 마시리로다,

⑨ 나는 야곱의 하나님을 영원히 선포하고 찬양하며,

⑩ 또 악인의 뿔을 다 베고 의인의 뿔은 높이 들리로다.

● 76장 [아삽의 시, 영장으로 현악에 맞춘 노래]

① 하나님께서 유다에 알려시셨으며, 그 이름은 이스라엘에서 위대하시도다,

② 그 장막이 또한 살렘에 있음이여, 그 처소는 시온에 있도다,

③ 거기서 저가 화살과 방패와 칼과 전쟁을 깨치시도다(셀라),

④ 주는 영화로우시며 약탈한 산에서 존귀하시도다.

⑤ 마음이 강한 자는 탈취를 당하여 자기 잠을 자고 장사는 자기 손을 놀리지 못하도다.

⑥ 야곱의 하나님이여 주께서 꾸짖으시매 병거와 말이 다 깊은 잠이 들었나이다.

⑦ 주 곧 주는 경외할 자시니 주께서 한번 노하실 때에 누가 주의 목전에 서리이까?

⑧ 주께서 하늘에서 판결을 선포하시매 땅이 두려워 잠잠하였나니,

⑨ 곧 하나님 이 땅의 모든 온유한 자를 구원하시려고 판단하러 일어나신 때에로다 (셀라).

⑩ 진실로 사람의 노는 장차 주를 찬송하게 될 것이요, 그 남은 노는 주께서 금하시리이다.

⑪ 너희는 여호와 너희 하나님께 서원하고 갚으라, 사방에 있는 모든 자도 마땅히 경외할 이에게 예물을 드릴찌로다.

⑫ 저가 방백들의 심령을 꺾으시리니, 저는 세상의 왕들에게 두려움이시로다.

● **77장**[아삽의 시, 영장으로 여두둔의 법칙에 의지하여 한 노래]

① 내가 내 음성으로 하나님께 부르짖으리니, 하나님께 내 음성으로 부르짖으면 내게 귀를 기울이시리로다.

② 나의 환난날에 내가 주를 찾았으며, 밤에는 내 손을 들고 거두지 아니하였으며, 내 영혼이 위로받기를 거절하였도다.

③ 내가 하나님을 생각하고 불안하여 근심하니 내 심령이 상하도다(셀라.)

④ 주께서 나로 눈을 붙이지 못하게 하시니, 내가 괴로워 말할 수 없나이다.

⑤ 내기 옛날 곧 이전 해를 생각하였사오며,

⑥ 밤에 한 나의 노래를 기억하여 마음에 묵상하며 심령이 궁구하기를,

⑦ 주께서 영원히 버리실까? 다시는 은혜를 베풀지 아니하실까?

⑧ 그 인자하심이 길이 다하였는가? 그 허락을 영구히 폐하셨는가?

⑨ 하나님이 은혜 베푸심을 잊으셨는가? 노하심으로 그 긍휼을 막으셨는가? 하였나이다(셀라).

⑩ 또 내가 말하기를, 이는 나의 연약함이라 지존자의 오른손의 해,

⑪ 곧 여호와의 옛적 기사를 기억하여 그 행하신 일을 묵상하며 주의 행사를 깊이 생각하리이다.

⑫ 또 주의 모든 일을 묵상하며 주의 행사를 깊이 생각하리이다,

⑬ 하나님이여, 주의 도는 극히 거룩하시오니, 하나님과 같이 위대한 신이 누구오니이까?

⑭ 주는 기사를 행하신 하나님이시라 민족들 중에 주의 능력을 알리시고,

⑮ 주의 팔로 주의 백성, 곧 야곱과 요셉의 자손을 구속하셨나이다(셀라),

⑯ 하나님이여, 물들이 주를 보았나이다, 물들이 주를 보고 두려워하며 깊음도 진동하였고,

⑰ 구름이 물을 쏟고 창공이 소리를 발하며 주의 살도 날아 나갔나이다,

⑱ 회리바람 중에 주의 우뢰의 소리가 있으며, 번개가 세계를 비취며, 땅이 흔들리고 움직였나이다,

⑲ 주의 길이 바다에 있었고, 주의 첩경이 큰 물에 있었으나 주의 종적을 알 수 없었나이다,

⑳ 주의 백성을 무리양 같이 모세와 아론의 손으로 인도하셨나이다,

● **78장**[아삽의 마스길]

① 내 백성이여 내 교훈을 들으며 내 입의 말에 귀를 기울일지어다,

② 내가 입을 열고 비유를 베풀어서 옛 비밀한 말을 발표하리니,

③ 이는 우리가 들은 바요, 아는 바요, 우리 열조가 우리에게 전한 바라,

④ 우리가 이를 그 자손에게 숨기지 아니하고, 여호와의 영예와 그 능력과 기이한 사적을 후대에 전하리로다,

⑤ 여호와께서 증거를 야곱에게 세우시며 법도를 이스라엘에게 정하시고, 우리 열조에게 명하사 저희 자손에게 알게 하라 하셨으니,

⑥ 이는 저희로 후대 곧 후생 자손에게 이를 알게 하고, 그들은 일어나 그 자손에게 일러서,

⑦ 저희로 그 소망을 하나님께 두며 하나님의 행사를 잊지 아니하고 오직 그 계명을 지켜서,

⑧ 그 열조 곧 완고하고 패역하여 그 마음이 정직하지 못하며, 그 심령은 하나님께 충성치 아니한 세대와 같지 않게 하려 하심이로다,

⑨ 에브라임 자손은 병기를 갖추며 활을 가졌으나 전쟁의 날에 물러갔도다,

⑩ 저희가 하나님의 언약을 지키지 아니하고 그 율법 준행하기를 거절하며,

⑪ 여호와의 행하신 것과 저희에게 보이신 기사를 잊었도다,

⑫ 옛적에 하나님이 애굽 땅 소안 들에서 기이한 일을 저의 열조의 목전에서 행하셨으되,

⑬ 저가 바다를 갈라 물을 무더기 같이 서게 하시고 저희로 지나가게 하셨으며,

⑭ 낮에는 구름으로 밤에는 화광으로 인도하셨으며,

⑮ 광야에서 반석을 쪼개시고 깊은 수원에서 나는 것 같이 저희에게 물을 흡족히 마시우셨으며,

⑯ 또 반석에서 시내를 내사 물이 강같이 흐르게 하셨으나,

⑰ 저희는 계속하여 하나님께 범죄하여 황야에서 지존자를 배반하였도다,

⑱ 저희가 저희 탐욕대로 음식을 구하여 그 심중에 하나님을 시험하였으며,

⑲ 그뿐아니라 하나님을 대적하여 말하기를, 하나님이 황야에서 능히 식탁을 준비하시랴?

⑳ 저가 반석을 쳐서 물을 내시매, 시내가 넘쳤거니와 또 능히 떡을 주시매 그 백성을 위하여 고기를 예비하시랴 하였도다,

㉑ 그러므로 여호와께서 듣고 노하심이여 야곱을 향하여 노가 맹렬하며 이스라엘을 향하여 노가 올랐으니,

㉒ 이는 하나님을 믿지 아니하며 그 구원을 의지하지 아니한 연고로다,

㉓ 그러나 저가 오히려 위의 창공을 명하시며 하늘 문을 여시고,

㉔ 저희에게 만나를 비같이 내려 먹이시며 하늘 양식으로 주셨나니,

㉕ 사람이 권세 있는 자의 떡을 먹음이여 하나님이 식물을 충족히 주셨도다,

㉖ 저가 동풍으로 하늘에서 일게 하시며 그 권능으로 남풍을 인도하시고,

㉗ 저희에게 고기를 비끌 같이 내리시니 곧 바다 모래 같은 나는 새라,

㉘ 그 진 중에 떨어지게 하사 그 거처에 둘리셨도다,

㉙ 저희가 먹고 배불렀나니 하나님이 저희 소욕대로 주셨도다,

㉚ 저희가 그 욕심에서 떠나지 아니하고, 저희 음식이 아직 그 입에 있을 때에,

㉛ 하나님이 저희를 대하여 노를 발하사, 저희 중 살진 자를 죽이시며 이스라엘의 청년을 쳐 엎드러뜨리셨도다,

㉜ 그럴찌라도 저희가 오히려 범죄하여 그의 기사를 믿지 아니하였으므로,

㉝ 하나님이 저희 날을 헛되이 보내게 하시며 저희 해를 두렵게 지내게 하셨도다,

㉞ 하나님이 저희를 죽이실 때에, 저희가 그에게 구하며 돌이켜 하나님을 간절히 찾

았고,

㉟ 하나님이 저희의 반석이시요, 지존하신 하나님이 저희 구속자이심을 기억하였도다,

㊱ 그러나 저희가 입으로 그에게 아첨하며 자기 혀로 그에게 거짓을 말하였으니,

㊲ 이는 하나님께 향하는 저희 마음이 정함이 없으며, 그의 언약에 성실치 아니하였음이로다,

㊳ 오직 하나님은 자비하심으로 죄악을 사하사 멸하지 아니하시고, 그 진노를 여러 번 돌이키시며 그 분을 다 발하지 아니하셨으니,

㊴ 저희는 육체에 불과하여 가고, 다시 오지 못하는 바람임을 기억하셨음이로다

㊵ 저희가 황야에서 그를 반항하며 사막에서 그를 슬프시게 함이 몇번인고,

㊶ 저희가 돌이켜 하나님을 재삼 시험하며 이스라엘의 거룩한 자를 격동하였도다,

㊷ 저희가 그의 권능을 기억지 아니하며 대적에게서 구속하신 날도 생각지 아니하였도다,

㊸ 그 때에 하나님이 애굽에서 그 징조를 소안 들에서 그 기사를 나타내사,

㊹ 저희의 강과 시내를 피로 변하여 저희로 마실 수 없게 하시며,

㊺ 파리 떼를 저희 중에 보내어 물게 하시고 개구리를 보내어 해하게 하셨으며,

㊻ 저희의 토산물을 황충에게 주시며 저희의 수고한 것을 메뚜기에 주셨으며,

㊼ 저희 포도나무를 우박으로 저희 뽕나무를 서리로 죽이셨으며,

㊽ 저희 가축을 우박에 저희 양떼를 번갯불에 붙이셨으며,

㊾ 그 맹렬한 노와 분과 분노와 고난 곧 벌하는 사자들을 저희에게 내려보내셨으며,

㊿ 그 노를 위하여 치도하사 저희 혼의 사망을 면케 아니 하시고 저희 생명을 염병에 붙이셨으며,

51 애굽에서 모든 장자 곧 함의 장막에 있는 그 기력의 시작을 치셨으나,

52 자기 백성을 양 같이 인도하여 내시고 광야에서 양떼 같이 지도하셨도다,

53 저희를 안전히 인도하시니, 저희는 두려움이 없었으나 저희 원수는 바다에 엄몰되었도다,

54 저희를 그 성소의 지경 곧 오른손이 취하신 산으로 인도하시고,

55 또 열방을 저희 앞에서 쫓아 내시며, 줄로 저희 기업을 분배하시고, 이스라엘 지파로 그 장막에 거하게 하셨도다,

56 그럴지라도 저희가 지존하신 하나님을 시험하며 반항하여 그 증거를 지키지 아니

하며,

㊗ 저희 열조 같이 배반하고 궤사를 행하여 속이는 활 같이 빗가서,

㊈ 자기 산당으로 그 노를 격동하여 저희 조각한 우상으로 그를 진노케 하였으매,

㊉ 하나님이 들으시고 분내어 이스라엘을 크게 미워하사,

⑥ 실로의 성막 곧 인간에 세우신 장막을 떠나시고,

⑥ 그 능력된 자를 포로에 붙이시며 자기 영광을 대적의 손에 붙이시고,

⑥ 그 백성을 또 칼에 붙이사 그의 기업에게 분내셨으니,

⑥ 저희 청년은 불에 살라지고 저희 처녀에게는 혼인 노래가 없으며,

⑥ 저희 제사장들은 칼에 엎드려지고 저희 과부들은 애곡하지 못하였도다,

⑥ 때에 주께서 자다가 깬 자 같이 포도주로 인하여 외치는 용사 같이 일어나사,

⑥ 그 대적을 쳐 물리쳐서 길이 욕되게 하시고,

⑥ 또 요셉의 장막을 싫어 버리시며 에브라임 지파를 택하지 아니하시고,

⑥ 오직 유다 지파와 그 사랑하시는 시온산을 택하시고,

⑥ 그 성소를 산의 높음 같이 영원히 두신 땅 같이 지으셨으며,

⑦ 또 그 종 다윗을 택하시되 양의 우리에서 취하시며,

㉑ 젖 양을 지키는 중에서 저희를 이끄사 그 백성인 야곱 그 기업인 이스라엘을 기르게 하셨더니,

㉒ 이에 저가 그 마음의 성실함으로 기르고 그 손의 공교함으로 지도하였도다.

● 79장[아삽의 시]

① 하나님이여, 열방 주의 기업이 들어와서 주의 성전을 더럽히고 예루살렘으로 돌무디기가 되게 하였나이다,

② 저희가 주의 종들의 시체를 공중의 새에게 밥으로 주며,

③ 그들의 피를 예루살렘 사면에 물 같이 흘렸으며 그들을 매장하는 자가 없었나이다

④ 우리는 우리 이웃에게 비방거리가 되며 우리를 에운자에게 조소와 조롱거리가 되었나이다,

⑤ 여호와여 어느 때까지니이까 영원히 노하시리이까 주의 진노가 불붙듯 하시리이까?

⑥ 주를 알지 아니하는 열방과 주의 이름을 부르지 아니하는 열국에 주의 노를 쏟으소서,

⑦ 저희가 야곱을 삼키고 그 거처를 황폐케 함이니이다.

⑧ 우리 열조의 죄악을 기억하여 우리에게 돌리지 마옵소서 우리가 심히 천하게 되었
사오니 주의 긍휼하심으로 속히 우리를 영접하소서.

⑨ 우리 구원의 하나님이여, 주의 이름의 영광을 위하여 우리를 도우시며 주의 이름
을 위하여 우리를 건지시며 우리 죄를 사하소서.

⑩ 어찌하여 열방으로 저희 하나님이 어디 있느냐? 말하게 하리이까? 주의 종들의 피
흘림 당한 보수를 우리 목전에 열방 중에 알리소서.

⑪ 갇힌 자의 탄식으로 주의 앞에 이르게 하시며, 죽이기로 정한 자를 주의 크신 능력
을 따라 보존하소서.

⑫ 주여, 우리 이웃이 주를 훼방한 그 훼방을 저희 품에 칠배나 갚으소서.

⑬ 그러하면 주의 백성, 곧 주의 기르시는 양 된 우리는 영원히 주께 감사하며, 주의
영예를 대대로 전하리이다.

● **80장**[아삽의 시, 영장으로 소산님에듯에 맞춘 노래]

① 요셉을 양떼 같이 인도하시는 이스라엘의 목자여, 귀를 기울이소서, 그룹 사이에
좌정하신 자여 빛을 비취소서.

② 에브라임과 베냐민과 므낫세 앞에서 주의 용력을 내사 우리를 구원하러 오소서.

③ 하나님이여, 우리를 돌이키시고 주의 얼굴 빛을 비취사, 우리로 구원을 얻게 하소
서.

④ 만군의 하나님 여호와여, 주의 백성의 기도에 대하여 어느 때까지 노하시리이까?

⑤ 주께서 저희를 눈물 양식으로 먹이시며 다량의 눈물을 마시게 하셨나이다.

⑥ 우리로 우리 이웃에게 다툼거리가 되게 하시니, 우리 원수들이 서로 웃나이다.

⑦ 만군의 하나님이여, 우리를 돌이키시고 주의 얼굴 빛을 비추사, 우리로 구원을 얻
게 하소서.

⑧ 주께서 한 포도나무를 에집트에서 가져다가 열방을 쫓아내시고 이를 심으셨나이
다.

⑨ 주께서 그 앞서 준비하셨으므로 그 뿌리가 깊이 박혀서 땅에 편만하며.

⑩ 그 그늘이 산들을 가리우고, 그 가지는 하나님의 백향목 같으며.

⑪ 그 가지가 바다까지 뻗고 넝쿨이 강까지 미쳤거늘.

⑫ 주께서 어찌하여 그 담을 헐으사, 길에 지나는 모든 자로 따게 하셨나이까?

⑬ 수풀의 돼지가 상해하며 들짐승들이 먹나이다,

⑭ 만군의 하나님이여, 구하옵나니 돌이키사 하늘에서 굽어보시고 이 포도나무를 돌아보소서,

⑮ 주의 오른손으로 심으신 줄기요, 주를 위하여 힘있게 하신 가지니이다,

⑯ 그것이 소화되고 작벌을 당하며 주의 면책을 인하여 망하오니,

⑰ 주의 우편에 있는 자, 곧 주를 위하여 힘있게 하신 사람인아들 위에 주의 손을 얹으소서,

⑱ 그러하면 우리가 주에게서 물러가지 아니하오리니 우리를 소생케 하소서, 우리가 주의 이름을 부르리이다,

⑲ 만군의 하나님 여호와여, 우리를 돌이키시고 주의 얼굴 빛은 비취소서, 우리가 구원을 얻으리이다.

● 81장[아삽의 시, 영장으로 깃딧에 맞춘 노래]

① 우리 능력 되신 하나님께 높이 노래하며 야곱의 하나님께 즐거이 소리할찌어다,

② 시를 읊으며 소고를 치고, 아름다운 수금에 비파를 아우를찌어다,

③ 월삭과 월망과 우리의 절일에 나팔을 불찌어다,

④ 이는 이스라엘의 율례요, 야곱의 하나님의 규례로다,

⑤ 하나님이 애굽 땅을 치러 나가시던 때에 요셉의 족속 중에 이를 증거로 세우셨도다, 거기서 내가 알지 못하던 말씀을 들었나니,

⑥ 이르시되, 내가 그 어깨에서 짐을 벗기고 그 손에서 광주리를 놓게 하였도다,

⑦ 네가 고난 중에 부르짖으매, 내가 너를 건졌고, 뇌성의 은은한 곳에서 네게 응답하며 므리바 물 가에서 너를 시험하였도다(셀라),

⑧ 내 백성이여, 들으라 내가 네게 증거하리라, 이스라엘이여 내게 듣기를 원하노라,

⑨ 너희 중에 나른 신을 두지 말며 이방신에게 절하지 말찌어다,

⑩ 나는 너를 애굽 땅에서 인도하여 낸 여호와, 네 하나님이니 네 입을 넓게 열라, 내가 채우리라, 하였으나

⑪ 내 백성이 내 소리를 듣지 아니하며, 이스라엘이 나를 원치 아니하였도다,

⑫ 그러므로 내가 그 마음의 강퍅한대로 버려두어 그 임의대로 행케 하였도다,

⑬ 내 백성이 나를 청종하며 이스라엘이 내 도 행하기를 원하노라,

⑭ 그리하면 내가 속히 저희 원수를 제어하며 내 손을 돌려 저희 대적을 치리니,

⑮ 여호와를 싫어하는 자들이 저에게 복종하는체 할찌라도 그들에 대한 형벌은 영원히 계속되리라,

⑯ 내가 또 밀의 아름다운 것으로 저희에게 먹이며, 반석에서 나오는 꿀로 너를 만족케 하리라 하셨도다.

● 82장[아삽의 시]

① 하나님이 많은 회중 안에서 회합을 주재하시고, 신들 가운데에서 판단하시며

② 너희는 언제까지 불의하게 심판하며 악인들의 편을 들려느냐?(셀라)

③ 가난한 자와 고아를 위하여 판단하며 곤란한 자와 빈궁한 자에게 공의를 베풀찌며,

④ 가난한 자와 궁핍한 자를 구원하여 악인들의 손에서 건질찌니라 하시는도다,

⑤ 저희는 무지 무각하여 흑암 중에 왕래하니 땅의 모든 터가 흔들리도다 ,

⑥ 내가 말하기를, 너희는 신이며 다 지극히 높으신 분의 아들들이라 하였으나,

⑦ 너희는 보통 사람들 같이 죽으며, 그리고 너희는 세상에서 모든 권력자들이 추락하는 것 같이 쓰러지리라,

⑧ 모든 열방이 하나님으로부터 생성되었으므로 하나님이여 일어나사, 세상을 판단하소서.

● 83장[아삽의 시 곧 노래]

① 하나님이여 침묵치 마소서, 하나님이여 잠잠치 말고 고요치 마소서,

② 보라, 주님의 원수들이 소동을 일으키며, 주님을 미워하는 자들이 머리를 들었나이다,

③ 저희가 주님의 백성을 치려하여 간계를 꾀하며 주님의 숨긴 자를 치려고 서로 의논하여,

④ 말하기를, 가서 저희를 끊어 다시 나라가 되지 못하게 하여 이스라엘의 이름으로 다시는 기억되지 못하게 하자, 하나이다,

⑤ 저희가 일심으로 의논하고, 주를 대적하여 서로 언약하니,

⑥ 곧, 에돔의 장막과 이스마엘인과 모압과 하갈인이며,

⑦ 그발과 암몬과 아말렉이며 블레셋과 두로 거민이요,

⑧ 앗수르도 저희와 연합하여 롯 자손의 도움이 되었나이다(셀라),

⑨ 주님은 미디안인에게 행한 것 같이 기손 시내에서 시스라와 야빈에게 행하신 것 같이 저희에게도 행하소서,

⑩ 그들은 엔돌에서 패망하여 땅에 거름이 되었나이다,

⑪ 저희 귀인으로 오렙과 스엡 같게 하시며, 저희 모든 방백으로 세바와 살문나와 같게 하소서,

⑫ 저희가 말하기를, 우리가 하나님의 목장을 우리의 소유로 취하자 하였나이다,

⑬ 나의 하나님이여, 저희로 굴러가는 검불 같게 하시며 바람에 날리는 초개 같게 하소서,

⑭ 삼림을 사르는 불과 산에 붙는 화염 같이,

⑮ 주의 광풍으로 저희를 쫓으시며 주의 폭풍으로 저희를 두렵게 하소서,

⑯ 오 여호와이시여, 수치로 저희 얼굴에 가득케 하사 저희로 하여금 주님의 이름을 찾게 하소서,

⑰ 저희로 수치를 당하여 영원히 놀라게 하시며 낭패와 멸망을 당케하사,

⑱ 여호와라 이름하신 주만 온 세계의 지존자로 알게 하소서.

● **84장**[고라 자손의 시, 영장으로 깃딧에 맞춘 노래]

① 만군의 여호와여 주의 장막이 어찌 그리 사랑스러운지요!

② 내 영혼이 여호와의 궁정을 사모하여 쇠약함이여 내 마음과 육체가 생존하시는 하나님께 부르짖나이다,

③ 나의 왕, 나의 하나님 만군의 여호와여, 주의 재단에서 참새도 제 집을 얻고 제비도 새끼 둘 보금자리를 얻었나이다,

④ 주의 집에 거하는 자가 복이 있나이다, 저희가 항상 주를 찬송하리이다(셀라),

⑤ 주께 힘을 얻고 그 마음에 시온의 대로가 있는 자는 복이 있도다,

⑥ 저희는 눈물 골짜기로 통행할 때에 그곳으로 많은 샘의 곳이 되게 하며 이른비도 은택을 입히나이다,

⑦ 저희는 힘을 얻고 더 얻어 나아가 시온에서 하나님 앞에 각기 나타나리이다,

⑧ 만군의 하나님 여호와여 내 기도를 들으소서! 야곱의 하나님이여 귀를 기울이소서(셀라),

⑨ 우리 방패이신 하나님이여, 주의 기름 부으신 자의 얼굴을 살펴보옵소서,

⑩ 주의 궁정에서 한 날이 다른 곳에서 천 날보다 나은즉, 악인의 장막에 거함보다 내

하나님 문지기로 있는 것이 좋사오니,

⑪ 여호와 하나님은 해요, 방패시라, 여호와께서 은혜와 영화를 주시며 정직히 행하는 자에게 좋은 것을 아끼지 아니하실 것임이니이다,

⑫ 만군의 여호와여, 주께 의지하는 자는 복이 있나이다,

● 85장[고라 자손의 시, 영장으로 한 노래]

① 여호와여 주께서 주의 땅에 은혜를 베푸사, 야곱이 포로 된 자로 돌아오게 하셨으며,

② 주의 백성의 죄악을 사하시고, 저희 모든 죄를 덮으셨나이다(셀라),

③ 주의 모든 분노를 거두시며 주의 진노를 돌이키셨나이다,

④ 우리 구원의 하나님이여, 우리를 돌이키시고 우리에게 향하신 주의 분노를 그치소서,

⑤ 주께서 우리에게 영원히 노하시며, 온 세대에게 주님의 노하심을 계속하실 것이니이까?

⑥ 우리를 다시 살리사 주의 백성으로 주를 기뻐하게 아니하시겠나이까?

⑦ 오 여호와여, 주의 한량없는 사랑을 우리에게 보여주시옵고 주의 구원을 우리에게 허락하소서!

⑧ 내가 하나님 여호와의 하신 말씀을 들으리니, 대저 그 백성 그 성도에게 화평을 말씀하실 것이라, 저희는 다시 망령된대로 돌아가지 말지로다,

⑨ 진실로 그의 구원이 그를 경외하는 자에게 가까우니, 이에 영광이 우리 땅에 거하리이다,

⑩ 긍휼과 진리가 같이 만나고 의와 화평이 서로 입맞추었으며,

⑪ 진리는 지구로부터 솟아나고 의는 하늘에서 내려다보리로다,

⑫ 여호와께서 좋은 것을 주시리니 우리 땅이 그 산물을 내리로다,

⑬ 의가 주님에 앞서 가며 그분의 발자취를 따라 길을 삼으리로다.

● 86장[다윗의 기도]

① 오 여호와여, 나의 말을 들으시고 내게 응답하여주소서, 나는 가난하고 궁핍하나이다,

② 나는 경건하오니 내 영혼을 보존하소서, 내 주 하나님이여, 주를 의지하는 종을 구

원하소서,

③ 주여 나를 긍휼히 여기소서, 내가 종일 주께 부르짖나이다,

④ 주여 내 영혼이 주를 우러러 보오니, 주여 내 영혼을 기쁘게 하소서,

⑤ 오 여호와여, 주님은 선하시고 기꺼이 용서하여 주시며, 주님을 부르는 모든 자들에게 사랑이 풍성하심이니이다,

⑥ 여호와여 나의 기도에 귀를 기울이시고 나의 간구하는 소리를 들어주옵소서,

⑦ 나의 환난 날에 내가 주께 부르짖으리니 주께서 내게 응답하시리이다,

⑧ 오 여호와여, 신들 중에 주님과 같은 자 없사오며 다른 신들의 어떠한 행사도 주님의 행사와 비교할 수 없나이다,

⑨ 주여 주의 지으신 모든 열방이 와서 주의 앞에 경배하며 주의 이름에 영화를 돌리리이다,

⑩ 대저 주는 광대하사 기사를 행하오니 주만 하나님이시니이다,

⑪ 오 여호와여, 주의 도로 내게 가르치소서, 내가 주의 진리에 행하오리니 일심으로 주의 이름을 경외하게 하소서,

⑫ 오 여호와, 나의 하나님이시여, 나의 마음의 다하여 주님을 찬미하리이다, 나는 영원무궁토록 주님의 이름을 찬양하리이다,이름에 영화를 돌리오리니

⑬ 이는 내게 향하신 주의 사랑이 크사 내 영혼을 깊은 음부에서 건지셨음이니이다,

⑭ 하나님이여 교만한 자가 일어나 나를 치고 강포한 자의 무리가 내 혼을 찾았사오며 자기 앞에 주를 두지 아니하였나이다,

⑮ 그러나 주는 주를 긍휼히 여기시며 은혜를 베푸시며 노하기를 더디하시며 사랑과 진실이 풍성하신 하나님이시오니,

⑯ 내게로 돌이키사 나를 자비를 베푸시고 주의 종에게 힘을 주시고 주의 여종의 아들을 구원하소서,

⑰ 은총의 표징을 내게 보이소서, 그러면 나를 미워하는 저희가 보고 부끄러워하오리니, 오 여호와여, 주는 나를 돕고 위로하심이니이다.

● 87장[고라 자손의 시 곧 노래]

① 그분은 거룩한 산에 기초를 세우셨도다,

② 여호와께서 야곱의 모든 거처보다 시온의 문들을 사랑하시는도다,

③ 하나님의 성이여, 너를 가리켜 영광스럽다 말하는도다(셀라),

④ 내가 라합과 바벨론을 나를 아는 자 중에 있다 말하리라, 보라, 블레셋과 두로와 구스여, 이도 거기서 났다 하리로다,

⑤ 시온에 대하여 말하기를, 이 사람 저 사람이 거기서 났나니, 지존자가 친히 시온을 세우리라 하리로다,

⑥ 여호와께서 민족들을 등록하실 때에는 그 수를 세시며 이 사람이 거기서 났다 하시리로다(셀라),

⑦ 노래하는 자와 춤추는 자는 말하기를, 나의 모든 근원이 네게 있다 하리로다,

● 88장 [고라 자손의 찬송 시 곧 에스라인 헤만의 마스길, 영장으로 마할랏르안놋에 맞춤 노래]

① 여호와여, 내 구원의 하나님이여, 내가 주야로 주의 앞에 부르짖었사오니,

② 나의 기도로 주의 앞에 달하게 하시며, 주의 귀를 나의 부르짖음에 기울이소서,

③ 대저 나의 영혼에 곤란이 가득하며 나의 생명은 음부에 가까웠사오니,

④ 나는 무덤에 내려가는 자와 함께 인정되고 힘이 없는 사람과 같으며,

⑤ 사망자 중에 던지운바 되었으며, 살륙을 당하여 무덤에 누운자 같으니이다, 주께서 저희를 다시 기억지 아니하시니 저희는 주의 손에서 끊어진자니이다,

⑥ 주께서 나를 깊은 웅덩이 어두운 곳 음침한데 두셨사오며,

⑦ 주의 노가 나를 심히 누르시고 주의 모든 파도로 나를 괴롭게 하셨나이다(셀라),

⑧ 주께서 나의 아는 자로 내게서 멀리 떠나게 하시고, 나로 저희에게 가증되게 하셨사오니, 나는 갇혀서 나갈 수 없게 되었나이다,

⑨ 곤란으로 인하여 내 눈이 쇠하였나이다, 여호와여, 내가 매일 주께 부르며 주를 향하여 나의 두 손을 들었나이다,

⑩ 주께서 사망한 자에게 이적을 보이시겠나이까? 죽은 자들이 일어나 주를 찬송하리이까?(셀라),

⑪ 주의 인자하심을 무덤에서 주의 성실하심을 멸망 중에서 선포할 수 있으리이까?

⑫ 흑암 중에서 주의 이적과 잊음의 땅에서 주의 의를 알수 있으리이까?

⑬ 여호와여 오직 주께 내가 부르짖었사오니 아침에 나의 기도가 주의 앞에 달하리이다,

⑭ 여호와여, 어찌하여 나의 영혼을 버리시며 어찌하여 주의 얼굴을 숨기시나이까?

⑮ 내가 소시부터 곤란을 당하여 죽게 되었사오며 주의 두렵게 하심을 당할 때에 황

망하였나이다.

⑯ 주의 진노가 내게 넘치며 주의 두렵게 하심이 나를 끊었나이다.

⑰ 이런 일이 물 같이 종일 나를 에우며 함께 나를 둘렀나이다.

⑱ 주께서 나의 사랑하는 자와 친구를 내게서 멀리 떠나게 하시며 나의 아는 자를 흑암에 주셨나이다.

● 89장[에스라인 에단의 마스길]

① 내가 여호와의 인자하심을 영원히 노래하며 주의 성실하심을 내 입으로 대대에 알게하리이다.

② 내가 말하기를, 인자하심을 영원히 세우시며 주의 성실하심을 하늘에서 견고히 하시리라 하였나이다.

③ 주께서 이르시되, 내가 나의 택한 자와 언약을 맺으며 내 종 다윗에게 맹세하기를,

④ 내가 네 자손을 영원히 견고히 하며 네 위를 대대에 세우리라 하였다 하셨나이다 (셀라).

⑤ 여호와여, 주의 기사를 하늘이 찬양할 것이요, 주의 성실도 거룩한 자의 회중에서 찬양하리이다.

⑥ 대저 궁창에서 능히 여호와를 비교할 자 누구며 권능 있는 자 중에 여호와와 같은 자 누구리이까?

⑦ 하나님은 거룩한 자의 회중에서 심히 엄위하시오며 둘러 있는 모든 자 위에 더욱 두려워할 자시니이다.

⑧ 여호와 만군의 하나님이여, 주와 같이 능한 자 누구이리까? 여호와여 주의 성실하심이 주를 둘렀나이다.

⑨ 주께서 바다의 흉융함을 다스리시며 그 파도가 일어날 때에 평정케 하시나이다.

⑩ 주께서 라합을 살륙 당한 자 같이 파쇄하시고, 주의 원수를 주의 능력의 팔로 흩으셨나이다.

⑪ 하늘이 주의 것이요 땅도 주의 것이라 세계와 그 중에 충만한 것을 주께서 건설하셨나이다.

⑫ 남북을 주께서 창조하셨으니 다볼과 헤르몬이 주의 이름을 인하여 즐거워하나이다.

⑬ 주의 팔에 능력이 있사오며 주의 손은 강하고 주의 오른손은 높으시니이다.

⑭ 의와 공의가 주의 보좌의 기초라 인자함과 진실함이 주를 앞서 행하나이다,

⑮ 즐거운 소리를 아는 백성은 유복한 자라 여호와여 저희가 주의 얼굴 빛에 다니며,

⑯ 종일 주의 이름으로 기뻐하며 주의 의로 인하여 높아지오니,

⑰ 주는 저희 힘의 영광이심이라 우리 뿔이 주의 은총으로 높아지오리니,

⑱ 우리 방패는 여호와께 속하였고, 우리 왕은 이스라엘의 거룩한 자에게 속하였음이니이다,

⑲ 주께서 이상 중에 주의 성도에게 말씀하시기를, 내가 돕는 힘을 능력있는 자에게 더하며 백성 중에서 택한 자를 높였으되,

⑳ 내가 내 종 다윗을 찾아 나의 거룩한 기름을 부었도다,

㉑ 내 손이 저와 함께 하여 견고히 하고 내 팔이 그를 힘이 있게 하리로다,

㉒ 원수가 저에게서 강탈치 못하며 악한 자가 저를 곤고케 못하리로다,

㉓ 내가 저의 앞에서 그 대적을 박멸하며 저를 한하는 자를 치려니와,

㉔ 나의 성실함과 인자함이 저와 함께 하리니 내 이름을 인하여 그 뿔이 높아지리로다,

㉕ 내가 또 그손을 바다 위에 세우며 오른손을 강들 위에 세우리니,

㉖ 저가 내게 부르기를, 주는 나의 아버지시요, 나의 하나님이시요, 나의 구원의 바위시라 하리로다,

㉗ 내가 또 저로 장자를 삼고 세계 열왕의 으뜸이 되게 하며,

㉘ 저를 위하여 나의 인자함을 영구히 지키고 저로 더불어 한 나의 언약을 굳게 세우며,

㉙ 또 그 후손을 영구케 하여 그 위를 하늘의 날과 같게 하리로다,

㉚ 만일 그 자손이 내 법을 버리며 내 규례대로 행치 아니하며,

㉛ 내 율례를 파하며 내 계명을 지키지 아니하면,

㉜ 내가 지팡이로 저희 범과를 다스리며 채찍으로 저희 죄악을 징책하리로다,

㉝ 그러나 나의 인자함을 그에게서 다 거두지 아니하며 나의 성실함도 폐하지 아니하며,

㉞ 내 언약을 파하지 아니하며 내 입술에서 낸 것도 변치 아니하리로다,

㉟ 내가 나의 거룩함으로 한번 맹세하였은즉, 다윗에게 거짓을 아니할 것이라,

㊱ 그 후손이 장구하고 그 위는 해 같이 내 앞에 항상 있으며,

㊲ 또 창공의 확실한 증인 달 같이 영원히 견고케 되리라 하셨도다(셀라),

㊳ 그러나 주께서 주의 기름 부음 받은 자를 노하사 물리쳐 버리셨으며,
㊴ 주의 종의 언약을 미워하사 그 관을 땅에 던져 욕되게 하셨으며,
㊵ 저의 모든 울타리를 파괴하시며 그 보장을 훼파하셨으므로,
㊶ 길로 지나는 자들에게 다 탈취를 당하며 그 이웃에게 욕을 당하나이다,
㊷ 주께서 저의 대적의 오른손을 높이시고 저희 모든 원수로 기쁘게 하셨으며,
㊸ 저의 칼날을 둔하게 하사 저로 전장에 서지 못하게 하셨으며,
㊹ 저의 영광을 그치게 하시고 그 위를 땅에 엎으셨으며,
㊺ 그 소년의 날을 단촉케 하시고 저를 수치로 덮으셨나이다(셀라),
㊻ 여호와여 언제까지니이까? 스스로 영원히 숨기시리이까? 주의 노가 언제까지 불붙듯 하시겠나이까?
㊼ 나의 때가 얼마나 단촉한지 기억하소서, 주께서 모든 인생을 어찌 그리 허무하게 창조하셨는지요?
㊽ 누가 살아서 죽음을 보지 아니하고, 그 영혼을 음부의 권세에서 건지리이까?(셀라,)
㊾ 주여 주의 선하심으로 다윗에게 맹세하신 이전 인자하심이 어디 있나이까?
㊿ 주는 주의 종들의 받은 훼방을 기억하소서, 유력한 모든 민족의 훼방이 내 품에 있사오니,
(51) 여호와여 이 훼방은 주의 원수가 주의 기름 부음 받은 자의 행동을 훼방한 것이로소이다,
(52) 여호와를 영원히 찬송할찌어다! 아멘! 아멘!

• 90장[하나님의 사람 모세의 기도]

① 주여 주는 대대에 우리의 거처가 되셨나이다,
② 산이 생기기 전, 땅과 세계도 주께서 조성 하시기 전, 곧 영원부터 영원까지 주는 하나님 이시니이다,
③ 주께서 사람을 티끌로 돌아가게 하시고 말씀하시기를, 너희 인생들아 돌아가라 하셨사오니,
④ 주의 목전에는 천년이 지나간 어제 같으며 밤의 한 경점 같을 뿐임이니이다,
⑤ 주께서 저희를 홍수처럼 쓸어 가시나이다, 저희는 잠간 자는 것 같으며 아침에 돋는 풀 같으니이다,

⑥ 풀은 아침에 꽃이 피어 자라다가 저녁에는 벤바 되어 마르나이다,

⑦ 우리는 주의 노에 소멸되며 주의 분내심에 놀라나이다,

⑧ 주께서 우리의 죄악을 주의 앞에 놓으시며 우리의 은밀한 죄를 주의 얼굴 빛 가운데 두셨사오니,

⑨ 우리의 모든 날이 주의 분노 중에 지나가며 우리의 평생이 일식간에 다하였나이다,

⑩ 우리의 년수가 칠십이요, 강건하면 팔십이라도 그 년수의 자랑은 수고와 슬픔 뿐이요, 신속히 가니, 우리가 날아가나이다,

⑪ 누가 주의 노의 능력을 알며 누가 주를 두려워하여야 할대로 주의 진노를 알리이까?

⑫ 우리에게 우리 날 계수함을 가르치사, 지혜의 마음을 얻게 하소서,

⑬ 여호와여 돌아오소서, 언제까지니이까? 주의 종들을 긍휼히 여기소서,

⑭ 아침에 주의 인자로 우리를 만족케 하사, 우리 평생에 즐겁고 기쁘게 하소서,

⑮ 우리를 곤고케 하신 날수대로와 우리의 화를 당한 년수대로 기쁘게 하소서,

⑯ 주의 행사를 주의 종들에게 나타내시며 주의 영광을 저희 자손에게 나타내소서,

⑰ 주, 우리 하나님은 은총을 우리에게 임하게 하사, 우리 손의 행사를 우리에게 견고케 하소서, 우리 손의 행사를 견고케 하소서.

● 91장

① 지극히 높으신 이의 은밀한 곳에 거하는 자는 전능하신 자의 그늘 아래 머물리로다,

② 내가 여호와를 가리켜 말하기를, 저는 나의 피난처요, 나의 요새요, 나의 의뢰하는 하나님이라 하리니,

③ 이는 저가 너를 새 사냥군의 올무에서와 극한 염병에서 건지실 것임이로다,

④ 저가 너를 그 깃으로 덮으시리니, 네가 그 날개 아래 피하리로다, 그의 진실함은 방패와 손 방패가 되나니,

⑤ 너는 밤에 놀램과 낮에 흐르는 살과,

⑥ 흑암 중에 행하는 염병과 백주에 황폐케 하는 파멸을 두려워 아니하리로다,

⑦ 천인이 네 곁에서 만인이 네 우편에서 엎드러지나 이 재앙이 네게 가까이 못하리로다,

⑧ 오직 너는 목도하리니 악인들이 벌받는 것이 네게 보이리로다,

⑨ 이는 네가 여호와를 너의 피난처로 삼고 가장 높으신 이를 너의 산성으로 삼았기 때문이니라,

(Because thou hast made the LORD, which is my refuge, even the most High, thy habitation;-KJV)

(If you make the Most High your dwelling-even the LORD, who is my refuge-NIV)

(Because you have the Lord for your refuge and have made the Most High your stronghold,-NAB)

(Yes, because GOD's your refuge, the High God your very own home,-THE MESSAGE)

⑩ 화가 네게 미치지 못하며 재앙이 네 장막에 가까이 오지 못하리니,

⑪ 저가 너를 위하여 그 사자들을 명하사 네 모든 길에 너를 지키게 하심이라,

⑫ 저희가 그 손으로 너를 붙들어 발이 돌에 부딪히지 않게 하리로다,

⑬ 네가 사자와 독사를 밟으며 젊은 사자와 뱀을 발로 누르리로다,

⑭ 하나님이 가라사대 저가 나를 사랑한즉, 내가 저를 건지리라, 저가 내 이름을 안즉, 내가 저를 높이리라,

⑮ 저가 내게 간구하리니, 내가 응답하리라, 저희 환난 때에 내가 저와 함께 하여 저를 건지고 영화롭게 하리라,

⑯ 내가 장수함으로 저를 만족케 하며 나의 구원으로 보이리라 하시도다.

● **92장**[안식일의 찬송시]

① 오 지극히 높으신 분이시여, 주님께 감사를 드리고 주님의 이름을 노래하리로다,

② 여호와께 감사하며 주의 이름을 찬양하고 아침에 주의 사랑하심을 나타내며 밤마다

③ 주의 성실하심을 베풂이 좋으니이다,

④ 여호와여 주의 행사로 나를 기쁘게 하셨으니 주의 손의 행사를 인하여 내가 높이 부르리이다,

⑤ 여호와여 주의 행사가 어찌 크신지요? 주의 생각이 심히 깊으시니이다,

⑥ 우준한 자는 알지 못하며 무지한 자도 이를 깨닫지 못하나이다,

⑦ 악인은 풀 같이 성장하고 죄악을 행하는 자가 현재는 번창하여도 그들은 영원히 멸망하리이다,

⑧ 여호와여 주는 영원토록 지존하시니이다,

⑨ 여호와여 주의 원수 곧 주의 원수가 패망하리니 죄악을 행하는 자는 다 흩어지리이다,

⑩ 그러나 주께서 내 뿔을 들소의 뿔 같이 높이셨으며 내게 신선한 기름으로 부으셨나이다,

⑪ 내 눈은 나의 적들의 패배를 보았고, 나의 귀는 사악한 적들의 도망하는 소리를 들었도다,

⑫ 의인은 종려나무 같이 번성하며 레바논의 백향목 같이 발육하리로다,

⑬ 여호와의 집에 심겼음이여, 우리 하나님의 궁정에서 흥왕하리로다,

⑭ 늙어도 결실하며 진액이 풍족하고 빛이 청청하여,

⑮ 여호와의 정직하심을 나타내리로다, 여호와는 나의 바위시라 그에게는 불의가 없도다.

● 93장

① 여호와께서 통치하시니 스스로 권위를 입으셨도다, 여호와께서 능력을 입으시며 띠셨으므로 세계도 견고히 서서 요동치 아니하도다,

② 주의 보좌는 예로부터 견고히 섰으며 주는 영원부터 계셨나이다,

③ 여호와여, 큰 물이 소리를 높였고, 큰 물이 그 소리를 높였고, 큰 물이 그 물결을 높이나이다,

④ 높이 계신 여호와의 능력은 많은 물 소리와 바다의 큰 파도보다 위대하시니이다,

⑤ 여호와여, 주의 증거하심이 확실하고 거룩함이 주의 집에 합당하여 영구하리이다.

● 94장

① 오 여호와여, 복수하시는 하시는 하나님이시여, 복수하시는 하나님이시여, 빛을 비추소서,

② 세상을 심판하시는 분이시여, 일어나사, 교만한 자에게 보응하여 주소서,

③ 여호와여, 악인들이 언제까지, 악인들이 언제까지 개가를 부르리이까?

④ 그들은 오만한 말들을 하오며 모든 행악자들은 자만에 차있나이다,

⑤ 오 여호와여, 그들은 주의 백성을 파쇄하고, 주의 유업을 침탈하나이다,

⑥ 과부와 나그네를 죽이고 고아를 살해하며,

⑦ 말하기를, 여호와가 보지 못하며 야곱의 하나님이 생각지 못하리라, 하나이다,

⑧ 백성 중 우둔한 자들아, 너희는 생각하라, 무지한 자들아, 너희가 언제나 지혜로울 꼬?

⑨ 귀를 지으신 자가 듣지 아니하시랴? 눈을 만드신 자가 보지 아니하시랴?

⑩ 열방을 징벌하시는 자, 곧 지식으로 사람을 교훈하시는 자가 징치하지 아니하시랴?

⑪ 여호와께서 사람의 생각이 허무함을 아시느니라,

⑫ 여호와여 주의 징벌을 당하며 주의 법으로 교훈하심을 받는 자가 복이 있나니,

⑬ 이런 사람에게는 환난의 날에 벗어나게 하사, 악인을 위하여 구덩이를 팔 때까지 평안을 주시리이다,

⑭ 여호와께서는 그 백성을 버리지 아니하시며, 그 유업을 포기하지 아니하시리로다,

⑮ 판단이 의로 돌아가리니 마음이 정직한 자가 자 좇으리로다,

⑯ 누가 나를 위하여 일어나서 행악자를 치며 누가 나를 위하여 일어나서 죄악 행하는 자를 칠꼬?

⑰ 여호와께서 내게 도움이 되지 아니하셨더면 내 혼이 벌써 적막 중에 처하였으리로다,

⑱ 여호와여 나의 발이 미끄러진다 말할 때에 주의 인자하심이 나를 붙드셨사오며,

⑲ 내 속에 생각이 많을 때에 주의 위안이 내 영혼을 즐겁게 하시나이다,

⑳ 율례를 빙자하고 잔해를 도모하는 악한 재판장이 어찌 주와 교제하리이까?

㉑ 너희가 모여 의인의 영혼을 치려 하며 무죄자를 정죄하며 피를 흘리려 하나,

㉒ 여호와는 나의 산성이시요, 나의 하나님은 나의 피할 반석이시라,

㉓ 저희 죄악을 저희에게 돌리시며, 저희의 악을 인하여 저희를 끊으시리니, 여호와 우리 하나님이 저희를 끊으시리로다.

● 95장

① 오라 우리가 여호와께 노래하며 우리 구원의 반석을 향하여 즐거이 부르자,

② 우리가 감사히 그 앞에 나아가며 시로 그를 향하여 즐거이 부르자,

③ 대저 여호와는 크신 하나님이시요, 모든 신 위에 크신 왕이시로다,

④ 땅의 깊은 곳이 그 위에 있으며 산들의 높은 것도 그의 것이로다,

⑤ 바다가 그의 것이라 그가 만드셨고 육지도 그의 손에 지으셨도다,

⑥ 오라, 우리가 굽혀 경배하며 우리를 지으신 여호와 앞에 무릎을 꿇자,

⑦ 대저, 저는 우리 하나님이시요, 우리는 그의 기르시는 백성이며, 그 손의 양이라, 너희가 오늘날 그 음성 듣기를 원하노라,

⑧ 이르시기를, 너희는 므리바에서와 같이 또 광야 맛사의 날과 같이 너희 마음을 강퍅하게 말찌어다,

⑨ 그 때에 너희 열조가 나를 시험하며 나를 탐지하고 나의 행사를 보았도다,

⑩ 내가 사십년을 그 세대로 인하여 근심하여 이르기를, 저희는 마음이 삐뚤어진 백성이라 내 도를 알지 못한다, 하였도다,

⑪ 그러므로 내가 노하여 맹세하기를, 저희는 내 안식에 들어오지 못하리라, 하였도다.

● 96장

① 새 노래로 여호와께 노래하라, 온 땅이여 여호와께 노래할찌어다,

② 여호와께 노래하여 그 이름을 송축하며 그 구원을 날마다 선포할찌어다,

③ 그 영광을 열방 중에 그 기이한 행적을 만민 중에 선포할찌어다,

④ 여호와는 광대하시니 극진히 찬양할 것이요, 모든 신보다 경외할 것임이여,

⑤ 만방의 모든 신은 헛 것이요, 여호와께서는 하늘을 지으셨음이로다,

⑥ 존귀와 위엄이 그 앞에 있으며 능력과 아름다움이 그 성소에 있도다,

⑦ 만방의 족속들아 영광과 권능을 여호와께 돌릴찌어다, 여호와께 돌릴찌어다,

⑧ 여호와의 이름에 합당한 영광을 그에게 돌릴찌어다, 예물을 가지고 그 궁정에 들어 갈찌어다,

⑨ 아름답고 거룩한 것으로 여호와께 경배할찌어다, 온 땅이여 그 앞에서 떨찌어다,

⑩ 열방 중에서는 이르기를, 여호와께서 통치하시니 세계가 굳게 서고 흔들리지 못할찌라, 저가 만민을 공평히 판단하시리라 할찌로다,

⑪ 하늘은 기뻐하고 땅은 즐거워하며 바다와 거기 충만한 것은 외치며,

⑫ 밭과 그 가운데 모든 것은 즐거워할찌로다, 그리할 때에 삼림의 나무들이 여호와 앞에서 즐거이 노래하리니,

⑬ 저가 임하시되 땅을 판단하려 임하실 것임이라, 저가 의로 세계를 판단하시며 그

의 진실하심으로 백성을 판단하시리로다,

● 97장
① 여호와께서 통치하시나니, 땅은 즐거워하며 허다한 섬은 기뻐할지어다,
② 구름과 흑암이 그를 둘러싸고 의(덕망)와 정의가 그 보좌의 기초로다,
③ 불이 그 앞에서 발하여 사면의 대적을 사르는도다,
④ 그의 번개가 세계를 비추니 땅이 보고 떠는도다,
⑤ 산들이 여호와의 앞 온 땅의 주 앞에서 밀랍같이 녹았도다,
⑥ 하늘이 그 의를 선포하니 모든 백성이 그 영광을 보는도다,
⑦ 조각 신상을 섬기며 허무한 것으로 자긍하는 자는 다 수치를 당할것이라, 너희 신들아 여호와께 경배할지어다,
⑧ 여호와여 주의 사려 깊으심을 시온에 있는 영령들이 듣고 기뻐하며, 유다에 사는 마을 사람들이 즐거워하나이다,
⑨ 여호와여 주는 온 땅 위에 지존하시고, 모든 신들 위에 초월하시나이다,
⑩ 여호와를 사랑하는 너희여 악을 미워하라, 저가 그 성도의 영혼을 보전하사, 악인의 손에서 건지시느니라,
⑪ 의인을 위하여 빛을 뿌리고, 마음이 정직한 자를 위하여 기쁨을 뿌리는도다,
⑫ 의인이여, 너희는 여호와로 인하여 기뻐하며, 그 거룩한 기념에 감사할지어다,

● 98장[시]
① 새 노래로 여호와께 찬송하라, 대저 기이한 일을 행하사 그 오른손과 거룩한 팔로 자기를 위하여 구원을 베푸셨도다,
② 여호와께서 그 구원을 알게 하시며, 그 의를 열방의 목전에 명백히 나타내셨도다,
③ 저가 이스라엘 집에 향하신 사랑과 성실을 기억하셨으므로, 지구의 모든 끝이 우리 하나님의 구원을 보았도다,
④ 온 지구 거민이여, 여호와께 즐거이 소리할지어다, 소리를 발하여 즐거이 노래하며 찬송할지어다,
⑤ 수금으로 여호와를 찬양하라, 수금과 음성으로 찬양할지어다,
⑥ 나팔과 호각으로 왕 여호와 앞에 즐거이 소리할지어다,
⑦ 바다와 거기 충만한 것과 세계와 그 중에 거하는 자는 다 외칠지어다,

⑧ 여호와 앞에서 큰 물이 박수하며, 산악이 함께 즐거이 노래할지어다.

⑨ 저가 땅을 판단하려 임하실 것임이로다, 저가 의로 세계를 판단하시며, 공평으로 그 백성을 판단하시리로다.

● 99장

① 여호와께서 통치하시니 만민이 떨것이요, 여호와께서 그룹 사이에 좌정하시니 땅이 요동할 것이로다.

② 여호와께서 시온에서 광대하시고 모든 민족 위에 높으시도다.

③ 주의 크고 두려운 이름을 찬송할지어다, 그는 거룩하시도다.

④ 왕의 능력은 공의를 사랑하는 것이라, 주께서 공평을 견고히 세우시고 야곱 중에서 공과 의를 행하시나이다.

⑤ 너희는 여호와 우리 하나님을 높여 그 발등상 앞에서 경배할찌어다, 그는 거룩하시도다.

⑥ 그 제사장 중에는 모세와 아론이요, 그 이름을 부르는 자 중에는 사무엘이라, 저희가 여호와께 간구하매 응답하셨도다.

⑦ 여호와께서 구름 기둥에서 저희에게 말씀하시니, 저희가 그 주신 증거와 율례를 지켰도다.

⑧ 여호와 우리 하나님이여, 주께서는 저희에게 응답하셨고, 저희 행한 대로 갚기는 하셨으나 저희를 사하신 하나님이시니이다.

⑨ 너희는 여호와 우리 하나님을 높이고 그 성산에서 경배할찌어다, 대저 여호와 우리 하나님은 거룩하시도다.

● 100장[감사의 시]

① 온 지구 거민이여, 여호와를 소리질러 즐거이 부를지어다.

② 기쁨으로 여호와를 섬기며 노래하면서 그분 앞에 나아갈찌어다.

③ 여호와가 우리 하나님이신줄 너희는 알찌어다, 그분은 우리를 지으신자시요, 우리는 그분의 것이니 그분의 백성이요, 그분의 기르시는 양이로다.

④ 감사함으로 그 문에 들어가며 찬송함으로 그 궁정에 들어가서 그분에게 감사하며 그분의 이름을 송축할찌어다.

⑤ 대저 여호와는 선하시고 그분의 사랑은 영원히 지속되며 그분의 신실하심은 모든

세대를 통하여 계속되느니라.

● 101장[다윗의 시]

① 내가 주님의 사랑과 공의를 노래하겠나이다, 오 여호와여, 내가 주께 찬양하리이다.

② 나는 조심하여 흠 없는 생을 영위하리이다, 주님께서는 언제 내게 임하시나이까? 내가 흠 없는 마음을 가지고 내 집안에서 걸으리이다.

③ 나는 비루한 것을 내 눈 앞에 두지 아니할 것이니라, 내가 신앙없는 자들의 행위를 미워하나니, 그들이 나를 붙들지 못하리니이다.

④ 사특한 마음을 가진 사람들은 나와는 전혀 관련이 없을 것이니라, 나는 악과는 전혀 관련이 없느니라.

⑤ 자기 이웃을 은밀히 헐뜯는 자는 누구든지 내가 끊을 것이요, 거만한 눈과 교만한 마음을 가진 자는 내가 용납지 아니하리로다.

⑥ 내 눈이 이 땅의 충성된 자를 살펴 나와 함께 거하게 하리니, 완전한 길에 행하는 자가 나를 수종하리로다.

⑦ 거짓 행하는 자가 내 집 안에 거하지 못하며 거짓말 하는 자가 내 목전에 서지 못하리로다.

⑧ 아침마다 내가 이 땅의 모든 악인을 멸하리니, 죄악 행하는 자는 여호와의 성에서 다 끊어지리로다.

● 102장[곤고한 자가 마음이 상하여 그 근심을 여호와 앞에 토하는 기도]

① 여호와여 내 기도를 들으시고 나의 부르짖음이 주님께 이르게 하옵소서.

② 나의 괴로운 날에 주의 얼굴을 내게서 숨기지 마소서, 주의 귀를 기울이사 내가 부르짖는 날에 속히 내게 응답하소서.

③ 이는 내 날들이 연기 같이 소멸하고 내 뼈가 시뻘건 재같이 탔기 때문이니이다.

④ 내가 음식 먹기도 잊었음으로 내 마음이 풀 같이 쇠잔하였사오며,

⑤ 나의 탄식 소리를 인하여 나의 살이 뼈에 붙었나이다.

⑥ 나는 황야의 펠리컨 같고 사막의 곳의 부엉이 같이 되었사오며,

⑦ 내가 밤을 새우니 지붕 위에 외로운 참새 같으니이다.

⑧ 내 원수들이 종일 나를 훼방하며 나를 대하여 미칠듯이 날치는 자들이 나를 가리

켜 맹세하나이다,

⑨ 나는 재를 양식 같이 먹으며 나의 마심에는 눈물을 섞었사오니,

⑩ 이는 주의 분과 노를 인함이라 주께서 나를 드셨다가 던지셨나이다,

⑪ 내 날이 기울어지는 그림자 같고 내가 풀의 쇠잔함 같으니이다,

⑫ 여호와여 주는 영원히 계시고 주의 기념 명칭은 대대에 이르리로다,

⑬ 주께서 일어나사 시온을 긍휼히 여기시리니, 지금은 그를 긍휼히 여기실 때라 정한 기한이 옴이니이다,

⑭ 주의 종들이 시온의 돌들을 즐거워하며 그 티끌도 아끼기 때문이니이다,

⑮ 이에 열방이 여호와의 이름을 경외하며 세계 열왕이 주의 영광을 경외하리니

⑯ 대저 여호와께서 시온을 건설하시고 그 영광 중에 나타나셨음이라,

⑰ 여호와께서 빈궁한 자의 기도를 돌아보시며 저희 기도를 멸시치 아니하였도다,

⑱ 이 일이 장래 세대를 위하여 기록되리니, 창조함을 받을 백성이 여호와를 찬송하리로다,

⑲ 여호와께서 그 높은 성소에서 하감하시며 하늘에서 땅을 감찰하셨으니,

⑳ 이는 갇힌 자의 탄식을 들으시며 죽이기로 정한 자를 해방하사,

㉑ 여호와의 이름을 시온에서 그 영예를 예루살렘에서 선포케 하심이라,

㉒ 때에 민족들과 나라들이 모여 여호와를 섬기리로다,

㉓ 저가 내 힘을 중도에 쇠약케 하시며 내 날을 단촉케 하셨도다,

㉔ 나의 말이 나의 하나님이여, 나의 중년에 나를 데려가지 마옵소서, 주의 년대는 대대에 무궁하나이다,

㉕ 주께서 옛적에 땅의 기초를 두셨사오며 하늘도 주의 손으로 지으신바니이다,

㉖ 천지는 없어지려니와 주는 영존하시겠고, 그것들은 다 옷 같이 낡으리니 의복 같이 바꾸시면 바뀌려니와,

㉗ 그러나 주님은 변함이 없으시고 주님의 연수는 끝이 없으리이다,

㉘ 주님의 종들의 자손들은 계속될 것이고 그들의 씨는 주님 앞에서 굳게 서리이다.

● **103장**[다윗의 시]

① 내 영혼아 여호와를 송축하라, 내 속에 있는 것들아, 다 그 성호를 송축하라,

② 내 영혼아 여호와를 송축하며, 그 모든 은택을 잊지 말찌어다,

③ 저가 네 모든 죄악을 사하시며 네 모든 병을 고치시며,

④ 네 생명을 파멸에서 구속하시고 사랑과 자비로 관을 씌우시며,

⑤ 좋은 것으로 네 소원을 만족케 하사, 네 청춘으로 독수리 같이 새롭게 하시는도다,

⑥ 여호와께서 의로운 일을 행하시며 압박 당하는 모든 자를 위하여 판단하시는도다,

⑦ 그 행위를 모세에게 그 행사를 이스라엘 자손에게 알리셨도다,

⑧ 여호와는 자비로우시며 은혜로우시며 노하기를 더디하시며 인자하심이 풍부하시도다,

⑨ 항상 경책지 아니하시며 노를 영원히 품지 아니하시리로다,

⑩ 우리의 죄를 따라 처치하지 아니하시며 우리의 죄악을 따라 갚지 아니하셨으니,

⑪ 이는 하늘이 땅에서 높음 같이 그를 경외하는 자에게 그 인자하심이 크심이로다,

⑫ 동이 서에서 먼 것 같이 우리 죄과를 우리에게서 멀리 옮기셨으며,

⑬ 아비가 자식을 불쌍히 여김 같이 여호와께서 자기를 경외하는 자를 불쌍히 여기시나니,

⑭ 이는 저가 우리의 체질을 아시며 우리가 진토임을 기억하심이로다,

⑮ 인생은 그 날이 풀과 같으며 그 영화가 들의 꽃과 같도다,

⑯ 그것은 바람이 지나면 없어지나니 그 곳이 다시 알지 못하거니와,

⑰ 여호와의 인자하심은 자기를 경외하는 자에게 영원부터 영원까지 이르며 그의 의는 자손의 자손에게 미치리니,

⑱ 곧 그 언약을 지키고 그 법도를 기억하여 행하는 자에게로다,

⑲ 여호와께서 그 보좌를 하늘에 세우시고 그 정권으로 만유를 통치하시도다,

⑳ 능력이 있어 여호와의 말씀을 이루며 그 말씀의 소리를 듣는 너희 천사여 여호와를 송축하라,

㉑ 여호와를 봉사하여 그 뜻을 행하는 너희 모든 천군이여 여호와를 송축하라,

㉒ 여호와의 지으심을 받고 그 다스리시는 모든 곳에 있는 너희의 여호와를 송축하라, 내 영혼아, 여호와를 송축하라.

● 104장

① 내 영혼아 여호와를 찬송할지어다, 여호와 나의 하나님이시여, 주는 심히 광대하시며 존귀와 권위를 입으셨나이다,

② 주께서 옷을 입음 같이 빛을 입으시며 하늘을 휘장 같이 치시며,

③ 물에 자기 누각의 들보를 얹으시며 구름으로 자기 수레를 삼으시고 바람 날개로

다니시며

④ 바람으로 자기 사자를 삼으시며 화염으로 자기 사역자를 삼으시며,

⑤ 땅의 기초를 두사 영원히 요동치 않게 하셨나이다,

⑥ 옷으로 덮음 같이 땅을 바다로 덮으시매 물이 산들 위에 섰더니,

⑦ 주의 견책을 인하여 도망하며 주의 우뢰 소리를 인하여 빨리 가서,

⑧ 주의 정하신 처소에 이르렀고 산은 오르고 골짜기는 내려 갔나이다,

⑨ 주께서 물의 경계를 정하여 넘치지 못하게 하시며 다시 돌아와 땅을 덮지 못하게 하셨나이다,

⑩ 여호와께서 샘으로 골짜기에서 솟아나게 하시고 산 사이에 흐르게 하사,

⑪ 들의 각 짐승에게 마시우시니 들 나귀들도 해갈하며,

⑫ 공중의 새들이 그 가에서 깃들이며 나뭇가지 사이에 소리를 발하는도다,

⑬ 저가 그 누각에서 산에 물을 주시니 주의 행사의 결과가 땅에 풍족하도다,

⑭ 저가 가축을 위한 풀과 사람의 소용을 위한 채소를 자라게 하시며 땅에서 식물을 나시게 하시며,

⑮ 사람의 마음을 기쁘게 하는 포도주와 사람의 얼굴을 윤택케 하는 기름과 사람의 마음을 힘있게 하는 양식을 주셨도다,

⑯ 여호와의 나무가 우택에 흡족함이여 곧 그의 심으신 레바논 백향목이로다,

⑰ 새들이 그 속에 깃을 들임이여 학은 잣 나무로 집을 삼는도다,

⑱ 높은 산들은 산양을 위함이여 바위는 너구리의 피난처로다,

⑲ 여호와께서 달로 절기를 정하심이여 해는 그 지는 것을 알도다,

⑳ 주께서 흑암을 지어 밤이 되게 하니 삼림의 모든 짐승이 기어 나오나이다,

㉑ 젊은 사자가 그 잡을 것을 쫓아 부르짖으며 그 먹이를 하나님께 구하다가,

㉒ 해가 돋으면 물러가서 그 굴혈에 눕고,

㉓ 사람은 나와서 노동하며 저녁까지 수고하는도다,

㉔ 여호와여 주의 하신 일이 어찌 그리 많은지요! 주께서 지혜로 저희를 다 지으셨으니 주의 부요가 땅에 가득하나이다,

㉕ 저기 크고 넓은 바다가 있고 그 속에 동물 곧 대소 생물이 무수하나이다,

㉖ 선척이 거기 다니며 주의 지으신 악어가 그 속에서 노나이다,

㉗ 이것들이 다 주께서 때를 따라 식물 주시기를 바라나이다,

㉘ 주께서 주신즉 저희가 취하며 주께서 손을 펴신즉 저희가 좋은 것으로 만족하다

가,

㉙ 주께서 낯을 숨기신즉, 저희가 떨고 주께서 저희 호흡을 취하신즉, 저희가 죽어 본 흙으로 돌아가나이다,

㉚ 주의 영을 보내어 저희를 창조하사 지면을 새롭게 하시나이다,

㉛ 여호와의 영광이 영원히 계속할찌며 여호와는 자기 행사로 인하여 즐거워할찌로다,

㉜ 저가 땅을 보신즉, 땅이 진동하며 산들에 접촉하신즉, 연기가 발하도다,

㉝ 나의 평생에 여호와께 노래하며 나의 생존한 동안 내 하나님을 찬양하리로다,

㉞ 나의 묵상을 가상히 여기시기를 바라나니, 나는 여호와로 인하여 즐거워하리로다,

㉟ 죄인을 땅에서 소멸하시며 악인을 다시 있지 못하게 하실찌로다, 내 영혼아 여호와를 송축하라, 할렐루야!

• 105장

① 여호와께 감사하며 그 이름을 불러 아뢰며 그 행사를 만민 중에 알게 할지어다,

② 그에게 노래하며 그를 찬양하며 그의 모든 기사를 말할지어다,

③ 그 성호를 자랑하라 무릇 여호와를 구하는 자는 마음이 즐거울지로다,

④ 여호와와 그 능력을 구할지어다 그 얼굴을 항상 구할지어다,

⑤ 그 종 아브라함의 후손 곧 택하신 야곱의 자손 너희는,

⑥ 그의 행하신 기사와 그 이적과 그 입의 판단을 기억할지어다,

⑦ 그는 여호와 우리 하나님이시라, 그의 판단이 온 지구에 있도다,

⑧ 그는 그 언약 곧 천대에 명하신 말씀을 영원히 기억하셨으니,

⑨ 이것은 아브라함에게 하신 언약이며 이삭에게 하신 맹세며,

⑩ 야곱에게 세우신 율례, 곧 이스라엘에게 하신 영영한 언약이라,

⑪ 이르시기를, 내가 가나안 땅을 네게 주어 너희 상속재산의 몫이 되게 하리라 하셨도다,

⑫ 때에 저희 인수가 적어 매우 영성하며 그 땅에 객이 되어,

⑬ 이 족속에게서 저 족속에게로 이 나라에서 다른 민족에게로 방랑하였도다,

⑭ 사람이 그들을 해하기를 용납지 아니하시고, 그들의 연고로 열왕을 꾸짖어,

⑮ 이르시기를, 나의 기름 부은 자를 만지지 말며 나의 선지자를 상하지 말라, 하셨도다,

⑯ 그가 또 기근을 불러 그 땅에 임하게 하여 그 공급하는 양식을 다 끊으셨도다,

⑰ 한 사람을 앞서 보내셨음이여 요셉이 종으로 팔렸도다,

⑱ 그 발이 착고에 상하며 그 몸이 쇠사슬에 매였으니,

⑲ 곧 여호와의 말씀이 응할 때가지 그 말씀이 저를 단련하였도다,

⑳ 왕이 사람을 보내어 저를 방석함이여 열방의 통치자가 저로 자유케 하였도다,

㉑ 저로 그 집의 주관자를 삼아 그 모든 소유를 관리케 하고,

㉒ 임의로 백관을 제어하며 지혜로 장로들을 교훈하게 하였도다,

㉓ 이에 이스라엘이 에집트에 들어감이여 야곱이 함족 땅에 객이 되었도다,

㉔ 여호와께서 그 백성을 크게 번성케 하사 그들의 대적보다 강하게 하셨으며,

㉕ 또 저희 마음을 변하여 그 백성을 미워하게 하시며 그 종들에게 교활히 행하게 하셨도다,

㉖ 또 그 종 모세와 그 택하신 아론을 보내시니,

㉗ 저희가 그 백성 중에 여호와의 표징을 보이고 함족 땅에서 기사를 행하였도다,

㉘ 여호와께서 흑암을 보내사 어둡게 하시니 그 말씀을 어기지 아니하였도다,

㉙ 저희 물을 변하여 피가 되게 하사 저희 물고기를 죽이셨도다,

㉚ 그 땅에 개구리가 번성하여 왕의 궁실에도 있었도다,

㉛ 여호와께서 말씀하신즉, 파리떼가 오며 저희 사경에 이가 생겼도다,

㉜ 비 대신 우박을 내리시며 저희 땅에 화염을 내리셨도다,

㉝ 저희 포도나무와 무화과나무를 치시며 저희 사경의 나무를 나무를 찍으셨도다,

㉞ 여호와께서 말씀하신즉, 황충과 무수한 메뚜기가 이르러,

㉟ 저희 땅에 모든 채소를 머그으며 그 밭에 열매를 먹었도다,

㊱ 여호와께서 또 저희 땅의 모든 장자를 치시니 곧 저희 모든 기력의 시작이로다,

㊲ 그들을 인도하여 은금을 가지고 나오게 하시니 그 지파 중에 약한 자가 하나도 없었도다,

㊳ 그들의 떠날 때에 에집트가 기뻐하였으니 저희가 그들을 두려워함이로다,

㊴ 여호와께서 구름을 펴사 덮개를 삼으시고 밤에 불로 밝히셨으며,

㊵ 그들이 구한즉 메추라기로 오게 하시며 또 하늘 양식으로 그들을 만족케 하셨도다,

㊶ 반석을 가르신즉, 물이 흘러나서 마른 땅에 강 같이 흘렀으니,

㊷ 이는 그 거룩한 말씀과 그 종 아브라함을 기억하셨음이로다,

㊸ 그 백성으로 즐거이 나오게 하시며 그 택한 자로 노래하며 나오게 하시고,

㊹ 열방의 땅을 저희에게 주시며 민족들의 수고한 것을 소유로 취하게 하셨으니,

㊺ 이는 저희로 율례를 지키며 그 법을 좇게 하려 하심이로다, 할렐루야!

● 106장

① 여호와를 찬양하라, 여호와께 감사하라, 그는 선하시며 그의 사랑은 영원히 지속되기 때문이니라,

② 누가 여호와의 강대한 행위들을 선포할 수 있느냐? 또 누가 그의 찬양을 충분히 드러낼 수 있느냐?

③ 공의를 지키는 자들과 항상 의를 행하는 자는 복이 있도다,

④ 여호와여, 주의 백성에게 베푸시는 은혜로 나를 기억하시며 주의 구원으로 나를 권고하사,

⑤ 나로 주의 택하신 자의 형통함을 보고, 주의 나라의 유업으로 즐거워하게 하시며 주의 유업과 함께 자랑하게 하소서,

⑥ 우리가 열조와 함께 범죄하여 사특을 행하며 악을 지었나이다,

⑦ 우리 열조가 에집트에서 주의 기사를 깨닫지 못하며 주의 많은 인자를 기억지 아니하고 바다 곧 홍해에서 거역하였나이다,

⑧ 그러나 여호와께서 자기 이름을 위하여 저희를 구원하셨으니, 그 큰 권능을 알게 하려 하심이로다,

⑨ 이에 홍해를 꾸짖으시니, 곧 마르매 저희를 인도하여 바다 지나기를 광야를 지남같게 하사,

⑩ 저희를 미워하는 자의 손에서 구원하시며 그 원수의 손에서 구속하셨고,

⑪ 저희 대적은 물이 덮으매 하나도 남지 아니하였도다,

⑫ 이에 저희가 그 말씀을 믿고 그 찬송을 불렀도다,

⑬ 저희가 미구에 그 행사를 잊어버리며 그 가르침을 기다리지 아니하고

⑭ 황야에서 욕심을 크게 발하며 사막에서 하나님을 시험하였도다,

⑮ 여호와께서 저희의 요구한 것을 주셨을지라도 그 영혼을 파리하게 하셨도다,

⑯ 저희가 진에서 모세와 여호와의 성도 아론을 질투하며,

⑰ 땅이 갈라져 다단을 삼키며 아비람의 당을 덮었으며,

⑱ 불이 그 당 중에 붙음이여 화염이 악인을 살랐도다,

⑲ 저희가 호렙에서 송아지를 만들고 부어 만든 우상을 숭배하여,

⑳ 자기 영광을 풀 먹는 소의 형상으로 바꾸었도다,

㉑ 에집트에서 큰 일을 행하신 그 구원자 하나님을 저희가 잊었나니,

㉒ 그는 함 땅에서 기사와 홍해에서 놀랄 일을 행하신 자로다,

㉓ 그러므로 여호와께서 저희를 멸하리라 하셨으나, 그 택하신 모세가 그 결렬된 중에서 그 앞에 서서 그 노를 돌이켜 멸하시지 않게 하였도다,

㉔ 저희가 낙토를 멸시하며 그 말씀을 믿지 아니하고,

㉕ 저희 장막에서 원망하며 여호와의 말씀을 청종치 아니하였도다,

㉖ 이러므로 저가 맹세하기를, 저희로 황야에 엎어지게 하고,

㉗ 또 그 후손을 열방 중에 엎드러뜨리며 각지에 흩어지게 하리라, 하셨도다,

㉘ 저희가 또 바알브올과 연합하여 죽은 자에게 제사한 음식을 먹어서,

㉙ 그 행위로 주를 격노케 함을 인하여 재앙이 그 중에 유행하였도다,

㉚ 때에 비느하스가 일어나 처벌하니 이에 재앙이 그쳤도다,

㉛ 이 일을 저에게 의로 정하였으니 대대로 무궁하리로다,

㉜ 저희가 또 므리바 물에서 여호와를 노하시게 하였으므로 저희로 인하여 얼이 모세에게 미쳤나니,

㉝ 이는 저희가 그 심령을 거역함을 인하여 모세가 그 입술로 망령되이 말하였음이로다,

㉞ 저희가 여호와의 명을 쫓지 아니하여 이족들을 멸하지 아니하고,

㉟ 열방과 섞여서 그 행위를 배우며,

㊱ 그 우상들을 섬기므로 그것이 저희에게 올무가 되었도다,

㊲ 저희가 그 자녀로 사신에게 제사하였도다,

㊳ 무죄한 피 곧 저희 자녀의 피를 흘려 가나안 우상에게 제사하므로 그 땅이 피에 더러웠도다,

㊴ 저희는 그 행위로 더러워지며 그 행동이 음탕하도다,

㊵ 그러므로 여호와께서 자기 백성에게 맹렬히 노하시며 자기 기업을 미워하사,

㊶ 저희를 열방의 손에 붙이시매 저희를 미워하는 자들이 저희를 치리하였도다,

㊷ 저희가 원수들의 압박을 받고 그 수하에 복종케 되었도다,

㊸ 여호와께서 여러번 저희를 건지시나 저희가 꾀로 거역하며 자기 죄악으로 인하여 낮아짐을 당하였도다,

㊹ 그러나 여호와께서 저희의 부르짖음을 들으실 때에 그 고통을 권고하시며,

㊺ 저희를 위하여 그 언약을 기억하시고 그 많은 사랑하심을 따라 돌이키사,

㊻ 저희로 사로잡은 모든 자에게서 긍휼히 여김을 받게 하셨도다,

㊼ 여호와, 우리 하나님이여, 우리를 구원하사 열방 중에서 모으시고 우리로 주의 성호를 감사하며 주의 영예를 찬양하게 하소서,

㊽ 여호와 이스라엘의 하나님을 영원부터 영원까지 찬양할찌어다, 모든 백성들아 아멘! 할찌어다, 할렐루야!

● 107장

① 여호와께 감사하라 그는 선하시며 그분의 사랑이 영원함이로다,

② 여호와께 구속을 받는 자는 이 같이 말할지어다, 여호와께서 대적의 손에서 저희를 구속하사,

③ 동서남북 각 지방에서부터 모으셨도다,

④ 저희가 광야 사막 길에서 방황하며 거할 성을 찾지 못하고,

⑤ 주리고 목마름으로 그 영혼이 속에서 피곤하였도다,

⑥ 이에 저희가 그 근심 중에 여호와께 부르짖으며 그 고통에서 건지시고,

⑦ 또 바른 길로 인도하사 거할 성에 이르게 하셨도다,

⑧ 여호와께 감사할찌어다, 그분은 한량없는 사랑을 베푸시고 사람들에게 놀라운 일들을 행하셨도다,

⑨ 저가 사모하는 영혼을 만족케 하시며 주린 영혼에게 좋은 것으로 채워주심이로다,

⑩ 사람이 흑암과 사망의 그늘에 앉으며 곤고와 쇠 사슬에 매임은,

⑪ 하나님의 말씀을 거역하며 지존자의 뜻을 멸시함이라,

⑫ 그러므로 수고로 저희 마음을 낮추셨으니 저희가 엎드러져도 돕는 자가 없었도다,

⑬ 이에 저희가 그 근심 중에 여호와께 부르짖으며 그 고통에서 구원하시되,

⑭ 흑암과 사망의 그늘에서 인도하여 내시고 그 얽은 줄을 끊으셨도다,

⑮ 여호와의 인자하심과 인생에게 행하신 기일한 일을 인하여 그를 찬송할찌어다,

⑯ 저가 놋문을 깨뜨리시며 쇠 빗장을 꺽으셨음이로다,

⑰ 미련한 자는 저희 범과와 죄악의 연고로 곤난을 당하매,

⑱ 저희 혼이 각종 음식을 싫어하여 사망의 문에 가깝도다,

⑲ 이에 저희가 그 근심 중에서 여호와께 부르짖으매 그 고통에서 구원하시되,

⑳ 저가 그 말씀으로 그들을 고치시고 그들을 파멸에서 구원하시는도다,

㉑ 여호와의 인자하심과 인생에게 행하신 기이한 일을 인하여 그를 찬송할찌어다,

㉒ 감사제를 드리며 노래하여 그 행사를 선포할찌어다,

㉓ 선척을 바다에 띄우며 큰 물에서 영업하는 자는,

㉔ 여호와의 행사와 그 기사를 바다에서 보나니,

㉕ 여호와께서 명하신즉, 광풍이 일어나서 바다 물결을 일으키는도다,

㉖ 저희가 하늘에 올랐다가 깊은 곳에 내리니 그 위험을 인하여 그 영혼이 녹는도다,

㉗ 저희가 이리 저리 구르며 취한 자 같이 비틀거리니 지각이 혼돈하도다,

㉘ 이에 저희가 그 근심 중에서 여호와께 부르짖으며 그 고통에서 인도하여 내시고,

㉙ 광풍을 평정히 하사 물결로 잔잔케 하시는도다,

㉚ 저희가 평온함을 인하여 기뻐하는 중에 여호와께서 저희를 소원의 항구로 인도하시는도다,

㉛ 여호와의 인자하심과 인생에게 행하신 기이한 일을 인하여 그를 찬송할찌어다,

㉜ 백성의 모임에서 저를 높이며 장로들의 자리에서 저를 찬송할찌로다,

㉝ 여호와께서는 강을 변하여 사막이 되게 하시며 샘으로 마른 땅이 되게 하시며,

㉞ 그 거민의 악을 인하여 옥토로 염밭이 되게 하시며,

㉟ 또 사막을 변하여 못이 되게 하시며 마른 땅으로 샘물이 되게 하시고,

㊱ 주린 자로 거기 거하게 하사, 저희로 거할 성을 예비케 하시고,

㊲ 밭에 파종하며 포도원을 재배하여 소산을 취케 하시며,

㊳ 또 복을 주사 저희로 크게 번성케 하시고 그 가축이 감소치 않게 하실지라도,

㊴ 다시 압박과 곤란과 우환을 인하여 저희로 감소하여 비굴하게 하시는도다,

㊵ 여호와께서는 방백들에게 능욕을 부으시고 길 없는 황야에서 유리케 하시나,

㊶ 궁핍한 자는 곤란에서 높이 드시고 그 가족을 양무리 같게 하시나니,

㊷ 정직한 자는 보고 기뻐하며 모든 악인은 자기 입을 봉하리로다,

㊸ 지혜 있는 자는 누구나 이러한 일들을 지켜보고 여호와의 원대한 사랑을 깨달으리로다.

● 108장[다윗의 찬송 시]

① 오 하나님이시여, 내 마음은 변함이 없사오니, 내가 노래하고 찬양하리니다, 이는 나의 영광이니이다,

② 비파야 수금아 깰지어다, 내가 새벽을 깨우리로다,

③ 여호와여 내가 만민 중에서 주께 감사하고 열방 중에서 주를 찬양하오리니,

④ 이는 주님의 사랑은 위대하여 하늘들보다 높고, 주님의 신실하심이 창공에 미치기 때문이니이다,

⑤ 오 하나님이시여, 하늘들 위에서 높임을 받으시며, 주님의 영광이 온 세계 위를 덮으시옵소서,

⑥ 주님의 사랑하는 자를 건지시기 위하여 우리에게 응답하사 오른손으로 구원하소서,

⑦ 하나님이 그 거룩하심으로 말씀하시되, 내가 뛰놀리라 내가 세겜을 나누며 숙곳 골짜기를 척량하리라,

⑧ 길르앗이 내 것이요, 므낫세도 내 것이며, 에브라임은 내 머리의 보호자요, 유다는 나의 홀(권장, 지팡이)이며,

⑨ 모압은 내 목욕통이라 에돔에는 내 신을 던질지며 팔레스타인 위에서 내가 외치리라 하셨도다,

⑩ 누가 나를 이끌어 견고한 성에 들이며, 누가 나를 에돔에 인도할꼬,

⑪ 오 하나님이시여, 우리를 버리신 분이 주님이 아니시나이까? 우리 군대와 함께 나아가지 아니하신 분이 주님이 아니시나이까?

⑫ 적들을 대적하는데 우리를 도와주소서, 사람의 도움은 무익하기 때문이니이다,

⑬ 우리는 하나님을 의지하여 승리를 얻을 것이고 그분은 우리의 적들을 짓밟으실 것이니라.

● 109장[다윗의 시, 영장으로 한 노래]

① 내가 찬송하는 하나님이시여, 침묵하지 마옵소서,

② 이는 저희가 악한 입과 궤사한 입을 열어 나를 치며 거짓된 혀로 내게 말하기 때문이니이다,

③ 또 미워하는 말로 나를 두르고 무고히 나를 공격하였나이다,

④ 나는 사랑하나 저희는 도리어 나를 대적하니 나는 기도할 뿐이니이다,

⑤ 저희가 악으로 나의 선을 갚으며 미워함으로 나의 사랑을 갚았사오니,

⑥ 악인으로 저를 제어하게 하시며 대적으로 그 오른편에 서게 하소서,

⑦ 저가 판단을 받을 때에 죄를 지고 나오게 하시며 그 기도가 죄로 변케 하시며,

⑧ 그의 날들을 거의 없게 하시고, 그 직분을 타인이 취하게 하시며,

⑨ 그 자녀는 고아가 되고 그 아내는 과부가 되며,

⑩ 그 자녀가 유리 구걸하며 그 황폐한 집을 떠나 빌어먹게 하소서,

⑪ 고리대금하는 자로 저의 소유를 다 취하게 하시고, 저의 수고한 것을 외인이 탈취하게 하시며,

⑫ 저에게 은혜를 계속할 자가 없게 하시고, 그 고아를 연휼할 자도 없게 하시며,

⑬ 그 후사가 끊어지게 하시고, 후대에 저희 이름이 도말되게 하소서,

⑭ 여호와는 그 열조의 죄악을 기억하시며 그 어미의 죄를 도말하지 마시고,

⑮ 그 죄악을 항상 여호와 앞에 있게 하사, 저희 기념을 땅에서 끊으소서,

⑯ 저가 긍휼히 여길 일을 생각지 아니하고 가난하고 궁핍한 자와 마음이 상한 자를 핍박하여 죽이려 한 연고니이다,

⑰ 저가 저주하기를 좋아하더니 그것이 자기에게 임하고 축복받기를 기뻐 아니하더니 복이 저를 멀리 떠났으며,

⑱ 또 저주하기를 옷 입듯하더니 저주가 물같이 그 내부에 들어가며 기름 같이 그 뼈에 들어 갔나이다,

⑲ 저주가 그 입는 옷 같고 항상 띠는 띠와 같게 하소서,

⑳ 이는 곧 대적 곧 내 영혼을 대적하는 악담하는 자가 여호와께 받는 보응이니이다,

㉑ 그러나 주 여호와시여, 주의 이름을 인하여 나를 선대하시며 주의 사랑이 선함을 인하여 나를 건지소서,

㉒ 나는 가난하고 궁핍하여 나의 마음이 내 속에서 상함이니이다,

㉓ 나의 가는 것은 석양 그림자 같고 또 메뚜기 같이 불려 가오며,

㉔ 금식함을 인하여 내 무릎은 약하고 내 육체는 수척하오며,

㉕ 나는 또 저희의 훼방거리라, 저희가 나를 본즉 머리를 흔드나이다,

㉖ 여호와, 나의 하나님이시여, 나를 도우시며 주님의 사랑으로 나를 구원하소서,

㉗ 이것이 주의 손인줄을 저희로 알게 하소서, 여호와께서 이를 행하셨나이다,

㉘ 저희는 저주하여도 주는 내게 복을 주소서, 저희는 일어날 때에 수치를 당할지라도 주의 종은 즐거워하리이다,

㉙ 나의 대적으로 욕을 옷 입듯하게 하시며 자기 수치를 겉옷 같이 입게 하소서,

㉚ 내가 입으로 여호와께 크게 감사하며 무리 중에서 찬송하리니,

㉛ 저가 궁핍한 자의 우편에 서사 그 영혼을 판단하려 하는 자에게서 구원하실 것임

이로다.

● 110장[다윗의 시]

① 여호와께서 내 주에게 말씀하시길, "내가 너의 적들을 너의 발의 발판으로 만들 때까지 내 우편에 앉아 있으라." 하셨나이다,

② 여호와께서 시온에서부터 주님의 능력의 지팡이를 보내시리니, 너는 너의 적들 가운데에서 다스릴지니라,

③ 주의 권능의 날에 주의 백성이 거룩한 옷을 입고 즐거이 헌신하니 새벽 이슬 같은 주의 청년들이 주께 나오는도다,

④ 여호와는 맹세하고 변치 아니하시리라, 이르시기를, "너는 멜기세덱의 반열에 따라 영원한 제사장이라." 하셨도다,

⑤ 주의 우편에 계신 주께서 그 노하시는 날에 열왕을 쳐서 파하실 것이라,

⑥ 그분은 이교도들을 심판하시어 시체로 가득하게 하시고, 온 지구의 지배자들을 쳐서 파하시리라,

⑦ 왕을 세우시는 분께서 왕을 즉위시키시니, 참되신 왕께서 머리를 높이 들고 다스리실 것이니라.

(He shall drink of the brook in the way: therefore shall he lift up the head.-KJV)

(He will drink from a brook beside the way; therefore he will lift up his head.-NIV)

(Who drinks from the brook by the wayside and thus holds high his head.-NAB)

(The King-Maker put his King on the throne; the True King rules with head held high!-THE MESSAGE)

● 111장

① 너희는 여호와를 찬양할지어다, 곧은 자들의 모임과 집회에서 가운데서 내가 마음을 다하여 여호와를 찬양하리로다,

② 여호와의 하시는 일들이 위대하시니, 그것들에 즐거워 하는 모든 사람들이 그 일들을 찾아드는도다,

③ 그 행사가 존귀하고 엄위하며 그 의가 영원하도다,

④ 그 기이한 일을 사람으로 기억케 하셨으니, 여호와는 은혜로우시고 자비하시도다,

⑤ 여호와께서 자기를 경외하는 자에게 양식을 주시며 그 언약을 영원히 기억하시리로다,

⑥ 그분은 그의 백성들에게 그분이 하신 일들의 힘을 보이시고 그들에게 열방의 땅들을 주셨도다,

⑦ 그 손의 행사는 진실하고 공의라, 그분의 모든 계명들은 확실하도다,

⑧ 그것들이 영원무궁토록 확고하니 진리와 정직함 안에서 행해진 것이로다,

⑨ 여호와께서 그 백성에게 구속을 베푸시며, 그 언약을 영원히 세우셨으니 그 이름이 거룩하고 존귀하시도다,

⑩ 여호와를 경외함이 곧 지혜의 근본이라 그 교훈을 따르는 자는 좋은 지각이 있나니라, 여호와를 영영히 찬송하리로다.

● 112장

① 여호와를 찬양하라, 여호와를 경외하는 자는 복이 있나니, 그의 계명 안에서 큰 즐거움을 찾으리로다,

② 그 후손이 땅에서 강성할 것이고 정직한 세대는 복을 받을 것이니라,

③ 부요와 재물이 그 집에 있음이여 그 의가 영원히 있으리로다,

④ 정직한 자에게는 흑암 중에 빛이 일어나나니, 그는 어질고 자비하고 의로운 자로다,

⑤ 은혜를 베풀며 꾸이는 자는 잘 되나니, 그 일을 공의로 하리로다,

⑥ 저가 영영히 요동치 아니함이여 의인은 영원히 기념하게 되리로다,

⑦ 그는 흉한 소식을 두려워 아니함이여, 여호와를 의뢰하고 그 마음을 굳게 정하였도다,

⑧ 그 마음이 견고하여 두려워 아니할 것이라, 결국에는 그는 그의 대적을 이김을 보리로다,

⑨ 저가 재물을 흩어 빈궁한 자에게 주었으니, 그 의가 영원히 있고 그 뿔이 영화로이 들리리로다,

⑩ 사악한 자기 이것을 보고 슬퍼하리니 그가 자신의 이빨을 갈면서 소멸하리니, 악인들의 소욕은 소멸하리로다.

• 113장

① 여호와의 종들아 찬양하라, 여호와를 찬양하라, 여호와의 이름을 찬양하라,

② 이제부터 영원까지 여호와의 이름을 찬송할지로다,

③ 해 돋는데서부터 해 지는데까지 여호와의 이름이 찬양을 받으시리로다,

④ 여호와는 모든 나라 위에 높으시며 그 영광은 하늘 위에 높으시도다,

⑤ 여호와 우리 하나님과 같은 자 누구리요, 누가 높은 위에 앉으시느뇨,

⑥ 스스로 낮추사 천지를 살피시고,

⑦ 가난한 자를 진토에서 일으키시며 궁핍한 자를 거름 무더기에서 드셔서,

⑧ 방백들 곧 그 백성의 방백들과 함께 세우시며,

⑨ 또 잉태하지 못하던 여자로 집에 거하게 하사, 자녀의 즐거운 어미가 되게 하시는 도다, 여호와를 찬양하라.

• 114장

① 이스라엘이 에집트에서 나왔고 야곱의 집이 이방 언어를 쓰는 다른 민족에게서 나왔을 때,

② 유다는 여호와의 성소가 되고, 이스라엘은 그의 영토가 되었도다,

③ 바다는 이를 보고 도망하며 요단은 물러갔으며,

④ 산들은 수양 같이 뛰놀며 작은 산들은 어린 양 같이 뛰었도다,

⑤ 바다야 네가 도망함은 어쩜이뇨, 요단아 네가 물러감은 어쩜인고,

⑥ 너희 산들아 수양 같이 뛰놀며 작은 산들아 어린 양 같이 뛰놂은 어쩜인고,

⑦ 오 지구여, 너는 주 앞에서 곧 야곱의 하나님 앞에서 흔들릴지어다,

⑧ 저가 반석을 변하여 못이 되게 하시며, 차돌로 샘물이 되게 하셨도다.

• 115장

① 여호와시여, 영광을 우리에게 돌리지 마옵소서, 우리에게 돌리지 마옵소서, 오직 주의 사랑과 진실하심을 인하여 주의 이름에 돌리소서,

② 어찌하여 열방으로 저희 하나님이 이제 어디 있느냐? 말하게 하리이까,

③ 오직 우리 하나님은 하늘에 계셔서 원하시는 모든 것을 행하셨나이다,

④ 저희 우상은 은과 금이요, 사람의 수공물이라,

⑤ 입이 있어도 말하지 못하며 눈이 있어도 보지 못하며,

⑥ 귀가 있어도 듣지 못하며 코가 있어도 맡지 못하며,

⑦ 손이 있어도 만지지 못하고, 발이 있어도 걷지 못하며, 목구멍으로 소리도 못하느니라,

⑧ 우상을 만드는 자와 그것을 의지하는 자가 다 그와 같으리로다,

⑨ 이스라엘아 여호와를 의지하라, 그는 너희 도움이시요, 너희 방패시로다,

⑩ 아론의 집이여 여호와를 의지하라, 그는 너희 도움이시요, 너희 방패시로다,

⑪ 여호와를 경외하는 너희는 여호와를 의지하라, 그는 너희 도움이시요, 너희 방패시로다,

⑫ 여호와께서 우리를 생각하사 복을 주시되, 이스라엘 집에도 복을 주시고, 아론의 집도 복을 주시며,

⑬ 대소 무론하고 여호와를 경외하는 자에게 복을 주시리로다,

⑭ 여호와께서 너희 곧 너희와 또 너희 자손을 더욱 번창케 하시기를 원하노라,

⑮ 너희는 천지를 지으신 여호와께 복을 받는 자로다,

⑯ 높고 높은 하늘들은 여호와의 것이나 여호와께서 지구는 인간에게 주셨도다,

⑰ 죽은 자들 즉 내려가서 침묵하는 자들은 여호와를 찬양하지 못하느니라,

⑱ 우리는 이제부터 영원까지 여호와를 송축하리로다, 여호와를 찬양하리라.

● 116장

① 나는 여호와를 흠숭하나니, 이는 여호와께서 내 음성을 들으시고 자비를 바라는 간구를 들으셨기 때문이니이다,

② 그 귀를 내게 기울이셨으므로 내가 평생에 기도하리로다,

③ 죽음의 밧줄이 나를 휘감고 지옥의 고뇌가 나를 덮쳤도다, 나는 고뇌와 슬픔에 압도되었도다,

④ 그때 내가 여호와의 이름으로 기도하기를, "오 여호와여 내 영혼을 구원해주소서." 하였도다,

⑤ 여호와는 은혜로우시고 의로우시며 우리 하나님은 자비하시도다,

⑥ 여호와께서는 순진한 자들을 보호하시나니, 내가 큰 곤궁에 처했을 때 나를 구원하셨도다,

⑦ 오 나의 영혼아, 다시 한번 더 쉴지어다, 이는 여호와께서 너를 후대하고 계시기 때문이니라,

⑧ 오 여호와께서는 나의 영혼을 죽음으로부터, 나의 눈을 눈물로부터, 나의 발을 넘

어짐으로부터 건지셨나이다,

⑨ 이로인하여 내가 여호와 앞, 살아있는 자들의 땅에서 걷게 되었나이다,

⑩ 그리하여 나는 여호와의 능력을 믿고 말하기를, "나는 큰 곤란에 처하여 있도다." 하니라,

⑪ 내가 당황하여 말하기를, "모든 사람은 거짓말쟁이들이라." 하였나이다,

⑫ 여호와께서 내게 주신 모든 은혜를 무엇으로 보답하리이까?

⑬ 내가 구원의 잔을 들고 여호와의 이름을 부르리이다,

⑭ 내가 이제 여호와의 모든 백성 앞에서 나의 서원들을 여호와께 갚으리로다,

⑮ 여호와 보시기에 그분의 성도들의 죽음은 고귀한(값비싼) 것이니라,

⑯ 오 여호와여, 진실로 나는 주의 종이요, 주의 여종의 아들이니다, 주님께서는 나의 쇠사슬로부터 나를 푸셨나이다,

⑰ 내가 주님께 감사의 희생물을 드리고 여호와의 이름을 부르리이다,

⑱ 내가 여호와의 모든 백성 앞에서 나의 서원을 여호와께 갚을리니,

⑲ 오 예루살렘아, 여호와 집의 뜰안, 여호와 가운데서 여호와를 찬양하리로다, 아멘! 할렐루야!

● 117장

① 너희 모든 나라들아 여호와를 찬양하며, 너희 모든 백성들아 여호와를 찬송할지어다,

② 우리에게 향하신 여호와의 사랑하심이 크고 그분의 신실하심이 영원히 지속되기 때문이니이다,

여호와를 찬양하리로다, 아멘! 할렐루야!

● 118장

① 여호와께 감사하라, 그분은 선하시며 그 자비하심이 영원함이로다,

② 이제 이스라엘은 말하기를, 그 자비하심이 영원하다 할지로다,

③ 이제 아론의 집은 말하기를, 그 자비하심이 영원하다 할지로다,

④ 이제 여호와를 경외하는 자는 말하기를 그 자비하심이 영원하다 할지로다,

⑤ 내가 고통 중에 여호와께 부르짖었더니, 여호와께서 응답하시고 나를 광활한 곳에 세우셨도다,

⑥ 여호와는 내 편이시라, 내게 두려움이 없나니 사람이 내게 무엇을 할 수 있으리요?

⑦ 여호와께서 나와 함께 계시니, 그분이 내편이 되사, 나는 나의 적들에게 승리하는 것을 보리로다,

⑧ 사람에게 의지하는 것 보다 여호와께 피난처를 구하는 것이 더 나으니라,

⑨ 여호와께 피함이 통치자들을 신뢰함보다 낫도다,

⑩ 이교도들이 나를 포위하였으나, 나는 여호와의 이름으로 그들을 멸하리로다,

⑪ 그들이 나를 겹겹이 에워쌌으나, 내가 여호와의 이름으로 저희를 멸하리로다,

⑫ 그들이 벌떼와 같이 나를 에워쌌어도 가시덤불의 불같이 소멸되었나니, 내가 여호와의 이름으로 저희를 멸하리로다,

⑬ 네가 나를 밀쳐 넘어뜨리려 하였으나 여호와께서 나를 도우셨도다,

⑭ 여호와는 나의 능력과 찬송이시요, 또 나의 구원이 되셨도다,

⑮ 의인의 장막에 기쁜 소리 구원의 소리가 있음이여, 여호와의 오른손이 권능을 베푸시며,

⑯ 여호와의 오른손이 높이 들렸으며, 여호와의 오른손이 권능을 베푸시는도다,

⑰ 내가 죽지 않고 살아서 여호와의 행사를 선포하리로다,

⑱ 여호와께서 나를 심히 경책하셨어도 죽음에는 붙이지 아니하셨도다,

⑲ 내게 의의 문을 열지어다, 내가 들어가서 여호와께 감사하리로다,

⑳ 이는 여호와의 문이라 의인이 그리로 들어가리로다,

㉑ 주께서 내게 응답하시고, 나의 구원이 되셨으니, 내가 주께 감사하리이다,

㉒ 건축자의 버린 돌이 코너(모서리)의 주춧돌이 되었나니,

㉓ 이는 여호와의 행하신 것이요, 우리 눈에 놀라운 일이로다,

㉔ 이 날은 여호와께서 정하신 날이라, 이 날에 우리는 즐거워하고 기뻐하리로다,

㉕ 여호와여 구하옵나니, 이제 구원하소서, 여호와여 우리가 구하옵나니 이제 형통케 하소서,

㉖ 여호와의 이름으로 오는 자는 복이 있도다, 우리는 여호와의 집으로부터 너희를 축복하노라,

㉗ 여호와는 하나님, 우리를 비추시네, 제단의 뿔에 닿기까지 축제 제물을 줄로 맬지어다,

(God is the LORD,which hath shewed us light: bind the sacrifice with cords, even unto the horns of the altar.-KJV)

(The LORD is God, and he has made his light shine upon us. With boughs
in hand, join in the festal procession up to the horns of altar.-NIV)
(The Lord is God, and has enlightened us. Join in procession with leafy
branches up to the horns of the altar.-NAB)
(GOD is god, he has bathed us in light. Festoon the shrine with garlands,
hang colored banners above the altar!-THE MESSAGE)

㉘ 주님은 나의 하나님이시라, 내가 주께 감사하리이다, 주님은 나의 하나님이시라,
   내가 주를 높이리이다,

㉙ 여호와께 감사하라, 그는 선하시며 그 자비하심이 영원히 지속되기 때문이니라.

● 119장

① 여호와의 법에 따라 걸으며 그 길에서 비난받지 아니하는 자는 복이 있도다,

② 여호와의 말씀을 지키고 전심으로 여호와를 구하는 자가 복이 있도다,

③ 실로 그들은 불의를 행치 아니하고 주님의 길 안에서 걷는도다,

④ 주님께서 우리에게 명령하사 주님의 교훈들을 부지런히 지키게 하셨나이다,

⑤ 오 주님의 규례를 지키는데 있어서 나의 길들은 여전하였나이다,

⑥ 내가 주의 모든 계명에 주의할 때에는 부끄럽지 아니하리이다,

⑦ 내가 주의 의로운 판단을 배울 때에는 정직한 마음으로 주께 감사하리이다,

⑧ 내가 주의 율례를 지키오리니 나를 아주 버리지 마옵소서,

⑨ 청년이 무엇으로 그 행실을 깨끗이 하리이까? 주의 말씀을 따라 삼갈 것이니이다,

⑩ 내가 전심으로 주를 찾았사오니 주의 계명에서 떠나지 말게 하소서,

⑪ 내가 주께 범죄치 아니하려하여 주의 말씀을 내 마음에 두었나이다,

⑫ 찬송을 받으실 여호와여, 주의 율례를 내게 가르치소서,

⑬ 주의 입의 모든 규례를 나의 입술로 선포하였으며,

⑭ 내가 모든 재물을 즐거워함 같이 주의 증거의 도를 즐거워하였나이다,

⑮ 내가 주의 교훈을 묵상하고 주의 가르침을 깊이 생각하며,

⑯ 주의 율례를 즐거워하며 주의 말씀을 잊지 아니하리이다,

⑰ 주의 종을 후대하여 살게 하소서, 그리하시면 주의 말씀을 지키리이다,

⑱ 내 눈을 열어서 주의 법의 기이한 것을 보게 하소서,

⑲ 나는 땅에서 객이 되었사오니 주의 계명을 내게 숨기지 마소서,

⑳ 주의 규례를 항상 사모함으로 내 마음이 상하나이다,

㉑ 교만하여 저주를 받으며 주의 계명에서 떠나는 자를 주께서 꾸짖으셨나이다,

㉒ 내가 주의 증거를 지켰사오니 훼방과 멸시를 내게서 떠나게 하소서,

㉓ 지도자들도 앉아 나를 비방하셨으나 주의 종은 주의 율례를 묵상하나이다,

㉔ 주의 증거는 나의 즐거움이요, 나의 조언자들이니이다,

㉕ 내 영혼이 진토에 붙었사오니 주의 말씀대로 나를 소성케 하소서,

㉖ 내가 나의 행위를 고하매, 주께서 내게 응답하셨으니 주의 율례를 내게 가르치소서,

㉗ 나로 주의 법도의 길을 깨닫게 하소서, 그리하시면 내가 주의 놀라운 일들을 묵상하리이다,

㉘ 나의 영혼이 눌림을 인하여 녹사오니 주의 말씀대로 나를 세우소서,

㉙ 거짓 행위를 내게서 떠나게 하시고 주의 법을 내게 은혜로이 베푸소서,

㉚ 내가 성실한 길을 택하고 주의 규례를 내 앞에 두었나이다,

㉛ 내가 주의 증거에 밀접하였사오니, 여호와여 나로 수치를 당케 마소서,

㉜ 주께서 내 마음을 넓히시오면 내가 주의 계명의 길로 달려가리이다,

㉝ 여호와여 주의 율례의 도를 내게 가르치소서, 내가 끝까지 지키리이다,

㉞ 나로 깨닫게 하소서, 내가 주의 법을 준행하며 전심으로 지키리이다,

㉟ 나로 주의 계명의 첩경으로 행케 하소서, 내가 이를 즐거워함이니이다,

㊱ 내 마음을 주의 증거로 향하게 하시고 탐욕으로 향치 말게 하소서,

㊲ 내 눈을 돌이켜 허탄한 것을 보지 말게 하시고, 주의 도에 나를 소성케 하소서,

㊳ 전심으로 주님을 두려워하며 헌신하는 주님의 종을 위하여 주님의 말씀을 굳게 세우소서,

㊴ 나의 두려워하는 훼방을 내게서 떠나게 하소서, 주의 규례는 선하심이니이다,

㊵ 내가 주의 법도를 사모하였사오니, 주의 의에 나를 소성케 하소서,

㊶ 오 여호와여, 주님의 한량없는 사랑과 주님의 약속에 따른 주님의 구원이 내게 임하게 하소서,

㊷ 그리하시면 내가 나를 비방하는 자에게 대답할 말이 있사오리니 내가 주의 말씀을 의뢰함이니이다,

㊸ 진리의 말씀이 내 입에서 조금도 떠나지 말게 하소서, 이는 내가 주님의 규례 안에 소망을 두었기 때문이니이다,

㊹ 내가 주의 율법을 항상 영영히 끝 없이 지키리이다,
㊺ 내가 주의 법도를 구하였사오니 자유롭게 행보할 것이며,
㊻ 또 열왕 앞에 주의 증거를 말할 때에 수치를 당치 아니하겠사오며,
㊼ 나의 사랑하는바 주의 계명을 스스로 즐거워하며,
㊽ 또 나의 사랑하는 주의 계명에 내 손을 들고 주의 율례를 묵상하리이다,
㊾ 주의 종에게 하신 말씀을 기억하소서, 주께서 나로 소망이 있게 하셨나이다,
㊿ 이 말씀은 나의 곤한 중에 위로라, 주의 말씀이 나를 소생시키셨기 때문이니이다,
(51) 교만한 자가 나를 심히조롱하였어도 나는 주의 법을 떠나지 아니하였나이다,
(52) 여호와여 주의 옛 규례를 내가 기억하고 스스로 위로하였나이다,
(53) 주의 율법을 버린 악인들을 인하여 내가 맹렬한 노에 잡혔나이다,
(54) 나의 나그네 된 집에서 주의 율례가 나의 노래가 되었나이다,
(55) 여호와여 내가 밤에 주의 이름을 기억하고 주의 법을 지켰나이다,
(56) 내 소유는 이것이니 곧 주의 법도를 지킨 것이니이다,
(57) 여호와는 나의 운명이시니, 나는 주의 말씀을 지키리라 하였나이다,
(58) 내가 전심으로 주의 은혜를 구하였사오니, 주의 약속대로 나에게 자비를 베풀어주소서,
(59) 내가 내 행위를 생각하고 주의 증거로 내 발을 돌이켰사오며,
(60) 주의 계명을 지키기를 신속히 하고 지체치 아니하였나이다,
(61) 악인의 줄이 내게 두루 얽혔을지라도 나는 주의 법을 잊지 아니하였나이다,
(62) 내가 주의 의로운 규례를 인하여 밤중에 일어나 주께 감사하리이다,
(63) 나는 주를 경외하는 모든 자와 주의 법도를 지키는 자의 동무라,
(64) 주님의 자비하심이 지구에 충만하였나이다. 오 여호와여. 주님의 율례를 나에게 가르치소서,
(65) 오 여호와여, 주님의 말씀대로 주의 종을 선대하셨나이다,
(66) 내가 주의 계명을 믿었사오니, 선한 판단과 지식을 내게 가르치소서,,
(67) 고난을 당하기 전에는 내가 그릇 행하였더니, 이제는 주의 말씀을 지키나이다,
(68) 주는 선하사 선을 행하시오니 주의 율례로 나를 가르치소서,
(69) 교만한 자가 거짓을 지어 나를 치려 하였사오나, 나는 전심으로 주의 법도를 지키리이다,
(70) 저희 마음은 살쪄 지방 같으나, 나는 주의 법을 즐거워하나이다,

⑦ 고난 당한 것이 내게 유익이라 이로 인하여 내가 주의 율례를 배우게 되었나이다.

⑦ 주님의 입의 법이 내게는 천천 금은보다 더 낫나이다.

⑦ 주의 손이 나를 만들고 세우셨사오니 나로 깨닫게 하사 주의 계명을 배우게 하소서

⑦ 주님을 경외하는 자들아 나를 보았을 때 기뻐하라, 이는 내가 주님의 말씀에 소망을 두었기 때문이니라.

⑦ 오 여호와여, 주님의 판단은 의로우시고 주님께서 나를 괴롭게 하심은 신실하심으로 말미암음임을 아나이다.

⑦ 구하오니, 주의 종에게 하신 약속에 따라 주님의 한량없는 사랑이 나의 위안이 되게 하소서.

⑦ 주님의 자비로우심이 내게 임하사 나로 살게 하소서, 이는 주님의 법이 나의 즐거움이기 때문이니이다.

⑦ 교만한 자들이 이유없이 나를 학대하였으므로 그들로 수치를 당케하소서, 그러나 나는 주님의 법도를 묵상하리이다.

⑦ 주님을 경외하고 주님의 계명을 깨닫는 자들은 나에게 돌아오게 하옵소서.

⑧ 내 마음이 주님의 율례를 향하여 완전케 하사 나로 하여금 수치를 당치 않게 하옵소서.

⑧ 나의 영혼이 주님의 구원을 갈망하다가 기진하오나, 나는 주님의 말씀에 소망을 두나이다.

⑧ 나의 눈이 주님의 약속을 찾기에 피곤하나이다, 나는 말하기를 "주님께서는 언제 나를 위로하시나이까?" 하나이다.

⑧ 내가 연기 중의 가죽부대같이 되었으나 오히려 주의 율례를 잊지 아니하나이다.

⑧ 주님의 종이 얼마나 오래 기다려야 합니까? 주님은 언제 나를 핍박하는 자들을 벌하시리이까?

⑧ 주님의 법을 따르지 아니하는 교만한 자들이 나를 해하려고 웅덩이를 팠나이다.

⑧ 주님의 모든 계명들은 신뢰할 수 있나이다, 그들이 나를 이유없이 핍박하오니, 나를 도와주소서.

⑧ 그들이 나를 지구에서 거의 지워버리려 하였으나 나는 주님의 훈시를 버리지 아니하였나이다.

⑧ 주님의 인자하심을 따라 나로 소성케 하소서, 그리하시면 주님의 입의 가르침을

내가 지키리이다,

⑧⑨ 오 여호와여, 주님의 말씀은 영원하나이다, 그것은 하늘들 안에 굳게 자리잡고 있나이다,

⑨⓪ 주님의 성실하심은 대대로 이르나이다, 주님께서 지구를 세우셨고 그것은 항상 지속하고 있느니라,

⑨① 주님의 법이 오늘까지 지속되고 있나이다, 이는 모든 것이 주의 종인 연고이니이다,

⑨② 주님의 법이 나의 즐거움이 되지 아니하였더면 내가 내 고난 중에 멸망하였으리이다,

⑨③ 내가 주님의 법도를 영원히 잊지 아니하오니 주님께서 이것들로 나를 살게 하심이니이다,

⑨④ 나는 주님의 것이오니 나를 구원하소서, 내가 주님의 법도를 찾았나이다,

⑨⑤ 악인들이 나를 멸하려고 기다리고 있으나 나는 주님의 말씀들을 생각하겠나이다,

⑨⑥ 내가 보니 모든 안전한 것이 다 끝이 있어도 주님의 계명은 심히 넓으니이다,

⑨⑦ 내가 주님의 법을 어찌 그리 사랑하는지요, 내가 그것을 종일 묵상하니이다,

⑨⑧ 주님의 계명이 항상 나와 함께 하므로 그것이 나로 원수보다 지혜롭게 하나이다,

⑨⑨ 나는 모든 나의 선생님들 보다 더 명철하나이다, 이는 내가 주님의 교훈들을 묵상하기 때문이니이다,

⑩⓪ 나는 노인들 보다 더 많은 깨달음을 얻었나니 이는 내가 주님의 교훈들을 지켰기 때문이니이다,

(101) 내가 나의 발을 모든 악한 길에서 삼갔나이다, 이는 내가 주님의 말씀을 지키기 위함이니이다,

(102) 주님께서 나를 가르치셨으므로 내가 주님의 규례에서 떠나지 아니하였나이다,

(103) 주님의 말씀의 맛이 내게 어찌 그리 단지요, 내 입에 꿀보다 더하니이다,

(104) 주님의 법도로 인하여 내가 깨닫게 되었으므로 모든 거짓 행위를 미워 하나이다,

(105) 주님의 말씀은 내 발에 등이요, 내 길에 빛이니이다,

(106) 주님의 의로운 규례를 지키기로 맹세하고 굳게 정하였나이다,

(107) 나의 고난이 막심하오니 여호와여 주님의 말씀대로 나를 소성케 하소서,

(108) 오 여호와여, 내 입에서 저절로 나오는 찬양을 받으시고 나에게 주님의 규례를 가르치소서,

(109) 비록 나의 생명이 계속해서 나의 손에 달려있으나 나는 주님의 법도를 잊지 아니하겠나이다,

(110) 악인들이 나를 해하려고 올무를 놓았사오나 나는 주님의 법도에서 떠나지 아니하였나이다,

(111) 주님의 말씀은 영원히 나의 유산이니이다, 그것들은 내 마음의 즐거움이 됨이니이다,

(112) 나의 마음은 끝까지 주님의 율례를 지키기로 결심하였나이다,

(113) 나는 두 마음을 품는 자를 미워하나 주님의 법을 좋아하나이다,

(114) 주님은 나의 피난처요 방패시니, 나는 주님의 말씀에 소망을 두나이다,

(115) 너희 행악자들아 나를 떠날지어다, 나는 내 하나님의 계명을 지키리로다,

(116) 주님의 말씀대로 나를 붙들어 살게 하시고, 내 소망이 부끄럽지 말게 하소서,

(117) 나를 붙드소서 그리하시면 내가 구원을 얻고 주의 율례에 항상 주의하리이다,

(118) 주님의 율례에서 떠나는 자는 모두 주님께서 거절하시나니 이는 그들의 속임수가 허사가 됨이니이다,

(119) 주님께서 세상의 모든 악인들을 찌꺼기 같이 버리시니, 그러므로 내가 주의 말씀을 좋아하나이다,

(120) 내 육체가 주님을 두려워함으로 떨고 있으며 나는 주님의 법도를 두려워하나이다,

(121) 나는 의롭고 정당한 일을 하였사오니 나를 나의 박해자에게 붙이지 마옵소서,

(122) 주의 종의 안녕을 보증하시어 교만한 자들이 나를 핍박하지 못하게 하소서,

(123) 나의 눈이 주의 구원과 주의 의로우신 약속을 찾으나 실패하나이다,

(124) 주님의 사랑으로 주님의 종을 대우하시고 주님의 율례를 내게 가르치소서,

(125) 나는 주님의 종이니이다, 나에게 깨달음을 주시어 나로하여금 주님의 증거의 말씀들을 알게 하소서,

(126) 오 여호와여, 지금 주님께서 행동하실 때입니다, 주님의 법이 슬모없게 되었나이다,

(127) 왜냐하면 나는 주님의 계명을 금보다 곧 정금보다 더 좋아하시 때문이니이다,

(128) 그리고 왜냐하면 나는 모든 주님의 권고의 말씀을 옳다 여기며, 모든 잘못된 길을 싫어하기 때문이니이다,

(129) 주님의 증거들이 놀라우므로 내 영혼이 그것들에 복종하나이다,

⑴³⁰ 주님의 말씀들이 들어와서 빛을 주사 그것이 단순한 자들에게 깨달음을 주시느니라,

⑴³¹ 나는 주의 계명을 사모하여 나의 입을 열고 헐떡이나이다,

⑴³² 주님, 주님께서 주님의 이름을 사랑하는 자들에게 베푸시던 대로 나에게 돌이키사 나에게 자비를 베푸소서,

⑴³³ 나의 발걸음을 주님의 말씀에 따르게 하시고 죄가 나를 다스리지 못하게 하옵소서,

⑴³⁴ 사람들의 압박에서 나를 구속하소서, 그리하시면 내가 주의 법도를 지키리이다,

⑴³⁵ 주님의 얼굴을 주님의 종에게 비취시고 주의 율례를 나에게 가르치소서,

⑴³⁶ 나의 눈으로부터 강물같이 눈물이 흐르니이다, 나는 그들이 주님의 법을 지키지 아니하기 때문이니이다,

⑴³⁷ 오 여호와여, 주님은 의로우시고 주님의 판단은 옳으시니이다,

⑴³⁸ 주님께서 명하신 증거의 말씀들은 의롭고 지극히 신실하도소이다,

⑴³⁹ 나의 열정이 소진되었나이다, 이는 나의 적들이 주님의 말씀을 무시하기 때문이니이다,

⑴⁴⁰ 주님의 약속의 말씀은 철저히 테스트되고 있으며 주님의 종은 그것들을 좋아하나이다,

⑴⁴¹ 내가 미천하여 멸시를 당하나 주님의 법도를 잊지 아니하였나이다,

⑴⁴² 주님의 의는 영원한 의요, 주님의 법은 진리로소이다,

⑴⁴³ 환난과 우환이 내게 미쳤으나 주의 계명은 나의 즐거움이니이다,

⑴⁴⁴ 주님의 증거의 말씀은 영원히 의로우시니 나로 깨닫게 하사 살게 하소서,

⑴⁴⁵ 여호와여 내가 전심으로 부르짖었사오니, 내게 응답하여 주옵소서, 내가 주의 율례를 지키리이다,

⑴⁴⁶ 내가 주께 부르짖었사오니, 나를 구원하소서, 내가 주의 증거를 지키리이다,

⑴⁴⁷ 내가 동이트기 전에 일어나서 주님의 도움을 부르짖나이다, 나는 주님의 말씀에 나의 소망을 두나이다,

⑴⁴⁸ 나의 눈이 밤에 자지 않고 쭉 깨어 있어서 나는 주님의 약속의 말씀을 묵상하나이다,

⑴⁴⁹ 주님의 사랑하심을 따라 내 목소리를 들으소서, 오 여호와여, 주님의 규례에 따라 내 생명을 보존하여 주옵소서,

(150) 사악한 계획을 궁리하는 자들이 가까이 있으나 그들은 주님의 법으로부터 멀리 있나이다,

(151) 오 여호와여, 주님께서 가까이 계시옵고 모든 주님의 계명들은 진리이니이다,

(152) 오래 전에 주님의 말씀으로부터 나는 주님께서 그것들을 영원히 지속시킬 예정임을 알았나이다.

(Concerning thy testimonies, I have known of old that thou hast founded them for ever.-KJV)

(Long ago I learned from your statutes that you established them to last forever.-NIV)

(Long have I known from your testimonies that you have established them forever.-NAB)

(I've known all along from the evidence of your words that you meant them to last forever.-THE MESSAGE)

(153) 나의 고난을 보시고 나를 건지소서, 내가 주님의 법을 잊지 아니함이니이다,

(154) 주님은 나의 사정을 변호하시고 나를 구속하사 주님의 말씀대로 나의 생명을 소생시키옵소서,

(155) 구원이 사악한 자들로부터 멀리 있나이다, 이는 그들이 주님의 율례를 구하지 아니하기 때문이니이다,

(156) 오 여호와시여, 주님의 자비하심이 위대하시나이다, 주님의 규례에 따라 나의 생명을 소성케 하옵소서,

(157) 나를 핍박하는 적들이 많이 있나이다, 그러나 나는 주님의 증거의 말씀들에서 떠나지 아니하였나이다,

(158) 나는 신앙이 없는 자들을 보고 몹시 싫어하나이다, 이는 그들이 주님의 말씀에 복종하지 아니하기 때문이니이다,

(159) 보옵소서, 얼마나 내가 주님의 교훈들을 사랑하는지, 오 여호와여, 주님의 사랑으로 나의 생명을 소성시켜 주옵소서,

(160) 주님의 모든 말씀은 참이니이다, 주님의 의로운 규례들은 영원하리이다,

(161) 지배자들이 까닭없이 나를 핍박하나이다, 그러나 나의 마음은 주님의 말씀을 두려워하나이다,

(162) 많은 전리품을 발견한 자처럼 나는 주님의 약속의 말씀을 즐거워하나이다,

⒃ 나는 거짓을 미워하고 혐오하나이다, 그러나 나는 주님의 법을 사랑하나이다,

⒃ 하루에 일곱번씩 내가 주님을 찬양하나니 이는 주님의 의로운 규례 때문이니이다,

⒃ 주님의 법도를 지키는 그들은 마음에 큰 평화를 가지나니, 어느 것도 그들을 넘어지게 할 수 없느니라,

⒃ 오 여호와여, 나는 주님의 구원을 기다리며 주님의 계명을 따르고 있나이다,

⒃ 나는 주님이 말씀하신 규례들을 지키나이다, 이는 내가 그것들을 대단히 중요하게 여기기 때문이니이다,

⒃ 나는 주님의 훈시와 법도에 복종하나이다, 이는 나의 모든 길들이 주님에게 알려져있기 때문이니이다,

⒃ 오 여호와시여, 나의 부르짖음이 주님 앞에 이르게 하시고, 주님의 말씀에 따라 나에게 깨달음을 주옵소서,

⒄ 나의 간구가 주님 앞에 이르게 하시고 주님의 약속의 말씀대로 나를 구원하옵소서,

⒄ 내 입술들이 찬양으로 넘치게 하옵소서, 이는 주님께서 나에게 주님의 규례를 가르치기 때문이니이다,

⒄ 내 혀가 주님의 말씀을 노래하게 하옵소서, 이는 주님의 명령들이 의로우시기 때문이니이다,

⒄ 주님의 손이 나를 돕기 위하여 준비하게 하옵소서, 이는 내가 주님의 규례를 택하였기 때문이니이다,

⒄ 오 여호와시여, 내가 주님의 구원을 갈망하고 있나이다, 주님의 법은 나의 기쁨이니이다,

⒄ 내 영혼을 살려주옵소서, 내가 주를 찬양하리이다, 그리고 주님의 규례가 나를 도우게 하옵소서

⒄ 내가 길잃은 양같이 방황하고 있나이다, 주님의 종을 찾아주소서, 이는 내가 주님의 명령들을 잊지아니하였기 때문이니이다.

● 120장[성전에 올라가는 노래]

① 내가 환난 중에 여호와께 부르짖었더니 내게 응답하셨도다,

② 오 여호와시여, 거짓된 입술과 속이는 혀에서 나의 영혼을 구원하옵소서,

③ 오 거짓된 혀여, 무엇을 네게 줄까? 또 네게 무엇을 행할까?

④ 여호와께서는 무사의 날카로운 화살과 곱향나무의 불타는 숯불로써 너를 벌할 것 이니라,

⑤ 메섹에 거주하며 케다르 의 텐트 안에서 산다는 것이 내게는 화로다,

⑥ 평화를 싫어하는 자들과 내가 너무 오래 살고있도다,

⑦ 나는 평화을 원하는 사람이다, 그러나 내가 평화를 말할 때에 저희는 싸우려 하는 도다,

● 121장

① 나는 언덕들을 향하여 나의 눈을 들어 보리니, 나의 도움이 거기로부터 오는도다,

② 나의 도움이 하늘과 지구를 만드신 여호와에께로부터 오는도다,

③ 여호와께서 너로 실족지 않게 하시며, 너를 지키시는 자가 졸지 아니하시리로다,

④ 정말로 이스라엘을 지키시는 자는 졸지도 아니하시고 주무시지도 아니하시리로 다,

⑤ 여호와는 너를 지키시는 자라, 여호와께서는 네 우편에서 너를 보호하시느니라,

(The LORD is thy keeper; the LORD is thy shade upon thy right hand.-KJV)

(The LORD watches over you-the LORD is your shade at your right hand;-NIV)

(The Lord is your guardian; the Lord is your shade at your right hand.-NAB)

(GOD's your Guardian, right at your side to protect you-THE MESSAGE)

⑥ 낮의 해가 너를 상하게 하지 아니하며, 밤의 달도 너를 해치 아니하리로다,

⑦ 여호와께서 모든 해로부터 너를 지켜주실 것이니, 그분은 너의 생명을 보호해 주 시리로다,

⑧ 여호와께서 너의 들어오고 나감을 지금부터 영원무궁토록 보호하시리로다.

● 122장[다윗의 시 곧 성전에 올라가는 노래]

① 나는 내게 말하기를 여호와의 집에 올라가자고 한 사람들과 함께 기뻐하였도다,

② 오 예루살렘아, 우리 발이 네 성문 안에 서있도다,

③ 예루살렘은 밀집된 성읍같이 건축되어 있도다,

④ 그곳은 지파들 곧 여호와의 지파들이 이스라엘에게 주어진 전례에 따라 여호와의 이름을 찬양하려고 올라가는 곳이니라,

⑤ 거기에 심판의 보좌가 있으니 곧 다윗 집안의 보좌로다,

⑥ 예루살렘의 평화를 위하여 기도하라, 예루살렘을 사랑하는 자들은 안전하게 하옵소서,

⑦ 네 성곽 안에 평화가 있고, 네 요새 안에는 안전이 있게 하옵소서,

⑧ 나의 형제들과 친구들을 위하여 , 나는 말하노라, "여러분들 안에 평화가 있을지어다."

⑨ 여호와 우리 하나님의 집을 위하여 내가 너희의 번영을 구하느니라.

● **123장**[성전에 올라가는 노래]

① 하늘에 계신 주여, 내가 눈을 들어 주께 바라보나이다,

② 종의 눈이 그 상전의 손을 여종의 눈이 그 여주인의 손을 바라보는 것같이 우리 눈은 여호와 우리 하나님을 바라보니 이는 그분이 우리에게 그분의 자비를 보여주시기까지 이니이다,

③ 오 여호와시여, 우리에게 자비를 베푸소서, 우리에게 자비를 베푸소서, 이는 우리가 많은 멸시를 당하고 있기 때문이니이다,

④ 우리는 자만심 넘치는 자들의 많은 조소와 거만한 자들의 많은 멸시를 견디고 있나이다.

● **124장**[다윗의 시 곧 성전에 올라가는 노래]

① 이스라엘은 이제 말하기를 여호와께서 우리편에 계시지 아니하시고,

② 사람들이 우리를 치려 일어날 때에 여호와께서 우리 편에 계시지 아니하셨더면,

③ 그 때에 저희의 노가 우리를 대하여 맹렬하여 우리를 산채로 삼켰을 것이며,

④ 그 때에 물이 우리를 덮치고 시내가 우리 영혼을 잠갔을 것이며,

⑤ 그 때에 넘치는 물이 우리 영혼을 잠갔을 것이라 할 것이로다,

⑥ 우리를 저희 이에 주어 씹히지 않게 하신 여호와를 찬송할지로다,

⑦ 우리 혼이 새가 사냥군의 올무에서 벗어남 같이 되었나니 올무가 끊어지므로 우리가 벗어났도다,

⑧ 우리의 도움은 천지를 지으신 여호와의 이름 안에 있도다.

● 125장[성전에 올라가는 노래]

① 여호와를 신뢰하는 자들은 요동치 아니하고 영원히 견디는 시온산과 같도다,

② 산들이 예루살렘을 둘러싸고 있음과 같이 여호와께서 그분의 백성을 지금부터 영원까지 둘러싸시리로다,

③ 이는 악인의 권세가 의인들의 구역에 미치지 못하리니 의인들로 하여금 죄악에 손을 대지 않게 함이로다,

④ 오 여호와시여, 선한 사람들과 마음이 강직한 사람들에게 선을 행하시옵소서,

⑤ 그러나 비뚤어진 길로 자들에게는 악을 행하는 자들과 함께 내쫓아 내시리로다, 이스라엘에게 평화가 있을지어다.

● 126장[성전에 올라가는 노래]

① 여호와께서 시온의 포로를 돌리실 때에 우리가 꿈꾸는 것 같았도다,

(When the LORD turned again the captivity of Zion, we were like them that dream.-KJV)

(WHEN THE LORD brought back the captives to Zion, we were like men dreamed.-NIV)

(When the Lord restored the captives of Zion, we thought we were dreaming.-NAB)

(It seemed like a dream, too good to be true, when GOD returned Zion's exiles.-THE MESSAGE)

② 그 때에 우리의 입에는 웃음이 가득하고 우리 혀에는 찬양이 찼었도다, 이방인들 중에서 말하기를,여호와께서 저희를 위하여 큰 일을 행하셨다 하였도다,

③ 여호와께서 우리를 위하여 큰 일을 행하셨으니 우리는 기쁨으로 충만하도다,

④ 오 여호와시여, 우리의 포로된 것을 남방 시내물같이 다시 돌리소서,

⑤ 눈물을 흘리며 씨를 뿌리는 자는 기쁨으로 거두리로다,

⑥ 귀한 씨앗을 가지고 울며 씨를 뿌리러 나가는 자는 정녕 기쁨으로 그 단을 가지고 돌아오리로다.

● 127장[솔로몬의 시 곧 성전에 올라가는 노래]

① 여호와께서 집을 세우지 아니하시면 세우는 자의 수고는 헛되며, 여호와께서 성을 지키지 아니하시면 파숫군의 보초섬이 허사로다,

② 너희가 일찍이 일어나고 늦게 잠자며 뼈빠지게 일해도 다 헛되도다, 너는 여호와께서 그 사랑하시는 자들에게 휴식을 주신다는 것을 모르느냐?

(It is vain for you to rise up early, to sit up late, to eat the bread of sorrows: for so he giveth his beloved sleep.-KJV)

(In vain you rise early and stay up late, toiling for food to eat-for he grants sleep to those he loves.-NIV)

(It is vain for you to rise early and put off your rest at night, To eat bread earned by hard toil-all this God gives to his beloved in sleep.-NAB)

(It's useless to rise early and go to bed late, and work your worried fingers to the bone. Don't you know he enjoys giving rest to those he loves?-THE MESSAGE)

③ 아들들은 여호와로부터 받은 유업을 잇는 자요, 애들은 여호와로부터 받은 상급이로다,

④ 젊을 때 낳은 아들들은 무사의 수중에 있는 화살과 같으니라,

⑤ 화살통이 자식들로 가득한 자는 복이있도다, 그들이 성문에서 그들의 적들과 싸울 때에 그들은 수치를 당치 아니하리로다.

● 128장[성전에 올라가는 노래]

① 여호와를 경외하며 그분의 길 안에서 걷는 자들은 복이 있도다,

② 너는 네 노동의 과실을 먹을 것이니, 네가 복되고 형통하리로다,

③ 너의 아내는 너의 집 안에 있는 열매가 가득한 포도나무 같으며 네 자녀들은 네 식탁 주위에 있는 올리브나무 같으리로다,

④ 이와 같이 여호와를 경외하는 자는 복을 받으리로다,

⑤ 여호와시여 시온으로부터 네게 복을 주시리니, 네 평생에 예루살렘의 번영을 보리이다,

⑥ 너는 네자식의 자식들을 볼것이니라, 이스라엘에게 평화가 있을지로다,

● 129장 [성전에 올라가는 노래]

① 이스라엘은 이제 말할지어다, 그들은 나의 젊은 시절부터 여러 번 나를 괴롭게 하였도다,

② 저희가 나의 젊은 시절부터 여러 번 나를 괴롭게 하였으나, 나를 이기지는 못하였도다,

③ 밭 가는 자들이 내 등을 갈아 그 고랑을 길게 만들었도다,

④ 여호와께서는 의로우사 사악한 자들의 줄을 끊으셨도다,

⑤ 시온을 미워하는 모든 사람들은 수치를 당하여 물러가게 하옵소서,

⑥ 그것들은 지붕 위의 풀같이 되게 하소서, 그리하여 그것들이 자라기도 전에 시들게 하옵소서,

⑦ 그것들은 베는 자의 손에도 차지 아니하게 하고 단들을 묶는 자의 품에도 가득하지 아니하게 하소서,

⑧ 행인들도 "여호와의 복이 너희에게 있으니, 우리가 여호와의 이름으로 너희에게 축복한다." 고 말하지 않게 하소서.,

● 130장 [성전에 올라가는 노래]

① 오 여호와시여, 내가 깊은곳에서 주님에게 부르짖었나이다,

② 오 여호와시여, 나의 음성을 들어주소서. 주님의 귀를 자비를 구하는 나의 부르짖음에 기울여주소서,

③ 오 여호와시여, 만일 주님께서 죄들을 기록하신다면 누가 무사할 수 있으리요?

④ 그러나 주님께는 용서하심이 있나니, 그러므로 주님께서는 경외받으시니이다,

⑤ 나는 여호와를 기다리나니, 곧 내 영혼이 여호와를 기다리나니, 그분의 말씀에 나의 소망을 두고 있나이다,

⑥ 나의 영혼이 파숫군이 아침을 기다림보다 여호와를 더욱 기다리나니, 참으로 파숫군의 아침을 기다림보다 더하도다,

⑦ 오 이스라엘아, 여호와께 너의 소망을 두어라, 이는 여호와께 한량없는 사랑과 풍성한 구속이 있기 때문이니라,

⑧ 그분 자신이 이스라엘을 그들의 모든 죄악으로부터 다시 살리실 것이시로다.

● 131장[다윗의 시 곧 성전에 올라가는 노래]

① 오 여호와시여, 내 마음이 교만치 아니하고 내 눈이 높지 아니하여, 나는 큰 일과 나에게 너무 버거운 일들에는 마음을 쓰지 아니하나이다,

② 진실로 내가 나 자신을 예의 바르고 평온케 하기를 마치 어머니의 젖을 뗀 한 아이 같이 하였으니, 내 안에 있는 나의 영혼이 젖을 뗀 아이와 같나이다,

③ 오 이스라엘아, 너의 소망을 지금부터 영원까지 여호와께 둘지어다.

● 132장[성전에 올라가는 노래]

① 오 여호와시여, 다윗과 그가 겪었던 모든 고난들을 기억하여 주옵소서,

② 그는 여호와께 맹세하였고 야곱의 전능하신 자에게 서원하였나이다,

③ 서원하기를 "내가 진실로 나의 거하는 장막에 들어가지 아니하고 내 침상에 오르지 아니할 것이요,

④ 내 눈으로 잠들게 아니하고 내 눈꺼풀로 졸게 아니할 것이리니,

⑤ 이는 내가 여호와의 처소 곧 야곱의 전능하신 자의 거하실 곳을 발견하기까지 하리라." 하였나이다

⑥ 우리는 그것이 에브라다에 있다 함을 들었더니 나무 밭에서 찾았도다,

⑦ 우리가 그분의 성막에 들어가서 그분의 발판 앞에서 경배하리로다,

⑧ 오 여호와시여, 일어나사 주의 권능의 궤와 함께 주님의 휴식처에 들어 가소서,

⑨ 주님의 제사장들이 의로움으로 옷을 입게 하시고 주님의 성도들이 기뻐 노래하게 하옵소서,

⑩ 주의 종 다윗의 얼굴을 외면하지 마옵소서, 그는 주님의 기름부은 자이니이다,

⑪ 여호와께서 다윗에게 진실로 단언하셨나니 변치 아니하실 확실한 말씀이라, 이르시기를, "너의 자손들 중의 하나를 너의 왕좌에 올려 놓으리라 ―

⑫ 그리고 만일 너의 자손들이 나와의 언약과 내가 그들에게 가르친 규율을 지킨다면 그때는 그 아들들이 영원히 영원히 너의 왕좌에 앉을 것이니라." 하시니라,

⑬ 이는 여호와께서 시온을 택하시어 그곳을 자기의 거주하는 곳으로 삼기를 원하였기 때문이니,

⑭ 이곳은 나의 영원히 쉴 곳이라, 내가 여기 거하리니, 이는 내가 그것을 원하였기 때문이니라,

⑮ 내가 풍부한 식량으로 시온에 복을 주고 빵으로 가난한 자들을 만족케 하리로다,

⑯ 내가 시온의 제사장들을 구원으로 옷 입히며 그 성도들은 기쁨으로 영원히 노래
하리로다,

⑰ "거기서 내가 다윗의 한 뿔을 나게 할 것이고, 내가 나의 기름 부은 자를 위하여 한
등불을 예비하였나니,

⑱ 내가 저의 적들은 수치를 당하게 하나, 그의 머리의 면류관은 눈부시게 빛나게 하
리라." 하셨도다.

● 133장[다윗의 시 곧 성전에 올라가는 노래]

① 보라, 형제들이 연합하여 함께 거하는 것이 얼마나 좋으며 어찌 그리 기쁘리요!

② 그것은 마치 머리 위의 값진 향유가 수염, 곧 아론의 수염으로 흘러서 그의 옷깃까
지 내려가는 것과 같고,

③ 헤르몬의 이슬, 곧 그 이슬이 시온의 산들 위에 내림과 같도다, 이는 여호와께서 거
기에 복을 명하셨나니 곧 영원한 생명이로다,

● 134장[성전에 올라가는 노래]

① 보라, 밤에 여호와의 전에 서있는 여호와의 모든 종들아, 너희는 여호와를 찬양하
라,

② 성소에서 너희 손을 들어 올리고, 여호와를 찬양하라,

③ 하늘과 지구를 만드신 여호와께서 시온으로부터 너에게 복을 주시기를 바라나이
다.

● 135장

① 할렐루야, 여호와의 이름을 찬양하라, 여호와의 종들아 그분을 찬양하라,

② 여호와의 집, 우리 하나님의 전의 뜰들에 서있는 너희여,

③ 여호와를 찬송하라, 여호와는 선하시며 그 이름이 아름다우니 그 이름을 찬양하
라,

④ 여호와께서 자기를 위하여 야곱 곧 이스라엘을 자기의 특별한 소유로 택하셨음이
로다,

⑤ 내가 알거니와 여호와께서는 위대하시며 우리 주는 모든 신보다 높으시도다,

⑥ 여호와께서 무릇 기뻐하시는 일을 천지와 바다와 모든 깊은데서 다 행하셨도다,

⑦ 안개를 땅 끝에서 일으키시며 비를 위하여 번개를 만드시며 바람을 그 곳간에서 내시는도다.

⑧ 그분께서 애굽의 처음 난 자를 사람부터 짐승까지 치셨도다.

⑨ 에집트여 여호와께서 너희 중에 징조와 기사를 보내사 파라오와 그 모든 신복에게 임하게 하셨도다.

⑩ 그분께서 많은 나라를 치시고 강한 왕들을 죽이셨나니,

⑪ 곧 아모리인의 왕 시혼과 바산 왕 옥과 가나안의 모든 국왕이로다.

⑫ 그들의 땅을 유산으로 주시되 자기 백성 이스라엘에게 유산으로 주셨도다.

⑬ 여호와여 주의 이름이 영원하시니이다, 여호와여 주의 기념이 대대에 이르리이다.

⑭ 여호와께서 자기 백성을 판단하시며 그 종들을 긍휼히 여기시리로다.

⑮ 이방인들의 우상은 은금이요, 사람의 수공물이라.

⑯ 입이 있어도 말하지 못하고 눈이 있어도 보지 못하며,

⑰ 귀가 있어도 듣지 못하며, 그 입에는 아무 기식도 없나니,

⑱ 그것을 만든 자와 그것을 의지하는 자가 다 그것과 같으리로다.

⑲ 이스라엘 족속아 여호와를 찬양하라, 아론의 족속아 여호와를 찬양하라.

⑳ 레위 족속아 여호와를 찬양하라, 여호와를 경외하는 너희들아 여호와를 찬양하라.

㉑ 시온에서 오셔서 예루살렘에 거하신 여호와는 찬송을 받으실지어다, 할렐루야.

• 136장

① 여호와께 감사하라, 그는 선하시며 그 사랑이 영원함이로다.

② 모든 신에 뛰어나신 하나님께 감사하라, 그 사랑이 영원함이로다.

③ 모든 주에 뛰어나신 주께 감사하라, 그 사랑이 영원함이로다.

④ 홀로 큰 기사를 행하시는 이에게 감사하라, 그 사랑이 영원함이로다.

⑤ 지혜로 하늘을 지으신 이에게 감사하라, 그 사랑이 영원함이로다.

⑥ 땅을 물 위에 펴신이에게 감사하라, 그 사랑이 영원함이로다.

⑦ 큰 빛들을 지으신 이에게 감사하라, 그 사랑이 영원함이로다.

⑧ 해로 낮을 주관케 하신이에게 감사하라, 그 사랑이 영원함이로다.

⑨ 달과 별들로 밤을 주관케 하신이에게 감사하라, 그 사랑이 영원함이로다.

⑩ 에집트의 장자를 치신이에게 감사하라, 그 사랑이 영원함이로다.

⑪ 이스라엘을 저희 중에서 인도하여 내신 이에게 감사하라, 그 사랑이 영원함이로

다,

⑫ 강한 손과 펴신 팔로 인도하여 내신 이에게 감사하라, 그 사랑이 영원함이로다,

⑬ 홍해를 가르신 이에게 감사하라, 그 사랑이 영원함이로다,

⑭ 이스라엘로 그 가운데로 통과케 하신 이에게 감사하라, 그 사랑이 영원함이로다,

⑮ 파라오와 그 군대를 홍해에 엎드러뜨리신 이에게 감사하라, 그 사랑이 영원함이로다,

⑯ 그 백성을 인도하여 광야로 통과케 하신 이에게 감사하라, 그 사랑이 영원함이로다,

⑰ 큰 왕들을 치신 이에게 감사하라, 그 사랑이 영원함이로다,

⑱ 유명한 왕들을 죽이신 이에게 감사하라, 그 사랑이 영원함이로다,

⑲ 아모리인의 왕 시혼을 죽이신 이에게 감사하라, 그 사랑이 영원함이로다,

⑳ 바산 왕 옥을 죽이신 이에게 감사하라, 그 사랑이 영원함이로다,

㉑ 그들의 땅을 유산으로 주신 이에게 감사하라, 그 사랑이 영원함이로다,

㉒ 곧 그 종 이스라엘에게 유산으로 주신 이에게 감사하라, 그 사랑이 영원함이로다,

㉓ 우리를 비천한 데서 기념하신 이에게 감사하라, 그 사랑이 영원함이로다,

㉔ 우리를 대적에게서 건지신 이에게 감사하라, 그 사랑이 영원함이로다,

㉕ 모든 육체에게 양식을 주신이에게 감사하라, 그 사랑이 영원함이로다,

㉖ 하늘의 하나님께 감사하라, 그 사랑이 영원함이로다.

● 137장

① 우리가 바벨론의 여러 강변 거기 앉아서 시온을 기억하며 울었도다.

② 그 중의 버드나무에 우리가 우리의 수금을 걸었나니.

③ 이는 우리를 사로잡은 자가 거기서 우리에게 노래를 청하며 우리를 황폐케 한 자가 기쁨을 청하고 자기들을 위하여 시온 노래 중 하나를 노래하라 함이로다.

④ 우리가 이방에 있어서 어찌 여호와의 노래를 부를꼬.

⑤ 예루살렘아 내가 너를 잊을진대. 내 오른손이 그 재주를 잊을지로다.

⑥ 내가 예루살렘을 기억지 아니하거나. 내가 너를 나의 제일 즐거워하는 것보다 지나치게 아니할진대 내 혀가 내 입 천장에 붙을지로다.

⑦ 여호와여 예루살렘이 해 받던 날을 기억하시고 에돔 자손을 치소서. 저희 말이 무너뜨리라. 무너뜨리라. 그 기초까지 무너뜨리라 하였나이다

⑧ 여자 같은 멸망할 바벨론아, 네가 우리에게 행한대로 네게 갚는 자가 행복하리로다,

⑨ 네 어린 것들을 반석에 메어치는 자는 행복하리로다.

● 138장

① 내가 전심으로 주께 감사하며 신들 앞에서 주께 찬양하리이다,

② 내가 주의 성전을 향하여 경배하며, 주의 인자하심과 성실하심을 인하여 주의 이름에 감사하오리니, 이는 주께서 주의 말씀을 주의 모든 이름 위에 높게 하셨음이니라,

③ 내가 간구하는 날에 주께서 응답하시고, 내 영혼을 장려하여 강하게 하셨나이다,

④ 여호와여 땅의 열왕이 주께 감사할 것은 저희가 주의 입의 말씀을 들음이오며,

⑤ 저희가 여호와의 도를 노래할 것은 여호와의 영광이 크심이니이다,

⑥ 여호와께서 높이 계셔도 낮은 자를 눈여겨보시며 멀리서도 교만한 자를 아시나이다,

⑦ 내가 환난 중에 다닐지라도 주님께서 나를 소생시키시리니 주님의 손을 펴사 내 원수들의 노를 막으시며 주님의 오른손이 나를 구원하시리이다,

⑧ 여호와께서 내게 관계된 것을 완전케 하실지라 여호와여 주의 인자하심이 영원하오니 주의 오른손으로 지으신 것을 버리지 마옵소서.

● 139장[다윗의 시 영장으로 한 노래]

① 여호와여 주께서 나를 살펴보셨고 나를 아셨나이다,

② 수님께서 나의 앉고 일어섬을 아시며 멀리서도 나의 생각을 통촉하시오며,

③ 나의 길과 눕는 것을 감찰하시며 나의 모든 행위를 익히 아시오니,

④ 여호와여 내 혀의 말을 알지 못하시는 것이 하나도 없으시니이다,

⑤ 주께서 나의 전후를 두르시며 내게 안수하셨나이다,

⑥ 이 지식이 내게 너무 기이하니 높아서 내가 능히 미치지 못하나이다,

⑦ 내가 주님의 영을 떠나 어디로 가며 주님의 앞에서 어디로 피하리이까?

⑧ 내가 하늘에 올라갈지라도 거기 계시며 지옥에 내 자리를 펼지라도 거기 계시니이다,

⑨ 내가 새벽 날개를 치며 바다 끝에 가서 거할지라도,

⑩ 곧 거기서도 주님의 손이 나를 인도하시며 주님의 오른손이 나를 붙드시리이다,

⑪ 내가 혹시 말하기를, 흑암이 나를 정녕 덮고 나를 두른 빛은 밤이 되리라, 할지라도,

⑫ 참으로 어둠이 주님으로부터 숨지 못하며 밤이 낮과 같이 비취나니 주님에게는 어둠과 빛이 마찬가지이니이다,

⑬ 주님께서 내 장부를 지으시며, 나의 모태에서 나를 조직하셨나이다,

⑭ 내가 주께 감사하옴은 나를 지으심이 신묘막측 하심이라, 주의 행사가 기이함을 내 영혼이 잘 아나이다,

⑮ 내가 은밀한데서 지음을 받고 땅의 깊은 곳에서 기이하게 지음을 받은 때에 나의 형체가 주의 앞에 숨기우지 못하였나이다,

⑯ 내 형질이 이루기 전에 주의 눈이 보셨으며, 나를 위하여 정한 날이 하나도 되기 전에 주의 책에 다 기록이 되었나이다,

⑰ 하나님이여 주님의 생각이 어찌 그리 보배로우신지요? 그 수가 어찌 그리 많은지요?

⑱ 내가 세려고 할지라도 그 수가 모래보다 많도소이다, 내가 깰 때에도 오히려 주와 함께 있나이다,

⑲ 하나님이여 주께서 정녕히 악인을 죽이시리이다, 피 흘리기를 즐기는 자들아 나를 떠날지어다,

⑳ 저희가 주님을 대하여 악에게 말하며 주님의 원수들이 헛되이 주님의 이름을 칭하나이다,

㉑ 여호와여 내가 주를 미워하는 자를 미워하지 아니하나이까? 주님을 치려 일어나는 자들로 인하여 몹시 슬퍼하지 아니하나이까?

㉒ 내가 그들을 철저히 미워하며 내가 그들을 나의 원수들로 여기나이다,

㉓ 하나님이여 나를 살피사 내 마음을 아시고 나를 시험하사 나의 불안한 생각들을 아시옵소서,

㉔ 내게 무슨 악한 행위가 있나 보시고, 나를 영원한 길로 인도하소서.

● 140장[다윗의 시 영장으로 한 노래]

① 여호와여 악인에게서 나를 건지시며, 포악한 자에게서 나를 보호하소서,

② 저희가 자기들의 마음속에 해하기를 꾀하고, 싸우기 위하여 매일 계속해서 함께 모이나이다,

③ 뱀 같이 그 혀를 날카롭게 하니 그 입술 아래는 독사의 독이 있나이다(셀라),

④ 여호와여 나를 지키사, 악인의 손에 빠지지 않게 하시며 나를 보전하사, 강포한 자에게서 벗어나게 하소서, 저희는 나의 걸음을 밀치려 하나이다,

⑤ 교만한 자가 나를 해하려고 올무와 줄을 놓으며, 길 곁에 그물을 치며 함정을 두었나이다(셀라),

⑥ 내가 여호와께 말하기를, 주는 나의 하나님이시니, 여호와여 나의 간구하는 소리에 귀를 기울이소서, 하였나이다,

⑦ 내 구원의 능력이신 주 여호와께서 전쟁의 날에 주께서 내 머리를 가리우셨나이다,

⑧ 여호와여 악인의 소원을 허락지 마시며, 그 악한 꾀를 이루지 못하게 하소서, 저희가 자만할까 하나이다(셀라),

⑨ 나를 둘러싸고 있는 자들의 머리가 그들의 입술이 야기한 해로 인하여 덮어지게 하소서,

⑩ 뜨거운 숯불이 저희에게 떨어지게 하시고, 불 가운데와 깊은 웅덩이에 저희로 빠져 다시 일어나지 못하게 하소서,

⑪ 악담하는 자는 세상에서 굳게 서지 못하며, 강포한 자에게는 재앙이 따라서 패망케 하리이다,

⑫ 내가 알거니와 여호와는 고난 당하는 자를 신원하시며, 가난한 자에게 공의를 베푸시리이다,

⑬ 진실로 의인이 주님의 이름을 찬양하며 정직한 자가 주의 앞에 거하리이다.

• 141장[다윗의 시]

① 여호와여 내가 주를 불렀사오니 속히 내게 임하소서, 내가 주께 부르짖을 때에 내 음성에 귀를 기우리소서,

② 나의 기도가 주의 앞에 분향함과 같이 되며, 나의 손 드는 것이 저녁 제사 같이 되게 하소서,

③ 여호와여 내 입 옆에 파숫군을 세우시고 내 입술의 문을 지키소서,

④ 내 마음이 악한 일에 기울어 죄악을 행하는 자와 함께 악을 행치 말게 하시며 저희 진수를 먹지 말게 하소서,

⑤ 의인이 나를 칠지라도 은혜로 여기며 책망할지라도 머리의 기름 같이 여겨서 내 머리가 이를 거절치 아니할지라, 저희의 재난 중에라도 내가 항상 기도하리로다,

⑥ 저희의 관장들이 바위 곁에 내려 던지웠도다, 내 말이 달므로 무리가 들으리로다,

⑦ 사람이 밭 갈아 흙을 부스뜨림 같이 우리의 해골이 음부 문에 흩어졌도다,

⑧ 주 여호와여 내 눈이 주께 향하며 내가 주께 피하오니, 내 영혼을 빈궁한대로 버려 두지 마옵소서,

⑨ 나를 지키사, 저희가 나를 잡으려고 놓은 올무와 행악자의 함정에서 벗어나게 하옵소서,

⑩ 악인은 자기 그물에 걸리게 하시고 나는 온전히 면하게 하소서.

● 142장[다윗이 굴에 있을 때에 지은 마스길 곧 기도]

① 내가 소리내어 여호와께 부르짖으며 소리내어 여호와께 간구하는도다,

② 내가 내 원통함을 그 앞에 토하며 내 우환을 그 앞에 진술하는도다,

③ 내 심령이 속에서 상할 때에도 주께서 내 길을 아셨나이다, 나의 행하는 길에 저희가 나를 잡으려고 올무를 숨겼나이다,

④ 내 우편을 살펴 보소서, 나를 아는 자도 없고 피난처도 없고 내 영혼을 돌아보는 자도 없나이다,

⑤ 여호와여 내가 주께 부르짖어 말하기를, 주는 나의 피난처시요, 생존 세계에서 나의 분깃이시라 하였나이다,

⑥ 나의 부르짖음을 들으소서, 나는 심히 비천하나이다, 나를 핍박하는 자에게서 던지소서, 저희는 나보다 강하니이다,

⑦ 내 영혼을 옥에서 이끌어 내사, 주의 이름을 감사케 하소서, 주께서 나를 후대하시리니 의인이 나를 두드리이다,

● 143장[다윗의 시]

① 여호와여 내 기도를 들으시며 내 간구에 귀를 기울이시고 주의 진실과 의로 내게 응답하소서,

② 주의 종에게 심판을 행치 마소서, 주의 목전에는 의로운 인생이 하나도 없나이다,

③ 원수가 내 영혼을 핍박하며 내 생명을 땅에 엎어서 나로 죽은지 오랜자 같이 흑암한 곳에 거하게 하였나이다,

④ 그러므로 내 심령이 속에서 상하며 내 마음이 속에서 참담하니이다,

⑤ 내가 옛날을 기억하고 주의 모든 행하신 것을 묵상하며 주의 손의 행사를 생각하고,

⑥ 주를 향하여 손을 펴고, 내 영혼이 마른 땅 같이 주를 사모하나이다(셀라),

⑦ 여호와여 속히 내게 응답하소서, 내 영혼이 피곤하니이다, 주의 얼굴을 내게서 숨기지 마소서, 내가 무덤에 내려가는 자 같을까, 두려워하나이다,

⑧ 아침에 나로 주의 인자한 말씀을 듣게 하소서, 내가 주를 의뢰함이니이다, 나의 다닐 길을 알게 하소서, 내가 내 영혼을 주께 받듦이니이다,

⑨ 여호와여 나를 내 원수들에게서 건지소서, 내가 주께 피하여 숨었나이다,

⑩ 주는 나의 하나님이시니, 나를 가르쳐 주의 뜻을 행케 하소서, 주의 신이 선하시니 나를 공평한 땅에 인도하소서,

⑪ 여호와여 주의 이름을 인하여 나를 살리시고, 주의 의로 내 영혼을 환난에서 끌어내소서,

⑫ 주의 인자하심으로 나의 원수들을 끊으시고, 내 영혼을 괴롭게 하는 자를 다 멸하소서, 나는 주의 종이니이다.

● 144장[다윗의 시]

① 나의 반석, 여호와를 찬송하리로다, 저가 전쟁에 대비하여 내 손을 훈련시키며 전투를 위하여 내 손가락을 훈련시키시도다,

② 여호와는 나의 인자시요, 나의 요새시요, 나의 산성이시요, 나를 건지는 자시요, 나의 방패시요, 나의 피난처요, 내 백성을 내게 복종케 하시는 자시로다,

③ 오 여호와시여, 사람이 무엇이관대 주께서 저를 보살펴 주십니까? 인생이 무엇이관대 저에게 그렇게 마음을 쓰십니까?

(LORD, what is man, that thou takest knowledge of him, or the son of man, thou makest account of him?-KJV)

(O LORD, what is man that you care for him, the son of man that you think of him?-NIV)

(Lord, what is man that you take notice of him; ths son of man, that you think of him?-NAB)

(I wonder why you care, GOD-why do you bother with us at all?-THE MESSAGE)

④ 사람은 헛것 같고 그의 날은 지나가는 그림자 같으니이다,

⑤ 여호와여 주의 하늘을 드리우고 강림하시며 산들에 접촉하사 연기가 발하게 하소서,

⑥ 번개를 번득이사 대적을 흩으시며 주의 살을 발하사 저희를 파하소서,

⑦ 위에서부터 주의 손을 펴사, 나를 큰 물과 이방인의 손에서 구하여 건지소서,

⑧ 저희 입은 거짓을 말하며 그 오른손은 거짓의 오른손이니이다,

⑨ 하나님이여, 내가 주께 새 노래로 노래하며 열 줄 비파로 주를 찬양하리이다,

⑩ 주는 왕들에게 구원을 베푸시는 자시요, 종 다윗을 그 해하는 칼에서 구하시는 자시니이다,

⑪ 이방인의 손에서 나를 구하여 건지소서, 저희 입은 거짓을 말하며 그 오른손은 거짓의 오른손이니이다,

⑫ 그때 우리 젊은 아들들은 잘 자란 나무들 같을 것이고, 우리 딸들은 궁전을 조각하기 위하여 다듬은 기둥 돌과 같을 것이니라,

⑬ 우리의 곳간에는 백곡이 가득하며 우리의 양은 들에서 천천과 만만으로 번성하며,

⑭ 우리 수소는 무겁게 실었으며 또 우리를 침로하는 일이나 우리가 나아가 막는 일이 없으며 우리 거리에는 슬피 부르짖음이 없을진대,

⑮ 이러한 백성은 복이 있나니, 여호와를 자기 하나님으로 삼는 백성은 복이 있도다.

● **145장**[다윗의 찬송시]

① 왕이신 나의 하나님이여, 내가 주를 높이고 영원히 주의 이름을 송축하리이다,

② 내가 날마다 주를 찬양하며 영영히 주의 이름을 찬양하리이다,

③ 여호와께서는 위대하시니 크게 찬양할 것이라 그의 위대하심을 측량치 못하리로다,

④ 대대로 주의 행사를 크게 칭송하며 주의 능한 일을 선포하리로다,

⑤ 주님의 존귀하고 영광스러운 위엄과 주님의 놀라운 일들을 나는 묵상하리이다,

⑥ 사람들은 주의 두려운 일의 세력을 말할 것이요, 나도 주의 위대하심을 선포하리이다,

⑦ 저희가 주님의 크신 은혜를 기념하여 말하며 주님의 의를 노래하리이다,

⑧ 여호와는 은혜로우시며 자비하시며 노하기를 더디하시며 인자하심이 크시도다,

⑨ 여호와께서는 만유를 선대하시며 그 지으신 모든 것에 자비를 베푸시는도다,

⑩ 여호와여 주의 지의신 모든 것이 주께 감사하며 주의 성도가 주를 송축하리이다,

⑪ 저희가 주의 나라의 영광을 말하며 주의 능을 일러서,

⑫ 주의 능하신 일과 주의 나라의 위엄의 영광을 인생에게 알게 하리이다,

⑬ 주의 나라는 영원한 나라이니 주의 통치는 대대에 이르리이다,

⑭ 여호와께서는 모든 넘어지는 자를 붙드시며 굴복당한 자들을 일으키시는도다,

⑮ 모든 사람들의 눈이 주를 앙망하오니 주는 때를 따라 저희에게 음식을 주시며,

⑯ 손을 펴사 모든 생물의 소원을 만족케 하시나이다,

⑰ 여호와께서는 그 모든 행위에 의로우시며 그 모든 행사에 은혜로우시도다,

⑱ 여호와께서는 자기에게 간구하는 모든 자 곧 진실하게 간구하는 모든 자에게 가까이 하시는도다,

⑲ 그분께서는 자기를 경외하는 자의 소원을 이루시며 또 저희 부르짖음을 들으사 구원하시리로다,

⑳ 여호와께서는 자기를 사랑하는 자는 다 보호하시고 악인은 다 멸하시리로다,

㉑ 내 입이 여호와의 영예를 말하며 모든 육체가 그의 성호를 영영히 찬양할지로다,

● 146장

① 할렐루야, 내 영혼아 여호와를 찬양하라,

② 나의 생전에 여호와를 찬양하며 나의 평생에 내 하나님을 찬송하리로다,

③ 방백들을 의지하지 말며 도울 힘이 없는 인생도 의지하지 말지니,

④ 그 호흡이 끊어지면 흙으로 돌아가서 당일에 그 계획이 소멸하리로다,

⑤ 야곱의 하나님으로 자기 도움을 삼으며 여호와 자기 하나님에게 그 소망을 두는 자는 복이 있도다,

⑥ 여호와는 천지와 바다와 그 중의 만물을 지으시며 영원히 진실함을 지키시며,

⑦ 압박 당하는 자를 위하여 공의로 판단하시며 주린 자에게 음식을 주시는 자시로다, 여호와께서 갇힌 자를 해방하시며,

⑧ 여호와께서 소경의 눈을 여시며, 여호와께서 굴복당한 자를 일으키시며 여호와께서 의인을 사랑하시며,

⑨ 여호와께서 객을 보호하시며 고아와 과부를 붙드시고 악인의 길은 굽게 하시는도다,

⑩ 시온아 여호와 네 하나님은 영원히 대대에 통치하시리이다, 할렐루야.

● 147장

① 할렐루야 우리 하나님께 찬양함이 선함이여 찬송함이 아름답고 마땅하도다,

② 여호와께서 예루살렘을 세우시며 이스라엘의 흩어진 자를 모으시며,

③ 상심한 자를 고치시며 저희 상처를 싸매시는도다,

④ 저가 별의 수효를 계수하시고 저희를 다 이름대로 부르시는도다,

⑤ 우리 주는 광대하시며 능력이 많으시며 그 지혜가 무궁하시도다,

⑥ 여호와께서 겸손한 자는 붙드시고 악인은 땅에 엎드러뜨리시는도다,

⑦ 감사함으로 여호와께 노래하며 수금으로 하나님께 찬양할지어다,

⑧ 저가 구름으로 하늘을 덮으시며 땅을 위하여 비를 예비하시며 산에 풀이 자라게
하시며,

⑨ 들짐승과 우는 까마귀 새끼에게 먹을 것을 주시는도다,

⑩ 여호와는 말의 힘을 즐거워 아니하시며 사람의 다리도 기뻐 아니하시고,

⑪ 자기를 경외하는 자와 그 인자하심을 바라는 자들을 기뻐하시는도다,

⑫ 예루살렘아 여호와를 찬송할지어다 시온아 네 하나님을 찬양할지어다,

⑬ 저가 네 문빗장을 견고히 하시고 너의 가운데 자녀에게 복을 주셨으며,

⑭ 네 경내를 평안케 하시고 아름다운 밀로 너를 배불리시며,

⑮ 그 명을 땅에 보내시니 그 말씀이 속히 달리는도다,

⑯ 눈을 양털 같이 내리시며 서리를 재 같이 흩으시며,

⑰ 우박을 떡 부스러기 같이 뿌리시나니 누가 능히 그 추위를 감당하리요?

⑱ 그 말씀을 보내사 그것들을 녹이시고 바람을 불게 하신즉 물이 흐르는도다,

⑲ 저가 그 말씀을 야곱에게 보이시며 그 율례와 규례를 이스라엘에게 보이시는도다,

⑳ 아무 나라에게도 이같이 행치 아니하셨나니 저희는 그 규례를 알지못하였도다, 할
렐루야,

• 148장

① 할렐루야 하늘에서 여호와를 찬양하며 높은데서 찬양할지어다,

② 그의 모든 사자여 찬양하며 모든 군대여 찬양할지어다,

③ 해와 달아 찬양하며 광명한 별들아 찬양할지어다,

④ 하늘의 하늘도 찬양하며 하늘 위에 있는 물들도 찬양할지어다,

⑤ 그것들이 여호와의 이름을 찬양할 것은 저가 명하시매 지음을 받았음이로다,

⑥ 저가 또 그것들을 영영히 세우시고 폐치 못할 명을 정하셨도다,

⑦ 너희 용들과 바다여 땅에서 여호와를 찬양하라,

⑧ 불과 우박과 눈과 안개와 그 말씀을 좇는 광풍이며,

⑨ 산들과 모든 작은 산과 과목과 모든 백향목이며,

⑩ 짐승과 모든 가축과 기는 것과 나는 새며,

⑪ 세상의 왕들과 모든 백성과 방백과 지구의 모든 재판관이며,

⑫ 청년 남자와 처녀와 노인과 아이들아,

⑬ 다 여호와의 이름을 찬양할지어다, 그 이름이 홀로 높으시며 그 영광이 천지에 뛰어나심이로다,

⑭ 저가 그 백성의 뿔을 높이셨으니 저는 모든 성도 곧 저를 친근히 하는 이스라엘 자손의 찬양거리로다, 할렐루야!

● 149장
① 할렐루야! 새 노래로 여호와께 노래하며 성도의 회중에서 찬양할지어다,

② 이스라엘은 자기를 지으신 자로 인하여 즐거워하며 시온의 거민은 저희의 왕으로 인하여 즐거워할지어다,

③ 춤 추며 그의 이름을 찬양하며 소고와 수금으로 그를 찬양할지어다,

④ 여호와께서는 자기 백성을 기뻐하시며 겸손한 자를 구원으로 아름답게 하심이로다,

⑤ 성도들은 영광 중에 즐거워하며 저희 침상에서 기쁨으로 노래할지어다,

⑥ 그 입에는 하나님의 존영이요, 그 수중에는 두 날 가진 칼이로다,

⑦ 이것으로 열방에 보수하며 민족들을 벌하며,

⑧ 저희 왕들은 사슬로 저의 귀인은 철고랑으로 결박하고,

⑨ 기록한 판단대로 저희에게 시행할지로다, 이런 영광은 그 모든 성도에게 있도다, 할렐루야!

● 150장
① 할렐루야1 그 성소에서 하나님을 찬양하며 그 권능의 궁창에서 그를 찬양할지어다,

② 그의 능하신 행동을 인하여 찬양하며, 그의 지극히 위대하심을 좇아 찬양할지어다,

③ 나팔 소리로 찬양하며 비파와 수금으로 찬양할지어다,

④ 소고 치며 춤 추어 찬양하며 현악과 통소로 찬양할지어다

⑤ 큰 소리 나는 제금으로 찬양하며 높은 소리 나는 제금으로 찬양할지어다

⑥ 호흡이 있는 자마다 여호와를 찬양할지어다, 할렐루야!

잠언

· 본 성경듣기는 QR코드 인식으로 들을 수 있습니다

● 1장

① 다윗의 아들, 이스라엘 왕 솔로몬의 교훈적인 말씀(속담)들이라,

② 이는 우리가 어떻게 살아야 잘 살고 바르게 사는지를 알려주며, 인생이 무엇이고, 인생이 어디로 가는지를 깨닫게 하는 것이라,

(To know wisdom and instruction; to perceive the words of understanding;-KJV)

(for attaining wisdom and discipline; for understanding words of insight;-NIV)

(That people may know wisdom and discipline, may understand intelligent sayings;-NAB)

(Written down so we'll know how to live well and right, to understand what life means and where it's going;-THE MESSAGE)

③ 이는 지혜와 정의와 공의와 공평의 교훈을 받게 하며,

④ 단순한 자들에게는 신중함을 주며, 젊은 자들에게는 지식과 사려깊음을 주기 위한 것이니라.

⑤ 지혜로운 자들은 듣고 학식을 더할 것이요, 총명한 자들은 현명한 조언을 얻을 것이라,

⑥ 이로써 속담과 비유와 현자(賢者)의 수수께끼 같은 말씀을 깨닫는 것이니라.

⑦ 여호와를 경외하는 것이 지식의 근본이어늘 미련한 자는 이로부터(여호와경외-지식) 오는 지혜와 교훈을 멸시하느니라.

⑧ 내 아들아 네 아비의 훈계를 들으며, 네 어미의 법을 떠나지 말라.

⑨ 이는 네 머리의 아름다운 관이요, 네 목의 금사슬이니라.

⑩ 내 아들아 악한 자가 너를 꾈지라도 좇지 말라,

⑪ 그들이 네게 말하기를 우리와 함께 가자, 우리가 가만히 엎드렸다가 사람의 피를 흘리자 죄 없는 자를 까닭 없이 숨어 기다리다가,

⑫ 우리가 무덤같이 그들을 산 채로 삼키며 구덩이로 내려가는 자들같이 통째로 삼키자.

⑬ 우리가 온갖 보화를 찾아내어 그 약탈물로 우리의 집들을 채우리니,

⑭ 너는 우리들 가운데서 네 제비를 뽑으라, 우리 모두가 하나의 돈 주머니만 가지자 할찌라도

⑮ 내 아들아, 그들과 함께 그 길을 걷지 말며, 그들의 길로부터 네 발을 삼가라,

⑯ 이는 그들의 발은 악으로 달려가 피를 흘리는데 빠르기 때문이니라.

⑰ 참으로 새가 보는데서 그물을 치는 것은 헛일이겠거늘,

⑱ 그들은 자기들 자신의 피를 흘리려 숨어 기다리며, 자기든 자신의 생명을 해치기 위하여 몰래 숨어 기다릴 분이라.

⑲ 무릇 이를 탐하는 자의 길은 다 이러하여 자기의 생명을 잃게 하느니라.

⑳ 지혜가 길거리에서 외치며 거리들에서 자기의 목소리를 내며,

㉑ 군중이 모이는 가장 높은 곳과 성문들의 통로들에서 외치고, 성읍에서 그녀가 자기의 말들을 내어 말하기를,

㉒ 너희 어리석은 자들은 어리석음을 좋아하며 거만한 자들은 거만을 기뻐하며 미련한 자들은 지식을 미워하니 어느 때까지 하겠느냐?

㉓ 나의 책망을 듣고 돌이키라, 보라, 내가 나의 신을 너희에게 부어주며 나의 말을 너희에게 보이리라,

㉔ 내가 부를지라도 너희가 듣기 싫어하였고, 내가 손을 펼질라도 돌아 보는 자가 없었고,

㉕ 도리어 나의 모든 교훈을 멸시하며 나의 책망을 받지 아니하였은즉,

㉖ 너희가 재앙을 만날 때에 내가 웃을 것이며, 너희에게 두려움이 임할 때에 내가 비웃으리라.

㉗ 너희의 두려움이 광풍 같이 임하겠고, 너희의 재앙이 폭풍 같이 이르겠고, 너희에게 근심과 슬픔이 임하리니,

㉘ 그 때에 너희가 나를 부르리라, 그래도 내가 대답지 아니하겠고, 부지런히 나를 찾

으리라, 그래도 나를 만나지 못하리니,

㉙ 대저 너희가 지식을 미워하며 여호와 경외하기를 즐거워하지 아니하며,

㉚ 나의 교훈을 받지 아니하고, 나의 모든 책망을 업신여겼음이라.

㉛ 그러므로 자기 행위의 열매를 먹으며 자기 꾀에 배부르리라.

㉜ 어리석은 자의 퇴보는 자기를 죽이며 미련한 자의 안일은 자기를 멸망시키려니와

㉝ 그러나 내게 귀를 기울려 듣는 자는 누구든지 안전하게 거할 것이요. 악의 두려움으로부터 벗어나 평온하리로다.

● 2장

① 내 아들들아, 네가 만일 나의 말을 받으며 나의 계명을 네게 간직하며,

② 네 귀를 지혜에 기울이며 네 마음을 총명함에 두고,

③ 지식을 불러 구하며 총명을 얻으려고 소리를 높이며,

④ 은을 구하는 것같이 그것을 구하며 감추인 보배를 찾는 것 같이 그것을 찾으면,

⑤ 여호와 두려워하기를 깨달으며 하나님을 알게 되리니,

⑥ 대저 여호와는 지혜를 주시며 지식과 총명을 그 입에서 내심이며,

⑦ 그는 정직한 자를 위하여 완전한 지혜를 예비하시며, 행실이 온전한 자에게 방패가 되시나니,

⑧ 대저 그는 공평의 길을 보호하시며 그 성도들의 길을 보전하려 하심이니라.

⑨ 그런즉 네가 공의와 공평과 정직 곧 모든 선한 길을 깨달을 것이라.

⑩ 곧 지혜가 네 마음에 들어가면 지식이 네 영혼에 즐겁게 될것이요

(When wisdom entereth into thine heart, and knowledge is pleasant unto thy soul;-KJV)

(For wisdom will enter your heart, and knowledge will be pleasant to your soul.-NIV)

(For wisdom will enter your heart, knowledge will be at home in your soul,-NAB)

(Lady Wisdom will be your close friend, and Brother Knowledge your pleasant companion.-THE MESSAGE)

⑪ 분별함이 너를 보존할 것이며, 총명함이 너를 지킬 것이니,

⑫ 악인의 길과 완악한 것들을 말하는 자로부터 너를 건져내리라,

⑬ 그들은 정직한 길을 떠나 어두운 길로 행하며,

⑭ 행악하기를 기뻐하며 악인의 패역을 즐거워하나니,

⑮ 그들의 길은 삐뚤어졌으며, 그들은 자기들의 행로에서 삐뚤어진 자들이로다.

⑯ 지혜가 너를 음녀와 말로 호리는 이방 계집에게서 구원하리니,

⑰ 그녀는 젊은 시절의 짝을 버리고 그녀가 하나님 앞에서 한 언약을 무시하는 자니라.

⑱ 이는 그녀의 집은 죽음으로 기울어졌고 그녀의 행로는 죽은자에게로 기울어졌나니,

⑲ 누구든지 그녀에게로 가는 자는 돌아 오지 못하며 또 생명길을 얻지 못하느니라,

⑳ 이것은 지혜가 너로 선한 자의 길로 행하게 하며, 또 의인의 길을 지키게 하리니,

(That thou mayest walk in the way of good men, and keep the paths of the righteous.-KJV)

(Thus you will walk in the ways of good men and keep to the paths of the righteous.-NIV)

(Thus you may walk in the way of the good, and keep to the paths of the just.-NAB)

(So-join the company of good men and women, keep your feet on the tried-and-true paths.-THE MESSAGE)

㉑ 이는 정직한 자들은 땅에 거할 것이고 흠이 없는 자들도 땅에 남아 있을 것이니라.

㉒ 그러나 악인들은 땅에서 끊어질 것이고 불성실한 자들은 땅에서 뽑혀질 것이니라.

● 3장

① 내 아들아, 나의 법을 잊어버리지 말고 충심으로 나의 명령들을 지켜라,

② 그리하면 그것이 너로 장수하고 번영을 누리게 하며 평강을 더하게 하리라,

③ 사랑과 성실함이 네게서 떠나지 않게 하고, 그것들을 네 목에 메며, 그것들을 네 마음의 판에 새겨라,

④ 그리하면 네가 하나님과 사람 앞에서 은총과 귀중히 여김을 받으리라,

⑤ 너는 마음을 다하여 여호와를 신뢰하고, 네 자신이 알고 이해하는 것에 의지하지 말라,

⑥ 너의 모든 인생길에서 그분의 존재하심을 마음에 새겨라, 그리하면 그가 네 가는

길을 평탄케 하시리니,

⑦ 스스로 지혜롭게 여기지 말찌어다, 여호와를 경외하며 악을 떠날찌어다,

⑧ 이것이 네 몸에 좋은 약이 되고 네 뼈를 튼튼하게 하리라,

⑨ 네 재물과 네 소산물의 처음 익은 열매로 여호와를 공경하라,

⑩ 그리하면 네 창고가 가득히 차고, 네 즙틀에 새 포도즙이 넘치리라,

⑪ 내 아들아 여호와의 징계를 경히 여기지 말라, 그 꾸지람을 싫어하지 말라,

⑫ 대저 여호와께서 그 사랑하시는 자를 징계하시기를 마치 아비가 그 기뻐하는 아들을 징계함 같이 하시느니라,

⑬ 지혜를 발견하는 자와 깨달음을 얻는 자는 복이 있나니,

⑭ 이는 지혜는 은을 얻는 것보다 낫고, 정금보다 더 낳은 대가를 주기 때문이니라.

⑮ 지혜는 진주보다 귀하고 네가 갈망하는 어떤 것도 그 것과 비교할 수 없도다,

⑯ 그 우편 손에는 장수(오래 사는 것)이 있고, 그 좌편 손에는 부와 귀함이 있나니,

⑰ 그 길들은 즐거운 길들이고, 그 가는 길들은 다 평강이니라,

⑱ 지혜는 그 얻은 자에게 생명 나무라 지혜를 가진 자는 복되도다,

⑲ 여호와께서는 지혜로 지구의 기초를 세우셨으며 총명함으로 하늘들을 제 자리에 배치하셨느니라,

⑳ 그분의 지식으로 깊은 곳이 갈라지게 하셨고, 구름들이 이슬로 내리게 하셨느니라,

㉑ 내 아들아, 그들을 너희 눈들로부터 떠나지 않게하라, 즉 건전한 지혜와 신중함을 지키어라.

㉒ 그리하면 그것들이 네 영혼의 생명이 되고, 네 목을 우아하게 하는 장신구가 되리니,

㉓ 그때 너는 네 길을 안전하게 갈것이고 네 발부리가 걸려 넘어지지 아니할 것이니라.

㉔ 네가 누울때에 두려워하지 아니하겠고, 네가 누운즉 네 잠이 달콤할 것이니라.

㉕ 너는 갑작스러운 재앙에 두려워 말며, 악인들을 덮치는 파멸을 두려워하지 말라,

㉖ 대저 여호와는 너희가 의지할 자이시라, 네 발을 지켜 걸려 넘어지지 않게 하시리라,

㉗ 네 손이 선을 베풀 힘이 있거든, 마땅히 받을 자에게 베풀기를 아끼지 말며,

㉘ 네가 가진 것이 있거든 네 이웃에게 말하기를, 나중에 다시 오라, 내가 그것을 내일

주겠노라 하지 말지니라,

㉙ 네 가까이에서 신실하게 살고있는 네 이웃을 모해하지 말라,

㉚ 어떤 사람이 네게 악을 행하지 아니하였거든 이유 없이 그와 다투지 말라,

㉛ 포악한 자를 부러워하지 말며 그의 어떤 행위든지 따라하지 말라

㉜ 이는 여호와께서는 패역한 자들을 미워하시나 의로운 자들은 그분의 은밀하심에 거하게 하시니라,

㉝ 그래서 악인의 집에는 여호와의 저주가 있으나, 의인의 집에는 복을 주시는도다,

㉞ 진실로 그는 거만한 자를 비웃으시며, 겸손한 자에게 은혜를 베푸시나니,

㉟ 지혜로운 자는 영광을 유업으로 받을 것이나, 어리석은 자들이 높임을 받는 것은 수치가 되느니라.

● 4장

① 자녀들아, 아비의 훈계에 귀를 기울여서 듣고 깨달음을 얻기에 유의하라,

② 이는 내가 건전한 교리를 너희에게 알려주노니 나의 가르침을 저버리지 말지니라,

③ 내가 나의 아버지 집에서 소년이었고 내 어머니의 유약한 외아들이었을 때,

④ 아버지가 내게 가르쳐 이르기를, 내 말들을 네 마음에 두어, 나의 분부하는 것들을 지키면 너희는 살리라, 하시니라.

⑤ 지혜를 얻고 깨달음을 얻으라, 나의 말들을 잊지 말고 또 그 말들로부터 벗어나지 말라,

⑥ 지혜를 버리지 말라, 그것이 너를 보호하리라, 지혜를 사랑하라, 그것이 너를 지키리라,

⑦ 지혜가 가장 중요한 것이니, 그러므로 지혜를 얻으라, 그리고 네가 가진 모든 것을 지불하고서라도 깨달음을 얻을지니라,

⑧ 지혜를 높이라, 그리하면 지혜가 너를 높이들리라, 네가 지혜를 품으면 지혜가 너에게 존귀를 가져다주리라.

⑨ 그가 아름다운 관을 네 머리에 두겠고 영화로운 면류관을 네게 줄것이니라.

⑩ 내 아들아, 들으라 내 말을 받으라, 그리하면 내 생명의 연수가 길리라,

⑪ 내가 지혜로운 길로 네게 가르쳤으며, 똑바른 길들로 너를 이끌었노라.

⑫ 다닐 때에 네 걸음이 곤란하지 아니하겠고, 달려갈 때에 실족하지 아니하리라,

⑬ 훈계를 굳게 잡아 놓치지 말고 지키라, 이것이 네 생명이니라,

⑭ 사특한 자들의 길에 발을 들여놓지 말며, 악인들의 길로 다니지 말지어다,

⑮ 그 길을 피하고 그 길로 지나가지 말며 거기서 돌이켜 떠나서 너의 길을 가라,

⑯ 이는 그들이 악을 행하지 못하면 자지 못하고, 사람을 넘어뜨리기까지 그냥 시간을 보내지 아니하기 때문이며,

⑰ 그들은 사악함의 떡을 먹으며 강포의 술을 마시기 때문이니라,

⑱ 의로운 자들의 길은 미명의 어스레한 빛 같아서 대낮까지 점점 빛나서 환한 광명에 이르나,

⑲ 악인들의 길은 칠흙같이 어두어서 그가 걸려 넘어져도 그것이 무엇인지 깨닫지 못하느니라,

⑳ 내 아들아, 내 말들에 주의하며, 나의 이르는 것들에 네 귀를 기울이라,

㉑ 그것들을 네 눈에서 떠나게 말며, 네 마음 한가운데에 간직하라,

㉒ 이는 그것들이 그것들을 발견하는 자들에게 생명이 되며, 그들의 모든 육체에 건강이 되기 때문이니라,

㉓ 모든 열심을 다하여 네 마음을 지키라, 이는 생명의 근원(원천)이 너의 마음이기 때문이니라,

㉔ 사악한 말들을 네 입에서 멀리하고, 네 입술로부터 부도덕한 말들을 않도록 하라,

㉕ 네 눈으로 바르게 보게 하며, 네 눈꺼플로 네 앞을 곧게 보게 하라.

㉖ 네 발들의 행로들을 평탄하게 하고, 오직 든든한 길들 취하여 가라,

㉗ 우편으로나 좌편으로나 치우치지 말고, 네 발을 악으로부터 떠나게 하라.

● 5장

① 내 아들아, 나의 지혜에 주의하며, 나의 총명한 말들에 귀를 기울여서,

② 네가 분별심을 가지고 네 입술로 지식을 간직하도록 하라,

③ 대저 음녀의 입술은 꿀을 떨어뜨리며 그녀의 입에서 나오는 말은 기름보다 미끄러우나

④ 그녀의 마지막 말은 쓴쑥같이 쓰고 양날의 검같이 날카롭도다.

⑤ 그녀의 발은 죽음으로 향하여 한 걸음 한 걸음 지옥으로 곧게 나아가나니,

⑥ 그녀는 생명의 길을 생각지 못하여, 그녀의 길들은 구부러졌으나 그녀는 그것을 깨닫지 못하느니라.

⑦ 나의 아들들아 그래 이제는 나의 말들을 들으라, 내가 말하는 것들로부터 벗어나

지 말아라.

⑧ 그녀로부터 네 길을 멀리 하고, 그녀의 집 문에도 가까이 가지 말라.

⑨ 이는 너의 명예를 다른 사람에게 넘겨주지 않게하고, 네 남은 수명을 잔악한 자들에게 빼앗기지 않게 하기 위함이라.

⑩ 또 낯선자들이 네 재물로 충족하게 되지 않고, 네 수고한 것이 낯선자의 집에 있지 않게 기 위함이라.

⑪ 네 살과 네 몸이 쇠약하여 마지막에 이르렀을 때, 너는 한탄하면서

⑫ 말하기를, 어찌하여 내가 가르침을 싫어하며 내 마음이 남들의 책망을 업신여겼는가? 하리라.

⑬ 또한 내 선생들의 목소리를 청종치 아니하며, 나를 가르치는 이들에게 귀를 기울이지 아니하였다가

⑭ 나는 많은 사람들이 모인 회합에서 완전한 파멸의 그트머리에 와 있노라, 하리라.

⑮ 너는 네 자신의 물 탱크나 너 자신의 샘에서 흐르는 물을 마시라,

⑯ 네 샘물이 집 밖으로 넘치고 그 물줄기가 광장으로 흘러서야 되겠느냐?

⑰ 그 물은 네게만 있게하고 낯선자들과 더불어 그것을 나누지 말라.

⑱ 네 샘의 원천은 복을 받으리라, 그리고 너는 네가 젊어서 취한 아내와 함께 즐거워하리라.

⑲ 그녀로 하여금 사랑스러운 암사슴 같게 하고 우아한 암노루 같게 하라. 그녀의 가슴은 언제든지 너를 만족하게 여기며, 너는 그녀의 사랑으로 인하여 항상 기뻐하라.

⑳ 내 아들아, 어찌하여 음녀에 사로잡혔으며?, 어찌하여 다른 남자의 아내를 가슴에 안았느냐?

㉑ 이는 사람의 길은 여호와의 눈 앞에 있어 그분께서 사람의 모든 길을 주시하시기 때문이니라.

㉒ 사악한 자의 악한 행위들은 그를 덫에 걸리게 하며, 사악한 자의 죄의 줄들은 그를 동여 메느니라.

㉓ 그는 훈계를 무시해서 죽을 것이고 자신의 크나큰 미련함으로 인하여 타락할 것이니라.

• 6장

① 내 아들아, 네가 만일 이웃을 위하여 담보하거나, 네가 타인을 위하여 보증하였거나,

② 또 네가 말한 것으로 함정에 빠지거나, 네 입의 말들로 인하여 덫에 걸렸다면,

③ 내 아들아, 그때에는 이렇게 하라, 너는 네 이웃의 손아귀에 빠졌은즉 너는 곧 가서 겸손히 네 이웃에게 설득하여 네 자신을 그 부담에서 벗어나게 하라.

④ 네 눈으로 잠들게 하지 말며, 눈꺼풀로 감기게 하지 말고,

⑤ 노루가 사냥군의 손에서 벗어나는 것 같이 새가 그물 치는 자의 손에서 벗어나는 것 같이 스스로 구원하라.

⑥ 게으른 자여 개미에게 가서 그 하는 것을 보고 지혜를 얻으라,

⑦ 개미는 안내자도 없고 감독자도 없고 지도자도 없으되,

⑧ 여름에 자기가 먹을 것을 예비하고, 추수할 때에 양식을 모으느니라.

⑨ 오 게으른 자여, 네가 어느 때까지 자겠느냐? 네가 어느 때에 잠이 깨어 일어나겠느냐?

⑩ 좀더 자자, 좀더 졸자, 손을 모으고 좀더 자자 하면,

⑪ 곤궁이 강도 같이 네게 올 것이며 네 궁핍이 무장한 사람같이 이르리라,

⑫ 쓸모없는 인간과 간악한 사람은 입에 거짓을 담고 다니며,

⑬ 눈짓을 하고 발로 뜻을 보이며 손가락질로 알게 하느니라,

⑭ 그 마음에는 사악이 자리잡아 악을 꾀하고 언제나 다툼을 일으키느니라,

⑮ 그러므로 그 재앙이 갑자기 임한즉 도움을 얻지 못하고 순식간에 패망하리라.

⑯ 여호와의 미워하시는 것 곧 그 마음에 싫어하시는 것이 육 칠 가지니,

⑰ 곧 교만한 눈과 거짓된 혀와 무죄한 자의 피를 흘리는 손과

⑱ 악한 계교를 꾀하는 마음과 빨리 악으로 달려가는 발과

⑲ 거짓을 말하는 망령된 증인과 및 형제 사이를 이간하는 자니라,

⑳ 내 아들아 네 아비의 명령을 지키며, 네 어미의 법을 떠나지 말고,

㉑ 그것을 항상 네 마음에 새기며 네 목에 매라,

㉒ 그것이 너의 다닐 때에 너를 인도하며, 잘 때에 너를 보호하며, 너의 깰때에 너로 더불어 말하리니,

㉓ 대저 명령은 등불이요, 법은 빛이요, 훈계의 책망은 곧 생명의 길이라,

㉔ 그것들이 너를 악한 계집에게서, 이방 계집의 아양떠는 혀에서 지켜주리라,

㉕ 네 마음에 그 아름다운 색을 탐하지 말며, 그 눈꺼풀에 흘리지 말라,

㉖ 이는 매춘부는 남자에게 한조각 빵만 남게하고, 음란한 계집(姦婦)는 너의 귀한 생명을 사냥함이니라,

㉗ 사람이 불을 품에 품고야 어찌 그 옷이 타지 아니하겠느냐?,

㉘ 사람이 숯불을 밟고야 어찌 그 발이 데지 아니하겠느냐?

㉙ 남의 아내와 통간하는 자도 이와 같을 것이라, 무릇 그를 만지기만 하는 자도 죄 없게 되지 아니하리라,

㉚ 도적이 만일 주릴 때에 배를 채우려고 도적질하면 사람이 그를 멸시치는 아니하나,

㉛ 만약 들키면 칠배를 갚아야 하리니, 심지어 자기 집에 있는 것을 다 내어 주게 되리라.

㉜ 그러나 간음하는 자는 판단이 없는 자라 그렇게 행하는 자는 누구나 그 자신을 망하게 하느니라,

㉝ 상처와 치욕을 받고 그의 부끄러움은 지워지지 않을 것이니라,

㉞ 질투는 그 간음한 여자의 남편의 분노를 일으켜서 그가 보복하는 때에 어떠한 자비도 베풀지 아니할 것이니라.

㉟ 그는 어떠한 배상도 받지 않을 것이고, 아무리 큰 빵(보상)을 주더라도 거절할 것이니라.

● 7장

① 내 아들아, 내 말을 지키며 내 명령을 네게 간직하라,

② 내 명령을 지켜서 살며, 나의 가르침들을 네 눈동자처럼 지키라,

③ 그것들을 네 손가락에 매며, 그것들을 네 마음판에 새기라,

④ 지혜에게는 "너는 내 누이라."라 하고 깨달음에게는 "너는 내 친족이라 하라."

⑤ 그리하면 이것이 너를 지켜서 음녀로부터 너를 지키고, 호리는 말들로 제멋대로인 너의 아내로부터 너를 지켜줄 것이니라.

⑥ 내가 나의 집 창가에서 격자창을 통하여 밖을 내다 보았는데,

⑦ 나는 수수한 사람들 중, 젊은 자들 중에서 판단력이 결여된 한 젊은이를 주시하였다.

⑧ 그는 그녀의 집 방향으로 쭉 걸어가서 그녀의 집 모퉁이 가까이 있는 길로 내려갔

다,

⑨ 해가 기울어지는 저녁 무렵 어둡고 캄캄한 밤이었는데,

⑩ 그 때에 기생의 옷을 입은 간교한 계집이 그를 맞으니,

⑪ 이 계집은 안절부절 못하고 그 발이 집에 머물지 아니하여,

⑫ 어떤 때에는 거리 어떤 때에는 광장에 가서 길목마다 지켜서 사람을 유혹하느니라,

⑬ 그 계집이 그를 붙잡고 입을 맞추며 부끄러움을 모르는 얼굴로 말하되,

⑭ 내가 집에서 서원하여 원하였던 것을 나는 오늘 이루었노라,

> (I have peace offerings with me; this day have I payed my vows.-KJV)
>
> ("I have fellowship offerings at home; today I fulfilled my vows,-NIV)
>
> ("I owed peace offerings, and today I have fulfilled my vows;-NAB)
>
> ("I've got all the markings for a feast-today I made my offerings, my vows are all paid,-THE NESSAGE)

⑮ 그래서 내가 너를 맞으려고 나와서, 나는 너를 찾았는데 너를 만났도다,

⑯ 나는 에집트에서 가져온 화려한 천의 이불으로 나의 침대를 덮어 놓았고,

⑰ 몰약과 침향과 계피를 뿌렸노라,

⑱ 오라, 우리가 아침까지 흡족하게 서로 사랑하며, 사랑함으로 서로 희락하자,

⑲ 남편은 길을 떠나 먼 길을 갔는데,

⑳ 은 주머니를 가졌은즉 보름 후에나 집에 돌아 오리라 하며,

㉑ 여러가지 고운 말로 혹하게 하며 입술의 호리는 말로 꾀므로,

㉒ 소년이 곧 그녀를 따랐으니, 소가 푸줏간으로 가는 것 같고, 미련한 자가 벌을 받으려고 쇠사슬에 메이러 가는 것과 같음이라,

㉓ 결국 화살이 그의 간장을 꿰뚫을 것이요, 마치 새가 자기 생명을 잃는 줄도 모르고 급히 올무로 가는 것과 같으니라.

㉔ 그러므로 이제 나의 아들들아 나의 말에 귀를 기울여라,

㉕ 네 마음이 음녀의 길로 치우치지 말며, 그 길에 빠져들지 말지어다,

㉖ 대저 그녀가 많은 사람을 상하여 엎드러지게 하였나니, 그녀에게 죽은 자가 허다하니라,

㉗ 그녀의 집은 무덤과 사망의 방들로 이끌어 내리는 고속도로이니라.

● 8장

① 너의 지혜가 너에게 소리치지 아니하느냐? 너의 총명이 그녀의 목소리의 뜻을 깨닫게 하지 아니하느냐?

(Doth not wisdom cry? and understanding put forth her voice?-KJV)

(DOES NOT wisdom call out? Does not understanding raise her voice?-NIV)

(Does not Wisdom call, and Understanding raise her voice?-NAB)

(Do you hear Lady Wisdom calling? Can you hear Madame Insight raising her voice?-THE MESSAGE)

② 그녀는 길들이 만나는 길 가의 높은 곳에 자리를 잡고,

③ 도시로 들어가는 성문 곁과 입구에 서서 크게 부르짖기를,

④ 오 남자들아, 내가 너희를 부르며, 나는 모든 사람들에게 나의 목소리를 높이리라,

⑤ 단순한 자들아 너희는 신중할지니라, 미련한 자들아 너희는 깨달음을 얻을지어다,

⑥ 내 말을 들을지어다, 나는 가치있는 것들을 말하느니라, 나는 나의 입술을 열어 옳은 것을 말하느니라,

⑦ 내 입은 진리를 말하며 다 의로운 악을 미워하느니라,

⑧ 내 입의 말은 다 의로운 즉, 그 가운데 굽은 것과 왜곡된 것이 없나니,

⑨ 그것들은 깨닫는 자들에게는 모두 알기 쉬운 것이요, 지식을 얻는 자들에게는 올바른 것이니라,

⑩ 너희는 은을 받지 말고, 나의 훈계를 받으며, 정금을 택하기 보다는 지식을 택하라,

⑪ 이는 지혜가 진주보다 낫기 때문이니, 원하는 모든 것들이 그것에 비교할 수 없음이니라,

⑫ 나, 지혜는 신중함과 함께 거하며, 지식과 분별심을 지니니이라,

⑬ 여호와를 경외하는 것은 악을 미워하는 것이라, 나는 교만과 거만과 악한 행실과 괴팍한 말을 미워하느니라,

⑭ 나는 조언하고 건전한 판단을 하느니라, 나는 깨달음과 능력이 있느니라,

⑮ 나를 수단으로 왕들이 치리하며, 지배자들이 공정한 법들을 제정하느니라,

⑯ 나를 수단으로 분봉왕이 치리하고, 땅의 모든 재판관들이 다스리느니라,

⑰ 나를 사랑하는 자들이 나의 사랑을 입으며, 나를 간절히 찾는 자가 나를 만날 것이니라,

⑱ 부와 명예가 나와 함께 있고, 부귀와 번영이 나와 함께 계속하느니라,

⑲ 나의 열매는 세정한 금보다 나으며, 내가 산출하는 것은 최상의 은보다 나으니라,

⑳ 나는 정의의 길들을 따라서 의로움의 길로 인도하나니,

㉑ 이는 나를 사랑하는 자에게 재물을 주어서, 그 창고를 가득 채우게 하려함이니라,

㉒ 여호와께서 태초에 일하시기 전 그분의 처음 일로써 나를 낳으셨느니라,

(The LORD possessed me in the beginning of his way, before his works of old.-KJV)

(The LORD brought me forth as the first of his works, before his deeds of old;-NIV)

("The LORD begot me, the beginning of his works, rhe forerunner of his deeds of long ago;-NAB)

("GOD sovereignly made me-the first, the basic-before he did anything else.-THE MESSAGE)

㉓ 만세전부터 상고부터 땅이 생기기 전부터 내가 세움을 입었나니,

㉔ 아직 바다가 생기지 아니하였고, 큰 샘들이 있기 전에 내가 이미 났으며,

㉕ 산이 세우심을 입기 전에 언덕이 생기기 전에 내가 이미 났으니,

㉖ 하나님이 아직 땅도 들도 세상 진토의 근원도 짓지 아니하셨을 때라,

㉗ 그가 하늘들을 지으시며 해면에 수평선을 두르실 때에 내가 거기 있었느니라,

㉘ 그가 위로 구름을 만드시고, 대양(大洋)의 원천을 확실하게 고정하실 때도 내가 거기 있었느니라,

㉙ 바다의 한계를 정하여 물로 명령을 거스리지 못하게 하시며, 또 땅의 기초를 정하실 때에도 내가 거기 있었느니라.

㉚ 그때 나는 그의 곁에서 숙련된 장인이 되어 있어서 날마다 날마다 기쁨으로 충만되었고 그분과 함께 항상 있음을 즐거워하였느니라,

㉛ 나는 전 세상에서 즐거워하고 모든 사람들 중에서 기뻐하였느니라,

㉜ 자, 이제 나의 아들들아 내 말에 귀를 기울여라, 나의 길들(말한것들)을 지키는 자들은 복이 있도다.

㉝ 나의 훈계를 들어서 지혜를 얻으라, 그것을 무시하지 말아라,

㉞ 나의 말을 듣는 자는 복이 있나니, 그는 현관에서 기다리며 날마다 출입문을 주시하는 자니라,

㉟ 이는 나를 만나는 자마다 생명을 얻고, 여호와께로부터 은총을 받을 것임이니라,

㊱ 그러나, 나를 만나지 못하는 자는 그 자신의 영혼을 해하고, 나를 미워하는 자는 죽음을 사랑하는 자들이니라.

● 9장

① 지혜가 그의 집을 짓고, 일곱 기둥을 세웠느니라,

② 그가 짐승을 잡으며, 포도주를 혼합하여 상을 갖추고,

③ 그 여종을 보내어 성중 높은 곳에서 불러 이르기를,

④ 그가 판단력이 부족한 자에게 말하기를, "잘 모르는 자는 이리로 들어오라."고 하였습니다.

⑤ 너는 와서 내가 주는 음식을 먹고, 내가 혼합하여 만든 포도주를 마셔라,

⑥ 어리석은 길을 버려라, 그러면 너는 살리라, 그리고 깨달음의 길을 걸어라.

⑦ 거만한 자를 징계하는 자는 도리어 능욕을 받고, 악인을 책망하는 자는 도리어 흠을 잡히느니라,

⑧ 거만한 자를 책망하지 말라, 그가 너를 미워할까 두려우니라, 지혜 있는 자를 책망하라 그가 너를 사랑하리라,

⑨ 지혜있는 자에게 교훈을 더하라, 그가 더욱 지혜로와질것이요, 의로운 사람을 가르치라, 그가 학식이 더하리라,

⑩ 여호와를 경외하는 것이 지혜의 시작이고, 거룩하신 이를 아는 것이 깨달음이니라.

(The fear of the LORD is the beginning of wisdom: and the knowledge of the holy is understanding.-KJV)

("The fear of the LORD is the beginning of wisdom, and knowledge of the Holy One is understanding.-NIV)

(The beginning of wisdom is fear of the LORD, and knowledge of the Holy One is understanding.-NAB)

(Skilled living gets its start in the Fear-of-God, insight into life from knowing a Holy God.-THE MESSAGE)

⑪ 나 지혜로 말미암아 네 좋은 날이 많아질 것이고, 네 수명의 해가 늘어나리라,

⑫ 네가 만일 지혜로우면 그 지혜가 네게 유익할 것이나, 네가 만일 거만하면 너 홀로

해를 당하리라,

⑬ 미련한 계집은 수다스럽고, 그녀는 단순하여서 아무 것도 알지 못하니,

⑭ 이는 그녀가 자기 집 문에 앉으며, 그 성읍의 가장 높은 곳에 자리를 잡고 앉아,

⑮ 그들의 길을 바로 가는 행인들을 불러 말하기를,

⑯ "무릇 잘 모르는 자는 이리로 들어오라." 하고 판단력이 결여된 자들에게 말하기를,

⑰ "물을 도적질하여 마시면 달고, 숨어서 먹는 떡은 맛이 끝내주느니라." 하느니라.

⑱ 그러나 그들은 거기에 죽음이 있다는 것과 그녀의 객들이 파멸의 가장 깊은 곳에 있다는 것을 전혀 알지못하느니라.

● 10장

① 솔로몬의 잠언이라, 지혜로운 아들은 아비로 기쁘게 하나, 미련한 아들은 어미의 근심이니라,

② 불의로 받는 재물은 곧 없어져 인생에 무익하나, 정직한 생은 죽음으로부터 인생을 건지느니라,

(Treasures of wickedness profit nothing: but righteousness delivereth from death.-KJV)

(Ill-gotten treasures are of no value, but righteousness delivers from death.-NIV)

(Ill-gotten treasures profit nothing, but justice saves from death.-NAB)

(Ill-gotten gain gets you nowhere; an honest life is immortal.-THE MESSAGE)

③ 여호와께서 의인의 영혼은 주리지 않게 하시나, 악인의 소욕은 물리치시느니라,

④ 손을 게으르게 놀리는 자는 가난하게 되고, 손이 부지런한 자는 부하게 되느니라,

⑤ 여름에 거두는 자는 지혜로운 아들이나, 추수 때에 자는 자는 부끄러움을 끼치는 아들이니라,

⑥ 복들은 의인의 머리 위에 있고, 폭력은 사악한 자의 이름을 덮도다,

⑦ 의인의 기억은 복되나, 사악한 자의 이름은 썩어 없어지느니라,

⑧ 마음이 지혜로운 자는 명령들을 받아들일 것이나, 어리석은 자의 입술놀림은 멸망을 가져오느니라,

⑨ 바른 길로 행하는 자는 가는 길이 확실하나, 굽은 길로 행하는 자는 길을 잃으리라,

⑩ 눈을 악의적으로 씽긋하는 하는 자는 근심을 끼치고, 어리석게 지껄이는 자는 넘어지느니라,

⑪ 의인의 입은 생명의 샘이지만 악인의 입은 폭력을 감추고 있느니라,

⑫ 미움은 다툼을 일으켜도, 사랑은 모든 허물을 가리우느니라,

⑬ 깨달음이 있는 자의 입술에는 지혜가 있어도, 깨달음이 없는 자의 등뒤에는 채찍이 있느니라,

⑭ 지혜로운 자들은 지식을 쌓아놓고 있으나, 미련한 자의 입은 파멸을 불러드리느니라,

⑮ 부자들의 부는 그들의 견고한 성이나 가난한 자들의 궁핍은 그들의 파멸이니라,

⑯ 의인들의 수고는 그들을 생명에 이르도록 하나, 악인들의 소득은 그들을 죄에 이르게 하느니라,

⑰ 교훈을 지키는 자는 생명길로 가나, 가르침을 무시하는 자는 다른 사람들을 길을 잃게 하느니라,

⑱ 그의 증오를 감추는 자는 거짓의 입술을 가진 자요, 중상모략하는 자는 어리석은 자니라,

⑲ 말이 많으면 허물을 면키 어려우나, 그 입술을 제어하는 자는 지혜가 있느니라,

⑳ 의인의 혀는 갈고닦은 은과 같으나, 사악한 자들의 마음은 쓸모가 없느니라,

㉑ 의인의 입술은 여러 사람을 교육하나 미련한 자는 지식이 없으므로 죽느니라,

㉒ 여호와께서 복을 주시므로 사람으로 부하게 하시고 근심을 겸하여 주지 아니하시느니라,

㉓ 미련한 자는 행악으로 낙을 삼는 것 같이 명철한 자는 지혜로 낙을 삼느니라,

㉔ 악인에게는 그의 두려워하는 것이 임하거니와 의인은 그 원하는 것이 이루어지느니라,

㉕ 회리바람이 지나가면 악인은 없어져도 의인은 영원한 기초 같으니라,

㉖ 게으른 자는 그 부리는 사람에게 마치 이에 초 같고 눈에 연기 같으니라,

㉗ 여호와를 경외하면 장수하느니라 그러나 악인의 년세는 짧아지느니라,

㉘ 의인의 소망은 즐거움을 이루어도 악인의 소망은 끊어지느니라,

㉙ 여호와의 도가 정직한 자에게는 산성이요 행악하는 자에게는 멸망이니라,

㉚ 의인은 영영히 이동되지 아니하여도 악인은 땅에 거하지 못하게 되느니라,

㉛ 의인의 입은 지혜를 내어도 패역한 혀는 배임을 당할 것이니라,

㉜ 의인의 입술은 기쁘게 할 것을 알거늘 악인의 입은 패역을 말하느니라,

● 11장

① 속이는 저울은 여호와께서 미워하셔도 공평한 추는 그가 기뻐하시느니라,

② 교만이 오면 욕도 오거니와 겸손한 자에게는 지혜가 있느니라,

③ 정직한 자들의 성실함은 그들을 인도할 것이나 범죄자들의 사특함은 그들을 망하게 하느니라,

④ 재물은 진노하시는 날에 무익하나 의리는 죽음에서 건져내느니라,

⑤ 완전한 자의 의로움은 그의 길을 바르게 할 것이나, 사악한 자는 자기 자신의 사악함으로 인하여 넘어지리라,

⑥ 정직한 자들의 의로움은 그들을 구원할 것이나 불성실한 자들은 그들의 악한 무례함으로 인하여 사로잡히니리라,

⑦ 사악한 자는 죽을 때에 그의 소망이 사라지느니라, 그가 힘으로 할 수 있다고 기대했던 모든 것이 허사가 되느니라,

⑧ 의인은 환난에서 구원을 받고, 악인들이 대신하여 그 자리에 오느니라,

⑨ 사특한 자는 그의 입으로 그 이웃을 망하게 하나 의인들은 앎을 통하여 구원함을 얻느니라,

⑩ 의로운자들이 형통하면 성읍이 즐거워하고, 사악한 자들이 망하면 환호함이 있느니라,

⑪ 성읍은 정직한 자들의 축복으로 인하여 높임을 받으나 사악한 자들의 입으로 인하여 무너지느니라,

⑫ 지혜가 없는 자는 그 이웃을 멸시하나 총명한 사람은 화평을 유지하느니라,

⑬ 두루 다니며 한담하는 자는 남의 비밀을 누설하나 마음이 신실한 자는 그런 것을 숨기느니라,

⑭ 의논이 없으면 나라가 망하나 의논자들이 많으면 평안을 누리느니라,

⑮ 타인을 위하여 보증을 서는 자는 확실히 고통을 당하여도 보증을 거절하는 안전하느니라,

⑯ 친절한 마음을 가진 여자는 존경을 받고, 근면한 남자는 부를 얻느니라,

⑰ 자비를 베푸는 자는 자기 영혼을 이롭게 하나 잔인한 자는 자기의 몸에 해를 끼치

느니라,

⑱ 악인의 품삯은 믿을 수 없으나 의를 뿌린 자의 상은 확실하니라,

⑲ 진정한 의인은 생명을 얻으나 악을 추구하는 자는 사망에 이르느니라,

⑳ 여호와는 마음이 사악한 자들을 싫어하시나 그들의 행위가 바른 사람들은 여호와의 기뻐하심을 받느니라,

㉑ 이 것을 명심하라, 즉 악인들은 벌을 면치 못할 것이나 의인들은 자유함을 얻으리라,

㉒ 이쁘나 신중함이 없는 여인은 돼지 코에 매달린 금으로 만든 링(고리) 같으니라,

㉓ 의인들의 바램은 오직 선으로 종결되나 악인들의 소망은 진노로 끝나느니라,

㉔ 많이 구제하는 어떤 사람은 더욱 부하게 되는 일이 있으나 과도하게 움켜쥐는 어떤 사람은 궁핍에 이르니라,

㉕ 자비로운 사람은 풍성하여 질 것이고 남들을 새롭게 하는 자는 자기자신이 새롭게 될 것이니라,

㉖ 사람들은 곡식을 쌓아두고 팔지 아니하는 자를 저주할 것이나 기꺼이 파는 자의 머리 위에는 복이 임하느니라,

㉗ 선을 간절히 구하는 자는 은총을 얻으려니와 악을 더듬어 찾는 자에게는 악이 임하리라,

㉘ 자기의 재물을 의지하는 자는 패망하려니와 의인은 푸른 잎사귀 같아서 번성하리라,

㉙ 자기의 집에 불화를 일으키는 자는 오직 바람만을 상속받을 것이고 어리석은 자들은 현명한 자들의 종이 될 것이니라,

㉚ 의로운 자들의 열매는 생명의 나무이고 폭력적으로 사는 인생은 영혼들을 파괴하느니라,

(The fruit of the righteousness is a tree of life; and he that winneth souls, is wise.-KJV)

(The fruit of the righteousness is a tree of life, and he who wins souls is wise.-NIV)

(The fruit of justice is a tree of life, and one who takes lives is a sage.-NAB)

(A good life is a fruit-bearing tree; a violent life destroys souls.-THE

㉛ 만일 의인들이 지구상에서 그들의 정당한 대가를 받는다면, 불신자들과 악인들도 훨씬 더 정당한 보응을 받을 것이니라,

● 12장

① 가르침을 받는 것을 좋아하는 자는 지식을 좋아 하나, 고침 받음을 싫어하는 자는 멍청하느니라,

② 선량한 사람은 여호와께로서 은혜를 받으나 악을 꾀하는 사람은 여호와께로서 정죄하심을 받으리라,

③ 사람은 사악함으로 인하여 세워질 수 없으며 의인들의 뿌리는 결코 뽑히지 아니하느니라,

④ 고상한 성품의 아내는 그 지아비의 면류관이나 수치스러운 아내는 그 지아비의 뼈 속의 썩음 같으니라,

⑤ 의인들의 생각들은 올바르나 사악한 자들의 충고는 속이는 것이니라,

⑥ 악인의 말은 사람을 엿보아 피를 흘리자 하는 것이어니와 정직한 자의 입은 사람을 구원하느니라,

⑦ 사악한 자들은 소멸되어 더는 존재하지 아니하나, 의로운 자들의 집은 서 있으리라,

⑧ 사람은 자기의 지혜대로 칭찬을 받을것이나, 완악한 마음을 가진 자는 멸시를 받으리라,

⑨ 멸시를 받을지라도 종을 부리는 자는 스스로를 높은체 하면서도 음식이 부족한 자보다 나으니라,

⑩ 의로운 사람은 자기 육축의 생명을 보살피나, 사악한 자들은 그들이 최상의 친절을 베풀어도 그것도 잔인이니라,

⑪ 자기의 토지를 경작하는 자는 충분한 먹을 것을 가질 것이나, 허랑방탕한 자는 그렇지 않을 것이니라,

⑫ 악인은 불의의 이를 탐하나, 의인은 그 뿌리로 말미암아 결실하느니라,

⑬ 악인은 입술의 허물로 인하여 그물에 걸려도 의인은 환난에서 벗어나느니라,

⑭ 사람은 그가 손을 놀려 일함으로써 보상을 얻음과 꼭 같이 그의 입술의 열매로부터 좋은 일들이 충만하느니라,

⑮ 미련한 자는 자기 행위를 바른줄로 여기나, 지혜로운 자는 권고를 듣느니라,

⑯ 미련한 자는 분노를 당장에 나타내거니와 슬기로운 자는 모욕을 참고 넘기느니라,

⑰ 신뢰할 수 있는 증인은 정직한 증언을 하나, 거짓 증언자는 거짓을 말하느니라,

⑱ 함부로 말하는 것은 칼로 찌름과 같으나, 지혜로운 자의 혀는 치유를 가져오느니라,

⑲ 진실한 입술은 영원히 보존되나, 거짓 혀는 눈 깜작일 동안만 있을 뿐이니라,

⑳ 악을 꾀하는 자의 마음에는 거짓이 있으나 화평을 권고하는 자에게는 기쁨이 있느니라,

㉑ 의로운 자에게는 어떤 재앙도 임하지 아니하나, 악인에게는 불행이 가득하리라,

㉒ 거짓 입술은 여호와께 미움을 받아도, 진실히 행하는 자는 그의 기뻐하심을 받느니라,

㉓ 신중한 사람들은 그들의 지식을 감추어 두나, 말 많은 미련한 자들은 그들의 미련한 것들을 방송하느니라,

(A prudent man concealeth knowledge: but the heart of fools proclaimeth foolishness.-KJV)

(A prudent man keeps his knowledge to himself, but the heart of fools blurts out folly.-NIV)

(The shrewd conceal knowledge, but the hearts of fools proclaim folly.-NAB)

(Prudent people don't flaunt their knowledge; talkative fools broadcast their silliness.-THE MESSAGE)

㉔ 부지런한 자는 남을 다스릴 것이나, 게으른 자는 종국에 남의 종살이를 하느니라,

㉕ 사람이 마음에 근심이 그것이 그를 번뇌케 하나, 친절한 말 한마디가 그를 용기내게 하느니라,

㉖ 의인은 그 이웃의 인도자가 되나, 악인의 소행은 그 이웃들을 잘못된 길로 가게 하느니라,

㉗ 게으른 자는 그의 먹이도 사냥하지 아니하나, 부지런한 사람은 그의 부를 눈부시게 쌓느니라,

(The slothful man roasteth not that which he took in hunting: but the substance of a diligent man is precious.-KJV)

(The lazy man does not roast his game, but the diligent man prizes his possessions.-NIV)

(Sloth does not catch its prey, but the wealth of the diligent is splendid.-NAB)

(A lazy life is an empty life, but "early to rise" gets the job done.-THE MESSAGE)

㉘ 정의로운 길에는 생명이 있으나, 증오의 길은 사망으로 인도하느니라.

● 13장

① 지혜로운 아들은 아비의 훈계에 귀를 기울이나 건방진 아들은 꾸지람을 들으려 하지 아니하느니라.

② 선량한 사람은 자기 입의 열매로 좋은 것을 먹으나 범죄자들의 혼은 폭력을 먹느니라.

③ 자기 입술을 지키는 자는 그 생명을 지키나 함부로 말하는 자에게는 멸망이 오느니라.

④ 게으른 자는 아무리 바랄지라도 아무 것도 얻지 못하나 부지런한 자의 갈망은 풍족함을 얻느니라.

⑤ 의인은 거짓되게 말하는 것을 미워하나 악인은 혐오스럽고 수치스러운 말을 하느니라.

⑥ 의로움은 고결한 사람을 보호하나 악은 죄인을 내어던져 버리느니라.

⑦ 스스로 부한체하여도 아무것도 없는 자가 있고 스스로 가난한체 하여도 재물이 많은 자가 있느니라.

⑧ 어떤 사람의 재물이 그 사람의 생명을 협박하게 할 수도 있으나 가난한 자는 협박을 받을 일이 없느니라.

⑨ 의인들의 빛은 찬란히 빛나나 악인들의 등불은 꺼지느니라.

⑩ 교만에서는 다툼만 일어날 뿐이나 충고를 받아들이는 자는 지혜가 있느니라.

⑪ 부정직하게 얻은 재물은 빨리 줄어들 것이나 수고하여 얻은 재물은 그것이 증식될 것이니라.

⑫ 소망의 이룸이 미루어지는 것은 마음을 병들게 하나 갈망이 성취되는 것은 이는 생명 나무니라.

⑬ 교훈을 비웃는 자는 그 대가를 치를 것이나 계명을 존중하는 자에게는 상이 있느니라,

⑭ 지혜 있는 자의 가르침은 생명의 원천이라 사람으로 하여금 죽음의 올무에서 벗어나게 하느니라,

⑮ 선한 깨달음은 은혜를 얻게 하나 신실하지 않은 자의 길은 파멸이니라,

⑯ 무릇 현명한 자는 아는 지식을 기반으로 행동하나 미련한 자는 자기의 미련함을 표출하느니라,

⑰ 나쁜 메신저는 수신자를 재앙에 빠지게 하나 신뢰할 수 있는 메신저는 치유를 가져오느니라,

⑱ 교훈을 무시하는 자에게는 궁핍과 치욕이 이르나 책망에 귀를 기울이는 자는 누구나 존영을 얻느니라,

⑲ 우리의 갈망의 성취는 우리의 마음에 감미로우나 미련한 자는 악에서 떠나기를 싫어하느니라,

⑳ 지혜로운 자와 동행하면 지혜를 얻고 미련한 자와 사귀면 해를 받느니라,

㉑ 죄인들에게는 불행이 따르나 의인들에게는 좋은 것으로써 보상이 되느니라,

㉒ 선한 사람은 그의 유업을 그의 자손 대대에게 남겨주나 죄인의 재물은 의인을 위하여 쌓아두는 것이니라,

㉓ 가난한 자들이 경작지에서 풍족한 양식을 거두었을 때, 분배에 있어서 공정이 결여되면 그 소출들이 없어져 버리느니라,

(Much food is in the tillage of the poor: but there is that is destroyed for want of judgment.-KJV)

(A poor man's field may produce abundant food, but justice sweeps it away.-NIV)

(The tillage of the poor yields abundant food, but possessions are swept away for lack of justice.-NAB)

(Banks foreclose on the farms of the poor, or else the poor lose their shirts to crooked lawyers.-THE MESSAGE)

㉔ 회초리를 아끼는 자는 그의 자식을 미워하는 것이라, 그러나 자식을 사랑하는 자는 알맞은 때에 그를 훈육하느니라,

㉕ 의로운자가 먹을시는 그의 배고픔이 충족되나, 사악한 자의 위는 항상 더 많은 것

을 원하느니라.

(The righteous eateth to the satisfying of his soul: but the belly of the wicked shall want.-KJV)

(The righteous eat to their heart's content, but the stomach of the wicked goes hungry.-NIV)

(When the just eat, their hunger is appeased; but the belly of the wicked suffers want.-NAB)

(An appetite for good brings much satisfaction, bet the belly of the wicked always wants more.-THE MESSAGE)

● 14장

① 무릇 지혜로운 여인은 그녀의 집을 세우나, 어리석은 여인은 자기 손으로 그녀의 집을 헐어버리느니라.

② 정직하게 행하는 자는 여호와를 경외하나, 악을 행하는 자는 여호와를 혐오하느니라.

③ 미련한 자의 지껄임은 입으로 매를 자청하나, 지혜로운 자는 입술로 그들을 보호하느니라.

④ 소가 없으면 구유는 깨끗하나, 소가 힘있게 일함으로 많은 수확을 얻느니라.

⑤ 신실한 증인은 거짓말을 아니하나, 거짓 증인은 거짓말을 뱉느니라.

⑥ 거만한 자는 지혜를 구하여도 얻지 못하나, 통찰력이 있는 자는 쉽게 지식을 얻느니라.

⑦ 어리석은 자와 같이 있지마라, 이는 그의 입술에 지식 있음을 보지 못하기 때문이니라.

⑧ 신중한 자들의 지혜는 그들이 갈 길들을 알게하나, 미련한자들의 어리석음은 그들의 갈길을 현혹시키느니라.

⑨ 미련한 자들은 옳고 그름을 비웃으나, 도덕적인 삶은 은혜로 인한 것이니라.

(Fools make a mock at sin: but among the righteous there is favor.-KJV)

(Fools mock at making amends for sin, but goodswill is found among the upright.-NIV)

(The wicked scorn a guilt offering, but the upright find acceptance.-NAB)

(The stupid ridicule right and wrong, bur a moral life is a favored life.-THE
MESSAGE)

⑩ 각자의 마음은 그 자신의 고통을 알며, 또 어떤 다른 누구도 즐거움을 나누어 가질
수는 없느니라,

⑪ 사악한 자들의 집은 무너질 것이나, 정직한 자들의 장막은 흥하리라,

⑫ 어떤 길은 사람의 보기에는 생명의 길로 보이나, 다시 살려봐라, 그 길이 죽음으로
인도하기도 하느니라,

⑬ 비록 웃는다 해도 마음에 슬픔이 있고, 기쁨이 슬픔으로 끝나기도 하느니라,

⑭ 천한 사람은 천함으로 돌려 받고 은혜로운 사람은 은혜로 돌려받느니라,

⑮ 단순한 사람은 온갖 말을 믿으나, 빈틈없는 사람은 모든 것을 살피느니라,

⑯ 지혜로운 자는 두려워하여 악을 떠나나, 어리석은 자는 방자하여 스스로 믿느니
라,

⑰ 노하기를 속히 하는 자는 어리석은 일을 행하고, 악한 계교를 꾀하는 자는 미움을
받느니라,

⑱ 어리석은 자는 어리석음을 상속받으나, 신중한 자들은 지식으로 면류관을 삼느니
라,

⑲ 악인들은 선한 자들 앞에 엎드려 절할 것이고, 사악한 자들은 의인들의 문들에 엎
드릴 것이니라

⑳ 가난한 자들은 그 이웃으로부터도 피함을 받게 되나, 부자들은 많은 친구가 있느
니라,

㉑ 자기 이웃을 업신여기는 것은 죄를 범하는 것이나 곤궁한 자에게 자비를 베푸는
자는 복을 받느니라,

㉒ 악을 도모하는 자들은 잘못된 길을 가는 것이 아니냐?(잘못된 길을 가는 것이다)
그러나 선한 일을 계획하는 자에게서는 사랑과 신실함을 찾으리라,

㉓ 열심히 일하면 유익을 가져오나 말만 많으면 유일하게 빈곤에 이르느니라,

㉔ 지혜로운 자의 왕관은 재물이고 바보들의 왕관은 어리석음이니라,

㉕ 진실한 증인은 사람의 생명을 구원하나 거짓 증언하는 사람은 배신자이니라,

㉖ 여호와를 경외하는 자에게는 견고한 요새가 있나니 그것이 그의 자녀들에게 피난
처가 되리라,

㉗ 여호와를 경외함이 사람을 사망의 올무에서 빠져나오게 하는 생명의 샘이니라,

㉘ 백성들의 수가 많은 것은 왕에게는 영광이나 그 백성들의 수가 거의 없으면 왕은 망하느니라.

㉙ 노하기를 더디 하는 자는 크게 깨달은 자이나 마음이 조급한 자는 그의 어리석음을 나타내느니라.

㉚ 마음의 평화는 육신에게 생명을 주나 시기하는 마음은 뼈를 썩게 하느니라.

㉛ 가난한 사람들을 학대하는 자는 그들을 지으신 이를 멸시하는 자이나 궁핍한 자들을 불쌍히 여기는 자는 하나님을 흠숭하는 하느니라.

㉜ 환난이 왔을 때 악인은 그 환난에 쓰러지나 의인은 죽음이 목전에 왔을 때도 피난처를 찾느니라.

㉝ 지혜는 신중한 자들의 마음 속에서 머물러 있어, 의로는 자들은 죽음에 직면해서도 지혜로 인하여 피난처를 찾느니라

(Wisdom restech in the heart of him that hath understanding: but that which is in the midist of fools is made known.-KJV)

(Wisdom reposes in the heart of the discerning and even in death the righteousness have refuge.-NIV)

(Wisdom can remain silent in the discerning heart, but among fools she must make herself known.-NAB)

(Lady Wisdom is at home in an understanding heart-fools never even get to say hello.-THE MESSAGE)

㉞ 의로움은 백성 전체를 고귀하게 높이나 죄는 어떤 백성에게도 욕이 되느니라.

㉟ 슬기롭게 행하는 신하는 왕의 은총을 입고, 수치스러움을 일으키는 신하는 왕의 진노가 임하느니라.

● 15장

① 부드러운 대답은 분노를 돌이키나, 과격한 말은 분노를 격동하느니라.

② 지혜 있는 자의 혀는 지식을 올바르게 사용하나, 어리석은 자의 입은 어리석음을 쏟아내느니라.

③ 여호와의 눈은 모든 곳에 있느니라, 그곳에서 악한 사람들과 선한 사람들을 주시하시느니라.

④ 힐링을 가져오는 말은 생명 나무이나, 기만적인 말은 영혼을 박살내느니라.

⑤ 어리석은 자는 아비의 훈계를 업신여기나, 슬기로운 자는 아비의 훈계에 귀를 기울이니라,

⑥ 의인들의 집에는 많은 보화가 있으나, 악인들의 소득은 그들에게 근심이 되느니라,

⑦ 지혜로운 자의 말들은 지식을 퍼뜨리나, 미련한 자의 말들은 그렇지 아니하느니라,

⑧ 여호와께서는 악인들의 제물은 싫어하시나, 올바른 자들의 기도는 기뻐하시느니라,

⑨ 여호와께서는 악인들이 하는 길을 싫어하시나, 의로움을 추구하는 자들을 사랑하시느니라,

⑩ 하나님의 길을 등지는 자들은 엄한 징계가 기다리며 하나님의 견책을 싫어하는 자는 죽을 것이니라

(Correction is grievous unto him that forsaketh the way, and he that hateth reproof, shall die.-KJV)

(Stern discipline awaits him who leaves the path he who hates correction will die.-NIV)

(Discipline seems bad to the those going astray; one who hates reproof will die.-NAB)

(It's a school of hard knocks for those who leave God's path, a dead-end street for those who hate God's rules.-THE MESSAGE)

⑪ 죽음과 파멸이 여호와의 앞에 열려 있으니라, 사람들의 마음은 더욱 죽음과 파멸 앞에 열려있느라.

⑫ 거만한 자는 견책 받기를 좋아하지 아니하며 지혜 있는 자와 상의하지도 아니하느니라,

⑬ 마음의 즐거움은 얼굴을 밝게하나, 마음의 고뇌는 심령을 상하게 하느니라,

⑭ 사려깊은 자의 마음은 아는 것을 구하나, 어리석은 자의 입은 미련함을 즐기느니라,

⑮ 억압받는 자들의 나날은 비참하나, 즐거운 마음을 가지는 자는 나날이(계속하여 규칙적으로) 잔치하느니라,

⑯ 재산이 적어도 여호와를 경외하는 것이 많은 재산을 가지고 번뇌하는 것보다 나으

니라,

⑰ 채소만을 먹으며 서로 사랑하는 것이 살진 소를 먹으며 서로 미워하는 것보다 나으니라,

⑱ 분을 쉽게 내는 자는 다툼을 일으켜도 노하기를 더디 하는 자는 다툼을 그치게 하느니라,

⑲ 게으른 자의 길은 가시울타리 같으나 정직한 자들의 길은 평탄하느니라,

⑳ 지혜로운 아들은 아비를 즐겁게 하여도 미련한 자는 어미를 업신여기느니라,

㉑ 미련한자에게는 어리석음이 기쁨이나 총명한 자는 바른 길을 가느니라,

(Folly is joy to him that is destitute of wisdom: but a man of understanding walketh uprightly. KJV)

(Folly delights a man who lacks judgment, but a man of understanding keeps a straight course.-NIV)

(Folly is joy to the senseless, but the person of understanding goes the straight way.-NAB)

(The empty-headed treat life as a plaything; the perceptive grasp its meaning and make a go of it.-THE MESSAGE)

㉒ 의논이 없는 계획은 실패하나 의논자들이 많으면 그들은 성공하느니라,

㉓ 사람은 하나의 적절한 대답으로 기쁨을 얻나니 때에 맞는 적절한 말이 얼마나 아름다운고!

㉔ 지혜로운 자는 위로 향한 생명길로 인도되고 지옥을 향하여 아래로 내려가는 것을 막느니라,

㉕ 여호와는 교만한 자의 집을 헐어버리실 것이나 과부의 땅의 경계를 세우시느니라,

㉖ 여호와께서는 사악한 자의 생각들을 싫어하시나 순수한 자들의 생각은 즐거워 하시느니라,

㉗ 탐욕스런 자는 자기 집을 해롭게 하나 뇌물을 싫어하는 자는 살 것이니라,

㉘ 의인의 마음은 그의 대답할 말을 깊이 생각하나 사악한 자의 입은 악을 쏟아 내느니라,

㉙ 여호와께서는 악인을 멀리 하시고 의인의 기도를 들으시느니라,

㉚ 기쁜 눈빛(밝은눈빛)은 마음에 기쁨을 가져오고 기쁜 소식은 우리의 뼈를 강(윤택)하게 하느니라,

㉛ 생명을 주는 책망에 귀를 기울이는 자는 지혜로운 자들 가운데 있느니라.

㉜ 교훈을 무시하는 자는 자기의 영혼을 경히 여김이나 견책에 귀를 기울이는 자는 총명(깨달음)을 얻느니라.

㉝ 여호와를 경외하는 것은 사람에게 지혜를 가르치고 겸손은 사람을 존귀에 이르게 하느니라.

(The fear of the LORD is the instruction of wisdom; and before honour is humility.-KJV)

(The fear of the LORD teaches a man wisdom, and humility comes before honour.-NIV)

(The fear of the LORD is training for wisdom, and humility goes before honors.-NAB)

(Fear-of- GOD is a school in skilled living-first you learn humility, then you experience glory.-THE MESSAGE)

● 16장

① 계획은 사람의 마음 안에서 이루어지나 말의 응답은 여호와께로서 나느니라.

② 사람의 행위가 자기 보기에는 모두 깨끗하여도 그 동기들을 여호와는 감찰하시느니라.

③ 네가 무엇을 하든지 모든 것을 여호와께 맡기라, 그리하면 너의 계획들이 이루어 질것이니라.

④ 여호와께서 온갖 것을 그 자신을 위하여 하시느니라, 악인들 까지도 그들의 재앙의 날을 대비하느니라

⑤ 여호와는 마음이 교만한 자들을 미워하시나니, 이것을 명심하라, 그들은 징벌을 면치 못하리라.

⑥ 죄는 사랑과 신앙심(신실함)을 통하여 속죄하게 되고 여호와를 경외함으로 인하여 사람을 악을 피하느니라.

⑦ 사람의 행위가 여호와를 기쁘시게 하면, 여호와께서 그 사람의 원수라도 그로 더 불어 화목하게 하시느니라.

⑧ 적은 소득이라도 정직하게 번 것이 부정의 하게 번 많은 소득보다 나으니라.

⑨ 사람이 마음으로 자기의 길을 계획할지라도 그 걸음을 인도하시는 자는 여호와시

니라,

⑩ 하나님의 계시가 왕의 입술에 있으니 재판에서 그 입이 그릇하지 아니하리라,

⑪ 하나님은 일하는 곳에서의 정직함에 신경을 쓰시느니라, 여러분의 사업은 다 그의 지의신 것이니라

(A just weight and balance are the LORD'S: all the weights of the bag are his work.-KJV)

(Honest scales and balances are from the LORD; all the weights in the bag are of his making.-NIV)

(Balance and scales belong to the LORD; every weight in the sack is his concern.-NAB)

(God cares about honesty in the workplace; your business is his business.-THE MESSAGE)

⑫ 왕들은 악을 행하는 것을 미워하나니 이는 그 보좌가 으로움으로 말미암아 굳게 섬이니라,

⑬ 왕들은 의로운 말을 하는 것을 기뻐하며 정직히 말하는 자를 귀하게 여기느니라,

⑭ 왕의 진노는 죽음의 메신저이나 지혜로운 사람은 왕의 진노를 달랠것이니라,

⑮ 왕의 용모가 밝으면 생명이 있나니 그의 은택이 늦은 비를 내리는 구름과 같으니라,

⑯ 지혜를 얻는 것이 금을 얻는 것보다 훨씬 유익하고 그리고 깨달음을 얻는 것이 은을 얻는 것보다 더욱 나으니라,

⑰ 정직한 사람의 정도는 악을 피하는 것이라, 그의 길을 지키는 자는 그의 생명을 보전하느니라,

⑱ 자만심은 파멸로 이끌고 거만한 마음은 멸망으로 이끄느니라,

⑲ 자기를 낮추는 자와 함께 겸손한 마음을 갖는 것이 거만한 자와 함께하여 약탈물을 나누는 것보다 나으니라,

⑳ 가르침에 귀를 기울이는 자는 누구나 번성하고 여호와를 의지하는 자는 복이 있느니라,

㉑ 지혜로운 마음을 가진자는 식견이 있다고 존경되고 품위있는 말은 말하는 자의 명성을 더하느니라,

㉒ 깨달음을 가진 자에게는 그 깨달음이 생명의 원천이 되나, 미련한 자들은 그 미련

함으로 벌을 받느니라,

㉓ 지혜로운 자들은 센스있는 말을 하고 그들이 말을 할때마다 그들의 명성을 더하느 니라,

㉔ 품위있는 말은 꿀송이 같아서 마음에 달고 몸에 양약이 되느니라,

㉕ 가끔 어떤 길은 사람에게 옳은 길로 보이기도 하나, 그 길의 끝은 죽음으로 이끌기 도 하느니라,

㉖ 일하는 자는 자기자신을 위하여 일하나니, 그의 베고픔은 그가 일하도록 요구하기 때문이니라,

㉗ 불량한 자는 악을 꾀하나니 그의 말속에는 맹렬한 불 같은 것이 있느니라,

㉘ 비뚤어진 사람은 불화를 일으키고, 수다스러운 사람은 가까운 친구들을 이간시키 느니라,

㉙ 강포한 사람은 그 이웃을 꾀어 좋지 않은 길로 인도하느니라,

㉚ 윙크하는 자는 심술궂은 일을 도모하고 입술을 꼭 무는 자는 악한 일을 도모하느 니라,

㉛ 백발(회색머리 털)은 영광의 면류관이라, 그것은 의로운 인생길에서 얻어지느니 라,

㉜ 인내심 있는 자가 용사(싸움잘하는자)보다 낫고, 자기 마음속의 화를 조절하는 자 가 하나의 성을 빼앗는 자보다 나으니라,

㉝ 사람이 제비를 가방에 넣고 뽑으나, 최종 결정권은 하나님께 있느니라,

• 17장

① 마른 떡 한 조각만 있고도 화목하는 것이 집에 먹을 것이 가득하나 다투는 것보다 나으니라,

② 지혜로운 사람은 부끄러움을 야기하는 아들이라도 잘 타이르고, 그의 아들들의 유 업 중에서 그의 몫을 나눠 주느니라

③ 도가니는 은을 정련하고, 용광로는 금을 연단하나, 여호와께서는 사람의 마음을 연단하시느니라,

④ 악한 사람은 사악한 입술에 귀를 기울이고, 거짓말쟁이는 악의 있는 말에 귀를 기 울이느니라,

⑤ 가난한 자들을 조롱하는 자는 이를 지으신 주를 멸시하는 것이고, 다른 사람의 재

앙을 고소해 하는 자는 누구나 벌을 면치 못할 것이니라.

⑥ 손자들은 노인들의 면류관이고 부모들은 그들 자식들의 자랑거리(긍지) 이니라.

⑦ 우리는 미련한 자들로부터 달변을 예상하지 않고, 또한 고상한 사람들이 거짓말을 하리라고 예상하지 않느니라.

⑧ 선물은 그것을 받은자의 보기에는 귀중한 보석 같아서 그것이 어디로 가든지 그것은 성공을 가져오느니라.

⑨ 허물을 덮어 주는 자는 사랑을 증진시키는 자이나, 문제점을 거듭 말하는 자는 친한 벗을 이간하는 자이니라.

⑩ 지혜로운 사람을 한 마디로 꾸짖는 것이 어리석은 자를 매로 백번 채찍질하는 것보다 나으니라.

⑪ 악한 사람은 오직 삐뚤어진 일만을 힘쓰나니, 그에게는 인정사정 없는 잔인한 심부름꾼이 보내질 것이니라.

⑫ 차라리 새끼 빼앗긴 암컷 곰을 만날지언정, 미련해 터진 미련한 자를 만나지 말 것이니라.

⑬ 누구든지 악으로 선을 갚으면, 악이 그 집을 떠나지 아니하리라.

⑭ 싸움을 시작하는 것은 댐이 균열되는 것과 같은즉, 싸움이 시작되기 전에 그 다툼을 그칠 것이니라.

⑮ 사악한 자를 의롭다 하는 자와 정의로운 자를 악하다 하는 자는 다 여호와께서 싫어하시느니라.

⑯ 어리석은 자는 지혜를 얻으려는 마음이 없으니 손에 돈을 가진들 무슨 소용이 있느냐?

⑰ 친구는 언제나 사랑하여 주며 형제는 위급한 때을 위하여 태어났느니라.

⑱ 판단력이 부족한 사람은 손을 치며 서약하여 그 이웃 위하여 보증을 서느니라.

⑲ 다툼을 좋아하는 자는 죄에 빠지고 자기 문을 높이는 자는 파괴를 구하는 자니라.

⑳ 마음이 사특한 자는 번성하지 못하고 혀가 방정맞은 자는 구설수에 빠지느니라.

㉑ 어리석은 자를 낳은 자는 그로 인하여 근심을 당하나니 어리석은 자의 아비는 낙이 없느니라.

㉒ 즐거운 마음은 양약과 같이 좋으나, 심령의 근심은 뼈로 마르게 하느니라.

㉓ 사악한 자는 비밀리에 뇌물을 받고 재판을 왜곡시키느니라.

㉔ 지혜는 명철한 자의 앞에 있거늘 어리석은 자의 눈은 지구의 끝에서 방황하느니

라,

㉕ 어리석은 아들은 아비의 근심이 되고 그 어미의 고통이 되느니라,

㉖ 선한 행위를 벌하는 것과 또는 선량한 시민들을 다른 사람들의 죄에 대하여 배상케 하는 것은 옳지 않으니라,

(Also to punish the just is not good, nor to strike princes for equity.-KJV)

(It is not good to punish an innocent man, or to flog officials for their integrity.-NIV)

(It is wrong to fine an innocent person, but beyond reason to scourge nobles.-NAB)

(It's wrong to penalize good behavior, or make good citizens pay for the crimes of others.-THE MESSAGE)

㉗ 많이 아는 사람은 거의 말들을 삼가며, 깨달음이 있는 사람은 침착하니라,

(He that hath knowledge, spareth his words: and a man of understanding is of an excellent spirit.-KJV)

(A man of knowledge uses words with restraint, and a man of understanding is even-tempered.-NIV)

(Those who spare their words are truly knowledgeable, and those who are discreet are intelligent.-NAB)

(The one who knows much says little; and understanding person remains calm.-THE MESSAGE)

㉘ 어리석은 자일지라도 잠잠히 있으면 지혜롭게 여겨지고, 자기 입술을 다물고 있는 자는 총명한 사람으로 여겨지느니라.

● 18장

① 쌀쌀맞은(적대적인) 사람은 자기의 이기적인 소욕을 따르는 자라, 그는 건전한 판단력(분별력)이 결여된 자니라,

(Through desire a man, having separated himself, seeketh and intermeddleth with all wisdom.-KJV)

(AN UNFRIENDLY man pursues selfish ends; he defies all sound judgment.-NIV)

(One who is alienated seeks a pretext, with all persistence picks a quarrel.-NAB)

(Loners who care only for themselves spit on the common good.-THE MESSAGE)

② 어리석은 자는 깨달음에 기뻐하지 아니하고 자기 마음속을 드러내는데 기뻐하느니라,

③ 사악한 일을 함에는 멸시가 따라오고, 부끄러운 일에는 불명예도 함께 오느니라

(When the wicked cometh, then cometh also contempt, and with ignominity reproach.-KJV)

(When wickedness comes, so does contempt, and with shame comes disgrace.-NIV)

(With wickedness comes contempt, and with disgrace, scorn.-NAV)

(When wickedness arrives, shame's not far behind; contempt for life is contemptible.-THE MESSAGE)

④ 말이 많은 것은 홍수에서 강물이 급히 흘러가는 것과 같으나, 깊은 지혜에서 나오는 말은 내달리는 실개천 물 같으니라,

(Many words rush along like rivers in flood, but deep wisdom flows from artesian springs.-THE MESSAGE)

⑤ 재판에서 사악한 자들을 편들고, 의로운 자를 패소하게 하는 것은 선하지 아니하느니라,

⑥ 어리석능 자의 입술은 다툼을 일으키고, 그 입은 매를 자청하느니라,

⑦ 어리석은 자의 입은 그의 멸망이 되고, 그 입술은 그의 영혼의 올무가 되느니라,

⑧ 다른 사람에 대한 험담은 맛 있는 별식과 같아서 그것들은 그 사람의 가장 깊은데로 내려가느니라,

⑨ 일을 게을리 하는 자는 망하는 자의 형제니라,

⑩ 여호와의 이름은 견고한 망대라 의로운 자는 그리로 달려가서 안전함을 얻느니라,

⑪ 부자의 재물은 그의 견고한 성이라 그가 높은 성벽 같이 여기느니라,

⑫ 사람 마음의 교만은 멸망의 선봉이요, 겸손은 존귀의 앞잡이니라,

⑬ 사연을 듣기 전에 대답하는 자는 미련하여 욕을 당하느니라,

⑭ 사람의 심령은 자기의 병을 참아낼 것이나 상처받은 영은 누가 그것을 감당하겠느

냐?

⑮ 분별이 있는 자의 마음은 지식을 얻고, 지혜로운 자의 귀는 지식을 구하느니라.

⑯ 선물은 그 사람의 길을 열어주고, 존귀한 자의 앞으로 그를 인도하느니라.

⑰ 송사에서는 피고가 와서 원고의 말을 탄핵할 때까지는 원고의 말이 옳은 것처럼 보이느니라.

⑱ 제비 뽑는 것은 다툼을 그치게 하여 강하게 다투는 자들 사이를 해결케 하느니라.

⑲ 성난 형제는 견고한 성읍보다 설득하기가 더 어려운즉, 그들의 다툼은 빗장지른 성문과 같으니라.

⑳ 사람의 배는 그의 입으로부터 나온 열매로 채워지나니 그는 그의 입술로부터의 수확물로 만족하느니라.

㉑ 죽고 사는 것이 혀의 권세에 달렸나니 혀를 사랑하는 자들은 그것에서 나는 열매를 먹으리라.

㉒ 아내를 구한 자는 복을 받은 자로서 여호와께로부터 은총을 얻은 자이니라.

㉓ 가난한 자가 간절한 말로 자비를 구하나, 부자는 냉정한 말로 대답하느니라.

㉔ 해를 가져오는 친구들도 있으나 형제 보다 더 귀한 참 친구들도 있느니라.

● 19장

① 성실히 행하는 가난한 자가 입술이 심술궂고 미련한 자보다 나으니라.

② 모르면서 열의만 가지고는 되지 아니하고, 조급히 행하는 자마다 실수하느니라.

③ 사람의 미련함이 그의 인생을 망치고 그의 마음에서는 여호와를 원망하느니라.

④ 재물은 많은 친구들을 더하게 하나, 가난은 그의 이웃으로부터 멀어지게 하느니라.

⑤ 거짓 증인은 벌을 면치 못할 것이며 거짓말을 하는 자도 마찬가지이니라.

⑥ 많은 사람들이 지배자에게는 호의를 구하며 또 모든 사람은 선물을 주는 사람의 친구가 되느니라.

⑦ 가난한 자는 그 형제들에게도 멸시를 받거든 하물며 친구야 그를 멀리 아니하겠느냐? 그가 따라가며 말하려 할찌라도 그들은 어디에서도 찾을 수 없느니라.

⑧ 지혜를 얻은 자는 자기 자신의 영혼을 사랑하고, 깨달음을 소중히 하는 자는 복을 얻느니라.

⑨ 거짓 증인은 벌을 면치 못할 것이며, 거짓말들을 내는 자는 망할 것이니라.

⑩ 미련한 자가 사치스럽게 사는 것이 어울리지 않거든, 하물며 노예가 왕들을 다스릴 수 있느냐!

⑪ 노하기를 더디 하는 것이 사람의 슬기요, 허물을 용서하는 것이 자기의 영광이니라.

⑫ 왕의 노함은 사자의 부르짖음 같으나, 그의 은택은 풀 위의 이슬 같으니라.

⑬ 미련한 아들은 그 아비의 재앙이요, 다투기 좋아하는 아내는 끊임없이 떨어지는 물방울 같으니라.

⑭ 집과 재물은 조상으로부터 받은 유산들이고, 슬기로운 아내는 여호와로부터 오느니라.

⑮ 게으름이 사람으로 깊이 잠들게 하나니, 게으른 사람은 굶주릴 것이니라.

⑯ 계명을 지키는 자는 그 자신의 영혼 지키나, 계명을 업신여기는 자는 죽을 것이니라.

⑰ 가난한 자를 불쌍히 여기는 자는 주님께 빌려드리는 것이니, 주님께서 그가 베푼 것을 다시 갚아 주시리라.

⑱ 아직 네 아들에게 희망이 있을 때 그를 훈육하라, 그들을 제멋대로 하게하면 그들을 파멸시키느니라.

(Discipline your children while you still have the chance; indulging them destroys them.-THE MESSAGE)

⑲ 사람이 분노를 크게하면 그 벌을 반드시 받을 것이라, 만약 네가 그가 그것을 고치도록 노력한다하여도, 너는 그것을 더욱 악화시킬 것이니라.

⑳ 너는 권고를 들으며 훈계를 받으라, 그리하면 네가 필경은 지혜롭게 되리라.

㉑ 사람의 마음에는 많은 계획이 있으나, 오직 여호와의 계획만이 승리하니라.

㉒ 사람이 사모하는 것은 언제나 변함없는 사랑이라, 가난한 자가 거짓말 하는 자보다 나으니라.

㉓ 여호와를 경외하는 것은 사람으로 생명에 이르게 하는 것이라, 경외하는 자는 족하게 지내고, 재앙을 만나지 아니하느니라.

㉔ 게으른 자는 그 손을 그릇에 넣고도 입으로 올리기를 하지 아니하느니라.

㉕ 버릇없는 자를 벌하라, 그리하면 순수한 자들은 배우리라, 누가 아느냐?(아무도 모른다.) 어떤 사람은 좋은 가르침을 배울 것이니라.

(Punish the insolent-make an example of them. Who knows? Somebody might learn a good lesson.-THE MESSAGE)

㉖ 그들의 부모들을 구박하는 자식들은 수치스럽고 불명예를 부르는 자식들이니라,

㉗ 내 아들아, 지식의 말씀에서 벗어나게 하는 교훈을 듣지 말찌니라,

㉘ 망령된 증인은 공의를 업신여기고, 악인의 입은 죄악을 삼키느니라,

㉙ 처벌은 거만한 자들을 위하여 예비된 것이요, 채찍은 어리석은 자의 등을 위하여 예비된 것이니라.

● 20장

① 술이 취하면 거만케 되고 또 술을 많이 먹으면 폭력적이 되느니라, 누구라도 술에 취하면 지혜가 없느니라,

② 왕의 진노는 사자의 포효 같으니, 그를 노하게 하는 것은 자기의 생명을 해하는 것이니라,

③ 다툼을 멀리 하는 것은 사람의 좋은 성품의 표시이나, 반면에 어리석은 자는 다툼을 일으키니라,

④ 게으른 자들은 밭을 갈 때에 갈지 아니하니, 수확할때에 그들은 아무것도 얻지 못하느니라,

⑤ 사람의 마음속에 있는 계략은 깊은 물 같으니라, 그럴찌라도 총명한 사람은 그것을 알아 내느니라,

⑥ 많은 사람은 변함없는 사랑을 가질것을 말하나, 누가 지구상에서 그런 믿을만한 사람을 만날 수 있으리오?(그런 사람은 없느니라.)

⑦ 의로운 사람은 비난받지 아니하는 생을 사느니라, 그리하여 그의 후손들은 복을 받느니라,

⑧ 심판 자리에 앉은 왕은 그의 두눈으로 모든 악을 가려내느니라,

⑨ 나는 내 마음을 정결하게 하였으니, 나는 내 죄로부터 깨끗하게 되었도다, 하고 말할 수 있는자가 누구뇨?

⑩ 한결 같지 않은 저울 추와 자는 다 여호와께서 미워하시느니라,

⑪ 비록 아이라도 그의 행위들로 자기의 품행의 청결하며 정직한 여부를 나타내느니라,

⑫ 듣는 귀와 보는 눈은 다 여호와의 지으신 것이니라,

⑬ 너는 잠자기를 좋아하지 말라, 네가 빈궁하게 될까 두려우니라, 네 눈을 뜨라, 그리

하면 네가 빵으로 배가 부르리라,

⑭ 물건 사는 자가 "물건이 좋지 않다, 좋지 않다."하면서 그것을 사고 돌아갔다면 그는 그 물건을 산 것을 자랑하느니라,

⑮ 세상에 금도 있고, 진주도 많으나, 지식을 말하는 입술은 가장 귀한 보배이니라,

⑯ 낯선자에게 빌려줄 때에는 반드시 담보물을 잡아라, 떠돌이의 물품을 담보로 잡을 때에는 주의하라,

(Hold tight to collateral on any loan to stranger; beware of accepting what a transient has pawned.-THE MESSAGE)

⑰ 속여서 얻은 빵은 달콤하나 그후에 그의 입에 자갈이 가득하게 되리라,

⑱ 조언을 얻어 계획을 세우라, 만일 네가 전쟁을 한다면 조언을 받아서 하라,

⑲ 험담하는 자는 신뢰를 배신하나니 그래서 말이 많은 자는 사귀지 말지니라,

⑳ 어떤 사람이 자기의 아버지나 어머니를 저주하면, 그의 램프(등)가 칠흑 같은 어둠 안에서 꺼지느니라,

㉑ 처음에 너무 재촉하여 얻게된 유업(상속)은 나중에는 복이 되지 아니하느니라

㉒ 너는 악을 갚겠다 말하지 말고 여호와를 기다리라, 그분이 너를 구원하시리라,

㉓ 여호와께서는 서로 다른 무게 추를 몹시 싫어하시느니라, 속이는 저울 추는 그분을 기쁘게 하지 못하느니라,

㉔ 사람의 발걸음은 여호와로부터 인도되느니라, 그런데 사람이 어떻게 그 자신의 길을 알 수 있겠느냐?

㉕ 충동적인 서원은 올무 같아서, 후에 너희는 그것으로부터 벗어나기를 원하느니라,

(An impulsive vow is a trap, later you'll wish you could get out of it.-THE MESSAGE)

㉖ 지혜로운 왕은 악인들을 가려내려고 키질 하며 그들 위에 탈곡기의 바퀴를 굴리느니라,

㉗ 여호와의 램프(등)은 사람의 영을 살피시느니라, 그 등은 사람의 깊은 속까지 살피시느니라,

㉘ 사랑과 신실함이 왕을 안전하게 하나니, 사랑을 통하여 그의 왕좌가 견고하게 되느니라,

㉙ 젊은이들의 영광은 그들의 힘이요, 노인들의 위엄은 회색 백발이니라

㉚ 적절한 체벌은 악을 없이 하나니, 처벌은 우리들의 깊은 속까지 들어가느니라.

(A good thrashing purges evil; punishment goes deep within us.-THE
MESSAGE)

● 21장

① 왕의 마음은 여호와의 손 안에 있으니 여호와께서는 그분이 좋아하는 수로로 그것
  을 임의로 인도하시느니라,

② 사람의 행위가 자기 보기에는 모두 정직하여도 여호와는 심령을 감찰하시느니라,

③ 하나님 앞에서 깨끗하게 살고 우리의 이웃들에게 공정한 것이 종교적인 행사보다
  하나님께는 더 의미가 있느니라,

  (Clean living before God and justice with our neighbors mean far more to
  GOD than religious performance.-THE MESSAGE)

④ 악인들의 램프(등)인 거만한 눈과 오만한 마음은 다 죄니라!

⑤ 부지런한 자의 경영은 풍요함에 이를 것이나 조급한 자는 확실히 가난에 이르니
  라,

⑥ 거짓말로 모은 재물은 허망한 안개이고 죽음의 올무이니라,

⑦ 악인들의 강포는 그들을 쓸어버리나니, 이는 그들이 옳은 일 행하기를 거절하였기
  때문이니라,

⑧ 죄를 범한자의 길은 구부러져 있으나 순결한 사람의 행위는 곧으니라,

⑨ 큰 집에서 소동을 벌이는 여인과 함께 사는 것보다 움막에서 혼자 사는 것이 나으
  니라,

⑩ 악인의 마음은 문제 일으키기를 좋아하고 친구들과 이웃들에 대한 동정심도 전혀
  없느니라,

  (Wicked souls love to make trouble; they feel nothing for friends and
  neighbors.-THE MESSAGE)

⑪ 거만한 자가 처벌은 받으면 순진한 자는 지혜롭게 되고, 현명한 자는 가르침을 받
  으면 지식을 더 얻느니라,

⑫ 지극히 의로우신 분(하나님)은 악인의 집을 감찰하시고 악인을 파멸시키시느니라,

⑬ 귀를 막아 가난한 자의 부르짖는 소리를 듣지 아니하면 자기의 부르짖을 때에도
  들을 자가 없느니라,

⑭ 조용히 건넨 선물은 화난 사람을 진정시키고, 진심어린 선물은 거센 분노를 가라

않히느니라,

⑮ 공의가 행해졌을 때 그것이 의인들에게는 즐거움이나 악인들에게는 패망이니라,

⑯ 깨달음의 길에서 벗어난 사람은 죽은 자들과 함께 있느니라,

⑰ 즐거움을 좋아하는 자는 가난하게 될것이고 술과 향수를 좋아하는 자는 누구도 결코 부유하게 되지 못하리라,

⑱ 사악한 자들은 의인들을 위한 대속물이 될 것이고 범죄자들은 곧은 자들의 대속물이 되느니라,

⑲ 성질이 나쁘고 걸핏하면 싸우려 드는 아내와 사는 것 보다 황야에서 혼자 사는 것이 나으니라,

⑳ 지혜있는 자의 집에는 아주 질 좋은 저장품, 즉 음식과 기름이 기름이 있으나 어리석은 자는 그가 가진 모든 것을 집어 삼켜 버리느니라,

㉑ 의로움과 사랑을 추구하는 자는 생명과 번영과 존귀를 얻느니라,

㉒ 지혜로운 자는 위세있는 도시를 급습하여, 그들이 의지하여 믿고 있던 근거지를 타도하느니라,

㉓ 자기의 입과 혀를 지키는 자는 그 자신을 재앙으로부터 지키느니라,

㉔ 오만하고 거만한 자를 이름하여 암 망아지(방해꾼)라 하나니, 그는 오만한 자만심을 가지고 행하느니라,

㉕ 게으른 자들의 나태한 근성이 그들을 죽이느니라, 왜냐하면 그들의 손들이 일하기를 거절하기 때문이니라,

㉖ 어떤 자는 종일토록 더 많은 것을 탐하나, 의인들은 아끼지 아니하고 베푸느니라,

㉗ 악인들의 제물은 본래 가증하느니라, 하물며 악한 의도를 가지고 그것을 가지고 왔을 때 얼마나 더 가증하겠느뇨!

㉘ 거짓 증인은 설득력이 없고, 진실을 말하는 사람은 존중되느니라

㉙ 부도덕한 사람들은 툭하면 허세를 부리지만 정직란 사람들은 발걸음이 당당하느니라,

(The face of the wicked hardens, but the upright maintains a straight course.-THE MESSAGE)

㉚ 어떤 지혜나 통찰력, 계획(모략)으로도 여호와를 대적치 못하느니라,

㉛ 말은 전투의 날을 대비하여 준비되어있으나, 승리 여부는 여호와께 달려있느니라.

● 22장

① 명성이 많은 재물보다 가치가 있나니, 존경 받는 것이 금 은보다 좋은 것이니라.

② 부자들과 가난한 자들은 함께 있나니, 그들 모두를 창조하신 분은 여호와시니라.

③ 신중한 사람은 위험을 보면 숨을 곳을 찾아 자신을 숨기나, 단순한 사람은 위험을 무시하고 계속가다가 해를 받느니라.

④ 겸손과 여호와를 경외함의 결과물은 부와 명예와 생명이니라.

⑤ 사악한 자들의 길들에는 가시들과 올무들이 널려 있으나 자기의 영혼을 지키는 자는 그것들로부터 멀리 떨어져 있느니라.

⑥ 아이를 그가 마땅히 가야 할 길안에서 훈육하라, 그리하면 그가 늙어도 그 길을 떠나지 아니하리라.

⑦ 부자는 가난한 자를 다스리고 빚진 자는 빚을 준자의 종이 되느니라.

⑧ 죄를 뿌리는 자는 잡초를 거두리니, 분노에 차서 협박해도 얻는 것이 없느니라.
(Whoever sows sin reaps weeds, and bullying anger sputters into nothing.-THE MESSAGE)

⑨ 너그러운 사람은 복을 받으리니, 이는 그가 가난한 자와 함께 양식을 나누기 때문이니라.

⑩ 말썽군을 쫓아내야 불협화음이 가버리고 다툼과 상호비난이 그치느니라.

⑪ 여호와께서는 순수한 마음을 가진 자를 사랑하나니, 품위있는 말을 하는 사람은 왕이 그의 친구가 되느니라.

⑫ 여호와께서는 열정적으로 지식을 보호하나, 속임수에는 전혀 관여하지 않으시느니라.

⑬ 나태한 사람은 말하기를, "사자가 밖에 있은즉 내가 나가면 거리에서 찢기겠다." 하느니라.

⑭ 음녀의 입은 깊은 함정이라 여호와의 진노를 당한 자는 거기로 떨어지느니라.

⑮ 판단력 부족이 어린 아이의 마음에 묶여 있으나 훈육의 채찍이 어린아이로부터 그것을 멀리 쫓아내느니라.

⑯ 자기 부를 늘리려고 가난한 자를 억압하거나 부자에게 아양을 떠는 자는 그 결과로 인하여 가난하여 지느니라.

⑰ 너는 지혜있는 자의 말씀을 귀담아 듣고 내가 가르치는 교훈을 마음을 새겨라.

⑱ 그 내용을 달게 여겨 깊이 간직하면, 네 입으로도 그것을 거침없이 말하게 될 것이

니라,

⑲ 여호와를 신뢰하는 것을 네 기초로 삼게 하고자 바로 여기 그 내용을 알게 하느니라,

⑳ 내가 검증된 삶의 지침, 훌륭한 원칙 서른 가지를 알려 주겠다,

㉑ 내 말을 믿어라, 이 유효한 진리들이 너를 보낸 사람들에게 대답할 수 있게 해줄 것이니라,

㉒ 가난을 이유로 가난한 이들을 짓밟지 말고 지위를 이용하여 약자를 억압하지 마라,

㉓ 이는 여호와께서 그들을 지키러 오시리니, 노략질하는 자의 생명을 빼앗으시리라,

㉔ 욱하는 성미가 있는 자와 사귀지 말며 쉽게 분노하는 자와 어울리지 말지니라,

㉕ 그렇지 아니하면 네가 그 행위를 본받아서 네 영혼을 올무에 빠지게 할까 두려우느니라,

㉖ 너는 사람으로 더불어 손을 잡고 약속하지 말며 남의 빚 보증을 서지 말라,

㉗ 빚을 청산하여야 할 때, 만일 네가 갚을 것이 없으면 네 누운 침상도 빼앗길 것이니라,

㉘ 네 선조들이 세운 옛 경계석을 옮기지 말지니라,

㉙ 일을 잘하는 사람들을 눈여겨 보아라, 노련한 일꾼들은 찾는 사람이 많고 칭찬을 받는다, 그들은 천박한 자들 앞에는 서지 아니하니라.

● 23장

① 네가 지배자와 함께 앉아 음식을 먹게 되거든, 네 앞에 있는 자가 누구인지 잘 고려하라,

② 게걸스럽게 먹거나 음식을 입에 넣은 채 말하지 말며,

③ 과식하지 말고, 식욕을 다스려라,

④ 부자가 되겠다고 자신을 혹사하지 말고, 자제하는 지혜를 가져라,

⑤ 네가 부(재물)에 주목하였을 때, 정녕히 그것은 날개를 내어 하늘에 나는 독수리처럼 날아가느니라,

⑥ 인색한 사람의 음식을 먹지 말며 그의 수라상을 바라지 말지니라,

⑦ 이는 그는 그가 들인 비용을 항상 생각하는 그러한 사람인즉, "먹고 마시라," 할지라도 그의 마음은 너와 함께하지 아니하느니라,

⑧ 네가 조금 먹은 것도 토하겠고, 너의 찬사가 쓸모없이 되리라,

⑨ 어리석은 자의 귀에 말하지 말지니, 이는 그가 네 지혜로운 말들을 업신여길 것이기 때문이니라,

⑩ 옛 경계석을 옮기지 말며, 아비없는 자식의 밭을 침범하지 말지어다,

⑪ 이는 그들의 옹호자는 강하시니, 그가 너에 대한 그들의 문제를 방어할 것이니라,

⑫ 가르침을 너의 마음에 받아들이고, 지식의 말씀들에 귀를 기울이라,

⑬ 아이를 훈계하는 것을 금지치 말라, 만일 네가 그를 회초리로 때릴지라도 그는 죽지 아니하느니라,

⑭ 그를 회초리로 훈계하라 그리하면 그의 영혼을 죽음에서 구원하리라,

⑮ 내 아들아, 만일 네 마음이 지혜로우면, 그때는 나, 곧 내 마음이 즐거울 것이니라,

⑯ 네 입술이 옳은 것을 말할 때, 나의 마음 깊은 곳에서 기뻐하리라,

⑰ 네 마음이 죄인들을 부러워하도록 놓아두지 말고, 항상 여호와에 대한 경외심을 갖도록 노력하라,

⑱ 틀림없이 너에게는 미래의 희망이 있고, 네 희망은 끊어지지 아니하리라,

⑲ 내 아들아, 너는 내말에 귀를 기울여 듣고 지혜를 얻어서 네 마음이 옳은 길로 가도록 인도할지니라,

⑳ 술을 너무 많이 마시는 자들 또는 고기를 탐식하는 자들과 더불어 사귀지 말라,

㉑ 술 취하고 탐식하는 자는 가난하여질 것이요, 잠자기를 즐겨하는 자는 헤어진 옷을 입을 것임이니라,

㉒ 너 낳은 아비에게 청종하고, 네 늙은 어미를 경히 여기지 말지니라,

㉓ 진리를 사되 팔지는 말지니라, 지혜와 교훈과 깨달음도 사되 팔지는 말지니라,

㉔ 의로운 자식의 아비는 크게 즐거울 것이요, 지혜로운 자식을 낳은 자는 그를 인하여 즐거울 것이니라,

㉕ 네 부모를 기뻐하게 하며, 특히 너 낳은 어미를 의기양양하게 하라,

㉖ 내 아들아, 나는 네가 내 말을 잘 듣기를 원하노니, 내가 너에게 알려주는대로 할지니라,

(Dear child, I want your full attention; please do what I show you.-THE MESSAGE)

㉗ 이는 창녀는 바닥 모를 구덩이다, 문란한 여자에게 끌려가면 심각한 곤경에 빠져 꼼짝달싹 못할 수 있느니라,

㉘ 그런 여자는 네 전 재산을 노리고 너를 받아들이니, 도둑 떼보다 더 악랄하느니라,

㉙ 화가 뉘게 있느뇨? 근심이 뉘게 있느뇨? 분쟁이 뉘게 있느뇨? 원망이 뉘게 있느뇨? 까닭 없는 참상이 뉘게 있느뇨? 핏발이 선 눈이 뉘게 있느뇨?

㉚ 술에 잠긴 자에게 있고 혼합한 술을 구하러 다니는 자에게 있느니라,

㉛ 포도주가 붉고 컵 속에서 반짝반짝하며 마시면 배속에서 순하게 내려간다 하더라도 너는 그것을 쳐다보지도 말찌니라,

㉜ 이것이 마침내 뱀 같이 물 것이고, 살무사 같이 독을 쏠 것이니라,

㉝ 네 눈은 괴이한 장면들을 볼 것이고, 네 마음은 망령된 일들을 상상할 것이니라,

㉞ 너는 바다의 높은 파도 위에서 잠자는 자, 배의 돛대의 꼭대기에 누운 자 같을 것이니라,

㉟ 너는 말하기를, 그들이 나를 때려도 나는 아프지 아니하고, 나를 상하게 하여도 내게 감각이 없도다, 내가 술이 깨어 일어나서 밖으로 나갈 수 있을 때, 한잔 더 들이키리라, 하니라.

(They have stricken me, shalt thou say, and I was not sick; they have beaten me, and I felt it not: when shall I awake? I will seek it yet again.-KJV)

("They hit me," you will say, "but I'm not hurt! They beat me, but I don't feel it! When will I wake up so I can find another drink?"-NIV)

("They struck me, but it did not pain me; they beat me, but I did not feel it. When can I get up, when can I go out and get more?"-NAB)

("They hit me," you'll say, "but it didn't hurt; they beat on me, but I didn't feel a thing. When I'm sober enough to manage it, bring me another drink!"-THE MESSAGE)

● 24장

① 너는 악한자들을 부러워하지 말며 그들과 함께 있기를 바라지 말찌어다,

② 이는 그들이 생각하는 모든 것은 소동을 야기하는 것이고 그들이 말하는 모든 것이 분란을 만드는 것이니라,

③ 집은 지혜로 말미암아 건축되고, 깨달음으로 집을 확고한 토대 위에 세우느니라,

④ 방들은 지식으로 말미암아 각종 귀하고 아름다운 보배로 채우게 되느니라,

⑤ 지혜 있는 자는 크나큰 힘을 가지고 지식 있는 자는 힘을 증가시키나니,

⑥ 이는 지혜로운 조언으로 싸워야 하고, 승리는 많은 조언자가 있어야 하기때문이니라,

⑦ 어리석은 자는 지혜로운 대화를 전혀 이해하지 못하고 진지한 토론 자리에서 어찌할 바를 모르니라,

⑧ 악행만 꾸미는 자는 조만간 깡패두목이라는 평판을 얻느니라,

⑨ 미련한 자는 죄를 꾀하고 빈정거리는 자는 아름다운 것까지 모독하느니라,

⑩ 네가 만일 환난날에 낙담하면 처음부터 별 볼 일 없는 사람이었다는 뜻이니라,

⑪ 너는 사망으로 끌려가는 자를 구하여라, 주저 말고 뛰어들어 도우라,

⑫ "이봐, 내가 상관할 일이 아니네" 하고 말하면 그것으로 책임을 면할 줄 아느냐? 너를 면밀히 지켜보시는 분이 계시니라, 그분께는 섣부른 변명이 통하지 않느니라,

⑬ 내 아들아 꿀을 먹으라, 이것이 좋으니라, 송이 꿀을 먹으라, 이것은 달콤하니라,

⑭ 지혜가 네 영혼에게 이와 같은 줄을 알라, 이것을 얻으면 정녕히 네 장래가 있겠고, 네 소망이 끊어지지 아니하리라,

⑮ 선한 사람의 삶에 간섭하지 말며 그를 이기려 들지 말지니라,

⑯ 이는 바른 사람은 일곱번 넘어질지라도 다시 일어나나, 사악한 사람은 아주 작은 재앙으로도 넘어지느니라,

⑰ 네 원수가 넘어질 때에 즐거워하지 말며, 그가 엎드러질 때에 마음에 기뻐하지 말라,

⑱ 여호와께서 이것을 보시고 기뻐 아니하사, 그분의 진노를 너의 적들로부터 중단시키실까 두려우니라,

⑲ 너는 사악한 자들 때문에 화를 내지 말고 악인의 형통을 부러워하지 말지니라,

⑳ 이는 행악자는 미래의 희망이 없고, 악한 자의 등불은 꺼지느니라,

㉑ 내 아들아 여호와를 경외하고 지도자들을 존경하여라,

㉒ 이는 그들의 인생은 느닷없이 뒤죽박죽이 될 수 있고, 그런 일이 언제 어떻게 벌어질지 아무도 모르니라,

㉓ 불의에 동의하는 것은 잘못된 일, 대단히 옳지 못하니라,

㉔ 죄있는 자를 너는 결백하다 하는 자마다 사람들은 그를 욕할 것이고 민족들은 그를 미워하리라,

㉕ 그러나 그를 견책하는 자는 기쁨을 얻을 것이요, 또 좋은 복을 받으리라,

㉖ 정직한 말로 대답함은 입맞춤과 같으니라,

㉗ 먼저 밭에 씨를 뿌리고 그 다음에 곡간을 세울지니라,

㉘ 너는 까닭 없이 네 이웃의 등 뒤에서 그 사람 이야기를 하지 말지니라, 부디 험담과 비방을 하지마라,

㉙ "네가 내게 한 대로 갚아 주마, 네놈이 한 일에 대가를 치르게 해주마!' 라고 말하지 말지니라,

㉚ 내가 게으른 자의 밭과 지혜 없는 자의 포도원을 지나며 본즉,

㉛ 가시덤불이 무성하며 거친 풀이 지면을 덮었고 돌담이 무너졌기로,

㉜ 그때에 내가 보고 곰곰이 생각하였으며 그것을 바라보고 교훈을 배웠느니라,

㉝ "여기서도 자자, 저기서도 자자, 여기서도 하루 쉬고, 저기서도 하루 쉬자, 편히 앉아 느긋하게 쉬자 하면,

㉞ 무슨 일이 닥치는지 아느냐? 바랄 것은 단 하나, 찢어지게 가난한 생활뿐이니라, 가난이 너의 영원한 식객이 되고 말 것이니라!"

● 25장

① 이것들은 유다 왕 히스기야의 신하들에 의하여 편집된 솔로몬 왕의 속담들이니라,

② 문제를 숨기는 것은 하나님의 기쁨이고 문제를 찾고 살피는 것은 왕들의 즐거움이니라,

③ 하늘이 높고 지구가 깊은 것 같이 왕들의 마음도 헤아릴 수 없느니라,

④ 은에서 불순물을 제거해야 은세공사가 품질 좋은 잔을 만들수 있느니라,

⑤ 왕 앞에 있는 사악한 자를 제거하라, 그리하면 그의 보위가 의로 말미암아 견고히 서리라,

⑥ 왕 앞에서 우쭐대지 말며 높은 사람들의 자리를 요구하지 말지니라,

⑦ 사람이 너더러 이리로 올라 오라 하는 것이 그가 귀인 앞에서 너에게 저리로 내려가라 하는 것 보다 나으니라,

⑧ 성급히 결론짓지 말라, 네가 방금 본 것에는 반드시 무슨 곡절이 있을 것이니라 ,

⑨ 너는 이웃과 다툴 때는 너의 일만 말하고 다른 사람들의 비밀을 들추어내지 말지니라,

⑩ 그것들을 듣는 자가 너를 부끄럽게 하고 너에 대한 악명이 떠나지 아니할 것이니라,

⑪ 경우에 합당한 말은 아로새긴 은쟁반에 금 사과 같으니라,

⑫ 현명한 사람의 질책을 듣는 귀는 금 귀거리 또는 정금의 장신구 같으니라,

⑬ 말한 대로 행하는 믿음직한 친구는 찌는 듯한 더위에 마시는 냉수처럼 상쾌하지 그지 없느니라,

⑭ 주지도 않을 선물을 자랑하는 자는 구름과 바람이 부나 비가 안오는 것과 같으니라,

⑮ 끈기 있는 설득은 무관심을 깨뜨리고, 부드러운 말은 견고한 요새를 무너뜨리느니라,

⑯ 너는 꿀을 찾더라도 족하리만큼만 먹으라, 너무 많이 먹으면 토할까 두려우니라,

⑰ 너는 이웃집에 자주 다니지 말라, 그가 너를 싫어하며 미워할까 두려우니라,

⑱ 법정이나 거리에서 이웃들에 대하여 거짓말을 하는 사람은 고삐풀린 요주의 인물이니라,

⑲ 곤경에 처했을 때 배신자를 믿는 것은 치주염이 있는 상태로 이를 악무는 곳과 같으니라,

⑳ 마음이 무거운 자 앞에서 밝은 노래를 부르는 것은 상처에 소금을 뿌리는 것과 같으니라,

㉑ 만잉 네 원수가 배고파하거든 그에게 먹을 빵을 주고, 만일 그가 목말라 하거든 물을 주어 마시게 할지니라,

㉒ 그리하면 그는 네 관대함에 깜짝 놀랄 테고 하나님께서 너에게 보상하여 주실 것이니라,

㉓ 북풍이 험악한 날씨를 몰고 오는 것 같이 헐뜯는 혀는 험악한 얼굴을 부르느니라,

㉔ 바가지 긁는 마누라와 큰 저택에서 사는 것보다 움막에서 혼자 사는 것이 나으니라,

㉕ 오랫동안 연락이 끊어졌던 친구의 좋은 기별은 목마른 사람에게의 냉수와 같으니라,

㉖ 공정한 사람이라도 사악한 사람에게 굴복한 사람은 샘물이 흐려지고 오염된 우물과 같으니라,

㉗ 꿀을 지나치게 많이 먹는 것이 좋지 못한 것 같이 자기의 영예를 지나치게 구하는 것도 본인에게 좋지 아니하느니라,

㉘ 자기의 마음을 제어하지 못하는 자는 문과 창이 다 떨어져 나간 집과 같으니라.

● 26장

① 미련한 자에게는 영예가 적당하지 아니하나니, 이는 마치 여름에 눈이 오는 것, 또는 추수 때에 비가 오는 것과 같으니라,

② 너희는 까닭 없는 저주에 겁낼 것이 없노라, 이는 참새가 왔다갔다 하고, 또는 제비가 날아드는 것과 같으니라,

③ 말에게는 채찍이요, 나귀에게는 재갈이요, 어리석은 자의 등에는 회초리이니라,

④ 미련한 자의 어리석은 말에 응대하지 마라, 너도 똑같은 사람으로 보일 따름이니라,

⑤ 미련한 자에게는 간결한 말로 대꾸해 주어라, 그래야 그가 자만하지 않느니라,

⑥ 미련한 자를 소켜 소식을 전하면 낭패를 당하느니라,

⑦ 미련한 자가 읊어 대는 속담은 축 늘어진 면발과 같으니라,

⑧ 미련한 자를 영예로운 자리에 앉히는 것은 대리석 기둥에 흙벽돌을 올리는 것과 같으니라,

⑨ 저능아에게 충고하라고 하는 것은 술주정뱅이의 손에 수술용 칼을 들려주는 것과 같으니라,

⑩ 미련한 자나 주정뱅이를 고용하면 너는 너의 발등을 찍게 되느니라,

⑪ 개가 그 토한 것을 도로 먹는 것같이 미련한 자는 그 미련한 짓을 되풀이 행하느니라,

⑫ 너는 자기 스스로가 지혜롭다고 여기는 사람을 알지 아니하느냐? 그런데 그런 사람보다는 바보에게 더 큰 소망이 있느니라,

⑬ 게으른 자는 "바깥은 위험해! 거리에 호랑이가 어슬렁거려! 라고 말하고 이불을 뒤집어 쓰느니라,

⑭ 문짝이 경첩(문을돌리는 중심점) 위에서 도는 것과 같이 게으른 자도 자기 침상 위에서 뒹구느니라,

⑮ 무기력한 게으름뱅이는 포크로 파이를 찍고도 너무나 게을러서 그것을 입속에 넣을 수 없느니라,

⑯ 몽상가들은 그들이 최고라고 망상을 하느니라, 그들은 그들이 내학 교수들보다 똑똑하다고 생각하느니라,

⑰ 자기와 상관없는 다툼에 참견하는 자는 미친 개의 두 귀를 거머쥐는 사람과 같으니라

⑱ 남을 의도적으로 속이고도 아무렇지도 않은 듯 "일부러 그렇게 한게 아니야, 장난 삼아 그런 거지" 하고 말하는 사람은,

⑲ 연기나는 모닥불을 내버려 두고 떠나는 부주의한 야영자보다도 못하느니라,

⑳ 나무가 떨어지면 불은 꺼지게 되고, 남을 험담하는 자가 없으면 다툼은 가라앉게 되느니라,

㉑ 분쟁에서 다투기 좋아하는 사람은 불난 곳에 뿌리는 등유(가솔린) 같으니라,

㉒ 험담가의 말들은 가장 맛좋은 소량의 음식들 같아서 그들은 사람의 가장 깊은 곳 (마음속 깊은 곳)으로 내려가느니라,

㉓ 악한 마음에서 나오는 듣기 좋은 말은 갈라진 질 그릇 위에 바른 유약과 같으니라,

㉔ 악의를 품은 사람은 그의 입술로서 그 자신을 가장하나, 그는 그의 마음 속에 속임수를 품고 있느니라,

㉕ 그가 듣기 좋은 말을 할찌라도 믿지 마라, 그는 너에게 바가지를 씌울 기회만을 기다리고 있느니라,

㉖ 아무리 그가 간교하게 그의 악의를 감출지라도 그의 악은 언제가는 만천하에 드러나게 되느니라,

㉗ 함정을 파는 자는 자기가 그것에 빠질 것이고, 타인에게 돌을 굴리는 자는 도리어 그 돌에 자신이 치이느리라

㉘ 거짓말 하는 자들은 그 거짓말 대상자들을 미워하는 것이고 아첨하는 입은 파멸을 가져오느니라.

(A lying tounge hateth those that are afflicted by it; and a flattering mouth worketh ruin.-KJV)

(A lying tongue hates those it ruins, and flattering mouth works ruin.-NIV)

(The lying tongue is its owner's enemy, and the flattering mouth works ruin.-NAB)

(Liars hate their victims; flatterers sabotage trust.-THE MESSAGE)

● 27장

① 너는 내일 일을 자랑하지 말라, 하루 동안에 무슨 일이 날는지 네가 알 수 없음이니라,

② 다른 사람으로 너를 칭찬하게 하고 네 입으로는 말며, 낯선자로 너를 칭찬하게 하고 네 입술로는 말지니라,

③ 돌은 무겁고 모래도 가볍지 아니하나, 어리석은 자의 분노는 이 둘보다 더 무거우니라,

④ 우리가 분노로 감정이 폭발하고 격노로 인하여 감정을 억누르지 못하나, 질투 앞에서는 살아남을 자가 없느니라,

(Wrath is cruel, and anger is outrageous; but who is able to stand before envy?-KJV)

(Anger is cruel and fury overwhelming, but who can stand before jealously?-NIV)

(Anger is cruel, and wrath overwhelming, but before jealousy who can stand?-NAB)

(We're blasted by anger and swamped by rage, but who can survive jealously?-THE MESSAGE)

⑤ 표현하지 않는 칭찬보다는 공개적인 질책이 더 나으니라,

⑥ 사랑하는 사람으로부터 받은 상처는 그만한 가치가 있으나 원수의 입맞춤은 위험스러운 것이니라,

⑦ 배부른 자는 꿀이라도 퇴짜놓으나, 배고픈 자에게는 아무리 쓴 것이라도 달콤하느니라,

⑧ 집을 떠나 여기저기 떠돌아다니는 사람은 둥지 없이 떠도는 새와 같으니라,

⑨ 향유와 향수는 사람의 마음을 즐겁게 하나니, 친구의 충정어린 충고도 이와 같이 유쾌하느니라,

⑩ 네 친구와 네 아버지의 친구를 저버리지 말지니라, 재앙이 너에게 닥쳤을 때 너의 형제들의 집으로 가지 말지니 가까이 있는 친구가 멀리 있는 형제보다 나으니라,

⑪ 사랑하는 아들아 지혜롭게 되어 나를 기쁘게 하라, 그리하면 세상에서 나의 길을 방해하는 어떤 것이 닥치더라도 나는 당황하지 아니하노라,

⑫ 슬기로운 자는 재앙을 보면 숨어 피하여도, 어리석은 자들은 되는 대로 나아가다가 해를 받느니라,

⑬ 낯선 자에게 꾸어 줄 때는 반드시 담보를 잡아라, 일시적인 체류자의 물품을 담보로 잡을 때에는 경계를 하여야 하느니라,

⑭ 만약 사람이 이른 아침에 큰 소리로 그 이웃을 축복하면 그것은 도리어 그 이웃에게 저주의 말로 여겨지느니라,

⑮ 바가지 긁는 마누라는 잘 새는 수도꼭지에서 똑,똑,똑 떨어지는 물방울과 같아서,

⑯ 그것을 잠글 수도 없고 거기로부터 벗어날 수도 없느니라,

⑰ 철이 다른 철에 의하여 연마되듯이 사람도 그의 친구에 의하여 빛나게 되느니라,

⑱ 무화과나무를 돌보는 자는 그 과실을 먹고, 자기 주인을 보살피는 자는 상을 받느니라,

⑲ 물이 얼굴을 반사하는 것같이 사람의 마음은 그 사람을 나타내느니라,

⑳ 죽음과 파멸은 결코 가득차지 않으며 사람의 눈(탐욕)도 결코 만족함이 없느니라,

㉑ 사람이 칭찬으로 연단이 됨은 도가니가 은을 정련하고 용광로가 금은 정련하는 것과 같으니라,

㉒ 네가 어리석은 자를 곡물과 함께 절구에 넣고 찧을지라도 그의 어리석음은 그에게서 벗어지지 아니하느니라,

㉓ 너는 네 양떼의 형편을 부지런히 살피고 네 소떼도 잘 돌보아 주라,(그것들을 당연하게 여기지 마라, 알다시피 재산은 늘 있는 것이 아니리라.)

㉔ 이는 부(재물)가 영영히 있지 못하고 왕위도 대대로 끝까지 이어지지 못하기 때문이니라,

㉕ 건초가 제거된 뒤에 새로 움이 돋나니 산에서 목초를 모아둘 것이니라,

㉖ 어린 양의 털은 네 옷이 되고 염소는 밭을 사는 값이 되느니라,

㉗ 우유와 고기가 넉넉하니 너와 네 집 사람들이 겨울을 날 수 있을것이니라.

● 28장

① 악인은 쫓아오는 자가 없어도 도망하나, 의로운 자들은 사자같이 담대하니라,

② 나라가 혼란스러우면 많은 지도자가 나오나, 현명하고 지식있는 자만이 질서를 유지하느니라,

③ 가난한 자들을 억압하는 지도자는 들판의 곡식을 쓸어버리는 폭우 같으니라,

④ 네가 하나님의 법을 저버리면 너는 악행을 기꺼이 받아들이게 되지만 하나님의 법을 지키려고 하면 그 법을 지키고저 필사적으로 싸우느니라,

⑤ 악인들은 공정을 깨닫지 못하나 여호와를 찾는 자는 그것을 충분히 깨닫느니라,

⑥ 가난해도 곧은 길을 걷는 것이 부유하면서 굽은 길을 걷는 것보다 나으니라,

⑦ 하나님의 법을 지키는 자는 지혜로운 아들이나 부랑아들과 사귀는 아들은 그의 아
비를 욕되게 하느니라,

⑧ 과도한 이자로 자기 재산을 많아지게 하는 자는 가난한 사람들에게 친절을 베푸는
어떤 다른 사람을 위하여 그 재산을 축적하는 것이니라,

⑨ 하나님은 그분의 말씀에 귀를 기울이지 않는 사람들의 기도에 응답하지 아니하시
느니라,

⑩ 곧은 자들을 악한 길로 잘못 인도하는 자들은 그들 스스로 그들의 구덩이에 떨어
질 것이나 흠이 없는 사람들은 합당한 유업을 받느니라,

⑪ 부자들은 자기들을 지혜롭게 여겨도 총명함을 지닌 가난한 사람들은 그들 속을 꽤
뚫어 보느니라,

(The rich man is wise in his own conceit; but the poor that hath
understanding searcheth him out.-KJV)

(A rich man may be wise in his own eyes, but a poor man who has
discernment sees through him.-NIV)

(The rich are wise in their own eyes, but the poor who are intelligent see
through them.-NAB)

(The rich think they know it all, but the poor can see right through
them.-THE MESSAGE)

⑫ 의인이 득의하면 큰 영광이 있으나 사악한 자들이 득세하면 사람들이 숨느니라,

⑬ 자기의 죄들을 숨기는 자는 형통치 못하나 죄를 자복하고 버리는 자는 은총을 받
으리라,

⑭ 항상 여호와를 경외하는 자는 복을 받으나 그의 마음을 강팍하게 하는 자는 어려
움에 빠지느니라,

⑮ 가난한 백성을 압제하는 나쁜 관원은 포효하는 사자나 굶주린 곰 같으니라,

⑯ 전제적인 지배자는 판단력이 결여되나 탐욕을 미워하는 지배자는 장수하느니라,

⑰ 살인의 죄를 범하여 고통을 받는 사람은 죽을 때까지 도망자의 처지가 될 것이니
라, 누구도 그를 도우지 말지니라,

⑱ 비난할 여지가 없는 길을 걷는 자는 안전을 유지할 것이나 사악한 길들을 걷는 자
는 갑자기 넘어지느니라,

⑲ 자기의 땅을 경작하는 자는 풍부한 양식을 얻을 것이나 몽상(헛된 것)을 추구하는

자는 매우 가난해 질 것이니라.

⑳ 신실한 사람은 충분하게 복을 받으나 부자 되려고 서두르는 자는 누구나 그에 대한 대가를 치루느니라.

㉑ 편애는 결코 좋은 것이 아니니라, 즉 사람은 한조각의 빵을 인하여도 잘못을 범하느니라.

㉒ 인색한 사람은 부를 얻기를 갈망만 하고 빈곤이 그(인색하기때문에)를 기다리고 있는 줄을 알지 못하느니라

㉓ 사람을 꾸짖는 자가 아첨하는 혀를 가진자보다 결국에는 많은 호의를 얻느니라.

㉔ 부나 모의 물건을 사취하고 그것을 죄가 아니라 하는 자는 강도의 협력자와 같으니라.

㉕ 욕심 많은 사람은 불화를 일으키나 여호와를 신뢰하는 자는 번성하게 되느니라.

㉖ 자기 자신만을 믿는 자는 미련한 자이나 지혜안에서 행하는 자는 안전을 얻을 것이니라.

㉗ 가난한 자들에게 베푸는 자는 부족함이 없으려니와 가난한 자들에게서 그의 눈을 감는 자는 저주가 많이 임하리라.

㉘ 사악한 사람들이 득세하면 사람들이 숨으나 사악한 사람들이 쫓겨나면 의인들이 넘쳐 나느니라.

● 29장

① 많은 질책을 받고나서도 계속하여 고집을 부리는 사람은 갑자기 파멸을 당할 것이니라, 하지만 그때는 이미 늦어 구제책이 없느니라.

② 선한 사람들이 다스리면 백성들이 기뻐하나 사악한 자들이 지배하면 백성들이 신음하느니라.

③ 지혜를 사모하는 자는 아비를 즐겁게 하나 창기를 사귀는 자는 재물을 낭비 하느니라

④ 왕이 공의로 나라를 다스리면 나라가 견고케 되나 가혹한 세금을 부과하는 왕은 나라를 무너뜨리느니라.

⑤ 그들의 이웃에게 아첨하는 사람들은 그들의 발 앞에 그물을 치는 것이니라.(이웃을 이용할 계략을 꾸미느니라.)

⑥ 사악한 사람들은 자신들이 놓은 덫에 빠지나 선한 사람들은 덫을 놓지 아니하니

항상 즐거우니라.

⑦ 정의로운 사람들은 가난한 자들의 사정을 헤아리나 사악한 사람들은 그러한 사정에 관심을 갖지 아니하느니라.

⑧ 냉소적인 사람들은 성읍을 올무에 걸리게 하나 현명한 사람들은 분노를 쫓아버리느니라.

⑨ 현명한 사람이 미련한 자와 다투면 거기에는 매도하는 말과 조롱하는 말이 있을 뿐 해결책이 없느니라.

⑩ 살인자들은 정직한 사람들을 싫어하고 도덕적인 사람들은 정직한 사람들을 격려하느니라.

(The bloodthirsty hate the upright: but the just seek his soul.-KJV)

(Bloodthirsty men hate a man of integrity and seek to kill the upright.-NIV)

(The bloodthirsty hate the blameless, but the upright seek his life.-NAB)

(Murderers hate honest people; moral folks encourage them.-THE MESSAGE)

⑪ 어리석은 자는 그 분노를 다 드러내어도 지혜로운 자는 그 분노를 억제하느니라.

⑫ 지배자가 거짓말에 귀를 기울이면 그의 밑에 있는 관리들은 사악하게 되느니라.

⑬ 가난한 사람과 독재자도 공통적으로 이것을 가지고 있나니, 즉 그것은 여호와께서 그들이 눈으로 볼수 있게 하셨느니라.

⑭ 왕이 가난한 자를 공정성을 가지고 대우하면 그의 왕위는 항상 견고히 보전되느니라.

⑮ 훈육의 회초리는 지혜를 주나 임의로 하게 내버려둔 자식은 그 어미를 욕되게 하느니라.

⑯ 사악한 사람들이 많아지면 죄가 늘어나나 결국에는 의로운 사람들이 그들의 몰락을 볼것이니라.

⑰ 너의 자식을 훈육하라, 그리하면 그가 너에게 평화를 주고 또 네 영혼에 기쁨을 주리라.

⑱ 사람들이 하나님이 하시는 일을 알수 없으면 그들은 걸려 넘어지나 그들이 하나님이 나타내시는 것에 주의를 기울일 때 그들 대부분은 복을 받느니라.

(Where there is no vision, the people perish: but he that keepeth the law, happy is he.-KJV)

(Where there is no revelation, the people cast off restraint; but blessed is he who keeps the law.-NIV)

(Without a vision the people lost restraint; but happy is the one who follows instruction.-NAB)

(If people can't see what God is doing, they stumble all over themselves; But when they attend to what he reveals, they are most blessed.-THE MESSAGE)

⑲ 종은 단지 말로만 바로 잡을 수 없느니라 비록 그가 그 말을 이해한다 하여도 그대로 행하지 아니하느니라,

⑳ 너는 항상 생각하기도 전에 말하는 사람을 잘 살펴보아라, 오히려 그 사람 보다는 바보가 나으니라,

㉑ 만약 종들이 어렸을 때부터 애지중지 양육되면 그들은 성장해서 고집이 쎌 것이니라,

㉒ 화 내는 사람은 불화를 일으키고, 성격이 불같은 사람은 많은 죄를 범하느니라,

㉓ 자기를 높이는 자는 낮아지게 되겠고, 마음이 겸손한 자는 영예를 얻느니라,

㉔ 도적과 짝하는 자는 자기의 영혼의 적이라, 그는 선서하고도 사실을 증언하지 아니하느니라,

㉕ 사람에 대한 경외는 올무에 걸리게 하나, 여호와를 의지하는 자는 누구나 안전하느니라,

㉖ 많은 사람들이 지배자에게 호의를 구하나, 사람이 공정을 얻는 것은 여호와께로부터이니라,

㉗ 의로운 사람들은 불정직한 사람들을 싫어하고 사악한 사람들은 곧은 사람들을 싫어하느니라,

●30장
① 이 말들은 야게의 아들 아굴이 아디엘과 우갈에게 이른 것으로 곧 예언이니라,

② 나는 가장 무식한 사람이라 나는 인간이 가지고 있는 총명을 가지고 있지 아니하니라,

③ 나는 지혜도 배우지 못하였고, 거룩하신 분을 아는 지식도 없느니라,

④ 어느 분이 하늘에 올라갔다가 내려오느냐? 누가 그의 손아귀에 바람을 모으느냐? 누가 그의 망또 안에 물을 모으느냐? 누가 지구의 모든 끝자락을 정하였느냐? 그 이름이 무엇을 말하는지 그의 아들의 이름이 무엇을 의미하는지? 네가 그것을 알면 나에게 말하여 주라,

⑤ 하나님의 모든 말씀은 흠이 없으며 하나님은 그분께 의탁하는 자들의 방패이시니라,

⑥ 너는 그분의 말씀들에 덧붙이지 마라, 만약 덧붙이면 그분은 너를 책망하시고 네가 거짓말쟁이라는 것을 드러내실 것이니라,

⑦ 오 여호와여! 내가 두가지 일을 주님께 구하옵나이다, 내가 죽기 전에 이루게 하여 주시옵소서,

⑧ 곧 허영심과 거짓을 내게서 멀리 하옵시고 나에게 가난(빈곤)하게도 또 부유(많은 재산가짐)하게도 하지마옵시고 오직 일용할 양식을 주시옵소서!

⑨ 혹 내가 배 불러서 하나님을 모른다, 여호와가 누구냐? 할까 하오며, 혹 내가 가난하여 도적질하고 내 하나님의 이름을 욕되게 할까 두려워함이니이다,

⑩ 종의 잘못을 종의 상전에게 고자질 하지마라, 그렇지 않으면 종이 너를 저주할 것이고 너는 그것에 대가를 치룰것이니라,

⑪ 아비를 저주하며 어미를 축복하지 아니하는 사람들이 있느니라,

⑫ 또 그들의 눈에는 깨끗하나 아직도 그 더러운 것을 씻겨지니 아니한 사람들이 있느니라,

⑬ 그들의 눈은 심히 높고 그들의 눈초리는 타인에 대하여 대단히 경멸적이느니라,

⑭ 앞니는 검들 같고 어금니는 칼 같아서 가난한 자들을 지구로부터 삼키고, 궁핍한 자들을 사람들 가운데에서 삼키는 세대가 있느니라,

⑮ 거머리(남의 고혈을 빨아 먹는 자)에게는 두개의 다리(딸)가 있는데, 그것들은 주라! 더 많이 주라! 하느니라, 세상에 만족을 모르는 것이 셋 아니 넷이 있느니라, 그것들은 결코 "그것으로 충분하다, 감사합니다!" 라고 말하지 않느니라,

(The horseleach hath two daughters, crying, Give, give. There are three things that are satisfied, yea, four things say not, It is enough.-KJV)

(The leech has two daughters, 'Give! Give!' they cry. "There are three things that are never satisfied, four that never say, 'Enough!':-NIV)

(The leech has two daughters: "Give," and "Give." Three things never get their fill, four never say, "Enough!"-NAB)

(A leech has twin daughters named "Gimme" and "Gimme more."
FOUR INSATIABLES

Three things are naver satisfied, no, there are four that never say, "That's enough, thank you!"-THE MESSAGE)

⑯ 이는 곧 무덤과 아이 배지 못하는 태와 물로 적실 수 없는 땅과 꺼지지 않는 불이니라,

⑰ 아비를 조롱하며 어미에게 순종하기를 싫어하는 자의 눈은 야생 독수리가 쪼아내고 새끼 독수리에게 먹히리라,

⑱ 나에게 너무 놀라운 것들이 셋이 있고 깨닫지 못하는 것들이 넷이 있나니,

⑲ 곧 공중에 날아 다니는 독수리의 길과 바위 위로 기어다니는 뱀의 길과 바다로 지나다니는 배의 길과 처녀와 함께한 남자의 길이라,

⑳ 이것은 음녀의 길이니라, 그녀는 먹고 그녀의 입을 씻고나서 말하기를, 나는 잘못한 것이 없느니라, 하느니라,

㉑ 세가지 일들 아래서 지구가 흔들리며 네가지 일들로 지구가 그것을 버틸 수 없느니라,

㉒ 곧 종이 임금이 되는 것과 미련한 자가 부자가 되는 것과

㉓ 미움을 받는 계집이 시집간 것과 여종이 그녀의 정부의 상속인이 되는 것이니라,

(For an odious woman when she is married; and an handmaid that is heir to her mistress.-KJV)

(an unloved woman who is married, and a maidservant who displaces her mistress.-NIV)

(Under an unloved woman who is wed, and a maidservant who displaces her mistress.-NAB)

(when a whore is voted "woman of the year," when a "girlfriend" replaces a faithful wife.-THE MESSAGE)

㉔ 지구 위에는 약하고 작으나 아주 지혜로운 것 넷이 있나니,

㉕ 개미들은 거의 힘이 없는 생명체들이나 그들은 여름에 그들의 겨울철 먹을 것을 저장하느니라,

㉖ 토기들은 힘이 거의 없는 생명체들이나 험한 바위 위에 그들의 집을 만드느니라,

㉗ 메뚜기들은 왕이 없으나 그들은 열을 지어 나아가느니라,

㉘ 도마뱀이 손에 쉽게 잡힐 수도 있으나 그것이 왕궁에서 발견되느니라,

㉙ 위풍있게 다니는 것 서넛이 있나니,

㉚ 곧 짐승 중에 가장 강하여 아무 짐승 앞에서도 물러가지 아니하는 사자와

㉛ 사냥개와 수염소와 및 당할 수 없는 강력한 왕이니라,

㉜ 만일 네가 미련하여 스스로 높은체 하였거나 혹 악한 일을 도모하였거든 네 손으로 네 입을 막으라,

㉝ 대저 우유를 저으면 버터가 되고 코를 비틀면 피가 나는것 같이 노를 격동하면 다툼이 나느니라.

● 31장

① 르무엘 왕의 어록들, 곧 그의 어머니가 그를 훈계한 말씀들이라,

② 내 아들아! 내 태에서 난 아들아! 서원하여 얻은 내 아들아! 네가 할 것은 이것이니라,

③ 네 힘을 여자들에게 쓰지 말며 왕들을 멸망시키는 일에 네 활력을 쓰지 말지어다,

④ 르무엘아! 포도주를 마시는 것과 독주를 찾는 것이 치리자들에게는 마땅치 않느니라,

⑤ 이는 그들이 술이 취하지 않아서 법령을 잊어 버리지 않게 하고 궁핍한 사람의 권리들을 침해하지 않게 하려함이니라,

⑥ 멸망하는 자에게는 강한 술을 주고 고뇌 속에 있는 자들에게는 포도주를 줄찌니라,

⑦ 그들이 마셨을 때, 그들은 그들의 불행을 잊어버릴 것이고, 그들의 근심을 더 이상 생각하지 아니할 것이니라,

⑧ 너는 자기들 자신을 위하여 말할 수 없는 자들과 곤궁한 모든 자들의 권리를 대변하여라,

⑨ 너는 공정하게 말하여 판단하고, 가난하여 빈궁한 자들의 권리를 보호하여 줄지니라,

⑩ 누가 고결한 성품의 아내를 찾아 얻겠느냐? 그녀는 진주보다도 훨씬 가치가 있느니라,

⑪ 그녀의 남편은 그녀를 꼭 믿나니 후회와 부족함이 없느니라,

⑫ 그녀는 살아 있는 동안에 그 남편에게 이익을 가져오고 손해를 끼치지 아니하느니라,

⑬ 그녀는 양털과 아마를 선별하는데 부지런히 손으로 일하느니라,

⑭ 그녀는 무역상인들의 배들 같아서 먼데로부터 그녀의 양식을 가져오느니라,

⑮ 그녀는 아직 어두운데도 일어나서 그녀의 가족 식사를 준비하고 그녀의 여종들의 할일들을 지시하느니라,

⑯ 그녀는 들판 땅을 잘 살펴보고 그것을 구매하며, 그녀의 손으로 포도원을 만들어 가꾸느니라,

⑰ 그녀는 자신의 허리를 힘껏 동이며 그녀의 팔을 강하게 하고,

⑱ 그녀는 자신의 거래하는 것이 이익이 나는 것을 알고서 그녀의 등불이 밤에도 꺼지지 아니하느니라,

⑲ 그녀는 손으로 실 뭉치를 잡고 자신의 손가락으로 물레의 가락을 잡으며,

⑳ 그녀는 가난한 자에게 손을 펴나니, 참으로 그녀는 궁핍한 자에게 자기 손을 펴느니라,

㉑ 그녀의 가족들은 다 주홍색 옷을 입었으므로 눈이 와도 그녀는 집 사람을 위하여 두려워하지 아니하며,

㉒ 그녀는 스스로 수놓은 직물로 덮개를 만들며 자주색 비단옷을 입으며,

㉓ 그녀의 남편은 성문에서 땅의 장로들 중간에 앉아 있으므로 알려졌느니라,,

㉔ 그녀는 고운 아마포로 옷을 지어 팔며, 장식띠들을 만들어 상인들에게 팔았느니라,

㉕ 그녀는 능력과 존귀로 옷을 삼고 다가오는 날들에 웃을 수 있을 것이니라,

㉖ 그녀는 지혜롭게 말하며 그녀의 혀에는 신실한 교훈의 말이 있었느니라,

㉗ 그녀는 그녀의 가족의 일들을 보살피고 게으름의 빵을 먹지 아니하느니라,

㉘ 그녀의 자식들은 일어서서 그녀에게 감사하고 그녀의 남편도 그렇게 하며 또 그 남편은 그녀를 칭찬하였느니라,

㉙ 많은 여인들이 덕행을 행하나 그녀는 그들 모두보다 뛰어나다 하느니라,

㉚ 매력있는 것도 거짓이 될수 있고 아름다운 것도 헛되나, 여호와를 경외하는 여인을 칭찬을 받을 것이니라,

㉛ 그녀가 얻은 상은 그녀에게 돌아갈 것이고 그녀가 행한 일들로 인하여 그녀는 성문에서 칭찬을 받으리라.

전도서

· 본 성경듣기는 QR코드 인식으로 들을 수 있습니다

● 1장

① 다윗의 아들, 예루살렘 왕인 전도자(설교자)의 말들이라,

   (The words of the Preacher, the son of David, king in Jerusalem.-KJV)

   (The words of the Teacher, son of David, king in Jerusalem.-NIV)

   (The words of David's son, Qoheleth, king in Jerualem.-NAB)

   (These are the words of the Quester, David's son and king in Jerusalem:-THE MESSAGE)

② 전도자가 말하기를, 헛되고, 헛되며, 헛되고, 헛되니, 모든 것이 헛되도다,

③ 사람이 해 아래서 수고하는 그의 모든 수고에서 무슨 유익을 얻으리요?

④ 한 세대는 가고 한 세대는 오되 지구는 영원히 있도다,

⑤ 해가 떴다가 지며 그 떴던 곳으로 빨리 돌아가고,

⑥ 바람은 남으로 불다가 북으로 돌이키며, 이리 돌며, 저리 돌아 불던 곳으로 돌아가고,

⑦ 모든 강물은 다 바다로 흐르되, 바다를 채우지 못하며 어느 곳으로 흐르든지 그리로 연하여 흐르느니라,

⑧ 만물의 피곤함을 사람이 말로 다 할수 없나니, 눈은 보아도 족함이 없고, 귀는 들어도 차지 아니하는도다,

⑨ 이미 있던 것이 후에 다시 있겠고, 이미 한 일을 후에 다시 할찌라, 해 아래는 새 것이 없나니,

⑩ 무엇을 가리켜 이르기를, 보라 이것이 새 것이라 할 것이 있으랴? 우리 오래 전 세대에도 이미 있었느니라,

⑪ 이전 세대를 기억함이 없으니, 장래 세대도 그 후 세대가 기억함이 없으리라,

⑫ 나 전도자(설교자)는 예루살렘에서 이스라엘 왕이 되어

⑬ 나는 하늘 아래에서 주어진 모든 일을 지혜로서 탐구하고 연구하기 위하여 전력을 다하였노라, 하나님이 인생들에게 지우신 짐이 얼마나 무거운가!

⑭ 내가 해 아래서 행하는 모든 일을 본즉, 다 헛되어 바람을 잡으려는 것이로다,

⑮ 구부러진 것을 곧게 할 수 없고, 이지러진 것을 셀 수 없도다,

⑯ 내가 마음 가운데 말하여 이르기를, 내가 큰 지혜를 많이 얻었으므로, 나보다 먼저 예루살렘에 있던 자보다 낫다 하였나니, 곧 내 마음이 지혜와 지식을 많이 만나 보았음이로다,

⑰ 내가 다시 지혜를 알고자 하며 미친 것과 미련한 것을 알고자 하여 마음을 썼으나, 이것도 바람을 잡으려는 것인줄을 깨달았도다,

⑱ 지혜가 많으면 번뇌도 많으니, 지식을 더하는 자는 근심을 더하느니라.

● 2장

① 나는 스스로에게 말했다. "한번 해보자. 실험 삼아 쾌락은 누리고 즐거운 시간을 보내자!" 그러나 거기에 남은 것은 아무것도 없었다. 한낱 연기(smoke)뿐이었다.

(I said in mine heart, Go to now, I will prove thee with mirth, therefore enjoy pleasure: and, be hold, this also is vanity.-KJV)

(I thought in my heart, "Come now, I will test you with pleasure to find out what is good." But that also proved to be meaningless.-NIV)

(Study of Pleasure-seeking. I said in my heart, "Come, now, let me try you with pleasure and the enjoyment of good things." See, this too was vanity.-NAB)

(I said to myself, "Let's go for it-experiment with pleasure, have a good time!" But there was nothing to it, nothing but smoke.-THE MESSAGE)

② 내가 웃음을 논하여 이르기를, 미친 것이라 하였고, 희락을 논하여 이르기를, 저가 무엇을 하는가 하였노라?

③ 내 마음에 궁구하기를, 내가 어떻게 하여야 내 마음에 지혜로 다스림을 받으면서, 술로 내 육신을 즐겁게 할까? 또 어떻게 하여야 어리석음을 취하여서 천하 인생의 종신토록 생활함에 어떤 것이 쾌락인지 알까, 하여,

④ 나는 여러 큰일을 하였노라, 내가 나를 위하여 집들을 지으며 포도원을 일구고,

⑤ 여러 동산과 과원을 만들고, 그 가운데 각종 과목을 심었으며,

⑥ 수목을 기르는 삼림에 불주기 위하여 못을 팠으며,

⑦ 노비는 사기도 하였고, 집에서 나게도 하였으며, 나보다 먼저 예루살렘에 있던 모든 자보다도 소와 양떼의 소유를 많게 하였으며,

⑧ 은금과 왕들의 보배와 여러 도의 보배를 쌓고, 또 노래하는 남녀와 인생들의 기뻐하는 처와 첩들을 많이 두었노라,

⑨ 오, 얼마나 번창하였던가! 나는 예루살렘에서 통치했던 그 어떤 선왕보다도 압도적으로 우위에 있었다. 나는 명석한 두뇌를 갖고 있었다.

⑩ 무엇이든지 내 눈이 원하는 것을 내가 금하지 아니하며, 무엇이든지 내 마음이 즐거워하는 것을 내가 막지 아니하였으니, 이는 나의 모든 수고를 내 마음이 기뻐하였음이라, 이것이 나의 모든 수고로 말미암아 얻은 분복이로다,

⑪ 그 후에 본즉 내 손으로 한 모든 일과 수고한 모든 수고가 다 헛되어 바람을 잡으려는 것이며, 해 아래서 무익한 것이로다,

⑫ 내가 돌이켜 지혜와 망령됨과 어리석음을 보았나니, 왕의 뒤에 오는 자는 무슨 일을 행할꼬 행한지 오래 일일 뿐이니라,

⑬ 내가 보건대 지혜가 우매보다 뛰어남이 빛이 어두움보다 뛰어남 같도다,

⑭ 지혜자는 눈이 밝고, 우매자는 어두움에 다니거니와 이들의 당하는 일이 일반인 줄을 내가 깨닫고,

⑮ 내 운명이 미련한 자의 운명과 같다는 사실을 깨달았을 때, 나는 이렇게 물을 수밖에 없었다. "그럼 뭐하러 애써 지혜로워지려는 거지?" 모두 연기에 불과하나니,

⑯ 지혜자나 우매자나 영원토록 기억함을 얻지 못하나니, 후일에는 다 잊어버린지 오랠 것임이라, 오호라, 지혜자의 죽음이 우매자의 죽음과 일반이로다,

⑰ 이러므로 내가 사는 것을 한하였노니, 이는 해 아래서 하는 일이 내게 괴로움이요, 다 헛되어 바람을 잡으려는 것임이로다,

⑱ 내가 이 세상에서 성취하고 쌓아 올린 모든 것이 싫어졌다. 저세상에 갈 때 그것을 가져갈 수 없고, 내 뒤에 올 사람에게 물려주어야 한다.

⑲ 그 사람이 지혜자일찌? 우매자일찌? 누가 알랴마는 내가 해 아래서 내 지혜를 나타내어 수고한 모든 결과를 저가 다 관리하리니, 이것도 헛되도다,

⑳ 그래서 나는 하던 일을 그만두었고, 이 세상에서 바랄 수 있는 모든 것에 대한 기대

를 접었느니라.

㉑ 어떤 사람은 그 지혜와 지식과 재주를 써서 수고하였어도 그 얻은 것을 수고하지 아니한 자에게 업으로 끼치리니, 이것도 헛된 것이라 큰 해로다.

㉒ 사람이 해 아래서 수고하는 모든 수고와 마음에 애쓰는 것으로 소득이 무엇이랴?

㉓ 일평생에 근심하며 수고하는 것이 슬픔 뿐이라, 그 마음이 밤에도 쉬지 못하나니, 이것도 헛되도다.

㉔ 즐거운 시간을 보내며 최대한 잘 지내는 것, 이것이 바로 우리가 인생에서 할 수 있는 최선이다. 내가 볼 때, 그것이 하나님이 인생에 정해 주신 운명이다.

㉕ 잘 먹든지 못 먹든지, 하나님께 달렸다.

㉖ 하나님이 그 기뻐하시는 자에게는 지혜와 지식과 희락을 주시나, 죄인에게는 노고를 주시고, 저로 모아 쌓게 하사 하나님을 기뻐하는 자에게 주게 하시나니, 이것도 헛되어 바람을 잡으려는 것이로다.

● 3장

① 하늘 아래 있는 모든 일에는 시기가 있고, 모든 목적에는 때가 있느니라.

② 태어날 때가 있고 죽을 때가 있으며, 심을 때가 있고 수확할 때가 있으며,

③ 죽일 때가 있고 치료 시킬 때가 있으며, 헐 때가 있고 세울 때가 있으며,

④ 울 때가 있고 웃을 때가 있으며, 슬퍼할 때가 있고 춤출 때게 있으며,

⑤ 돌을 던져 버릴 때가 있고 돌을 거둘 때가 있으며, 안을 때가 있고 안은 일을 멀리 할 때가 있으며,

⑥ 찾을 때가 있고 잃을 때가 있으며, 지킬 때가 있고 버릴 때가 있으며,

⑦ 찢을 때가 있고 꿰맬 때가 있으며, 잠잠할 때가 있고 말할 때가 있으며,

⑧ 사랑할 때가 있고 미워할 때가 있으며, 전쟁할 때가 있고 평화할 때가 있느니라.

⑨ 일하는 자가 그 수고로 말미암아 무슨 유익을 얻으리요?

⑩ 하나님이 죽을 운명인 인간들에게 짐 지운 그 일(노고)들을 나는 보고(알고) 있느니라.

(I have seen the travail, which God hath given to the sons of men to be exercised in it.-KJV)

(I have seen the burden God has laid on men.-NIV)

(I have seen the business that God has given to the mortals to be busied about.-NAB)

(I've had a good look at what God has given us to do-busywork, mostly.-
THE MESSAGE)

⑪ 하나님이 모든 것을 지으시되 때를 따라 아름답게 하셨고, 또 사람에게 영원을 사
모하는 마음을 주셨느니라, 그러나 하나님의 하시는 일의 시종을 사람으로 측량할
수 없게 하셨도다,

⑫ 사람이 사는 동안에 기뻐하며 선을 행하는 것보다 나은 것이 없는 줄을 내가 알았
느니라,

(I know that there is nothing better for men than to be happy and do
good while they live.-NIV)

⑬ 사람마다 먹고 마시는 것과 수고함으로 낙을 누리는 것이 하나님의 선물인 줄을
또한 알았도다,

⑭ 무릇 하나님의 행하시는 것은 영원히 있을 것이라, 더 할 수도 없고 덜 할 수도 없
나니 하나님이 이같이 행하심은 사람으로 그 앞에서 경외하게 하려 하심인 줄을
내가 알았도다,

⑮ 이제 있는 것이 옛적에 있었고, 장래에 있을 것도 옛적에 있었나니, 하나님은 이미
지난 것을 다시 찾으시느니라,

⑯ 내가 해 아래서 재판의 자리를 보았는데 사악함이 거기에도 있고 의의 자리를 보
았는데 죄악이 거기에도 있었도다,

⑰ 내가 심중에 이르기를, 의인과 악인을 하나님이 심판하시리니, 이는 모든 목적과
모든 일이 이룰 때가 있음이라 하였으며,

⑱ 내가 심중에 이르기를, 인생의 일에 대하여 하나님이 저희를 시험하시리니, 저희
로 자기가 짐승보다 다름이 없는 줄을 깨닫게 하려 하심이라, 하였노라,

⑲ 인생에게 임하는 일이 짐승에게도 임하나니, 이 둘에게 임하는 일이 일반이라, 다
동일한 호흡이 있어서 이의 죽음 같이 저도 죽으니, 사람이 짐승보다 뛰어남이 없
음은 모든 것이 헛됨이로다,

⑳ 다 흙으로 말미암았으므로 다 흙으로 돌아 가나니, 다 한 곳으로 가거니와,

㉑ 인생의 혼은 위로 올라가고 짐승의 혼은 아래 곧 땅으로 내려가는 줄을 아무도 모
르느니라,

(Who knoweth the sprit of man that goeth upward, and the spirit of the beast that goeth downward to the earth?-KJV)

(Who knows if the spirit of man rises upward and if the spirit of the animal goes down into the earth?-NIV)

(Nobody knows for sure that the human spirit rises to heaven or that the animal spirit sinks into the earth.-THE MESSAGE)

(Who knows if the life breath of mortals goes upward and the life breath of beasts goes earthward?-NAB)

㉒ 그래서 나는 인간은 그가 하는 일에 즐거워하는 것보다 나은 것이 없다는 것을 알았노라, 이는 그것이 그의 운명이기 때문이니라, 그의 인생에서 후에 일어날 일을 그에게 알려줄 수 있는 사람은 없느니라.

(And I saw that there is nothing better for mortals than to rejoice in their work; for this is their lot. Who will let them see what is to come after them?-NAB)

(So I made up my mind that there is nothing better for us men and women than to have a good time in whatever we do - that's our lot. Who knows if there's anything else to life?-THE MESSAGE)

(So I saw that there is nothing better for a man than to enjoy his work, because that is his lot. For who can bring him to see what will happen after him?-NIV)

(Wherefore I perceive that there is nothing better, than that a man should rejoice in his own works; for that is his portion: for who shall bring him to see what shall be after him?-KJV)

● 4장

① 다시 나는 이 세상에서 이루어지는 온갖 잔인무도한 폭력을 보았도다, 피해자들이 눈물을 흘리는데 그들을 위로할 자가 없도다, 압제자들의 무지막지한 손아귀에서 그들을 구해 낼 자가 없도다,

② 그러므로 나는 살아있는 산 자보다 이미 죽은 자를 복되다 하였으며,

③ 이 둘보다도 출생하지 아니하여 해 아래서 행하는 악을 보지 못한 자가 더욱 낫다, 하였노라,

④ 나는 온갖 노력과 야심이 시기심에서 나온다는 것도 알게 되었노라, 얼마나 허무한 일인가! 이것도 헛되어 허공에서 바람을 잡으려는 것 뿐이로다,

⑤ 우매자는 손을 거두고 자기 살을 먹느니라,

⑥ 가진 것이 한 줌밖에 없어도 편히 쉴 수 있는 사람이 두 손 가득 쥐고도 걱정에 찌들어 일하는 사람보다 나으니라,

⑦ 또 나는 태양 아래에서 의미 없는 일들을 보았도다,

⑧ 어떤 사람이 동무도 없이 혼자 있다, 그에게는 아들도 형제도 없다, 그의 노고에는 끝이 없고, 그의 눈은 부에 만족할 줄 모른다, "내가 누구를 위하여 수고하고 내 심령으로 낙을 누리지 못하게 하는고?"하나니, 이 또한 허무요 불행한 일이로다,

⑨ 두 사람이 한 사람보다 나음은 저희가 수고함으로 좋은 상을 얻을 것임이라,

⑩ 그들이 넘어지면 하나가 다른 하나를 붙들어 일으키려니와, 홀로 있어 넘어지면 그에게는 그를 일으켜 줄 다른 사람이 없어 이는 불행이라,

⑪ 두 사람이 함께 누우면 따뜻하거니와 한 사람이면 어찌 따뜻하랴?

⑫ 누가 하나를 공격하면 두 사람이면 능히 맞설 수 있나니, 세 겹으로 꼬인 줄은 쉽게 끊어지지 아니하느니라,

⑬ 가난하여도 지혜로운 젊은이가 늙고 둔하여 더 이상 조언을 받아 들일 줄 모르는 임금보다 나으니라,

⑭ 나는 한 젊은이가 이와 같이 아무것도 없어 누더기를 입고 있다가 부자가 되는 것을 보았고, 옥에서 나와서 왕이 되었음이니라,

(For out of prison he cometh to reign; whereas also he that is born in his kingdom becometh poor.-KJV)

(The youth may have come from prison to the kingship, or he may have been born in poverty within his kingdom.-NIV)

(I saw a youth just like this start with nothing and go from rags to riches, and I saw everyone rally to the rule of this young successor to the king.-THE MESSAGE)

(for from a prison house he came forth to reign; despite his kingship he was born poor.-NAB)

⑮ 내가 본즉 해 아래서 다니는 인생들이 왕의 버금으로 대신하여 일어난 소년과 함께 있으매,

⑯ 저의 치리를 받는 백성들이 무수하였을찌라도 후에 오는 자들은 저를 기뻐하지 아니하리니, 이것도 헛되어 영을 괴롭게 하는 것이로다.

● 5장

① 너는 하나님의 집에 들어갈 때에 네 발을 조심할지어다, 그분께 배우겠다는 겸손한 마음을 품어라, 그것이 생각 없이 제물을 바쳐서, 유익은 커녕 해만 끼치는 것보다 나으니라,

(Keep thy foot when thou goest to the house of God, and be more ready to hear, than to give the sacrifice of fools: for they consider not that they do evil.-KJV)

(Guard your steps when you go to the house of God. Go near to listen rather than to offer the sacrifice of fools, who do not know that they do wrong.-NIV)

(Watch your step when you enter God's house. Enter to learn. That's far better than mindlessly differing a sacrifice, Doing more harm than good.-THE MESSAGE)

(Be not hasty in your utterance and let not your heart be quick to utter a promise in God's presence. God is in heaven and you are on earth; therefore let your words be few.-NAB)

② 너는 하나님 앞에서 함부로 입을 열지 말며 급한 마음으로 말을 내지 말라, 하나님은 하늘에 계시고 너는 지구에 있음이니라, 그런즉 마땅히 말을 적게 할 것이라,

③ 이는 할 일이 많으면 꿈을 꾸듯이 말이 많으면 바보의 말로 보이느니라,

④ 네가 하나님께 서원하였거든 갚기를 더디게 말라, 하나님은 함부로 말하는 어리석은 자를 기뻐하지 아니하시니, 서원한 것을 갚으라,

⑤ 서원하고 갚지 아니하는 것보다 서원하지 아니하는 것이 나으니,

⑥ 네 입으로 네 육체를 범죄케 말라, 천사 앞에서 내가 서원한 것이 실수라고 말하지 말라, 왜 하나님이 네가 한 말에 진노하시고 네 손으로 한 것을 멸하시겠느냐?

⑦ 꿈이 많으면 헛된 것이 많고 말이 많아도 그러하니, 오직 너는 하나님을 경외할지니라,

⑧ 너는 어느 지역에서든지 빈민을 학대하는 것과 공의를 박멸하는 것을 볼지라도 그

것을 이상히 여기지 말라, 높은 자보다 더 높은 자가 감찰하고 그들보다 더 높은 자들이 있음이니라,

⑨ 땅의 이익은 뭇사람을 위하여 있나니, 왕도 밭의 소산을 먹느니라,

⑩ 돈을 사랑하는 자는 돈으로 만족함이 없고, 재산을 사랑하는 자는 아무리 큰 돈을 벌어도 만족함이 없나니, 재물 또한 연기일 뿐이로다,

⑪ 재산이 더하면 먹는 자도 더하나니, 그 소유주가 눈으로 보는 외에 무슨 유익이 있느냐?

⑫ 수고하는 사람은 그가 적게 먹든지 많이 먹든지 잠을 달게 자거니와, 부자들의 풍요로움은 그로 하여금 불면증으로 잠을 못자게 하느니라,

⑬ 나는 태양 아래에서 심히 유감스러운 것을 보았나니, 곧 소유주가 자기를 위하여 쌓은 재물이 도리어 자기에게 해가 됨이라,

⑭ 그러한 재물은 악한 수고로 말미암아 잃어버리나니, 그가 비록 아들은 낳아도 한 푼도 그에게 남겨주지 못했느니라,

⑮ 저가 모태에서 벌거벗고 나왔은즉, 그 나온대로 돌아가고, 수고하여 얻은 것을 아무 것도 손에 가지고 가지 못하리니,

⑯ 이것은 참으로 안타까운 일이다, 그가 온 것처럼 그는 그렇게 돌아간다, 그러니 그가 애쓴 보람이 무엇이랴? 바람일 뿐!

(And this also is a sore evil, that in all points as he came, so shall he go: and what profit hath he that hath laboured for the wind?-KJV)

(This too is a grievous evil: As a man comes, so he departs, and what does he gain, since he toils for the wind?-NIV)

(This too is grievous evil, that they go just as they came. What then does it profit them to toil for the wind?-NAB)

(This is bad luck, for sure-naked he came, naked he went. So what was the point of working for a salary of smoke?-THE MESSAGE)

⑰ 일평생을 어두운데서 먹으며 번뇌와 병과 분노가 저에게 있느니라,

⑱ 사람이 하나님의 주신바 그 일평생에 먹고 마시며, 해 아래서 수고하는 모든 수고 중에서 낙을 누리는 것이 선하고, 아름다움을 내가 보았나니, 이것이 그의 분복이로다,

⑲ 어떤 사람에게든지 하나님이 재물과 부요를 주사, 능히 누리게 하시며 분복을 받

아 수고함으로 즐거워 하게 하신 것은 하나님의 선물이라,

⑳ 저는 그 생명의 날을 깊이 관념치 아니하리니, 이는 하나님이 저의 마음의 기뻐하는 것으로 응하심이니라.

● 6장

① 나는 태양 아래 이 세상에서 일어나는 일들을 오랫동안 살펴보았느니라, 분명히 말하나니, 그것들은 사람들에게 일반적인 일이라,

(There is an evil which I have seen under the sun, and it is common among men:-KJV)

(I have seen another evil under the sun, and it weighs heavily on men:-NIV)

(There is another evil I have seen under the sun, and it weighs heavily upon humankind:-NAB)

(I looked long and hard at what goes on around here, and let me tell you, things are bad. And people feel it.-THE MESSAGE)

② 즉, 어떤 사람은 그 심령의 모든 소원에 부족함이 없이 재물과 부요와 존귀를 하나님께로부터 받았으나, 하나님은 그것을 능히 누리지 못하게 하심으로 다른 사람이 누리나니, 이것은 허무요 고통스러운 아픔이니라,

③ 사람이 비록 일백 자녀를 낳고 또 장수하여 사는 날이 많을찌라도 그의 갈망이 행복으로 채워지지 않고 또한 그가 제대로 몸이 매장되지 못한다면, 내가 말하건데 그보다는 낙태된 자가 저보다 낫다 하노니,

④ 낙태된 자는 헛되이 왔다가 어두운 중에 가매 그 이름이 어두움에 덮이니,

⑤ 햇 빛을 보지 못하고 알지 못하나 이 아기가 그 사람보다 더 나은 안식을 누리느니라,

⑥ 참으로 그가 천 년의 갑절을 산다 할지라도, 아무런 좋은 것을 누리지 못한다면 무슨 의미가 있겠는가? 마침내는 다들 같은 곳으로 가지 않는가?

⑦ 우리는 식욕을 채우고자 일하지만, 우리 영혼은 그동안 굶주림에 허덕이느니라,

(We work to feed our appetites; Meanwhile our souls go hungry.-THE MESSAGE)

⑧ 그러면 지혜로운 자가 어리석은 자보다 나은 것이 무엇이고, 근근이 살아가는 가

난뱅이보다 나은 것이 무엇인가?

⑨ 무엇이든 당장 손에 닿는 것을 붙들어라. 시간이 가면 더 좋은 것이 나올 것이라 생각하지 마라. 그 모두가 연기요, 허공에 침 뱉기일 뿐이니라.

⑩ 무슨 일이든 생길 일이 생기는 것이니라. 그 일의 운명은 이미 정해져 있나니, 그 운명을 따질 수는 없느니라.

⑪ 말이 많아질수록 공중에 연기만 늘어간다. 그렇게 해서 누군가의 형편이 조금이라도 나아졌는가?

⑫ 연기와 그림자처럼 초라하게 사는 우리에게 무엇이 최선인지 누가 알겠는가? 우리 생애의 다음 장을 누가 알려 주겠는가?

● 7장

① 좋은 이름이 값진 향유보다 낫고, 죽는 날이 출생하는 날보다 나으니라.

② 초상집에 가는 것이 잔칫집에 가는 것보다 나으니라. 이는 죽음은 모든 사람의 운명이고 살아있는 자들은 이것을 마음에 둘 것이기 때문이니라.

③ 슬픔이 웃음보다 나으니, 이는 슬픈 안색으로 인하여 마음이 더 좋게 됨이니라.

④ 지혜자의 마음은 애곡하는 집에 있으나 어리석은 자의 마음은 희락하는 집에 있느니라.

⑤ 사람이 지혜자의 책망을 듣는 것이 어리석은 자의 노래를 듣는 것보다 나으리라.

⑥ 이는 어리석은 자의 웃음이 솥 밑에서 가시나무의 타는 소리 같으니, 이것도 역시 헛되니라.

⑦ 참으로 학대하는 일은 지혜자를 미치게 하고, 뇌물은 사람의 마음을 파멸시키느니라.

⑧ 일의 끝이 시작보다 낫고, 참는 마음이 교만한 마음보다 나으니라.

⑨ 급한 마음으로 노를 발하지 말라. 노는 어리석은 자의 품에 머무름이니라.

⑩ 옛날이 오늘보다 나은 것이 어쩜이냐? 하지 말라. 이렇게 묻는 것은 지혜가 아니니라.

⑪ 지혜는 유업 같이 아름답고 햇빛을 보는 자에게도 유익하도다.

⑫ 이는 지혜는 방벽이 되고 돈도 방벽이 되느니라. 그러나 지혜는 지식의 뛰어남이니, 지혜는 지혜를 가지고 있는 자들에게 생명을 보존케 함이니라.

⑬ 하나님의 행하시는 일을 보라! 하나님이 굽게 하신 것을 누가 곧게 하겠느냐?

⑭ 형통한 날에는 기뻐하고 역경을 당하는 날에는 생각할지니, 하나님께서 이 두가지를 병행하게 하사 사람으로 그 장래 일을 능히 헤아려 알지 못하게 하셨느니라,

⑮ 나는 나의 이 헛된 인생에서 이 두 경우의 사람들을 보았느니라, 즉 그의 의로움안에서 멸망하는 의로운 자와 그의 사악함 안에서 오래 사는 사악한자를 보았느니라,

⑯ 지나치게 의인이 되지 말며 지나치게 지혜자도 되지 말라, 어찌하여 스스로 패망케 하겠느냐?

⑰ 지나치게 악인이 되지 말며, 어리석은 자도 되지 말라, 어찌하여 기한 전에 죽으려느냐?

⑱ 너는 이것을 잡으며 저것을 놓지 마는 것이 좋으니, 하나님을 경외하는 자는 이 모든 일에서 벗어날 것임이니라,

⑲ 지혜가 지혜자를 성읍 가운데 있는 열명의 용사들보다 더 강하게 하느니라,

⑳ 옳은 것을 행하고 결코 죄를 범치 아니하는 사람, 즉 의인은 세상에 하나도 없느니라,

㉑ 무릇 사람의 말을 들으려고 마음을 두지 말라, 염려컨대 네 종이 너를 저주하는 것을 들으리라,

㉒ 너도 가끔 사람을 저주한 것을 네 마음이 아느니라,

㉓ 내가 이 모든 것을 지혜로 시험하며 스스로 이르기를, 내가 지혜자가 되리라 하였으나 지혜가 나를 멀리하였도다,

㉔ 무릇 된 것이 멀고 깊고 깊도다, 누가 능히 통달하랴?

㉕ 내가 돌이켜 전심으로 지혜와 명철을 살피고 궁구하여 악한 것이 어리석은 것이요, 어리석은 것이 미친 것인줄을 알고자 하였더니,

㉖ 내가 깨달은즉, 마음이 올무와 그물 같고 손이 포승 같은 여인은 사망보다 독한 자라, 하나님을 기뻐하는 저를 피하려니와 죄인은 저에게 잡히리로다,

㉗ 전도자가 가로되, 내가 낱낱이 살펴 그 이치를 찾아내어, 하나씩 하나씩 세어가며 살펴 이것을 깨달았노라,

㉘ 그러나 이것은 내 혼이 아직도 찾고 있으나 내가 알아내지 못한 것이라, 나는 일천 남자 중에서 한 똑바른 사람을 찾았으나 일천의 여인들 모두 중에서 똑바른 한 여인도 찾지 못하였느니라,

㉙ 나의 깨달은 것이 이것이라, 곧 하나님이 사람을 정직하게 지으셨으나, 사람은 많

은 계략을 낸 것이로다.

● 8장

① 누가 지혜자와 같으냐? 누가 사리의 분별(해석)을 아느냐? 사람의 지혜는 그 사람의 얼굴에 광채가 나게 하나니, 그 얼굴의 굳은 표정을 변하게 하느니라,

② 내가 네게 말하노니, 왕의 명령을 준수하라, 이는 네가 하나님 앞에서 맹세하였기 때문이라,

③ 왕 앞에서 물러가기를 급거히 말며, 악한 일 가운데 서지 말라, 이는 왕은 그 하고자 하는 것을 무엇이든지 다 행하기 때문이니라,

④ 왕의 말은 권능에 있나니, 누가 이르기를, "왕께서 무엇을 하시나이까?" 할 수 있느냐,

⑤ 무릇 명령을 지키는 자는 나쁜 일을 겪지 않고, 지혜로운 자의 마음은 때와 심판을 분별하느니라,

(Whoso keepeth the commandment shall feel no evil thing: and a wise man's heart discerneth both time and judgment.-KJV)

(Whoever obeys his command will come to no harm, and the wise heart will know the proper time and procedure.-NIV)

(Whoever observes a command knows no harm, and the wise heart knows times and judgments.-NAB)

(Carrying out orders won't hurt you a bit: the wise person obeys promptly and accurately.-THE MESSAGE)

⑥ 이는 인간에게 고난이 무겁게 짓누를지라도, 모든 일에는 때와 절차가 있느니라,

⑦ 사람은 장래 일을 알지 못하나니, 누가 장래 일을 말할 수 있으랴?

⑧ 바람을 제어할 수 있는 권능을 지닌 사람도 없고, 죽는 날에 대한 재량권을 가진 자도 없느니라, 어떤 사람도 전쟁의 시에는 모면할 수 없듯이, 사악함이 사악함에 넘겨진 자들을 건져낼 수 없느니라,

⑨ 이는 내가 이 세상에서 벌어지는 모든 일을 이해하려고 노력하던 중에 목격한 것이니라, 이것이 바로 서로에게 상처를 입힐 힘을 가지고 있는 세상이 돌아가는 방식이니라,

(All this have I seen, and applied my heart unto every work that is done under the sun: there is a time wherein one man ruleth over another to his own heart.-KJV)

(All this I saw, as I applied my mind to everything done under the sun. There is a timewhen a man lords it over others to his own hurt.-NIV)

(All these things I saw and I applied my heart to every work that is done under the sun, while one person tyrannizes over another for harm.-NAB)

(All this I observed as I tried my best to understand all that's going on in this world. As long as men and women have the power to hurt each other, this is the way it is.-THE MESSAGE)

⑩ 그때 역시 나는 사악한 자들이 묻히는 것을 보았는데 그들은 성소에 들락거리다 떠나가고 성읍 사람들은 그들이 그렇게 행한 것을 잃어버리느니라, 이것 또한 허무이니라,

⑪ 악한 일에 대한 징벌이 속히 실행되지 않으므로, 인간들은 악을 행하기에 담대하도다,

⑫ 사람이 백번 악을 행하고도 그때마다 처벌을 피해 빠져나간다 해서, 그의 삶이 훌륭하다고 말할 수 없느니라, 훌륭한 삶은 하나님을 경외하여 그분 앞에서 경건하게 사는 사람의 몫이니라,

⑬ 악인은 잘 되지 못하며 장수하지 못하고, 그 날이 그림자와 같으리니 이는 하나님 앞에 경외하지 아니함이니라,

⑭ 세상에 행하는 헛된 일이 있나니, 곧 악인의 행위대로 받는 의인도 있고, 의인의 행위대로 받는 악인도 있는 것이라, 내가 이르노니, 이것도 헛되도다,

⑮ 이에 내가 희락을 칭찬하노니, 이는 사람이 먹고 마시고 즐거워하는 것보다 해 아래서 살게 하신 날 동안 수고하는 중에 이것이 항상 함께 있을 것이니라,

⑯ 내가 마음을 다하여 지혜를 알고자 하며, 세상에서 하는 노고를 보고자 하는 동시에(밤낮으로 자지 못하는 자도 있도다),

⑰ 그때에 내가 하나님의 모든 일을 보았나니, 그것은 사람이 해 아래서 행한 그 일을 깨달을 수 없다는 것이라, 이는 비록 사람이 그것을 찾아내려고 수고할지라도 찾지 못하리니, 참으로 지혜로운 사람이 그것을 안다고 생각할지라도, 그는 그것을 찾아낼 수 없을 것이기 때문이라,

● 9장

① 이는 모든 것을 내가 내 마음에 생각하고, 이 모든 것을 밝히 보고자하였기 때문이니, 곧 의인들과 지혜로운 자들과 그들의 일들이 하나님의 손 안에 있는 것이라, 사람은 아무도 그들 앞에 있는 모든 것으로 인하여 사랑도 알지 못하고 미움도 알지 못하느니라,

② 모든 일들이 모든 사람에게 한결같이 임하나니, 동일한 일이 의로운 자와 사악한 자와, 선하고 정결한 자와 부정한 자와, 희생물을 드리는 자와 희생물을 드리지 않는 자와, 선한 자와 죄인에게 마찬가지로 임하고, 맹세하는 자와 맹세하기를 두려워하는 자에게도 마찬가지로 임하느니라,

③ 해 아래서 행한 모든 일들 가운데 이것이 악이니, 곧 모든 사람에게 한 가지 일이 있다는 것이며, 참으로 사람들의 아들들의 마음이 악으로 가득 찼으며, 그들이 살아있는 동안에 미친 마음을 품다가 후에는 죽은 자들에게로 가는도다,

④ 살아 있는 모든 것에 속하는 자에게는 소망이 있나니, 이는 살아 있는 개가 죽은 사자보다 더 낫기 때문이라,

⑤ 살아 있는 자들은 그들이 죽을 줄을 알지만, 죽은 자들은 아무것도 모르며 그들은 더 이상 보상도 받지 못하나니, 이는 그들에 대한 기억이 잊혀졌기 때문이라,

⑥ 또한 그들의 사랑과 그들의 미움과 그들의 시기도 이제 사라지고, 해 아래에서 행한 어떤 것에서도 더 이상의 몫을 영원히 얻지 못하느니라,

⑦ 너는 가서 기쁨으로 네 빵을 먹고, 즐거운 마음으로 네 포도주를 마실지어다, 이는 하나님이 너의 하는 일을 벌써 기쁘게 받으셨음이니라,

⑧ 네 의복을 항상 희게 하며, 네 머리에 향 기름을 그치지 않게 할지니라,

⑨ 너의 사랑하는 아내와 인생을 즐겨라, 하나님이 태양 아래에서 너에게 주신 이 허망한 날들에 인생을 즐겨라, 이는 이것이 인생에서 너의 몫이고 태양 아래에서 너의 수고의 몫이기 때문이니라,

⑩ 네 손이 찾아 할 일은 무엇이든지 힘을 다하여 할지어다, 니는 네가 내려갈 무덤 속에는 일도 없고 계획도 없고 지식도 없고 지혜도 없기 때문이니라,

⑪ 내가 돌이켜 태양 아래서 보니 빠른 경주자라고 선착하는 것이 아니고, 힘센자라고 전쟁에 승리하는 것이 아니며, 지혜자라고 식량을 얻는 것이 아니며, 명철자라고 재물을 얻는 것이 아니며, 배운자라고 은총을 입는 것이 아니니라, 그러나 때와 기회는 위 모든 자에게 오느니라,

⑫ 더욱이 누구도 언제 그에게 어떤 일이 닥칠지 모르느니라, 이는 물고기가 잔혹한 그물에 잡히고 또 새가 올무에 걸림과 같이 사람들도 불의의 시간에 올무에 걸리나니 그 시간은 그들에게 부지불식 간에 닥치느니라,

⑬ 나는 역시 태양 아래서 나를 크게 감명시킨 이러한 지혜로운 실례를 보았느니라,

⑭ 한때 조그만한 성읍이 있었고 그 성읍 안에는 소수의 사람들이 살고 있었느니라, 그런데 강력한 힘을 가진 왕이 침입하여 와서 그 성읍을 포위하고 그 성을 공격할 거대한 보루를 건설하였더라,

⑮ 이때에 그 성읍 안에는 가난하나 지혜로운 자가 살았더라, 그리고 그는 그의 지혜로 그 성읍을 구하였으나, 그러나 그 가난한 자를 기억하는 사람은 아무도 없었도다,

⑯ 그래서 나는 "지혜가 힘보다 낫다," 그럼에도 가난한 자의 지혜는 멸시를 받고 가난한 자의 말은 귀 기울여 듣지 아니한다 하였노라, 하였노라,

(Then said I, Wisdom is better than strength: nevertheless the poor man's wisdom is despised, and his words are not heard.-KJV)

(So I said, "Wisdom is better than strength." But the poor man's wisdom is despised, and his words are no longer heeded.-NIV)

(Though I had said, "Wisdom is better than force," yet the wisdom of the poor man is despised and his words go unheeded.-NAB)

(All the same, I still say that wisdom is better than muscle, even though the wise poor man was teeated with contempt and soon forgotten.-THE MESSAGE)

⑰ 현명한 자들의 조용한 말들을 우매한 지배자의 큰 소리보다 더욱 귀 기울여 들어야 하느니라,

⑱ 지혜가 전쟁 무기보다 나으니라, 그러나 성급한 한 사람이 좋은 지구를 폐허화 할 수 있느니라.

(Wisdom is better than weapons of war: but one sinner destroyeth much good.-KJV)

(Wisdom is better than weapons of war, but one sinner destroys much good.-NIV)

(Wisdom is better than warheads, But one hothead can ruin the good earth.-THE MESSAGE)

(Wisdom is better than weapons of war, but one bungler destroys much good.-NAB)

● 10장

① 죽은 파리들이 향유 기름을 썩혀서 악취나게 하는 것 같이 조그만 어리석음이 지혜와 명예보다 더 위험스러운 것이니라,

(Dead flies cause the ointment of the apothecary to send forth a stinking savour; so doth a little folly him that is in reputation for wisdom and honour.-KJV)

(As dead flies give perfume a bad smell, so a little folly outweighs wisdom and honor.-NIV)

(Dead flies corrupt and spoil the perfumer's oil; more weighty than wisdom or wealth is a little folly!-NAB)

(Dead flies in perfume make it stink, And a little foolishness decomposes much wisdom.-THE MESSAGE)

② 지혜자의 마음은 오른편에 있고, 어리석은 자의 마음은 왼편에 있느니라,

③ 어리석은 자는 길을 걸어갈 때에도 지혜가 결핍하여 각 사람에게 그가 얼마나 어리석은 가를 보여주느니라,

④ 만일 지배자가 네게 화를 내거든 너는 네 자리를 떠나지 말라, 이는 온유함이 큰 화를 진정시키기 때문이니라,

⑤ 태양 아래에서 나는 한가지 폐단을 보았느니라, 곧 지배자로부터 나오는 하나의 실수같은 것이니라,

⑥ 우매한 자가 고관의 자리에 앉아 있고 부자가 낮은 자리에 앉아 있도다,

⑦ 또 보았노니 종들은 말을 타고 방백들은 종처럼 땅에 걸어 다니는도다,

⑧ 함정을 파는 자는 거기 빠질 것이요, 담을 허는 자는 뱀에게 물리리라,

⑨ 돌을 떠내는 자는 그로 인하여 상할 것이요, 나무를 쪼개는 자는 그로 인하여 위험을 당하리라,

⑩ 무딘 철 연장날을 갈지 아니하면 힘이 더 드느니라, 오직 지혜는 성공하기에 유익하니라,

⑪ 마술을 배풀기 전에 뱀에게 물렸으면 술객은 무용하니라,,

⑫ 지혜자의 입은 은혜로우나, 어리석은 자의 입술은 자기를 삼키나니,

⑬ 그 입의 말들의 시작은 어리석음이요, 그의 말들의 끝은 해로운 미친 짓이니라,

⑭ 어리석는 자는 말을 많이 하거니와 사람이 장래 일을 알지 못하나니, 신후사를 알게 할 자가 누구이냐?

⑮ 어리석은 자들의 수고는 그들 모두를 피곤하게 하나니, 이는 저희가 어떻게 성읍으로 가는 줄을 알지 못하기 때문이니라,

⑯ 어린 아이가 왕이 되어 다스리고 고관들이 아침부터 잔치를 벌이는 땅이여, 너희에게 화가 있도다,

⑰ 복되도다, 너, 오 땅이여, 네 왕이 귀족들의 아들이요, 네 방백들이 술취하기 위함이 아니라 힘을 얻기 위하여 때에 맞추어 먹는도다,

⑱ 심한 게으름으로 건물이 낡아지고, 손들이 놀므로 집이 완전히 무너지는도다,

⑲ 잔치는 웃음을 위하여 베푸는 것이며, 포도주는 인생을 즐겁게 만드느니라, 그러나 돈은 모든일(만사, 범사)를 책임지느니라,

⑳ 생각으로라도 왕을 저주하지 말며, 침실에서라도 부자를 욕하지 말라, 왜냐하면 공중의 새가 너의 말들을 옮길 것이고 새가 활동(날개짓)하여 네가 말한 것을 전파할 것임이니라.

● 11장

① 너는 네 빵을 물 위에 던지라, 여러날 후에 너는 그것을 다시 찾으리라,

② 일곱에게 나누어 주라, 그래 여덟에게 나눠줄찌어다, 이는 무슨 재앙이 땅에 임할는지 네가 알지 못하기 때문이니라,

③ 만일 구름이 물로 가득차면, 그것들은 비로 지구로 쏟아지느니라, 나무가 남쪽으로나 북쪽으로 쓰러지면 그 나무가 쓰러진 곳에 그냥 있느니라,

④ 바람을 살펴 보는 자는 파종하지 아니할것이요, 구름을 바라보는 자는 거두지 아니하리라,

⑤ 네가 바람의 길을 알지 못하고 또 아이 벤 여자의 태에서 뼈가 어떻게 자라는 것을 알지 못함 같이, 너는 만물을 만드신 하느님의 일들을 알지 못하느니라,

⑥ 너는 아침에 씨를 뿌렸다고 저녁에 손을 거두지 말라, 너는 이것이 잘 될는지 저것이 잘 될른지 혹 둘이 다 잘될른지 알지 못함이기 때문이니라,

⑦ 참으로 빛은 달콤한 것이라, 눈이 태양을 보는 것은 즐거운 일이니라,

(Truly the light is sweet, and a pleasant thing it is for the eyes to behold the sun:-KJV)

(Light is sweet,and it pleases the eyes to see the sun.-NIV)

(Light is sweet! And it is pleasant for the eyes to see the sun.-NAB)

(Oh, how sweet the light of day, And how wonderful to live in the sunshine!-THE MESSAGE)

⑧ 사람이 여러 해를 살지라도 항상 즐거워 하도록 하라, 그리고 어둠의 날들을 기억하도록 하라, 왜냐하면 어두움의 날들이 많기 때문이니라, 앞으로 오는 모든 일들이 헛되도다,

⑨ 오! 젊은이여! 네가 젊었을 동안을 행복해 하라, 그리고 너의 젊음의 날들에 너의 마음이 너에게 기쁨을 주도록 하라, 그리고 네 마음에 원하는 길과 네 눈이 보는 광명안에서 행하라, 그러나 너는 이 모든 일로 인하여 하나님께서 심판으로 이끄시니라,

⑩ 그러므로 네 마음에서 근심을 떠나게 하고 네 육체에서 악을 내버려라, 이는 어릴 때와 청년의 때도 다 헛되기 때문이라,

● 12장

① 너는 고난의 날들이 오기전 그리고 네가 살 재미가 없다고 하기전인 젊은 날에 너의 지으신 창조주를 상기해봐라,

② 태양과 빛과 달과 별들이 어두워지기 전에 그리고 비 온 뒤에 구름이 다시 일어나기 전에 너의 지으신 자를 기억해봐라,

③ 그때 집을 지키는 자들은 흐느적거리고 힘센 사내들은 등이 굽는다, 맷돌 가는 여종들은 수가 줄어 손을 놓고 창문으로 내다보던 여인들은 생기를 잃는다,

④ 길로 난 맞미닫이 문은 닫히고 맷돌 소리는 줄어든다, 새들이 지저귀는 소리에 일어나지만 노랫소리는 모두 희미해진다,

⑤ 오르막을 두려워하게 되고 길에서도 무서움이 앞선다, 편도나무는 꽃이 한창이고 메뚜기는 살이 오르며 참양각초는 싹을 터뜨리는데 인간은 자기의 영원한 집으로 가야만 하고 거리에는 조객들이 왕래하게 됨이라,

⑥ 은줄이 풀리고 금그릇이 깨어지며 항아리가 샘 곁에서 깨어지고 도르레가 우물에

서 깨어지기 전에 너의 창조주를 기억하라,

⑦ 먼지는 전에 있던 흙으로 돌아가고 목숨은 그것을 주신 하느님께로 되돌아가느니라,

⑧ 전도자가 말하노라, 헛되고 헛되도다 모든 것이 헛되도다,

⑨ 전도자는 현인이었을 뿐만 아니라 끊임없이 백성에게 지식을 가르쳤고 또 묵상하고 탐구하여 교훈적인 말들(잠언,속담, 격언)을 많이 지었으며,

⑩ 전도자는 힘써 아름다운 말을 구하였나니, 진리의 말들을 바르게 기록하였느니라,

⑪ 지혜로운 이의 말씀은 우리에게 제대로 살라고 촉구한다, 그 말은 잘 박힌 못처럼 인생을 붙들어 준다, 그것은 한분 목자이신 하느님의 말씀이기도 하니라,

(The words of the wise are as goads, and as nails fastened by the masters of assemblies: for this is the whole duty of man.-KJV)

(The words of the wise are like goads, their collected sayings like firmly embedded nails-given by one Shepherd.-NIV)

(The sayings of the wise are like goads, like fixed spikes are the collected sayings given by one shepherd.-NAB)

(The words of the wise prod us to live well. They're like nails hammered home, holding life together. They are given by God, the one Shepherd.-THE MESSAGE)

⑫ 내 아들아, 이 것들에 더하여 주의해라, 책을 만드는 것은 끝이 없고, 공부만 하다보면 지쳐서 공부밖에 못하는 사람이 되느니라,

(And further, by these, my son, be admonished: of making many books there is no end; and much study is a wearinessof the flesh.-KJV)

(Be warned, my son, of anything in addition to them. Of making many books there is no end, and much study wearies the body.-NIV)

(As to more than these, my son, beware. Of the making of many books there is no end, and in much study there is wesriness for the flesh.-NAB)

(But regarding anything beyond this, dear friend, go easy. There's no end to the publishing of books, and constant study wears you out so you're no good for anything else. –THE MESSAGE)

⑬ 자 이제 다 들었도다, 여기에 결론이 있느니라, 하나님을 경외하고 그분의 명령들

을 지키는 것이느니라, 이것이 인간의 전체 본분이니라,

⑭ 이는 하나님은 그것이 선한 행위든 악한 행위든 모든 숨겨진 일을 포함해서 모든 행위를 선악간에 심판하실 것이기 때문이니라.

아가

● 1장

① 노래들 중 솔로몬의 노래라,

② 그분의 입맞춤으로 나에게 입 맞추소서, 이는 그분의 사랑이 포도주보다 더 좋기 때문이니라,

③ 정녕 당신의 향유 내음은 싱그럽고 당신의 이름은 부어 놓은 향유랍니다, 그러기에 젊은 여자들이 당신을 사랑하지요,

④ 나를 당신에게 끌어 주셔요, 우리 달려가요, 임금님이 나를 내전으로 대려다 주셨네, (친구들) 우리는 당신으로 기뻐하고 즐거워하며 당신의 사랑을 포도주보다 더 기리리다, 그들이 당신을 사랑함은 당연하지요,

⑤ 예루살렘 여자들아 내가 비록 검으나 아름다우니, 게다르의 천막처럼 솔로몬의 휘장처럼,

⑥ 내가 일광에 쬐어서 거무스름 할찌라도 흘겨보지 말아요, 햇볕에 그을렸을 뿐이니까요, 오라버니들이 나에게 골을 내며 나를 포도원지기로 만들어 내 포도밭은 지키지도 못하였구나,

⑦ 내 영혼이 사랑하는 이여, 내게 알려주세요, 너의 양떼 먹이는 곳과 오정에 쉬게 하는 곳을, 그러면 내가 당신 벗들의 가축 사이를 헤메는 여자가 되지 않을 거예요,

⑧ 여인들 가운데 가장 아름다운 이여 그대가 만일 모르고 있다면 양 떼의 발자국을 따라가다 양치기들의 천막 곁에서 그대의 새끼 염소들이 풀을 뜯게 하오,

⑨ 나의 애인이여 나 그대를 파라오의 명거를 끄는 준마에 비기리다,

⑩ 귀걸이 드리워진 그대의 뺨과 목걸이로 꾸며진 그대의 목이 어여쁘구려,

⑪ 우리가 은구슬 박힌 금줄을 그대에게 만들어 주리다,

⑫ 임금님이 잔칫상에 계시는 동안 나의 나르드는 향기를 토하네,

⑬ 나의 사랑하는 자는 내게 몰약 주머니, 내 가슴 사이에서 밤을 지내네,

⑭ 나의 연인은 내게 엔게디 포도원의 헤너 꽃송이로구나,

⑮ 정녕 그대는 아름답구려, 나의 애인이여, 정영 그대는 아르답구려, 당신의 두 눈은 비둘기라오,

⑯ 정녕 당신은 아름다워요, 나의 연인이여, 당신은 사랑스러워요, 우리의 잠자리도 푸르답니다,

⑰ 우리 집 들보는 백향목, 서까래는 전나무랍니다.

● 2장

① 나는 샤론의 장미요, 골짜기의 백합화로다,

② 여인들 가운데에서 나의 사랑하는 여인도 가시나무들 가운데에서의 백합화같도다,

③ 젊은 남자들 중에서 나의 애인은 숲속 나무들 사이의 사과나무 같도다, 나는 그의 그늘아래 앉는 것을 즐거워하며, 그의 과일은 나의 입맛에 달콤하였구나,

④ 그가 나를 인도하여 잔칫집에 들어갔으니, 내 위에 있는 깃발은 사랑이었구나,

⑤ 건포도 과자들로 내 힘을 돕고, 사과로 나를 위로하소서, 이는 내가 사랑하므로 병이 났음이니라,

⑥ 그분의 왼손으로 내 머리에 베게하고, 오른손으로 나를 껴안는도다,

⑦ 오 너희 예루살렘 딸들아, 내가 노루들과 들의 암사슴들로 너희에게 당부하노니, 나의 사랑하는 이가 기뻐하실 때까지는 그분을 흔들지도 말고 깨우지도 말찌니라,

⑧ 나의 사랑하는 자에게 귀를 기울여라, 보라! 그가 산들에서 달리고, 언덕을 넘어 오시는도다,

⑨ 나의 사랑하는 자는 노루와도 같고 어린 사슴과도 같다, 보라! 그가 벽 뒤에 서서 창으로 들여다 보며 창살 틈으로 엿보는구나,

⑩ 나의 사랑하는 자가 내게 말하여 이르기를, 나의 사랑(darling)이여, 나의 어여쁜 자여, 일어나서 함께 가자,

⑪ 겨울도 지나고 비도 그쳤으며,

⑫ 땅에는 꽃들이 피어나고, 새들이 노래할 때가 왔으며, 산비둘기 소리가 우리 땅에 들리는도다,

⑬ 무화과 나무에는 푸른 열매가 익었고, 포도나무는 꽃이 피어 향기를 토하는구나,

나의 사랑, 나의 어여쁜 자야! 일어나서 함께 가자,

⑭ 바위 틈 낭떠러지 은밀한 곳에 있는 나의 비둘기야, 나로 네 얼굴을 보게 하라, 네 소리를 듣게 하라, 네 소리는 부드럽고, 네 얼굴은 아름답구나,

⑮ 우리를 위하여 여우, 곧 포도원을 허는 작은 여우를 잡으라, 우리의 포도원에 꽃이 피었음이니라,

⑯ 나의 사랑하는 자는 내게 속하였고, 나는 그에게 속하엿구나, 그가 백합화 가운데서 양떼를 먹이는구나,

⑰ 나의 사랑하는 자야, 날이 새고 그림자들이 사라질 때까지 돌이키시고, 당신은 베데르 산들 위의 노루와도 같고 어린 사슴과도 같이 되소서.

● 3장

① 나는 내 침상에서 밤사이 내내 나의 혼이 사랑하는 자를 찾았고, 찾았도다, 그러나 그분을 만나지 못하였도다,

② 이에 내가 일어나서 성중으로 돌아다니며 마음에 사랑하는 자를 거리에서나 큰 길에서나 찾으리라, 내가 그렇게 찾았으나 그분을 만나지 못하였도다,

③ 내가 성읍을 순찰하는 파숫꾼들을 만나 내가 그들에게 묻기를, 나의 혼이 사랑하는 자를 너희가 보았느냐? 하였는데,

④ 그들을 지나치자마자 나는 내가 사랑하는 이를 찾았네, 나 그분을 붙잡고 놓지 않았네, 내 어머니의 집으로, 나를 잉태하신 분의 방으로 인도할 때까지,

⑤ 예루살렘 여자들아 내가 노루와 들 사슴을 걸고 그대들에게 애원하니 우리 사랑을 방해하지도 깨우지도 말아주오, 그 사랑이 원할 때까지,

⑥ 연기 기둥과도 같이 몰약과 유향과 장사하는 자의 모든 향품으로 향기를 내며, 황야에서 오시는 이가 누구신가?

⑦ 보라, 그것은 솔로몬의 가마라! 그것을 이스라엘 귀족들인 용사 중 육십인이 옹위하였도다,

⑧ 다 칼을 잡고 싸움에 익숙한 사람들이라, 밤의 두려움을 인하여 각기 허리에 칼을 찼느니라,

⑨ 솔로몬왕이 레바논 나무로 자기의 가마를 만들었는데,

⑩ 그 기둥은 은이요, 바닥은 금이요, 자리는 자색 담이라, 그 안에는 예루살렘 여자들의 사랑스럽게 꾸몄도다,

⑪ 나와서 보아라, 시온의 딸들아, 혼인날, 마음이 기쁜 날에 그 어머니가 면류관을 씌워 준 솔로몬 임금을!

● 4장

① 정녕 그대는 아름답구려, 나의 애인이여, 정녕 그대는 아름답구려, 너울 뒤로 얼보이는 그대의 두 눈은 비둘기라오, 그대의 머리채는 길앗 비탈을 내리닫는 염소 떼 같다오,

② 그대의 이는 세척장에서 올라와 털 깍인 양떼 같도다, 모두 쌍둥이를 낳아 새끼를 잃는 것이 하나도 없구려,

(Thy teeth are like a flock of sheep that are even shorn, which came up from the washing; whereof every one bear twins, and none is barren among them.-KJV)

(Your teeth are like a flock of sheep just shorn, coming up from the washing. Each has its twin; not one of them is alone.-NIV)

(Your teeth are like a flock of ewes to be shorn, that come up from the washing, All of them big with twins, none of them barren.-NAB)

(Your smile is generous and full-expressive and strong and -THE MESSAGE)

③ 그대의 입술은 홍색 실 같고, 그대의 입은 어여쁘고, 너울 속의 그대의 뺨은 석류 한 쪽 같도다,

④ 그대의 목은 군기를 두려고 건축한 다윗의 망대 곧 일천 방패 용사의 모든 방패가 달린 망대 같고,

⑤ 그대의 두 유방은 백합화 가운데서 꼴을 먹는 쌍태 노루 새끼 같구나,

⑥ 날이 기울고 그림자가 갈 때에 내가 몰약산과 유향의 작은 산으로 가리라,

⑦ 나의 사랑, 그대는 순전히 어여뻐서 아무 흠이 없구나,

⑧ 나의 신부야, 그대는 레바논에서부터 나와 함께 하고, 레바논에서부터 나와 함께 가자, 아마나와 스닐과 헤르몬 꼭대기에서 사자 굴과 표범 산에서 내려다보아라,

⑨ 나의 누이, 나의 신부야, 네가 내 마음을 빼앗았구나! 네 눈으로 한 번 보는 것과 네 목의 구슬 한 꿰미로 내 마음을 빼앗았구나,

⑩ 나의 누이 나의 신부야 네 사랑이 어찌 그리 아름다운지! 네 사랑은 포도주에 지나

고 네 기름의 향기는 각양 향품보다 승하구나,

⑪ 나의 신부야 네 입술에서는 꿀 방울이 떨어지고, 네 혀 밑에는 꿀과 젖이 있고, 네 의복의 향기는 레바논의 향기 같구나,

⑫ 나의 누이, 나의 신부는 잠근 동산이요, 덮은 우물이요, 봉해진 샘이로구나

⑬ 네게서 나는 것은 석류나무와 각종 아름다운 과수와 고벨화와 나도초와,

⑭ 나도와 번홍화와 창포와 계수와 각종 유향목과 몰약과 침향과 모든 귀한 향품이요,

⑮ 너는 동산의 샘이요, 생수의 우물이요, 레바논에서부터 흐르는 시내로구나,

⑯ 북풍아 일어나라, 남풍아 오라, 나의 동산에 불어서 향기를 날리라, 나의 사랑하는 자가 그 동산에 들어가서 그 아름다운 실과 먹기를 원하노라,

● 5장

① 나의 누이, 나의 신부여, 나의 동산으로 내가 왔소, 내 몰약과 발삼을 거두고 꿀이 든 내 꿀송이를 먹고 젖과 함께 내 포도주를 마신다오, 친구들아 먹으라, 마셔라, 사랑에 취하여라,

② 나는 잠들었지만 내 마음은 깨어 있었지요, 들어 보셔요, 내 연인이 문을 두드려요, "내게 문을 열어 주오, 나의 누이, 나의 애인, 나의 비둘기, 나의 티없는 이여! 내 머리는 이슬로, 내 머리채는 밤이슬로 흠뻑 젖었다오."

③ "옷을 이미 벗었는데 어찌 다시 입으오리까? 발을 이미 씻었는데 어찌 다시 더럽히 오리이까?"

④ 나의 사랑하는 자가 문틈으로 손을 들이밀매 내 마음이 그이 때문에 두근거렸네,

⑤ 나의 연인에게 문을 열어주려고 일어났는데, 내 손에서는 몰약이 떨어지고 내 손 가락에서 녹아 흐르는 몰약이 문빗장 손잡이 위로 번졌네,

⑥ 나의 연인에게 문을 열어 주었네, 그러나 나의 연인은 몸을 돌려 가 버렸다네, 그이 가 떠나 버려 나는 넋이 나갔네, 그이를 찾으려 하였건만 찾아내지 못하고, 그이를 불렀건만 대답이 없었네,

⑦ 성읍을 돌아다니는 야경꾼들이 나를 보자 나를 때리고 상처 내었으며 성벽의 파수 군들은 내 겉옷을 빼았았네,

⑧ 오 예루살렘 딸들아, 내가 너희에게 부탁하노니, 만일 너희가 나의 사랑하는 이를 만나거든, 너희는 내가 사랑으로 병이 났다고 그분에게 알려다오,

⑨ 여자들 중에서 가장 어여쁜 자야, 너의 사랑하는 자가 남의 사랑하는 자보다 나은 것이 무엇이기에 이같이 우리에게 부탁하느냐?

⑩ 나의 사랑하는 이는 희고도 붉어 만명 사람들 중에서 가장 뛰어나신 분이라,

⑪ 그분의 머리는 가장 좋은 정금 같고, 그분의 머리털은 고불고불하고 까마귀 같이 검구나,

⑫ 눈은 시냇가의 비둘기 같은데 젖으로 씻은 듯하고 아름답게도 박혔구나,

⑬ 뺨은 향기로운 꽃밭 같고, 향기로운 풀 언덕과도 같고, 입술은 백합화 같고, 몰약의 즙이 뚝뚝 떨어뜨리는 것 같도다,

⑭ 손은 황옥을 물린 황금 노리개 같고, 몸은 아로새긴 상아에 청옥을 입힌듯하구나,

⑮ 다리는 정금 받침에 세운 화반석 기둥 같고, 형상은 레바논 같고 백향목처럼 보기 좋고,

⑯ 입은 심히 다니, 그 전체가 사랑스럽구나, 예루살렘 여자들아, 이는 나의 사랑하는 자요, 나의 친구이시로다,

● 6장

① 여자 중 극히 어여쁜 자야, 너의 사랑하는 자가 어디로 갔는지? 너의 사랑하는 자가 어디로 돌이켰는가? 우리가 너와 함께 찾으리라,

② 나의 사랑하는 자가 자기 동산으로 내려가 향기로운 꽃밭에 이르러서 동산 가운데서 양떼를 먹이며 백합화를 꺾는구나,

③ 나는 나의 사랑하는 자에게 속하였고, 나의 사랑하는 자는 내게 속하였다, 그가 백합화 가운데서 그 양떼를 먹이는구나,

④ 내 사랑아 너의 어여쁨이 디르사 같고, 너의 고움이 예루살렘 같고, 엄위함이 기치를 벌인 군대 같구나,

⑤ 네 눈이 나를 압도하니 돌이켜 나를 보지말라, 네 머리털은 길르앗산 기슭을 내려오는 염소떼 같고,

⑥ 네 이는 목욕장에서 나온 암양떼 곧 새끼 없는 것은 하나도 없이 각각 쌍태를 낳은 양 같고,

⑦ 너울 속의 너의 뺨은 석류 한 쪽 같구나,

⑧ 왕후가 육십이요, 비빈이 팔십이요, 시녀가 무수하되,

⑨ 나의 비둘기 나의 완전한 자는 하나 뿐이로구나, 그녀는 그 어미의 외 딸이요, 그

낮은 자의 귀중히 여기는 자로구나, 여자들이 그를 보고 복된 자라 하고 왕후와 비빈들도 그를 칭찬하는구나,

⑩ 아침 빛 같이 뚜렷하고 달같이 아름답고 해 같이 맑고, 기치를 벌인 군대 같이 엄위한 여자가 누구인가?

⑪ 골짜기의 푸른 초목을 보려고 포도나무가 순이 났는가, 석류나무가 꽃이 피었는가, 알려고 내가 호도 동산으로 내려갔을 때에,

⑫ 내가 알기도 전에 내 혼이 나를 아미나답(나의백성들)의 병거(귀한마차)들 같이 만들었도다,

⑬ 돌아오고 돌아오라, 술람미 여인아, 돌아오고, 돌아오라, 우리로 너를 보리라,

⑭ 너희는 술람미 여인에게서 무엇을 보려느냐? 그것은 마치 두 군대의 무리와 같도다.

● 7장

① 군주(王)의 딸아, 신을 신은 네 발이 어찌 그리 아름다운가! 네 넓적다리의 마디마디는 숙련된 장인이 손으로 만든 보석들과 같도다,

② 그대의 배꼽은 동그란 잔 향긋한 포도주가 떨어지지 않으리라, 백합화로 두른 밀단 무더기 같구나,

③ 그대의 두 젖가슴은 암사슴의 한쌍의 젊은 사슴, 쌍둥이 노루 같다오,

④ 그대의 목은 상아탑, 그대의 두 눈은 헤스본의 밧 라삠 성문가에 있는 못, 그대의 코는 다마스쿠스 쪽을 살피는 레바논 탑과 같구려,

⑤ 그대의 머리는 갈멜산 같고, 그대의 드리워진 머리채는 자홍 실 같아 임금이 그 머리 단에 사로잡히고 말았네,

⑥ 오 사랑스런 여인아, 너는 어찌 그리 어여쁘고 상냥하여 즐겁게 하나!

⑦ 네 키는 종려나무 같이 크고 네 젖가슴은 포도송이들 같구나,

⑧ 내가 말하기를 종려나무에 올라가서 그 가지를 잡으리라 하였나니, 네 젖가슴은 포도 송이 같고 네 콧의 향취는 사과들 냄새 같고,

⑨ 네 입은 좋은 포도주 같을 것이니라, 이 포도주는 나의 사랑하는 자를 위하여 미끄럽게 흘러 내려서 자는 자의 입으로 움직이게 하느니라,

⑩ 나는 나의 사랑하는 자에게 속하였구나, 그가 나를 사모하는구나,

⑪ 나의 사랑하는 자야! 우리가 함께 들로 가서 시골에서 밤을 지내자,

⑫ 우리가 일찌기 일어나서 포도원으로 가서, 포도 움이 돋았는지, 꽃술이 퍼쳤는지, 석류 꽃이 피었는지, 보자, 거기서 내가 나의 사랑을 네게 주리라,

⑬ 맨드레이크들이 향기를 발하고, 우리의 성문들 앞에는 온갖 새롭고 오래된 좋은 열매가 있으니, 오 나의 사랑하는 이여, 이것은 내가 당신을 위하여 쌓아놓은 것이니이다.

● 8장

① 아, 당신이 내 어머니의 젖을 함께 빨던 오라버니 같다면! 거리에서 당신을 만날 때 누구의 업신여김도 받지 않고 나 당신에게 입 맞출 수 있으련만,

② 나를 가르치시는 내 어머니의 집으로 당신을 이끌어 데려가서, 당신에게 향기로운 술, 곧 석류즙을 마시게 하였으리라,

③ 당신은 왼손으론 내 머리에 베개하고, 오른손으론 나를 안았으리라,

④ 예루살렘 딸들아, 내가 너희에게 부탁한다, 나의 사랑하는 자가 원하기 전에는 흔들지 말며 깨우지 말찌니라,

⑤ 자기 연인에게 의지하고 거친 들에서 올라오는 저 여인은 누구인고? 사과나무 아래에서 나는 당신을 깨웠지, 거기에서 당신 어머니가 당신을 임신하였고, 거기에서 당신의 어머니가 수고하여 당신을 낳았느니라,

⑥ 인장처럼 나를 당신의 가슴에, 인장처럼 나를 당신의 팔에 지니셔요, 사랑은 죽음처럼 강하고, 정열은 저승처럼 억센 것, 그 열기는 불의 열기 더할 나위 없이 격렬한 불길이랍니다,

⑦ 큰 물도 사랑을 끌수 없고 강물도 휩쓸어 가지 못한답니다, 누가 사랑을 사려고 제 집의 온 재산을 내놓는다 해도 사람들이 그를 경멸할 뿐이랍니다,

⑧ 우리에게는 누이가 하나 있네, 조그만 누이, 아직 젖가슴도 없다네, 누가 구혼이라도 하는 날이면 우리 누이를 어떻게 해야 하나?

⑨ 그가 성벽이라면 그 위에다 은으로 성가퀴를 세우고 그 애가 문이라면 향백나무 널빤지로 막아 버리련만,

⑩ 나는 성벽이요, 나의 젖가슴은 망대들 같으니, 그래서 나는 그의 눈에는 은혜를 입은 자 같도다,

⑪ 솔로몬이 바알하몬에 포도원이 하나 있었어, 그는 그 포도밭을 소작인들에게 맡겨 수확의 대가로 저마다 은전 천 잎을 바치게 하였다네,

⑫ 나의 포도밭은 오직 나 자신이 처분할 수 있을 뿐이요, 그러니 솔로몬 당신에게는 은전 천 잎을 그리고 그 포도밭 소작인들에게는 은전 이백잎이라오,

(My vineyard, which is mine, is before me: thou, (O Solom) must have a thousand, and those that keep the fruit thereof two hundred.-KJV)

(But my own vineyard is mine to give; the thousand shekels are for you, O Solomon. and two hundred are for those who tend its fruit.-NIV)

(My vineyard is at my own disposal; the thousand pieces are for you, Solomon, and two hundred for the caretakers of its fruit.-NAB)

(But my vineyard is all mine, and I'm keeping it to myself. You can have your vast vineyards, Solomon, you and your greedy guests!-THE MESSAGE)

⑬ 동산에 거하는 이여, 친구들이 그대 목소리에 귀를 기울이고 있구려, 나로 하여금 그것을 듣게 하소서,

⑭ 나의 사랑하는 이여, 서두르소서, 향기 나는 산들 위에 있는 노루나 어린 사슴같이 되시옵소서.

이사야

· 본 성경듣기는 QR코드 인식으로 들을 수 있습니다

● 1장

① 유다왕 웃시야와 요담과 아하스와 히스기야 시대에 살았던 아모스의 아들 이사야 가 보았던 유다와 예루살렘에 대한 환상(계시)이라.

② 오 하늘들이여 들으라, 오 지구여 귀를 기울이라. 여호와께서 말씀하시기를, 내가 자식들을 양육하였거늘 그들이 나를 거역하였도다.

③ 소도 자기 주인을 알고 나귀도 주인의 구유를 알건마는 이스라엘은 알지 못하고 나의 백성은 깨닫지 아니하는도다.

④ 아, 죄 많은 민족이요. 죄악을 짊어진 백성이요. 악한 자들의 씨요. 부패한 자손이 니, 그들이 주를 버렸고, 그들이 이스라엘의 거룩한 이를 분노하게 하였으며 밀리 하고 물러갔도다.

⑤ 너희가 어찌하여 매를 더 맞으려 하느냐? 어찌하여 반역을 지속하느냐? 온 머리는 상처를 입었고 온 마음은 기진하였도다,

⑥ 발바닥에서 머리까지 성한 곳이 없고 상한 것과 터진 것과 새로 맞은 흔적 뿐이어 늘 그것을 짜며 싸매며 기름으로 유하게 함을 받지 못하였도다.

⑦ 너희 땅은 황무하였고, 너희 성읍들은 불에 탔고 너희 토지는 너희 목전에 이방인 에게 삼키웠으며 이방인에게 파괴됨 같이 황무하였고,

⑧ 시온의 딸은 포도원의 망대 같이 원두밭의 상직막 같이 에워싸인 성읍 같이 겨우 남았도다.

⑨ 만군의 여호와께서 우리를 위하여 조금 남겨두지 아니 하셨더면 우리가 소돔 같고 고모라 같았으리로다.

⑩ 너희 소돔의 지도자들아, 여호와의 말씀을 들을찌어다. 너희 고모라의 백성아, 우

리 하나님의 법에 귀를 기울일지어다.

⑪ 여호와께서 말씀하시되, 너희의 무수한 제물이 내게 무엇이 유익하뇨? 나는 수양의 번제와 살진 짐승의 기름에 배불렀고, 나는 수송아지나 어린 양이나 수염소의 피를 기뻐하지 아니하노라.

⑫ 너희가 내 앞에 보이러 오니 그것을 누가 너희에게 뇨구하였느뇨? 내 마당만 밟을 뿐이니라.

⑬ 헛된 재물을 다시 가져오지 말라, 분향은 나의 가증히 여기는 바요, 새 달 시작일과 안식일과 집회로 모이는 것도 나는 감당할 수 없나니 나는 너희의 사악한 모임들을 참을 수 없느니라.

⑭ 내 마음은 너희의 새 달 시작일과 너희들이 정한 절기들을 싫어하노라. 그것은 내게 괴로움이요, 내가 그것을 감당하기에 피곤하노라.

⑮ 너희가 손을 펼 때에 내가 눈을 가리우고, 너희가 많이 기도할찌라도 내가 듣지 아니하리니, 이는 너희의 손에 피가 가득함이니라.

⑯ 너희는 스스로 씻으며 스스로 깨끗게 하여 내 목전에서 너희 악업을 버리며 악행을 그치고,

⑰ 선행을 배우며 공의를 구하며 학대 받는 자를 도와 주며, 고아를 위하여 신원하며 과부를 위하여 변호하라 하셨느니라.

⑱ 여호와께서 말씀하시되, 오라 우리가 서로 변론하자 너희 죄가 주홍 같을찌라도 눈과 같이 희어질 것이요, 진홍 같이 붉을지라도 양털 같이 되리라,

⑲ 너희가 즐겨 순종하면 땅의 아름다운 소산을 먹을 것이요.

⑳ 너희가 거절하여 배반하면 칼에 삼키우리라 여호와의 입의 말씀이니라.

㉑ 신실하던 성읍이 어찌하여 창기가 되었는고? 공평이 거기 충만하였고 의리가 그 가운데 거하였더니 이제는 살인자들 뿐이도다.

㉒ 네 은은 찌끼가 되었고 너의 포도주에는 물이 섞였도다.

㉓ 네 방백들을 패역하여 도적과 짝하며 뇌물을 사랑하며 사례물을 구하며 고아를 위하여 신원치 아니하며 과부의 송사를 수리치 아니하는도다.

㉔ 그러므로 주 만군의 여호와 이스라엘의 전능자가 말씀하시되, 슬프다 내가 장차 내 대적에게 보응하여 내 마음을 편케 하겠고 내 원수에게 보수하겠으며,

㉕ 내가 또 나의 손을 네게 들어 너의 찌끼를 온전히 청결하여 버리며 너의 혼잡물을 다 제하여 버리고,

㉖ 내가 너의 재판관들을 처음과 같이, 너의 상담자들을 본래와 같이 회복할 것이라, 그리한 후에야 네가 의의 성읍이라 신실한 고을이라 칭함이 되리라 하셨나니,

㉗ 시온은 정의로 구제되어 회복되고, 시온에 사는 회심하는 자들은 의로움으로 구제되어 회복되리라.

(Zion shall be redeemed with judgment, and her converts with righteousness.-KJV)

(Zion will be redeemed with justice, her penitent ones with righteousness.-NIV)

(Zion shall be redeemed by justice, and her penitent ones by righteousness.-NAB)

(God's right ways will put Zion right again. God's right actions will restore her penitents.-THE MESSAGE)

㉘ 그러나 패역한 자와 죄인은 함께 패망하고, 여호와를 버린 자도 멸망할 것이라.

㉙ 너희가 너희의 기뻐하던 상수리나무로 인하여 부끄러움을 당할 것이요, 너희가 너희의 택한 동산으로 인하여 수치를 당할 것이며,

㉚ 너희는 잎사귀 마른 상수리나무 같을 것이요, 물 없는 동산 같으리니,

㉛ 강한 자는 삼 부스러기 같이 되고, 그것을 만든 자는 불꽃 같아서 다 함께 불타리니, 아무도 그것을 끌 자가 없으리라.

● 2장

① 이것은 아모스의 아들 이사야가 들은 받은바 유다와 예루살렘에 관한 말씀이라,

② 마지막 날들에 산에 있는 여호와의 전이 산들의 꼭대기에 세워 질 것이고, 모든 작은 언덕 위에 높임을 받으리니, 만방이 그리로 모여 들 것이라.

③ 많은 백성이 가며 이르기를, 오라, 우리가 여호와의 산에 오르며 야곱의 하나님의 전에 올라가자, 그리하면 그분께서 우리에게 그분의 길들을 가리치실 것이고 우리가 그 길로 행하리니, 이는 율법이 시온에서부터 나오며 여호와의 말씀이 예루살렘에서부터 나올 것임이니라, 하니라.

④ 그가 열방 사이에 판단하시며 많은 백성을 판결하시리니, 무리가 그 칼을 쳐서 보습을 만들고 그 창을 쳐서 낫을 만들며, 이 나라와 저 나라가 다시는 칼을 들고, 서로 치지 아니하며, 다시는 전쟁을 연습치 아니하리라.

⑤ 오, 야곱 족속이여, 오라, 여호와의 광명 안에서(빛 속에서) 걸어가자.

⑥ 여호와께서 그의 백성, 야곱 족속을 버리셨음은 그들에게 동방 풍속이 가득하며, 그들이 블레셋 사람같이 점쟁이가 되며 이방인의 자손들과 더불어 즐거워하였음이라.

⑦ 또한 그 땅에는 은금이 가득하고 보화가 무한하며, 그 땅에는 마필이 가득하고 병거가 무수하며,

⑧ 그 땅에는 우상도 가득하므로 그들이 자기 손으로 만들고 자기 손가락으로 만든 것에 경배하며,

⑨ 천한 자도 절하며 귀한 자도 굴복하오니 그들을 용서하지 마옵소서,

⑩ 너희는 바위 틈에 들어가며 땅 속에 숨어서, 여호와의 두려움과 그 위엄의 광채를 피하라.

⑪ 그 날에 눈이 높은 자가 낮아지며 교만한 자가 굴복되고 여호와께서 홀로 높임을 받으시리라.

⑫ 이는 만군의 주님 여호와의 한 날에 모든 교만자와 거만자와 자고한 자에게 임하여 그들로 낮아지게 하고,

⑬ 또 레바논의 높고 높은 모든 백향목과 바산의 모든 상수리 나무와

⑭ 모든 높은 산과 모든 솟아오른 작은 산과

⑮ 모든 높은 망대와 견고한 성벽과

⑯ 디시스의 모든 배와 모든 아름다운 조각물에 임하리니,

⑰ 그 날에 거만한 자는 굴복되며, 교만한 자는 낮아지고, 여호와께서 홀로 높임을 받으실 것이요.

⑱ 우상들은 온전히 없어질 것이며,

⑲ 사람들이 암혈과 토굴로 들어가서 여호와께서 일어나사 땅을 진동시키시는 그의 위엄과 그 광대하심의 영광을 피할 것이라,

⑳ 사람들이 숭배하려고 만들었던 그 은 우상과 금 우상을 그 날에 두더쥐와 박쥐에게 던지고,

㉑ 그들은 암혈과 험악한 바위 틈에 들어가서, 여호와께서 일어나사 그가 땅을 흔들 때의 어찔어찔함과 그에 대한 공포를 피할 것이니라.

(To go into the clefts of the locks, and into tops of the ragged rocks, for fear of the LORD, and for the glory of his majesty, when he ariseth to shake terribly the earth.-KJV)

(They will flee to caverns in the locks and to the overhanging crags from dread of the LORD and splendor of his majesty, when he rises to shake the earth.-NIV)

(And they shall go into caverns in the rocks and into crevices in the cliffs, At the terror of the LORD and the splendor of his majesty, and he rises to overawe the earth.-NAB)

(Then run for rock caves and cliff hideouts To hide from the terror of GOD, from his dazzling presence, When he assumes his full stature on earth, towering and terrifying.-THE MESSAGE)

㉒ 너희는 사람을 의지하지 말라, 그의 숨(호흡)은 그의 코구멍에 있나니, 그가 존중받을 것이 어디에 있느뇨?

(Cease ye from man, whose breath is in his nostrils: for wherein is he to be accounted of?-KJV)

(Stop trusting in man, who has but a breath in his nostrils. Of what account is he?-NIV)

(As for you, stop worrying about mortals, in whose nostrils is bur a breath; for of what worth are they?-NAB)

(Quit scraping and fawning over mere humans, so full of themselves, so full of hot air! Can't you see there's nothing to them?-THE MESSAGE)

● 3장

① 보라 주, 곧 만군의 여호와께서 예루살렘과 유다에게서 의지하고 의뢰하는 것을 제거하나니, 곧 그들의 의지하는 모든 빵과 모든 의지하는 모든 물과

② 용사와 전사와 재판관과 선지자와 분별있는 원로와

③ 오십명부대장과 귀인과 상담자와 노련한 장인과 설득력있는 웅변가를 그리 하실 것이며

④ 또 내가 또 아이들을 주어 그들의 통치자들이 되게 하고 아이들로 하여금 그들을 다스리게 하리라.

⑤ 백성은 각 사람이 서로 그의 이웃에 의해 학대당하리니, 아이는 원로에게 교만하

게 행하고, 천한 자는 존귀한 자에게 대적하여 교만하게 행동하리라.

⑥ 어떤 사람이 그 아비의 집에서 그 형제를 붙잡고 말하기를, 너는 의복이 있으니 우리의 치리자가 되어 이 멸망을 네 손아래 두라, 하겠으나

⑦ 그 날에 그가 소리를 높여 이르기를, 나는 고치는 자가 되지 않겠노라, 내 집에는 양식도 없고 의복도 없으니 너희는 나로 백성의 치리자를 삼지 말라, 하리라

⑧ 이는 예루살렘이 파멸하였고 유다가 엎드러졌음이요. 그들의 언어와 그들의 행위가 여호와를 대적하여 그 영광의 눈을 격노하게 하였기 때문이라.

⑨ 그들의 안색이 드러나 그들을 대적하여 증언하며, 그들이 자기들의 죄를 소돔과 같이 선포하고 숨기지 아니하도다. 그들의 혼에 화가 있으리니, 이는 그들이 자신들에게 악으로 갚았기 때문이라.

⑩ 너희는 의로운 사람에게 복이 있으리라 말하라, 그들은 그 행위의 열매를 먹을 것임이라.

⑪ 악인에게는 화가 있으리니, 화가 있을 것은 그 손으로 행한대로 보응을 받을 것임이니라.

⑫ 내 백성으로 말한다면, 아이들이 그들의 학대자들이 되며 여자들이 그들을 다스리는도다. 오 내 백성이여, 너를 인도하는 그들이 너를 유혹하여 너의 행로들을 멸망시키는도다.

⑬ 여호와께서 변론하러 일어나시며 백성들을 심판하려고 서시도다.

⑭ 여호와께서 그 백성의 원로들과 그 통치자들과 함께 심판하러 들어오나니, 이는 너희가 포도원을 다 먹어버렸으며 너희 집에는 가난한 자들의 약탈물이 있기 때문이라.

⑮ 어찌하여 너희가 내 백성을 짓밟으며 가난한 자의 얼굴에 맷돌질 하느뇨? 주 만군의 여호와 내가 말하였느니라, 하시리로다

⑯ 여호와께서 또 말씀하시길, 시온의 딸들이 교만하고 내어민 목과 음탕한 눈으로 걸으며, 그들이 다닐 때는 종종걸음을 하며 그들의 발로는 짤랑짤랑 소리를 내는도다.

⑰ 그러므로 여호와께서 시온의 딸들의 정수리에 딱지가 생기게 하시며, 그들의 하체로 드러나게 하시리라.

⑱ 주께서 그 날에 그들의 장식한 발목 고리와 머리의 망사의 반달 장식과

⑲ 귀고리와 팔목 고리와 면박과

⑳ 화관과 발목 사슬과 띠와 향합과 호신부와

㉑ 지환과 코 고리와

㉒ 예복과 겉옷과 목도리와 손주머니와

㉓ 손 거울과 세마포 옷과 머리 수건과 너울을 제하시리니,

㉔ 그 때에 썩은 냄새가 향을 대신하고, 노끈이 띠를 대신하고, 대머리가 숱한 머리털을 대신하고, 굵은 베옷이 화려한 옷을 대신하고, 자자한 흔적이 고운 얼굴을 대신할 것이며,

㉕ 너희 장정은 칼에 너희 용사는 전란에 망할 것이며,

㉖ 시온의 성문들은 슬퍼하고 애곡할 것이며, 시온은 황폐하여 땅에 주저 앉으리라.

(And her gates shall lament and mourn; and she being desolate, shall sit upon the ground.-KJV)

(The gates of Zion will lament and mourn; destitute, she will sit on the ground.-NIV)

(Her gates will lament and mourn, as the city sits desolate on the ground.-NAB)

(The entrance gate to Zion will be clotted with people mourning their dead- A city stooped under the weight of her loss, brought to her knees by her sorrows.-THE MESSAGE)

● 4장

① 그 날에 일곱 여자가 한 남자를 붙잡고 말하기를, 우리가 우리 떡을 먹으며 우리 옷을 입으리니 오직 당신의 이름으로 우리를 칭하게 하여 수치를 면케 하라, 하리라

② 그 날에 여호와의 싹이 아름답고 영화로울 것이요, 그 땅의 소산은 이스라엘의 피난자들을 위하여 영화롭고 아름답게 되리라.

③ 그때에 시온에 남겨진 자와 예루살렘에 생존한 자들 가운데 기록된 모든 사람은 거룩하다 칭함을 얻으리니

④ 이는 주께서 그 심판하는 영과 소멸하는 영으로 시온의 딸들의 더러움을 씻으시며 예루살렘의 피를 그 중에서 청결케 하실 때가 됨이라,

⑤ 여호와께서 시온산의 모든 거처와 그들의 모임 위에 낮이면 구름과 연기로 덮으시고 밤이면 활활타는 불기둥을 만드셔서 그 모든 영광 위에 방어막을 치실 것이라,

(And the LORD will create upon every dwelling place of mount Zion, and upon her assemblies, a cloud and smoke by day, and shining of a flaming fire by night; for upon all the glory shall be a defence.-KJV)

(Then the Lord will create over all of Mount Zion and over those who assemble there a cloud of smoke by day and a glow of flaming fire by night; over all the glory will be a canopy.-NIV)

(Then will the LORD create, over the whole site of Mount Zion and over her place of assembly, A smoking cloud by day and a light of flaming fire by night.-NAB)

(Then GOD will bring back the ancient pillar of cloud by day and the pillar of fire by night and mark Mount Zion and everyone in it with his glorious presence, his immense, protective presene, shade from the burning sun shelter from the driving rain.-THE MESSAGE)

⑥ 또 천막이 있어서 낮에는 더위를 피하는 그늘을 지으며 또 풍우를 피하여 숨는 곳이 되리라.

• 5장

① 내가 나의 지극히 사랑하는 자를 위하여 노래하리니, 그의 포도원에 관하여 나의 사랑하는 자의 노래를 부르리라. 나의 사랑하는 자의 포도원이 언덕위에 있는데 그 언덕은 대단히 기름지도다.

② 땅을 파서 돌을 제하고 극상품 포도나무를 심었었도다, 그 중에 망대를 세웠고, 그 안에 술틀을 팠었도다, 좋은 포도 맺직를 바랐더니 돌 푸도들이 맺혔도다.

③ 예루살렘 거민과 유다 사람들아, 이제 내가 너희에게 구하노니, 나와 내 포도원 사이를 판단하라.

④ 내가 내 포도원을 위하여 행한 것 외에 무엇을 더 했어야 하느냐? 내가 좋은 포도 맺기를 기다렸거늘 들포도가 맺힘은 어찌된 일이냐?

⑤ 이제 가라, 내가 내 포도원에 어떻게 행할 것을 너희에게 이르리라. 내가 그 울타리를 걷어내어 먹히게 할 것이며, 그 담을 헐어 짓밟게 하리라.

⑥ 내가 그것으로 황무케 하리니, 다시는 가지를 자름이나 북을 돋우지 못하여 질려와 형극이 날 것이며, 내가 또 구름을 명하여 그 위에 비를 내리지 말라, 하리라,

하셨으니

⑦ 대저 만군의 여호와의 포도원은 이스라엘 족속이요, 그의 기뻐하시는 나무는 유다 사람이라, 그들에게 공평을 바라셨더니 도리어 포학이요 그들에게 의로움을 바라셨더니 도리어 부르짖음이었도다.

⑧ 가옥에 가옥을 연하며 전토에 전토를 더하여 빈 틈이 없도록 하고 이 땅 가운데서 홀로 거하려 하는 그들은, 화 있을찐저!

⑨ 만군의 여호와께서 내 귀에 말씀하시되, 정녕히 허다한 가옥이 황폐하리니 크고 아름다울찌라도 거할 자가 없을 것이며,

⑩ 참으로 십 정보의 포도원에서 겨우 포도주 한 바트가 나겠고, 한 호멜의 씨앗이 한 에바를 내리라, 하시도다

⑪ 아침에 일찌기 일어나 독주를 따라가며 밤이 깊도록 머물러 포도주에 취하는 그들은, 화 있을찐저!

⑫ 그들의 연회에는 수금과 비파와 소고와 포도주가 있으면서도, 그들은 여호와의 행하심을 관심치 아니하며, 그분의 손으로 하신 일을 생각지 아니하는도다.

⑬ 이러므로 나의 백성이 무지함을 인하여 포로로 사로잡혀 갔으며, 그들의 귀한 자는 굶주렸고 그들의 무리는 갈증으로 인하여 목이 말랐도다.

⑭ 그러므로 지옥이 스스로를 확장하여, 그 욕망을 크게 내어 한량없이 자기 입을 벌렸으니, 그들의 호화로움과 그들의 많은 무리와 그들이 떠드는 것과 그 중에서 연락하는 자가 지옥 속으로 빠질 것이라,

⑮ 천한 사람이 낮춰지고 용사가 겸손해지며 오만한 자의 눈도 낮아질 것이나,

⑯ 오직 만군의 여호와는 공평하므로 높임을 받으시며, 거룩하신 하나님은 의로우시므로 거룩하다 함을 받으시리니,

⑰ 그 때에는 어린 양들이 자기 초장에 있는 것같이 먹을 것이요, 살찐 자의 황무한 밭의 소산은 나그네들이 먹으리라,

⑱ 화 있을찐저! 거짓의 끈들로 죄악을 끄는 자들과 죄를 한 수레줄과 같이 끄는 자들이여, ,

⑲ 그들이 이르기를, 그분은 그 일을 속속히 이루어 우리로 보게 할 것이며, 이스라엘의 거룩한 자는 그 도모를 속히 임하게 하여 우리로 알게 할 것이라, 하는도다

⑳ 악을 선하다 하며 선을 악하다 하며, 흑암으로 광명을 삼으며 광명으로 흑암을 삼으며, 쓴 것으로 단 것을 삼으며 단 것으로 쓴 것을 삼는 그들은 화, 있을진더!

㉑ 스스로 지혜롭다 하며 스스로 명철하다 하는 그들은 화, 있을찐저!

㉒ 포도주를 마시기에 용감하며 독주를 빚기에 유력한 그들은 화, 있을찐저!

㉓ 그들은 뇌물로 인하여 악인을 의롭다 하고 의인에게서 그 의를 빼앗는도다.

㉔ 이로 인하여 불꽃이 그루터기를 삼킴같이 마른 풀이 불 속에 떨어짐 같이 그들의 뿌리가 썩겠고 꽃이 티끌처럼 날리리니 그들이 만군의 여호와의 율법을 버리며 이스라엘의 거룩한 자의 말씀을 멸시하였음이라.

㉕ 그러므로 여호와께서 자기 백성에게 노를 발하시고 손을 들어 그들을 치신지라 산들은 진동하며 그들의 시체는 거리 가운데 분토 같이 되었으나 그 노가 돌아서지 아니하였고 그 손이 오히려 펴졌느니라.

㉖ 기를 세우시고 먼 나라들을 불러 땅 끝에서부터 오게 하실 것이라, 보라! 그들이 빨리 달려 올것이로되,

㉗ 그 중에 곤핍하여 넘어지는 자도 없을 것이며, 조는 자나 자는 자도 없을 것이며, 그들의 허리띠는 풀리지 아니하며, 그들의 신발 끈은 끊어지지 아니하며,

㉘ 그들의 살은 날카롭고 모든 활은 당기어 당기어졌으며, 그 말굽은 부싯돌 같고 차바퀴는 회리바람 같을 것이며,

㉙ 그 부르짖는 것은 암사자 같을 것이요, 그 소리 지름은 어린 사자들과 같을 것이라, 그들이 부르짖으며 물건을 움키어 염려 없이 가져가도 건질 자가 없으리로다,

㉚ 그날에 그들이 바다물결 소리 같이 백성을 향하여 부르짖으리니, 사람이 그 땅을 바라보면 흑암과 고난이 있고 빛은 구름에 가리워져서 어두우리라.

● 6장

① 웃시야 왕이 죽던 해에 또 내가 본즉, 주님께서 높게 들려 보좌에 앉ㅇ셨는데 그분 옷자락이 성전에 가득채웠더라.

② 그 보좌 위에는 세러프 천사들이 서 있어 각기 여섯 날개를 가졌는데, 그 둘로는 자기 얼굴을 가리었고, 그 둘로는 자기 발을 가리웠고, 그 둘로는 그가 날면서

③ 서로 외쳐 말하기를, 거룩하시도다, 거룩하시도다, 거룩하시도다, 만군의 여호와여, 온 땅이 그분의 영광으로 충만하도다, 하나라.

④ 그들의 외치는 소리로 인하여 문의 기둥들이 흔들리고 그 집이 연기로 가득 찼더라.

⑤ 그 때에 내가 말하기르, 내게 화로다. 내가 망하게 되었도다. 왜냐하면 내가 부정한

입술을 가진 사람이며, 입술이 부정한 백성 중에 거하면서 만군의 여호와이신 왕을 뵈었기 때문이라, 하였더니

⑥ 그때에 세러프 천사 하나가 태우는제사 제단에서 핀 숯을 집게로 집어 그의 손에 가지고 내게로 날아와서,

⑦ 그것을 내 입에 위에 대며 말하기를, 보라. 이것이 네 입에 닿았으니, 네 죄악이 제하여졌고 네 죄가 사하여졌느니라, 하더라.

⑧ 내가 또 주님의 목소리를 들은즉, 말씀하시기를, 내가 누구를 보내며 누가 우리를 위하여 가겠느냐? 하시기에 그 때에 내가 말씀드리기를, 내가 여기 있나이다. 나를 보내주옵소서, 하였도다.

⑨ 이에 여호와께서 말씀하시기를, 가서 이 백성에게 말하되, 참으로 너희가 듣기는 들어도 깨닫지 못할것이요, 참으로 보기는 보아도 알지 못하리라, 하여

⑩ 이 백성의 마음을 무디게 하고 그들의 귀는 둔하게 하며, 그들의 눈은 감기게 할지니, 이것은 그들이 눈으로 보고 귀로 듣고 마음으로 깨달아 다시 돌아와서 고침을 받지 못하게 하려 함이라, 하시기에

⑪ 그때에 내가 말씀드리기를, 주여 어느 때까지니이까? 하니 대답하시기를, 성읍들은 황폐하여 거민이 없으며 가옥들에는 사람이 없고 이 토지가 전폐하게 되기까지이며,

⑫ 그리고 여호와께서 사람들을 멀리 옮겨 이 땅 한 가운데서 크게 버림당하는 일이 있을 때까지이니라, 하니라.

⑬ 그러나 그 안에 아직도 십분의 일이 있을 것이라. 그것이 돌아와서 먹힐 것이니, 보리수나무와 상수리나무가 자기 잎을 떨어뜨려도 그 본체(본질)는 그 안에 남아 있는 것같이 그 거룩한 씨가 이 땅의 본체가 되리라, 하셨느니라.

● 7장

① 유다 왕 웃시야의 손자요. 유다 왕 요담의 아들인 아하스 때에 시리아 왕 르신과 이스라엘의 왕 르말리아의 아들 베가가 예루살렘에 올라와서 유다를 대적하여 싸웠으나 능히 이기지 못하니라.

② 누군가가 다윗 집에 알리어 말하기를, 시리아가 에브라엠과 동맹한다, 하니, 왕의 마음과 그 백성의 마음이 마치 숲의 나무들이 바람에 흔들리는 것 같이 흔들렸더라.

③ 그때에 여호와께서 이사야에게 말씀하시기를, 이제 너와 네 아들 스알야숩은 빨래 터로 가는 길 위에 있는 물 구덩이의 수로 끝에서 아하스를 만나

④ 그에게 이르기를 너는 삼가며 조용히 하라. 이 연기나는 두 개의 나무토막 같은 시리아의 르신과 르말랴의 맹렬한 분노로 인하여 두려워하거나 낙심하지 말라.

⑤ 왜냐하면 시리아와 에브라임과 르말리야의 아들이 너에 대하여 악한 계략을 세워 말하기를,

⑥ 우리가 올라가 유다를 쳐서 그들을 괴롭게 해 놓고 우리를 위하여 무너뜨려 다브엘의 아들을 그 가운데 세워 왕을 삼자, 하였으나

⑦ 주 여호와께서 말씀하시기를, 이 계획은 터무니 없고 이루지 못하리라, 하니라

⑧ 이는 시리아의 머리는 다메섹이고 다메섹의 머리는 오직 르신이며, 육십 오년 이내에 깨뜨려져 민족을 이루지 못하리라.

⑨ 에브라임의 머리는 사마리아요 사마리아의 머리는 르말리야의 아들이기 때문이라. 만일 너희가 믿지 아니하면 반드시 너희는 세움을 받지 못하리라, 하셨느니라.

⑩ 여호와께서 또 아하스에게 일러 가라사대,

⑪ 나는 네 하나님 여호와께 한 징조를 구하되 깊은데서든지 높은데서든지 그것을 구하라, 하셨으나

⑫ 그러나 아하스가 말씀드리기를, 나는 구하지 아니하겠으며 나는 여호와를 시험하지 아니하겠나이다, 하였더라.

⑬ 이에 이사야가 말하기를, 오 다윗의 집이여, 이제 너희는 들으라. 너희가 사람들을 지키게 하는 것이 작은 일로 여겨서 또 나의 하나님까지도 괴로우시게 하려느냐?

⑭ 그러므로 여호와께서 친히 징조로 너희에게 주실 것이라 보라 처녀가 잉태하여 아들을 낳을 것이요 그 이름을 임마누엘이라 하리라

(Therefore the Lord himself shall give you a sign; Behold, a birgin shall conceive, and bear a son, and shall call his name Immanuel.-KJV)

(Therefore the Lord himself will give you a sign: The birgin will be with child and will give birth to a son, and will call him Immanuel.-NIV)

(Therefore the Lord himself give you a sign; the young woman, pregnant and about to bear a son, shall name him Emmanuel.-NAB)

(So the master is going to give you a sign anyway. Watch for this: A girl who is presently a virgin wil get pregnant. She,ll bear a son and name him Immanuel(God-With-Us).-THE MESSAGE)

⑮ 그가 버터와 꿀을 먹을 것이요. 그리하여 그가 악을 거절하고 선을 택할 줄을 알게 되리라.

⑯ 이는 그 아이가 악을 거절하고 선을 택할 줄을 알게 되기 전에, 네가 두려워 한 두 왕의 땅은 폐허가 되리라.

⑰ 여호와께서 너희와 너의 백성과 너희 아버지의 식솔들에게 한 시절을 가져오리니 이는 에브라임이 유다로부터 떠났던 그 날 때부터 있어 보지 못한 시절이니라. 이는 곧 앗수르 왕의 날이니라.

⑱ 그 날에는 여호와께서 에집트 강들로부터의 파리들과 앗수르 땅의 벌들을 부르는 횟슬을 부르실것이라.

⑲ 다 와서 거친 골짜기와 바위틈과 가시나무 울타리와 모든 초장에 앉으리라.

⑳ 그 날에는 여호아께서 하수 저편에서 세내어온 삭도 곧 앗수르 왕으로 네 백성의 머리털과 발털을 미실 것이요, 수염도 깍으시리라.

㉑ 그 날에는 한 사람이 한 어린 암소와 두 양을 기르리니,

㉒ 그 내는 젖이 많으므로 뻐터를 먹을 것이라, 무릇 그 땅 가운데 남아 있는 자는 뻐터와 꿀을 먹으리라.

㉓ 그 날에는 천 그릇에 은 일천이던 포도나무가 있던 곳마다 찔레들과 가시들을 위한 곳이 되리라.

㉔ 온 땅에 찔레들(적들)과 가시들(적의동조자들)이 있으므로 화살과 활을 가지고 그리로 갈 것이요.

㉕ 괭이로 갈던 산에도 찔레들과 가시들이 두려워서 그리로 가지 못할 것이요. 그 땅은 소를 놓으며 양의 밟는 곳이 되리라, 하였더라.

● 8장

① 또한 여호와께서 내게 말씀하시기를, 너는 큰 두루마리 하나를 취하여 그 위에 보통의 펜으로 그 안에 마헬살랄하스바스라에 관하여 기록하라.

② 내가 나를 위하여 진실한 증인 제사장 우리야와 여베레기야의 아들 스가랴를 불러 증거하게 하리라, 하시니라.

③ 내가 여선지자에게로 들어갔더니, 그녀가 잉태하여 아들을 낳으매, 그때에 여호와께서 내게 이르시기를, 그 이름을 마헬살렐하스바스라, 하라.

④ 이는 그 아이가 아빠, 엄마, 하고 부르짖는 것을 알기 전에, 다메섹의 재물과 사마리아의 약탈물이 앗수르 왕 앞으로 옮겨질 것이기 때문이라, 하시니라.

⑤ 또한 여호와께서 다시 내게 일러 말씀하시기를,

⑥ 이 백성이 천천히 흐르는 실로아 물을 버리고 르신과 르말리야의 아들을 기뻐하나니

⑦ 그러므로 주 내가 흉용하고 창일한 큰 하수 곧 앗수르 왕과 그의 모든 위력으로 그들 위에 덮을 것이라, 그 모든 골에 차고, 모든 언덕에 넘쳐,

⑧ 흘러 유다에 들어와서 창일하고, 목에 까지 미치리라, 임마누엘이여! 그의 펴는 날개가 네 땅에 편만하리라, 하셨느니라.

⑨ 오 너희 백성들아, 너희가 서로 연합할지라도 너희가 필경 패망하리라. 너희 먼 나라 백성들아 들을지니라. 너희 허리를 동이라, 그럴지라도 필경 패망하리라, 너희는 허리에 띠를 둘러라, 그럴지라도 너희는 산산이 부서지리라 .

⑩ 너희는 함께 도모할지라도 필경 이루지 못하리라, 말을 전하라, 그럴지라도 서지 못하리니, 이는 하나님이 우리와 함께 하심이니라.

⑪ 여호와께서 강한 손으로 내게 이렇게 말씀하셨으며, 내가 이 백성의 길로 걷지 못하도록 내게 가르치시며 말씀하시기를,

⑫ 이 백성이 동맹을 맺자고 말하는 모든 사람들에게, 너희는 동맹을 맺자, 고 말하지 말라. 너희는 그들의 두려워하는 것을 두려워하지 말고 무서워하지도 말라, 하셨음이라.

⑬ 만군의 여호와는 너희에게 거룩한 분이시고, 그분은 너희의 두려움이 되시고, 그분은 너희의 공포가 되시느니라.

⑭ 그리고 그분은 너희의 지성소가 될것이고, 그러나 이스라엘의 두 집안을 위하여는 사람들을 걸려넘어지게하는 돌과 그들을 추락하게 하는 바위가 될것이라. 그리고 예루살렘 거민들을 위하여는 함정과 올무가 되시리니,

⑮ 많은 사람들이 넘어지고 쓰러지고 부러지고 올무에 걸려들어 붙잡히리라.

⑯ 너는 나의 제자들 안에서 증거의 말씀을 묶고 율법을 봉합하라.

⑰ 이제 나는 야곱의 집에 대하여 낯을 가리우시는 여호와를 기다리며, 그분을 앙망하리라.

⑱ 여기에 나와 여호와께서 내게 주신 자녀들이 있도다. 우리는 시온산에 거주하시는 만군의 여호와께로 말미암은 이스라엘의 징표이며 상징이니라.

(And when they shall say unto you, Seek unto them that have familiar spirits, and unto wizards that peep, and that mutter: should not a people seek unto their God? For the living to the dead?-KJV)

(Here am I, and the children the Lord has given me. We are signs and symbols in Israel from the Lord Almighty, who dwells on Mount Zion.-NIV)

(Here am I and the children whom the LORD has given me: we are signs and portents in Israel from the LORD of hosts, who dwells on Mount Zion.-NAB)

(I and the children GOD gave me as signs to Israel, Warning signs and hope signs from GOD- of-the-Angel-Armies, who makes his home in Mount Zion.-THE MESSAGE)

⑲ 그때에 사람들이 너희에게 말하리니, 부리는 영을 지닌 자들과 재잘거리며 중얼거리는 마술사들에게 구하라, 하리라. 백성이 자기들의 하나님께 구하여야 되지 아니하겠느냐? 산 자들을 위하여 죽은 자들에게 구하여야 되겠느냐?

⑳ 마땅히 율법과 증거의 말씀을 좇을지니, 그들의 말하는 바가 이 말씀에 맞지 아니하면 그들이 정녕히 아침 빛을 보지 못하고,

㉑ 이 땅으로 헤매며 곤고하며 주릴 것이라, 그 주릴 때에 스스로 초조하여 자기의 하나님을 저주할 것이며, 위를 쳐다보거나

㉒ 또 그들이 땅을 바라보리니, 보라, 고난과 어둠과 고뇌의 짙은 흑암이 있으리니, 그들이 어둠으로 쫓겨나게 되리라.

• 9장

① 그럼에도 불구하고 전에 고통하던 자에게는 흑암이 없으리로다. 옛적에는 여호와께서 스불론 땅과 납달리 땅으로 멸시를 당케 하셨더니, 후에는 해변 길과 요단 저편 이방의 갈릴리를 영화롭게 하셨느니라.

② 흑암에 행하던 백성이 큰 빛을 보고, 사망의 그늘진 땅에 거하던 자에게 빛이 비취도다.

③ 주께서 이 나라를 장성케 하시며, 그 즐거움을 더하게 하셨으므로 추수하는 즐거움과 탈취물을 나누는 때의 즐거움 같이 그들이 주의 앞에서 즐거워하오니,

④ 이는 그들의 무겁게 멘 멍에와 그 어깨의 채찍과 그 압제자의 막대기를 꺾으시되 미디안의 날과 같이 하셨음이니이다.

⑤ 어지러이 싸우는 군인의 갑옷과 피묻은 복장이 불에 섶같이 살라지리니,

⑥ 이는 한 아이가 우리에게 났고, 한 아들을 우리에게 주신바 되었는데 그 어깨에는 정사를 메었고, 그 이름은 기묘자라 모사라 전능하신 하나님이라 영존하시는 아버지라 평강의 왕이라 할 것임이라.

⑦ 그 정사와 평강이 더함이 무궁하며, 또 다윗의 위에 앉아서 그 나라를 굳게 세우고, 지금 이후 영원토록 공평과 정의로 그것을 보존할 것이라, 만군의 여호와의 열심이 이를 이루시리라.

⑧ 주께서 야곱에게 말씀을 보내시며, 그것을 이스라엘에게 임하게 하셨은즉,

⑨ 모든 백성 곧 에브라임과 사마리아 거민이 알 것이어늘 그들이 교만하고 완악한 마음으로 말하기를,

⑩ 벽돌이 무너졌으나 우리는 다듬은 돌로 쌓고 뽕나무들이 찍혔으나 우리는 백향목으로 그것을 대신하리라, 하도다.

⑪ 그러므로 여호와께서 르신의 대적을 일으켜 그를 치게 하시며, 그 원수들을 격동시키시리니,

⑫ 앞에는 아람 사람이요, 뒤에는 블레셋 사람이라, 그들이 그 입을 벌려 이스라엘을 삼키리라, 그럴찌라도 여호와의 노가 쉬지 아니하며 그 손이 여전히 펴지리라.

⑬ 이 백성이 오히려 자기들을 치시는 자에게로 돌아오지 아니하며 만군의 여호와를 찾지 아니하도다.

⑭ 이러므로 여호와께서 하루 사이에 이스라엘 중에서 머리와 꼬리며 종려가지와 갈대를 끊으시리니,

⑮ 머리는 곧 장로와 존귀한 자요, 꼬리는 곧 거짓말을 가르치는 선지자라,

⑯ 백성을 인도하는 자가 그들로 미혹케 하니, 인도를 받는 자가 멸망을 당하는도다.

⑰ 이 백성이 각기 설만하며 악을 행하며 입으로 망령되이 말하니, 그러므로 주께서 그 장정을 기뻐 아니하시며 그 고아와 과부를 긍휼히 여기지 아니하시리라, 그럴지라도 여호와의 노가 쉬지 아니하며 그 손이 여전히 펴지리라.

⑱ 대저 악행은 불태우는 것 같으니, 곧 질녀와 형극을 삼키며 빽빽한 수풀을 살라서 연기로 위로 올라가게 함과 같은 것이라.

⑲ 만군의 여호와의 진노로 인하여 이 땅이 소화되리니 백성은 불에 타는 섶나무와

같을 것이라 사람이 그 형제를 아끼지 아니하며,

⑳ 우편으로 움킬지라도 주리고, 좌편으로 먹을지라도 배부르지 못하여 각각 자기 팔의 고기를 먹을 것이며,

㉑ 므낫세는 에브라임을 에브라임은 므낫세를 먹을 것이요, 또 그들이 합하여 유다를 치리라 그럴지라도 여호와의 노가 쉬지 아니하며 그 손이 여전히 펴지리라.

● 10장

① 불의한 법령을 제정하는 자들과 억압적인 칙령을 반포하는 자들에게 화가 있으리니,

② 궁핍한 자들을 불공평하게 판결하고 백성 중에 가난한 자들로부터 권리를 빼앗으며 과부들이 그들의 약탈물이 되고 고아의 것을 강탈하는 자는 화가 있으리라.

③ 벌을 받게 되는 날과 먼 곳에서 다가오는 황폐한 속에서 너희가 어떻게 하려느냐? 너희가 도움을 얻으려고 누구에게 피하려느냐? 너희 영광을 어디에 남겨두려느냐?

④ 나 없이는 그들이 갇힌 자들 아래서 굽신거릴 것이요, 죽임을 당한 자들 아래서 넘어질 것이라. 이 모든 일로도 그분의 노여움을 돌이키지 아니하시고 그분의 손이 여전히 펼쳐져 있느니라.

⑤ 나의 노여움의 막대기인 오 앗시리아 사람, 그들의 손에 있는 지팡이는 나의 분노함이라.

⑥ 내가 그를 보내어 위선적인 민족을 대적하게 할 것이요, 또 내 진노의 백성을 대적해서 그에게 명령하여 약탈물을 취하며 전리품을 취하고, 그들을 길거리의 진흙같이 짓밟게 하리라.

⑦ 그러나 앗 시리아의 의도하는 것은 그렇지 아니하며 그의 마음도 그렇게 생각하지 아니하고 오직 그의 마음 속에는 적지 아니한 민족들을 멸망시키고 없애려는 것뿐이라.

⑧ 이는 그가 말하기를, 나의 방백들은 모두가 왕들이 아니냐?

⑨ 갈로는 갈그미스와 같지 아니하냐? 하맛은 아르밧과 같지 아니하냐? 사마리아는 다마스커스와 같지 아니하냐?

⑩ 내 손이 이미 신상을 섬기는 나라들에 닿았을 때에 그들이 새긴 신상들이 예루살렘과 사마리아의 신상들보다 우수하였느니라.

⑪ 내가 사마리아와 그 신상에게 행했던 것같이 예루살렘과 그 신상에게 행치 못하겠느냐? 하도다.

⑫ 그러므로 주가 자신의 모든 일을 시온산과 예루살렘에 위에 행할 때에, 내가 앗 시리아 왕의 완악한 마음의 열매와 그의 높은 눈의 자랑을 벌하리라.

⑬ 이는 그가 말하기를, 내 손의 힘과 내 지혜로 그 일을 행하였으니, 나는 분별력이 있도다. 내가 그 백성들의 경계선을 옮겼으며 그들의 보물을 강탈하였고, 내가 용감한 사람같이 행세하는 그 거주민들을 낮추었으며

⑭ 또 내 손이 둥지같이 백성들의 재물을 찾았고, 사람이 남아있는 알들을 모음같이 내가 온 땅을 모았으니, 거기에는 날개들을 치거나 입을 벌리거나 재잘거리는 자가 하나도 없었도다, 하기 때문이로다.

⑮ 도끼가 어찌 찍는 자에게 스스로 자랑하겠느냐? 톱이 어찌 켜는 자에게 스스로 자기를 높일 수 있겠느냐? 이는 막대기가 자기를 드는 자를 대적하여 스스로 흔드는 것과 같거나, 또는 지팡이가 마치 나무가 아닌 것같이 스스로를 들어 올리려 하는 것과 같도다.

⑯ 그러므로 주 만군의 여호와께서 살찐 자로 야위게 하시고 그의 영광 아래에서 불을 붙게 하시리라.

⑰ 이스라엘의 불은 빛이요, 그 거룩한 자는 불꽃이라, 하루 사이에 그 가시들과 찔레들을 태워 삼키리라.

⑱ 또한 그의 숲과 그의 열매를 내는 들의 영광을 소멸시키리니, 모든 혼과 육체라, 그들은 한 기수(旗手)가 힘을 잃을 때와 같이 되리라.

⑲ 그 숲에 남은 나무의 수가 희소하여 아이라도 능히 기록할 수 있으리라.

⑳ 그 날에 이스라엘의 남은 자와 야곱 족속의 도피한 자들은 더 이상 자기들을 친 자에게 의지하지 아니하고, 오직 여호와 곧 이스라엘의 거룩하신 분께 진실함으로 의지하리니

㉑ 남은 자, 곧 야곱의 남은 자가 전능하신 하나님께로 돌아 올 것이라.

㉒ 이스라엘이여 네 백성이 바다의 모래 같을찌라도 남은 자만 돌아오리니, 파멸은 이미 결정된 것으로 의가 넘쳐 흐를 것이니라.

㉓ 이미 작정되었은즉 주 만군의 여호와께서 온 세계 중에 끝까지 행하시리라.

㉔ 주 만군의 여호와께서 가라사대 시온에 거한 나의 백성들아 앗수르 사람이 애굽을 본받아 막대기로 너를 때리며 몽둥이를 들어 너를 칠지라도 그를 두려워말라.

㉕ 그럼에도 잠시 있으면 그 분노가 그치고 나의 노여움이 그들을 멸망하게 하리라, 하시도다.

㉖ 만군의 여호와께서 채찍을 들어 그를 치시되, 오렙 반석에서 미디안 사람을 쳐 죽이신 것 같이 하실 것이며, 막대기를 드시되 바다를 향하여 에집트에 드신 것 같이 하실 것이라,

㉗ 그 날에 그들의 무거운 짐이 네 어깨에서 떠나고, 그들의 멍에가 네 목에서 벗어지며 그 멍에는 기름 부음으로 인하여 멸망하리라.

㉘ 앗수르 왕이 아얏에 이르러 미그론을 지나 믹마스에 그들의 군수품을 쌓아놓았고,

㉙ 그들은 관문을 넘어 게바에다가 유숙할 곳을 정하니. 라마가 두려워하고 사울의 기브아는 도망하는도다.

㉚ 딸 갈림아 큰 소리로 외칠지어다, 라이샤야 자세히 들을찌어다, 가련하다 너 아나돗이여,

㉛ 맛메나 사람은 피난하며, 게빔 거민은 도망하도다.

㉜ 이 날에 그가 여전히 놉에서 머무를 것이요, 그가 시온의 딸의 산, 곧 예루살렘의 언덕을 향하여 자기 손을 흔들리로다.

㉝ 보라, 주 만군의 여호와께서 혁혁한 위력으로 그 가지를 꺾으시리니, 키 큰 자들이 찍힐 것이요, 거만한 자들이 겸손해지리라.

㉞ 그분께서 철로 그 빽빽한 삼림을 베시리니, 레바논이 권능 있는 자에 의하여 넘어지리라.

● 11장

① 이 새의 그루터기에서 한 싹이 나며 그 싹의 뿌리에서 난 한 가지가 결실할 것이라.

② 그 결실 위에 여호와의 영, 곧 지혜와 총명의 영이요, 권고와 권세의 영이요, 사실을 아는 능력의 영이요, 여호와를 경외하는 영이 강림하시리니,

③ 그가 여호와를 경외함으로 즐거움을 삼을 것이며, 그 눈에 보이는대로 판단치 아니하며, 귀에 들리는대로 결정치 아니하며,

④ 공의로 궁핍한 자를 판단하며, 정의로 세상의 가난한자들을 결정할 것이며, 그 입의 막대기로 세상을 치며, 입술의 기운으로 악인을 죽일 것이며,

⑤ 공의로 그 허리띠를 삼으며, 성실로 몸의 띠를 삼으리라.

⑥ 그 때에 이리가 어린 양과 함께 거하며, 표범이 어린 염소와 함께 누으며, 송아지와

어린 사자와 살찐 짐승이 함께 있어 어린 아이에게 끌리며,

⑦ 암소와 곰이 함께 먹으며, 그것들의 새끼가 함께 엎드리며, 사자가 소처럼 풀을 먹을 것이며,

⑧ 젖 먹는 아이가 독사의 구멍에서 장난하며, 젖뗀 어린 아이가 독사의 굴에 손을 넣을 것이라.

⑨ 나의 거룩한 산 모든 곳에서 해됨도 없고 상함도 없을 것이니, 이는 물이 바다를 덮음 같이 여호와를 아는 지식이 세상에 충만할 것임이니라.

⑩ 그 날에 이새의 뿌리에서 한 싹이 나서 만민의 기호로 설 것이요, 열방이 그에게로 돌아오리니, 그 거한 곳이 영화로우리라.

⑪ 그 날에 여호와께서 다시 손을 펴사, 그 남은 백성을 앗수르와 애굽과 바드로스와 구스와 앨람과 시날과 하맛과 바다 섬들에서 돌아오게 하실 것이라.

⑫ 여호와께서 열방을 향하여 기호를 세우시고, 이스라엘의 쫓긴 자를 모으시며, 땅 사방에서 유다의 이산한 자를 모으시리니,

⑬ 에브라임의 질투는 없어지고, 유다를 괴롭게 하던 자는 끊어지며, 에브라임은 유다를 질투하지 아니하며, 유다는 에브라임을 괴롭게 하지 않을 것이요.

⑭ 그들이 서쪽으로 불레셋 사람의 어깨에 날아 있고, 함께 동방 백성을 노략하며, 애돔과 모압에 손을 대며 암몬 자손을 자기에게 복종 시키리라.

⑮ 여호와께서 에집트 바다의 만(gulf)을 말리우시고, 손을 유브라데 하수 위에 흔들어 뜨거운 바람을 일으켜서 그 하수를 쳐서 일곱 갈래로 나눠 사람들이 발을 적시지 아니하고도 건너가리라.

⑯ 그의 남아 있는 백성을 위하여 앗수르에서부터 돌아오는 대로가 있게 하시되, 이스라엘이 에집트 땅에서 나오던 날과 같게 하시리라.

● 12장

① 그 날에 네가 말하기를, 여호와여! 주께서 전에는 내게 노하셨으나, 이제는 그 노가 쉬었고, 또 나를 안위하시오니 내가 주께 감사하겠나이다, 할 것이니라.

② 보라! 하나님은 나의 구원이시라, 내가 의뢰하고 두려움이 없으리니, 주 여호와는 나의 힘이시며 나의 노래시며, 나의 구원이심이라.

③ 그러므로 너희가 기쁨으로 구원의 우물들에서 물을 길으리로다.

④ 그 날에 너희가 또 말하기를, 여호와께 감사하라, 그 이름을 부르며 그 행하심을 만

국 중에 선포하며 그 이름이 높다, 하라.

⑤ 여호와를 노래하라, 그분은 영광스러운 일을 하셨음이니라, 이것을 세상 모두에게 알게 할찌어다.

⑥ 시온의 거주민아, 소리를 높여 노래하라, 이는 이스라엘의 성스러운 이가 너희 중에서 크심이니라.

• 13장

① 아모스의 아들 이사야가 바벨론에 대하여 받은 하나님의 계시라,

② 너희는 높은 산 위에 깃발을 높이고, 그들에게 목소리를 높이고, 손을 흔들어 그들로 하여금 존귀한 자들의 문들로 들어가게 하라.

③ 내가 나의 거룩히 구별된 자들에게 명령하였고, 내가 또한 나의 분로로 인하여 나의 용사들을 불렀나니, 그들은 나의 위엄을 기뻐하는 자들이라.

④ 산에서 나는 무리의 소리는 마치 많은 백성들의 소리 같으니, 민족들의 왕국들이 함께 모여드는 소란스러움이라. 만군의 여호와께서 싸움을 위하여 군대를 소집하시는도다.

⑤ 그들이 먼 나라에서 즉 하늘의 끝으로부터 왔음이여, 곧 여호와와 그 진노의 병기들은 온 땅을 멸하려 함이로다.

⑥ 너희는 애곡할지니, 여호와의 날이 가까웠음이니라, 그날은 전능자로부터의 멸망같이 임할 것임이로다.

⑦ 이것 때문에 모든 손들이 맥이 빠지고, 모든 사람의 마음이 녹을 거이며,

⑧ 그들은 무서워할 것이요, 고통과 슬픔이 그들을 붙잡으려니, 그들이 해산하는 여자같이 아픔 중에 있으리라. 그들이 서로 보며 놀랄 것이요. 그들의 얼굴은 불꽃같이 되리라.

⑨ 보라, 여호와의 날이 오리니, 즉 진노와 맹렬한 노여움과 더불어 잔학함이 그 땅을 황폐하게 하며, 또한 그분께서 거기에서 죄인들을 멸망시키리니

⑩ 이는 하늘의 별들과 그 별의무리(星雲)들이 그 빛을 내지 아니하며 해가 돋아도 어두우며 달이 그 빛을 비취지 아니할 것이로다.

⑪ 내가 세상의 악과 악인의 죄를 벌하며 교만한 자의 오만을 끊으며 강포한 자의 오만을 낮출 것이며,

⑫ 내가 사람을 정금보다 희소케 하며, 오빌의 순금보다 희귀케 하리로다.

⑬ 그러므로 나 만군의 여호와가 분하여 맹렬히 노하는 날에 하늘들을 진동시키고 지구는 흔들리어 그 자리에서 떠나게 하리니,

⑭ 이는 그들이 쫓기는 노루나 모으는 자 없는 양 같이 되리니, 그들이 각자 자기의 백성에게로 돌아가며, 모든 본향으로 도망할 것이나,

⑮ 발견되는 자는 누구든지 창에 찔릴 것이요. 그들에게 잡히는 자는 칼에 쓰러질 것이며,

⑯ 또한 그들의 어린 아이들은 그들의 눈 앞에서 내어 던져져 산산조각날 것이요. 그들의 집은 약탈을 당하고, 그들의 아내는 능욕을 당하게 되리라.

⑰ 보라, 내가 메데 사람들을 격동시켜 그들을 치게 하리라, 그들은 은을 돌아보지 아니하며 금도 기뻐하지 아니하느니라.

⑱ 그들의 활이 젊은이들을 내어던져 산산조각 낼 것이요. 또 그들은 태의 열매도 불쌍히 여기지 아니하여, 그들의 눈이 아이들도 아껴두지 아니하리라.

⑲ 왕국들의 보석이요, 바벨로니아 사람들의 자부심이며 영광인 바벨론은 하나님께 멸망 당한 소돔과 고모라 같이 되리니,

⑳ 그 곳에는 사람이 살지 못할 것이며 대대로 거하게 되지도 못하리니, 아라비아 사람들도 거기 장막을 치지 아니하며, 목자들도 그곳에 그 양떼를 쉬게하지 아니할 것이요,

㉑ 오직 들짐승들이 거기에 엎드려 있고, 울부짖는 짐승이 그 가옥에 충만하며, 타조가 거기 깃들이며, 들 양이 거기서 뛸 것이라,

㉒ 그 궁성안에서 하이에나가 울부짖을 것이요, 화려했던 궁전에서는 들 개가 깽깽거릴 것이라, 그녀의 때가 가까이 와 있도다, 그녀의 날들이 오래 지속되지 못하리라.

● 14장

① 여호와께서 야곱에게 연민의 정을 가지시어 다시 한번 이스라엘을 택하사 그들 자신의 땅에 머무르게 하시니라. 연합하는 자들이 그들과 함께하여 야곱의 집안과 연합할 것이니라.

② 민족들이 그들을 데리고 그들의 본토에 돌아오리니, 이스라엘 족속이 여호와의 땅에서 그들을 얻어 노비를 삼겠고, 전에 자기를 사로잡던 자를 사로잡고 자기를 압제하던 자를 다스릴 것이니라.

③ 여호와께서 너를 슬픔과 곤고와 및 너의 수고하는 고역에서 놓으시고 안식을 주시는 날에

④ 너는 바벨론 왕에 대하여 이 노래를 지어 이르기를, 학대하던 자가 어찌 그리 그쳤으며 강포한 성이 어찌 그리 폐하였는고?

⑤ 여호와께서 악인의 몽둥이와 패권자의 홀을 꺾으셨도다.

⑥ 그들이 분내어 여러 민족을 치되 치기를 마지 아니하였고, 노하여 열방을 억압하여도 그 억압을 막을 자 없었더니,

⑦ 이제는 온 땅이 평안하고 정온하니 무리가 소리질러 노래하는도다,

⑧ 향나무와 레바논 백향목도 너로 인하여 기뻐하여 이르기를, 네가 넘어뜨리웠은즉 올라와서 우리를 작별할 자 없다 하는도다.

⑨ 아래의 음부가 너로 인하여 소동하여 너의 옴을 영접하되 그것이 세상에서의 모든 영웅을 너로 인하여 동하게 하며 열방의 모든 왕으로 그 보좌에서 일어서게 하므로,

⑩ 그들은 다 네게 말하여 이르기를, 너도 우리같이 연약하게 되었느냐? 너도 우리같이 되었느냐? 하리로다.

⑪ 네 영화가 음부에 떨어졌음이여! 너의 비파 소리까지로다, 구더기가 네 아래 깔림이여 지렁이가 너를 덮었도다,

⑫ 너 아침의 아들 계명성이여! 어찌 그리 하늘에서 떨어졌으며 너 열국을 엎은 자여 어찌 그리 땅에 찍혔는고,

⑬ 네가 네 마음에 이르기를, 내가 하늘에 올라 하나님의 뭇 별 위에 나의 보좌를 높이리라, 내가 북극 집회의 산 위에 좌정하리라.

⑭ 가장 높은 구름에 올라 지극히 높은 자와 비기리라 하도다,

⑮ 그러나 이제 네가 음부 곧 구덩이의 맨 밑까지 끌려 내려가리라.

⑯ 너를 보는 자가 주목하여 너를 자세히 살펴 보며 말하기를, 이 사람이 땅을 진동시키며 열국을 경동시키며,

⑰ 세계를 황무케 하며 성읍을 파괴하며 사로잡힌 자를 그 집으로 놓아 보내지 않던 자가 아니뇨? 하리로다.

⑱ 열방의 왕들은 모두 각각 자기 집에서 영광 중에 자건마는

⑲ 오직 너는 자기 무덤에서 내어쫓겼으니 가증한 나뭇가지 같고 칼에 찔려 돌구덩이에 빠진 주검에 둘려싸였으니 밟힌 시체와 같도다,

⑳ 네가 자기 땅을 망케 하였고, 자기 백성을 죽였으므로 그들과 일반으로 안장함을 얻지 못하나니, 악을 행하는 자의 후손은 영영히 이름이 나지 못하리로다, 할지니라.

㉑ 너희는 그들의 열조의 죄악을 인하여 그 자손 도륙하기를 예비하여 그들도 일어나 땅을 취하여 세상에 성읍을 충만케 하지 못하게 하라,

㉒ 만군의 여호와께서 말씀하시되, 내가 일어나 그들을 쳐서 그 이름과 남은 자와 아들과 후손을 바벨론에서 끊으리라, 나 여호와의 말이니라.

㉓ 내가 또 그것으로 고슴도치의 굴혈과 물 웅덩이가 되게 하고 또 멸망의 비로 소제하리라, 나 만군의 여호와의 말이니라.

㉔ 만군의 여호와께서 맹세하여 말씀하시기를, 나의 생각한 것이 반드시 되며 나의 경영한 것이 반드시 이루리라.

㉕ 내가 앗수르 사람을 나의 땅에서 파하며 나의 산에서 발 아래 밟으리니, 그 때에 그의 멍에가 이스라엘에게서 떠나고 그의 짐이 그들의 어깨에서 벗어질 것이니라.

㉖ 이것이 온 세계를 향하여 정한 경영이며 이것이 열방을 향하여 편 손이라 하셨나니,

㉗ 만군의 여호와께서 경영하셨은즉 누가 능히 그것을 폐하며 그 손을 펴셨은즉 누가 능히 그것을 돌이키라,

㉘ 아하스왕의 죽던 해에 받은 경고라,

㉙ 팔레스타인 온 땅이여, 너를 치던 막대기가 부러졌다고 기뻐하지 말라, 뱀의 뿌리에서는 독사가 나겠고 그 열매는 나는 불뱀이 되리라,

㉚ 가난한 자의 장자는 먹겠고, 궁핍한 자는 평안히 누우려니와 내가 너의 뿌리를 기근으로 죽일 것이요, 너의 남은 자는 살륙을 당하리라,

㉛ 성문이여 슬피 울찌어다, 성읍이여 부르짖을 지어다, 너 팔레스타인이여 다 소멸하게 되었도다, 대저 연기가 북방에서 오는데 그 항오를 떨어져 행하는 자 없느니라.

㉜ 그 나라 사신들에게 어떻게 대답하겠느냐? 여호와께서 시온을 세우셨으니 그의 백성의 가난한 자들이 그 안에서 피난하리라, 할 것이니라.

● 15장

① 모압에 관한 신의 계시라, 하루 밤 안에 모압의 아르가 망하여 황폐할 것이고, 또한

모압의 키르도 황폐(荒廢)하여 망하리로다.

② 그들은 바잇과 디본 산당에 올라가서 울며 모압은 느보와 메드바를 위하여 통곡하도다, 그들이 각각 머리털을 없이 하였고 수염을 깎았으며,

③ 거리에서는 굵은 베로 몸을 동였으며, 지붕과 넓은 곳에서는 각기 애통하여 심히 울며,

④ 헤스본과 엘르알레는 부르짖으며, 그 소리는 야하스까지 들리니, 그러므로 모압의 전사가 크게 부르짖으며 그 혼이 속에서 떨도다.

⑤ 내 마음이 모압을 위하여 부르짖는도다, 그 귀인들은 소알과 에글랏 슬리시야로 도망하여 울며, 루힛 비탈길로 올라가며 호로나임 길에서 패방을 부르짖으니,

⑥ 니므림 물이 마르고 풀이 시들었으며, 연한 풀이 말라 청청한 것이 없음이로다.

⑦ 그러므로 그들이 얻은 재물과 쌓았던 것을 가지고 버드나무 시내를 건너리니,

⑧ 이는 곡성이 모압 사방에 둘렸고, 슬피 부르짖음이 에글라임에 이르며, 부르짖음이 브엘엘림에 미치며,

⑨ 디몬 물에는 피가 가득함이로다, 그럴지라도 내가 디몬에 재앙을 더 내리되, 모압의 도피한 자와 그 땅의 남은 자에게 사자(獅子)를 보내리라.

● 16장

① 너희는 사막을 가로질러 셀라로부터 시온의 딸(낮은) 산까지의 그 지역의 지배자에게 공물로써 어린 양들을 보낼지니라.

② 이는 마치 둥지에서 쫓겨나 떠돌아다니는 새들 같이 모압의 여인들도 아르논 여루에서 방황할 것이니라.

③ 너희는 우리에게 조언을 하고 공의로 판결하라. 너는 한 낮에 밤 같이 그늘을 지어 쫓겨난 자를 숨기며 망명한 자를 발각되도록 하지 말라.

④ 나의 쫓겨난 자들로 너와 함께 있게 하되, 너 모압은 멸절하는 자 앞에서 그 피할 곳이 되라, 대저 토색하는 자가 망하였고, 멸절하는 자가 그쳤고, 압제하는 자가 이 땅에서 멸절하였으며,

⑤ 다윗의 장막에 왕위는 인자함으로 굳게 설 것이요, 그 위에 앉을 자는 충실함으로 판결하며, 공평을 구하며 의를 신속히 행하리라.

⑥ 우리가 모압의 교만을 들었나니 심히 교만하도다, 그의 거만하며 교만하며 분노함도 들었거니와 그 과장이 헛되도다.

⑦ 그러므로 모압이 모압을 위하여 통곡하되 다 통곡하며 길하레셋 건포도 떡을 위하여 그들이 슬퍼하며 심히 근심하리니,

⑧ 이는 헤스본의 밭과 십마의 포도나무가 말랐음이라, 전에는 그 가지가 야셀에 미쳐 광야에 이르고 그 싹이 자라서 바다를 건넜더니, 이제 열국 주권자들이 그 좋은 가지를 꺾었도다.

⑨ 그러므로 내가 야셀의 울음처럼 십마의 포도나무를 위하여 울리라, 헤스본이여 엘르알레여 나의 눈물로 너를 적시리니, 너의 여름실과 너의 농작물에 떠드는 소리가 일어남이니라.

⑩ 즐거움과 기쁨이 기름진 밭에서 떠났고, 포도원에는 노래와 즐거운 소리가 없어지겠고, 틀에는 포도를 밟을 사람이 없으리니, 이는 내가 그 소리를 그치게 하였음이라.

⑪ 이러므로 나의 마음이 모압을 위하여 수금 같이 소리를 발하며, 나의 창자가 길하레셋을 위하여 그러하도다.

⑫ 모압 사람이 그 산당에서 피곤하도록 봉사하며, 자기 성소에 나아가서 기도할찌라도 무효하리로다.

⑬ 이는 여호와께서 전에 모압을 들어 하신 말씀이어니와,

⑭ 이제 여호와께서 말씀하여 가라사대, 품군의 정한 해와 같이 삼년내에 모압의 영화와 그 큰 무리가 능욕을 당할찌라 그 남은 수가 심히 적어 소용이 없이 되리라 하시도다.

● 17장

① 다메섹에 관한 경고라, 보라, 다메섹이 장차 성읍 모양을 이루지 못하고 무너진 무더기가 될 것이라,

② 아로엘의 성읍들이 버림을 당하리니 양 무리를 치는 곳이 되어 양이 눕되, 놀라게 할 자가 없을 것이며,

③ 에브라임의 요새와 다메섹 나라와 아람의 남은 백성이 멸절하여 이스라엘 자손의 영광 같이 되리라, 만군의 여호와의 말씀이니라.

④ 그 날에 야곱의 영광이 쇠하고 그 살찐 몸이 파리하리니,

⑤ 마치 추수하는 자가 곡식을 거두어 가지고, 그 손으로 이삭을 벤 것 같고 르바임 골짜기에서 이삭을 주운 것 같으리라,

⑥ 그러나 오히려 주울 것이 남으리니, 감람나무를 흔들 때에 가장 높은 가지 꼭대기에 실과 삼개가 남음 같겠고, 무성한 나무의 가장 먼 가지에 사 오개가 남음 같으리라, 이스라엘의 하나님 여호와의 말씀이니라,

⑦ 그 날에 사람이 자기를 지으신 자를 쳐다보겠으며 그 눈이 이스라엘의 거룩하신 자를 바라보겠고,

⑧ 자기 손으로 만든 단을 쳐다보지 아니하며, 자기 손가락으로 지은 아세라나 태양상을 바라보지 아니할 것이며,

⑨ 그 날에 그 견고한 성읍들이 옛적에 이스라엘 자손 앞에서 버린 바 된 수풀 속의 처소와 작은 산꼭대기의 처소 같아서 황폐하리니,

⑩ 이는 네가 네 구원의 하나님을 잊어버렸고, 네 능력의 반석을 마음에 두지 아니하였기 때문이라, 그러므로 너는 기뻐하는 초목들을 심고 다른 가지들을 접 붙이며

⑪ 네가 심는 날에 울타리로 두르고 아침에 너의 씨로 잘 발육하도록 하였으나, 근심과 심한 슬픔의 날에 농작물이 없어지리라,

⑫ 슬프다 많은 민족이 소동하였으되, 바다 파도의 뛰노는 소리 같이 그들이 소동하였고, 열방이 충돌하였으되 큰 물의 몰려옴 같이 그들도 충돌하였도다,

⑬ 열방이 충돌하기를 많은 물의 몰여옴 같이 하나 주께서 그들을 꾸짖으시리니, 그들이 멀리 도망함이 산에 겨가 바람 앞에 흩어짐 같겠고 폭풍 앞에 떠도는 티끌 같을 것이라,

⑭ 보라 저녁에 두려움을 당하고 아침 전에 그들이 없어졌나니, 이는 우리를 노략한 자의 분깃이요, 우리를 강탈한 자의 보응이니라,

• 18장

① 슬프다 구스의 강 건너편 날게치는 소리 나는 땅이여,

② 갈대배를 물에 띄우고 그 사자를 수로로 보내며 이르기를, 너희 경첩한 사자들아 너희는 강물이 흘러 나누인 나라로 가되, 장대하고 준수한 백성 곧 시초부터 두려움이 되며 강성하여 대적을 밟는 백성에게 가라하도다.

③ 세상의 모든 거민 지상에 거하는 너희여 산들 위에 기호를 세우거든 너희는 보고 나팔을 불거든 너희는 들을찌니라,

④ 여호와께서 내게 이르시되, 내가 나의 처소에서 종용히 감찰함이 쬐이는 일광 같고 가을 더위에 운무 같도다,

⑤ 추수하기 전에 꽃이 떨어지고 포도가 맺혀 익어 갈 때에 내가 낫으로 그 연한 가지를 베며 퍼진 가지를 찍어버려서,

⑥ 그들이 산들의 새들과 땅의 짐승들에게 남겨지리니, 새들이 그들 위에서 여름을 지내고, 땅의 모든 짐승들이 그들 위에서 겨울을 지내리라, 하셨기 때문이라,

⑦ 그 때에 키가 크고 구리빛 피부의 사람들과 가까이와 멀리에 있는 다른 말을 사용하는 침략적인 이교도들이 전능하신 여호와께 예물을 바칠 것이니라, 그들의 땅은 강으로 십자 형으로 나누어져 있으며 그 예물은 전능하신 여호와의 이름인 곳, 곧 시온 산으로 올려질 것이니라.

(In that time shall the present be brought unto the LORD of hosts of a people scattered and peeled, and from a people terrible from their beginning hitherto; a nation meted out and trodden under foot, whose land the rivers have spoiled, to the place of the name of the LORD of hosts, the mount Zion.-KJV)

(At that time gifts will be brought to the LORD Almighty from a people tall and smooth-skinned, from a people feared far and wide, an aggressive nation of strange speech, whose land is divided by rivers- the gifts will be brought to Mount Zion, the place of the Name of the LORD Almighty.-NIV)

(Then will gifts be brought to the LORD of hosts-to the place of the name of the LORD of hosts, Mount Zion-from a people tall and bronzed, from a people dreaded near and far, a nation strong and conquering, whose land is washed by rivers.-NAB)

(Then tribute will be brought to GOD - of -the-Angel -Armies, brought from this people tall and handsome, This people once held in respect everywhere, this people once mighty and merciless, From the land crisscrossed with rivers, to Mount Zion, GOD's place.-THE MESSAGE)

• 19장

① 이집트에 관한 경고라, 보라, 여호와께서 빠른 구름을 타고 이집트에 임하시리니, 이집트의 우상들이 그 앞에서 떨겠고 이집트인의 마음이 그 속에서 녹으리로다,

② 내가 이집트인들이 이집트인들을 대적하도록 부추기겠노라, 형제들이 형제들에 대하여, 이웃이 이웃에 대하여, 도시가 도시에 대하여, 왕국이 왕국에 대하여 싸울 것이니라,

③ 이집트인들은 낙담할 것이고, 내가 그들의 계획하는 바를 허사가 되게하리니, 그들은 우상과 귀신들(죽은자들의 영들)과 무당(신접한 자)과 요술자(신을 부르는 자)에게 의뢰할 것이니라,

④ 내가 이집트인들을 잔혹한 군주의 지배에 넘기리니 흉포한 왕이 그들을 통치하리라, 이는 여호와, 만군의 여호와의 말씀이니라.

⑤ 강물이 건조하여 증발하여서 강 바닥이 바짝 마를 것이니라,

⑥ 강들에서는 악취가 나겠고 이집트의 시냇물도 줄어들어 마를 것이니라, 갈대와 부들도 시들것이니라,

⑦ 나일 강 입구와 나일 강가를 따라 심겨진 식물들도 말라 시들어 버릴 것이니라, 나일 강가를 따라 씨뿌려진 모든 것이 말라서 없어져 버릴 것으로 더 이상 아무것도 없을 것이니라,

⑧ 어부들은 탄식하고 무릇 나일강에 낚시를 던지는 자는 슬퍼하며 물에 그물을 치는 자는 피곤할 것이니라,

⑨ 세마포를 만드는 자와 백목을 짜는 자들이 수치를 당할 것이고,

⑩ 천을 짜는 자들도 부숴지고, 모든 품군들이 낙담할 것이니라,

(And they shall be broken in the purposes thereof, all that make sluices and ponds for fish.-KJV)

(The workers in cloth will be dejected, and all the wage earners will be sick in heart.-NIV)

(The spinners shall be crushed, all the hired laborers shall be despondent.-NAB)

(Dispirited, depressed in their forced idleness- everyone who works for a living, jobless.-THE MESSAGE)

⑪ 조안(행정구역?)의 관리들은 어리석기 짝이 없었고, 파라오의 현명한 조언자들도 어리석은 충고를 하는도다. 그런데 너희가 파라오에게 "나를 믿으십시요: 나는 현명하고, 앞으로 어찌될지를 압니다. 왜냐고요, 나는 이집트 왕들의 지혜를 물려받았기 때문이기 때문이지요." 라고 감히 말할 수 있느냐?(말할 수 없느니라.)

(Surely the princess of Zoan are fools, the counsel of the wise counselors of Pharaoh is become brutish: how say ye unto Pharaoh, I am the son of the wise, the son of ancient kings?-KJV)

(The officials of Zoan are nothing but fools; the wise counselors of Pharaoh give senseless advice. How can you say to Pharaoh, "I am one of the wise men, a disciple of the ancient kings?"-NIV)

(Utter fools are the princes of Zoan! the wisest of Pharaoh's advisers give stupid counsel. How can you say to Pharaoh, "I am a descendant of wise men, of ancient kings"?-NAB)

(The princess of Zoan are fools, the advisors of Pharaoh stupid. How could any of you dare tell Pharaoh, "Trust me: I'm wise. I know what's going on. Why, I'm descended from the old wisdom of Egypt"?-THE MESSAGE)

⑫ 그들이 어디 있느냐? 너희 지혜로운 자들이 어디 있느냐? 그들로 하여금 네게 지금 말하게 하되 그들로 하여금 전능하신 여호와께서 이집트에 대하여 도모하셨던 모든 것들을 알게 하라.

⑬ 소안의 관리들은 어리석었고 멤피스의 지도자들은 속임을 당하고 있도다. 그들의 씨족들의 우두머리들은 이집트를 잘못가게 하고 있도다.

(The princess of Zoan are become fools, the princess of Noph are deceived; they have also seduced Egypt, even they that are the stay of the tribes thereof.-KJV)

(The officials of Zoan have become fools, the leaders of Memphis are deceived; the cornerstones of her peoples have led Egypt astray.-NIV)

(The princess of Zoan have become fools, the princess of Memphis have been deceived. The chiefs of its tribes have led Egypt astray.-THE MESSAGE)

⑭ 여호와께서 그 가운데 사특한 영을 섞으셨으므로 그들이 이집트를 모든 일에서 잘못되게 하여 마치 술취한 자가 토하면서 비틀거리는 것과 같게 하였으니

⑮ 이집트를 위해서는 머리나 꼬리나 나무가지나 줄기가 할 수 있는 일이 아무것도 없으리라.

⑯ 그 날에는 이집트가 여자들과 같으리니 만군의 여호와께서 흔드시는 손이 그 위에 흔드심으로 인하여 무서워하며 두려워하리라,

⑰ 또 유다 땅이 이집트에게 두려움이 되고 그것을 말하는 모든 자가 스스로 두려워하리니, 이는 만군의 여호와께서 이집트에 대적하여 결정하신 계획 때문이라,

⑱ 그 날에 이집트 땅에 있는 다섯 성읍이 가나안 방언을 말하고 만군의 여호와를 가리켜 맹세할 것이니라, 그 성읍들 중 하나는 멸망의 성이라 불릴 것이니라,

⑲ 그 날에 이집트 땅 중앙에는 여호와를 위한 제단이 있겠고 그 변경에는 여호와를 위하여 기둥이 있을 것이니라,

⑳ 그것이 이집트 땅에서 만군의 여호와를 위하여 표적과 증거가 되리니, 이는 그들이 그 압박하는 자의 연고로 여호와께 부르짖을 것이기 때문이라, 이에 그분께서 그들에게 한 구원자이시며 위대하신 이를 보내시리니 그분으로 하여금 그들을 건져내게 하시리라,

㉑ 그렇게 하여 여호와께서 자신을 이집트에게 알게 하시니 그 날에 이집트 사람들이 여호와를 알게 되니라, 그들은 희생물과 곡식 제물을 드리면서 경배할 것이고 그들은 여호와께 맹세로 서원하고 그것들을 지킬 것이니라,

㉒ 여호와께서 이집트를 전염병으로 치실것이라, 여호와께서 그들을 치시고 또 고쳐 주시리라, 그래서 그들은 여호와께로 돌아오고 여호와는 그들의 간구에 응답하시어 그들을 치유해 주실 것이니라,

㉓ 그 날에 이집트에서 앗수르로 통하는 대로가 있을 것이니, 앗수르 사람들은 이집트로 갈것이고 이집트 사람들도 앗수르로 갈것이니라, 그리하여 이집트 사람들과 앗수르 사람들은 함께 경배할 것이니라,

㉔ 그 날에 이스라엘이 이집트와 앗수르로 더불어 셋이 평화롭게 되니 이는 지구 위의 큰 축복이 되니라,

㉕ 만군의 여호와께서 그들을 축복을 할 것이니라, 말씀하시기를, 나의 백성 이집트와 나의 손으로 지은 앗수르와 나의 상속자 이스라엘에 복이 있으리라, 하실 것임이니라.

● 20장

① 앗수르 왕 사르곤이 보낸 최고 군사령관이 아스돗으로 와서 그곳을 공격해서 함락시킨 그 해

② 그 때에 여호와께서 아모스의 아들 이사야를 통하여 말씀하시니라, 그가 이사야에게 말씀하시기를, 네 허리에서 삼베 옷을 벗고 신발도 벗을지니라, 하시매 그가 그대로 하여 벗은 몸과 벗은 발로 걸어 갔느니라,

③ 여호와께서 말씀하시기를, 나의 종 이사야가 삼년 동안 벗은 몸과 벗은 발로 행하여 이집트와 에티오피아에 대하여 표적과 이적이 되느니라,

④ 그래서 앗수르 왕은 이집트인 포로들과 에티오피아인 사로잡힌 자들을 젊은 자나 늙은 자가 다 벗은 몸 벗은 발로 볼기까지 드러내게 하고 끌고 갈 것이니라, 이는 에집트의 치욕이 될것이니라,

⑤ 에티오피아를 믿었고 이집트에 자부심을 가졌던 사람들은 놀랄 것이고 부끄러워할 것이니라,

⑥ 그 날에 이 해변 거민이 말하기를, 우리가 의지했던 나라와 우리가 앗수르 왕으로부터 벗어나기 위하여 달려가서 도움을 구하려던 나라가 이같이 되었은즉, 우리가 어떻게 능히 피하리요? 하니라

● 21장

① 바닷가 사막에 관한 경고라, 적병이 사막에서 공포의 땅에서 남방 회리바람 같이 몰려 오는도다,

② 무시무시한 환상이 나에게 보여졌느니라, 배신하는 자가 배신하고 약탈하는 자가 약탈하는도다, 오 엘람아, 올라가라, 오 메대야 포위하라, 그곳의 모든 탄식을 내가 그치게 하였노라, 하시도다

③ 이러므로 나의 요통이 심하여 임신한 여인의 고통 같은 고통이 내게 임하였으므로 고통으로 인하여 듣지 못하며 놀라서 보지 못하도다,

④ 내 마음이 진동하며 두려움이 나를 놀래며 희망의 서광이 변하여 내게 떨림이 되도다,

⑤ 그들이 식탁을 베풀고 파숫군을 세우고 먹고 마시도다 너희 방백들아 일어나 방패에 기름을 바를지어다,

⑥ 여호와께서 내게 이르시되 가서 파숫군을 세우고 그 보는 것을 고하게 하되,

⑦ 마병대가 쌍쌍이 오는 것과 나귀떼와 약대떼를 보거든 자세히 유심히 들으라 하셨더니,

⑧ 파숫군이 사자 같이 부르짖기를 주여 내가 낮에 늘 망대에 섰었고 밤이 맞도록 파

수하는 곳에 있었더니,

⑨ 마병대가 쌍쌍이 오나이다 그가 대답하여 말하기를, 함락되었도다, 바벨론이여! 그 신들의 조각한 형상이 다 부숴져 땅에 떨어졌도다,

⑩ 너 나의 타작한 것이여 나의 마당의 곡식이여 내가 이스라엘의 하나님 만군의 여호와께 들은대로 너희에게 고하였노라,

⑪ 두마에 관한 경고라, 사람이 세일에서 나를 부르되 파숫군이여 밤이 어떻게 되었느뇨 파숫군이여 밤이 어떻게 되었느뇨?

⑫ 파숫군이 가로되 아침이 오나니 밤도 오리라 네가 물으려거든 물으라 너희는 돌아올지니라,

⑬ 아라비아에 관한 경고라, 드단 세상이여 너희가 아라비아 수풀에서 유숙하리라,

⑭ 데마 땅의 거민들아 물을 가져다가 목마른 자에게 주고 떡을 가지고 도피하는 자를 영접하라,

⑮ 그들이 칼날을 피하며 뺀 칼과 당긴 활과 전쟁의 어려움에서 도망하였음이니라,

⑯ 주께서 이 같이 내게 이르시되, 품군의 정한 기한 같이 일년 내에 게달의 영광이 다 소멸하리니,

⑰ 게달 자손 중 활 가진 용사의 남은 수가 적으리라, 하시니라, 이스라엘의 하나님 여호와의 말씀이니라.

● 22장

① 환상의 골짜기에 관한 신의 계시라, 무엇이 너희를 괴롭게 하기에 너희가 모두 지붕 위로 올라갔느뇨?

② 소요하며 떠들던 고을, 흥청거리며 즐거워하던 성읍이여, 너희의 죽임을 당한 자들은 칼에 죽은 것도 전투에서 사망한 것도 아니로다,

③ 모든 너희 지도자들은 함께 도망하였는데 활 시위 한번 당겨보지 않고 잡혔느니라, 그리고 적이 아직도 멀리 떨어져 있는 동안에 도망한 자들도 잡혀서 함께 포로가 되었느니라,

④ 그러므로 내가 말하였나니, "나에게 신경을 쓰지마라, 나는 슬피 통곡하겠노라, 내 백성들의 파멸에 대하여 나를 위로하려고 애쓰지 말지니라." 하니라.

⑤ 이는 그때가 환상의 골짜기에서 만군의 주 여호와께로 말미암은 고난과 짓밟힘과 혼란의 날이며, 성벽들을 무너뜨리고 산들을 향한 울부짖음의 날이기 때문이니라,

⑥ 엘람 사람들은 전통을 졌고 병거탄 자와 마병이 함께 하였으나 기르 사람들은 방패를 버렸도다,

⑦ 병거는 너의 아름다운 골짜기에 가득하고 마병은 성문에 정렬해 있고,

⑧ 유다지파의 방어시설들은 빼앗겼느니라, 그리고 너는 그 날에야 숲에 있는 창고 속의 무기들을 보았고,.

⑨ 너희는 다윗성의 방어 성벽에 수리가 필요한 틈들을 보았고, 너희는 아랫쪽의 저수지에 물을 저장하였느니라,

(Ye have seen also the breaches of the city of David, that they are many: and ye gathered together the waters of the lower pool.-KJV)

(you saw that City of David had many breaches in its defenses; you stored up water in the Lower Pool.-NIV)

(you saw that the breaches in the City of David were many; you collected the water of the lower pool.-NAB)

(You found the weak places in the city walls that needed repair. You secured the water supply at the Lower Pool.-THE MESSAGE)

⑩ 너희는 예루살렘에 있는 가옥 수를 계수하였고, 성벽을 견고케 하기 위하여 집들을 헐기도 하였느니라,

⑪ 너희가 옛 저장고의 물을 저장하기 위하여 두 성벽 사이에 저수지를 만들었으나, 너희는 오래전에 그 성을 계획하고 만드신 이에 관심도 없고 존경하지도 않았느니라,

⑫ 그 날에 주 만군의 여호와께서 너희를 불러 통곡하며 너희 머리를 풀도록 하고 삼베 옷을 입히느니라,

⑬ 그러나 보라, 즐기며 환락이 있도다, 소를 잡고 양을 죽여 그 고기를 먹고 포도주를 마시면서, 먹고 마시자, 우리는 내일이면 죽으리니, 라고 너희가 말하는도다,

⑭ 만군의 여호와께서 나에게 친히 말씀하시기를, "너희가 죽는 날까지 이 죄악은 속죄되지 못하리라." 하셨느니라,

⑮ 주 만군의 여호와께서 가라사대, 너는 가서 그 국고를 맡고 궁을 차지한 셉나를 보고 이르기를,

⑯ 네가 여기 무슨 관계가 있느냐? 여기 누가 있기에 여기서 너를 위하여 묘실을 팠느냐? 높은 곳에 자기를 위하여 묘실을 팠고 반석에 자기를 위하여 처소를 쪼아 내었

도다,

⑰ 알아두어라, 나 여호와가 너를 단단히 속박하고 장사 같이 맹렬히 던지되,

⑱ 그는 반드시 너를 말아 싸서 공 같이 넓은 지역에 던질 것이라, 주인의 집에 수치를 끼치는 너여 네가 그 곳에서 죽겠고 네 영광의 수레도 거기 있으리라,

⑲ 내가 너를 네 관직에서 쫓아내며 네 지위에서 낮추고,

⑳ 그 날에 내가 힐기야의 아들 내 종 엘리아김을 불러,

㉑ 네 옷을 그에게 입히며 네 띠를 그에게 띠워 힘 있게 하고 네 정권을 그의 손에 맡기리니, 그가 예루살렘 거민과 유다 집의 아비가 될 것이며,

㉒ 내가 또 다윗 집의 열쇠를 그의 어깨에 두리니, 그가 열면 닫을 자가 없겠고 닫으면 열 자가 없느니라,

㉓ 못이 단단한 곳에 박힘 같이 그를 견고케 하리니, 그가 그 아비 집에 영광의 보좌가 될 것이요,

㉔ 그 아비 집의 모든 영광이 그 위에 걸리리니, 그 후손과 족속되는 각 작은 그릇 곧 종지로부터 항아리까지리라,

㉕ 만군의 여호와께서 가라사대, 그 날에는 단단한 곳에 박혔던 못이 삭으리니, 그 못이 부러져 떨어지므로 그 위에 걸린 물건이 파쇄되리라 하셨다 하라, 나 여호와의 말이니라.

● 23장

① 두로에 관한 신의 계시이니라, 오 다시스의 선박들아! 통곡하라, 두로가 멸망하여 집이 없고 거처할 곳이 없도다, 이 소식은 키프러스 땅으로부터 그들에게 알려졌도다,

② 잠잠하라, 너희 섬의 거민들과 시돈의 상인들아, 뱃 사람들이 너희를 부요케 하였나니,

③ 시호르의 곡식이 큰 강으로부터 운반되어 왔으며 나일의 추수 수확물은 두로의 국고 수입이었고 그곳은 이교도들의 시장이 되었도다,

④ 오 바다의 요새인 시돈아, 너는 부끄러워할찌어다, 이는 바다가 말하느니라, "나는 아기를 임신하여 출산하지도 않았고 나는 자녀들을 양육하여 보지도 못하였느니라." 하니라

⑤ 그 소식이 이집트에 이르면 그들은 이 두로의 소식으로 인하여 고통을 당할 것이

나라,

⑥ 너희는 다시스로 건너갈찌어다, 섬의 주민들아 너희는 통곡하여라,

⑦ 이것이 고대로부터 내려온 너희 환락의 성, 곧 그 백성이 자기 발로 먼 지방까지 가서 유하던 성이냐?

(Is this your joyous city, whose antiquity is of ancient days? Her own feeth shall carry her afar off to sojourn.-KJV)

(Is this your city of revelry, the old, old city, whose feet have taken her to settle in far-off lands?-NIV)

(Is this your extultant city, whose origin is from old, whose feet have taken her to dwell in distant lands?-NAB)

(Is this the city you remember as energetic and alive, bustling with activity, this historic old city, Expanding throughout the glove, buying and selling all over the world?-THE MESSAGE)

⑧ 누가 두로에 대항하는 이것을 계획하였느냐? 누가 면류관을 씌웠느냐? 지도자들은 누구의 상인들이었느냐? 누구의 무역상들이 지구상에서 유명하느냐?

⑨ 이는 만군의 여호와가 정하신 것이라, 모든 영광의 교만은 낮게 하시고, 지구상에서 유명해진 모든 사람들을 비천하게 하심이니라,

⑩ 오 다시스의 딸이여, 네 땅이 나일 강을 따라 넘칠지라도 너는 더 이상 머무를 곳이 없느니라,

⑪ 여호와께서 바다 위에 그의 손을 펴사 왕국들을 흔드시고 페니키아에 관하여 명령을 내려 그 성들이 멸망케 하시느니라,

⑫ 그리고 말씀하시기를, 오 시돈의 처녀 딸아 너는 더 이상 환락이 없고 이제 다 망가졌도다! 일어나서 키프러스로 넘어가라, 그러나 그곳에서도 쉼은 없을 것이니라,

⑬ 바빌로니아 사람들의 땅을 보라, 그 백성들은 거의 없어졌나니! 앗수르 사람들이 그곳을 들짐승의 거하는 곳으로 만들었고 그들은 그곳에 공격용 성체를 만들었으며 바빌로니아의 요새들을 헐어 황무케 하였느니라,

⑭ 통곡하여라, 너희 타시스의 배들아, 너희의 요새가 파괴되었느니라,

⑮ 그 날부터 두로가 칠십년을 잊어버림이 될것이니라, 이는 한 왕의 수명과 같으니라, 그러나 이 칠십년의 마지막에 아래와 같은 창녀들의 노래와 같이 두로에 그것이 일어날 것이니라,

⑯ "오 잊혀졌던 매춘부여, 수금(하프)을 들고 그 도시를 돌아다니며 수금을 켜면서 노래를 불러라, 그리하면 네가 기억될 것이니라,

⑰ 칠십년의 마지막에 여호와께서 두로와 거래할 것이니라, 그녀(두로)는 매춘부와 같이 그녀의 고용살이로 돌아갈 것이니라, 그래서 그녀는 지구상의 모든 왕국들과 교역을 하는데 열성을 낼 것이니라,

⑱ 그러나 그녀의 이익과 번 것은 여호와를 위하여 별도로 처리 되나니 그것들은 쌓아두거나 저장되지 아니할 것이니라, 그녀의 이익들은 여호와 앞에 거하는 자들이 충분히 먹고 잘 입을 것이 될 것이니라.

● 24장

① 보라, 여호와께서 지구를 쇠약하게 내버려 두어 지구를 황폐시킬 것이니라, 그분은 지구의 표면을 페허화 시킬것이고 지구의 거민들은 흩어질 것이니라,

② 일반적으로 다 같게 될 것이니라, 제사장과 일반 백성이 같을 것이며, 주인과 하인이 같을 것이며, 여종이 자기 여주인과 같을 것이며, 파는자가 사는자와 같을 것이며, 빌리는 자가 빌려 주는 자와 같을 것이며, 이자를 받는 자와 이자를 주는 자가 같을 것이니라.

(And it shall be, as with the people, so with the priest; as with the servant, so with his master; as with the maid, so with her mistress; as with buyer, so with the seller; as with the lender, so with the borrower; as with the taker of usury, so with the giver of usury to him.-KJV)

(it will be the same for priest as for people, for master as for servant, for mistress as for maid, for seller as for buyer, for borrower as for lender, for debtor as for creditor.-NIV)

(People and priest shall fare alike; servant and master, Maid and mistress, buyer and seller, Lender and borrower, creditor and debtor.-NAB)

(and send everyone scurrying: priests and laypeople alike, owners and workers alike, celebrities and nobodies alike, buyers and sellers alike, bankers and beggars alike, the haves and have-nots alike.-THE MESSAGE)

③ 그 땅은 완전히 황폐하게 될 것이고 총체적으로 약탈당하리라, 여호와께서 이 말

씀을 하셨느니라,

④ 땅이 슬퍼하고 쇠잔하며 세상 백성 중에 높은 자가 쇠약하며,

⑤ 땅이 또한 그 거민 아래서 더럽게 되었으니, 이는 그들이 율법을 범하며 율례를 어기며 영원한 언약을 파하였음이라,

⑥ 그러므로 저주가 땅을 삼켰고 그 중에 거하는 자들이 정죄함을 당하였고 땅의 거민이 불타서 남은 자가 적으며,

⑦ 새 포도즙이 슬퍼하고 포도나무가 쇠잔하며 마음이 즐겁던 자가 다 탄식하며,

⑧ 소고 치는 기쁨이 그치고 즐거워하는 자의 소리가 마치고 수금 타는 기쁨이 그쳤으며,

⑨ 노래하며 포도주를 마시지 못하고 독주는 그 마시는 자에게 쓰게 될 것이며,

⑩ 약탈을 당한 성읍이 훼파되고 집마다 닫히었고 들어가는 자가 없으며,

⑪ 포도주가 없으므로 거리에서 부르짖으며 모든 즐거움이 암흑하여졌으며 땅의 기쁨이 소멸되었으며

⑫ 성읍이 황무하고 성문이 파괴되었느니라,

⑬ 세계 민족 중에 이러한 일이 있으리니 곧 감람나무를 흔듦 같고 포도를 거둔 후에 그 남은 것을 그 남은 것을 주움 같을 것이니라,

⑭ 무리가 소리를 높여 부를 것이며 여호와의 위엄을 인하여 바다에서부터 크게 외치리니,

⑮ 그러므로 너희가 동방에서 여호와를 영화롭게 하며 바다 모든 섬에서 이스라엘 하나님 여호와의 이름을 영화롭게 하며 할 것이라,

⑯ 땅 끝에서부터 노래하는 소리가 우리에게 들리기를 의로우신 자에게 영광을 돌리세 하도나 그러나 나는 이르기를 나는 쇠잔하였고 나는 하였으니 애게 화가 있도다 궤휼자가 궤휼을 행하도다 궤휼자가 심히 궤휼을 행하도다 하였도다,

⑰ 땅의 거민아 두려움과 함정과 올무가 네게 임하였나니,

⑱ 두려운 소리를 인하여 도망하는 자는 함정에 빠지겠고 함정 속에서 올라오는 자는 올무에 걸리리니 이는 위에 있는 문이 열리고 땅의 기초가 진동함이라,

⑲ 땅이 깨어지고 깨어지며 땅이 갈라지고 땅이 흔들리고 흔들리며,

⑳ 땅이 취한 자 같이 비틀비틀하며 침망 같이 흔들리며 그 위의 죄악이 중하므로 떨어지고 다시 일지 못하리라,

㉑ 그 날에 여호와께서 높은데서 높은 군대를 벌하시며 땅에서 땅의 왕들을 벌하시리

니,

㉒ 그들이 죄수가 깊은 옥에 모임 같이 모음을 입고 옥에 갇혔다가 여러 날 후에 형벌을 받을 것이라,

㉓ 그 때에 달이 무색하고 해가 부끄러워하리니 이는 만군의 여호와께서 시온산과 예루살렘에서 왕이 되시고 그 장로들 앞에서 영광을 나타내실 것임이니라,

● 25장

① 오 여호와여, 당신㉐은 나의 하나님이시라, 내가 당신을 높이고 당신의 이름을 찬송하오리니, 이는 당신께서 놀라운 일들을 행하셨기 때문이요, 그러한 일들은 오래 전에 계획되었었나이다,

② 당신께서는 성읍을 돌 파편 덩어리로 만드셨으며 요새화된 마을을 폐허로 만드시고 외인들의 요새가 더 이상 성읍이 되지 못하게 하셨으므로 그것은 결코 다시 건축되지 못할 것이니라,

③ 그러므로 강한 민족들이 당신을 영화롭게 할 것이고 포악한 이교도들의 성읍들도 당신을 경외할 것이니이다,

④ 당신은 가난한 자들의 피난처이시고 고난 속에 있는 궁핍한 자들의 힘이시며 폭풍으로부터 보호막이 되시고 폭양으로부터의 그늘이 되시니이다, 이는 포악한자들의 기세가 벽에 부딛치는 폭풍 같고 사막의 폭염과 같기 때문이니이다,

⑤ 마른 땅에 폭양을 제함같이 주께서 외인의 훤화를 그치게 하시며 폭양을 구름으로 가리움 같이 포악한 자의 노래를 낮추시리이다,

⑥ 만군의 여호와께서 이 산에서 만민을 위하여 기름진 것과 오래 저장하였던 포도주로 연회를 베푸시리니 곧 골수가 가득한 기름진 것과 오래 저장하였던 맑은 포도주로 하실 것이며,

⑦ 또 이 산에서 모든 민족의 그 가리워진 면박과 열방의 그 덮인 휘장을 제하시며,

⑧ 사망을 영원히 멸하실 것이라, 주 여호와께서 모든 얼굴에서 눈물을 씻기시며 그 백성의 수치를 온 천하에서 제하시리라, 여호와께서 이같이 말씀하셨느니라,

⑨ 그 날에 말하기를, 이는 우리의 하나님이시라, 우리가 그를 기다렸으니 그가 우리를 구원하시리로다, 이는 여호와시라, 우리가 그를 기다렸으니 우리는 그 구원을 기뻐하며 즐거워하리라, 할 것이며

⑩ 여호와의 손이 이 산에 나타나시리니 모압이 거름물 속의 초개의 밟힘 같이 자기

처소에서 밟힐 것인즉 ,

⑪ 그가 헤엄치는 자의 헤엄치려고 손을 폄 같이 그 속에서 그 손을 펼 것이나, 여호와께서 그 교만과 그 손의 교활을 누르실 것이라,

⑫ 그는 너의 높은 요새화된 성벽을 헐어 그것들을 낮추고, 그것들을 지면에 내리시어 티끌이 되게 하실 것이니라.

● 26장

① 그 날에 유다 땅에서 이 노래가 불려질 것이니라, 즉 우리는 강한 성을 가지리니, 하나님께서 구원으로 성벽과 성채를 삼으시니라,

② 너희는 문들을 열어서 신앙을 지키는 의로운 이교도가 들어오게 할찌니라,

③ 주님께서 그의 이성이 확고한 자를 완전한 평화 속에서 지키시리니, 이는 그가 주님을 신뢰하여 의지하기 때문이니라,

④ 너희는 여호와를 영원히 신뢰하여 의지하라, 이는 여호와가 영존하는 힘이시기 때문이니라,

(Trust ye in the LORD for ever, for in the LORD JEHOVAH is everlasting strength:-KJV)

(Trust in the LORD forever, for the LORD, the LORD, is the Rock eternal.-NIV)

⑤ 그분은 높은 데 거하는 자들을 낮추시고 높이솟은(거만한) 성을 헐어 땅 바닥에 엎으시어 그것을 먼지가 되게 하셨도다,

⑥ 발이 그것을 짓밟으리니, 가난한 자들의 발걸음과 억압받은 자들의 발이로다

⑦ 공성한 사람들의 길은 똑바른 것이라, 오 지극히 곧은 분이시여, 당신은 외인들의 길을 평탄케 하시니이다,

⑧ 오, 당신의 법도에 따라 운행하시는 여호와여, 우리는 당신을 기다리나이다, 당신의 이름과 당신의 이름의 명성을 우리 영혼이 사모하나이다,

⑨ 나의 영혼이 밤에 주를 사모하고 아침에는 나의 영이 주를 갈망하나이다, 주의 심판이 지구에 왔을 때 세상의 사람들은 의로움을 배우리라,

⑩ 비록 사악한 자들에게 은총이 제시될지라도 그들은 의를 배우지 아니하는도다, 의로운 땅에서까지도 그들은 악을 계속 행하며 여호와의 위대함에 관심을 가지지 아니하는도다,

⑪ 여호와여 주의 손이 높이 들릴찌라도 그들이 보지 아니하리이다, 그러나 그들은 보게 될 것이요, 백성에게 향한 그들의 시기로 인하여 부끄러워하리니, 참으로 주님의 원수들의 불이 그들을 삼키리이다,

⑫ 여호와여 주께서 우리를 위하여 평강을 베푸시오리니, 주께서 우리 모든 일을 우리를 위하여 이루심이니이다,

⑬ 오 여호와 우리 하나님이시여, 주 외에 다른 신들이 우리를 지배하였나이다, 그러나 우리는 이제 오직 주의 이름만을 공경하나이다,

⑭ 그들은 죽었은즉 다시 살지 못하겠고 사망하였은즉 일어나지 못할 것이니 이는 주께서 벌하여 멸하사 그 모든 기억을 멸절하셨음이니이다,

⑮ 여호와여 주께서 이 나라를 더 크게 하셨고 이 나라를 더 크게 하셨나이다, 스스로 영광을 얻으시고 이 땅의 모든 경계를 확장하셨나이다,

⑯ 여호와여 백성이 환난 중에 주를 앙모하였사오며 주의 징벌이 그들에게 임할 때에 그들이 간절히 주께 기도하였나이다,

⑰ 마치 아이를 가진 한 여자가 출산할 때가 가까워지니 고통 중에 있어 산고를 겪으며 부르짖는 것같이, 오 주님 우리가 주님의 목전에 그러하나이다,

⑱ 우리는 아이를 잉태하여 고통을 받았으나 우리는 아이를 얻지 못하였노라, 우리는 지구에 구원을 가져오지도 않았고 세상의 거민들을 구원하지도 못하였느니라,

(We have been with child, we have been in pain, we have as it were brought forth wind; we have not wrought any deliverance in the earth; neither have the inhabitants of the world fallen.-KJV)

(We were with child, we writhed in pain, but we gave birth to wind. We have not brought salvation to the earth; we have not given birth to people of the world.-NIV)

(We conceive and writhed in pain, giving birth only to wind; Salvation we have not achieved for the earth, no inbabitants for the world were born.-NAB)

(We were pregnant full-term. We writhed in labor but bore no baby. We gave birth to wind. Nothing came of our labor. We produced nothing living. We couldn't save the world.-THE MESSAGE)

⑲ 죽어서 주의 품안에 있는 자들이 살아나고 그들의 시체들이 일어나리라, 흙먼지

안에 거하는 자들은 눈을 뜨고 즐거워 노래하리라, 당신의 이슬은 아침 이슬 같고 지구는 죽은 자를 내어 놓을 것이니라,

(Thy dead men shall live, together with my dead body shall they arise, Awake and sing, ye that dwell in dust: for thy dew is as the dew of herbs, and the earth shall cast out the dead.-KJV)

(But your dead will live; their bodies will rise. You who dwell in the dust, wake up and shout for joy. Your dew is like the dew of the morning; the earth will give birth to her dead.-NIV)

(But your dead shall live, their corpses shall rise! Awake and sing, you who lie in the dust! For your dew is a dew of light, and you cause the land of shades to give birth.-NAB)

(But friends, your dead will live, your corpses will get to their feet, All you dead and buried, wake up! Sing! Your dew is morning dew catching the first rays of sun, The earth bursting with life, giving birth to the dead.-THE MESSAGE)

⑳ 나의 백성들아, 갈찌어다, 네 방들로 들어가서 그분의 분노가 지나갈 때까지 잠시 동안 너 자신을 숨길지니라,

㉑ 보라, 여호와께서 지구의 백성들의 죄악을 벌하시려고 그분의 처소에서 나오시니라, 지구는 지구 위에 흘린 피를 드러낼 것이고 더 이상 그 살해당한 자들을 숨기지 아니할 것이느니라.

(For, behold, the LORD cometh out of his place to punish the inhabitants of the earth for their iniquity: the earth also shall disclose her blood, and shall no more cover her slain.-KJV)

(See, the LORD is coming out of his dwelling to punish the people of the earth for their sins. The earth will disclose the blood shed upon her, she will conceal her slain no longer.-NIV)

(See, the LORD goes forth from his place, to punish the wickedness of the earth's inhabitants; The earth will reveal the blood shed upon it, and no longer conceal the slain.-NAB)

(Because GOD is sure to come from his place to punish the wrong of the people on earth. Earth itself will point out the bloodstains; it will show where the murdered have been hidden away.-THE MESSAGE)

● 27장

① 그 날에 여호와께서 미끈미끈하고 똘똘 감은 뱀 리바이어던을 그분의 단단하며 크고 강한 칼로 벌할 것이니라, 바다에 있는 괴물을 죽이시리라,

② 그 날에 너희는 열매를 많이 맺는 포도원에 대하여 노래를 부를찌어다

③ 나, 여호와는 포도원을 보살피나니, 규칙적으로 계속하여 물을 주고 밤낮으로 포도원을 지키나니, 누구도 포도원에 해를 가하지 못하도록 함이라,

④ 나는 분노하지 아니하느니라, 그러나 만약 나에게 맞서는 찔레와 가시가 있다면 나는 나아가서 그들과 전투를 할 것이고 나는 그들 모두를 불사르리라,

⑤ 그리하지 아니할 것 같으면 나에게 와서 피난처를 삼고 나로 더불어 화친할 것이니라,

⑥ 후일에는 야곱 족속이 뿌리를 내릴 것으로 이스라엘 자손들이 싹이 트고 꽃이 피어 그 결실로 온 세상을 채우리로다,

⑦ 여호와께서 그 백성을 치셨은들 그 백성을 친 자들을 치심과 같았겠느냐? 그 백성이 살륙을 당하였은들 그 백성을 도륙한 자들의 살륙을 당함과 같았겠느냐?

⑧ 이스라엘이 싹을 낼 때에 주께서는 적당하게 이유를 드러내시리니, 그분께서는 동풍이 부는 날에 그분의 거친 바람을 머무르게 하시는도다,

⑨ 그러므로 이로 인하여 야곱의 죄악이 깨끗함을 받으리라, 이것이 그의 죄를 제거하는 모든 열매이니, 곧 그분께서 제단의 모든 돌을 산산이 부서진 석회석 같게 하실 때에 작은 숲들과 형상들이 다시 서지 못하리라,

⑩ 그러나 견고한 성읍이 황폐하게 되며 거주지가 버려져서 황무지 같이 남겨지리니, 송아지가 거기서 먹고 누워 그 나뭇가지들을 먹어 없애리라,

⑪ 그 가지들이 마르면 여인들이 와서 그것들을 꺾어 불사를 것이니, 이는 이 백성이 지각이 없으므로 그들을 지으신 자가 불쌍히 여기지 아니하시며, 그들을 조성하신 자가 은혜를 베풀지 아니하시리라,

⑫ 그날에 여호와께서 그 강의 물길로부터 이집트 시내에 이르기까지 격퇴하시고, 오 너희 이스라엘 자손들아, 너희를 일일이 모으시리라,

⑬ 그 날에 큰 나팔 소리가 울리면 앗수르에게 멸망당한 자들과 이집트 땅으로부터

탈출한 자들이 오리니, 그들이 와서 에루살렘 거룩한 산에서 여호와께 경배하리라.

● 28장

① 화 있을진저, 교만의 면류관이여, 에브라임의 술 주정뱅이여, 그것의 아름다움은 시들어가는 꽃이요, 그 아름다움은 도시의 포도주로 기름진 계곡의 머리 위에 놓여 있느니라,

② 보라, 주께 있는 강하고 힘 있는 자가 쏟아지는 우박 같이 파괴하는 광풍 같이 큰 물의 창일함 같이 손으로 그 면류관을 땅에 던지리니,

③ 에브라임의 취한 자의 교만한 면류관이 발에 밟힐 것이라,

④ 그 기름진 골짜기 꼭대기에 있는 그 영화의 쇠잔해 가는 꽃이 여름 전에 처음 익은 무화과와 같으리니 보는 자가 그것을 보고 얼른 따서 먹으리로다,

⑤ 그 날에 만군의 여호와께서 그 남은 백성에게 영화로운 면류관이 되시며 아름다운 화관이 되실 것이라,

⑥ 재판석에 앉은 자에게는 판결하는 신이 되시며 성문에서 싸움을 물리치는 자에게는 힘이 되시리로다,

⑦ 이 유다 사람들도 포도주로 인하여 옆걸음 치며 포도주에 빠지며 독주로 인하여 비틀거리며 제사장과 선지자도 독주로 인하여 옆걸음 치며 포도주에 빠지며 독주로 인하여 비틀거리며 이상을 그릇 풀며 재판할 때에 실수하나니,

⑧ 모든 상에는 토한 것 더러운 것이 가득하고 깨끗한 곳이 없도다,

⑨ 그들이 이르기를 그가 뉘게 지식을 가르치며 뉘게 도를 전하여 깨닫게 하려는가 젖 떨어져 품을 떠난 자들에게 하려는가,

⑩ 대저 경계에 경계를 더하며 경계에 경계를 더하며 교훈에 교훈을 더하며 교훈에 교훈을 더하되 여기서도 조금 저기서도 조금 하는구나 하는도다,

⑪ 그러므로 생소한 입술과 다른 방언으로 이 백성에게 말씀하시리라,

⑫ 전에 그들에게 이르시기를 이것이 너희 안식이요 이것이 너희 상쾌함이니 너희는 곤비한 자에게 안식을 주라 하셨으나 그들이 듣지 아니하였으므로,

⑬ 여호와께서 그들에게 말씀하시되 경계에 경계를 더하며 경계에 경계를 더하며 교훈에 교훈을 저하며 교훈에 교훈을 더하고 여기서도 조금 저기서도 조금 하사 그들로 가다가 뒤로 넘어져 부러지며 걸리며 잡히게 하시리라,

⑭ 이러므로 예루살렘에 있는 이 백성을 치리하는 너희 경만한 자여 여호와의 말씀을 들을찌어다,

⑮ 너희 말이 우리는 사망과 언약하였고 음부와 맹약하였은즉 넘치는 재앙이 유행할 찌라도 우리에게 미치지 못하리니 우리는 거짓으로 우리 피난처를 삼았고 허위 아래 우리를 숨겼음이라 하는도다,

⑯ 그러므로 주 여호와께서 가라사대 보라 내가 한 돌을 시온에 두어 기초를 삼았노니 곧 시험한 돌이요 귀하고 견고한 기초의 돌이라 그것을 믿는 자는 급절하게 되지 아니하리로다,

⑰ 나는 공평으로 줄을 삼고 의로 추를 삼으니 우박이 거짓의 피난처를 소탕하며 물이 그 숨는 곳에 넘칠 것인즉,

⑱ 너희의 사망으로 더불어 세운 언약이 폐하며 음부로 더불어 맺은 맹약이 서지 못하여 넘치는 재앙이 유행할 때에 너희가 그것에게 밟힘을 당할 것이라,

⑲ 그것이 유행할 때마다 너희를 잡을 것이니 아침마다 유행하고 주야로 유행한즉 그 전하는 도를 깨닫는 것이 오직 두려움이라,

⑳ 침상이 짧아서 능히 몸을 펴지 못하며 이불이 좁아서 능히 몸을 싸지 못함 같으리라 하셨나니,

㉑ 대저 여호와께서 브라심산에서와 같이 일어나시며 기브온 골짜기에서와 같이 진노하사 자기 일을 행하시리니 그 일이 비상할 것이며 자기 공을 이루시리니 그 공이 기이할 것임이라,

㉒ 그러므로 너희는 경만한 자가 되지 말라 너희 결박이 우심할까 하노라 대저 온 땅을 멸망시키기로 작정하신 것을 내가 만군의 주 여호와께로서 들었느니라,

㉓ 너희는 귀를 기울여 내 목소리를 들으라 자세히 내 말을 들으라,

㉔ 파종하려고 가는 자가 어찌 끊이지 않고 갈기만 하겠느냐 그 땅을 개간하며 고르게만 하겠느냐?

㉕ 지면을 이미 평평히 하였으면 소회향을 뿌리며 대회향을 뿌리며 소맥을 줄줄이 심으며 대맥을 정한 곳에 심으며 귀리를 그 가에 심지 않겠느냐?

㉖ 이는 그의 하나님이 그에게 적당한 방법으로 보이사 가르쳤음이며,

㉗ 소회향은 도리깨로 떨지 아니하며 대회향에는 수레 바퀴를 굴리지 아니하고 소회향은 작대기로 떨고 대회향은 막대기로 떨며,

㉘ 곡식은 부수는가 아니라 늘 떨기만 하지 아니하고 그것에 수레 바퀴를 돌리고 그

것을 말굽으로 밟게 할지라도 부수지는 아니하리니,

㉙ 이도 만군의 여호와께로서 난 것이라 그의 모략은 기묘하며 지혜는 광대하니라.

● 29장

① 화 가 있으리로다, 다윗이 거하였던 성읍 아리엘(예루살렘)이여, 너희들은 해마다 나에게 절기를 지켜라,

② 그러나 내가 필경 너 아리엘을 괴롭게 하리니, 네가 슬퍼하고 애곡하리니, 그것은 필경 나에게 제단같이 되리라,

③ 내가 너를 사면으로 둘러 진을 치며 군대로 너를 에우며 대를 쌓아 너를 치리니,

④ 네가 낮아져서 땅에서 말하며 네 말소리가 나직히 띠끌에서 날 것이라, 네 목소리 가 신접한 자의 목소리 같이 땅에서 나며 네 말소리가 티끌에서 지껄거리리라,

⑤ 그럴지라도 네 대적의 무리는 세미한 티끌 같겠고 강포한 자의 무리는 불려 가는 겨 같으리니 그 일이 경각간에 갑자기 이룰 것이라,

⑥ 만군의 여호와께서 벽력과 지진과 큰 소리와 회리바람과 폭풍과 맹렬한 불꽃으로 그들을 징벌하실 것인즉,

⑦ 아리엘을 치는 열방의 무리 곧 아리엘과 그 보장을 쳐서 곤고케 하는 모든 자는 꿈 같이 밤의 환상 같이 되리니,

⑧ 주린 자가 꿈에 먹었을지라도 깨면 그 속은 여전히 비고 목마른 자가 꿈에 마셨을 지라도 깨면 곤비하며 그 속에 갈증이 있는 것 같이 시온산을 치는 열방의 무리가 그와 같으리라,

⑨ 너희는 놀라고 놀라라 너희는 소경이 되고 소경이 되라 그들의 취함이 포도주로 인함이 아니며 그들의 비틀거림이 독주로 인함이 아니라,

⑩ 대저 여호와께서 깊이 잠들게 하는 신을 너희에게 부어주사 너희의 눈을 감기셨음 이니 눈은 선지자요 너희 머리를 덮으셨음이니 머리는 선견자라,

⑪ 그러므로 모든 묵시가 너희에게는 마치 봉한 책의 말이라 그것을 유식한 자에게 주며 이르기를 그대에게 청하노니 이를 읽으라 하면 대답하기를 봉하였으니 못하 겠노라 할 것이요,

⑫ 또 무식한자에게 주며 이르기를 그대에게 청하노니 이를 읽으라 하면 대답하기를 나는 무식하다 할 것이니라,

⑬ 주께서 가라사대 이 백성이 입으로는 나를 가까이하며 입술로는 나를 존경하나 그

마음은 내게서 멀리 떠났나니 그들이 나를 경외함은 사람의 계명으로 가르침을 받았을 뿐이라,

⑭ 그러므로 내가 이 백성 중에 기이한 일 곧 기이하고 가장 기이한 일을 다시 행하리니 그들 중의 지혜자의 지혜가 없어지고 명철자의 총명이 가리워지리라,

⑮ 화 있을찐저 자기의 도모를 여호와께 깊이 숨기려하는 자여 그 일을 어두운데서 행하며 이르기를 누가 우리를 보랴 누가 우리를 알랴 하니,

⑯ 너희의 패리함이 심하도다 토기장이를 어찌 진흙 같이 여기겠느냐 지음을 받은 물건이 어찌 자기를 지은 자에 대하여 이르기를 그가 나를 짓지 아니하였다 하겠으며 빚음을 받은 물건이 자기를 빚은 자에 대하여 이르기를 그가 총명이 없다 하겠느냐,

⑰ 미구에 레바논이 기름진 밭으로 변하지 않겠으며 기름진 밭이 삼림으로 여김이 되지 않겠느냐?

⑱ 그 날에 귀머거리가 책의 말을 들을 것이며 어둡고 캄캄한데서 소경의 눈이 볼 것이며,

⑲ 겸손한 자가 여호와를 인하여 기쁨이 더하겠고 사람 중 빈핍한 자가 이스라엘의 거룩하신 자를 인하여 즐거워하리니,

⑳ 이는 강포한 자가 소멸되었으며 경만한 자가 그쳤으며 죄악의 기회를 엿보던 자가 다 끊어졌음이라,

㉑ 그들은 송사에 사람에게 죄를 입히며 성문에서 판단하는 자를 올무로 잡듯하며 헛된 일로 의인을 억울케 하느니라,

㉒ 그러므로 아브라함을 구속하신 여호와께서 야곱 족속에 대하여 말씀하시되 야곱이 이제부터는 부끄러워 아니하겠고 그 얼굴이 이제부터는 실색하지 아니 할 것이며

㉓ 그 자손은 나의 손으로 그 가운데서 행한 것을 볼 때에 내 이름을 거룩하다 하며 야곱의 거룩한 자를 거룩하다 하며 이스라엘의 하나님을 경외할 것이며,

㉔ 마음이 혼미하던 자도 총명하게 되며 원망하던 자도 교훈을 받으리라 하셨느니라,

● 30장

① 여호와께서 선언하시기를, 화 있을찐저, 반역하는 자식들이여, 그들이 계획을 세우나 나로 말미암아 하지 아니하고 동맹을 맺으나 나의 영으로 말미암아 하지 아

니하였음이니 그들이 죄위에 죄를 더하도다,

② 그들이 나와의 상의 없이 이집트로 내려가고 파라오의 보호를 구하며 이집트에 피난처를 구하는도다,

③ 그러나 파라오의 보호는 너희의 수치가 될 것이고 이집트의 그늘에 피함은 이 너희의 불명예가 될 것이라,

④ 그들의 관료들은 조안에 있고 그들의 사절들은 하네스에 도착하였도다,

⑤ 그들이 다 그들에게 유익하게 못하는 민족을 인하여 수치를 당하리니 그 민족이 돕지도 못하며 유익하게도 못하고 수치가 되게 하며 수욕이 되게 할뿐임이니라,

⑥ 남방 짐승에 관한 경고라 사신들이 그 재물을 어린 나귀 등에 싣고 그 보물을 약대 제물 안장에 얹고 암사자와 수사자와 독사와 및 날아다니는 불뱀이 나오는 위험하고 곤고한 땅을 지나 자기에게 무익한 민족에게로 갔으나,

⑦ 이집트의 도움이 헛되고 무익하니라 그러므로 내가 이 일에 관해서 외치기를, 그것은 그들의 힘이 묵묵히 앉아 있는 것이라, 하였느니라,

⑧ 이제 가서 백성 앞에서 서판에 기록하며 책에 써서 후세에 영영히 있게하라,

⑨ 대저 이는 바역하는 백성이요, 거짓말 하는 자식이요, 여호와의 율법을 듣기 싫어하는 자식이라,

⑩ 그들이 선견자에게 이르기를, 보지 말라, 선지자에게 이르기를, 우리에게 올바른 일을 예언하지 말라, 우리에게 환락을 말하고 거짓된 것들을 예언하라,

⑪ 너희는 그 길에서 벗어나고 그 행로에서 돌이키라, 이스라엘의 거룩하신 분으로 하여금 우리 앞에서 그만두시게 하라, 하는도다,

⑫ 이러므로 이스라엘의 거룩하신 자가 말씀하시되, 너희가 이 말을 업신여기고 압박과 허망을 믿어 그것에 의뢰하니,

⑬ 이 죄악이 너희로 마치 무너지게 된 높은 담이 불쑥 나와 경각간에 홀연히 무너짐 같게 하리라, 하셨은즉

⑭ 그가 이 나라를 훼파하시되 토기장이가 그릇을 훼파함 같이 아낌이 없이 파쇄하시리니, 그 조각 중에서 아궁이에서 불을 취하거나 물웅덩이에서 물을 뜰것도 얻지 못하리라,

⑮ 주 여호와 이스라엘의 거룩하신 자가 말씀하시되, 너희가 돌이켜 안연히 처하여야 구원을 얻을 것이요, 잠잠하고 신뢰하여야 힘을 얻을 것이어늘 너희가 원치 아니하고,

⑯ 이르기를, 아니라, 우리가 말타고 도망하리라, 한고로 너희가 도망할 것이요, 또 이르기를, 우리가 빠른 짐승을 타리라 한고로 너희를 쫓는 자가 빠르리니,

⑰ 한 사람이 꾸짖은즉 천 사람이 도망하겠고, 다섯이 꾸짖은즉 너희가 다 도망하고, 너희 남은 자는 겨우 산꼭대기의 깃대 같겠고 영 위의 기호 같으리라 하셨느니라,

⑱ 그러므로 여호와께서는 너희에게 자비를 베풀어 주시려고 기다리실 것이요, 자비를 베푸시려고 마음 준비를 하고 계시리니, 대저 여호와는 공의의 하나님이심이라 무릇 그를 기다리는 자는 복이 있도다,

⑲ 시온에 거하며 예루살렘에 거하는 백성아 너는 다시 통곡하지 않을 것이라, 그가 너의 부르짖는 소리을 인하여 네게 은혜를 베푸시되 들으실 때에 네게 응답하시리라,

⑳ 주께서 너희에게 환난의 떡과 고생의 물을 주시나, 네 스승은 다시 숨기지 아니하시리니 네 눈이 네 스승을 볼 것이며,

㉑ 너희가 우편으로 치우치던지 좌편으로 치우치던지 네 뒤에서 말 소리가 네 귀에 들려 이르기를, 이것이 정로니 너희는 이리로 행하라 할 것이며,

㉒ 또 너희가 너희 조각한 우상에 입힌 은과 부어만든 우상에 올린 금을 더럽게 하여 불결한 물건을 던짐같이 던지며 이르기를, 나가라, 하리라

㉓ 네가 땅에 뿌린 종자에 주께서 비를 주사 땅 소산의 곡식으로 살찌고 풍성케 하실 것이며 그 날에 너의 가축이 광활한 목장에서 먹을 것이요,

㉔ 밭 사는 소와 어린 나귀도 키와 육지창으로 까부르고 맛있게 한 먹이를 먹을 것이며,

㉕ 크게 살륙하는 날 망대가 무너질 때에 각 고산 각 준령에 개울과 시냇물이 흐를 것이며,

㉖ 여호와께서 그 백성의 상처를 싸매시며 그들의 맞은 자리를 고치시는 날에는 달빛은 햇빛 같겠고 햇빛은 칠배가 되어 일곱날의 빛과 같으리라,

㉗ 보라 여호와의 이름이 원방에서부터 오되 그의 진노가 불붙듯하며 빽빽한 연기가 일어나듯 하며 그 입술에는 분노가 찼으며 그 혀는 맹렬한 불 같으며,

㉘ 그 호흡은 마치 창일하여 목에까지 미치는 하수 같은즉 그가 멸하는 키로 열방을 까부르며 미혹되게 하는 자갈을 여러 민족의 입에 먹이시리니,

㉙ 너희가 거룩한 절기를 지키는 밤에와 같이 노래할 것이며 저를 불며 여호와의 산으로 가서 이스라엘의 반석에게로 나아가는 자 같이 마음에 즐거워할 것이라,

㉚ 여호와께서 그 장엄한 목소리를 듣게 하시며 혁혁한 진노로 그 팔의 치심을 보이시되 맹렬한 화염과 폭풍과 폭우와 우박으로 하시리니,

㉛ 여호와의 목소리에 앗수르가 낙담할 것이며 주께서는 막대기로 치실 것인데,

㉜ 여호와께서 예정하신 몽둥이를 앗수르 위에 더하실 때마다 소고를 치며 수금을 탈 것이며 그는 전쟁 때에 팔을 들어 그들을 치시리라,

㉝ 대저 도벳은 이미 설립되었고 또 왕을 위하여 예비된 것이라 깊고 넓게 하였고, 거기 불과 많은 나무가 있은즉 여호와의 호흡이 유황 개천 같아서 이를 사르시리라.

● 31장

① 도움을 구하러 이집트로 내려가는 자들은 화 있을찐저, 그들은 말들을 믿고, 많은 병거들을 믿으며 그들이 마병들의 심히 강함을 믿었느니라, 그러나 그들은 이스라엘의 바라보지 아니하고 또한 여호와부터의 도움도 구하지 않느니라,

② 그러나 여호와께서는 너무 현명하셔서 재앙을 가져올 수 있고, 그의 말들을 거둬들이지 않을 것이며, 오직 악을 행하는 자들의 집을 치시고, 악을 행하는 자들을 돕는 자를 치시려고 일어날 것이라,

③ 이집트 사람들은 그냥 사람들이라 하나님이 아니니라, 그들의 말들도 고기 덩어리요, 영이 아니니라, 여호와께서 그의 손을 펴시면, 돕는 자는 넘어지고 도움을 받는 자도 엎드러져서 다 함께 멸망하리라,

④ 여호와께서 이같이 내게 이르시되, 큰 사자나 젊은 사자나 그 식물을 움키고 으르렁거릴 때에 그것을 치려고 여러 목자가 불려 왔다 할지라도 그것이 그들의 소리로 인하여 놀라지 아니할 것이요, 그들의 떠듦을 인하여굴복지 아니할 것이라 이와 같이 나 만군의 여호와가 강림하여 시온산과 그 영 위에서 싸울 것이며,

⑤ 새가 날개치며 그 새끼를 보호함 같이 나 만군의 여호와가 예루살렘을 보호할 것이라 그것을 호위하며 건지며 넘어와서 구원하리라 하셨나니,

⑥ 이스라엘 자손들아 너희는 심히 거역하던 자에게로 돌아오라,

⑦ 너희가 자기 손으로 만들어 범죄한 은우상 금우상을 그 날에는 각 사람이 던져버릴 것이며,

⑧ 앗수르는 칼에 엎더질 것이나 사람의 칼로 말미암음이 아니겠고 칼에 삼키울 것이나 여러 사람의 칼로 말미암음이 아닐 것이며 그는 칼 앞에서 도망할 것이요, 그 장정들은 복역하는 자가 될 것이라,

⑨ 그의 반석은 두려움을 인하여 물러가겠고 그의 방백들은 기호를 인하여 놀라리라, 이는 여호와의 말씀이라, 여호와의 불은 시온에 있고 여호와의 풀무는 예루살렘에 있느니라.

● 32장

① 보라, 한 왕이 의로 통치할 것이고 제후들은 공의로 치리할 것이니라,

② 그래서 위 각 사람은 광풍을 피하는 곳 폭우를 가리우는 곳 같을 것이고, 마른 땅에 냇물 같을 것이며, 메마른 땅에 큰 바위의 그늘과 같으니라,

③ 그때 보는 자들의 눈이 침침하지 아니할 것이고, 듣는 자들의 귀가 귀를 기울여 들으리라,

④ 조급한 자의 마음이 지식을 깨닫고 더듬거리는 자의 혀가 말을 분명히 할 것이라,

⑤ 바보를 더 이상 고상하다고 말하지 않을 것이고 불한당들이 높게 존경받지 않을 것이니라,

⑥ 이는 비열한 자는 악한 것을 말하며 그의 마음은 죄악을 행하고 위선을 행하면서 여호와에 대하여 잘못을 말하게 하고, 굶주린 자의 혼을 비우게 하며, 목마른 자의 마시는 것을 끊어지게 할 것이기 때문이니라,

⑦ 불량배들의 하는 방식은 사악하여 그는 악한 계획을 세워서 비록 곤궁한 자들의 간청이 정당할지라도 거짓말로 가난한 자들을 망하게 하느니라,

⑧ 그러나 고상한 사람은 고상한 계획들을 세우나니 그는 고상한 일들을 할 것이니라,

⑨ 너희 자기 만족의 부녀들아 일어나 내 목소리를 들을찌어다, 너희 안전하다고 느끼는 딸들아 내 말에 귀를 기울일찌어다,

⑩ 일년 남짓이 지나기 전에 안전하다고 느낀 너희들이 전전긍긍 하리니, 포도 수확이 실패할 것이고 과일의 수확기도 오지 않을 것임이니라,

⑪ 떨지어다, 너희 편안히 있는 여인들아, 너희 태평한 자들아, 불안해 할지어다, 옷을 벗어 알몸을 드러나고 굵은 베로 네 허리를 멜지어다,

⑫ 좋은 밭을 위하며 열매 많은 포도나무를 위하여 가슴을 치게 될 것이라,

⑬ 형극과 질녀가 내 백성의 땅에 나며 희락의 성읍 기뻐하는 모든 성읍에 나리니,

⑭ 대저 궁전이 폐한바 되며 인구 많던 성읍이 적막하며 산과 망대가 영영히 굴혈이 되며 들 나귀의 즐거하는 곳과 양떼의 풀 먹는 곳이 될 것임이어니라,

⑮ 필경은 위에서부터 성신을 우리에게 부어주시리니 광야가 아름다운 밭이 되며 아름다운 밭을 삼림으로 여기게 되리라,

⑯ 그 때에 공평이 광야에 거하며 의가 아름다운 밭에 있으리니,

⑰ 의로움의 열매는 화평이요, 의로움의 결과는 조용함과 영원한 믿음이니라,

⑱ 내 백성은 평화롭게 거할 수 있는 곳에서 살 것이며 안전한 가정을 이루고 방해받지 않은 휴식의 장소에서 살것이니라,

⑲ 그 삼림에 싸락눈이 내리면, 그 성읍은 완전히 평평하게 되느니라,

⑳ 복되도다, 모든 물가에 씨를 뿌리는 너희여, 그리고 소와 당나귀를 자유롭게 모는 너희여,

● 33장

① 화 있을찐저, 너 학대를 당치 아니하고도 학대하며, 속임을 입지 아니하고도 속이는 자여, 네가 학대하기를 마치면 네가 학대를 당할 것이며, 네가 속이기를 그치면 사람이 너를 속이리라,

② 여호와여 우리에게 은혜를 베푸소서, 우리가 주를 앙망하오니 주는 아침마다 우리의 팔이 되시며 환난 때에 우리의 구원이 되소서,

③ 진동시키시는 소리로 인하여 민족들이 도망하며 주께서 일어나심으로 인하여 열방이 흩어졌나이다,

④ 황충의 모임같이 사람이 너희 노략물을 모을 것이며, 메뚜기의 뛰어 오름 같이 그들이 그 위로 뛰어 오르리라,

⑤ 여호와께서는 지존하시니 이는 높은데 거하심이요, 공평과 의로 시온에 충만케 하심이라,

⑥ 너의 시대에 평안함이 있으며 구원과 지혜와 지식이 풍성할 것이니, 여호와를 경외함이 너의 보배나라,

⑦ 보라, 그들의 용사가 밖에서 부르짖으며 평화의 사신들이 슬피 곡하며,

⑧ 대로가 황폐하여 행인이 끊치며 대적이 조약을 파하고 성읍들을 멸시하며 사람을 생각지 아니하며,

⑨ 땅이 슬퍼하고 쇠잔하며, 레바논은 부끄러워 마르고 사론은 사막과 같고 바산과 갈멜은 그들의 나무 잎을 떨어치는도다,

⑩ 여호와께서 가라사대, 내가 이제 일어나며 내가 이제 나를 높이며 내가 지극히 높

이우리니,

⑪ 너희가 쭉정이를 잉태하고 그루터기를 낳을 것이고, 너희의 호흡은 불이 되어 너희를 삼킬 것이며,

⑫ 민족들은 불에 굽는 횟돌 같겠고, 베어서 불에 사르는 가시나무 같으리로다,

⑬ 너희 먼데 있는 자들아 나의 행한 것을 들으라, 너희 가까이 있는 자들아 나의 권능을 알라,

⑭ 시온의 죄인들이 두려워하며 경건치 아니한 자들이 떨며 이르기를, 우리 중에 누가 삼키는 불과 함께 거하겠으며 우리 중에 누가 영영히 타는 불과 함께 거하겠느냐?

⑮ 오직 의롭게 행하는 자, 정직히 말하는 자, 토색한 재물을 가증히 여기는 자, 손을 흔들어 뇌물을 받지 아니하는 자, 귀를 막아 피 흘리려는 꾀를 듣지 아니하는 자, 눈을 감아 악을 보지 아니하는 자,

⑯ 그는 높은 곳에 거하리니 견고한 바위가 그 보장이 되며 그 양식은 공급되고 그 물은 끊치지 아니하리라, 하셨느니라,

⑰ 너의 눈은 그 영광 중의 왕을 보며 광활한 땅을 목도하겠고,

⑱ 너의 마음에는 두려워하던 것을 생각하여 내리라, 계산하던 자 어디 있느냐 공세를 칭량하던 자가 어디 있느냐? 망대를 계수하던 자가 어디 있느냐?

⑲ 네가 강포한 백성을 다시 보지 아니하리라, 그 백성은 방언이 어려워서 네가 알아듣지 못하며 말이 이상하여 네가 깨닫지 못하는 자니라,

⑳ 우리의 절기 지키는 시온성을 보라, 네 눈에 안정한 처소된 예루살렘이 보이리니, 그것은 옮겨지지 아니할 장막이라 그 말뚝이 영영히 뽑히지 아니할 것이요, 그 줄이 하나도 끊치지 아니할 것이며,

㉑ 여호와께서는 거기서 위엄 중에 우리와 함께 계시리니, 그 곳은 마치 노질하는 배나 큰 배가 통행치 못할 넓은 하수나 강이 둘림 같을 것이라,

㉒ 대저 여호와는 우리의 재판장이시요, 여호와는 우리에게 율법을 세우신 자시요, 여호와는 우리의 왕이시니 우리를 구원하실 것임이니라,

㉓ 너의 돛대 줄이 풀렸었고, 돛대 밑을 튼튼히 하지 못하였고, 돛을 달지 못하였었느니라, 때가 되면 많은 재물을 탈취하여 나누리니, 저는 자도 그 재물을 취할 것이며,

㉔ 그 거민은 내가 병들었노라 하지 아니할 것이라, 거기 거하는 백성이 사죄함을 받

으리라.

● 34장

① 너희 이교도들이여, 가까이 와서 귀를 기울일찌어다, 너희 백성들이여 주목할지어다, 지구와 그곳에 있는 모든 것과 세상과 세상에서 나는 모든 것이여, 들을찌어다,

② 여호와께서는 모든 이교도들에 진노하시어 그분의 노가 그들의 군대를 덮칠것이라, 그분은 그들을 살륙에 내어주어 그들을 완전히 멸망시키리니라,

③ 그 살륙 당한 자는 내어던진바 되며, 그 사체의 악취가 솟아오르고 그 피에 산들이 녹을 것이며,

④ 하늘의 만상이 사라지고 하늘들이 두루마리 같이 말리되, 그 만상의 쇠잔함이 포도나무 잎이 마름 같으리라,

⑤ 여호와의 칼이 하늘에서 족하게 마셨은즉, 보라, 이것이 에돔 위에 내리며 멸망으로 정한 백성 위에 내려서 그를 심판할 것이라,

⑥ 여호와의 칼이 피 곧 어린 양과 염소의 피에 만족하고, 기름 곧 수양의 콩팥 기름에 윤택하니, 이는 여호와께서 보스라에서 희생을 내시며 에돔 땅에서 큰 살륙을 행하심이라,

⑦ 들소와 송아지와 수소가 한 가지로 도살장에 내려가니, 그들의 땅이 피에 취하며 흙이 기름으로 윤택하리라,

⑧ 이것은 여호와의 보수할 날이요, 시온의 송사를 위하여 신원하실 해라,

⑨ 에돔의 시내들은 변하여 역청이 되고, 그 티끌은 유황이 되고 그 땅은 불붙는 역청이 되며,

⑩ 낮에나 밤에나 꺼지지 않고, 그 연기가 끊임 없이 떠오를 것이며 세세에 황무하여 그리로 지날 자가 영영히 없겠고,

⑪ 당아와 고슴도치가 그 땅을 차지하며 부엉이와 까마귀가 거기 거할 것이라, 여호와께서 혼란의 줄과 공허의 추를 에돔에 베푸실 것인즉,

⑫ 그들이 국가를 이으려 하여 귀인들을 부르되 아무도 없겠고, 그 모든 군주들도 없게 될 것이요,

⑬ 그 궁궐에는 가시나무가 나며 그 견고한 성에는 엉겅퀴와 새품이 자라서 시랑의 굴과 타조의 처소가 될 것이니,

⑭ 들짐승이 이리와 만나며 수염소가 그 동류를 부르며 올빼미가 거기 거하여 쉬는 처소를 삼으며,

⑮ 부엉이가 거기 깃들이고 알을 낳아 까서, 그 그늘에 모으며 솔개들도 그 짝과 함께 거기 모이리라,

⑯ 너희는 여호와의 책을 자세히 읽어보라, 이것들이 하나도 빠진 것이 없고 하나도 그 짝이 없는 것이 없으리니, 이는 여호와의 입이 이를 명하셨고, 여호와의 영이 이것들을 모으셨음이라

⑰ 여호와께서 그들을 위하여 제비를 뽑으시고, 그분의 손으로 줄을 그으시어 그 땅을 그들에게 나눠주셨으니, 그들은 그것을 영원히 차지하여 대대로 거기에 거할 것이니라,

● 35장

① 사막과 메마른 땅이 기쁠 것이고, 황야는 봄의 들꽃같이 피어나서 즐거워하리니,

② 무성하게 피어 기쁜 노래로 즐거워하며, 레바논의 영광과 갈멜과 샤론의 아름다움을 얻을 것이라, 그것들이 여호와의 영광, 곧 우리 하나님의 아름다움을 보리로다,

③ 너희는 약한 손을 강하게 하여주고, 떨리는 무릎을 굳게 하여주며,

④ 겁내는 자에게 이르기를, 너는 굳세게 하라, 두려워 말라, 보라, 너희 하나님이 오사 보수하시며 보복하여 주실 것이라, 그분이 오사 너희를 구하시리라, 하라,

⑤ 그 때에 소경의 눈이 밝을 것이고, 귀머거리의 귀가 열릴 것이며,

⑥ 그 때에 저는 자는 사슴 같이 뛸 것이고 벙어리의 혀는 노래하리니, 이는 황야에서 물이 솟겠고 사막에서 시내가 흐를 것임이라,

⑦ 뜨거운 사랑이 변하여 못이 될 것이고, 메마른 땅이 변하여 원천이 될 것이며, 시랑의 눕던 곳에 풀과 갈대와 부들이 날 것이라,

⑧ 거기 대로가 있어 그 길을 거룩한 길이라 일컫는바 되리니, 깨끗지 못한 자는 지나지 못하겠고, 오직 구속함을 입은 자들을 위하여 있게 된 것이라, 우매한 행인은 그 길을 범치 못할 것이며,

⑨ 거기는 사자가 없고 사나운 짐승이 그리로 올라가지 아니하므로, 그것을 만나지 못하겠고 오직 구속함을 얻은 자만 그리로 행할 것이며,

⑩ 여호와의 속량하심을 받은 자들이 돌아오리니, 그들은 노래하며 시온에 들어가고 영원한 기쁨이 그들의 머리를 휘감을 것이라, 기쁨과 즐거움이 그들을 덮칠 것이

고 슬픔과 탄식은 멀리 날아갈 것이니라,

● 36장

① 히스기야왕 십 사년에 앗수르 왕 산헤립이 올라와서 유다의 모든 요새화 된 성을 공격하여 함락시켜느니라,

② 그때에 앗수르 왕은 많은 군대를 거느린 그의 야전 사령관 랍사게를 라기스로부터 예루살렘에 있는 히스기야 왕을 공격하도록 하였더라, 그런데 사령관이 직물 세탁 하는 장소로 가는 길위에 있는 윗쪽 연못 가에 정지하였을 때,

③ 힐기야의 아들 궁내 대신 엘리아김과 서기관 셉나와 아삽의 아들 사관 요아가 그 에게 나아가느니라,

④ 랍사게가 그들에게 이르되, 이를 히스기야에게 고하라, 대왕 앗수르 왕이 이같이 말씀하시느니라, 네가 뭘 믿는 것 같은데 믿는 무엇이냐?

⑤ 내가 말하노니, 너는 네가 족히 싸울 전략과 군대가 있다하나 이는 입술에 붙은 말 뿐이니라, 네가 이제 누구에게 의지하고 나에게 반역하려 하느냐?

⑥ 보라 네가 부러진 갈대 지팡이인 이집트를 의지하는도다, 만일 사람이 그것을 의 지하면 그것이 그의 손에 들어가서 찌르리니, 이집트 왕 파라오는 자기를 의지하 는 모든 자에게 그와 같으리라,

⑦ 그리고 네가 내게 말하기를, "우리는 우리의 하나님, 여호와를 믿어 의지하노라." 한다면, 히스기야가 유다와 예루살렘에게 "너희는 이 제단 앞에서 경배하라."고 말 하면서 헐어버린 그 높은 산당들과 제단의 그 신이 아니지 않느냐? 하니라,

(But if thou say to me, We trust in the LORD our GOD: is it not he, whose high places and whose altars Hezekiah hath taken away, and said to Judah and to Jesulam, Ye shall worship before this altar?-KJV)

(And if you say to me, "We are depending on the LORD our GOD"- isn't he the one whose high places and altars Hezekiah removed, saying to Judah and Jerusalem, "You must worship before this altar"?-NIV)

(Or do you say to me: It is in the LORD, our God, we trust? Is it not he whose high places and altars Hezekiah has removed, commanding Judah and Jerusalem, 'Worship before this altar'?-NAB)

(And if you try to tell me, "We're leaning on our GOD," isn't it a bit late?

Hasn't Hezekiah just gotten rid of all the places of worship, telling you, "You've got to worship at this altar"?-THE MESSAGE)

⑧ 자 이리오라, 너희는 나의 주인인 앗수르 왕과 거래를 하여라, 네가 말에 탈 수 있는 기병들을 동원할 수 있으면(할수 없지 않느냐?) 내가 말 이천 필을 주겠노라,

⑨ 그런즉 네가 어떻게 나의 왕의 장군들 중에서 극히 낮은 장군 하나도 물리칠 수 있겠느냐? 설사 이집트의 병거와 기병의 도움을 얻는다 하더라도,

⑩ 더욱이 내가 여호와가 없는 이 땅을 공격하여 멸하려고 올라오지 않겠느냐? 여호와께서 내게 이르시기를, 아 나라로 쳐들어와서 그 나라를 멸하라 하셨느니라,

⑪ 이에 엘리아김과 셉나와 요아가 야전사령관 랍사게에게 말하기를, 우리가 아람 말을 아오니 우리에게 아람 말로 말하소서, 성벽 위에 있는 사람들이 알아들을 수 있으니 히브리 말로 말하지 마소서, 하니라,

⑫ 그러나 랍사게가 대답하기를, 나의 왕께서 이 일들을 너와 너의 왕에게만 말하라고 나를 보내신 것이냐? 너희와 함께 그들의 대변을 먹고 그들의 소변을 마시는 성 위에 앉은 사람들에게도 말하라고 보내신 것이 아니냐?

⑬ 그때에 랍사게가 일어서서 히브리 말로 크게 외쳐 말하기를, 앗수르 왕이신 대왕의 말씀을 들을지니라!,

⑭ 이것이 왕의 말씀이니라, 즉 너희는 히스기야에게 속지 말라, 그가 능히 너희를 구해내지 못할 것이니라!

⑮ 그리고 히스기야가 말하기를, 여호와께서 우리를 확실히 구해주셔서 이 성이 앗수르 왕의 수중에 떨어지지 않을 것이라 말 하리니, 그때에도 너희는 여호와를 믿어 의지하도록 설복당하지 않도록 하라,

⑯ 히스기야의 말에 귀를 기울이지 마라, 앗수르 왕이 또 말씀하시기를, 너희는 내게 나에게 나와서 나와 화평을 이루자, 그대에 여러분 모든 사람은 자기 자신의 포도와 무화과 나무를 먹으며 자신의 우물로부터 물을 마실 것이니라,

⑰ 내가 와서 너희를 너희 자신의 땅과 같은 곡식과 포도주와 떡과 포도원이 있는 땅으로 옮길 것이니라,

⑱ 혹시 히스기야가 너희에게 이르기를, 여호와께서 우리를 구해주시리라, 할찌라도 속임을 받지 말지니라, 어떤 이교도의 신이 그 땅을 앗수르 왕의 손에서 구해준 자가 있느냐?(없느니라.)

⑲ 하맛과 아르밧의 신들이 어디 있느냐? 세파르바임의 신들이 어디있느냐? 그들이

사마리아를 내 손에서 구해냈느냐?

⑳ 이 나라들의 모든 신들의 누구가 나로부터 그의 나라를 구해냈느냐?(없느니라.) 그 런데 어떻게 여호와가 나의 손으로부터 예루살렘을 구해내겠느냐? 하셨느니라,

㉑ 그러나 사람들은 묵묵부답이었고 답변으로 한 마디도 대답치 아니였느니라, 이는 왕이 그에게 대답하지 말라, 하였기 때문이니라,

㉒ 그때에 힐기야의 아들 궁내대신 엘리아김과 서기관 셉나와 아삽의 아들 기록관(사 관) 요아가 그들의 옷을 찢으면서 히스기야에게 나아가서 앗수르 왕 야전사령관 랍사게가 한 모든 말들을 고하였느니라.

● 37장

① 히스기야왕이 듣고 그 옷을 찢고 굵은 베옷를 입고 여호와의 전으로 들어가서,

② 그가 궁내대신 엘리아김과 서기관 셉나와 주요 제사장들을 아모스의 아들 선지자 이사야에게 보냈는데 그들도 삼베 옷을 입었더라,

③ 이에 그들이 이사야에게 말하기를, 히스기야의 말씀에 오늘은 환난과 책벌과 능욕 의 날이라, 아이를 낳으려 하나 해산할 기력이 없음 같도다,

④ 당신의 하나님 여호와께서 랍사게의 말을 들으셨을 것이라, 그가 그 주인 앗수르 왕의 보냄을 받고 살아계신 하나님을 조롱하였은즉, 당신의 하나님 여호와께서 혹 시 그 말에 견책하실까 하노라, 그런즉, 바라건대 당신은 이 남아 있는 자를 위하 여 기도하라 하시더이다,

⑤ 이와 같이 히스기야왕의 신하들이 이사야에게 나아가매,

⑥ 이사야가 그들에게 이르되, 너희는 너희 주에게 이렇게 고하라, 여호와께서 말씀 하시되, 너희의 들은바 앗수르 왕의 종들이 나를 능욕한 말을 인하여 두려워 말라,

⑦ 보라, 내가 영을 그의 속에 두리니 그가 풍성을 듣고 그의 나라로 돌아갈 것이며, 또 내가 그를 그 나라에서 칼에 죽게 하리라, 하셨느니라

⑧ 랍사게가 앗수르 왕이 라기스를 떠났다 함을 듣고 돌아가다가 그 왕이 립나 치는 것을 만나니라,

⑨ 그 때에 앗수르 왕이 구스 왕 디르하가의 일에 대하여 들은즉 이르기를, 그가 나와 서 왕과 싸우려 한다 하는지라 이 말을 듣고 사자들을 히스기야에게 보내매, 가로 되

⑩ 너희는 유대왕 히스기야에게 이렇게 고하여 이르기를, 너는 너의 의지하는 하나님

이 예루살렘이 앗수르 왕의 손에 넘어가지 아니하리라, 하는 말에 속지 말라,

⑪ 앗수르 왕들이 모든 나라에 어떤 일을 행하였으며 그것을 어떻게 멸절시켰는지 네가 들었으리니 네가 건짐을 얻겠느냐?

⑫ 나의 열조가 멸하신 열방 고산과 하란과 레셉과 및 들라살에 거하는 에덴 자손을 그 나라 신들이 건졌더냐?

⑬ 하맛 왕과 아르밧 왕과 스발와임성의 왕과 헤나 왕과 이와 왕이 어디 있느냐 하라 하였더라,

⑭ 히스기야가 사자의 손에서 글을 받아 보고 여호와의 전에 올라가서 그 글을 여호와 앞에 펴놓고,

⑮ 여호와께 기도하여 가로되,

⑯ 그룹 사이에 계신 이스라엘 하나님 만군의 여호와여 주는 천하만국의 유일하신 하나님이시라 주께서 천지를 조성하셨나이다.

⑰ 여호와여 귀를 기울여 들으시옵소서, 여호와여 눈을 떠 보시옵소서, 산혜립이 살아계신 하나님을 모욕한 모든 말을 들으시옵소서,

⑱ 오 여호와여, 앗수르 왕들이 이 백성들과 그들의 땅을 황폐케 하였다는 것은 사실이니이다.

⑲ 그들이 그들의 신상들을 불에 던져서 태워버렸나이다, 이는 그것들이 신들이 아니고 사람의 손으로 만든 나무와 돌덩이니이다.

⑳ 자 이제 우리의 하나님이신 여호와여, 우리를 그의 손에서 구해내셔서 지구의 모든 왕국들이 당신께서 유일한 여호와 하나님이신 줄을 알게 하옵소서,

㉑ 그때에 아모스의 아들 이사야가 히스기야에게 메시지를 보내어 이르되, 이스라엘의 하나님 여호와께서 말씀하시되, 네가 앗수르 왕 산혜립의 일로 내게 기도하였도다, 하시고

㉒ 여호와께서 그에 대하여 이 같이 이르시되, 처녀 딸 시온이 너를 멸시하며 조소하였고 딸 예루살렘이 너를 향하여 머리를 흔들었느니라,

㉓ 네가 훼방하며 능욕한 것은 누구에게냐? 네가 소리를 높이며 눈을 높이 들어 향한 것은 누구에게냐? 곧 이스라엘의 거룩한 자에게니라,

㉔ 네가 네 종으로 주를 훼방하여 이르기를, 내가 나의 허다한 병거를 거느리고 산들의 꼭대기에 올라가며 레바논의 깊은 곳에 이르렀으니 높은 백향목과 아름다운 향나무를 베고 또 그 한계 되는 높은 곳에 들어가며 살진 땅의 수풀에 이를 것이며,

㉕ 내가 우물을 파서 물을 마셨으니, 나의 발바닥으로 애굽의 모든 하수를 밟아 말리리라 하였도다,

㉖ 네가 어찌 듣지 못하였겠느냐? 이 일들은 내가 태초부터 행한바요, 상고부터 정한 바로서 이제 내가 이루어 너로 견고한 성을 헐어 돌무더기가 되게 하였노라,

㉗ 그러므로 그 거민들이 힘이 약하여 놀라며, 수치를 당하여 들의 풀 같이 푸른 나물 같이 지붕의 풀 같이 자라지 못한 곡초 같았었느니라,

㉘ 네 거처와 네 출입과 나를 거스려 분노함을 내가 아노라,

㉙ 네가 나를 거스려 분노함과 네 오만함이 내 귀에 들렸으므로 내가 갈고리로 네 코를 꿰며 자갈을 네 입에 먹여 너를 오던 길로 돌아가게 하리라, 하셨나이다,

㉚ 왕이여 이것이 왕에게 징조가 되리니, 금년에는 스스로 난 것을 먹을 것이요, 제 이년에는 또 거기서 난 것을 먹을 것이요, 제 삼년에는 심고 거두며 포도나무를 심고 그 열매를 먹을 것이니이다,

㉛ 유다 족속 중에 피하여 남는 자는 다시 아래로 뿌리를 박고 위로 열매를 맺히리니,

㉜ 이는 남는 자가 예루살렘에서 나오며 피하는 자가 시온에서 나올 것임이라, 만군의 여호와의 열심이 이를 이루시리이다,

㉝ 그러므로 여호와께서 앗수르 왕에 대하여 가라사대, 그가 이 성에 이르지 못하며 한 살도 이리로 쏘지 못하며 방패를 가지고 성에 가까이 오지도 못하며 흉벽을 쌓고 치지도 못할 것이요,

㉞ 그가 오던 길 곧 그 길로 돌아가고, 이 성에 이르지 못하리라, 나 여호와의 말이니라,

㉟ 대저 내가 나를 위하며 내 종 다윗을 위하여 이 성을 보호하며 구원하리라, 하셨나이다,

㊱ 여호와의 천사가 나가서 앗수르 진 중에서 십 팔만 오천인을 쳤으므로 아침에 일찍 일어나 본즉 시체뿐이라,

㊲ 이에 앗수르 왕 산헤립이 떠나 돌아가서 니느웨에 거하더니,

㊳ 어느날 산헤립이 그의 신 니스록의 신전에서 경배하고 있는 중에 그의 아들들 아드람멜렉과 사레셀이 그글 칼로 살해하고 아라랏 땅으로 도망하였고, 그의 아들 에살핫돈이 산헤립을 이어 왕이 되었더라,

● 38장

① 그 즈음에 히스기야가 병들어 죽게되니, 아모스의 아들 선지자 이사야가 나아와 그에게 이르되, 여호와께서 이같이 말씀하시기를, 너는 네 집에 유언하라, 네가 죽고 살지 못하리라, 하셨나이다,

② 히스기야가 얼굴을 벽으로 향하고 여호와께 기도하여,

③ 가로되 여호와여 구하오니, 내가 주의 앞에서 진실과 전심으로 행하며 주의 목전에서 선하게 행한 것을 기억하옵소서, 하고 심히 통곡하니,

④ 이에 여호와의 말씀이 이사야에게 임하니라, 가라사대,

⑤ 너는 가서 히스기야에게 이르기를, 네 조상 다윗의 하나님 여호와께서 이같이 말씀하시기를, 내가 네 기도를 들었고 네 눈물을 보았노라, 내가 네 수한에 십 오년을 더하고,

⑥ 너와 이 성을 앗수르 왕의 손에서 건져내겠고, 내가 또 이 성을 보호하리라,

⑦ 나 여호와가 말한 것을 네게 이룰 증거로 이 징조를 네게 주리라,

⑧ 보라, 지는 해를 따라 내려갔던 아하즈의 해시계의 그림자를 내가 열 칸 뒤로 돌리겠다.' 그러자 아하즈의 해시계 위에 드리워졌던 해가 열 칸 뒤로 돌아갔더라,

(Behold, I will bring again the shadow of the degrees, whoch is gone down in the sun dial of Ahaz, ten degrees backward. So the sun returned ten degrees, by which degrees it was gone down.-KJV)

(I will make the shadow cast by the sun go back the ten steps it has gone down on the stair of Ahaz.' " So the sunlight went back the ten steps it had gone down.-NIV)

(See, I will make the shadow cast by the sun on the stairway to the terrace of Ahaz go back the ten steps it has advanced. So the sun came back the ten steps it had advanced.-NAB)

(Watch for this: As the sun goes down and the shadow lengthens on the sundial of Ahaz, I'm going to reverse the shadow ten notches on the dial.-THE MESSAGE)

⑨ 유다 왕 히스기야가 병들었다가 그 병이 나을 때에 기록한 글이 이러하니라,

⑩ 내가 말하기를, 내가 중년에 음부의 문에 들어가고 여년을 빼앗기게 되리라, 하였도다,

⑪ 내가 또 말하기를, 내가 다시는 여호와를 뵈옵지 못하리니, 금생(현세상)의 세계에서 다시는 여호와를 뵈옵지 못하겠고, 내가 세상 거민 중에서 한 사람도 다시는 보지 못하리라, 하였도다,

⑫ 나의 거처는 목자의 장막을 걷음 같이 나를 떠나 옮겼고, 내가 내 생명을 말기를 직공이 베를 걷어 말음 같이 하였도다, 주께서 나를 틀에서 끊으시리니, 나의 명이 조석간에 마치리이다,

⑬ 내가 아침까지 견디었사오나, 주께서 사자 같이 나의 모든 뼈를 꺾으시오니, 나의 명이 조석간에 마치리이다,

⑭ 나는 제비 같이 학 같이 지저귀고 비둘기 같이 슬피 울며, 나의 눈이 쇠하도록 앙망하나이다, 여호와여, 내가 압제를 받사오니 나의 중보가 되옵소서,

⑮ 주께서 내게 말씀하시고, 또 친히 이것을 이루셨사오니, 내가 무슨 말씀을 하오리이까? 나는 나의 전 인생을 겸손하게 걸어가겠나이다, 이는 나의 영혼의 고뇌 때문이니이다,

⑯ 주여 사람의 사는 것이 이에 있고 내 심령의 생명도 온전히 거기 있사오니, 원컨대, 나를 치료하시어 나를 살려주옵소서,

⑰ 보옵소서, 내게 큰 고통을 더하신 것은 내게 평안을 주려 하심이라, 주께서 나의 영혼을 사랑하사, 멸망의 구덩이에서 건지셨고, 나의 모든 죄는 주의 등 뒤에 던지셨나이다,

⑱ 음부가 주께 사례하지 못하고 사망이 주를 찬양하지 못하며 구덩이에 들어간 자가 주의 신실을 바라지 못하되,

⑲ 오직 산 자 곧 산 자는 오늘날 내가 하는 것과 같이 주께 감사하며 주의 신실을 아비가 그 자녀에게 알게 하리이다,

⑳ 여호와께서 나를 구원하시리니, 우리가 종신토록 여호와의 전에서 수금으로 나의 노래를 노래하리로다,

㉑ 이사야는 이르기를 한 뭉치 무화과를 취하여 종처에 붙이면 왕이 나으리라 하였었고

㉒ 히스기야도 말하기를, 내가 여호와의 전에 올라갈 징조가 무엇이뇨? 하였었더라.

● 39장

① 그 때에 발라딘의 아들 바벨론 왕 므로닥발라딘이 히스기야가 병 들었다가 나았다

함을 듣고 편지와 예물을 보낸지라,

② 히스기야가 바벨론 왕의 사신을 기뻐하며 맞아들였고, 그에게 궁중 보물 곧 은금과 향료와 보배로운 기름과 모든 무기고와 보물고에 있는 것을 다 보였으니, 궁중의 소유와 전 국내의 소유를 보이지 않은 것이 없는지라,

③ 이에 선지자 이사야가 히스기야왕에게 나아와 묻되, 그 사람들이 무슨 말을 하였으며 어디서 왕에게 왔나이까? 히스기야가 가로되 그들이 원방 곧 바벨론에서 내게 왔나이다, 하니

④ 이사야가 가로되, 그들이 왕의 궁중에서 무엇을 보았나이까? 히스기야가 대답하되 그들이 내 궁전에 있는 것을 다 보았나이다, 내 보물은 보이지 아니한 것이 하나도 없나이다,

⑤ 이사야가 히스기야에게 이르되, 왕은 만군의 여호와의 말씀을 들으소서,

⑥ 보라, 날이 이르리니 네 집에 있는 모든 소유와 네 열조가 오늘까지 쌓아둔 것이 모두 바벨론으로 옮긴바 되고 남을 것이 없으리라, 여호와의 말이니라,

⑦ 또 네게서 날 자손 중에서 몇이 사로잡혀 바벨론 왕궁의 환관이 되리라 하셨나이다,

⑧ 히스기야가 이사야에게 이르되, 당신의 이른바, 여호와의 말씀이 좋소이다, 또 가로되, 나의 생전에는 평안과 견고함이 있으리로다, 하니라,

● 40장

① 너희 하나님께서 말씀하시기를, 너희는 위로하라, 너희는 내 백성을 위로하라,

② 너희는 예루살렘에게 편안하게 말하며 그녀에게 부르짖어라, 그녀의 싸움이 끝났으며 그녀의 죄악도 용서받았나니, 이는 그녀가 그녀의 모든 죄들에 개하여 주님의 손에서 두 배로 받았기 때문이라, 할지니라,

③ 황야에서 외치는 자의 소리가 있어, 너희는 주님의 길을 예비하라, 사막에서 우리 하나님의 길을 평탄케 하라,

④ 모든 골짜기는 돋우어지며 모든 산과 작은 산은 낮아지게 되고, 구부러진 곳이 곧게 되며 험한 곳들이 평탄하게 될리라,

⑤ 여호와의 영광이 나타나게 될 것이며 모든 인간들이 그것을 함께 보리니, 이는 여호와의 입이 그것을 말씀하셨기 때문이라, 하는도다,

⑥ 그 음성이 말하기를, 외치라, 하기에 그가 말하기를, 내가 무엇을 외치리이까? 하

였더니, 모든 인간은 풀과 같으니, 모든 인간의 영광은 들판의 꽃들과 같으니라,

⑦ 풀은 마르고 꽃은 시드나니 이는 여호와의 숨이 그 위에 불기 때문이라, 확실히 사람들은 풀이니라,

⑧ 풀은 마르고 꽃은 시드나, 우리 하나님의 말씀은 영원토록 서리라, 하라,

⑨ 오 좋은 소식을 가져오는 시온이여, 너는 높은 산에 오르라, 오 좋은 소식을 가져오는 예루살렘이여, 힘써 네 목소리를 높이라, 두려워 하지 말고 소리를 높여 유다의 성읍들에게 말하기를, 너희 하나님을 보라, 하라,

⑩ 보라, 주 하나님께서 강한 손으로 오시리니 그분의 팔이 친히 다스리실 것이며, 보라, 그분의 보상이 그분과 함께 있고 그분의 하시는 일이 그분 앞에 있도다,

⑪ 그분은 목자같이 그분의 양 떼를 먹이실 것이요, 자기 팔로 어린양들을 모으시어 자기 품에 안으시며, 어린것들과 함께하는 어미들을 부드럽게 인도하시리라,

⑫ 누가 자기 오목한 손바닥으로 재었는가? 누가 자기 뼘으로 하늘을 재었으며 땅의 티끌을 되에 담아 보았으며 작은 저울로 작은 산들을 달아 보았느냐?

⑬ 누가 여호와의 영을 재어 보았으며, 그분의 상담하는 자가 되어 그분을 가르쳤느냐?

⑭ 그분께서 누구로 더불어 의논하셨고 누가 그분을 교훈하였고 그에게 공평의 도로 가르쳤으며 지식을 가르쳤고 깨달음의 길을 보여주었느냐?

⑮ 보라 민족들은 통 속에 있는 물방울 같고 저울속 적은 티끌과 같이 여겨지느니라, 그분은 섬들을 아주 작은 것 같이 들어올리시느니라,

⑯ 그리고 레바논은 불태우기에 충분치 않고 또한 그곳의 짐승들은 번제 제물로도 충분치 못하느니라,

⑰ 그 앞에는 모든 열방이 아무 것도 아니나니, 그는 그들을 없는 것 같이 빈 것 같이 여기시느니라,

⑱ 그런즉 너희가 하나님을 누구와 같다 하겠으며 어떤 모습과 비교하겠느냐?

⑲ 장인은 새긴 금상을 녹여 만들고 금 장인은 금으로 그 위에 입혔고 은사슬들을 주조하는도다,

⑳ 궁핍하여 이런 것을 드리지 못하는 자는 썩지 않은 나무를 택하고, 공교한 장인을 구하여 우상을 만들어서 흔들리지 않도록 세우느니라,

㉑ 너희가 알지 못하였느냐? 너희가 듣지 못하였느냐? 태초부터 너희에게 전하지 아니하였느냐? 땅의 기초가 창조될 때부터 너희가 깨닫지 못하였느냐?

㉒ 그는 땅 위 궁창에 앉으시나니 땅의 거민들은 메뚜기 같으니라, 그가 하늘을 차일 같이 펴셨으며 거할 천막같이 베푸셨고,

㉓ 귀인들을 폐하시며 세상의 지배자들을 헛되게 하시나니,

㉔ 그들은 겨우 심기웠고 겨우 뿌리웠고 그 줄기가 겨우 땅에 뿌리를 박자마자 그것 들 위에 바람이 불어 그것들은 시들고 회오리 바람이 그것들을 왕겨같이 날려버리 는도다,

㉕ 거룩하신 자가 말씀하시기를, 그런즉, 너희가 나를 누구에게 비기며 또한 내가 누 구와 동등하게 되겠느냐? 하시느니라,

㉖ 너희는 눈을 높이 들어 하늘들을 바라보라, 누가 이 모든 것을 창조하셨느냐? 보라 주께서는 수효대로 만상을 이끌어 내시고 각각 그 이름을 부르시나니, 그의 권세 가 크고 그의 능력이 강하므로 하나도 빠짐이 없느니라,

㉗ 야곱아 네가 어찌하여 말하며, 이스라엘아 네가 어찌하여 이르기를, 나의 길이 여 호와께 숨겨졌으며, 나의 한 것은 하나님으로부터 무시되느냐? 하나라,

㉘ 너는 알지 못하였느냐? 듣지 못 하였느냐? 영원하신 하나님 여호와 땅 끝까지 창조 하신 자는 피곤치 아니하시며 곤비치 아니하시며 깨달음이 한이 없으시니,

㉙ 피곤한 자에게는 능력을 주시며 무능한 자에게는 힘을 더하시나니,

㉚ 소년이라도 피곤하며 곤비하며 장정이라도 넘어지며 자빠지되,

㉛ 오직 여호와를 앙망하는 자는 새 힘을 얻으리니, 독수리의 날개치며 올라감 같을 것이요, 달음박질하여도 곤비치 아니하겠고 걸어가도 피곤치 아니하리로다.

● 41장

① 섬들아 내 앞에서 잠잠하라, 백성들아 힘을 새롭게 하라, 가까이 나아오라, 그리하 고 말하라, 심판의 장소에서 함께 만나자,

② 누가 동방에서 사람을 일으키며 의로 불러서 자기 발 앞에 이르게 하였느뇨? 열국 으로 그 앞에 굴복케 하며 그로 왕들을 치리하게 하되, 그들로 그의 칼에 티끌 같 게 그의 활에 불리는 초개 같게 하였도다,

③ 그가 그들을 쫓아가서 그 발로 가 보지 못한 그 길을 따라 안전하게 지나갔도다,

④ 누가 이 일을 행하여서 그것을 처음부터 대대로 수행하였느냐? 나 여호와라, 태초 에도 나요, 나중 있는 자도 나니, 내가 곧 그니라,

⑤ 섬들이 보고 두려워하며 땅 끝이 무서워 떨며 함께 모여 와서,

⑥ 각기 이웃을 도우며 그 형제에게 이르기를, 너는 담대하라, 하고,

⑦ 목공은 금장색을 장려하며, 마치로 고르게 하는 자는 메질군을 장려하며 가로되, 땜이 잘 된다 하며 못을 단단히 박아 우상으로 흔들리지 않게 하는도다,

⑧ 그러나 나의 종 너 이스라엘아, 나의 택한 야곱아, 나의 벗 아브라함의 자손아,

⑨ 내가 땅 끝에서부터 너를 붙들며, 땅 모퉁이에서부터 너를 부르고, 네게 이르기를, 너는 나의 종이라, 내가 너를 택하고 싫어버리지 아니하였다, 하였노라,

⑩ 두려워 말라, 내가 너와 함께 함이니라, 놀라지 말라, 나는 네 하나님이 됨이니라, 내가 너를 굳세게 하리라, 참으로 너를 도와 주리라, 참으로 나의 의로운 손으로 너를 붙들리라,

⑪ 보라, 네게 노하던 자들이 수치와 욕을 당할 것이요, 너와 다투는 자들이 아무 것도 아닌 것같이 될 것이며 멸망할 것이라,

⑫ 네가 찾아도 너와 싸우던 자들을 만나지 못할 것이요, 너를 치는 자들은 아무 것도 아닌 것같이 허무한 것같이 되리니,

⑬ 이는 나 여호와 너의 하나님 네 오른손을 붙들고 네게 이르기를, 두려워 말라, 내가 너를 도우리라, 할 것임이니라,

⑭ 지렁이 같은 너 야곱아, 너희 이스라엘 사람들아 두려워 말라, 나 여호와가 말하노니 내가 너를 도울 것이라 네 구속자는 이스라엘의 거룩한 자니라,

⑮ 보라, 내가 너로 이가 날카로운 새 타작 기계를 삼으리니, 네가 산들을 쳐서 부스러기를 만들 것이며 작은 산들로 겨 같게 할 것이라,

⑯ 네가 그들을 까부른즉 바람이 그것을 날리겠고, 회리바람이 그것을 흩어버릴 것이로되, 너는 여호와로 인하여 즐거워하겠고, 이스라엘의 거룩한 자로 인하여 자랑하리라,

⑰ 가련하고 빈핍한 자가 물을 구하되, 물이 없어서 갈증으로 그들의 혀가 마를 때 나 여호와가 그들에게 응답하겠고, 나 이스라엘의 하나님이 그들을 버리지 아니할 것이라,

⑱ 내가 황량하고 높은 곳에 강물이 흐르게 하며 골짜기들 가운데에 샘을 열 것이라, 내가 황야에 연못을 만들고 건조한 땅에 물이 흐르게 할 것이라,

⑲ 내가 황야에 백향목과 싯딤나무와 화석류와 들 감람나무를 심고, 사막에는 잣 나무와 소나무와 황양목을 함께 두리니,

⑳ 그래서 사람들은 보고 알것이며 생각하고 이해할 것이니라, 즉 여호와의 손이 이

것을 시행하셨고 이스라엘의 거룩하신 유일한 이가 이것을 창조하셨음을 알 것이니라,

㉑ 나 여호와가 말하노니, 너희는 이의를 제기하라, 야곱의 왕이 말하노니, 너희는 강력한 주장을 내어놓아라,

㉒ 장차 당할 일을 우리에게 진술하라, 또 이전 일의 어떠한 것도 고하라, 우리가 연구하여 그 결국을 알리라,

㉓ 미래에 일어날 일들을 우리에게 말하라, 그러면 우리는 너희들이 신이라고 알리라, 그래서 우리는 놀랄 것이고 두려움에 차 있을 것이니라,

㉔ 그러나 너희는 아무 것도 아니며 너희 일은 허망하며 너희를 택한 자는 가증하니라,

㉕ 내가 한 사람을 일으켜 북방에서 오게 하며, 내 이름을 부르는 자를 해 돋는 곳에서 오게 하였나니, 그가 이르러 방백들을 회삼물 같이 토기장이의 진흙을 밟음 같이 밟을 것이니라,

㉖ 누가 처음부터 이 일을 우리에게 고하여 알게 하였느뇨? 누가 이전부터 우리에게 고하여 이가 옳다고 말하게 하였느뇨? 능히 고하는 자도 없고 보이는 자도 없고 너희 말을 듣는 자도 없도다,

㉗ 내가 비로소 시온에 이르기를, 너희는 보라, 그들을 보라 하였노라, 내가 기쁜 소식 전할자를 예루살렘에 주리라,

㉘ 내가 찾아 본즉, 한 사람도 없느니라, 그들에게 조언하는 자가 한 사람도 없고, 내가 그들에게 물었을 때 대답하는 자가 한 사람도 없느니라,

㉙ 보라, 그들은 모두 거짓이도다! 그들의 행위는 허무하며, 그들이 만든 우상은 바람이요, 허탄한 것 뿐이니라.

● 42장

① 내가 떠받치며 내가 그안에서 기뻐하고 내가 선택한 나의 종이 여기 있도다, 내가 그에게 나의 영을 넣어 줄것이고 그는 이교도들에게 공의를 베풀 것이니라,

② 그는 외치지 아니하며 목소리를 높이지 아니하고 그 소리로 거리에 들리게 아니하며,

③ 상한 갈대를 꺾지 아니하며 꺼져가는 등불을 끄지 아니하고 진리로 공의를 베풀 것이며,

④ 그는 쇠하지 아니하며 낙담하지 아니하고 세상에 공의를 세우기에 이르리니 섬들이 그 교훈을 앙망하리라,

⑤ 하늘을 창조하여 펴시고 땅과 그 소산을 베푸시며 땅 위의 백성에게 호흡을 주시며 땅에 행하는 자에게 신을 주시는 하나님 여호와께서 이같이 말씀하시되,

⑥ 나 여호와가 의로 너를 불렀은즉 내가 네 손을 잡아 너를 보호하며 너를 세워 백성의 언약과 이방의 빛이 되게 하리니,

⑦ 네가 소경의 눈을 밝히며 갇힌 자를 옥에서 이끌어 내며 어두움에 앉아있는 자들을 지하감옥에서 나오게 하리라,

⑧ 나는 여호와니 이는 내 이름이라, 나는 내 영광을 다른 자에게 내 찬송을 우상에게 주지 아니하리라,

⑨ 보라 전에 예언한 일이 이미 이루었느니라, 이제 내가 새 일을 고하노라, 그 일이 시작되기 전이라도 너희에게 이르노라,

⑩ 항해하는 자와 바다 가운데 만물과 섬들과 그 거민들아 여호아께 새 노래로 노래하며 땅 끝에서부터 찬송하라,

⑪ 황야와 거기 있는 성읍들과 게달 사람의 거하는 촌락들은 소리를 높이라, 셀라의 거민들은 노래하며 산 꼭대기에서 즐거이 부르라,

⑫ 여호와께 영광을 돌리며 섬들 중에서 그의 찬양을 선포할찌니라,

⑬ 여호와께서 용사 같이 나가시며 전사 같이 분발하여 외쳐 크게 부르시며 그 대적을 크게 치시리로다,

⑭ 내가 오래 동안 고요히 하며 잠잠하여 참았으나 이제는 내가 해산하는 여인 같이 부르짖으리니 숨이 차서 심히 헐떡일 것이라,

⑮ 내기 큰 신과 작은 산을 황무케 하고 그 초목을 마르게 하며 강들로 섬이 되게 하며 못들을 마르게 할 것이며,

⑯ 내가 소경을 그들의 알지 못하는 길로 이끌고 그들의 알지 못하는 첩경으로 인도하여 흑암으로 그 앞에 광명이 되게 하며 굽은데를 곧게 할 것이라, 내가 이 일을 행하여 그들을 버리지 아니하리니,

⑰ 조각한 우상을 의뢰하며 부어 만든 우상을 향하여 너희는 우리의 신이라 하는 자는 물리침을 받아 크게 수치를 당하리라,

⑱ 너희 귀머거리들아 들으라, 너희 소경들아 밝히 보라,

⑲ 소경이 누구냐? 내 종이 아니냐? 누가 나의 보내는 사자 같이 귀머거리겠느냐? 누

가 나와 친한 자 같이 소경이겠느냐? 누가 여호와의 종 같이 소경이겠느냐?

⑳ 네가 많은 것을 볼찌라도 유의치 아니하며 귀는 밝을찌라도 듣지 아니하는도다,

㉑ 여호와께서 자기의 의로우심을 인하여 기쁨으로 그 교훈을 크게 하며 존귀케 하려 하셨으나,

㉒ 그러나 이 백성들은 도둑맞고 약탈당하니, 그들 모두가 굴속에 잡히며 옥들에 갇히도다, 그들이 노획물이 되어도 구해줄 자가 없고 약탈물이 되어도 돌려주라 할 자가 없느니라,

㉓ 너희 중에 누가 이 일에 귀를 기울이며 앞으로 다가오는 일들에 관심을 가지겠느냐?

㉔ 야곱을 약탈물로 주시고 이스라엘을 도적들에게 붙이신 자가 누구냐? 우리가 거역하여 죄를 지은 그분은 여호와가 아니셨더냐? 이는 그들이 여호와의 길로 행하지 아니하였고 그분의 법을 지키지 아니하였기 때문이니라,

㉕ 그래서 여호와께서 맹렬한 진노, 즉 전쟁의 폭력으로 그들 위에 쏟으셨도다, 그것은 그들을 화염에 휩싸이게 하였으나 그들은 깨닫지 못하고, 그것들은 그들을 태워버렸으나 그들은 그것을 마음에 두지 아니하였도다.

● **43장**

① 그러나 이제 보라, 야곱아, 너를 창조하시고, 이스라엘아, 너희를 조성시킨 여호와께서 말씀하신 것이 이것이니라, 두려워 말라, 내가 너를 도로 찾았느니라, 내가 너를 이름을 불러 소환하였나니 너는 나의 것이기 때문이니라,

② 네가 물 가운데로 지날 때에 내가 함께 할 것이라 강을 건널 때에 물이 너를 침몰치 못할 것이며 네가 불 가운데로 행할 때에 타지도 아니할 것이요, 불꽃이 너를 사르지도 못하리니,

③ 이는 내가 너의 하나님 여호와이시고 너희의 구원자이신 거룩한 자이기 때문이니라, 내가 너의 몸값으로 이집트를 주고 너를 위하여 구스와 세바를 주노라,

④ 내가 너를 보배롭고 존귀하게 여기고 너를 사랑하였은즉, 내가 사람들을 주어 너를 바꾸며 백성들로 네 생명을 대신하리니,

⑤ 두려워 말라, 내가 너와 함께 하여 네 자손을 동방에서부터 오게 하고 서방에서부터 너를 모을 것이며,

⑥ 내가 북방에게 이르기를, 놓으라, 남방에게 이르기를, 구류하지 말라, 내 아들들을

원방에서 이끌며 내 딸들을 땅 끝에서 오게 하리니,

⑦ 무릇 내 이름으로 일컫는 자, 곧 내가 내 영광을 위하여 창조한 자를 오게 하라, 그들을 내가 지었고 만들었느니라,

⑧ 눈이 있어도 소경이요, 귀가 있어도 귀머거리인 백성을 이끌어 내라,

⑨ 열방은 모였으며 민족들이 회집하였은들, 그들 중에 누가 능히 이 일을 고하며 이전 일을 우리에게 보이겠느냐? 그들로 증인을 세워서 자기의 옳음을 나타내어 듣는 자들로 옳다 말하게 하라,

⑩ 나 여호와가 말하노니, 너희는 나의 증인이고 내가 선택한 나의 종이니, 너희는 나의 말한 바를 알고 믿으며 내가 그분인 줄을 알 것이니라, 내가 존재하기 전에 어떤 신도 형성되지 않았고 내 후에도 없을 것이니라,

⑪ 나, 곧, 나는 여호와니라, 나 외에는 구원자가 없느니라,

⑫ 너희 가운데 어떤 이방 신이 없었을 때 내가 말하였고, 내가 구원하였으며, 내가 보여 주었도다, 그러므로 너희는 나의 증인들이고, 나는 너희의 하나님이니라, 라고 여호와께서 선언하시느니라,

⑬ 과연 태초로부터 나는 그 니 내 손에서 건질 자가 없도다, 내가 행하리니 누가 막으리요?

⑭ 너희의 구속자요., 이스라엘의 거룩한 자, 여호와가 말하노라, 너희를 위하여 내가 바벨론에 보내어 모든 바릴로니아 사람으로 자기들의 연락하던 배를 타고 도망하려 내려가게 하리라,

⑮ 나는 여호와 너희의 거룩한 자요, 이스라엘의 창조자요, 너희 왕이니라,

⑯ 바다 가운데 길을 큰 물 가운데 첩경을 내고,

⑰ 병거와 말과 군내의 용사를 이끌어 내어서 그들로 일시에 엎드러져 일어나지 못하고 소멸하기를 꺼져가는 등불 같게 한 나 여호와가 말하노라,

⑱ 너희는 이전 일을 기억하지 말며 옛적 일을 생각하지 말라,

⑲ 보라, 내가 새 일을 행하리니, 이제 나타날 것이라, 너희가 그것을 알지 못하느냐? 정녕히 내가 황야에 길을 사막에 강을 내리니,

⑳ 야생 동물들도 나를 존경하리니, 여우와 올빼미들도 나를 존경하리라, 이는 내가 사막에 물을 나오게 하고 황야에 시냇물을 낼 것이기 때문이니라,

㉑ 이 백성은 내가 나를 위하여 지었나니 나의 찬송을 부르게 하려 함이니라,

㉒ 그러나 야곱아, 너는 나를 부르지 아니하였고, 이스라엘아 너는 나를 괴로와하였

으며,

㉓ 네 번제의 양을 내게로 가져 오지 아니하였고, 네 제물로 나를 공경하지 아니하였느니라, 나는 예물로 인하여 너를 수고롭게 아니하였고, 유향으로 인하여 너를 괴롭게 아니하였거늘,

㉔ 너는 나를 위하여 돈으로 향품을 사지 아니하며, 희생의 기름으로 나를 흡족케 아니하고, 네 죄 짐으로 나를 수고롭게 하며 네 죄악으로 인하여 나를 괴롭게 하였느니라,

㉕ 나 곧 나는 나를 위하여 네 허물을 도말하는 자니 네 죄를 기억지 아니하리라,

㉖ 너는 나로 기억이 나게 하고, 서로 변론하자 너는 네 일을 말하여 의를 나타내라,

㉗ 네 첫번째 조상이 죄를 범하였고 너의 대변자들이 나에게 반역하였나니,

㉘ 그래서 내가 너희의 성소의 성직자들을 욕되게 할 것이고, 야곱을 망하게 하며, 이스라엘로 비방거리가 되게 하리라.

● 44장

① 나의 종 야곱아, 나의 택한 이스라엘아, 이제 들으라,

② 이것은 너를 지었고 너를 모태에서 형성시켰으며 너를 장차 도와줄 여호와의 말씀이니라, 내가 선택한 나의 종 야곱아, 에루살렘아, 두려워 말라,

③ 대저 내가 갈한 자에게 물을 주고 마른 땅에 시내가 흐르게 하며 나의 영을 네 자손에게 나의 복을 네 후손에게 내리리니,

④ 그들이 풀 가운데서 솟아나기를 시냇가의 버들 같이 할 것이라,

⑤ 어떤 사람은 말하기를, 나는 여호와께 속하였다 할 것이고 혹은 야곱의 이름으로 자칭할 것이며 혹은 자기가 여호와께 속하였음을 손으로 기록하고 이스라엘의 이름으로 칭호하리라,

⑥ 이스라엘의 왕인 여호와 이스라엘의 구속자인 만군의 여호와가 말하노라, 나는 처음이요, 나는 마지막이라, 나외에 다른 하나님이 없느니라

⑦ 내가 옛날 백성을 세운 이후로 나처럼 외치며 고하며 진술할 자가 누구뇨? 있거든 될 일과 장차 올 일을 고할찌어다,

⑧ 너희는 두려워 말며 겁내지 말라, 내가 예로부터 너희에게 들리지 아니하였느냐? 고하지 아니하였느냐? 너희는 나의 증인이라 나 외에 하나님이 있겠느냐? 과연 반석이 없나니 다른 하나님이 있음을 알지 못하노라,

⑨ 우상을 만드는 자는 다 허망하도다, 그들의 기뻐하는 우상은 무익한 것이어늘 그 것의 증인들은 보지도 못하며 알지도 못하니 그러므로 수치를 당하리라,

⑩ 신상을 만들며 무익한 우상을 부어 만든 자가 누구뇨?

⑪ 보라, 그 동류가 다 수치를 당할 것이라, 그 장색들은 사람이라 그들이 다 모여 서서 두려워하며 함께 수치를 당할 것이니라,

⑫ 철공은 철을 숯불에 불리고 메로 치고 강한 팔로 팔리므로 심지어 주려서 기력이 진하며 물을 마시지 아니하며 곤비하며,

⑬ 목공은 줄을 늘여 재고 붓으로 긋고 대패로 밀고 정규로 그어 사람의 아름다움을 따라 인형을 새겨 집에 두게 하며,

⑭ 그는 혹 백향목을 베이며 혹 디르사 나무와 상수리나무를 취하며 혹 삼림 중에 자기를 위하여 한 나무를 택하며 혹 나무를 심고 비에 자라게도 하나니,

⑮ 무릇 이 나무는 사람이 화목을 삼는 것이어늘 그가 그것을 가지고 자기 몸을 더웁게도 하고 그것으로 불을 피워서 떡을 굽기도 하고 그것으로 신상을 만들어 숭배하며 우상을 만들고 그 앞에 부복하기도 하는구나,

⑯ 그 중에 얼마는 불사르고 얼마는 고기를 삶아 먹기도 하여 고기를 구워 배불리기도 하며 또 몸을 더웁게 하여 이르기를 아하 따뜻하다 내가 불을 보았구나 하면서,

⑰ 그 나머지로 신상 곧 자기의 우상을 만들고 그 앞에 부복하여 경배하며 그것에게 기도하여 이르기를 너는 나의 신이여 나를 구원하라 하는도다,

⑱ 그들이 알지도 못하고 깨닫지도 못함은 그 눈이 가리워서 보지 못하며 그 마음이 어두워져서 깨닫지 못함이라,

⑲ 마음에 생각도 없고 지식도 없고 총명도 없으므로 내가 그 나무의 얼마로 불을 사르고 그 숯불 위에 떡도 굽고 고기도 구워 먹었거늘 내가 어찌 그 나머지로 가증한 물건을 만들겠으며 내가 어찌 그 나무토막 앞에 굴복하리요, 말하지 아니하니

⑳ 그는 재를 먹고 미혹한 마음에 미혹되어서 스스로 그 영혼을 구원하지 못하며 나의 오른손에 거짓 것이 있지 아니하냐 하지도 못하느니라,

㉑ 야곱아, 이스라엘아, 이 일을 기억하라, 너는 내 종이리니 내가 너를 지었으니, 너는 내 종이니라, 이스라엘아, 너는 나의 잊음이 되지 아니하리라,

㉒ 내가 네 허물을 빽빽한 구름의 사라짐 같이 네 죄를 안개의 사라짐 같이 도말하였으니, 너는 내게로 돌아오라, 내가 너를 구속하였음이니라,

㉓ 여호와께서 이 일을 행하셨으니 하늘아 노래할찌어다, 땅의 깊은 곳들아 높이 부

를찌어다, 산들아 산림과 그 가운데 모든 나무들이 소리내어 노래할찌어다, 여호와께서 야곱을 구속하셨으니 이스라엘로 자기를 영화롭게 하실 것임이로다,

㉔ 네 구속자요 모태에서 너를 조성한 나 여호와가 말하노라, 나는 만물을 지은 여호와라, 나와 함께한 자 없이 홀로 하늘을 폈으며 땅을 베풀었고,

㉕ 거짓말 하는 자의 징조를 폐하고 점 치는 자를 미치게 하며 지혜로운 자들을 물리쳐 그 지식을 어리석게 하며,

㉖ 내 종의 말을 응하게 하고 내 사자의 모략을 성취하게 하며 예루살렘에 대하여 이르기를, 거기 사람이 살리라 하며 유다 성읍들에 대하여는 이르기를 중건될 것이라 내거 그 황폐한 곳들을 복구시키리라 하며,

㉗ 깊음에 대하여는 이르기를, 마르라 내가 네 강물들을 마르게 하리라 하며,

㉘ 고레스에 대하여는 이르기를, 그는 나의 목자라 나의 모든 기쁨을 성취하리라, 하고 예루살렘에 대하여는 이르기를, 다시 건축될 것이라, 하시며 성전에 대하여는 이르기를, 네 기초석들이 세움을 입으리라, 하시니라.

● 45장

① 이것은 여호와께서 기름 부은 고레스에게 하신 말씀이니라, 내가 그의 손을 들어 그 앞에 있는 이교도들을 정복하고 그들의 군대의 왕들을 제거하며 그 앞에 있는 성문을 열게 하고 그 문들이 닫히지 않게 하리라, 하니라,

② 내가 네 앞에 가서 험한 곳을 평탄케하며 놋문을 쳐서 부수며 쇠 빗장을 꺾고,

③ 네게 흑암 중의 보화와 은밀한 곳에 숨은 재물을 주어서 너로하여금 너를 지명하여 부른 자가 나 여호와 이스라엘의 하나님인줄 알게 하리라,

④ 내가 나의 종 나의 택한 이스라엘을 위하여 너를 지명하여 불렀나니, 너는 나를 알지 못하였을찌라도 나는 네게 칭호를 주었노라,

⑤ 나는 여호와라, 나 외에 다른이가 없나니, 나 밖에 하나님이 없느니라, 너는 나를 알지 못할찌라도 나는 네 띠를 동일 것이요,

⑥ 해 뜨는 곳에서든지 지는 곳에서든지 나 밖에 다른이가 없는 줄을 사람들로 알게 하리라, 나는 여호와라, 나 외에 다른 여호와가 없느니라,

⑦ 나는 빛도 짓고 어두움도 창조하며 나는 평안도 짓고 환난도 창조하나니, 나는 여호와라, 모든 일을 행하는 자니라, 하니라,

⑧ 너 위에 있는 하늘들이여, 의로움의 비를 내리게 하옵소서, 구름들이여 소나기를

내려 주옵소서, 지구여 넓게 열려서 구원이 움돋게 하여 의로움이 그와 함께 자라게 하옵소서, 나, 여호와가 그것을 창조하였느니라,

⑨ 질 그릇 조각 중 한 조각 같은 같은 자가 자기를 지으신 자로 더불어 다툴찐대, 화 있을찐저 진흙이 토기장이를 대하여 너는 무엇을 만드느뇨? 할 수 있겠으며 너의 만든 것이 너를 가리켜 그는 손이 없다 할 수 있겠느뇨?

⑩ 그 아비에게 묻기를 당신이 무엇을 생기게 하였느냐? 또 그 어미에게 당신은 무엇을 낳았느냐? 고 말하는 자에게 화가 있으리로다,

⑪ 이것은 이스라엘의 거룩하신 자, 곧 이스라엘을 지으신 자, 곧 여호와께서 장래 일에 대하여 하신 말씀이니라, 너는 나의 자녀들에 대하여 나에게 묻고 내 손으로 할 일에 대하여 내게 부탁하라,

⑫ 바로 내가 지구를 만들었고 그 위에 인류를 창조하였느니라, 내 자신의 손으로 하늘들을 폈느니라, 나는 하늘들에 있는 빛나는 별들을 정렬하였느니라,

⑬ 내가 의로 그를 일으킨지라 그의 모든 길을 곧게 하리니, 그가 나의 성읍을 건축할 것이며 나의 사로잡힌 자들을 값이나 갚음 없이 놓으리라, 만군의 여호와의 말이니라, 하셨느니라,

⑭ 여호와께서 말씀하시되, 이집트의 수고한 것과 구스의 무역한 것과 스바의 장대한 족속들이 다 네게로 돌아와서 네게 속할 것이요, 그들이 너를 따를 것이,라 사슬에 매여 건너와서 네게 굴복하고 간구하기를, 하나님이 과연 네게 계시고 그 외에는 다른 하나님이 없다 하리라, 하시니라,

⑮ 구원자 이스라엘의 하나님이여, 진실로 주는 스스로 숨어 계시는 하나님이시니이다,

⑯ 우상을 만드는 자는 부끄러움을 당하며 욕을 받아 다 함께 수욕 중에 들어갈 것이로되,

⑰ 이스라엘은 여호와께 구원을 입어 영원한 구원을 얻으리니, 영원까지 세상에서 부끄러움을 당하며 욕을 받지 아니하리로다,

⑱ 여호와는 하늘들을 창조하신 하나님이시며, 지구도 조성하시고 견고케 하시되 헛되이 창조치 아니하시고 사람으로 거하게 지으신 자시니라, 그 말씀에 나는 여호와라 나 외에 다른이가 없느니라,

⑲ 나는 흑암의 어두움의 땅으로부터 비밀히 말하지 아니하였노라, 나는 야곱의 자손들에게 나를 찾으면 헛되지 아니한다고 말하였느니라, 나, 여호와는 진리를 말하

고 옳은 것을 선언하노라, 하시니라,

⑳ 너희는 함께 모여서 오라, 집합하라, 너희 이교도들 중에서 피난한 자들아, 나무로 만든 우상을 가지고 다니며 구원할 수없는 신들에게 기도하는 자들은 아무것도 모르는 자들이니라,

㉑ 너희는 고하며 진술하고 또 피차 상의하여 보라, 이 일을 이전부터 보인 자가 누구냐? 예로부터 고한 자가 누구냐? 나 여호와가 아니냐? 나 외에 다른 하나님이 없나니, 나는 공의를 행하며 구원을 베푸는 하나님이라, 나 외에 다른이가 없느니라,

㉒ 지구의 모든 곳에 있는 너희들아 나에게로 돌아와서 구원을 받으라, 나는 하나님이기 때문이니라, 나 외에는 다른 하나님이 없느니라,

㉓ 나는 나 자신을 걸고 맹세하노니, 나의 입은 취소될 수 없는 순결한 말을 하였노라, 그래서 내 앞에서 모든 사람이 무릎을 꿇을 것이고 나에 의하여 모든 혀가 맹세하리라,

㉔ 그들은 내게 말하기를, "의로움과 힘은 오직 여호와께만 있느니라." 하니라, 여호와에게 대하여 욕하는 사람들은 부끄러움을 당할 것이니라,

㉕ 그러나 여호와 안에 있는 이스라엘 자손들은 다 의롭게 되어 크게 기뻐하리라.

● 46장

① 벨은 머리를 숙이고 느보는 몸을 구부리는도다, 그들의 우상들은 짐승과 가축에게 실리웠으니 짐승들의 짐이 되었도다, 너희가 떠메고 다니던 것들은 짐승들에게 무거운 짐이 되었도다,

② 그들은 구부려졌고 그들은 일제히 엎드려졌으므로 그 짐을 구하여 내지 못하고 자기도 잡혀 갔느니라,

③ 야곱 집이여, 이스라엘 집의 남은 모든 자여, 내 말을 들을찌어다, 배에서 남으로부터 내게 안겼고 태에서 남으로부터 내게 품기운 너희여,

④ 너희가 노년에 이르기까지 내가 그리하겠고 백발이 되기까지 내가 너희를 품을 것이라, 내가 지었은즉 안을 것이요, 품을 것이요, 구하여 내리라,

⑤ 너희가 나를 누구에 비기며 누구와 짝하며 누구와 비교하여 서로 같다 하겠느냐?

⑥ 사람들이 주머니에서 금을 쏟아 내며, 은을 저울에 달아 장색에게 주고, 그것으로 신을 만들게 하고 그것에게 엎드려 경배하고,

⑦ 그것을 들어 어깨에 메어다가 그의 처소에 두면, 그것이 서 있고 거기서 능히 움

직이지 못하며 그에게 부르짖어도 능히 응답지 못하며, 고난에서 구하여 내지도 못하느니라,

⑧ 너희 반역한 자들아, 이 일을 기억하고 마음에 새기며, 그것을 마음에 다시 가져오라,

⑨ 너희는 옛적 일을 기억하라, 나는 하나님이라, 나 외에 다른 하나님이 없느니라, 나는 하나님이라 나 같은 이가 없느니라,

⑩ 나는 옛적부터 시작과 종말을 알았나니 종말이 다가오는 것을 나는 아느니라, 내가 말하노니, 나의 계획은 확고하며 나는 내가 좋아하는 일들을 할 것이니라,

⑪ 나는 동쪽, 멀리 떨어진 땅으로부터 맹수를 부르리니, 그가 나의 계획을 이루리라, 내가 말한 것들은 이루어 질것이고, 내가 계획한 것은 내가 행할 것이니라,

⑫ 마음이 완악하여져서 의로움으로부터 멀어진 너희여, 내 말에 귀를 기울여라,

⑬ 내가 나의 의로움을 가까이 가져오리니 그것이 멀리 있지 아니하고 나의 구원이 지체되지 아니할 것이니, 내가 나의 영광 이스라엘을 위하여 시온에 구원을 베풀 것이니라.

● 47장

① 처녀 딸 바벨론아, 내려와서 먼지 속에 앉으라, 딸 바벨론이여, 보좌가 없어졌으니 땅 위에 앉으라, 너는 더 이상 곱고 아리땁다 칭함을 받지 못할 것임이니라,

② 맷돌들을 가져다가 밀의 가루를 만들라, 머리카락을 덮지 말고 다리를 걷고 허벅지를 드러내어 강을 건너라,

③ 네 살이 드러나고 네 부끄러운 것이 보일 것이라, 내가 복수하리니 내가 너를 사람으로 대하지 아니하리라,

④ 우리의 구속자로 말하면 그분은 만군의 여호와시요, 이스라엘의 거룩한 분이시니라,

⑤ 딸 바벨로니아여, 잠잠히 앉아서 흑암으로 들어가라, 네가 다시는 왕국의 여왕이라 칭함을 받지 못하리라,

⑥ 나는 내 백성에게 진노하여 내 재산을 더럽혔느니라, 내가 그들을 네 손에 넘겼는데 너는 그들을 동정하지 않고 노인들에게도 네 멍에를 심히 무겁게 지웠도다,

⑦ "나는 언제까지나 영원한 여왕이리라." 너는 이렇게 말하면서 이런 일들을 네 마음에 두지도 않고 장래 일을 생각하지도 않았도다,

⑧ 그러나 이제 이것을 들어 보아라, 음탕한 여인아 태평스레 앉아 있는 여인아, 너는 마음속으로 '나 뿐이다, 나밖에는 없다, 나는 과부로 나앉지도 않고 자녀들을 잃는 일도 겪지 않으리라.' 생각하였도다,

⑨ 그러나 이 두 가지가 한날에 갑자기 너에게 들이닥치리라, 너의 그 많은 마술에도, 너의 그 강력한 주술에도 자녀들을 잃고 과부 신세가 되는 일이 여지없이 너에게 들이닥치리라,

⑩ 너는 네 사악함으로 자신만만하여 "아무도 나를 보지 않는다." 하고 말하였도다, 너의 지혜와 너의 지식이 너를 현혹시켜 너는 마음 속으로 '나뿐이다. 나밖에는 없다.' 하고 생각하게 되었도다,

⑪ 그러나 불행이 이제 너에게 닥치리니 너는 그것을 요술로도 막아 내지 못하리라, 이제 파멸이 너를 덮치리니 너는 그것에서 벗어나지 못하리라, 또 네가 알지도 못하는 멸망이 순식간에 너에게 들이닥치리라,

⑫ 그러니 네가 젊어서부터 애써 익혀온 너의 그 주술들과 그 많은 마술들을 가지고 나서 보아라, 어쩌면 네가 도움을 얻을 수 있을지도 모르고 어쩌면 네가 위협하여 쫓아낼 수 있을지도 모르느니라,

⑬ 너는 너의 그 많은 조언들 때문에 지쳤구나, 자, 하늘을 연구하는 자들, 별들을 관찰하는 자들, 너에게 무슨 일이 닥칠지 매달 초에 알려주는 자들 그들에게 나서서 너를 구해보라고 하여라,

⑭ 보라 그들은 지푸라기처럼 되어 불이 그들을 살라 버리리라, 그들은 그 불길의 위력 앞에서 저 자신도 구해내지 못하리라, 그 불은 몸을 덥힐 숯불도 아니고 그 앞에 앉아 쬘 불도 아니니라,

⑮ 너와 함께 애써 온 자들, 젊어서부터 사귀어 온 자들이 너에게 바로 이러하니라, 그들은 하나같이 잘못에 빠져서 너희를 구원할 자가 없느니라.

● 48장

① 야곱의 집아, 너희는 이 말을 들을지어다, 너희는 이스라엘의 이름으로 부름을 받고 유다의 물들에서 나왔으며, 여호와의 이름으로 맹세하며, 이스라엘의 하나님을 언급할지라도, 진리도 아니요, 의로움도 아니로다,

② 이는 그들이 스스로 거룩한 성읍에 속했다 하며, 만군의 여호와가 그분의 이름이신 이스라엘의 하나님을 신뢰한다 하기 때문이라,

③ 내가 처음부터 이전 일들을 선포하였고 그 일들이 내 입에서 내어 보였고 갑자기 행하여 그 일들을 이루었느니라,

④ 내가 알거니와 너는 완악하며 네 목의 힘줄은 무쇠요 네 이마는 놋이기 때문이라,

⑤ 그러므로 내가 이 일들을 오래 전에 너희에게 말하였고, 그것들기 일어나기 전에 그것을 네게 알려 주었느니라, 그래서 너희는 '나의 우상들이 그것들을 행하였다, 나의 나무로 만든 신상과 금으로 만든 신이 그것들을 명하였다.' 말할 수 없느니라,

⑥ 너희는 이것들을 듣고 있느니라, 그것들 모두를 살펴보아라, 그런데도 그것들을 인정하지 못하느냐? 지금부터는 내가 새로운 일들을 네게 말하겠노라, 그것들은 너희에게 알려지지 않은 숨겨진 것들이니라,

⑦ 그것들은 지금 창조된 것이고 전에는 없었던 것이니라, 너희는 오늘 전에는 그것들에 대하여 들어보지도 못하였느니라, 그래서 너희는 '내가 그것들을 알았다.'고 말할 수 없느니라,

⑧ 너희는 듣지도 못하였고 깨닫지도 못 하였으니 너희 귀는 오래전부터 열리지 못하였느니라, 그래서 나는 네가 대단히 믿을 수 없었다는 것을 잘 아느니라, 그래서 네가 태어날 때부터 반역자라 불리웠느니라,

⑨ 내 이름을 위하여 내가 노하기를 더디 할 것이며 내 영예를 위하여 내가 참고 너를 멸절하지 아니하리라,

⑩ 보라 내가 연단하였으나 은처럼 하지 아니하고 너를 고난의 풀무에서 택하였노라,

⑪ 내가 나를 위하여 내가 나를 위하여 이를 이룰 것이라, 어찌 내 이름을 욕되게 하리요, 내 영광을 다른 자에게 주지 아니하리라,

⑫ 야곱아, 내가 부른 이스라엘아, 내 말을 들으라, 내가 바로 그분이니라, 나는 처음이고 그리고 마지막이니라.

⑬ 과연 내 손이 땅의 기초를 정하였고 내 오른손이 하늘에 폈나니 내가 부르면 천지가 일제히 서느니라,

⑭ 너희 모두는 함께 모여서 내 말을 들어라, 너희 중에 누가 이것들을 선언하였느뇨? 여호와께서 사랑하는 자가 바벨로니아와 바벨로니아 후손들에 대적할 것이니라,
(All ye, assemble yourselves, and hear; which among them hath declared these things? The LORD hath loved him: he will do his pleasure on Babylon, and his arm shall be on the Chaldeans.-KJV)

("Come together, all of you, and listen: Which of the idols has fortold these things? The LORD's chosen ally will carry out his purpose against Babylon; his arm will be against the Babylonians.-NIV)

(All of you assemble and listen: Who among you declared these things? The one the LORD loves shall do his will against Babylon and the offspring of Chaldea.-NAB)

(Come everybody, gather around, listen: Who among the gods has delivered the news? I, GOD, love this man Cyrus, and I'm using him to do what I want with Babylon.-THE MESSAGE)

⑮ 나 곧 내가 말하였고 또 내가 그를 부르며 그를 인도하였나니 그 길이 형통하리라,

⑯ 너희는 내게 가까이 와서 이 말을 들으라, 나는 처음 말할 때부터 비밀히 말하지 아니하였나니무슨 일이 있을 때에는 항상 내가 거기 있었노라, 라고 말하시고, 주 여호와께서 나를 그의 영과함께 보내셨느니라,

⑰ 너희의 구속자시요, 이스라엘의 거룩하신 자이신 여호와께서 가라사대, 나는 네게 유익하도록 가르치고 너를 마땅히 행할 길로 인도하는 너의 하나님 여호와라,

⑱ 슬프다 네가 나의 명령을 듣지 아니하였도다, 만일 들었다면 네 평강이 강과 같았겠고 네 의가 바다 물결 같았을 것이며,

⑲ 네 자손이 모래 같았겠고 네 몸의 소생이 모래 알갱이 같아서 그 이름이 내 앞에서 끊어지지 아니하였겠고 없어지지 아니하였으리라, 하셨느니라,

⑳ 너희는 바벨론에서 떠나서 바벨로니아 사람들로부터 피하여라! 이것을 기쁨의 소리로 알리고 그것을 선언하라, 그리고 그것을 지구의 끝까지 선포하라, 말하기를, "여호와께서 그의 종 야곱을 구속하셨느니라." 라고

㉑ 여호와께서 그들을 사막으로 통과하게 하시던 때에 그들로 목마르지 않게 하시되 그들을 위하여 바위에서 물이 흘러나게 하시며 바위를 쪼개사 물로 솟아나게 하셨느니라,

㉒ 여호와께서 말씀 하시기를, "악인들에게는 평화가 없다." 하셨느니라..

● 49장

① 섬들에 있는 주민들아 내 말에 귀를 기울여라, 멀리 있는 이교도들아 이것을 들을 지어다, 내가 태어나기 전에 여호와께서 나를 부르셨고, 나의 출생시부터 여호와

는 나의 이름을 언급하셨느니라,

② 여호와께서는 나의 입을 날카로운 칼같이 만드시고 그분의 그늘(피난처) 안에 나를 숨기셨느니라, 여호와께서는 나를 매끈매끈한 화살로 만드셔서 나를 그의 화살통에 감추셨느니라,

③ 그분은 나에게 말씀하시기를, "이스라엘, 너희들은 나에게 충실한 사람들이니 내가 너희 안에서 나의 영광을 나타내리라." 하시니라,

④ 이에 내가 말하기를, "나는 목적없이 수고하였고, 나는 나의 힘을 헛되이 아무것도 아닌 것에 허비하였느니라." 하니라, 그러나 분명히 내가 받을 심판은 여호와의 손 안에 있고 내가 받을 보상은 하나님과 함께 있느니라,

⑤ 이제 여호와는 말씀하시나니, 야곱을 다시 그분에게 데려오시고 자기 종으로 삼으며 이스라엘을 그분 자신에게 모으려고 나를 모태에서 조성한 자니라, 그래서 여호와의 눈으로 볼때에 나는 거룩하고 나의 하나님은 나의 힘이 되셨느니라, 하시니라,

⑥ 그가 가라사대 네가 나의 종이 되어 야곱의 지파들을 일으키며 이스라엘 중에 보전된 자를 돌아오게 할 것은 오히려 경한 일이라 내가 또 너로 이방의 빛을 삼아 나의 구원을 베풀어서 땅 끝까지 이르게 하리라,

⑦ 이스라엘의 구속자 이스라엘의 거룩한 자이신 여호와께서 사람에게 멸시를 당하는 자 백성에게 미움을 받는 자 관원들에게 종이 된 자에게 이같이 이르시되 너를 보고 열왕이 일어서며 방백들이 경배하리니 이는 너를 택한바 신실한 나 여호와 이스라엘의 거룩한 자를 인함이니라,

⑧ 여호와께서 또 가라사대 은혜의 때에 내가 네게 응답하였고 구원의 날에 내가 너를 도왔도다 내가 장차 너를 보호하여 너로 백성의 언약을 삼으며 나라를 일으켜 그들로 그 황무하였던 땅을 기업으러 상속케 하리라,

⑨ 내가 잡혀 있는 자에게 이르기를 나오라 하며 흑암에 있는 자에게 나타나라 하리라 그들이 길에서 먹겠고 모든 자산에도 그들의 풀밭이 있을 것인즉,

⑩ 그들이 줄이거나 목마르지 아니할 것이며 더위와 볕이 그들을 상하지 아니하리니 이는 그들을 긍휼히 여기는 자가 그들을 이끌어 샘물 근원으로 인도할 것임이니라,

⑪ 내가 나의 모든 산을 길로 삼고 나의 대로를 돋우리니,

⑫ 혹자는 원방에서 혹자는 북방과 서방에서 혹자는 시님 땅에서 오리라,

⑬ 하늘이여 노래하라 땅이여 기뻐하라 산들이여 즐거이 노래하라 여호와가 그 백성을 위로하였은즉 그 고난 당한 자를 긍휼히 여길 것임이니라,

⑭ 오직 시온이 이르기를 여호와께서 나를 버리시며 주께서 나를 잊으셨다 하였거니와,

⑮ 여인이 어찌 그 젖 먹는 자식을 잊겠으며 자기 태에서 태어난 아들을 긍휼히 여기지 않겠느냐 그들은 혹시 잊을지라도 나는 너를 잊지 아니할 것이라,

⑯ 내가 너를 내 손바닥에 새겼고 너의 성벽이 항상 내 앞에 있나니,

⑰ 네 자녀들은 속히 돌아오고 너를 헐며 너를 황폐케 하던 자들은 너를 떠나가리라,

⑱ 네 눈을 들어 사방을 보라 다 모여 네게로 오느니라 나 여호와가 이르노라 내가 나의 삶으로 맹세하노니 네가 반드시 그 모든 무리로 장식을 삼아 몸에 차며 띠기를 신부처럼 할 것이라,

⑲ 대저 네 황폐하고 적막한 곳들과 네 파멸을 당하였던 땅이 이제는 거민이 많으므로 좁게 될 것이며 너를 삼켰던 자들이 멀리 떠날 것이니라,

⑳ 고난 중에 낳은 자녀가 후일에 네 귀에 말하기를 이곳이 우리에게 좁으니 넓혀서 우리로 거처하게 하라, 하리니,

㉑ 그 때에 네 심중에 이르기를, 누가 나를 위하여 이 무리를 낳았는고? 나는 자녀를 잃고 외로와졌으며 사로잡혔으며 유리하였거늘 이 무리를 누가 양육하였는고? 나는 홀로 되었거늘 이 무리는 어디서 생겼는고? 하리라,

㉒ 나 주 여호와가 이르노라, 내가 열방을 향하여 나의 손을 들고 민족들을 향하여 나의 기호를 세울 것이라 그들이 네 아들들을 품에 안고 네 딸들을 어깨에 메고 올 것이며,

㉓ 열왕은 네 양부가 되며 왕비들은 네 유모가 될 것이며 그들이 얼굴을 땅에 대고 네게 절하고 네 발의 티끌을 핥을 것이니 네가 나를 여호와인줄 알리라 나를 바라는 자는 수치를 당하지 아니하리라,

㉔ 용사의 빼앗은 것을 어떻게 도로 빼앗으며 승리자에게 사로잡힌 자를 어떻게 견져 낼 수 있으랴마는,

㉕ 나 여호와가 이같이 말하노라, 용사의 포로도 빼앗을 것이요, 강포자의 빼앗은 것도 건져낼 것이니, 니는 내가 너를 대적하는 자를 대적하고 네 자녀를 구원할 것임이라,

㉖ 내가 너를 학대하는 자로 자기의 고기를 먹게 하며 새 술에 취함같이 자기의 피에

취하게 하리니, 모든 육체가 나 여호와는 네 구원자요, 네 구속자요, 야곱의 전능자임을 알리라.

● 50장

① 나 여호가가 이같이 이르노라, 내가 너희 어미를 내어 보낸 이혼서가 어디 있느냐? 내가 어느 채권자에게 너희를 팔았느냐? 오직 너희는 너희의 죄악을 인하여 팔렸고, 너희 어미는 너희의 허물을 인하여 내어 보냄을 입었느니라,

② 내가 왔을 때 왜 아무도 없었느냐? 내가 불렀을 때 왜 아무도 대답하지 않았느냐? 나의 팔이 짧아 너희를 구속하지 못하였느냐? 내가 너희를 구원할 힘이 부족하느냐? 보라, 내가 꾸짖은즉 바다가 마르고 강들이 사막으로 변하며 물이 없어졌으므로 어족이 죽어 악취를 발하게 되느니라,

③ 내가 어두움으로 창공을 창공을 옷 입히며 베 옷으로 덮는도다, 하셨느니라,

④ 주 여호와께서 학자의 혀를 내게 주사, 나로 곤핍한 자를 말로 어떻게 도와 줄줄을 알게 하시고, 아침마다 깨우치시되 나의 귀를 깨우치사 학자 같이 알아듣게 하시도다,

⑤ 주 예호와께서 나의 귀를 열으셨으므로 내가 거기 거역지도 아니하며 뒤로 물러가지도 아니하며,

⑥ 나를 때리는 자들에게 내 등을 맡기고 나의 수염을 뽑는 자들에게 나의 뺨을 맡기며 수욕과 침 뱉음을 피하려고 내 얼굴을 가리우지 아니하였느니라,

⑦ 주 여호와께서 나를 도우시므로 내가 부끄러워 아니하고 내 얼굴을 부싯돌같이 굳게 하였은즉, 내가 수치를 당치 아니할 줄 아노라,

⑧ 나를 의롭다 하시는 이가 가까이 계시니, 나와 다툴 자가 누구뇨? 나와 함께 설찌어다 나의 대적이 누구뇨? 내게 가까이 나아올찌어다,

⑨ 주 여호와께서 나를 도우시리니 나를 정죄할 자 누구뇨? 그들은 다 옷과 같이 헤어지며 좀에게 먹히리라,

⑩ 너희 중에 여호와를 경외하며 그 종의 목소리를 청종하는 누구뇨? 흑암 중에 행하여 빛이 없는 자라도 여호와의 이름을 의뢰하며 자기 하나님께 의지할찌어다,

⑪ 불을 피우고 횃불을 둘러 띤 자여, 너희가 다 너희의 불꽃 가운데로 들어가며, 너희의 피운 불 가운데로 들어갈찌어다, 너희가 내 손에서 얻을 것이 이것이라, 너희가 슬픔 중에 누우리라.

• 51장

① 의로움을 추구하고 여호와를 찾아 구하는 너희는 내 말을 들을찌어다, 저 반석을 보라, 너희가 거기서 쪼개져 나왔고 또 채석장을 보아라, 거기서 너희가 파내어 왔느니라,

② 너희 조상 아브라함과 너희를 생산한 사라를 생각하여 보라, 아브라함이 혈혈단신으로 있을 때에 내가 부르고 그에게 복을 주어 창성케 하였느니라,

③ 대저 나 여호와가 시온을 위로하리니, 즉 내가 모든 황폐한 곳을 위로할 것이고 황무지를 에덴 같이 만들 것이며 사막을 여호와의 동산 같게 만들 것이니라, 기뻐함과 즐거워함과 감사함과 노래하는 소리가 그 안에 있으리라,

④ 내 백성이여 내 말에 주의하라, 내 나라여 내 말에 귀를 기울이라, 이는 율법이 내게서부터 발할 것임이라 내가 나의 공의를 이교도들의 빛으로 세우리라,

⑤ 내 의로움이 가까이 있고 내 구원은 진행중이며 나의 팔은 이교도들에게 정의를 가져올 것이니라, 섬들이 나를 바라볼 것이고 소망을 가지고 나의 팔을 기다릴 것이니라,

⑥ 너희는 눈을 들어 하늘들을 바라보고 그 아래의 지구를 보라, 하늘들이 연기 같이 사라질 것이고 지구는 의복같이 낡아 없어지며 지구에 거하는 자들은 하루살이 같이 죽을 것이니라, 그러나 나의 구원은 영원히 지속될 것이고 나의 의로움은 결코 없어지지 아니하리라,

⑦ 의를 알고 있는 자들아! 그리고 너희 마음에 나의 법을 가지고 있는 너희 백성들아! 내 말을 들어라, 너희들은 사람들의 비난을 두려워하지 말고 그들의 비방을 무서워하지 말라,

⑧ 그들은 옷같이 좀에게 먹힐 것이요, 그들은 양털 같이 벌레에게 먹힐 것이로되, 그러나 나의 의로움은 영원할 것이요, 나의 구원은 대대로 이어지리라,

⑨ 깨어나소서, 깨어나소서! 오 여호와의 팔이여, 당신 자신을 능력으로 덮으소서, 지난 날들같이 옛 세대에서와 같이 깨어나소서, 한때 라합을 분쇄하시고 용을 찌르신이가 당신이 아니십니까?

(Awake, awake, put on strength, O arm of the LORD; awake, as in the ancient days, in the generations of old. Art thou not it that hath cut Rahab, and wounded the dragon?-KJV)

(Awake, awake! Clothe yourself with strength, O arm of the LORD;

awake, as in days gone by, as in generations of old. Was it not you who cut Rahab to pieces, who pierced that monster through?-NIV)

(Awake, awake, put on strength, arm of the LORD! Awake as in the days of old, in ages long ago! Was it not you who crushed Rahab, you who pierced the dragon?-NAB)

(Wake up, wake up, flex your muscles, GOD! Wake up as in the old days, in the long ago. Didn't you once make mincemeat of Rahab, dispatch the old chaos-dragon?-THE MESSAGE)

⑩ 바다를 넓고 깊은 물을 말리시고 바다 깊은 곳에 길을 내어 구속 얻은 자들로 건너게 하신이가 어찌 주가 아니시니이까?

⑪ 여호와께 구속된 자들이 돌아와서 노래하며 시온으로 돌아와서 그 머리 위에 영영한 기쁨을 쓰고 즐거움과 기쁨을 얻으리니 슬픔과 탄식이 달아나리이다,

⑫ 나 곧 내가 너희를 위로하는 자라, 너는 어떠한 자이기에 죽을 운명인 사람들, 풀과 같이 될 자들을 두려워하느냐?

⑬ 하늘을 펴고 땅의 기초를 정하고 너를 지은 자 여호와를 어찌하여 잊어버렸느냐? 너를 멸하려고 예비하는 저 학대자의 분노를 어찌하여 항상 종일 두려워하느냐? 학대자의 분노가 어디 있느냐?

⑭ 결박된 포로가 속히 놓일 것이니 죽지도 아니할 것이요, 구덩이로 내려가지도 아니할 것이며 그 양식이 부족하지도 아니하리라,

⑮ 나는 네 하나님 여호와라 바다를 저어서 그 물결로 흉용케 하는 자니 내 이름은 만군의 여호와니라,

⑯ 내가 내 말을 네 입에 두고 내 손 그늘로 너를 덮었나니 이는 내가 하늘을 펴며 땅의 기초를 정하며 시온에게 이르기를 너는 내 백성이라 하려 하였음이니라,

⑰ 여호와의 손에서 그 분노의 잔을 마신 예루살렘이여! 깰지어다, 깰지어다, 일어설지어다, 네가 이미 비틀걸음 치게 하는 큰 잔을 마셔 다하였도다,

⑱ 네가 낳은 모든 아들 중에 너를 인도할 자가 없고 너의 양육한 모든 아들 중에 그 손으로 너를 이끌 자도 없도다,

⑲ 이 두가지 일이 네게 당하였으니 누가 너를 위하여 슬퍼하랴? 곧 황폐와 멸망이요, 기근과 칼이라 내가 어떻게 너를 위로하랴?

⑳ 내 아들들이 실신하여 그물에 걸린 영양같이 온 거리 모퉁이에 누웠으니 그들에게

여호와의 분노와 네 하나님의 견책이 가득하였도다,

㉑ 그러므로 너 곤고하며 포도주가 아니라도 취한 자여, 이 말을 들으라,

㉒ 네 주 여호와 그 백성의 주장을 대변하시는 네 하나님이 이같이 말씀하시니라, 보라, 내가 비틀걸음 치게 하는 잔, 곧 나의 분노와 큰 잔을 네 손에서 거두어서 너로 다시는 마시지 않게 하고,

㉓ 그 잔을 너를 괴롭힌 자들의 손에 두리라, 그들이 너의 혼에게 말하기를, 엎드리라, 우리가 넘어가리라, 하였으니 네가 너의 등을 땅같이 만들어서 그들로 하여금 길거리같이 넘어가게 하였느니라.

(But I will put it into the hand of them that afflict thee; which have said to thy soul, Bow down, that we may go over: and thou hast laid thy body as the ground, and as the street, to them that went over.-KJV)

(I will put it into the hands of your tormentors, who said to you, 'Fall prostrate that we may walk over you.' And you made your back like the ground, like a street to be walked over."-NIV)

(I will put it into the hands of your tormentors, those who said to you, "Bow down, that you may walk over you." So you offered your back like the ground, like the street for them to walk on.-NAB)

(I've passed it over to your abusers to drink, those who ordered you, "Down on the ground so we can walk all over you!' And you had to do it, Flat on the ground, you were the dirt under their feet."-THE MESSAGE)

● 52장

① 오 시온이여, 깨어나라, 깰찌어다, 권능의 옷을 입을지어다, 거룩한 성, 오 예루살렘이여, 너의 찬란한 옷을 입을찌어다, 할례 받지 않은 자들과 더럽혀진 자들은 다시 네게로 들어옴이 없을 것임이니라,

② 너는 티끌을 떨어버릴지어다, 예루살렘이여, 일어나 보좌에 앉을 지어다, 사로잡힌 딸 시온이여, 네 목의 줄을 스스로 풀지어다,

③ "너희는 값을 받지 않고 팔렸으니 돈을 내지 않고도 너희는 속량되리라." 이는 여호와의 말씀이니라,

④ 주 여호와께서 이같이 말씀하노라, 이전에 내 백성이 이집트로 내려가서 거기서

우거하였었고 앗수르 사람들이 이유 없이 그들을 학대 학대하였느니라,

⑤ 여호와께서 말씀하시기를, "이제 여기서 내가 어떻게 할꼬? 내 백성이 값없이 잡혀 갔고 그들을 지배하는 자들이 그들을 조롱하는도다." 하시느니라, 그리고 하루종 일 나의 이름이 빈번히 모욕당하여

⑥ 그러므로 내 백성은 내 이름을 알리라, 그러므로 그 날에 그들은 그것을 말한 자가 나인줄 알리라, 예, 그 사람이 바로 내니라." 하시니라,

⑦ 좋은 소식을 가져오고 평화를 공포하며, 복된 좋은 소식을 가져와서 구원을 공포 하며 시온을 향하여 이르기를, "너희 하나님이 통치하신다!" 하는 자들의 발들이 산들 위에서 어찌 그리 아름다운고!

⑧ 들을지어다 너의 파숫군들의 소리로다, 그들이 소리를 높여 일제히 노래하니 이는 여호와께서 시온으로 돌아오실 때에 그들의 눈이 마주 봄이로다,

⑨ 너 예루살렘의 황폐한 곳들아 기쁜 소리를 발하여 함께 노래할찌어다, 이는 여호 와께서 그 백성을 위로 하셨고 예루살렘을 구속하셨음이라,

⑩ 여호와께서 열방의 목전에서 그 거룩한 팔을 나타내셨으므로 모든 땅 끝까지도 우 리 하나님의 구원을 보았도다,

⑪ 너희는 떠날찌어다, 떠날찌어다, 거기서 나오고 부정한 짓을 만지지 말찌어다, 그 가운데서 나올찌어다, 여호와의 기구를 메는 자여 스스로 정결케 할찌어다,

⑫ 여호와께서 너희 앞에 행하시며, 이스라엘의 하나님이 너희 뒤에 호위하시리니, 너희가 황급히 나오지 아니하며 도망하여 행하지 아니하리라,

⑬ 보라, 내 종이 현명하게 행동하리니, 그는 받들어져 높이 들려서 지극히 존귀하게 되리라,

⑭ 그의 모습이 사람 같지 않게 망가지고 그의 자태가 인간 같지 않게 망가져 많은 이 들이 그를 보고 놀랐더라,

(As many were astonied at thee[his visage was so marred more than any man, and his form more than the sons of men])-KJV)

(Just as there were many who were appalled at him - his appearance was so disfigured beyond that of any man and his form marred beyond human likeness- -NIV)

(Even as many were amazed at him- so marred were his features, beyond that of mortals his appearance, beyond that of humanbeings- -NAB)

(At first everyone was appalled. He didn't even look human- a ruined face, disfigured past recognition.-THE MESSAGE)

⑮ 그리하여 이제 그는 수많은 이교도들을 놀라게 하고 임금들도 그 앞에서 입을 다 물리니 이제까지 알려지지 않은 것을 그들이 보고 들어 보지 못한 것을 깨닫기 때문이니라.

● 53장

① 우리의 전한 것을 누가 믿었고 여호와의 팔(권능)이 누구에게 나타났느뇨?

② 그는 주 앞에서 자라나기를 연한 순 같고 마른 땅에서 나온 줄기 같아서 고운 모양도 없고 풍채도 없은즉 우리의 보기에 흠모할 만한 아름다운 것이 없도다,

③ 그는 멸시를 받아서 사람에게 싫어 버린바 되었으며 간고를 많이 겪었으며 질고를 아는 자라 마치 사람들에게 얼굴을 가리우고 보지 않음을 받는 자 같아서 멸시를 당하였고 우리도 그를 귀히 여기지 아니하였도다,

④ 그는 실로 우리의 질고를 지고 우리의 슬픔을 당하였거늘 우리는 생각하기를 그는 징벌을 받아서 하나님에게 맞으며 고난을 당한다 하였노라,

⑤ 그가 찔림은 우리의 허물을 인함이요, 그가 상함은 우리의 죄악을 인함이라, 그가 징계를 받음으로 우리가 평화를 누리고 그가 채찍에 맞음으로 우리가 나음을 입었도다,

⑥ 우리는 다 양 같아서 그릇 행하여 각기 제 길로 갔거늘 여호와께서는 우리 모두의 죄악을 그에게 담당시키셨도다,

⑦ 그가 곤욕을 당하여 괴로울 때에도 그 입을 열지 아니하였으며 마치 도수장으로 끌려가는 어린 양과 털 깎는 자 앞에 잠잠한 양 같이 그 입을 열지 아니하였도다,

⑧ 그가 곤욕과 심문을 당하고 끌려 갔으니 그 세대 중에 누가 생각하기를 그가 산 자의 땅에서 끊어짐은 마땅히 형벌 받을 내 백성의 허물을 인함이라 하였으리료,

⑨ 그는 폭행을 저지르지 아니하였고 그 입에 거짓을 담지도 않았건만 그 무덤이 악인과 함께 있었으며 그의 묘실이 부자와 함께 있었도다,

⑩ 그러나 그를 으스러뜨려서 고난을 당하게 한 것은 여호와의 뜻이었고 여호와께서 그의 영혼을 속죄제 제물로 만드실 때에 그가 자신의 후손을 볼것이며 그의 수명이 연장될 것이고 여호와의 뜻이 그의 손 안에서 형통하리로다,

⑪ 그는 제 고난의 끝에 빛을 보고 자기의 예지로 흡족해하리라, 의로운 나의 종은 많

은 이들을 의롭게 하고 그들의 죄악을 짊어지리라,

⑫ 그래서 나는 지위가 높은 사람들 중에서 그에게 그의 몫을 주고 그가 강한자들과 함께 전리품을 나누게 하리라, 이는 그가 자신을 버렸고 무법자들 가운데 하나로 헤아려졌기 때문이니라, 또 그가 많은 사람의 죄를 메고 갔으며 죄인들을 위하여 기도하였기 때문이니라.

(Therefore will I divide him a portion with the great, and he shall divide the spoil with the strong; because he hath poured out his soul unto death: and he was numbered with the transgressors; and he bare the sin of many, and made intercession for the transgressors.-KJV)

(Therefore I will give him a portion among the great, and he will divide the spoils with the strong, because he poured out his life unto death, and numbered with the transgressors. For he bore the sin of many, and made intercession for the transgressors.-NIV)

(Therefore I will give him his portion among the many, and he shall divide the spoils with the mighty, Because he surrendered himself to death, was counted among the transgressors, Bore the sins of many, and interceded for the transgressors.-NAB)

(Therefore I'll reward him extravagantly-the best of everything, the highest honors- Because he looked death in the face and didn't flinch, because he embraced the company of the lowest. He look on his own shoulders the sin of the many, he took up the cause of all the black sheep.-THE MESSAGE)

● 54장

① 노래 할지어다, 오 아이를 낳지 못하는 여인아, 너는 결코 아이를 임신하지 못하였도다, 외쳐 노래할지어다, 산고를 겪지 못한 너는 노래를 쏟아내고 큰 소리로 외쳐라, 이는 홀로 사는 여인들의 자식들이 혼인한 여인의 자식들보다 더 많기 때문이라, 여호와의 말씀이니라,

② 네 장막의 터를 넓히며 네 처소의 휘장을 널리 펴되 아끼지 말고 너의 줄들을 길게 하고 네 말뚝들을 견고히 할찌어다,

③ 이는 너희가 좌우로 퍼지고 네 자손은 열방을 얻으며 황폐한 성읍들에 거주할 것이니라,

④ 두려워 말라, 네가 수치를 당치 아니하리라, 놀라지 말라, 네가 부끄러움을 보지 아니하리라, 네가 네 청년 때의 수치를 잊겠고 과부 때의 치욕을 다시 기억함이 없으리니,

⑤ 이는 너를 지으신 자는 네 남편이시라, 그 이름은 만군의 여호와시며, 네 구속자는 이스라엘의 거룩한 자시라, 온 세상의 하나님이라 칭함을 받으실 것이니라,

⑥ 정녕 여호와께서는 너를 소박맞아 아파하는 아내인 양 퇴박맞은 젊은 시절의 아내인 양 다시 부르신다,너희 하나님이 말씀하시느니라,

⑦ 내가 잠시 너를 버렸으나 크나큰 자비로 너를 다시 모이게 할 것이니라,

⑧ 내가 넘치는 진노로 내 얼굴을 네게서 잠시 가리웠으나 영원한 자비로 너를 긍휼히 여기리라, 네 구속자 여호와의 말이니라,

⑨ 이는 노아의 홍수에 비하리로다, 내가 다시는 노아의 홍수로 땅 위에 범람치 않게 하리라, 맹세한 것 같이 내가 다시는 너에게 노하지 아니하며 다시는 너를 책망하지 아니하기로 맹세하였노니,

⑩ 산들이 밀려나고 언덕들이 흔들린다 하여도 나의 자애는 너에게서 밀려나지 않고 내 평화의 계약은 흔들리지 아니하리라. 이는 여호와의 말이니라,

⑪ 오 너 고통받고 광풍에 요동하고 위로 받지 못한 자여, 보라, 내가 화려한 색으로 네 돌들을 놓으며 청옥으로 네 기초를 쌓으리라,

⑫ 내가 홍보석으로 네 창문을, 홍옥들로 네 대문을, 기쁨의 돌들로 네 모든 경계를 꾸밀 것이니라,

⑬ 네 모든 자녀는 여호와의 교훈을 받을 것이니 네 자녀는 크게 평안할 것이니라,

⑭ 너는 의로움으로 설 것이며 학대가 네게서 멀어질 것인즉 네가 두려워 아니할 것이며 공포 그것도 너를 가까이 못할 것이라,

⑮ 그들이 모일찌라도 나로 말미암지 아니한 것이니 누구든지 모여 너를 치는 자는 너를 인하여 패망하리라,

⑯ 숯불을 불어서 자기가 쓸 만한 기계를 제조하는 장인도 내가 창조하였고 파괴하며 진멸하는 자도 내가 창조하였은즉,

⑰ 무릇 너를 치려고 제조된 기계가 날카롭지 못할 것이라, 무릇 일어나 너를 대적하여 송사하는 혀는 네게 정죄를 당하리니, 이는 여호와의 종들의 기업이요 이는 그

들이 내게서 얻은 의니라, 여호와의 말씀이니라.

● 55장
① 자, 목마른 자들아, 모두 물가로 나아오라, 돈이 없는 자들도 와서 사 먹어라, 와서 사먹되 돈 없이 값 없이 포도주와 젖을 사라,

② 너희가 어찌하여 양식 아닌 것을 위하여 돈을 쓰고 배불리지도 못할 것에 수고 하느냐? 들어라, 내 말을 들어라, 너희가 좋은 것을 먹고 기름진 음식을 즐기리라,

③ 너희는 귀를 기울이고 내게 나아와 들으라, 그리하면 너희 영혼이 살리라, 내가 너희와 영원한 언약을 세우리니 이는 다윗에게 베푼 나의 변치않는 자애이니라,

④ 보라, 내가 그를 민족들을 위한 증인으로, 민족들의 지배자와 명령자로 만들었도다,

⑤ 보라, 네가 알지 못하는 나라를 네가 부를 것이고 너를 알지 못하는 나라가 네게 달려오리니 주 너의 하나님,곧 이스라엘의 거룩하신 분, 그분께서 너를 영화롭게 하신 까닭이니라,

⑥ 너희는 여호와를 만날 만한 때에 찾으라, 가까이 계실 때에 그분을 부르라,

⑦ 죄인은 제 길을, 불의한 자는 그 생각을 버리고 여호와께로 돌아오라, 그리하면 그분께서 그를 가엾이 여기시리라, 우리 하나님께 돌아오너라, 그분께서는 너그러이 용서하시리라,

⑧ 여호와의 말씀에 내 생각은 너희 생각과 다르며 내 길은 너희 길과 달라서,

⑨ 하늘이 땅보다 높음 같이 내 길은 너희 길보다 높으며 내 생각은 너희 생각보다 높으니라,

⑩ 비와 눈이 하늘에서 내려서는 다시 그리로 가지 않고 토지를 저시어서 싹이 나게 하며 열매가 맺게 하여 파종하는 자에게 종자를 주며 먹는 자에게 양식을 줌과 같이,

⑪ 내 입에서 나가는 말도 헛되이 내게로 돌아오지 아니하고 나의 뜻을 이루며 나의 명하여 보낸 일에 완수하리라,

⑫ 너희는 기쁨으로 나아가며 평안히 인도함을 받을 것이요, 산들과 언덕들이 너희 앞에서 노래를 발하고 들의 모든 나무가 손바닥을 칠 것이라,

⑬ 가시덤불 대신 방백나무가 올라오고 쐐기풀 대신 도금양 나무가 날 것이라, 이것이 여호와께 영예가 되고 결코 끊어지지 않는 영원한 표징이 되리라.

• 56장

① 여호와께서 이같이 말씀하시되, 너희는 공평을 지키며 의를 행하라, 나의 구원이 가까이 왔고 나의 의가 쉬 나타날 것임이라, 하셨은즉,

② 안식일을 지켜 더럽히지 아니하며 그 손을 금하여 모든 악을 행치 아니하여야 하나니, 이같이 행하는 사람 이같이 굳이 잡는 인생은 복이 있느니라,

③ 여호와께 연합한 이방인은 여호와께서 나를 그 백성 중에서 반드시 갈라내시리라 말하지 말라,

④ 여호와께서 이같이 말씀하시기를 나의 안식일을 지키며 나를 기뻐하는 일을 선택하며 나의 언약을 굳게 잡는 고자들에게는

⑤ 내가 내 집에서 내 성안에서 자녀보다 나은 기념물과 이름을 주며 영영한 이름을 주어 끊치지 않게 할 것이며,

⑥ 또 나 여호와에게 연합하여 섬기며 나 여호와의 이름을 사랑하고 나의 종이 되며 안식일을 지켜 더럽히지 아니하며 나의 언약을 굳게 지키는 이방인마다

⑦ 내가 그를 나의 성산으로 인도하여 기도하는 내 집에서 그들을 기쁘게 할 것이며, 그들의 번제와 희생은 나의 단에서 기꺼이 받게 되리니, 이는 내 집은 만민의 기도하는 집이라 일컬음이 될 것임이라,

⑧ 이스라엘의 쫓겨난 자를 모으는 주 여호와가 말하노니, 내가 이미 모은 본 백성 외에 또 모아 그에게 속하게 하리라 하셨느니라,

⑨ 들의 짐승들아, 삼림 중의 짐승들아, 다 와서 삼키라,

⑩ 그 파숫군들은 소경이요, 다 무지하며 벙어리 개라 능히 짖지 못하며 다 꿈꾸는 자요 누운 자요 잠자기를 좋아하는 자니,

⑪ 이 개들은 탐욕이 심하여 족한줄을 알지 못하는 자요, 그들은 몰각한 목자들이라 다 자기 길로 돌이키며 어디 있는 자이든지 자기 이만 도모하며,

⑫ 피차 이르기를, 오라 내가 포도주를 가져오리라, 우리가 독주를 잔뜩 먹자 내일도 오늘같이 또 크게 넘치리라 하느니라,

• 57장

① 의인들이 사라져가도 마음에 두는 자가 없고 알아보는 자 하나 없이 성실한 사람들이 죽어간다, 그러나 의인은 재앙을 벗어나 죽어가는 것이니,

② 그는 평화 속으로 들어가고 올바로 걷는 이는 자기 잠자리에서 편히 쉬느니라,

③ 너희 점쟁이의 자식들아 간통하는 남자와 매춘부의 종자야 이리 오너라,

④ 너희가 누구를 희롱하느냐? 너희가 누구에게 입을 크게 벌리고 혀를 내미느냐? 너희 자신이 죄악의 자식들이며 거짓의 종자가 아니냐?

⑤ 너희는 상수리나무들 사이에서 온갖 푸른 나무 아래서 정욕을 불태우고 이 골짜기 저 골짜기에서, 갈라진 바위 밑에서 자식들을 죽여 제물로 바치도다,

⑥ 골짜기 가운데 매끄러운 돌들이 너의 몫 바로 그것들이 너의 차지다, 그것들에 너는 술을 부어 바치고 곡식 제물을 올렸느니라, 내가 이런것들로 만족해야 하겠느냐?

⑦ 네가 높고 높은 산 위에 네 침상을 베풀었고 네가 또 그리로 올라가서 제사를 드렸으며,

⑧ 네가 문과 물 설주 뒤에 너의 기념상을 모셔 놓았더라, 정녕 너는 나를 버리고서 옷을 벗고 네 잠자리로 올라가 자리를 넓게 폈도다, 너는 네가 잠자리를 같이하고 싶어 하는 자들과 약조를 맺고 그 손을 바라보았더라,

⑨ 네가 기름을 가지고 몰렉에게 나아가서 너의 향료를 아끼지 않았고 너는 사신들을 멀리까지 보내고 음부에까지 내려 보냈더라,

⑩ 네가 길이 멀어서 피곤하면도 "헛수고야.' 하고 너는 말하지 않았더라, 오히려 너는 네 손에 기운을 얻어 고단한 줄도 모르는구나,

⑪ 누가 무섭고 두렵기에 너는 거짓말을 하고 나를 생각도 않으며 네 마음에 두지도 않느냐? 말없이 눈을 감아 준 내가 아니냐? 그랬더니 네가 나를 경외하지 않는구나,

⑫ 내가 너의 의로움과 너의 행실들을 밝혀내리니 그것들은 너에게 소용이 없으리라,

⑬ 네가 부르짖을 때 네가 모은 우상들이 너를 구원하게 해보아라, 바람들이 그것들을 모두 쓸어버리고 입김이 앗아 가 버리리라, 그러나 나에게 피신하는 자는 땅을 상속 받고 나의 거룩한 산을 차지하리라,

⑭ 그분께서 말씀하신다, "쌓아 올려라, 쌓아 올려라, 길을 닦아라. 내 백성이 갈 길에서 걸림돌을 들어내어라."

⑮ 드높고 뛰어 나신 분, 영원히 좌정하여 계신 분 그 이름 '거룩하신 분'께서 정녕 이렇게 말씀하신다. "나는 드높고 거룩한 곳에 좌정하여 있지만 겸손한 이들의 넋을 되살리려고 뉘우치는 이들과 겸손한 이들과 함께 있느니라,

⑯ 나는 영원히 다투지 아니하고 끝까지 화를 내지 않는도다, 만약 내가 화를 내면 사

람의 영과 혼이 내 앞에서 힘을 잃을 것이기 때문이니라, 이는 내가 사람의 영과 혼은 만들었기 때문이니라.

(For I will not contend for ever, neither will I be always wroth: for the spirit should fail before me, and the souls which I have made.-KJV)

(I will not accuse forever, not will I always be angry, for then the spirit of man would grow faint before me- the breath of man that I have created.-NIV)

(For I will not accuse forever, nor always be angry; For without me their spirit fails, the life breath that I have given.-NAB)

(For I'm not going to haul people into court endlessly, I'm not going to be angry forever. Otherwise, people would lose heart. These souls I created would tire out and give up.-THE MESSAGE)

⑰ 나는 그들의 탐욕의 죄악을 인하여 노하여 그들을 치고 분노가 치밀어 내 얼굴을 가려 버렸도다, 배신하여 제 마음의 길로 가 버린 그들,

⑱ 내가 그들의 길을 보았은즉, 그들을 고쳐 줄것이라, 그들을 인도하고 병을 고쳐주며 그들에게 위로로 갚아 주리라,

⑲ 입술의 열매를 맺어주는 나 여호와가 말하노라, 먼데 있는 자에게든지 가까이 있는 자에게든지 평화가 있을찌어다, 평화가 있을찌어다, 내가 그를 고쳐주리라, 하셨느니라,

⑳ 오직 악인은 능히 안정치 못하고, 그 물이 진흙과 더러운 것을 늘 솟쳐내는 요동하는 바다와 같으니라,

㉑ 나의 하나님의 말씀하시기를, "악인들에게는 평화가 없다." 하셨느니라.

● 58장

① 크게 소리쳐라, 망설이지 마라, 나팔처럼 네 목소리를 높여라, 내 백성에게 그들의 악행을, 야곱 집안에 그들의 죄악을 알려라,

② 그들은 마치 정의를 실천하고 자기 하나님의 공정을 저버리지 않는 민족인 양 날마다 나를 찾으며 나의 길 알기를 갈망하느니라, 그들은 나에게 의로운 법규들을 물으며 하나님께 가까이 있기를 갈망하느니라,

③ 이르기를, "저희가 금식하는데 왜 보아 주지 않으십니까? 저희가 고행하는데 왜 알

아주지 않으십니까? 보라, 너희는 너희 단식일에 제 일만 찾고 너희 일꾼들을 다그치느라,

④ 보라, 너희가 금식하면서 다투고 싸우며 못된 주먹질이나 하고 있느니라, 저 높은 곳에 너희 목소리를 들리게 하려거든 지금처럼 금식하여서는 안되느니라,

⑤ 이것이 내가 기뻐하는 금식이냐? 사람이 고행한다는 날이 이러하냐? 제 머리를 골풀처럼 숙이고 자루옷과 먼지를 깔고 눕는 것이냐? 너는 이것을 금식이라고 여호와께서 반기는 날이라고 말하겠느냐?

⑥ 내가 좋아하는 금식은 이런 것이 아니겠느냐? 불의한 결박을 풀어주고 멍에 줄을 끌러 주는것, 억압받는 이들을 자유롭게 내보내고 모든 멍애를 부수어 버리는 것이니라,

⑦ 네 양식을 굶주린 자들과 함께 나누고 가련하게 떠도는 이들을 네 집에 맞아들이는 것, 헐 벗은 사람을 보면 덮어주고 네 혈육을 피하여 숨지 않는 것이 아니겠느냐?

⑧ 그리하면 네 빛이 새벽빛처럼 비칠 것이고 너의 상처가 곧바로 아물리라, 너의 의로움이 네 앞에 서서 가고 여호와의 영광이 네 뒤를 지켜 주리니라,

⑨ 그때에 네가 부르면 여호와께서 응답하겠고, 네가 부르짖을 때에는 말하기를, 내가 여기 있다 하리라, 하리라, 만일 네가 너희 중에서 멍에와 손가락질과 허망한 말을 제하여 버린다면,

⑩ 주린 자에게 네 양식을 내어주고 고생하는 이의 넋을 흡족하게 해준다면 네 빛이 어둠 속에서 솟아오르고 암흑이 너에게는 대낮처럼 되리라,

⑪ 여호와께서 늘 너를 이끌어 주시고 메마른 곳에서도 네 넋을 흡족하게 하시며 네 뼈마디를 튼튼하게 하시리라, 그리하면 너는 물이 풍부한 정원처럼, 물이 끊이지 않는 샘터처럼 되리라,

⑫ 너는 오래된 폐허를 재건하고 대대로 버려졌던 기초를 세워 일으키리라, 너는 갈라진 성벽을 고쳐 쌓는 이, 사람이 살도록 거리를 복구하는 이라 일컬어지리라,

⑬ 만일, 네가 삼가 안식일을 잘지키고 나의 거룩한 날에 네 일을 벌이지 않는다면 네가 안식일을 '기쁨'이라 부르고 여호와의 거룩한 날을 '존귀한 날'이라 부른다면 네가 길을 떠나는 것과 네 일만 찾는 것을 삼가며 말하는 것을 삼가고 안식일을 존중한다면,

⑭ 너는 여호와 안에서 즐거움을 얻고 나는 네가 세상 높은 곳 위를 달리게 하며 네 조

상 야곱의 상속 재산으로 먹게 해 주리라." 라고 여호와께서 친히 말씀하셨느니라.

● 59장

① 보라, 여호와의 손이 짧아 구해 내지 못하시는 것도 아니고 그분의 귀가 어두워 듣지 못하는 것도 아니니라,

② 오히려 너희 죄악이 너희와 너희 하나님 사이를 갈라놓았고 너희의 죄가 너희에게서 그분의 얼굴을 가리어 그분께서 듣지 않으신 것이니라,

③ 너희 손바닥은 피로, 너희 손가락은 죄악으로 더러워졌고 너희 입술은 속임수를 말하며 너희 혀는 불의를 지껄이고,

④ 정의로써 소송을 제기하는 이가 없고 진실로써 재판하는 이가 없으며 헛된 것을 믿고 거짓을 이야기 하며 재앙을 잉태하여 악을 낳는 자들뿐이니라,

⑤ 그들은 독사의 알을 까고 거미줄을 치며 그 알을 먹는 자는 죽고 알이 깨지면 독사가 나오느니라,

⑥ 그들이 쳐 놓은 줄은 옷이 되지 못하고 그들이 만든 것으로는 제 몸을 덮지 못하느니라, 그들의 행실들은 악한 행실일 뿐이고 그들의 손바닥에는 폭행만이 있느니라,

⑦ 그들의 발은 나쁜 짓 하러 달려가고 죄 없는 이의 피를 쏟으려고 서두르느니라, 그들의 생각들은 악한 생각들일 뿐이고 그들의 행로에는 파멸과 파괴만이 있느니라,

⑧ 그들은 평화의 길을 알지 못하고 그들의 길에 공정이 없느니라, 그들이 자기네 길을 삐뚤게 만들어 그 위를 걷는 자는 아무도 평화를 알지 못하느니라,

⑨ 그러므로 공정은 우리에게서 멀리 있고 정의는 우리에게 미치지 못하느니라, 우리가 빛을 바라나 어두움만이 있고 광명을 바라건만 암흑 속을 걸을 뿐이니라,

⑩ 우리는 소경 같이 담을 더듬으며 눈 없는 자 같이 두루 더듬으며, 대낮에도 캄캄한 듯 비틀거리고 몸은 건강하다고 하나 죽은 자들과 같으니라,

⑪ 우리 모두 곰처럼 으르렁거리고 비둘기처럼 슬피 울면서 공정을 바라건만 오지 않고 구원을 바라건만 우리에게서 멀리 있을 뿐이니라,

⑫ 정녕 저희 악행이 당신 앞에 많고 저희 죄가 저희를 거슬러 증언하느니라, 참으로 저희 악행이 저희와 함께 있고 저희 죄를 저희가 알고 있나이다,

⑬ 저희가 여호와를 거역하고 배신하였나이다, 저희 하나님께 등을 돌리고 억압과 반항을 이야기 하였으며 거짓말을 품었다가 마음속에서부터 내뱉었나이다,

⑭ 그래서 공평은 뒤로 물리침이 되고 정의는 멀리 서 있어야 하였느니라, 정녕 진실은 장터에서 비틀거리고 정직은 들어오지도 못하느니라,

⑮ 진실은 자취를 감추고 악에서 떠난 이는 약탈을 당하느니라, 여호와께서 이를 보시고 그 진실이 없는 것을 기뻐하지 아니하시느니라,

⑯ 그분께서는 한 사람도 없음을 보시고, 나서는 자가 하나도 없음을 보시고 놀라워 하셨느니라, 그리하여 그분의 팔이 그분을 돕고 그분의 정의가 그분을 거들었느니라,

⑰ 그분께서는 정의를 갑옷처럼 입으시고 구원의 투구를 머리에 쓰셨으며 응보의 옷을 입으시고 열정을 겉옷처럼 두르셨느니라,

⑱ 그분께서는 저마다 그 소행대로 갚으시니 당신의 적들에게 분노하시고 당신의 원수들에게 보복하시고 섬들에게 보복하시리라,

⑲ 서방에서는 여호와의 이름을, 해 돋는 편에서는 그분의 영광을 경외할 것이니라, 이는 여호와의 바람으로 휘몰아치는 급류처럼 그분께서 오시기 때문이니라,

⑳ 여호와께서는 선언하시기를, "그들의 죄를 회개하는 야곱의 자손들에게 구속자가 시온에 임할 것이니라." 하시느니라,

㉑ 여호와께서 또 말씀하시기를, 그들과 세운 나의 언약이 이러하니라, 네 위에 있는 나의 영과 네 입에 둔 나의 말들이 이제부터 영영토록 네 입에서와 네 후손의 입에서와 네 후손의 후손의 입에서 떠나지 아니하리라 하시니라, 여호와의 말씀이니라.

● 60장

① 일어나라, 빛을 비추라, 이는 네 빛이 이르렀고, 여호와의 영광이 네 위에 임하였음이니라,

② 보라, 어두움이 땅을 덮을 것이며 짙은 흑암이 백성들을 덮을 것이나 여호와께서 네 위에 임하시고 그분의 영광이 네 위에 나타나리라,

③ 이교도들은 네 빛으로 올 것이고 왕들은 너희의 여명의 광채로 나아오리라,

④ 네 눈을 들어 사면을 보라, 무리가 다 모여 네게로 오느니라, 네 아들들은 원방에서 오겠고 네 딸들은 안기워 올 것이니라,

⑤ 그 때에 네가 보고 희색을 발하며 네 마음이 놀라고 또 화창하리니, 이는 바다의 풍부가 네게로 돌아오며 열방의 재물이 네게로 옴이라,

⑥ 허다한 약대 미디안과 에바의 젊은 약대가 네 가운데 편만할 것이며, 스바의 사람들은 다 금과 유향을 가지고 와서 여호와의 찬송을 전파할 것이며,

⑦ 게달의 양 무리는 다 네게로 모여지고 ,느바욧의 수양은 네게 공급되고, 내 단에 올라 기꺼이 받음이 되리니, 내가 내 영광의 집을 영화롭게 하리라.

⑧ 저 구름 같이 비둘기가 그 보금자리로 날아 오는 것 같이 날아오는 자들이 누구뇨?

⑨ 곧 섬들이 나를 앙망하고 다시스의 배들이 먼저 이르되, 원방에서 네 자손과 그 은금을 아울러 싣고 와서 네 하나님 여호와의 이름에 드리려 하는 자들이라, 이는 내가 너를 영화롭게 하였음이니라.

⑩ 내가 노하여 너를 쳤으나, 이제는 나의 은혜로 너에게 자비를 베풀었은즉, 이방인들이 네 성벽을 쌓을 것이요,그 왕들이 너에게 봉사할 것이며,

⑪ 네 성문이 항상 열려 주야로 닫히지 아니하리니, 이는 사람들이 네게로 열방의 재물을 가져오며 그 왕들을 포로로 이끌어 옴이라.

⑫ 너를 섬기지 아니하는 백성과 나라는 파멸하리니 그 백성들은 반드시 진멸되리라.

⑬ 레바논의 영광 곧 잣나무와 소나무와 황양목이 함께 네게 이르러 내 거룩한 곳을 아름답게 할 것이며 내가 나의 발 둘 곳을 영화롭게 할 것이라.

⑭ 너를 괴롭게 하던 자의 자손이 몸을 굽혀 네게 나아오며, 너를 멸시하던 모든 자가 네 발 아래 엎드리어, 너를 일컬어 여호와의 성읍이라 이스라엘의 거룩한 자의 시온이라 하리라.

⑮ 전에는 네가 버림을 입으며 미움을 당하였으므로 네게로 지나는 자가 없었으나, 이제는 내가 너로 영영한 아름다움과 대대의 기쁨이 되게 하리니,

⑯ 네가 열방의 젖을 빨며 열왕의 유방을 빨고 나 여호와는 네 구원자 네 구속자 야곱의 전능자인 줄 알리라.

⑰ 내가 금을 가져 놋을 대신하고 은을 가져 철을 대신하며 놋으로 나무를 대신하고 철로 돌을 대신하며 화평을 세워 관원을 삼으며 의를 세워 감독을 삼으리니,

⑱ 다시는 강포한 일이 네 땅에 들리지 아니할 것이요, 황폐한 파멸이 네 경내에 다시 없을 것이며 네가 내 성벽을 구원이라 네 성문을 찬송이라 칭할 것이라.

⑲ 다시는 낮에 해가 네 빛이 되지 아니하며, 달도 네게 빛을 비취지 않을 것이요, 오직 여호와가 네게 영영한 빛이 되며 네 하나님이 네 영광이 되리니,

⑳ 다시는 네 해가 지지 아니하며, 네 달이 물러가지 아니할 것은 여호와가 네 영영한 빛이 되고 네 슬픔의 날이 마칠 것임이니라.

㉑ 네 백성이 다 의롭게 되어 영영히 땅을 차지하리니, 그들은 나의 심은 가지요, 나의 손으로 만든 것으로서 나의 영광을 나타낼 것인즉,

㉒ 그 작은 자가 천을 이루겠고 그 약한 자가 강국을 이룰 것이라, 때가 되면 나 여호와가 속히 이루리라.

● 61장

① 여호와께서 나에게 기름을 부어 주시니 주 여호와의 영이 내 위에 내리셨도다, 여호와께서 나를 보내시어 가난한 이들에게 기쁜 소식을 전하고 마음이 부서진 이들을 싸맹 주며 잡혀간 이들에게 해방을 갇힌 이들에게 석방을 선포하게 하셨도다,

② 여호와의 은혜의 해와 우리 하나님의 복수의 날을 선포하여 슬퍼하는 모든 자들을 위로하게 하셨도다,

③ 시온에서 슬퍼하는 이들에게 재 대신 화관을 슬픔 대신 기쁨의 기름을 맥 풀린 넋 대신 축제의 옷을 주게 하셨도다, 그래서 사람들이 그들을 '정의의 참나무' '당시 영광을 위하여 여호와께서 심으신 나무'라 부르도록 하셨도다,

④ 그들은 옛 폐허들을 복구하고 오랫동안 황폐한 곳들을 다시 일으키리라, 폐허가 된 도시들, 대대로 황폐한 곳들을 세우리라,

⑤ 낯선 사람들이 서서 너희 양떼를 치고 이방인들이 너희 밭과 포도원에서 일하리라,

⑥ 너희는 '여호와의 제사장들'이라 일컬음을 얻을 것이고 '우리 하나님의 시종들'이라 일컬어 지리라, 너희는 열방의 재물을 향유하고 그들의 영화를 이어받으리라,

⑦ 그들은 수치를 갑절로 받았고 치욕과 수모가 그들의 몫이었기에 자기네 땅에서 재산을 갑절로 사시하고 영원한 기쁨이 그들의 것이 되리라,

⑧ 나 여호와는 공의를 사랑하고 불의의 수탈을 미워하나니라, 나는 그들에게 성실히 보상해 주고 그들과 영원한 계약을 맺어 주리라,

⑨ 그들의 씨가 이교도들 중에 알려지고 그들의 자손이 사람들 중에 알려지리니, 그들을 보는 자들은 모두 그들이 여호와께 복 받은 백성임을 알리라,

⑩ 내가 여호와로 인하여 크게 기뻐하며 내 영혼이 나의 하나님으로 인하여 즐거워하리니, 이는 그분이 구원의 옷으로 내게 입히시며 의로움의 겉 옷으로 내게 더하심이 신랑이 사모를 쓰며 신부가 자기 보물로 단장함 같게 하셨음이니라,

⑪ 땅이 싹을 내며 동산이 거기 뿌린 것을 움돋게 함같이, 주 여호와께서 의로움과 찬

송을 모든 이교도들 앞에서 발생하게 하시리라.

● 62장

① 나는 시온을 위하여 잠잠하지 않을 것이고, 나는 예루살렘을 침묵하지 않을 것이니라. 이는 그녀의 의로움이 새벽 같이 빛나고 그녀의 구원이 횃불 같이 타오를 때까지이니이다.

② 이교도 국가들이 너의 의로움을 볼 것이고 열방의 왕들이 너의 영광을 볼 것이이라, 너는 여호와께서 주시는 새로운 이름으로 불리울 것이니라.

③ 너는 여호와의 손 안에 있는 영광의 면류관이 될 것이고 너의 하나님의 손 안에 있는 왕관이 될 것이니라.

④ 그들은 더 이상 너희를 버린자들이라 하지 않을 것이고 너희 땅을 황무지라 칭하지 아니하리라, 오히려 너는 '내 마음에 드는 여인' 이라 일컬어지지 않으리라, 오히려 너는 '내 마음에 드는 여인' 이라, 너의 땅은 '혼인한 여인'이라 불리리니 여호와께서 너를 마음에 들어 하시고 네 땅을 나애로 맞아들이실 것이기 때문이니라.

⑤ 정녕 총각이 처녀와 결혼함 같이 너를 지으신 분께서 너와 혼인하고 신랑이 신부로 말미암아 기뻐하듯 너의 하나님께서는 너로 말미암아 기뻐하시리라.

⑥ 예루살렘아, 너의 성벽 위에 내가 파숫군을 세웠노라, 그들은 낮이고 밤이고 잠시도 잠잠하지 않으리라, 여호와의 기억을 일깨우는 자들아 너희는 쉬지 말라.

⑦ 그분께서 예루살렘을 일으켜 세우시어 세상에서 칭송을 받게 하시기까지 너희는 그분을 쉬게 하지 마라.

⑧ 여호와께서 그 오른손 그 능력의 팔로 맹세하시되, 내가 다시는 네 곡식을 네 원수들에게 양식으로 주지 아니하겠고, 너의 수고하여 얻은 포도주를 이방인으로 마시지 않게 할 것이니라.

⑨ 오직 추수한 자가 그것을 먹고 나 여호와를 찬양할 것이요, 거둔 자가 그것을 나의 성소 뜰에서 마시리라, 하셨느니라.

⑩ 성문으로 나아가라, 나아가라, 백성의 길을 예비하라, 대로를 수축하라, 수축하라, 돌을 골라 내어라, 이방 나라들을 위하여 깃발을 들어라.

⑪ 여호와께서 지구 끝까지 반포하시기를, "너희는 딸 시온에게 이르라, '보라, 너의 구원자가 오느니라! 그의 보상이 그와 함께 있고 그의 상급이 그와 함께 하느니

라.'" 하시니라,

⑫ 사람들이 그들을 거룩한 백성이라, 여호와의 구속받은 자들이라 부를 것이요, 또 너를 찾아낸 자요, 버려지지 아니한 성읍이라, 하리라.

● 63장

① 에돔에서 오시는 이분은 누구신가? 진홍색으로 물든 옷을 입고 보츠리에서 오시는 이분은 누구이신가? 화려한 옷을 입고 위세 당당하게 걸어오시는 이분은 누구이신가? 나다, 의로움으로 말하는 이 구원의 큰 능력을 지닌 이니라,

② 어찌하여 네 의복이 붉으며, 네 옷이 포도즙 틀을 밟는 자 같으뇨?

③ 나는 혼자서 틀을 밟았더라, 이교도들 중에서 아무도 나와 함께 있지 아니하노라, 나는 화가 나서 그들을 밟았고 그들을 분노로 밟았느니라, 그래서 그 즙이 내 옷에 튀어 네 의상을 온통 물들게 하였느니라,

④ 이는 내 원수 갚는 날이 내 마음에 있고, 나의 구속의 해가 왔기 때문이니라,

⑤ 내가 살펴보았지만 도와주는 자 아무도 없었고 놀랍게도 붙들어 주는 자가 아무도 없었느니라, 그러자 내 팔이 나에게 협력하고 나의 진노가 나를 붙들어 주었느니라,

⑥ 내가 노함을 인하여 만민을 밟았으며 내가 분함을 인하여 그들을 취케 하고 그들의 선혈로 땅에 쏟아지게 하였느니라,

⑦ 내가 여호와께서 우리에게 베푸신 모든 자비와 그 찬송을 말하며, 그 긍휼을 따라 그 많은 자비를 따라, 이스라엘 집에 베푸신 큰 은총을 말하리라,

⑧ 여호와께서 말씀하시되, 그들은 실로 나의 백성이요, 거짓을 행치 아니하는 자녀라 하시고, 그들의 ✝원자가 되사,

⑨ 그들의 모든 환난에 동참하사, 자기 앞의 사자로 그들을 구원하시며, 그 사랑과 그 긍휼로 그들을 구속하시고, 옛적 모든 날에 그들을 드시며 안으셨으나,

⑩ 그들이 반역하여 주의 성신을 근심케 하였으므로 그가 돌이켜 그들의 대적이 되사, 친히 그들을 치셨더니,

⑪ 백성이 옛적 모세의 날을 추억하여 가로되, 백성과 양 무리의 목자를 바다에서 올라오게 하신 자가 이제 어디 계시뇨?

⑫ 그 영광의 팔을 모세의 오른손과 함께 하시며, 그 이름을 영영케 하려 하사, 그들 앞에서 물로 갈라지게 하시고,

⑬ 그들이 깊은 바다를 건너가게 하신 분은 어디 계시는가? 광야의 말처럼 그들은 비틀거리지 않았도다,

⑭ 골짜기로 내려가는 가축 떼처럼 여호와의 영이 그들을 안식처로 데려가셨느니라, 당신께서는 이렇게 당신 백성을 이끄시어 영화로운 명성를 떨치셨나이다,

⑮ 주여 하늘에서 굽어 살피시며 주의 거룩하고 영화로운 처소에서 보옵소서, 주의 열성과 주의 능하신 행동이 이제 어디 있나이까? 주의 베푸시던 간곡한 자비와 긍휼이 내게 그쳤나이다,

⑯ 주는 우리 아버지시라, 아브라함은 우리를 모르고 이스라엘은 우리를 인정치 아니할찌라도, 여호와여, 주는 우리의 아버지시라 상고부터 주의 이름을 우리의 구속자라 하셨거늘,

⑰ 여호와여, 어찌하여 우리로 주의 길에서 떠나게 하시며 우리의 마음을 강퍅케 하사, 주를 경외하지 않게 하시나이까? 원컨대 주의 종들, 곧 당신의 자손들인 지파들을 위하사 돌아오시옵소서,

⑱ 주의 거룩한 백성이 땅을 차지한지 오래지 아니하여서 우리의 대적이 주의 성소를 유린하였사오니,

⑲ 우리는 주의 다스림을 받지 못하는 자 같으며, 주의 이름으로 칭함을 받지 못하는 자 같이 되었나이다.

● 64장

① 원컨대, 주는 하늘을 가르고 강림하시고, 주의 앞에서 산들로 진동하기를

② 불이 섶을 사르며 물을 끓임 같게 하사, 주의 대적으로 주의 이름을 알게 하시며 열방으로 주의 앞에서 떨게 하옵소서,

③ 주께서 강림하사, 우리의 생각 밖에 두려운 일을 행하시던 그 때에 산들이 주의 앞에서 진동하였사오니,

④ 주 외에는 자기를 앙망하는 자를 위하여 이런 일을 행한 하나님을 예로부터 들은 자도 없고 귀로 깨달은 자도 없고 눈으로 본 자도 없었나이다,

⑤ 주께서 기쁘게 의를 행하는 자와 주의 길에서 주를 기억하는 자를 선대하시거늘, 우리가 범죄하므로 주께서 진노하셨사오니, 이 현상이 이미 오랬사오니 우리가 어찌 구원을 얻을 수 있으리이까?

⑥ 대저 우리는 다 부정한 자 같아서 우리의 의는 다 더러운 옷 같으며 우리는 다 쇠패

함이 잎사귀 같으므로 우리의 죄악이 바람 같이 우리를 몰아가나이다,

⑦ 주의 이름을 부르는 자가 없으며, 스스로 분발하여 주를 붙잡는 자가 없사오니, 이는 주께서 우리에게 얼굴을 숨기시며 우리의 죄악을 인하여 우리로 소멸되게 하셨음이니다,

⑧ 그러나 여호와여, 주는 우리 아버지시니이다, 우리는 진흙이요, 주는 토기장이시니 우리는 다 주의 손으로 지으신 것이라,

⑨ 여호와여 과히 분노하지 마옵시며 죄악을 영영히 기억하지 마옵소서, 구하오니, 보시옵소서! 보시옵소서! 우리는 다 주의 백성이니이다,

⑩ 주의 거룩한 성읍들이 황야가 되었고 시온이 황야가 되었으며 예루살렘이 황폐하였나이다,

⑪ 우리 열조가 주를 찬송하던 우리의 거룩하고 아름다운 전이 불에 탔으며 우리의 즐거워하던 곳이 다 황무하였나이다,

⑫ 여호와여 일이 이러하거늘, 주께서 오히려 스스로 억제하시리이까? 주께서 오히려 잠잠하시고 우리로 심한 괴로움을 받게 하시리이까?

● 65장

① 나는 나를 구하지 아니하던 자에게 물음을 받았고, 나를 찾지 아니하던 자에게 찾아냄이 되었으며, 내 이름을 부르지 아니하던 나라에게 내가 여기 있노라! 내가 여기 있노라! 하였노라!

② 내가 종일 손을 펴서 자기 생각을 쫓아 불선한 길을 행하는 반역한 백성들을 불렀나니,

③ 곧 농산에서 제사하며 벽돌 위에서 분향하여, 내 앞에서 항상 내 노를 일으키는 백성이라,

④ 그들이 무덤 사이에 앉으며 은밀한 처소에서 지내고 돼지 고기를 먹으며 가증한 물건의 국을 그릇에 담으면서,

⑤ 사람에게 이르기를, 너는 네 자리에 섰고 내게 가까이 하지 말라, 나는 너보다 거룩함이니라 하나니, 이런 자들은 내 코의 연기요, 종일 타는 불이로다,

⑥ 보라, 이것이 내 앞에 기록되었으니, 내가 잠잠치 아니하고 반드시 보응할찌라,

⑦ 너희의 죄악과 너희 열조의 죄악을 함께 하리니, 그들이 산 위에서 분향하며 작은 산 위에서 나를 능욕하였음이라, 그러므로 내가 먼저 그 행위를 헤아리고 그 품에

보응하리라, 여호와가 말하였느니라,

⑧ 여호와께서 이같이 말씀하시되, 포도송이에는 즙이 있으므로, 혹이 말하기를, 그 것을 상하지 말라 거기 복이 있느니라 하나니, 나도 내 종들을 위하여 그같이 행하여 다 멸하지 아니하고,

⑨ 내가 야곱 중에서 씨를 내며 유다 중에서 나의 산들을 유업으로 얻을 자를 내리니, 나의 택한 자가 이를 유업으로 얻을 것이요, 나의 종들이 거기 거할 것이라,

⑩ 사론은 양떼의 우리가 되겠고, 아골 골짜기는 소떼의 눕는 곳이 되어, 나를 찾는 내 백성의 소유가 되려니와,

⑪ 오직 나 여호와를 버리며 나의 성산을 잊고, 갓에게 상을 베풀어 놓으며 므니에게 섞은 줄을 가득히 붓는 너희여,

⑫ 내가 너희를 칼에 붙일 것인즉, 다 구푸리고 살륙을 당하리니, 이는 내가 불러도 너 희가 대답지 아니하며 내가 말하여도 듣지 아니하고, 나의 눈에 악을 행하였으며, 나의 즐겨하지 아니하는 일을 택하였음이니라,

⑬ 이러므로 주 여호와가 말하노라, 보라, 나의 종들은 먹을 것이로되, 너희는 주릴 것 이니라, 보라, 나의 종들은 마실 것이로되 너희는 갈할 것이니라, 보라, 나의 종들 은 기뻐할 것이로되 너희는 수치를 당할 것이니라,

⑭ 보라, 나의 종들은 마음이 즐거우므로 노래할 것이로되, 너희는 마음이 슬프므로 울며 심령이 상하므로 통곡할 것이며,

⑮ 또 너희의 끼친 이름은 나의 택한 자의 저줏거리가 될 것이니라, 주 여호와 내가 너 를 죽이고 내 종들은 다른 이름으로 칭하리라,

⑯ 이러므로, 땅에서 자기를 위하여 복을 구하는 자는 진리의 하나님을 향하여 복을 구할 것이요, 땅에서 맹세하는 자는 진리의 하나님으로 맹세하리니, 니는 이전 환 난이 잊어졌고 내 눈 앞에 숨겨졌음이니라,

⑰ 보라, 내가 새 하늘과 새 땅을 창조하나니, 이전 것은 기억되거나 마음에 생각나지 아니할 것이라,

⑱ 너희는 나의 창조하는 것을 인하여 영원히 기뻐하며 즐거워할지니라, 보라 내가 예루살렘으로 즐거움을 창조하며 그 백성으로 기쁨을 삼고,

⑲ 내가 예루살렘을 즐거워 하며 나의 백성을 기뻐하리니, 우는 소리와 부르짖는 소 리가 그 가운데서 다시는 들리지 아니할 것이며,

⑳ 거기는 날 수가 많지 못하여 죽는 유아와 수한이 차지 못한 노인이 다시는 없을 것

이라, 곧 백세에 죽는 자가 아이겠고 백세 못되어 죽는 자는 저주 받은 것이리라,

㉑ 그들이 가옥을 건축하고 그것에 거하겠고 포도원을 재배하고 열매를 먹을 것이며,

㉒ 그들의 건축한데 타인이 거하지 아니할 것이며, 그들의 재배한 것을 타인이 먹지 아니하리니, 이는 내 백성의 수한이 나무의 수한과 같겠고, 나의 택한 자가 그 손으로 일한 것을 길이 누릴 것임이며,

㉓ 그들의 수고가 헛되지 않겠고, 그들의 생산한 것이 재난에 걸리지 아니하리니, 그들을 여호와의 복된 자의 자손이요, 그 소생도 그들과 함께 될 것임이라,

㉔ 그들이 부르기 전에 내가 응답하겠고 그들이 말을 마치기 전에 내가 들을 것이며

㉕ 이리와 어린 양이 함께 먹을 것이며 사자가 소처럼 짚을 먹을 것이며 뱀은 흙으로 식물을 삼을 것이니, 나의 성산에서는 해함도 없겠고 상함도 없으리라, 여호와의 말이니라.

● 66장

① 이것은 여호와께서 하신 말씀이니라, 하늘은 나의 보좌요, 지구는 나의 발판이니 너희는 나를 위하여 어디에 집을 지을 것이고? 나의 안식할 처소를 어디로 할 것이냐?

② 나 여호와가 말하노라, 나의 손이 이 모든 것을 지어서 다 이루었느니라, 무릇 마음이 가난하고 심령에 통회하며 나의 말을 인하여 떠는 자 그 사람은 내가 권고하려니와,

③ 소를 잡아 드리는 것은 살인함과 다름 없고, 어린 양으로 제사 드리는 것은 개의 목을 꺾음과 다름이 없으며, 드리는 예물은 돼지의 피와 다름이 없고, 분향하는 것은 우상을 찬송함과 다름이 없이 하는 그들은 자기의 길을 택하며, 그들의 미음은 가증한 것을 기뻐한즉,

④ 나도 유혹을 그들에게 택하여 주며, 그 무서워하는 것을 그들에게 임하게 하리니, 이는 내가 불러도 대답하는 자 없으며, 내가 말하여도 그들이 청종하지 않고 오직 나의 목전에 악을 행하며, 나의 기뻐하지 아니하는 것을 택하였음이라, 하시니라,

⑤ 여호와의 말씀을 인하여 떠는 자들아 그 말씀을 들을지어다, 이르시되, 너희 형제가 너희를 미워하며 내 이름을 인하여 너희를 쫓아내며 이르기를, 여호와께서는 영광을 나타내사 너희 기쁨을 우리에게 보이시기를 원하노라, 하였으나, 그들은 수치를 당하리라, 하셨느니라,

⑥ 요란한 소리가 성읍에서부터 오며 목소리가 성전에서부터 들리니 이는 여호와께서 그 대적에게 보응하시는 목소리로다,

⑦ 그녀가 진통하기 전에 낳았으며, 그녀의 고통이 임하기 전에 그녀가 한 남자 아이를 낳았으니,

⑧ 이러한 일을 들은 자가 누구이며, 이러한 일을 본 자가 누구이뇨, 나라가 어찌 하루에 생기겠으며 민족이 어찌 순식간에 나겠느냐? 그러나 시온은 진통하자마자 자기의 자녀들을 낳았도다,

⑨ 여호와께서 말하노라, 내가 태어나게도 하는데 내가 낳지 못하게 하겠느냐? 네 하나님이 말하노라, 아이를 낳게하는 내가 그 태를 닫겠느냐?

⑩ 예루살렘을 사랑하는 이들아 모두 그와 함께 기뻐하고 그를 두고 즐거워하여라, 예루살렘 때문에 애도하던 이들아 모두 그와 함께 크게 기뻐하여라,

⑪ 너희가 그 위로의 품에서 젖을 빨아 배부르리라, 너희가 그 영광스러운 가슴에서 젖을 먹어 흡족해지리라,

⑫ 여호와께서 이같이 말씀하시니라, 보라, 내가 예루살렘에 평화를 강물처럼 끌어들이리라, 민족들의 영화를 넘쳐흐르는 시내처럼 끌어드리리라, 너희는 젖을 빨고 팔에 안겨 다니며 무릎 위에서 귀염을 받으리라,

⑬ 어미가 제자식을 위로함 같이 내가 너희를 위로할 것인즉 너희가 예루살렘에서 위로를 받으리라,

⑭ 너희가 이를 보고 마음은 기뻐하고 너희 뼈마디들은 새 풀처럼 싱싱해지리라, 그리고 여호와의 종들에게는 그분의 손길이, 그분의 원수들에게는 그분의 진노가 드러나리라,

⑮ 보라, 여호와께서 불에 옹위되어 강림하시리니, 그 수레들은 회리바람 같으리로다, 그가 혁혁한 위세로 노를 베푸시며 맹렬한 화염으로 견책하실 것이리라,

⑯ 여호와께서 불과 칼로 모든 인간에게 심판을 하실 것인즉, 여호와께 살륙 당할 자가 많으리니

⑰ 자신들을 구별하여 스스로 정결케 하는 자들도 동산에 들어가서 돼지 고기와 가증한 물건과 쥐를 먹는 자를 따르는 자들은 다 함께 망하리라, 여호와의 말씀이니라, (They that sanctify themselves, and purify themselves in the gardens behind one tree in the mist, eating swine's flesh, and the abomination, and the mouse, shall be consumed together, saith the LORD.-KJV)

("Those who consecrate and purify themselves to go into the gardens, following the one in the midst of those who eat the flesh of pigs and rats and abominable things- they will meet their end together," declares the LORD.-NIV)

(Those who sanctify and purify themselves to go into the gardens, following one who stands within, eating pig's flesh, abomidable things, and mice, shall all together come to an end, with their deeds and purposes-oracle of the LORD.-NAB)

("All who enter the sacred groves for initiation in those unholy rituals that climaxed in that foul and obscene meal of pigs and mice will eat together and then die together." GOD'S Decree.-THE MESSAGE)

⑱ 이는 내가 그들의 행위들과 그들의 생각들을 알기 때문이니라, 때가 이르면 내가 모든 민족들과 언어가 다른 모든 사람들을 모으리니, 그들이 와서 나의 영광을 볼 것이니라,

⑲ 내가 그들 중에 표징을 세워서 그들 중 도피한 자를 열방 곧 다시스의 뿔과 활을 당기는 룻과 및 두발과 야완과 또 나의 명성을 듣지도 못하고 나의 영광을 보지도 못한 먼 섬들로 보내리니, 그들이 나의 영광을 열방에 전파하리라,

⑳ 나 여호와가 말하노라, 이스라엘 자손이 예물을 깨끗한 그릇에 담아 여호와의 집에 드림 같이 그들이 너희 모든 형제를 열방에서 나의 성산 예루살렘으로 말과 수레와 교자와 노새와 약대에 태워다가 여호와께 예물로 드릴 것이요,

㉑ 나는 그 중에서 택하여 제사장과 레위인을 삼으리라, 여호와의 말이니라,

㉒ 니 여호와가 말하노라, 나의 지을 새 하늘과 새 땅이 내 앞에 항상 있는 것 같이, 니희 자손과 너희 이름이 항상 있으리라,

㉓ 여호와가 말하노라, 매달 초하룻날과 매주 안식일에 모든 사람이 이르러 내 앞에 경배하리라,

㉔ 그들이 나가서 내게 거역한 자들의 시체들을 볼 것이라 그 벌레가 죽지 아니하며 그 불이 꺼지지 아니하여 모든 사람에게 가증함이 되리라

예레미야

· 본 성경듣기는 QR코드 인식으로 들을 수 있습니다

● 1장

① 베냐민 땅 아나돗에 있는 제사장들 가운데에서 힐기야의 아들 예레미야의 말이니라,

② 아모스의 아들 유다 왕 요시야의 다스린지 십 삼년에 여호와의 말씀이 예레미야에 임하였고,

③ 계속하여 요시야의 아들 여호야김이 유다를 통치하던 때에도 임하였으며, 그리고 요시야의 또 다른 아들 씨드기아가 유다를 통치하던 십일년 째 오월에 하나님의 메시지가 예레미야에게 생생하게 들려 왔느니라, 그리고 그 해에 예루살렘 사람들이 사로잡혀 갔느니라,

(It came also in the days of Jehoiakim the son of Josiah king of Judah, unto the end of the eleventh year of Zedekiah the son of Josiah king of Juda, unto the carrying away of Jerusalem captive in the fifth month.-KJV)

(and through the reign of Jehoakim son of Josiah king of Juda, down to the fifth month of the eleventh year of Zedekiah son of Josiah king of Juda, when the people of Jerusalem went to exile.-NIV)

(and again in the days of Jehoiakim, son of Josiah, king of Judah, until the end of the eleventh year of Zedekiah, son of Josiah, king of Judah-down to the exile of Jerusalem, in the fifth month.-NAB)

(It continued to come to him during the time Jehoakim son of Josiah reigned over Judah. And it continued to come to him clear down to the fifth of the eleventh year of the reign of Zedekiah son of Josiah over Juda, the year that Jerusalem was taken into exile.-THE MESSAGE)

④ 여호와의 말씀(메씨지)이 내게 임하니라 이르시되,

⑤ 내가 너를 복 중에 짓기 전에 너를 알았고, 네가 태에서 나오기 전에 너를 거룩하게 구별하였고, 너를 열방의 선지자로 세웠노라, 하시기로,

⑥ 내가 가로되, 슬프도소이다, 주 여호와여 보소서! 나는 아이라 말할 줄을 알지 못하나이다,

⑦ 그러나 여호와께서 내게 이르시되, 너는 아이라 하지 말고, 내가 너를 누구에게 보내든지 너는 가며, 내가 네게 무엇을 명하든지, 너는 말할찌니라,

⑧ 너는 그들을 인하여 두려워 말라, 내가 너와 함께하여 너를 구원하리라, 나 여호와의 말이니라, 하시고,

⑨ 여호와께서 그 손을 내밀어 내 입에 대시며, 내게 이르시되, 보라! 내가 내 말을 네 입에 두었노라,

⑩ 보라! 내가 오늘날 너를 열방 만국 위에 세우고, 너를 뽑고, 파괴하며, 파멸하고, 넘어뜨리며 건설하고, 심게 하였느니라,

⑪ 여호와의 말씀이 또 내게 임하니라, 이르시되, 예레미야가 네가 무엇을 보느냐? 대답하되 내가 살구나무 가지를 보나이다,

⑫ 여호와께서 내게 이르시되, 네가 잘 보았도다, 이는 내가 내 말을 지켜 그대로 이루려 함이니라,

⑬ 여호와의 말씀이 다시 내게 임하니라, 이르시되, 네가 무엇을 보느냐? 대답하되 끓는 가마를 보나이다, 그 면이 북에서부터 기울어졌나이다,

⑭ 여호와께서 내세 이르시되, 재앙이 북방에서 일어나 이 땅의 모든 거민에게 임하리라,

⑮ 나 여호와가 말하노라, 내가 북방 모든 나라의 족속을 부를 것인즉, 그들이 와서 예루살렘 성문 어귀에 각기 자리를 정하고, 그 사면 성벽과 유다 모든 성읍을 치리라,

⑯ 무리가 나를 버리고 다른 신들에게 분향하며 자기 손으로 만든 것에 절하였은즉, 내가 나의 심판을 베풀어 그들의 모든 죄악을 징계하리라,

⑰ 그러므로 나는 네 허리를 동이고 일어나 내가 네게 명한 바를 다 그들에게 고하라, 그들을 인하여 두려워 말라, 두렵건대 내가 너로 그들 앞에서 두려움을 당하게 할

까 하노라,

⑱ 보라! 내가 오늘날 너로 그 온 땅과 유다 왕들과 그 족장들과 그 제사장들과 그 땅 백성 앞에 견고한 성읍 쇠기둥 놋성벽이 되게 하였은즉,

⑲ 그들이 너를 치나 이기지 못하리니, 이는 내가 너와 함께하여 너를 구원할 것임이니라, 여호와의 말이니라.

● 2장

① 또한 여호와의 말씀이 내게 임하여 이르시되,

② 가서 예루살렘 거민들의 귀에다 외쳐 말할찌니라, 나는 너의 젊었을 때의 헌신을 기억하노라, 네가 신랑으로써 얼마나 나를 사랑했는지, 그리고 씨뿌리지 못하는 땅 곧 사막을 가로질러 나를 따랐는지를 기억하노라, 라고,

③ 그 때에 이스라엘은 나 여호와의 성물, 곧 나의 소산 중 첫 열매가 되었나니, 그를 삼키는 자면 다 벌을 받아 재앙을 만났으리라, 여호와의 말이니라,

④ 야곱 집과 이스라엘 집 모든 가족아, 나 여호와의 말을 들으라,

⑤ 나 여호와가 이같이 말하노라, 너희 열조가 내게서 무슨 불의함을 보았관대, 나를 멀리하고 허탄한 것을 따라 헛되이 헛되이 행하였느냐?

⑥ 그들이 우리를 에집트 땅에서 인도하여 내시고, 광야 곧 사막과 구덩이 땅 건조하고 사망의 음침한 땅 사람이 다니지 아니하고 거주하지 아니하는 땅을 통과케 하시던 여호와께서 어디 계시냐? 말하지 아니하였도다.

⑦ 내가 너희를 인도하여 기름진 땅에 들여 그 과실과 그 아름다운 것을 먹게 하였거늘, 너희가 이리로 들어와서는 내 땅을 더럽히고 내 유업을 가증히 만들었으며,

⑧ 제사장들은 여호와께서 어디 계시냐? 하지 아니하고, 법 잡은 자들은 나를 알지 못하며, 관리들도 나를 항거하며 선지자들은 바알의 이름으로 예언하고 무익한 것을 좇았느니라,

⑨ 그러므로 내가 여전히 너희와 다투고 너희 후손과도 다투리라, 여호와의 말이니라,

⑩ 너희는 깃딤 섬들에 건너가 보며 계달에도 사람을 보내어, 이 같은 일의 유무를 자세히 살펴보라,

⑪ 도대체 어떤 민족이 자기들의 신들을 바꾼 일이 있느냐? 비록 그것들이 신이 아닐지라도 말이다, 그런데 내 백성은 그들의 영광을 무익한 것과 바꾸었도다,

(Hath a nation changed their gods, which are yet no gods? But my people have changed their glory for that which doth not profit.-KJV)

(Has a nation ever changed its gods? (Yet they are not gods at all.) But my people have exchanged their glory for worthless idols.-NIV)

(Does any other nation change its gods?-even though they are not gods at all! But my people have changed their glory for useless things.-NAB)

(That a nation has traded in its gods for gods that aren't even close to gods? But my people have traded my Glory for empty god-dreams and silly god-schemes.-THE MESSAGE)

⑫ 너 하늘아 이 일을 인하여 놀랄찌어다, 심히 떨지어다, 두려워할찌어다, 여호와의 말이니라,

⑬ 내 백성이 두가지 악을 행하였나니, 곧 생수의 근원되는 나를 버린 것과 스스로 웅덩이를 판 것인 것, 그것은 물을 저축치 못한 터진 웅덩이니라,

⑭ 이스라엘이 종이냐? 태어날 때부터 노예였냐? 어찌하여 포로가 되었느냐?

⑮ 어린 사자들이 너를 향하여 부르짖으며, 소리를 날려 네 땅을 황무케 하였으며, 네 성읍들은 불타서 거민이 없게 되었으며,

⑯ 놉과 다바네스의 자손도 네 정수리를 상하였으니,

⑰ 네 하나님 여호와가 너를 길로 인도할 때에 네가 나를 떠남으로 이를 자초함이 아니냐?

⑱ 네가 사흘의 물을 마시려고 에집트 길에 있음은 어찜이며, 또 그 강의 물들을 마시려고 앗수르 길에 있음은 어찜이뇨?

⑲ 네 악이 너를 징계하겠고, 네 패역이 너를 책할 것이라, 그런즉 네 하나님 여호와를 버림과 네 속에 나를 경외함이 없는 악이요, 고통인 줄 알리라, 주 만군의 여호와의 말이니라,

⑳ 네가 옛적부터 네 멍에를 꺾고, 네 결박을 끊으며 말하기를, 나는 순복지 아니하리라, 하고 모든 높은 산 위와 모든 푸른 나무 아래서 몸을 굽혀 행음하도다,

㉑ 내가 너를 순전한 참 종자 곧 귀한 포도나무로 심었거늘, 내게 대하여 이방 포도나무와 악한 가지가 됨은 어찜이뇨?

㉒ 주 여호와 내가 말하노라, 네가 잿물로 스스로 씻으며, 수다한 비누를 쓸찌라도 네 죄악이 오히려 내 앞에 그저 있으리니,

㉓ 네가 어찌 말하기를, 나는 더럽히지 아니하였다, 바알들을 좇지 아니하였다, 하겠느냐? 골짜기 속에 있는 네 길을 보라, 네 행한 바를 알 것이니라, 너는 발이 빠른 젊은 암약대가 그 길에 어지러이 달림 같았으며,

㉔ 너는 광야에 익숙한 들 암나귀가 그 성욕이 동하므로 헐떡거림 같았도다, 그 성욕의 때에 누가 그것을 막으리요, 그것을 찾는 자들이 수고치 아니하고 그것의 달에 만나리라,

㉕ 내가 또 말하기를, 네 발을 제어하며 벗은 발이 되게 하며, 목을 갈하게 말라 하였으나, 오직 너는 말하기를, 아니라 이는 헛된 말이라, 내가 이방 신을 사랑하였은즉, 그를 따라 가겠노라, 하도다,

㉖ 도적이 붙들리면 수치를 당함 같이 이스라엘 집 곧 그 왕들과 족장들과 제사장들과 선지자들이 수치를 당하였느니라,

㉗ 그들이 나무를 향하여 너는 나의 아비라 하며 돌을 향하여 너는 나를 낳았다, 하고 그 등을 내게로 향하고 그 얼굴은 내게로 향치 아니하다가 환난을 당할 때에는 이르기를, 일어나 우리를 구원하소서! 하리라,

㉘ 네가 만든 네 신들이 어디 있느뇨? 그들이 너의 환난을 당할 때에 구원할 수 있으면 일어날 것이니라, 유다여 너의 신들이 너의 성읍 수와 같도다,

㉙ 나 여호와가 말하노라, 너희가 나와 다툼은 어찜이뇨? 너희가 다 내게 범죄하였느니라,

㉚ 내가 너희 자녀를 때림도 무익함은 그들도 징책을 받지 아니함이라, 너희 칼이 사나운 사자같이 너희 선지자들을 삼켰느니라,

㉛ 너희 이 세대여 여호와의 말을 들어 보라, 내가 이스라엘에게 광야가 되었었느냐? 흑암한 땅이 되었었느냐? 무슨 연고로 내 백성이 말하기를, 우리는 놓였으니 다시 주께로 가지 않겠다 하느냐?

㉜ 처녀가 어찌 그 패물을 잊겠느냐? 신부가 어찌 그 고운 옷을 잊겠느냐? 오직 내 백성은 나를 잊었나니, 그 날 수는 계수할 수 없거늘,

㉝ 네가 어찌 사랑을 얻으려고 네 행위를 아름답게 꾸미느냐? 그러므로 네 행위를 악한 여자들에게까지 가르쳤으며,

㉞ 또 네 옷단에 죄 없는 가난한 자를 죽인 피가 묻었나니, 그들이 담 구멍을 뚫음을 인함이 아니라, 오직 이 모든 일로 너를 책망함을 인함이니라,

㉟ 그러나 너는 말하기를, 나는 무죄하니 그 진노가 참으로 내게서 떠났다, 하거니와

보라 네 말이 나는 죄를 범치 아니하였다, 함을 인하여 내가 너를 심판하리라,

㊱ 네가 어찌하여 네 길을 바꾸어 부지런히 돌아다니느뇨? 네가 앗수르로 인하여 수치를 당함같이 에집트로 인하여 수치를 당할 것이라,

㊲ 네가 두 손으로 네 머리를 싸고 거기서도 나가리니, 이는 네가 의지하는 자들을 나 여호와가 버렸으므로 네가 그들을 인하여 형통치 못할 것임이니라.

● 3장

① 가령 어떤 남자가 자기 아내를 버리므로 그녀가 그를 떠나 타인의 아내가 된다하자, 그 본 남편이 그녀를 다시 그를 받겠느냐? 그리하면 그 땅이 크게 더러워지지 않겠느냐? 하되, 그러나 너는 많은 연인들과 함께 행음하였느니라, 그러할지라도 너는 다시 내게로 돌아올지니라, 여호와의 말씀이니라,

② 네 눈을 들어 높은 곳들을 보라, 너의 행음치 아니한 곳이 어디 있느냐? 네가 길가에 앉아 사람을 기다린 것이 황야에 있는 아라바 사람 같아서 음란과 행악으로 이 땅을 더럽혔도다,

③ 그러므로 단 비가 그쳐졌고, 늦은 비가 없어졌느니라, 그럴지라도 네가 창녀의 낯을 가졌으므로 수치를 알지 못하느니라,

④ 네가 이제부터는 내게 부르짖기를, 나의 아버지여! 아버지는 나의 젊은 시절의 인도자시오니,

⑤ 노를 한 없이 계속하시겠으며 끝까지 두시겠나이까? 하지 않겠느냐? 보라, 네가 이같이 말하여도 악을 행하여 네 욕심을 이루었느니라, 하시니라,

⑥ 요시야왕 때에 여호와께서 또 내게 이르시되, 네가 타락한 이스라엘의 행한 바를 보았느냐! 그가 모든 높은 산에 오르며 모두 푸른 나무 아래로 가서 기기서 행음하였도다,

⑦ 그가 이 모든 일을 행한 후에 내가 말하기를, 그가 내게로 돌아오리라, 하였으나 오히려 내게로 돌아오지 아니하였고, 그 반역한 자매 유다는 그것을 보았느니라,

⑧ 내게 반역한 이스라엘이 간음을 행하였으므로 내가 그를 내어 쫓고 이혼서까지 주었으되, 그 반역한 자매 유다가 두려워 아니하고, 자기도 가서 행음함을 내가 보았노라,

⑨ 그가 돌과 나무로 더불어 행음함을 가볍게 여기고 행음하여 이 땅을 더럽혔거늘,

⑩ 이 모든 일이 있어도 그 반역한 자매 유다가 진심으로 내게 돌아오지 아니하고 거

짓으로 할 뿐이니라, 여호와의 말이니라,

⑪ 여호와께서 내게 이르시되, 타락한 이스라엘은 반역한 이스라엘보다 오히려 의로움이 나타났나니,

⑫ 너는 가서 북을 향하여 이 말을 선포하여 이르라, 여호와께서 가라사대, 타락한 이스라엘아 돌아오라, 나의 노한 얼굴을 너희에게로 향하지 아니하리라, 나는 긍휼이 있는 자라, 노를 한 없이 품지 아니하느니라, 여호와의 말이니라,

⑬ 너는 오직 네 죄를 자복하라, 이는 네 하나님 여호와를 배반하고 네 길로 달려 모든 푸른 나무 아래서 이방 신에게 절하고 내 목소리를 듣지 아니하였음이니라, 여호와의 말이니라,

⑭ 나 여호와가 말하노라, 배역한 자식들아 돌아오라, 나는 너희 남편임이니라, 내가 너희를 성읍에서 하나와 족속 중에서 둘을 택하여 시온으로 데려오겠고,

⑮ 내가 또 내 마음에 합하는 목자를 너희에게 주리니, 그들이 지식과 깨달음으로 너희를 양육하리라,

⑯ 나 여호와가 말하노라, 너희가 이 땅에서 번성하여 많아질 때에는 그들은 여호와의 언약궤를 다시는 말하지 아니할 것이요, 생각지 아니할 것이요, 기억지 아니할 것이요, 찾지 아니할 것이요, 만들지 아니할 것이요,

⑰ 그 때에 예루살렘이 여호와의 보좌라 일컬음이 되며 열방이 그리로 모이리니, 곧 여호와의 이름으로 인하여 예루살렘에 모이고 다시는 그들의 악한 마음이 강퍅한 대로 행치 아니할 것이며,

⑱ 그 때에 유다 족속이 이스라엘 족속과 동행하여 북에서부터 나와서 내가 너희 조상들에게 유업으로 준 땅에 함께 이르리라,

⑲ 내가 스스로 말하기를, 내가 어떻게 하든지 너를 자녀 중에 두며 허다한 나라 중에 아름다운 산업인 이 낙토를 네게 주리라, 하였노라,

⑳ 그런데 이스라엘 족속이 마치 아내가 그 남편을 속이고 떠남같이 너희가 정녕히 나를 속였느니라, 여호와의 말이니라,

㉑ 소리가 높은 처소들에 들리니, 곧 이스라엘 자손의 애곡하며 간구하는 것이라, 그들이 그 길을 굽게 하며 자기 하나님 여호와를 잊어버렸음이로다,

㉒ 타락한 지식들아 돌아오라, 내가 너희의 타락함을 고치리라, 보소서! 우리가 주께 왔사오니, 주의 우리 하나님 여호와 이심이니이다,

㉓ 작은 산들과 큰 산 위의 떠드는 무리에게 바라는 것은 참으로 헛된 것이라, 이스라

엘의 구원은 진실로 우리 하나님 여호와께 있나이다,

㉔ 우리가 어렸을 때로부터 수치의 신들이 우리 조상들의 노고의 산물들을 삼켜버렸나니, 이는 양떼와 소떼와 아들들과 딸들이니라,

(For shame hath devoured the labour of our fathers from our youth; their flocks and their herds, their sons and their daughters.-KJV)

(From our youth shameful gods have consumed the fruits of our father's labor-their flocks and herds, their sons and daughters.-NIV)

(The shameful thing has devoured our ancestors' worth from our youth, Their sheep and cattle, their sons and daughters.-NAB)

(Gypped us out of our inheritance-God-blessed flocks and God-given children.-THE MESSAGE)

㉕ 우리는 수치 중에 눕겠고 우리는 수욕에 덮이울 것이니, 이는 우리와 우리 열조가 어렸을 때로부터 오늘까지 우리 하나님 여호와께 범죄하여, 우리 하나님 여호와의 목소리를 청종치 아니하였음이니이다.

● 4장

① 여호와께서 가라사대, 이스라엘아 네가 돌아오려거든 내게로 돌아오라, 네가 만일 나의 목전에서 가증한 것을 버리고 마음이 요동치 아니하며,

② 진실과 공평과 정의로 여호와의 사람을 가리며 맹세하면 열방이 나로 인하여 스스로 복을 빌며 나로 인하여 자랑하리라,

③ 나 여호와가 유다와 예루살렘 사람에게 이같이 이르노라, 너희 묵은 땅을 갈고 가시덤불 속에 파종하지 말라,

④ 유다인과 예루살렘 거민들아 너희는 스스로 할례를 행하여 너희 마음 가죽을 베고 나 여호와께 속하라, 그렇지 아니하면 너희 행악을 인하여 나의 분노가 불같이 발하여 사르리니, 그것을 끌 자가 없으리라,

⑤ 너희는 유다에 선포하며 예루살렘에 공포하여 이르기를, 이 땅에서 나팔을 불라 하며 또 크게 외쳐 이르기를, 너희는 모이라, 우리가 견고한 성으로 들어가자 하고,

⑥ 시온을 향하여 깃발을 세우라, 지체하지 말고 안전을 위해 도피하라, 내가 북방에서 재앙과 큰 멸망으로 이르게 할 것이 때문이니라,

⑦ 사자가 그 수풀에서 올라왔으며 열방을 멸하는 자가 나아 왔으되, 네 성읍들이 황폐하여 거민이 없게 되리니,

⑧ 이를 인하여 너희는 굵은 베를 두르고 애곡하라, 대저 여호와의 맹렬한 노가 아직 너희에게서 돌이키지 아니하였음이니라,

⑨ 나 여호와가 말하노라, 그 날에 왕과 방백들은 실망할 것이고, 제사장들은 놀랄 것이고, 선지자들도 깜짝 놀라리라,

⑩ 내가 가로되, 슬프도소이다, 주 여호와여! 주께서 진실로 이 백성과 예루살렘을 크게 속이셨나이다, 이르시기를, 너희에게 평강이 있으리라, 하시더니 칼이 생명에 미쳤나이다,

⑪ 그 때에 이 백성과 예루살렘에 말씀하시기를, 황야에서 높은 처소들의 건조한 바람이 내 백성의 딸에게 불어오나니, 키질이나 정결하게 하려는 것이 아니라,

⑫ 곧 그곳으로부터 이보다 더 세찬 바람이 나에게 불어오리니, 이제 나도 또한 그들에게 심판을 내리기 위함이라,

⑬ 보라, 그가 구름같이 올라 오나니, 그 병거는 회리바람 같고, 그 말들은 독수리보다 빠르도다, 우리에게 화 있도다, 우리는 멸망하도다, 하리라,

⑭ 예루살렘아 네 마음의 악을 씻어 버리라, 그리하면 구원을 얻으리라, 네 악한 생각이 네 속에 얼마나 오래 머물겠느냐?

⑮ 단에서 소리를 선포하며 에브라임 산에서 재앙을 공포하는도다,

⑯ 너희는 열방에 고하며 또 예루살렘에 알게 하기를 에워싸고 치는 자들이 먼 땅에서부터 와서 유다 성읍들을 향하여 소리를 지른다, 하라,

⑰ 그들이 밭을 지키는 자같이 예루살렘을 에워싸나니, 이는 그가 나를 거역한 연고니라, 여호와의 말이니라,

⑱ 네 길과 행사가 이 일들을 부르게 하였나니, 이는 너의 악함이라, 그 고통이 네 마음에까지 미치느니라,

⑲ 슬프고 아프다, 내 마음 속이 아프고 내 마음이 답답하여 잠잠할 수 없으니, 이는 나의 심령 네가 나팔소리와 전쟁의 경보를 들음이로다,

⑳ 패망에 패망이 연속하여 온 땅이 탈취를 당하니, 나의 천막은 홀연히 파멸되며 나의 휘장은 잠시간에 열파되도다,

㉑ 내가 저 기호를 보며 나팔 소리 듣기를 어느 때까지 할꼬,

㉒ 내 백성은 나를 알지 못하는 우준한 자요, 지각이 없는 미련한 자식이라 악을 행하

기에는 지각이 있으나 선을 행하기에는 무지하도다,

㉓ 내가 땅을 본즉, 혼돈하고 공허하며 하늘들을 우러른즉 거기 빛이 없으며,

㉔ 내가 산들을 본즉, 다 진동하며 작은 산들도 요동하며,

㉕ 내가 본즉 사람이 없으며 공중의 새가 다 날아 갔으며,

㉖ 내가 본즉, 좋은 땅이 황무지가 되었으며, 그 모든 성읍이 여호와의 앞 그 맹렬한 진노 앞에 무너졌으니,

㉗ 이는 여호와의 말씀에 이 온 땅이 황폐할 것이나 내가 진멸하지는 아니할 것이며,

㉘ 이로 인하여 땅이 슬퍼할 것이며, 위의 하늘이 흑암할 것이라 내가 이미 말하였으며 작정하였고, 후회하지 아니하였은즉, 또한 돌이키지 아니하리라, 하셨음이로다,

㉙ 기병과 활쏘는 자의 소리로 인하여 모든 성읍이 도망하여 수풀에 들어가고, 바위에 기어오르며 각 성읍의 버림을 당하여 거기 거하는 사람이 없나니,

㉚ 멸망을 당한 자여 네가 어떻게 하려느냐? 네가 붉은 옷을 입고 금장식으로 단장하고 눈을 그려 꾸밀지라도 너의 화장한 것이 헛된 일이라, 연인들이 너를 멸시하여 네 생명을 찾느니라,

㉛ 내가 소리를 들은즉 여인의 해산하는 소리 같고 초산하는 자의 고통하는 소리 같으니, 이는 딸 시온의 소리라 그가 헐떡이며 그 손을 펴고 이르기를, 네게 화 있도다, 살륙하는 자를 인하여 나의 심령이 피곤하도다, 하는도다.

● 5장

① 너희는 예루살렘 거리로 빨리 왕래하며 그 넓은 거리에서 찾아보고 알라, 너희가 만일 공의를 행하며 진리를 구하는 자를 한 사람이라두 찾으면, 내가 이 성읍을 용서하리라,

② 비록 그들이 여호와의 살아계심 같이 확실하게 맹세할찌라도 실상은 그들은 거짓되이 맹세하는도다,

③ 여호와여! 주의 눈이 성실을 돌아보지 아니하시나이까? 주께서 그들을 치셨을찌라도, 그들이 아픈 줄을 알지 못하며, 그들을 거의 멸하셨을찌라도, 그들이 징계를 받지 아니하고, 그 얼굴을 반석보다 굳게 하여 돌아오기를 싫어하므로,

④ 내가 말하기를, 이 무리는 비천하고 우준한 것 뿐이라, 여호와의 길 자기 하나님의 법을 알지 못하니,

⑤ 내가 귀인들에게 가서 그들에게 말하리라, 그들은 여호와의 길, 자기 하나님의 법을 안다 하였더니, 그들도 일제히 그 멍에를 꺾고 결박을 끊은지라,

⑥ 그러므로 수풀에서 나오는 사자가 그들을 죽이며, 사막의 이리가 그들을 멸하며, 표범이 성읍들을 엿보은즉, 그리로 나오는 자마다 찢기오리니, 이는 그들의 허물이 많고 타락함이 심함이니이다,

⑦ 내가 너를 어찌 사하겠느냐? 네 자녀가 나를 버리고 신이 아닌 것들로 맹세하였으며, 내가 그들을 배불리 먹인즉, 그들이 행음하며 창기의 집에 허다히 모이며,

⑧ 그들은 살찌고 두루 다니는 수 말같이 각기 이웃의 아내를 따라 부르짖는도다,

⑨ 나 여호와가 이르노라, 내가 어찌 이 일들을 인하여 벌하지 아니하겠으며, 내 마음이 이런 나라에 원수를 갚지 않겠느냐?

⑩ 너희는 그 성벽에 올라가 훼파하고, 다 훼파하지 말고, 그 가지만 꺾어버리라, 여호와의 것이 아님이니라,

⑪ 나 여호와가 말하노라, 이스라엘 족속과 유다 족속이 내게 심히 반역하였느니라,

⑫ 그들이 여호와를 인정치 아니하며 말하기를, 여호와는 계신 것이 아닌즉, 재앙이 우리에게 임하지 않을 것이요, 우리가 칼과 기근을 보지 아니할 것이며,

⑬ 선지자들은 바람이라 말씀이 그들의 속에 있지 아니한즉, 그같이 그들이 당하리라 하느니라,

⑭ 그러므로 만군의 하나님 여호와가 이같이 말하노라, 그들이 이 말을 하였은즉, 볼찌어다, 내가 네 입에 있는 나의 말로 불이 되게 하고, 이 백성으로 나무가 되게 하리니, 그 불이 그들을 사르리라,

⑮ 나 여호와가 말하노라, 이스라엘 족속아, 보라! 내가 한 나라를 원방에서 너희에게로 오게 하리니, 곧 강하고 오랜 나라라, 그 민족의 말을 네가 알지 못하며, 그 말을 네가 깨닫지 못하느니라,

⑯ 그 전통은 열린 묘실이요, 그 사람들은 다 용사라,

⑰ 그들이 네 자녀들의 먹을 추수 곡물과 양식을 먹으며, 네 양떼와 소떼를 먹으며, 네 포도나무와 무화과 나무 열매를 먹으며, 네가 의뢰하는 견고한 성들을 칼로 파멸하리라,

⑱ 나 여호와가 말하노라, 그 때에도 내가 너희를 진멸치는 아니하리라,

⑲ 그들이 만일 이르기를, 우리 하나님 여호와께서 어찌하여 이 모든 일을 우리에게 행하셨느뇨? 하거든 너는 그들에게 이르기를, 너희가 여호와를 버리고, 너희 땅에

서 이방 신들을 섬겼은즉, 이와 같이 너희 것이 아닌 땅에서 이방인들을 섬기리라 하라,

⑳ 너는 이를 야곱 집에 선포하며 유다에 공포하여 이르기를,

㉑ 우준하여 지각이 없으며 눈이 있어도 보지 못하며 귀가 있어도 듣지 못하는 백성 이여 이를 들을찌어다,

㉒ 여호와께서 말씀하시되, 너희가 나를 두려워 아니하느냐? 내 앞에서 떨지 아니하 겠느냐? 내가 모래를 두어 바다의 제한을 삼되, 그것으로 영원한 제한을 삼고, 지 나치지 못하게 하였으므로 파도가 흉용하나, 그것을 이기지 못하며 뛰노나, 그것 을 넘지 못하느니라,

㉓ 그러나 너희 백성은 배반하며 반역하는 마음이 있어서 이미 배반하고 갔으며,

㉔ 또 너희 마음으로 우리에게 이른 비와 늦은 비를 때를 따라 주시며, 우리를 위하여 추수 기한을 정하시는 우리 하나님 여호와를 경외하자, 말하지도 아니하니,

㉕ 너희 허물이 이러한 일들을 물리쳤고, 너희 죄가 너희에게 오는 좋은 것을 막았느 니라,

㉖ 내 백성 너희 중에 악인이 있어서 새 사냥군의 매복함 같이 지키며 덫을 놓아 사람 을 잡으며,

㉗ 새장에 새들이 가득함같이 너희 집들에 속임이 가득하도다, 그러므로 너희가 창대 하고 거부가 되어,

㉘ 살찌고 윤택하며, 또 행위가 심히 악하여 자기 이익을 얻으려고 송사, 곧 고아의 송 사를 공정히 하지 아니하며 빈민의 송사를 공평히 판결치 아니하니,

㉙ 내가 이 일들을 인하여 벌하지 아니하겠으며, 내 마음이 이 같은 나라에 복수하지 않겠느냐? 여호와의 말이니라,

㉚ 이 땅에 기괴하고 놀라운 일이 있도다,

㉛ 즉, 선지자들은 거짓을 예언하며, 제사장들은 자기 권력으로 다스리며, 내 백성은 그것을 좋게 여기니, 그 마지막에는 너희가 어찌하려느냐?

● 6장

① 베냐민 자손들아, 모여서 예루살렘의 한가운데로부터 피난하라, 드고아에서 나팔 을 불고 벧학게렘에서 불로 표적을 세울지니, 이는 재앙과 큰 파멸이 북방에서 나 타나기 때문이니라,

② 아름답고 오묘한 시온의 딸을 내가 파멸시키리니,

③ 목자들이 그 무리 양을 몰고 와서 그녀의 사면에 자기 장막을 치고 각기 처소에서 먹이리로다,

④ 너희는 그녀를 치기를 준비하라, 일어나라, 우리가 정오에 올라가자, 아하, 아깝다 날이 기울어 저녁별 그늘이 길었구나,

⑤ 일어나라, 우리가 밤으로 올라가서 그녀의 궁궐들을 파괴하자 하도다,

⑥ 나 만군의 여호와가 이같이 말하노라, 너희는 나무를 베어서 예루살렘을 향하여 성벽을 쌓으라, 이는 벌 받을 성이라, 그녀의 가운데에는 온통 학대 뿐이로다,

⑦ 샘이 그 물을 솟쳐냄같이 그가 그 악을 발하니, 강포와 탈취가 거기서 들리며 질병과 창상이 내 앞에 계속하니라,

⑧ 예루살렘아 너는 훈계를 받으라, 그리하지 아니하면 내 마음이 너를 싫어하고 너로 황무케 하여 거민이 없는 땅을 만들리라,

⑨ 만군의 여호와께서 이같이 말씀하노라, 그들이 이스라엘의 남은 자를 포도같이 철저히 주우리니, 광주리 속으로 포도를 모으는 자같이 네 손을 돌이키라,

⑩ 내가 누구에게 말하며 누구에게 경책하여 듣게 할꼬, 그 귀가 할례를 받지 못하였으므로 듣지 못하는도다, 보라, 여호와의 말씀을 그들이 자기에게 욕으로 여기고 이를 즐겨 아니하니,

⑪ 그러므로 여호와의 분노가 내게 가득하니 참기 어렵도다, 그것을 거리에 있는 아이들과 모인 청년들에게 부으리니, 지아비와 지어미와 노인과 늙은이가 다 잡히리로다,

⑫ 여호와께서 말씀하시되, 내가 그 땅 거민에게 내 손을 펼 것인즉, 그들이 집과 밭과 아내가 타인의 소유로 이전되리니,

⑬ 이는 그들이 가장 작은 자로부터 큰 자까지 다 탐욕에 빠졌고 선지자로부터 제사장까지 다 거짓을 행함이라,

⑭ 그들이 내 백성의 상처를 심상히 고쳐주며 말하기를, 평강하다, 평강하다 하나, 평강이 없도다,

⑮ 그들이 가증한 일을 행할 때에 부끄러워하였느냐? 아니라 조금도 부끄러워 아니할 뿐 아니라, 얼굴도 붉어지지 않았느니라, 그러므로 그들이 엎드러지는 자와 함께 엎드러질 것이라, 내가 그들을 벌하리니, 그 때에 그들이 거꾸러지리라, 여호와의 말이니라,

⑯ 여호와께서 이같이 말씀하시되, 너희는 길에 서서 보며 옛적 길 곧 선한 길이 어디인지 알아보고 그리로 행하라, 너희 심령이 평강을 얻으리라, 하나, 그들의 대답이 우리는 그리로 행치 않겠노라, 하였으며,

⑰ 내가 또 너희 위에 파숫군을 세웠으니 나팔소리를 들으라, 하나, 그들의 대답이 우리는 듣니 않겠노라, 하였도다,

⑱ 그러므로 너희 이교도들아 들으라, 회중아 그들의 당할 일을 알라

⑲ 땅이여 들으라, 내가 이 백성에게 재앙을 내리리라, 이것이 그들의 생각의 결과라, 그들이 내 말을 듣지 아니하며 내 법을 버렸음이니라,

⑳ 시바에서 유향과 원방에서 향품을 내게로 가져옴은 어점이뇨? 나는 그들의 번제를 받지 아니하며, 그들의 희생을 달게 여기지 않노라,

㉑ 그러므로 나 여호와가 이같이 말하노라, 보라, 내가 이 백성 앞에서 거침을 두리니, 아비와 아들들이 한가지로 거기 거치며 이웃과 그 친구가 함께 멸망하리라,

㉒ 여호와께서 이같이 말씀하시되, 보라, 한 민족이 북방에서 오며 큰 나라가 땅 끝에서부터 떨쳐 일어나나니,

㉓ 그들은 활과 창을 잡았고 잔인하여 자비가 없으며, 그 목소리는 바다가 흉용함 같은 자라, 그들이 말을 타고 전사같이 다 항오를 벌이고 딸 시온 너를 치려하느니라, 하시도다,

㉔ 우리가 그 소문을 들었으므로 손이 약하여졌고, 고통이 우리를 잡았으므로 아픔이 해산하는 여인 같도다,

㉕ 너희는 밭에도 나가지 말라, 길로도 행치 말라, 대적의 칼이 있고 사방에 두려움이 있음이니라,

㉖ 딸 내 백성이 굵은 베를 두르고 재들 가운데에서 딩굴며, 독자를 잃은 것같이 슬피하며 통곡할찌어다, 멸망시킬 자가 홀연히 우리에게 올 것임이니라,

㉗ 내가 너를 내 백성 가운데 망대와 요새로 세웠으니, 너로 그들의 길을 알고 살피게 하려 함이라,

㉘ 그들은 다 심히 배반한 자들이며 비방하며 다니는 자들이라, 그들은 놋과 철이며 다 사악한 자들이라,

㉙ 풀무질을 세게 하여 그 불에 납이 살려져도 단련하는 자의 일은 헛되게 되느니라, 이는 악한 자들이 제하여지지 아니하기 때문이니라.

(The bellows are burned, the lead is consumed of the fire, the founder melteth in vain: for the wicked are not plucked away.-KJV)

(The bellows blow fiercely to burn away the lead with fire, but the refining goes on in vain; but the wicked are not purged out.-NIV)

(The bellows are scorched, the lead is consumed by the fire, In vain has the refiner refined, the wicked are not drawn off.-NAB)

(God gave me this task: "I have made you the examiner of my people, to examine and weigh their lives, They're a thickheaded, hard-nosed bunch, rotten to the core, the lot of them. Refining fires are cranked up to white heat, but the ore stays a lump, unchanged.-THE MESSAGE)

㉚ 사람들이 그들을 내어버린 은이라 부르나니, 이는 여호와께서 그들을 버리셨기 때문이니라.

• 7장

① 여호와께로서 예레미야에게 말씀이 임하니라, 가라사대,

② 너는 여호와의 집 문에 서서 이 말을 선포하여 이르기를, 여호와께 경배하러 이 문으로 들어가는 유다인아, 다 여호와의 말씀을 들어라,

③ 만군의 여호와 이스라엘의 하나님이 이같이 말씀하시되, 너희 길과 행위를 바르게 하라, 그리하면 내가 너희로 이곳에 거하게 하리라,

④ 너희는 이것이 여호와의 성전이라, 여호와의 성전이라, 여호와의 성전이라, 하는 거짓말을 믿지 말라

⑤ 너희가 만일 길과 행위를 참으로 바르게 하여 이웃들 사이에 공의를 행하며,

⑥ 이방인과 고아와 과부를 압제하지 말며, 무죄한 자의 피를 이곳에서 흘리지 아니하며, 다른 신들을 좇아 스스로 해하지 아니하면,

⑦ 내가 너희를 이곳에 거하게 하리니, 곧 너희 조상에게 영원 무궁히 준 이 땅에니라,

⑧ 너희가 무익한 거짓말을 신뢰하는도다,

⑨ 너희가 도적질 하며, 살인하며, 간음하며, 거짓 맹세하며, 바알에게 분향하며, 너희의 알지 못하는 다른 신들을 좇으면서,

⑩ 내 이름으로 일컬음을 받는 이 집에 들어와서 내 앞에 서서 말하기를, 우리가 구원을 얻었나이다, 하느냐? 이는 이 모든 가증한 일을 행하려 함이로다,

⑪ 내 이름으로 일컬음을 받는 이 집이 너희 눈에는 도적의 굴혈로 보이느냐? 보라,

나 곧 내가 그것을 보았노라, 여호와의 말이니라,

⑫ 너희는 내가 처음으로 내 이름을 둔 처소 실로에 가서, 내 백성 이스라엘의 악을 인하여 내가 어떻게 행한 것을 보라,

⑬ 나, 여호와가 말하노라, 이제 너희가 그 모든 일을 행하였으며, 내가 너희에게 말하되, 새벽부터 부지런히 말하여도 듣지 아니하였고, 너희를 불러도 대답지 아니하였느니라,

⑭ 그러므로 내가 실로에 행함 같이 너희가 의뢰하는바, 내 이름으로 일컬음을 받는 이 집 곧 너희와 너희 열조에게 준 이곳에 행하겠고,

⑮ 내가 너희 모든 형제 곧 에브라임 온 자손을 좇아냄같이, 내 앞에서 너희를 좇아내리라, 하셨다, 할찌니라,

⑯ 그런즉, 너는 이 백성을 위하여 기도하지 말라, 그들을 위하여 부르짖어 구하지 말라, 내게 간구하지 말라, 내가 네 말을 듣지 아니하리라,

⑰ 너는 그들이 유다 성읍들과 예루살렘 거리에서 행하는 일을 보지 못하였느냐?

⑱ 자식들은 나무를 줍고, 아비들은 불을 피우며, 부녀들은 가루를 반죽하여 하늘의 여왕을 위하여 과자를 만들며, 그들이 또 다른 신들에게 전제(drink offerings)를 부음으로 나의 노를 격동하였느니라,

⑲ 나 여호와가 말하노라, 그러나 그들이 모욕한 것이 나인줄 아느냐? 오히려 그들 자신이 아니냐? 그들이 수치를 당하게 된 것이다,

⑳ 그러므로 주 여호와 내가 이같이 말하노라, 보라, 나의 진노와 분한을 이곳에 붓되, 사람과 짐승과 들나무와 땅의 소산에 부으리니, 불 같이 살라지고 꺼지지 아니하리라, 하시니라,

㉑ 만군의 여호와 이스라엘의 하나님이 이같이 말씀하시되, 너희 희생에 번제물을 아울러 그 고기를 먹으라,

㉒ 대저 내가 너희 열조를 에집트 땅에서 인도하여 낸 날에 번제나 희생에 대하여 말하지 아니하며, 명하지 아니하고,

㉓ 오직 내가 이것으로 그들에게 명하여 이르기를, 너희는 내 목소리를 들으라, 그리하면 나는 너희 하나님이 되겠고, 너희는 내 백성이 되리라, 너희는 나의 명한 모든 길로 행하라, 그리하면 복을 받으리라, 하였으나,

㉔ 그들이 청종치 아니하여 귀를 기울이지도 아니하고, 자기의 악한 마음의 꾀와 강퍅한 대로 행하여, 그 등을 내게로 향하고 그 얼굴을 행치 아니하였으며,

㉕ 너희 열조가 에집트 땅에서 나온 날부터 오늘까지 내가 내 종 선지자들을 너희에게 보내었으되, 부지런히 보내었으나,

㉖ 너희가 내 말을 청종치 아니하며 귀를 기울이지 아니하고, 목을 굳게 하여 너희 열조보다 악을 더 행하였느니라,

㉗ 네가 그들에게 이 모든 말을 할찌라도, 그들이 너 말을 청종치 아니할 것이요, 네가 그들을 불러도 그들이 네게 대답지 아니하리니,

㉘ 너는 그들에게 말하기를, 너희는 너희 하나님 여호와의 목소리를 청종치 아니하며, 교훈을 받지 아니하는 국민이라, 진실이 없어져 너희 입에서 끊어졌다 할찌니라,

㉙ 예루살렘아, 너의 머리털을 베어 버리고 자산 위에서 호곡할찌어다, 여호와께서 그 노하신바 이 세대를 끊어버리셨음이니라,

㉚ 여호와께서 말씀하시되, 유다 자손이 나의 목전에 악을 행하여 내 이름으로 일컬음을 받는 집에 그들의 가증한 것을 두어 집을 더렵혔으며,

㉛ 그들은 '벤 힌놈 골짜기'에 토벳의 산당을 세우고 저희 아들 딸들을 불에 살라 바쳤는데, 이는 내가 명령한 적도 없고 내 마음 속에 떠오른 적도 없는 일이니라,

㉜ 그러므로 나 여호와가 말하노라, 날이 이르면 이곳을 도벳이라 하거나, 힌놈의 아들의 골짜기라 칭하지 아니하고, 살륙의 골짜기라 칭하리니, 매장할 자리가 없도록 도벳에 장사함을 인함이니라,

㉝ 이 백성의 시체가 공중의 새와 땅 짐승 밥이 될 것이나 그것을 쫓을 자가 없을 것이라,

㉞ 그 때에 내가 유다 성읍들과 예루살렘의 거리들로부터 환희의 음성과 기쁨의 음성과 신랑의 음성과 신부의 음성을 끊쳐지게 하리니, 이는 그 땅이 황폐하게 될 것임이라,

● 8장

① 나 여호와가 말하노라, 그 때에 사람들이 유다 왕들의 뼈와 그 방백들의 뼈와 제사장들의 뼈와 선지자들의 뼈와 예루살렘 거민들의 뼈를 그 묘실에서 끌어내어,

② 그들의 사랑하며 섬기며 순복하며 구하며 경배하던 해와 달과 하늘의 뭇 별 아래 쬐리니, 그 뼈가 모아지거나 묻히지 못하여, 지면에서 거름같이 되리라,

③ 이 악한 족속 중의 남아 있는 모든 자는 사는 것보다 오히려 죽음을 택하리니, 이들

은 내가 쫓아내버린 모든 곳들에서 남아 있는 자들이니라, 만군의 여호와의 말이니라,

④ 너는 또 그들에게 말하기를, 여호와의 말씀에 사람이 엎드러지면 어찌 일어나지 아니하겠으며 사람이 떠나 갔으면 어찌 돌아오지 아니하겠느냐?

⑤ 이 예루살렘 백성이 항상 나를 떠나 물러감은 어찜이뇨? 그들이 거짓을 고집하고 돌아오기를 거절하도다,

⑥ 내가 귀를 기울여 들은즉, 그들이 정직을 말하지 아니하며 그 악을 뉘우쳐서 나의 행한 것이 무엇인고 말하는 자가 없고 전장을 향하여 달리는 말같이 각각 그 길로 행하도다,

⑦ 공중의 학은 그 정한 시기를 알고, 비둘기와 제비와 두루미는 그 올 때를 지키거늘, 내 백성은 여호와의 규례를 알지 못하도다, 하셨다, 하라,

⑧ 너희가 어찌 우리는 지혜가 있고, 우리에게는 여호와의 율법이 있다 말하겠느뇨? 참으로 서기관의 거짓 붓이 거짓되게 하였나니,

⑨ 지혜롭다 하는 자들은 수치를 받으며 당황하는 중에 잡히는도다, 보라 그들이 나 여호와의 말을 버렸으니 그들에게 무슨 지혜가 있으랴?

⑩ 그러므로 내가 그들의 아내를 타인에게 주겠고, 그들의 밭들도 그 차지할 자들에게 주리니, 그들은 가장 작은 자로부터 큰 자까지 다 탐심에 빠졌으며 선지자들로부터 제사장까지 다 거짓을 행함이라,

⑪ 그들이 딸 내 백성의 상처를 조금 고쳐주며 말하기를, 평화로다, 평화하다, 하나 평화가 없도다,

⑫ 그들이 가증한 일을 행할 때에 부끄러워하였느냐? 아니라 조금도 부끄러워 아니할 뿐 아니라 얼굴도 붉어지지 아니하였느니라, 그러므로 그들이 엎드러질 지와 함께 엎드러질 것이라, 내가 그들을 벌 할 때에 그들이 거꾸러지리라, 여호와의 말이니라,

⑬ 여호와께서 말씀하시되, 내가 그들을 진멸하리니, 포도나무에 포도가 없을 것이며, 무화과 나무에 무화과가 없을 것이며, 그 잎사귀가 마를 것이라, 내가 그들에게 준 것이 없어지리라 하셨나니,

⑭ 우리가 어찌 가만히 앉았으랴? 모일찌어다, 우리가 견고한 성읍들로나 들어가서 거기서 멸망하사, 우리가 여호와께 범죄하였으므로 우리 하나님 여호와께서 우리를 멸하시며 우리에게 독한 물을 마시우심이니라,

⑮ 우리가 평강을 바라나 좋은 것이 없으며, 고치심을 입을 때에 바라나 놀라움 뿐이로다,

⑯ 그 말의 부르짖음이 단에서부터 들리고, 그 준마들의 우는 소리에 온 땅이 진동하며, 그들이 이르러 이 땅과 그 소유와 성읍과 그 중의 거민을 삼켰도다,

⑰ 여호와께서 말씀하시되, 내가 술법으로도 제어 할 수 없는 뱀과 독사를 너희 중에 보내리니, 그것들이 너희를 물리라 하시도다,

⑱ 슬프다! 나의 근심이여 어떻게 위로를 얻을 수 있을까? 나의 마음이 번뇌하는도다,

⑲ 보라, 먼 나라에 거하는 내 백성의 울부짖는 소리로다, 여호와께서 시온에 계시지 아니하느냐? 그녀의 왕이 더 이상 그곳에 계시지 아니하느냐? 그리고 여호와께서 이르시기를, 왜 그들이 그 조각한 신상과 이방의 헛된 우상들로 나를 격노케 하였는고 하시니,

⑳ 추수할 때가 지나고 여름이 다하였으나 우리는 구원을 얻지 못한다, 하는도다,

㉑ 이는 내 백성의 딸의 상처로 인하여 내가 상하였으므로 내가 암담하고 놀라움에 사로잡혔도다,

㉒ 길르앗에는 유향이 있지 아니한가? 그곳에는 의사가 있지 아니한가? 그런데 어찌하여 내 백성의 딸이 치료를 받지 못함은 어찜인고?

● 9장

① 오, 나의 머리는 물의 샘이 되고 나의 눈들은 눈물의 원천이라! 나는 살륙 당한 내 백성을 위하여 밤낮으로 통곡하리로다,

② 오, 내가 황야에서 나그네의 유할 곳을 얻으면, 나의 백성을 떠나 그들로부터 멀리 가리니, 그들은 다 행음하는 자요, 배반한 자의 무리이기 때문이로다,

③ 여호와께서 말씀하시되, 그들이 활을 당김 같이 그 혀를 놀려 거짓을 말하며, 그들이 이 땅에서 강성하나 진실하지 아니하고 악에서 악으로 진행하며 또 나를 알지 아니하느니라,

④ 너희는 각기 이웃을 삼가며 아무 형제든지 믿지 말라, 형제마다 온전히 속이며 이웃마다 다니며 비방함이니라,

⑤ 그들은 각기 이웃을 속이며 진실을 말하지 아니하며, 그 혀로 거짓말 하기를, 가르치며 악을 행하기에 수고하거늘,

⑥ 네 처소는 속인 가운데 있도다, 그들은 속임으로 인하여 나 알기를 싫어하느니라,

나 여호와의 말이니라, 하시니라,

⑦ 그러므로 만군의 여호와께서 말씀하신다, 보아라, 내가 그들을 녹여 그 본색을 드러내 보일 것이다, 이렇게 사악한 백성에게 내가 달리 무엇을 할 수 있겠느냐?
(Therefore thus saith the LORD of hosts, Behold, I will melt them, and try them; for how shall I do for the daughter of my people?-KJV)
(Therefore this is what the LORD Amighty says: "See, I will refine and test them, for what else can I do because of the sin of my people?-NIV)
(Therefore, thus says the LORD of hosts: I will refine them and test them; hoe else should I deal with the daughter of my people?-NAB)
(Therefore, GOD-of-the-Angel-Armies says: "Watch this! I'll melt them down and see what they're made of. What else can I do with a people this wicked?-THE MESSAGE)

⑧ 그들의 혀는 죽이는 살이라, 거짓을 말하며, 입으로는 그 이웃에게 평화를 말하나 중심에는 해를 도모하는도다,

⑨ 이런데도 내가 그저 팔짱만 낀 채 보고 있어야 하느냐? 이와같은 그런 자들에게 내가 복수하지 아니하여야 하겠느냐? 여호와의 말씀이니라,

⑩ 내가 산들을 위하여 곡하며 부르짖으며 황야 목장을 위하여 슬퍼하나니, 이는 그것들이 불에 탔으므로 지나가는 자도 없으며, 거기서 가축의 소리가 들리지 아니하며, 공중의 새도 짐승도 다 도망하여 없어졌음이니라,

⑪ 내가 예루살렘으로 폐허 더미를 만들어 승냥이나 어슬렁거리며 다니는 굴혈이 되게 할 것이다, 나는 유다 성읍들을 전부 폐허로 전락시킬 것이다, 아무도 살지 않는 폐허로!

⑫ 지혜가 있어서 이 일을 깨달을 만한 자가 누구며? 여호와의 입의 말씀을 받아서 우리에게 알려 줄 자 어디 없는가? 나라가 이토록 황폐해진 까닭이 무엇인가? 어지하여 인적 하나 없는 황무지가 되어 버렸는가?

⑬ 여호와께 말씀하시되, 이는 그들이 내가 그들의 앞에 세운 나의 법을 버리고 내 목소리를 청종치 아니하고, 그대로 행치 아니하며,

⑭ 그 마음의 강퍅함을 따라 그 열조가 자기에게 가르친 바알들을 좇았음이라,

⑮ 그러므로 만군의 여호와 이스라엘의 하나님 내가 말하노라, 보라, 내가 그들 곧 이 백성에게 쑥을 먹이며 독한 물을 마시우고,

⑯ 그러고는 그들 모두를 저 먼 곳, 아무도 들어 보지 못한 이방 민족들 사이로 흩어 버리고, 죽음이 그들을 끝까지 추격하여 쓸어버리게 할 것이니라,

⑰ 만군의 여호와께서 이같이 말씀하시되, 너희는 잘 생각하고 곡하는 부녀를 불러오며, 또 보내어 지혜로운 부녀를 불러오되,

⑱ 그들로 빨리 와서 우리를 위하여 애곡하게 하여, 우리의 눈에서 눈물이 떨어지게 하며, 우리 눈꺼풀에서 물이 쏟아지게 하라,

⑲ 이는 시온에서 호곡하는 소리가 들려 이르기를, 우리가 아주 망하였구나, 우리가 크게 수욕을 당하였구나, 우리가 그 땅을 떠난 것은 그들이 우리 주택을 헐었음이로다, 함이로다,

⑳ 부녀들이여, 여호와의 말씀을 들으라, 너희 귀에 그 입의 말씀을 들으라, 너희 딸들에게 애곡을 가르치며, 각기 이웃에게 애가를 가르치라,

㉑ 대저 사망이 우리 창문에 올라오고, 우리 궁실에 들어오며, 밖에서는 자녀와 거리에서는 청년들을 멸절하려 하느니라,

㉒ 이르되, 이것은 여호와가 언명하신 것이니라: 사람들의 시체들이 넓은 들의 쓰레기 같고, 추수하는 자의 뒤에 떨어져 남겨진 낟알 같이 널부러져 있을 것이니라, 그러나 누구도 그것들을 모으지 못하느니라, 하셨느니라,

㉓ 여호와께서 이같이 말씀하시되, 지혜로운 자는 그 지혜를 자랑치 말라, 용사는 그 용맹을 자랑치 말라, 부자는 그 부함을 자랑치 말라,

㉔ 자랑하는 자는 이것으로 자랑할찌니, 곧 깨달아서 나를 아는 것과 나 여호와는 인애와 공평과 정직을 행하는 자인줄 깨닫는 것이라,, 나는 이 일을 기뻐하노라, 여호와의 말이니라,

㉕ 여호와께서 말씀하시되, 날이 이르면 할례 받은 자와 할례 받지 못한 자를 내가 다 벌하리니,

㉖ 곧 에집트와 유다와 애돔과 암몬 자손과 모압과 먼 지역에 있는 황야에 거하는 사람들을 벌하리라, 이는 이 모든 이방인들이 진정으로 할례를 받지 않았고, 이스라엘 족속들까지도 마음으로 할례를 받지 못하였기 때문이라, 하셨느니라,

● 10장

① 이스라엘 집의 가족들이여, 여호와께서 너희에게 이르시는 말씀을 들을찌어다,

② 여호와께서 이같이 말씀하시느니라, 이방인들의 길을 배우지 말라, 비록 이방인들

이 하늘의 징조를 두려워할지라도 너희는 그것을 두려워 말라,

(Thus saith the LORD, Learn not the way of the heathen, and be not dismayed at the signs of heaven; for the heathen are dismayed at them.-KJV)

(This is what the LORD says: "Do not learn the ways of the nations or be terrified by signs in the sky, though the nations are terrified by them.-NIV)

(Thus says the LORD: Do not learn the ways of the nations, and have no fear of the signs in the heavens, even though the nations fear them.-NAB)

(Listen most carefully: "Don't be impressed by their glamour and glitz, no matter how much they're impressed.-THE MESSAGE)

③ 그 백성들의 관습들은 헛된 것이다, 사실 나무가 숲 속에서 도끼로 잘라진 뒤 장인들의 손으로 도끼로 다듬어지고,

④ 그들이 은과 금으로 그것에 꾸미고 못과 장도리로 그것을 든든히 하여 요동치 않게 하나니,

⑤ 저들의 우상들은 오이 밭의 허수아비 같아서 말도 못하고 걸어다니지도 못하므로 누군가 반드시 날라다 주어야 하느니라, 그것들을 두려워하지 마라, 그것들은 해로움도 끼칠 수 없고 이로움도 줄 수 없느니라,

⑥ 여호와여, 주와 같은 자 없나이다, 주는 크시니, 주의 이름이 그 권능으로 인하여 크시나이다,

⑦ 열방의 왕이시여 주를 경외치 아니할 자가 누구리이까? 이는 주께 당연한 일이라, 열방의 지혜로운 자들과 왕족 중에 주와 같은 자 없음이니이다,

⑧ 그들은 다 무지하고 어리석은 것이니, 그 나무줄기는 헛된 것들의 교리이니이다,

⑨ 다시스에서 가져온 은박과 우바스에서 가져온 금으로 꾸미되, 숙련공과 제련공의 손으로 만들었고, 청색 자색 감으로 그 옷을 삼았나니, 이는 장인들이 만든 것이어니와,

⑩ 오직 여호와는 참 하나님이시요, 사시는 하나님이시요, 영원한 왕이시라, 그 진노하심에 땅이 진동하며 그 분노하심을 열방이 능히 당치 못하느니라,

⑪ 너희는 이것을 그들에게 말하라, 즉 하늘들과 지구를 만들지 아니한 이러한 신들

은 지구로부터 와 하늘들 아래로부터 없어질 것이니라, 하라,

⑫ 그러나 여호와께서 그분의 권능으로 지구를 만드셨으며, 그분의 지혜로 세계의 기초를 세우셨고, 그분의 이해력으로 하늘들을 펼쳐놓으셨느니라,

(But the LORD made the earth by his power; he founded the world by his wisdom and stretched out the heavens by his understanding.-NIV)

(He hath made the earth by his power, he hath established the world by his wisdom, and hath stretched out the heavens by his discretion.-KJV)

(But it is God whose power made the earth, whose wisdom gave shape to the world, who crafted the cosmos.-THE MESSAGE)

(The one who made the earth by his power, established the world by his wisdom, and by his skill stretched out the heavens.-NAB)

⑬ 그가 목소리를 발하신즉, 하늘에 많은 물이 생기나니, 그는 지구 끝에서 구름이 오르게 하시며, 비를 위하여 번개하게 하시며 그 곳간에서 바람을 내시거늘,

⑭ 사람마다 우준하고 무식하도다, 금 장색마다 자기의 조각한 신상으로 인하여 수치를 당하나니, 이는 그 부어 만든 우상은 거짓이요, 그 속에 생기가 없음이라,

⑮ 그것들은 헛 것이요, 망령되이 만든 것이니, 징벌하실 때에 멸망할 것이나,

⑯ 야곱의 몫은 그들과 같지 아니하나니, 그분께서는 만물의 조성자시요, 이스라엘은 그분의 상속의 막대기이기 때문이라, 그분의 이름은 만군의 여호와시니라,

⑰ 에워싸인 가운데 앉은 자여! 네 꾸러미를 이 땅에서 수습하라,

⑱ 여호와께서 이같이 말씀하시되, 보라, 내가 이 땅에 거하는 자를 이번에는 내어 던질 것이라, 그들을 괴롭게 하여 깨닫게 하리라, 하셨느니라,

⑲ 슬프다, 내 상처여, 내가 중상을 당하였도다, 그러나 내가 말하노라, 이는 참으로 나의 고난이라 내가 참아야 하리로다,

⑳ 내 장막이 훼파되고 나의 모든 줄이 끊어졌으며, 내 자녀가 나를 떠나가고 있지 아니하니 내 장막을 세울자와 내 장을 칠자가 다시 없도다,

㉑ 목자들은 어리석어 여호와를 찾지 아니하므로 형통치 못하며 그 모든 양떼는 흩어졌도다,

㉒ 들을찌어다, 북방에서부터 크게 떠드는 소요가 오니, 유다 성읍들로 황폐케 하여 용들의 거처가 되게 하리로다,

㉓ 여호와여, 내가 알거니와 인생의 길이 자기에게 있지 아니하니, 걸음을 지도함이

걷는 자에게 있지 아니하니이다,

㉔ 여호와여, 나를 징계하옵시되, 너그러이 하시고 진노로 하지 마옵소서, 주께서 나로 없어지게 하실까, 두려워하나이다,

㉕ 주를 알지 못하는 이방인들과 주의 이름으로 기도하지 아니하는 족속들에게 주의 분노를 부으소서, 그들은 야곱을 씹어 삼켜 멸하고 그 거처를 황폐케 하였나이다,

● 11장

① 이것은 여호와께로부터 예레미야에게 임한 말씀이라, 말씀하시기를,

② 너는 이 언약의 말을 듣고, 유다인과 예루살렘 거민에게 고하라,

③ 그들에게 이르기를, 이스라엘의 하나님 여호와께서 이같이 말하노라, 이 언약의 말을 좇지 않는 자는 저주를 받을 것이니라,

④ 이 언약은 내가 너희 조상들을 에집트 땅에서 곧 그 철 용광로에서 인도하여 나오던 그 날에 내가 그들에게 명령하여 말하기를, 내 음성에 복종하고 내가 너희에게 명령하는 모든 것대로 그것들을 행하라, 그리하면 너희가 내 백성이 되고, 나는 너희 하나님이 되리라,

⑤ 이는 내가 너희 조상들에게 젖과 꿀이 흐르는 땅을 주겠다고 맹세한 그 맹세를 오늘도 그와 마찬가지로 행하기 위함이라, 하시니라, 그때에 내가 대답하여 말씀드리기를, 오 주님 그러하옵나이다, 하였노라,

⑥ 그때에 여호와께서 내게 이르시되, 너는 이 모든 말로 유다 성읍들과 예루살렘 거리에서 선포하여 이르기를, 너희는 이 언약의 말씀을 듣고 그것들을 행하라,

⑦ 이는 내가 너희 조상들을 에집트 땅에서 인도하여 나오던 그 날에 내가 그들에게 난언하였고, 오늘까지도 일직 일어나서 단언하여 말하기를, 내 음성에 복종하라, 하였으나,

⑧ 그들이 청종치 아니하며 귀를 기울이지도 아니하고, 오직 각자가 자기들의 악한 마음이 상상하는대로 행하였느니라, 그러므로 내가 그들에게 행하도록 명령하였으나 그들이 행하지 아니한 이 언약의 모든 말을 그들 위에 가져오리라, 하셨느니라,

⑨ 여호와께서 또 내게 이르시되, 유다인과 예루살렘 거민 중에 반역이 있도다,

⑩ 그들이 내 말 듣기를 거절한 자기들의 선조의 죄악에 돌아가서 다른 신들을 좇아 섬겼은즉, 이스라엘 집과 유다 집이 내가 그 조상들과 맺은 언약을 파하였도다,

⑪ 그러므로 나 여호와가 이같이 말하노라, 보라, 내가 재앙을 그들에게 내리리니, 그들이 피할 수 없을 것이라, 그들이 내게 부르짖을찌라도 내가 듣지 아니할 것인즉,

⑫ 유다 성읍들과 예루살렘 거민이 그 분향하는 신들에게 가서 부르짖을찌라도, 그 신들이 그 고난의 때에 절대로 그들을 구원치 못하리라,

⑬ 유다야 네 신들이 네 성읍의 수효와 같도다, 너희가 예루살렘 거리의 수효대로 그 수치되는 물건의 단, 곧 바알에게 분향하는 단을 쌓았도다,

⑭ 그러므로 너는 이 백성을 위하여 기도하지 말라, 그들을 위하여 부르짖거나 구하지 말라, 그들이 그 고난의 때에 내게 부르짖을지라도 내가 그들의 말을 듣지 아니하리라

⑮ 나의 사랑하는 자가 많은 사람들과 더불어 행음을 하고, 거룩한 육체가 너에게서 떠났거늘 그녀가 나의 집에서 무엇을 행하여야 하겠느냐? 네가 악을 행할 때에 기뻐하는도다,

⑯ 나 여호와가 그 이름을 일컬어 좋은 행실 맺는 아름다운 감람나무라 하였었으나, 큰 소동 중에 그 위에 불을 피웠고, 그 가지는 꺾였도다,

⑰ 바알에게 분향함으로 나의 노를 격동한 이스라엘 집과 유다 집의 악을 인하여, 그를 심은 만군의 여호와, 내가 그에게 재앙을 선언하였느니라,

⑱ 여호와께서 내게 알게 하셨으므로 내가 그것을 알았나이다, 그 때에 주께서 그들의 행위를 내게 보이셨나이다,

⑲ 나는 끌려서 잡히러 가는 순한 어린 양과 같으므로 그들이 나를 해하려고 꾀하기를, 우리가 그 나무와 과실을 함께 박멸하자, 그를 산 자의 땅에서 끊어서 그 이름으로 다시 기억되지 못하게 하자 함을 내가 알지 못하였나이다,

⑳ 공의로 판단하시며 사람의 심장을 감찰하시는 만군의 여호와여, 나의 원정을 주께 아뢰었사오니, 그들에게 대한 주의 원수 갚는 것을 내가 보리이다, 하였더니,

㉑ 여호와께서 아나돗 사람들에 대하여 이같이 말씀하시되, 그들이 네 생명을 취하려고 찾아 이르기를, 너는 여호와의 이름으로 예언하지 말라, 두렵건대 우리 손에 죽을까, 하노라, 하도다,

㉒ 그러므로 만군의 여호와가 이같이 말하노라, 보라, 내가 그들을 벌하리니, 청년들은 칼에 죽으며 자녀들은 기근에 죽고,

㉓ 그들 중에 남는 자가 하나도 없으리라, 왜냐하면 그들의 징벌의 해에 내가 아나돗 사람들에게 재앙을 가져오기 때문이니라, 하시니라.

● 12장

① 오 여호와여, 내가 주님과 변론할 때에는 주님은 항상 의로우시나이다, 그러나 내가 주님의 정의에 대하여 질문하옵나니, 왜 악한 자들의 길이 형통하니이까? 왜 모든 반역한 자들이 안락하나이까?

② 주님께서 그들을 심으심으로 그들이 뿌리가 박히고 장성하여 열매를 맺었거늘, 그들의 입은 주님께 가까우나 그 마음은 머니이다,

③ 여호와여 주께서 나를 아시고, 나를 보시며, 내 마음이 주를 향하여 어떠함을 감찰하시오니, 양을 잡으려고 끌어 냄과 같이 그들을 끌어 내시되, 죽일 날을 위하여 그들을 예비하옵소서,

④ 언제까지 이 땅이 슬퍼하며 온 지방의 채소가 마르리이까? 짐승과 새들도 멸절하게 되었사오니, 이는 이 땅 거민이 악하여 스스로 말하기를, 그가 우리의 종말을 보지 못하리라 함이니이다,

⑤ 네가 보행자와 함께 달려도 피곤하면 어찌 능히 말과 경주하겠느냐? 네가 평안한 땅에서는 무사하려니와 요단강이 넘칠 때에는 어찌하겠느냐?

⑥ 네 형제와 아비의 집이라도 너를 속이며 네 뒤에서 크게 외치나니, 그들이 네게 좋은 말을 할찌라도 너는 믿지 말찌니라,

⑦ 내가 내 집을 버리며 내 산업을 내어던져 내 마음의 사랑하는 것을 그 대적의 손에 붙였노니,

⑧ 내 유산이 삼림 중의 사자같이 되어서 나를 향하여 그 소리를 발하는고로 내가 그를 미워하였음이로다,

⑨ 내 유산이 내게 대하여는 무늬 있는 매가 아니냐? 매들이 그를 에워싸지 아니하느냐? 너희는 가서 들짐승을 모아다가 그것을 삼키게 하라,

⑩ 많은 목자들이 내 포도원을 파괴하며 내 몫을 유린하여 나의 낙토를 황무지를 만들었도다,

⑪ 그들이 이를 황무케 하였으므로 그 황무지가 나를 향하여 슬퍼하는도다, 온 땅이 황무함은 그것을 아무도 마음에 두지 아니하기 때문이라,

⑫ 약탈하는 자들이 황야를 지나 모든 높은 곳들에 들어와 있으니, 이는 여호와의 칼이 이 끝에서 저 끝까지 삼킬 것임이라, 그때에는 어떤 혈육 있는 자도 평안치 못하리라,

⑬ 무리가 밀을 심어도 가시를 거두며 수고하여도 소득이 없은즉, 그 소산으로 인하

여 스스로 수치를 당하리니, 이는 여호와의 분노를 인함이니라.

⑭ 내가 내 백성 이스라엘에게 유산을 침탈하는 나의 모든 악한 이웃에게 대하여 나 여호와가 이같이 말하노라, 보라, 내가 그들을 그 땅에서 뽑아버리겠고 유다 집은 그들 중에서 뽑아내리라.

⑮ 내가 그들을 뽑아낸 후에 내가 돌이켜 그들을 긍휼히 여겨서 각 사람을 그 유업으로 각 사람을 그 땅으로 다시 인도하리니,

⑯ 그들이 내 백성의 도를 부지런히 배우며 사는 여호와 내 이름으로 맹세하기를, 자기들이 내 백성을 가리켜 바알로 맹세하게 한 것같이 하면 그들이 내 백성 중에 세움을 입으려니와,

⑰ 그들이 그리하지 아니하면, 내가 반드시 그 나라를 뽑으리라 뽑아 멸하리라, 여호와의 말이니라.

● 13장

① 여호와께서 이같이 내게 말씀하시기를, 너는 가서 세마포로 된 띠를 사서 그 것을 네 허리에 두르고, 그것을 물에 넣지 말라, 하시기로,

② 내가 여호와의 말씀대로 띠를 사서 내 허리에 띠니라.

③ 여호와의 말씀이 다시 내게 임하니라, 가라사대,

④ 너는 가서 네 허리에 띤 띠를 가지고 일어나 유브라데로 가서, 거기서 그것을 바위 틈에 감추라 하시기로,

⑤ 내가 여호와께서 내게 명하신대로 가서 그것을 유브라데 물가에 감추니라.

⑥ 여러 날 후에 여호와께서 내게 이르시되, 일어나 유브라데로 가서 내가 네게 명하여 거기 감추게 한 띠를 취하라 하시기로,

⑦ 내가 유브라데로 가서 감추었던 곳을 파고 띠를 취하니, 띠가 썩어서 쓸데 없이 되었더라.

⑧ 여호와의 말씀이 내게 임하니라, 가라사대,

⑨ 나 여호와가 말하노라, 내가 유다의 교만과 예루살렘의 큰 교만을 이같이 썩게 하리라.

⑩ 이 악한 백성이 내 말 듣기를 거절하고, 그 마음의 강퍅한대로 행하며 다른 신들을 좇아 그를 섬기며, 그에게 절하니, 그들이 이 띠의 쓸데 없음같이 되리라.

⑪ 나 여호와가 말하노라, 띠가 사람의 허리에 속함같이 내가 이스라엘 온 집과 유다

온 집으로 내게 속하게 하여 그들로 내 백성이 되게 하며, 내 이름과 칭예와 영광이 되게 하려 하였으나, 그들이 듣지 아니하였느니라,

⑫ 그러므로 너는 이말로 그들에게 이르기를, 이스라엘의 하나님 여호와의 말씀에 모든 병이 포도주로 차리라 하셨다, 하라, 그리하면 그들이 네게 이르기를, 모든 병이 포도주로 찰 줄을 우리가 어찌 알지 못하리요, 하리니,

⑬ 너는 다시 그들에게 이르기를, 여호와의 말씀에 보라, 내가 이 땅의 모든 거민과 다윗의 위에 앉은 왕들과 제사장들과 선지자들과 예루살렘 모든 거민으로 잔뜩 취하게 하고,

⑭ 또 그들로 피차 충돌하게 상하게 하되, 부자간에도 그러하게 할 것이라, 내가 그들을 불쌍히 여기지 아니하며 관용치 아니하며 아끼지 아니하고 멸하리라, 하셨다, 하라, 여호와의 말이니라,

⑮ 너희는 들을찌어다 귀를 기울일찌어다 교만하지 말찌어다 여호와께서 이같이 말씀하시느니라

⑯ 그가 흑암을 일으키시기전 너희 발이 흑암한 산에 거치기 전, 너희 바라는 빛이 사망의 그늘로 변하여 침침한 흑암이 되게 하시기 전에 너희 하나님 여호와께 영광을 돌리라,

⑰ 너희가 이를 듣지 아니하면 나의 심령이 너희 교만을 인하여 은근히 곡할 것이며, 여호와의 양무리가 사로잡힘을 인하여 눈물을 흘려 통곡하리라,

⑱ 너는 왕과 왕후에게 고하기를, 스스로 낮추어 앉으라, 관 곧 영광의 면류관이 내려졌다, 하라,

⑲ 남방의 성읍들이 봉쇄되고 열 자가 없고 유다가 다 잡혀가되 온전히 잡혀가도다,

⑳ 너는 눈을 들어 북방에서 오는 자들을 보라, 네가 받았던 떼 네 아름다운 양떼는 이디 있느뇨?

㉑ 너의 친구 삼았던 자를 그가 네 위에 수령으로 세우실 때에 네가 무슨 말을 하겠느냐? 너의 고통에 잡힘이 산고를 겪는 여인 같지 않겠느냐?

㉒ 네가 심중에 이르기를, 어찌하여 이런 일이 네게 임하였는고? 하겠으나, 네 죄악이 크므로 네 치마가 들리고 네 발뒤꿈치가 상함이니라,

㉓ 에티오피아 사람이 그의 피부를 표범이 바꿀 수 있으며, 표범이 그 반점을 바꿀 수가 있겠느냐? 그리할 수만 있다면 악을 행하는 일에 익숙한 너희도 선을 행할 수가 있으리라,

㉔ 그러므로 내가 그들을 사막 바람에 사라지는 지푸라기같이 흩으리로다

㉕ 여호와께서 가라사대, 이것이 네 몫이요, 곧 네가 내게서 헤아려 받는 몫이라, 이는 네가 잊어 버렸으며 거짓을 신뢰하였기 때문이라,

㉖ 그러므로 내가 네 치마를 네 얼굴에까지 들춰서 네 수치를 드러내리라,

㉗ 내가 너의 간음과 사특한 소리와 들의 작은 산 위에서 행한 네 음행의 비루하고 가증한 것을 보았노라, 화 있을찐저! 예루살렘이여, 네가 얼마나 오랜 후에야 정결하게 되겠느냐? 하시니라.

● 14장

① 가뭄에 관하여 예레미야에게 임한 여호와의 말씀이니라,

② 유다가 슬퍼하고, 그녀의 성읍들이 쇠약해져서, 그들은 그 땅에 앉아 애통하니, 예루살렘으로부터 부르짖음이 위로 오르도다,

③ 그들의 귀족들이 그들의 청년들을 물로 보내어 그들이 구덩이로 갔으나, 물을 얻지 못하여 빈 그릇으로 돌아오니, 그들이 부끄럽고 당황하여 자기들의 머리를 가리는도다,

④ 땅에 비가 없으므로 지면이 갈라지나니 밭을 가는 자들이 부끄러워 자기들의 머리를 가리는도다,

⑤ 심지어 암사슴이 들에서 새끼를 낳아도 풀이 없으므로 새끼를 내어 버렸도다,

⑥ 들나귀들이 높은 곳에 서서 용들같이 콧바람을 킁킁거려도 풀이 없으므로 그들의 눈이 흐려졌도다,

⑦ 여호와여 우리의 죄악이 우리에게 대하여 증거할찌라도 주는 주의 이름을 위하여 일하소서, 우리의 타락함이 많으니이다, 우리가 주께 범죄하였나이다,

⑧ 이스라엘의 소망이시요, 곤란한 때의 구원자시여! 어찌하여 이 땅에서 거류하는 자 같이 하룻밤을 유숙하는 행인같이 하시나이까?

⑨ 어찌하여 놀라 벙벙하는 자 같으시며 구원치 못하는 용사 같으시니이까? 여호와여 주는 오히려 우리 중에 계시고 우리는 주의 이름으로 일컬음을 받는 자이오니 우리를 버리지 마옵소서,

⑩ 여호와께서 이 백성에 대하여 말씀하시되, 그들이 어그러진 길을 사랑하여 그 발을 금하지 아니하므로 나 여호와가 그들을 받지 아니하고 이제 그들의 죄를 기억하고 그 죄를 벌하리라 하시고,

⑪ 여호와께서 또 내게 이르시되, 너는 이 백성을 위하여 복을 구하지 말라,

⑫ 그들이 금식할찌라도 내가 그 부르짖음을 듣지 아니하겠고, 번제와 소제를 드릴지라도 내가 그것을 받지 아니할 뿐 아니라, 칼과 기근과 염병으로 그들을 멸하리라,

⑬ 이에 내가 가도되 슬프도소이다, 주 여호와여 보시옵소서, 선지자들이 그들에게 이르기를, 너희가 칼을 보지 아니하겠고, 기근은 너희에게 이르지 아니할 것이라, 여호와께서 이곳에서 너희에게 확실한 평강을 주시리라, 하나이다,

⑭ 여호와께서 내게 이르시되, 선지자들이 내 이름으로 거짓 예언을 하도다, 나는 그들을 보내지 아니하였고, 그들에게 명하거나 이르지 아니하였거늘, 그들이 거짓 계시와 복술과 허탄한 것과 자기 마음의 속임으로 너희에게 예언하도다,

⑮ 그러므로 내가 보내지 아니하였어도 내 이름으로 예언하여 이르기를, 칼과 기근이 이 땅에 이르지 아니하리라, 하는 선지자들에 대하여 나 여호와가 이같이 이르노라, 그 선지자들은 칼과 기근에 멸망할 것이요,

⑯ 그들의 예언을 받은 백성은 기근과 칼로 인하여 예루살렘 거리에 던짐을 입을 것인즉, 그들을 장사할 자가 없을 것이요, 그 아내와 그 아들과 그 딸도 그렇게 되리니, 이는 내가 그들의 악을 그 위에 부음이니라,

⑰ 너는 이 말로 그들에게 이르라, 내 눈이 밤낮으로 끊치지 아니하고 눈물을 흘리리니, 이는 처녀 딸 내 백성이 큰 파멸 중한 창상을 인하여 망함이라,

⑱ 내가 들에 나간즉 칼에 죽은 자요 내가 성에 들어간즉, 기근으로 병든 자며 선지자나 제사장이나 다 땅에 두루 다니며 어찌할 바를 알지 못하는도다,

⑲ 주께서 유다를 온전히 버리시나이까? 주의 심령이 시온을 싫어하시나이까? 어찌하여 우리를 치시고 치료하지 아니하시나이까? 우리가 평강을 바라도 좋은 것이 없고 치료받기를 기다려도 놀람을 보나이다,

⑳ 여호와여, 우리가 우리의 악과 우리 조상의 죄악을 인정하나이다, 우리가 주께 범죄하였나이다,

㉑ 주의 이름을 위하여 우리를 미워하지 마옵소서, 주의 영광을 위하여 욕되게 마옵소서, 우리와 세우신 주의 언약을 기억하시고 폐하지 마옵소서,

㉒ 이방인들의 허무한 것 중에 능히 비를 내리게 할 자가 있나이까? 하늘이 능히 소나기를 내릴 수 있으리이까? 우리 하나님 여호와여, 그리하시는 주가 아니시니이까? 그러므로 우리가 주를 앙망하옵는 것은 주께서 이 모든 것을 만드셨기 때문이니이다.

● 15장

① 여호와께서 내게 이르시되, 모세와 사무엘이 내 앞에 섰다 할지라도 내 마음은 이 백성을 향할 수 없나니, 그들을 내 앞에서 쫓아내어 그들을 가게 하라,

② 그들이 만일 네게 말하기를, 우리가 어디로 나아가리요? 하거든, 너는 그들에게 이르기를, 여호와의 말씀에 사망할 자는 사망으로 나아가고, 칼을 받을 자는 칼로 나아가고, 기근을 당할 자는 기근으로 나아가고, 포로 될 자는 포로됨으로 나아갈지니라, 하셨다, 하라,

③ 나 여호와가 말하노라, 내가 그들을 네 가지로 벌하리니, 곧 죽이는 칼과 찢는 개와 삼켜 멸하는 공중의 새와 땅의 짐승으로 할 것이며,

④ 유다 왕 히스기야의 아들 므낫세가 예루살렘에 행한 자를 인하여 내가 그들을 세계 열방 중에 흩으리라,

⑤ 예루살렘아 너를 불쌍히 여길 자 누구며? 너를 곡할 자 누구며 돌이켜 네 평안을 물을 자 누구뇨?

⑥ 여호와께서 가라사대, 네가 나를 버렸고, 내게서 물러갔으므로 네게로 내 손을 펴서 너를 멸하였노니, 이는 내가 뜻을 돌이키기에 염증이 났음이로다,

⑦ 내가 그들을 그 땅의 여러 성문에서 키로 까불어 그 자식을 끊어서 내 백성을 멸하였나니, 이는 그들이 그 길에서 돌이키지 아니하였음이라,

⑧ 그들의 과부들이 내게 바다의 모래보다 더 많아지나니, 내가 젊은이들의 어머니를 대적하여 대낮에 그들에게 파괴자를 데려다가 그 위에 갑자기 떨어지게 하여, 그 성읍에 공포가 임하게 하였도다,

⑨ 일곱 자식을 낳은 여인이 기진하여 그녀가 숨을 거두었으며, 아직 대낮인데도 그녀의 해가 기울어지니 그녀가 부끄러워하고 당황하였도다, 또 내가 그들 중에 남는 자를 그들의 원수들 앞에서 칼에 넘겨주리라, 여호와의 말이니라,

⑩ 내게 재앙이로다, 나의 모친이여, 당신은 나를 온 세계에서 싸우는 사람과 다투는 사람으로 낳으셨도다, 나는 고리를 받으려고 빌려주지 아니하였음에도 그들이 다 나를 저주하는도다,

⑪ 여호와께서 가라사대, 내가 진실로 너를 강하게 할 것이요, 너로 복을 얻게 할 것이며 내가 진실로 네 대적으로 재앙과 환난의 때에 네게 간청하게 하리라,

⑫ 누가 능히 철 곧 북방의 철과 놋을 꺾으리요?

⑬ 네 모든 죄들로 인하여, 곧 네 경계들에 있는 네 재물과 보화들을 내가 값없이 탈취

물로 내어 주리라,

⑭ 또 내가 네 원수들과 더불어 네가 알지 못하는 땅으로 너로 하여금 지나가게 하리니 이는 내 진노에 불이 붙어 네 위에서 탈 것이기 때문이라, 하시니라,

⑮ 여호와여 주께서 아니오니 원컨대 주는 나를 기억하시며 권고하사, 나를 박해하는 자에게 보복하시고 주의 오래 참으심을 인하여 나로 멸망치 말게 하옵시며, 주를 위하여 내가 치욕 당하는 줄을 아시옵소서,

⑯ 만군의 하나님 여호와시여 내가 주의 이름을 마음에 품었으므로 주의 말씀이 왔을 때 나는 그 말씀을 먹었고 주의 말씀은 나의 기쁨이며 내 마음의 즐거움이었나이다

(When your words came, I ate them; they were my joy and my heart's delight, for I bear your name, O Lord God Almighty.-NIV)

(Thy words were found, and I did eat them; and thy word was unto me the joy and rejoicing of mine heart: for I am called by thy name, O LORD God of hosts.-KJV)

(When I found your words, I devoured them; your words were my joy, the happiness of my heart, Because I bear your name, LORD, God of hosts.-NAB)

(When your words showed up, I ate them-swallowed them whole.What a feast! What delight I took in being yours, O GOD, GOD-of-the Angel-Armies!-THE MESSAGE)

⑰ 내가 조롱하는 자들의 모임 가운데에 앉지 아니하며 기뻐하지도 아니하였고, 주님의 손으로 인하여 내가 홀로 앉았사오니, 이는 주님께서 분노로 네게 채우셨기 때문이니이다,

⑱ 어찌하여 나의 고통이 영속하며 나의 상처가 낫지 아니하고, 고쳐주시기를 거절하시나이까? 주님께서 내게 전적으로 거짓말쟁이가 되며, 마르는 물같이 되시나이까?

⑲ 그러므로 주님께서 이같이 말씀하시되, 네가 만일 돌아오면 내가 너를 다시 이끌어서 내 앞에 세울 것이며, 네가 만일 천한 것에서 귀한 것을 취할 것 같으면 너는 내 입같이 될 것이라, 그들은 내게로 돌아오게 하되 너는 그들에게로 돌아가지 말찌니라,

⑳ 내가 너로 이 백성 앞에 견고한 놋 성벽이 되게 하리니, 그들이 너를 칠찌라도 이기지 못할 것은 내가 너와 함께 하여 너를 구하여 건짐이니라, 여호와의 말이니라.

㉑ 내가 너를 악한 자들의 손에서 건져 내고, 무서운 자들의 손에서 구속하리라, 하시니라.

• 16장

① 여호와의 말씀이 또 내게 임하니라 가라사대,

② 너는 이 땅에서 아내를 취하지 말며 자녀를 두지 말찌니라,

③ 이곳에서 생산한 자녀와 이 땅에서 그들을 해산한 어미와 그들을 낳은 아비에 대하여 나 여호와가 이같이 말하노라,

④ 그들은 독한 병으로 죽고 슬퍼함을 입지 못하며 매장함을 얻지 못하여 지면의 분토와 같을 것이며, 칼과 기근에 망하고, 그 시체는 공중의 새와 땅 짐승의 밥이 되리라,

⑤ 여호와께서 이같이 말씀하시되, 상가에 들어가지 말라, 가서 통곡하지 말며 그들을 위하여 애곡하지 말라, 내가 이 백성에게서 나의 축복 빼앗으며 사랑과 동정심을 없애버렸느니라, 여호와의 말이니라,

⑥ 큰 자든지 작은 자든지 이 땅에서 죽으리니, 그들이 매장되지 못할 것이며, 그들을 위하여 애곡하는 자도 없겠고, 자기 몸을 베거나 대머리 되게 하는 자도 없을 것이며,

⑦ 슬플 때에 떡을 떼며 그 죽은 자를 인하여 그들을 위로하는 자가 없을 것이며, 그들의 아비나 어미의 상사를 위하여 위로의 잔을 그들에게 마시울 자가 없으리라,

⑧ 너는 잔치 집에 들어가서 그들과 함께 앉아 먹거나 마시지 말라,

⑨ 만군의 여호와 이스라엘의 하나님이 이같이 말하노라, 보라, 기뻐하는 소리와 즐거워하는 소리와 신랑의 소리와 신부의 소리를 내가 네 목전 네 시대에 이곳에서 끊어지게 하리라,

⑩ 네가 이 모든 말로 백성에게 고할 때에 그들이 네게 묻기를, 여호와께서 우리에게 이 모든 큰 재앙을 광포하심은 어찜이며, 우리의 죄악은 무엇이며, 우리가 우리 하나님 여호와께 범한 죄는 무엇이뇨? 하거든,

⑪ 너는 그들에게 대답하기를, 여호와께서 말씀하시되, 너희 조상들이 나를 버리고 다른 신을 좇아서 그들을 섬기며 그들에게 절하고 나를 버려 내 법을 지키지 아니

하였음이라,

⑫ 너희가 너희 열조보다 더욱 악을 행하였도다, 보라, 너희가 각기 악한 마음의 강퍅함을 따라 행하고 나를 청종치 아니하였으므로,

⑬ 내가 너희를 이 땅에서 쫓아내어 너희와 너희 조상들의 알지 못하던 땅에 이르게 할 것이라, 너희가 거기서 주야로 다른 신들을 섬기리니, 이는 내가 은혜를 베풀지 아니함이라 하셨다, 하라,

⑭ 여호와께서 가라사대, 그러나 보라, 날이 이르리니, 다시는 이스라엘 자손을 애굽트 땅에서 인도하여 내신 여호와의 사심으로 맹세하지 아니하고,

⑮ 이스라엘 자손을 북방 땅과 그 모든 쫓겨났던 나라에서 인도하여 내신 여호와의 사심으로 맹세하리라, 내가 그들을 그 조상들에게 준 그들의 땅으로 인도하여 들이리라,

⑯ 여호와께서 가라사대, 보라, 내가 많은 어부를 불러다가 그들을 낚게 하며, 그 후에 많은 포수를 불러다가 그들을 모든 산과 모든 작은 산과 암혈에서 사냥하게 하리니,

⑰ 이는 내 눈이 그들의 행위를 감찰하므로, 그들이 내 얼굴 앞에서 숨김을 얻지 못하며, 그들의 죄악이 내 목전에서 은폐되지 못함이라,

⑱ 내가 위선 그들의 악과 죄를 배나 갚을 것은, 그들이 그 미운 물건의 시체로 내 땅을 더럽히며, 그들의 가증한 것으로 내 땅을 가득하게 하였음이니라,

⑲ 여호와 나의 힘 나의 보장 환난날의 피난처시여, 열방이 땅 끝에서 주께 이르러 말하기를, 우리 열조의 계승한 바는 허무하고 망탄하고 무익한 것 뿐이라,

⑳ 인간들이 그들 자신들을 위하여 신들을 만들 수 있습니까? 그러나, 그것들은 전혀 신들이 아닙니다,

(Shall a man make gods unto himself, and they are no gods?-KJV)

(Do men make their own gods? Yes, but they are not gods!"-NIV)

("Our ancestors lived on lies, useless illusions, all smoke." Can mortals manufacture gods? Their factories turn out no-gods!-THE MESSAGE)

(Can human beings make for themselves gods? But these are not gods at all!-NAB)

㉑ 그러므로 내가 그들에게 알려주리라, 보라, 이번에 그들에게 나의 힘과 권능을 알려서 그들로 하여금 내 이름이 여호와인줄 알게 하리라, 하시니라.

● 17장

① 유다의 죄는 금강석의 촉과 철필로 기록되었나니, 곧 그것은 그들의 마음 판과 그들의 제단 뿔에 새겨졌나니,

② 그들의 자녀들은 높은 메 위 푸른 나무 곁에 있는 그 단들과 아세라들을 기억하는도다,

③ 들에 있는 나의 산이여, 내가 온 경계에 걸쳐 네 재산과 네 모든 보물과 네 높은 산당들을 약탈 당하게 하리니,

④ 내가 네게 준 네 기업에서 네 손을 뗄 것이며, 또 내가 너로 너의 알지 못하는 땅에서 네 대적을 섬기게 하리니, 이는 너희가 내 노로 맹렬케 하여 영영히 타는 불을 일으켰음이니라,

⑤ 나 여호와가 이같이 말하노라, 무릇 사람을 믿으며 혈육으로 그 권력을 삼고 마음이 여호와에게서 떠난 그 사람은 저주를 받을 것이라,

⑥ 그는 사막의 떨기나무 같아서 좋은 일의 오는 것을 보지 못하고, 황야 즉 소금 땅과 사람 살지 아니하는 바싹 마른 곳들에 거하리라,

⑦ 그러나 무릇 여호와를 의지하며 여호와를 의뢰하는 그 사람은 복을 받을 것이라,

⑧ 그는 물가에 심기운 나무가 그 뿌리를 강변에 뻗치고 더위가 올찌라도 두려워 아니하며 그 잎이 청청하며 가무는 해에도 걱정이 없고 결실이 그치지 아니함 같으리라,

⑨ 만물보다 거짓되고 심히 부패한 것은 마음이라, 누가 능히 이를 알리요마는,

⑩ 나 여호와는 심장을 살피며 폐부를 시험하고 각각 그 행위와 그 행실대로 보응하나니,

⑪ 불의로 치부하는 자는 자고새가 낳지 아니한 알을 품음 같아서, 그 중년에 그것이 떠나겠고 필경은 어리석은 자가 되리라,

⑫ 영화로운신 보좌여, 원시부터 높이 계시며 우리의 성소이시며,

⑬ 이스라엘의 소망이신 여호와의 무릇 주를 버리는 자는 다 수치를 당할 것이라, 무릇 여호와를 떠나는 자는 흙에 기록이 되오리니 이는 생수(살아있는 물)의 근원이시 여호와를 버렸기 때문이라,

⑭ 여호와여 주는 나의 찬송이시니, 나를 고치소서, 그리하시면 내가 낫겠나이다, 나를 구원하소서, 그리하시면 내가 구원을 얻으리이다,

⑮ 그들이 내게 이르기를, 여호와의 말씀이 어디 있느뇨? 이제 임하게 할찌어다, 하나

이다,

⑯ 나는 목자의 직분에서 물러가지 아니하고, 주를 좇았사오며, 재앙의 날도 내가 원치 아니하였음을 주께서 아시는 바라, 내 입술에서 나온 것이 주의 목전에 있나이다,

⑰ 주는 내게 두려움이 되지 마옵소서, 재앙의 날에 주는 나의 피난처시니이다,

⑱ 나를 박해하는 자로 수욕을 당케 하시고, 나로 수욕을 당케 마옵소서, 그들로 놀라게 하시고, 나로 놀라게 마시옵소서, 재앙의 날을 그들에게 임하게 하시며, 배나 되는 멸망으로 그들을 멸하소서,

⑲ 여호와께서 내게 이같이 말씀하시되, 너는 가서 유다 왕들의 출입하는 평민의 문과 예루살렘의 모든 문에 서서,

⑳ 그들에게 이르기를, 이 문으로 들어 오는 유다 왕들과 유다 모든 백성과 예루살렘 모든 거민 너희는 여호와의 말씀을 들을찌어다,

㉑ 여호와께서 이같이 말씀하시되, 너희는 스스로 삼가서 안식일에 짐을 지고 예루살렘 문으로 들어오지 말며,

㉒ 안식일에 너희 집에서 짐을 내지 말며, 아무 일이든지 하지 말아서 내가 너희 조상들에게 명함같이 안식일을 거룩히 할찌어다,

㉓ 그들은 청종치 아니하고, 귀를 기울이지 아니하며, 그 목을 곧게 하여 듣지 아니하고 교훈을 받지 아니하였느니라,

㉔ 나 여호와가 말하노라, 너희가 만일 내 말을 청종하여 안식일에 짐을 지고 이 성문으로 들어오지 아니하며, 안식일을 거룩히 하여 아무 일이든지 하지 아니하면,

㉕ 다윗의 위에 앉는 왕들과 방백들이 병거와 말을 타고 이 성문으로 들어 오되, 그들과 유다 모든 백성과 예루살렘 거민들이 함께 그리할 것이요, 이 성은 영영히 있을 것이며,

㉖ 사람들이 유다 성읍들과 예루살렘에 둘린 곳들과 베냐민 땅과 평지와 산지와 남방에서 이르러서 번제와 희생과 소제와 유향과 감사와 희생을 가지고 여호와의 집으로 오려니와,

㉗ 너희가 내 말을 청종치 아니하고, 안식일을 거룩케 아니하여 안식일에 짐을 지고 예루살렘 문으로 들어오면, 내가 성문에 불을 놓아 예루살렘 궁전을 삼키게 하리니, 그 불이 꺼지지 아니하리라, 하셨다, 할찌니라.

● 18장

① 여호와께로부터 예레미야에게 임한 말씀에 가라시대,

② 너는 일어나 토기장이의 집으로 내려가라, 내가 거기서 내 말을 네게 들리리라, 하시기로,

③ 내가 토기장이의 집으로 내려가서, 본즉 그가 물레들 위에서 일을 하고 있더라,

④ 진흙으로 만든 그릇이 토기장이의 손에서 훼손되매, 그가 그것으로 자기가 보기에 좋은대로 다른 그릇을 만들더라,

⑤ 때에 여호와의 말씀이 내게 임하니라, 가라사대,

⑥ 나 여호와가 이르노라, 이스라엘 족속아, 이 토기장이의 하는 것같이 내가 능히 너희에게 행하지 못하겠느냐? 이스라엘 족속아, 진흙이 토기장이의 손에 있음같이 너희가 내 손에 있느니라,

⑦ 내가 언제든지 어느 민족이나 국가를 뽑거나 파하거나 멸하리라, 한다고 하자,

⑧ 만일 나의 말한 그 민족이 그 악에서 돌이키면, 내가 그에게 내리기로 생각하였던 재앙에 대하여 뜻을 돌이키겠고,

⑨ 내거 언제든지 어느 민족이나 국가를 건설하거나 심으리라 한다고, 하자,

⑩ 만일 그들이 나 보기에 악한 것을 행하여, 내 목소리를 청종치 아니하면, 그에게 유익케 하리라 한 선에 대하여 뜻을 돌이키리라,

⑪ 그러므로 이제 너는 유다 사람들과 예루살렘 거민들에게 말하여 이르기를, 여호와의 말씀에 보라 내가 너희에게 재앙을 내리며 계책을 베풀어 너희를 치려하노니, 너희는 각기 악한 길에서 돌이키며 너희 길과 행위를 선하게 하라, 하셨다, 하라,

⑫ 그러나 그들이 말하기를, 이는 헛된 말이라, 우리는 우리의 도모대로 행하며 우리는 각기 악한 마음의 강퍅한대로 행하리라, 하느니라,

⑬ 그러므로 나 여호와가 이같이 말하노라, 너희는 누가 이러한 일을 들었는가 열방 중에 물어보라 처녀 이스라엘이 심히 가증한 일을 행하였도다,

⑭ 레바논의 눈이 어찌 들의 반석을 떠나겠으며, 원방에서 흘러 내리는 찬 물이 어찌 마르겠느냐?

⑮ 대저 내 백성은 나를 잊고 허무한 것에게 분향하거니와 이러한 것들은 그들로 그 길 곧 닦지 아니한 길로 행케 하여,

⑯ 그들의 땅으로 놀랍고 영영한 경멸의 곳이 되게 하리니, 그리로 지나는 자마다 놀라서 그 머리를 흔들리라,

⑰ 내가 그들을 그 원수 앞에서 흩기를 동풍으로 함같이 할 것이며, 그들의 재난의 날에는 내가 그들에게 등을 보이고 얼굴을 보이지 아니하리라,

⑱ 그들이 말하기를, 오라 우리가 꾀를 내어 예레미야를 치자, 제사장에게서 율법이 지혜로운 자에게서 모략이 선지자에게서 말씀이 끊어지이 아니할 것이니, 오라 우리가 혀로 그를 치고 그의 아무 말에도 주의치 말자, 하나이다,

⑲ 여호와여 나를 돌아보사, 나로 더불어 다투는 그들의 목소리를 들어보옵소서,

⑳ 어찌 악으로 선을 갚으리이까마는 그들이 나의 생명을 해하려고 구덩이를 팠나이다, 내가 주의 분노를 그들에게서 돌이키려 하고 주의 앞에 서서 그들을 위하여 선한 말씀 한 것을 기억하옵소서,

㉑ 그러하온즉 그들의 자녀를 기근에 내어 주시며 그들을 칼의 세력에 붙이시며, 그들의 아내들은 자녀를 잃고 과부가 되며, 그 장정은 사망을 당하며, 그 청년은 전장에서 칼을 맞게 하시며,

㉒ 주께서 군대로 졸지에 그들에게 임하게 하사, 그들의 집에서 부르짖음이 들리게 하옵소서, 이는 그들이 나를 취하려고 구덩이를 팠고 내 발을 빠치려고 올무를 베풀었음이니이다,

㉓ 여호와여 그들이 나를 죽이려 하는 계략을 주께서 다 아시오니, 그 악을 사하지 마시며, 그 죄를 주의 목전에서 도말치 마시고, 그들로 주의 앞에 넘어지게 하시되, 주의 노하시는 때에 이같이 그들에게 행하옵소서.

● 19장

① 여호와께게서 이같이 말씀하시를, 가서 토기장이의 옹기그릇 병 하나를 사서 백성들의 원로들과 제사장들의 원로들 중에서 몇 사람을 데리고,

② 동문 입구 옆에 있는 힌놈의 아들의 골짜기로 가서 거기서 내가 네게 이른 말을 선포하여

③ 이르기를, 너희 유다 왕들과 예루살렘 거민아, 여호와의 말씀을 들으라, 만군의 여호와 이스라엘의 하나님이 이같이 말씀하시되, 보라, 내가 이곳에 재앙을 내릴 것이라, 무릇 그것을 듣는 자의 귀가 진동하리니,

④ 이는 그들이 나를 버리고 이곳을 불결케 하며, 이곳에서 자기와 자기 조상들과 유다 왕들의 알지 못하던 다른 신들에게 분향하며 무죄한 자의 피로 이곳에 채웠음이며,

⑤ 또 그들이 바알을 위하여 산당을 건축하고, 자기 아들들을 바알에게 번제로 불살라 드렸나니, 이는 내가 명하거나 말하거나 뜻한 바가 아니니라,

⑥ 그러므로 나 여호와가 말하노라, 보라, 다시는 이곳을 도벳이나 힌놈의 아들의 골짜기라 칭하는 날이 이를 것이라,

⑦ 내가 이곳에서 유다와 예루살렘의 계략을 무익하게 할 것이며, 내가 그것들을 그들의 원수들 앞에서 칼과 그들의 생명을 찾는 자들의 손에 쓰러지게 하리니, 내가 그들의 시체를 하늘의 새들과 땅의 짐승들에게 먹이로 주리라,

⑧ 내가 이 성읍을 황폐하게 하고 비웃음거리가 되게 하리니, 그곳의 모든 재앙으로 인하여 그곳을 지나가는 모든 사람이 놀라며 비웃으리로다,

⑨ 그리고 그들의 생명을 앗아 가려는 대적들에 의하여 압제된 포위공격의 곤핍을 당할 때에 내가 그들로 그 자녀들 육신의 고기를 먹게 할 것이고 그리고 그들은 다른 사람의 고기도 먹을 것이니라,

⑩ 너는 함께 가는 자의 목전에서 그 옹기그릇 병을 깨뜨리며,

⑪ 그들에게 이르기를, 만군의 여호와께서 이같이 말씀하시되, 사람이 토기장이의 그릇을 한번 깨뜨리면 다시 완전하게 할 수 없나니, 이와 같이 내가 이 백성과 이 성을 파하리니, 그들을 매장할 자리가 없을 때까지 도벳에 장사하리라,

⑫ 나 여호와가 말하노라, 내가 이곳과 그 중 거민에게 이같이 행하여 이 성으로 도벳 같게 할 것이라,

⑬ 예루살렘 집들과 유다 왕들의 집들이 그 지붕 위에서 하늘의 모든 군대에게 분향하고, 다른 신들에게 전제(drink offerings)를 부음으로 더러워졌은즉, 도벳 땅처럼 되리라, 하셨다, 하라,

⑭ 예레미야가 여호와께서 자기를 보내사, 예언하게 하신 도벳에서 돌아와 여호와의 집 뜰에 서서 모든 백성에게 말하되,

⑮ 만군의 여호와 이스라엘의 하나님이 말씀하시되, 보라, 내가 이 성에 대하여 선언한 모든 재앙을 이 성과 그 모든 촌락에 내리리니, 이는 그들이 그들의 목을 곧게 하여 내 말을 듣지 아니하였기 때문이라, 하셨느니라.

● 20장

① 이때에 제사장 임멜의 아들 바스훌은 여호와의 집 총 지배인이었는데, 그가 예레미야가 이러한 일들을 예언하였음을 들은지라,

② 그때에 바스훌이 선지자 예레미야를 때리고 여호와의 집 옆에 있는 베냐민의 윗문에 있는 족쇄에 그를 채워 두었더라,

③ 다음날 바스훌이 예레미야를 착고에서 풀어주니라, 그때에 예레미야가 그에게 말하기를, 여호와께서 네 이름을 바스훌이라 부르지 아니하시고 마골밋사빕이라, 하셨느니라,

④ 이는 여호와께서 이같이 말씀하시되, 보라, 내가 너를 네 자신과 네 모든 친구들에게 두려움이 되게 하리니, 그들이 그들의 원수들의 칼에 엎드러질 것이며 네 눈은 그것을 보리라, 내가 온 유다를 바벨론 왕의 손에 넘겨주리니, 그리하면 그가 그들을 사로잡아 바벨론으로 옮겨 칼로 죽이리라,

⑤ 또 내가 이 성의 모든 부와 그 모든 소득과 그 모든 귀물과 유다 왕들의 모든 보물을 그 원수의 손에 붙이리니, 그들이 그것을 탈취하여 바벨론으로 가져가리라,

⑥ 너 바스훌과 네 집에 거하는 모든 자가 사로잡혀 갈 것이요, 너는 바벨론으로 이르러 거기서 죽어 거기 묻힐 것이라, 그리고 너와 너의 친구들도 마찬가지이니라, 왜냐하면 네가 그들에게 거짓 예언을 하였기 때문이니라,

(And thou, Pashur, and all that dwell in thine house shall go into captivity: and thou shalt come to Babylon, and there thou shall die, and shall buried there, thou, and all thy friends, to whom thou hast prophesied lies.-KJV)

(And you, Pashhur, and all who live in your house will go into exile to Babylon. There you will die and be buried, you and all your friends to whom you have prophesied lies.-NIV)

(You, Pashhur, and all the members of your houschold shall go into exile. To Babylon you shall go; there you shall die and be buried, you and all your friends, because you have prophesied lies to them.-NAB)

(And you, Pashur, you and everyone in your family will be taken prisoner into exile-that's right, exile in Babylon. You'll die and buried there, you and your all cronies to whom you preached your lies.-THE MESSAGE)

⑦ 오 여호와여, 주님께서 나를 속이셔서 내가 속았나이다, 주님께서는 나보다 강하셔서 나를 압도하나이다, 즉 나는 매일 조롱거리가 되고 모두가 나를 비웃나이다,

⑧ 대저 내가 말할 때마다 외치며 강포와 멸망을 부르짖으오니, 여호와의 말씀으로

하여 내가 종일토록 치욕과 모욕거리가 됨이니이다,

⑨ 내가 다시는 여호와를 선포하지 아니하며 그 이름으로 말하지 아니하리라, 하면, 나의 중심이 불붙는 것 같아서 골수에 사무치니 답답하여 견딜 수 없나이다,

⑩ 나는 사람들의 비방과 사방의 두려움을 들었나이다, 그들이 이르기를, 그것을 보고하라, 그리하면 우리도 보고하리라, 하나이다, 나의 타락하기를 기다리며 지켜보던 나의 모든 친한 이들도 말하기를, 혹시 그가 속임을 당하면 우리가 그를 이겨 그에게 보복하자, 하나이다,

⑪ 그러하오나 여호와는 두려운 용사 같으시며 나와 함께 하시는고로 나를 박해하는 자가 넘어지고 이기지 못할 것이오며, 그들은 지혜롭게 행치 못하므로 큰 수욕을 당하오리니, 그 수욕은 영영히 잊지 못할 것이니이다,

⑫ 의인을 시험하사, 그 폐부와 심장을 보시는 만군의 여호와여, 나의 사정을 주께 아뢰었사온즉, 주께서 그들에게 보수하심을 나로 보게 하옵소서,

⑬ 여호와께 노래하라, 너희는 여호와를 찬양하라, 가난한 자의 생명을 행악자의 손에서 구원하셨음이니이다,

⑭ 내 생일이 저주를 받았다면, 나의 어미가 나를 생산하던 날이 복이 없었더면,

⑮ 나의 아비에게 소식을 전하여 이르기를, 네가 생남하였다 하여 아비를 즐겁게 하던 자가 저주를 받았더면,

⑯ 그 사람을 여호와께서 뒤엎으시고 후회치 아니하신 성읍들같이 되게 하셨더라면, 또 그가 아침에는 부르짖는 소리를, 한낮에는 외치는 소리를 들었더라면 좋을 뻔하였나니,

⑰ 이는 그분께서 나를 자궁 안에서 죽이지 아니하셨고 또 나의 어미가 죽어 내 어미로 나의 무덤이 되게 하지 아니하셨으며, 그의 자궁을 항상 나에게 적절하게 크게 하신 연고이기 때문이로다,

⑱ 어찌하여 내가 모태에서 나와서 고생과 슬픔을 보며, 나의 날들이 수욕으로 끝나는가?

• 21장

① 시드기야왕이 말기야의 아들 바스훌과 제사장 마아세야의 아들 스바냐를 보내어 예레미야에게 말하기를, 바벨론 왕 느부갓네살이 우리를 치니,

② 청컨대, 너는 우리를 위하여 여호와께 간구하라, 여호와께서 혹시 그 모든 놀라운

일로 우리를 도와 행하시면 그가 우리를 떠나리라, 하던 그 때에 여호와께로부터 예레미야에게 말씀이 임하니라,

③ 예레미야가 그들에게 대답하되, 너희는 시드기야에게 이같이 말하라,

④ 이스라엘의 하나님 여호와께서 이같이 말씀하시되, 보라, 너희가 성밖에서 바벨론 왕과 또 너희를 포위하고 있는 바빌로니아인과 싸우는바, 너는 손에 가진 병기를 내가 돌이킬 것이요, 그들을 이 성중에 모아 들이리라,

⑤ 내가 든 손과 강한 팔, 곧, 노와 분과 대노로 친히 너희를 칠 것이며,

⑥ 내가 또 이 성에 거주하는 자를 사람이나 짐승이나 다 치리니, 그들이 큰 전염병에 죽으리라, 하셨다, 하라,

⑦ 여호와께서 또 말씀하시되, 그 후에 내가 유다 왕 시드기야와 그 신하들과 백성과 및 이 성읍에서 전염병과 칼과 기근에서 남은 자를 바벨론 왕 느부갓네살의 손과 그 대적의 손과 그 생명을 찾는 자들의 손에 붙이리니, 그가 칼날로 그들을 치되 아끼지 아니하며, 긍휼히 여기지 아니하며, 불쌍히 여기지 아니하리라, 하셨느니라,

⑧ 여호와께서 가라사대, 너는 또 이 백성에게 여호와께서 이같이 말씀하신다 하라, 보라, 내가 너희 앞에 생명의 길과 사망의 길을 두었노니,

⑨ 이 성에 거주하는 자는 칼과 기근과 염병에 죽으려니와 너희를 포위한 바빌로니아 인에게 나가서 항복하는 자는 살리니, 그의 생명은 그에게 약탈물이 되리라,

⑩ 나 여호와가 말하노라, 내가 나의 얼굴을 이 성으로 향함은 복을 위함이 아니요, 화를 위함이라, 이 성이 바벨론 왕의 손에 붙임이 될 것이요, 그는 그것을 불로 사르리라,

⑪ 유다 왕의 집에 대한 여호와의 말을 들으라,

⑫ 나 여호와가 이같이 말하노라, 다윗의 집이여! 너는 아침마다 공평히 판결하여 탈취 당한 자를 압박자의 손에서 건지라, 그리하지 아니하면 너희의 악행을 인하여 내 노가 불같이 일어나서 사르리니, 능히 끌 자가 없으리라,

⑬ 나 여호와가 이르노라, 골짜기와 평원 반석의 거민아 보라, 너희가 말하기를, 누가 내려와서 우리를 치리요? 누가 우리의 거처에 들어오리요? 하거니와 나는 네 대적이라,

⑭ 내가 너희 행위대로 벌할 것이요, 내가 또 수풀에 불을 놓아 그 주위의 모든 것을 사르리라, 여호와의 말이니라.

• 22장

① 여호와께서 이같이 말씀하시되, 너는 유다 왕의 집에 내려가서 거기서 이를 선언하여

② 이르기를, 다윗의 위에 앉은 유다 왕이여 너와 네 신하와 이 문들로 들어오는 네 백성은 여호와의 말씀을 들을찌니라,

③ 여호와께서 이같이 말씀하시되, 너희가 공평과 정의를 행하여 탈취 당한 자를 압박하는 자의 손에서 건지고, 이방인과 고아와 과부를 압제하거나 학대하지 말며, 이곳에서 무죄한 피를 흘리지 말라,

④ 너희가 참으로 이 말을 준행하면, 다윗의 위에 앉을 왕들과 신하들과 백성의 병거와 말을 타고 이 집 문으로 들어 오게 되리라마는,

⑤ 너희가 이 말을 듣지 아니하면, 내가 나로 맹세하노니, 이 집이 황무하리라, 나 여호와의 말이니라,

⑥ 나 여호와가 유다 왕의 집에 대하여 이같이 말하노라, 너는 나에게 길르앗이며 레바논의 머리라, 그러나 내가 너를 반드시 황야같이 사람이 살지 아니하는 성읍으로 만들리라,

⑦ 또 내가 너를 대적하여 각기 병기를 가진 파괴자들을 준비하리니, 그들이 가장 좋은 백향목들을 잘라서 그것들을 불 속으로 던지리라,

⑧ 여러 나라 사람이 이 성으로 지나며 피차 말하기를, 여호와가 이 큰 성에 이같이 행함은 어찜인고? 하겠고,

⑨ 대답하기는 이는 그들이 자기 하나님 여호와의 언약을 버리고 다른 신들에게 절하고 그를 섬긴 연고라 하리라, 하셨다, 할찌니라,

⑩ 너희는 죽은 자들을 위하여 울지 말며 그들을 애도하지 말고, 다만 멀리 떠난 자를 위하여 슬피 울라, 이는 그가 다시는 돌아오지 못하고, 자기 고국을 보지 못할 것이기 때문이라,

⑪ 이것은 여호와께서 요시야의 아들 살룸에 대하여 말씀하신 것이니라, (그는 그의 아버지를 대신하여 유다 왕을 계승하였으나 이곳을 떠났느니라.) "그는(살룸 왕)은 결코 돌아오지 못하리라,

⑫ 그리고 그는 잡혀간 곳에서 죽으리니, 이 땅을 다시 보지 못하리라,

⑬ 불의로 그 집을 세우고 불공평으로 그 다락방을 지으며, 그 이웃을 고용하고 그 고가를 주지 아니하는 자에게 화 있을찐저!

⑭ 그가 이르기를, 내가 나를 위하여 광대한 집과 광활한 다락방을 지으리라, 하고, 자기를 위하여 창을 만들고 그것에 백향목으로 입히고 붉은 빛으로 칠하도다,

⑮ 네가 백향목으로 집 짓기를 경쟁하므로 왕이 될 수 있겠느냐? 네 아비가 먹으며 마시지 아니하겠으며 공평과 의리를 행치 아니하겠느냐? 그 때에 그가 형통하였었느니라,

⑯ 그는 가난한 자들과 궁핍한 자들을 도와주어 모든 것이 잘되게 하였나니, 이것이 나를 알기 때문에 한 것이 아니냐? 여호와의 말이니라,

⑰ 그러나 네 눈과 마음은 탐남과 무죄한 피를 흘림과 압박과 강포를 행하려 할 뿐이니라,

⑱ 그러므로 나 여호와가 유다 왕 요시야의 아들 여호야김에게 대하여 이같이 말하노라, 무리가 그를 위하여 슬프다, 내 형제여 슬프다, 내 자매여 하며 통곡하지 하고 아니할 것이며, 그를 위하여 슬프다, 주여 슬프다, 그 영광이여 하며 통곡하지도 아니할 것이라,

⑲ 그가 끌려 예루살렘 문밖에 던지우고 나귀같이 매장함을 당하리라,

⑳ 너는 레바논에 올라 외치고 바산에서 네 소리를 높이며, 아바림에서 외치라, 이는 너를 사랑하는 자가 다 멸망하였음이니라,

㉑ 네가 평안할 때에 내가 네게 말하였으나, 네 말이 나는 듣지 아니하리라 하였나니, 네가 어려서부터 내 목소리를 청종치 아니함이 네 습관이니라,

㉒ 네 목자들은 다 바람에 삼키울 것이요, 너를 사랑하는 자들은 사로잡혀 가리니, 그 때에 네가 반드시 네 모든 악을 인하여 수치와 욕을 당하리라,

㉓ 레바논에 거하여 백향목에 깃들이는 자여! 여인의 해산하는 고통 같은 고통이 네게 임할 때에 너의 가련함이 얼마나 심하랴?

㉔ 나 여호와가 말하노라, 나의 삶으로 맹세하노니, 유다 왕 여호야김의 아들 너 고니야가 나의 오른손의 인장반지라 할지라도 내가 빼어,

㉕ 네 생명을 찾는 자의 손과 너의 두려워하는 자의 손 곧 바벨론 왕 느부갓네살의 손과 바빌로니아인의 손에 줄 것이라,

㉖ 내가 너와 너를 낳은 어미를 너희가 나지 아니한 다른 지방에 쫓아내리니, 너희가 거기서 죽고,

㉗ 너희 마음에 돌아오기를, 사모하는 땅에 돌아오지 못하리라,

㉘ 이 사람 고니야가 멸시받는 부서진 우상이더냐? 그가 자기 속에 즐거움이 없는 그

룻이더냐? 어찌하여 그들 곧 그와 그의 자손들이 그들이 알지 못하는 땅으로 쫓겨 났느냐?

㉙ 오 땅이여, 땅이여, 땅이여, 여호와의 말을 들을지니라!

㉚ 하나님의 판결(평결)이 이것이니라. 즉 기록하라, 이 사람에게는 마치 자식이 없는 것 같이 되겠고, 그의 날들이 형통하지 못할 것이라, 이는 그의 자손의 누구도 형통치 못하고 다윗의 위에 오르지 못하며, 더 이상 유다를 다스리지도 못할 것이기 때문이니라.

(Thus saith the LORD, Write ye this man childless, a man that shall not prosper in his days: for no man of his seed shall prosper, sitting upon the throne of David, and ruling any more in Judah.-KJV)

(This is what the LORD says: "Record this man as if childless, a man who will not prosper in his lifetime, for none of his offspring will prosper, none will sit on the throne of David or rule anymore in Judah."-NIV)

(Thus says the LORD: Write this man down as childless, a man who will never prosper in his life! Nor shall any of his descendants prosper, to sit upon the throne of DAVID, to rule again over Judah.-NAB)

(This is GOD's verdit: "Write this man off as if he were childless, a man who will never amount to anything. Nothing will ever come of his life. He's the end of the line, the last of the kings."-THE MESSAGE)

• 23장

① 나 여호와가 말하노라, 화가 있도다, 내 초장의 양들을 죽이고 흩어버리는 목자들에게!

② 그러므로 이스라엘 하나님 나 여호와가 내 백성을 기르는 목자에게 이같이 말하노라, 너희가 내 양무리를 흩으며 그것을 몰아내고 돌아보지 아니하였도다, 보라, 내가 너희의 악행을 인하여 너희를 징벌하리라, 여호와의 말이니라,

③ 내가 내 양무리의 남은 자를 그 몰려 갔던 모든 지방에서 모아내어, 다시 그 우리로 돌아오게 하리니, 그들의 생육이 번성할 것이며,

④ 내가 그들을 기르는 목자들을 그들 위에 세우리니, 그들이 다시는 두려워하거나 놀라거나 축이 나지 아니하리라, 여호와의 말이니라,

⑤ 나 여호와가 말하노라, 보라, 때가 이르리니, 내가 다윗에게 한 의로운 가지를 일으킬 것이라, 그가 왕이 되어 지혜롭게 행사하며 세상에서 공평과 정의를 행할 것이며,

⑥ 그의 날에 유다는 구원을 얻겠고, 이스라엘은 평안히 거할 것이며, 그 이름은 여호와 우리의 의라 일컬음을 받으리라,

⑦ 그러므로 나 여호와가 말하노라, 보라, 날이 이르리니, 그들이 다시는 이스라엘 자손을 에집트 땅에서 인도하여 내신 여호와의 사심으로 맹세하지 아니하고,

⑧ 이스라엘 집 자손을 북방 땅 그 쫓겨났던 나라에서 인도하여 내신 여호와의 사심으로 맹세할 것이며, 그들이 자기 땅에 거하리라, 하시니라,

⑨ 선지자들에 대한 말씀이라, 내 중심이 상하며, 내 모든 뼈가 떨리며, 내가 취한 사람 같으며, 포도주에 잡힌 사람 같으니, 이는 여호와와 그 거룩한 말씀을 인함이라,

⑩ 이 땅에 행음하는 자가 가득하도다, 저주로 인하여 땅이 슬퍼하며, 황야의 초장들이 마르나니, 그들의 행위가 악하고 힘쓰는 것이 정직하지 못함이로다,

⑪ 여호와께서 말씀하시되, 선지자와 제사장이 다 사특한지라, 내가 내 집에서도 그들의 악을 발견하였노라,

⑫ 그러므로, 그들의 길이 그들에게 흑암 중에 미끄러운 곳과 같이 되고, 그들이 밀침을 받아 그 길에 엎드러질 것이라, 그들을 벌하는 해에 내가 그들에게 재앙을 내리리라, 여호와의 말이니라,

⑬ 내가 사마리아 선지자들 중에 우매함이 있음을 보았고, 그들은 바알을 의탁하고 예언하여 내 백성 이스라엘을 그릇되게 하였고,

⑭ 내가 예루살렘 선지자들 중에도 가증한 일이 있음을 보았나니, 그들은 긴음을 행하며 행악자의 손을 굳게 하여 사람으로 그 악에서 돌이킴이 없게 하였은즉, 그들은 다 내 앞에서 소돔 사람과 다름이 없고 그 거민은 고모라 사람과 다름이 없느니라,

⑮ 그러므로 만군의 여호와, 내가 선지자에 대하여 이같이 말하노라, 보라, 내가 그들에게 쑥을 먹이며 독한 물을 마시우리니, 이는 사악이 예루살렘 선지자들에게로서 나와서 온 땅에 퍼짐이라 하시니라,

⑯ 만군의 여호와께서 이같이 말씀하시되, 너희에게 예언하는 선지자들의 말을 듣지 말라, 그들은 너희에게 헛된 것을 가르치나니, 그들의 말한 묵시는 자기 마음으로

말미암은 것이요, 여호와의 입에서 나온 것이 아니니라,

⑰ 항상 그들이 나를 멸시하는 자에게 이르기를, 너희가 평안하리라, 여호와의 말씀 이니라, 하며 또 자기 마음의 강퍅한대로 행하는 모든 사람에게 이르기를, 재앙이 너희에게 임하지 아니하리라, 하였느니라,

⑱ 누가 여호와의 회의에 참예하여 그 말을 알아들었으며? 누가 귀를 기울여 그 말을 들었느뇨?

⑲ 보라, 나 여호와가 노를 발하여 폭풍과 회리바람처럼 악인의 머리를 칠 것이라,

⑳ 나 여호와의 노는 내 마음의 뜻하는 바를 행하여 이루기까지는 쉬지 아니하나니, 너희가 말일에 그것을 완전히 깨달으리라,

㉑ 이 선지자들은 내가 보내지 아니하였어도 달음질하며, 내가 그들에게 이르지 아니 하였어도 예언하였은즉,

㉒ 그들이 만일 나의 회의에 참예하였더면, 내 백성에게 내 말을 들려서 그들로 악한 길과 악한 행위에서 돌이키게 하였으리라,

㉓ 나 여호와가 말하노라, 나는 가까이에서만 하나님이더냐? 멀리서는 하나님이 아니 더냐?

㉔ 나 여호와가 말하노라, 사람이 내게 보이지 아니하려고 누가 자기를 은밀한 곳에 숨길 수 있겠느냐? 나 여호와가 말하노라, 나는 천지에 충만하지 아니하냐?

㉕ 내 이름으로 거짓을 예언하는 선지자들의 말에 내가 꿈을 꾸었도다, 꿈을 꾸었도 다, 함을 내가 들었노라

㉖ 거짓을 예언하는 선지자들이 언제까지 이 마음을 품겠느냐? 그들은 그 마음의 간 교한 것을 예언하느니라,

㉗ 그들의 조상들이 바알로 인하여 내 이름을 잊어버렸던 것같이 그들 모두가 자기 이웃에게 그들의 꿈을 알림으로 인하여 내 이름을 잊게 하려 하는도다,

㉘ 나 여호와가 말하노라, 꿈을 가진 선지자는 꿈을 말하며, 내 말을 받은 자는 내 말 을 신실하게 말할 지니라, 어찌 쭉정이를 알곡과 비기겠느냐?

㉙ 나 여호와가 말하노라, 내 말이 불같지 아니하냐? 반석을 쳐서 부스러뜨리는 쇠망 치 같지 아니하냐?

㉚ 나, 여호와가 말하노라, 그러므로, 보라, 서로 내 말을 도적질하는 선지자들을 내가 치리라,

㉛ 나, 여호와가 말하노라, 보라, 그들이 혀를 놀려 그가 말씀하셨다 하는 선지자들을

내가 치리라,

㉜ 나, 여호와가 말하노라, 보라, 거짓 꿈을 예언하여 이르며, 거짓과 헛된 자만으로 내 백성을 속이는 자를 내가 치리라, 내가 그들을 보내지 아니하였으며 명하지 아니하였나니, 그들이 이 백성에게 아무 유익이 없느니라, 여호와의 말이니라,

㉝ 예언자나 제사장이나 그 누구든지 '하나님께서 왜 이렇게 말씀하시는 거요? 대체 뭐가 문제요?' 하고 묻거든, 그에게 이렇게 말해 주어라. '너다, 바로 네가 문제다, 그리고 나는 너를 없애 버릴 것이다.' 이는 하나님의 포고의 말씀이니라,

(And when this people, or the prophet, or a priest, shall ask thee, saying, What is the burden of the LORD? thou shalt then say unto them, When burden? I will even forsake you, saith the LORD.-KJV)

(When these people, or a prophet or a priest, ask you, 'What is the oracle of the LORD?' say to them, 'What oracle? I will forsake you, declares the LORD.'-NIV)

(And when this people or a prophet or a priest asks you, "What is the burden of the LORD?" you shall answer, "You are the burden, and I cast you off" -oracle of the LORD.-NAB)

("And anyone, including prophets and priests, who asks, 'What's GOD got to say about all this, what's troubling him?' tell him, 'You're the trouble, and I'm getting rid of you.'" GOD's Decree.-THE MESSAGE)

㉞ 또 여호와의 엄중한 말씀이라 하는 선지자에게나 제사장에게나 백성에게는 내가 그 사람과 그 집에 벌하리라 하셨다, 하고,

㉟ 너는 또 말하기를, 너희는 서로 이웃과 형제에게 묻기를, 여호와께서 무엇이라 응답하셨으며 무엇이라 말씀하셨느뇨? 하고,

㊱ 너희는 더 이상 여호와의 엄중한 경고를 말하지 말라, 이는 각 사람의 말이 자기에게 엄중한 경고가 되리니, 너희가 살아계신 하나님 곧 만군의 주 우리 하나님의 말씀을 변질시켰기 때문이라, 하고,

㊲ 너는 또 선지자에게 말하기를, 여호와께서 네게 무엇이라 말씀하셨느뇨? 하라,

㊳ 그러나 너희가 "주님의 짐이다." 하고 말하면, 그러므로 여호와께서 이렇게 말씀하신다.-내가 너희에게 사람을 보내어 "너희는 주님의 짐이다." 하고 말해서는 안된다고 일렀는데도 너희가 이 말을 하였기 때문에,

㊴ 내가 너희를 온전히 잊어버리며, 내가 너희와 너희 조상들에게 준 이 성읍을 내 앞에서 내어버려,

㊵ 너희로 영원한 치욕과 잊지 못할 영구한 수치를 당케 하리라, 하셨다, 할지니라.

● 24장

① 바벨론 왕 느부갓네살이 유다 왕 여호야김의 아들 여고냐와 유다의 통치자들을 목공들과 대장장이들과 함께 예루살렘으로부터 사로잡아 그들을 바벨론으로 옮긴 후에 여호와께서 내게 보여주셨으니, 보라, 무화과 두 광주리가 여호와의 성전 앞에 놓여 있더라,

② 한 광주리에는 처음 익은 듯한 극히 좋은 무화과가 있고, 한 광주리에는 악하여 먹을 수 없는 극히 악한 무화과가 있더라,

③ 여호와께서 내게 이르시되, 예레미야야! 네가 무엇을 보느냐? 내가 대답하되, 무화과 이온데, 그 좋은 무화과는 극히 좋고, 그 악한 것은 극히 악하여 먹을 수 없게 악하나이다,

④ 여호와의 말씀이 또 내게 임하여 가라사대,

⑤ 이스라엘의 하나님 여호와가 이같이 말하노라, 내가 이곳에서 옮겨 바빌로니아의 땅에 이르게한 유다 포로를 이 좋은 무화과 같이 보아 좋게 할 것이라,

⑥ 내가 그들을 돌아보아 좋게 하여 다시 이 땅으로 인도하고 세우고 헐지 아니하며 심고 뽑지 아니하겠고,

⑦ 내가 여호와인줄 아는 마음을 그들에게 주어서, 그들로 전심으로 내게 돌아오게 하리니, 그들은 내 백성이 되겠고, 나는 그들의 하나님이 되리라,

⑧ 나 여호와가 이같이 말하노라, 내가 유다 왕 시드기야와 그 통치자들과 예루살렘의 남은 자로서 이 땅에 남아 있는 자와 에집트 땅에 거하는 자들을 이 악하여 먹을 수 없는 악한 무화과 같이 버리되,

⑨ 세상 모든 나라 중에 흩어서 그들로 환난을 당하게 할 것이며, 또 그들로 내가 쫓아보낼 모든 곳에서 치욕을 당하게 하며, 말거리가 되게 하며 조롱과 저주를 받게 할 것이며,

⑩ 내가 칼과 기근과 전염병을 그들 중에 보내어, 그들로 내가 그들과 그 조상에게 준 땅에서 멸절하기까지 이르게 하리라, 하시니라.

● 25장

① 유다 왕 요시야의 아들 여호야김 사년, 곧 바벨론 왕 느부갓네살 원년에 유다 모든 백성에 관한 말씀이 예레미야에게 임하니라,

② 선지자 예레미야가 유다 모든 백성과 예루살렘 모든 거민에게 고하여 가로되,

③ 유다 왕 아몬의 아들 요시야의 십 삼년부터 오늘까지 이십 삼년 동안에 여호와의 말씀이 내게 임하기로, 내가 너희에게 이르되, 부지런히 일렀으나, 너희가 듣지 아니하였으며,

④ 여호와께서 그 모든 종 선지자를 너희에게 보내시되 부지런히 보내셨으나, 너희가 듣지 아니하였으며 귀를 기울여 들으려고도 아니하였도다,

⑤ 이르시기를, 너희는 각기 악한 길과 너희 악행에서 돌이키라, 그리하면 나 여호와가 너희와 너희 조상에게 옛적에 주어 영원히 있게 한 그 땅에 거하게 하리니,

⑥ 너희는 다른 신을 좇아 섬기거나 숭배하지 말며, 너희 손으로 만든 것을 인하여 나의 노를 격동치 말라, 그리하면 내가 너희를 해치 아니하리라, 하였으나,

⑦ 너희가 내 말을 듣지 아니하고 너희 손으로 만든 것으로 나의 노를 격동하여 스스로 해하였느니라, 여호와의 말이니라,

⑧ 그러므로 나 만군의 여호와가 이같이 말하노라, 너희가 내 말을 듣지 아니하였은 즉,

⑨ 보라, 내가 보내어 북방 모든 족속과 내 종 바벨론 왕 느브갓네살을 불러다가 이 땅과 그 거민과 사방 모든 나라를 쳐서 진멸하여, 그들로 놀램과 치소거리가 되게 하며 땅으로 영영한 황무지가 되게 할 것이라,

⑩ 내가 그들 중에서 기뻐하는 소리와 즐거워하는 소리와 신랑의 소리와 신부의 소리와 맷돌 소리와 등불 빛이 끊쳐지게 하리니,

⑪ 이 온 땅이 황폐하여 놀램이 될 것이며, 이 나라들은 칠십년 동안 바벨론을 섬기리라,

⑫ 나 여호와가 말하노라, 칠십년이 마치면 내가 바벨론 왕과 그 나라와 바벨로니아인의 땅을 그 죄악으로 인하여 벌하여 영영히 황무케 하되,

⑬ 내가 그 땅에 대하여 선고한바, 곧 예레미야가 열방에 대하여 예언하고 이 책에 기록한 나의 모든 말을 그 땅에 임하게 하리니,

⑭ 그들 자신들은 많은 이방인들과 이방인들의 대왕들을 섬기게 될 것이니라, 내가 그들의 행위와 그들의 손의 행한대로 그들에게 갚아 주리라, 하시니라,

⑮ 이스라엘의 하나님 여호와께서 이같이 내게 이르시되, 너는 내 손에서 이 진노의 잔을 받아가지고 내가 너를 보내는바, 그 모든 민족들로 마시게 하라,

⑯ 그들이 마시고 비틀거리며 미치리니, 이는 내가 그들 중에 칼을 보냄을 인함이니라, 하시기로,

⑰ 내가 여호와의 손에서 그 잔을 받아서, 여호와께서 나를 보내신바, 그 모든 나라로 마시게 하되,

⑱ 예루살렘과 유다 성읍들과 그 왕들과 그 방백들로 마시게 하였더니, 그들이 멸망과 놀램과 비웃음과 저주를 당함이 오늘 날과 같으니라,

⑲ 또 에집트 왕 파라오와 그의 신하들과 그의 통치자들과 그의 모든 백성과,

⑳ 모든 잡족과 우스 땅 모든 왕과 블레셋 사람의 땅 모든 왕과 아스글론과 가사와 에그론과 아스돗의 남은 자와,

㉑ 에돔과 모압과 암몬 자손과,

㉒ 두로의 모든 왕과 시돈의 모든 왕과 바다 저편 섬의 왕들과,

㉓ 드단과 데마와 부스와 털을 모지게 깎은 모든 자와,

㉔ 아라비아 모든 왕과 광야에 거하는 잡족의 모든 왕과,

㉕ 시므리의 모든 왕과 엘람의 모든 왕과 메대의 모든 왕과,

㉖ 북방 원근의 모든 왕과 지면에 있는 세상의 모든 나라로 마시게 하니라, 세삭 왕은 그 후에 마시리라,

㉗ 너는 그들에게 이르기를, 만군의 여호와 이스라엘의 하나님의 말씀에 너희는 마시라, 취하라, 토하라, 엎드러지고 다시는 일어나지 말라, 이는 내가 너희 중에 칼을 보냄을 인함이니라, 하셨다, 하라,

㉘ 그들이 만일 네 손에서 잔을 받아 마시기를 거절하거든, 너는 그들에게 이르기를, 만군의 여호와의 말씀에 너희가 반드시 마시리라,

㉙ 보라 내가 내 이름으로 일컬음을 받는 성에서부터 재앙 내리기를 시작하였은즉, 너희가 어찌 능히 형벌을 면할 수 있느냐? 면치 못하리니, 이는 내가 칼을 불러 세상의 모든 거민을 칠 것임이니라, 하셨다, 하라, 만군의 여호와의 말이니라,

㉚ 그러므로 너는 그들에게 이 모든 말로 예언하여 이르기를, 여호와께서 높은데서 부르시며 그 거룩한 처소에서 소리를 발하시며, 그 양의 우리를 향하여 크게 부르시며 세상 모든 거민을 대하여 포도 밟는 자같이 오치시리니,

㉛ 요란한 소리가 땅 끝까지 이름은 여호와께서 열국과 다투시며 모든 육체를 심판하

시며 악인을 칼에 붙이심을 인함이라, 하라, 여호와의 말이니라,

㉜ 나, 만군의 여호와가 말하노라, 보라, 재앙이 나서 나라에서 나라에 미칠 것이며 대풍이 땅 끝에서 일어날 것이라,

㉝ 그 날에 나 여호와에게 살륙을 당한 자가 땅 이 끝에서 땅 저 끝에 미칠 것이나, 그들이 슬퍼함을 받지 못하며 염습함을 입지 못하며 매장함을 얻지 못하고 지면에서 분토가 되리로다,

㉞ 너희 목자들아, 외쳐 애곡하라, 너희 양떼의 인도자들아, 재에서 뒹굴지니라, 이는 너희 도륙을 당할 날과 흩음을 당할 기한이 찼음인즉, 너희가 귀한 그릇의 떨어짐 같이 될 것이라,

㉟ 목자들은 도망할 수 없겠고, 양떼의 인도자들은 도피할 수 없으리로다,

㊱ 목자들의 부르짖음과 양떼의 인도자들의 애곡하는 소리여! 나 여호와가 그들의 초장을 황폐케 함이로다,

㊲ 평안한 목장들이 적막하니, 이는 여호와의 진노의 연고로다,

㊳ 그가 사자같이 그 소혈에서 나오셨도다, 그 잔멸하는 자의 진노와 그 극렬한 분으로 인하여 그들의 땅이 황량하였도다.

● 26장

① 유다 왕 요시야의 아들 여호야김의 즉위 초에 여호와께로서 이 말씀이 임하니라, 가라사대,

② 나 여호와가 이같이 이르노라, 너는 여호와의 집 뜰에 서서 유다 모든 성읍에서 여호와의 집에 와서 경배하는 자에게 내가 네게 명하여 이르게 한 모든 말을 고하되, 한 말도 감하지 말라,

③ 그들이 듣고 혹시 그 악한 길에서 떠나리라, 그리하면 내가 그들의 악행으로 인하여 재앙을 내리려 하던 뜻을 돌이키리라,

④ 너는 그들에게 이르기를, 여호와의 말씀에 너희가 나를 청종치 아니하고, 내가 너희 앞에 둔 내 법을 행치 아니하며,

⑤ 내가 너희에게 보내고 부지런히 보낸 나의 종 선지자들의 말을 이미 듣지 아니하였거니와 너희가 만일 다시 듣지 아니하면,

⑥ 내가 이 집을 실로 같이 되게 하고, 이 성으로 세계 열방의 저줏거리가 되게 하리라, 하셨다, 하라,

⑦ 예레미야가 여호와의 집에서 이 말을 하매, 제사장들과 선지자들과 모든 백성이 듣더라,

⑧ 예레미야가 여호와께서 명하신 말씀을 모든 백성에게 고하기를 마치매, 제사장들과 선지자들과 모든 백성이 그를 붙잡고 이르되, 네가 반드시 죽으리라,

⑨ 어찌하여 네가 여호와의 이름을 의탁하고 예언하여 이르기를, 이 집이 실로 같이 되겠고, 이 성이 황무하여 거민이 없으리라 하느뇨, 하며, 그 모든 백성이 여호와의 집에서 예레미야에게로 모여드니라

⑩ 유다 지배자들이 이 일을 듣고 왕궁에서 여호와의 집으로 올라와서 여호와의 집 새문 어귀에 앉으매,

⑪ 그때에 제사장들과 선지자들이 방백들과 모든 백성에게 말하여 가로되, 이 사람은 죽어도 마땅하니라, 이는 너희 자신의 귀로 들음같이 그가 이 성읍(this city)을 대적하여 예언하였기 때문이니라,

(Then spoke the priests ane the prophets unto the princes, and to all the people, saying, This man is worthy to die; for he hath prophesied against this city, as ye have heard with your ears.-KJV)

(Then the priests and the prophets said to the officials and all the people, "This man should sentenced to death because he has prophesied against this city. You have heard it with your own ears!"-NIV)

(The priests and prophets said to the princes and to all the people, "Sentence this man to death! He has prophesied against this city! You heard it with your own ears."-NAB)

(The prophets and priests spoke first, addressing the officials, but also the people: "Death to this man! He deserves nothing less than death! He has preached against this city- you've heard the evidence with your own eard."-THE MESSAGE)

⑫ 예레미야가 모든 방백과 백성에게 일러 가라사대, 여호와께서 나를 보내사 너희의 들은바 모든 말로 이 집과 이 성을 대적하여 예언하게 하셨느니라,

⑬ 그런즉 너희는 너희 길과 행위를 그치고, 너희 하나님 여호와의 목소리를 청종하라, 그리하면 여호와께서 너희에게 선고하신 재앙에 대하여 뜻을 돌이키시리라,

⑭ 보라, 나는 너희 손에 있으니, 너희 소견에 선한대로 옳은 대로 하려니와,

⑮ 너희는 분명히 알라, 너희가 나를 죽이면 정녕히 무죄한 피로 너희 몸과 이 성과 이 성 거민에게로 돌아가게 하리라, 이는 여호와께서 진실로 나를 보내사, 이 모든 말을 너희 귀에 이르게 하셨음이니라,

⑯ 방백들과 모든 백성이 제사장들과 선지자들에게 이르되, 이 사람이 우리 하나님 여호와의 이름을 의탁하고 우리에게 말하였으니, 죽음이 부당하니라,

⑰ 때에 그 땅 장로 중 몇 사람이 일어나 백성의 온 회중에게 말하여 가로되,

⑱ 유다 왕 히스기야 시대에 모레셋 사람 미가가 유다 모든 백성에게 예언하여 가로되, 만군의 여호와께서 이같이 말씀하시기를, 시온은 밭같이 경작함을 당하며 예루살렘은 무더기가 되며, 이 전의 산은 수풀의 높은 곳들 같이 되리라 하였으나,

⑲ 유다 왕 히스기야와 모든 유다가 그를 죽였느냐? 히스기야가 여호와를 두려워하여 여호와께 간구하매, 여호와께서 그들에게 선고한 재앙에 대하여 뜻을 돌이키지 아니하셨느냐? 우리가 이같이 하면 우리 생명을 스스로 크게 해하는 일이니라,

⑳ 또 여호와의 이름을 의탁하고 예언한 사람이 있었는데, 곧 기럇여아림 스마야의 아들 우리야라, 그가 예레미야의 모든 말과 같이 이 성과 이 땅을 대적하여 예언하매,

㉑ 여호야김왕과 그 모든 용사와 모든 방백이 그 말을 듣고는 왕이 그를 죽이려 하매, 우리야가 이를 듣고 두려워 에집트로 도망하여 간지라,

㉒ 여호야김이 사람을 에집트로 보내되, 곧 악볼의 아들 엘라단과 몇 사람을 함께 에집트로 보내었더니,

㉓ 그들이 우리야를 에집트에서 끌어 내어 여호야김왕께로 데려오매, 왕이 칼로 그를 죽이고 그 시체를 명민의 묘실에 던지게 하였다, 하니라,

㉔ 그럼에도 불구하고 사반의 아들 아히감의 손이 예레미야를 보호하여 예레미야를 백성의 손에 내어주지 아니하여 죽이지 못하게 하니라.

● 27장

① 유다 왕 요시야의 아들 여호야김의 즉위한지 오래지 아니하여서 여호와께서 말씀으로 나 예레미야에게 이르시니라,

② 여호와께서 이같이 내게 이르시되, 너는 줄과 멍에를 만들어 네 목에 얹고,

③ 유다 왕 시드기야를 보러 예루살렘에 온 사신들의 손에도 그것을 붙여 에돔 왕과 모압 왕과 암몬 자손의 왕과 두로 왕과 시돈 왕에게 보내며,

④ 그들에게 명하여 그 주인들에게 이르게 하기를 만군의 여호와 이스라엘의 하나님
이 말씀하시되, 너희는 너희 주인들에게 이같이 고하라,

⑤ 나는 내 큰 능과 나의 든 팔로 땅과 그 위에 있는 사람과 짐승들을 만들고, 나의 소
견에 옳은대로 땅을 사람에게 주었노라,

⑥ 이제 내가 이 모든 땅을 내 종 바벨론 왕 느부갓네살에게 의 손에 주고, 또 들짐승
들을 그에게 주어서 부리게 하였나니,

⑦ 열방이 그와 그 아들과 손자를 섬기리라, 그의 땅의 기한이 이르면 여러 나라와 큰
왕이 그로 자기를 섬기게 하리라, 마는,

⑧ 나 여호와가 이르노라, 바벨론 왕 느부갓네살을 섬기지 아니하는 국민이나 그 목
으로 바벨론왕의 멍에를 네지 아니하는 백성은 내가 그의 손으로 진멸시키기까지
칼과 기근과 전염병으로 벌하리라,

⑨ 너희는 너희 선지자나 너희 복술이나 너희 꿈꾸는 자나 너희 술사나 너희 요술객
이 너희에게 이르기를, 너희가 바벨론 왕을 섬기지 아니하리라, 하여도, 듣지 말
라,

⑩ 그들은 너희에게 거짓을 예언하여서, 너희로 너희 땅에서 멀리 떠나게 하며, 또 나
로 너희를 몰아내게 하며, 너희를 멸하게 하느니라,

⑪ 오직 그 목으로 바벨론 왕의 멍에를 메고, 그를 섬기는 나라는 내가 그들을 그 땅에
머물러서 밭을 갈며 거기 가하게 하셨다, 하라, 여호와의 말이니라,

⑫ 내가 이 모든 말씀대로 유다 왕 시드기야에게 고하여 가로되, 왕과 백성은 목으로
바벨론 왕의 멍에를 메고, 그와 그 백성을 섬기소서, 그리하면, 살리이다,

⑬ 어찌하여 왕과 왕의 백성이 여호와께서 바벨론 왕을 섬기지 아니하는 나라에 대하
여 하신 말씀같이 칼과 기근과 염병에 죽으려 하나이까?

⑭ 왕과 백성에게 바벨론 왕을 섬기지 아니하리라, 하는 선지자의 말을 듣지 마소서,
그들은 거짓을 예언하나이다,

⑮ 여호와께서 말씀하시되, 내가 그들을 보내지 아니하였거늘, 그들이 내 이름으로
거짓을 예언하니, 내가 너희를 몰아 내며 너희와 너희에게 예언하는 선지자들을
멸망시키기에 이르리라, 하셨나이다,

⑯ 내가 또 제사장들과 그 모든 백성에게 고하여 가로되, 여호와께서 이같이 말씀하
시되, 여호와의 집 기구를 이제 바벨론에서 속히 돌려오리라고, 너희에게 예언하
는 선지자들의 말을 듣지 말라, 이는 그들이 거짓을 예언함이니라, 하셨나니,

⑰ 너희는 그들을 듣지 말고 바벨론 왕을 섬기라, 그리하면 살리라, 어찌하여 이 성으로 황무지가 되게 하겠느냐?

⑱ 만일 그들이 선지자이고 여호와의 말씀이 그들에게 있을찐대, 그들이 여호와의 집에와 유다 왕 집에와 예루살렘에 남아있는 기구가 바벨론으로 옮겨가지 않도록 만군의 여호와께 구하여야 할 것이니라,

⑲ 만군의 여호와께서 기둥들과 놋바다와 받침들과 및 이 성에 남아 있는 기구에 대하여 이같이 말씀하시나니,

⑳ 이것은 바벨론 왕 느부갓네살이 유다 왕 여호야김의 아들 여니야와 유다와 예루살렘 모든 귀족을 예루살렘에서 바벨론으로 사로잡아 옮길 때에 취하지 아니하였던 것이라,

㉑ 만군의 여호와 이스라엘의 하나님이 여호와의 집에와 유다 왕의 집에와 예루살렘에 남아 있는 그 기구에 대하여 이같이 말씀하시되,

㉒ 그것들이 바벨론으로 옮김을 입고 내가 이것을 돌아보는 날까지 거기 있을 것이니라, 그 후에 내가 그것을 옮겨 이곳에 다시 두리라, 여호와의 말이니라.

● 28장

① 이 해 유다 왕 시드기야의 즉위한지 오래지 않은 해, 곧 사년 오월에 기브온 앗술의 아들, 선지자 하나냐가 여호와의 집에서 제사장들과 모든 백성 앞에서 내게 말하여, 가로되,

② 만군의 여호와 이스라엘의 하나님이 이같이 말씀하여, 가라사대, 내가 바벨론 왕의 멍에를 꺾었느니라,

③ 내가 바벨론 왕 느부갓네살의 이곳에서 바벨론으로 옮겨간 여호와의 집 모든 기구를 두 해가 차기 전에 다시 이곳으로 가져 오게 하겠고,

④ 내가 또 유다 왕 여호야김의 아들 여고니야와 바벨론으로 간 유다 모든 포로를 다시 이곳으로 돌아오게 하리니, 이는 내가 바벨론 왕의 멍에를 꺾을 것임이니라, 여호와의 말이니라, 하셨다, 하는지라,

⑤ 선지자 예레미야가 여호와의 집에 선 제사장들의 앞과 모든 백성 앞에서 선지자 하나냐에게 말할쌔,

⑥ 선지자 예레미야가 말하되, 아멘! 여호와는 이같이 하옵소서, 여호와께서 네 예언대로 이루사, 여호와의 집 기구와 모든 포로를 바벨론에서 이곳으로 옮겨오시기를

원하노라,

⑦ 그러나 너는 이제 내가 네 귀와 모든 백성의 귀에 이르는 이 말을 들으라,

⑧ 나와 너 이전 선지자들이 자고로 여러나라와 큰 국가들에 대하여 전쟁과 재앙과 염병을 예언하였느니라,

⑨ 평화를 예언하는 선지자는 그 예언자의 말이 응한 후에야, 그는 진실로 여호와의 보내신 선지자로 알게 되리라,

⑩ 선지자 하나냐가 선지자 예레미야의 목에서 그 멍에를 벗겨서 꺾어버리며,

⑪ 하나냐가 모든 백성의 눈 앞에서 전하여 말하되, 여호와께서 이같이 말씀하시기를, 내가 만 이년의 기간이 차기 전에 모든 민족들의 목에서 바벨론 왕 느부갓네살의 멍에를 이같이 꺾어버리리라, 하셨느니라, 하니, 선지자 예레미야가 자기 길을 가니라,

⑫ 선지자 하나냐가 선지자 예레미야의 목에서 멍에를 꺾어버린 후에 여호와의 말씀이 예레미야에게 임하니라 가라사대,

⑬ 너는 가서 하나냐에게 말하여 이르기를, 여호와의 말씀에 네가 나무 멍에를 꺾었으나 그대신 쇠 멍에를 만드었느니라,

⑭ 만군의 여호와 이스라엘의 하나님이 이같이 말하노라, 내가 쇠 멍에로 이 모든 나라의 목에 메워 바벨론 왕 느부갓네살 섬기게 하였으니, 그들이 그를 섬기리라, 내가 들짐승도 그에게 주었느니라, 하신다, 하라,

⑮ 선지자 예레미야가 선지자 하나냐에게 이르되, 하나냐여 들으라, 여호와께서 너를 보내지 아니하셨거늘, 네가 이 백성으로 거짓을 믿게 하는도다,

⑯ 그러므로 여호와께서 말씀하시되, 내가 너를 지면에서 제하리니, 네가 여호와께 반역하는 말을 하였음이라, 금년에 죽으리라, 하셨느니라, 하더니,

⑰ 선지자 하나냐가 그 해 칠월에 죽었더라,

● 29장

① 이것들은 선지자 예레미야가 예루살렘에서 잡혀간 자들 중에서 살아 남은 장로들과 제사장들, 선지자들과 느부갓네살이 예루살렘으로부터 바벨론으로 잡아갔던 모든 다른 사람들에게 보낸 것이니라,

② 그것은 여고니야왕과 왕비와 환관들과 및 유다와 예루살렘의 통치자들과 목공들과 철공들이 예루살렘에서 떠난 뒤였더라,

③ 편지는 유다 왕 시드기야가 바벨론 왕 느부갓네살에게 보낸 사반의 아들 엘라사와 힐기야의 아들 그마랴의 손을 통해 바빌론에 전달되었다, 편지의 내용은 이러하니라,

(BY the hand of Elasah the son of Shaphan, and the Gemariah the son of Hilkiah, (whom Zedekiah king of Judah sent unto Babylon to Nebuchadnezzar king of Babylon) saying,-KJV)

(He entrusted the letter to Elsah son of Shaphan and to Gemariah son of Hilkiah, whom Zedekiah king of Judah sent to King Nebuchadnezzar in Babylon. It said:-NIV)

(Delivered in Babylon by Elasah, son of Shaphan, and by Gemariah, son of Hilkiah, whom Zedekiah, king of Judah, sent to the king of Babylon, the letter read:-NAB)

(The letter was carried by Elasah son of Shaphan and Gemariah son of Hilkiah, whom Zedekiah king of Judah had sent to Nebuchadnezzar king of Babylon. The letter said:-THE MESSAGE)

④ 만군의 여호와 이스라엘의 하나님 내가 예루살렘에서 바벨론으로 사로잡혀 가게 한 모든 포로에게 이같이 이르노라,

⑤ 너희는 집을 짓고 거기 거하며 전원을 만들고 그 열매를 먹으라,

⑥ 아내를 취하여 자녀를 생산하며 너희 아들로 아내를 취하며 너희 딸로 남편을 맞아, 그들로 자녀를 생산케 하여 너희로 거기서 번성하고 쇠잔하지 않게 하라,

⑦ 너희는 내가 사로잡혀 가게 한 그 성읍의 평안하기를 힘쓰고 위하여 여호와께 기도하라, 이는 그 성이 평안함으로 너희도 평안할 것임이니라,

⑧ 만군의 여호와 이스라엘의 하나님이 이같이 말하노라, 너희 중 선지자들에게와 복술에게 혹하지 말며 너희가 꾼바 꿈도 신청하지 말라,

⑨ 내가 그들을 보내지 아니하였어도 그들이 내 이름으로 거짓을 예언함이니라, 여호와의 말이니라,

⑩ 나 여호와가 이같이 말하노라, 바벨론에서 칠십년이 차면 내가 너희를 권고하고 나의 선한 말을 너희에게 실행하여 너희를 이곳으로 돌아오게 하리라,

⑪ 나 여호와가 말하노라, 너희를 향한 나의 생각은 내가 아나니 재앙이 아니라 곧 평안이요, 너희 장래에 소망을 주려 하는 생각이라,

⑫ 너희는 내게 부르짖으며 와서 내게 기도하면 내가 너희를 들을 것이요,

⑬ 너희가 전심으로 나를 찾고 있으면 나를 만나리라,

⑭ 나 여호와가 말하노라, 내가 너희에게 만나지겠고 너희를 포로된 중에서 다시 돌아오게 하되, 내가 쫓아 보내었던 열방과 모든 곳에서 모아 사로 잡혀 떠나게 하던 본 곳으로 돌아오게 하리라, 여호와의 말이니라, 하셨느니라,

⑮ 너희가 말하기를, 여호와께서 바벨론에서 우리를 위하여 선지자들을 일으키셨다, 하므로,

⑯ 여호와께서 다윗의 위에 앉은 왕과 이 성에 거하는 모든 백성 곧 너희와 함께 포로되어 가지 아니한 너희 형제에게 대하여 이같이 말씀하시느니라,

⑰ 만군의 여호와께서 이같이 말씀하시되, 보라, 내가 칼과 기근과 염병을 그들에게 보내어 그들로 악하여 먹을 수 없는 악한 무화과 같게 하겠고,

⑱ 내가 칼과 기근과 염병으로 그들을 따르게 하며 그들을 세계 열방 중에 흩어 학대를 당하게 할 것이며, 내가 그들을 쫓아 보낸 열방 중에서 저줏거리와 놀램과 치소와 모욕거리가 되게 하리니,

⑲ 이는 내가 내 종 선지자들을 그들에게 보내되 부지런히 보내었으나 그들이 나 여호와의 말을 듣지 아니하며 듣지 아니 함이니라, 여호와의 말이니라,

⑳ 그런즉, 내가 예루살렘에서 바벨론으로 보낸 너희 모든 포로여, 나 여호와의 말을 들을찌니라,

㉑ 만군의 여호와 이스라엘의 하나님 내가 골라야의 아들 아합과 마아세야의 아들 시드기야에 대하여 말하노라, 그들은 내 이름으로 너희에게 거짓을 예언한 자라 보라, 내가 그들을 바렐론 왕 느부갓네살에게 붙이리니, 그가 너희 목전에서 그들을 죽일 것이라,

㉒ 너희 바벨론에 있는 유다 모든 포로가 그들로 저줏거리를 삼아서 이르기를, 여호와께서 너로 바벨론 왕이 불살라 죽인 시드기야와 아합 같게 하시기를 원하노라, 하리니,

㉓ 이는 그들이 이스라엘 중에서 망령되이 행하여 그 이웃의 아내와 행음하며, 내가 그들에게 명하지 아니한 거짓을 내 이름으로 말함이니라, 나는 아는 자요, 증거인이니라, 여호와의 말이니라, 하셨다 하였더라,

㉔ 너는 느헬람 사람 스마야에게 이같이 말하여 이르라,

㉕ 만군의 여호와 이스라엘의 하나님이 이같이 말씀하여 가라사대, 네가 내 이름으로

예루살렘에 있는 모든 백성과 제사장 마야세야의 아들 스바냐와 모든 제사장에게 글을 보내어 이르기를,

㉖ 여호와께서 너로 제사장 여호야다를 대신하여 제사장을 삼아 여호와의 집 유사로 세우심은 무릇 미친 자와 자칭 선지자를 착고에 세우며 칼을 메우게 하심이어늘,

㉗ 이제 네가 어찌하여 너희 중에 자칭 선지자라 하는 아나돗 사람 예레미야를 책망하지 아니하느냐?

㉘ 대저 그가 바벨론에 있는 우리에게 편지하기를 때가 오래리니 너희는 집을 짓고 거기 거하며 전원을 만들고 그 열매를 먹으라 하였다, 하였느니라,

㉙ 제사장 스바냐가 그마야의 들을 선지자 예레미야에게 읽어 드릴 때에,

㉚ 여호와의 말씀이 예레미야에게 임하여 가라사대,

㉛ 너는 모든 포로에게 들을 보내어 이르기를, 여호와께서 느헬람 사람 스마야에 대하여 이같이 말씀하시되 내가 스마야를 보내지 아니하였거늘 그가 너희에게 예언하고 너희로 거짓을 믿게 하였도다,

㉜ 그러므로 여호와가 이같이 말하노라, 보라, 내가 느헬람 사람 스마야와 그 자손을 벌하리니, 그가 나 여호와께 패역한 말을 하였음을 인하여 이 백성 중에 거할 그의 사람이 하나도 없을 것이라 내가 내 백성에게 행하려 하는 선한 일을 그가 보지 못하리라, 하셨다 하라, 여호와의 말이니라.

● 30장

① 여호야께로서 말씀이 예레미야에게 임하여 이르시니라,

② 이스라엘의 하나님 여호와께서 이같이 일러 가라사대, 내가 네게 이른 모든 말을 책에 기록하라,

③ 나 여호와가 말하노라, 내가 내 백성 이스라엘과 유다의 포로를 돌이킬 때가 이르리니, 내가 그들을 그 조상들에게 준 땅으로 돌아오게 할 것이라, 그들이 그것을 차지하리라, 여호와의 말이니라,

④ 여호와께서 이스라엘과 유다에 대하여 하신 말씀이 이러하니라,

⑤ 여호와께서 이같이 말씀하시되, 우리가 떨리는 소리를 들으니, 두려움이요, 평안함이 아니로다,

⑥ 너희는 자식을 해산하는 남자가 있는가 물어보라, 남자마다 해산하는 여인같이 손으로 각기 허리를 짚고 그 얼굴 빛이 창백하여 보임은 어찜이뇨?

⑦ 슬프다, 그 날이여 비할데 없이 크니 이는 야곱의 환난의 때가 됨이로다 마는 그가 이에서 구하여냄을 얻으리로다,

⑧ 만군의 여호와가 말하노라, 그 날에 내가 네 목에서 그 멍에를 꺾어버리며 네 줄을 끊으리니, 이방인이 다시는 너를 부리지 못할 것이며,

⑨ 너희는 너희 하나님 나 여호와를 섬기며, 내가 너희를 위하여 일으킬 너희 왕 다윗을 섬기리라,

⑩ 그러므로 나 여호와가 말하노라, 내 종 야곱아 두려워 말라, 이스라엘아 놀라지 말라, 내가 너를 원방에서 구원하고 네 자손을 포로된 땅에서 구원하리니, 야곱이 돌아와서 태평과 안락을 얻을 것이라, 너를 두렵게 할 자 없으리라,

⑪ 나 여호와가 말하노라, 내가 너와 함께 너를 구원할 것이라, 내가 너를 흩었던 그 열방은 진멸한다 할찌라도 너는 진멸하지 아니하리라, 그러나 내가 공정하게 너를 질책할 것이요, 결코 무죄한 자로 여기지 아니하리라,

⑫ 나 여호와가 말하노라, 네 상처는 고칠 수 없고 네 창상은 중하도다,

⑬ 네 송사를 변호할 자가 없고 네 상처를 싸맬 약이 없도다,

⑭ 너를 사랑하던 자가 다 너를 잊고 찾지 아니하니, 이는 네 허물이 크고 네 죄가 수다함을 인하여 내가 대적의 상하게 하는 그것으로 너를 상하게 하며 잔악한 자의 징계하는 그것으로 너를 징계함이어늘,

⑮ 어찌하여 네 상처를 인하여 부르짖느뇨? 네 고통이 낫지 못하리라, 네 죄악의 큼과 죄의 수다함을 인하여 내가 네게 이 일을 행하였느니라,

⑯ 그러나 무릇 너를 먹는 자는 먹히며, 너를 치는 자는 다 포로가 되며, 너를 탈취하는 자는 탈취를 당하며, 무릇 너를 약탈하는 자는 내가 그로 약탈을 당하게 하리라,

⑰ 나 여호와가 말하노라, 그들이 쫓겨난 자라 하며 찾는 자가 없는 시온이라 한즉, 내가 너를 치료하여 네 상처를 낫게 하리라,

⑱ 나 여호와가 말하노라, 보라, 내가 포로된 야곱의 장막들을 돌이키고 그 거하는 곳들을 긍휼히 여길 것이라, 그 성읍은 자기 산에 중건 될 것이요, 그 궁궐은 본래대로 거하는 곳이 될 것이며,

⑲ 감사하는 소리와 즐거워하는 자의 목소리가 그 중에서 나오리라, 내가 그들을 번성케 하리니, 쇠잔치 아니하겠고, 내가 그들을 영화롭게 하리니, 비천하지 아니하겠으며,

⑳ 그 자손은 여전하겠고 그 회중은 내 앞에 굳게 설 것이며, 무릇 그를 압박하는 자는 내가 다 벌하리라,

㉑ 그 왕은 그 본족에게서 날 것이요, 그 통치자는 그들 중에서 나올 것이며 내가 그를 가까이 오게 하므로 그가 내게 접근하리라, 그렇지 않고 담대히 내게 접근할 자가 누구뇨? 여호와의 말이니라,

㉒ 너희는 내 백성이 되겠고, 나는 너희 하나님이 되리라,

㉓ 보라, 여호와의 노가 발하여 폭풍과 회리바람처럼 악인의 머리를 칠 것이라,

㉔ 나 여호와의 진노는 내 마음의 뜻한바를 행하여 이루기까지는 쉬지 아니하나니, 너희가 말일에 그것을 깨달으리라.

● 31장

① 나 여호와가 말하노라, 그 때에 내가 이스라엘 모든 가족의 하나님이 되고 그들은 내 백성이 되리라,

② 나 여호와가 이같이 말하노라, 칼에서 벗어난 백성이 사막에서 은혜를 얻었나니, 곧 내가 이스라엘로 안식을 얻게 하러 갈 때에라,

③ 나 여호와가 옛적에 이스라엘에게 나타나 이르기를, 내가 무궁한 사랑으로 너를 사랑하는고로 자애함으로 너를 인도하였다, 하였노라,

④ 처녀 이스라엘아, 내가 다시 너를 세우리니, 네가 세움을 입을 것이요, 네가 다시 소고로 너를 장식하고 즐거운 무리처럼 춤추며 나올 것이며,

⑤ 네가 다시 사마리아 산들에 포도원을 심되 심는 자가 심고 그 과실을 먹으리라,

⑥ 에브라임산 위에서 파숫군의 외치는 날이 이를 것이라, 이르기를, 너희는 일어나라, 우리가 시온에 올라가서 우리 하나님 여호와께로 나아가자 하리라,

⑦ 나 여호와가 이같이 말하노라, 너희는 야곱을 위하여 기뻐 노래하며 만국의 머리된 자를 위하여 외쳐 전파하며 찬양하며 이르기를, 여호와여 주의 백성 이스라엘의 남은 자를 구원하소서, 하라,

⑧ 보라, 내가 그들을 북편 땅에서 인도하며 땅 끝에서부터 모으리니, 그들 중에는 소경과 절뚝말이와 잉태한 여인과 해산하는 여인이 함께하여 큰 무리를 이루어 이곳으로 돌아오되,

⑨ 울며 올 것이며, 그들이 나의 인도함을 입고 간구할 때에 내가 그들로 넘어지지 아니하고 하숫가의 바른 길로 행하게 하리라, 나는 이스라엘의 아비요, 에브라임은

나의 장자니라,

⑩ 열방이여, 너희는 나 여호와의 말을 듣고 먼 섬에 전파하여 이르기를, 이스라엘을 흩으신 자가 그를 모으시고 목자가 양무리에게 행함같이 그를 지키시로다,

⑪ 여호와께서 야곱을 속량하시되, 그들보다 강한 자의 손에서 구속하셨으니,

⑫ 그들이 와서 시온의 높은 곳에서 찬송하며 여호와의 은사 곧 곡식과 새 포도주와 기름과 어린 양의 떼와 소의 떼에 모일 것이라, 그 심령은 물댄 동산 같겠고, 다시는 근심이 없으리로다, 할찌어다,

⑬ 그 때에 처녀는 춤추며 즐거워하겠고, 청년과 노인이 함께 즐거워하리니, 내가 그들의 슬픔을 돌이켜 즐겁게 하며, 그들을 위로하여 근심한 후에 기쁨을 얻게 할 것임이니라,

⑭ 내가 기름으로 제사장들의 심령에 흡족케 하며 내 은혜로 내 백성에게 만족케 하리라, 여호와의 말이니라,

⑮ 나 여호와가 이같이 말하노라, 라마에서 슬퍼하며 통곡하는 소리가 들리니, 라헬이 그 자식을 위하여 애곡하는 것이라, 그가 자식이 없으므로 위로 받기를 거절하는도다,

⑯ 나 여호와가 이같이 말하노라, 네 소리를 금하여 울지 말며 네 눈을 금하여 눈물을 흘리지 말라, 네 일에 갚음을 받을 것인즉, 그들이 그 대적의 땅에서 돌아오리라, 여호와의 말이니라,

⑰ 나 여호와가 말하노라, 너의 최후에 소망이 있을 것이라, 너의 자녀가 자기들의 경내로 돌아오리라,

⑱ 에브라임이 스스로 탄식함을 내가 정녕히 들었노니, 이르기를, 주께서 나를 징벌하시매 멍에에 익숙지 못한 송아지 같은 내가 징벌을 받았나이다, 주는 나의 하나님 여호와시니, 나를 이끌어 들이키소서, 그리하시면 내가 돌아오겠나이다,

⑲ 내가 돌이킴을 받은 후에 뉘우쳤고, 내가 교훈을 받은 후에 내 볼기를 쳤사오니, 이는 어렸을 때의 치욕을 진고로 부끄럽고 욕됨이니이다, 하도다,

⑳ 에브라임은 나의 사랑하는 아들 기뻐하는 자식이 아니냐? 내가 그를 책망하여 말할 때마다 깊이 생각하노라, 그러므로 그를 위하여 내 마음이 측은한즉, 내가 반드시 그를 긍휼히 여기리라, 여호와의 말이니라,

㉑ 처녀 이스라엘아, 너를 위하여 길표를 세우며, 너를 위하여 표목을 만들고, 대로 곧 네가 전에 가던길에 착념하라, 돌아오라, 네 성읍들로 돌아오라,

㉒ 패역한 딸아 네가 어느 때까지 방황하겠느냐? 여호와가 새 일을 세상에 창조하였나니, 곧 여자가 남자를 안으리라,

㉓ 나 만군의 여호와 이스라엘의 하나님이 이같이 말하노라, 내가 그 사로잡힌 자를 돌아오게 할 때에 그들이 유다 땅과 그 성읍들에서 다시 이 말을 쓰리니, 곧 의로운 처소여, 거룩한 산이여, 여호와께서 네게 복주기를 원하노라, 할 것이며,

㉔ 유다와 그 모든 성읍의 농부와 양떼를 인도하는 자가 거기 함께 거하리니,

㉕ 이는 내가 그 피곤한 심령을 만족케 하며 무릇 슬픈 심령을 상쾌케 하였음이니라,

㉖ 내가 깨어보니 내 잠이 달았더라,

㉗ 여호와께서 가라사대, 보라, 내가 사람의 씨와 짐승의 씨를 이스라엘의 집과 유다의 집에 뿌릴 날이 이르리니,

㉘ 그 날들이 이르면, 내가 그것들을 지켜보았다가 뽑아버리고 부숴버리고 내던져버리고 진멸하고 고통을 주었던 것같이 내가 그것들을 지켜보고 세우고 심으리라, 여호와의 말이니라,

㉙ 그 때에 그들이 이르기를, 아비가 신 포도를 먹었으므로 아들들의 이가 시다 하지 아니하겠고,

㉚ 신 포도를 먹는 자마다 그 이가 심같이 각기 자기 죄악으로만 죽으리라,

㉛ 나 여호와가 말하노라, 보라, 날이 이르리니, 내가 이스라엘 집과 유다 집과 새 언약을 세우리라,

㉜ 나 여호와가 말하노라, 이 언약은 내가 그들의 열조의 손을 잡고 에집트 땅에서 인도하여 내던 날에 세운 것과 같지 아니할 것은 내가 그들의 남편이 되었어도 그들이 내 언약을 파하였음이니라,

㉝ 나 여호와가 말하노라, 그러나 그 날 후에 내가 이스라엘 집에 세울 언약은 이러하니, 곧 내가 나의 법을 그들의 속에 두며 그 마음에 기록하여, 나는 그들의 하나님이 되고 그들은 내 백성이 될 것이라,

㉞ 그들이 다시는 각기 이웃과 형제를 가리켜 이르기를, 너는 여호와를 알라, 하지 아니하리니, 이는 작은 자로부터 큰 자까지 다 나를 앎이니라, 내가 그들의 죄악을 사하고 다시는 그 죄를 기억지 아니하리라, 여호와의 말이니라,

㉟ 나 여호와는 해를 낮의 빛으로 주었고 달과 별들을 밤의 빛으로 규정하였고, 바다를 격동시켜 그 파도로 소리치게 하나니 내 이름은 만군의 여호아니라, 내가 말하노라

㊱ 이 규정이 내 앞에서 폐할진대, 이스라엘 자손도 내 앞에서 폐함을 입어 영영히 나라가 되지 못하리라,

㊲ 나 여호와가 이같이 말하노라, 위로 하늘을 측량할 수 있으며 아래로 땅의 기초를 탐지할 수 있다면 내가 이스라엘 자손의 행한 모든 일을 인하여 그들을 다 버리리라, 여호와의 말이니라,

㊳ 나 여호와가 말하노라, 보라, 날이 이르리니, 이 성을 하나넬 망대에서부터 모퉁이 문까지 여호와를 위하여 건축할 것이라,

㊴ 측량물이 곧게 가렙산에 이르고, 고아 방면으로 돌아,

㊵ 시체와 내의 골짜기와 기드론 시내에 이르는데까지와 동편 말문 모퉁이에 이르기까지의 모든 밭에 이르리니, 다 여호와의 성지가 되고 영영히 다시는 뽑히거나 전복되지 아니하리라.

● 32장

① 유다 왕 시드기야의 제 십년, 곧 느브갓네살의 제 십 팔년에 여호와의 말씀이 예레미야에게 임하니라,

② 그 때에 바벨론 군대는 예루살렘을 에워싸고 있었고, 선지자 예레미야는 유다 왕의 궁중에 있는 시위대 뜰에 갇혔으니,

③ 이는 그가 예언하기를, 여호와의 말씀에 보라, 내가 이 성을 바벨론 왕의 손에 붙이리니, 그가 취할 것이며,

④ 유다 왕 시드기야는 바벨로니아인의 손에서 벗어나지 못하고 반드시 바벨론 왕의 손에 붙이운바 되리니, 입이 입을 대하여 말하고, 눈이 서로 볼 것이며,

⑤ 그가 시드기야를 바벨론으로 끌어 가리니, 시드기야가 나의 권고할 때까지 거기 있으리라, 나 여호와가 말하노라, 너희가 바벨로니아인과 싸울지라도 승리치 못하리라, 하셨다, 하였더니, 유다 왕 시드기야가 가로되, 네가 어찌 이같이 예언하였느뇨? 하고 그를 가두었음이었더라,

⑥ 예레미야가 가로되, 여호와의 말씀이 내게 임하였음이니라, 이르시기를,

⑦ 네 숙부 살룸의 아들 하나멜이 네게 와서 말하기를, 너는 아나돗에 있는 내 밭을 사라, 이는 네가 가까운 친척으로써 그것을 구매할 수 있는 법적인 권리가 있느니라, 하시더니,

(Hanamel son of Shallum your uncle is going to come to you and say, 'Buy

my field at Anathoth, because as nearest relative it is your right and duty
to buy it.'-NIV)

(Behold, Hanameel the son of Shallum thine uncle, shall come unto thee,
saying, Buy thee my field that is in Anathoth: for the right of redemption
is thine to buy it.-KJV)

(Hanamel, son of your uncle Shallum, will come to you with the offer:
"Purchase my field in Anathoth, since you, as nearest relative, have the
first right of purchase." -NAB)

(Hanamel, your uncle Shallum's son, is on his way to see you. He is going
to say, 'Buy my field in Anathoth. You have the legal right to buy it.'-THE
MESSAGE)

⑧ 여호와의 말씀같이 나의 숙부의 아들 하나멜이 시위대 뜰안 내게로 와서 이르되,
청하노니, 너는 베냐민 땅 아나돗에 있는 나의 밭을 사라, 그 땅의 상속권이 네게
있고 무를 권리가 네게 있으니, 너를 위하여 사라, 하는지라, 내가 이것이 여호와
의 말씀인줄 알았으므로,

⑨ 내 숙부의 아들 하나멜의 아나돗에 있는 밭을 사는데 은 십 칠 세겔을 달아주되,

⑩ 증서를 써서 인봉하고 증인을 세우고 은을 저울에 달아 주고,

⑪ 법과 규례대로 인봉하고 인봉치 아니한 매매증서를 마세야의 손자 네리야의 아들
바룩에게 명하여 이르되,

⑫ 나의 숙부의 아들 하나멜과 매매증서에 인 친 증인의 앞과 시위대 뜰에 앉은 유다
모든 사람 앞에서 그 매매증서를 마세야의 손자 네리야의 아들 바룩에게 부치며,

⑬ 그들의 앞에서 바룩에게 명하여 이르되,

⑭ 만군의 여호와 이스라엘의 하나님이 이같이 말씀하시기를, 너는 이 증서 곧 인봉
하고 인봉치 않은 매매증서를 취하여 토기에 담아 많은 날 동안 보존케 하라,

⑮ 만군의 여호와 이스라엘의 하나님 내가 이같이 말하노라, 사람이 이 땅에서 집과
밭과 포도원을 다시 사게 되리라, 하셨다, 하니라,

⑯ 내가 매매증서를 네리야의 아들 바룩에게 부친 후에 여호와께 기도하여 가로되,

⑰ 슬프도소이다, 주 여호와여 주께서 큰 능과 드신 팔로 천지를 지으셨사오니, 주에
게는 능치 못한 일이 없으시니이다,

⑱ 주는 은혜를 천만인에게 베푸시며 아비의 죄악을 그 후 자손의 품에 갚으시오니,

크고 능하신 하나님이시요, 이름은 만군의 여호와시니이다,

⑲ 주는 모략에 크시며 행사에 능하시며 인류의 모든 길에 주목하시며, 그 길과 그 행위의 열매대로 보응하시나이다,

⑳ 주께서 에집트 땅에서 징조와 기사로 행하였고, 오늘까지도 이스라엘과 외인 중에 그같이 행하사 주의 이름을 오늘과 같이 되게 하셨나이다,

㉑ 주께서 징조와 기사와 강한 손과 드신 팔과 큰 두려움으로 주의 백성 이스라엘을 에집트 땅에서 인도하여 내시고,

㉒ 그들에게 주시기로 그들의 열조에게 맹세하신바, 젖과 꿀이 흐르는 이 땅을 그들에게 주셨으므로,

㉓ 그들이 들어가서 이를 차지하였거늘 주의 목소리를 청종치 아니하며 주의 도에 행치 아니하며 무릇 주께서 행하라, 명하신 일을 행치 아니하였으므로 주께서 이 모든 재앙을 그들에게 내리셨나이다,

㉔ 보옵소서! 이 성을 취하려 하는 자가 와서 흉벽을 쌓았고 칼과 기근과 전염병으로 인하여 이성이 이를 치는 바벨로니아인의 손에 붙인바 되었으니, 주의 말씀대로 되었음을 주께서 보시나이다,

㉕ 주 여호와여, 주께서 내게 은으로 밭을 사며 증인을 세우라 하셨으나, 이 성은 바벨로니아인의 손에 붙인바 되었나이다,

㉖ 그때에 여호와의 말씀이 예레미야에게 임하여 이르시되,

㉗ 나는 여호와요, 모든 육체의 하나님이라, 내게 능치 못한 일이 있겠느냐?

㉘ 그러므로 나 여호와가 이같이 말하노라, 보라 내가 이 성을 바벨로니아인의 손과 바벨론 왕 느부갓네살의 손에 붙일 것인즉, 그가 취할 것이라,

㉙ 이 성을 치는 갈대아인이 와서 이 성읍에 불을 놓아 성과 집 곧 그 지붕에서 바알에게 분향하며 다른 신들에게 전제를 드려 나를 격노케 한 집들을 사르리니,

㉚ 이는 이스라엘 자손과 유다 자손이 예로부터 내 목전에 악만 행하였음이라, 이스라엘 자손은 그 손으로 만든 것을 가지고 나를 격노케 한 것 뿐이니라, 나 여호와가 말하노라,

㉛ 이 성이 건설된 날부터 오늘까지 나의 노와 분을 격발하므로, 내가 내 앞에서 그것을 옮기려 하노니,

㉜ 이는 이스라엘 자손과 유다 자손이 모든 악을 행하여 내 노를 격동하였음이라, 이스라엘 자손은 그 손으로 만든 것을 가지고 나를 격노케 한 것 뿐이니라, 나 여호

와가 말하노라,

㉝ 그들이 등을 내게로 향하고 얼굴을 내게로 향치 아니하며, 내가 그들을 가르치되, 부지런히 가르칠찌라도 그들이 교훈을 듣지 아니하며 받지 아니하고,

㉞ 내 이름으로 일컬음을 받는 집에 자기들의 가증한 물건들을 세워서 그 집을 더럽게 하여,

㉟ 힌놈의 아들의 골짜기에 산당을 건축하였으며, 자기들의 자녀를 몰렉의 불에 지나가게 하였느니라, 그들이 이런 가증한 일을 행하여 유다로 범죄케 한 것은 나의 명한 것도 아니요, 내 마음에 둔 것도 아니니라,

㊱ 그러나 이스라엘의 하나님 나 여호와가 너희의 말하는바, 칼과 기근과 전염병으로 인하여 바벨로니아 왕의손에 붙인바 되었다 하는 이 성에 대하여 이같이 말하노라,

㊲ 보라, 내가 노와 분과 큰 분노로 그들을 쫓아 보내었던 모든 지방에서 그들을 모아 내어 이곳으로 다시 인도하여 안전히 거하게 할 것이라,

㊳ 그들은 내 백성이 되겠고, 나는 그들의 하나님이 될 것이며,

㊴ 내가 그들에게 한 마음과 한 도를 주어 자기들과 자기 후손의 복을 위하여 항상 나를 경외하게 하고,

㊵ 내가 그들에게 복을 주기 위하여 그들을 떠나지 아니하리라, 하는 영영한 언약을 그들에게 세우고 나를 경외함을 그들의 마음에 두어 나를 떠나지 않게 하고,

㊶ 내가 기쁨으로 그들에게 복을 주되, 정녕히 나의 마음과 정신을 다하여 그들을 이 땅에 심으리라,

㊷ 나 여호와가 이같이 말하노라, 내가 이 백성에게 이 큰 재앙을 내린 것 같이 허락한 모든 복을 그들에게 내리리라,

㊸ 너희가 말하기를, 황폐하여 사람이나 짐승이 없으며 바벨로니아인의 손에 붙인바 되었다 하는 이 땅에서 사람들이 밭을 사되,

㊹ 베냐민 땅과 예루살렘 사방과 유다 성읍들과 산지의 성읍들과 평지의 성읍들과 남방의 성읍들에 있는 밭을 은으로 사고 증서를 기록하여 인봉하고 증인을 세우리니, 이는 내가 그들의 포로로 돌아오게 함이니라, 여호와의 말이니라.

● 33장

① 예레미야가 아직 시위대 뜰에 갇혔을 때에 여호와의 말씀이 그에게 다시 임하니

라, 가라사대,

② 이것은 지구를 만드신 여호와가 하신 말씀이니라, 여호와는 지구를 형성하셨고 그것을 조성하셨느니라, 그 이름은 여호와이니라,

③ 너는 내게 부르짖어라, 내가 네게 응답하겠고, 네가 알지 못하는 크고 비밀한 일을 네게 보이리라,

④ 이스라엘의 하나님 여호와가 말하노라, 무리가 이 성읍의 가옥과 유다 왕궁을 헐어서 바벨로니아인의 흉벽과 칼을 막아,

⑤ 싸우려 하였으나, 내가 나의 노와 분함으로 그들을 죽이고 그 시체로 이 성을 채우게 하였나니, 이는 그들의 모든 악을 인하여 나의 얼굴을 가리워 이 성을 돌아보지 아니하였음이니라,

⑥ 그러나 보라, 내가 이 성을 치료하며 고쳐 낫게 하고 평강과 성실함에 풍성함을 그들에게 나타낼 것이며,

⑦ 내가 유다의 포로와 이스라엘의 포로를 돌아오게 하여 그들을 처음과 같이 세울 것이며,

⑧ 내가 그들을 내게 범한 그 모든 죄악에서 정하게 하며, 그들의 내게 범하며 행한 모든 죄악을 사할 것이라,

⑨ 이 성읍이 세계 열방 앞에서 내게 기쁜 이름이 될 것이며, 찬송과 영광이 될 것이요, 그들은 나의 이 백성에게 베푼 모든 복을 들을 것이요, 나의 이 성읍에 베푼 모든 복과 모든 평강을 인하여 두려워 떨리라,

⑩ 나 여호와가 이같이 말하노라, 너희가 가리켜 말하기를, 황폐하여 사람도 없고 짐승도 없다 하던 여기 곧 황폐하여 사람도 없고 주민도 없고 짐승도 없던 유다 성읍들과 예루살렘 거리에서,

⑪ 즐거워하는 소리, 기뻐하는 소리, 신랑의 소리, 신부의 소리와 및 만군의 여호와께 감사하라, 여호와는 선하시니 그 인자하심이 영원하다, 하는 소리와 여호와의 집에 감사제를 드리는 자들의 소리가 다시 들리리니, 이는 내가 이 땅의 포로로 돌아와서 처음과 같이 되게 할 것임이니라, 여호와의 말이니라,

⑫ 나 만군의 여호와가 이같이 말하노라, 황폐하여 사람도 없고 짐승도 없던 이 곳과 그 모든 성읍에 다시 목자의 거할 곳이 있으리니, 그 양무리를 눕게 할 것이라,

⑬ 산지 성읍들과 평지 성읍들과 남방의 성읍들과 베냐민 땅과 예루살렘 사면과 유다 성읍들에서 양무리가 다시 계수하는 자의 손 아래로 지나리라, 여호와의 말이니

라,

⑭ 나 여호와가 말하노라, 내가 이스라엘 집과 유다 집에 대하여 이른 선한 말을 성취할 날이 이르리라,

⑮ 그 날 그 때에 내가 다윗에게 한 의로운 가지가 나게 하리니, 그가 이 땅에 공평과 정의를 실행할 것이라,

⑯ 그 날에 유다가 구원을 얻겠고, 예루살렘이 안전히 거할 것이며, 그 성은 여호와 우리의 의라 일컬음을 입으리라,

⑰ 나 여호와가 이같이 말하노라, 이스라엘 집 위에 앉을 사람이 다윗에게 영영히 끊어지지 아니할 것이며,

⑱ 내 앞에서 번제를 드리며, 곡식제사를 사르며, 다른 제를 항상 드릴 레위 사람 제사장들도 끊어지지 아니하리라, 하시니라,

⑲ 여호와의 말씀이 예레미야에게 임하니라, 가라사대,

⑳ 나 여호와가 이같이 말하노라, 너희가 능히 낮에 대한 나의 약정과 밤에 대한 나의 약정을 파하여 주야로 그 때를 잃게 할 수 있을찐대,

㉑ 내 종 다윗에게 세운 나의 언약도 파하여 그로 그 위에 앉아 다스릴 아들이 없게 할 수 있겠으며, 내가 나를 섬기는 레위인 제사장에게 세운 언약도 파할 수 있으리라,

㉒ 하늘의 만상은 셀 수 없으며 바다의 모래는 측량할 수 없나니, 내가 그와 같이 내 종 다윗의 자손과 나를 섬기는 레위인을 번성케 하리라, 하시니라,

㉓ 여호와의 말씀이 예레미야에게 임하니라, 가라사대,

㉔ 이 백성이 말하기를, 여호와께서 그 택하신 두 족속을 버리셨다 한 것을 네가 생각지 아니하느냐? 그들이 내 백성을 멸시하여 자기들 앞에서 나라로 인정치 아니하도다,

㉕ 나 여호와가 이같이 말하노라, 나의 주야의 약정이 서지 아니할 수 있다든 천지의 규례가 멍한대로 되지 아니할 수 있다, 할찐대,

㉖ 내가 야곱과 내 종 다윗의 자손을 버려서 다시는 다윗의 자손 중에서 아브라함과 이삭과 야곱의 자손을 다스릴 자를 택하지 아니하리라, 내가 그 포로된 자로 돌아오게 하고 그를 긍휼히 여기리라.

● 34장
① 바벨론 왕 느부갓네살과 그 모든 군대와 그 통치하에 있는 땅의 모든 나라와 모든

백성이 예루살렘과 그 모든 성읍을 칠 때에, 말씀이 여호와께로서 예레미야에게 임하니라, 가라사대

② 이스라엘의 하나님 나 여호와가 이같이 말하노라, 너는 가서 유다 왕 시드기야에게 고하여 이르기를, 여호와의 말씀에 보라, 내가 이 성을 바벨론 왕의 손에 붙이리니, 그가 이 성을 불사를 것이라,

③ 네가 그 손에서 벗어나지 못하고 반드시 사로잡혀 그 손에 붙임을 입고, 네 눈은 바벨론 왕의 눈을 볼 것이며, 그 입은 네 입을 마주 대하여 말할 것이요, 너는 바벨론으로 가리라,

④ 그러나 유다 왕 시드기야여, 나 여호와의 말을 들으라, 나 여호와가 네게 대하여 이같이 말하노라, 네가 칼에 죽지 아니하고,

⑤ 평안히 죽을 것이며, 사람들이 너보더 먼저 있은 네 조상 선왕에게 분향하던 일례로 네게 분향하며 너를 위하여 애통하기를 슬프다, 주여, 하리니, 이는 내가 말하였음이니라, 여호와의 말이니라,

⑥ 선지자 예레미야가 이 모든 말씀을 예루살렘에서 유다 왕 시드기야에게 고하니라,

⑦ 때에 바벨론 왕의 군대가 예루살렘과 유다의 남은 모든 성을 쳤으니, 곧 라기스와 아세가라 유다의 견고한 성읍 중에 이것들만 남았음이더라,

⑧ 시드기야왕이 예루살렘에 있는 모든 백성과 언약하고 자유를 선언한 후에 여호와께로서 말씀이 예레미야에게 임하니라,

⑨ 그 언약은 곧 사람으로 각기 히브리 남녀 노비를 놓아 자유케 하고, 그 동족 유다인으로 종을 삼지 못하게 한 것이라,

⑩ 이 언약에 참가한 방백들과 모든 백성이 각기 노비를 자유케 하고, 다시는 종을 삼지 말라, 함을 듣고 순복하여 놓았더니,

⑪ 후에 그들의 뜻이 변하여 자유케 하였던 노비를 끌어다가 다시 복종시켜 노비를 삼았더라,

⑫ 그러므로 여호와의 말씀이 여호와께로서 예레미야에게 임하니라, 가라사대,

⑬ 이스라엘의 하나님 나 여호와가 이같이 말하노라, 내가 너희 선조들 에집트 땅 종되었던 집에서 인도하여 낼 때에 그들과 언약을 세워 이르기를,

⑭ 너희 형제 히브리 사람이 네게 팔렸거든 칠년 만에 너희는 각기 놓으라, 그가 육년을 너를 섬겼은즉, 그를 놓아 자유케 할지니라, 하였으나 너희 선조가 나를 듣지 아니하며 귀를 기울이지도 아니하였느니라,

⑮ 그러나 너희는 이제 돌이켜 내 목전에 정당히 행하여 각기 이웃에게 자유를 선언하되, 내 이름으로 일컬음을 받는 집에서 내 앞에서 언약을 세웠거늘,

⑯ 너희가 뜻을 변하여 내 이름을 더럽히고 각기 놓아 그들의 마음대로 자유케 하였던 노비를 끌어다가 다시 너희에게 복종시켜 너희 노비를 삼았도다,

⑰ 그러므로 나 여호와가 이같이 말하노라, 너희가 나를 듣지 아니하고 각기 형제와 이웃에게 자유를 선언한 것을 실행치 아니하였은즉, 내가 너희에게 자유를 선언하여 너희를 칼과 염병과 기근에 붙이리라, 나 여호와의 말이니라, 내가 너희를 세계 열방 중에 흩어지게 할 것이며,

⑱ 송아지를 둘에 쪼개고 그 두 사이로 지나서 내 앞에 언약을 세우고, 그 말을 실행치 아니하여 내 언약을 범한 너희를,

⑲ 곧 쪼갠 송아지 사이로 지난 유다 방백들과 예루살렘 방백들과 환관들과 제사장들과 이 땅 모든 백성을,

⑳ 내가 너희 원수의 손과 너희 생명을 찾는 자의 손에 붙이리니, 너희 시체가 공중의 새들과 땅 짐승의 식물이 될 것이며,

㉑ 또 내가 유다 왕 시드기야와 그 방백들을 그 원수의 손과 그 생명을 찾는 자의 손과 너희에게서 떠나간 바벨론 왕의 군대의 손에 붙이리라,

㉒ 나 여호와가 말하노라, 보라, 내가 그들에게 명하여 이 성에 다시 오게 하리니, 그들이 이성을 쳐서 취하여 불사를 것이라, 내가 유다 성읍들로 황무하여 거민이 없게 하리라.

● 35장

① 이것은 유다 왕 요시야의 아들 여호야김의 치세 때에, 여호와로부디 예레미야에게 임한 말씀이니라, 가라사대,

② 너는 레갑 족속에게 가서 그들에게 말하고, 그들을 여호와의 집 한 방으로 데려다가 포도주를 마시우라,

③ 이에 내가 하바시야의 손자요, 예레미야의 아들인 야아사냐와 그 형제와 그 모든 아들과 레갑 온 족속을 데리고,

④ 여호와의 집에 이르러, 익다랴의 아들 하나님의 사람 하난의 아들들의 방에 들였는데 그 방은 방백들의 방 곁이요, 문을 지키는 살룸의 아들 마아세야의 방 위에 있더라,

⑤ 내가 레갑 족속 사람들 앞에 포도주가 가득한 사발과 잔을 놓고 마시라, 권하매,

⑥ 그들이 가로되, 우리는 포도주를 마시지 아니하겠노라, 레갑의 아들 우리의 선조 요나답이 우리에게 명하여 이르기를, 너희와 너희 자손은 영영히 포도주를 마시지 말며,

⑦ 집도 짓지 말며, 파종도 하지 말며, 포도원도 재배치 말며, 두지도 말고, 너희 평생에 장막에 거처하라, 그리하면 너희의 우거하는 땅에서 너희 생명이 길리라, 하였으므로,

⑧ 우리가 레갑의 아들 우리의 선조 요나답의 우리에게 명한 모든 말을 손종하여 우리와 우리 아내와 자녀가 평생에 포도주를 마시지 아니하며,

⑨ 거처할 집도 짓지 아니하며, 포도원이나 밭이나 종자도 두지 아니하고,

⑩ 장막에 거처하여 우리 선조 요나답의 우리에게 명한대로 다 준행하였노라,

⑪ 그러나 바벨론 왕 느부갓네살이 이 땅에 올라왔을 때에 우리가 말하기를, 갈대아인의 군대와 수리아인의 군대가 두려운즉, 예루살렘으로 가자, 하고 우리가 예루살렘에 거하였노라,

⑫ 때에 여호와 말씀이 예레미야에게 임하여 가라사대,

⑬ 만군의 여호와 이스라엘의 하나님이 이같이 말하노라, 너는 가서 유다 사람들과 예루살렘 거민에게 이르기를, 여호와의 말씀에 너희가 내 말을 들으며 교훈을 받지 아니하겠느냐?

⑭ 레갑의 아들 요나답이 그 자손에게 포도주를 마시지 말라, 한 그 명령은 실행되도다, 그들은 그 선조의 명령을 순종하여 오늘까지 마시지 아니하거늘, 내가 너희에게 말하고 부지런히 말하여도 너희는 나를 듣지 아니하도다,

⑮ 나도 내 종 모든 선지자를 너희에게 보내고 부지런히 보내며 이르기를, 너희는 이제 각기 악한 길에서 돌이켜 행위를 고치고 다른 신을 좇아 그를 섬기지 말라, 그리하면 너희가 나의 너희와 너의 선조에게 준 이 땅에 거하리라, 하여도, 너희가 귀를 기울이지 아니하며, 나를 듣지 아니하였느니라,

⑯ 레갑의 아들 요나답의 자손은 그 선조가 그들에게 명한 그 명령을 준행하나 이 백성은 나를 듣지 아니하도다,

⑰ 그러므로 나 만군의 여호와 이스라엘의 하나님이 이같이 말하노라, 보라, 내가 유다와 예루살렘 모든 거민에게 나의 그들에게 대하여 선포한 모든 재앙을 내리리니, 이는 내가 그들에게 말하여도 듣지 아니하며 불러도 대답지 아니함이니라, 하

셨다, 하라,

⑱ 예레미야가 레갑 족속에게 이르되, 만군의 여호와 이스라엘의 하나님이 이같이 말씀하시기를, 너희가 너희 선조 요나답의 명령을 준종하여 그 모든 훈계를 지키며 그가 너희에게 명한 것을 행하였도다,

⑲ 그러므로 나 만군의 여호와 이스라엘의 하나님이 이같이 말하노라, 레갑의 아들 요나답에게서 내 앞에 설 사람이 영영히 끊어지지 아니하리라.

● 36장

① 유다 왕 요시야의 아들 여호야김 사년에 여호와께로서 예레미야에게 말씀이 임하니라, 가라사대,

② 너는 두루마리 책을 취하여 내가 네게 말하던 날, 곧 요시야의 날부터 오늘까지 이스라엘과 유다와 열방에 대하여 내가 네게 이른 모든 말을 그것에 기록하라,

③ 유다 족속이 내가 그들에게 내리려는 모든 재앙을 듣고 각기 악한 길에서 돌이킬 듯 하니라, 그리하면 내가 그 악과 죄를 사하리라,

④ 이에 예레미야가 네리야의 아들 바룩을 부르매, 바룩이 예레미야의 구전대로 여호와께서 그에게 이르신 모든 말씀을 두루마리 책에 기록하니라,

⑤ 예레미야가 바룩에게 명하여 가로되, 나는 감금을 당한지라 여호와의 집에 들어갈 수 없은 즉,

⑥ 너는 들어가서 나의 구전대로 두루마리에 기록한 여호와의 말씀을 금식일에 여호와의 집에 있는 백성의 귀에 낭독하고, 유다 모든 성에서 온 자들의 귀에도 낭독하라,

⑦ 그들이 여호와 앞에 기도를 드리며, 각기 악한 길을 떠날 듯 하니라, 여호와께서 이 백성에 대하여 선포하신 노와 분이 크니라,

⑧ 네리야의 아들 바룩이 무릇 선지자 예레미야의 자기에게 명한대로 하여 여호와의 집에서 책에 있는 여호와의 말씀을 낭독하니라,

⑨ 유다 왕 요시야의 아들 여호야김의 오년 구월에 예루살렘 모든 백성과 유다 성읍들에서 예루살렘에 이른 모든 백성이 여호와 앞에서 금식을 선포한지라,

⑩ 바룩이 여호와의 집 윗뜰 곧 여호와의 집 새문 어귀의 곁에 있는 사반의 아들 서기관 그마랴의 방에서, 그 책에 있는 예레미야의 말을 낭독하여 모든 백성에게 들리니라,

⑪ 사반의 손자요 그마랴의 아들인 미가야가 그 책에 있는 여호와의 말씀을 다 듣고,

⑫ 왕궁에 내려가서 서기관의 방에 들어가니, 모든 방백 곧 서기관 엘리사마와 스마야의 아들 들라야와 악볼의 아들 엘라단과 사반의 아들 그마랴와 하나냐의 아들 시드기야와 모든 방백이 거기 앉았는지라,

⑬ 미가야가 바룩의 백성의 귀에 책을 낭독할 때에 들은 모든 말로 그들에게 고하매,

⑭ 이에 모든 방백이 구시의 증손 셀레먀의 손자 느다냐의 아들 여후디를 바룩에게 보내어 이르되, 너는 백성의 귀에 낭독한 두루마리를 손에 가지고 오라, 네리야의 아들 바룩이 두루마리를 손에 가지고 그들에게로 가매,

⑮ 그들이 바룩에게 이르되 앉아서 이를 우리 귀에 낭독하라, 바룩이 그들의 귀에 낭독하매,

⑯ 그들이 그 모든 말씀을 듣고 놀라 서로 보며 바룩에게 이르되, 우리가 이 모든 말을 왕에게 고하리라,

⑰ 그들이 또 바룩에게 물어 가로되, 네가 그 구전하는 이 모든 말을 어떻게 기록하였느뇨? 청컨대 우리에게 이르라,

⑱ 바룩이 대답하되, 그가 그 입으로 이 모든 말을 내게 소리내어 말하기로 내가 먹으로 책에 기록하였노라,

⑲ 이에 지배자들이 바룩에게 이르되, 너는 가서 예레미야와 함께 숨고 너희 있는 곳을 사람에게 알리지 말라, 하니라,

⑳ 그들이 두루마리를 기록관 엘리사마의 방에 두고 뜰에 들어가 왕께 나아가서 이 모든 말로 왕의 귀에 고하니,

㉑ 왕이 여후디를 보내어 두루마리를 가져오게 하매, 여후디가 서기관 기록관 엘리사마의 방에서 가져다가 왕과 왕의 곁에 선 모든 지배자의 귀에 낭독하니,

㉒ 때는 구월이라 왕이 겨울 궁전에 앉았고 그 앞에는 불 피운 화로가 있더라,

㉓ 여후디가 삼편 사편을 낭독하면 왕이 소도로 그것을 연하여 베어 화로 불에 던져서 온 두루마리를 태웠더라,

㉔ 왕과 그 신하들이 이 모든 말을 듣고도 두려워하거나 그 옷을 찢지 아니하였고,

㉕ 엘라단과 들라야와 그마랴가 왕께 두루마리를 사르지 말기를 간구하여도 왕이 듣지 아니하였으며,

㉖ 왕이 왕의 아들 여라므엘과 이스라엘의 아들 스라야와 압디엘의 아들 셀레먀를 명하여 기록관 바룩과 선지자 예레미야을 잡으라 하였으나, 여호와께서 그들을 숨기

셨더라,

㉗ 왕이 두루마리와 바룩이 예레미야의 구전으로 기록한 말씀을 불사른 후에 여호와의 말씀이 예레미야에게 임하니라, 가라사대,

㉘ 너는 다시 다른 두루마리를 가지고 유다 왕 여호야김의 불사른 첫 두루마리의 모든 말을 기록하고,

㉙ 또 유다 왕 여호야김에 대하여 이같이 말하기를, 여호와의 말씀에 그가 이 두루마리를 불사르며 말하기를, 네가 어찌하여 바벨론 왕이 정녕히 와서 이 땅을 멸하고 사람과 짐승을 이 땅에서 없어지게 하리라, 하는 말을 이 두루마리에 기록하였느뇨? 하도다,

㉚ 그러므로 나 여호와가 유다 왕 여호야김에 대하여 이같이 말하노라, 그에게는 다윗의 위에 앉을 후손이 없게 될 것이요, 그 시체는 바깥에 던져져서 낮에는 더위 밤에는 서리에 노출되리라,

㉛ 또 내가 그와 그 자손과 신하들을 그들의 죄악을 인하여 벌할 것이라, 내가 일찍 그들과 예루살렘 거민과 유다 사람에게 선포하였으나, 그들이 듣지 아니한 그 모든 재앙을 내리리라, 하셨다, 하라,

㉜ 이에 예레미야가 다른 두루마리를 취하여, 네리야의 아들 기록관 바룩에게 주매, 그가 유다 왕 여호야김의 불사른 책의 모든 말을 예레미야의 구전대로 기록하고 그 외에도 그 같은 말을 많이 더 하였더라.

● 37장

① 요시야의 아들 시드기야가 여호야김의 아들 고니야를 대신하여 왕이 되었으니, 이는 바벨론 왕 느부갓네살이 그로 유다 땅의 왕을 삼음이었더라,

② 그와 그 신하와 그 땅 백성이 여호와께서 선지자 예레미야로 하신 말씀을 듣지 아니하니라,

③ 시드기야왕이 셀레먀의 아들 여후갈과 마아세야의 아들 제사장 스바냐를 선지자 예레미야에게 보내어 청하되, 너는 우리를 위하여 우리 하나님 여호와께 기도하라 하였으니,

④ 그때에 예레미야가 갇히지 아니하였으므로 백성 가운데서 들어오고 나가고 하였더라,

⑤ 파라오의 군대가 에집트에서 나오매, 예루살렘을 에워쌌던 바벨로니아인들이 그

소문을 듣고 예루살렘에서 떠났더라,

⑥ 여호와의 말씀이 선지자 예레미야에게 임하여 가라사대,

⑦ 이스라엘의 하나님 나 여호와가 이같이 말하노라, 너희를 보내어 내게 구하게 한 유다 왕에게 이르라, 너희를 도우려고 나왔던 파라오의 군대는 자기 땅 에집트로 돌아가겠고,

⑧ 바벨로니아들이 다시 와서 이 성을 쳐서 불사르리라,

⑨ 나 여호와가 이같이 말하노라, 너희는 스스로 속여 말하기를, 바벨로이안들이 반드시 우리를 떠나리라 하지 말라, 그들이 떠나지 아니하리라,

⑩ 가령 너희가 너희를 치는 바벨로니아들의 온 군대를 쳐서 그 중에 부상자만 남긴다 할지라도 그들이 각기 장막에서 일어나 이 성을 불사르리라,

⑪ 바벨로니아인들의 군대가 파라오의 군대를 두려워하여 예루살렘에서 떠나매,

⑫ 예레미야는 베냐민 사람들 중에 있는 그의 몫을 받으려고 예루살렘을 떠나서 베냐민 땅으로 들어갔느니라,

(Then Jeremiah went forth out of Jerusalem to go into the land of Benjamin, to separate himself thence in the midst of the people.-KJV)

(Jeremiah started to leave the city to go the territory of Benjamin to get his share of the property among the people there.-NIV)

(Jeremiah set out from Jerusalem to go the territory of Benjamin, to receive his share of property among the people.-NAB)

(Jermiah left Jerusalem to go over to the territory of Benjamin to take care of some personl business.-THE MESSAGE)

⑬ 베냐민 문에 이른즉, 하나냐의 손자요, 셀레먀의 아들인 이리야라 이름하는 문지기의 두목이 선지자 예레미야를 붙잡아 가로되, 네가 바벨로닐아인들에게 항복하려 하는도다,

⑭ 예레미야가 가로되, 망령되다 나는 바벨로니아인들에게 항복하려 하지 아니하노라, 이리야가 듣지 아니하고 예레미야를 잡아 방백에게로 끌어가매,

⑮ 방백들이 노하여 예레미야를 때려서 서기관 요나단의 집에 가두었으니, 이는 그들이 이 집으로 옥을 삼았음이더라,

⑯ 예레미야가 토굴 옥 음실에 들어간지 여러날만에,

⑰ 시드기야왕이 보내어 그를 이끌어 왕궁에서 그에게 비밀히 물어 가도되, 여호와께

로서 받은 말씀이 있느뇨? 예레미야가 대답하되 있나이다, 하고 그가 말하기를, 왕은 바벨론 왕의 손에 넘겨지리다, 하고

⑱ 예레미야가 다시 시드기야왕에게 이르되, 내가 왕에게나 왕의 신하에게나 이 백성에게 무슨 죄를 범하였관대 나를 옥에 가두었나이까?

⑲ 그리고 바벨론 왕이 와서 왕과 이 땅을 치지 아니하리라고 예언한 왕의 선지자들은 이제 어디 있나이까?

⑳ 내 주 왕이여 이제 청컨대 내 말을 들으시며 나의 탄원을 받으사, 나를 서기관 요나단의 집으로 돌려보내지 마옵소서, 내가 거기서 죽을까 두려워하나이다,

㉑ 이에 시드기야왕이 명하여 예레미야를 시위대 뜰에 두고 떡 만드는 자의 거리에서 매일 떡 한덩이를 그에게 주게 하매, 성중에 떡이 다할 때까지 이르니라, 예레미야가 시위대 뜰에 머무니라.

● 38장

① 맛단의 아들 스바댜와 바스훌의 아들 그다랴와 셀레먀의 아들 유갈과 말기야의 아들 바스훌이 예레미야의 모든 백성에게 이르는 말을 들은즉, 이르기를,

② 여호와께서 이같이 말씀하시되, 이 성에 머무는 자는 칼과 기근과 전염병에 죽으리라, 그러나 바벨로니아인들에게 항복하는 자는 살리니, 그는 그의 생명을 피난시킬 것이므로 그는 살리라,

③ 나 여호와가 이같이 말하노라, 이 성이 반드시 바벨론 왕의 군대의 손에 붙이우리니, 그가 취하리라, 하셨다, 하는지라,

④ 이에 그 방백들이 왕께 고하되, 이 사람이 백성의 평안을 구치 아니하고 해를 구하오니, 청컨대 이 사람을 죽이소서, 그가 이같이 말하여 이 성에 남은 군시의 손과 모든 백성의 손을 약하게 하나이다,

⑤ 시드기야왕이 가로되, 보라, 그가 너희 손에 있느니라, 왕은 조금도 너희를 거스릴 수 없느니라,

⑥ 그들이 예레미야를 취하여 시위대 뜰에 있는 왕의 아들 말기야의 구덩이에 던져 넣을 때에 예레미야를 줄로 달아내리웠는데, 그 구덩이에는 물이 없고 진흙 뿐이므로 예레미야가 진흙 중에 빠졌더라,

⑦ 왕궁 환관 구스인 에벳멜렉이 그들의 예레미야를 구덩이에 던져 넣었음을 들으니라, 때에 왕이 베냐민 문에 앉았더니,

⑧ 에벳멜렉이 왕궁에서 나와 왕께 고하여 가로되,

⑨ 내 주 왕이여, 저 사람들이 선지자 예레미야에게 행한 모든 일은 악하나이다, 성 중에 떡이 떨어졌거늘 그들이 그를 구덩이에 던져 넣었으니, 그가 거기서 주려 죽으리이다.

⑩ 왕이 구스인 에벳멜렉에게 명하여 가로되, 너는 여기서 삼십명를 데리고 가서 선지자 예레미야의 죽기 전에 그를 구덩이에서 끌어내라.

⑪ 에벳멜렉이 사람들을 데리고 왕궁 곳간 밑 방에 들어가서 거기서 헝겊과 낡은 옷을 취하고, 그것을 구덩이에 있는 예레미야에게 줄로 내리우며.

⑫ 구스인 에벳멜렉이 예레미야에게 이르되, 너는 이 헝겊과 낡은 옷을 네 겨드랑이에 대고 줄을 그 아래 대라 예레미야가 그대로 하매.

⑬ 그들이 줄로 예레미야를 구덩이에서 끌어낸지라, 예레미야가 시위대 뜰에 머무니라,

⑭ 시드기야왕이 보내어 선지자 예레미야를 여호와의 집 제 삼문으로 데려오게 하고, 왕이 예레미야에게 이르되, 내가 네게 한 일을 물으리니, 일호도 숨기지 말라,

⑮ 예레미야가 시드기야에게 이르되, 내가 이 일을 왕에게 아시게 하여도 왕이 단정코 나를 죽이지 아니하시리이까? 가령 내가 왕을 권한다 할찌라도 왕이 듣지 아니하시리이다,

⑯ 시드기야왕이 비밀히 예레미야에게 맹세하여 가로되, 우리에게 이 영혼을 지으신 여호와께서 사시거니와 내가 너를 죽이지도 아니하겠고, 네 생명을 찾는 그 사람들의 손에 붙이지도 아니하리라,

⑰ 예레미야가 시드기야에게 이르되, 만군의 하나님이신 이스라엘의 하나님 여호와가 이같이 말씀하시되, 네가 만일 바벨론 왕의 방백들에게 항복하면 네 생명이 살겠고, 이 성이 블사름을 입지 아니하겠고, 너와 네 가족이 살려니와

⑱ 네가 만일 나가서 바벨론 왕의 방백들에게 항복하지 아니하면, 이 성이 바벨로니아인들의 손에 붙이우리니, 그들이 이 성을 불사를 것이며 너는 그들의 손을 벗어나지 못하리라, 하셨나이다,

⑲ 시드기야왕이 예레미야에게 이르되, 나는 바벨로니아인들에게 항복한 유다인을 두려워하노라, 염려컨대 바벨로니아인들이 나를 그들의 손에 붙이우면 그들이 나를 조롱할까 하노라,

⑳ 예레미야가 가로되, 그 무리가 왕을 그들에게 붙이지 아니하리이다, 원하옵나니,

내가 왕에게 고한바 여호와의 목소리를 청종하소서, 그리하면 왕이 복을 받아 생명을 보존하시리이다,

㉑ 그러나 만일 항복하기를 거절하시면 여호와께서 내게 보이신 말씀대로 되리이다,

㉒ 곧 유다 왕궁에 남아 있는 모든 여자가 바벨론 왕의 방백들에게로 끌려갈 것이요, 그들은 네게 말하기를 네 친구들이 너를 꾀어 이기고 네 발이 진흙에 빠짐을 보고 물러갔도다, 하리라,

㉓ 네 아내들과 자녀는 바벨로니아인들에게로 끌어냄을 입겠고, 너는 그들의 손에서 벗어나지 못하고 바벨론 왕의 손에 잡히리라, 또 네가 이 성으로 불사름을 입게 하리라, 하셨나이다,

㉔ 시드기야가 예레미야에게 이르되, 너는 이 말을 사람으로 알게 하지 말라, 그리하면 네가 죽지 아니하리라,

㉕ 만일 방백들이 내가 너와 말하였다 함을 듣고 와서 네게 말하기를, 네가 왕에게 말한 것을 우리에게 고하라, 우리에게 숨기지 말라, 그리하면 우리가 너를 죽이지 아니하리라, 또 왕이 네게 말씀한 것을 고하라, 하거든,

㉖ 그들에게 대답하되 내가 왕의 앞에 간구하기를, 나를 요나단의 집으로 도로 보내지 말아서 거기서 죽지 않게 하옵소서 하였다, 하라, 하니라,

㉗ 모든 방백이 예레미야에게 와서 물으매, 그가 왕의 명한 모든 말대로 대답하였으므로 일이 탄로치 아니하였고 그들은 더불어 말하기를 그쳤더라,

㉘ 예레미야가 예루살렘이 함락되는 날까지 시위대 뜰에 머물렀더라,

● 39장

① 유다 왕 시드기야의 구년 시월에 바벨론 왕 느부갓네살과 그 모든 군대가 와서 예루살렘을 에워싸고 치더니,

② 시드기야의 제 십 일년 사월 구일에 성이 함락되니라, 예루살렘이 함락되매,

③ 바벨론 왕의 모든 방백이 이르러 중문에 앉으니, 곧 네르갈사레셀과 삼갈르보와 환관장 살스김과 박사장 네르갈레셀과 바벨론 왕의 모든 방백들이었더라,

④ 유다 왕 시드기야와 모든 군사가 그들을 보고 도망하되, 밤에 왕의 동산길로 좇아 두 담 샛문을 통하여 성읍을 벗어나서 아라바로 갔더니,

⑤ 바벨로니아인의 군대가 그들을 따라 여리고 평원에서 시드기야에게 미쳐, 그를 잡아서 데리고 하맛 땅 립나에 있는 바벨론 왕 느부갓네실에게로 올라가매, 왕이 그

를 심문하였더라,

⑥ 바벨론 왕이 립나에서 시드기야의 목전에서 그 아들들을 죽였고, 왕이 또 유다의 모든 귀인을 죽였으며,

⑦ 또 왕이 시드기야의 눈을 빼게 하고 바벨론으로 옮기려 하여 사슬로 결박하였더라,

⑧ 바벨로니아인들이 왕궁과 백성의 집을 불사르며 예루살렘 성벽을 헐었고,

⑨ 시위대장 느부사라단이 성중에 남아 있는 백성과 자기에게 항복한 자와 그 외의 남은 백성을 바벨론으로 잡아 옮겼으며,

⑩ 시위대장 느부사라단이 아무 소유가 없는 빈민을 유다 땅에 남겨두고 그 날에 포도원과 밭을 그들에게 주었더라,

⑪ 바벨론 왕 느부갓네살이 예레미야에 대하여 시위대장 느부사라단에게 명하여 가로되,

⑫ 그를 데려다가 잘 보살피며 조금도 해하지 말고 그가 네게 말하는대로 그에게 행하라, 하므로

⑬ 이에 시위대장 느부사라단은 환관장 느부사스반과 랍막 사람 네르갈사레셀과 바벨론 왕의 모든 고관들을 함께 왕궁 경비대 뜰로,

(So Nebuzer -adan the captain of the guard sent, and Nebushasan, Rab-saris, and Nergal-sharezer, Rabmag, and all the king of Babylon's princes.-KJV)

(So Neburzaradan the commander of the guard, Nebushazban a chief officer, Nergal-Sharezer a high official and all the other officiers of the king of Babylon-NIV)

(Thereupon Nebuzaradan, captain of the bodyguard, and Nebushazban, a high dignitary, and Nergal-sharezer, a chief officer, and all the nobles of the king of Babylon,-NAB)

(So Nebuzaradan, chief of the king's bodyguard, along with Nebushazan the Rabasaris, Nergal-sharezer the Rambag, and all the chief officers of the king of Babylon,-THE MESSAGE)

⑭ 보내어서 예레미야를 시위대 뜰에서 데려다가 사반의 손자요 아히감의 아들 그다랴에 맡겨서 그를 집으로 돌아갈 수 있게 하매, 그렇게 해서 예레미야는 백성과 더

불어 살게 되었너라.

(Even they sent, and took Jeremiah out of the court of the prison, and committed him unto Gedaliah the son of Ahikam the son of Shaphan, that he should carry him home: so he dwelt among the people.-KJV)

(sent and had Jeremiah taken out of the courtyard of the guard. They turned him over to Gedaliah son of Ahikim, the son of Shaphan, to take him back to his home. So he remained among his own people.-NIV)

(had Jeremiah taken out of the courtyard of the guard and entrusted to Gedaliah, son of Ahikam, son of Shaphan, to bring him home. And so he remained among the people.-NAB)

(sent for Jeremiah, taking him from the courtyard of the royal guards and putting him under the care of Gedaliah son of Ahikam, the son of Shaphan, to be taken home, And so he was able to live with the people.-THE MESSAGE)

⑮ 예레미야가 시위대 뜰에 갇혔을 때에 여호와의 말씀이 그아게 임하니라, 가라사대,

⑯ 너는 가서 구스인 에벳멜렉에게 말하기를, 만군의 여호와 이스라엘의 하나님의 말씀에 내가 이 성에 재앙을 내리고 복을 내리지 아니하리라, 한 나의 말이 그 날에 네 목전에 이루리라,

⑰ 나 여호와가 말하노라, 내가 그 날에 너를 구원하리니, 네가 그 두려워 하는 사람들의 손에 붙이우지 아니하리라,

⑱ 내가 너를 구원하리니, 너는 칼에 죽지 아니하고 네 생명을 구하여 피하리라, 이는 네가 나를 믿어 신뢰하기 때문이니라, 나 여호와의 선포(말)이니라.

● 40장

① 예루살렘과 유다로부터 바벨론으로 사로잡혀가는 모든 사람 가운데 예레미야도 사슬로 결박당해 끌려가다가 호위대장 느부라사단이 라마에서 예레미야를 풀어준 후에 여호와께로서 예레미야에게 임하신 말씀이니라,

② 호위대장이 예레미야를 불러다가 이르러, 네 하나님 여호와께서 이곳에 재앙을 선포하셨느니라,

③ 이제 여호와께서 그 말씀대로 행하셨으니, 이는 너희가 여호와께 범죄하고 그 목소리를 청종치 아니하였으므로 이 일이 너희에게 임한 것이니라,

④ 그러나 이제 보라, 내가 오늘 네 손의 사슬을 풀어 너를 해방하노니, 만일 네가 나와 함께 바벨론으로 가는 것을 좋게 여기거든 오라, 그리하면 너를 잘 돌보아 주리라, 그러나 만일 나와 함께 바벨론으로 가는 것을 좋지 않게 여기거든 그만 두라, 보라, 온 땅이 네 앞에 있나니 어디든지 네가 가기에 좋고 편하게 보인대로 가라, 하니라,

⑤ 이제 아직 예레미야가 돌이키기 전에 그가 다시 말하기를, 너는 바벨론 왕이 유다 성읍들의 총독으로 세우신 사반의 손자 아히감의 아들 그다랴에게로 돌아가서 그와 함께 백성 중에 거하거나, 어디든지 네가 편하게 보기는 곳으로 가라, 하고, 호위대장이 그에게 식량과 선물을 주어 보내매,

⑥ 예레미야가 미스바로 가서 아히감의 아들 그다랴에게로 나아가서 그 땅에 남아 있는 백성 중에서 그와 함께 거하니라,

⑦ 들에 있는 군대장관들과 그들의 사람들이 바벨론 왕이 아히감의 아들 그다랴를 이 땅 총독으로 세우고 남녀와 유아와 바벨론으로 옮기지 아니한 빈민을 그에게 위임하였다 함을 듣고,

⑧ 그들 곧 느다냐의 아들 이스마엘과 가레아의 두 아들 요하난과 요나단과 단후멧의 아들 스라야와 느도바 사람 에배의 아들들과 마아가 사람의 아들 여사냐와 그들의 사람들이 미스바로 가서 그다랴에게 이르니,

⑨ 사반의 손자 아히감의 아들 그다랴가 그들과 그들의 사람들에게 맹세하며 가로되, 너희는 바벨로니아인 섬기기를 두려워하지 말고, 이 땅에 거하여 바벨론 왕을 섬기라, 그리하면 너희에게 유익하리라,

⑩ 나는 미스바에 거하여 우리에게로 오는 갈대아인을 섬기리니, 너희는 포도주와 여름 실과와 기름을 모아 그릇에 저축하고 너희의 얻은 성읍들에 거하게 하니라,

⑪ 모압과 암몬 자손 중과 에돔과 모든 지방에 있는 유다인도 바벨론 왕이 유다에 사람을 남겨 둔 것과 사반의 손자 아히감의 아들 그다랴를 그들의 위에 세웠다 함을 듣고,

⑫ 그 모든 유다인이 쫓겨났던 각처에서 돌아와 유다 땅 미스바 그다랴에게 이르러, 포도주와 여름 실과를 심히 많이 모으니라,

⑬ 가레아의 아들 요하난과 들에 있던 군대 장관들이 미스바 그다랴에게 이르러,

⑭ 그에게 이르되, 암몬 자손의 왕 바알리스가 네 생명을 취하려 하여 느다냐의 아들 이스마엘을 보낸 줄 네가 아느냐? 하되 아히감의 아들 그다랴가 믿지 아니한지라,

⑮ 가레아의 아들 요하난이 미스바에서 그다랴에게 비밀히 말하여 가로되, 청하노니, 나로 가서 사람이 모르게 느다냐의 아들 이스마엘을 죽이게 하라, 어찌하여 그로 네 생명을 취케 하여 네게 모인 모든 유다인으로 흩어지며 유다의 남은 자로 멸망을 당케 하라?

⑯ 그러나 아히감의 아들 그다랴가 가레아의 아들 요하난에게 이르되, 네가 이 일을 행치 말 것이니라, 너의 이스마엘에 대한 말은 진정이 아니니라, 하니라.

● 41장

① 칠월에 왕의 종친 엘리사마의 손자 느다냐의 아들 왕의 장관 이스마엘이 열 사람과 함께 미스바로 가서 아히감의 아들 그다랴에게 이르러, 미스바에서 함께 떡을 먹다가,

② 느다냐의 아들 이스마엘과 그와 함께한 열 사람이 일어나서 바벨론 왕의 그 땅 총독으로 세운바 사반의 손자 아히감의 아들 그다랴를 쳐죽였고,

③ 이스마엘이 또 미스바에서 그다랴와 함께한 모든 유다인과 거기 있는 바벨로니아 군사를 죽였더라,

④ 그가 그다랴를 죽인지 이틀이 되었어도 이를 아는 사람이 없었더라,

⑤ 때에 사람 팔십 명이 그 수염을 깎고 옷을 찢고 몸을 상하고 손에 소제물과 유향을 가지고 세겜과 실로와 사마리아에서부터 와서 여호와의 집으로 나아가려 한지라,

⑥ 느다냐의 아들 이스마엘이 그들을 영접하러 미스바에서 나와서 울며 행하다가 그들을 만나 아히감의 아들 그다랴에게로 가자 하여,

⑦ 그들이 성 중앙에 이를 때에 느다냐의 아들 이스마엘이 자기와 함께한 사람들로 더불어 그들을 죽여 구덩이에 던지니라,

⑧ 그 중에 열 사람은 이스마엘에게 이르기를, 우리가 밀과 보리와 기름과 꿀을 밭에 감추었으니, 우리를 죽이지 말라, 하였으므로 그가 그치고 그들을 그 형제와 함께 죽이지 아니하였더라,

⑨ 이스마엘이 그다랴에게 속한 사람들을 죽이고 그 시체를 던진 구덩이는 아사왕이 이스라엘 왕 바이사를 두려워하여 팠던 것이라, 느다냐의 아들 이스마엘이 그 죽인 시체로 거기 채우고,

⑩ 미스바에 남아 있는 왕의 딸들과 모든 백성 곧 시위대장 느부사라단이 아히간의 아들 그다랴에게 위임하였던바, 미스바에 남아 있는 모든 백성을 사로잡되, 곧 느다야의 아들 이스마엘이 그들을 사로잡고 암몬 자손에게로 가려 하여 떠나니라,

⑪ 가레아의 아들 요하난과 그와 함께 있는 모든 군대장관이 느다냐의 아들 이스마엘이 행한 모든 악을 듣고,

⑫ 모든 사람을 데리고 느다야의 아들 이스마엘과 싸우러 가다가 기브온 큰 물가에서 그를 만나매,

⑬ 이스마엘과 함께 있던 모든 백성이 가레아의 아들 요하난과 그와 함께한 모든 군대장관을 보고 기뻐한지라,

⑭ 이에 미스바에서 이스마엘에게 포로되었던 모든 백성이 돌이켜 가레아의 아들 요하난에게로 돌아가니,

⑮ 느다야의 아들 이스마엘이 여덟 사람과 함께 여하난을 피하여 암몬 자손에게로 가니라,

⑯ 그대에 가레아의 아들 요하난과 그와 함께하는 모든 군대장관들이(이스마엘이 아히감의 아들 그다랴를 죽인 후에) 미스바에서 사로잡아간 백성의 모든 잔류자 즉 군사들과 아이들과 내시들을 느다냐의 아들 이스마엘로부터 되찾아 기브온에서 다시 데려왔더라.

⑰ 그들이 떠나가서 베들레헴 근처에 있는 김함에 머무렀으며 에집트로 들어가려 하였더라,

⑱ 이는 바벨로니아 사람들 때문이니, 그들이 바벨로니아 사람들을 두려워하였는데, 그 까닭은 바벨론의 왕이 그 땅에 총독으로 세운 아히감의 아들 그다랴를 느다냐의 아들 이스마엘이 죽였기 때문이라.

● 42장

① 이에 모든 군대의 장관과 가레아의 아들 요하난과 호사야의 아들 여사냐와 백성의 작은 자부터 큰 자까지 다 나아와,

② 선지자 예레미야에게 이르되, 당신은 우리의 간구를 들으시고 이 남아 있는 모든 자를 위하여 당신의 하나님 여호와께 기도하소서, 당신이 목도하시거니와 우리는 많은 중에서 조금만 남았사오니,

③ 당신의 하나님 여호와께서 우리의 마땅히 갈 길과 할 일을 보이시기를 원하나이

다,

④ 선지자 예레미야가 그들에게 이르되, 내가 너희 말을 들었은즉, 너희 말대로 너희 하나님 여호와께 기도하고 무릇 여호와께서 너희에게 응답하시는 것을 숨김이 없이 너희에게 고하리라,

⑤ 그들이 예레미야에게 이르되, 우리가 당신의 하나님 여호와께서 당신을 보내사, 우리에게 이르시는 모든 말씀대로 행하리이다, 여호와는 우리 중에 참되고 신실한 증인이 되시옵소서,

⑥ 우리가 당신을 우리 하나님 여호와께 보냄은 그의 목소리가 우리에게 좋고 좋지 아니함을 물론하고 청종하려 함이라, 우리가 우리 하나님 여호와의 목소리를 청종하면 우리에게 복이 있으리이다,

⑦ 십일 후에 여호와의 말씀이 예레미야에 임하니,

⑧ 그가 가레아의 아들 요하난과 그와 함께 있는 모든 군대 장관과 백성의 작은 자로부터 큰 자까지 다 부르고,

⑨ 그들에게 이르되, 너희가 나를 보내어 너희의 간구를 이스라엘의 하나님 여호와께 드리게 하지 아니하였느냐? 그가 가라사대,

⑩ 너희가 이 땅에 여전히 거하면 내가 너희를 세우고 헐지 아니하며, 너희를 심고 뽑지 아니하리니, 이는 내가 너희에게 내린 재앙에 대하여 뜻을 돌리킴이라,

⑪ 나 여호와가 말하노라, 너희는 그 두려워하는 바벨론 왕을 두려워 말라, 내가 너희와 함께 하여 너희를 구원하며 그의 손에서 너희를 건지리니, 두려워 말라,

⑫ 내가 너희를 긍휼히 여기리니, 그로도 너희를 긍휼히 여기게 하여 너희를 너희 본향으로 돌려보내게 하리라, 하셨느니라,

⑬ 그러나 만일 너희가 너희 하나님 여호와의 말씀을 손복지 아니하고 말하기를, 우리는 이 땅에 거하지 아니하리라, 하며,

⑭ 또 말하기를, 우리는 전쟁도 보이지 아니하며 나팔소리도 들리지 아니하며, 양식의 핍절도 당치 아니하는 에집트 땅으로 결단코 들어가 거하리라, 하면 잘못 되리라,

⑮ 너희 유다의 남은 자여 이제 여호와의 말씀을 들으라, 만군의 여호와 이스라엘의 하나님이 이같이 말씀하시되, 너희가 만일 에집트에 들어가서 거기 거하기로 고집하면,

⑯ 너희의 두려워하는 칼이 에집트 땅으로 따라가서 너희에게 미칠 것이요, 너희의

두려워하는 기근이 에집트로 급히 따라가서 너희에게 임하리니, 너희가 거기서 죽을 것이라,

⑰ 무릇 에집트로 들어가서 거기 우거하기로 고집하는 모든 사람은 이같이 되리니, 곧 칼과 기근과 염병에 죽을 것인즉, 내가 그들에게 내리는 재앙을 벗어나서 남을 자 없으리라,

⑱ 만군의 여호와 이스라엘의 하나님이 이같이 말씀하시되, 나의 노와 분을 예루살렘 거민에게 부은 것같이 너희가 에집트에 이른 때에 나의 분을 너희에게 부으리니, 너희가 가증함과 놀램과 저주와 치욕거리가 될 것이라, 너희는 다시는 이 땅을 보지 못하리라, 하시도다,

⑲ 유다의 남은 자들아, 여호와께서 너희 일로 하신 말씀에 너희는 에집트로 가지 말라 하셨고, 나도 오늘날 너희에게 경계한 것을 너희는 분명히 알라,

⑳ 너희가 나를 너희 하나님 여호와께 보내며 이르기를, 우리를 위하여 우리 하나님 여호와께 기도하고 우리 하나님 여호와께서 말씀하신대로 우리에게 고하라, 우리가 이를 행하리라, 하여 너희 마음을 속였느니라,

㉑ 너희 하나님 여호와께서 나를 보내사, 너희에게 명하신 말씀을 내가 오늘날 너희에게 고하였어도 너희가 그 목소리를 도무지 순종치 아니하였은즉,

㉒ 너희가 가서 우거하려 하는 곳에서 칼과 기근과 전염병에 죽을 줄 분명히 알지니라.

● 43장

① 예레미야가 모든 백성에게 그들의 하나님 여호와의 말씀, 곧 그들의 하나님 여호와께서 자기를 보내사, 그들에게 이르게 하신 이 모든 말씀을 다 말하매,

② 호사야의 아들 아사랴와 가레아의 아들 요하난과 및 모든 교만한 사람들이 에레미야에게 말하여 가로되, 네가 거짓을 말하는도다, 우리 하나님 여호와께서 너희는 에집트로 가서 거기서 거하려고 하지 말라, 는 말을 하려고 너를 보내신 것이 아니며,

③ 다만 네리야의 아들 바룩이 너를 선동하여 우리를 대적하여 바벨로니아 사람들의 손에 넘겨서 그들이 우리를 죽이게 하고, 또 우리를 바벨론으로 사로잡혀 가게 하려 함이라, 하니라,

④ 이에 가레아의 아들 요하난과 모든 군대장관과 모든 백성이 유다 땅에 거하게 하

시는 여호와의 목소리를 청종치 아니하고,

⑤ 가레아의 아들 요하난과 모든 군대장관이 유다의 남은 자 곧 쫓겨났던 열방 중에
서 유다 땅에 거하려 하여 돌아온 자,

⑥ 곧 남자와 여자와 유아와 왕의 딸들과 시위대장 느부사라딘이 사반의 손자 아히감
의 아들 그다랴에게 넘겨 둔 모든 사람과 선지자 예레미야와 네리야의 아들 바룩
을 영솔하고,

⑦ 에집트 땅에 들어가 다바네스에 이르렀으니, 그들이 여호와의 목소리를 청종치 아
니함이 이러하였더라.

⑧ 다바네스에서 여호와의 말씀이 예레미야에게 임하여 가라사대,

⑨ 너는 유다 사람의 목전에서 네 손으로 큰 돌들을 가져다가 다바네스 바로의 집 어
귀의 벽돌 깔린 곳에 진흙으로 감추고,

⑩ 그들에게 이르기를, 만군의 여호와 이스라엘의 하나님 이같이 말씀하시되, 보라,
내가 내 종 바벨론 왕 느부갓네살을 불러오리니, 그가 그 보좌를 내가 감추게 한
이 돌 위에 두고 또 그 화려한 큰 장막을 그 위에 치리라.

⑪ 그가 와서 에집트 땅을 치고 죽일 자는 죽이고, 사로잡을 자는 사로잡고 칼로 칠 자
는 칼로 칠 것이라.

⑫ 내가 에집트 신들의 집에 불을 놓을 것인즉, 느부갓네살이 그들을 불사르며, 그들
을 사로잡을 것이요, 목자가 그 몸에 옷을 두름같이 에집트 땅을 자기 몸에 두르고
평안히 그곳을 떠날 것이며,

⑬ 그가 또 에집트 땅 벳세메스의 주상들을 깨뜨리고 에집트 신들의 집을 불사르리
라, 하셨다, 할찌니라.

● 44장

① 에집트 땅에 거하는 모든 유다인 곧 믹돌과 다바네스와 놉과 바드로스 지방에 거
하는 자에 대하여 말씀이 예레미야에게 임하니라, 가라사대,

② 만군의 여호와 이스라엘의 하나님이 이같이 말하노라, 너희가 예루살렘과 유다 모
든 성읍에 내린 나의 모든 재앙을 보았느니라, 보라, 오늘날 그것들이 황무지가 되
었고 거하는 사람이 없나니,

③ 이는 그들이 자기나 너희나 너희 열조의 알지 못하는 다른 신들에게 나아가 분향
하여 섬겨서, 나의 노를 격동한 악행을 인함이라,

④ 내가 나의 모든 종 선지자들을 그들에게 보내되, 부지런히 보내어 이르기를, 너희는 나의 미워하는 이 가증한 일을 행치 말라, 하였어도,

⑤ 그들이 듣지 아니하며 귀를 기울이지 아니하고, 다른 신들에게 여전히 분향하여 그 악에서 돌이키지 아니하였으므로,

⑥ 나의 분과 나의 노를 쏟아서 유다 성읍들과 예루살렘 거리를 살랐더니, 그것들이 오늘과 같이 황폐하고 적막하였느니라,

⑦ 나 만군의 하나님 이스라엘의 하나님 여호와가 이같이 말하노라, 너희가 어찌하여 큰 악을 행하여 자기 영혼을 해하며 유다 중에서 너희의 남자와 여자와 아이와 젖먹는 자를 멸절하여 하나도 남기지 않게 하려느냐?

⑧ 어찌하여, 너희가 너희 손의 소위로 나의 노를 격동하여, 너희가 가서 우거하는 에집트 땅에서 다른 신들에게 분향함으로 끊어버림을 당하여, 세계 열방 중에서 저주와 모욕 거리가 되고자 하느냐?

⑨ 너희가 유다 땅과 예루살렘 거리에서 행한 너희 열조의 악과 유다 왕들의 악과 왕비들의 악과 너희의 악과 너희 아내들이 악을 잊었느냐?

⑩ 그들이 오늘까지 겸비치 아니하며 두려워하지도 아니하고, 내가 너희와 너희 열조 앞에 세운 나의 법과 나의 율례를 준행치 아니하느니라,

⑪ 그러므로 나 만군의 여호와 이스라엘의 하나님이 이같이 말하노라, 보라, 내가 내 얼굴을 너희에게로 향하여 재앙을 내리고 온 유다를 끊어 버릴 것이며,

⑫ 내가 또 에집트 땅에 우거하기로 고집하고 그리로 들어간 유다의 남은 자들을 취하리니, 그들이 다 멸망하여 에집트 땅에서 엎드러질 것이라, 그들이 칼과 기근에 망하되, 작은 자로부터 큰 자까지 칼과 기근에 죽어서 가증함과 놀램과 저주와 모욕거리가 되리라,

⑬ 내가 예루살렘을 벌한 것같이 에집트 땅에 거하는 자들을 칼과 기근과 전염병으로 벌하리니,

⑭ 에집트 땅에 들어가서 거기 우거하는 유다의 남은 자 중에 피하거나 남아서 그 사모하여 돌아와서 거하려는 유다 땅에 돌아올 자가 없으리라, 하셨느니라,

⑮ 때에 자기 아내들이 다른 신들에게 분향하는 줄을 아는 모든 남자와 곁에 섰던 모든 여인 곧 에집트 땅 바드로스에 거하는 모든 백성의 큰 무리가 예레미야에게 대답하여 가로되,

⑯ 네가 여호와의 이름으로 우리에게 하는 말을 우리가 듣지 아니하고,

⑰ 우리 입에서 낸 모든 말을 정녕히 실행하여, 우리의 본래 하던 것, 곧 우리와 우리 선조와 우리 왕들과 우리 방백들이 유다 성읍들과 예루살렘 거리에서 하던대로 하는 여신에게 분향하고, 그 앞에 전제를 드리리라, 대저 그 때에는 우리가 양식이 풍부하며 복을 받고 재앙을 만나지 아니하였더니,

⑱ 우리가 하늘 여신에게 분향하고 그 앞에 전제 드리던 것을 폐한 후부터는 모든 것이 핍절하고 칼과 기근에 멸망을 당하였느니라, 하며,

⑲ 여인들은 가로되, 우리가 하늘 여신에게 분향하고 그 앞에 전제 드릴 때에 어찌 우리 남편의 허락이 없이 그에게 경배하는 과자를 만들어 놓고 전제를 드렸느냐?

⑳ 예레미야가 남녀 모든 무리 곧 이 말로 대답하는 모든 백성에게 일러 가로되,

㉑ 너희가 너희 선조와 너희 왕들과 방백들과 유다 땅 백성이 유다 성읍들과 예루살렘 거리들에서 분향한 일을 여호와께서 기억지 아니하셨느냐? 생각지 아니하셨느냐?

㉒ 여호와께서 너희 악행과 가증한 소위를 더 참으실 수 없으셨으므로 너희 땅이 오늘과 같이 황무하며 놀램과 저줏거리가 되어 거민이 없게 되었나니,

㉓ 너희가 분향하여 여호와께 범죄하였으며 여호와의 목소리를 청종치 아니하고, 여호와의 법과 율례와 증거대로 행치 아니하였으므로 이 재앙이 오늘과 같이 너희에게 미쳤느니라,

㉔ 예레미야가 다시 모든 백성과 모든 여인에게 말하되, 에집트 땅에서 사는 모든 유다여, 여호와의 말씀을 들으라,

㉕ 만군의 여호와 이스라엘의 하나님이 이같이 말씀하시되, 너희와 너희 아내들이 입으로 말하고 손으로 이루려 하여 이르기를, 우리가 서원한대로 반드시 이행하여 하늘 여신에게 분향하고 전제를 드리리라 하였은즉, 너희 서원을 성립하며 너희 서원을 이행하라, 하시느니라,

㉖ 그러므로 에집트 땅에서 사는 모든 유다여 여호와의 말씀을 들으라, 여호와께서 말씀하시되, 내가 나의 큰 이름으로 맹세하였은즉, 에집트 온 땅에 거하는 유다 사람들의 입에서 다시는 내 이름을 일컬어서 주 여호와의 사심으로 맹세하노라, 하는 자가 없게 되리라,

㉗ 보라, 내가 좋은 것이 아니라 재앙을 주려고 그들을 지켜보겠으며, 에집트 땅에 유다의 모든 사람이 그들의 끝이 이르기 까지 칼과 기근에 망하여 멸절되리라,

㉘ 그런즉, 칼을 피한 소수의 사람이 에집트 땅에서 나와 유다 땅으로 돌아오리니, 에

집트 땅에 들어가서 거기 우거하는 유다의 모든 남은 자가 내 말이 성립되었는지 자기들의 말이 성립되었은지 알리라,

㉙ 나 여호와가 말하노라, 이것이 너희에게 표적이 되리라, 곧 내가 이곳에서 너희를 벌할 것이니, 너희는 내 말이 반드시 재앙으로 이루어 질 것을 알게 되리라,

㉚ 이것은 여호와의 말씀이니라, '내가 유다 왕인 씨드기야를 그의 생명을 찾아 죽이려는 그의 적인 바벨로니아 왕 느브가네쌀에게 넘겼던 것과 같이 에집트 왕 호프라 파라오를 그 생명을 찾는 자인 그의 적들의 손에 넘길 것이니라.' 하시니라.

● 45장

① 유다 왕 요시야의 아들 여호야김 제 사년에 네리야의 아들 바룩이 예레미야의 입에서 나온 그 말씀을 한 책에 기록하니, 선지자 예레미야가 그에게 전한 말이라, 말하기를,

② 바룩아, 이스라엘의 하나님 여호와께서 네게 이같이 말씀하시되,

③ 네가 일찍 말하기를, 슬프다, 여호와께서 나의 고통에 슬픔을 더하셨으니, 나는 나의 탄식으로 피곤하여 평안치 못하다 하도다, 하셨고,

④ 하나님께서는 이렇게 말씀하시니라, 주위를 둘러보아라, 내가 지었던 것을 내개 허물고, 내가 심었던 것을 내가 뽑아 버릴 것이다, 어디에서든-세상 전역에서!-나는 그렇게 할 것이다,

⑤ 그러므로 스스로 거창한 계획을 세울 생각은 마라, 상황이 호전되기 전에 악화일로를 걸을 것이다, 그러나 걱정하지 마라, 이 모든 일 가운데 내가 너를 끝까지 지켜 살아남게 할 것이니라. 여호와의 말이니라, 하셨느니라.

(And seekest thou great things for thyself? Seek them not: for, behold, I will brings evil upon all flesh, saith the LORD: but thy life will I give unto thee for a prey in all places whither thou goest.-KJV)

(Should you then seek geat things for yourself? Seek them not. For I will bring disaster on all people, declares the LORD, but wherever you go I will let you escape with your life.'"-NIV)

(And you, do you seek great things for yourself? Do not seek them! I am bringing evil on all flesh-oracle of the LORD-but I will grant you your life as spoils of war, wherever you may go.-NAB)

(So forget about making any big plans for yourself. Thing are going to get worse before they get better. But don't worry. I'll keep you alive through the whole business.'"–THE MESSAGE)

● 46장

① 이방인들에 대하여 선지자 예레미야에게 임한 여호와의 말씀이라,

② 에집트를 논한 것이니, 곧 유다 왕 요시야의 아들 여호야김 제 사년에 유브라데 하숫가 갈그미스에서 바벨론 왕 느부갓네살에 패한 에집트 왕 바로느고의 군대에 대한 말씀이라,

③ 너희는 큰 방패 작은 방패를 예비하고 나가서 싸우라,

④ 너희 기병들이, 말에 안장을 지워 타며 투구를 쓰고 나서며 창을 갈며 갑옷을 입으라,

⑤ 여호와께서 가라사대, 내가 본즉 그들이 놀라 물러가며 그들의 용사는 패하여 급히 도망하며 뒤를 돌아보지 아니함은 어찜인고? 두려움이 그들의 사방에 있음이로다, 하셨나니,

⑥ 발이 빠른 자도 도망하지 못하며 용맹이 있는 자도 피하지 못하고, 그들이 다 북방에서 유브라데 하숫가에 넘어지며 엎드러지는도다,

⑦ 저 나일의 창일함과 강물의 흉용함 같도다, 그가 가로되, 내가 일어나 땅을 덮어 성읍들과 그 거민을 멸할 것이라,

⑧ 에집트의 나일의 창일함과 강물의 흉용함 같도다, 그가 가로되, 내가 일어나 땅을 덮어 성읍들과 그 거민을 멸할 것이라,

⑨ 말들아 달리라, 병거들아 급히 동하라, 용사여 나오라, 방패 잡은 구스인과 붓인과 활을 당기는 루딤인이여 나올지니라, 하거니와

⑩ 그날은 주 만군의 여호와께서 그 대적에게 원수 갚는 보수일이라, 칼이 배부르게 삼키며, 그들이 피를 가득히 마시리니, 주 만군의 여호와께서 북편 유브라데 하숫가에서 희생을 내실 것임이로다,

⑪ 처녀 딸 에집트여, 길르앗으로 올라가서 유향을 취하라, 네가 많은 의약을 쓸지라도 무효하여 낫지 못하리라,

⑫ 네 수치가 열방에 들렸고 네 부르짖음은 땅에 가득하였나니, 용사가 용사에게 부딪쳐 둘이 함께 엎드러졌음이니라,

⑬ 바벨론 왕 느부갓네살이 와서 에집트 땅을 칠 일에 대하여 선지자 예레미야에게 이르신 여호와의 말씀이라,

⑭ 너희는 에집트에 선포하며 믹돌과 놉과 다바네스에 선포하여 말하기를, 너희는 굳게 서서 예비하라, 네 사방이 칼에 삼키웠느니라,

⑮ 너희 장사들이 쓰러짐은 어찜이뇨? 그들의 서지 못함은 여호와께서 그들을 몰아내신 연고니라,

⑯ 그가 많은 자로 넘어지게 하시며 사람이 사람 위에 엎드러지며 이르되, 일어나라, 우리가 포악한 칼을 피하여 우리 민족에게로 우리 고토로 돌아가자 하며,

⑰ 거기서 부르짖기를, 에집트 왕 파라오가 망하였도다, 그가 시기를 잃었도다,

⑱ 만군의 여호와라 일컫는 왕이 가라사대, 나의 삶으로 맹세하노니, 그가 과연 산들 중의 다볼 같이 해변의 갈멜같이 오리라,

⑲ 에집트에 사는 딸이여, 너는 너를 위하여 포로의 행리를 준비하라, 놉이 황무하며 불에 타서 거민이 없을 것임이니라,

⑳ 에집트는 심히 아름다운 암송아지라도 북에서부터 멸망에 이르렀고, 이르렀느니라,

㉑ 또 그 중의 고용군은 외양간의 송아지 같아서 돌이켜 함께 도망하고 서지 못하였나니, 재난의 날에 이르렀고 벌 받는 때가 왔음이라,

㉒ 에집트의 소리가 뱀의 소리 같으리니, 이는 그들의 군대가 벌목하는 자같이 도끼를 가지고 올 것임이니라,

㉓ 나 여호와가 말하노라, 그들이 황충보다 많고 계수할 수 없으므로 조사할 수 없는 그의 수풀을 찍을 것이라,

㉔ 딸 에집트가 수치를 당하여 북방 백성의 손에 붙임을 입으리로다,

㉕ 나 만군의 여호와 이스라엘의 하나님이 말하노라, 보라, 내가 노의 아몬과 파라오와 에집트와 에집트 신들과 왕들 곧 파라오와 및 그를 의지하는 자들을 벌할 것이라,

㉖ 내가 그들의 생명을 찾는 자의 손 곧 바벨론 왕 느부갓네살의 손과 그 신하들의 손에 붙이리라, 그럴찌라도 그 후에는 그 땅이 여전히 사람 살 곳이 되리라, 여호와의 말이니라,

㉗ 내 종 야곱아 두려워 말라, 이스라엘아 놀라지 말라, 보라, 내가 너를 원방에서 구원하며 네 자손을 포로된 땅에서 구원하리니, 야곱이 돌아와서 평안히 정온히 거

할 것이라, 그를 두렵게 할 자 없으리라.

㉘ 나 여호와가 말하노라, 내 종 야곱아, 내가 너와 함께하나니 두려워 말라, 내가 너를 흩었던 그 열방은 다 멸할지라도 너는 아주 멸하지 아니하리라, 내가 너를 공도로 징책할 것이요, 결코 무죄한 자로 여기지 아니하리라.

● 47장

① 이것은 페르시아가 가자를 공격하기 전에 선지자 예레미야에게 임한 팔레스타인에 관한 여호와의 말씀이라.

② 여호와께서 이같이 말씀하시기를, 보라, 물이 북방에서 일어나 넘치는 홍수가 되어 그 땅과 그 중에 있는 모든 것과 그 성읍과 거기 거하는 자들을 휩쓸어가리니, 그때에는 사람들이 부르짖으며 그 땅 모든 거민이 통곡할 것이라.

③ 힘센 것의 굽 치는 소리와 달리는 병거 바퀴의 울리는 소리에 아비의 손이 풀려서 그 자녀를 돌아보지 못하리니,

④ 이는 팔레스타인 사람들을 진멸시키되, 두로와 시돈에 남아 있는바 도와줄 자를 다 끊어버리시는 날이 이름이라, 여호와께서 갑돌섬에 남아 있는 팔레스타인 사람들을 멸하시리라.

⑤ 가자가 삭발되었고 아스글론과 그들에게 남아 있는 평지가 멸망되었나니, 네가 네 몸 베기를 어느 때까지 하겠느냐?

⑥ 오 너 여호와의 칼이여, 네가 얼마나 오래 지나야 잠잠하겠느냐? 네 칼집에 들어가서 가만히 쉴찌어다.

⑦ 그러나 여호와께서 아스글론에 대적하고 해변을 치라고 그 칼에게 명령을 내렸으니 어찌 칼이 가만히 있겠느냐? 그곳에서 여호와께서 칼에게 명령하셨느니라.

● 48장

① 모압에 대한 말씀이라 만군의 여호와 이스라엘의 하나님이 이같이 말씀하시되, 느보에게 화가 있을지어다, 이는 그것이 약탈되었기 때문이라, 기라다임이 당황하여 약탈당하였고, 미스갑이 당황하여 놀라게 되었도다.

② 모압의 칭송이 없어졌도다, 헤스본에서 무리가 그를 모해하여 이르기를, 와서 그를 끊어서 나라를 이루지 못하게 하자, 하는도다, 맛멘이여, 너도 적막하게 되리니, 칼이 너를 쫓으리로다.

③ 호로나임에서 부르짖는 소리여 황무와 큰 파멸이로다,

④ 모압이 멸망을 당하여 그 영아들의 부르짖음이 들리는도다,

⑤ 그들이 울고 울며 루힛 언덕으로 올라감이여, 호로나임 내려가는데서 참패를 부르짖는 고통이 들리도다,

⑥ 도망하여 네 생명을 구원하여 광야의 떨기나무같이 될찌어다,

⑦ 이는 네가 네 행위와 보물들을 신뢰하였기에 너도 취함을 당할 것이요, 그모스는 그 제사장들과 방백들과 함께 사로잡혀 올라가리로다,

⑧ 약탈하는 자들이 각 성읍으로 오리니 어떤 성읍도 피하지 못하리라, 여호와께서 말한대로 골짜기도 멸망하고 평지도 파괴되리라,

⑨ 모압에 날개를 주어 날아 피하게 하라, 그 성읍들이 황무하여 거기 거하는 자 없으리로다,

⑩ 여호와의 일을 태만히 하는 자는 저주를 받을 것이요, 자기 칼을 등 뒤로 숨기고 피를 흘리지 아니하는 자도 저주를 받으리라,

⑪ 모압은 예로부터 평안하고 포로되지 아니하였으므로 마치 술의 그 찌끼 위에 있고, 이 그릇에서 저 그릇으로 옮기지 않음 같아서 그 맛이 남아 있고 냄새가 변치 아니하였도다,

⑫ 그러므로 나 여호와가 말하노라, 날이 이르리니, 내가 그 그릇을 기울일 자를 보낼 것이라, 그들이 기울어서 그 그릇을 비게 하고 그 병들을 부수리니,

⑬ 이스라엘 집이 벧엘을 의뢰하므로 수치를 당한 것 같이 모압이 그모스로 인하여 수치를 당하리로다,

⑭ 너희가 어찌하여 말하기를, 우리는 전쟁을 위한 용사요, 강한 사람들이라, 할 수 있느냐?

⑮ 만군의 여호와라 일컫는 왕이 이같이 말하노라, 모압이 황폐되었도다 그 성읍들은 연기가 되어 올라가고, 그 택한 청년들은 내려가서 살륙을 당하니,

⑯ 모압의 재난이 가까웠고 그 고난이 속히 임하리로다,

⑰ 그의 사면에 있는 모든 자여, 그 이름을 아는 모든 자여, 그를 위하여 탄식하여 말하기를, 어찌하여 강한 막대기 아름다운 지팡이가 부러졌는고? 할지니라,

⑱ 디본에 거하는 딸아, 네 영광 자리에서 내려 메마른데 앉으라, 모압을 파멸하는 자가 올라와서 너를 쳐서 요새를 피하였음이로다,

⑲ 아로엘에 거하는 여인이여, 길 곁에 서서 지키며 도망하는 자와 피하는 자에게 일

어 어찌 되었는가? 물을지어다,

⑳ 모압이 패하여 수치를 받나니, 너희는 곡하며 부르짖으며, 아르논 가에서 이르기를, 모압이 황무하였다, 할지어다,

㉑ 심판이 평지의 지방에 임하였나니 곧 홀론과 야사와 메바앗과,

㉒ 디본과 느보와 벧디블라다임과

㉓ 기랴다임과 벧가물과 벧므온과

㉔ 그리욧과 브스라와 모압 땅 원근 모든 성에로다,

㉕ 모압의 뿔이 찍혔고 그 팔이 부러졌도다, 여호와의 말이니라,

㉖ 모압으로 취하게 할지어다, 이는 그가 나 여호와를 거스려 자만함이라, 그가 그 토한 것에서 뒹굴며 조롱거리가 되리로다,

㉗ 네가 이스라엘을 조롱하지 아니하였느냐? 그가 도적 중에서 발견되었느냐? 네가 그를 말할 때마다 네 머리를 흔드는도다,

㉘ 모압 거민들아 너희는 성읍을 떠나 바위 사이에 거할지어다, 깊은 골짜기 어귀에 깃들이는 비둘기같이 할지어다,

㉙ 우리가 모압의 교만을 들었나니, 심한 교만 곧 그 자고와 오만과 자긍과 그 마음의 거만이로다,

㉚ 나 여호와가 말하노라, 내가 그 노함의 허탄함을 아노니, 그가 자긍하여도 아무 것도 성취치 못하였도다,

㉛ 그러므로 내가 모압을 위하여 울며 온 모압을 위하여 부르짖으리니, 무리가 길헤레스 사람을 위하여 슬퍼하리로다,

㉜ 십마의 포도나무여, 너의 가지가 바다를 넘어 야셀 바다까지 뻗었더니, 너의 여름 실과와 포도에 파멸하는 자기 이르렀으니, 내가 너를 위하여 곡히기를, 야셀의 곡함보다 더하리로다,

㉝ 기쁨과 즐거움이 옥토와 모압 땅에서 빼앗겼도다, 내가 포도주 틀에 포도주가 없게 하리니, 외치며 밟는 자가 없을 것이라, 그 외침은 즐거운 외침이 되지 못하리로다,

㉞ 헤스본에서 엘르알레를 지나 야하스까지와 소알에서 호로나임을 지나 에글랏셀리시아까지의 사람들이 소리를 발하여 부르짖음은 니므림의 물도 말랐음이로다,

㉟ 나 여호와가 말하노라, 모압 산당에서 제사하며 그 신들에게 분향하는 자를 내가 그치게 하리라,

㊱ 그러므로 나의 마음이 모압을 위하여 피리같이 소리하며 나의 마음이 길헤레스 사람들을 위하여 피리같이 소리하나니, 이는 그 모았던 재물이 없어졌음이니라,

㊲ 각 사람의 두발이 밀렸고 수염이 깎였으며 손이 베어졌으며 허리에 굵은 베가 둘렸고,

㊳ 모압의 모든 지붕에서와 거리 각처에서 애곡함이 있으니, 내가 모압을 재미 없는 그릇같이 깨드렸음이니라, 여호와의 말이니라,

㊴ 아하, 모압이 파괴되었도다, 그들이 애곡하는도다, 모압이 부끄러워서 등을 돌이켰도다, 그런즉, 모압이 그 사방 모든 자의 조롱거리와 두려움이 되리로다,

㊵ 나 여호와가 이같이 말하노라, 보라, 그가 독수리같이 날아와서 모압 위에 그 날개를 펴리라,

㊶ 성읍들이 취함을 당하며 요새가 함락 되는 날에 모든 용사의 마음이 해산의 진통 중에 있는 여인 같을 것이라,

㊷ 모압이 여호와를 거스려 자만하였으므로 멸망하고 다시 나라를 이루지 못하리로다,

㊸ 나 여호와가 말하노라, 모압 거민아, 두려움과 함정과 올무가 네게 임하나니,

㊹ 두려움에서 도망하는 자는 함정에 떨어지겠고, 함정에서 나오는 자는 올무에 걸리리니, 이는 내가 모압의 벌 받을 해로 임하게 할 것임이니라, 여호와의 말이니라,

㊺ 도망하는 자들이 기진하여 헤스본 그늘 아래 서니, 이는 불이 헤스본에서 발하며 화염이 시혼의 속에서 나서 모압의 살쩍과 훤화하는 자들이 정수리를 사름이로다,

㊻ 모압이여, 네게 화 있도다, 그모스 백성이 망하였도다, 네 아들들은 사로잡혀 갔고 네 딸들은 포로가 되었도다,

㊼ 그러나 내가 말일에 모압의 포로로 돌아오게 하리라, 여호와의 말이니라, 하시니라, 모압을 심판하는 말씀이 이에 그쳤느니라.

● 49장

① 암몬 자손에 대한 말씀이라, 여호와께서 이같이 말씀하시되 이스라엘에게 아들들이 없느냐? 상속자가 없느냐? 그런데 어찌하여 그들의 왕이 갓을 상속하며, 그 백성이 갓의 성읍들에서 거하느냐?

② 그러므로 나 여호와가 말하노라, 보라, 그 날들이 이르리니, 내가 전쟁 소리로 암몬 자손의 랍바에 들리게 할 것이라, 랍바는 거친 무더기가 되겠고, 그 촌락들은 불에

탈 것이며, 그때에 이스라엘은 자기를 쫓아내었던 자들을 쫓아내리라, 여호와의 말이니라,

③ 헤스본이 애곡할지어다, 아이가 황폐하였도다, 너희 랍바의 딸들아, 부르짖을지어다, 굵은 베를 감고 애통하며 울타리 가운데서 앞 뒤로 달릴지어다, 말감과 그 제사장들과 그 방백들이 다 사로잡혀 가리로다,

④ 타락한 딸아, 어찌하여 골짜기 곧 네 흐르는 골짜기로 자랑하느냐? 네가 어찌하여 재물을 의뢰하여 말하기를, 누가 내게 오리요? 하느냐?

⑤ 주 만군의 여호와가 말하노라, 보라, 내가 두려움을 네 사방에서 네게 오게 하리니, 너희 각 사람이 쫓겨서 바로 나갈 것이요, 도망하는 자들을 모을 자가 없으리라,

⑥ 그러나 그 후에 내가 암몬 자손의 포로로 돌아 오게 하리라, 여호와의 말이니라, 하시니라,

⑦ 에돔에 대한 말씀이라, 만군의 여호와께서 이같이 말씀하시되, 데만에 다시는 지혜가 없게 되었느냐? 명철한 자에게 모략이 끊어졌느냐? 그들이 지혜가 없어졌느냐?

⑧ 드단 거민아 돌이켜 도망할지어다, 깊은데 숨을지어다, 내가 에서의 재난을 그에게 임하게 하여 그를 벌할 때가 이르게 하리로다,

⑨ 포도를 거두는 자들이 네게 이르면 약간의 열매도 남기지 아니하겠고, 밤에 도적이 오면 그 욕심이 차기까지 멸하느니라,

⑩ 대저, 내가 에서로 적신이 되게 하여 그 비밀한 곳들이 드러나게 하였나니, 그가 그 몸을 숨길 수 없을 것이라, 그 자손과 형제와 이웃이 멸망하였은즉, 그가 없어졌느니라,

⑪ 네 고아들을 남겨 두라, 내가 그들을 살려 두리라, 네 과부들은 나를 의지할 것이니라,

⑫ 아 여호와가 이같이 말하노라, 보라, 이 잔을 마시지 않을 자도 마시지 않지 못하겠거늘, 네가 형벌을 온전히 면하겠느냐? 면하지 못하고 반드시 마시리라,

⑬ 나 여호와가 말하노라, 내가 나로 맹세하노니, 보스라가 놀램과 수욕거리와 황폐함과 저줏거리가 될 것이요, 그 모든 성읍이 영영히 황폐하리라,

⑭ 내가 여호와에게서부터 오는 소식을 들었노라, 사자를 열방 중에 보내어 이르시되 너희는 모여와서 그를 치며 일어나서 싸우라 하시도다,

⑮ 여호와께서 가라사대, 내가 너를 열방 중에 작게 하였고, 사람들 중에 멸시를 받게

하였느니라,

⑯ 바위 틈에 거하며 산꼭대기를 점령한 자여 스스로 두려운 자인줄로 여김과 네 마음의 교만이 너를 속였도다, 네가 독수리같이 보금자리를 높이 지었을지라도 내가 거기서 너를 끌어내리리라, 여호와의 말이니라,

⑰ 에돔이 놀라운 것이 되리니, 그리로 지나는 자마다 놀라며 그 모든 재앙을 인하여 비웃으리로다,

⑱ 나 여호와가 말하노라, 소돔과 고모라가 멸망하고 그 이웃 성읍들이 따라서 멸망되었느니라, 그래서 누구도 거기 살지 않으며 거기에 우거할 자가 없으리라,

(As in the overthrow of Sodom and Gomorrah and the neighbor cities thereof, saith the LORD, no man shall abide there, neither shall abide there, neither shall a son of man dwell in it.-KJV)

(As Sodom and Gomorrah were overthrown, along with their neighboring towns," says the LORD, "so no one will live there; no man will dwell in it.-NIV)

(As when Sodom, Gomorrah, and their neighbors were overthrown-oracle of the LORD-no one shall live in it, nor anyone settle there.-NAB)

(She'll join Sodom and Gomorrah and their neighbors in the sewers of history." GOD says so. "No one will live there, no mortal soul move in there.-THE MESSAGE)

⑲ 보라 사자가 요단의 수풀에서 올라 오는 것 같이 그가 와서 견고한 처소를 칠 것이라, 내가 즉시 그들을 거기서 쫓아내고 택한 자를 내가 그 위에 세우니, 나와 같은 자 누구며 나로 더불어 다툴자 누구며 내 앞에 설 목자가 누구뇨?

⑳ 그런즉, 에돔에 대한 나 여호와의 도모와 데만 거민에 대하여 경영한 나 여호와의 뜻을 들으라, 양떼의 어린 것들을 그들이 반드시 끌어가고 그 처소로 황무케 하리니,

㉑ 그 넘어지는 소리에 땅이 진동하며 그 부르짖는 소리는 홍해에 들리리라,

㉒ 보라 원수가 독수리같이 날아와서 그 날개를 보스라 위에 펴는 그 날에 에돔 용사의 마음이 산고를 겪는 여인의 마음과 같으리라, 하시니라,

㉓ 다메섹에 대한 말씀이라, 하맛과 아르밧이 수치를 당하리니, 이는 흉한 소문을 듣고 낙담함이라, 바닷가에 슬픔이 있고 평안이 없도다,

㉔ 다메섹이 피곤하여 몸을 돌이켜 달아나려 하니, 떨림이 그를 움켰고, 해산하는 여인같이 고통과 슬픔이 그를 잡았도다,

㉕ 찬송의 성읍 나의 즐거운 성읍이 어찌 버린 것이 되지 않겠느냐?

㉖ 나 만군의 여호와가 말하노라, 그런즉, 그 말에 그의 청년들은 그 거리에 엎드러지겠고 모든 군사는 멸절될 것이며,

㉗ 내가 다마섹의 성벽에 불을 놓으리니 벤하닷의 궁전이 살라지리라,

㉘ 바벨론 왕 느부갓네살에게 공격된바 게달과 하솔의 왕국들에 대한 말씀이라, 여호와께서 이같이 말씀하시되, 너희는 일어나 게달로 올라가서 동방 자손들을 멸하라,

㉙ 너희는 그 장막과 양떼를 취하며 휘장과 모든 기구와 약대를 빼앗아다가 소유를 삼고 그들을 향하여 외치기를, 두려움이 사방에 있다, 할지니라,

㉚ 나 여호와가 말하노라, 하솔 거민아, 도망하라, 멀리 가서 깊은데 거하라, 이는 바벨론 왕 느부갓네살이 너를 칠 모략과 너를 칠 계책을 정하였음이니라,

㉛ 나 여호와가 말하노라, 너는 일어나 저 평안하고 염려 없이 거하는 백성 곧 성문이나 문빗장이 없이 홀로 거하는 국민을 치라,

㉜ 그들이 약대는 노략되겠고, 그 많은 가축은 탈취를 당할 것이라, 내가 그 머리털을 모지게 깎는 자들을 사면에 흩고 그 재난을 각 방에서 오게 하리라, 여호와의 말이니라,

㉝ 하조르는 늑대들의 소굴이 되어 황무지가 되리니, 거기에는 사람이 살지않고 어떤 사람도 거기에 우거하지 않게 되리라,

(And Hazor shall be a dwelling for dragons, and a desolation for ever; there shall no man abide there, nor any son of man dwell in it.-KJV)

("Hazor will become a haunt of jackals, a desolate place forever. No one will live there; no man will dwell in it."-NIV)

(Hazor shall become a hount for jackals, a wasteland forever, Where no one lives, no mortals stays.-NAB)

("Jackals will take over the camps of Hazor, camps abandoned to wind and sand. No mortal soul move in there."-THE MESSAGE)

㉞ 유다왕 시드기야의 즉위한지, 오래지 아니하여서 엘람에 대한 여호와의 말씀이 선지자 예레미야에게 임하니라, 가라사대,

㉟ 나 만군의 여호와가 이같이 말하노라, 보라, 내가 엘람의 힘의 으뜸되는 활을 꺾을 것이요,

㊱ 하늘의 사방에서부터 사방 바람을 엘람에 이르게 하여 그들을 사방으로 흩으리니, 엘람에서 쫓겨난 자의 이르지 아니하는 나라가 없으리라,

㊲ 나 여호와가 말하노라, 내가 엘람으로 그 원수의 앞 그 생명을 찾는 자의 앞에서 놀라게 할 것이며, 내가 재앙 곧 나의 진노를 그 위에 내릴 것이며, 내가 또 그 뒤로 칼을 보내어 그를 진멸하기까지 할 것이라,

㊳ 내가 나의 위를 엘람에 베풀고 왕과 족장들을 그곳에서 멸하리라, 여호와의 말이니라,

㊴ 그러나 끝날에 이르러는 내가 엘람의 포로를 돌아오게 하리라, 여호와의 말이니라.

● 50장

① 여호와께서 선지자 예레미야로 바벨론과 바벨로니아 땅에 대하여 하신 말씀이라,

② 너희는 이교도들 중에 선포하여 널리 알려라, 기를 세우라 숨김이 없이 공포하여 이르라, 바벨론이 함락되고 벨이 수치를 당하며 므로닥이 부스러지며 그 신상들은 수치를 당하며 우상들은 부스러진다, 하라,

③ 이는 한 나라가 북방에서 나와서 그를 쳐서 그 땅으로 황폐케하여 그 중에 거하는 자가 없게 함이라, 사람이나 짐승이 다 도망하여 가느니라,

④ 나, 여호와가 말하노라, 그 날 그 때에 이스라엘 자손이 돌아오매, 그와 함께 유다 자손이 돌아오되, 그들이 울며 그 길을 행하며 그 하나님 여호와께 구할 것이며,

⑤ 그들이 그 얼굴을 시온으로 향하여 그 길을 물으며 말하기를, 너희는 오라, 잊어버리지 아니할 영원한 언약으로 여호와와 연합하자 하리라,

⑥ 내 백성을 잃어버린 양떼로다, 그 목자들이 그들을 곁길로 가게 하여 산으로 돌이키게 하였으므로, 그들이 산에서 작은 산으로 돌아다니며 쉴 곳을 잊었도다,

⑦ 그들을 만나는 자들은 그들을 삼키며 그 대적은 말하기를, 그들은 여호와 곧 의로운 처소시며 그 조상들의 소망이신 여호와께 범죄하였음인즉, 우리는 무죄하다, 하였느니라,

⑧ 너희는 바벨론 가운데서 도망하라, 바벨로니아 땅에서 나오라, 떼에 앞서가는 수염소같이 하라,

⑨ 보라, 내가 큰 연합국으로 북방에서 일어나 나와서 바벨론을 치게 하리니, 그들이 항오를 벌이고 쳐서 취할 것이라, 그들의 화살은 노련한 용사의 화살 같아서 헛되이 돌아오지 아니하리로다,

⑩ 바벨로니아가 약탈을 당할 것이라. 그를 약탈하는 자마다 만족하리라. 여호와의 말이니라.

⑪ 나의 유산을 노략하는 자여, 너희가 즐거워하며 기뻐하며 곡식을 가는 송아지 같이 뛰며 힘센 말같이 울도다,

⑫ 너희 어미가 지극히 당황할 것이며 너희를 낳은 그녀가 부끄러움을 당하리라, 보라 이교도들 중에서 맨 끝에 있는 자가 황야와 마른 땅과 사막이 될 것이라,

⑬ 여호와의 진노로 인하여 거민이 없는 온전한 황무지가 될 것이라, 바벨론으로 지나는 자마다 그 모든 재앙을 놀라며 비웃으리로다,

⑭ 바벨론을 둘러 항오를 벌이고 활을 당기는 모든 자여 화살을 아끼지 말고 쏘라, 그가 여호와께 범죄하였음이니라,

⑮ 그 사면에서 소리질러 칠지어다, 그가 항복하였고 그 보장은 무너졌고 그 성벽은 훼파되었으니, 이는 여호와의 복수하시는 것이라, 그의 행한대로 그에게 행하여 복수하라,

⑯ 파종하는 자와 추수 때에 낫을 잡은 자를 바벨론에서 끊어버리라, 사람들이 그 압박하는 칼을 두려워하여 각기 동족에게로 돌아가며, 고향으로 도망하리라,

⑰ 이스라엘은 흩어진 양이라, 사자들이 그를 따르도다, 처음에는 앗수르 왕이 먹었고 다음에 바벨론 왕 느부갓네살이 그 뼈를 꺾도다,

⑱ 그러므로 나 만군의 여호와 하나님이 이같이 말하노라, 보라, 내가 앗수르 왕을 벌한 것 같이 바벨론 왕과 ㄱ 땅을 벌하고,

⑲ 이스라엘을 다시 그 목장으로 돌아오게 하리니, 그가 갈멜과 바산에서 먹을 것이며 그 마음이 에브라임과 길르앗 산에서 만족하리라,

⑳ 나 여호와가 말하노라, 그 날 그 때에는 이스라엘의 죄악을 찾을지라도 없겠고, 유다의 죄를 찾을지라도 발견치 못하리니, 이는 내가 나의 남긴 자를 사할 것임이니라,

㉑ 나 여호와가 말하노라, 너희는 올라가서 므라다임의 땅을 치며 브곳의 거민을 쳐서 진멸하되, 내가 너희에게 명한대로 다하라,

㉒ 그 땅에 싸움의 소리와 큰 파멸의 소리가 있으리라,

㉓ 온 세계의 방망이가 어찌 그리 꺾여 부숴졌는고! 바벨론이 어찌 그리 열방 중에 황무지가 되었는고!

㉔ 바벨론아, 내가 너를 잡으려고 올무를 놓았더니, 네가 그것을 알기 전에 걸렸도다, 네가 나 여호와를 대적하였으므로 너는 발각되었고 붙잡혔도다,

㉕ 나 여호와가 그 무기고를 열고 분노의 무기들을 끄집어내었으니, 이는 이것이 바벨로니아 사람들의 땅에서 행하는 만군의 주 여호와 하나님의 일이기 때문이라,

㉖ 먼데 있는 너희는 와서 그를 치고 그 곳간을 열고 그것을 쌓아 무더기 같게 하라, 그를 진멸하고 남기지 말라

㉗ 그 황소를 다 죽이라 도수장으로 내려가게 하라 그들에게 화 있도다 그들의 날 그 벌받는 때가 이르렀음이로다

㉘ 바벨론 땅에서 도피한 자의 소리여 시온에서 우리 하나님 여호와의 보수하시는 것 그 성전의 보수하시는 것을 선포하는 소리로다

㉙ 활 쏘는 자를 바벨론에 소집하라, 무릇 활을 당기는 자여 그 사면으로 진을 치고 쳐서 피하는 자가 없게 하라 그 일한대로 갚고 그 행한대로 그에게 행하라 그가 이스라엘의 거룩한 자 여호와를 향하여 교만하였음이니라

㉚ 그러므로 그 날에 청년들이 그 거리에 엎드러지겠고 군사들이 멸절되리라, 여호와의 말이니라,

㉛ 주 만군의 여호와가 말하노라, 교만한 자여 보라, 내가 너를 대적하나니, 네 날 곧 너를 벌할 때가 이르렀음이니라,

㉜ 교만한 자가 걸려 넘어지겠고 그를 일으킬 자가 없을 것이며, 내가 그 성읍들에 불을 놓으리니, 그 사면에 있는 것이 다 살라지리라,

㉝ 나 만군의 여호와가 이같이 말하노라, 이스라엘 자손과 유다 자손이 함께 학대를 받는도다, 그들을 사로잡은 자는 다 그들을 엄히 지켜 놓아주지 아니하거니와

㉞ 그들을 구원해주는 자는 강하니, 그 이름은 만군의 여호와라 결코 그들의 원을 펴서 그 땅에 평안함을 주고 바벨론 거민으로 불안케 하리라,

㉟ 나 여호와가 말하노라, 칼이 바벨로니아인의 위에와 바벨론 거민의 위에와 그 방백들과 지혜로운 자의 위에 임하며,

㊱ 칼이 자긍하는 자의 위에 임하리니, 그들이 어리석게 될 것이며 칼이 용사의 위에 임하리니, 그들이 놀랄 것이며,

㊲ 칼이 그들의 말들과 병거 들과 그들 중에 있는 잡족의 위에 임하리니, 그들이 부녀

같이 될 것이며 칼이 보물 위에 임하리니, 그것이 노략될 것이요,

㊳ 가뭄이 물 위에 임하여 그것을 말리우리니, 이는 그 땅이 조각한 신상의 땅이요, 그들은 우상에 미쳤음이니라,

㊴ 그러므로 사막의 들짐승들이 하이에나와 함께 거기 거하겠고, 타조도 그 중에 깃드릴 것이요, 영영히 거민이 없으며 대대에 거할 자가 없으리라,

㊵ 여호와가 선언하시기를, 하나님께서 소돔과 고모라와 그 이웃 성읍들을 무너지게 하였으므로 거기에는 사는 사람도 없고 거기에 우거하는 자도 없을 것이니라, 하시니라,

(As God overthrew Sodom and Gomorrah and the neighbor cities thereof, saith the LORD, so shall no man abide there, neither shall any son of man dwell therein.-KJV)

(As God overthrew Sodom and Gomorrah along with their neighboring towns." declares the LORD, "so no one will live there; no man will dwell in it.-NIV)

(As happened when God overturned Sodom and Gomorrah and their neighbors-oracle of the LORD – No one shall dwell there, no mortal shall settle there.-NAB)

(It will join Sodom and Gomorrah and their neighbors, the cities I did away with." DOD's Decree. "No one will there again. No one will again draw breath in that land, ever.-THE MESSAGE)

㊶ 보라 한 족속이 북방에서 오고 큰 나라와 여러 왕이 격동을 받아 땅 끝에서 오나니,

㊷ 그들은 활과 창을 가진 자라, 잔인하여 긍휼히 여기지 아니하며 그 목소리는 파도가 흉용함 같도다, 딸 바벨론아, 그들이 말을 타고 무사같이 각기 항오를 벌여 너를 칠 것이라,

㊸ 바벨론 왕이 그들의 소문을 듣고 그의 손에 힘이 빠졌으니, 고뇌가 그를 굳게 붙들었고 고통이 산고를 겪는 여자의 것과 같도다,

㊹ 보라 사자가 요단의 수풀에서 올라오는 것같이 그가 와서 견고한 처소를 칠 것이라, 내가 즉시 그들을 거기서 쫓아내고 택한 자를 내가 그 위에 세우리니, 나와 같은 자 누구며 나로 더불어 다툴자 누구며 내 앞에 설 목자가 누구뇨?

㊺ 그런즉 너희는 여호와가 바벨론을 향하여 세우신 계획과 그가 바벨로니아 사람들

의 땅을 향하여 결심한 의도를 들으라, 양 떼의 가장 작은 것이 반드시 그들을 끌어내고 그가 반드시 그들이 거주지를 그들과 더불어 황폐하게 하리라,

㊻ 바벨론의 함락하는 소리에 땅이 진동하고, 그 부르짖음이 이방인들 가운데에서 들리는도다.

● 51장

① 여호와께서 이같이 말씀하시기를, 보라, 내가 멸망시키는 바람을 마음을 일으켜 바벨론과 나를 대적하여 일어나는 자들 가운데 거하는 자들을 대적할 것이며,

② 내가 타국인을 바벨론에 보내어 키질(선별)하여 그 땅을 비게 하리니, 재앙의 날에 그들이 모든 방면에서 그녀를 공격하리로다,

③ 활을 당기는 자를 향하며 갑주를 갖추고 선 자를 향하여 쏘는 자는 그 활을 당길 것이라, 그 청년들을 아끼지 말며 그 군대를 진멸하라,

④ 죽임을 당한 자들이 바벨론의 땅에서 이같이 쓰러질 것이요, 찔림을 당한 자들은 그녀의 거리들에서 쓰러지리라,

⑤ 이는 이스라엘과 유다의 땅이 이스라엘의 거룩하신 이를 대적하여 죄로 가득 찼을지라도, 이스라엘도 유다도 그들의 하나님, 만군의 여호와께 버림받지 아니하였기 때문이라,

⑥ 바벨론 가운데서 도망하여 나와서 각기 생명을 구원하고 그의 죄악으로 인하여 끊침을 보지 말지어다, 이는 여호와의 원수 갚는 때니, 그분께서 그녀에게 보복하시리라,

⑦ 바벨론은 여호와의 수중의 온 세계로 취케 하는 금잔이라, 열방이 그 포도주를 마시고 인하여 미쳤도다,

⑧ 바벨론이 졸지에 넘어져 파멸되니, 이로 인하여 울라 그 창상을 인하여 유향을 구하라 혹 나으리로다,

⑨ 우리가 바벨론을 치료하려 하여도 낫지 아니한즉, 버리고 각기 고토로 돌아가자, 그 화가 하늘에 미쳤고 창공에 달하였음이로다,

⑩ 여호와께서 우리 의를 드러내셨으니, 오라, 시온에서 우리 하나님 여호와의 일을 선포하자,

⑪ 화살을 갈며 방패를 굳게 잡으라, 여호와께서 메디아 왕들의 마음을 격발하사, 바벨론을 멸하기로 뜻하시나니, 이는 여호와의 복수하시는 것, 곧 그 성전을 위하여

원수 갚는 것이기 때문이니라.

⑫ 바벨론 성벽을 향하여 기를 세우고 튼튼히 지키며 파숫군을 세우며 복병을 베풀어 방비하라. 이는 여호와께서 바벨론 거민에 대하여 말씀하신 대로 계획하시고 행하심이로다.

⑬ 해안가에 거하여 재물이 많은 자들이여, 너희의 종말이 와서 너희의 탐욕도 끊쳐질 것이니라.

⑭ 만군의 여호와께서 자기로 맹세하시되 내가 진실로 사람을 황충같이 네게 가득히 하리니, 그들이 너를 향하여 소리를 높이리라, 하시도다.

⑮ 여호와께서 그 권능(his power)으로 지구를 지으셨고, 그 지혜(his wisdom)로 세상을 기초(found)하셨고, 그 깨달음(his understanding)으로 하늘들을 펴셨으며 (stretched out).

⑯ 그가 목소리를 발하신즉 하늘에 많은 물이 생기나니, 그는 땅 끝에서 구름이 오르게 하시며 비를 위하여 번개하게 하시며 그 곳간에서 바람을 내시거늘.

⑰ 사람마다 어리석고 무식하도다. 금장색마다 자기의 만든 신상으로 인하여 수치를 당하나니, 이는 그 부어만든 우상은 거짓이요, 그 속에 생기가 없음이라.

⑱ 그것들은 헛것이요, 망령되이 만든 것인즉, 징벌하시는 때에 멸망할 것이나.

⑲ 야곱의 몫은 이같이 아니하시니 그는 만물의 조성자요, 이스라엘은 그 상속의 막대기라, 그 이름은 만군의 여호와시니라.

⑳ 여호와께서 가라사대, 너는 나의 철퇴 곧 병기라, 내가 너로 열방을 파하며 너로 국가들을 멸하며.

㉑ 내가 너로 말과 그 탄 자를 부수며 너로 병거와 그 탄 자를 부수며.

㉒ 너로 남자와 여자를 부수며 너로 노년과 유년을 부수며 너로 청년과 처녀를 부수며.

㉓ 너로 목자와 그 양떼를 부수며 너로 농부와 그 멍엣소를 부수며 너로 방백들과 두령들을 부수리로다.

㉔ 그들이 너희 목전에 시온에서 모든 악을 행한대로 내가 바벨론과 갈대아 모든 거민에게 갚으리라, 여호와의 말이니라.

㉕ 나 여호와가 말하노라, 온 세계를 멸한 멸망의 산아, 보라, 나는 네 대적이라, 나의 손을 네 위에 펴서 너를 바위에서 굴리고 너로 불 탄 산이 되게 할 것이니.

㉖ 사람이 네게서 집 모퉁이 돌이나 기촛돌을 취하지 아니할 것이요, 너는 영원히 황

무지가 될 것이니라, 여호와의 말이니라,

㉗ 땅에 기를 세우며 열방 중에 나팔을 불어서 열국을 예비시켜 그를 치며 아라랏과 민니와 아스그나스 나라를 나라를 불러모아 그를 치며 대장을 세우고 그를 치되 사나운 황충같이 그 말들을 몰아오게 하라,

㉘ 열국 곧 메대인의 왕들과 그 방백들과 그 모든 두령과 그 관할하는 모든 땅을 예비시켜 그를 치게 하라,

㉙ 땅이 진동하며 고통하나니, 이는 나 여호와가 바벨론을 쳐서 그 땅으로 황무하여 거민이 없게할 경영이 섰음이라,

㉚ 바벨론의 용사는 싸움을 그치고 그 요새에 머무르나 기력이 쇠하여 여인같이 되며 그 거처는 불타고 그 문빗장은 부러졌으며,

㉛ 보발군이 달려 만나고 사자가 달려 만나서 바벨론 왕에게 고하기를 그 성읍 사방이 함락되었으며,

㉜ 모든 나루는 빼앗겼으며 갈밭이 불탔으며 군사들이 두려워하더이다, 하리라,

㉝ 만군의 여호와 이스라엘의 하나님이 이같이 말씀하시되, 딸 바벨론은 때가 이른 타작마당과 같은지라, 미구에 추수 때가 이르리라, 하시도다,

㉞ 바벨론 왕 느부갓네살이 나를 먹으며 나를 멸하며 나로 빈 그릇이 되게 하며 용갈이 나를 삼키며 나의 좋은 음식으로 그 배를 채우고 나를 쫓아내었으니,

㉟ 나와 내 육체에 대한 잔학이 바벨론으로 돌아가기를 원한다고 시온 거민이 말할 것이요, 내 피 흘린 죄가 갈대아 거민에게로 돌아가기를 원한다고 예루살렘이 말하리라,

㊱ 그러므로 여호와께서 이같이 말씀하시되, 보라, 내가 네 송사를 듣고 너를 위하여 보수하여 그 바다를 말리며 그 샘을 말리리니,

㊲ 바벨론이 황폐한 무더기가 되어서 시랑의 거처와 놀람과 치솟거리가 되고 거민이 없으리라,

㊳ 그들이 다 사자같이 소리하며 어린 사자같이 부르짖으며,

㊴ 열정이 일어날 때에 내가 연회를 베풀고 그들로 취하여 기뻐하다가 영영히 잠들어 깨지 못하게 하리라, 여호와의 말이니라,

㊵ 내가 그들을 끌어 내려서 어린 양과 수양과 수염소가 도수장으로 가는 것 같이 하리라,

㊶ 슬프다, 세삭이 함락되었도다, 온 세상의 칭찬 받는 성이 빼앗겼도다, 슬프다, 바벨

론이 열방 중에 황폐하였도다,
㊷ 바다가 바벨론에 넘침이여 그 많은 파도가 그것에 덮였도다,
㊸ 그 성읍들은 황폐하여 마른 땅과 사막과 거민이 없는 땅이 되었으니, 그리로 지나가는 어떤 자도 없도다,
㊹ 내가 벨을 바벨론에서 벌하고 그 삼킨 것을 그 입에서 끌어 내리니, 열방이 다시는 그에게로 흘러가지 아니하겠고 바벨론 성벽은 무너지리로다,
㊺ 나의 백성아, 너희는 그 중에서 나와 각기 나 여호와의 진노에서 스스로 구원하라,
㊻ 너희 마음을 겁약하게 말며 이 땅에서 들리는 풍설로 인하여 두려워 말라, 풍설은 이 해에도 있겠고 저 해에도 있으리라, 경내에는 강포함이 있어 관원끼리 서로 치리라,
㊼ 그러므로 보라, 날이 이르리니, 내가 바벨론의 조각한 신상들을 벌할 것이라, 그 온 땅이 치욕을 당하겠고 그 살륙 당한 모든 자가 그 가운데 엎드러질 것이며,
㊽ 하늘과 땅과 그 중의 모든 것이 바벨론을 인하여 기뻐 노래하리니, 이는 파멸시키는 자가 북방에서 그에게 옴이라, 여호와의 말이니라,
㊾ 바벨론이 이스라엘 사람을 살륙하여 엎드러뜨림같이 온 땅 사람이 바벨론에서 살륙을 당하여 엎드러지리라, 하시도다,
㊿ 칼을 면한 자들이여, 서지 말라, 행하라, 원방에서 여호와를 생각하며 예루살렘을 너희 마음에 두라,
(51) 이방인이 여호와의 집 성소에 들어가므로 우리가 책망을 들으며 수치를 당하여 부끄러움이 우리 얼굴에 덮였느니라,
(52) 그러므로 여호와께서 가라사대, 보라, 날이 이르리니, 내가 그 조각한 신상을 벌할 것이라 상함을 입은 자들이 그 땅에서 신음하리라,
(53) 가령 바벨론이 하늘까지 솟아오른다, 하자, 그 성을 높이어 견고히 한다, 하자, 멸망시킬 자가 내게서부터 그들에게 임하리라, 여호와의 말이니라,
(54) 바벨론에서 부르짖는 소리여 바벨로니아인의 땅에 큰 파멸의 소리로다,
(55) 이는 여호와께서 바벨론을 황폐케 하사, 그 떠드는 소리를 끊으심이로다, 그 대적이 많은 물의 요동함같이 요란한 소리를 발하니,
(56) 곧 멸망시키는 자가 바벨론에 임함이라, 그 용사들이 사로잡히고 그들의 활이 꺾이도다, 여호와는 보복의 하나님이시니, 반드시 복수하시리로다,
(57) 만군의 여호와라 일컫는 왕이 이같이 말씀하시되, 내가 그 방백들과 박사들과 감

독들과 관장들과 용사들로 취하게 하리니, 그들이 영영히 자고 깨지 못하리라,

㊳ 만군의 여호와가 이같이 말하노라, 바벨론의 넓은 성벽은 온전히 무너지겠고 그 높은 문들은 불에 탈 것이며 백성들의 수고는 헛될 것이요, 민족들의 수고는 불탈 것인즉, 그들이 쇠패하리라, 하시니라,

㊴ 유다 왕 시드기야 사년에 마세야의 손자 네리야의 아들 스라야가 왕과 함께 바벨론으로 갈 때에 선지자 예레미야가 그에게 말씀을 명하니, 스라야는 시종장이더라,

㊵ 예레미야가 바벨론에 임할 모든 재앙 곧 바벨론에 대하여 기록한 이 모든 말씀을 한 책에 기록하고,

㊶ 예레미야가 스가랴에게 이르되, 너는 바벨론에 이르거든 삼가 이 모든 말씀을 읽고,

㊷ 말하기를, 여호와여 주께서 이곳에 대하여 말씀하시기를, 이 땅을 멸하여 사람이나 짐승이 거기 거하지 못하게 하고 영영히 황폐케 하리라, 하셨나이다, 하라,

㊸ 너는 이 책 읽기를 다한 후에 책에 돌을 매어 유브라데 하수 속에 던지며,

㊹ 말하기를, 바벨론이 나의 재앙 내림을 인하여 이같이 침륜하고 다시 일어나기 못하리니, 그들이 쇠폐하리라, 하라, 하니라, 예레미야의 말이 이에 마치니라,

● 52장

① 시드기야가 위에 나아갈 때에 나이 이십 일세라, 예루살렘에서 십 일년을 치리하니라, 그 모친의 이름은 하무달이라 립나인 예레미야의 딸이더라,

② 시드기야가 여호야김의 모든 행위를 본받아 여호와 보시기에 악을 행한지라,

③ 여호와께서 예루살렘과 유다를 진노하심이 그들을 그 앞에서 쫓아내시기까지에 이르렀더라, 시드기야가 바벨론 왕을 배반하매,

④ 시드기야 구년 시월 십일에 바벨론 왕 느부갓네살이 그 모든 군대를 거느리고 예루살렘을 치러 올라와서 그 성을 대하여 진을 치고 사면으로 요새들을 쌓으매,

⑤ 성이 시드기야왕 십 일년까지 에워싸였더니,

⑥ 그 사월 구일에 성중에 기근이 심하여 그 땅 백성에게 먹을 것이 없었더라,

⑦ 바벨로니아인들이 그 성읍을 에워쌌더니 성벽을 깨뜨리매, 모든 군사가 밤중에 두 성벽 사이 왕의 동산 곁문 길로 도망하여 아라바 길로 가더니,

⑧ 바벨로니아인의 군대가 시드기야왕을 쫓아가서 여리고 평지에서 미치매 왕의 모

든 군대가 그를 떠나 흩어진지라,

⑨ 그들이 왕을 잡아가지고 하맛 땅 립나에 있는 바벨론 왕에게로 끌고 가서 그를 신문하니라,

⑩ 바벨론 왕이 시드기야의 아들들을 그의 목전에서 죽이고 또 립나에서 유다의 모든 방백을 죽이며,

⑪ 시드기야의 두 눈을 빼고 사슬로 결박하여 바벨론으로 끌어다가 그 죽는 날까지 옥에 두었더라,

⑫ 바벨론 왕 느부갓네살의 십 구년 오월 십일에 바벨론왕의 어전 시위대 장관 느부사라딘이 예루살렘에 이르러,

⑬ 여호와의 전과 왕궁을 불사르고 예루살렘의 모든 집을 귀족들의 집까지 불살랐으며,

⑭ 시위대 장관을 좇는 바벨로니아인의 온 군대가 예루살렘 사면 성벽을 헐었으며,

⑮ 시위대 장관 느부사라딘이 백성 중 빈한한 자와 성중에 남아있는 백성과 바벨론 왕에게 항복한 무리의 남은 자를 사로잡아 옮겨가고,

⑯ 빈천한 국민을 남겨두어 포도원을 다스리는 자와 농부가 되게 하였더라,

⑰ 바벨로니아인들이 또 여호와의 전의 두 놋기둥과 받침들과 여호와의 놋바다를 깨뜨려 그 놋을 바벨론으로 가져갔고,

⑱ 또 가마들과 부삽들과 불집게들과 주발들과 숟가락들과 섬길 때에 쓰는 모든 놋그릇을 가져갔으며,

⑲ 시위대 장관이 또 잔들과 화로들과 주발들과 솥들과 촛대들과 숟가락들과 바리들 곧 금물의 금과 은물의 은을 가져갔는데,

⑳ 솔로몬왕이 여호와의 전을 위하여 만든 두 기둥과 한 바디와 그 빝침 아래 있는 열 두 놋소 곧 이모든 기구의 놋 중수를 헤아릴 수 없었더라,

㉑ 그 기둥은 한기둥이 고가 십 팔 규빗이요, 그 주위는 십 이 규빗이며, 그 속이 비었고 그 두께는 네 손가락 높이며,

㉒ 기둥 뒤에 놋머리가 있어 그 고가 다섯 규빗이요, 머리 사면으로 돌아가며 꾸민 그물과 석류가 다 놋이며 또 다른 기둥에도 이런 모든 것과 석류가 있었으며,

㉓ 그 사면에 있는 석류는 구십 륙이요, 그 기둥에 둘린 그물 위에 있는 석류는 도합 일백이었더라,

㉔ 시위대장관이 대제사장 스라야와 부제사장 스바냐와 전 문지기 세 사람을 잡고,

㉕ 또 성중에서 사람을 잡았으니 곧 군사를 거느린 장관 하나와 또 성중에서 만난바 왕의 시종 칠인과 국민을 초모하는 군대장관의 서기관 하나와 성중에서 만난바 국민 육십 명이라,

㉖ 시위대 장관 느부사라단이 그들을 잡아가지고 립나 바벨론 왕에게 나아가매,

㉗ 바벨론 왕이 하맛 땅 립나에서 다 쳐 죽였더라, 이와 같이 유다가 사로잡혀 본토에서 떠났더라,

㉘ 느부갓네살의 사로잡아 옮긴 백성이 이러하니라, 제 칠년에 유다인이 삼천 이십 삼 명이요

㉙ 느부갓네살 제 십 팔년에 예루살렘에서 사로잡아 옮긴 자가 팔백 삼십 이 명이요,

㉚ 느부갓네살의 이십 삼년에 시위대 장관 느부사라단이 사로잡아 옮긴 유다인이 칠백 사십 오인이니 그 총수가 사천 육백인이었더라,

㉛ 유다 왕 여호야긴이 사로잡혀간지 삼십 칠년째 되던 해, 그해 바벨론 왕 에윌므로닥의 즉위 원년에 에윌므로닥이 여호와긴을 석방하여 감옥으로부터 나오게 하였는데 그 날이 그가 즉위한 그 해 십이월 이십 오일이었더라,

(And it came to pass in the seven and thirtieth year of the captivity of Jehoachin king of Judah, in the twelfth month, in the five and twentieth day of the month, that Evil-merodach king of Babylon in the first year of his reign lifted up the head of Jehoiachin king of Judah, and brought him forth out of prison,-KJV)

(In the thirty-seventh year of the exile of Jehoiachin king of Judah, in the year Evil-Merodach became king of Babylon, he released Jehoiachin king of Judah and freed him from prison on the twenty-fifth day of the twelfth month.-NIV)

(In the thirty-seventh year of the exile of Jehoiachin, king of Judah, on the twenty-fifth day of the twelfth month, Evil-merodach, king of Babylon, in the inaugural year of his reign, raised up Jehoiachin, king of Judah, and released him from prison.-NAB)

(When Jehoichan king of Judah had been in exile for thirty-seven years, Exil-Merodach became king in Babylon and let Jehoachin out of prison. This release took place on the twenty-fifth day of the twelfth month.-

THE MESSAGE)

㉜ 그에게 선히 말하고 그의 위를 그와 함께 바벨론에 있는 왕들의 위보다 높이고,

㉝ 그 죄수의 의복을 바꾸게 하고 그 일평생에 항상 왕의 앞에서 먹게 하였으며,

㉞ 그의 음식으로 바벨론 왕이 날마다 그에게 정량을 주었으니, 그의 죽는 날까지 그의 생명이 있는 모든날까지 주었더라.

예레미야 애가

· 본 성경듣기는 QR코드 인식으로 들을 수 있습니다

● 1장

① 슬프다, 이 성이여 본래는 거민이 많더니, 이제는 어찌 그리 적막히 앉았는고? 본래는 이방인들 중에 크던 자가 이제는 과부 같고, 본래는 이방인들 중에 공주되었던 자가 이제는 조공드리는 자가 되었도다,

② 밤새도록 애곡하니, 눈물이 뺨에 흐름이여, 사랑하던 자 중에 위로하는 자가 없고 친구도 다 배반하여 원수가 되었도다,

③ 유다는 환난과 많은 수고로 인하여 사로잡혀 갔도다, 저가 이방인들에 거하여 평강을 얻지 못하며, 그 모든 핍박하는 자가 저를 쫓아 협착한 곳에 미쳤도다,

④ 시온의 도로가 처량함이여 절기에 나아가는 사람이 없음이로다, 모든 성문이 황량하며 제사장들이 탄식하며 처녀들이 근심하며 저도 고통을 받았도다,

⑤ 저의 대적이 머리가 되고, 저의 원수가 형통함은 저의 죄가 많으므로 여호와께서 고통을 주셨음이라, 어린 자녀들이 대적에게 사로잡혔도다,

⑥ 처녀 시온의 모든 영광이 떠나감이여, 그녀의 통치자들은 꼴을 찾지 못한 사슴이 쫓는 자 앞에서 힘 없이 달림 같도다,

⑦ 예루살렘이 환난과 불행을 당하는 날에 옛날의 모든 즐거움을 생각함이여, 백성이 대적의 손에 빠지나 돕는 자가 없고 대적은 보고 그 황적함을 비웃도다,

⑧ 예루살렘이 크게 범죄함으로 불결한 자같이 되니 전에 높이던 모든 자가 그녀의 벌거벗음을 보고 업신 여김이여, 저가 탄식하며 물러가도다,

⑨ 저의 더러움이 그 치마에 있으나 결국을 생각지 아니함이여, 그러므로 놀랍게 낮아져도 위로할 자가 없도다, 여호와여, 원수가 스스로 큰체하오니 나의 환난을 감찰하소서,

⑩ 대적이 손을 펴서 보물을 빼앗았나이다, 주께서 이미 이방인을 금하여 주의 공회에 들어오지 못하게 하셨으니, 저희가 성소에 들어간 것을 예루살렘이 보았나이다,

⑪ 그 모든 백성이 생명을 소성 시키려고 보물로 양식들을 바꾸었더니, 지금도 탄식하며 양식을 구하나이다, 나는 비천하오니, 여호와여 나를 권고하옵소서,

⑫ 무릇 지나가는 자여, 너희에게는 관계가 없는가? 내게 임한 근심 같은 근심이 있는가? 볼지어다, 여호와께서 진노하신 날에 나를 괴롭게 하신 것이로다,

⑬ 위에서부터 나의 골수에 불을 보내어 이기게 하시고 내 발 앞에 그물을 베푸사, 나로 물러가게 하셨음이여, 종일토록 황폐하게 하셨고 나약하게 하셨도다,

⑭ 내 죄악의 멍에를 그 손으로 묶고 얽어 내 목에 올리사 내 힘을 피곤케 하셨음이여, 내가 당할 수 없는 자의 손에 주께서 나를 붙이셨도다,

⑮ 주께서 내 지경 안 모든 용사를 없는 것 같이 여기시고, 성회를 모아 내 소년들을 부수심이여, 처녀 유다를 술틀에 밟으셨도다,

⑯ 이를 인하여 내가 우니 내 눈에 눈물이 물 같이 흐름이여, 나를 위로하여 내 영을 소성시킬 자가 멀리 떠났음이로다, 원수들이 이기매 내 자녀들이 외롭도다,

⑰ 시온이 두 손을 폈으나 위로할 자가 없도다, 여호와께서 야곱의 사면에 있는 자를 명하여 야곱의 대적이 되게 하셨으니, 예루살렘은 저희 가운데 불결한 자 같도다,

⑱ 여호와는 의로우시도다, 내가 여호와의 명령을 거역하였도다, 너희 모든 백성들아, 내 말을 듣고 내 근심을 볼지어다, 나의 처녀와 소년들이 사로잡혀 갔도다,

⑲ 내가 내 사랑하는 자를 불렀으나 저희가 나를 속였으며, 나의 제사장들과 장로들은 소성시킬 음식을 구하다가 성중에서 숨을 거두었도다,

⑳ 여호와여 돌아보옵소서, 내가 환난 중에서 마음이 괴롭고 마음이 번뇌하오니, 나의 패역이 심히 큼이니이다, 밖으로는 칼의 살륙이 있고 집에는 사망 같은 것이 있나이다,

㉑ 저희가 나의 탄식을 들었으나 나를 위로하는 자가 없고, 나의 모든 원수가 나의 재앙을 들었으나 주께서 이렇게 행하심을 기뻐하나이다, 주께서 반포하신 날을 이르게 하시리니, 저희가 나와 같이 되겠나이다,

㉒ 저희 모든 악을 주 앞에 나타내시고 나의 모든 죄악을 인하여 내게 행하신 것 같이 저희에게 행하옵소서, 나의 탄식이 많고 나의 마음이 약하기 때문이니이다,

● 2장

① 슬프다, 주께서 어찌 그리 진노하사 처녀 시온을 구름으로 덮으셨는고! 이스라엘의 아름다운 것을 하늘에서 땅에 던지셨음이여, 진노하신 날에 그 발판을 기억지 아니하셨도다,

② 주께서 야곱의 모든 거처를 삼키시고 긍휼히 여기지 아니하셨음이여, 노하사 처녀 유다의 견고한 성을 헐어 땅에 엎으시고 나라와 방백으로 욕되게 하셨도다,

③ 맹렬한 진노로 이스라엘 모든 뿔을 자르셨음이여, 원수 앞에서 오른손을 거두시고 맹렬한 불이 사망으로 사름 같이 야곱을 사르셨도다,

④ 원수 같이 활을 당기고 대적처럼 오른손을 들고 서서 눈에 아름다운 모든 자를 살륙하셨음이여, 처녀 시온의 장막에 노를 불처럼 쏟으셨도다,

⑤ 주께서 원수 같이 되어 이스라엘을 삼키셨음이여, 모든 궁을 삼키셨고 견고한 성들을 훼파하사 처녀 유다에 근심과 애통을 더하셨도다,

⑥ 성막을 동산의 초막 같이 헐어 버리시며 공회 처소를 훼파하셨도다, 여호와께서 시온 가운데서 절기와 안식일을 잊어버리게 하시며 진노하사, 왕과 제사장을 멸시하셨도다,

⑦ 여호와께서 자기 제단을 버리시며 자기 성소를 심히 싫어하시어 그녀의 궁궐의 성벽들을 원수의 손에 붙이셨으매, 저희가 여호와의 전에서 소리를 내는 것이 마치 엄숙한 명절의 날에 나는 것과 같도다,

⑧ 여호와께서 처녀 시온의 성을 헐기로 결심하시고 줄을 띠고 파괴함에서 손을 거두지 아니하사, 성과 곽으로 통곡하게 하셨으매, 저희가 함께 쇠하였도다,

⑨ 성문이 땅에 묻히며 빗장이 꺾여 파괴되고 왕과 방백들이 율법없는 열방 가운데 있으며 그 선지자들은 여호와의 묵시를 받지 못하는도다,

⑩ 처녀 시온의 장로들이 땅에 앉아 잠잠하고 티끌을 머리에 무릅쓰고 굵은 베를 허리에 둘렀음이여, 예루살렘 처녀들은 머리를 땅에 숙였도다,

⑪ 내 눈이 눈물에 상하고 내 창자가 끓으며 내 간이 땅에 쏟아졌으니, 이는 처녀 내 백성이 패망하여 어린 자녀와 젖 먹는 아이들이 성읍 길거리에 혼미 함이로다,

⑫ 저희가 성읍 길거리에서 상한 자처럼 혼미하여 그 어미의 품에서 혼이 떠날 때에 어미에게 이르기를, 곡식과 포도주가 어디 있느뇨? 하도다,

⑬ 처녀 예루살렘이여, 내가 무엇으로 네게 증거하며 무엇으로 네게 비유할꼬? 처녀 시온이여 내가 무엇으로 네게 비교하여 너를 위로할꼬 너의 파괴됨이 바다 같이

크니 누가 너를 고칠소냐?

⑭ 네 선지자들이 네게 대하여 헛되고 어리석은 묵시를 보았으므로 네 죄악을 드러내어서 네 사로잡힌 것을 돌이키지 못하였도다, 저희가 거짓 경고와 잘못 인도할 것만 보았도다,

⑮ 무릇 지나가는 자는 다 너를 향하여 박장하며 처녀 예루살렘을 향하여 야유하고 머리를 흔들며 말하기를, 온전한 영광이라, 천하의 희락이라 일컫던 성이 이 성이냐? 하며,

⑯ 너의 모든 원수는 너를 향하여 입을 벌리며 야유하고 이를 갈며 말하기를, 우리가 저를 삼켰도다, 우리가 바라던 날이 과연 이 날이라 우리가 얻기도 하고 보기도 하였다, 하도다,

⑰ 여호와께서 이미 정하신 일을 행하시고 옛날에 명하신 말씀을 다 이루셨음이여, 긍휼히 여기지 아니하시고 파괴하사 원수로 너를 인하여 즐거워하게 하며 너의 대적의 뿔로 높이 들리게 하셨도다,

⑱ 저희 마음이 주를 향하여 부르짖기를, 처녀 시온의 성곽아, 너는 밤낮으로 눈물을 강물처럼 흘릴지어다, 스스로 쉬지 말고 네 눈동자로 쉬게 하지 말지어다,

⑲ 밤 초경에 일어나 부르짖을지어다, 네 마음을 주의 얼굴 앞에 물 쏟듯 할지어다, 각 길머리에서 주려 혼미한 네 어린 자녀의 생명을 위하여 주를 향하여 손을 들지어다, 하였도다,

⑳ 여호와여 보옵소서, 뉘게 이같이 행하셨는지요? 여인들이 어찌 자기 열매 곧 손에 받든 아이를 먹으오며, 제사장들과 선지자들이 어찌 주위 성소에서 살륙을 당하오리이까?

㉑ 젊은이와 늙은이가 다 길바닥에 엎드러졌사오며, 내 처녀들과 소년들이 칼에 죽었나이다, 주께서 진노하신 날에 죽이시되 긍휼히 여기지 아니하시고 살륙하셨나이다,

㉒ 주님께서 내 두려운 일을 사방에서 부리시기를 절기에 무리를 부름 같이 하셨나이다, 여호와께서 진노하신 날에 피하거나 남은 자가 없었나이다, 내 손에 받들어 가르는 자를 내 원수가 다 멸하였나이다.

● 3장
① 나는 여호와의 진노의 채찍으로 인하여 고통을 당한 자, 바로 그 사람이로다,

② 그분께서는 나를 인도하시어 어둠 속으로 데려오셨으나 빛 속으로는 데려오지 아니하셨도다,

③ 종일토록 손을 돌이켜 자주 자주 나를 치시도다,

④ 나의 살과 가죽을 쇠하게 하시며 나의 뼈를 꺾으셨고,

⑤ 그분께서 나를 대적하여 세우셨고, 쓴맛과 고통으로 나를 포위하셨도다,

⑥ 나로 흑암에 거하게 하시기를 죽은지 오랜 자 같게 하셨도다,

⑦ 나를 둘러 싸서 나가지 못하게 하시고 나의 사슬을 무겁게 하셨으며,

⑧ 내가 부르짖어 도움을 구하나 내 기도를 물리치시며,

⑨ 그분께서 다듬어진 돌로 내 길들을 막으시고, 내 길들을 굽게 하셨도다,

⑩ 그분은 나에 대하여 엎드리어 기다리는 곰 같으시고 은밀한 곳에 있는 사자 같으시도다,

⑪ 나의 길로 치우치게 하시며 내 몸을 찢으시며 나로 적막하게 하셨도다,

⑫ 활을 당기고 나로 과녁을 삼으심이여,

⑬ 그분께서 그분의 화살통의 화살들을 나의 콩팥들 속으로 들어오게 하셨도다,

⑭ 나는 내 모든 백성에게 조롱거리 곧 종일토록 그들의 노랫거리가 되었도다,

⑮ 나를 쓴 것으로 배불리시고 쑥으로 취하게 하셨으며,

⑯ 조약돌로 내 이를 꺾으시고, 재로 나를 덮으셨도다,

⑰ 주께서 내 심령으로 평강을 멀리 떠나게 하시니, 내가 복을 잊어버렸음이여,

⑱ 스스로 이르기를, 나의 힘과 여호와께 대한 내 소망이 끊어졌다, 하였도다,

⑲ 내 고초와 재난 곧 쑥과 담즙을 기억하소서,

⑳ 내 심령이 그것을 기억하고 낙심이 되오나,

㉑ 내가 이것을 내 마음에 회상한즉, 오히려 내게 소망이 있나이다,

㉒ 여호와의 자비와 긍휼이 무궁하시므로 우리가 진멸되지 아니함이니이다,

㉓ 이것이 아침마다 새로우니 주의 성실이 크도소이다,

㉔ 내 심령에 이르기를, 여호와는 나의 운명이시니, 그러므로 내가 그분을 기다릴 것이니라,

㉕ 무릇 기다리는 자에게 구하는 영혼에게 여호와께서 선을 베푸시는도다,

㉖ 사람이 여호와의 구원을 바라고 잠잠히 기다림이 좋도다,

㉗ 사람이 젊었을 때에 멍에를 메는 것이 좋으니,

㉘ 혼자 앉아서 잠잠할 것은 주께서 그것을 메우셨음이라,

㉙ 입을 티끌에 댈지어다, 혹시 소망이 있을지로다,
㉚ 때리는 자에게 뺨을 향하여 수욕으로 배불릴지어다,
㉛ 이는 주께서 영원토록 버리지 않으실 것임이며,
㉜ 저가 비록 근심케 하시나 그 풍부한 자비대로 긍휼히 여기실 것임이라,
㉝ 주께서 인생으로 고생하며 근심하게 하심이 본심이 아니시로다,
㉞ 세상에 모든 갇힌 자를 발로 밟는 것과
㉟ 지극히 높으신 자의 얼굴 앞에서 사람의 재판을 굽게 하는 것과
㊱ 사람의 송사를 억울케 하는 것은 다 주의 기쁘게 보시는 것이 아니로다,
㊲ 주의 명령이 아니면 누가 능히 말하여 이루게 하랴?
㊳ 화와 복이 지극히 높으신 자의 입으로 나오지 아니하느냐?
㊴ 살아 있는 사람은 자기 죄로 벌을 받나니 어찌 원망하랴?
㊵ 우리가 스스로 행위를 조사하고 여호와께로 돌아가자,
㊶ 마음과 손을 아울러 하늘에 계신 하나님께 들자,
㊷ 우리의 범죄함과 반역함을 주께서 사하지 아니하시고,
㊸ 여호와께서 우리를 노여움으로 덮으시고 학대하셨으며, 죽이시고 불쌍히 여기지 아니하셨나이다,
㊹ 주님께서 구름으로 자신을 가리우시니 어떤 기도도 상달치 못하나이다,
㊺ 우리를 이방인들 가운데서 쓰레기와 폐물을 삼으셨도다,
㊻ 우리의 모든 대적이 우리를 향하여 입을 크게 벌렸나이다,
㊼ 두려움과 함정과 잔해와 멸망이 우리에게 임하였도다,
㊽ 처녀 내 백성의 파멸을 인하여 내 눈에 눈물이 시내처럼 흐르도다,
㊾ 내 눈의 흐르는 눈물이 그치지 아니하고 쉬지 아니함이여,
㊿ 여호와께서 하늘을 살피시고 돌아보시기를 기다리는도다,
(51) 나의 성읍의 모든 여자를 인하여 내 눈이 내 심령을 상하게 하는도다,
(52) 무고히 나의 대적이 된 자가 나를 새와 같이 심히 쫓도다,
(53) 저희가 내 생명을 끊으려고 나를 구덩이에 넣고 그 위에 돌을 던짐이여,
(54) 물이 내 머리에 넘치니, 내가 스스로 이르기를, 이제는 멸절되었다, 하도다,
(55) 여호와여, 내기 심히 깊은 구덩이에서 주의 이름을 불렀나이다,
(56) 주께서 이미 나의 음성을 들으셨사오니, 이제 나의 탄식과 부르짖음에 주의 귀를 가리우지 마옵소서,

(57) 내가 주께 아뢴 날에 주께서 내게 가까이 하여 가라사대, 두려워 말라, 하셨나이다,
(58) 오 여호와여, 주께서 내 영혼의 원통함을 변호하셨나이다, 즉 나의 생명을 구속(되찾으셨)하셨나이다,
(59) 오 여호와여, 나의 억울함을 보셨사오니, 나의 사정을 신원하여 주옵소서,
(60) 여호와께서는 나를 대적하는 그들의 모든 보복하는 것과 그들의 모든 계략들을 보셨나이다,
(61) 오, 여호와여, 주님께서 나를 대적하는 그들의 비방과 그들의 모든 계략들과
(62) 나를 대적하여 일어선 자들의 입술과 온 종일 나를 거역하는 그들의 계략을 들었셨나이다,
(63) 그들을 보옵소서, 그들이 앉아 있든지 서든지, 그들의 노래로 나를 조롱하나이다,
(64) 오 여호와여, 그들의 손이 행한대로 그들에게 보응으로 갚으시옵소서,
(65) 그들에게 마음의 슬픔을 주시고, 그들에게 주님의 저주를 내려 주시옵소서,
(66) 진노로 그들은 추적하사, 여호와의 하늘 아래로부터 그들을 멸하시어 주옵소서.
(Persecute and destroy them in anger, from under the heavens of the LORD.-KJV)
(Pursue them in anger and destroy them from under the heavens of the LORD.-NIV)
(Pursue them in wrath and destroy them from under the LORD's heaven!-NAB)
(Get good and angry. Hunt them down. Make a total demolition here under your heaven!-THE MESSAGE)

• 4장

① 슬프다, 어찌하여 그리 금이 빛을 잃고 정금이 변하였는가! 성소의 돌들이 모든 거리의 머리에 쏟아졌도다,
② 정금에 비교할 만큼 시온의 귀한 아들들인 그들이 어찌하여 토기장이의 손으로 만들어진 옹기항아리로 여겨졌는가!
③ 들개들도 젖을 내어 자기들의 새끼들을 먹이는데 나의 백성들은 사막의 타조같이 잔인하게 되었도다,

④ 젖먹이가 목말라서 혀가 입천장에 붙음이여, 어린 아이가 떡을 구하나 떼어 줄 사람이 없도다,

⑤ 맛있게 먹었던 자들이 거리에서 황폐하게 되었으며, 주홍색 옷을 입고 길리운 자들이 이제는 거름더미를 안았도다,

⑥ 전에 소돔이 사람의 손을 대지 않고 경각간에 무너지더니, 이제 처녀 내 백성의 죄가 소돔의 죄악보다 중하도다,

⑦ 전에는 존귀한 자의 몸이 눈보다 깨끗하고 젖보다 희며 산호보다 붉어 그 윤택함이 마광한 청옥 같더니,

⑧ 이제는 그 얼굴이 숯보다 검고 그 가죽이 뼈에 붙어 막대기 같이 말랐으니, 거리에서 알 사람이 없도다,

⑨ 칼에 죽은 자가 주려 죽은 자보다 나음은 토지 소산이 끊어짐으로 이들이 찔림 같이 점점 쇠약하여 감이로다,

⑩ 처녀 내 백성의 멸망할 때에 자비한 부녀가 손으로 자기 자녀를 삶아 음식을 삼았도다,

⑪ 여호와께서 분을 발하시며 맹렬한 노를 쏟으심이여, 시온에 불을 피우사 그 지대를 사르셨도다,

⑫ 대적과 원수가 예루살렘 성문으로 들어갈 줄은 세상 열왕과 천하 모든 백성이 믿지 못하였었도다,

⑬ 그 선지자들의 죄와 제사장들의 죄악을 인함이니, 저희가 성읍 중에서 의인의 피를 흘렸도다,

⑭ 저희가 거리에서 수경간이 방황함이여 그 옷이 피에 더러워졌으므로 사람이 만질 수 없도나,

⑮ 사람이 저희에게 외쳐 이르기를, 부정하다, 가라, 가라, 가라, 만지지 말라, 하였음이여, 저희가 도망하여 방황할 때에 이방인이 이르기를, 저희가 다시는 여기 거하지 못하리라 하였도다,

⑯ 여호와께서 노하여 흩으시고 다시 권고치 아니하시리니, 저희가 제사장들을 높이지 아니하였으며 장로들을 대접지 아니하였음이로다,

⑰ 우리가 헛되이 도움을 바라므로 우리 눈이 상함이여 우리를 구원치 못할 나라를 바라보고 바라보았도다,

⑱ 저희가 우리 자취를 엿보니, 우리가 거리에 행할 수 없음이여, 우리의 끝이 가깝고

우리의 날이 다하였고 우리의 마지막이 이르렀도다,

⑲ 우리를 쫓는 자가 공중의 독수리보다 빠름이여, 산 꼭대기에서도 쫓고 광야에도 매복하였도다,

⑳ 우리의 콧김 곧 여호와의 기름 부으신 자가 저희 함정에 빠졌음이여, 우리가 저를 가리키며 전에 이르기를, 우리가 저의 그늘 아래서 열국 중에 살겠다, 하던 자로 다,

㉑ 우스 땅에 거하는 처녀 에돔아 즐거워하며 기뻐하려무나 잔이 네게도 이를지니, 네가 취하여 벌거벗으리라,

㉒ 처녀 시온아, 네 죄악의 형벌이 다하였으니, 주께서 다시는 너로 사로잡혀 가지 않게 하시리로다, 처녀 에돔아, 주께서 네 죄악을 벌하시며 네 허물을 드러내시리로 다.

● 5장

① 오 여호와시여, 우리에게 일어났던 것들을 기억하소서, 보옵소서, 그리고 우리의 치욕을 아시옵소서,

② 우리가 상속받은 것이 낯선자들에게 돌아갔고 우리 집들도 외인들에게 돌아갔나이다,

③ 우리는 고아들과 아버지 없는 자가 되었으며, 우리의 어머니들은 과부와 같이 되었나이다,

④ 우리가 돈을 주고 물을 마시며 값을 주고 나무를 얻으오며,

⑤ 우리를 쫓는 자는 우리 목을 누르고 있어, 우리가 피곤하여 쉴수 없나이다,

⑥ 우리가 에집트 사람들과 앗수르 사람들과 악수하고 양식을 얻어 배불리고자 하였나이다,

⑦ 우리 조상들은 범죄하고 없어졌고, 우리는 그 죄악을 담당하였나이다,

⑧ 종들이 우리를 다스리고 그들 손에서 우리를 자유케할 자가 없나이다,

⑨ 사막에는 칼이 있으므로 우리는 생명의 위험을 무릅쓰고 우리의 빵을 얻나이다,

⑩ 끔찍한 굶주림으로 우리의 살갗은 가마같이 새까맣게 되었나이다,

⑪ 그들이 시온에 있는 여자들과 유다의 성읍들에 있는 처녀들을 욕보였나이다,

⑫ 군주들이 그들의 손에 좌지우지 되었고 장로들이 존경을 받지 못하였나이다,

⑬ 그들이 청년들에게 맷돌을 지우고 아이들은 나무를 지다가 엎드러졌나이다,

⑭ 노인은 다시 성문에 앉지 못하고 소년은 다시 노래하지 못하나이다,

⑮ 우리 마음에 희락이 그쳤고 우리의 춤도 변하여 애통이 되었사오며,

⑯ 우리 머리에서 면류관이 떨어졌사오니, 오호라 우리의 범죄함을 인함이니이다,

⑰ 이러므로 우리의 마음이 피곤하고, 이러므로 우리의 눈이 어두우며,

⑱ 시온산이 황무하여 여우가 거기서 노나이다,

⑲ 여호와여, 주는 영원히 계시오며 주의 보좌는 세세에 미치나이다,

⑳ 주께서 어찌하여 우리를 영원히 잊으시오며 우리를 이같이 오래 버리시나이까?

㉑ 여호와여, 우리를 주께로 돌이키옵소서, 그리하시면 우리가 주께로 돌아 가겠사오니, 우리의 날들을 다시 새롭게 하사, 옛적 같게 하옵소서,

㉒ 그러나 주님께서는 우리를 아주 버리셨사오며, 우리에게 심히 진노하셨나이다.

에스겔

· 본 성경듣기는 QR코드 인식으로 들을 수 있습니다

● 1장

① 제 삼십년 되던 해, 제 사월 오일에 내가 그발강 가의 사로잡힌 자들 중에 있었는데, 하늘들이 열리고, 나는 하나님의 환상들을 보았더라,

② 그달 제 오일에(여호야긴 왕이 사로잡힌지 제 오 년째 되던 해의)

③ 바빌로니아 땅 그발강 가에서 여호와의 말씀이 부시의 아들 제사장인 나, 에스겔에게 특별히 임하고, 여호와의 권능이 내 위에 임하셨더라,

④ 내가 보니, 북방에서부터 폭풍과 큰 구름이 오는데, 그 속에서 불이 번쩍번쩍하여, 빛이 그 사면에 비취며, 그 불 가운데 단쇠 같은 것이 나타나 보이고,

⑤ 그 속에서 네 생물의 형상이 나타나는데, 그 모양이 이러하니, 사람의 형상이라,

⑥ 각각 네 얼굴과 네 날개가 있고,

⑦ 그 다리는 곧고, 그 발바닥은 송아지 발바닥 같고, 광택나는 구리 같으며,

⑧ 그 사면 날개 밑에는 각각 사람의 손이 있더라, 그 네 생물의 얼굴과 네 날개가 이러하니,

⑨ 날개들은 서로 연결되어 있고 그들이 갈 때면 돌이키지 아니하고 각기 앞으로 곧장 가니라,

⑩ 그들의 얼굴들의 모습을 보면, 그들 넷은 사람의 얼굴이요, 넷의 우편은 사자의 얼굴이요, 넷의 좌편은 소의 얼굴을 가졌고, 또한 그들 넷은 독수리의 얼굴을 가졌더라,

⑪ 그들의 얼굴들은 이러하고, 그들의 날개들은 위로 펼쳐져 있으며, 각기 두 날개는 서로 연결되어 있고, 둘은 그들의 몸을 덮었더라,

⑫ 그들이 각기 앞으로 곧장 가고, 그 영이 가고자 하는 곳으로 그들이 가며, 그들이

갈 때면 돌이키지 아니하니라,

⑬ 그 생물들의 모습을 보면, 그들의 생김새는 타는 숯불과 등불들의 생김새와 같으며 그 불이 생물들 가운데에서 오르락거리는데, 그 불이 빛나며 그 불에서 번개가 나오더라,

⑭ 그 생물들이 달려갔다가 돌아오는 것은 마치 번개가 번쩍이며 나타남과 같으니라,

⑮ 내가 그 생물을 본즉, 그 생물 곁 땅 위에 바퀴가 있는데, 그 네 얼굴들과 함께 있더라,

⑯ 그 바퀴의 생김새와 그 구조는 넷이 한결 같은데 황옥 같고, 그 생김새와 구조는 바퀴 안에 바퀴가 있는 것 같으며,

⑰ 그들이 갈 때에는 그들의 사면으로 가고 돌이키지 아니하니라,

⑱ 그 둘레는 높고 무서우며, 그 네 둘레로 돌아가면서 눈이 가득하며,

⑲ 생물들이 행할 때에 바퀴도 그 곁에서 행하고, 생물들이 땅에서 들릴 때에 바퀴도 들려,서

⑳ 어디든지 그 영이 가려하면 생물도 영의 가려하는 곳으로 가고, 바퀴도 그 곁에서 들리니, 이는 생물들의 영이 그 바퀴 가운데 있음이라,

㉑ 저들이 행하면 이들도 행하고, 저들이 그치면 이들도 그치고, 저들이 땅에서 들릴 때에는 이들도 그 곁에서 들리니, 이는 생물의 영이 그 바퀴 가운데 있음이더라,

㉒ 그 생물의 머리 위에는 수정 같은 궁창(버어있는 공간)의 형상이 펴 있어 보기에 심히 두려우며,

㉓ 그 공간 밑에 생물들의 날개가 서로 향하여 펴 있는데, 이 생물은 두 날개로 몸을 가리웠고, 저 생물도 두 날개로 몸을 가리웠으며,

㉔ 생물들이 행할 때에 내가 그 날개 소리를 들은즉, 많은 물 소리와도 같으며 전능자의 음성과도 같으며 떠드는 소리 곧 군대의 소리와도 같더니, 그 생물이 설 때에 그 날개를 드리우더라,

㉕ 그 머리 위에 있는 공간 위에서부터 음성이 나더라, 그 생물이 설 때에 그 날개를 드리우더라,

㉖ 둥근 천장 위에는 보좌처럼 보이는 것이 있었는데, 청보석 같은 청옥빛이었고, 그 보좌 위로 사람처럼 보이는 형상이 우뚝 솟아 있었더라,

(And above the firmament that was over their heads, was the likeness of a throne, as the appearance of a sapphire stone: and upon the likeness of the throne was the likeness as the appereance of a man above upon it.-KJV)

(Above the expanse over their heads was what looked like a throne of sapphire, and high above on the throne was a figure like that of a man.-NIV)

(Above the firmament over their heads was the likeness of a throne that looked like sapphire; and upon this likeness of a throne was seated, up above, a figure that looke like a human being.-NAB)

(Above the dome there was something that looked like a throne, sky-blue like sapphire, with a humanlike figure towering above the throne.-THE MESSAGE)

㉗ 내가 본즉, 그 허리 이상의 모양은 단 쇠 같아서 그 속과 주위가 불 같고, 그 허리 이하의 모양도 불 같아서 사면으로 광채가 나며,

㉘ 그 사면 광채의 모양은 비 오는날 구름에 있는 무지개 같으니, 이는 여호와의 영광의 형상의 모양이라, 내가 보고 곧 엎드리어 그 말씀하시는 자의 음성을 들으니라.

● 2장

① 그분께서 내게 말씀하시기를, 사람인아들아(Spirit가 들어간 아들), 일어나라, 내가 네게 말하리라, 하시니라,

(And he said unto me, Son of man, stand upon thy feet, and I will speak unto thee.-KJV)

(He said to me, "Son of man, stand up on your feet and I will speak to you."-NIV)

(The voice said to me: Son of man, stand up! I wish to speak to you.-NAB)

(It said, "Son of man, stand up. I have something to say to you."-THE MESSAGE)

② 그분께서 내게 말씀하실 때에, 그 영이 내게 임하사, 나를 일으켜 세우시기로, 내가 그 말씀하시는 분의 소리를 들으니,

③ 내게 이르시되, 사람인아들아(영이 들어간 아들), 내가 너를 이스라엘 자손, 곧 패

역한 백성, 나를 배반하는 자에게 보내노라, 그들과 그들의 조상들이 내게 범죄하여 오늘날까지 이르렀나니,

④ 이 자손은 얼굴이 뻔뻔하고 마음이 강퍅한 자니라, 내가 너를 그들에게 보내노니, 너는 그들에게 이르기를, 주 여호와의 말씀이 이러하시다, 하라,

⑤ 그들은 반역한 족속이라 듣든지 아니 듣든지, 그들 가운데 선지자 있은 줄은 알리라,

⑥ 사람인아들아, 너는 비록 가시와 찔레와 함께 처하며 전갈 가운데 거할지라도 그들을 두려워말고 그들의 말을 두려워 말지어다, 그들은 반역한 자들이라, 그들이 듣든지 아니 듣든지, 너는 내 말로 고할지어다,

⑦ 그들은 심히 반역한 자들이라, 그들이 듣든지 아니 듣든지, 너는 내 말로 고하여야 하느니라,

⑧ 그러나 사람인아들(영이들어간 아들), 너는 내가 네게 이르는 말을 들으라, 너는 그 반역한 족속 같이 반역하지 말라, 네 입을 벌리고 내가 네게 주는 것을 먹으라, 하시니라,

⑨ 이에 내가 보았더니, 보라 한 손이 나를 향하여 펼쳐졌는데, 또 보라, 한 두루마리 책이 그 안에 있더라,

⑩ 그분께서 그것을 내 앞에 펴시니, 그 안과 밖에 기록되어 있는데, 거기에는 비탄과 탄식과 한숨의 말들이 기록되어 있었더라.,

● 3장

① 그분께서 내게 말씀하시기를, 사람이 아들아(Spirit가 들어간 아들), 너는 받는 것을 먹으라, 너는 이 두루마리를 믹고 가시 이스리엘 족속에게 말하라, 하시기에,

② 내가 입을 벌리니 그분께서 그 두루마리를 내게 먹이시며,

③ 그분께서 내게 말씀하시기를, 사람인 아들아, 내가 네게 주는 이 두루마리로 네 배에 넣으며 네 창자에 채우라, 하시기에, 내가 먹으니 그것이 내 입에서 달기가 꿀 같더라,

④ 그분께서 또 내게 말씀하시기를, 사람인 아들아, 이스라엘 족속에게 가서 내 말로 그들에게 고하라,

⑤ 너는 낯선 말이나 말이 어려운 백성에게 보내는 것이 아니요, 이스라엘 족속에게 보내는 것이라,

⑥ 너를 낯선 말이나 말이 어려운 네가 알아 듣지 못한 이교도들에게 보내는 것이 아니니라, 내가 너를 그들에게 보내었더면 그들은 정녕 네 말을 들었으리라,

⑦ 그러나 이스라엘 족속은 이마가 굳고 마음이 강퍅하여 네 말을 듣고자 아니하리니, 이는 내 말을 듣고자 아니 함이니라,

⑧ 내가 그들의 얼굴을 대하도록 네 얼굴을 굳게 하였고, 그들의 이마를 대하도록 네 이마를 굳게 하였으되,

⑨ 네 이마로 화석보다 굳은 금강석 같이 하였으니, 그들이 비록 반역한 족속이라도 두려워 말며, 그 얼굴을 무서워 말라, 하시고,

⑩ 그분께서 또 내게 말씀하시기를, 사람인 아들아, 내가 네게 이를 모든 말을 너는 마음으로 받으며 귀로 듣고,

⑪ 사로잡힌 네 민족에게로 가서 그들이 듣든지 아니 듣든지 그들에게 고하여 이르기를, 주 여호와의 말씀이 이러하다, 하라, 하시더라,

⑫ 그때에 주의 영께서 나를 들어 올리시는데, 내 뒤에 크게 울리는 소리가 들려 이르기를, 여호와의 처소에서 나는 영광을 찬송할지어다, 하니라,

⑬ 또한 내가 생물들의 날개들이 서로 부딪히는 소리와 그들 곁에 있는 바퀴들의 소리와 크게 울리는 소리를 들으니라,

⑭ 그렇게 주의 영이 나를 들어올려 데리고 가시는데, 내가 고통스럽고 내 영이 흥분한 중에 행하니, 여호와의 권능이 내 위로 내 위로 강하게 임하시니라,

⑮ 그때에 내가 사로잡힌 자들이 거하는 그발 강가 텔아비브에 이르러, 내가 그들이 앉아있는 자리에 앉아, 그들 가운데서 놀란 채로 칠일을 머무니라,

⑯ 칠일 후에 여호와의 말씀이 내게 임하여 말씀하시기를,

⑰ 사람인 아들아(영이 들어간 아들), 내가 너를 이스라엘 족속의 파숫군으로 세웠으니, 너는 내 입의 말을 듣고, 나의 경고의 말을 그들에게 말할지니라,

⑱ 가령 내가 악인에게 말하기를, 너는 꼭 죽으리라 할 때에, 네가 깨우치지 아니하거나 말로 악인에게 알려서, 그 악한 길을 떠나 생명을 구원케 하지 아니하면, 그 악인은 그 죄악 중에서 죽으려니와 내가 그 피 값을 네 손에서 찾을 것이고,

⑲ 네가 악인을 깨우치되 그가 그 악한 마음과 악한 행위에서 돌이키지 아니하면, 그는 그 죄악 중에서 죽으려니와 너는 네 생명을 보존하리라,

⑳ 또 의인이 그 의에서 돌이켜 악을 행할 때에는 이미 행한 그 의는 기억할 바 아니라, 내가 그 앞에 거치는 것을 두면 그가 죽을지니, 이는 네가 그를 깨우치지 않음

이라, 그가 그 죄 중에서 죽으려니와 그 피 값은 내가 네 손에서 찾으리라,

㉑ 그러나 네가 그 의인을 깨우쳐 범죄케 않게 하므로, 그가 범죄치 아니하면 정녕 살리니, 이는 깨우침을 받음이며 너도 네 영혼을 보존하리라,

㉒ 여호와께서 권능으로 거기서 내게 임하시고, 또 내게 이르시되, 일어나 들로 나아가라, 내가 거기서 너와 말하리라, 하시기로,

㉓ 내가 일어나 들로 나아가니, 여호와의 영광이 거기 머물렀는데, 내가 전에 그발강 가에서 보던 영광과 같은지라, 내가 곧 엎드리니,

㉔ 주의 영이 내게 임하사, 나를 일으켜 세우시고 내게 말씀하여, 가라사대, 너는 가서 네 집에 들어가 문을 닫으라,

㉕ 그러나 오 사람인 아들아, 너는 보라, 그들이 네 위에 줄들을 두어 그것들로 너를 묶으리니, 네가 그들 가운데서 나오지 못하리라,

㉖ 비록 그들이 반역하는 족속일지라도, 내가 네 혀로 네 입천장에 붙게 하여, 네가 벙어리가 되고, 그들의 책망자가 되지 못하게 하리라,

㉗ 그러나 내가 너와 말할 때에는 네 입을 열리니 너는 그들에게 말하기를, 주 여호와께서 이같이 말씀하시느니라, 할지어다, 귀를 기울여 들으려고 하는 자는 누구나 들을 것이고, 듣기를 거절하는 자는 누구나 듣기를 거절할 것이니라, 이는 그들이 반역하는 족속이기 때문이니라.

● 4장

① 너 사람인 아들아, 박석을 가져다가 네 앞에 놓고, 한 성읍 곧 예루살렘을 그 위에 그리고,

② 그 성읍을 에워싸되 운제를 세우고 토둔을 쌓고 진을 치고 공성퇴를 둘러 세우고,

③ 또 전철을 가져다가 너와 성읍 사이에 두어 철성을 삼고 성을 향하여 에워싸는 것처럼 에워싸라, 이것이 이스라엘 족속에게 징조가 되리라,

④ 너는 또 좌편으로 누워 이스라엘 족속의 죄악을 당하되 네 눕는 날수대로 그 죄악을 담당할지니라,

⑤ 내가 그들의 범죄한 햇수대로 네게 날 수를 정하였나니, 곧 삼백 구십 일이니라, 너는 이렇게 이스라엘 족속의 죄악을 담당하고,

⑥ 그 수가 차거든 너는 우편으로 누워 유다 족속의 죄악을 담당하라, 내가 네게 사십 일로 정하였나니, 일일이 일년이니라,

⑦ 너는 또 에워싼 예루살렘을 향하여 팔을 벗어 메고 예언하라,

⑧ 내가 줄로 너를 동이리니, 네가 에워싸는 말이 맞도록 몸을 이리 저리 돌리지 못하리라,

⑨ 너는 밀과 보리와 콩과 팥과 조와 귀리를 가져다가 한 그릇에 담고, 떡을 만들어 네 모로 눕는 날수 곧 삼백 구십 일에 먹되,

⑩ 너는 음식을 달아서 하루 이십 세겔 중씩 때를 따라 먹고,

⑪ 물도 힌 육분 일씩 되어서 때를 따라 마시라,

⑫ 너는 그것을 보리 떡처럼 만들어 먹되, 그들의 목전에서 인분 불을 피워 구울지니라,

⑬ 여호와께서 또 가라사대, 내가 열국으로 쫓아 흩을 이스라엘 자손이 거기서 이와 같이 부정한 떡을 먹으리라, 하시기로,

⑭ 내가 가로되, 오호라, 주 여호와여, 나는 영혼을 더럽힌 일이 없었나이다, 어려서부터 지금까지 스스로 죽은 것이나 짐승에게 찢긴 것을 먹지 아니하였,고 가증한 고기를 입에 넣지 아니하였나이다,

⑮ 여호와께서 내게 이르시되, 쇠똥으로 인분을 대신하기를 허하노니, 너는 그것으로 떡을 구울지니라,

⑯ 또한, 여호와께서 내게 말씀하시기를, 사람인 아들아, 보라, 내가 예루살렘에서 양식을 끊으리니, 그들이 근심하며 빵을 저울로 달아서 먹고, 그들이 놀라서 떨며 물도 양을 재어 마실것이니라,

⑰ 그들은 떡과 물이 모자라 하나같이 놀라면서, 자기들의 죄 때문에 스러져 갈 것이니라,

● 5장

① 사람인 아들아, 너는 날카로운 칼을 취하여 이발사의 삭도를 삼아, 네 머리털과 수염을 깎아서 저울에 달아 그 털을 나눌지니라,

② 그 성읍을 에워싸는 날들이 차거든 너는 그 성읍 한가운데서 그 털의 삼분지 일은 불로 태우고, 삼분지 일은 가져다가 칼로 치고 또 삼분지 일은 바람에 날릴지니라, 그리하면 내가 그들을 쫓아 칼을 빼리라,

③ 너는 또한 그중서 약간을 취하여 그것들을 네 옷자락에 묶으라,

④ 또 그 가운데서 얼마를 가져 불에 던져 사르라, 그 속에서 불이 이스라엘 온 족속에

게로 나오리라,

⑤ 주 여호와 하나님께서 말씀하시기를, 이것이 예루살렘이라, 내가 사면을 두르고 있는 민족들과 나라들 한가운데에 그것을 두었으나,

⑥ 그녀가 사악함으로 그녀는 나의 법과 규례에 대하여 그녀 주위 나라들과 이방인들 보다 저항하였느니라, 즉 그녀는 나의 법을 지키기를 거절하고 나의 율례를 따르지 아니하였느니라,

⑦ 그러므로 주 여호와는 이렇게 말하노라, 너희는 너희의 주위에 있는 이방인들 보다도 제멋대로 이고 나의 규례를 따르지도 않고 또 나의 법도 지키지 않고 있느니라, 또 너희는 너희의 주위에 있는 이방인들의 기준도 지키지 아니하였느니라,

⑧ 그러므로 나, 주, 여호와가 말하노라, 나, 곧 내가 너를 치며, 이방인의 목전에서 너의 중에 벌을 내리리라,,

⑨ 내가 너의 모든 가증함들 때문에 전에도 행하지 아니하였고 앞으로도 더 이상 행하지 아니할 그 같은 일을 네 안에서 행하리라,

⑩ 그리하여 네 가운데에서 아버지가 자식을 잡아먹고, 자식이 아버지를 잡아 먹게 될 것이다, 나는 이렇게 너에게 벌을 내리고, 그러고도 너에게 남은 자들을 모두 사방으로 흩어 버릴 것이다,

⑪ 그러므로 내가 살아있는 하나님으로써 말하노니, 주 하나님의 포고다, 추잡한 짓과 역겨운 우상들로 나의 성소를 더럽힌 너희를 내가 반드시 뽑아버릴 것이고, 너희에게 털끝 만큼의 동정도 베풀지 아니할 것이니라,

(Wherefore, as I live, saith the Lord GOD, Surely, because thou hast defiled my sanctuary with all thy detestable things, and with all thine abominations, therefore will I also diminish thee; neither shall mine eye spare, neither will I have any pity.-KJV)

(Therefore, as surely as I live, declares the Sovereign Lord, because you have defiled my sanctuary with all your vile images and detestable practices, I myself will withdraw my favor; I will not look on you with pity or spare you.-NIV)

(Therfore, as I live, says the Lord GOD, because you have defiled my sanctuary with all your atrocities and all your abominations, I will surely withdraw and not look upon you with pity nor spare you.-NAB)

("Therfore, as sure as I am the living God-Decree of GOD, the Master-because you've polluted my Sanctuary with your obscenities and disgusting no-god idols, I'm pulling out. Not an ounce of pity will I show you.-THE MESSAGE)

⑫ 너의 가운데서 삼분지 일은 온역으로 죽으며 기근으로 멸망할 것이요, 삼분지 일은 너의 사방에서 칼에 엎드러질 것이며, 삼분지 일은 내가 사방에 흩고 또 그 뒤를 따라 칼을 빼리라,

⑬ 이와 같이 내 노가 다한즉, 그들에게 향한 분이 풀려서 내 마음이 시원하리라, 내 분이 그들에게 다한즉, 나 여호와가 열심으로 말한줄을 그들이 알리라,

⑭ 내가 또 너로 황무케 하고 너를 둘러 있은 이방인 중에서 모든 지나가는 자의 목전에 능욕거리가 되게 하리니,

⑮ 그리하여 내가 분노와 격노와 맹렬한 책망들로 심판들을 행하면, 그것이 너를 둘러싸고 있는 이방인에게 비난과 조롱과 교훈과 놀라움이 되리라, 나 여호와의 말이니라,

⑯ 내가 그들에게 멸망케 하는 기근의 독한 살을 보내리니, 그들의 파멸을 위한 것이라, 내가 너희를 멸망시키려고 그것을 보내리라, 그때에 내가 너희 위에 기근을 늘려서 너희의 의뢰하는 양식을 끊을 것이니라,

⑰ 기근은 연이어 찾아 오리라, 그런 다음에는 들짐승을 보내 너희 자녀들을 앗아 갈 것이다, 그리고 전염병과 살육과 죽음을 보낼 것이니라! 나 여호와 하나님의 말이니라.

(So will I send upon you famine, and evil beasts, and they shall bereave thee; and pestilence and blood shall pass through thee; and I will bring the sword upon thee, I the LORD have spoken it.-KJV)

(I will send famine and wile beasts against you, and they will leave you childless. Plague and bloodshed will sweep through you, and I will bring the sword against you. I the LORD have spoken.-NIV)

(I will send against you starvation and wild beasts who will leave you childless, while disease and bloodshed sweep through you. I will bring the sword against you. I, the LORD, have spoken.-NAB)

(Famine and more famine-and then I'll send in the wild animals to finish off your children. Epidemic disease, unrestrained murder, death – and I will have sent it! I, GOD, have spoken."-THE MESSAGE)

● 6장
① 여호와의 말씀이 내게 임하여 가라사대,
② 사람인 아들아, 네 얼굴을 이스라엘의 산들로 향하여 두고, 그것들에 대하여 예언하여,
③ 이르기를, 이스라엘 산들아, 주 여호와의 말씀을 들으라, 주 여호와께서 산과 작은 시내와 골짜기들에게 말씀하시기를, 보라, 나 곧 내가 너희 위에 칼로 임하여 너희 산당들을 멸망시키리니,
④ 너희 재단들이 황폐하여지고 향로들이 훼파될 것이며, 또 내가 너희의 죽임당한 자들을 너희 우상들 앞에 던지리라,
⑤ 이스라엘 자손의 시체를 그 우상 앞에 두며, 너희 해골을 너희 재단 사방에 흩으리라,
⑥ 내가 너희 거하는 모든 성읍으로 사막이 되며, 산당으로 황무하게 하리니, 이는 너희 제단이 깨어지고 황폐하며, 너희 우상들이 깨어져 없어지며, 너희 태양상들이 찍히고 너희 만든 것이 다 폐하며,
⑦ 또 너희 중에서 살륙을 당하여 엎드러지게 하여, 너희로 나를 여호와인줄 알게 하려 함이니라,
⑧ 그러나, 너희가 열방에 흩어질 때에 내가 너희 중에서 칼을 피하여 이방 중에 남아 있는 자가 있게 할지라,
⑨ 니희 중 피한 자가 사로잡혀 이방인 중에 있어서 나를 기억하되, 그들이 음란한 마음으로 나를 떠나고, 음란한 눈으로 우상을 섬겨, 나로 근심케 한 것을 기억하고 스스로 한탄하리니, 이는 그 모든 가중한 일로 악을 행하였음이니라,
⑩ 그 때에야, 그들이 나를 여호와인줄 알리라, 내가 이런 재앙을 그들에게 내리겠다, 한 말이 헛되지 아니하리라 ,
⑪ 주 여호와께서 가라사대, 너는 손뼉을 치고 발을 구르며 말할지어다, 오호라, 이스라엘 족속이 모든 가중한 악을 행하므로 필경 칼과 기근과 온역에 망하되,
⑫ 먼데 있는 자는 온역에 죽,고 가까운데 있는 자는 칼에 엎드러지고, 남아 있어 에워싸인 자는 기근에 죽으리라, 이같이 내 진노를 그들에게 이룬즉,

⑬ 그 살륙 당한 시체가 그 우상 사이에 제단 사방에 각 높은 고개에 모든 산 꼭대기에 모든 푸른나무 아래에 무성한 상수리나무 아래 곧 그 우상에게 분향하던 곳에 있으리니, 너희가 나를 여호와인줄 알리라,

⑭ 내가 내 손을 그들의 위에 펴서, 그 거하는 온 땅 곧 사막에서부터 디블라까지 처량하고 황무하게 하리니, 그들이 나를 여호와인줄 알리라, 하라, 하시니라.,

● 7장

① 여호와의 말씀이 또 내게 임하여 가라사대,

② 너 사람인 아들아, 이것이 주 여호와가 이스라엘 땅에 대하여 말하는 것이니라, 끝났도다, 그 끝이 땅의 네 귀퉁이에서 덮쳐오는도다,

③ 이제는 네게 끝이 이르렀나니, 내가 내 진노를 네게 발하여, 네 행위들에 따라 너를 심판하고 네게 너의 모든 가증함들을 보응하리라,

④ 내가 너를 아껴 보지 아니하며 불쌍히 여기지도 아니하고, 다만 내가 네 위에 네 행위들을 보응할 것이며, 네 가증함들이 네 한가운데 있으리라, 그리하면 너희는 내가 여호와인줄 알리라,

⑤ 이것은 주 여호와께서 말씀하시는 것이다, 재앙이로다! 이제까지 들어보지 못한 재앙이 오고 있도다,

⑥ 끝이 났도다, 끝이 났도다, 그 끝이 너를 찾나니, 보라, 끝이 왔도다,

⑦ 땅에 거하는 너의 주민들에게 재앙이 오고있도다, 때가 이르렀고 날이 가까웠으니, 돌연한 공포의 날이요, 산들 위에서도 기쁨이 없는 날이로다,

(The morning is come unto thee, O thou that dwellest in the land: the time is come, the day of trouble is near, and not the sounding again of the mountains.-KJV)

(Doom has come upon you-you who dwell in the land. The time has come, the day is near; there is panic, not joy, upon the mountains.-NIV)

(The crisis has come for you who dwell in the land! The time has come, near is the day: panic, no rejoicing on the mountains.-NAB)

(This is your fate, you who live in this land. Time's up! It's zero hour. No dragging of feet now, no bargaining for more time.-THE MESSAGE)

⑧ 이제 내가 속히 분을 네게 쏟고 내 진노를 네게 이루어서 네 행위대로 너를 심판하

여 네 모든 가증한 일을 네게 보응하되,

⑨ 내가 너를 아껴 보지 아니하며 긍휼히 여기지도 아니하고 네 행위대로 너를 벌하여 너의 가증한 일이 너희 중에 나타나게 하리니, 나 여호와가 치는 줄을 네가 알리라,

⑩ 볼지어다, 그 날이로다, 볼지어다, 임박하도다, 정한 재앙이 이르렀으니 몽둥이가 꽃 피며 교만이 싹났도다,

⑪ 포학이 일어나서 죄악의 몽둥이가 되었은즉, 그들도 그 무리도 그 재물도 하나도 남지 아니하고, 그 중의 아름다운 것도 없어지리로다,

⑫ 때가 이르렀고 날이 가까웠으니, 사는 자도 기뻐하지 말고, 파는 자도 근심하지 말 것은 진노가 그 모든 무리에게 임함이로다,

⑬ 판 자가 살아 있다, 할지라도, 다시 돌아가서 그 판 것을 얻지 못하리니, 이는 묵시로 그 모든 무리를 가리켜 말하기를, 하나도 돌아갈 자가 없겠고, 악한 생활로 스스로 강하게 할 자도 없으리라, 하였음이로다,

⑭ 그들이 나팔을 불어 온갖 것을 예비하였을지라도 전쟁에 나갈 사람이 없나니, 이는 내 진노가 그 모든 무리에게 미쳤음이니라,

⑮ 밖에는 칼이 있고, 안에는 온역과 기근이 있어서 밭에 있는 자는 칼에 죽을 것이요, 성읍에 있는 자는 기근과 온역에 망할 것이며,

⑯ 도망하는 자는 산 위로 피하여 다 각기 자기 죄악 까닭에 골짜기 비둘기처럼 슬피 울 것이며,

⑰ 모든 손은 피곤하고 모든 무릎은 물과 같이 약할 것이라,

⑱ 그들이 굵은 베로 허리를 묶을 것이요, 두려움이 그들을 덮을 것이요, 모든 얼굴에는 수치가 있고, 모든 머리는 대머리가 될 것이며,

⑲ 그들이 그 은을 거리에 던지며 그 금을 오예물 같이 여기리니, 이는 여호와 내가 진노를 베푸는 날에 그 은과 금이 능히 그들을 건지지 못하며 능히 그 심령을 족하게 하거나 그 창자를 채우지 못하고 오직 죄악에 빠지는 것이 됨이로다,

⑳ 그들이 그 화려한 장식으로 인하여 교만을 품었고, 또 그것으로 가증한 우상과 미운 물건을 지었은즉, 내가 그것으로 그들에게 오예물이 되게 하여,

㉑ 외인의 손에 붙여 노략하게 하며 새상 악인에게 붙여 그들로 약탈하여 더럽히게 하고,

㉒ 내가 또 내 얼굴을 그들에게서 돌이키리니, 그들이 내 은밀한 처소를 더럽히고, 강

포한 자도 거기 들어와서 더럽히리라,

㉓ 너는 쇠사슬을 만들라, 이는 피 흘리는 죄가 그 땅에 가득하고, 강포가 그 성읍에 찼음이라,

㉔ 내가 극히 악한 이방인으로 이르러 그 집들을 점령하게 하고 악한 자의 교만을 그치게 하리니, 그 성소가 더럽힘을 당하리라,

㉕ 패망이 이르리니, 그들이 평강을 구하여도 없을 것이라,

㉖ 환난에 환난이 더하고, 소문에 소문이 더할 때에, 그들이 선지자에게 묵시를 구하나 헛될 것이며, 제사장에게는 율법이 없어질 것이요, 장로에게는 모략이 없어질 것이며,

㉗ 왕은 애통하고 방백은 놀람을 옷 입듯하며 거민의 손은 떨리리라, 내가 그 행위대로 그들에게 갚고, 그 죄악대로 그들을 국문한즉 그들이 나를 여호와인줄 알리라, 하라, 하시니라.

● 8장

① 여섯째 해 여섯째 달, 그달 오일에 나는 집에 앉았고 유다 장로들은 내 앞에 앉았는데, 여호와, 하나님의 권능이 거기서 내게 임하시니라,

② 그대에 내가 보았더니, 불의 모양같은 형상이라, 그분의 허리 모양의 아래는 불같고, 그분의 허리의 위로는 광채가 나서, 호박색을 띤 것 같더라,

③ 그분께서 손의 형체를 내밀어, 내 머리 한 타래를 잡윗고, 그 영께서 땅과 하늘 사이로 나를 들어 올리어, 하나님의 환상들 중에서 예루살렘으로 나를 이끌어, 북쪽을 향하여 바라보는 안문으로 들어가는 입구에 이르니 그곳은 질투를 유발시키는 우상의 자리가 있는 자리였더라,

④ 이스라엘 하나님의 영광이 거기 있는데, 내가 들에서 보던 그 환상과 같더라,

⑤ 그분께서 내게 이르시되, 사람인 아들아, 이제 너는 눈을 들어 북편을 바라보라, 하시기로, 내가 눈을 들어 북편을 바라보니, 제단문 어귀 북편에 그 질투의 우상이 있더라,

⑥ 그분께서 또 내게 이르시되, 사람인 아들아, 이스라엘 족속의 행하는 일을 보느냐? 그들이 여기서 크게 가증한 일을 행하여 나로 내 성소를 멀리 떠나게 하느니라, 너는 다시 다른 큰 가증한 일을 보리라, 하시더라,

⑦ 그분께서 나를 이끌고 뜰 문에 인도하시기에, 내가 본즉 담에 구멍이 있더라,

⑧ 그분께서 내게 이르시되, 사람인 아들아, 너는 이 담을 헐라, 하시기로, 내가 그 담을 허니 한 문이 있더라,

⑨ 또 내게 이르시되, 들어가서, 그들이 거기서 행하는 가증하고 악한 일을 보라, 하시기로,

⑩ 내가 들어가보니 각양 곤충과 가증한 짐승과 이스라엘 족속의 모든 우상을 그 사면 벽에 그렸고,

⑪ 이스라엘 족속의 장로 중 칠십 인이 그 앞에 섰으며, 사반의 아들 야아사냐도 그 가운데 섰고, 각기 손에 향로를 들었는데 향연이 구름 같이 오르더라,

⑫ 또 내게 이르시되, 사람인 아들아, 이스라엘 족속의 장로들이 각각 그 우상의 방안 어두운 가운데서 행하는 것을 네가 보았느냐? 그들이 이르기를, 여호와께서 우리를 보지 아니하시며 이 땅을 버리셨다, 하느니라,

⑬ 또 내게 이르시되, 너는 다시 그들의 행하는바 다른 큰 가증한 일을 보리라, 하시더라,

⑭ 그분께서 또 나를 데리고 여호와의 전으로 들어가는 북문에 이르시기로, 보니 거기 여인들이 앉아 담무스를 위하여 애곡하더라,

⑮ 그분께서 또 내게 이르시되, 사람인 아들아, 네가 그것을 보았느냐? 너는 또 이보다 더 큰 가증한 일을 보리라, 하시더라,

⑯ 그분께서 또 나를 데리고 여호와의 전 안뜰에 들어가시기로, 보니, 여호와의 전문 앞 현관과 제단 사이에서 약 이십 오인이 여호와의 전을 등지고 낯을 동으로 향하여 태양을 경배하고 있었더라,

⑰ 또 내게 이르시되, 사람인 아들아, 네가 보았느냐? 유다 족속이 여기서 행한 가증한 일을 적다 하겠느냐? 그들이 강포로 이 땅에 채우고 또 다시 내 노를 격동하고 심지어 나뭇가지를 그 코에 두었도다,

⑱ 그러므로 나도 진노로 다루리니, 내 눈이 동정을 베풀지도 않고 용서하지도 않으리니, 비록 그들이 큰 소리로 내 귀에 부르짖을 지라도, 내가 그들의 말을 듣지 아니하리라.

● 9장

① 그분께서 큰 소리로 내 귀에 외쳐 가라사대, 이 성읍을 관할하는 자들로 각기 살륙하는 기계를 손에 들고 나아오게 하라, 하시더라,

② 내가 본즉, 여섯 사람이 북향한 윗문 길로 좇아 오는데, 각 사람의 손에 살륙하는 기계를 잡았고, 그 중에 한 사람은 가는 베옷을 입고 허리에 서기관의 먹 그릇을 찼더라, 그들이 들어 와서 놋 제단 곁에 서더라,

③ 그룹에 머물러 있던 이스라엘 하나님의 영광이 올라 성전 문지방에 이르더니, 여호와께서 그 가는 베옷을 입고 서기관의 먹 그릇을 찬 사람을 불러,

④ 이르시되, 너는 예루살렘 성읍 중에 순행하여 그 가운데서 행하는 모든 가증한 일로 인하여 탄식하며 우는 자의 이마에 표하라 하시고,

⑤ 나의 듣는데 또 그 남은 자에게 이르시되, 너희는 그 뒤를 좇아 성읍 중에 순행하며 아껴 보지도 말며 긍휼을 베풀지도 말고 쳐서,

⑥ 늙은 자와 젊은 자와 처녀와 어린 아이와 부녀를 다 죽이되, 이마에 표 있는 자에게는 가까이 말라, 내 성소에서 시작할지니라, 하시매, 그들이 성전 앞에 있는 늙은 자들로부터 시작하더라,

⑦ 그가 또 그들에게 이르시되, 너희는 성전을 더럽혀 시체로 모든 뜰에 채우라, 너희는 나가라, 하시매, 그들이 나가서 성읍 중에서 치더라,

⑧ 그들이 칠 때에 내가 홀로 있는지라, 엎드리어 부르짖어 가로되, 오호라 주 여호와여 예루살렘을 향하여 분노를 쏟으시오니, 이스라엘 남은 자를 모두 멸하려 하시나이까?

⑨ 그가 내게 이르시되, 이스라엘과 유다 족속의 죄악이 심히 중하여 그 땅에 피가 가득하며 그 성읍에 불법이 찼나니, 이는 그들이 이르시기를, 여호와께서 이 땅을 버리셨으며 보지 아니하신다 함이라,

⑩ 그러므로 내가 그들을 아껴 보지 아니하며 긍휼을 베풀지 아니하고, 그 행위대로 그 머리에 갚으리라 하시더라,

⑪ 가는 베옷을 입고 허리에 먹 그릇을 찬 사람이 복명하여 가로되, 주께서 내게 명하신대로 내가 준행하였나이다, 하더라.

● 10장

① 그때에 내가 보니, 체루비움(지품천사) 머리들 위 공간 너머로 사파이어 왕관 같은 형상을 보았더라,

② 하나님이 가는 베옷 입은 사람에게 일러 가라사대, 너는 체루비움(지품천사) 밑 바퀴 사이로 들어가서 그 속에서 숯불을 두 손에 가득히 움켜 가지고 성읍 위에 흩으

라, 하시매, 그가 내 목전에 들어가더라,

③ 그 사람이 들어갈 때에 체루비움(지품천사)들은 성전 우편에 있고, 구름은 안 뜰에 가득하며,

④ 여호와의 영광이 체루비움에서 올라 문지방에 임하니, 구름이 성전에 가득하며 여호와의 영화로운 광채가 뜰에 가득하였고,

⑤ 체루비움(지품천사)들의 날개 소리는 바깥 뜰까지 들리는데, 전능하신 하나님의 말씀하시는 음성 같더라,

⑥ 하나님이 가는 베옷 입은 자에게 명하시기를 바퀴 사이 곧 지품천사들 사이에서 불을 취하라 하셨으므로 그가 들어가 바퀴 옆에 서매,

⑦ 한 지품 천사가 그들 사이에서 손을 내밀어 그 그들 사이에 있는 불을 취하여 가는 베옷 입은 자의 손에 주매 그가 받아 가지고 나가는지라,

⑧ 지품천사들의 날개 밑에 사람의 손 같은 것이 나타났더라,

⑨ 내가 보니 그룹(지품천사)들 곁에 네 바퀴가 있는데, 이 그룹 곁에도 한 바퀴가 있고, 저 그룹 곁에도 한 바퀴가 있으며, 그 바퀴 모양은 황옥 같으며,

⑩ 그 모양은 넷이 한결 같은데 마치 바퀴 안에 바퀴가 있는 것 같으며,

⑪ 지품천사들이 행할 때에는 사방으로 향한대로 돌이키지 않고 행하되 돌이키지 않고 그 머리 향한 곳으로 행하며,

⑫ 그들의 등을 포함하여 그들의 온 몸과 그들의 손들과 날개들은 그들의 네 바퀴와 같이 완전히 눈으로 덮여 있었더라,

⑬ 내가 들으니 그 바퀴들을 도는 것이라 칭하며,

⑭ 지품천사들의 각자는 네면의 얼굴을 가졌는데, 한면은 지품천사의 얼굴이요, 두번째 얼굴은 사람의 얼굴이요, 셋째는 사자의 얼굴이요, 넷째는 독수리의 얼굴이더라,

⑮ 그때에 지품천사들은 위로 올라갔더라, 이것들은 그바르 강가에서 보았던 살아있는 생물(창조물)이더라,

⑯ 지품천사들이 행할 때에는 바퀴도 그 곁에서 행하고, 지품천사들이 날개를 들고 땅에서 올라가려 할 때에도 바퀴가 그 곁을 떠나지 아니하며,

⑰ 그들이 서면 이들도 서고, 그들이 올라가면 이들도 함께 올라가니, 이는 살아있는 창조물(생물)의 영이 바퀴 가운데 있음이더라,

⑱ 여호와의 영광이 성전 문지방을 떠나서 지품천사들 위에 머무르니,

⑲ 지품천사들이 날개를 들고, 내 목전에 땅에서 올라가는데, 그들이 나갈 때에 바퀴도 그 곁에서 함께 하더라, 그들이 여호와의 전으로 들어가는 동문에 머무르고, 이스라엘 하나님의 영광이 그 위에 덮였더라,

⑳ 그것은 내가 그발강 가에서 본바 이스라엘 하나님의 아래 있던 창조물(생물)이라 그들이 지품천사들인 줄을 내가 아니라,

㉑ 각기 네 얼굴과 네 날개가 있으며 날개 밑에는 사람의 손 형상이 있으니,

㉒ 그 얼굴의 형상은 내가 그발강 가에서 보던 얼굴이며 그 모양과 몸둥이도 그러하며 각기 곧게 앞으로 행하더라.

● 11장

① 그때에 주의 영이 나를 들어 데리고 여호와의 전 동문 곧 동향한 문에 이르시기로, 본즉, 그 문에 이십 오 인이 있는데 내가 그 중에서 앗술의 아들 야아사냐와 브나야의 아들 블라댜를 보았으니, 그들은 백성의 지도자들이라,

② 여호와게서 내게 말씀하시기를, 사람인 아들아, 이 사람들은 불의를 품고 이 성중에서 악한 꾀를 행하는 자들이니라, 하시니라,

③ 그들의 말이 집 건축할 때가 가깝지 아니한 즉, 이 성읍은 가마가 되고 우리는 고기가 된다 하나니,

④ 그러므로 사람인 아들아, 너는 그들을 쳐서 예언하고 예언할지니라,

⑤ 여호와의 영이 내게 임하여 가라사대, 너는 말하기를, 여호와의 말씀에 이스라엘 족속아 너희가 이렇게 말하였도다, 너희 마음에서 일어나는 것을 내가 다 아노라,

⑥ 너희가 이 성읍에서 많이 살륙하여 그 시체로 거리에 채웠도다,

⑦ 그러므로 나 주 여호와가 말하노라 이 성읍 중에서 너희가 살륙한 시체는 그 고기요, 이 성읍은 가마려니와 너희는 그 가운데서 끌려 나오리라,

⑧ 나 주 여호와가 말하노라, 너희가 칼을 두려워하니, 내가 칼로 너희에게 임하게 하고,

⑨ 너희를 그 성읍 가운데서 끌어내어 타국인의 손에 붙여 너희에게 벌을 내리리니,

⑩ 너희가 칼에 엎드러질 것이라, 내가 이스라엘 변경에서 너희를 국문하리니, 너희가 나를 여호와인줄 알리라,

⑪ 이 성읍은 너희 가마가 되지 아니하고, 너희는 그 가운데 고기가 되지 아니할지라, 내가 너희를 이스라엘 변경에서 국문하리니,

⑫ 너희가 나를 여호와인줄 알리라, 너희가 내 율례를 행치 아니하며 규례를 지키지 아니하고, 너희 사면에 있는 이방인의 규례대로 행하였느니라, 하셨다, 하라,

⑬ 이에 내가 예언할 때에 브나야의 아들 블라댜가 죽기로 내가 엎드리어, 큰 소리로 부르짖어 가로되, 오호라, 주 여호와여 이스라엘의 남은 자를 다 멸절하고자 하시나이까, 하니라,

⑭ 여호와의 말씀이 내게 임하여 가라사대,

⑮ 사랑인아들아, 예루살렘 거민이 너의 형제, 곧 너의 형제와 친족들과 이스라엘 온 족속을 향하여 이르기를 너희는 여호와에게서 멀리 떠나라, 이 땅은 우리에게 주어 유업이 되게 하신 것이라 하였나니,

⑯ 그런즉 너는 말하기를, 주 여호와의 말씀에 내가 비록 그들을 멀리 이방인 가운데로 쫓고, 열방에 흩었으나, 그들이 이른 열방에서 내가 잠간 그들에게 성소가 되리라, 하셨다, 하고,

⑰ 너는 또 말하기를, 주 여호와의 말씀에 내가 너희를 만민 가운데서 모으며 너희를 흩은 열방 가운데서 모아 내고, 이스라엘 땅으로 너희에게 주리라 하셨다, 하라,

⑱ 그들이 그리로 가서 그 가운데 모든 미운 물건과 가증한 것을 제하여 버릴지라,

⑲ 내가 그들에게 일치한 마음을 주고, 그 속에 새 신을 주며, 그 몸에서 굳은 마음을 제하고 부드러운 마음을 주어서,

⑳ 내 율례를 좇으며 내 규례를 지켜 행하게 하리니, 그들은 내 백성이 되고, 나는 그들이 하나님이 되리라,

㉑ 그러나 미운 것과 가증한 것을 마음으로 좇는 자는 내가 그 행위대로 그 머리에 갚으리라, 나 주 여호와의 말이니라,

㉒ 그때에 지품천사들이 날개를 드는데 바퀴도 그 곁에 있고 이스라엘 하나님의 영광도 그 위에 덮였더니,

㉓ 여호와의 영광이 성읍 중에서부터 올라가서 성읍 동편 산에 머물고,

㉔ 하나님의 영에 의하여 주어진 환상에서, 주의 영이 나를 들어올려서 바빌로니아에 있는 포로들(바빌론유수)에게 데려갔느니라, 그리고 내가 본 환상은 나를 떠났고,

(Afterwards the spirit took me up, and brought me in a vision by the Spirit of God into Chaldea, to them of captivity. So the vision that I had seen went up from me.-KJV)

(The Spirit lifted me up and brought me to the exiles in Babylonia in the vision given by the Spirit of God. Then the vision I had seen went up from me,-NIV)

(In a vision, the spirit lifted me up and brought me back to the exiles in Chaldea, by the spirit of God. The vision I had seen left me,-NAB)

(Then, still in the vision given me by the Spirit of God, the Spirit took me and carried me back to the exiles in Babylon, And then the vision left me.-THE MESSAGE)

㉕ 나는 사로잡힌 자들에게 여호와께서 내게 보이신 모든 일을 말하였느니라.

● 12장

① 여호와의 말씀이 또 내게 임하여 말씀하시기를,

② 사람인아들아, 너는 반역한 족속 중에 거하도다, 그들은 볼 눈이 있어도 보지 아니하고, 들을 귀가 있어도 듣지 아니하나니, 그들은 반역한 족속임이니라,

③ 그러므로 사람인아들아, 이사할 물건들을 준비하고, 낮에 그들의 목전에서 이사하라, 너는 그들의 목전에서 네 처소에서 다른 처소로 옮길지니, 비록 그들이 반역하는 족속이라도 깊이 생각을 하리라,

④ 그때에 너는 짐을 유배하는 자의 짐처럼 싸서 대낮에 그들이 보는 앞에서 내어 놓았다가, 저녁에 그들이 보는 앞에서 유배를 떠나듯이 떠나라,

(Then shalt thou bring forth thy stuff by day in their sight, as stuff for removing; and thou shalt go forth at even in their sight, as they that go forth into captivity.-KJV)

(During the daytime, while they wash, bring out your belongings packed for exile. Then in the evening, while they are watching, go out like those who go into exile.-NIV)

(Leave in broad daylight with everyone watching and go off, as if into exile, Maybe then they'll understand what's going on, rebels through they are.-THE MESSAGE)

(During the day, while they watch, bring out your bag, an exile's bag. In the evening, again while they watch, go out as if into exile.-NAB)

⑤ 너는 그 목전에서 성벽을 뚫고 그리로 쫓아 옮기되,

⑥ 캄캄할 때에 그 목전에서 어깨에 메고 나가며 얼굴을 가리우고 땅을 보지 말지어다, 이는 내가 너를 세워 이스라엘 족속에게 징조가 되게 함이니라, 하시기로,

⑦ 내가 그 명대로 행하여 낮에 나의 짐을 이사하는 짐같이 내어 놓고, 저물 때에 내 손으로 성벽을 뚫고 캄캄할 때에 짐을 내어다가 그 목전에서 어깨에 메고 나가니라,

⑧ 이튿날 아침에 여호와의 말씀이 또 내게 임하여 가라사대,

⑨ 사람인 아들아, 이스라엘 족속 곧 그 반역한 족속이 네게 묻기를 무엇을 하느냐? 하지, 아니하더냐?

⑩ 너는 그들에게 말하기를, 주 여호와의 말씀에 이것은 예루살렘 왕과 그 가운데 있는 이스라엘 온 족속에 대한 신탁이라 하셨다, 하고,

⑪ 또 말하기를, 나는 너희 예표라, 내가 행한대로 그들이 당하여 사로잡혀 옮겨 갈것이니라,

⑫ 무리가 성벽을 뚫고 짐을 그리로 가지고 나가고, 그 중에 왕은 어두울 때에 어깨에 짐을 메고 나가며 눈으로 땅을 보지 아니하려고 자기 얼굴을 가리우리라, 하라,

⑬ 내가 또 내 그물을 그의 위에 치고, 내 올무에 걸리게 하여 그를 끌고 갈대아 사람들의 땅 바벨론에 이르리니, 그가 그 땅을 보지도 못하고 거기서 죽을 것이니라,

⑭ 내가 그 보호하는 자와 부대들을 다 사방으로 흩고 또 그 뒤를 따라 칼을 빼리라,

⑮ 내가 그들을 이방인 가운데로 흩으며 열방 중에 헤친 후에야 그들이 나를 여호와 인줄 알리라,

⑯ 그러나 내가 그 중 몇 사람을 남겨 칼과 기근과 역병을 벗어나게 하여, 그들로 이르는 이방인 중에 자기의 모든 가증한 일을 자백하게 하리니, 그들이 나를 여호와인 줄 알리라,

⑰ 여호와의 말씀이 또 내게 임하여 가라사대,

⑱ 사람인 아들아, 너는 떨면서 네 양식을 먹고 놀라고 근심하면서 네 물을 마시며,

⑲ 이 땅 백성에게 말하되, 주 여호와께서 예루살렘 거민과 이스라엘 땅에 대하여 이르시기를, 그들이 근심하면서 그 양식을 먹으며 놀라면서 그 물을 마실 것은 이 땅 모든 거민의 강포를 인하여 땅에 가득한 것이 황무하게 됨이라,

⑳ 사람의 거하는 성읍들이 황폐하며 땅이 황무하리니, 너희가 나를 여호와인줄 알리라, 하셨다, 하라,

㉑ 여호와의 말씀이 또 내게 임하여 가라사대,

㉒ 사람인 아들아, 이스라엘 땅에서 이르기를, 날이 더디고 모든 묵시가 응험이 없다 하는 너희의 속담이 어찜이뇨?

㉓ 그러므로 너는 그들에게 이르기를, 주 여호와의 말씀에 내가 이 속담을 그치게 하리니, 사람이 다시는 이스라엘 가운데서 이 속담을 못하리라, 하셨다, 하고, 또 그들에게 이르기를, 날과 모든 묵시의 응함이 가까우니,

㉔ 이스라엘 족속 중에 거짓 묵시나 아첨하는 복술이 다시 있지 못하리라, 하라,

㉕ 나는 여호와라, 내가 말하리니, 내가 하는 말이 다시는 더디지 아니하고 응하리라, 반역한 족속아 ,내가 너희 생전에 말하고 이루리라, 나, 주 여호와의 말이니라, 하셨다, 하라,

㉖ 여호와의 말씀이 또 내게 임하여 가라사대,

㉗ 사람인 아들아, 이스라엘 족속의 말이 그의 보는 환시는 여러날 후의 일이라 그가 먼 때에 대하여 예언하는 도다, 하나니,

㉘ 그러므로 너는 그들에게 이르기를, 주 여호와의 말씀에 나의 말이 하나도 다시 더디지 않을찌니, 나의 한 말이 이루리라, 나, 주 여호와의 말이니라, 하셨다, 하라.

● 13장

① 여호와의 말씀이 내게 임하여 말씀하시기를,

② 사람인 아들아, 너는 지금 예언하는 이스라엘의 선지자들에 대하여 미리 말하여라, 그들 자신들의 상상으로 예언하는 자들에게 말하여라, 즉, '여호와의 말씀을 들으라.'라고,

③ 주 하나님이 이같이 말하노라, 알지 못하면서 자기 자신의 영을 따르는 어리석은 선지자들게 화가 있을진저!

④ 이스라엘아 너의 선지자들은 황무지에 있는 여우 같으니라,

⑤ 너희 선지자들이 성 무너진 곳에 올라 가지도 아니하였으며, 이스라엘 족속을 위하여 여호와의 날에 전쟁을 방비하게 하려고 성벽을 수축하지도 아니하였느니라,,

⑥ 그들은 거짓 환시를 보고 속임수 예언을 하며, 여호와께서 보내지도 않았는데 여호와의 계시라고 하면서 그들이 말한 어떤 것이 나타나기를 기대하느니라,

(They have seen vanity and lying divination, saying, The LORD saith: and the LORD hath not sent them: and they have made others to hope that they would confirm the word.-KJV)

(Their visions are false and their divinations a lie. They say, "The LORD declares," when the LORD has not sent them; yet they expect their words to be fulfilled.-NIV)

(False visions! Lying divinations! They say, "The oracle of the LORD," even though the LORD did not send them. Then they expect their word to be confirmed!-NAB)

(All they do is fantasize comforting illusions and preach lying sermons. They say 'GOD says . . .' when GOD hasn't so much as breathed in their direction. And yet they stand around thinking that something they said is going to happen.-THE MESSAGE)

⑦ 너희가 말하기는 여호와의 말씀이라 하여도 내가 말한 것이 아닌즉, 어찌 속임수 묵시를 보며 거짓된 점괘를 말한 것이 아니냐?

⑧ 그러므로 나 주 여호와가 또 말하노라, 너희가 속이는 것을 말하며 거짓된 것을 보았은즉, 내가 너희를 치리라, 나, 주 여호와의 말이니라,

⑨ 그 선지자들이 속임수 묵시를 보며 거짓 것을 점쳤으니, 내 손이 그들을 쳐서 내 백성의 공회에 들어오지 못하게 하고, 이스라엘 족속의 호적에도 기록되지 못하게 하며, 이스라엘 땅에도 들어가지 못하게 하리니, 너희가 나를 여호와인줄 알리라,

⑩ 이렇게 칠 것은 그들이 내 백성을 유혹하여 평강이 없으나 평강이 있다 함이라, 어떤 사람이 담을 쌓을 때에 그들이 회칠을 하는도다,

⑪ 그러므로 너는 회칠하는 자에게 이르기를, 그것이 무너지리라, 폭우가 내리며 큰 우박덩이가 떨어지며 폭풍이 열파하리니,

⑫ 그 담이 무너진즉, 어떤 사람이 너희에게 말하기를, 그것에 칠한 회가 어디 있느뇨? 하지 아니하겠느냐?

⑬ 그러므로 나 주 여호와가 말하노라, 내가 분노하여 폭풍으로 열파하고, 내가 진노하여 폭우를 내리며, 분노하여 큰 우박덩이로 허물어뜨리리라,

⑭ 회칠한 담을 내가 이렇게 허물어 땅에 넘어 뜨리고 그 기초를 드러낼 것이라, 담이 무너진즉, 너희가 그 가운데서 망하리니 나를 여호와인줄 알리라,

⑮ 이와 같이 내가 내 노를 담과 회칠한 자에게 다 이루고, 또 너희에게 말하기를 담도 없어지고 칠한 자들도 없어졌다 하리니,

⑯ 이들은 예루살렘에 대하여 예언하여 평강이 없으나 평강의 묵시를 본다, 하는 이

스라엘의 선지자들이니라, 나 주 여호와의 말이니라 하셨다, 하라,

⑰ 너 사람인 아들아, 너의 백성 중 자기 마음에서 나는 대로 예언하는 부녀들을 대면하여 쳐서 예언하여,

⑱ 이르기를, 주 여호와의 말씀에 사람의 영혼을 사냥하고자 하여 방석을 모든 팔뚝에 꿰어 매고 수건을 키가 큰 자나 작은 자의 머리를 위하여 만드는 부녀들에게 화 있을찐저! 너희가 어찌하여 내 백성의 영혼을 사냥하면서 자기를 위하여 영혼을 살리려하느냐?

⑲ 너희가 두어 움큼 보리와 두어 조각 떡을 위하여 나를 내 백성 가운데서 욕되게 하여 거짓말을 곧이 듣는 내 백성에게 너희가 거짓말을 지어서 죽지 아니할 영혼을 죽이고, 살지 못할 영혼을 살리는도다,

⑳ 그러므로 나 주 여호와가 말하노라, 너희가 새를 사냥하듯 영혼들을 사냥하는 그 방석을 내가 너희 팔에서 떼어 버리고 너희가 새처럼 사냥한 그 영혼들을 놓으며,

㉑ 또 너희 수건을 찢고 내 백성을 너희 손에서 건지고, 다시는 너희 손에 사냥물이 되지 않게 하리니, 너희가 나를 여호와인줄 알리라,

㉒ 내가 슬프게 하지 아니한 의인의 마음을 너희가 거짓말로 근심하게 하며, 너희가 또 악인의 손을 굳게 하여, 그 악한 길에서 돌이켜 떠나 삶을 얻지 못하게 하였은즉,

㉓ 그러므로 너희는 더 이상 거짓으로라도 환시를 보지 못하고, 어떤 점괘도 말하지 못할지라, 그리하여 나는 내 백성을 너희 손에서 건져 내리니, 그제야 너희는 내가 여호와인줄을 알리라, 하라, 하시니라.

● 14장

① 그때에 이스라엘 장로 두어 사람이 나아와 내 앞에 앉으매,

② 여호와의 말씀이 내게 임하여 가라사대,

③ 사람인 아들아, 이 사람들이 자기들의 마음속에 자기들의 우상들을 세워두고, 자기들의 얼굴 앞에 자기들의 죄악의 걸림돌을 두었나니, 과연 그들이 내게 물을 수 있겠느냐?

④ 그런즉 너는 그들에게 말하여 이르라, 나 주 여호와가 말하노라, 이스라엘 족속 중에 무릇 그 우상을 마음에 들이고, 죄악의 거치는 것을 자기 앞에 두며, 선지자에게 나아오는 자에게는 나 여호와가 그 우상의 많은대로 응답하리니,

⑤ 이는 이스라엘 족속이 다 그 우상으로 인하여 나를 배반하였으므로 내가 그들의 마음에 먹은대로 그들을 잡으려 함이니라,

⑥ 그런즉 너는 이스라엘 족속에게 이르기를, 주 여호와의 말씀에 너희는 마음을 돌이켜 우상을 떠나고 얼굴을 돌이켜 모든 가증한 것을 떠나라,

⑦ 이스라엘 족속과 이스라엘 가운데 우거하는 외인 중에 무릇 나를 떠나고, 자기 우상을 마음에 들이며, 죄악의 거치는 것을 자기 앞에 두고 자기를 위하여 내게 묻고자 하여 선지자에게 나아오는 자에게는 나 여호와가 친히 응답하여,

⑧ 그 사람을 대적하여 그들로 놀라움과 감계와 속담거리가 되게 하여 내 백성 가운데서 끊으리니, 너희가 나를 여호와인줄 알리라,

⑨ 만일 선지자가 유혹을 받고 말을 하면, 나 여호와가 그 선지자로 유혹을 받게 하였음이어니와 내가 손을 펴서 내 백성 이스라엘 가운데서 그를 멸할 것이라,

⑩ 선지자의 죄악과 그에게 묻는 자의 죄악이 같은즉, 각각 자기의 죄악을 담당하리니,

⑪ 그때에 이스라엘 족속으로 다시는 곁길로 나가 나를 떠나지 않게 하고, 다시는 모든 범죄함으로 스스로 더럽히지 않게 하여, 그들로 내 백성을 삼고 나는 그들의 하나님이 되려 함이니라, 나, 주 여호와의 말이니라, 하셨다, 하라,

⑫ 여호와의 말씀이 또 내게 임하여 가라사대,

⑬ 사람이 아들아, 만일 어느 나라가 불신앙하여 내게 죄를 범하면 내가 손을 그 위에 펴서 양식의 공급을 끊고 그곳에 기근을 내리고 그곳의 사람들과 동물들을 죽일 것이니라,

⑭ 비록 노아 다니엘 욥 이 세 사람이 거기 있을지라도, 그들은 자기의 의로 자기의 생명만 건지리라, 나, 주 여호와의 말이니라,

⑮ 가령 내가 사나운 짐승으로 그 땅에 통행하여 적막케 하며 황무케 하여 사람으로 그 짐승을 인하여 능히 통행하지 못하게 한다, 하자,

⑯ 비록 이 세 사람이 거기 있을지라도 나의 삶을 두고 맹세하노니, 그들은 자녀도 건지지 못하고, 자기만 건지겠고, 그 땅은 황무하리라, 나 주 여호와의 말이니라,

⑰ 또한 만일 내가 그 땅에 칼을 가져와서 그 칼에게 이땅을 쓰러버려라 하여 그곳의 사람들과 그들의 동물들을 죽인다 하면,

⑱ 비록 이 세 사람이 거기 있을지라도 나의 삶을 두고 맹세하노니, 그들은 자녀도 건지지 못하고, 자기만 건지리라, 나 주 여호와의 말이니라,

⑲ 만일 내가 그 땅에 전염병을 보내어, 피로 내 분노를 그 위에 쏟아 부어 그 땅으로부터 사람과 짐승을 끊고자 한다, 하자,

⑳ 비록 노아, 다니엘, 욥이 거기 있을지라도, 내가 살아 있는 한, 그들은 자녀도 건지지 못하고 자기의 의로 자기의 생명만 건지리라, 나, 주 여호와의 말이니라, 하시니라,

㉑ 이는 주 여호와께서 말씀하신 것이니라, 즉, 내가 네 가지 중한 벌 곧 칼과 기근과 해로운 짐승과 전염병을 보내어 그 땅으로부터 사람과 짐승을 죽인다면, 그것은 얼마나 끔찍하겠느냐?

㉒ 그러나 그 안에 살아남은 자들이 있어서, 아들, 딸들을 데리고 나오리니, 곧 자녀들이라, 그들이 너희에게로 나아오리니, 그렇게 되면 너희는 그들이 걸어온 길과 행실을 보고, 내가 예루살렘에 내린 재앙, 곧 그 내린 모든 일에 대하여 너희가 위로를 받을 것이니라,

㉓ 너희가 그들이 걸어온 길과 행실을 보게 될 때, 그들이 너희를 위로할 것이니라, 그제야 너희는 내가 예루살렘에서 행한 모든 일이 무고히 한 것이 아닌줄을 알리라, 주 여호와의 말씀이니라.

● 15장

① 여호와의 말씀이 또 내게 임하여 가라사대,

② 사람인 아들아, 어떻게 포도나무와 그 가지가 숲속에 널린 다른 나무보다 무엇이 나으냐?

(Son of man, What is the vine tree more than any tree, or than a branch which is among the trees of the forest?-KJV)

(Son of man, how is the wood of a vine better than that of a branch on any of the trees in the forest?-NIV)

(Son of man, what makes the wood of wine Better than the wood of branches found on the trees in the forest?-NAB)

(Son of man, how would you compare the wood of vine with the branches of any tree you'd find in the forest?-THE MESSAGE)

③ 그 나무를 가지고 무엇을 제조할 수 있겠느냐? 그것으로 물건을 걸어 둘 못 하나라도 을 만들 수 있겠느냐?

④ 불에 던질 화목이 될 뿐이라, 불이 그 두 끝을 사르고, 그 가운데도 태웠으면 제조에 무슨 소용이 있겠느냐?

⑤ 그것이 온전할 때에도 아무 제조에 합당치 않았거든 하물며 불에 살라지고 탄 후에 어찌 제조에 합당하겠느냐?

⑥ 그러므로 주 여호와 내가 말하노라, 내가 수풀 가운데 포도나무를 불에 던질 화목이 되게 한 것 같이 내가 예루살렘 거민도 그같이 할지라,

⑦ 내가 그들을 대적한즉, 그들이 그 불에서 나와도 불이 그들을 사르리니, 내가 그들을 대적할 때에 너희가 나를 여호와인줄 알리라,

⑧ 내가 그 땅을 황무케 하리니, 이는 그들이 범법함이니라, 나 주 여호와의 말이니라, 하시니라,

● 16장

① 여호와의 말씀이 또 내게 임하여 말씀하시기를,

② 사람인 아들아, 예루살렘으로 그 가증한 일을 알게 하여,

③ 이르기를, 주 여호와께서 예루살렘에 대하여 말씀하시되, 네 근본과 난 땅은 가나안이요, 네 아비는 아모리 사람이요, 네 어미는 헷 사람이라,

④ 너의 난 것을 말하건대, 네가 날 때에 네 배꼽줄을 자르지 아니하였고, 너를 물로 씻어 정결케 하지 아니하였고, 너를 강보로 싸지도 아니하였나니,

⑤ 너를 돌아 보아 이중에 한가지라도 네게 행하여 너를 긍휼히 여긴 자가 없었으므로, 네가 나던 날에 네 몸이 거린바 되어 네가 들에 버리웠었느니라,

⑥ 내가 네 곁으로 지나갈 때에 네가 피투성이가 되어 발짓하는 것을 보고, 네게 이르기를, 너는 피투성이라도 실라, 다시 이르기를, 너는 피투성이라도 살리 하고,

⑦ 내가 너로 들의 풀 같이 많게 하였더니, 네가 크게 자라고, 심히 아름다우며 유방이 뚜렷하고, 네 머리털이 자랐으나 네가 오히려 벌거벗은 맨몸이었느니라,

⑧ 내가 네 곁으로 지나며 보니, 네 때가 사랑스러운 때라, 내 옷으로 너를 덮어 벌거벗은 것을 가리우고, 네게 맹세하고 언약하여 너로 네게 속하게 하였느니라, 나 주 여호와의 말이니라,

⑨ 내가 물로 너를 씻겨서 네 피를 없이 하며 네게 기름을 바르고,

⑩ 수 놓은 옷을 입히고 물돼지 가죽신을 신기고, 가는 베로 띠우고 명주로 덧입히고,

⑪ 패물을 채우고 팔고리를 손목에 끼우고, 사슬을 목에 드리우고,

⑫ 코고리를 코에 달고, 귀고리를 귀에 달고, 화려한 면류관을 머리에 씌웠나니,

⑬ 이와 같이 네가 금 은으로 장식하고, 가는 베와 명주와 수 놓은 것을 입으며, 또 고운 밀가루와 꿀과 기름을 먹음으로 극히 곱고 형통하여 왕후의 지위에 나아갔느니라,

⑭ 네 화려함을 인하여 네 명성이 이방인 중에 퍼졌음은 내가 네게 입힌 영화로 네 화려함이 온전함이니라, 나 주 여호와의 말이니라,

⑮ 그러나 네가 네 화려함을 믿고, 네 명성을 인하여 행음하되, 무릇 지나가는 자면 더불어 음란을 많이 행하므로 네 몸이 그들의 것이 되었느니라,

⑯ 네가 네 의복을 취하여 색스러운 산당을 너를 위하여 만들고 거기서 행음하였나니, 이런 일은 전무 후무하니라,

⑰ 네가 또 나의 준 금 은 장식품으로 너를 위하여 남자 우상을 만들어 행음하며,

⑱ 또 네 수 놓은 옷으로 그 우상에게 입히고, 나의 기름과 향으로 그 앞에 베풀며,

⑲ 또 내가 네게 주어 먹게한 내 음식 곧 고운 밀가루와 기름과 꿀을 네가 그 앞에 베풀어 향기를 삼았나니, 과연 그렇게 하였느니라, 나 주 여호와의 말이니라,

⑳ 또 네가 나를 위하여 낳은 네 자녀를 가져 그들에게 드려 제물을 삼아 불살랐느니라, 네가 너의 음행을 작은 일로 여겨서,

㉑ 나의 자녀들을 죽여 우상에게 붙여 불 가운데로 지나가게 하였느냐?

㉒ 네 어렸을 때에 벌거벗어 맨몸이었으며 피투성이가 되어서 발짓하던 것을 기억지 아니하고, 네가 모든 가증한 일과 음란을 행하였느니라,

㉓ 나 주 여호와가 말하노라, 너는 화 있을진저, 화 있을진저, 네가 모든 악을 행한 후에,

㉔ 너를 위하여 누를 건축하며 모든 거리에 높은 대를 쌓았도다,

㉕ 네가 높은 대를 모든 길 머리에 쌓고, 네 아름다움을 가증하게 하여 모든 지나가는 자에게 다리를 벌여 심히 행음하고,

㉖ 하체가 큰 네 이웃나라 에집트 사람과도 행음을 심히 음란히 하여 내 노를 격동하였도다,

㉗ 그러므로 내가 내 손을 네 위에 펴서 네 일용 양식을 감하고, 너를 미워하는 블레셋 여자, 곧 네 더러운 행실을 부끄러워하는 자에게 너를 붙여 임의로 하게 하였거늘,

㉘ 네가 음욕이 차지 아니하여 또 앗수르 사람과 행음하고, 그들과 행음하고도 오히려 부족히 여겨,

㉙ 장사하는 땅 바빌로니아에까지 심히 행음하되, 오히려 족한 줄을 알지 못하였느니라,

㉚ 나 주 여호와가 말하노라, 네가 이 모든 일을 행하니, 이는 방자한 음부의 행위라 네 마음이 어찌 그리 허약한가!

㉛ 네가 누를 모든 길 머리에 건축하며 높은 대를 모든 거리에 쌓고도 값을 싫어하니 창기 같지도 않도다,

㉜ 그 지아비 대신에 외인과 사통하여 간음하는 아내로다,

㉝ 사람들은 모든 창기에게 선물을 주거늘, 오직 너는 네 모든 정든 자에게 선물을 주며 값을 주어서 사방에서 와서 너와 행음하게 하니,

㉞ 너의 음란함이 다른 여인과 같지 아니함은 행음하려고 너를 따르는 자가 없음이며, 또 네가 값을 받지 아니하고 도리어 줌이라, 그런즉 다른 여인과 같지 아니하니라,

㉟ 그러므로 너 음부야, 여호와의 말을 들을지어다,

㊱ 나, 주 여호와가 말하노라, 네가 네 누추한 것을 쏟으며 네 정든 자와 행음함으로 벗은 몸을 드러내며 또 가증한 우상을 위하며 네 자녀의 피를 그 우상에게 드렸은즉,

㊲ 내가 너의 즐거워하는 정든 자와 사랑하던 모든 자와 미워하던 모든 자를 모으되, 사방에서 모아 너를 대적하게 할 것이요, 또 네 벗은 몸을 그 앞에 드러내어 그들로 그것을 다 보게 할 것이며,

㊳ 내가 또 간음하고 사람의 피를 흘리는 여인을 국문함 같이 너를 국문하여 진노의 피와 투기의 피를 네게 돌리고,

㊴ 내가 또 너를 그들의 손에 붙이리니, 그들이 네 누를 헐며 내 높은 대를 훼파하며 네 의복을 벗기고 네 장식품을 빼앗고 네 몸을 벌거벗겨 버려두며,

㊵ 무리를 데리고 와서 너로 돌로 치며 칼로 찌르며,

㊶ 불로 너의 집들을 사르고 여러 여인의 목전에서 너를 벌할지라, 내가 너로 곧 음행을 그치게 하리니, 네가 다시는 값을 주지 아니하리라,

㊷ 그리한즉, 내가 네게 대한 내 분노가 그치며 내 투기가 네게서 떠나고 마음이 평안하여 다시는 노하지 아니하리라,

㊸ 네가 어렸을 때를 기억지 아니하고 이 모든 일로 나를 격노케 하였은즉, 내가 네 행위대로 네 머리에 보응하리니, 네가 이 음란과 네 모든 가증한 일을 다시는 행하시

아니하리라, 나 주 여호와의 말이니라,
㊹ 속담을 말하는 모든자는 네게 이런 속담을 말할 것이다, "그 어미에 그 딸이다." 하리라,
㊺ 너는 그 남편과 자녀를 싫어한 어미의 딸이요, 너는 그 남편과 자녀를 싫어한 형의 동생이로다, 네 어미는 헷 사람이요, 네 아비는 아모리 사람이며,
㊻ 네 형은 그 딸들과 함께 네 좌편에 거하는 사마리아요, 네 아우는 그 딸들과 함께 네 우편에 거하는 소돔이라,
㊼ 네가 그들의 행위대로만 행치 아니하며, 그 가증한 대로만 행치 아니하고, 그것을 적게 여겨서 네 모든 행위가 그 보다 더욱 부패하였도다,
㊽ 나 주 여호와가 말하노라, 내가 나의 삶을 두고 맹세 하노니, 네 아우 소돔 곧 그와 그 딸들은 너와 네 딸들의 행위 같이 행치 아니하였느니라,
㊾ 네 아우 소돔의 죄악은 이러하니, 그와 그 딸들에게 교만함과 식물의 풍족함과 태평함이 있음이며, 또 그가 가난하고 궁핍한 자를 도와주지 아니하며,
㊿ 거만하여 가증한 일을 내 앞에서 행하였음이라, 그러므로 내가 보고 곧 그들을 없이 하였느니라,
(51) 사마리아는 네 죄의 절반도 범치 아니하였느니라, 네가 그들보다 가증한 일을 심히 행한고로 너의 가증한 행위로 네 형과 아우를 의롭게 하였느니라,
(52) 네가 네 형과 아우를 논단하였은즉, 너도 네 수치를 담당할지니라, 네가 그들보다 더욱 가증한 죄를 범하므로 그들이 너보다 의롭게 되었나니, 네가 네 형과 아우를 의롭게 하였은즉, 너는 놀라며 네 수치를 담당할지니라,
(53) 내가 그들의 사로잡힘, 곧 소돔과 그 딸들의 사로잡힘과 사마리아와 그 딸들의 사로잡힘과 그들 중에 너의 사로잡힌 자의 사로잡힘을 돌이켜서,
(54) 너로 네 수욕을 담당하고, 너의 행한 모든 일을 인하여 부끄럽게 하리니, 이는 네가 그들에게 위로가 됨이라,
(55) 네 아우 소돔과 그 딸들이 옛 지위를 회복할 것이요, 사마리아와 그 딸들도 그 옛 지위를 회복할 것이며, 너와 네 딸들도 너희 옛 지위를 회복할 것이니라,
(56) 네가 교만하던 때에 네 아우 소돔을 네 입으로 말하지도 아니하였나니,
(57) 곧 네 악이 드러나기 전이며, 아람 딸들이 너를 능욕하기 전이며, 너의 사방에 둘러 있는 블레셋 딸들이 너를 멸시하기 전이니라,
(58) 네 음란과 네 가증한 일을 네가 담당하였느니라, 나 여호와의 말이니라,

(59) 나 주 여호와가 말하노라, 네가 맹세를 멸시하여 언약을 배반하였은즉, 내가 네 행한 대로 네게 행하리라,
(60) 그러나 내가 너의 어렸을 때에 너와 세운 언약을 기억하고 너와 영원한 언약을 세우리니,
(61) 그때에 내가 네 자매들, 즉 네 언니와 네 동생을 받아들일 때에, 너는 네 행위들을 기억하고 부그러워하리라, 내가 그들을 네게 딸로 주겠으나 네 언약으로 인한 것은 아니니라,
(62) 또 내가 네게 내 언약을 세우리니, 그리하면 너는 내가 여호와인줄을 알리라,
(63) 이는 내가 네 모든 행한 일을 용서한 후에 너로 기억하고 놀라고 부끄러워서 다시는 입을 열지 못하게 하려 함이니라, 나 주 여호와의 말이니라, 하라, 하시니라.

• 17장

① 여호와의 말씀이 내게 임하여 가라사대,
② 사람인 아들아, 너는 수수께끼를 내고 이스라엘 족속에게 비유로 말하여라,
③ 말하기를, 주 여호와께서 이같이 말하노라, 크고 긴 날개들과 깃이 길고 털이 많고 여러가지 색이 있는 큰 독수리가 레바논에 이르러 백향목의 가장 높은 가지를 취하여,
④ 그 연한 가지 끝을 꺾어 가지고 장사하는 땅에으로 가져다가 상인들의 성읍에 두었느니라,
⑤ 또한 그 땅의 종자를 취하여 옥토에 심되, 수양버들 가지 처럼 큰 물가에 심더니,
⑥ 그것이 자라며 퍼져서 높지 아니한 포도나무 곧 굵은 가지와 가는 가지가 난 포도나무가 되어 그 가지는 독수리를 향하였고 그 뿌리는 독수리의 아래 있었더니,
⑦ 또 날개가 크고 털이 많은 큰 독수리 하나가 있었는데, 그 포도나무가 이 독수리에게 물을 받으려고 그 심긴 두둑에서 그를 향하여 뿌리가 발하고 가지가 퍼졌도다,
⑧ 그 포도나무를 큰 물가 옥토에 심은 것은 가지를 내고 열매를 맺어서 아름다운 포도나무를 이루게 하려 하였음이니라,
⑨ 너는 이르기를, 주 여호와의 말씀에 그 나무가 능히 번성하겠느냐? 이 독수리가 어찌 그 뿌리를 빼고 실과를 따며 그 나무로 시들게 하지 아니하겠느냐? 그 연한 잎사귀로 마르게 하지 아니하겠느냐? 많은 백성이나 강한 팔이 아니라도 그 뿌리를 뽑으리라,

⑩ 볼지어다, 그것이 심겼으나 번성하겠느냐? 동풍이 부딪힐 때에 아주 마르지 아니 하겠느냐? 그 자라던 두둑에서 마르리라 하셨다, 하라,

⑪ 여호와의 말씀이 또 내게 임하여 가라사대,

⑫ 너는 반역한 족속에게 묻기를, 너희가 이 비유를 깨닫지 못하겠느냐? 하고 그들에 게 고하기를, 바벨론 왕이 예루살렘에 이르러 왕과 방백을 사로잡아 바벨론 자기 에게로 끌어가고,

⑬ 그 왕족 중에 하나를 택하여 언약을 세우고, 그로 맹세케 하고 또 그 땅의 능한 자 들을 옮겨 갔나니,

⑭ 이는 그 왕국을 낮추어서 스스로 서지 못하게 하고, 오직 그 언약을 지킴으로써만 서게 서게 하려 함이라,

⑮ 그러나 그가 사자를 에집트 보내어 말과 군대를 구함으로 바벨론 왕을 배반하였으 니, 형통하겠느냐? 그러한 일을 행한 자가 피할 수 있겠느냐? 언약을 배반하고도 위험에서 벗어날 수 있하겠느냐?

⑯ 나 주 여호와가 말하노라, 내가 나의 삶을 두고 맹세하노니, 바벨론 왕이 그를 왕으 로 세웠거늘 그가 맹세를 업신여겨 언약을 배반하였은즉, 그 왕의 거하는 곳 바벨 론 중에서 왕과 함께 있다가 죽을 것이라,

⑰ 바빌론이 성을 쌓으며 보루들을 세우고 많은 사람을 멸절하려 할 때에, 파라오는 막강한 군대와 수많은 병사를 가지고도 그 전투의 날에 그를 도와주지 않을 것이 니라,

(Neither shall Pharaoh with his mighty army and great company make for him in the war, by casting up mounts, and building forts, to cut off many persons:-KJV)

(Pharaoh with his mighty army and great horde will be of no help to him in war, when ramps are built and siege works erected to destroy many lives.-NIV)

(Pharaoh shall not help him on the day of battle, with a great force and mighty horde, When ramps are thrown up and siege works built for the cutting down of many lives.-NAB)

(Pharaoh with his big army-all those soldiers! - won't lift a finger to fight for him when Babylon sets siege to the city and kills everyone inside.-

THE MESSAGE)

⑱ 그가 이미 손을 내어 밀어 언약하였거늘 맹세를 업신여겨 언약을 배반하고 이 모든 일을 행하였으니 피하지 못하리라,

⑲ 그러므로, 나 주 여호와가 말하노라, 내가 나의 삶을 두고 맹세하노니, 그가 내 맹세를 업신여기고 내 언약을 배반하였은즉, 내가 그 죄를 그 머리에 돌리되,

⑳ 내 그물을 그 위에 베풀며, 내 올무에 걸리게 하여 끌고 바벨론으로 가서 나를 반역한 그 반역을 거기서 국문할지며,

㉑ 그 모든 군대에서 도망한 자들은 다 칼에 엎드러질 것이요, 그 남은 자는 사방으로 흩어지리니, 나 여호와가 이것을 말한줄을 너희가 알리라,

㉒ 나 주 여호와가 말하노라, 내가 또 백향목 꼭대기에서 높은 가지를 취하여 심으리라, 내가 그 높은 새 가지 끝에서 연한 가지를 꺾어 높고 빼어난 산에 심되,

㉓ 이스라엘 높은 산에 심으리니, 그 가지가 무성하고 열매를 맺어서 아름다운 백향목을 이룰 것이요, 각양 새가 그 아래 깃들이며 그 가지 그늘에 거할지라,

㉔ 들의 모든 나무가 아 여호와는 높은 나무를 낮추고, 낮은 나무를 높이며 푸른 나무를 말리우고 마른 나무를 무성케 하는줄 알리라, 나 여호와는 말하고 이루느니라, 하라, 하시니라.

● 18장

① 여호와의 말씀이 또 내게 임하여 가라사대,

② 너희가 이스라엘 땅에 대한 속담에 이르기를, 아비가 신 포도를 먹었더니, 그 자식들의 이빨이 시큰거린다, 한 것이 무슨 뜻이냐?

③ 나 주 여호와가 말하노라, 틀림없이, 니희는 이스라엘 가운데서 다시는 이 속담을 쓰지 못하게 되리라,

④ 모든 영혼이 다 내게 속한지라, 아비의 영혼이 내게 속함 같이 아들의 영혼도 내게 속하였나니, 범죄하는 그 영혼은 죽으리라,

⑤ 그러나 정당하고 옳은 일을 행하는 의로운 사람이 있다고 생각하여보자,

⑥ 그는 산들 위에서 제물을 먹지 아니하고, 이스라엘 집의 우상들에게 눈을 돌리들지 아니하느니라, 그는 이웃의 아내를 더럽히지 아니하고 월경 중에 있는 여인과 잠자리 하지 아니하느니라,

⑦ 그는 사람을 학대하지 아니하고, 빚진 자의 전당물을 도로 주며 폭력으로 착취하

지 아니하며, 굶주린 자에게 자기 빵을 주고, 벌거벗은 자에게 옷을 입혀주며,

⑧ 그는 높은 이자를 위하여 빌려주지 아니하고, 이자도 받지 아니하며, 죄악으로부터 자기 손을 떼고 사람과 사람 사이에 참된 판단을 내리며,

⑨ 내 율례를 좇으며 내 규례를 지켜 진실히 행할진대, 그는 의인이니 정녕 살리라, 나, 주 여호와의 말이니라,

⑩ 가령 그가 아들을 낳았다 하자, 그 아들이 이 모든 선은 하나도 행치 아니하고, 이 악중 하나늘 범하여 강포하거나 살인하거나,

⑪ 산 위에서 제물을 먹거나 이웃의 아내를 더럽히거나,

⑫ 가난하고 궁핍한 자를 학대하거나, 폭력으로 착취하고, 빚진 자의 전당물을 도로 주지 아니하거나, 우상에게 눈을 들거나, 가증한 일을 행하거나,

⑬ 높은 이자를 위하여 빌려주고 이자를 취할진대, 그가 살겠느냐? 그는 살지 못하리라, 그가 이 모든 가증함들을 행하였으니, 그는 반드시 죽으리라, 그의 피가 그의 머리에 있으리라,

⑭ 또 가령 그가 아들을 낳았다 하자, 그 아들이 그 아비의 행한 모든 죄를 보고 두려워하여 그대로 행하지 아니하고,

⑮ 산 위에서 제물을 먹지도 아니하며, 이스라엘 족속의 우상에게 눈을 들지도 아니하며, 이웃의 아내를 더럽히지도 아니하며,

⑯ 사람을 학대하지도 아니하며 전당을 잡지도 아니하며 억탈하지도 아니하고, 주린 자에게 음식을 주며 벗은 자에게 옷을 입히며,

⑰ 손을 떼어 가난한 자를 압제하지 아니하며, 높은 이자나 이식을 취하지 아니하며, 내 규례를 지키며 애 율례를 행할진대, 이 사람은 그 아비의 죄악으로 인하여 죽지 아니하고 정녕 살겠고,

⑱ 그 아비는 심히 포악하여 그 동족을 억탈하고, 민간에 불선을 행하였으므로 그는 그 죄악으로 인하여 죽으리라,

⑲ 그런데 너희는 이르기를, 아들이 어찌 아비의 죄를 담당치 않겠느뇨? 하는도다 아들이 법과 의를 행하며 내 모든 율례를 지켜 행하였으면 그는 정녕 살려니와,

⑳ 범죄하는 그 영혼은 죽을지라, 아들은 아비의 죄악을 담당치 아니할 것이요, 아비는 아들의 죄악을 담당치 아니하리니, 의인의 의도 자기에게로 돌아 가고 악인의 악도 자기에게로 돌아가리라,

㉑ 그러나 악인이 만일 그 행한 모든 죄에서 돌이켜 떠나 내 모든 율례를 지키고 법과

의를 행하면 정녕 살고 죽지 아니할 것이라,

㉒ 그 범죄한 것이 하나도 기억함이 되지 아니하리니 그 행한 의로 인하여 살리라,

㉓ 나, 주 여호와가 말하노라, 내가 어찌 악인의 죽는 것을 조금인들 기뻐하랴? 그가 돌이켜 그 길에서 떠나서 사는 것을 어찌 기뻐하지 아니하겠느냐?

㉔ 만일 의인이 돌이켜 그 의에서 떠나서 범죄하고 악인의 행하는 모든 가증한 일대로 행하면 살겠느냐? 그 행한 의로운 일은 하나도 기억함이 되지 아니하리니, 그가 그 범한 허물과 그 지은 죄로 인하여 죽으리라,

㉕ 그런데 너희는 이르기를, 주의 길이 공평치 않다 하는도다, 이스라엘 족속아, 들을지어다 내 길이 어찌 공평치 않은 것이 아니냐?

㉖ 만일 의인이 그 의를 떠나 죄악을 행하고 인하여 죽으면 그 행한 죄악으로 인하여 죽는 것이요,

㉗ 만일 악인이 그 행한 악를 떠나 법과 의를 행하면 그 영혼을 보전하리라,

㉘ 그가 스스로 헤아리고 그 행한 모든 죄악에서 돌이켜 떠났으니 정녕 살고 죽지 아니하리라,

㉙ 그런데 이스라엘 족속은 이르기를, 주의 길이 공평치 않은 것이 아니냐?

㉚ 나, 주 여호와가 말하노라, 이스라엘 족속아 내가 너희 각 사람의 행한대로 국문할지라, 너희는 돌이켜 회개하고 모든 죄에서 떠날지어다, 그리한즉 죄악이 너희를 패망케 아니하리라,

㉛ 너희는 범한 모든 죄악을 버리고 마음과 영을 새롭게 할지어다, 이스라엘 족속아, 너희가 어찌하여 죽고자 하느냐?

㉜ 나, 주 여호와가 말하노라, 죽는 자의 죽는 것은 내가 기뻐하지 아니하노니, 너희는 스스로 돌이키고 살지니라.

● 19장

① 너는 이스라엘 군주(제후, 통치자)들을 위하여 애가를 지어,

② 부르기를, 네 어미는 무엇이냐? 암사자라, 그가 사자들 가운데 엎드리어 젊은 사자 중에서 그 새끼를 길렀느니라,

③ 그 암사자가 그 새끼 하나를 키웠는데, 그것이 젊은 사자가 되어 먹이를 움키기를 배워 사람들을 삼켰느니라,

④ 이방인들이 듣고 구덩이를 파서 함정으로 그를 잡아 갈고리로 꿰어 끌고 에집트

땅으로 간지라,

⑤ 암사자가 기다리다가 소망이 끊어진 줄을 알고, 그 새끼 하나를 또 취하여 젊은 사자가 되게 하니,

⑥ 젊은 사자가 되매, 여러 사자 가운데 왕래하며 먹이 움키기를 배워 사람을 삼키며,

⑦ 그가 사람들의 황폐한 궁궐들을 알고 그들의 성읍들을 황폐하게 하였으니, 그의 울부짖는 소리로 인하여 땅과 그 땅의 가득한 것이 황폐하게 되었느니라,

⑧ 그때에 이방인들이 지방으로부터 사방에서 그의 위에 그물을 쳐서 그가 그 함정에 빠졌느니라,

⑨ 그들이 그를 사슬들로 묶고 수레에 넣어 끌고가 바벨론 왕에게 이르렀나니, 그를 옥에 가두어서 그 소리로 다시 이스라엘 산에 들리지 않게 하려 함이니라,

⑩ 네 혈통의 어머니는 물 가에 심겨진 포도나무 같아서 많은 물로 인하여 열매를 맺고 가지들이 무성하였느니라,

⑪ 그 가운데에 한 나무 가지가 자라서 통치자의 홀(지팡이)가 되었다네, 그것은 점점 키가 자라서 굵은 가지들 위로 솟아 그 키와 많은 가지들 덕분에 멀리서도 보였다네,

(And she had strong rods for the scepters of them that bare rule, and her stature was exalted among the thick branches, and she appeared in her height with the multitude of her branches.-KJV)

(Its branches were strong, fit for a ruler's scepter. It towered high above the thick foliage, conspicuous for its height and for its many branches.-NIV)

(One strong branch grew into a royal scepter. So tall it towered among the clouds, conspicuous in height, with dense foliage.-NAB)

(It grew sturdy branches fit to be carved into a royal scepter. It grew high, reaching into the clouds, Its branches filled the horizon, and everyone could see it.-THE MESSAGE)

⑫ 그러나 그 포도나무는 분노 속에 뽑혀 땅바닥에 던져지니 셋바람에 말라 버리고 열매는 찢겨 나갔다네, 그 세차던 줄기는 말라 버리고 불에 타 버렸네,

⑬ 이제 그것은 황야, 가물고 메마른 땅에 옮겨졌는데,

⑭ 줄기에서 불이 나와 가지와 열매를 살라 버렸네, 그래서 그 포도나무에는 튼튼한

줄기가, 통치자의 홀이 남지 않았다네, 이것이 애가요, 반드시 애가가 되리라, 하셨느니라.

● 20장

① 제 칠년 오월 십일에 이스라엘 장로 두어 사람이 여호와께 물으려고 와서 내 앞에 앉으니,

② 여호와의 말씀이 내게 임하여 가라사대,

③ 사람인 아들아, 이스라엘 장로들에게 고하여 이르기를, 주 여호와의 말씀에 너희가 내게 물으려고 왔느냐? 나 주 여호와가 말하노라, 내가 확실하게 말하노니, 너희가 내게 묻기를 내가 용납지 아니하리라, 하셨다, 하라,

④ 사람인 아들아, 네가 그들을 심판하려느냐? 네가 그들을 국문하려느냐? 너는 그들로 그 열조의 가증한 일을 알게 하여,

⑤ 이르기를, 주 여호와의 말씀에 옛날에 내가 이스라엘을 택하고 야곱 집의 후예를 향하여 맹세하고, 에집트 땅에서 그들에게 나타나서 맹세하여 이르기를, 나는 여호와 너희 하나님이라, 하였었노라,

⑥ 그 날에 내가 그들에게 맹세하기를, 에집트 땅에서 인도하여 내어서 그들을 위하여 찾아 두었던 땅, 곧, 젖과 꿀이 흐르는 땅이요, 모든 땅 중의 아름다운 곳에 이르게 하리라, 하고,

⑦ 또 그들에게 이르기를, 너희는 눈을 드는바 가증한 것을 각기 버리고 에집트의 우상들로 스스로 더럽히지 말라, 나는 여호와 너희 하나님이니라, 하였으나,

⑧ 그들이 내게 반역하여 내 말을 즐겨 듣지 아니하고, 그 눈을 드는바 가증한 것을 각기 버리지 아니하며, 에집트의 우상들을 떠나지 아니하므로 내가 말하기를, 내가 애굽 땅에서 나의 분을 그들의 위에 쏟으며 노를 그들에게 이루리라, 하였었노라,

⑨ 그러나 내가 그들의 거하는 이방인의 목전에서 그들에게 나타나서 그들을 에집트 땅에서 인도하여 내었었나니, 이는 내 이름을 위함이라, 내 이름을 이방인의 목전에서 더럽히지 않으려하여 행하였음이로라,

⑩ 그러므로 내가 그들로 에집트 땅에서 나와서 황에 이르게 하고,

⑪ 사람이 준행하면 그로 인하여 사람을 얻고 내 율례를 주며 내 규례를 알게 하였고,

⑫ 또, 나는 그들을 거룩하게 하는 여호와인줄 알게 하려 하여, 내가 내 안식일을 주어 그들과 나 사이에 표징을 삼았었노라,

⑬ 그러나 이스라엘 족속이 황야에서 내게 반역하여 사람이 준행하면 그로 인하여 삶을 얻을 나의 율례를 준행치 아니하며 나의 규례를 멸시하였고, 나의 안식일을 크게 더럽혔으므로 내가 이르기를, 내가 내 분노를 황야에서 그들의 위에 쏟아 멸하리라 하였으나,

⑭ 내가 내 이름을 위하여 달이 행하였었나니, 내가 그들을 인도하여 내는 것을 목도한 열국 앞에서 내 이름을 더럽히지 아니하려 하였음이로라,

⑮ 또 내가 황야에서 그들에게 맹세하기를, 내가 그들에게 허한 땅, 곧 젖과 꿀이 흐르는 땅이요, 모든 땅 중의 아름다운 곳으로 그들을 인도하여 들이지 아니하리라, 한 것은

⑯ 그들이 마음으로 우상을 좇아 나의 규례를 업신여기고, 나의 율례를 행치 아니하며, 나의 안식일을 더럽혔음이니라,

⑰ 그러나 내가 그들을 아껴 보아 황야에서 멸하여 아주 없이 하지 아니하였었노라,

⑱ 내가 황야에서 그들의 자손에게 이르기를, 너희 열조의 율례를 좇지 말며 그 규례를 지키지 말며 그 우상들로 스스로 더럽히지 말라,

⑲ 나는 여호와 너희 하나님이라, 너희는 나의 율례를 좇으며, 나의 규례를 지켜 행하고,

⑳ 또 나의 안식일을 거룩하게 할지어다, 이것이 나와 너희 사이에 표징이 되어 너희로 내가 여호와 너희 하나님인줄 알게 하리라, 하였었노라,

㉑ 그러나 그 자손이 내게 반역하여 사람이 준행하면 그로 인하여 삶을 얻을 나의 율례를 좇지 아니하며, 나의 규례를 지켜 행하지 아니하였고, 나의 안식일을 더럽혔는지라, 이에 내가 이르기를, 내가 황야에서 내 분을 그들의 위에 쏟으며 내 노를 그들에게 이루리라, 하였으나,

㉒ 내가 내 이름을 위하여 내 손을 금하고 달리 생각하였었나니, 내가 그들을 인도하여 낸 것을 목도한 열국 앞에서 내 이름을 더럽히지 아니하려 하였음이로라,

㉓ 또 내가 황야에서 그들에게 맹세하기를, 내가 그들을 이방인 중에 흩으며 열방 중에 헤치리라 하였었나니,

㉔ 이는 그들이 나의 규례를 행치 아니하며 나의 율례를 멸시하며 내 안식일을 더럽히고 눈으로 그 열조의 우상들을 사모함이며,

㉕ 또 내가 그들에게 선치 못한 율례와 능히 살게 하지 못할 규례를 주었고,

㉖ 그들이 장자를 다 화제로 드리는 그 예물로 내가 그들을 더럽혔음은 그들로 멸망

케 하여 나를 여호와인줄 알게하려 하였음이니라,

㉗ 그런즉, 사람인 아들아, 이스라엘 족속에게 고하여 이르기를, 주 여호와의 말씀에 너희 열조가 또 내게 범죄하여 나를 욕되게 하였느니라,

㉘ 내가 그들에게 주기로 한 맹세한 땅으로 그들을 인도하여 들였더니, 그들이 모든 높은 산과 모든 무성한 나무를 보고 거기서 제사를 드리고 격노케 하는 제물을 올리며 거기서 또 분향하여 전제를 부어 드린지라,

㉙ 이에 내가 그들에게 이르기를, 너희가 다니는 산당이 무엇이냐? 하였노라(그것을 오늘날까지 바마라 일컫느니라)

㉚ 그러므로 너는 이스라엘 족속에게 이르기를, 주 여호와의 말씀에 너희가 열조의 풍속을 따라 스스로 더럽히며 그 모든 가증한 것을 좇아 행음하느냐?

㉛ 너희가 또 너희 아들로 화제를 삼아 예물로 드려 우상들로 스스로 더럽히느냐? 이스라엘 족속아, 너희가 내게 묻기를, 내가 용납하겠느냐? 나 주 여호와가 말하노라, 내가 나의 삶을 두고 맹세하노니, 저희가 내게 묻기를 내가 용납지 아니하리라,

㉜ 너희가 스스로 이르기를, 우리가 이방인 곧 열국 족속같이 되어서 목석을 숭배하리라, 하거니와 너희 마음에 품은 것을 결코 이루지 못하리라,

㉝ 나 주 여호와가 말하노라, 내가 나의 삶을 두고 맹세하노니, 내가 능한 손과 편팔로 분노를 쏟아 너희를 단정코 다스릴지라,

㉞ 능한 손과 편팔로 분노를 쏟아 너희를 열국 중에서 나오게 하며 너희의 흩어진 열방중에서 모아내고,

㉟ 너희를 인도하여 열국 황야에 이르러, 거기서 너희를 대면하여 국문하되,

㊱ 내가 에집트 땅 황야에서 너희 열조를 국문한 것 같이 너희를 국문하리라,

㊲ 내가 너희를 막대기 아래로 지나게 하며 언약의 줄로 매려니와,

㊳ 너희 가운데서 반역한 자와 내게 범죄한 자를 모두 제하여 버릴지라, 그들을 그 우거하던 땅에서는 나오게 하여도 이스라엘 땅에는 들어가지 못하게 하리니, 너희가 나를 여호와인줄 알리라,

㊴ 나 주 여호와가 말하노라, 이스라엘 족속아, 너희가 내 말을 듣지 아니하려거든 가서 각각 그 우상을 섬기고 이 후에도 그리하려무나 마는 다시는 너희 예물과 너희 우상들로 내 거룩한 이름을 더럽히지 말지니라,

㊵ 나 주 여호와가 말하노라, 이스라엘 온 족속이 그 땅에 있어서 내 거룩한 산 곧 이

스라엘의 높은 산에서 다 나를 섬기리니, 거기서 내가 그들을 기쁘게 받을지라, 거기서 너희 예물과 너희 천신하는 첫 열매와 너희 모든 성물을 요구하리라,

㊶ 내가 너희를 인도하여 열국 중에서 나오게 하고, 너희의 흩어진 열방 중에서 모아낼 때에 내가 너희를 향기로 받고 내가 또 너희로 말미암아 내 거룩함을 열국의 목전에서 나타낼 것이며,

㊷ 내가 너희 열조에게 주기로 맹세한 땅 곧 이스라엘 땅으로 너희를 인도하여 들일 때에 너희가 나를 여호와인줄 알고,

㊸ 거기서 너희 길과 스스로 더럽힌 모든 행위를 기억하고, 이미 행한 모든 악을 인하여 스스로 미워하리라,

㊹ 이스라엘 족속아 내가 너희의 악한 길과 더러운 행위대로 하지 아니하고, 내 이름을 위하여 행한 후에야 너희가 나를 여호와인줄 알리라, 나 주 여호와의 말이니라, 하셨다, 하라,

㊺ 여호와의 말씀이 또 내게 임하여 가라사대,

㊻ 사람인 아들아, 너의 얼굴을 남으로 향하라, 남으로 향하여 소리내어 남방들의 삼림을 쳐서 예언하라,

㊼ 남방 삼림에게 이르기를, 여호와의 말씀을 들을지어다, 주 여호와의 말씀에 내가 너의 가운데 불을 일으켜 모든 푸른 나무와 모든 마른 나무를 멸하리니 맹렬한 불꽃이 꺼지지 아니하고 남에서 북까지 모든 얼굴이 그슬릴지라,

㊽ 무릇 혈기 있는 자는 나 여호와가 그 불을 일으킨 줄을 알리니, 그것이 꺼지지 아니하리라, 하셨다 하라, 하시기로,

㊾ 그때에 내가 말씀드리기를, 아, 주 하나님이시여, 그들이 나에 관해서 말하기를, 그는 비유들을 말하지 아니하는가? 하나이다, 하였더라.

● 21장

① 여호와의 말씀이 또 내게 임하여 가라사대,

② 사람인 아들아, 너는 얼굴을 예루살렘을 향하여 두고, 네 말이 성소를 향하여 떨어지게 하여 이스라엘 땅에 대하여 예언할지니라,

③ 이스라엘 땅에게 이르기를, 여호와의 말씀에 내가 너를 대적하여 내 칼을 집에서 빼어 의인과 악인을 네게서 끊을지라,

④ 내가 의인과 악인을 네게서 끊을터이므로 내 칼을 집에서 빼어 무릇 혈기 있는 자

를 남에서 북까지 치리니,

⑤ 무릇 혈기 있는 자는 나 여호와가 내 칼을 집에서 빼어낸 줄을 알지라, 칼이 다시 꽂혀지지 아니하리라, 하셨다, 하라,

⑥ 사람인 아들아, 너는 탄식하되 허리가 끊어지는듯이 그들의 목전에서 슬피 탄식하라,

⑦ 그들이 네게 묻기를, 네가 어찌하여 탄식하느냐? 하거든 대답하기를, 소문을 인함이라, 재앙이 오나니, 각 마음이 녹으며 모든 손이 약하여지며 각 영이 쇠하며 모든 무릎이 물과 같이 약하리라, 보라, 재앙이 오나니, 정녕 이루리라, 나 주 여호와의 말이니라, 하라,

⑧ 여호와의 말씀이 또 내게 임하여 가라사대,

⑨ 사람인 아들아, 너는 예언하여 이르기를, 여호와의 말씀에 칼이여 칼이여 날카롭고 광택이 나는도다,

⑩ 그 칼이 날카로움은 살륙을 위함이요, 광택남은 번개 같이 되기 위함이니, 우리가 즐거워하겠느냐? 내 아들의 홀(지팡이)이 모든 나무를 업신여기는도다.

⑪ 그가 칼을 주어 광택이 나게한 것은 그것을 잘 다루기 위함이요, 그 칼이 날이 서고 광택이 나는 것도 살육하는 자의 손에 그것을 주기 위함이라, 하셨다, 하라,

⑫ 사람인 아들아, 너는 부르짖어 슬피 울지어다, 이것이 내 백성에게 임하며 이스라엘 모든 방백에게 임함이로다, 그들과 내 백성이 함께 칼에 붙인바 되었으니 너는 네 넙적다리를 칠지어다,

⑬ 이것이 시험이라 만일 업신여기는 홀이 없어지면 어찌할꼬? 나 주 여호와의 말이니라,

⑭ 그러므로 사람인 아들아, 너는 예언하며 손뼉을 쳐서 칼로 세번 거듭 씌우게 하라, 이 칼은 중상케 하는 칼이라, 밀실에 들어가서 대인을 중상케 하는 칼이로다,

⑮ 내가 그들로 낙담하여 많이 엎드러지게 하려고, 그 모든 성문을 행하여 번쩍 번쩍 하는 칼을 베풀었도다, 오호라, 그 칼이 번개 같고 살륙을 위하여 날카로왔도다,

⑯ 칼아 모이라, 우향하라, 항오를 차리라, 좌향하라, 향한대로 가라,

⑰ 나도 내 손뼉을 치며 내 분을 다 하리로다, 나 여호와의 말이니라,

⑱ 여호와의 말씀이 내게 임하여 가라사대,

⑲ 사람인 아들아, 너는 바벨론 왕의 칼이 올 두 길을 한 땅에서 나오도록 그리되, 곧 성으로 들어가는 길 머리에다가 길이 나뉘는 지시표를 하여,

⑳ 칼이 암몬 족속의 랍바에 이르는 길과 유다 견고한 성 예루살렘에 이르는 길을 그리라,

㉑ 바벨론 왕이 갈랫길 곧 두 길 머리에 서서 점을 치되 살들을 흔들어 우상에게 묻고 희생의 간을 살펴서,

㉒ 그의 오른손에는 예루살렘을 향한 점괘가 있었으므로 대장들을 임명하고 살육하는 중에 입을 벌리고 소리를 질러 목청을 높이고 성문들을 향하여 부수는 쇠망치들을 배치하고 토성을 쌓으며 보루를 세웠나니,

㉓ 전에 그들에게 맹약한 자들은 그것을 헛점으로 여길 것이나 바벨론 왕은 그 죄악을 기억하고 그 무리를 잡으리라,

㉔ 그러므로, 나, 주 여호와가 말하노라, 너희의 악이 기억을 일르키고 너희의 허물이 드러나며 너희 모든 행위의 죄가 나타났도다, 너희가 기억된바 되었은즉, 그 손에 잡히리라,

㉕ 너 극악하여 중상을 당할 이스라엘아, 네 날이 이르렀나니 곧 죄악의 끝 때니라,

㉖ 나, 주 여호와가 말하노라, 관을 제하며 면류관을 벗길지라, 그대로 두지 못하리니 낮은 자를 높이고 높은 자를 낮출 것이니라,

㉗ 내가 엎드러뜨리고 엎드러드리고 엎드러뜨리려니와 이것도 다시 있지 못하리라, 마땅히 얻을 자가 이르면 그에게 주리라,

㉘ 사람인 아들아, 주 여호와께서 암몬 족속과 그 능욕에 대하여 말씀하셨다고 너는 예언하라, 너는 이르기를, 칼이 뽑히도다, 칼이 뽑히도다, 살육하며 멸절하며 번개 같이 되기 위하여 광택되었도다,

㉙ 네게 대하여 허무한 것을 보며 네게 대하여 거짓 복술을 하는 자가 너를 중상을 당한 악인의 목 위에 두리니, 이는 그의 날 곧 죄악의 끝 때가 이름이로다,

㉚ 그러나 칼을 그 집에 꽂을지어다, 네가 지음을 받은 곳에서 너의 생장한 땅에서 내가 너를 국문하리로다,

㉛ 내가 내 분노를 네게 쏟으며 내 진노의 불을 네게 불고 너를 짐승 같은 자 곧 멸하기에 익숙한 자의 손에 붙이리로다,

㉜ 네가 불에 섶과 같이 될 것이고, 네 피가 나라 가운데 있을 것이며, 네가 다시 기억되지 못할 것이니, 나 여호와가 말하였음이니라, 하라, 하시니라.

● 22장

① 여호와의 말씀이 또 내게 임하여 가라사대,

② 사람인 아들아, 네가 그녀를 심판하려느냐? 이 피흘린 성읍을 심판하려느냐? 그리하려거든 이 도성에게 자기가 저지른 모든 가증한 일들을 알려 주어라,

③ 그리고 이르기를, 주 여호와가 이같이 말하노라, 우상들을 만들어 그녀를 타락시켜서 그녀의 한 가운데에서 피를 흘려 벌 받게 운명되어진 도성아,

(Then say thou, Thus saith the Lord GOD, The city sheddeth blood in the midst of it, that her time may come, and maketh idols against herself to defile herself.-KJV)

(and say: This is what the Sovereign LORD says: O city that brings on herself doom by shedding blood in her midst and defiles herself by making idols,-NIV)

(and say: Thus says the Lord GOD: O city that sheds blood within itself so that its time has come, that has made idols for its own defilement:-NAB)

(Tell her, 'This is what GOD, the Master, says: You're a city murderous at the core, just asking for punishment. You're a city obsessed with no-god idols, making yourself filthy.-THE MESSAGE)

④ 네가 흘린 피로 인하여 죄가 있고 네가 만든 우상으로 인하여 스스로 더럽혔으니, 네 날이 가까웠도다, 네 년한이 찼도다, 그러므로 내가 너로 이방의 능욕을 받으며 만국의 조롱거리가 되게 하였노라,

⑤ 너 이름이 더럽고 어지러움니 많은 자여 가까운 자나 먼 자나 다 너를 조롱하리라,

⑥ 이스라엘 모든 지배자들은 각기 권세대로 피를 흘리려고 네 가운데 있었도다,

⑦ 그들이 네 가운데서 부모를 업신여겼고, 네 가운데서 나그네를 학대하였으며, 네 가운데서 고아와 과부를 해하였도다,

⑧ 너는 나의 성물들을 업신여겼고, 나의 안식일을 더럽혔으며,

⑨ 네 가운데 피를 흘리려고 이간을 붙이는 자도 있었고, 네 가운데 산 위에서 제물을 먹는 자도 있었으며, 네 가운데 음란하는 자도 있었고,

⑩ 네 가운데 자기 아비의 하체를 드러내는 자도 있었고, 네 가운데 월경하는 부정한 여인에게 구합하는 자도 있었으며,

⑪ 혹은 그 이웃의 아내와 가증한 일을 행하였고, 혹은 그 며느리를 더럽혀 음행하였

으며, 네 가운데 혹은 그 자매 곧 아비의 딸과 구합하였으며,

⑫ 네 가운데 피를 흘리려고 뇌물을 받은 자도 있었고, 네가 변전과 이식을 취하였으며, 이를 탐하여 이웃에게 토색하였으며, 나를 잊어버렸도다, 나, 주 여호와의 말이니라,

⑬ 너의 불의를 행하여 이를 얻은 일과 네 가운데 피 흘린 일을 인하여 내가 손뼉을 쳤나니,

⑭ 내가 네게 보응하는 날에 네 마음이 견디겠느냐? 네 손이 힘이 있겠느냐? 나 여호와가 말하였으니, 이룰지라,

⑮ 내가 너를 이방인들 중에 흩으며, 각 나라에 헤치고, 너의 더러운 것을 네 가운데서 멸하리라,

⑯ 네가 자기 까닭으로 이방인들의 목전에서 수치를 당하리니, 나를 여호와인줄 알리라, 하셨다, 하라,

⑰ 여호와의 말씀이 내게 임하여 가라사대,

⑱ 사람인 아들아, 이스라엘 족속이 내게 찌끼가 되었나니, 곧 풀무 가운데 있는 놋이나 상납이나 철이나 납이며 은의 찌끼로다,

⑲ 그러므로 나 주 여호와가 말하노라, 너희가 다 찌끼가 되었은즉, 내가 너희를 예루살렘 가운데로 모으고,

⑳ 사람이 은이나 놋이나 철이나 납이나 상납이나 모아서 풀무 속에 넣고 불을 붙여 녹이는 것 같이 내가 노와 분으로 너희를 모아 거기 두고 녹일지라,

㉑ 내가 너희를 모으고 내 분노의 불을 너희에게 분즉 너희가 그 가운데서 녹되,

㉒ 은이 풀무 가운데서 녹는 것 같이 너희가 그 가운데서 녹으리니, 나 여호와가 분노를 너희 위에 쏟은 줄을 너희가 알리라,

㉓ 여호와의 말씀이 내게 임하여 가라사대,

㉔ 사람인 아들아, 너는 그에게 이르기를, 너는 정결함을 얻지 못한 땅이요, 진노의 날에 비를 얻지 못한 땅이로다, 하라,

㉕ 그 가운데서 선지자들의 배역함이 우는 사자가 먹이를 움킴 같았도다,

㉖ 그 제사장들은 내 율법을 범하였고 나의 성물을 더럽혔으며, 거룩함과 속된 것을 분변치 아니하였고 부정함과 정한 것을 사람으로 분변하게 하지 아니하였으며, 그 눈을 가리워 나의 안식일을 보지 아니하였으므로 내가 그 가운데서 더럽힘을 받았느니라,

㉗ 그 가운데 그 지배자들은 탐하는 이리 같아서 불의의 이를 취하려고 피를 흘리고 영혼을 파멸시키며,

㉘ 그녀의 선지자들은 그들에게 잘 섞지 않은 회반죽을 바르고, 헛된 것을 보고, 그들에게 거짓 복술을 말하면서, 말하기를, 여호와께서 말하지도 아니하였는데, 여호와 하나님께서 이같이 말씀하셨느니라, 하였느니라,

㉙ 그 땅의 거민들은 강포하여 가난한 자와 곤궁한 자를 억압하고 낯선자들(나그네들)을 부당하게 학대하였느니라,

㉚ 그 땅을 위하여 성을 쌓으며 성 무너진 데를 막아 서서 나로 멸하지 못하게 할 사람을 내가 그 가운데서 찾다가 얻지 못한고로,

㉛ 내가 내 분으로 그 위에 쏟으며 내 진노의 불로 멸하여 그 행위대로 그 머리에 보응하였느니라, 여호와 하나님이 말하노라, 하라, 하시니라.

● 23장

① 여호와의 말씀이 또 내게 임하여 가라사대,

② 사람인 아들아, 두 여인이 있었으니 한 어미의 딸이라,

③ 그들이 에집트에서 행음하였고, 그들이 어릴때에 행음하였나니, 그들의 젖가슴이 짓눌림을 받았고, 거기서 그들이 자기들 처녀 때의 젖꼭지를 상하게 하였느니라,

④ 그 이름이 언니가 오홀라요, 동생은 오홀리바라, 그들이 내게 속하여 자녀를 낳았더니, 그 이름으로 말하면 오홀라는 사마리아요, 오홀리바는 예루살렘이니라,

⑤ 오홀라가 내게 속하였을 때에 행음하여, 그 연애하는 자, 곧, 그 이웃 앗수르 사람을 사모하였나니,

⑥ 그들은 다 자색 옷을 입은 대장들과 지배자들이며, 다 준수한 소년들이요, 말을 타는 기병들이라,

⑦ 그녀가 그들과 더불어 행음하였으니, 곧 앗수르 중에 선택받은 모든 자와 자기가 홀딱 바진 자와 행음하였고, 그녀가 그들의 모든 우상으로 자신을 더럽혔느니라,

⑧ 그녀가 젊었을 때에 에집트 사람과 동침하매, 그 처녀의 가슴이 어루만진바 되며, 그 몸에 음란을 쏟음을 당한바 되었더니, 그가 그 때부터 행음함을 마지아니하였느니라,

⑨ 그러므로 내가 그녀를 그 정든 자, 곧 그 연애하는 앗수르 사람의 손에 붙였더니,

⑩ 그들이 그녀 하체를 드러내고 그녀의 자녀를 빼앗으며 칼로 그녀를 죽여 그 누명

을 여자에게 드러내었나니, 이는 그들이 그녀에게 심판을 내렸기 때문이니라,

⑪ 그녀의 동생 오홀리바가 이것을 보고도 그 언니보다 음욕을 더하며, 그 언니의 간음함보다 그 간음이 더 심하므로 그 언니보다 더 부패하여졌느니라,

⑫ 그녀가 그 이웃 앗수르 사람을 연애하였나니, 그들은 화려한 의복을 입은 대장들과 치리자들과 말을 탄 기병들과 준수한 소년들이었느니라,

⑬ 그때에 그녀가 더렵혀진 것과 그들 두 여인이 한 길을 택한 것을 내가 보았노라,

⑭ 그녀가 음행을 더하였음은 붉은 것으로 벽에 그린 사람의 형상 곧 갈대아 사람의 형상을 보았음이니,

⑮ 그 형상은 허리를 띠로 동이고 머리를 긴 수건으로 쌌으며, 용모는 다 존귀한 자, 곧 그 고토 갈대아 바벨론 사람 같은 것이라,

⑯ 그녀가 보고 곧 연애하여 사자를 갈대아 사람들에게 보내매,

⑰ 바벨론 사람이 나아와 연애하는 침상에 올라 음란으로 그를 더럽히매, 그녀가 더럽힘을 입은 후에 그들을 싫어하는 마음이 생겼느니라,

⑱ 그녀가 이와 같이 그 음행을 나타내며, 그녀의 하체를 드러내므로 내 마음이 그 언니를 싫어한 것 같이 그녀를 싫어하였느니라,

⑲ 그녀가 그 음행을 더하여 그 젊었을 때 곧 에집트 땅에서 음행하던 때를 생각하고,

⑳ 그녀의 하체는 나귀 같고, 그 정수는 말 같은 음란한 정부들과 연애하였도다,

㉑ 네가 젊었을 때에 행음하여 에집트 사람에게 네 가슴과 유방이 어루만진바 되었던 것을 오히려 생각하도다,

㉒ 그러므로 오홀리바야, 나 주 여호와가 말하노라, 내가 너의 연애하다가 싫어하던 자들을 격동시켜 그들로 사방에서 와서 너를 치게 하리니,

㉓ 그들은 바벨론 사람과 갈대아 모든 무리 브곳과 소아와 고아사람과 또 그와 함께 한 모든 앗수르 사람, 곧, 준수한 소년이며, 다 방백과 감독이며, 귀인과 유명한 자다 말 타는 자들이라,

㉔ 그들이 병기와 병거와 수레와 크고 작은 방패를 이끌고 투구 쓴 군대를 거느리고 치러 와서 너를 에워쌀지라, 내가 심문권을 그들에게 맡긴즉, 그들이 그 심문권대로 너를 심문하리라,

㉕ 내가 너를 향하여 투기를 발하리니, 그들이 분노로 네게 향하여 네 코와 귀를 깍아버리고 남은 자를 칼로 엎드러뜨리며 네 자녀를 빼앗고 그 남은 자를 불에 사르며,

㉖ 또 네 옷을 벗기며 네 장식품을 빼앗을지라,

㉗ 이와 같이 내가 네 음란과 애집트땅에서부터 음행하던 것을 그치게 하여, 너로 그들을 향하여 눈을 들지도 못하게 하며, 다시는 애집트를 기억하지도 못하게 하리라,

㉘ 나, 주 여호와가 말하노라, 내가 너의 미워하는 자와 네 마음에 싫어하는 자의 손에 너를 붙이리니,

㉙ 그들이 미워하는 마음으로 네게 행하여 네 모든 수고한 것을 빼앗고, 너를 벌거벗겨 적신으로 두어서 네 음행의 벗은 몸 곧 네 음란하며 음행하던 것을 드러낼 것이라,

㉚ 네가 이같이 당할 것은 네가 음란히 이방을 쫓고 그 우상들로 더럽혔음이로다,

㉛ 네가 네 형의 길로 행하였은즉, 내가 그의 잔을 네 손에 주리라,

㉜ 나, 주 여호와가 말하노라, 깊고 크고 가득히 담긴 네 형의 잔을 네가 마시고 비소와 조롱을 당하리라,

㉝ 네가 네 형 사마리아의 잔 곧 놀람과 패망의 잔에 넘치게 취하고 근심할지라,

㉞ 네가 그 잔을 다 기울여 마시고 그 깨어진 조각을 씹으며, 네 유방을 꼬집을 것은 내가 이렇게 말하였음이니라, 나, 주 여호와의 말이니라,

㉟ 그러므로 나 주 여호와가 말하노라, 네가 나를 잊었고, 또 나를 네 등 뒤에 버렸은즉, 너는 네 음란과 네 음행의 죄를 담당할지니라, 하시니라,

㊱ 여호와께서 또 내게 이르시되, 사람인 아들아, 네가 오홀라와 오홀리바를 국문하려느냐? 그려면 그 가증한 일을 그들에게 고하라,

㊲ 그들이 행음하였으며 피를 손에 묻혔으며, 또 그 우상과 행음하며 내게 낳아준 자식들을 우상을 위하여 화제로 살랐으며,

㊳ 이외에도 그들이 내게 행한 것이 있나니, 당일에 내 선소를 더럽히며 내 안식일을 범하였도다,

㊴ 그들이 자녀를 죽여 그 우상에게 드린 당일에 네 성소에 들어와서 더럽혔으되, 그들이 내 성전 가운데서 그렇게 행하였으며,

㊵ 또 사자를 원방에 보내 사람을 불러오게 하고, 그들이 오매 그들을 위하여 목욕하며 눈썹을 그리며 스스로 단장하고,

㊶ 화려한 자리에 앉아 상을 베풀고 내 향과 기름을 그 위에 놓고,

㊷ 그 무리와 편히 지꺼리고 즐겼으며, 또 광야에서 잡류와 술 취한 사람을 청하여 오매, 그들이 팔쇠를 그 손목에 끼우고 나름다운 면류관을 그 머리에 씌웠도다,

㊸ 내가 음행으로 늙은 여인을 가리켜 말하노라, 그가 그래도 그들과 피차 행음하는 도다,

㊹ 그들이 그에게 나아오기를, 기생에게 나아옴 같이 음란한 여인 오홀라와 오홀리바에게 나아왔은즉,

㊺ 의인이 음부를 심문함 같이 심문하며 피를 흘린 여인을 심문함 같이 심문하리니, 그들은 음부요, 또 피가 그 손에 묻었음이니라,

㊻ 나 주 여호와가 말하노라, 내가 군대를 거느리고 와서 치게 하여 그들로 하여금 학대와 약탈을 당하게 하리니,

㊼ 그 군대가 그들을 돌로 치며 칼로 죽이고, 그 자녀도 죽이며 그 집들을 불사르리라

㊽ 이와 같이 내가 이 땅에서 음란을 그치게 한즉, 모든 여인들로 경고를 받아 너희들의 음행을 본받지 아니하리라,

㊾ 너희는 너희의 음란으로 인한 벌을 받을 것이고 우상숭배의 죄들을 담당할 것이니라, 그때에 너희는 내가 주 여호와인줄을 알리라, 하시니라.

● 24장

① 제 구년 시월 십일에 여호와의 말씀이 내게 임하여 말씀하시기를,

② 사람인 아들아, 너는 이 날, 곧 이날의 이름을 기록할지니라, 바빌론의 왕이 오늘 예루살렘을 치기로 작정하였느니라,

③ 너는 그 반역하는 집에 비유를 들어 그들에게 말하기를, 주 하나님이 이같이 말하노라, 솥 한 가마를 걸라, 걸고 나서 가마에 물을 붓고,

④ 그 안에 고기 조각들 곧 모든 좋은 조각과 넙적다리와 어깨고기를 넣고 좋은 뼈들로 그 솥을 가득 채우라,

⑤ 고른 뼈를 가득히 담고, 그 뼈를 위하여 가마 밑에 나무를 쌓아 넣고 잘 삶되 가마 속의 뼈가 무르도록 삶을지어다,

⑥ 그러므로 나 주 여호와가 말하노라, 피 흘린 성읍 녹슨 가마, 곧 그 속의 녹을 없이 하지 아니한 가마여 화 있을진저! 제비 뽑을 것도 없이 그 덩이를 조각조각 꺼낼지어다,

⑦ 그 피가 그 가운데 있음이여, 피를 땅에 쏟아서 티끌이 덮이지 하지 않고 말간 반석 위에 두었도다,

⑧ 내가 그 피를 말간 반석 위에 두고 덮이지 않게 함은 분노를 발하여 보응하려 함이

로라,

⑨ 그러므로 나 주 여호와가 말하노라, 화 있을진저! 피를 흘린 성읍이여, 내가 또 나무 무더기를 크게 하리라,

⑩ 나무를 많이 쌓고 불을 피워 그 고기를 삶아 녹이고 국물을 졸이고 그 뼈를 태우고,

⑪ 가마가 빈 후에는 숯불 위에 놓아 뜨겁게 하며, 그 가마의 놋을 달궈서 그 속에 더러운 것을 녹게 하며 녹이 소멸하게 하라,

⑫ 이 성읍이 수고하므로 스스로 피곤해 있고, 많은 녹이 그 속에서 벗어지지 아니하며 불에서도 없어지지 아니하는도다,

⑬ 너의 더러움 속에 음탕함이 있도다, 내가 너를 정하게 하나 네가 정하여지지 아니하니, 내가 네게 향한 분노를 풀기 전에는 네 더러움이 다시 정하여 지지 아니하리라,

⑭ 나 여호와가 말하였은즉, 그 일이 이룰지라, 내가 돌이키지도 아니하고 아끼지도 아니하며 뉘우치지도 아니하고 행하리니, 그들이 네 모든 행위대로 너를 심문하리라, 나 주 여호와의 말이니라, 하셨다, 하라,

⑮ 여호와의 말씀이 또 내게 임하여 가라사대,

⑯ 사람인 아들아, 내가 네 눈에 기뻐하는 것을 한번 쳐서 빼앗으리니, 너는 슬퍼하거나 울거나 눈물을 흘리거나 하지 말며,

⑰ 죽은 자들을 위하여 곡을 하지 말고 조용히 탄식하라, 머리를 수건으로 동이고 발은 신을 신어라, 그리고 콧수염을 가리지 말고 조객들이 가져온 빵을 먹지 말라, 하시므로,

(Forbear to cry, make no mourning for the dead, bind the tire of thine head upon thee, and put on thy shoes upon thy feet, and cover not thy lips, and eat not the bread of men.-KJV)

(Groan quietly; do not mourn for the dead. Keep your turban fastened and your sandals on your feet; do not cover the lower part of your face or eat the customary food of mourners.-NIV)

(Groan, moan for the dead, but make no public lament; bind on your turban, put your sandals on your feet, bur do not cover your beared or eat the bread of mourners.-NAB)

(No public mourning. Get dressed as usual and go about your work-none of the usual funeral rituals.-THE MESSAGE)

⑱ 내가 아침에 백성에게 고하였더니, 저녁에 내 아내가 죽기로 아침에 내가 받은 명령대로 행하매,

⑲ 백성이 내게 이르되, 네가 행하는 이 일이 우리에게 무슨 상관이 되는지? 너는 우리에게 고하지 아니하겠느냐? 하므로,

⑳ 내가 그들에게 대답하기를, 여호와의 말씀이 내게 임하여 가라사대,

㉑ 너는 이스라엘 족속에게 이르기를, 주 여호와의 말씀에 내 성소는 너희 세력의 영광이요, 너희 눈의 기쁨이요, 너희 마음에 아낌이 되거니와 내가 더럽힐 것이며, 너희의 버려 둔 자녀를 칼에 엎드러지게 할지라,

㉒ 너희가 에스겔의 행한바와 같이 행하여 입술을 가리우지 아니하며, 사람의 빵도 먹지 아니하며,

㉓ 수건으로 머리를 동인채 발에 신을 신은채로 두고 슬퍼하지도 아니하며, 울지도 아니하되, 죄악 중에 수척해져서 피차 바라보고 탄식하리라,

㉔ 이와 같이 에스겔이 너희에게 표징이 되리리, 그가 행한대로 너희가 다 행할지라, 이 일이 이루면 너희가 나를 주 여호와인줄 알리라, 하라, 하셨느니라.

㉕ 사람인 아들아, 내가 그 힘과 그 즐거워하는 영광과 그 눈의 기뻐하는 것과 그 마음의 간절히 생각하는 자녀를 제하는 날,

㉖ 곧 그 날에 도피한 자가 네게 나아와서 네 귀에 그 일을 들리지 아니하겠느냐?

㉗ 그 날에 네 입이 열려서 도피한 자에게 말하고, 다시는 잠잠하지 아니하리라, 이와 같이 너는 그들에게 표징이 되고, 그들은 내가 여호와인줄 알리라, 하라, 하시니라.

● 25장

① 여호와의 말씀이 또 내게 임하여 가라사대,

② 사람인 아들아, 암몬 족속을 향하여 그들에 대하여 예언하라,

③ 너는 암몬 족속에게 이르기를, 너희는 주 여호와의 말씀을 들을지어다, 주 여호와의 말씀에 내 성소를 더럽힐 때에 네가 그것을 대하여 유다 족속이 사로잡힐 때에 네가 그들을 대하여 이르기를, 아하, 좋다, 하였도다,

④ 그러므로 내가 너를 동방 사람들의 소유로 넘길지니, 그들이 네 가운데 진을 치며 네 가운데 그 거처를 베풀며 네 실과를 먹으며 네 젖을 마실지라,

⑤ 내가 랍바로 약대의 우리를 만들며 암몬 족속의 땅으로 양무리의 눕는 것을 삼은즉, 너희가 나를 여호와인줄 알리라,

⑥ 나, 주 여호와가 말하노라, 네가 이스라엘 땅을 대하여 손뼉을 치고 발을 구르며 마음을 다하여 멸시하며 즐거워하였나니,

⑦ 그런즉, 내가 손을 네 위에 펴서 너를 다른 민족에게 붙여 노략을 당하게 하고, 너를 만민 중에 끊어 버리며, 너를 그 나라들 중에서 패망케 하여 멸하리니, 네가 나를 여호와인줄 알라, 하셨다, 하라,

⑧ 나, 주 여호와가 말하노라, 모압과 세일이 이르기를, 유다 족속은 모든 이방인들과 마찬가지라, 하도다,

⑨ 그러므로 내가 모압의 한편, 곧 그 나라 변경에 있는 영화로운 성읍들 벧여시못과 바알므온과 기랴다임을 열고,

⑩ 암몬 족속으로 동방 사람들에게 붙여 그들의 소유로 주리니, 암몬 족속으로 다시는 이방 가운데서 기억되지 아니하게 하려니와,

⑪ 내가 모압에 벌을 내리리니, 그들이 나를 여호와인줄 알리라,

⑫ 나, 주 여호와가 말하노라, 에돔이 유다 족속을 쳐서 원수를 갚았고 원수를 갚음으로 심히 범죄하였도다,

⑬ 그러므로 나 주 여호와가 말하노라, 내가 내 손을 에돔 위에 펴서 사람과 짐승을 그 가운데서 끊어 데만에서부터 황무하게 하리니, 드단까지 칼에 엎드러지리라,

⑭ 내가 내 백성 이스라엘의 손을 빙자하여 내 원수를 에돔에게 갚으리니, 그들이 내 노와 분을 따라 에돔에 행한즉, 내가 원수를 갚음인줄을 에돔이 알리라, 나 주 여호와의 말이니라,

⑮ 나, 주 여호와가 말하노라, 팔레스타인 사람들이 옛날부터 미워하여 그것을 멸시하는 마음으로 원수를 갚아 진멸코자 하였도다,

⑯ 그러므로, 나, 주 여호와가 말하노라, 내가 팔레스타인 사람들 위에 손을 펴서 그렛 사람을 끊으며 해변에 남은 자를 멸망시키리라,

⑰ 내가 맹렬한 책망들로 그들 위에 큰 복수를 행하리니, 내가 그들에게 내 복수를 할 때에 그들이 내가 여호와인줄 알리라, 하시니라.

● 26장

① 제 십 일년 어느달 초 일일에 여호와의 말씀이 내게 임하여 말씀하시기를,

② 사람인 아들아, 두로가 예루살렘을 쳐서 이르기를, 아하 좋다 만민의 문이 깨어져서 내게로 돌아왔도다, 그가 황무하였으니, 내가 충만함을 얻으리라, 하였도다,

③ 그러므로 나, 주 여호와가 말하노라, 두로야 내가 너를 대적하여 바다가 그 파도들을 일으키는 것같이 이교도들이 와서 너를 치게 하리니,

④ 그들이 두로의 성벽을 훼파하며 그 망대를 헐 것이요, 나도 티끌을 그 위에서 쓸어 버려서 말간 반석이 되게 하며,

⑤ 바다 가운데 그물 치는 곳이 되게 하리니, 내가 말하였음이니라, 나 주 여호와의 말이니라, 그가 이방의 노략거리가 될 것이요,

⑥ 들에 있는 그의 딸들은 칼에 죽으리니, 그들이 나를 여호와인줄 알리라,

⑦ 나, 주 여호와가 말하노라, 내가 열왕의 왕 곧 바벨론 왕 느부갓네살로 북방에서 말과 병거와 기병과 군대와 백성의 큰 무리를 거느리고 와서 두로를 치게 할 때에,

⑧ 그는 들에 있는 너의 딸들을 칼로 죽이고, 너를 치려고 공격 보루를 세우고 공격 축대를 쌓으며 너를 향하여 방패를 갖출 것이니라,

⑨ 파쇄기로 네 성벽을 치고 네 성을 치며 도끼로 네 탑들을 부수리라,

⑩ 말이 많으므로 그 티끌이 너를 가리울 것이고, 사람이 뚫린 성 구멍으로 들어가는 것 같이 그가 네 성문으로 들어갈 때에 그 기병과 수레와 병거의 소리로 인하여 네 성곽이 진동할 것이며,

⑪ 그가 그 말굽으로 네 모든 거리를 밟을 것이고, 칼로 네 백성을 죽일 것이며, 네 견고한 석상을 땅에 엎드러뜨릴 것이니라,

⑫ 네 재물을 빼앗을 것이고, 네 무역한 것을 노략할 것이며, 네 성을 헐 것이고, 네 기뻐하는 집을 무너뜨릴 것이며, 또 네 돌들과 네 재목과 네 흙을 다 물 가운데 던질 것이니라,

⑬ 내가 네 노래 소리를 그치게 하고 네 수금 소리로 다시 들리지 않게 하며,

⑭ 내가 이렇듯 너를 맨바위로 만들어 버리면 너는 그물이나 펴서 말리는 곳이 되고 다시는 건축되지 못하리니, 나 여호와가 말하였음이니라, 나, 주 여호와의 말이니라,

⑮ 주 여호와께서 두로를 대하여 말씀하시되, 너의 엎드러지는 소리에 모든 섬이 진동하지 않겠느냐? 곧 너희 중에 상한 자가 부르짖으며 살륙을 당할 때에라,

⑯ 그 때에 바다의 모든 왕이 그 보좌에서 내려 조복을 벗으며, 수 놓은 옷을 버리고 떨림을 입듯하고 땅에 앉아서 너로 인하여 무시로 떨며 놀랄 것이며,

⑰ 그들이 너를 위하여 애가를 불러 이르기를, 항해자의 거한 유명한 성이여! 너와 너의 거민이 바다 가운데 있어 견고하였었도다, 해변의 모든 거민을 두렵게 하였더니, 어찌 그리 멸망하였는고?

⑱ 너의 무너지는 그 날에 섬들이 진동할 것임이여! 바다 가운데 섬들이 네 결국을 보고 놀라리로다, 하리라,

⑲ 나, 주 여호와가 말하노라, 내가 너로 거민이 없는 성과 같이 황무한 성이 되게 하고 깊은 바다로 네 위에 오르게 하며 큰 물로 너를 덮게 할 때에,

⑳ 내가 너로 구덩이에 내려가는 자와 함께 내려가서, 옛적 사람에게로 나아가게 하고, 너로 그 구덩이에 내려간 자와 함께 땅 깊은 곳 예로부터 황적한 곳에 거하게 할지라, 네가 다시는 사람이 거하는 곳이 되지 못하리니, 산 자의 땅에서 영광을 얻지 못하리라,

㉑ 내가 너를 패망케 하여 다시 있지 못하게 하리니, 사람이 비록 너를 찾으나, 다시는 영원히 만나지 못하리라, 나 주 여호와의 말이니라.

● 27장

① 여호와의 말씀이 내게 임하여 가라사대

② 사람인 아들아, 너는 두로를 위하여 애가를 지으라,

③ 바다 어귀에 자리 잡은 성읍, 수많은 섬으로 다니며 여러 민족과 장사하는 상인 두로에게 말하여라, '주 여호와 하나님이 이렇게 말하느니라, 오, 두로야, 네가 말하기를, 나는 완전히 아름답다, 하였도다,

④ 네 경계들이 바다 가운데 있음이여, 너를 지은 자가 네 아름다움을 온전케 하였도다,

⑤ 스닐의 잣 나무로 네 판자를 만들었음이여, 너를 위하여 레바논 백향목을 가져 돛대를 만들었도다,

⑥ 바산 상수리나무로 네 노를 만들었음이여, 깃딤섬 황양목에 상아로 꾸며 갑판을 만들었도다,

⑦ 에집트의 수 놓은 가는 베로 돛을 만들어 기를 삼았음이여, 엘리사 섬의 청색 자색 베로 차일을 만들었도다,

⑧ 시돈과 아르왓 거민들이 네 사공이 되었음이여, 두로야, 네 가운데 있는 박사가 네 선장이 되었도다,

⑨ 그발의 노인과 박사들이 네 가운데서 배의 틈을 막는 자가 되었음이여, 바다의 모든 배와 그 사공들은 네 가운데서 무역하였도다,

⑩ 바사와 룻과 붓이 네 군대 가운데서 병정이 되었음이여, 네 가운데서 방패와 투구를 달아 네 영광을 나타내었도다,

⑪ 아르왓 사람과 네 군대는 네 사면 성 위에 있엇고 용사들은 네 여러 망대에 있었음이여, 네 사면 성 위에 방패를 달아 네 아름다움을 온전케 하였도다,

⑫ 다시스는 각종 보화가 풍부하므로 너와 통상하였음이여, 은과 철과 상납과 납을 가지고 네 물품을 무역하였도다,

⑬ 야완과 두발과 메섹은 네 장사가 되었음이여, 사람과 놋그릇을 가지고 네 상품을 무역하였도다,

⑭ 도갈마 족속은 말과 전마와 노새를 가지고 네 물품을 무역하며,

⑮ 드단 사람은 네 장사가 되었음이여, 여러 섬이 너와 통상하여 상아와 오목을 가져 네 물품을 무역하였도다,

⑯ 너의 제조품이 풍부하므로 아람은 너와 통상하였음이여, 남보석과 자색 베와 수놓은 것과 가는 베와 산호와 홍보석을 가지고 네 물품을 무역하였도다,

⑰ 유다와 이스라엘땅 사람이 네 장사가 되었음이여 민닛 밀과 과자와 꿀과 기름과 유향을 가지고 네 물품을 무역하였도다,

⑱ 너의 제조품이 많고 각종 보화가 풍부하므로 다메섹이 너와 통상하였음이여, 헬본 포도주와 흰 양털을 가지고 너와 무역하였도다,

⑲ 위단과 야완은 길쌈하는 실로 네 물품을 무역하였음이여, 백철과 육계와 창포가 네 상품 중에 있었도다,

⑳ 드단은 네 장사가 되었음이여, 탈 때 까는 담으로 너와 무역하였도다,

㉑ 아라비아와 게달의 모든 방백은 네 수하에 상고가 되어 어린 양과 수양과 염소들 그것으로 너와 무역하였도다,

㉒ 스바와 라아마의 장사들도 너의 장사들이 됨이여, 각종 상등 향재료와 각종 보석과 황금으로 네 물품을 무역하였도다,

㉓ 하란과 간네와 에덴과 스바와 앗수르와 길맛의 장사들도 너의 장사들이라,

㉔ 이들이 아름다운 물화 곧 청색 옷과 수놓은 물품과 빛난 옷을 백향목 상자에 담고, 노끈으로 묶어 가지고 너와 통상하여 네 물품을 무역하였도다,

㉕ 다시스의 배는 떼를 지어 네 물화를 실었음이여, 네가 바다 중심에서 풍부하여 영

화가 극하였도다,

㉖ 네 사공이 너를 인도하여 큰 물에 이름이여, 동풍이 바다 중심에서 너를 파하도다,

㉗ 네 재물과 상품과 무역한 물건을 네 사공과 선장과 네 배의 틈을 막는 자와 네 장사와 네 가운데 있는 모든 용사와 네 가운데 있는 모든 무리가 네 패망하는 날에 다 바다 중심에 빠질 것임이여,

㉘ 네 선장의 부르짖는 소리에 물결이 흔들리리로다,

㉙ 무릇 노를 잡은 자와 사공과 바다의 선장들이 다 배에 내려 언덕에 서서,

㉚ 너를 위하여 크게 소리질러 통곡하고 티끌을 머리에 무릅쓰며 재 가운데 굶이여,

㉛ 그들이 다 너를 위하여 머리털을 밀고, 굵은 베로 띠를 띠고, 마음이 아프게 슬피 통곡하리로다,

㉜ 그들이 통곡할 때에 너를 위하여 애가를 불러 조상하는 말씀이여, 두로 같이 바다 가운데서 적막한 자 누구인고?

㉝ 네 물품을 바다로 실어 낼 때에 네가 여러 백성을 풍족하게 하였음이여, 네 재물과 무역품이 많으므로 세상 왕들을 풍부케 하였었도다,

㉞ 네가 바다 깊은데서 파선한 때에 네 무역품과 네 승객이 다 빠졌음이여,

㉟ 섬의 거민들이 너를 인하여 놀라고 열왕이 심히 두려워 하여 얼굴에 근심이 나타나도다,

㊱ 뭇 민족의 상인들이 너를 두고 휘파람을 불어대는 가운데, 이제 너는 공포를 일으키며 영원히 다시 있지 못하리라 하리로다, 하라, 하시니라.

● 28장

① 여호와의 말씀이 내게 임하여 가라사대,

② 사람인 아들아, 두로의 왕에게 말하여라, '주 하나님이 이렇게 말한다, 너는 마음이 교만하여져서 '나는 신이다, 나는 신의 자리에, 바다 한가운데에 앉아 있다.' 하고 말한다. 그러나 너는 신이 아니라 사람이면서도 너는 네가 신과 같이 현명하다고 생각하느니라,

(Son of man, say unto the prince of Tyrus, Thus saith the Lord GOD; because thine heart is lifted up, and thou hast said, I am a GOD, I sit in the seat of God, in the midst of the seas; yet thou art a man, and not God, though thou set thine heart as the heart of God:-KJV)

("Son of man, say to the ruler of Tyre, This is what the Sovereign Lord
says: 'In the pride of your heart you say, "I am a god; I sit on the throne
of a god in the heart of seas." But you are a man and not a god, though
you think you are as wise as a god.-NIV)

(Son of man, say to the prince of Tyre: Thus says the Lord GOD: Because
you are haughty of heart, you say, "I am a god! I sit on a god's throne in
the heart of the sea!" But you are a man, not a god; yet you pretend you
are a god at heart!-NAB)

("Son of man, tell the prince of Tyre, "This is what GOD, the Master, says:
" 'your heart is proud, going around saying, "I'm a god. I sit on God's
divine throne, ruling the sea-You, a mere mortal trying to be god.-THE
MESSAGE)

③ 네가 다니엘보다 지혜로와서 은밀한 것을 깨닫지 못할 것이 없다, 하고,

④ 네 지혜와 총명으로 재물을 얻었으며, 금 은을 곳간에 저축하였으며,

⑤ 네 큰 지혜와 장사함으로 재물을 더하고, 그 재물로 인하여 네 마음이 교만하였도
다,

⑥ 그러므로 나 주 여호와가 말하노라, 네 마음이 하나님의 마음 같은체 하였으니,

⑦ 그런 즉, 내가 외인 곧 열국의 강포한 자를 거느리고 와서 너를 치리니, 그들이 칼
을 빼어 네 지혜의 아름다운 것을 치며 네 영화를 더럽히며,

⑧ 또 너를 구덩이에 빠뜨려서 너로 바다 가운데서 살륙을 당한 자의 죽음 같이 바다
중심에서 죽게 할지라,

⑨ 너를 살륙하는 자 앞에서 네가 그래도 말하기를, 내가 하나님이라 하겠느냐? 너를
치는 자의 수중에서 사람 뿐이요, 신이 아니라,

⑩ 네가 외인의 손에서 죽기를 할례 받지 않은 자의 죽음 같이 하리니, 내가 말하였음
이니라, 나 주 여호와의 말이니라, 하셨다, 하라,

⑪ 여호와의 말씀이 또 내게 임하여 가라사대,

⑫ 사람인 아들아, 두로 왕을 위하여 애가를 지어 그에게 이르기를, 주 여호와의 말씀
에 주 여호와의 말씀에 너는 완벽한 본보기로서 지혜가 충족하며 온전히 아름다웠
도다,

⑬ 네가 옛적에 하나님의 동산 에덴에 있어서, 각종 보석 곧 홍보석과 황보석과 금강

석과 황옥과 홍마노와 창옥과 청보석과 남보석과 홍옥과 황금으로 단장하였었음이여, 네가 지음을 받던 날에 너를 위하여 소고와 비파가 예비되었었도다,

⑭ 너는 기름 부음을 받은 덮는 그룹임이여, 내가 너를 세우매, 네가 하나님의 성산에 있어서 화광석 사이에서 왕래하였었도다,

⑮ 네가 지음을 받던 날로부터 네 모든 길이 완전하더니, 마침내 불의가 드러났도다,

⑯ 네 무역이 풍성하므로 네 가운데 강포가 가득하여 네가 범죄하였도다, 너 덮는 그룹아, 그러므로 내가 너를 더럽게 여겨, 하나님의 산에서 쫓아 내었고, 화광석 사이에서 멸하였도다,

⑰ 네가 아름다우므로 마음이 교만하였으며, 네가 영화로우므로 네 지혜를 더럽혔음이여, 내가 너를 땅에 던져 열왕 앞에 두어 그들의 구경거리가 되게 하였도다,

⑱ 네가 죄악이 많고 무역이 불의 하므로, 네 모든 성소를 더럽혔음이여, 내가 네 가운데에서 불을 내어 너를 사르게하고, 너를 목도하는 자 앞에서 너로 땅 위에 재가 되게 하였도다,

⑲ 만민 중에 너를 아는 자가 너로 인하여 다 놀랄 것임이여, 네게 경계거리가 되고, 네가 영원히 다시 있지 못하리로다 하셨다하라,

⑳ 여호와의 말씀이 또 내게 임하여 가라사대,

㉑ 사람이 아들아, 너는 낯을 시돈으로 향하고 그를 쳐서 예언하라,

㉒ 너는 이르기를, 주 여호와의 말씀에, 시돈아, 내가 너를 대적하나니, 네 가운데에서 내 영광이 나타나리라 하셨다, 하라, 내가 그 가운데에서 국문을 행하여 내 거룩함을 나타낼 때에 무리가 나를 여호와인줄 알리라,

㉓ 내가 그에게 전염병을 보내고 그의 거리에 피가 흐르게 하리니, 사방에서 오는 칼에 상한 자가 그 가운데 엎드러질 것인즉, 무리가 나를 여호와인줄 알겠고,

㉔ 이스라엘 족속에게는 그 사면에서 그들을 멸시하는 자 중에 찌르는 가시와 아프게 하는 가시가 다시는 없으리니, 그들이 나를 주 여호와인줄 알리라,

㉕ 나, 주 여호와가 말하노라, 내가 열방에 흩어 있는 이스라엘 족속을 모으고, 그들로 인하여 열국의 목전에서 내 거룩함을 나타낼 때에, 그들이 고토 곧 내 종 야곱에게 준 땅에 거할지라,

㉖ 그들이 그 가운데 평안히 거하여 집을 건축하며 포도원을 심고, 그들이 사면에서 멸시하던 모든 자를 내가 국문할 때에 그들이 평안히 살며, 나를 그 하나님 여호와인줄 알리라, 하라, 하시니라.

• 29장

① 제 십년 시월 십 이일에 여호와의 말씀이 내게 임하여 가라사대,

② 사람인 아들아, 네 얼굴을 에집트 왕 파라오에게로 향하고 파라오와 온 에집트에 대하여 예언하라,

③ 너는 말하여 이르기를, 주 여호와가 이같이 말하노라, 보라, 에집트의 왕인 파라오야, 내가 너를 대적하노라, 너는 자기의 강들 중에 누운 큰 용이라, 스스로 이르기를, 나일 강은 내것이라, 내가 그것을 나를 위하여 만들었다, 하는도다,

④ 내가 갈고리로 네 아가미를 꿰고, 네 강의 고기로 네 비늘에 붙게 하고, 네 비늘에 붙은 강의 모든 고기와 함께 너를 네 강들 중에서 끌어내고,

⑤ 너와 네 강의 모든 고기를 들에 던지리니, 네가 지면에 떨어지고, 다시는 거두거나 모음을 입지 못할 것은 내가 너를 들짐승과 공중의 새들의 먹이로 주었음이라,

⑥ 그때에 에집트의 모든 거민이 나를 여호와인줄 알리라, 왜냐하면 그들은 이스라엘 족속에게 갈대로 만든 지팡이 역할을 하였기 때문이니라,

⑦ 그들이 너를 손으로 잡은즉, 네가 부러져서 그들의 모든 어깨를 찢었고, 그들이 너를 의지한즉, 네가 부러져서 그들의 모든 허리로 흔들리게 하였느니라,

⑧ 그러므로 나, 주 여호와가 말하노라, 내가 칼로 네게 임하게 하여 네게서 사람과 짐승을 끊은즉,

⑨ 에집트 땅이 사막과 황무지가 되리니, 그들이 나를 여호와인줄 알리라, 네가 스스로 이르기를, 나일 강은 내 것이라, 내가 만들었다 하도다,

⑩ 그러므로 내가 너와 네 강들을 쳐서 에집트 땅 믹돌에서부터 수에네 곧 구스 지경까지 황무한 황무지 곧 사막이 되게 하리니,

⑪ 그 가운데로 사람의 발도 지나가지 아니하며, 짐승의 발도 지나가지 아니하고, 그곳은 사람이 거주함이 없이 사십년이 지날지라,

⑫ 내가 에집트 땅을 황폐한 나라들 가운데서 황폐하게 하리니, 폐허가 된 성읍들 가운데서 그녀의 성읍들이 사십년 동안 황폐하게 되리라, 내가 에집트 사람들을 이방인들 사이로 흩어 놓아 많은 나라들 사이로 그들을 흩어 놓으리라,

⑬ 나 주 여호와가 말하노라, 사십년 끝에 내가 만민 중에 흩은 에집트 사람들을 다시 모으리니,

⑭ 내가 에집트의 사로잡힌 자들을 다시 데려와서, 그들을 바드로스 땅, 곧 그들의 고토로 돌아가게 할 것이라, 그들이 거기서 초라한 나라가 되리라,

⑮ 에집트는 왕국들 중에서 가장 초라한 왕국이 되리니, 더 이상 이방인들 위에 자신을 높이지 못하리라, 이는 내가 그들을 미약하게 하여 그들로 하여금 다시는 이방인들을 다스리지 못하게 할 것이기 때문이니라,

⑯ 그들은 더 이상 이스라엘 족속의 의지하고 싶어 할 만한 나라가 되지 못한 채, 이제 이스라엘에게 이집트는 과거의 죄를 기억하게 하는 나라로만 존재할 것이니라, 그제야 에집트는 내가 여호와 하나님인 줄을 알게 될 것이다, 하시니라,

(Egypt will no longer be a source of confidence for the people of Israel but will be a reminder of their sin in turning to her for help. Then they will know that I am the Sovereign LORD.-NIV)

(And it shall be no more the confidence of the house of Israel, which bringeth their iniquity to remembrance, when they shall look after them: but they shall know that I am the Lord GOD.-KJV)

(No longer shall they be security for the house of Israel, But a reminder of its iniquity in turning away to follow them. Then they shall know that I am the Lord GOD.-NAB)

(Never again will Israel be tempted to rely on Egypt. All she'll be to Israel is a reminder of old sin. Then Egypt will realize that I am GOD, the Master.-THE MESSAGE)

⑰ 제 이십 칠년 정월 초 일일에 여호와의 말씀이 내게 임하여 가라사대,

⑱ 사람인 아들아, 바벨론 왕 느부갓네살이 그 군대로 두로를 치게 할 때에 크게 수고하여 각 머리털이 무지러졌고 각 어깨가 벗어졌으니, 그와 군대가 그 수고한 보수를 두로에서 얻지 못하였느니라,

⑲ 그러므로 나, 주 여호와가 말하노라, 내가 에집트 땅을 바벨론 왕 느부갓네살에게 붙이리니, 그가 그 무리를 옮겨가며 물건을 노략하며 빼앗아 갈 것이라, 이것이 그 군대의 보수가 되리라,

⑳ 그들의 수고는 나를 위하여 함인즉, 그 보수로 내가 에집트 땅을 그에게 주었느니라, 나 주 여호와의 말이니라,

㉑ 그 날에 내가 이스라엘 족속에게 한 뿔이 솟아나게 할 것이요, 내가 또 너로 하여금 그들의 한 가운데에서 입을 열게 하리니, 그들이 내가 여호와인줄 알리라, 하라, 하시니라.

● 30장

① 여호와의 말씀이 또 내게 임하여 가라사대,

② 사람인 아들아, 너는 예언하여 이르라, 주 여호와의 말씀에 너희는 통곡하며 이르기를, 슬프다, 이 날이여, 하라,

③ 그 날이 가까웠도다, 여호와의 날이 가까웠도다, 구름의 날인 것이요, 열국의 때이리로다,

④ 에집트에 칼이 임할 것이라, 에집트에서 살륙 당한 자들이 엎드러질 때에 에티오피아에 심한 근심이 있을 것이며 에집트의 무리가 옮기우며 그 기지가 헐릴 것이요

⑤ 에디오피아와 리비아와 리디아와 모든 섞인 백성과 굽과 및 동맹한 땅의 백성들이 그들과 함께 칼에 엎드러지리라,

⑥ 나, 여호와가 말하노라, 에집트를 붙들어 주는 자도 엎드러질 것이요, 에집트의 교만한 권세도 낮아질 것이라, 믹돌에서부터 수에네까지 무리가 그 가운데서 칼에 엎드러지리라, 나 주 여호와의 말이니라,

⑦ 황무한 열방 같이 그들도 황무할 것이며, 사막이 된 성읍들 같이 그 성읍들도 사막이 될 것이라,

⑧ 내가 에집트에 불을 일으키고, 그 모든 돕는 자를 멸할 때에 그들이 나를 여호와인 줄 알리라,

⑨ 그 날에 사자들이 내 앞에서 배로 나아가서 염려 없는 구스 사람을 두렵게 하리니, 에집트의 재앙의 날과 같이 그들에게도 심한 근심이 있으리라, 이것이 오리로다,

⑩ 나 주 여호와가 말하노라, 내가 또 바벨론 왕 느부갓네살의 손으로 에집트 무리들을 끊으리니,

⑪ 그가 열국 중에 강포한 자기 군대를 거느리고 와서, 그 땅을 멸할 때에 칼을 빼어 에집트를 쳐서 살륙 당한 자로 땅에 가득하게 하리라,

⑫ 내가 그 모든 강을 말리우고 그 땅을 악인의 손에 팔겠으며, 타국 사람의 손으로 그 땅과 그 가운데 있는 모든 것을 황무하게 하리라, 나 여호와의 말이니라,

⑬ 나 주 여호와가 말하노라, 내가 그 우상들을 멸하며 신상들을 놉 가운데서 끊으며 에집트 땅에서 왕이 다시 나지 못하게 하고,

⑭ 내가 바드로스를 황무케 하며 소안에 불을 일으키며 노를 국문하며,

⑮ 내 분노를 에집트의 견고한 성 신에 쏟고 또 노의 무리를 끊을 것이라,

⑯ 내가 에집트에 불을 일으키리니, 펠루시움 심히 근심할 것이고, 테베는 찢어 나뉠 것이며, 멤피스는 날로 대적이 있을 것이라,

⑰ 아웬과 비베셋의 소년들은 칼에 엎드러질 것이며, 그 성읍 거민들은 포로될 것이라,

⑱ 내가 에집트 멍에를 꺾으며 그 교만한 권세를 그 가운데서 그치게 할 때는 드합느헤스에서는 날이 어둡겠고, 그 성읍에는 구름이 덮일 것이며, 그 딸들은 포로 될 것이라,

⑲ 이와 같이 내가 에집트를 국문하리니, 그들이 나를 여호와인줄 알리라, 하셨다, 하라,

⑳ 제 십 일년 정월 칠일에 여호와의 말씀이 내게 임하여 가라사대,

㉑ 사람인 아들아, 내가 에집트 왕 파라오의 팔을 꺾었더니 칼을 잡을 힘이 있도록 그것을 싸매지도 못하였고, 약을 붙여 싸매지도 못하였느니라,

㉒ 그러므로, 나 주 여호와가 말하노라, 내가 에집트 왕 파라오를 대적하여 그 두 팔 곧 성한 팔과 이미 꺾인 팔을 꺾어서 칼이 그 손에서 떨어지게 하고,

㉓ 에집트 사람들을 열국 가운데로 흩으며 열방 가운데로 헤칠지라,

㉔ 내가 바벨론 왕의 팔을 견고하게 하고, 내 칼을 그 손에 붙이려니와 내가 파라오의 팔을 꺾으리니, 그가 바벨론 왕의 앞에서 고통하기를 죽게 상한 자의 고통하듯 하리라,

㉕ 내가 바벨론 왕의 팔은 들어주고 파라오의 팔은 떨어뜨릴 것이라, 내가 내 칼을 바벨론 왕의 손에 붙이고, 그로 들어 에집트 땅에서 치게 하리니, 그들이 나를 여호와인줄 알겠고,

㉖ 내가 에집트 사람들을 열국 가운데로 흩으며 열방 가운데로 헤치리니, 그들이 나를 여호와인줄 알리라, 하라, 하시니라.

● 31장

① 제 십 일년 삼월의 첫날에, 여호와의 말씀이 내게 임하여 가라사대,

② 사람인 아들아, 너는 에집트 왕인 파라오와 그들 따르는 자들에게 말하라, "누가 너의 위엄과 비교될 수 있느냐?" 하라,

③ 볼지어다, 앗수르 사람들은 한때 숲을 그늘지게 하는 아름다운 가지를 가진 레바논의 백향목이었느니라, 그것은 키가 크고 그 꼭대기가 구름에 닿았느니라,

④ 물들이 그것을 기르며 깊은 물이 그것을 자라게하며 강들이 그 심긴 곳을 둘러 흐르며 보의 물이 들의 모든 나무에까지 미치매,

⑤ 그 나무가 물이 많으므로 키가 들의 모든 나무보다 높고, 굵은 가지가 번성하며 가는 가지가 길게 빼어났고,

⑥ 공중의 모든 새가 그 큰 가지에 깃들이고, 들의 모든 짐승이 그 가는 가지 밑에 새끼를 낳으며, 모든 큰 나라가 그 그늘 아래 거하였었느니라,

⑦ 그 뿌리가 큰 물가에 있으므로 그 나무가 크고, 가지가 길어 모양이 아름다우매,

⑧ 하나님의 동산의 백향목이 능히 그를 가리우지 못하고, 잣나무가 그 굵은 가지만 못하며, 단풍나무가 그 가는 가지만 못하며, 하나님의 동산의 아무 나무도 그 아름다운 모양과 같지 못하였도다,

⑨ 내가 그 가지로 많게 하여 모양이 아름답게 하였더니, 하나님의 동산 에덴에 있는 모든 나무가 다 투기하였느니라,

⑩ 그러므로 나 주 여호와가 말하노라, 그의 키가 높고 꼭대기가 구름에 닿아서 높이 빼어났으므로 마음이 교만하였은즉,

⑪ 내가 이방인들의 힘센 자의 손에 넘겼으니, 그 힘센 자가 그를 사악하게 대접할 것이라, 즉 내가 그의 사악함으로 그를 내 쫓아내었느니라,

⑫ 또 낯선 자들, 즉 그 민족들 중에서 무서운 자들이 그를 베어서 버려두었느니라, 산들 위에와 모든 골짜기들에 그의 작은 가지들은 떨어졌고, 그의 큰 가지들은 그 땅의 모든 강들에 의하여 꺾여졌으며, 그 땅의 모든 백성들은 그의 그늘로부터 떠났고 그를 버려두었느니라,

⑬ 공중의 모든 새가 그 넘어진 나무에 거하며 들의 모든 짐승이 그 가지에 있으리니,

⑭ 이는 물가에 있는 모든 나무로 키가 높다고 교만치 못하게 하고, 그 꼭대기로 구름에 닿지 못하게 하며, 또 물 대임을 받는 능한 자로 스스로 높아 서지 못하게 함이니, 그들을 다 죽는데 붙여서 인생 중 구덩이로 내려가는 자와 함께 지하로 내려가게 하였음이니라,

⑮ 나, 주 여호와가 말하노라, 그가 음부에 내려가던 날에 내가 그를 위하여 애곡하게 하고, 깊은 바다를 덮으며 모든 강을 쉬게 하며, 큰 물을 그치게 하고 래바논으로 그를 위하여 애곡하게 하고, 들의 모든 나무로 그로 인하여 쇠잔하게 하였느니라,

⑯ 그 나무를 구렁으로 내려가는 이들과 함께 저승으로 내던질 때, 나는 그 파멸의 소리로 이방인들을 떨게 하였느니라, 그러자 에덴의 모든 나무, 빼어나고 좋은 레바

논의 나무들, 곧 물을 흠뻑 먹으며 자란 모든 나무가 저 밑 세상에서 위로를 받았느니라.

(I made the nations to shake at the sound of his fall, when I cast him down to hell with them that descend into the pit: and all the trees of Eden, the choice and best of Lebanon, all the drink water, shall be comforted in he nether parts of the earth.-KJV)

(At the sound of its fall, I made nations shudder, When I cast it down to Sheol with those who go down to the pit. In the underworld all the trees of Eden took comfort: Lebanon's choicest and best, all that were fed by the waters.-NAB)

(I made the nations tremble at the sound of its fall when I brought it down to the grave with those who go down to the pit. Then all the trees of Eden, the choicest and best of Lebanon, all the trees that were well-watered, were consoled in the earth below.-NIV)

(I made the whole world quake when it crashed, and threw it into the underworld to take its place with all else that gets buried. All the trees of Eden and the finest and best trees of Lebanon, well-watered, were relieved-they had descended to the underworld with it,-THE MESSAGE)

⑰ 그러나 그들도 그와 함께 음부에 내려 칼에 살륙을 당한 자에게 이르렀나니, 그들은 옛적에 그의 팔이 된 자요, 이방인들 중에서 그 그늘 아래 거하던 자니라.

⑱ 너의 영화와 광대함이 에덴 모든 나무 중에 어떤 것과 같은고? 그러나 네게 에덴 나무와 함께 지하에 내려갈 것이요, 거기서 할례를 받지 못하고 칼에 살륙을 당한 자 중에 누우리라, 이들은 파라오와 그 모든 군대니라, 나, 주 여호와의 말하노라, 하라, 하시니라.

● 32장

① 제 십 이년 십 이월 초 일일에 여호와의 말씀이 내게 임하여 가라사대,

② 사람인 아들아, 너는 에집트 왕 파라오에 대하여 애가를 짓고 그에게 말하라, 즉 "너는 이방인들 중에서 사자와 같으니 너는 너의 발로 물을 휘젓어 너의 시내 물을 뒤집어 그것들을 혼탁하게 하는 바다에 있는 괴물 같도다." 하라,

③ 이것은 주 여호와의 말씀이니라, 내가 많은 백성의 무리를 거느리고 내 그물을 네 위에 치고 그 그물로 너를 끌어올리리라,

④ 내가 너를 땅에 버리며 들에 던져 공중의 새들로 네 위에 앉게 할 것임이여 온 땅의 짐승으로 너를 먹어 배부르게 하리로다,

⑤ 내가 네 고기를 여러 산에 두며 네 시체를 여러 골짜기에 채울 것임이여,

⑥ 네 피로 네 헤엄치는 땅에 물 대듯 하여 산에 미치게 하며 그 모든 개천에 채우리로다,

⑦ 내가 너를 불 끄듯 할 때에 하늘을 가리워 별로 어둡게 하며, 해를 구름으로 가리우며 달로 빛을 발하지 못하게 할 것임이여,

⑧ 하늘의 모든 밝은 빛을 내가 네 위에서 어둡게 하여 어두움을 네 땅에 베풀리로다, 나 주 여호와의 말이로다,

⑨ 내가 네 패망의 소문으로 열국 곧 너의 알지 못하는 열방에 이르게 할 때에 많은 백성의 마음을 번뇌케 할 것임이여,

⑩ 내가 그 많은 백성으로 너를 인하여 놀라게 할 것이며, 내가 내 칼로 그들의 왕 앞에서 춤추게 할 때에 그 왕이 너를 인하여 심히 두려워 할 것이며, 네가 엎드러지는 날에 그들이 각각 자기 생명을 위하여 무시로 떨리로다,

⑪ 나 주 여호와가 말함이여 바벨론 왕의 칼이 네게 임하리로다,

⑫ 내가 네 무리로 용사 곧 열국의 무서운 자들의 칼에 엎드러지게 할 것임이여, 그들이 애굽의 교만을 폐하며 그 모든 무리를 멸하리로다,

⑬ 내가 또 그 모든 짐승을 큰 물가에서 멸하리니, 사람의 발이나 짐승의 굽이 다시는 그 물을 흐리지 못할 것임이여,

⑭ 그 때에 내가 그 물을 맑게 하여 그 강으로 기름 같이 흐르게 하리로다, 나 주 여호와의 말이로다,

⑮ 내가 에집트 땅으로 황무하여 사막이 되게 하여 거기 풍성한 것이 없게 할 것임이여, 그 가운데 모든 거민을 치리니 그들이 나를 여호와인줄 알리라,

⑯ 이는 슬피 부를 애가니, 열국 여자들이 이것을 슬피 부름이여 에집트와 그 모든 무리를 위하여 이것을 슬피 부르리로다, 나 주 여호와의 말이로다, 하라,

⑰ 제 십 이년 어느 달 십 오일에 여호와의 말씀이 내게 임하여 가라사대,

⑱ 사람인 아들아, 에집트의 무리를 애곡하고 그와 유명한 나라 여자들을 구덩이에 내려가는 자와 함께 지하에 던지며,

⑲ 그들에게 말하라, 너는 아름다움을 누구에게 넘겨주려느냐? 너는 내려가서 할례 받지 못한 자들과 함께 누울지니라,

⑳ 그들이 살륙 당한 자 중에 엎드러질 것임이여, 그는 칼에 붙인바 되었은즉, 그와 그 모든 무리를 끌지어다,

㉑ 용사 중에 강한 자가 그들 돕는 자와 함께 음부 가운데서 그에게 말함이여, 할례 받지 못한 자들, 곧 칼에 살륙 당한 자들이 내려와서 가만히 누웠다 하리로다,

㉒ 거기 앗수르와 그 온 무리가 있음이여, 다 살륙을 당하여 칼에 엎드러진 자라, 그 무덤이 그 사방에 있도다,

㉓ 그 무덤이 구덩이 깊은 곳에 베풀렸고, 그 무리가 그 무덤 사방에 있음이여, 그들은 다 살륙을 당하여 칼에 엎드러진 자, 곧 생존 세상에서 사람을 두렵게 하던 자로다,

㉔ 거기 엘람이 있고 그 모든 무리가 그 무덤 사면에 있음이여, 그들은 다 할례를 받지 못하고 살륙을 당하여 칼에 엎드러져 지하에 내려간 자로다, 그들이 생존 세상에서 두렵게 하였었으나, 이제는 구덩이에 내려가는 자와 함께 수치를 당하였도다,

㉕ 그와 그 모든 무리를 위하여 침상을 살륙 당한 자 중에 베풀었고, 그 여러 무덤은 사면에 있음이여, 그들은 다 할례를 받지 못하고 칼에 살륙을 당한 자로다, 그들이 생존 세상에서 두렵게 하였었으나, 이제는 구덩이에 내려가는 자와 함께 수치를 당하고 살륙 당한 자 중에 뉘었도다,

㉖ 거기 메섹과 두발과 그 모든 무리가 있고, 그 여러 무덤은 사면에 있음이여, 그들은 다 할례를 받지 못하고 칼에 살륙을 당한 자로다, 그들이 생존 세상에서 두렵게 하였었으나,

㉗ 그들이 할례 받지 못한 자 중에 이미 엎드러진 용사와 함께 누운 것이 마땅치 아니하냐? 니 용사들은 다 병기를 가지고 음부에 내려 자기의 칼을 베개하였으니, 그 백골이 자기 죄악을 졌음이여, 생존 세상에서 용사의 두려움이 있던 자로다,

㉘ 오직 너는 할례 받지 못한 자와 일반으로 패망할 것임이여, 칼에 살륙 당한 자와 함께 누우리로다,

㉙ 거기 에돔 곧 그 열왕과 그 모든 방백이 있음이여, 그들이 강성하였으나 칼에 살륙 당한 자와 함께 있겠고, 할례 받지 못하고 구덩이에 내려간 자와 함께 누우리로다,

㉚ 거기 살륙 당한 자와 함께 내려간 북방 모든 방백과 모든 시돈 사람이 있음이여, 그

들이 본래는 강성하였으므로 두렵게 하였었으나, 이제는 부끄러움을 품고 할례 받지 못하고, 칼에 살륙 당한 자와 함께 누웠고, 구덩이에 내려가는 자와 함께 수욕을 당하였도다,

㉛ 파라오가 그들을 보고 그 모든 무리로 인하여 위로를 받을 것임이여, 칼에 살륙 당한 파라오와 그 온 군대가 그러하리로다, 나 주 여호와의 말이로다,

㉜ 비록 내가 파라오가 인간 세상에서 사람들을 두렵게 하도록 하였었으나, 이제는 파라오와 그의 모든 무리가 더불어 할례 받지 못한 자들의 한 가운데에서 칼에 살륙 당한 자들과 함께 눕게하리라, 나 주 여호와의 말이로다, 하라, 하시니라.

● 33장

① 다시 여호와의 말씀이 내게 임하여 가라사대

② 사람인 아들아, 네 백성의 자손들에게 고하고 그들에게 이르라, 내가 칼을 땅 위에 가져올 때에 만일 그 땅의 백성이 그들의 경계들 중에서 한 사람을 택하여 그를 그들의 파숫군으로 세웠는데,

③ 만일 그 사람이 칼이 그 땅에 임함을 보고 그가 나팔을 불고 그 백성에게 경고하였는데,

④ 그때에 어떤 사람이 나팔 소리를 듣고도 경고로 받아들이지 아니하면, 그 칼이 임하여 그의 목숨을 앗아 갈 것이고, 그의 피가 그 자신의 머리로 흐를 것이니라,

⑤ 그가 경고로 받아들였던들 자기 생명을 보존하였을 것이나, 나팔 소리를 듣고도 경고로 받아들이지 아니 아니하였으니 그 피가 자기에게로 돌아가느니라,

⑥ 그러나 만일 파숫군이 칼이 임하는 것을 보고서도 나팔을 불지 아니하여, 그 백성이 경고를 받지 못하므로, 칼이 임하여 그들 가운데서 어떤 사람을 취한다면, 그가 그의 죄악 속에서 제거되거니와, 그의 피는 내가 파숫군의 손에서 요구하리라, 할지니라,

⑦ 사람인 아들아, 내가 너로 이스라엘 족속의 파숫군을 삼음이 이와 같으니라, 그런즉, 너는 내 입의 말을 듣고 나를 대신하여 그들에게 경고할지어다,

⑧ 가령 내가 악인에게 이르기를, 악인아 너는 정녕 죽으리라, 하였다, 하자, 네가 그 악인에게 말로 경고하여 그 길에서 떠나게 하니하면 그 악인은 자기 죄악 중에서 죽으려니와 내가 그 피를 네 손에서 찾으리라,

⑨ 그러나 너는 악인에게 경고하여 돌이켜 그 길에서 떠나라고 하되, 그가 돌이켜 그

길에서 떠나지 아니하면, 그는 자기 죄악 중에서 죽으려니와 너는 네 생명을 보전하리라,

⑩ 그런즉 인자야 너는 이스라엘 족속에게 이르기를 너희가 말하여 이르되 우리의 허물과 죄가 이미 우리에게 있어 우리로 그 중에서 쇠패하게 하니 어찌 능히 살리요 하거니와

⑪ 주 여호와의 말씀에 나의 삶을 두고 맹세하노니, 나는 악인의 죽는 것을 기뻐하지 아니하고, 악인이 그 길에서 돌이켜 떠나서 사는 것을 기뻐하노라, 이스라엘 족속아 돌이키고 돌이키라, 너희 악한 길에서 떠나라, 어찌 죽고자 하느냐? 하셨다, 하라,

⑫ 사람인 아들아, 너는 네 민족에게 이르기를, 의인이 범죄하는 날에는 그 의가 구원치 못할 것이요, 악인이 돌이켜 그 악에서 떠나는 날에는 그 악이 그를 엎드러뜨리지 못할 것인즉, 의인이 범죄하는 날에는 그 의로 인하여는 살지 못하리라,

⑬ 가량 내가 의인에게 말하기를, 너는 살리라, 하였다, 하자, 그가 그 의를 스스로 믿고 죄악을 행하면 그 모든 의로운 행위가 하나도 기억되지 아니하리니, 그가 그 지은 죄악 중 곧 그 중에서 죽으리라,

⑭ 가령 내가 악인에게 말하기를, 너는 죽으리라, 하였다, 하자, 그가 돌이켜 자기의 죄에서 떠나서 법과 의대로 행하여,

⑮ 전당물을 도로 주며 억탈물을 돌려 보내고, 생명의 율례를 준행하여 다시는 죄악을 짓지 아니하면 그가 정녕 살고 죽지 않을지라,

⑯ 그가 본래 범한 모든 죄가 기억되지 아니하리니 그가 정녕 살리라 이는 법과 의를 행하였음이니라 하라

⑰ 그래도 네 민족은 말하기를, 주의 길이 공평치 않다, 하는도다, 그러니 실상은 그들의 길이 공평치 아니하리라,

⑱ 만일 의인이 돌이켜 그 의에서 떠나 죄악을 지으면 그가 그 가운데서 죽을 것이고,

⑲ 만일 악인이 돌이켜 그 악에서 떠나 법과 의대로 행하면 그가 그로 인하여 살리라,

⑳ 그러나 너희가 이르기를, 주의 길이 공평치 않다, 하는도다, 이스라엘 족속아, 내가 너희의 각기 행한대로 심판하리라 하시니라,

㉑ 우리가 사로잡힌지 십 이년 시월 오일에 예루살렘에서부터 도망하여 온 자가 내게 나아와 말하기를, 그 성이 함락되었다, 하였는데,

㉒ 그 도망한 자가 내게 나아오기 전날 저녁에 여호와의 손이 내게 임하여 내 입을 여

시더니, 다음 아침 그 사람이 내게 나아올 임시에 내 입이 열리기로, 내가 다시는 잠잠하지 아니하였노라,

㉓ 여호와의 말씀이 내게 임하여 가라사대,

㉔ 사람인 아들아, 이스라엘 황무한 땅에 거한 자들이 말하여 이르기를, 아브라함은 오직 한 사람이었어도 그 땅을 유업으로 얻었느니라, 그러나 우리는 수가 많은 즉 확실히 그 땅을 우리에게 유업으로 주셨느니라, 하는도다,

㉕ 그러므로 너는 그들에게 이르라, 주 여호와가 말씀하시기를,, 너희는 피가 흠뻑젖신 고기를 먹고, 우상들을 숭배하며, 살륙을 마음대로 하는데 너희가 그 땅을 소유할 수 있다고 기대하느냐? 하시니라,

(Wherefore say unto them, Thus saith the Lord GOD; Ye eat with the blood, and lift up your eyes toward your idols, and shed blood: and shall ye possess the land?-KJV)

(Therefore say to them, This is what the Sovereign LORD says: Since you eat meat with the blood still in it and look to your idols and shed blood, should you then possess the land?-NIV)

(Therefore say to them: Thus says the Lord GOD: You eat on the mountains, you raise your eyes to your idols, you shed blood-yet you would keep possession of the land?-NAB)

("So tell them, 'GOD the Master says, You eat flesh that contains blood, you worship no-god idols, you murder at will-and you expect to own this land?-THE MESSAGE)

㉖ 너희가 칼을 믿어 가증한 일을 행하며 각기 이웃의 아내를 더럽히니, 그 땅을 너희가 소유할 수 있겠느냐? 할지니라,

㉗ 너는 그들에게 또 이르기를, 주 여호와의 말씀에 내가 나의 삶을 두고 맹세하노니, 황무지에 있는 자는 칼에 엎드러뜨리고 들에 있는 자는 들짐승에게 붙여 먹게 하며, 산성과 굴에 있는 자는 전염병으로 죽게 하리라,

㉘ 내가 그 땅으로 황무지와 놀라움이 되게 하고, 그 권능의 교만을 그치게 하리니, 이스라엘 산들이 황무하여 지나갈 사람이 없으리라,

㉙ 내가 그들의 행한 모든 가증한 일로 인하여 그 땅으로 황무지와 놀라움이 되게 하면, 그 때에 그들이 나를 여호와인줄 알리라, 하라,

㉚ 사람인 아들아, 네 민족이 담 곁에서와 집 문에서 너를 의논하며 각기 그 형제로 더
불어 말하여 이르기를, 자, 가서 여호와께로부터 무슨 말씀이 나오는가 들어보자
하고,

㉛ 백성이 모이는 것 같이 네게 나아오며, 내 백성처럼 네 앞에 앉아서 네 말을 들으
나, 그대로 행치 아니하니, 이는 그 입으로는 사랑을 나타내어도 마음은 탐욕을 따
라가기 때문이라,

㉜ 그들에게는 너는 고운 목소리와 매끄러운 터치로 노래를 잘하는 가수일 뿐이었느
니라, 그들은 너의 말을 듣기는 하였으나 그들은 그것을 준행치 아니하였느니라,

(And, lo, thou ar' unto them as a very lovely song of one that hath a
pleasant voice, and can play well on an instrument: for they hear thy
words, but they do them not.-KJV)

(Indeed, to them you are nothing more than one who sings love songs
with a beautiful voice and plays an instrument well, for they hear your
words but do not put them into practice.-NIV)

(For them you are only a singer of love songs, with a pleasant voice and a
clever touch. They listen to your words, but they do not obey them.-NAB)

(To them you're merely entertainment- a country singer of sad love
songs, playing a guitar. They love to hear you talk, but nothing comes of
it.-THE MESSAGE)

㉝ 이것이 이루어지리니, 그때에 그들이 한 선지자가 그들 가운데 있었던 것을 알리
라, 하시니라.

● 34장

① 여호와의 말씀이 내게 임하여 가라사대,

② 사람인 아들아, 너는 이스라엘 목자들을 대적하여 예언할지니라, 그들 곧 목자들
에게 예언하여 이르기를, 주 여호와의 말씀에 자기들만 먹는 이스라엘 목자들은
화 있을진저! 목자들은 양의 무리를 먹이는 것이 마땅치 아니하냐?

③ 너희가 살진 양을 잡아 그 기름을 먹으며 그 털을 입되 양의 무리는 먹이지 아니하
는도다,

④ 너희가 그 연약한 자를 강하게 아니하고, 병든 자를 고치지 아니하며, 상한 자를 싸

매어 주지 아니하고, 쫓긴 자를 돌아오게 아니하며, 잃어버린 자를 찾지 아니하고, 다만 폭력과 잔인함으로 그것들을 다스렸도다,

⑤ 목자가 없으므로 그것들이 흩어지며, 흩어져서 모든 들짐승의 밥이 되었도다,

⑥ 내 양의 무리가 모든 산과 높은 멧부리에마다 유리되었고, 내 양의 무리가 온 지면에 흩어졌으되 찾고 찾는 자가 없었도다,

⑦ 그러므로 목자들아 여호와의 말씀을 들을지어다,

⑧ 주 여호와의 말씀에 내가 확실하게 말하노니, 내 양의 무리가 노략거리가 되고 모든 들짐승의 밥이 된 것은 목자가 없음이라, 내 목자들이 내 양을 찾지 아니하고, 자기만 먹이고 내 양의 무리를 먹이지 아니하였도다,

⑨ 그러므로 너희 목자들아 여호와의 말씀을 들을지어다,

⑩ 주 여호와의 말씀에 내가 목자들을 대적하여 내 양의 무리를 그들의 손에서 찾으리니, 목자들이 양을 먹이지 못할 뿐 아니라 그들이 다시는 자기를 먹이지 못할지라, 내가 내 양을 그들의 입에서 건져내어서 다시는 그 양식이 되지 않게 하리라,

⑪ 나 주 여호와가 말하노라, 곧 내가 내 양을 찾되,

⑫ 목자가 양 가운데 있는 날에 양이 흩어 졌으면 그 떼를 찾는 것 같이 내가 내 양을 찾아서 흐리고 캄캄한 날에 그 흩어진 모든 곳에서 그것들을 건져낼지라,

⑬ 내가 그것들을 만민 중에서 끌어내며, 열방 중에서 모아 그 본토로 데리고 가서 이스라엘 산 위에와 시냇가에와 그 땅 모든 거주지에서 먹이되,

⑭ 좋은 꼴로 먹이고, 그 우리를 이스라엘 높은 산위에 두리니, 그것들이 거기서 좋은 우리에 누워 있으며 이스라엘 산 위에서 살진 꼴을 먹이리라,

⑮ 나 주 여호와가 말하노라, 내가 친히 내 양의 목자가 되어 그것들로 누워 있게 할지라,

⑯ 그 잃어버린 자를 내가 찾으며 쫓긴자를 내가 돌아 오게 하며 상한 자를 내가 싸매어 주며 병든 자를 내가 강하게 하려니와 살찐 자와 강한 자는 내가 멸하고 공의대로 그것들을 먹이리라,

⑰ 나 주 여호와가 말하노라, 나의 양떼 너희여, 내가 양과 양의 사이와 수양과 수염소의 사이의 시비를 심판하리라,

⑱ 너희가 좋은 꼴 먹은 것을 작은 일로 여기느냐? 어찌하여 남은 꼴을 발로 밟았느냐? 너희가 맑은 물 마신 것을 작은 일로 여기느냐? 어찌하여 남은 물을 발로 더럽혔느냐?

⑲ 나의 양은 너희 발로 밟는 것을 먹으며, 너희 발로 더럽힌 것을 마시는도다, 하셨느니라,

⑳ 그러므로 주 여호와께서 그들에게 대하여 말씀하시기를, 나 곧 내가 살찐 양과 파리한 양 사이에서 심판하리라,

㉑ 너희가 옆구리와 어깨로 밀뜨리고 모든 병든 자를 뿔로 받아 무리로 밖으로 흩어지게 하는도다,

㉒ 그러므로 내가 내 양떼를 구원하여 그들로 다시는 노략거리가 되지 않게 하고 양과 양 사이에 심판하리라,

㉓ 내가 한 목자를 그들의 위에 세워 먹이게 하리니, 그는 내 종 다윗이라, 그가 그들을 먹이고 그들의 목자가 될지라,

㉔ 나 여호와는 그들이 하나님이 되고 내 종 다윗은 그들 중에 왕이 되리라, 나 여호와의 말이니라,

㉕ 내가 또 그들과 화평의 언약을 세우고 악한 짐승을 그 땅에서 그치게 하리니, 그들이 빈들에 평안히 거하며 수풀 가운데서 잘지라,,

㉖ 내가 그들에게 복을 내리며, 내 산 사면 모든 곳도 복되게 하여 때를 따라 비를 내리되 복된 장마비를 내리리라,

㉗ 그리한즉 밭에 나무가 열매를 맺으며, 땅이 그 소산을 내리니, 그들이 그 땅에서 평안할지라, 내가 그들의 멍엣목을 꺾고, 그들로 종을 삼은 자의 손에서 그들을 건져 낸 후에 그들이 나를 여호와인줄 알겠고,

㉘ 그들이 다시는 이방의 노략거리가 되지 아니하며, 땅의 짐승의 삼킨바 되지 아니하고, 평안히 거하리니 놀랠 사람이 없으리라,

㉙ 내가 그들을 위하여 유명한 종식할 땅을 일으키리니, 그들이 다시는 그 땅에서 기근으로 멸망하지 아니할지며, 다시는 열국의 수치를 받지 아니할 것이니라,

㉚ 그들이 나 여호와 그들의 하나님이 그들과 함께 있는 줄을 알며, 그들 곧 이스라엘 족속이 내 백성인줄 알리라, 나 주 여호와의 말이니라

㉛ 너희 양떼, 곧 나의 초장의 양떼는 사람들이요, 나는 너희 하나님이시니라, 주 여호와께서 말씀하시느니라.

● 35장
① 여호와의 말씀이 또 내게 임하여 가라사대,

② 사람인 아들아, 네 얼굴을 세일산으로 향하고, 세일산에 대하여 예언하라,

③ 이르기를, 이것은 주 여호와의 말씀이니라, 내가 너 세일산을 대적하여 내 손을 너에 대하여 펴서 너로 황무지로 만들지니라,

④ 내가 네 성읍들을 폐허로 되게하고 너를 황무케 하리니, 그때 너는 내가 여호와인 줄 알 것이니라,

⑤ 왜냐하면 너희는 오랫동안 적개심을 품고 있었으므로 이스라엘 사람들을 그들의 환난의 시기에 칼에 넘겼느니라, 즉 그들의 죄 받음이 절정에 다다랐을 때에 칼에 붙였느니라,

⑥ 그러므로 나 주 여호와가 말하노라, 내가 확실하게 선언하노니, 내가 너로 피를 만나게 한즉, 피가 너를 따르리라,

⑦ 내가 세일산으로 놀라움과 황무지가 되게 하여 그 위에 왕래하는 자를 다 끊을지라,

⑧ 내가 그 살륙당한 자로 그 여러 산에 채우되 칼에 살륙 당한 자로 네 여러 멧부리에 골짜기에 모든 시내에 엎드러지게 하고,

⑨ 너로 영원히 황무케 하여 네 성읍들에 다시는 거하는 자가 없게 하리니, 너희가 나를 여호와인줄 알리라,

⑩ 네가 말하기를, 이 두 민족과 이 두 땅은 다 내게로 돌아와서 내 소유가 되리라 하였도다, 그러나 나 여호와가 거기 있었느니라,

⑪ 그러므로 나 주 여호와가 말하노라, 내가 확실하게 선언하노니, 네가 그들을 미워하여 노하며 질투한대로 내가 네게 행하여 너를 국문할 때에 그들로 나를 알게 하리라,

⑫ 네가 이스라엘 산들을 가리켜 말하기를, 저 산들이 황무하였으니, 우리에게 붙이워서 삼키게 되었다 하여, 욕하는 모든 말을 나 여호와가 들은 줄을 네가 알리로다,

⑬ 너희가 나를 대적하여 입으로 자랑하며, 나를 대적하여 여러가지로 말한 것을 내가 들었노라,

⑭ 나 주 여호와가 말하노라, 온 지구가 즐거워할 때에 내가 너를 황무케 하되,

⑮ 이스라엘 족속의 유업이 황폐하게 됨으로 인하여 네가 즐거워한 것 같이, 나도 너에게 그렇게 하리라, 오, 세일산아, 너와 온 에돔아, 너희들은 황무할 것이니라, 그 때에 그들은 내가 여호와인줄을 알 것이니라.

• 36장

① 사람인 아들아, 너는 이스라엘 산들에게 예언하여 이르기를, 이스라엘 산들아 여호와의 말씀을 들을지니라,

② 이것은 주 여호와의 말씀이니라, 즉 적들이 네게 대하여 말하기를, "아하! 옛적의 높은 산당들까지도 우리의 소유가 되었도다." 하였느니라,

③ 그러므로 너는 예언하여 이르기를, 주 여호와의 말씀에 그들이 너희를 황무케 하고, 너희 사방을 삼켜서 너희로 남은 이방인의 소유가 되게 하여 사람의 말거리와 백성의 비방거리가 되게 하였도다,

④ 그러므로 이스라엘의 산들아 주 여호와의 말씀을 들을지어다, 주 여호와께서 산들과 멧부리들과 시내들과 골짜기들과 황무한 사막들과 사면에 남아 있는 이방인의 노략거리와 조롱거리가 된 버린 성읍들에게 말씀하셨느니라,

⑤ 주 여호와의 말씀에 내가 진실로 내 맹렬한 투기로 남아 있는 이방인과 에돔 온 땅을 쳐서 말하였노니, 이는 그들이 심히 즐거워하는 마음과 멸시하는 심령으로 내 땅을 빼앗아 노략하여 자기 소유를 삼았음이니라,

⑥ 그러므로 너는 이스라엘 땅을 대하여 예언하되, 그 산들과 멧부리들과 시내들과 골짜기들을 대하여 이르기를, 주 여호와의 말씀에 내가 내 투기와 내 분노로 말하였나니, 이는 너희가 이방인들의 수치를 짊어졌기 때문이라,

⑦ 그러므로 주 여호와의 말씀에 내가 맹세하였은즉, 너희 사면에 있는 이방인이 자가 수욕을 정녕 당하리라,

⑧ 그러나 너희 이스라엘 산들아 너희는 가지를 내고 내 백성 이스라엘을 위하여 과실을 맺으리니, 그들의 올 때가 가까이 이르렀음이니라,

⑨ 내가 돌이켜 너희와 함께 하리니, 사람이 너희를 갈고 심을 것이며,

⑩ 내가 또 사람을 너희 위에 많게 하리니, 이들은 이스라엘 온 족속이라, 그들로 성읍들에 거하게 하며 빈 땅에 건축하게 하리라,

⑪ 내가 너희 위에 사람과 짐승을 늘어나게 하리니, 그들이 번성하고 소산을 내리라, 또 내가 너희를 이전 상태 같이 정착시키며, 너희를 처음보다 낫게 대접하여 주리라, 그리하면 너희는 내가 여호와인 줄을 알게 되리라,

⑫ 내가 사람으로 너희 위에 행하게 하리니, 그들은 내 백성 이스라엘이라, 그들은 너를 얻고 너는 그 소유가 되어 다시는 그들로 자식들을 잃어버리지 않게 하리라,

⑬ 나 주 여호와가 말하노라, 그들이 너희에게 이르기를, 너는 사람을 삼키는 자요, 네

나라 백성을 제한 자라, 하거니와,

⑭ 네가 다시는 사람을 삼키지 아니하며, 다시는 네 나라 백성을 제하지 아니하리라, 나 주 여호와의 말이니라,

⑮ 내가 또 너로 열국의 수욕을 듣지 않게 하고, 만민의 비방을 다시 받지 않게 하며, 네 나라 백성을 다시 넘어뜨리지 않게 하리라, 나 주 여호와의 말이니라, 하다, 하시니라,

⑯ 여호와의 말씀이 또 내게 임하여 가라사대,

⑰ 사람인 아들아, 이스라엘 족속이 그 고토에 거할 때에 그 행위로 그 땅을 더럽혔나니, 나 보기에 그 소위가 월경 중에 있는 여인의 부정함과 같았느니라,

⑱ 그들이 땅 위에 피를 쏟았으며, 그 우상들로 더럽혔으므로 내가 분노를 그들의 위에 쏟아,

⑲ 그들을 그 행위대로 심판하여 각국에 흩으며 열방에 헤쳤더니,

⑳ 그리고 그들이 이방인들에게 들어갔을 때에 그 들어간 곳에서 그들이 내 거룩한 이름을 더럽혔나니, 그때에 이방인들이 그들에게 말하기를, 이들이 여호와의 백성이라도 여호와의 땅에서 떠난 나온 자들이라, 하였도다,

㉑ 그래서 나는 이스라엘 족속이 이방인들 사이로 흩어져 들어가 거기에서 그들이 더럽힌 나의 이름을 걱정하게 되었느니라,

(But I had pity for mine holy name; which the house of Israel had profaned among the heathen, whither they went.-KJV)

(I had concern for my holy name, which the house of Israel profaned among the nations where they had gone.-NIV)

(So I relented because of my holy name which the house Israel desecrated among the nations to which they came.-NAB)

(I suffered much pain over my holy reputation, which the people of Israel blackened in every country they entered.-THE MESSAGE)

㉒ 그러므로 너는 이스라엘 족속에게 이르기를, 주 여호와의 말씀에 이스라엘 족속아, 내가 이렇게 행함은 너희를 위함이 아니요, 너희가 들어간 그 이방인들 사이에서 더럽힌 나의 거룩한 이름을 위함이라,

㉓ 이방인들 가운데서 더럽힘을 받은 이름, 곧 너희가 그들 중에서 더럽힌 나의 큰 이름을 내가 거룩하게 할지라, 내가 그들의 목전에서 너희로 인하여 나의 거룩함을

나타내리니, 이방인들이 나를 여호와인줄 알리라, 나, 주 여호와의 말이니라,

㉔ 이는 내가 너희를 이방인들 가운데에서 취하여 내고, 모든 나라들에서 너희를 모아 너희 고토로 데려올 것이기 때문이라,

㉕ 맑은 물로 너희에게 뿌려서 너희로 정결케 하되, 곧 너희 모든 더러운 것에서와 모든 우상을 섬김에서 너희를 정결케 할 것이며,

㉖ 또 새 영을 너희 속에 두고, 새 마음을 너희에게 주되, 너희 육신에서 굳은 마음을 제하고 부드러운 마음을 줄 것이며,

㉗ 그리고 내 영을 너희 속에 두어 너희로 율례를 따르게 하고 나의 법을 지켜 행하도록 하리라,

㉘ 내가 너희 조상에게 준 땅에 너희가 거하여 내 백성이 되고 나는 너희 하나님이 되리라,

㉙ 내가 너희를 모든 더러운데서 구원하고 곡식으로 풍성하게 하여 기근이 너희에게 임하지 아니하게 할 것이며,

㉚ 그리고 내가 나무 열매와 밭의 소산을 많게하여 너희로 이방인들 가운데서 기근의 비난을 다시는 받지 아니하게 하리라,

㉛ 그 때에 너희는 너희의 악한 길과 너희 불선한 행위을 기억하고, 너희는 너희의 모든 죄악과 가증한 일들로 인하여 너희 자신들을 혐오할 것이니라,

㉜ 나 주 여호와가 말하노라, 내가 이렇게 행함은 너희를 위함이 아닌줄을 너희가 알리라, 이스라엘 족속아, 너희 행위를 인하여 부끄러워하고 한탄할지어다,

㉝ 나 주 여호와가 말하노라, 내가 너희를 죄악에서 정결케 하는 날에 내가 또한 너희를 그 성읍들에 서 거하게 하리니, 폐허가 된 곳들이 세워지리라,

㉞ 전에는 지나가는 자의 눈에 황무하게 보이던 그 황무한 땅이 장차 경작되리라,

㉟ 사람이 이르기를, 이 땅이 황무하더니, 이제는 에덴 동산 같이 되었고 황량하고 적막하고 무너진 성읍들에 성벽과 거민이 있다 하리니,

㊱ 너희 사면에 남아 있는 이방 사람들이 나 여호와가 무너진 곳을 건축하며 황무한 자리에 심은줄 알리라, 나 여호와가 말하였으니, 이루리라,

㊲ 나 주 여호와가 말하노라, 그래도 이스라엘 족속이 이와 같이 자기들에게 이루어 주기를 내게 구하여야 할지라, 내가 그들에게 사람들을 양떼 같이 많아지게 하리라,

㊳ 거룩한 양떼같이, 엄숙한 절기에 예루살렘의 양떼 같이, 폐허가 되었던 성읍들이

사람들의 떼로 채워지리니, 그리하면 그들이 내가 여호와인 줄을 알리라,하라, 하셨느니라.

● 37장

① 여호와의 손이 내게 임하여, 나를 여호와의 영으로 데리고 가셔서, 뼈들로 가득 찬 골짜기의 가운데에 나를 두시고,

② 나를 그 뼈들의 사면을 지나가게 하셨는데, 본즉 그 골짜기 지면에 뼈가 심히 많고 아주 말랐더라,

③ 그분께서 내게 이르시되, 사람인 아들아, 이 뼈들이 능히 살겠느냐? 하시기로 내가 대답하되, 주, 여호와여, 주께서 아시나이다, 하였더니,

④ 다시 그분께서 내게 말씀하시기를, 이 뼈들 위에 예언하여 그들에게 말하라, 마른 뼈들아, 여호와의 말씀을 들을지어다,

⑤ 이것은 주 여호와께서 뼈들에게 말씀하신 것이라, 보라! 내가 너희에게 생명의 숨을 들어가게 하리니, 너희가 살아나게 되리라, 하시니라,

(Thus saith the Lord GOD unto these bones; Behold, I will cause breath to enter into you, and ye shall live:-KJV)

(This is what the Sovereign LORD says to these bones: I will make breath enter you, and you will come to life.-NIV)

(Thus says the Lord GOD to these bones: Listen! I will make breath enter you so you come to life.-NAB)

(GOD, the Master, told the dry bones, "Watch this: I'm bringing the breath of life to you and you'll come to life.-THE MESSAGE)

⑥ 너희 위에 힘줄을 두고 살을 입히고 가죽으로 덮고 너희 속에 생기를 두리니, 너희가 살리라, 또 나를 여호와인줄 알리라, 하라, 하시니라,

⑦ 이에 내가 명령을 받은대로 예언하였더라, 내가 예언하였더니, 한 음성이 있고 보라 한 진동이 있어, 그 뼈들이 모여들어 뼈가 자기 뼈에 붙더라,

⑧ 내가 또 보니 그 뼈에 힘줄이 생기고 살이 오르며 그 위에 가죽이 덮이나 그 속에 생기는 없더라,

⑨ 그때에 그분께서 내게 이르시되, 사람인 아들아, 너는 바람을 향하여 대언하라, 바람에게 대언하여라, 주 하나님의 말씀에 오, 숨(생기)야 사방의 바람으로부터 와서

이 죽임을 당한 자들 위에 숨을 불어 넣어서 그들로 하여금 살아나게 하라, 하시니라,

(Then said he unto me, Prophesy unto the wind, prophesy, son of man, and say to the wind, Thus saith the Lord GOD; Come from the four winds, O breath, and breath upon these slain, that they may live.-KJV)

(Then he said to me, "Prophesy to the breath; prophesy, son of man, and say to it, 'This is the Sovereign LORD says: Come from the four winds, O breath, and breathe into these slain, that they may live.'"-NIV)

(He said to me, "Prophesy to the breath, Prophesy, son of man, Tell the breath, 'GOD, the Master, says, Come from the four winds, Come, breath. Breathe on these slain bodies. Breathe life!'"-THE MESSAGE)

(Then he said to me: Prophesy to the breath, prophesy, son of man! Say to the breath: Thus says the Lord GOD: From the four winds come, O breath, and breathe into these slain that they may come to life.-NAB)

⑩ 이에 내가 그 명대로 대언하였더니, 생기가 그들에게 들어가매, 그들이 곧 살아 일어나서 서는데 극히 큰 군대더라,

⑪ 또 내게 이르시되, 사람인 아들아, 이 뼈들은 이스라엘 온 족속이라 그들이 이르기를, 우리의 뼈들이 말랐고, 우리의 소망이 없어졌으니, 우라는 다 멸절되었다, 하느니라,

⑫ 그러므로 너는 대언하여 그들에게 이르기를, 주 여호와의 말씀에 내 백성들아 내가 너희 무덤을 열고 너희로 나오게 한즉, 너희가 나를 여호와인줄 알리라,

⑬ 내 백성들아 내가 너희 무덤을 열고 너희로 거기서 나오게 한즉, 너희가 나를 여호와인줄 알리라,

⑭ 내가 또 내 영을 너희 속에 두어 너희로 살게 하고, 내가 또 너희를 너희 고토에 거하게 하리니, 나 여호와가 이 일을 말하고 이룬 줄을 너희가 알리라, 나 여호와의 말이니라 하셨다, 하라,

⑮ 여호와의 말씀이 또 내게 임하여 가라사대,

⑯ 사람인 아들아, 너는 막대기 하나를 취하여 그 위에 유다와 그 짝 이스라엘 자손이라 쓰고, 또 다른 막대기 하나를 취하여 그 위에 에브라임 막대기 곧 요셉과 그 짝 이스라엘 온 족속이라 쓰고,

⑰ 그 막대기 들을 서로 연합하여 하나가 되게 하라, 네 손에서 둘이 하나가 되리라,

⑱ 네 민족이 네게 말하여 이르기를, 이것이 무슨 뜻인지, 우리에게 고하지 아니하겠느냐? 하거든,

⑲ 너는 곧 이르기를, 주 여호와의 말씀에 내가 에브라임의 손에 있는바, 요셉과 그 짝 이스라엘 지파들의 막대기를 취하여 유다의 막대기에 붙여서 한 막대기가 되게 한즉, 내 손에서 하나가 되리라 하셨다, 하고,

⑳ 너는 그 글 쓴 막대기를 무리의 목전에서 손에 잡고,

㉑ 그들에게 이르기를, 주 여호와의 말씀에 내가 이스라엘 그 간바 열국에서 취하며 그 사면에서 모아서 고토로 돌아가게 하고,

㉒ 그 땅 이스라엘 모든 산에서 그들로 한 나라를 이루어서 한 임금이 모두 다스리게 하리니, 그들이 다시는 두 민족이 되지 아니하며 두 나라로 나누이지 아니할지라,

㉓ 그들이 그 우상들과 가증한 물건과 그 모든 죄악으로 스스로 더럽히지 아니하리라, 내가 그들을 그 범죄한 모든 처소에서 구원하여 정결케 한즉, 그들은 내 백성이 되고 나는 그들의 하나님이 되리라,

㉔ 내 종 다윗이 그들의 왕이 되리니, 그들에게 다 한 목자가 있을 것이라, 그들이 내 규례를 준행하고 내 율례를 지켜 행하며,

㉕ 내가 내 종 야곱에게 준 땅 곧 그 열조가 거하던 땅에 그들이 거하되, 그들과 그 자자 손손이 영원히 거기 거할 것이요, 내 종 다윗이 영원히 그 왕이 되리라,

㉖ 내가 그들과 화평의 언약을 세워서 영원한 언약이 되게 하고, 또 그들을 견고하고 번성케 하며 내 성소를 그 가운데 세워서 영원히 이르게 하리니,

㉗ 내 처소가 그들 가운데 있을 것이며, 나는 그들이 하나님이 되고 그들은 내 백성이 되리라,

㉘ 내 성소가 영원토록 그들이 가운데 있으리니, 열국이 나를 이스라엘을 거룩케 하는 여호와인줄 알리라 하셨다, 하라.

● 38장

① 여호와의 말씀이 내게 임하여 가라사대,

② 사람인 아들아, 너는 마곡 땅에 있는 곡 곧 로스와 메섹과 두발 왕에게로 얼굴을 향하고, 그를 대적하여 예언하고,

③ 이르기를, 주 여호와의 말씀에 로스와 메섹과 두발 왕 곡아, 내가 너를 대적하여,

④ 너를 돌이켜 갈고리로 네 아가리를 꿰고, 너와 말과 기병 곧 네 온 군대를 끌어내되, 완전한 갑옷을 입고, 큰 방패와 작은 방패를 가지며, 칼을 잡은 큰 무리와,

⑤ 그들과 함께 한바, 방패와 투구를 갖춘 페르시아와 에티오피아와 붓과

⑥ 고멜과 그 모든 떼와 극한 북방의 도갈마 족속과 그 모든 떼 곧 많은 백성의 무리를 너와 함께 끌어 내리라,

⑦ 너는 스스로 예비하되, 너와 네게 모인 무리들이 다 스스로 예비하고, 너는 그들의 대장이 될지어다,

⑧ 여러날 후 곧 말년에 네가 명령을 받고, 그 땅 곧 오래 황무하였던 이스라엘 산에 이르리니, 그 땅 백성은 칼을 벗어나서 열국에서부터 모여 들어 오며, 이방에서부터 나와서 다 평안히 거하는 중이라,

⑨ 네가 올라오되, 너와 네 모든 떼와 너와 함께한 많은 백성이 광풍 같이 이르고, 구름 같이 땅을 덮으리라,

⑩ 나, 주 여호와가 말하노라, 그 날에 네 마음에서 여러가지 생각이 나서 악한 꾀를 내어,

⑪ 말하기를, 내가 평원의 고을들로 올라 가리라, 성벽도 없고 문이나 빗장이 없어도 염려없이 다 평안히 거하는 백성에게 나아가서,

⑫ 물건을 겁탈하며 노략하리라, 하고, 네 손을 들어서 황무하였다가 지금 사람이 거처하는 땅과 열국 중에서 모여서 짐승과 재물을 얻고, 세상 중에 거하는 백성을 치고자 할 때에,

⑬ 스바와 드단과 다시스의 상고와 그 부자들이 네게 이르기를, 네가 탈취하러 왔느냐? 네가 네 무리를 모아 노략하고자 하느냐? 은과 금을 빼앗으며 짐승과 재물을 취하며 물건을 크게 약탈하여 가고자 하느냐? 하리라, 하셨다, 하리,

⑭ 사람인 아들아, 너는 또 예언하여 곡에게 이르기를, 주 여호와의 말씀에 내 백성 이스라엘이 평안히 거하는 날에 네가 어찌 그것을 알지 못하겠느냐?

⑮ 네가 네 고토 극한 북방에서 많은 백성 곧 다 말을 탄 큰 떼와 능한 군대와 함께 오되,

⑯ 구름이 땅에 덮임 같이 내 백성 이스라엘을 치러 오리라, 곡아 끝날에 내가 너를 이끌어다가 내 땅을 치게 하리니, 이는 내가 너로 말미암아 이방 사람의 목전에서 내 거룩함을 나타내어 그들로 다 나를 알게 하려 함이니라,

⑰ 나 주 여호와가 말하노라, 내가 옛적에 내 종 이스라엘 선지자들을 빙자하여 말한

사람이 네가 아니냐? 그들이 그 때에 여러해 동안 예언하기를, 내가 너를 이끌어다가 그들을 치게 하리라, 하였느니라, 하셨다, 하라,

⑱ 나 주 여호와가 말하노라, 그 날에 곡이 이스라엘 땅을 치러 오면 내 노가 내 얼굴에 나타나리라,

⑲ 내가 투기와 맹렬한 노로 말하였거니와 그 날에 큰 지진이 이스라엘 땅에 일어나서,

⑳ 바다의 고기들과 공중의 새들과 들의 짐승들과 땅에 기는 모든 벌레와 지면에 있는 모든 사람이 내 앞에서 떨 것이며, 모든 산이 무너지며 절벽이 떨어지며 모든 성벽이 땅에 무너지리라,

㉑ 나, 주 여호와가 말하노라, 내가 내 모든 산 중에서 그를 칠 칼을 부르리니, 각 사람의 칼이 그 형제를 칠 것이며,

㉒ 내가 또 전염병과 피로 그를 국문하며 쏟아지는 폭우와 큰 우박덩이와 불과 유황으로 그와 그 모든 떼와 그 함께한 많은 백성에게 비를 내리듯하리라,

㉓ 이와 같이 내가 여러 나라의 눈에 내 존대함과 내 거룩함을 나타내어 나를 알게 하리니, 그들이 나를 여호와인줄 알리라.

● 39장

① 그러므로 사람인 아들아, 너는 곡에 대하여 예언하여 이르기를, 주 여호와의 말씀에 로스와 메섹과 도발 왕 곡아, 내가 너를 대적하여,

② 너를 돌이켜서 이끌고 먼 북방에서부터 나와서 이스라엘 산 위에 이르러,

③ 네 활을 쳐서 네 왼손에서 떨어뜨리고, 네 살을 네 오른손에서 떨어 뜨리니,

④ 너와 네 모든 떼와 너와 함께한 백성이 다 이스라엘 산 위에 엎드러지리라, 내가 너를 각종 움키는 새와 들짐승에게 붙여 먹게하리니,

⑤ 네가 들판에 엎드러지리라, 이는 내가 말하였음이니라, 나 주 여호와의 말이니라,

⑥ 내가 또 불을 마곡과 및 섬에 평안히 거하는 자에게 내리리니, 그들이 나를 여호와인줄 알리라,

⑦ 내가 내 거룩한 이름을 내 백성 이스라엘 가운데 알게 하여, 다시는 내 거룩한 이름을 더럽히지 않게 하리니, 이방인들이 나를 여호와 곧 이스라엘의 거룩한 자인줄 알리라, 하셨다, 하라,

⑧ 나 주 여호와가 말하노라, 볼지어다, 그 일이 이르고 이루리니, 내가 말한 그 날이

이 날이니라,

⑨ 이스라엘 성읍들에 거한 자가 나가서 그 병기를 불 피워 사르되, 큰 방패와 작은 방패와 활과 살과 몽둥이와 창을 취하여 칠년 동안 불 피우리라,

⑩ 이와 같이 그 병기로 불을 피울 것이므로 그들이 들에서 나무를 취하지 아니하며, 삼림에서 벌목하지 아니하겠고, 전에 자기에게서 늑탈하던 자의 것을 늑탈하리라, 나 주 여호와의 말이니라,

⑪ 그 날에 내가 곡을 위하여 이스라엘 땅 곧 바다 동편 사람의 통행하는 골짜기를 매장지로 주리니, 통행하던 것이 막힐 것이라, 사람이 거기서 곡과 그 모든 무리를 장사하고 그 이름을 하몬곡의 골짜기라 일컬으리라,

⑫ 이스라엘 족속이 일곱 달 동안에 그들을 장사하여 그 땅을 정결케 할 것이라,

⑬ 그 땅 모든 백성이 그들을 장사하고 그로 말미암아 이름을 얻으리니, 이는 나의 영광이 나타나는 날이니라, 나 주 여호와의 말이니라,

⑭ 그들이 사람을 택하여 그 땅에 늘 순행하며 장사할 사람으로 더불어 지면에 남아 있는 시체를 장사하여 그 땅을 정결케 할 것이라, 일곱 달 후에 그들이 살펴보되,

⑮ 순행하는 자가 그 땅으로 통행하다가 사람의 뼈를 보면 그 곁에 표를 세워 장사하는 자로 와서 하몬곡 골짜기에 장사하게 할 것이요,

⑯ 성의 이름도 하모나라 하리라, 그들이 이와 같이 그 땅을 정결케 하리라,

⑰ 너 사람인 아들아, 나 주 여호와가 말하노라, 너는 각종 새와 들의 각종 짐승에게 이르기를, 너희는 모여 오라, 내가 너희를 위한 잔치 곧 이스라엘 산 위에 예비한 큰 잔치로 너희는 사방에서 모여서 고기를 먹으며 피를 마실지어다,

⑱ 너희가 용사의 고기를 먹으며 세상 왕들의 피를 마시기를, 바산의 살찐 짐승 곧 수양이나 어린 양이나 염소나 수송아지를 먹듯 할지라,

⑲ 내가 너희를 위하여 예비한 잔치의 기름을 너희가 배불리 먹으며 그 피를 취토록 마시되,

⑳ 내 상에서 말과 기병과 용사와 모든 군사를 배불리 먹을지니라, 하라, 나 주 여호와의 말이니라,

㉑ 내가 내 영광을 열국 중에 나타내어 열국으로 나의 행한 심판과 내가 그 위에 나타낸 권능을 보게 하리니,

㉒ 그 날 이후에 이스라엘 족속은 나를 여호와 자기들의 하나님인줄 알겠고,

㉓ 열국은 이스라엘 족속이 그 죄악으로 인하여 사로잡혀 갔던줄 알지라, 그들이 내

게 범죄하였으므로 내 얼굴을 그들에게 가리우고, 그들을 그 대적의 손에 붙여 다 칼에 엎드러지게 하였으되,

㉔ 내가 그들의 더러움과 그들의 범죄한대로 행하여 그들에게 내 얼굴을 가리웠었느 니라,

㉕ 그러므로 나 주 여호와가 말하노라, 내게 이제 내 거룩한 이름을 위하여 열심을 내 어 야곱의 사로잡힌 자를 돌아오게 하며 이스라엘 온 족속에게 긍휼을 베풀지라,

㉖ 그들이 그 땅에 평안히 거하고 두렵게 할 자가 없게 될 때에 부끄러움을 품고, 내게 범한 죄를 뉘우치리니,

㉗ 곧 내가 그들을 만민 중에서 돌아오게 하고, 적국 주에서 모아내어 열국 목전에서 그들로 인하여 나의 거룩함을 나타낼 때에라,

㉘ 전에는 내가 그들로 사로잡혀 열국에 이르게 하였거니와 후에는 내가 그들을 모아 고토로 돌아오게 하고, 그 한 사람도 이방에 남기지 아니하리니, 그들이 나를 여호 와 자기들의 하나님인줄 알리라,

㉙ 내가 다시는 내 얼굴을 그들에게 가리우지 아니하리니, 이는 내가 나의 영을 이스 라엘 족속에게 쏟았음이니라, 나 주 여호와의 말이니라.

● 40장

① 우리가 사로잡힌지 이십 오년이요, 성이 함락된 후 십 사년 정월 십일, 곧, 그 날에 여호와의 권능이 내게 임하여, 나를 데리고 이스라엘 땅으로 가시니라,

② 하나님의 이상 중에 나를 데리고 그 땅에 이르러, 나를 극히 높은 산 위에 내려 놓 으시는데, 거기서 남으로 향하여 성읍 형상 같은 것이 있더라,

③ 나를 데리시고 거기 이르시니, 모양이 놋 같이 빛난 사람 하나가 손에 삼줄과 척량 하는 잣대를 가지고 문에 서서 있더니,

④ 그 사람이 내게 이르되, 사람인 아들아, 내가 네게 보이는 그것을 눈으로 보고 귀로 들으며, 네 마음으로 생각할지어다, 내가 이것을 네게 보이려고 이리로 데리고 왔 나니, 너는 본 것을 다 이스라엘 족속에게 고할지어다, 하니라,

⑤ 내가 본즉 집 바깥 사면으로 담이 있더라, 그 사람의 손에 척량하는 장대를 잡았는 데, 그 장이 팔꿈치에서 손가락에 이르고, 한 손바닥 넓이가 더한 자로 육척이라 그 담을 척량하니 두께가 한 장대요, 고도 한 장대며,

⑥ 그가 동향한 문에 이르러 층계에 올라 그 문통을 척량하니, 장이 한 장대요, 그 문

안통의 장도 한 장대며,

⑦ 그 문간에 문지기방들이 있는데, 각기 장이 한 장대요, 광이 한 장대요, 매방 사이 벽이 오척이며 안 문통의 장이 한 장대요, 그 앞에 현관이 있고 그 앞에 안 문이 있으며,

⑧ 그가 또 안 문의 현관을 측량하니, 한 장대며,

⑨ 안 문의 현관을 또 척량하니 팔척이요, 그 문벽은 이척이라 그 문의 현관이 안으로 향하였으며,

⑩ 그 동문간의 문지기 방은 좌편에 셋이 있고, 우편에 셋이 있으니, 그 셋이 각각 한 척수요, 그 좌우편 벽도 다 한 척수며,

⑪ 또 그 문통을 척량하니, 광이 십척이요, 장이 십 삼척이며,

⑫ 방 앞에 퇴가 있는데 이편 퇴도 일척이,요 저편 퇴도 일척이며 그 방은 이편도 육척이요, 저편도 육척이며,

⑬ 그가 그 문간을 척량하니, 이 방 지붕가에서 저 방 지붕 가까지 광이 이십 오척인데 방 문은 서로 반대되었으며,

⑭ 그가 또 현관을 척량하니, 광이 이십척이요, 현관 사면에 뜰이 있으며,

⑮ 바깥 문통에서부터 안 문 현관 앞까지 오십척이며,

⑯ 문지기 방에는 각각 닫힌 창이 있고, 문 안 좌우편에 있는 벽 사이에도 창이 있고, 그 현관도 그러하고, 그 창은 안 좌우편으로 벌여 있으며, 각 문 벽 위에는 종려나무를 새겼더라,

⑰ 그가 나를 데리고 바깥 뜰에 들어가니, 뜰 삼면에 박석 깔린 땅이 있고, 그 박석 깔린 땅 위에 여러 방이 있는데 모두 삼십이며,

⑱ 그 박석 깔린 땅의 위치는 각 뮤간의 좌우편인데, 그 광이 문간 길이와 긑으니, 니는 아래 박석 땅이며,

⑲ 그가 아래 문간 앞에서부터 앞 뜰 바깥 문간 앞까지 척량하니, 그 광이 일백척이며 동편과 북편이 일반이더라,

⑳ 그가 바깥 뜰 북향한 문간의 장광을 척량하니,

㉑ 장이 오십척이요, 광이 이십 오척이며 문지기 방이 이편에도 셋이요, 저편에도 셋이요, 그 벽과 그 현관도 먼저 척량한 문간과 같으며,

㉒ 그 창과 현관의 장 광과 종려나무가 다 동향한 문간과 같으며, 그 문간으로 올라가는 일곱 층계가 있고 그 안에 현관이 있으며,

㉓ 안 뜰에도 북편 문간과 동편 문간과 마주 대한 문간들이 있는데, 그가 이 문간에서 맞은편 문간까지 척량하니 일백척이더라,

㉔ 그가 또 나를 이끌고 남으로 간즉 남향한 문간이 있는데, 그 벽과 현관을 척량하니, 먼저 척량한 것과 같고,

㉕ 그 문간과 현관 좌우에 있는 창도 먼저 말한 창과 같더라, 그 문간의 장이 오십척이요, 광이 이십 오척이며,

㉖ 또 그리로 올라가는 일곱 층계가 있고, 그 안에 현관이 있으며, 또 이편 저편 문 벽 위에 종려나무를 새겼으며,

㉗ 안 뜰에도 남향한 문간이 있는데, 그가 남향한 그 문간에서 맞은 편 문간까지 척량 하니 일백척이더라,

㉘ 그가 나를 데리고 그 남문으로 말미암아 안 뜰에 들어가서 그 남문만을 척량하니, 척수는

㉙ 장이 오십척이요, 광이 이십 오척이며, 그 문지기 방과 벽과 현관도 먼저 척량한 것과 같고 그 문간과 그 현관 좌우에도 창이 있으며,

㉚ 그 사면 현관의 장은 이십 오척이요, 광은 오척이며,

㉛ 현관이 바깥 뜰로 향하였고, 그 문 벽 위에도 종려나무를 새겼으며, 그 문간으로 올라가는 여덟 층계가 있더라,

㉜ 그가 나를 데리고 안 뜰 동편으로 가서 그 문간을 척량하니, 척수는

㉝ 장이 오십척이요, 광이 이십 오척이며, 그 문지기 방과 벽과 현관이 먼저 척량한 것과 같고, 그 문간과 그 현관 좌우에도,

㉞ 그 현관이 바깥 뜰로 향하였고, 그 이편 저편 문 벽 위에도 종려나무를 새겼으며, 그 문간으로 올라가는 여덟 층계가 있더라,

㉟ 그가 또 나를 데리고 북문에 이르러 척량하니, 척수는

㊱ 장이 오십척이요, 광이 이십 오척이며, 그 문지기 방과 벽과 현관이 다 그러하여 그 좌우에도 창이 있으며,

㊲ 그 현관이 바깥 뜰로 향하였고, 그 이편 저편 문 벽 위에도 종려나무를 새겼으며, 그 문간으로 올라가는 여러 층계가 있더라,

㊳ 그 문벽 곁에 문이 있는 방이 있는데, 그것은 번제물을 씻는 방이며,

㊴ 그 문의 현관 이편에 상 둘이 있고 저편에 상 둘이 있으니, 그 위에서 번제와 속죄 제와 속건제의 희생을 잡게 한 것이며,

⑩ 그 북문 바깥 입구로 올라가는 곳 이편에 상 둘이 있고 문의 현관 저편에 상 둘이 있으니,

㉑ 문 곁 이편에 상이 넷이 있고, 저편에 상이 넷이 있어 합이 여덟 상이라, 그 위에서 희생물을 잡는 소용이며,

㉒ 또 다듬은 돌로 만들어서 번제에 쓰는 상 넷이 있는데 각 장이 일척 반이요, 광이 일척 반이요, 고가 일척이라, 번제의 희생물을 잡을 때에 쓰는 기구가 그 위에 놓였으며,

㉓ 현관 안에는 길이가 손바닥 넓이만한 갈고리가 사면에 박혔으며, 상들에는 희생의 고기가 있더라,

㉔ 안 문안 안 뜰에는 방 둘이 있는데 북문 곁에 있는 방은 남으로 향하였고, 남문 곁에 있는 방은 북으로 향하였더라,

㉕ 그가 내게 이르되, 남향한 이 방은 성전을 수직하는 제사장들의 쓸 것이요,

㉖ 북향한 방은 제단을 수직하는 제사장들의 쓸 것이요, 이들은 레위의 후손 중 사독의 자손으로서 여호와께 가까이 나아가 수종드는 자니라, 하고,

㉗ 그가 또 그 뜰을 척량하니 장이 일백척이요, 광이 일백척이라 네모 반듯하며 제단은 전 앞에 있더라,

㉘ 그가 나를 데리고 전문 현관에 이르러 그 문의 좌우 벽을 척량하니, 광이 이편도 오척이요, 저편도 오척이며 두께가 문 이편도 삼척이요, 문 저편도 삼척이며,

㉙ 그 현관의 광은 이십척이요, 장은 십 일척이며 문간으로 올라가는 층계가 있고 문 벽에는 기둥이 있는데 하나는 이편에 있고 하나는 저편에 있더라.

● 41장

① 그가 나를 데리고 성소에 이르러 그 문벽을 척량하니 이편 두께도 육척이요, 저편 두께도 육척이라 두께가 이와 같으며,

② 그 문통의 광이 십척이요, 문통 이편 벽의 광이 오척이요, 저편 벽의 광이 오척이며, 그가 성소를 척량하니, 그 장이 사십척이요, 그 광이 이십척이며,

③ 그가 안으로 들어가서 내전 문통의 벽을 척량하니, 두께가 이척이요, 문통이 육척이요, 문통의 벽의 광이 각기 칠척이며,

④ 그가 내전을 척량하니 장이 이십척이요, 광이 이십척이라, 그가 내게 이르되, 이는 지성소니라, 하고

⑤ 전의 벽을 척량하니, 두께가 육척이며 전 삼면에 골방이 있는데 광이 각기 사척이며,

⑥ 골방은 삼척인데, 골방 위에 골방이 있어 모두 삼십이라, 그 삼면 골방이 전 벽 밖으로 그 벽에 의지하였고 전 벽 속은 범하지 아니하였으며,

⑦ 이 두루 있는 골방이 그 층이 높아갈수록 넓으므로 전에 둘린 이 골방이 높아갈수록 전에 가까워졌으나, 전의 넓이는 아래위가 같으며 골방은 아랫층에서 중층으로 위층에 올라가게 되었더라,

⑧ 내가 보니 전 삼면의 지대 곧 모든 골방 밑 지대의 고가 한 장대 곧 큰 자로 육척인데,

⑨ 전을 의지한 그 골방 바깥 벽 두께는 오척이요, 그 외에 빈 터가 남았으며,

⑩ 전 골방 삼면에 광이 이십척 되는 뜰이 둘려 있으며,

⑪ 그 골방 문은 다 빈 터로 향하였는데 한 문은 북으로 향하였고, 한 문은 남으로 향하였으며, 그 둘려 있는 빈터의 광은 오척이더라,

⑫ 서편 뜰 뒤에 건물이 있는데 광이 칠십척이요, 장이 구십척이며 그 사면 벽의 두께가 오척이더라,

⑬ 그가 전을 척량하니 장이 일백척이요, 또 서편 뜰과 그 건물과 그 벽을 합하여 장이 일백척이요,

⑭ 전 전면의 광이 일백척이요, 그 앞 동향과 뜰의 광도 그러하며,

⑮ 그가 뒷뜰 뒤에 있는 건물을 척량하니 그 좌우편 다락까지 일백척이라, 내전과 외전과 그 뜰의 현관과

⑯ 문통 벽과 닫힌 창과 삼면에 둘려 있는 다락은 문통 안편에서부터 땅에서 창까지 널판으로 가리웠고 (창은 이미 닫히었더라),

⑰ 문통 위와 내전과 외전의 사면 벽도 다 그러하니, 곧 척량한 대소대로며

⑱ 널판에는 그룹들과 종려나무를 새겼는데 두 그룹 사이에 종려 나무 하나가 있으며 매 그룹에 두 얼굴이 있으니,

⑲ 하나는 사람의 얼굴이라 이편 종려나무를 향하였고, 하나는 어린 사자의 얼굴이라 저편 종려나무를 향하였으며, 온 전 사면이 다 그러하여,

⑳ 땅에서부터 문통 위에까지 그룹들과 종려나무들을 새겼으니, 성전 벽이 다 그러하더라,

㉑ 외전 문설주는 네모졌고, 내전 전면에 있는 식양은 이러하니,

㉒ 곧 나무 제단의 고가 삼척이요, 장이 이척이며 그 모퉁이와 옆과 면을 다 나무로 만들었더라, 그가 내게 이르되, 이는 여호와의 앞의 상이라, 하더라,

㉓ 내전과 외전에 각기 문이 있는데,

㉔ 문마다 각기 두 문짝 곧 접치는 두 문짝이 있어 이 문에 두 짝이요, 저 문에 두 짝이며,

㉕ 이 성전 문에 그룹과 종려나무를 새겼는데 벽에 있는 것과 같고 현관 앞에는 나무 디딤판이 있으며,

㉖ 현관 좌우편에는 닫힌 창도 있고, 종려나무도 새겼고, 전의 골방과 디딤판도 그러하더라.

● 42장

① 그가 나를 데리고 밖으로 나가 북편 뜰로 나가서 두 방에 이르니, 그 두 방의 하나는 골방 앞 뜰을 향하였고, 하나는 북편 건물을 향하였는데,

② 그 방들의 자리의 장이 일백척이요, 광이 오십척이며, 그 문은 북을 향하였고,

③ 그 방 삼층에 툇마루들이 있는데 한 방의 툇마루는 이십척 되는 안 뜰과 마주 대하였고, 한 방의 툇마루는 바깥 뜰 박석 깔린 곳과 마주 대하였으며,

④ 그 두 방 사이에 통한 길이 있어 광이 삼척이요, 장이 일백척이고 그 문들은 북을 향하였으며,

⑤ 그 상층의 방은 제일 좁으니, 이는 툇마루들을 인하여 하층과 중층보다 상층이 더 줄어짐이라.

⑥ 그 방이 삼층이라도 뜰의 기둥 같은 기둥이 없으므로, 그 상층이 하층과 중층보다 더욱 좁아짐이더라,

⑦ 그 한방의 바깥 담 곧 뜰의 담과 마주 대한 담의 장이 오십척이니,

⑧ 바깥 뜰로 향한 방의 장이 오십척임이며 성전 앞을 향한 방은 일백척이며,

⑨ 이 방들 아래에 동편에서 들어가는 통행구가 있으니, 곧 바깥 뜰에서 들어가는 통행구더라,

⑩ 남편 골방 뜰 맞은편과 남편 건물 맞은편에도 방 둘이 있는데,

⑪ 그 두 방 사이에 길이 있고 그 방들의 모양은 북편 방 같고, 그 장광도 같으며 그 출입구와 문도 그와 같으며,

⑫ 이 남편 방에 출입하는 문이 있는데 담 동편 길머리에 있더라,

⑬ 그가 내게 이르되, 좌우 골방 뜰 앞 곧 북편 남편 있는 방들은 거룩한 방이라, 여호와를 가까이 하는 제사장들이 지성물을 거기서 먹을 것이고, 지성물 곧 소제와 속죄제와 속건제의 제물을 거기 둘 것이며, 이는 거룩한 곳이라,

⑭ 제사장의 의복은 거룩하므로 제사장이 성소에 들어갔다가 나올 때에 바로 바깥 뜰로 가지 못하고, 수종드는 그 의복을 그 방에 두고, 다른 옷을 입고, 백성의 뜰로 나갈 것이니라, 하더라,

⑮ 그가 안에 있는 전 척량하기를 마친 후에 나를 데리고 동향한 문 길로 나가서 사면 담을 척량하는데,

⑯ 그가 척량하는 장대, 곧 그 장대로 동편을 척량하니 오백척이요,

⑰ 그 장대로 북편을 척량하니 오백척이요,

⑱ 그 장대로 남편을 척량하니 오백척이요,

⑲ 서편으로 돌이켜 그 장대로 척량하니 오백척이라,

⑳ 그가 이와 같이 그 사방을 척량하니 그 사방담 안 마당의 장과 광이 오백척씩이라, 그 담은 거룩한 것과 속된 것을 구별하는 것이더라.

● 43장

① 그 후에 그가 나를 데리고 문에 이르니 곧 동향한 문이라,

② 이스라엘 하나님의 영광이 동편에서부터 오는데, 하나님의 음성이 많은 물소리 같고 땅은 그 영광의로 인하여 빛나니,

③ 그런데 그것은 내가 본 환상의 모습, 즉 내가 전에 그 성읍을 멸하려고 왔을 때에 보았던 그 환상과 같았더라, 그 환상들은 내가 그발 하숫가에서 본 환상과 같기에 내가 곧 얼굴을 땅에 대고 엎드렸더니,

④ 여호와의 영광이 동쪽을 향하여 있는 문의 길을 통하여 성전으로 들어오시더니,

⑤ 그 영(spirit)께서 나를 들어 데리고 안 뜰에 들어가시기로 내가 보니 여호와의 영광이 성전에 가득하더라,

⑥ 그 사람이 내 곁에 서 있는 동안에 나는 어떤 사람이 성전 안에서 나에게 말하는 것을 들었느니라,

⑦ 그분께서 내게 말씀하시기를, 사람인 아들아, 이곳은 내 보좌의 자리와 내 발을 두는 자리라, 이곳은 내가 이스라엘 족속 가운데 영원히 거할 곳이라, 이스라엘 족속 곧 그들과 그들의 왕들이 음란히 그 죽은 왕들의 시체로 다시는 내 거룩한 이름

을 더럽히지 아니하리라,

⑧ 그들이 그 문지방을 내 문지방 곁에 두며 그 문설주를 내 문설주 곁에 두어서 그들과 나 사이에 겨우 한 담이 막히게 하였고, 또 그 행하는 가증한 일로 내 거룩한 이름을 더럽혔으므로 내가 노하여 멸하였거니와,

⑨ 이제는 그들이 그 음란과 그 왕들의 시체를 내게서 멀리 제하여 버려야 할 것이라, 그리하면 내가 영원토록 그들의 가운데 거하리라,

⑩ 사람인 아들아, 너는 이스라엘 백성들이 그들의 죄에 대하여 부끄러워 하도록 그들에게 그 성전을 설명해주어라, 그리고 그 배치도를 측정하도록 하라,

(Thou son of man, shew the house to the house of Israel, that they may be ashamed of their iniquities: and let them measure the pattern.-KJV)

("Son of man, describe the temple to the people of Israel, that they may be ashamed of their sins. Let them consider the plan,-NIV)

(As for you, son of man, describe the temple to the house of Israel so they are ashamed for their sins. Let them measure its layout.-NAB)

("Son of man, tell the people of Israel all about the Temple so they will be dismayed by their wayward lives. Get them to go over the layout.-THE MESSAGE)

⑪ 만일 그들이 자기의 행한 모든 일을 부끄러워하거든 너는 이 성전의 디자인과 배열과 그 출입하는 곳과 그 모든 형상을 보이며 또 그 모든 규례와 그 모든 법도와 그 모든 율례를 알게 하고, 그 목전에 그것을 써서 그들로 그 모든 법도와 그 모든 규례를 지켜 행하게 하라,

⑫ 성전의 법은 이러하니라, 산 꼭대기 지점이 주위는 지극히 거룩하니라, 그러한 것이 성전의 법이니라,

⑬ 제단의 척수는 이러하니라, (한 자는 팔꿈치에서부터 손가락에 이르고 한 손바닥 넓이가 더한 것이라) 제단 밑 받침의 고가 일척이요, 그 사면 가장자리의 광이 일척이며 그 가으로 둘린 턱의 광이 한 뼘이니 이는 제단 밑 받침이요,

⑭ 이 땅에 닿은 밑받침 면에서 아랫층의 고가 이척이요, 그 가장자리의 광이 일척이며, 이 아랫층 면에서 이층의 고가 사척이요, 그 가장자리의 광이 일척이며,

⑮ 그 번제단 윗층의 고가 사척이며, 그 번제단 바닥에서 솟은 뿔이 넷이며,

⑯ 그 번제단 바닥의 장이 십 이척이요, 광이 십 이척이니 네모 반듯하고,

⑰ 그 아랫층의 장이 십 사 척이요, 광이 십 사척이니 네모 반듯하고 그 밑받침에 둘린 턱의 광이 반척이며 그 가장 자리의 광이 일척이니라, 그 층계는 동을 향하게 할지니라,

⑱ 그가 내게 이르시되, 사람인 아들아, 나 주 여호와가 말하노라, 이 제단을 만드는 날에 그 위에 번제를 드리며 피를 뿌리는 규례가 이러하니라,

⑲ 나 주 여호와가 말하노라, 나를 가까이 하여 내게 수종드는 사독의 자손 레위 사람 제사장에게 너는 어린 수송아지 하나를 주어 속죄 제물을 삼되,

⑳ 네가 그 피를 취하여 제단의 네 뿔과 아랫층 네 모퉁이와 사면 가장자리에 발라 속죄하여 제단을 정결케 하고,

㉑ 그 속죄 제물의 수송아지를 취하여 전의 정한 처소 곧 성소 밖에서 불사를 지며,

㉒ 다음 날에는 흠 없는 수염소 하나로 속죄 제물을 삼아 드려서 그 제단을 정결케 하기를 수송아지로 정결케 함과 같이 하고,

㉓ 정결케 하기를 마친 후에는 흠 없는 수송아지 하나와 떼 가운데서 흠 없는 수양 하나를 드리되,

㉔ 나 여호와 앞에 받들어다가 제사장은 그 위에 소금을 쳐서 나 여호와께 태우는제사(번제)로 드릴 것이며

㉕ 칠일 동안은 매일 염소 하나를 갖추어 속죄 제물을 삼고 또 어린 수송아지 하나와 떼 가운데서 수양 하나를 흠없는 것으로 갖출 것이며,

㉖ 이와 같이 칠일 동안 제단을 위하여 속죄제를 드려 정결케하며 봉헌할 것이요,

㉗ 이 모든 날이 찬 후 제 팔일에와 그 다음에는 제사장이 제단 위에서 너희 번제와 감사제를 드릴 것이라, 그리하면 내가 너희를 즐겁게 받으리라, 나 주 여호와의 말이니라 하시더라.

● 44장

① 그때에 그분께서 성소의 동쪽을 향한 바깥 문에 나를 데리고 들어오시니, 그 문이 닫히었더라,

② 여호와께서 내게 이르시되, 이 문은 닫고 다시 열지 못할지니, 아무 사람도 그리로 들어 오지 못할 것은 이스라엘 하나님 나 여호와가 그리로 들어왔음이라, 그러므로 닫아 둘지니라,

③ 왕은 왕인 까닭에 안 길로 이 문 현관으로 들어와서 거기 앉아서 나 여호와 앞에서

음식을 먹고 그 길로 나갈 것이니라,

④ 그때에 그분이 또 나를 데리고 북문을 통하여 전 앞에 이르시기로, 내가 보니 여호와의 영광이 여호와의 전에 가득한지라, 내가 얼굴을 땅에 대고 엎드린대,

⑤ 여호와께서 내게 이르시되, 사람인 아들아, 너는 전심으로 주목하여 내가 네게 말하는바 여호와의 전의 모든 규례와 모든 율례를 귀로 듣고 또 전의 입구와 성소의 출구를 전심으로 주의하고,

⑥ 너는 반역한 자들, 곧 이스라엘 족속에게 이르기를, 주 여호와의 말씀이 이스라엘 족속아, 너희의 모든 가증한 일이 족하니라,

⑦ 대저 너희가 마음과 몸에 할례 받지 아니한 이방인을 데려오고, 내 떡과 기름과 피를 드릴 때에 그들로 내 성소 안에있게 하여 내 전을 더럽히므로, 너희의 모든 가증한 일 외에 그들이 내 언약을 위반케하는 것이 되었으며,

⑧ 너희가 내 성물의 직분을 지키지 아니하고, 내 성소에 사람을 두어 너희 직분을 대신 지키게 하였느니라,

⑨ 나 주 여호와가 말하노라, 이스라엘 족속 중에 있는 이방인 중에 마음과 몸이 할례를 받지 아니한 이방인은 내 성소에 들어오지 못하리라,

⑩ 이스라엘 족속이 그릇하여 나를 떠날 때에 레위 사람도 그릇하여 그 우상을 좇아 나를 멀리 떠났으니, 그 죄악을 담당하리라,

⑪ 그러나 그들이 내 성소에서 수종들어 전문을 맡을 것이며, 전에서 수종들어 백성의 번제의 희생과 및 다른 희생을 잡아 백성 앞에 서서 수종들게 되리라,

⑫ 나 주 여호와가 말하노라, 그들이 전에 백성을 위하여 그 우상 앞에서 수종들어서 이스라엘 족속으로 죄악에 거치게 하였으므로, 내가 내 손을 들어 쳐서 그들로 그 죄악을 담당하여,

⑬ 내게 가까이 나아와 제사장의 직분을 행치 못하게 하며, 또 내 성물 곧 지성물에 가까이 오지 못하게 하리니, 그들이 자기의 수욕과 그 행한바 가증한 일을 담당하리라,

⑭ 그러나 내가 그들을 세워 전을 수직하게 하고 전에 모든 수종드는 일과 그 가운데서 행하는 모든 일을 맡기리라,

⑮ 이스라엘 족속이 그릇하여 나를 떠날 때에 사독의 자손 레위 사람 제사장들은 내 성소의 직분을 지켰은즉, 그들은 내게 가까이 나아와 수종을 들되 내 앞에 서서 기름과 피를 내게 드릴지니라 나 주 여호와의 말이니라,

⑯ 그들이 내 성소에 들어오며 또 내 상에 가까이 나아와 내게 수종들어 나의 맡긴 직분을 지키되,

⑰ 그들이 안 뜰 문에 들어올 때나 안뜰 문과 전 안에서 수종들 때에는 양털 옷을 입지 말고 가는 베옷을 입을 것이니,

⑱ 가는 베관을 머리에 쓰며 가는 베바지를 입고 땀 나게 하는 것으로 허리를 동이지 말 것이며,

⑲ 그들이 바깥 뜰 백성에게로 나갈 때에는 수종드는 옷을 벗어 거룩한 방에 두고 다른 옷을 입을지니, 이는 그 옷으로 백성을 거룩케 할까함이니라,

⑳ 그들은 또 머리털을 밀지도 말며 머리털을 길게 자라게도 말고 그 머리털을 깍기만 할 것이며,

㉑ 아무 제사장이든지 안 뜰에 들어갈 때에는 포도주를 마시지 말 것이며,

㉒ 과부나 이혼한 여인에게 장가 들지 말고, 오직 이스라엘 족속의 처녀나 혹시 제사장의 과부에게 장가 들 것이며,

㉓ 내 백성에게 거룩한 것과 속된 것의 구별을 가르치며, 부정한 것과 정한 것을 분별하게 할 것이며,

㉔ 송사하는 일을 재판하되, 내 규례대로 재판할 것이고, 내 모든 정한 절기에는 내 법도와 율례를 지킬 것이며, 또 안식일을 거룩케 하고,

㉕ 시체를 가까이 하여 스스로 더럽히지 못할 것이로되, 부모나 자녀나 형제나 시집가지 아니한 자매를 위하여는 더럽힐 수 있으며,

㉖ 이런 자는 스스로 정결케 한 후에 칠일을 더 지낼 것이요,

㉗ 성소에 수종들려 하여 안뜰과 성소에 들어갈 때에는 속죄제를 드릴지니라, 나 주 여호와의 말이니라,

㉘ 그들에게 상속이 있으리니, 내가 곧 그들의 상속이라, 너희가 이스라엘에서는 그들에게 줄 소유가 없을 것이니 내가 그들의 소유니라,

㉙ 그들은 소제와 속죄제와 속건제의 제물을 먹을지니, 이스라엘 중에서 구별하여 드리는 물건을 다 그들에게 돌리며,

㉚ 또 모든 처음 익은 열매들의 좋은 것과 너희의 특별한 봉헌물 중에서 좋은 것은 다 제사장에게 돌리고, 너희는 네 집에 복이 임하도록 하게 하기 위하여 밀가루 반죽의 처음 것을 제사장에게 주어라,,

㉛ 제사장들은 새든 짐승이든 야생 동물들에게 찢겨진 것이나 죽은 상태로 발견된 것

은 어느 것이든 먹지 말지니라.

• 45장
① 너희는 제비 뽑아 땅을 나누어 상속분으로 할당할 때에 한 구역을 거룩한 땅으로 삼아 여호와께 예물로 드릴지니, 그 장은 이만 오천척이요, 광은 일만척이라 그 구역 안 전부가 거룩하리라,

② 그 중에서 성소에 속할 땅은 장이 오백척이요, 광이 오백척이니, 네모 반듯하며 그 외에 사면 오십척으로 뜰이 되게 하되,

③ 이 척량한 중에서 장 이만 오천석과 광 일만척을 척량하고, 그 가운데 성소를 둘지니, 지극히 거룩한 곳이요,

④ 그 땅의 거룩한 구역이라 여호와께 가까이 나아가서 성소에서 수종드는 제사장에게 돌려 그 집을 위하여 있는 곳이 되게하며 성소를 위하여 있는 거룩한 곳이 되게 하고,

⑤ 또 장 이만 오천척과 광 일만척을 척량하여 전에서 수종드는 레위 사람에게 돌려, 그들의 소유를 삼아 촌 이십을 세우게 하고,

⑥ 구별한 거룩한 구역 옆에 광 오천척과 장 이만 오천척을 척량하여 성읍의 기지를 삼아 이스라엘 온 족속에게 돌리고,

⑦ 드린바 거룩한 구역과 성읍의 기지 된 땅의 좌우편 곧 드린바 거룩한 구역의 옆과 성읍의 기지 옆의 땅을 왕에게 돌리되, 서편으로 향하여 서편 국경까지와 동편으로 향하여 동편 국경까지니 그 장이 구역 하나와 서로 같을지니라,

⑧ 이 땅으로 왕에게 돌려 이스라엘 중에 기업을 삼게 하면 나의 왕들이 다시는 내 백성을 압제하지 아니하리라, 그 나머지 땅은 이스라엘 족속에게 그 지파대로 나눠 줄지니라,

⑨ 나 주 여호와가 말하노라, 이스라엘 치리자들아, 너희에게 족하니라, 너희는 강포와 겁탈을 제하여 버리고 공평과 공의를 행하여 내 백성에게 토색함을 그칠지니라, 나 주 여호와 말이니라,

⑩ 너희는 공평한 저울과 공평한 에바와 공평한 밧을 쓸지니,

⑪ 에바와 밧은 그 용량을 동일히 하되, 호멜의 용량을 따라 밧은 호멜 십분지 일을 담게 하고 에바도 호멜 십분지 일을 담게 할 것이며,

⑫ 세겔은 이십 게라니, 이십 세겔과 이십 오 세겔과 십 오 세셀로 너희 마네가 되게

하라,

⑬ 너희의 마땅히 드릴 예물이 이러하니, 밀 한 호멜에서는 에바 육분지 일을 드리고, 보리 한 호멜에서도 에바 육분지 일을 드리며,

⑭ 기름은 정한 규례대로 한 고르에서 밧 삼분지 일을 드릴지니, 기름의 밧으로 말하면 한 고르는 십 밧 곧 한 호멜이며 (십 밧은 한 호멜이라),

⑮ 또 이스라엘의 윤택한 초장의 떼 이백 마리에서는 한 어린 양을 드릴 것이라, 백성을 속죄하기 위하여 이것들로 소제와 번제와 감사제를 삼을지니라, 나, 주 여호와의 말이니라,

⑯ 이 땅 모든 백성은 이 예물로 이스라엘 왕에게 드리고,

⑰ 왕은 본분대로 번제와 소제와 전제를 절기와 월삭과 안식일과 이스라엘 족속을 속죄하기 위하여, 이 속죄제와 소제와 번제와 감사제물을 갖출지니라,

⑱ 나 여호와가 말하노라, 정월 초 하룻날에 흠 없는 수송아지 하나를 취하여 성소를 정결케 하되,

⑲ 제사장이 그 속죄제 희생의 피를 취하여 전 문설주와 제단 아랫층 네 모퉁이와 안 뜰 문설주에 바를 것이요,

⑳ 그 달 칠일에도 모든 그릇 범죄한 자와 부지중 범죄한 자를 위하여 역시 그렇게 하여 전을 속죄할지니라,

㉑ 정월 십 사일에는 유월절 곧 칠일 절기를 지키며 누룩 없는 떡을 먹을 것이라,

㉒ 그 날에 왕은 자기와 이 땅 모든 백성을 위하여 송아지 하나를 갖추어 속죄제를 드릴 것이요,

㉓ 또 절기 칠일 동안에는 그가 나 여호와를 위하여 번제를 갖추되, 곧 칠일 동안에 매일 흠 없는 수송아지 일곱과 수양 일곱이며 또 매일 수 염소 하나를 갖추어 속죄제를 드릴 것이며,

㉔ 또 소제를 갖추되 수송아지 하나에는 밀가루 한 에바요, 수양 하나에도 한 에바며, 밀가루 한 에바에는 기름 한 힌씩이며,

㉕ 칠월 십 오일 절기 칠일 동안에도 이대로 행하여 속죄제와 번제며 그 밀가루와 기름을 드릴지니라.

• 46장

① 나, 주 여호와가 말하노라, 동족으로 향한 안 뜰의 문을 일하는 육일 동안에는 닫

되, 안식일에 열고 또 매달 초하루날에도 열어야 하느니라,

② 왕은 바깥문 현관을 통하여 들어와서 문 벽 곁에 서고, 제사장은 그를 위하여 번제와 감사제를 드릴 것이요, 왕은 문통에서 경배한 후에 밖으로 나가고, 그 문은 저녁까지 닫지 말 것이며,

③ 이 땅 백성도 안식일과 월삭에 이 문의 입구에서 나 여호와 앞에 경배할 것이며,

④ 안식일에 왕이 여호와께 드릴 번제는 흠 없는 어린 양 여섯과 흠 없는 수양 하나라,

⑤ 그리고 곡식 제물은 수양 한 마리에는 밀가루 한 에바요, 어린 양들에는 그 원하는 대로 할 것이며, 밀가루 한 에바에는 기름 한 힌씩이니라,

(And the meat offering shall be an ephah for a ram, and the meat offering for the rambs as he shall be able to give, and an hin of oil to an ephah.-KJV)

(The grain offering given with the ram is to be an ephah, and the grain offering with the lambs is to be as much as he pleases, along with a hin of oil for each ephah.-NIV)

(together with a grain offering of one ephah for the lamb and whatever he pleases for the lambs, and a hin of oil for each ephah.-NAB)

(The grain offering to go with the ram is about five and a half gallons plus a gallon of oil, and a handful of grain for each lamb.-THE MESSAGE)

⑥ 초하룻날에는 흠 없는 수송아지 하나와 어린 양 여섯과 수양 하나를 드리되, 모두 흠 없는 것으로 할 것이며,

⑦ 또 곡식 제물로는 수송아지에는 밀가루 한 에바요, 수양에도 밀가루 한 에바며, 무든 어린 양에는 그 원하는로 할 것이요, 밀가루 한 에바에는 기름 한 힌씩이며,

⑧ 왕이 올 때에는 이 문 현관을 통하여 들어오고 나갈 때에도 그리할지니라,

⑨ 그러나 모든 정한 절기에 이 땅 거민이 나 여호와 앞에 나아올 때에는 북문으로 들어와서 경배하는 자는 남문으로 나가고, 남문으로 들어오는 자는 북문으로 나갈지라, 들어온 문으로 도로 나가지 말고 그 몸이 앞으로 향한대로 나갈지며,

⑩ 왕은 무리 가운데 있어서 그들의 들어올 때에 들어오고 그들의 나갈 때에 나갈지니라,

⑪ 절기와 성회 때에 그 소제는 수송아지 하나에 밀가루 한 에바요, 수양 하나에도 한 에바요, 모든 어린 양에는 그 힘대로 할 것이며 밀가루 한 에바에는 기름 한 힌씩

이며,

⑫ 만일 왕이 자원하여 번제를 갖추거나 혹 자원하여 감사제를 갖추어 나 여호와께 드릴 때에는 그를 위하여 동향한 문을 열고 그가 번제와 감사제를 안식일에 드림 같이 드리고 밖으로 나갈지며 나간 후에 문을 닫을지니라,

⑬ 아침마다 일년 되고 흠 없는 어린 양 하나로 번제를 갖추어 나 여호와께 드리고,

⑭ 또 아침마다 그것과 함께 드릴 소제를 갖추되, 곧 밀가루 에바 육분지 일과 기름 힌 삼분지 일을 섞을 것이니, 이는 영원한 규례를 삼아 항상 나 여호와께 드릴 소제라,

⑮ 이와 같이 아침마다 그 어린 양과 밀가루와 기름을 갖추어 항상 드리는 번제를 삼을지니라,

⑯ 나 주 여호와가 말하노라, 왕이 만일 한 아들에게 선물을 준즉, 그의 소유가 되어 그 자손에게 속하나니, 이는 그 소유를 이어 받음이어니와,

⑰ 왕이 만일 그 상속 재산을 한 종에게 선물을 한 경우, 그 재산은 그 종에게 속하여 희년까지 이르고, 그 후에는 왕에게로 돌아갈 것이니, 왕의 상속 재산은 그 아들들이 이어 받을 것임이니라,

⑱ 왕은 백성의 소유지를 취하여 그들의 상속 재산을 빼앗아서는 안되며 왕은 자기 아들들에게 자기의 소유지만 상속할 수 있느니라, 그래서 나의 백성 가운데 아무도 자기 소유지에서 쫓겨나는 일이 없어야 할 것이니라.

⑲ 그 후에 그가 나를 데리고 문곁 통행구로 말미암아 제사장의 북향한 거룩한 방에 들어가시니, 그 방 뒤 서편에 한 처소가 있더라,

⑳ 그가 내게 이르시되, 이는 제사장이 속건제와 속죄제 희생을 삶으며 소제 제물을 구울 처소니, 그들이 이 성물을 가지고 바깥 뜰에 나가면 백성을 거룩하게 할까 함이니라, 하시고,

㉑ 나를 데리고 바깥 뜰로 나가서 나로 뜰 네 구석을 지나가게 하시는데, 본즉 그 뜰 매 구석에 또 뜰이 있는데,

㉒ 뜰 네 구석에 있는 그 뜰에 담이 둘렀으니, 뜰의 장이 사십척이요, 광이 삼십척이라 구석의 네 뜰이 한 척수며,

㉓ 그 작은 네 뜰 사면으로 돌아가며 부엌이 있고 그 사면 부엌에 삶는 기구가 설비되었는데,

㉔ 그가 내게 이르시되 이는 삶는 부엌이니, 전에 수종드는 자가 백성의 제물을 여기

서 삶을 것이니라 하시더라.

● 47장

① 그후에 그가 나를 데리고 전 문에 이르시니, 전의 전면이 동을 향하였는데, 그 문지
방 밑에서 물이 나와서 동으로 흐르다가 전 우편 재단 남편으로 흘러 내리더라,

② 그가 또 나를 데리고 북문으로 나가서, 바깥 길로 말미암아 꺾여 동향한 바깥 문에
이르시기로 본즉, 물이 그 우편에서 스미어 나오더라,

③ 그 사람이 손에 줄을 잡고 동으로 나아가며 일천척을 척량한 후에 나로 그 물을 건
너게 하시니, 물이 발목에 오르더니,

④ 다시 일천척을 척량하고 나로 물을 건너게 하시니, 물이 무릎에 오르고 다시 일천
척을 척량하고 나로 물을 하시니 물이 허리에 오르고,

⑤ 다시 일천척을 척량하시니 물이 내가 건너지 못할 강이 된지라, 그 물이 창일하여
헤엄할 물이요, 사람이 능히 건너지 못할 강이더라,

⑥ 그가 내게 이르시되, 사람인 아들아, 네가 이것을 보았느냐? 하시고 나를 인도하여
강 가로 돌아가게 하시기로,

⑦ 내가 돌아간즉, 강 좌우편에 나무가 심히 많더라,

⑧ 그가 내게 이르시되, 이 물이 동방으로 향하여 흘러 아라바로 내려가서 바다에 이
르리니, 이 흘러 내리는 물로 그 바다의 물이 소성함을 얻을 지라,

⑨ 이 강물이 이르는 곳마다 번성하는 모든 생물이 살고, 또 고기가 심히 많으리니, 이
물이 흘러 들어 가므로 바닷물이 소성함을 얻겠고, 이 강이 이르는 각처에 모든 것
이 살 것이며,

⑩ 또 이 강 가에 어부들이 있을 것이니, 엔게디에서부터 에네글라임까지 그물 치는
곳이 될 것이라, 그 고기가 각기 종류를 따라 큰 바다의 고기 같이 심히 많으려니
와,

⑪ 그 진펄과 개펄은 소성되지 못하고 소금 땅이 될 것이며,

⑫ 강 좌우 가에는 각종 먹을 실과 나무가 자라서 그 잎이 시들지 아니하며, 실과가 끊
치지 아니하고 달마다 새 실과를 맺으리니, 그 물이 성소로 말미암아 나옴이라 그
실과는 먹을만 하고 그 잎사귀는 약 재료가 되리라,

⑬ 나 주 여호와가 말하노라, 너희는 이 경계대로 이스라엘 십 이 지파에게 이 땅을 나
누어 소유가 되게 하리니, 요셉지파에게는 두 몫을 가지리라,

⑭ 내가 옛적에 맹세하여 이 땅으로 너희 조상들에게 주마 하였었나니, 너희는 피차 없이 나누어 소유로 삼으라 이 땅이 너희의 소유가 되리라,

⑮ 이 땅 경계는 이러하니라, 북방은 대해에서 헤들론 길로 말미암아 스닷 어귀까지 니,

⑯ 곧 하맛과 브로다며 다메섹 지계와 하맛 지계 사이에 있는 시브라임과 하우란 지계 곁에 있는 하셀핫디곤이라,

⑰ 그 지계가 바닷가에서부터 다메섹 지계에 있는 하살에논까지요, 그 지계가 또 극북방에 있는 하맛 지계에 미쳤나니, 이는 그 북방이요,

⑱ 동방은 하우란과 다메섹과 및 길르앗과 이스라엘 땅 사이에 요단강이니, 북편 경계에서부터 동해까지 척량할 것이니, 이것이 그 동방이라,

⑲ 남방은 다말에서부터 므리봇 가데스 물에 이르고 애굽 시내를 따라 대해에 이르나니, 이는 그 남방이요,

⑳ 서방은 대해라 남편 지계에서부터 맞은편 하맛 어귀까지 이르나니, 이는 그 서방이니라,

㉑ 그런즉, 너희가 이스라엘 모든 지파대로 이 땅을 나누어 차지하라,

㉒ 너희는 그 땅을 제비를 뽑아 나누고, 너희 가운데 기거하며 자식들을 낳으면서 머무르는 이방인들도 제비를 뽑아 이 땅을 상속 재산으로 나누게 하여라, 그들을 이스라엘 본토인처럼 대해야 하느니라,

(And it shall come to pass, that you shall divide it by lot for an inheritance unto you, and to the strangers that sojourn among you, which shall beget children amoung you: and they shall be unto you as born in the country among the children of Israel; they shall have inheritance with you among the tribes of Israel.-KJV)

(You are to allot it as an inheritance for yourselves and for the aliens who have settled among you and who have children. You are to consider them an native-born Israelites; along with you they are to be allotted an inheritance among the tribes of Israel.-NIV)

(You shall allot it as inheritage for yourselves and for the resident aliens in your midst who have fathered children among you. You shall treat them like native Israelties; along with you they shall receive a heritage among the tribes of Israel.-NAB)

(Divide it up as your inheritance, and include in it the resident aliens
who have made themselves at home among you and now have children.
Treat them as if they were born there, just like yourselves. They also get
an inheritance among the tribes of Israel.-THE MESSAGE)

㉓ 이방인이 어느 지파에서 살든, 그 곳에서 그에게 상속 재산을 나누어 주어야 하느
니라, 주 여호와가 말하느니라.

● 48장

① 이것들은 지파들의 이름들이니라, 북쪽 경계에서 단은 한 부분을 가질 것이니라,
그것은 해들론 길로부터 레보하맛까지 이르고, 하자르 에난과 하마쓰 다음에 있는
다마스커스의 북쪽 경계는 동쪽 면으로부터 서쪽 면의 단 지파의 경계가 될것이니
라,

② 단의 경계 다음으로 동편에서 서편까지는 아셀의 몫이요,

③ 아셀 경계 다음으로 동편에서 서편까지는 납달리의 몫이요,

④ 납달리 경계 다음으로 동편에서 서편까지는 므낫세의 몫이요,

⑤ 므낫세 경계 다음으로 동편에서 서편까지는 에브라임의 몫이요,

⑥ 에브라임 경계 다음으로 동편에서 서편까지는 르우벤의 몫이요,

⑦ 르우벤 경계 다음으로 동편에서 서편까지는 유다의 몫이요,

⑧ 유다 경계 다음으로 동편에서 서편까지는 너희가 예물로 드릴 땅이라, 광이 이만
오천척이요, 장은 다른 몫은 동편에서 서편까지와 같고, 성소는 그 중앙에 있을 지
니,

⑨ 곧 너희가 여호와께 드려 예물로 삼을 땅이 장이 이만 오천척이요 광이 일만척이
라,

⑩ 이 드리는 거룩한 땅은 제사장에게 돌릴지니, 북편으로 장이 이만 오천척이요, 서
편으로 광이 일만척이요, 동편으로 광이 일만척이요, 남편으로 장이 이만 오천척
이라, 그 중앙에 여호와의 성소가 있게 하고,

⑪ 이 땅은 사독의 자손들, 즉 거룩히 구별된 제사장들에게 돌릴지어다, 그들은 직분
을 지켰으며, 그들은 이스라엘 자손들이 길을 잘못 갔을 때에 레위 자손들이 행한
것 같이 잘못 가지 아니하였느니라,

⑫ 이 온 땅에서 예물로 드리는 땅 곧 레위 경계와 연접한 땅을 그들이 지극히 거룩한 것으로 여길지니라,

⑬ 제사장의 경계를 따라 레위 사람의 몫을 주되, 장이 이만 오천척이요, 광이 각기 일만척이라,

⑭ 그들이 그 땅을 팔지도 못하며 바꾸지도 못하고, 그 땅의 처음 익은 열매를 남에게 주지도 못하리니, 이는 나 여호와에게 거룩히 구별한 것임이니라,

⑮ 이 이만 오천척 다음으로 광 오천척은 속된 땅으로 하여 성읍을 세우며, 거하는 곳과 들을 삼되 성이 그 중앙에 있게 할지니,

⑯ 그 척수는 북편도 사천 오백척이요, 남편도 사천 오백척이요, 동편도 사천 오백척이요, 서편도 사천 오백척이며,

⑰ 그 성의 들은 북으로 이백 오십척이요, 남으로 이백 오십척이요, 동으로 이백 오십척이며, 서로 이백 오십척이며,

⑱ 예물을 삼아 거룩히 구별할 땅과 연접하여 남아 있는 땅의 장이 동으로 일만척이요, 서으로 일만처이라, 곧 예물을 삼아 거룩히 구별할 땅과 연접하였으며, 그 땅의 소산은 성읍에서 역사하는 자의 양식을 삼을지라,

⑲ 이스라엘 모든 지파 중에 그 성읍에서 역사하는 자는 그 땅을 경작할지니라,

⑳ 그런즉, 예물로 드리는 땅의 도합은 장도 이만 오천척이요, 광도 이만 오천척이라, 너희가 거룩히 구별하여 드릴 땅은 성읍의 소유지와 합하여 네모 반듯할 것이니라,

㉑ 거룩히 구별할 땅과 성읍의 소유지 좌우편에 남은 땅은 왕에게 돌릴지니, 곧 거룩히 구별할 땅의 동향한 그 경계 앞 이만 오천척과 서향한 그 경계 앞 이만 오천척이라, 다른 몫들과 연접한 땅이니, 이것을 왕에게 돌릴 것이며, 거룩히 구별할 땅과 전의 성소가 그 중간에 있으리라,

㉒ 그런즉 왕에게 돌려 그에게 속할 땅은 레위 사람의 기업 좌우편과 성읍의 기지 좌우편이며 유다 지경과 베냐민 경계 사이에 있을지니라,

㉓ 그 나머지 모든 지파는 동편에서 서편까지는 베냐민 지파의 몫이요

㉔ 베냐민 지파 경계 다음으로 동편에서 서편까지는 시므온 지파의 몫이요

㉕ 시므온 지파 경계 다음으로 동편에서 서편까지는 잇사갈의 지파의 몫이요,

㉖ 잇사갈 지파 경계 다음으로 동편에서 서편까지는 스불론 지파의 몫이요,

㉗ 스불론 지파 경계 다음으로 동편에서 서편까지는 갓 지파의 몫이요,

㉘ 갓 지파 경계 다음으로 남편 경계는 다말에서부터 므리바가데스 물에 이르고, 에집트 시내를 따라 대해에 이르나니,

㉙ 이것은 너희가 제비를 뽑아 이스라엘 지파들에게 나누어 줄 그 땅이니, 이것들이 그들의 몫이니라, 나 주 여호와의 말이니라,

㉚ 그 성읍의 출입구는 이러하니라, 북편의 광이 사천 오백척이라,

㉛ 그 성읍의 문들은 이스라엘 지파들의 이름을 따를 것인데, 북으로 문이 셋이라, 하나는 르우벤 문이요, 하나는 유다 문이요, 하나는 레위 문이며,

㉜ 동편의 광이 사천 오백척이니, 또한 문이 셋이라, 하나는 요셉 문이요, 하나는 베냐민 문이요, 하나는 단 문이며,

㉝ 남편의 광이 사천 오백척이니, 또한 문이 셋이라, 하나는 시므온 문이요, 하나는 잇사갈 문이요, 하나는 스불론 문이며,

㉞ 서편도 사천 오백척이니, 또한 문이 셋이라, 하나는 갓 문이요, 하나는 아셀 문이요, 하나는 납달리 문이며,

㉟ 그 도시의 둘레 길이가 일만 팔천 큐빗(팔굽에서 손가락 끝가지의 길이)이며, 그때 이후로 그 성읍의 이름은 "야훼 삼마"("하나님이 그곳에 계시느니라")라 하니라.,

(It was round about eighteen thousand measures: and the name of the city from that day shall be, The LORD is there.-KJV)

(The distance all around will be 18,000 cubits. "And the name of the city from that time on will be: THE LORD IS THERE."-NIV)

(The circuit of the city shall be eighteen thousand cubits. From now on the name of the city is "THE LORD is there."-NAB)

("The four sides of the city measure to a total of nearly six miles. "From now on the name of the city will be YAHWEH-SHAMMAH: "GOD IS THERE."

다니엘

 · 본 성경듣기는 QR코드 인식으로 들을 수 있습니다

● 1장

① 유다 왕 여호야김의 치세 3년차에 바벨론 왕 느부갓네살이 예루살렘에 이르러 예루살렘을 포위하였더라.,

② 주님께서 유다 왕 여호야김과 하나님의 성전 기물 가운데 얼마를 느브가넷살의 손에 넘기셨더라. 이것들은 바빌로니아 땅에 있는 그의 신의 성전으로 옮겨졌고 그 신의 보물 창고에 두었더라.

③ 그리고 느브가넷살은 환관장 아스부나스에게 명하여 이스라엘 자손 중에서 왕족과 귀족의 몇 사람

④ 곧 흠이 없고 아름다우며 모든 재주를 통달하며 지식이 구비하며 학문에 익숙하여 왕궁에서 접대할 만한 자질이 있는 소년을 데려 오게 하였고 그들에게 바빌로니아의 언어와 문학을 가르치게 하였더라..

⑤ 또 왕이 지정하여 자기의 진미와 자기의 마시는 포도주에서 그들이 날마다 쓸 것을 주어 삼 년을 교육하게 하였으니 이는 그 후에 그들로 왕의 앞에 모셔 서게 하려함이었더라

⑥ 그들 중에 유다 자손 곧 다니엘과 하나냐와 미사엘과 아사랴가 있었더니

⑦ 환관장이 그들의 이름을 고쳐 다니엘은 벨드사살이라 하고 하나냐는 사드락이라 하고 미사엘은 메삭이라 하고 아사랴는 아벳느고라 하였더라.

⑧ 그러나 다니엘은 왕의 진미와 그의 마시는 포도주로 자기를 더럽히지 아니하리라 결심하고 자기를 더럽히지 않기 위하여 환관장의 허락을 구하였더라.

⑨ 그래서 하나님이 환관장으로 하여금 다니엘에게 은혜와 긍휼을 베풀게 하였더라.

⑩ 그러나 환관장이 다니엘에게 말하기를 나는 내 주 왕을 두려워하노라 그가 너희

먹을 것과 너희 마실 것을 지정하셨거늘 네 얼굴이 초췌하여 네 또래의 다른 소년
들만 못함을 그로 보시게 할 것이 무엇이냐 그렇게 되면 너 때문에 내 머리가 왕
앞에서 위태하게 되리라 하니라.

⑪ 이에 다니엘이 하나냐와 미사엘과 이사랴를 선발한 감독하게 말하기를

⑫ 청하오니 우리들을 열흘 동안 시험하여 보소서 즉 우리에게 먹을 채소와 먹을 물
을 제외하고 아무것도 주지마옵소서

⑬ 당신 앞에서 우리의 얼굴과 왕의 진미를 먹는 소년들의 얼굴을 비교하여 보아서
알아서 종들에게 처분하소서 하매

⑭ 그가 그들의 말을 좇아 열흘을 시험하더니

⑮ 열흘 후에 그들의 얼굴이 더욱 아름답고 살이 더욱 윤택하여 왕의 진미를 먹는 모
든 소년보다 나아 보인지라

⑯ 이러므로 감독하는 자가 그들에게 정하여준 진미와 마실 포도주를 가져가고 대신
에 채식을 주었더라.

⑰ 하나님은 이 네 소년에게 학식과 모든 학문과 인생에서의 재주를 주셨고, 이에 부
가하여 다니엘은 모든 종류의 꿈과 환상을 이해할 수 있는 능력을 주었더라.

(As for these four children, God gave them knowledge and skill in all
learning and wisdom: and Daniel had understanding in all visions and
dreams.-KJV)

(To these four young men God gave knowledge and understanding of all
kinds of literature and learning. And Daniel could understand visions and
dreams of all kinds.-NIV)

(To these four young men God gave knowledge and proficiency in all
literature and wisdom, and to Daniel the understanding of all visions and
dreams.-NAB)

(God gave these four young men knowledge and skill in both books and
life. In addition, Daniel was gifted in understanding all sorts of visions
and dreams.-THE MESSAGE)

⑱ 왕의 명한바 그들을 불러 들일 기한이 찼으므로 환관장이 그들을 데리고 느부갓네
살 앞으로 갔더니,

⑲ 왕이 그들과 말하여 보매 무리 중에 다니엘과 하나냐와 미사엘과 아사랴와 같은

자 없으므로 그들로 왕 앞에 모시게 하고,

⑳ 왕이 그들에게 물은 모든 일에서 지혜나 총명이 온 나라의 마술사와 마법사 보다 십 배나 더 나은줄을 아니라.

㉑ 다니엘은 키루스왕 원년까지 그곳에 머무렀느니라.

● 2장

① 느부갓네살이 왕이 된후 2년차에 꿈을 꾸었는데 꿈으로 인하여 마음이 산란하여 잠을 이룰수가 없는지라.

② 왕은 그 꿈을 풀이해 줄 요술사, 주술사, 마술사, 점성가들을 불렀고 그들이 들어와서 왕의 앞에 섰을 때,

③ 왕이 그들에게 말하기를 내가 나의 마음을 산란케 하는 꿈을 꾸었는데 그 의미를 알고자 하노라 하였다.

④ 바빌로니아 점성가들이 아람 말로 왕에게 말하되 왕이여 만세수를 하옵소서 왕을 그 꿈을 종들에게 이르시면 우리가 해석하여 드리겠나이다

⑤ 왕이 바빌로니아 점성가들에게 대답하여 말하기를 내 가 명령을 내렸나니 너희가 만일 꿈과 그 해석을 나로 알게 하지 아니하면 너희 몸을 쪼갤 것이며 너희 집으로 기름터를 삼을 것이요

⑥ 너희가 만일 꿈과 그 해석을 보이면 너희가 선물과 상과 큰 영광을 내게서 얻으리라 그런즉 꿈과 그 해석을 내게 보이라

⑦ 그들이 다시 대답하여 가로되 청컨대 왕은 꿈을 종들에게 이르소서 우리가 해석하여 드리겠나이다

⑧ 왕이 대답하여 말하기를, 나는 너희가 내가 단호하게 결정한 내용을 다 알았기 때문에 시간을 벌려고 한다는 것을 확신하느니라.

(The king answered and said, I know of certainty that ye would gain the time, because ye see the thing is gone from me.-KJV)

(Then the king answered, "I am certain that you are trying to gain time, because you realize that this is what I have firmly decided:-NIV)

(But the king replied: "I know of certain that you are bargaining for time, since you know what I have decided.-NAB)

(But the king said, "I know what you're up to-you're just playing for time.

You know you're up a tree.-THE MESSAGE)

⑨ 만일 너희가 이 꿈을 나로 하여금 알게 하지 아니하면 너희를 벌할 방법밖에 없다. 너희는 사정이 바뀔 때를 희망하면서 오도되고 사악한 일들을 나에게 말하기를 꾸미고 있다. 그래 그 꿈에 대해서 말해 보아라, 그래야 내가 너희가 그 꿈을 해석할 수 있는지를 알수 있을 것이니라.

(But if ye will nor make known unto me the dream, there is bue one decree for you: for ye have prepared lying and corrupt words to speak before me, till the time be changed: therefore tell me the dream, and I shall know that ye can shew me the interpretation thereof.-KJV)

(If you do not tell me the dream, there is just one penalty for you. You have conspired to tell me misleading and wicked things, hoping the situation will change. So then, tell me the dream, and I will know that you can interpret it for me."-NIV)

(If you do not tell me the dream, there can be but one decree for you. You have conspired to present a false and deceitful interpretation to me until the cricis is past. Tell me the dream, therefore, that I may sure that you can also give its correct interpretation."-NAB)

(You know that if you can't tell me my dream, you're doomed. I see right through you-you are going to cook up some fancy stories and confuse the issue until I change my mind. Nothing doing! First tell me the dream, then I'll know that you're on the up and up with the interpretation and not just blowing smoke in my eyes."-THE MESSAGE)

⑩ 바빌로니아 점성가들이 왕 앞에 대답하여 말하기를 왕께서 요구하시는 대로 그것들을 밝힐 수 있는 사람은 지구에 한 사람도 없습니다. 사실 아무리 위대하고 강력한 왕일지라도 이런 것을 박수에게나 술객에게나 점성가에게 물은 자가 절대로 있지 아니하였나이다.

⑪ 왕의 물으신 것은 희한한 일이라 육체와 함께 거하지 아니하는 신들 외에는 왕 앞에 그것을 보일 자가 없나이다.

⑫ 왕이 이로 인하여 진노하고 통분하여 바벨론 모든 박사를 다 멸하라 명하니라.

⑬ 왕의 명령이 내리매 박사들은 죽게 되었고 다니엘과 그 동무도 죽이려고 찾았더

라.

⑭ 왕의 시위대 장관 아리옥이 바벨론 박사들을 죽이러 나가매 다니엘이 명철하고 슬기로운 말로

⑮ 왕의 장관 아리옥에게 물어 가로되 왕의 명령이 어찌 그리 급하뇨 아리옥이 그 일을 다니엘에게 고하매

⑯ 다니엘이 들어가서 왕께 구하기를 기한하여 주시면 왕에게 그 해석을 보여 드리겠다 하니라

⑰ 이에 다니엘이 자기 집으로 돌아가서 그 동무 하나냐와 미사엘과 아사랴에게 그 일을 고하고

⑱ 하늘에 계신 하나님이 이 은밀한 일에 대하여 긍휼히 여기사 자기 다니엘과 동무들이 바벨론의 다른 박사와 함께 죽임을 당치 않게 하시기를 그들로 구하게 하니라

⑲ 이에 이 은밀한 것이 밤에 신비가 환상으로 다니엘에게 나타나 보이매 다니엘이 하늘에 계신 하나님을 찬송하니라

⑳ 다니엘이 말하여 가로되 영원 무궁히 하나님의 이름을 찬송할 것은 지혜와 권능이 그에게 있음이로다

㉑ 그는 때와 기한을 변하시며 왕들을 폐하시고 왕들을 세우시며 지혜자에게 지혜를 주시고 지식자에게 총명을 주시는도다

㉒ 그는 깊고 은밀한 일을 나타내시고 어두운데 있는 것을 아시며 또 빛이 그와 함께 있도다

㉓ 나의 열조의 하나님이여 주께서 이제 내게 지혜와 능력을 주시고 우리가 주께 구한바 일을 내게 알게 하셨사오니 내가 주께 감사하고 주를 찬양하나이다. 곧 주께서 왕의 그 일을 내게 보이셨나이다 하니라.

㉔ 이에 다니엘이 왕이 바벨론 박사들을 멸하라 명한 아리옥에게로 가서 이르매 그에게 이같이 이르되 바벨론 박사들을 멸하지 말고 나를 왕의 앞으로 인도하라 그리하면 내가 그 해석을 왕께 보여 드리리라

㉕ 이에 아리옥이 다니엘을 데리고 급히 왕의 앞에 들어가서 고하되 내가 사로잡혀 온 유다 자손 중에서 한 사람을 얻었나이다 그가 그 해석을 왕께 아시게 하리이다

㉖ 왕이 대답하여 벨드사살이라 이름한 다니엘에게 이르되 내가 얻은 꿈과 그 해석을 네가 능히 내게 알게 하겠느냐

㉗ 다니엘이 왕 앞에 대답하여 가로되 왕의 물으신바 은밀한 것은 박사나 술객이나 박수나 점장이가 능히 왕께 보일수 없으되

㉘ 오직 은밀한 것을 나타내실 분은 하늘에 계신 하나님이십니다. 그분께서 느부갓네살 폐하에게 후일에 일어날 일들을 알게 하셨나이다. 폐하가 주무실 때 폐하의 침상에서 폐하의 뇌를 통한 이성으로 받은 꿈과 환상은 이러하나이다.

(But there is a God in heaven that revealeth secrets, and maketh known to the king Nebuchadnezzar: and he that revealeth secrets maketh known to thee what shall come to pass.-KJV)

(but there is a God in heaven who reveals mysteries. He has shown King Nebuchadnezzar what will happen in days to come. Your dream and visions that passed through your mind as you lay on your bed are these:-NIV)

(But there is a God in heaven who reveals mysteries, and he has shown King Nebuchandnezzar what is happen to in the last days; this was your dream, the visions you saw as you lay in bed.-NAB)

(But there is a God in heaven who solves mysteries, and he has solved this one. He is letting King Nebuchandnezzar in on what is going to happen in the days ahead. This is the dream you had when you were lying on your bed, the vision that filled your mind:-THE MESSAGE)

㉙ 왕이여 왕이 침상에 나아가서 장래 일을 생각하실 때에 은밀한 것을 나타내시는 이가 장래 일을 왕에게 알게 하셨사오며

㉚ 내게 이 은밀한 것을 나타내심은 내 지혜가 다른 인생보다 나은 것이 아니라 오직 그 해석을 왕에게 알려서 왕의 마음으로 생각하던 것을 왕으로 알게 하려 하심이니라

㉛ 왕이여 왕이 한 큰 신상을 보셨나이다 그 신상이 왕의 앞에 섰는데 크고 광채가 특심하며 그 모양이 심히 두려우니

㉜ 그 우상의 머리는 정금이요 가슴과 팔들은 은이요 배와 넙적다리는 놋이요

㉝ 그 종아리는 철이요 그 발은 얼마는 철이요 얼마는 진흙이었나이다

㉞ 또 왕이 보신즉 사람의 손으로 하지 아니하고 뜨인 돌이 신상의 철과 진흙의 발을 쳐서 부숴뜨리매

㉟ 때에 철과 진흙과 놋과 은과 금이 다 부숴져 여름 타작마당의 겨 같이 되어 바람에 불려 간 곳이 없었고 우상을 친 돌은 태산을 이루어 온 세계에 가득하였었나이다

㊱ 그 꿈이 이러한즉 내가 이제 그 해석을 왕 앞에 진술하리이다

㊲ 왕이여 왕은 왕들의 왕이시라 하늘의 하나님이 나라와 권세와 능력과 영광을 왕에게 주셨고

㊳ 인생들과 들짐승과 공중의 새들 어느 곳에 있는 것을 무론하고 그것들을 왕의 손에 붙이사 다 다스리게 하셨으니 왕은 곧 그 금머리이니이다

㊴ 왕의 후에 왕만 못한 다른 나라가 일어날 것이요 셋째로 또 놋 같은 나라가 일어나서 온 세계를 다스릴 것이며

㊵ 넷째 나라 강하기가 철 같으리니 철은 모든 물건을 부숴뜨리고 이기는 것이라 철이 모든 것을 부수는 것 같이 그 나라가 뭇 나라를 부숴뜨리고 빻을 것이며

㊶ 왕께서 그 발과 발가락이 얼마는 토기장이의 진흙이요 얼마는 철인 것을 보셨은즉 그 나라가 나누일 것이며 왕께서 철과 진흙이 섞인 것을 보셨은즉 그 나라가 철의 든든함이 있을 것이나

㊷ 그 발가락이 얼마는 철이요 얼마는 진흙인즉 그 나라가 얼마나 든든하고 얼마는 부숴질만한 것이며

㊸ 왕께서 철과 진흙이 섞인 것을 보셨은즉 그들이 다른 인종과 서로 섞일 것이나 피차에 합하지 아니함이 철과 진흙이 합하지 않음과 같으리이다

㊹ 이 열왕의 때에 하늘의 하나님이 한 나라를 세우시리니 이것은 영원히 망하지도 아니할 것이요 그 국권이 다른 백성에게로 돌아가지도 아니할 것이요 도리어 이 모든 나라를 쳐서 멸하고 영원히 설 것이라

㊺ 왕이 사람의 손으로 아니하고 산에서 뜨인 돌이 철과 놋과 진흙과 은과 금을 부숴뜨린 것을 보신 것은 크신 하나님이 장래 일을 왕께 알게 하신 것이라 이 꿈이 참되고 이 해석이 확실하니이다

㊻ 이에 느부갓네살왕이 엎드려 다니엘에게 절하고 명하여 예물과 향품을 그에게 드리게 하니라

㊼ 왕이 대답하여 다니엘에게 이르되 너희 하나님은 참으로 모든 신의 신이시요 모든 왕의 주재시로다 네가 능히 이 은밀한 것을 나타내었으니 네 하나님은 또 은밀한 것을 나타내시는 자시로다

㊽ 왕이 이에 다니엘을 높여 귀한 선물을 많이 주며 세워 바벨론 온 도를 다스리게 하

며 또 바벨론 모든 박사의 어른을 삼았으며

㊾ 왕이 또 다니엘의 청구대로 사드락과 메삭과 아벳느고를 세워 바벨론 도의 일을
다스리게 하였고 다니엘은 왕궁에 있었더라

● 3장

① 느부갓네살왕이 금으로 신상을 만들었으니 고는 육십 규빗이요 광은 여섯 규빗이
라 그것을 바벨론 도의 두라 평지에 세웠더라

② 그때 느부갓네살왕은 방백과 수령과 도백과 재판관과 재무관과 모사와 법률사와
각 도 모든 관원을 왕이 세운 신상의 낙성 예식에 참집하도록 불렀더라

③ 이에 방백과 수령과 도백과 재판관과 재무관과 모사와 법률사와 각 도 모든 관원
이 느부갓네살의 세운 신상의 낙성 예식에 참집하여 느부갓네살의 세운 신상 앞에
서니라

④ 반포하는 자가 크게 외쳐 가로되 백성들과 나라들과 각 다른 언어를 하는 자들아
왕이 너희 무리에게 명하시나니

⑤ 너희는 나팔과 피리와 수금과 삼현금과 양금과 생황과 및 모든 악기 소리를 들을
때에 엎드리어 느부갓네살왕의 세운 금 신상에게 절하라

⑥ 누구든지 엎드리어 절하지 아니하는 자는 즉시 극렬히 타는 풀무에 던져 넣으리라
하매

⑦ 모든 백성과 나라들과 각 방언하는 자들이 나팔과 피리와 수금과 삼현금과 양금과
및 악기 소리를 듣자 곧 느부갓네살왕의 세운 금 신상에게 엎드리어 절하니라

⑧ 이 때에 몇 명의 전성가들이 앞으로 나와서 유대 사람들을 고발하였더라.

⑨ 그들이 느부갓네살왕에게 고하여 가로되 왕이여 만세수를 하옵소서

⑩ 왕이여 왕이 명령을 내리사 무릇 사람마다 나팔과 피리와 수금과 삼현금과 양금과
생황과 및 모든 악기 소리를 듣거든 엎드리어 금 신상에게 절할 것이라

⑪ 누구든지 엎드리어 절하지 아니하는 자는 극렬히 타는 풀무 가운데 던져 넣음을
당하리라 하지 아니하셨나이까

⑫ 이제 몇 유대 사람 사드락과 메삭과 아벳느고는 왕이 세워 바벨론 도를 다스리게
하신 자이어늘 왕이여 이 사람들이 왕을 높이지 아니하며 왕이 세우신 신들을 섬
기지 아니하며 왕이 세우신 금 신상에게 절하지 아니하나이다

⑬ 느부갓네살이 노하고 분하여 사드락과 메삭과 아벳느고를 끌어 오라 명하매 드디

어 그 사람들을 왕의 앞으로 끌어 온지라

⑭ 느부갓네살이 그들에게 물어 가로되 사드락 메삭 아벳느고야 너희가 내 신을 섬기지 아니하며 내가 세운 금 신상에게 절하지 아니하니 짐짓 그리하였느냐

⑮ 이제라도 너희가 예비하였다가 언제든지 나팔과 피리와 수금과 삼현금과 양금과 생황과 및 모든 악기 소리를 듣거든 내가 만든 신상 앞에 엎드리어 절하면 좋거니와 너희가 만일 절하지 아니하면 즉시 너희를 극렬히 타는 풀무 가운데 던져 넣을 것이니 능히 너희를 내 손에서 건져낼 신이 어떤 신이겠느냐

⑯ 사드락과 메삭과 아벳느고가 왕에게 대답하여 가로되 느부갓네살이여 우리가 이 일에 대하여 왕에게 대답할 필요가 없나이다

⑰ 만일 그럴 것이면 왕이여 우리가 섬기는 우리 하나님이 우리를 극렬히 타는 풀무 가운데서 능히 건져 내시겠고 왕의 손에서도 건져내시리이다

⑱ 그리 아니하실지라도 왕이여 우리가 왕의 신들을 섬기지도 아니하고 왕의 세우신 금 신상에게 절하지도 아니할 줄을 아옵소서

⑲ 느부갓네살이 분이 가득하여 사드락과 메삭과 아벳느고를 향하여 낯빛을 변하고 명하여 이르되 그 풀무를 뜨겁게 하기를 평일보다 칠배나 뜨겁게 하라하고

⑳ 군대 중 용사 몇 사람을 명하여 사드락과 메삭과 아벳느고를 결박하여 극렬히 타는 풀무 가운데 던지라 하니

㉑ 이 사람들을 고의와 속옷과 겉옷과 별다른 옷을 입은 채 결박하여 극렬히 타는 풀무 가운데 던질 때에

㉒ 왕의 명령이 엄하고 풀무가 심히 뜨거우므로 불꽃이 사드락과 메삭과 아벳느고를 결박한 군인들을 태워 죽였고

㉓ 이 세 사람 사드락과 메삭과 아벳느고는 결박된채 극렬히 타는 풀무 가운데 떨어졌더라

㉔ 그때 느부갓네살왕이 놀라 급히 일어나서 참모들에게 물어 가로되 우리가 결박하여 불 가운데 던진 자는 세 사람이 아니었느냐 그들이 왕에게 대답하여 가로되 왕이여 맞습니다 하니라

㉕ 왕이 또 말하여 가로되 내가 보니 결박되지 아니한 네 사람이 불 가운데로 다니는데 상하지도 아니하였고 그 넷째의 모양은 신들의 아들과 같도다 하고

㉖ 느부갓네살이 극렬히 타는 풀무 아구 가까이 가서 불러 가로되 지극히 높으신 하나님의 종 사드락 메삭 아벳느고야 나와서 이리로 오라 하매 사드락과 메삭과 아

벳느고가 불 가운데서 나온지라

㉗ 방백과 수령과 도백과 왕의 모사들이 모여 이 사람들을 본즉 불이 능히 그 몸을 해하지 못하였고 머리털도 표시가 없었고 그들의 옷도 태워지지 아니하였으며 불 탄 냄새도 없었더라

㉘ 느부갓네살이 말하여 가로되 사드락과 메삭과 아벳느고의 하나님을 찬송할지어다. 그분이 그분의 천사를 보내사 그분의 종들을 구원하셨도다! 그들은 하나님을 신뢰하였고 왕의 명을 거역하였으며 그들 자신들의 신 이외의 신을 섬기거나 경배하기 보다는 기꺼이 그들의 생명을 포기하려 하였도다.

㉙ 그러므로 내가 이제 조서를 내리노니 각 백성과 각 나라와 각 다른 언어로 말하는 자가 무릇 사드락과 메삭과 아벳느고의 하나님을 부정적으로 말하거든 그 몸을 쪼개고 그 집으로 거름터를 삼을지니 이는 이같이 사람을 구원할 다른 신이 없음이니라 하고

㉚ 곧이어 왕은 사드락과 메삭과 아벳느고의 지위를 바벨론 성에서 더욱 승격시키니라.

● 4장

① 왕인 나 느부갓네살은 모든 세상에 살고있는 국민들, 언어가 다른 사람들에게도 고하노라, 너희들이 크게 번창하기를 기원하노라!

② 나는 지극히 높으신 하나님이 내게 행하신 불가사의와 놀랄만한 표적에 대하여 백성들에게 알게 하기를 즐겨하노라

③ 그분의 표적이 얼마나 위대하며 그분의 불가사의가 얼마나 전능한가! 그분의 왕국은 영원하고 그분의 통치는 대대에 이르리로다

④ 나 느부갓네살이 세상일 걱정없이 나의 궁에서 편안할 때에

⑤ 나는 꿈을 꾸었는데 그 꿈이 나를 두려움에 빠지게 하였노라. 즉 내가 침상에서 자고 있을 때 나의 뇌(이성)를 통하여 환영과 환상을 보았는데 이것이 나를 두렵게 하였노라.

(I saw a dream which made me afraid, and the thoughts upon my bed and the visions of my head troubled me.-KJV)

(I had a dream that made me afraid. As I was lying in my bed, the images and visions that passed through my mind terrified me.-NIV)

(But as I was stretched out on my bed I had a dream that scared me-a nightmare that shook me.-THE MESSAGE)

⑥ 이러므로 내가 명을 내려 바벨론 모든 박사를 내 앞으로 불러다가 그 꿈의 해석을 내게 알게 하라 하매

⑦ 마법사와 술객과 바벨론 점성가와 점장이가 들어왔기로 내가 그 꿈을 그들에게 고하였으나 그들이 그 해석을 내게 알게 하지 못하였느니라

⑧ 그 후에 다니엘이 내 앞에 들어왔으니 그는 내 신의 이름을 좇아 벨드사살이라 이름한 자요 그의 안에는 거룩한 신들의 영이 있는 자라 내가 그에게 꿈을 고하여 가로되

⑨ 내가 말하기를 마법사장 벨드사살아 네 안에는 거룩한 신들의 영이 있은즉 아무리 은밀한 것이라도 네게는 어려울 것이 없는 줄을 내가 아노니 내 꿈을 내게 해석하여 고하라

⑩ 내가 침상에 누워 있는 동안에 보았던 환상은 이러하니라. 즉 내가 본즉 땅의 중앙에 한 나무가 있는데 고가 높더니

⑪ 그 나무가 자라서 견고하여지고 그 고는 하늘에 닿았으니 땅 끝에서도 보이겠고

⑫ 그 잎사귀는 아름답고 그 열매는 많아서 만민의 식물이 될만하고 들짐승이 그 그늘에 있으며 공중에 나는 새는 그 가지에 깃들이고 무릇 혈기 있는 자가 거기서 음식을 얻더라

⑬ 내가 침상에 누워 본 환상들 속에서 나는 내 앞에 한 거룩한 메신저가 하늘에서 내려 오는 것을 보았노라.

⑭ 그가 소리 질러 외쳐서 이처럼 이르기를 그 나무를 베고 그 가지를 찍고 그 잎사귀를 떨고 열매를 헤치고 짐승들로 그 아래서 떠나게 하고 새들을 그 가지에서 쫓아내라

⑮ 그러나 그 뿌리의 그루터기를 땅에 남겨두고 철과 놋줄로 동이고 그것으로 들 청초 가운데 있게 하라 그것이 하늘 이슬에 젖고 땅의 풀 가운데서 짐승으로 더불어 그 분량을 같이 하리라

⑯ 또 그 마음은 변하여 인생의 마음 같지 아니하고 짐승의 마음을 받아 일곱 때를 지나리라

⑰ 이는 메신저들의 명령대로요 거룩한 자들의 말 대로이니 곧 인생으로 지극히 높으신 자가 인간 나라를 다스리시며 자기의 뜻대로 그것을 누구에게든지 주시며 또

지극히 천한 자로 그 위에 세우시는 줄을 알게 하려 함이니라 하였느니라

⑱ 나 느부갓네살왕이 이 꿈을 꾸었나니 너 벨드사살아 그 해석을 밝히 내게 말하라 내 나라 모든 마법사가 능히 그 해석을 내게 알게 하지 못하였으나 오직 너는 능히 하리니 이는 거룩한 신들의 영이 네 안에 있음이니라

⑲ 벨드사살이라 이름한 다니엘이 얼마 동안 놀라 벙벙하며 마음이 번민하여 하는지라 왕이 그에게 말하여 이르기를 벨드사살아 너는 이 꿈과 그 해석을 인하여 번민할 것이 아니니라 벨드사살이 대답하여 가로되 내 주여 그 꿈은 왕을 미워하는 자에게 응하기를 원하며 그 해석은 왕의 대적에게 응하기를 원하나이다

⑳ 왕의 보신 그 나무가 자라서 견고하여 지고 그 고는 하늘에 닿았으니 땅 끝까지도 보이겠고

㉑ 그 잎사귀는 아름답고 그 열매는 많아서 만민의 식물이 될만하고 들짐승은 그 아래 거하며 공중에 나는 새는 그 가지에 깃들이더라 하시오니

㉒ 왕이여 이 나무는 곧 왕이시라 이는 왕이 자라서 견고하여지고 창대하사 하늘에 닿으시며 권세는 땅 끝까지 미치심이니이다

㉓ 왕이 보신즉 한 메신저 한 거룩한 자가 하늘에서 내려와서 이르기를 그 나무를 베고 멸하라 그러나 그 뿌리의 그루터기는 땅에 남겨두고 철과 놋줄로 동이고 그것을 들 청초 가운데 있게 하라 그것이 하늘 이슬에 젖고 또 들 짐승으로 더불어 그 분량을 같이 하며 일곱 때를 지내리라 하더라 하시오니

㉔ 왕이여 그 해석은 이러하니이다 곧 지극히 높으신 자의 명정하신 것이 내 주 왕에게 미칠 것이라

㉕ 왕이 사람에게서 쫓겨나서 들짐승과 함께 거하며 소처럼 품을 먹으며 하늘 이슬에 젖을 것이요 이와 같이 일곱 때를 지낼 것이니라 그 때에 지극히 높으신 사가 인간 나라를 다스리시며 자기의 뜻대로 그것을 누구에게든지 주시는줄을 아시리이다

㉖ 또 그들이 그 나무 뿌리의 그루터기를 남겨 두라 하였은즉 하나님이 다스리는 줄을 왕이 깨달은 후에야 왕의 나라가 견고하리이다

㉗ 그런즉 왕이여 나의 간하는 것을 받으시고 공의를 행함으로 죄를 속하고 가난한 자를 긍휼히 여김으로 죄악을 속하소서 그리하시면 왕의 평안함이 혹시 장구하리이다 하였느니라

㉘ 이 모든 일이 다 나 느부갓네살왕에게 임하였느니라

㉙ 열 두달이 지난 후에 내가 바벨론 궁 지붕에서 거닐새

㉚ 나 왕이 말하여 가로되 이 큰 바벨론은 내가 능력과 권세로 건설하여 나의 도성을 삼고 이것으로 내 위엄의 영광을 나타낸 것이 아니냐 하였더니

㉛ 이 말이 오히려 나 왕의 입에 있을 때에 하늘에서 소리가 내려 가로되 느부갓네살 왕아 네게 말하노니 나라의 왕권이 네게서 떠났느니라

㉜ 네가 사람에게서 쫓겨나서 들짐승과 함께 거하며 소처럼 풀을 먹을 것이요 이와 같이 일곱 때를 지내서 지극히 높으신 자가 인간나라를 다스리시며 자기의 뜻대로 그것을 누구에게든지 주시는 줄을 알기까지 이르리라 하더니

㉝ 즉각 이 일이 나 느부갓네살에게 일어나서 내가 사람들에게 쫓겨나서 소처럼 풀을 먹으며 몸이 하늘 이슬에 젖고 머리털이 독수리 털과 같았고 손톱은 새 발톱과 같 았었느니라

㉞ 그 기한이 차매 나 느부갓네살이 하늘을 우러러 보았더니 내 정신이 다시 내게로 돌아온지라 이에 내가 지극히 높은신 자에게 감사하며 영생하시는 자를 찬양하고 존경하였노니 그 권세는 영원한 권세요 그 나라는 대대에 이르리로다

㉟ 지구의 모든 거민을 없는 것 같이 여기시며 하늘의 군사이든지 지구의 거민이든지 그는 자기 뜻대로 행하시나니 누가 그의 손을 금하든지 혹시 이르기를 네가 무엇을 하느냐 할 자가 없도다

㊱ 그 동시에 내 정신이 내게로 돌아왔고 또 내 나라 영광에 대하여도 내 위엄과 광명이 내게로 돌아왔고 또 나의 모사들과 관원들이 내게 조회하니 내가 내 나라에서 다시 세움을 입고 또 지극한 위세가 내게 더하였느니라

㊲ 그러므로 지금 나 느부갓네살이 하늘의 왕을 찬양하며 칭송하며 존경하노니 그의 일이 다 진실하고 그의 행하심이 의로우시므로 무릇 교만하게 행하는 자를 그가 능히 낮추심이니라

● 5장

① 벨사살왕이 자기 신하들 일천명을 위하여 큰 연회를 열고 그들과 함께 술을 마셨더라.

② 벨사살왕이 술기운이 들자 명하여 그 부친 느부갓네살이 예루살렘 전에서 취하여 온 금 은 기물들은 가져오게 하였으니 이는 왕과 귀인들과 왕후들과 빈궁들이 다 그것으로 마시려 함이었더라

③ 이에 예루살렘 하나님의 전 성소 중에서 취하여 온 금 기물들을 가져오매 왕이 그

귀인들과 왕후들과 빈궁들로 더불어 그것으로 마시고

④ 무리가 술을 마시고는 그 금 은 동 철 목 석으로 만든 신들을 찬양하니라

⑤ 그 때에 사람의 손가락이 나타나서 왕궁 촛대 맞은편 분벽에 글자를 쓰는데 왕이 그 글자 쓰는 손가락을 본지라

⑥ 이에 왕의 얼굴색이 창백하고 너무 놀라서 무릎이 떨리고 다리의 힘이 풀린지라.

⑦ 왕이 크게 소리하여 주술사들과 점성가들과 점술사들을 불러 오게 하고 바벨론 현인들에게 말하기를 누구든지 이 글자를 읽고 그 해석을 내게 보이면 자주옷을 입히고 금사슬로 그목에 드리우고 그로 나라의 셋째 치리자를 삼으리라 하니라

⑧ 그리하여 왕의 현인들이 다 들어왔으나 능히 그 글자를 읽지 못하며 그 해석을 왕께 알게 하지 못하는지라

⑨ 그러므로 벨사살왕이 크게 번민하여 그 낯빛이 변하였고 귀인들도 다 놀라니라

⑩ 그때에 왕후가 왕과 대신들이 하는 말을 전해듣고 연회장으로 가서 말하기를 왕이여 만세수를 하옵소서 임금께서는 이런저런 생각으로 놀라시거나 얼굴빛이 달라지실 까닭이 없습니다.

⑪ 임금님의 나라에는 거룩하신 신들의 영이 있는 사람이 있으니 곧 왕의 부친 때에 있던 자로서 명철과 총명과 지혜가 있어 신들의 지혜와 같은 자라 왕의 부친 느부갓네살왕이 그 사람을 세워 요술자들과 점성가들과 점술가들의 우두머리로 세우셨습니다.

⑫ 부왕인 느부가넷살왕이 벨드사살이라 이름한 이 다니엘의 마음이 민첩하고 지식과 총명이 있어 능히 꿈을 해석하며 은밀한 말을 밝히며 의문을 파할 수 있었음이라 이제 다니엘을 부르소서 그리하시면 그가 그 해석을 알려드리리이다

⑬ 이에 다니엘이 부름을 입어 왕의 앞에 나오매 왕이 다니엘에게 말하여 가로되 네가 우리 부왕이 유다에서 사로잡아 온 유다 자손 중의 그 다니엘이냐

⑭ 내게 네게 대하여 들은즉 네 안에는 신들의 영이 있으므로 네가 명철과 총명과 비상한 지혜가 있다 하도다

⑮ 지금 여러 박사와 술객을 내 앞에 불러다가 그들로 이 글을 읽고 그 해석을 내게 알게 하라 하였으나 그들이 능히 그 해석을 내게 보이지 못하였느니라

⑯ 내가 네게 대하여 들은즉 너는 해석을 잘하고 의문을 파한다 하도다 그런즉 이제 네가 이 글을 읽고 그 해석을 내게 알게 하면 네게 자주옷을 입히고 금 사슬을 네 목에 드리우고 너로 나라의 셋째 치리자를 삼으리라

⑰ 다니엘이 왕에게 대답하여 가로되 왕의 예물은 왕이 스스로 취하시며 왕의 상급은 다른 사람에게 주옵소서 그러지라도 내가 왕을 위하여 이 글을 읽으며 그 해석을 아시게 하리이다

⑱ 왕이여 지극히 높으신 하나님이 왕의 부친 느부갓네살에게 나라와 큰 권세와 영광과 위엄을 주셨고

⑲ 그에게 큰 권세를 주셨으므로 백성들과 나라들과 언어가 다른 사람들도 그의 앞에서 떨며 두려워하였으며 그는 임의로 죽이며 임의로 살리며 임의로 높이며 임의로 낮추었더니

⑳ 그가 마음이 우쭐해지고 정신이 완고해져 오만하게 행동하시다가 그 왕위에서 내몰리시고 그 영광도 빼앗기셨습니다.

㉑ 사람들에게서 쫓겨나서 그 마음이 들짐승의 마음과 같았고 또 들나귀와 함께 거하며 또 소처럼 풀을 먹으며 그 몸이 하늘 이슬에 젖었으며 지극히 높으신 하나님이 인간 나라를 다스리시며 자기의 뜻대로 누구든지 그 위에 세우시는줄을 알기까지 이르게 되었었나이다

㉒ 그런데 그분의 아드님이신 벨사살님이여 님은 이것을 다 알고도 오히려 마음을 낮추지 아니하고

㉓ 도리어 스스로 높여서 하늘의 주재를 거역하고 주님의 전에 있던 기물들을 왕의 앞으로 가져다가 왕과 귀인들과 왕후들과 빈궁들이 다 그것으로 술을 마시고 왕이 또 보지도 듣지도 알지도 못하는 금 은 동 철과 목 석으로 만든 신상들을 찬양하고 도리어 왕의 모든 길을 작정하시는 하나님께는 영광을 돌리지 아니한지라

㉔ 이러므로 그의 앞에서 이 손가락이 나와서 이 글을 기록하였나이다

㉕ 기록한 글자는 이것이니 곧 메네 메네 테켈 페레스라

㉖ 그 뜻을 해석하건대 메네는 하나님이 이미 왕의 치세의 나들을 세어서 그것을 끝나게 하셨다 함이요

㉗ 데켈은 왕이 저울로 측정하여 부족함이 보였다 함이요.

㉘ 페레스는 왕의 나라가 나뉘어서 메디아와 페르시아 사람에게 준바 되었다 함이니이다

㉙ 이에 벨사살이 명하여 무리로 다니엘에게 자주옷을 입히게 하며 금 사슬로 그의 목에 드리우게 하고 그를 위하여 조서를 내려 나라의 셋째 치리자를 삼으니라

㉚ 그날 밤에 바벨론왕 벨사살이 살해되었고

㉛ 메디아 사람 다리우스가 나라를 얻었는데 때에 다리우스는 육십 이세였더라

● 6장

① 다리우스는 자기의 전 왕국을 통치하기 위하여 총독 일백 이십 명을 임명하기로 결정하였더라.

② 또 그들 위에 총리 셋을 두었으니 다니엘이 그 중 하나라 이는 총독들로 총리에게 자기의 직무를 보고하게 하여 왕으로 하여금 심려가 없게 하려함이었더라

③ 다니엘은 마음이 민첩하여 총리들과 총독들 외에 뛰어나므로 왕이 그를 세워 전국을 다스리게 하고자 한지라

④ 이에 총리들과 총독들이 국사에 대하여 다니엘을 고발할 틈을 얻고자 하였으나 능히 아무 틈 아무 허물을 얻지 못하였으니 이는 그가 충성되어 아무 그릇함도 없고 아무 허물도 없음이었더라

⑤ 마침내 이 사람들은 말하기를 다니엘이 하나님의 법과 관련이 없다면 그를 고소할 수 없으리라 하고

⑥ 이에 총리들과 총독들이 모여 왕에게 나아가서 그에게 말하되 다리우스왕이여 만세수를 하옵소서

⑦ 나라의 모든 총리와 수령과 총독과 모사와 관원이 의논하고 왕에게 한 율법을 세우며 한 금령을 정하실 것을 구하려 하였는데 왕이여 그것은 이제부터 삼십 일 동안에 누구든지 왕 외에 어떤 신에게나 사람에게 무엇을 구하면 사자굴에 던져 넣기로 한 것이니이다.

⑧ 그런즉 왕이여 원컨대 금령을 세우시고 그 조서에 어인을 찍어서 메디아와 페르시아의 변개치 아니하는 규례를 따라 그것을 다시 고치지 못하게 하옵소서

⑨ 이에 다리우스왕이 조서에 어인을 찍어 금령을 내니라

⑩ 다니엘이 이 조서에 어인이 찍힌 것을 알고도 자기 집에 돌아가서는 그 방의 예루살렘을 향하여 열린 창에서 전에 행하던대로 하루 세번씩 무릎을 꿇고 기도하며 그 하나님께 감사하였더라

⑪ 그 무리들이 모여서 다니엘이 자기 하나님 앞에 기도하며 간구하는 것을 발견하고

⑫ 이에 그들이 나아가서 왕의 금령에 대하여 왕께 아뢰되 왕이여 왕이 이미 금령에 어인을 찍어서 이제부터 삼십 일 동안 누구든지 왕 외에 어느 신에게나 사람에게 구하면 사자 굴에 던져 넣기로 하지 아니하였나이까 왕이 내답하여 말하기를 이

일이 적실하니 메디아와 페르시아 변개치 아니하는 규례대로 된 것이니라

⑬ 그들이 왕 앞에서 대답하기를 왕이여 사로잡혀온 유다 자손 중에 그 다니엘이 왕 과 왕의 어인이 찍힌 금령을 돌아보지 아니하고 하루 세번씩 기도하나이다

⑭ 왕이 이 말을 듣고 그로 인하여 심히 근심하여 다니엘을 구원하려고 마음을 쓰며 그를 건져 내려고 힘을 다하여 해가 질 때까지 이르매

⑮ 그 무리들이 또 모여 왕에게로 나아와서 왕께 말씀하되 왕이여 메디아와 페르시아 의 규례를 아시거니와 왕의 세우신 금령과 법도는 변개하지 못할 것이니이다

⑯ 이에 왕이 명하여 다니엘을 끌어다가 사자 굴에 던져 넣는지라 왕이 다니엘에게 일러 가로되 너의 항상 섬기는 네 하나님이 너를 구원하시리라 하니라

⑰ 이에 돌을 굴려다가 굴 아구를 막으매 왕이 어인과 귀인들의 인을 쳐서 봉하였으 니 이는 다니엘 처치한 것을 변개함이 없게 하려함이었더라

⑱ 왕이 궁에 돌아가서는 밤이 맞도록 금식하고 그 앞에서 풍악을 그치고 침수를 폐 하니라

⑲ 이튿날에 왕이 새벽에 일어나 급히 사자굴로 가서

⑳ 다니엘의 든 굴에 가까이 이르러는 슬피 소리질러 다니엘에게 물어 가로되 사시는 하나님의 종 다니엘아 너희 항상 섬기는 네 하나님이 사자에게서 너를 구원하시기 에 능하셨느냐

㉑ 다니엘이 왕에게 고하여 왕이여 원컨대 왕은 만세수를 하옵소서

㉒ 나의 하나님이 이미 그 천사를 보내어 사자들의 입을 봉하셨으므로 사자들이 나를 상해치 아니하였사오니 이는 나의 무죄함이 그 앞에 명백함이오며 또 왕이여 나는 왕의 앞에도 해를 끼치지 아니하였나이다

㉓ 왕이 심히 기뻐서 명하여 다니엘을 굴에서 올리라 하매 그들이 다니엘을 굴에 서 올린즉 그 몸이 조금도 상하지 아니하였으니 이는 그가 자기 하나님을 의뢰함 (trusted in)이었더라

㉔ 왕이 명을 내려 다니엘을 고발한 사람들을 끌어오게 하고 그들을 그 처자들과 함 께 사자 굴에 던져 넣게 하였더니 그들이 굴 밑에 닿기 전에 사자가 곧 그들을 움 켜서 그 뼈까지도 부숴뜨렸더라

㉕ 이에 다리우스왕이 온 땅에 있는 모든 백성과 나라들과 모든 다른 내리기를 국민 여러분들에게 크신 평화가 함께 있을지어다 하니라

㉖ 내가 이제 조서를 내리노라 내 나라 관할 아래 있는 사람들은 다 다니엘의 하나님

앞에서 떨며 두려워할지니 그는 사시는 하나님이요 영원히 변치 않으실 자시며 그 나라는 망하지 아니할 것이요 그 권세는 무궁할 것이며

㉗ 그는 구원도 하시며 건져내기도 하시며 하늘에서든지 땅에서든지 이적과 기사를 행하시는 자로 다니엘을 구원하여 사자의 입에서 벗어나게 하셨음이니라 하였더라.

㉘ 이다니엘이 다리우스왕의 시대와 페르시아 사람 키루스왕의 시대에 형통하였더라.

● 7장

① 바벨론왕 벨사살 원년에 다니엘이 그 침상에서 꿈을 꾸었는데 뇌의 이성(mind)을 통한 환상을 보았더라. 그는 그 꿈의 대략을 진술하니라

② 다니엘이 말하기를 내가 밤에 환상을 보았는데 내 앞에 큰 바다를 휘젓는 하늘의 네 바람이 있더니

③ 모양이 각각 다른 큰 짐승 넷이 바다에서 나왔더라

④ 첫째는 사자와 같은데 독수리의 날개가 있더니 내가 볼 사이에 그 날개가 뽑혔고 또 땅에서 들려서 사람처럼 두 발로 서게 함을 입었으며 또 사람의 마음을 받았으며

⑤ 다른 짐승 곧 둘째는 곰과 같은데 그것이 몸 한편을 들었고 그 입의 잇사이에는 세 갈빗대가 물렸는데 그에게 말하는 자가 있어 이르기를 일어나서 많은 고기를 먹으라 하였으며

⑥ 그 후에 내가 또 본즉 다른 짐승 곧 표범과 같은 것이 있는데 그 등에는 새의 날개 넷이 있고 그 짐승에게 또 머리 넷이 있으며 또 권세를 받았으며

⑦ 그 후에 내가 계속 밤의 환시 속에서 앞을 보고 있었는데, 끔찍하고 무시무시하고 아주 튼튼한 네 번째 짐승이 나왔다. 커다란 쇠 이빨을 가진 그 짐승은 먹이를 먹고 으스러뜨리며 남은 것은 발로 짓밟았다. 또 그것은 앞의 모든 짐승과 다르게 생겼으며 뿔을 열 개난 달고 있었다.

⑧ 내가 그 뿔을 유심히 보는 중 다른 작은 뿔이 그 사이에서 나더니 먼저 뿔 중에 셋이 그 앞에 뿌리까지 뽑혔으며 이 작은 뿔에는 사람의 눈 같은 눈이 있고 또 입이 있어 거만하게 떠들어 대고 있었다.

⑨ 내가 보았는데 왕좌가 놓이고 옛적부터 항상 계신이가 좌정하셨는데 그 옷은 희기

가 눈 같고 그 머리털은 깨끗한 양의 털같고 그 보좌는 불꽃이요 그 바퀴는 붙는 불이며

⑩ 불이 강처럼 흘러 그 앞에서 나오며 그에게 수종하는 자는 천천이요 그 앞에 시위한 자는 만만이며 심판을 베푸는데 책들이 펴 놓였더라

⑪ 그 때에 내가 그 큰 말하는 작은 뿔의 목소리로 인하여 주목하여 보는 사이에 짐승이 죽임을 당하고 그 시체가 상한바 되어 붙는 불에 던진바 되었으며

⑫ 그 남은 모든 짐승은 그 권세를 빼앗겼으나 일정한 동안 사는 것이 허용되었더라.

⑬ 내가 또 밤 이상 중에 보았는데 사람인 아들(사람 모습을 한 하나님의 아들)이 와서 옛적부터 항상 계신 자에게 나아와 그 앞에 인도되매

⑭ 그에게 권세와 영광과 나라를 주고 모든 백성과 나라들과 각 방언하는 자로 그를 섬기게 하였으니 그 권세는 영원한 권세라 옮기지 아니할 것이요 그 나라는 폐하지 아니할 것이니라

⑮ 나 다니엘은 영적으로 혼란스러웠으며 나의 정신(뇌)을 통하여 온 환상은 나를 번민케 한지라

⑯ 내가 그 곁에 모신 자 중 하나에게 나아가서 이 모든 일의 진상을 물으매 그가 내게 고하여 그 일의 해석을 알게 하여 가로되

⑰ 그 네 큰 짐승들은 지구에 일어날 네 왕국이니라

⑱ 그러나 지극히 높으신 자의 성도들이 나라를 얻으리니 그 누림이 영원하고 영원하고 영원하리라

⑲ 이에 내가 넷째 짐승의 진상을 알고자 하였으니 곧 그것은 모든 짐승과 달라서 심히 무섭고 그 이는 철이요 그 발톱은 놋이며 먹고 부숴뜨리고 나머지는 발로 밟았으며

⑳ 또 그것의 머리는 열 뿔이 있고 그 외에 또 다른 뿔이 나오매 세 뿔이 그 앞에 빠졌으며 그 뿔에는 눈도 있고 큰 말하는 입도 있고 그 모양이 동류보다 강하여 보인 것이라

㉑ 내가 본즉 이 뿔이 성도들로 더불어 싸워 이기었더니

㉒ 옛적부터 항상 계신 자가 와서 지극히 높으신 자의 성도를 위하여 신원하였고 때가 이르매 성도가 나라를 얻었더라

㉓ 모신 자가 이처럼 이르되 넷째 짐승은 곧 지구의 넷째 나라인데 이는 모든 나라보다 달라서 천하를 삼키고 밟아 부숴 뜨릴 것이며

㉔ 그 열 뿔은 이 나라에서 일어날 열 왕이요 그 후에 또 하나가 일어나리니 그는 먼저 있던 자들과 다르고 또 세왕을 복종시킬 것이며

㉕ 그가 장차 말로 지극히 높으신 자를 대적하며 또 지극히 높으신 자의 성도를 괴롭게 할 것이며 그가 또 때와 법을 변개코저 할 것이며 성도는 그의 손에 붙인바 되어 한 때와 두 때와 반 때를 지내리라

㉖ 그러나 심판이 시작된즉 그는 권세를 빼앗기고 끝까지 멸망할 것이요

㉗ 나라와 권세와 온 천하 열국의 위세가 지극히 높으신 자의 성민에게 붙인바 되리니 그의 나라는 영원한 나라이라 모든 권세 있는 자가 다 그를 섬겨 복종하리라 하여

㉘ 이것이 그 문제의 끝이니라. 나 다니엘은 생각(thoughts)이 깊이 혼란스러웠으며 내 낯빛이 변하였으나 내가 이 일을 마음에 감추었느니라.

● 8장

① 벨사살왕 치세 3년차에 나 다니엘은 처음에 나에게 나타난 환상 후 두번째로 하나의 환상을 보았더라.

② 나의 환상에서 나는 나 자신 엘림 지방에 있는 성안에 있는 울라이 용수로 강가에 있는 것을 알았더라.

③ 내가 눈을 들어 본즉 강 가에 두 뿔을 가진 수양이 섰는데 그 두 뿔이 다 길어도 한 뿔은 다른 뿔보다도 길었고 그 긴 것은 나중에 난 것이더라

④ 내가 본즉 그 수양이 서와 북과 남을 향하여 돌진하였다. 수양을 대적할 동물이 하나도 없고 그의 힘에서 능히 구할 수가 없었더라. 그래서 수양은 임의로 행동하였고 대단한 존재가 되었더라.

⑤ 내가 이 것에 대하여 생각하고 있는데 갑자기 수염소(눈 사이에 큰 뿔이 있는) 한마리가 서편에서부터 와서 땅을 딛지 아니하고 전 지구를 횡단하였더라.

⑥ 그것이 두 뿔 가진 수양 곧 내가 본바 강 가에 섰던 양에게로 나아가되 분노한 힘으로 그것에게로 달려가더니

⑦ 내가 본즉 그것이 수양에게로 가까이 나아가서는 더욱 성내어 그 수양을 쳐서 그 두 뿔을 꺾으나 수양에게는 그것을 대적할 힘이 없으므로 그것이 수양을 땅에 엎드러뜨리고 짓밟았으나 능히 수양을 그 손에서 벗어나게 할 이가 없었더라

⑧ 수염소가 스스로 심히 강대하여 가더니 강성할 때에 그 큰 뿔이 꺾이고 그 대신에

현저한 뿔 넷이 하늘 사방을 향하여 났더라

⑨ 그 중 한 뿔에서 또 작은 뿔 하나가 나서 남편과 동편과 또 영화로운 땅을 향하여 심히 커지더니

⑩ 그것이 하는 군대에 미칠만큼 커져서 그 군대와 별 중에 몇을 땅에 떨어뜨리고 그것을 짓밟고

⑪ 또 스스로 높아져서 군대의 주재를 대적하며 그에게 매일 드리는 제사를 제하여 버렸고 그의 성소를 헐었으며

⑫ 범죄함을 인하여 백성과 매일 드리는 제사가 그것에게 붙인바 되었고 그것이 또 진리를 땅에 던지며 자의로 행하여 형통하였더라

⑬ 내가 들은즉 거룩한 자가 말하더니 다른 거룩한 자가 그 말하는 자에게 묻되 환상에 나타난바 매일 드리는 제사와 망하게 하는 죄악에 대한 일과 성소와 백성이 내어준바 되며 짓밟힐 일이 어느 때까지 이를꼬 하매

⑭ 그가 내게 이르되 이천 삼백 주야까지니 그 때에 성소가 정결하게 함을 입으리라 하였느니라

⑮ 나 다니엘이 이 환상을 보고 그 뜻을 알고자 할 때에 사람 같은 모양인 분이 내 앞에 섰고

⑯ 내가 들은즉 을래강 두 언덕 사이에서 사람의 목소리가 있어 외쳐 이르되 가브리엘아 이 환상을 이 사람에게 깨닫게 하라 하더니

⑰ 그가 나의 선 곳으로 나아왔는데 그 나아올 때에 내가 두려워서 얼굴을 땅에 대고 엎드리매 그가 내게 말하기를, 이 환상은 종말의 때에 관한 것이니라 하더라

(So he came near where I stood: and when he came, I was afraid, and fell upon my face: but he said unto me, Understand, O son of man: for at the time of the end shall be the vision.-KJV)

(As he came near the place where I was standing, I was terrified and fell prostrate. "Son of man," he said to me, "understand that vision concerns the time of the end."-NIV)

(When he came near where I was standing, I fell prostrate in terror. But he said to me, "Undrstand, O son of man, that the vision refers to the end time."-NAB)

(He came up to me, but when he got close I became terrified and fell facedown on the ground. He said, 'Understand that this vision has to do with the time of the end.' As soon as he spoke, I fainted, my face in the dirt.-THE MESSAGE)

⑱ 그가 내게 말하자마자 내가 얼굴을 땅에 대고 엎드리어 깊이 잠들매, 그가 나를 어루 만져서 일으켜 세우며

⑲ 계속해서 말하기를, 내가 진노의 마지막 날들에 일어날 것들을 너에게 알게하리라.

⑳ 네가 본바 두 뿔 가진 수양은 곧 메디아와 페르시아 왕들이요

㉑ 털이 많은 수염소는 곧 헬라 왕이요 두 눈 사이에 있는 큰 뿔은 곧 그 첫째 왕이요

㉒ 이 뿔이 꺾이고 그 대신에 네 뿔이 났은즉 그 나라 가운데서 네 나라가 일어나되 그 권세만 못하리라

㉓ 이 네 나라 마지막 때에 패역자들이 가득할 즈음에 한 왕이 일어나리니 그 얼굴은 엄장하며 궤휼에 능하며

㉔ 그 권세가 강할 것이나 자기의 힘으로 말미암은 것이 아니며 그가 장차 비상하게 파괴를 행하고 자의로 행하여 형통하며 강한 자들과 거룩한 백성을 멸하리라

㉕ 그가 꾀를 베풀어 제 손으로 궤휼을 이루고 마음에 스스로 큰 체하며 또 평화한 때에 많은 무리를 멸하며 또 스스로 서서 만왕의 왕을 대적할 것이나 그가 사람의 손을 말미암지 않고 깨어지리라

㉖ 너에게 주어진 아침과 저녁의 환상은 진리이니라, 그러나 그것을 비밀로 하여라 이는 먼 미래에 일어날 일이기 때문이니라

㉗ 이에 나 다니엘은 혼절하여 수일을 앓다가 일어나서 왕의 책무를 수행하였고, 나는 그 환상에 놀랐는데 아무도 그것을 이해하지는 못하였더라.

● 9장

① 메디아 족 아하수에로의 아들 다리우스가 바빌로니아 왕국의 지배자가 된 첫해에

② 곧 그의 치세 1년에 나 다니엘은 주님께서 선지자 예레미아에게 주신 말씀에 따른 서책에서 예루살렘의 황폐가 칠십년간 지속될 것이라는 것을 깨달았느니라.

③ 내가 금식하며 베옷을 입고 재를 무릅쓰고 주 하나님께 기도하며 간구하기를 결심하고

④ 내 하나님 여호와께 기도하며 자복하여 이르시기를 크시고 두려워할 주 하나님 주

를 사랑하고 주의 계명을 지키는 자를 위하여 언약을 지키시고 그에게 인자를 베
푸시는 자시여

⑤ 우리는 이미 범죄하여 패역하며 행악하며 반역하며 주의 법도와 규례를 떠났사오
며

⑥ 우리가 또 주의 종 선지자들이 주의 이름으로 우리의 열왕과 우리의 방백과 열조
와 온 국민에게 말씀한 것을 듣지 아니하였나이다

⑦ 주여 공의는 주께로 돌아가고 수욕은 우리 얼굴로 돌아옴이 오늘날과 같아서 유다
사람들과 예루살렘 거민들과 이스라엘이 가까운데 있는 자나 먼데 있는 자가 다
주께서 쫓아 보내신 각국에서 수욕을 입었사오니 이는 그들이 주께 죄를 범하였음
이니이다

⑧ 주여 수욕이 우리에게 돌아오고 우리의 열왕과 우리의 방백과 열조에게 돌아온 것
은 우리가 주께 범죄하였음이니이다 마는

⑨ 주 우리 하나님께는 긍휼과 사유하심이 있사오니 이는 우리가 주께 패역하였음이
오며

⑩ 우리 하나님 여호와의 목소리를 청종치 아니하며 여호와께서 그 종 선지자들에게
부탁하여 우리 앞에 세우신 율법을 행치 아니하였음이니이다

⑪ 온 이스라엘이 주의 율법을 범하고 치우쳐 가서 주의 목소리를 청종치 아니하였으
므로 이 저주가 우리에게 내렸으되 곧 하나님의 종 모세의 율법 가운데 기록된 맹
세대로 되었사오니 이는 우리가 주께 범죄하였음이니이다

⑫ 주께서 큰 재앙을 우리에게 내리사 우리와 우리를 재판하던 재판관을 쳐서 하신
말씀을 이루셨사오니 온 천하에 예루살렘에 임한 일 같은 것이 없나이다

⑬ 모세의 율법에 기록된대로 이 모든 재앙이 이미 우리에게 임하였사오나 우리는 우
리의 죄악을 떠나고 주의 진리를 깨닫도록 우리 하나님 여호와의 은총을 간구치
아니하였나이다

⑭ 이러므로 여호와께서 이 재앙을 간직하여 두셨다가 우리에게 임하게 하셨사오니
우리의 하나님 여호와는 행하시는 모든 일이 공의로우시나 우리가 그 목소리를 청
종치 아니하였음이니이다

⑮ 강한 손으로 주의 백성을 에집트 땅에서 인도하여 내시고 오늘과 같이 명성을 얻
으신 우리 주 하나님이여 우리가 범죄하였고 악을 행하였나이다

⑯ 주여 내가 구하옵나니 주는 주의 공의를 좇으사 주의 분노를 주의 성 예루살렘 주

의 거룩한 산에서 떠나게 하옵소서 이는 우리의 죄와 우리의 열조의 죄악을 인하여 예루살렘과 주의 백성이 사면에 있는 자에게 수욕을 받음이니이다

⑰ 그러하온즉 우리 하나님이여 지금 주의 종의 기도와 간구를 들으시고 주를 위하여 주의 얼굴 빛은 주의 황폐한 성소에 비취시옵소서

⑱ 나의 하나님이여 귀를 기울여 들으시며 눈을 떠서 우리의 황폐된 상황과 주의 이름으로 일컫는 성을 보옵소서 우리가 주의 앞에 간구하옵는 것은 우리의 의를 의지하는 것이 아니요 주의 큰 긍휼을 의지하여 함이오니

⑲ 주여 들으소서 주여 용서하소서 주여 들으시고 행하소서 지체치 마옵소서 나의 하나님이여 주 자신을 위하여 하시옵소서 이는 주의 성과 주의 백성이 주의 이름으로 일컫는바 됨이니이다

⑳ 내가 이같이 말하여 기도하며 내 죄와 내 백성 이스라엘의 죄를 자복하고 내 하나님의 거룩한 산을 위하여 내 하나님 여호와 앞에 간구할 때

㉑ 곧 내가 말하여 기도할 때에 이전 환상 중에 본 그 사람 가브리엘이 빨리 날아서 저녁 제사를 드릴 때 즈음에 내게 이르더니

㉒ 내게 가르치며 내게 말하여 가로되 다니엘아 내가 이제 네게 지혜와 총명을 주려고 나왔나니

㉓ 곧 네가 기도를 시작할 즈음에 명령이 내렸으므로 이제 네게 고하러 왔느니라 너는 크게 은총을 입은 자라 그런즉 너는 이 일을 생각하고 그 환상을 깨달을지니라

㉔ 네 백성과 네 거룩한 성을 위하여 칠십 이레로 기한을 정하였나니 허물이 마치며 죄가 끝나며 죄악이 영속되며 영원한 의가 드러나며 이상과 예언이 응하며 또 지극히 거룩한 자가 기름 부음을 받으리라

㉕ 그러므로 너는 깨달아 알지니라 예루살렘을 중건하라는 영이 날 때부터 기름 부음을 받은 자 곧 왕이 일어나가까지 일곱 이레와 육십 이 이레가 지날 것이요. 그 때 곤란한 동안에 성이 중건되어 거리와 해자가 이룰 것이며

㉖ 육십 이 이레 후에 기름 부음을 받은 자가 끊겨져 없어질 것이며 장차 한 왕의 백성이 와서 그 성읍과 성소를 훼파하려니와 그의 종말은 홍수에 엄몰됨될 같을 것이며 또 끝까지 전쟁이 있으리니 황폐할 것이 작정되었느니라.

㉗ 그가 장차 많은 사람으로 더불어 한 이레 동안의 언약을 굳게 정하겠고 그가 그 이레의 절반에 제사와 예물을 금지할 것이며 또 잔포하여 미운 물건이 날개를 의지하여 설 것이며 또 이미 정한 종말까지 진노가 황폐케 하는 자에게 쏟아지리라 하

였느니라

● 10장

① 페르시아 왕 고레스 치세 3년차에 벨드라살이라 불리는 다니엘에게 계시가 주어졌다. 그 메시지는 진실이고 그것은 큰 전쟁에 관한 것이었다. 그는 그 메시지를 환상 중에 깨달았더라..

② 그 때에 나 다니엘은 3주 동안 애도를 하고 있었더라.

③ 3주간이 지날때까지 나는 맛있는 음식을 먹지 않고 고기와 술을 입에 대지 않았으며 향유를 바르지도 않았더라.

④ 정월 이십 사일에 나는 큰 강 티그리스의 제방에 서 있었는데,

⑤ 그 때에 내가 눈을 들어 바라본즉 한 사람이 세마포 옷을 입었고 허리에는 우바스 정금띠를 띠었으며

⑥ 그 몸은 황옥 같고 그 얼굴은 번갯 빛 같고 그 눈은 횃불 같고 그 팔과 발은 빛난 놋과 같고 그 말소리는 무리의 소리와 같더라

⑦ 이 환상은 나 다니엘이 홀로 보았고 나와 함께한 사람들은 이 환상은 보지 못하였어도 그들이 크게 떨며 도망하여 숨었느니라

⑧ 그러므로 나만 홀로 있어서 이 큰 환상을 볼 때에 내 몸에 힘이 빠졌고 나의 아름다운 빛이 변하여 썩은듯 하였고 나의 힘이 다 없어졌으나

⑨ 내가 그 말소리를 들었는데 그 말소리를 들을 때에 내가 얼굴을 땅에 대고 깊이 잠들었었느니라

⑩ 한 손이 있어 나를 어루만지기로 내가 떨더니 그가 내 무릎과 손바닥이 땅에 닿게 일으키고

⑪ 내게 이르되 은총을 크게 받은 사람 다니엘아 내가 네게 이르는 말을 깨닫고 일어서라 내가 네게 보내심을 받았느니라 그가 내게 이 말을 한 후에 내가 떨며 일어서매

⑫ 그가 내게 이르되 다니엘아 두려워하지 말라 네가 깨달으려 하여 네 하나님 앞에 스스로 겸비케 하기로 결심하던 첫날부터 네 말이 들으신바 되었으므로 내게 네 말을 인하여 왔느니라

⑬ 그런데 페르시아 왕국의 왕이 이십 일일 동안 나를 저지하였더라. 그때에 주요 천사들 중 하나인 미카엘이 와서 나를 도와주었는데 이는 내가 페르시아 왕과 함께

거기에 붙들려 있었기 때문이었더라.

⑭ 이제 내가 미래에 너희 백성들에게 일어날 일들을 설명하기 위해서 너에게 왔노라. 왜냐하면 이 환상은 앞으로 올 것들에 관한 것이기 때문이니라.

⑮ 그가 이런 말로 내게 이를 때에 내가 곧 얼굴을 땅에 향하고 벙벙하였더니

⑯ 그때 외모가 사람과 같이 생긴 분이 내 입술을 만진지라 내가 곧 입을 열어 내 앞에 섰는 자에게 말하여 가로되 내 주여 이 환상으로 인하여 근심이 내게 더하므로 내가 힘이 없어졌나이다

⑰ 내 몸에 힘이 없어졌고 호흡이 남지 아니하였사오니 내 주의 이 종이 어찌 능히 내 주로 더불어 말씀할 수 있으리이까

⑱ 그러자 다시 사람의 모습을 한 분이 나를 만지며 나로 강건케 하여

⑲ 가로되 은총을 크게 받은 사람이여 두려워하지 말라 평안하라 강건하라 강건하라 그가 이같이 내게 말하매 내가 곧 힘이 나서 가로되 내 주께서 나로 힘이 나게 하셨사오니 말씀하옵소서

⑳ 그리고 그가 이르되 너는 내가 너에게 오는 이유를 아느냐? 곧 나는 페르시아 왕과 싸우기 위하여 올 것이다. 그리고 내가 갈 때에는 그리스 왕이 올것이니라,

㉑ 그러나 첫째로 내가 먼저 진리의 책에 기록된 것으로 너에게 말할 것이니라. 그들을 대적하여 싸우는데 나를 도울 자는 너의 군주인 미카엘이외에는 없느니라.

● 11장

① 그리고 나는 메디아 사람 다리우스 원년에 미카엘을 도우려고 나선 적이 있느니라.

② 이제 내가 진리를 네게 말하리라. 페르시아에 더 강성한 세 왕들이 나타날 것이고 그 넷째 왕은 다른 왕들보다 훨씬 부유할 것이니라. 그가 그의 부에 의하여 권력을 잡았을 때에 그는 그리스의 모든 왕국을 휘저어 놓을 것이니라.

③ 그때 한 강력한 왕이 나타나서 대단한 힘을 가지고 지배할 것이고 그가 원하는대로 할 것이니라.

④ 그가 나타난 후에 그의 제국은 분열되어서 천하 사방에 나뉘일 것이나 그 자손에게로 돌아가지도 아니할 것이요 또 그의 주장하던 권세대로도 되지 아니하리니 이는 그 나라가 뿌리가 뽑혀서 다른 사람들에게로 돌아갈 것임이니라

⑤ 남방의 왕은 강할 것이나 그 군들 중에 하나는 그 보다 강하여 권세를 떨치리니 그

권세가 심히 클 것이요

⑥ 몇해 후에 그들이 서로 맹약하리니 곧 남방 왕의 딸이 북방 왕에게 나아가서 화친
하리라 그러나 이 공주의 힘이 쇠하고 그 왕은 서지도 못하며 권세가 없어질 뿐 아
니라 이 공주와 그를 데리고 온 자와 그를 낳은 자와 그 때에 도와주던 자가 다 버
림을 당하리라

⑦ 그러나 이 공주의 본족에서 난 자 중에 하나가 그의 위를 이어 북방 왕의 군대를 치
러 와서 그의 성에 들어가서 그들을 쳐서 이기고

⑧ 그 신들과 부어만든 우상들과 그 은과 금의 아름다운 기구를 다 노략하여 에집트
로 가져갈 것이요 몇 해 동안은 그가 북방 왕을 치지 아니하리라

⑨ 북방 왕이 남방 왕의 나라로 쳐 들어갈 것이나 자기 본국으로 물러 가리라

⑩ 그 아들들이 전쟁을 준비하고 심히 많은 군대를 모아서 물의 넘침 같이 나아올 것
이며 그가 또 와서 남방왕의 견고한 성까지 칠 것이요

⑪ 남방 왕은 크게 노하여 나와서 북방 왕과 싸울 것이라 북방 왕이 큰 무리를 일으킬
것이나 그 무리가 그의 손에 붙인바 되리라

⑫ 그가 큰 무리를 사로잡은 후에 그 마음이 스스로 높아져서 수만명을 엎드러뜨릴
것이나 그 세력은 더하지 못할 것이요

⑬ 북방 왕은 돌아가서 다시 대군을 전보다 더 많이 준비하였다가 몇 때 곧 몇 해 후에
대군과 많은 물건을 거느리고 오리라

⑭ 그 때에 여러 사람이 일어나서 남방 왕을 칠 것이요 네 백성 중에서도 강포한 자들
은 이상을 이루려 할 것이나 성공하지 못하리라

⑮ 이에 북방 왕은 와서 토성을 쌓고 견고한 성읍을 취할 것이요 남방 군대는 그를 당
할 수 없으며 또 그 택한 군대라도 그를 당할 힘이 없을 것이므로

⑯ 오직 와서 치는 자가 임의로 행하리니 능히 그 앞에 설 사람이 없겠고 그가 영화로
운 땅에 설 것이요 그 손에 멸망이 있으리라

⑰ 그가 결심하고 전국의 힘을 다하여 이르렀다가 그와 화친할 것이요 또 여자의 딸
을 그에게 주어 그 나라를 패망케 하려 할 것이나 이루지 못하리니 그에게 무익하
리라

⑱ 그 후에 그가 얼굴을 섬들로 돌이켜 많이 취할 것이나 한 대장이 있어서 그의 보이
는 수욕을 씻고 그 수욕을 그에게로 돌릴 것이므로

⑲ 그가 드디어 그 얼굴을 돌이켜 자기 땅 산성들로 향할 것이나 거쳐 넘어지고 다시

는 보이지 아니하리라

⑳ 그 위를 이을 자가 토색하는 자로 그 나라의 아름다운 곳으로 두루 다니게 할 것이나 그는 분노함이나 싸움이 없이 몇 날이 못되어 망할 것이요

㉑ 또 그 위를 이을 자는 한 비천한 사람이라 나라 영광을 그에게 주지 아니할 것이나 그가 평안한 때를 타서 계략으로 그 나라를 얻을 것이며

㉒ 넘치는 물 같은 군대가 그에게 넘침을 입어 패할 것이요 동맹한 왕도 그렇게 될 것이며

㉓ 그와 약조한 후에 그는 거짓을 행하여 올라올 것이요 적은 백성을 거느리고 강하게 될 것이며

㉔ 그가 평안한 때에 그 도의 가장 기름진 곳에 들어와서 그 열조와 열조의 조상이 행하지 못하던 것을 행할 것이요 그는 노략하며 탈취한 재물을 무리에게 흩어주며 모략을 베풀어 얼마동안 산성들을 칠 것인데 때가 이르기까지 그리하리라

㉕ 그가 그 힘을 떨치며 용맹을 발하여 큰 군대를 거느리고 남방 왕을 칠 것이요 남방 왕도 심히 크고 강한 군대를 거느리고 맞아 싸울 것이나 능히 당하지 못하리라 이는 그들이 모략을 베풀어 그를 침이니라

㉖ 자기의 진미를 먹는 자가 그를 멸하리니 그 군대가 흩어질 것이요 많은 자가 엎드러져 죽으리라

㉗ 이 두 왕이 마음에 서로 해하고자 하여 한 밥상에 앉았을 때에 거짓말을 할 것이라 일이 형통하지 못하리니 이는 작정된 기한에 미쳐서 그 일이 끝날 것임이니라

㉘ 북방 왕은 많은 재물을 가지고 본국으로 돌아가리니 그는 마음으로 거룩한 언약을 거스리며 임의로 행하고 본토로 돌아갈 것이며

㉙ 작정된 기한에 그가 다시 나와서 남방에 이를 것이나 이번이 그 전번만 못하리니

㉚ 이는 깃딤의 배들이 이르러 그를 칠 것임이니라 그가 낙심하고 돌아가며 거룩한 언약을 한하고 임의로 행하며 돌아가서는 거룩한 언약을 배반하는 자를 중히 여길 것이며

㉛ 군대는 그의 편에 서서 성소 곧 견고한 곳을 더럽히며 매일 드리는 제사를 폐하며 멸망케 하는 미운 물건을 세울 것이며

㉜ 그가 또 언약을 배반하고 악행하는 자를 궤휼로 타락시킬 것이나 오직 자기의 하나님을 아는 백성은 강하여 용맹을 발하리라

㉝ 백성 중에 지혜로운 자가 많은 사람을 가르칠 것이나 그들이 칼날과 불꽃과 사로

잡힘과 약탈을 당하여 여러 날 동안 쇠패하리라

㉞ 그들이 쇠패할 때에 도움을 조금 얻을 것이나 많은 사람은 궤휼로 그들과 친합할 것이며

㉟ 또 그들 중 지혜로운 자 몇 사람이 쇠패하여 무리로 연단되며 정결케 되며 희게 되어 마지막 때까지 이르게 하리니 이는 작정된 기한이 있음이니라

㊱ 이 왕이 자기 뜻대로 행하며 스스로 높여 모든 신보다 크다 하며 비상한 말로 신들의 신을 대적하며 형통하기를 분노하심이 쉴 때까지 하리니 이는 그 작정된 일을 반드시 이룰 것임이니라.

(And the king shall do according to his will; and he shall exalt himself, and magnify himself above every god, and speak marvellous things against God of gods, and shall prosper till the indignation be accomplished: for that that is determined shall be done.-KJV)

("The king will do as he pleases. He will exalt and magnify himself above every god and will say unheared-of things against the God of gods. He will be successful until the time of wrath is completed, for what has been determined must take place.-NIV)

("The king shall do as he wills, exalting himself and making himself greater than any god; he shall utter dreadful blasphemies against the God of gods. He shall prosper only till the wrath is finished, for what is determined must take place.-NAB)

("Meanwhile, the king of the north will do whatever he pleases. He'll puff himself up and posture himself as greater than ahy god. He will even dare to brag and boast in defiance of the God of gods. And he'll get by with it for a while-until this time of wrathful judgment is completed, for what is decreed must be done.-THE MESSAGE)

㊲ 그가 그 모든 것보다 스스로 크다 하고 그 열조의 신들과 여자의 사모하는 것을 돌아보지 아니하며 아무 신이든지 돌아보지 아니할 것이나

㊳ 그 대신에 세력의 신을 공경할 것이요 또 그 열조가 알지 못하던 신에게 금 은 보석과 보물을 드려 공경할 것이며

㊴ 그는 이방신을 힘입어 크게 견고한 산성들을 취할 것이요 무릇 그를 안다 하는 자

에게는 영광을 더하여 여러 백성을 다스리게도 하며 그에게서 뇌물을 받고 땅을 나눠 주기도 하리라

㊵ 마지막 때에 남방 왕이 그를 찌르리니 북방 왕이 병거와 마병과 많은 배로 회리바람처럼 그에게로 마주 와서 그 여러 나라에 들어가며 물이 넘침 같이 지나갈 것이요

㊶ 그가 또 영화로운 땅에 들어갈 것이요 많은 나라를 패망케 할 것이나 오직 에돔과 모압과 암몬 자손의 존귀한 자들은 그 손에서 벗어나리라

㊷ 그가 열국에 그 손을 펴리니 에집트 땅도 면치 못할 것이므로

㊸ 그가 권세로 에집트의 금 은과 모든 보물을 잡을 것이요 리비아 사람과 구스 사람이 그의 시종이 되리라

㊹ 그러나 동북에서부터 소문이 이르러 그로 번민케 하므로 그가 분노하여 나가서 많은 무리를 다 도륙하며 진멸코자 할 것이요

㊺ 그가 장막 궁전을 바다와 영화롭고 거룩한 산 사이에 베풀 것이나 그의 끝이 이르리니 도와줄 자가 없으리라

● 12장

① 그 때에 네 민족을 보호하는 대제후 천사 미카엘이 일어나리라. 나라들이 시작된 이래 그때까지 없었던 그러한 재앙의 때일 것이니라. 그러나 그때에 그들의 이름이 책에 기록된 모든 백성들은 구원을 얻을 것이니라.

② 또 땅 먼지 속에 잠든 셀수 없는 수많은 사람들이 깨어날 것이니라. 그 가운데에서 어떤 이들은 영원한 생명을 얻고 어떤 이들은 수치와 영원히 모욕을 받으리라

③ 현명한 이들은 창공의 광채처럼 빛날 것이고 많은 사람을 의로움으로 이끈 이들은 별같이 영원무궁히 빛날 것이니라.

④ 다니엘아, 너는 마지막 때까지 이 말씀을 비밀에 부치고 이 책은 봉인해 두어라. 많은 이가 이리저리 돌아다니며 더 많은 깨달음을 얻을 것이다.

⑤ 그때에 나 다니엘이 바라보니 다른 두 사람이 서 있는데, 한 사람은 이쪽 강가에, 다른 한 사람은 저쪽 강가에 있었다.

⑥ 그 가운데 한 사람이 아마포 옷을 입고 강물 위쪽에 있는 분에게 물었다. 이 놀라운 일들은 언제 끝이 납니까?

⑦ 아마포 옷을 입고 강물 위쪽에 있는 사람이 오른손과 왼손을 하늘로 쳐들고서는,

영원히 살아 계신 분을 두고 이렇게 맹세하는 것을 나는 들었다. 한 때와 두 때와 반 때가 지나야 할 것이니라. 거룩한 백성들의 힘이 흩어졌을 때 모든 일들이 끝날 것이니라. 하니라.

⑧ 나는 이 말을 듣고 그 뜻을 깨닫지 못하여, 나리, 이 일들은 어떤 결과를 가져오겠습니까? 하고 물었다.

⑨ 그가 대답하였다. 다니엘아 갈찌어다 이 말씀은 마지막 때까지 비밀에 부쳐지고 봉인되어 있어야 한다.

⑩ 그동안에 많은 사람이 정화되고 순화되고 단련되지만, 악인들은 줄곧 악을 저지를 것이다. 그리고 악인들은 아무도 깨닫지 못하지만, 현명한 이들은 깨달을 것이다.

⑪ 매일 매일 드리는 희생제가 폐지되며 혐오스러운 황폐가 세워지고, 일천이백구십일(1,290일)이 흘러야 할 것이니라..

⑫ 기다려서 일천삼백삼십오일(1,335일)까지 견디어 내는 사람들은 복이 있으리라.

⑬ 너는 가서 마지막을 기다리라. 이는 네가 평안히 쉬다가 끝날에는 네 몫을 받을 것임이니라. 하니라.

호세아

· 본 성경듣기는 QR코드 인식으로 들을 수 있습니다

● 1장

① 유다의 왕 요담과 아하스와 히스기야의 치세 기간과 이스라엘의 왕 여호수아의 아들 여로보암의 치세 동안에 브에리의 아들 호세아에게 임한 여호와의 말씀이니라,

② 호세아를 통한 여호와의 말씀은 이러하니라, 말씀하시기를, 너는 가서 음란한 아내를 얻을 것이고 불성실한 자녀들을 낳을 것이니라, 이는 이 땅이 여호와를 떠나 크게 음행을 행하였기 때문이라, 하시니라,

③ 이에 저가 가서 디블라임의 딸 고멜을 취하였더니 저가 잉태하여 아들을 낳으매,

④ 여호와께서 호세아에게 이르시되, 그 이름을 이스르엘이라, 하라, 조금 후에 내가 이스라엘 족속의 나라를 폐할 것임이니라,

⑤ 그 날에 내가 이스르엘 골짜기에서 이스라엘의 활을 꺾으리라, 하시니라,

⑥ 고멜이 또 잉태하여 딸을 낳으매, 여호와께서 호세아에게 이르시되, 그 이름을 로루하마라 하라, 내가 다시는 이스라엘 족속에게 자비를 베풀지 아니하여 사하지 않을 것임이니라,

⑦ 그러나 내가 유다 족속은 긍휼히 여겨 저희 하나님 여호와로 구원하겠고, 활과 칼이나 전쟁이나 말과 마병으로 구원하지 아니하리라, 하시니라,

⑧ 고멜이 로루하마를 젖뗀 후에 또 잉태하여 아들을 낳으매,

⑨ 여호와께서 이르시되, 그 이름을 로암미라 하라, 너희는 내 백성이 아니요, 나는 너희 하나님이 되지 아니할 것임이니라,

⑩ 그러나 이스라엘 자손의 수가 바닷가 모래 같이 되어서 측량할 수도 없고 셀 수도 없을 것이며, 전에 저희에게 이르기를, 너희는 내 백성이 아니라 한 그곳에서 너희는 사신 하나님의 귀한 자녀들로 불리게 될 것이다.

(Yet the number of the children of Israel shall be as the sand of the sea, which cannot be measured nor numbered; and it shall come to pass, that in the place where it was said unto them, Ye are not my people, there shall be said unto them, Ye are the sons of the living God.-KJV)

(Yet the Israelites will be like the sand on the seashore, which can not be measured or counted. In the place where it was said to them, 'You are not my people,' they will be called 'sons of the living God.'-NIV)

("But down the road the population of Israel is going to explode past counting, like sand on the ocean beaches. In the very place where they were once named Nobodt, they will be named God's Somebody.-THE MESSAGE)

(NAB에는 기록이 없음)

⑪ 이에 유다 자손과 이스라엘 자손이 함께 모여 한 우두머리를 세우고 그 땅에서부터 올라 오리니, 이스라엘의 날이 클 것임이로다.

● 2장

① 너희 형제들을 '하나님의 귀한 자'로 너희 자매들은 '내가 사랑하는 자.'로 다시 이름하여라,

(Hay ye unto your brethren, Ammi; and to your sisters, Ru-hamah.-KJV)

("Say of your brothers, 'My people,' and of your sisters, 'My loved one.'-NIV)

(Say to your brothers, "My people," and to your sisters, "PITIED."-NAB)

("Rename your brothers 'God's Somebody.' Rename your sisters 'All Mercy.'-THE MESSAGE)

② 너희 어미와 쟁론하고 쟁론하라, 저는 내 아내가 아니요, 나는 저의 남편이 아니라, 저로 그 얼굴에서 음란을 제하게 하고 그 유방 사이에서 음행을 제하게 하라,

③ 그렇지 아니하면 내가 저를 벌거벗겨서 그 나던 날과 같게 할 것이요, 저로 광야 같이 되게 하며 마른 땅 같이 되게 하여 목말라 죽게 할 것이며,

④ 내가 그 자녀를 긍휼히 여기지 아니하리니, 이는 저희가 음란한 자식들임이니라,

⑤ 저희의 어미는 행음하였고 저희를 배었던 자가 부끄러운 일을 행하였나니, 대저,

저가 이르기를, 나는 나를 연애하는 자들을 따르리니, 저희가 내 떡과 내 물과 내 양털과 내 삼과 내 기름과 내 술들을 내게 준다 하였느니라,

⑥ 그러므로 내가 가시로 그 길을 막으며 담을 쌓아 저로 그길을 찾지 못하게 하리니,

⑦ 저가 그 연애하는 자를 따라 갈찌라도 미치지 못하며 저희를 찾을지라도 만나지 못할 것이라, 그제야 저가 이르기를, 내가 본 남편에게로 돌아가리니, 그 때의 내 형편이 지금보다 나았음이라, 하리라,

⑧ 곡식과 새 포도주와 기름은 내가 저에게 준 것이요, 저희가 바알을 위하여 쓴 은과 금도 내가 저에게 더하여 준 것이어늘 저가 알지 못하도다,

⑨ 그러므로 그 시절에 내가 내 곡식을 도로 찾으며, 그 시기에 내가 새 포도주를 도로 찾으며, 또 저희 벌거벗은 몸을 가리울 내 양털과 내 삼을 빼앗으리라,

⑩ 이제 내가 그 수치를 그 연애하는 자의 눈 앞에 드러내리니, 저를 내 손에서 건져낼 사람이 없으리라,

⑪ 내가 그 모든 희락과 절기와 월삭과 안식일과 모든 명절을 폐하겠고,

⑫ 저가 전에 이르기를, 이것은 나를 연애하는 자들이 내게 준 값이라 하던 그 포도나무와 무화과나무를 거칠게 하여 수풀이 되게 하며 들짐승들도 먹게 하리라,

⑬ 저가 귀고리와 패물로 장식하고 그 연애하는 자를 따라가서 나를 잊어버리고 향을 살라 바알들을 섬긴 시일을 따라 내가 저에게 벌을 주리라, 나 여호와의 말이니라,

⑭ 그러므로 내가 저를 개유하여 거친 들로 데리고 가서 말로 위로하고,

⑮ 거기서 비로소 저의 포도원을 저에게 주고 아골 골짜기로 소망의 문을 삼아 주리니, 저가 거기서 응대하기를 어렸을 때와 애굽 땅에서 올라 오던 날과 같이 하리라,

⑯ 여호와께서 이르시되, 그 날에 네가 나를 내 남편이라 일컫고 디시는 내 바알이라 일컫지 아니하리라,

⑰ 내가 바알들의 이름을 저의 입에서 제하여 다시는 그 이름을 기억하여 일컬음이 없게 하리라,

⑱ 그 날에는 내가 저희를 위하여 들짐승과 공중의 새와 땅의 곤충으로 더불어 언약을 세우며 또 이 땅에서 활과 칼을 꺾어 전쟁을 없이 하고 저희로 평안히 눕게 하리라,

⑲ 내가 네게 장가들어 영원히 살되 의와 공변됨과 은총과 긍휼이 여김으로 내게 장가들며,

⑳ 진실함으로 네게 장가들리니, 네가 여호와를 알리라,

㉑ 여호와께서 가라사대, 그날에 내가 응하리라, 나는 하늘에 응하고 하늘은 지구에 응하고,

㉒ 지구는 곡식과 포도주와 기름을 산출하고, 또 이것들은 이스르엘에게 응하리라,

(Earth will answer grain and wine and olive oil, ane they'll all answer Jezreel.-THE MESSAGE)

(And the earth shall hear the com, and the wine, and the oil; and they shall hear Jezreel.-KJV)

(and the earth will respond to the grain, the new wine and oil, and they will respond Jezreel.-NIV)

(The earth will respond to the grain, and wine, and oil, and these will respond to Jezreel.-NAB)

㉓ 내가 나자신을 위하여 저를 이 땅에 심고 긍휼히 여김을 받지 못하였던 자를 긍휼히 여기며, 내 백성 아니었던 자에게 향하여 이르기를, "너는 내 백성이라." 하리니 저희는 이르기를, "주는 내 하나님이시라." 하리라.

● 3장

① 여호와께서 내게 이르시되 이스라엘 자손이 다른 신을 섬기고 건포도 떡을 즐길지라도, 여호와가 저희를 사랑하나니, 너는 또 가서 타인에게 연애를 받아 음부 된 그 여인을 사랑하라, 하시기로,

② 내가 은 열 다섯개와 보리 한 호멜 반으로 나를 위하여 저를 사고,

③ 저에게 이르기를, 너는 많은 날 동안 나와 함께 지내고 행음하지 말며, 다른 남자를 쫓지 말라, 나도 네게 그리하리라, 하였노라,

④ 이스라엘 자손들이 많은 날 동안 왕도 없고, 군도 없고, 제사도 없고, 주상도 없고, 에봇도 없고, 드라빔도 없이 지내다가,

⑤ 그 후에 저희가 돌아와서 그 하나님 여호와와 그 왕 다윗을 구하고, 말일에는 경외하므로 여호와께로 와 그 은총으로 나아가리라,

● 4장

① 이스라엘 자손들아, 여호와의 말씀을 들으라, 여호와께서 이 땅 거민과 쟁변하시

나니, 이 땅에는 진실도 없고 인애도 없고 하나님을 아는 지식도 없고,

② 오직 저주와 사위와 살인과 투절과 간음 뿐이요, 그들이 터져 피가 피를 부르는도다,

③ 그러므로 이 땅이 슬퍼하며 무릇 거기 거하는 자와 들짐승과 공중에 나는 새가 다 쇠잔할 것이요,바다의 고기도 없어지리라,

④ 그러나 아무 사람이든지 다투지도 말며 책망하지도 말라, 네 백성들이 제사장과 다투는 자 같이 되었음이니라,

⑤ 너는 낮에 거치겠고 너와 함께 있는 선지자는 밤에 거치리라, 내가 네 어미를 멸하리라,

⑥ 내 백성이 지식이 없으므로 망하는도다, 네가 지식을 버렸으니 나도 너를 버려 내 제사장이 되지 못하게 할 것이요, 네가 네 하나님의 율법을 잊었으니 나도 네 자녀들을 잊어버리리라,

⑦ 저희는 번성할수록 내게 범죄하니, 내가 저희의 영화를 변하여 욕이 되게 하리라,

⑧ 저희가 내 백성의 속죄 제물을 먹고, 그 마음을 저희의 죄악에 두는도다,

⑨ 장차는 백성이나 제사장이나 일반이라, 내가 그 소행대로 벌하며 그 소위대로 갚으리라,

⑩ 저희가 먹어도 배부르지 아니하며 행음하여도 수효가 더하지 못하니, 이는 여호와 좇기를 그쳤음이니라,

⑪ 음행과 묵은 포도주와 새 포도주가 마음을 빼앗느니라,

⑫ 내 백성이 나무를 향하여 묻고 그 막대기는 저희에게 고하나니, 이는 저희가 음란한 마음에 미혹되어 그 하나님의 수하를 음란하듯 떠났음이니라,

⑬ 저희가 산 꼭대기에서 제사를 드리며 작은 산 위에서 분향하되, 참나무와 버드나무와 상수리나무 아래서 하니, 이는 그 나무 그늘이 아름다움이라, 이러므로 너희 딸들이 행음하며 너희 며느리들이 간음을 행하는도다,

⑭ 너희 딸들이 행음하며 너희 며느리들이 간음하여도 내가 벌하지 아니하리니, 이는 남자들도 창기와 함께 나가며 음부와 함께 희생을 드림이니라, 깨닫지 못하는 백성은 패망하리라,

⑮ 이스라엘아, 너는 행음하여도 유다는 죄를 범치 말아야 할 것이라, 너희는 길갈로 가지 말며 벧아웬으로 올라가지 말며, 여호와의 사심을 가리켜 맹세하지 말찌어다,

⑯ 이스라엘은 완강한 암소처럼 완강하니, 이제 여호와께서 어린 양을 넓은 들에서 먹임 같이 저희를 먹이시겠느냐?

⑰ 에브라임이 우상과 연합하였으므로 버려두라,

⑱ 저희가 마시기를 다 하고는 행음하기를 마지 아니하며 그 방백들은 수치를 기뻐하느니라,

⑲ 바람이 그 날개로 저를 쌌나니, 저희가 그 재물로 인하여 수치를 당하리라.

● 5장

① 제사장들아, 이를 들으라, 이스라엘 족속들아, 깨달으라, 왕족들아, 귀를 기울이라, 너희에게 심판이 있나니, 너희가 미스바에서 올무가 되며 다볼 위에서 친 그물이 됨이라,

② 패역자가 살륙죄에 깊이 빠졌으며 내가 너희를 다 징책하노라,

③ 에브라임은 내가 알고 이스라엘은 내게 숨기지 못하나니, 에브라임아 이제 네가 행음하였고 이스라엘이 이미 더러웠느니라,

④ 저희의 행위가 저희로 자기 하나님에게 돌아가지 못하게 하나니, 이는 음란한 마음이 그 속에 있어 여호와를 알지 못하는 까닭이라,

⑤ 이스라엘의 교만이 그 얼굴에 증거가 되나니, 그 죄악을 인하여 이스라엘과 에브라임이 넘어지고 유다도 저희와 마찬가지로 넘어지리라,

⑥ 저희가 양떼와 소떼를 끌고 여호와를 찾으러 갈찌라도 만나지 못할 것은 이미 저희에게서 떠나셨음이라,

⑦ 저희가 여호와께 정조를 지키지 아니하고 사생자를 낳았으니, 그러므로 새 달이 저희와 그들의 몫과 함께 삼키리로다,

⑧ 너희가 기브아에서 나팔을 불며 라마에서 호각을 불며 벧아웬에서 깨우쳐 소리하기를, 베냐민, 네 뒤를 쫓는다, 할찌어다,

⑨ 견책하는 날에 에브라임이 황무할 것이라, 내가 이스라엘 지파 중에 필연 있을 일을 보였노라,

⑩ 유다 방백들은 지계표를 옮기는 자 같으니, 내가 나의 진노를 저희에게 물 같이 부으리라,

⑪ 에브라임은 사람의 명령 좇기를 좋아하므로 학대를 받고 재판의 압제를 당하는도다,

⑫ 그러므로 내가 에브라임에게는 좀 같으며 유다 족속에게는 썩이는 것 같도다,

⑬ 에브라임이 자기의 병을 깨달으며 유다가 자기의 상처를 깨달았고, 에브라임은 앗수르로 가서 야렙 왕에게 사람을 보내었으나, 저가 능히 너희를 고치지 못하겠고, 너희 상처를 낫게 하지 못하리라,

⑭ 내가 에브라임에게는 사자 같고, 유다 족속에게는 젊은 사자 같으니, 나 곧 내가 움켜갈찌라, 내가 탈취하여 갈찌라도 건져낼 자가 없으리라,

⑮ 내가 내 곳으로 돌아가서, 저희가 그 죄를 뉘우치고 내 얼굴을 구하기까지 기다리리라, 저희가 고난을 받을 때에 나를 간절히 구하여 이르기를,

● 6장

① 오라, 우리가 여호와께로 돌아가자, 여호와께서 우리를 찢으셨으나 도로 낫게 하실 것이요, 우리를 치셨으나 싸매어 주실 것임이라,

② 여호와께서 이틀 후에 우리를 살리시며 제 삼일에 일으키시리니, 우리가 그 앞에서 살리라,

③ 그러므로 우리가 여호와를 알자, 힘써 여호와를 알자, 그의 나오심은 새벽 빛같이 일정하니, 비와 같이 땅을 적시는 늦은 비와 같이 우리에게 임하시리라, 하리라,

④ 에브라임아 내가 네게 어떻게 하랴? 유다야 내가 네게 어떻게 하랴? 너희의 인애가 아침 구름이나 쉬 없어지는 이슬 같도다,

⑤ 그러므로 내가 선지자들로 저희를 치고 내 입의 말로 저희를 죽였노니, 내 심판은 발하는 빛과 같으니라,

⑥ 나는 자비를 바라고 희생을 원하지 않으며 종교적인 행사보다 차라리 하나님을 아는 것을 원하노라,

(For I desired mercy, and not sacrifice; and the knowledge of God, more than burnt offerings.-KJV)

(For I desire mercy, not sacrifice, and acknowledgement of God rather than burnt offerings.-NIV)

(For it is loyalty that I desire, not sacrifice, and knowledge of God rather than burnt offerings.-NAB)

(I'm after love that lasts, not more religion. I want you to know GOD, not more religion.-THE MESSAGE)

⑦ 저희는 아담처럼 언약을 어기고, 거기서 내게 반역을 행하였느니라,

(But they like men have transgressed the covenant: there have they dealt treacherously against me.-KJV)

(Like Adam, they have broken the covenant – they were unfaithful to me there.-NIV)

(But they, at Adam, violated the covenant; there they betrayed me.-NAB)

(You broke the covenant – just like Adam! You broke faith with me – ungrateful wretches!-THE MESSAGE)

⑧ 길르앗은 행악자의 고을이라 피 발 자취가 편만하도다,

⑨ 강도 떼가 사람을 기다림 같이 제사장의 무리가 세겜 길에서 살인하니, 저희가 사악을 행하였느니라,

⑩ 내가 이스라엘 집에서 가증한 일을 보았나니, 거기서 에브라임은 행음하였고, 이스라엘은 더럽혔느니라,

⑪ 유다여, 내가 내 백성의 사로잡힘을 돌이킬 때에 네게도 추수할 일을 정하였느니라.

● 7장

① 내가 이스라엘을 고치고자 하였을 때에 에브라임의 죄와 사마리아의 악이 드러나도다, 저희는 거짓을 행하며 안으로 들어가 도적질 하고 밖으로 떼 지어 노략질하며,

② 내가 그 여러 악을 기억하였음을 저희가 마음에 생각지 아니하거니와 이제 그 행위가 저희를 에워싸고 내 목전에 있도다,

③ 저희가 그 악으로 왕을 그 거짓말로 지배자들을 기쁘게 하도다,

④ 저희는 다 간음하는 자라, 빵 만드는 자에게 달궈진 화덕과 같도다, 저가 반죽한 뒤에 그것이 발효될 때까지 불을 피우기를 멈추느니라,

⑤ 우리 왕의 날에 방백들이 술의 뜨거움을 인하여 병이 나고 왕은 오만한 자들로 더불어 악수하는도다,

⑥ 저희는 엎드리어 기다릴 때에 그 마음을 화덕 같이 예비하니, 마치 빵 만드는 자가 밤새도록 자고 아침에 피우는 불의 일어나는 것 같도다,

⑦ 저희가 다 화덕 같이 뜨거워져서 그 재판장들을 삼키고, 그 왕들을 다 엎드러지게

하며, 저희 중에는 내게 부르짖는 자가 하나도 없도다,

⑧ 에브라임이 열방에 혼잡되니, 저는 곧 뒤집지 않은 전병이로다,

⑨ 저는 이방인에게 그 힘이 삼키웠으나 알지 못하고, 백발이 얼룩얼룩 할지라도 깨닫지 못하는도다,

⑩ 이스라엘의 교만은 그 얼굴에 증거가 되나니, 저희가 이 모든 일을 당하여도 그 하나님 여호와께로 돌아 오지 아니하며 구하지 아니하도다,

⑪ 에브라임은 어리석은 비둘기 같이 지혜가 없어서 에집트를 향하여 부르짖으며 앗수르로 가는도다,

⑫ 저희가 갈 때에 내가 나의 그물을 그 위에 쳐서 공중의 새처럼 떨어뜨리고 전에 그 공회에 들려준대로 저희를 징계하리라,

⑬ 화 있을찐저, 너희가 나를 떠나 그릇 갔음이니라, 패망할진저, 저희가 내게 범죄하였음이니라, 내가 저희를 구속하려 하나 저희가 나를 거스려 거짓을 말하고,

⑭ 성심으로 나를 부르지 아니하였으며, 오직 침상에서 슬피 부르짖으며, 곡식과 새 포도주를 인하여 모이며 나를 거역하는도다,

⑮ 내가 저희 팔을 연습시켜 강건케 하였으나, 저희는 내게 대하여 악을 꾀하는도다,

⑯ 저희가 돌아오나 높으신 자에게로 돌아오지 아니하니, 속이는 활과 같으며 그 방백들은 그 혀의 거친말로 인하여 칼에 엎드러지니, 이것이 에집트 땅에서 조롱거리가 되리라.

● 8장

① 나팔을 네 입에 댈지어다, 대적이 독수리처럼 여호와의 집에 덮치리니, 이는 무리가 내 언약을 어기며 내 율법을 범함이로다,

② 저희가 장차 내게 부르짖기를, 나의 하나님이여! 우리 이스라엘이 주를 아나이다, 하리라,

③ 이스라엘이 이미 선을 싫어 버렸으니 대적이 저를 따를 것이라,

④ 저희가 왕들을 세웠으나 내게서 말미암지 아니하였고, 저희가 방백들을 세웠으나 나의 모르는바며, 저희가 또 은 금으로 자기를 위하여 우상을 만들었나니 파멸을 이루리라,

⑤ 사마리아여, 네 송아지는 버리웠느니라, 내 노가 무리를 향하여 타오르나니, 저희가 어느 때에야 능히 무죄하겠느냐?

⑥ 이것은 이스라엘에서 나고 공장이 만든 것이라, 참 신이 아니니, 사마리아의 송아지가 부숴뜨리우리라.

⑦ 저희가 바람을 심고 광풍을 거둘 것이라, 심은 것이 줄기가 없으며, 이삭은 열매를 맺히지 못할것이요, 설혹 맺힐지라도 이방 사람이 삼키리라.

⑧ 이스라엘은 이미 삼키웠은즉, 이제 열국 가운데 있는 것이 기뻐하지 아니하는 그릇 같도다.

⑨ 저희가 홀로 처한 들 나귀처럼 앗수르로 갔고, 에브라임이 값주고 연애하는 자들을 얻었도다.

⑩ 저희가 열방 사람에게 값을 주었을지라도, 이제 내가 저희를 모으리니, 저희가 모든 방백의 임금의 지워진 짐을 인하여 쇠하기 시작하리라.

⑪ 에브라임이 죄를 위하여 제단을 많이 만들더니, 그 제단이 저로 범죄케 하는 것이 되었도다.

⑫ 내가 저를 위하여 내 율법을 만가지로 기록하였으나 저희가 관계없는 것으로 여기도다.

⑬ 내게 드리는 제물로 말할찌라도, 저희가 고기로 제사를 드리고 먹거니와 여호와는 그것을 기뻐하지 아니하고, 이제 저희의 죄악을 기억하여 그 죄를 벌하리니, 저희가 에집트로 다시 가리라.

⑭ 이스라엘은 자기를 지은 자를 잊어버리고 전각들을 세웠으며, 유다는 견고한 성읍을 많이 쌓았으나, 내가 그 고을들에 불을 보내어 그 성들을 삼키게 하리라.

● 9장

① 이스라엘아 너는 이방 사람처럼 기뻐 뛰놀지 말라, 네가 행음하여 네 하나님을 떠나고 각 타작 마당에서 음행의 값을 좋아 하였느니라.

② 타작 마당이나 술틀이 저희를 먹이지 못할 것이며 그녀에게서 새포도주도 떨어질 것이요,

③ 저희가 여호와의 땅에 거하지 못하며 에브라임이 에집트로 다시 가고 앗수르에서 더러운 것을 먹을 것이니라.

④ 저희가 여호와께 전제를 드리지 못하며 여호와의 기뻐하시는 바도 되지 못할 것이라, 저희의 제물은 그들에게 애곡하는 자들의 빵과 같아서, 무릇 그것을 먹는 자는 더러워지나니, 이는 그들의 혼을 위한 그들의 빵이 여호와의 집에 들어오지 못하

기 때문이라,

⑤ 너희가 명절일과 여호와의 절일에 무엇을 하겠느냐?

⑥ 보라, 저희가 멸망을 피하여 갈지라도 에집트는 저희를 모으고 놉은 저희를 장사하리니, 저희의 은 보물은 찔레가 덮을 것이요, 저희의 장막 안에는 가시 덩굴이 퍼지리라,

⑦ 형벌의 날이 이르렀고 보응의 날이 임한 것을 이스라엘이 알지라, 선지자가 어리섞었고 신에 감동하는 자가 미쳤나니, 이는 네 죄악이 많고 네 원한이 큼이니라,

⑧ 에브라임은 내 하나님의 파숫군이어늘 선지자는 그 모든 행위에 새 잡는 자의 그물 같고 또 그 하나님의 전에서 원한을 품었도다,

⑨ 저희는 기브아의 시대와 같이 심히 패괴한지라, 여호와께서 그 악을 기억하시고 그 죄를 벌하시리라,

⑩ 옛적에 내가 이스라엘 만나기를 황야에서 포도를 만남 같이 하였으며, 너희 열조 보기를 무화과나무에서 처음 맺힌 첫 열매를 봄 같이 하였거늘, 저희가 바알브올에 가서 부끄러운 우상에게 몸을 드림으로 저희의 사랑하는 우상 같이 가증하여 졌도다,

⑪ 에브라임의 영광이 새 같이 날아가리니, 해산함이나 아이 뱀이나 잉태함이 없으리라,

⑫ 혹 저희가 자식을 기를지라도, 내가 그 자식을 없이하여 한 사람도 남기지 아니 할 것이라, 내가 저희를 떠나는 때에는 저희에게 화가 미치리로다,

⑬ 내가 보건대 에브라임은 아름다운 곳에 심긴 두로와 같으나 그 자식들을 살인하는 자에게로 끌어 내리로다,

⑭ 여호아여 저희에게 주소서, 무엇을 주시려나이까? 청컨대, 배지 못하는 태와 젖 없는 유방을 주시옵소서!

⑮ 저희의 모든 악이 길갈에 있으므로 내가 거기서 저희를 미워하였노라, 그 행위가 악하므로 내 집에서 쫓아내고 다시는 사랑하지 아니하리라, 그 방백들은 다 패역한 자니라,

⑯ 에브라임이 침을 입고 그 뿌리가 말라 과실을 맺지 못하나니, 비록 아이를 낳을지라도 내가 그 사랑하는 태의 열매를 죽이리라,

⑰ 저희가 듣지 아니하므로, 내 하나님이 저희를 버리시리니, 저희가 열국 가운데 유리하는 자가 되라.

• 10장

① 이스라엘은 가지가 무성한 포도나무라, 그는 그 자신을 위하여 열매를 맺도다, 열매가 많을수록 재단들도 많이 만들고, 그 땅이 아름다울수록 신상들을 아름답게 하였도다,

(Israel is an empty vine, he bringeth forth fruit unto himself: according to the multitude of his fruit he hath increased the altars; according to the goodness of his land, they have made goodly images.-KJV)

(ISRAEL WAS a spreading vine; he brought forth fruit for himself. As his fruit increased, he built more altars; as his land prospered, he adorned his sacred stones.-NIV)

(Israel is a luxuriant vine whose fruit matches its growth. The more abundant his fruit, the more altars he built; The more productive his land, the more sacred pillars.-NAB)

(Israel was once a lush vine, bountiful in grapes. The more lavish the harvest, the more promiscuous the worship. The more money they got, the more they squandered on gods-in-their-own-image.-THE MESSAGE)

② 저희가 두 마음을 품었으니, 이제 죄를 받을 것이라, 하나님이 그 제단을 쳐서 깨치시며 그 주상을 헐으시리라,

③ 저희가 이제 이르기를, 우리가 여호와를 두려워 아니하므로 우리에게 왕이 없거니와 왕이 우리를 위하여 무엇을 하리요? 하리로다,

④ 저희가 헛된 말을 내며 거짓 맹세를 발하여 언약을 세우니, 그 재판이 밭이랑에 돋는 독초같으리로다,

⑤ 사마리아 거민이 벧아웬의 송아지를 인하여 두려워할 것이라, 그 백성이 슬퍼하며 그것을 기뻐하던 제사장들도 슬퍼하리니, 이는 그 영광이 떠나감이며,

⑥ 그 송아지는 앗수르로 옮겨다가 예물로 야렙 왕에게 드리리니, 에브라임은 수치를 받을 것이요, 이스라엘은 자기들의 계획을 부끄러워할 것이며,

⑦ 사마리아 왕은 물위에 거품같이 멸망할 것이며,

⑧ 이스라엘의 죄 된 아웬의 산당은 패괴되어 가시와 찔레가 그 단 위에 날 것이니, 그때에 저희가 산더러 우리를 가리우라 할 것이요, 작은 산더러 우리 위에 무너지라, 하리라,

⑨ 이스라엘아, 네가 기브아의 시대로부터 범죄하였거늘, 무리가 기브아에 서서 흉악한 족속을 치는 전쟁을 거기서 면하였도다,

⑩ 내가 원하는 때에 저희를 징계하리니, 저희가 두가지 죄에 걸릴 때에 만민이 모여서 저희를 치리라,

⑪ 에브라임은 마치 길들인 암소 같아서 곡식 밟기를 좋아하나, 내가 그 아름다운 목에 멍에를 메우고 그의 위에 사람을 태우리니, 유다가 밭을 갈고 야곱이 흙덩이를 깨뜨리리라,

⑫ 너희 자신을 위하여 의로움을 씨 뿌리고 끊임 없는 사랑의 열매를 거두어라, 그리고 너희의 묵은 땅을 경작하라, 이는 지금이 여호와를 찾을 때이기 때문이니라, 마침내 그분이 임하사 의를 비처럼 너희에게 내리시리라,

(Sow to yourselves in righteousness, reap in mercy; break up your fallow ground: for it is time to seek the LORD, till he come and rain righteousness upon you.-KJV)

(Sow for yourselves righteousness, reap the fruit of unfailing love, and break up your unplowed ground; for it is time to seek the LORD, until he comes and showers righteousness on you.-NIV)

("Sow for yourselves justice, reap the reward of loyalty; Break up for yourselves a new field, for it is time to seek the LORD, till he comes and rains justice upon you."-NAB)

(Sow righteousness, reap love. It's time to till the ready earth, it's time to dig in with GOD, Until he arrives with righteousness ripe for harvest.-THE MESSAGE)

⑬ 너희는 사악함을 경작하고 너희는 죄악을 거두었으며, 거짓 열매를 먹었나니, 이는 네가 네 길과 네 용사의 많음을 의뢰하였기 때문이니라,

⑭ 그러므로 너의 백성 중에 소동이 일어나고, 네 모든 산성들이 노략을 당하여, 마치 전쟁의 날에 살만이 벧아벨을 황폐하게 한 것 같으리라, 그 때에 그 어미가 자기 자식들 위에서 함께 부숴졌도다,

⑮ 너희의 큰 악을 인하여 벧엘이 이같이 너희에게 행하리니, 이스라엘 왕이 새벽에 멸절하리로다.

● 11장

① 이스라엘의 어렸을 때에 내가 사랑하여 내 아들을 에집트에서 불러 내었거늘,

② 선지자들이 저희를 부를수록 저희가 점점 멀리 하고 바알들에게 제사하며 아로새긴 우상 앞에서 분향하였느니라,

③ 그러나 내가 에브라임에게 걸음을 가르치고 내 팔로 안을찌라도, 내가 저희를 고치는 줄을 저희가 알지 못하였도다,

④ 내가 사람의 줄 곧 사랑의 줄로 저희를 이끌었고, 저희에게 대하여 그 목에서 멍에를 벗기는 자같이 되었으며, 저희 앞에 먹을 것을 두었었노라,

⑤ 저희가 에집트 땅으로 다시 가지 못하겠거늘, 내게 돌아 오기를 싫어하니, 앗수르 사람이 그 임금이 될 것이라,

⑥ 칼이 저희의 성읍들을 치며 빗장을 깨뜨려 없이 하리니, 이는 저희의 계책을 인함이니라,

⑦ 내 백성이 결심하고 내게서 물러가나니, 비록 저희를 불러 위에 계신 자에게로 돌아오라, 할찌라도 일어나는 자가 하나도 없도다,

⑧ 에브라임이여, 내가 어찌 너를 놓겠느냐? 이스라엘이여, 내가 어찌 너를 버리겠느냐? 내가 너를 어찌 아드마 같이 놓겠느냐? 어찌 너를 스보임 같이 두겠느냐? 내 마음이 내 속에서 돌아서 나의 긍휼이 온전히 불붙듯 하도다,

⑨ 내가 나의 맹렬한 진노를 발하지 아니하며, 내가 다시는 에브라임을 멸하지 아니하리니, 이는 내가 사람이 아니요, 하나님임이라 나는 네 가운데 거하는 거룩한 자니, 진노함으로 네게 임하지 아니하리라,

⑩ 저희가 사자처럼 소리를 발하시는 여호와를 좇을 것이라, 여호와께서 소리를 발하시면 자손들이 서편에서부터 떨며 오되,

⑪ 저희가 에집트에서부터 새 같이 앗수르에서부터 비둘기 같이 떨며 오리니, 내가 저희로 각 집에 머물게 하리라, 나 여호와의 말이니라,

⑫ 에브라임은 거짓으로 이스라엘 족속은 속임으로 나를 에워쌌으나, 유다는 여전히 하나님과 함께 다스리며 성도들과 더불어 신실하도다.

● 12장

① 에브라임은 바람을 먹으며 동풍을 따라가서 날마다 거짓과 포학을 더하며 앗수르와 계약을 맺고 기름을 에집트에 보내도다,

② 여호와께서 유다와 쟁변하시고 야곱의 소행대로 벌주시며 그 소위대로 보응하시리라,

③ 야곱은 태에서 그 형의 발뒤꿈치를 잡았고 또 장년에 하나님과 힘을 겨루되,

④ 천사와 힘을 겨루어 이기고 울며 그에게 간구하였으며, 하나님은 벧엘에서 저를 만나셨고 거기서 우리에게 말씀하셨나니,

⑤ 여호와는 만군의 하나님이시라, 여호와는 자신을 나타내셨고, 그 이름을 알려지게 하셨느니라,

(Even the LORD God of hosts; the LORD is his memorial.-KJV)

(the LORD God Almighty, the LORD is his name renown!-NIV)

(The LORD is the God of hosts. the LORD is his name.-NAB)

(GOD is GOD-of-the-Angel-Armies, GOD- Revealed, GOD-Known.- THE MESSAGE)

⑥ 그런즉, 너의 하나님께로 돌아와서 인애와 공의를 지키며 항상 너의 하나님을 바라볼찌어다,

⑦ 저는 상인이라, 손에 거짓 저울을 가지고 사취하기를 좋아하는도다,

⑧ 에브라임이 말하기를, 나는 실로 부자라 내가 재물을 얻었는데 무릇 나의 수고한 자 중에서 죄라 할만한 불의를 발견할 자 없으리라, 하거니와

⑨ 네가 에집트 땅에서 나옴으로부터 나는 네 하나님 여호와니라, 내가 너로 다시 장막에 거하게 하기를 명절일에 하던 것 같이 하리라,

⑩ 내가 여러 선지자들에게 말하였고, 이상을 많이 보였으며 선지자들을 빙자하여 비유를 베풀었노라,

⑪ 길르앗은 불의한 것이냐? 저희는 과연 거짓되도다, 길갈에서는 무리가 수송아지로 제사를 드리며 그 제단은 밭이랑에 쌓인 돌 무더기 같도다,

⑫ 옛적에 야곱이 아람 들로 도망하였으며, 이스라엘이 아내 얻기 위하여 사람을 섬기며 아내 얻기 위하여 양을 쳤고,

⑬ 여호와께서는 선지자로 이스라엘을 에집트에서 인도하여 내시며 선지자로 저를 보호하셨거늘,

⑭ 에브라임이 격노케 함이 극심하였으니, 그 주께서 그 피로 그 위에 머물러 있게 하시며, 저의 수치를 저에게 돌리시리라.

● 13장

① 에브라임이 떨면서 말할 때에는 그가 이스라엘에서 자신을 높였으나, 그가 바알로 말미암아 범죄하였을 때에는 그가 죽었느니라,

② 이제 그들이 더욱더 죄를 짓고 그들을 위하여 그들의 은으로 형상들을 부어 만들고 자신들의 생각대로 우상들을 만들었나니, 그 모두가 장인들이 만든 것이라, 그들이 백성에게 말하기를, 희생물을 드리는 사람은 송아지들에게 입을 맞출지니라, 하는도다,

③ 이러므로 저희는 아침구름 같으며, 쉽게 사라지는 이슬 같으며, 타작 마당에서 광풍에 날리우는 쭉정이 같으며, 굴뚝에서 나가는 연기 같으리라,

④ 그러나 네가 에집트 땅에서 나옴으로부터 나는 네 하나님 여호와라, 나 밖에 네가 다른 신을 알지 말 것이라, 나 외에는 구원자가 없느니라,

⑤ 나는 황야, 심히 메마른 땅에서 너를 알았느니라,

⑥ 저희가 먹이운대로 배부르며 배부름으로 마음이 교만하며 이로 인하여 나를 잊었느니라,

⑦ 그러므로 내가 저희에게 사자 같고, 길가에서 기다리는 표범 같으니라,

⑧ 내가 새끼 잃은 곰 같이 저희를 만나 그 염통 꺼풀을 찢고, 거기서 암사자 같이 저희를 삼키리라, 들짐승이 저희를 찢으리라,

⑨ 오 이스라엘아, 네가 네 자신을 파멸시켰도다, 그러나 너의 도움은 나에게 있느니라,

⑩ 나는 네 왕이 되리라, 네 모든 성읍들에서 너를 구원할 다른 이가 어디 있느냐? 네가 말하기를, 왕과 통치자들을 내게 주소서, 라고 하였던 네 재판관들은 어디 있느냐?

⑪ 내가 분노함으로 네게 왕을 주고 진노하므로 폐하였노라,

⑫ 나는 너의 배신 행위들을 세세하게 기록하여 두었나니, 에브라임의 죄는 기록화되어 안전한 박스에 보관되어 있느니라,

(The iniquity of Ephraim is bound up; his sin is hid.-KJV)

(The guilt of Ephraim is stored up, his sins are kept on record.-NIV)

(The guilt of Ephraim is wrapped up, his sin is stored away.-NAB)

(I have a detailed record of your infidelities-Ephraim's sin documented and stored in a safe-deposit box.-THE MESSAGE)

⑬ 그를 낳는 어미의 산고가 다가오지만 그는 지혜롭지 못한 아들, 때가 되어도 자궁을 열고 나오지 않느니라,

⑭ 내가 저희를 음부의 권세에서 속량하며, 사망에서 구속하리니, 사망아, 네 재앙이 어디 있느냐? 음부야, 네 패망이 어디 있느냐? 나는 자비는 베풀지 않을 것이니라,

⑮ 저가 비록 형제 중에서 결실하나 동풍이 오리니, 곧 황야에서 일어나는 여호와의 바람이라, 그 근원이 마르며 그 샘이 마르고 그 적축한바 모든 보배의 그릇이 약탈되리로다,

⑯ 사마리아가 그 하나님을 배반하였으므로 형벌을 당하여 칼에 엎드러질 것이요, 그 어린 아이는 부숴뜨리우며 그 아이 벤 여인은 배가 갈리우리라.

● 14장

① 이스라엘아, 네 하나님 여호와께로 돌아 오라, 네가 불의함을 인하여 엎드러졌느니라,

② 너는 말씀을 가지고 여호와께로 돌아와서 아뢰기를, 모든 불의를 제하시고 선한바를 받으소서, 우리가 입술로 수송아지를 대신하여 주께 드리리이다,

③ 우리가 앗수르의 구원을 의지하지 아니하고 말을 타지 아니하며, 다시는 우리의 손으로 지은 것을 향하여 너희는 우리 신이라 하지 아니하오리니, 이는 고아가 주께로 말미암아 긍휼을 얻음이니이다, 할지니라,

④ 내가 저희의 패역을 고치고 즐거이 저희를 사랑하리니, 나의 진노가 저에게서 떠났음이니라,

⑤ 내가 이스라엘에게 이슬과 같으리니, 저가 백합화 같이 피겠고 레바논 백향목 같이 뿌리가 박힐 것이라,

⑥ 그 가지는 퍼지며 그 아름다움은 감람나무 같고 그 향기는 레바논 백향목 같으리니,

⑦ 그 그늘 아래 거하는 자가 돌아올지라, 저희는 곡식 같이 소성할 것이며 포도나무 같이 꽃이 필 것이며 그 향기는 레바논의 포도주 같이 되리라,

⑧ 에브라임의 말이 내가 다시 우상과 무슨 상관이 있으리요? 할찌라, 내가 저를 돌아보아 대답하기를, 나는 푸른 잣나무 같으니, 네가 나로 말미암아 열매를 얻으리라, 하리라,

⑨ 누가 지혜가 있어 이런 일을 깨달으며, 누가 총명이 있어 이런 일을 알겠느냐? 여호와의 길들은 올바르나니, 의인들이 그 안에서 행하리로다, 그러나 범죄한 자들은 그 길들에서 넘어지리라.

요엘

· 본 성경듣기는 QR코드 인식으로 들을 수 있습니다

● 1장

① 여호와께서 브두엘의 아들 요엘에게 이르신 말씀이라,

② 늙은 자들에 너희는 이것을 들을지어다, 땅의 모든 거민아 너희는 귀를 기울일지어다, 너희의 날에나 너희의 열조의 날에 이런 일이 있었느냐?

③ 너희는 이 일을 너희 자녀에게 알리고, 너희 자녀는 자기 자녀에게 알리고, 그 자녀는 후 시대에 알릴 것이니라,

④ 송충이가 남긴 것을 메뚜기가 먹고, 메뚜기가 남긴 것을 자벌레가 먹고, 자벌레가 남긴 것을 황충이 먹었도다,

⑤ 무릇 취하는 자들아, 너희는 깨어 울지어다, 포도주를 마시는 자들아 너희는 곡할지어다, 이는 단 포도주가 너희 입에서 끊어졌기 때문이라,

⑥ 이는 한 민족이 내 땅에 올라왔음이로다, 그들은 강하고 헤아릴 수 없으며, 그의 이빨은 사자의 이빨들이요, 그 어금니는 암사자의 어금니 같도다,

⑦ 그들이 내 포도나무를 멸하며 내 무화과나무를 긁어 말갛게 벗겨서 버리니, 그 모든 가지가 하얗게 되었도다,

⑧ 너희는 애곡하기를 처녀가 어렸을 때에 약혼한 남편을 인하여 굵은 베로 동이고 애곡함 같이 할지어다,

⑨ 소제(곡식)예물과 전제(마시는)예물이 여호와의 전에서 끊어졌고, 여호와께 수종드는 제사장은 슬퍼하도다,

⑩ 밭이 황무하고 토지가 처량하니, 곡식이 진하여 새 포도주가 말랐고 기름이 다하였도다,

⑪ 농부들아, 너희는 부끄러워 할지어다, 포도원을 다스리는 자들아 곡할지어다, 이

는 밀과 보리의 연고라, 밭의 소산이 다 없어졌음이로다,

⑫ 포도나무가 시들었고 무화과 나무가 말랐으며 석류나무와 대추나무와 사과나무와 및 밭의 모든 나무가 다 시들었으니, 이러므로 인간의 희락이 말랐도다,

⑬ 제사장들아, 너희는 굵은 베로 동이고 슬피 울지어다, 단에 수종드는 자들아 너희는 곡할지어다, 내 하나님께 수종드는 자들아, 너희는 와서 굵은 베를 입고 밤이 맞도록 누울지어다, 이는 소제와 전제를 너희 하나님의 전에서 드려지지 못하기 때문이니라,

⑭ 너희는 금식일을 정하고 성회를 선포하여 장로들과 이 땅 모든 거민을 너희 하나님 여호와의 전으로 모아 여호와께 부르짖을지어다,

⑮ 오호라, 그 날이여, 여호와의 날이 가까웠으며 전능하신 분으로부터 오는 멸망같이 그날이 올 것이 기 때문이로다,

⑯ 우리 목전에서 음식이 끊어지고 하느님의 전으로부터 나오는 기쁨과 즐거움이 끊어지지 아니하였느냐?

⑰ 씨가 흙덩이 아래서 썩어졌고 창고가 비었고 곳간이 무너졌으니, 이는 곡식이 말라버렸기 때문이라,

⑱ 짐승들이 얼마나 신음하더냐? 가축의 떼들이 당황하고 있으니, 이는 그들에게 초장이 없기 때문이라, 참으로 양떼들도 황폐하게 되었도다,

⑲ 여호와여 내가 주께 부르짖으오니 불이 거친 들의 풀을 살랐고 불꽃이 밭의 모든 나무를 살랐음이니이다,

⑳ 들짐승도 주를 향하여 헐떡거리오니 시내가 다 말랐고 들의 풀이 불에 탔음이니이다,

● 2장

① 시온에서 나팔을 불며 나의 성산에서 호각을 불어 이 땅 거민으로 다 떨게 하리니, 이는 여호와의 날이 이르게 됨이니라, 이제 임박하였으니,

② 곧 어둡고 캄캄한 날이요, **빽빽한** 구름이 끼인 날이라, 새벽 빛이 산 꼭대기에 덮인 것과 같으니, 이는 많고 강한 백성이 이르렀음이라, 이 같은 것이 자고 이래로 없었고 이후 세세에 없으리로다,

③ 불이 그들의 앞을 사르며 불꽃이 그들의 뒤를 태우니, 그 전의 땅은 에덴동산 같았으나, 그 후의 땅은 황무한 들 같으니, 그들은 피한 자가 없도다,

④ 그 모양은 말 같고 그 달리는 것은 기병 같으며,

⑤ 그들의 산 꼭대기에서 뛰는 소리가 병거 소리와도 같고, 불꽃이 초개를 사르는 소리와도 같으며, 강한 군사가 항오를 벌이고 싸우는 것 같으니,

⑥ 그 앞에서 만민이 송구하여 하며 무리의 낯빛이 하얘졌도다,

⑦ 그들이 용사 같이 달리며 무사 같이 성을 더위잡고 오르며, 각기 자기의 길로 행하되 그 항오를 어기지 아니하며,

⑧ 피차에 부딪히지 아니하고 각기 자기의 길로 행하며 병기를 충돌하고 나아가나 상치 아니하며,

⑨ 성중에 뛰어 들어가며 성위에 달리며, 집에 더위잡고 오르며 도적 같이 창으로 들어가니,

⑩ 그 앞에서 땅이 진동하며 하늘이 떨며 일월이 캄캄하며 별들이 빛을 거두도다,

⑪ 여호와께서 그 군대 앞에서 소리를 발하시고, 그 진은 심히 크고 그 명령을 행하는 자는 강하니, 여호와의 날이 크고 심히 두렵도다, 당할 자가 누구이랴?

⑫ 여호와의 말씀에 너희는 이제라도 금식하며 울며 애통하고 마음을 다하여 내게로 돌아오라, 하셨나니,

⑬ 너희는 옷을 찢지 말고 마음을 찢고 너희 하나님 여호와께로 돌아올지어다, 그는 은혜로우시며 자비로우시며 노하기를 더디하시며 인애가 크시가 뜻을 돌이켜 재앙을 내리지 아니하시나니,

⑭ 주께서 혹시 마음과 뜻을 돌이키시고 그 뒤에 복을 끼치사 너희 하나님 여호와께 소제와 전제를 드리게 하지 아니하실는지, 누가 알겠느냐?

⑮ 너희는 시온에서 나팔을 불어 거룩한 금식일을 정하고 성회를 선포하고,

⑯ 백성을 모아 그 회를 거룩케 하고 장로를 모으며 소아와 젖먹는 자를 모으며 신랑을 그 방에서 나오게 하며 신부도 그 골방에서 나오게 하고,

⑰ 여호와께 수종드는 제사장들은 낭실과 단 사이에서 울며 이르기를, 여호와여, 주의 백성을 긍휼히 여기소서, 주의 기업으로 욕되게 하여 열국들로 그들을 관할하지 못하게 하옵소서, 어찌하여 이방인으로 그들의 하나님이 어디 있느뇨 말하게 하겠나이까? 할지어다,

⑱ 그 때에 여호와께서 자기 땅을 위하여 중심이 뜨거우시며 그 백성을 긍휼히 여길 것이라,

⑲ 여호와께서 그들에게 응답하여 이르시기를, 내가 너희에게 곡식과 새 포도주와 기

름을 주리니, 너희가 이로 인하여 흡족하리라, 내가 다시는 너희로 열국 중에서 욕을 당하지 않게 할 것이며,

⑳ 내가 북편 군대를 너희에게서 멀리 떠나게 하여 메마르고 적막한 땅으로 쫓아내리니, 그 전군은 동해로 그 후군은 서해로 들어갈 것이라 상한 냄새가 일어나고 악취가 으르리니 이는 큰 일을 행하였음이니라 하시리라

㉑ 땅이여 두려워 말고 기뻐하며 즐거워할지어다, 여호와께서 큰 일을 행하셨음이로다,

㉒ 들 짐승들아 두려워 말지어다 들의 풀이 싹이 나며 나무가 열매를 맺으며 무화과나무와 포도나무가 다 힘을 내는도다,

㉓ 시온의 자녀들아 너희는 하나님 여호와로 인하여 기뻐하며 즐거워할지어다, 그가 너희를 위하여 비를 내리시되, 이른 비를 너희에게 적당하게 주시리니 이른 비와 늦은 비가 전과 같을 것이라,

㉔ 마당에는 밀이 가득하고 독에는 새 포도주와 기름이 넘치리로다,

㉕ 내가 전에 너희에게 보낸 큰 군대 곧 메뚜기와 늣과 황충과 팟종이의 먹은 햇수대로 너희에게 갚아주리니,

㉖ 너희는 먹되 풍족히 먹고 너희를 기이히 대접한 하나님 여호와의 이름을 찬송할 것이라, 내 백성이 영영히 수치를 당치 아니하리로다,

㉗ 그런즉, 내가 이스라엘 가운데 있어 너희 하나님 여호와가 되고, 다른이가 없는 줄을 너희가 알것이라, 내 백성이 영영히 수치를 당치 아니하리로다,

㉘ 그 후에 내가 내 영을 만민에게 부어 주리니, 너희 자녀들이 장래 일을 말할 것이며, 너희 늙은이는 꿈을 꾸며, 너희 젊은이는 이상을 볼 것이며,

㉙ 그 때에 내가 또 내 영으로 남종과 여종에게 부어 줄 것이며,

㉚ 내가 이적을 하늘과 땅에 베풀리니, 곧 피와 불과 연기 기둥이라,

㉛ 여호와의 크고 두려운 날이 이르기 전에 해가 어두워지고 달이 핏빛 같이 변하려니와

㉜ 누구든지 여호와의 이름을 부르는 자는 구원을 얻으리니, 이는 나 여호와의 말대로 시온산과 예루살렘에서 피할 자가 있을 것임이요, 남은 자 중에 나 여호와의 부름을 받을 자가 있을 것임이니라,

● 3장

① 그 날 곧 내가 유다와 예루살렘의 사로잡힌 자를 돌아오게 할 그 때에,

② 내가 만국을 모아 데리고 여호사밧 골짜기에 내려가서 내 백성 곧 내 기업된 이스라엘을 위하여 거기서 그들을 국문하리니, 이는 그들이 이스라엘을 열국 중에 흩고 나의 땅을 나누었음이며,

③ 그들이 내 백성을 놓고 제비를 뽑았으며 창녀를 얻으려고 소년을 주었으며, 포도주를 얻으려고 소녀를 팔아 그것을 마셨기 때문이라,

④ 두로와 시돈과 블레셋 사방아, 너희가 나와 무슨 상관이 있느냐? 너희가 내게 보복하겠느냐? 만일 내게 보복하면 너희의 보복하는 것을 내가 속속히 너희머리에 돌리리니,

⑤ 곧 너희가 내 은과 금을 취하고 나의 진기한 보물을 너희 신궁으로 가져갔으며,

⑥ 또 유다 자손과 예루살렘 자손들을 헬라 족속에게 팔아서 본 지경에서 멀리 떠나게 하였음이니라,

⑦ 보라, 내가 그들을 너희가 팔아 이르게 한 곳에서 일으켜 나오게 하고 너희의 행한 것을 너희 머리에 돌려서,

⑧ 너희 자녀를 유다 자손의 손에 팔리니, 그들은 다시 먼 나라 스바 사람에게 팔리라, 나 여호와가 말하였느니라,

⑨ 너희는 열국에 이렇게 광포할지어다, 너희는 전쟁을 준비하고 용사를 격려하고 무사로 다 가까이 나아와서 올라오게 할지어다,

⑩ 너희는 보습을 쳐서 칼을 만들지어다, 낫을 쳐서 창을 만들지어다, 약한 자도 이르기를, 나는 강하다, 할지어다,

⑪ 사면의 열국아 너희는 속히 와서 모일지어다, 여호와여 주의 용사들로 그리로 내려 오게 하옵소서,

⑫ 이방인들은 깨어서 여호사밧 골자기로 올라 올지어다, 내가 거기 앉아서 주위의 모든 이방인들을 심판할 것이기 때문이라,

⑬ 너희는 낫을 대라, 곡식이 익었도다, 와서 밟을지어다, 포도주 틀이 가득히 차고 포도주 독이 넘치니, 그들의 악이 큼이로다,

⑭ 무수한 군중들이 있도다, 많은 사람들이, 심판의 골짜기에 있도다, 여호와의 날이 가까이 오니 무수한 군중들이 심판의 골짜기에 모여있도다,

⑮ 해와 달이 캄캄하며 별들이 그 빛을 거두도다,

⑯ 나 여호와가 시온에서 부르짖고 예루살렘에서 목소리를 발하리니, 하늘들과 지구가 진동하리로다, 그러나 나 여호와는 내 백성의 피난처 이스라엘 자손의 산성이 되리로다,

⑰ 그런즉, 너희가 나는 내 성산 시온에 거하는 너희 하나님 여호와인줄 알 것이라, 예루살렘이 거룩하리니, 다시는 낯선 사람들이 그 가운데로 통행하지 못하리로다,

⑱ 그 날에 산들이 단 포도주를 떨어 뜨릴 것이며, 작은 산들이 젖을 흘릴 것이며, 유다 모든 시내가 물을 흘릴 것이며, 여호와의 전에서 샘이 흘러 나와서 싯담 골짜기에 대리라,

⑲ 그러나 에집트는 황무지가 되겠고 에돔은 황무한 들이 되리니, 이는 그들이 유다 자손에게 강포를 행하여 무죄한 피를 그 땅에서 흘렸음이니라,

⑳ 유다는 영원히 있겠고 예루살렘은 대대로 있으리라,

㉑ 내가 전에는 용서하지 않았던 죄들도 다 용서해 주리라, 하느님께서는 시온으로 들어오셔서 영원히 거기에 거하시니이다.

(For I will cleanse their blood that I have not cleansed, for the LORD dwelleth in Zion.-KJV)

(Their bloodguilt, which I have not pardoned, I will pardon." The LORD dwells in Zion!-NIV)

(I will avenge their blood, and I will not acquit the guilt. The LORD dwells in Zion.-NAB)

(The sins I haven't already forgiven, I'll forgive." GOD has moved into Zion for good.-THE MESSAGE)

아모스

· 본 성경듣기는 QR코드 인식으로 들을 수 있습니다

● 1장

① 지진이 나기 2년 전, 웃시야가 유대 왕이고 요아스의 아들 여로보암이 이스라엘의 왕이었던 그때 드고아의 목동들의 한 사람인 아모스가 이스라엘에 관하여 들은 말씀들이라,

② 저가 가로되, 여호와께서 시온에서부터 부르짖으며 예루살렘에서부터 음성을 발하시리니, 목자의 초장이 애통하며 갈멜산 꼭대기가 마르리로다,

③ 여호와께서 가라사대, 다메섹의 서너가지 죄로 인하여 내가 그 벌을 돌이키지 아니하리니, 이는 저희가 철 타작기로 타작하듯 길르앗을 압박하였음이라,

④ 내가 하사엘의 집에 불을 보내리니, 벤하닷의 궁궐들을 사르리라,

⑤ 내가 다메섹 빗장을 꺾으며 아웬 골짜기에서 그 거민을 끊으며, 벧아덴에서 홀 잡은 자를 끊으리니, 아람 백성이 사로잡혀 길에 이르리라, 이는 여호와의 말씀이니라,

⑥ 여호와께서 가라사대, 가사의 서너가지 죄로 인하여 내가 그 벌을 돌이키지 아니하리니, 이는 저희가 모든 사로잡은 자를 끌어 에돔에 붙였음이라,

⑦ 내가 가사성에 불을 보내리니, 그 궁궐들을 사르리라,

⑧ 내가 또 아스돗에서 그 거민과 아스글론에서 홀 잡은 자를 끊고 또 손을 돌이켜 에그론을 치리니, 불레셋의 남아 있는 자가 멸망하리라, 이는 주 여호와의 말씀이니라,

⑨ 여호와께서 가라사대, 두로의 서너가지 죄로 인하여 내가 그 벌을 돌이키지 아니하리니, 이는 저희가 그 형제의 계약을 기억지 아니하고 모든 사로잡은 자를 에돔에 붙였음이라,

⑩ 내가 두로 성에 불을 보내리니, 그 궁궐들을 사르리라,

⑪ 여호와께서 가라사대, 에돔의 서너가지 죄로 인하여 내가 그 벌을 돌이키지 아니하리니, 이는 저가 칼로 그 형제를 쫓아가며 긍휼을 버리며 노가 항상 맹렬하며 분을 끝 없이 품었음이라,

⑫ 내가 데만에 불을 보내리니, 보스라의 궁궐들을 사르리라,

⑬ 여호와께서 가라사대, 암몬 자손의 서너가지 죄로 인하여 내가 그 벌을 돌이키지 아니하리니, 이는 저희가 자기 지경을 넓히고자 하여 길르앗의 아이 벤 여인의 배를 갈랐음이니라,

⑭ 내가 랍바성에 불을 놓아 그 궁궐들을 사르되, 전쟁의 날에 외침과 회리바람 날에 폭풍으로 할 것이며,

⑮ 저희의 왕은 그 방백들과 함께 사로 잡혀 가리라, 이는 여호와의 말씀이니라,

● 2장

① 여호와께서 가라사대, 모압의 서너가지 죄로 인하여 내가 그 벌을 돌이키지 아니하리니, 이는 저가 에돔 왕의 뼈를 불살라 회를 만들었음이라,

② 내가 모압에 불을 보내리니, 그리욧 궁궐들을 사르리라, 모압이 요란함과 외침과 나팔 소리 중에서 죽을 것이라,

③ 내가 그 중에서 재판장을 멸하며 방백들을 저와 함께 죽이리라, 이는 여호와의 말씀이니라,

④ 여호와께서 가라사대, 유다의 서너가지 죄로 인하여 내가 그 벌을 돌이키지 아니하리니, 이는 저희가 여호와의 율법을 멸시하며 율례를 지키지 아니하고, 그 열조의 따라가던 거짓것에 미혹하였음이라,

⑤ 내가 유다에 불을 보내리니, 예루살렘의 궁궐들을 사르리라,

⑥ 여호와께서 가라사대, 이스라엘의 서너가지 죄로 인하여 내가 그 벌을 돌이키지 아니하리니, 이는 저희가 은을 받고 의인을 팔며 신 한 켤레를 받고 궁핍한 자를 팔며,

⑦ 가난한 자의 머리에 있는 티끌을 탐내며 겸손한 자의 길을 굽게 하며, 부자가 한 젊은 여인에게 다녀서 나의 거룩한 이름을 더럽히며,

⑧ 모든 단 옆에서 전당 잡은 옷 위에 누우며, 저희 신전에서 벌금으로 얻은 포도주를 마심이니라,

⑨ 내가 아모리 사람을 저희 앞에서 멸하였나니, 그 키는 백향목 높이와 같고 강하기는 상수리나무 같으나 내가 그 위의 열매와 그 아래의 뿌리들을 진멸하였도다,

⑩ 내가 너희를 에집트 땅에서 이끌어 내어 사삽년 동안 황야에서 인도하고, 아모리 사람의 땅을 너희로 차지하게 하였고,

⑪ 또 너희 아들 중에서 선지자를 너희 청년 중에서 나시르 사람을 일으켰나니, 이스라엘 자손들아 과연 그렇지 아니하냐? 이는 여호와의 말씀이니라,

⑫ 그러나 너희가 나시르 사람으로 포도주를 마시게 하고, 선지자들에게 예언하지 말라고, 하였느니라,

⑬ 바로 그때에 수레가 곡식단을 가득히 실으면 눌림같이 내가 너를 누를 것이니라,

⑭ 빨리 달음박질하는 자도 도망할 수 없으며, 강한 자도 자기 힘을 낼 수 없으며, 용사도 피할 수 없으며,

⑮ 활을 가진 자도 설수 없으며, 발이 빠른 자도 피할 수 없으며, 말 타는 자도 피할 수 없고,

⑯ 영사 중에 굳센 자는 그날에 벌거벗고야 도망하리라, 이는 여호와의 말씀이니라.

● 3장

① 이스라엘 자손들아, 내가 에집트에서 이끌어 낸 전 가족들인 너희들은 내가 너희들에 대하여 하는 이 말을 들을지니라,

② "너희들은 지구의 모든 족속들 중에서 내가 유일하게 선택한 민족이라; 그러므로 나는 너희의 모든 죄에 대하여 벌할 것이니라,"

③ 두 사람이 그렇게 하기로 동의하지 못하고서야 어떻게 둘이 동행하겠느냐?

④ 사자가 움킨 것이 없고야 어찌 수풀에서 부르짖겠으며, 젊은 사자가 잡은 것이 없고야 어찌 굴에서 소리를 내겠느냐/

⑤ 새가 그를 잡으려는 덫이 없는 곳에서 덫에 걸려 땅 위에 떨어질 수 있겠느냐? 사람이 잡은 것이 전혀 없는데도 땅에서 덫을 집어 올리겠느냐?

⑥ 성읍에서 나팔을 부는데 어찌 백성이 떨지 아니하겠느냐? 성읍에 재앙이 있는데, 그것은 여호와가 야기한 것이 아니겠느냐?

⑦ 주 여호와께서는 자기의 비밀을 그 종 선지자들에게 보이지 아니하시고는 결코 행하심이 없으시리라,

⑧ 사자가 부르짖은즉 누가 두려워하지 아니하겠느냐? 주 여호와께서 말씀하신즉, 누

가 예언하지 아니하겠느냐?

⑨ 아스돗에 있는 궁궐들과 에집트 땅에 있는 궁궐들에서 선포하여 이르기를, 너희는 사마리아 산들에 모여 그 성중에서 얼마나 큰 요란함과 학대함이 있나 보라, 하라,

⑩ 자기 궁궐에서 포학과 겁탈을 쌓는 자들이 바른 일 행할 줄을 모르느니라, 이는 여호와의 말씀이니라,

⑪ 그러므로 주 여호와께서 가라사대, 이 땅 사면에 대적이 있어 네 힘을 쇠하게 하며 네 궁궐을 약탈하리라,

⑫ 여호와께서 가라사대, 목자가 사자 입에서 양의 두 다리나 귀 조각을 건져냄과 같이 사마리아에서 침상 모퉁이에나 걸상에 비단 방석에 앉은 이스라엘 자손이 건져 냄을 입으리라,

⑬ 주 여호와 만군의 하나님이 가라사대, 너희는 듣고 야곱의 족속에게 증거하라,

⑭ 내가 이스라엘 위에 그의 범죄들을 징벌하는 날에 내가 또한 벧엘의 제단들도 징벌하리니, 그 제단의 뿔들은 꺾어져 땅에 떨어지리라,

⑮ 그리고 내가 여름 궁과 함께 겨울 궁을 훼파할 것이라, 상아로 단장된 집들도 파괴되고 대 저택들도 결딴날 것이니라. 하라, 여호와의 말씀이니라.

● 4장

① 사마리아 산에 거하는 바산 암소들아, 이 말을 들으라, 너희는 가난한 자를 학대하며 궁핍한 자를 압제하며 가장에게 이르기를, 술을 가져다가 우리로 마시게 하라, 하는도다,

② 주 여호와께서 자기의 거룩함을 가리켜 맹세하시되, 때가 너희에게 임할찌라, 사람이 갈고리로 너희를 끌어 가며 낚시로 너희의 남은 자들을 끌어 가리라,

③ 너희가 성 무너진대로 말미암아 각기 앞으로 바로 나가서 하르몬에 던지우리라, 이는 여호와의 말씀이니라,

④ 너희는 벧엘에 가서 범죄하고 길갈에 가서도 죄를 더 지으라! 그리고 아침마다 너희 희생제물을 드리고 매 3년마다 십일조를 드려라,

(Come to Bethel, and transgress; at agailgal multiply transgression; and bring your sacrifices every morning, and your tithes after three years:- KJV)

("Go to Bethel and sin; go to Gilgal and sin yet more. Bring your sacrifices every morning, your tithes every three years.-NIV)

(Come to Bethel and sin, to Gilgal and sin all the more! Each morning bring your sacrifices, every third day your tithes; -NAB)

("Come along to Bethel and sin! And then to Gilgal and sin some more! Bring your sacrifices for morning worship. Every third day bring your tithe.-THE MESSAGE)

⑤ 발효시킨 빵을 감사예물로서 불 살라라, 그리고 너희 자발적인 예물들을 자랑하고 자랑하라, 너희 이스라엘아, 이것이 너희가 하기를 좋아하기 때문이니라, 주 하나님이 말씀하시니라,

(And offer a sacrifice of thanksgiving with leaven, and proclaim and publish the free offerings: for this liketh you, O ye children of Israel, saith the LORD-KJV)

(Burn leavened bread as a thank offering and brag about your freewill offerings-boast about them, you Israelites, for this is what you love to do," declares the Sovereign LORD-NIV)

(Burn leavened bread as a thanksgiving sacrifice, proclaim publicly your voluantly offerings, For so you love to do, Israelites-oracle of the Lord GOD.-NAB)

(Burn pure sacrifices-thank offerings. Speak up-announce freewill offerings! That's the sort of religious show you Israelties just love." GOD's Decree.-THE MESSAGE)

⑥ 또 내가 너희 모든 성읍에서 너희 이를 한가하게 하고 너희 각처에서 양식이 떨어지게 하였으나 너희가 내게로 돌아오지 아니하였느니라, 이는 여호와의 말씀이니라,

⑦ 또 추수하기 석달 전에 내가 너희에게 비를 멈추어 어떤 성읍에는 내리고 어떤 성읍에는 내리지 않게 하였더니, 땅 한 부분은 비를 얻고 한 부분은 비를 얻지 못하여 말랐으매,

⑧ 두 세 성읍 사람이 어떤 성읍으로 비틀거리며 물을 마시러 가서 만족히 마시지 못하였으나 너희가 내게로 돌아오지 아니하였느니라, 이는 여호와의 말씀이니라,

⑨ 내가 풍재와 깜부기 재앙으로 너희를 쳤으며, 팟종이로 너희의 많은 동산과 포도

원과 무화과 나무와 감람나무를 다 먹게 하였으나, 너희가 내게로 돌아오지 아니하였느니라, 이는 여호와의 말씀이니라,

⑩ 네가 너희 중에 전염병이 임하게 하기를 에집트에서 한것처럼 하였으며, 칼로 너희 청년들을 죽였으며, 너희 말들을 노략하게 하며, 너희 진의 악취로 코를 찌르게 하였으나, 너희가 내게로 돌아오지 아니하였느니라, 이는 여호와의 말씀이니라,

⑪ 내가 너희 중의 성읍 무너뜨리기를 하나님 내가 소돔과 고모라를 무너뜨림 같이 하였으므로 너희가 불붙는 가운데서 빼낸 나무 조각 같이 되었으나, 너희가 내게로 돌아오지 아니하였느니라, 이는 여호와의 말씀이니라,

⑫ 그러므로 이스라엘아 내가 이와 같이 네게 행하리라, 내가 이것을 네게 행하리니, 이스라엘아 네 하나님 만나기를 예비하라,

⑬ 이는 보라, 산들을 조성하시고 바람을 창조하시며 인간들에게 자기의 생각이 무엇인지 알리며 밝은 여명을 어두움으로 바꾸시며 지구의 가장 높은 곳들을 활보하시는 분이시니라, 그분의 이름은 만군의 주, 여호와 하나님이시니라.

(For, lo, he that formeth the mountains, and created the wind, and declareth unto man what is his thought, that maketh the morning darkness, and treadth upon the high places of the earth, The LORD, The GOD of hosts, is his name.-KJV)

(He who forms the mountains, creates the wind, and reveals his thoughts to man, he who turns dawn to darkness, and treads the high places of the earth-the LORD God Almighty is his name.-NIV)

(The one who forms mountains and creates winds, and declares to mortals their thoughts; Who makes dawn into darkness and strides upon the heights of the earth, the LORD, the God of hosts, is his name!-NAB)

(Look who's here: Mountain-Shaper! Wind-Maker! He laid out the whole plot before Adam. He brings everything out of nothing, like dawn out of darkness. He strides across the alpine ridges. His name is GOD, God-of-the-Angel-Armies.-THE MESSAGE)

● 5장

① 오 이스라엘 족속아, 이 말을 들어라, 이 것은 너희에 관하여 내가 지은 노래니라,

② "처녀 이스라엘이 엎드러졌음이여, 다시 일어나지 못하리로다, 자기 땅에 던지움
이여 일으킬 자 없으리로다."

③ 주 여호와께서 가라사대, 이스라엘 중에서 천명이 나가던 성읍에는 백명만 남고,
백명이 나가던 성읍에는 열명만 남으리라, 하셨느니라.

④ 여호와께서 이스라엘 족속에게 이르시기를, 너희는 나를 찾으라, 그리하면 살리라.

⑤ 벧엘을 찾지 말며 길갈로 들어가지 말며 브엘세바로도 나아가지 말라, 길갈은 정
녕 사로잡히겠고 벧엘은 허무하게 될 것임이라, 하셨나니,

⑥ 너희는 여호와를 찾으라, 그리하면 살리라, 염려컨대 저가 불 같이 요셉의 집에 내
리사 멸하시리니, 벧엘에서 그 불들을 끌 자가 없을까, 하노라.

⑦ 너희는 공의를 쓴 쑥으로 바꾸고 땅에 의로움을 던지는도다.

⑧ 일곱 별들과 오리온을 만드시고, 죽음의 그림자를 아침으로 바꾸며, 낮을 밤으로
어둡게 하며 바다의 물들을 불러 지면에 쏟으시는 그를 찾을지니라, 여호와가 그
이름이시니라.

⑨ 저가 강한 자에게 홀연히 패망이 임하게 하신즉, 그 패망이 산성에 미치느니라.

⑩ 그들은 성문에서 책망하는 자를 미워하며 정직히 말하는 자를 싫어하는도다.

⑪ 너희가 가난한 자를 밟고 저에게서 밀의 부당한 세를 취하였은즉, 너희가 비록 다
듬은 돌로 집을 건축하였으나 거기 거하지 못할 것이요, 아름다운 포도원을 심었
으나 그 포도주를 마시지 못하리라.

⑫ 너희의 허물이 많고 죄악이 중함을 내가 아노라, 너희는 의인을 학대하며 뇌물을
받고 성문에서 궁핍한 자를 억울하게 하는 자로다.

⑬ 그러므로 이런 때에는 지혜자가 잠잠하나니, 이는 악한 때임이니라.

⑭ 너희는 살기 위하여 선을 구하고 악을 구하지 말지어다, 만군의 하나님 여호와께
서 너희의 말과 같이 너희와 함께 하시리라.

⑮ 너희는 악을 미워하고 선을 사랑하며 성문에서 공의를 세울지어다, 만군의 하나님
여호와께서 혹시 요셉의 남은 자에게 은혜를 베풀리라.

⑯ 그러므로 주 만군의 하나님 여호와께서 말씀하시기를, 사람이 모든 광장에서 울겠
고, 모든 거리에서 오호라, 오호라, 하겠으며, 농부를 불러다가 애곡하게 하며 울
음군을 불러다가 울게 할 것이며,

⑰ 모든 포도원에서도 울리니, 이는 내가 너희 가운데로 지나갈 것임이니라, 이는 여
호와의 말씀이니라.

⑱ 화 있을진저, 여호와의 날을 사모하는 자여, 너희가 어찌하여 여호와의 날을 사모하느뇨? 그 날은 어두움이요, 빛이 아니니라,

⑲ 마치 사람이 사자를 피하다가 곰을 만나거나, 혹 집에 들어가서 손을 벽에 대었다가 뱀에게 물림 같도다,

⑳ 여호와의 날은 빛이 없는 어두움이 아니겠느냐? 곧 너무 캄캄하여 그 안에는 빛이 없지 아니하겠느냐?

㉑ 내가 너희 종교성회를 미워하고 멸시하노라, 나는 너희 모임들을 기뻐하지 아니하나니,

㉒ 비록 너희가 내게 번제(burnt offerings)나 소제(grain offerings)를 드릴지라도 내가 받지 아니할 것이요, 너희 살진 화목제(fellowship offerings)도 내가 돌아보지 아니하리라,

㉓ 네 노래 소리를 내 앞에서 그칠지어다, 네 비파 소리도 내가 듣지 아니하리라,

㉔ 정의를 강같이 흐르게 하고, 의로움은 결코 멈추지 않는 시냇물같이 흐르게 할지니라,

㉕ 이스라엘 족속아, 너희가 사십 년 동안 황야에서 희생과 소제예물을 내게 바친 적이 있었느냐?

㉖ 오히려 너희는 너희의 몰록의 장막과 너희 형상들인 기윤 곧 너희가 너희를 위하여 만든 너희 신의 별을 메고 다녔느니라,

㉗ 그러므로 내가 너희를 다메섹을 넘어서 사로잡혀 가게 하리라, 이는 만군의 하나님이라 일컫는 여호와의 말씀이니라.

● 6장

① 화 있을진저, 시온에서 안일하게 사는 자들과 사마리아 산에서 마음 놓고 사는 자들과 이스라엘 족속들이 그들의 우두머리라 하여 따르는 지도자들에게 화가 있으리로다,

(Woe to them that are at ease in Zion, and trust in the mountain of Samaria, which are named chief of the nations, to whom the house of Israel came.-KJV)

(Woe to you who are complacent in Zion, and to you who feel secure on mountain Samaria, you notable men of the foremost nation, to whom the people of Israel come!-NIV)

(Woe to those who are complacent in Zion, secure on the mount of Samaria, Leaders of the first among nations, to whom the people of Israel turn.-NAB)

(Woe to you think you live on easy street in Zion, who think Mount Samaria is the good life. You assume you're at the top of the heap, voted the number-one best place to live.-THE MESSAGE)

② 너희는 갈레에 건너가고 거기서 대 하맛으로 가고 또 블레셋 사람의 가드로 내려가 보라, 그 곳들이 이 나라들보다 나으냐? 그 토지가 너희 토지보다 넓으냐?

③ 너희는 흉한 날이 멀다 하여 강포한 자리로 가까워지게 하고,

④ 상아 상에 누우며 침상에서 기지게 켜며, 양떼에서 어린 양과 우리에서 송아지를 취하여 먹고,

⑤ 비파에 맞추어 헛된 노래를 지절거리며 다윗처럼 자기를 위하여 악기를 제조하며,

⑥ 대접으로 포도주를 마시며 귀한 기름을 몸에 바르면서 요셉의 환난을 인하여는 근심치 아니하는 자로다,

⑦ 그러므로 저희가 이제는 사로잡히는 자 중에 앞서 사로잡히리니, 기지개 켜는 자의 떠드는 소리가 그치리라,

⑧ 만군의 하나님 여호와께서 가라사대, 주 여호와가 자기를 가리켜 맹세하였노라, 내가 야곱의 영광을 싫어하며 그 궁궐들을 미워하므로 이 성읍과 거기 가득한 것을 대적에게 붙이리라, 하셨느니라,

⑨ 한 집에 열 사람이 남는다 하여도 다 죽을 것이라,

⑩ 죽은 사람의 친척 곧 그 시체를 불사를 자가 그 뼈를 집 밖으로 가져갈 때에 그 집 내실에 있는 자에게 묻기를, 아직 너와 함께한 자가 있느냐? 하여 대답하기를, 아주 없다 하면 저가 또 말하기를, 잠잠하라, 우리가 여호와의 이름을 일컫지 못할 것이라, 하리라,

⑪ 보라, 여호와께서 명하시므로 큰 집이 침을 받아 갈라지며 작은 집이 침을 받아 터지리라,

⑫ 말들이 어찌 바위 위에서 달리겠으며, 소가 어찌 거기 밭 갈겠느냐? 그런데 너희는 공정을 독으로, 정의의 열매를 쓴흰쑥으로 만들어 버렸도다,

⑬ 허무한 것을 기뻐하며 이르기를, 우리의 뿔은 우리 힘으로 취하지 아니하였느냐?

하는 자로다,

⑭ 만군의 하나님 여호와께서 가라사대, 이스라엘 족속아 내가 한 나라를 일으켜 너희를 치리니, 저희가 하맛 어귀에서부터 아라바 시내까지 너희를 학대하리라, 하셨느니라,

● 7장

① 주 여호와께서 네게 보이신 것이 이러하니라, 왕이 풀을 벤 후 풀이 다시 움돋기 시작 할 때에 주께서 황충을 지으시매,

② 황충이 땅의 풀을 다 먹은지라, 내가 가로되, 주 여호와여 청컨대 사하소서, 야곱이 미약하오니 어떻게 서리이까? 하매,

③ 여호와께서 이에 대하여 뜻을 돌이켜 가라사대, 이것이 이루지 아니하리라, 하시니라,

④ 주 여호와께서 또 내게 보이신 것이 이러하니라, 주 여호와께서 명하여 불로 징벌하게 하시니 불이 큰 바다를 삼키고 육지까지 먹으려 하는지라,

⑤ 이에 내가 가로되, 주 여호와여 청컨대, 그치소서, 야곱이 미약하오니 어떻게 서리이까? 하매,

⑥ 주 여호와께서 이에 대하여 뜻을 돌이켜 가라사대, 이것도 이루지 아니하리라, 하시니라,

⑦ 또 내게 보이신 것이 이러하니라, 다림줄을 띄우고 쌓은 담 곁에 주께서 손에 다림줄을 잡고 서셨더니,

⑧ 내게 이르시되, 아모스야! 네가 무엇을 보느냐? 내가 대답하되, 다림줄이니이다, 주께서 가라사대, 내가 다림줄을 내 백성 이스라엘 가운데 베풀고 다시는 용서치 아니하리니,

⑨ 이삭의 산등들이 황폐되며 이스라엘의 성소들이 훼파될 것이라, 내가 일어나 칼로 여로보암의 집을 치리라 하시니라,

⑩ 때에 벧엘의 제사장 아마샤가 이스라엘 왕 여로보암에게 기별하여 가로되, 이스라엘 족속 중에 아모스가 왕을 모반하나니 그 모든 말을 이땅이 견딜 수 없나이다,

⑪ 아모스가 여로보암은 칼에 죽겠고, 이스라엘은 정녕 사로잡혀 그 땅에서 떠나겠다 하나이다, 하고,

⑫ 아마샤가 또 아모스에게 이르되, 선견자야, 너는 유다 땅으로 도망하여 가서, 거기

서나 떡을 먹으며 거기서나, 예언하고,

⑬ 다시는 벧엘에서 예언하지 말라, 이는 왕의 성소요, 왕의 궁임이니라,

⑭ 아모스가 아마샤에게 대답하여 가로되, 나는 선지자가 아니며 선지자의 아들도 아니요, 나는 목자요, 뽕나무를 배양하는 자로서,

⑮ 양떼를 따를 때에 여호와께서 나를 데려다가 내게 이르시기를, 가서 내 백성 이스라엘에게 예언하라, 하셨나니,

⑯ 이제 너는 여호와의 말씀을 들을지어다, 네가 이르기를, 이스라엘에 대하여 예언하지 말며 이삭의 집을 향하여 경계하지 말라, 하므로,

⑰ 여호와께서 말씀하시기를, 네 아내는 성읍 중에서 창기가 될 것이요, 네 자녀들은 칼에 엎드러지며, 네 땅은 줄띄워 나누일 것이며, 너는 더러운 땅에서 죽을 것이요, 이스라엘은 정녕 사로잡혀 그 본토에서 떠나리라, 하셨느니라.

● 8장

① 주 여호와께서 또 내게 여름 실과 한 광주리를 보이시며,

② 가라사대, 아모스야 네가 무엇을 보았느냐? 내가 가로되, 여름 실과 한 광주리이니다, 하매, 여호와께서 내게 이르시되, 내 백성 이스라엘의 끝이 이르렀은즉, 내가 다시는 저를 용서치 아니하리니,

③ 그 날에 궁전의 노래가 애곡으로 변할 것이며, 시체가 많아서 사람이 잠잠히 처처에 내어버리리라, 이는 주 여호와의 말씀이니라,

④ 궁핍한 자를 삼키며 땅의 가난한 자들을 망케 하려는 자들아, 이 말을 들으라,

⑤ 너희가 이르기를, 월삭이 지나서 우리로 곡식을 팔게 하며, 안식일이 언제나 지나서 우리로 밀을 내게 할꼬? 에바를 작게 하여 세겔을 크게 하며 거짓 저울로 속이며,

⑥ 은으로 가난한 자를 사며 신 한 켤레로 궁핍한 자를 사며 찌끼밀을 팔자 하는도다,

⑦ 여호와께서 야곱의 영광을 가리켜 맹세 하시되, 내가 저희의 모든 소위를 영영 잊지 아니하리라, 하셨나니,

⑧ 이로 인하여 땅이 떨지 않겠으며, 그 가운데 모든 거민이 애통하지 않겠느냐? 온 땅이 하수의 넘침 같이 솟아오르며 애굽강 같이 뛰놀다가 낮아지리라,

⑨ 주 여호와께서 가라사대, 그 날에 내가 해로 대낮에 지게 하여 백주에 땅을 캄캄케 하며,

⑩ 너희 절기를 애통으로 너희 모든 노래를 애곡으로 변하게 하며, 모든 사람으로 굵

은 베로 허리를 동이게 하며 독자의 죽음을 인하여 애통하듯하게 하며, 그 결국으로 곤고한 날과 같게 하리라,

⑪ 주 여호와께서 가라사대, 보라 날이 이를지라, 내가 기근을 땅에 보내리니, 양식이 없어 주림이 아니며 물이 없어 길함이 아니요, 여호와의 말씀을 듣지 못한 기갈이라,

⑫ 사람이 이 바다에서 저 바다까지 북에서 동까지 비틀거리며, 여호와의 말씀을 구하려고 달려 왕래하되, 얻지 못하리라,

⑬ 그 날에 아름다운 처녀와 젊은 남자가 다 갈하여 피곤하리라,

⑭ 무릇 사마리아의 죄된 우상을 가리켜 맹세하여 이르기를, 단아 네 신의 생존을 가리켜 맹세하노라, 하는 사람은 엎드러지고 다시 일어나지 못하리라.

● 9장

① 내가 보니 주께서 단 곁에 서서 이르시되, 기둥 머리를 쳐서 문지방이 움직이게 하며, 그것으로 부숴져서 무리의 머리에 떨어지게 하라, 내가 그 남은 자를 칼로 살륙하리니, 그 중에서 하나도 도망하지 못하며, 그 중에서 하나도 피하지 못하리라,

② 저희가 파고 음부로 들어갈지라도, 내가 거기서 취하여 낼 것이요, 하늘로 올라갈지라도, 내가 거기서 취하여 내리울 것이며,

③ 갈멜산 꼭대기에 숨을지라도, 내가 거기서 찾아낼 것이요, 내 눈을 피하여 바다 밑에 숨을 지라도 내가 거기서 뱀을 명하여 물게 할 것이요,

④ 그 원수 앞에 사로잡혀 갈지라도, 내가 거기서 칼을 명하여 살륙하게 할 것이라, 내가 저희에게 주목하여 화를 내리고 복을 내리지 아니하리라, 하시니라,

⑤ 주 만군의 여호와는 땅을 만져 녹게 하사, 무릇 거기 거한 자로 애통하게 하시며, 그 온 땅으로 하수의 넘침 같이 솟아 오르며 에짐트의 강 같이 낮아지게 하시는 자요,

⑥ 그 분은 하늘들 안에 그 분의 높은 궁전을 건설하시고 그 기초(근거)를 단단한 지구에 두셨느니라, 그리고 그 분은 바다의 물을 불러내어 땅의 지면 위에 물들을 부었느니라, 여호와가 그 분의 이름이니라.

(It is he that buildeth his stories in the heaven, and hath founded his troop in the earth; he that calleth for the waters of the sea, and poureth them out upon the face of the earth; The LORD is his name.-KJV)

(he who builds his lofty palace in the heavens and sets its foundation on the earth, who calls for the waters of the sea and pours them out over the face of the land-the LORD is his name.-NIV)

(God builds his palace-towers soaring high in the skies, foundations set on the rock-firm earth. He calls ocean waters and they come, then he ladles them out on the earth. GOD, your God, does all this.-THE MESSAGE)

(Who has built his upper chamber in heaven, and established his vault over the earth; Who summons the waters of the sea and pours them upon the surface of the earth-the LORD is his name.-NAB)

⑦ 여호와께서 가라사대, 이스라엘 자손들아, 너희는 내게 구스 족속 같지 아니하냐? 내가 이스라엘을 에집트 땅에서 팔레스타인 사람들을 갑돌에서 아람 사람을 키르에서 올라오게 하지 아니하였느냐?

⑧ 보라, 주 여호와 내가 범죄한 나라에 주목하여 지면에서 멸하리라, 그러나 야곱의 집은 온전히 멸하지는 아니하리라, 이는 여호와의 말씀이니라,

⑨ 내가 명령하여 이스라엘 족속을 만국 중에 체질하기를 곡식을 체질함 같이 하려니와 그 한 알갱이도 땅에 떨어지지 아니하리라,

⑩ 내 백성 중에서 말하기를, 화가 우리에게 미치지 아니하며 임하지 아니하리라, 하는 모든 죄인은 칼에 죽으리라,

⑪ 그 날에 내가 다윗의 무너진 천막을 일으키고 그 틈을 막으며 그 퇴락한 것을 일으키고 옛적과 같이 세우고,

⑫ 저희로 에돔의 남은 자와 내 이름으로 일컫는 만국을 기업으로 얻게 하리라, 이는 이를 행하시는 여호와의 말씀이니라,

⑬ 여호와께서 가라사대, 보라 날이 이를지라, 그 때에 밭가는 가가 곡식 베는 자의 뒤를 이으며, 포도를 밟는 자가 씨 뿌리는 자의 뒤를 이으며, 산들은 단 포도주를 흘리며 작은 산들은 녹으리라,

⑭ 내가 내 백성 이스라엘의 사로잡힌 것을 돌이키리니, 저희가 황무한 성읍을 건축하고 거하며 포도원들을 심고 그 포도주를 마시며 과원들을 만들고 그 과실을 먹으리라,

⑮ 내가 너희를 그 본토에 심으리니, 저희가 나의 준 땅에서 다시 뽑히지 아니하리라, 이는 네 하나님 여호와의 말씀이니라.

오바댜

● 1장

① 오바댜의 환상이라, 주 여호와께서 에돔에 대하여 이같이 말씀하시니라, 우리가 여호와께로 말미암아 소식을 들었나니, 곧 사자가 열국 중에 보내심을 받고 이르기를, 너희는 일어날지어다, 우리가 일어나서 그로 더불어 싸우자 하는 것이니라,

② 여호와께서 가라사대, 내가 너를 열국 중에 미약하게 하였으므로 네가 크게 멸시를 받느니라,

③ 바위 틈에 거하며 높은 곳에 사는 자여, 네가 중심에 이르기를, 누가 능히 나를 땅에 끌어내리겠느냐? 하니, 너의 마음의 교만이 너를 속였도다.

④ 네가 독수리처럼 높이 오르며 별 사이에 깃들일지라도 내가 거기서 너를 끌어내리리라, 나 여호와가 말하였느니라,

⑤ 혹시 도적이 네게 이르렀으며 강도가 밤 중에 네게 이르렀을지라도, 그 마음에 만족하게 취하면 그치지 아니하였겠느냐? 혹시 포도를 따는 자가 네게 이르렀을지라도 그것을 얼마쯤 남기지 아니하였겠느냐? 네가 어찌 그리 망하였는고?

⑥ 에서의 물건들이 어떻게 드러났는가? 그의 감춘 보물들을 어떻게 찾았는가?

⑦ 너와 약조한 자들이 다 너를 쫓아 변경에 이르게 하며, 너와 화목하던 자들이 너를 속이고 이기며, 네 양식을 먹는 자들이 네 아래 함정을 베푸니 네 마음에 지각이 없음이로다,

⑧ 나 여호와가 말하노라, 그 날에 내가 에돔에서 지혜있는 자를 멸하며, 에서의 산에서 지각 있는 자를 멸하지 아니하겠느냐?

⑨ 드만아, 네 용사들이 놀랄 것이라, 이로 인하여 에서의 산의 거민이 살륙을 당하여 다 멸절되리라,

⑩ 네가 네 형제 야곱에게 행한 포학을 인하여 소욕을 입고 영원히 멸절되리라,

⑪ 네가 멀리 섰던 날 곧 이방인이 그의 재물을 늑탈하며 외국인이 그의 성문에 들어가서 예루살렘을 얻기 위하여 제비 뽑던 날에 너도 그들 중 한 사람 같았었느니라,

⑫ 네가 형제의 날 곧 그 재앙의 날에 방관할 것이 아니며, 유다 자손의 패망하는 날에 기뻐할 것이 아니며, 그 고난의 날에 네가 입을 크게 벌릴 것이 아니라,

⑬ 내 백성이 환난을 당하는 날에 네가 그 성문에 들어가지 아니할 것이며, 환난을 당하는 날에 네가 그 고난을 방관하지 않을 것이며, 환난을 당하는 날에 네가 그 재물에 손을 대지 않을 것이며,

⑭ 사거리에 서서 그 도망하는 자를 막지 않을 것이며, 고난의 날에 그 남은 자를 대적에게 붙이지 않을 것이니라,

⑮ 여호와의 만국을 벌할 날이 가까왔나니, 너의 행한대로 너도 받을 것인즉, 너의 행한 것이 네 머리로 돌아갈 것이라,

⑯ 너희가 내 성산에서 마신 것 같이 만국인이 항상 마시리니, 곧 마시고 삼켜서 본래 없던 것 같이 되리라,

⑰ 오직 시온산에서 피할 자가 있으리니, 그 산이 거룩할 것이요, 야곱 족속은 자기 소유물을 누릴 것이며,

⑱ 야곱 족속은 불이 될 것이요, 요셉 족속은 불꽃이 될 것이며, 에서 족속은 초개가 될 것이라, 그들이 그의 위에 붙어서 그를 사를 것인즉, 에서 족속에 남은자가 없으리니, 이는 여호와께서 말씀하셨음이니라,

⑲ 남방 사람은 에서의 산을 얻을 것이며, 평지 사람은 팔레스타인을 얻을 것이며, 또 그들이 에브라임의 들과 사마리아의 들을 얻을 것이며, 베냐민은 기르앗을 얻을 것이며,

⑳ 사로잡혔던 이스라엘의 뭇 자손은 가나안 사람에게 속한 땅을 사르밧까지 얻을 것이며, 예루살렘에 사로잡혔던 자, 곧 스바랏에 있는 자는 남방의 성읍들을 얻을 것이니라,

㉑ 구원자들이 시온산에 올라와서 에서의 산을 심판하리니, 그 왕국이 여호와의 것이 되리라, 하시니라.

요나

· 본 성경듣기는 QR코드 인식으로 들을 수 있습니다

● 1장

① 여호와의 말씀이 아밋대의 아들 요나에게 임하니라, 이르시되,

② 너는 일어나 저 큰 성읍 니느웨로 가서 그것을 쳐서 외치라, 그 악독이 내 앞에 상달하였음이니라, 하시니라,

③ 그러나 요나가 여호와의 낯을 피하려고 일어나 다시스로 도망하려 하여 욥바로 내려갔더니, 마침 다시스로 가는 배를 만난지라, 여호와의 낯을 피하여 함께 다시스로 가려고 배 삯을 주고 배에 올랐더라,

④ 여호와께서 대풍을 바다에 내리시매, 바다 가운데 폭풍이 일어나서 배가 거의 깨어지게 된지라,

⑤ 사공이 두려워하여 각각 자기의 신을 부르고, 또 배를 가볍게 하려고 그 가운데 물건을 바다에 던지니라, 그러나 요나는 배 밑층에 내려가서 누워 깊이 잠이 든지라,

⑥ 선장이 나아가서 그에게 이르되, 자는 자여, 어찜이뇨? 일어나서 네 하나님께 구하라, 혹시 하나님이 우리를 생각하사 망하지 않게 하시리라, 하니라,

⑦ 그들이 서로 이르되, 자 우리가 제비를 뽑아, 이 재앙이 누구로 인하여 우리에게 임하였나? 알자 하고 곧 제비를 뽑으니, 제비가 요나에게 당한지라,

⑧ 이에 그들이 그에게 이르되, 청컨대 이 재앙이 무슨 연고로 우리에게 임하였는가? 고하라 네 생업이 무엇이며? 어디서 왔으며? 고국이 어디며? 어느 민족에 속하느냐?

⑨ 그가 대답하되, 나는 히브리 사람이요, 바다와 육지를 지으신 하늘의 하나님 여호와를 두려워하는 자로라, 하니라,

⑩ 그때에 그 사람들이 심히 놀라며 그에게 말하기를, 어찌하여 네가 이렇게 행하였

느냐? 하였으니 (이는 요나가 그들에게 자기가 주님의 면전에서 도망하는 중이라, 말하였기 때문이라)

⑪ 그때에 그들이 요나에게 말하기를, 우리가 네게 어떻게 하여야 바다가 우리를 위하여 잠잠하겠느냐? 하였으니 이는 바다가 계속 움직이며 더욱 사나워졌기 때문이라, 하니라,

⑫ 요나가 그들에게 말하기를, 나를 들어 바다에 던지라, 그리하면 바다가 너희를 위하여 잠잠하여 지리라, 이는 나로 인하여 이 큰 폭풍가 너희에게 임한 것을 내가 알기 때문이라, 하니라,

⑬ 그럼에도 불구하고 그 사람들이 배를 육지에 대려고 힘써 노를 저었으나 그들이 능히 하지 못하였으니, 이는 바다가 계속해서 움직이며 그들에게 사나웠기 때문이라,

⑭ 그때에 그들이 여호와께 부르짖어 말씀드리기를, 오 주님, 우리가 주님께 간구하고 우리가 주님께 간구하오니, 이 사람의 생명 때문에 우리로 하여금 죽게 하지 마옵시고 무죄한 피를 우리에게 돌리지 마옵소서, 오 주님, 님께서는 주님께서 기뻐하시는 대로 행하셨나이다, 하고,

⑮ 그들이 요나를 들어 바다에 내던지자 맹렬하던 바다가 잠잠하여지니라,

⑯ 이에 그 사람들이 여호와를 크게 두려워하며 여호와께 희생물을 드리고 서원을 하였더라,

⑰ 이미 여호와께서 큰 물고기를 예비하사 요나를 삼키게 하셨으므로 요나가 삼일 삼야를 물고기 배에 있었더라,

● 2장

① 그때에 요나가 그 물고기 뱃속에서 주님 곧 자기 하나님께 기도하여,

② 말씀드리기를, 내가 나의 고난으로 인하여 주님께 부르짖었더니 그분께서 나의 음성을 들으셨나이다, 내가 지옥의 뱃속에서부터 부르짖었더니 주님께서 나의 음성을 들으셨나이다,

③ 주께서 나를 깊음속 바다 가운데 던지셨으므로 큰 물이 나를 둘렀고, 주의 파도와 큰 물결이 다 내 위에 넘쳤나이다,

④ 내가 말하기를, 내가 주의 목전에서 쫓겨났을지라도 다시 주의 성전을 바라보리이다, 하였나이다,

⑤ 그 물들이 나를 에워싸되 혼까지 에워쌌으며, 깊음이 나를 에워쌌고 바다 풀들이 내 머리를 감쌌나이다,

⑥ 내가 산들의 밑바닥까지 내려갔더니 땅이 자기 빗장들과 함께 영원히 내 곁에 있었나이다, 그러나 오 주님, 나의 하나님이시여, 주님께서 내 생명을 그 썩어지는 것으로부터 끌어 올리셨나이다,

⑦ 내 영혼이 내 속에서 기진하였을 때에 내가 주님을 기억하였더니, 내 기도가 주님께로 이르고, 주님의 거룩한 성전에 이르렀나이다,

⑧ 무릇 거짓되고 헛된 것을 따르는 자들은 그들에게 베푸신 은총을 버렸사오나,

⑨ 나는 감사하는 목소리로 주님께 제사를 드리며, 나의 서원한 것을 주님께 갚겠나이다, 구원은 여호와께로서 말미암나이다, 하니라,

⑩ 이에 주님께서 그 물고기에게 명하시매, 그 물고기가 요나를 육지 위에 토해 내었더라.

● 3장

① 여호와의 말씀이 두번째 요나에게 임하니라, 이르시되,

② 일어나 저 큰 성읍 니느웨로 가서 내가 네게 명한바를 그들에게 선포하라, 하신지라,

③ 요나가 여호와의 말씀대로 일어나서 니느웨로 가니라, 니느웨는 극히 큰 성읍이므로 삼일 길이라,

④ 요나가 그 성에 들어가며 곧 하룻길을 다니면서 외쳐 가로되, 사십 일이 지나면 니느웨가 무너지리라, 하였더니,

⑤ 니느웨 백성이 하나님을 믿고 금식을 선포하고 무론 대소하고 굵은 베옷을 입은지라,

⑥ 그 소문이 니느웨 왕에게 들리매, 왕이 보좌에서 일어나 조복을 벗고 굵은 베를 입고 재에 앉으니라,

⑦ 왕이 그 대신으로 더불어 조서를 내려 니느웨에 선포하여 가로되, 사람이나 짐승이나 소떼나 양떼나 아무 것도 입에 대지 말찌니, 곧 먹지도 말 것이요, 물도 마시지 말 것이며,

⑧ 사람이든지 짐승이든지 다 굵은 베를 입을 것이요, 힘써 여호와께 부르짖을 것이며 각기 악한 길과 손으로 행한 강포에서 떠날 것이라, 하니라,

⑨ 하나님이 혹시 뜻을 돌이키시고 그 진노를 그치사 우리로 멸망치 않게 하시리라, 그렇지 않을줄을 누가 알겠느냐? 한지라,

⑩ 하나님이 그들의 행한 것, 곧 그 악한 길에서 돌이켜 떠난 것을 보시고 뜻을 돌이키사, 그들에게 내리리라 말씀하신 재앙을 내리지 아니하시니라,

● 4장

① 그러나 요나가 그 일을 심히 불쾌하게 생각하고 분노하여,

② 여호와께 기도하여 가라사대, 여호와여, 내가 고국에 있을 때에 이러하겠다고 말씀하지 아니하였나이까? 그러므로 내가 빨리 다시스로 도망하였사오니, 주께서는 은혜로우시며 자비로우시며 노하기를 더디하시며 인애가 크시사 뜻을 돌이켜 재앙을 내리지 아니하시는 하나님이신 줄을 내가 알았나이다,

③ 여호와여 원컨대 이제 내 생명을 취하소서, 사는 것보다 죽는 것이 내게 나음이니이다,

④ 여호와께서 이르시되, 너의 성냄이 어찌 합당하냐? 하시니라,

⑤ 요나가 성에서 나가서 그 성 동편에 앉되, 거기서 자기를 위하여 초막을 짓고, 그 그늘 아래 앉아서 성읍이 어떻게 되는 것을 보려 하니라,

⑥ 하나님 여호와께서 박 넝쿨을 준비하사 요나 위에 가리우게 하셨으니, 이는 그 머리를 위하여 그늘이 지게 하며 그 괴로움을 면케하려 하심이었더라, 요나가 박 넝쿨을 인하여 심히 기뻐하였더니,

⑦ 하나님이 벌레를 준비하사, 이튿날 새벽에 그 박 넝쿨을 씹게 하시매, 곧 시드니라,

⑧ 해가 뜰 때에 하나님이 뜨거운 동풍을 준비하셨고, 해는 요나의 머리에 쬐매, 요나가 기진하여 스스로 죽기를 구하여 가로되, 사는 것보다 죽는 것이 내게 나으니이다,

⑨ 하나님이 요나에게 이르시되, 네가 이 박 넝쿨로 인하여 성냄이 잘하는 일이냐? 그가 대답하되, 내가 화를 내어 죽기까지 할지라도 합당하니이다, 하니,

⑩ 여호와께서 가라사대, 네가 수고도 아니하였고 배양도 아니하였고 하룻밤에 났다가 하룻밤에 망한 이박 넝쿨을 네가 불쌍히 여겼거늘,

⑪ 하물며 니느웨에는 좌우를 분변치 못하는 자가 십 이만 여명이요, 육축도 많이 있나니, 이 큰 성읍을 내가 어찌 아끼지 아니하겠느냐? 하시니라.

미가

· 본 성경듣기는 QR코드 인식으로 들을 수 있습니다

● 1장

① 유다 열왕 요담과 아하스와 히스기야 시대 모레셋 사람 미가에게 임한 여호와의 말씀, 곧 사마리아와 예루살렘에 관한 말씀이라,

② 백성들아, 너희는 다 들을지어다, 땅과 거기 있는 모든 것들아, 자세히 들을지어다, 주 여호와께서 너희에게 대하여 증거하시되, 곧 주께서 성전에서 그리하실 것이니라,

③ 여호와께서 그 처소에서 나오시고 강림하사 땅의 높은 곳을 밟으실 것이라,

④ 그 아래서 산들이 녹고 골짜기들이 갈라지기를 불 앞의 밀 같고 비탈로 쏟아지는 물 같을 것이니,

⑤ 이는 다 야곱의 허물을 인함이요, 이스라엘 족속의 죄를 인함이라, 야곱의 허물이 무엇이뇨? 사마리아가 아니뇨? 유다의 산당이 무엇이뇨? 예루살렘이 아니뇨?

⑥ 이러므로 내가 사마리아로 들의 무더기 같게 하고, 포도 심을 동산 같게 하며, 또 그 돌들을 골짜기에 쏟아 내리고 그 지대를 드러내며,

⑦ 그 새긴 우상을 다 파쇄하고 그 음행의 값을 다 불사르며 그 목상을 다 훼파하리니, 그가 기생의 값으로 모았은즉, 그것이 기생의 값으로 돌아가리라,

⑧ 이러므로 내가 애통하며 애곡하고 벌거벗은 몸으로 행하며 들개 같이 애곡하고 타조같이 애통하리니,

⑨ 이는 그 상처는 고칠 수 없고, 그것이 유다까지도 이르고, 내 백성의 성문, 곧 예루살렘에도 미쳤음이니라,

⑩ 가드에 고하지 말며 도무지 호곡하지 말지어다, 베들레아브라에서 티끌에 굴지어다,

⑪ 사빌 거민아, 너는 벗은 몸에 수치를 무릅쓰고 나갈지어다, 사아난 거민은 나오지 못하고 벧에셀이 애곡하여 너희로 의지할 곳이 없게 하리라,

⑫ 마롯 거민이 근심 중에 복을 바라니, 이는 재앙이 여호와께로 말미암아 예루살렘 성문에 임함이니라,

⑬ 라기스 거민아, 너는 준마에 병거를 메울지어다, 라기스는 딸 시온의 죄의 근본이니 이는 이스라엘의 허물이 네게서 보였음이니라,

⑭ 이러므로 너는 가드모레셋에 작별하는 예물을 줄지어다, 악십의 집들이 이스라엘 왕들을 속이리라,

⑮ 마레사 거민아, 내가 장차 너를 얻을 자로 네게 임하게 하리니, 이스라엘의 영광이 아둘람까지 이를 것이라,

⑯ 너는 네 기뻐하는 자식으로 인하여 네 머리털을 깎아 대머리가 되게 하되, 그 벗겨지는 독수리 같이 크게 할지니, 이는 그들이 네게서 사로잡혀 갔기 때문이니라.

• 2장

① 화가 있으라! 죄악을 꾀하고 자기들의 침상에서 악을 행하는 자들이여, 아침이 밝아지면 그들이 그것을 행하나니, 이는 그것이 그들의 손의 능력에 있기 때문이니라,

② 그들이 밭들을 탐하여 빼앗고, 집들을 탐하여 취하나니, 이와 같이 그들이 사람과 그의 집을 억압하되, 사람과 그의 유산까지도 억압하는도다,

③ 그러므로 여호와의 말씀에 내가 이 족속에게 재앙 내리기를 계획하나니, 너희의 목이 이에서 벗어나지 못할 것이요, 또한 교만히 다니지 못할 것이라, 이는 때가 악하기 때문이니라, 하셨느니라,

④ 그 날에 누군가가 너희에 대적하여 비유를 지으며 슬픈 애가로 내곡하여 말하기를, 우리는 완전히 망하게 되었도다, 그분이 내 백성의 몫을 바꾸어 놓으셨도다, 그분께서 돌이켜 우리의 밭들을 나누어 어찌 내게서 그것을 제거하였는가? 하리라,

⑤ 그러므로 여호와의 회중에서 제비를 뽑고 줄을 띨 자가 너희 중에 하나도 없으리라,

⑥ 설교자들이 "설교하지 말라"고 말한다. "그런 설교 하지 마라, 우리에게 그런 나쁜 일이 일어날 리 없다, 어떻게 야곱 가문에게 그런 소리를 하느냐?

⑦ 하나님이 화를 터뜨린신다니? 그분이 그러실 분이냐? 그분은 선량한 사람들 편이 아니시더냐? 그분은 스스로 돕는 자들을 도우시는 분이 아니시더냐?" 하시니라

(O thou that art named the house of Jacob, is the spirit of the LORD straitened? Are these his doings? Do not my words to him that walketh uprightly?-KJV)

(Should it be said, O house of Jacob: "Is the Spirit of the LORD angry? Does he do such things?" "Do not my words do good to him whose ways are upright?"-NIV)

(How can it be said, house of Jacob, "Is the LORD short of patinence; are these the Lord's deeds?" Do not my words promise good to the one who walks in justice?-NAB)

(Does GOD lose his temper? Is this the way he acts? Isn't he on the side of good people? Doesn't he help those who help themselves?"-THE MESSAGE)

⑧ 근래에 내 백성이 대적 같이 일어나서 전쟁을 피하여 평안히 지나가는 자들의 의복 중 겉옷을 벗기며,

⑨ 내 백성의 부녀들을 너희가 그 즐거운 집에서 쫓아내고 그 어린 자녀에게서 나의 영광을 영영히 빼앗는도다,

⑩ 이것이 너희의 쉴곳이 아니니 일어나 떠날지어다, 이는 그것이 이미 더러워졌음이라, 그런즉 반드시 멸하리니, 그 멸망이 크리라,

⑪ 사람이 만일 허망히 행하며 거짓말로 이르기를, 내가 포도주와 독주에 데하여 네게 예언하리라 할 것 같으면 그 사람이 이 백성의 선지자가 되리로다,

⑫ 야곱아, 내가 정녕히 너희 무리를 다 모으며, 내가 정녕히 이스라엘의 남은 자를 모으고 그들을 한 처소에 두기를 보스라 양떼 같게 하며, 초장의 양떼 같게 하리니, 그들의 사람의 수가 많으므로 소리가 크게 들릴 것이며,

⑬ 길을 여는 자가 그들의 앞서 올라가고, 그들은 달려서 성문에 이르러서는 그리로 좇아 나갈 것이며, 그들이 왕이 앞서 행하며 여호와께서 선두로 행하시리라.

● 3장

① 내가 또 말하기를, 오 야곱의 두령들아, 이스라엘 족속의 치리자들아, 청하노니, 들

으라, 너희가 공의를 알 것이 아니냐?

② 너희가 선을 미워하고 악을 좋아하여, 내 백성의 가죽을 벗기고 그 뼈에서 살을 뜯어,

③ 그들의 살을 먹으며, 그 가죽을 벗기며, 그 뼈를 꺾어 다지기를, 남비와 솥 가운데 담을 고기처럼 하는도다,

④ 그때에 그들이 여호와께 부르짖을지라도 응답지 아니하시고, 그들의 행위의 악하던대로 그들 앞에 얼굴을 가리우시리라,

⑤ 내 백성을 유혹하는 선지자는 이빨을 물면서도 평화를 외치며, 자기들의 입에 무엇을 채워주지 아니하는 자에게는 전쟁을 준비하는도다, 이런 선지자에 대하여 여호와께서 이같이 말하노라,

⑥ 그러므로 너희가 밤이 이르리니, 너희가 환상을 보지 못할 것이요, 너희에게 어둠이 오리니 너희가 치지 못하리라, 또 그 선지자들 위로 해가 지므로 낮이 그들 위에 어둠이 되리라,

⑦ 그때에 선견자들이 부끄러움을 당할 것이요, 점치는 자들이 당황할 것이요, 참으로 그들 모두가 자기들의 입술을 가리울 것이니 이는 하나님의 응답이 없기 때문이니라,

⑧ 그러나 진실로 나는 여호와의 영으로 말미암아 권능과 공의와 힘이 충만하여 야곱의 허물과 이스라엘의 죄를 그들에게 보이리라,

⑨ 야곱 족속의 두령과 이스라엘 족속의 치리자 곧 공의를 미워하고 정직한 것을 굽게 하는 자들아, 청컨대, 이 말을 들을지어다,

⑩ 시온을 피로 예루살렘을 죄악으로 건축하는도다,

⑪ 그 두령은 뇌물을 위하여 재판하며, 그 제사장은 삯을 위하여 교훈하며, 그 선지자는 돈을 위하여 점 치면서 오히려 여호와를 의뢰하여 이르기를, 여호와께서 우리 중에 계시지 아니하냐? 재앙이 우리에게 임하지 아니하리라, 하는도다,

⑫ 이러므로 너희로 인하여 시온은 밭 같이 갊을 당하고 예루살렘은 무더기가 되고, 성전의 산은 수풀의 높은 곳과 같게 되리라,

● 4장

① 그러나 마지막 날들에는 여호와의 전의 산이 산들의 꼭대기에 세워지고, 산은 작은 언덕들 위에 높여지고 백성들이 그곳으로 몰려 들어가리라,

② 곧 많은 이방인들이 오며 이르기를, 오라, 우리가 여호와의 산에 올라가서 야곱의 하나님의 전에 이르자, 그가 그 도로 우리에게 가리치실 것이라, 우리가 그 길로 행하리라, 하리니, 이는 율법이 시온에서부터 나올 것이요, 여호와의 말씀이 예루살렘에서부터 나올 것임이라,

③ 그가 많은 민족 중에 심판하시며 먼 곳 강한 이방을 판결하시리니, 무리가 그 칼을 쳐서 보습을 만들고 창을 쳐서 낫을 만들 것이며, 이 나라와 저 나라가 다시는 칼을 들고 서로 치지 아니하며, 다시는 전쟁을 연습하지 아니하고,

④ 각 사람이 자기 포도나무 아래와 자기 무화과나무 아래 앉을 것이라, 그들을 두렵게 할 자가 없으리니, 이는 만군의 여호와의 입이 이같이 말씀하셨음이니라,

⑤ 모든 이방인들이 그들의 신의 이름으로 행보 할것이고, 우리는 우리 하나님 여호와의 이름 안에서 영원무궁토록 영원히 행하리로다,

⑥ 여호와께서 말씀하시되, 그 날에는 내가 절뚝거리는 자를 모으고, 내가 쫓겨난 그녀를 모으고, 내가 괴롭게 하였던 그녀를 모을 것이요,

⑦ 내가 절뚝거리는 그녀를 남은 자가 되게 할 것이요, 멀리 쫓겨난 그녀를 강한 민족이 되게 하리니, 여호와께서 시온산에서 그들을 이제부터 영원토록 다스리리라,

⑧ 너 양떼의 망대요, 딸 시온의 산이여, 이전 권능 곧 딸 예루살렘의 나라가 네게로 돌아 오리라,

⑨ 이제 네가 어찌하여 부르짖느냐? 너희 중에 왕이 없어졌고, 네 상담하는 자 죽었으므로 네가 해산하는 여인처럼 고통함이냐?

⑩ 딸 시온이여, 해산하는 여인처럼 고통 속에서 수고하여 낳을지어다, 이제 네가 성읍에서 나가서 들에 거하며 또 바벨론까지 이르러 거기서 구원을 얻으리니, 여호와께서 거기서 너를 너의 원수들의 손에서 속량하여 내시리라,

⑪ 이제 또 많은 이방인들이 모여서 너를 대적하여 이르기를, 그녀를 더럽게 하여 우리의 눈으로 시온을 바라보자, 하겠으나,

⑫ 그들은 여호와의 뜻을 알지 못하며, 그들이 그분의 계획을 깨닫지 못하나니, 이는 그분이 그들을 타작마당의 곡식 단들같이 모을 것임이라,

⑬ 오 시온의 딸아, 일어나서 타작하라, 이를 위하여 내가 철로 만든 뿔을 너에게 줄 것이고, 내가 놋으로 만든 발굽을 줄 것이며, 너는 이방인들을 쳐서 산산 조각낼 것이라, 너는 그들의 전리품을 여호와께 성스러운 헌물로서 가져오고, 그들의 재산을 전 지구의 주재자이신 여호와께 바칠 것이니라.,

(Arise and thresh, O daughter of Zion: for I will make thine horn iron, and I will make thy hoofs brass:and thou shall beat in pieces many people: and I will consecrate their gain unto the LORD, and their substance unto the Lord of the whole earth.-KJV)

("Rise and thresh, O Daughter of Zion, for I will give you horns of iron, I wiil give you hoofs of bronze and you will break to pieces many nations. You will devote their ill-gotten gains to the Lord, their wealth to the Lord of all the earth.-NIV)

(Arise and thresh, O Daughter Zion; your horn I will make iron. And your hoofs I will make bronze, that you may crush many peoples; You shall devote their spoils to the LORD, their riches to the Lord of the whole earth.-NAB)

(On your feet, Daughter of Zion! Be threshed of chaff, be refined of dross. I'm remarking you into a people invincible, into God's juggernaut to crush the godless peoples. You'll bring their plunder as holy offerings to GOD, their wealth to the Master of the earth.-THE MESSAGE)

● 5장

① 너희 군대들, 성읍의 군대들을 정렬시킬지어다, 그가 우리에 대항하여 포위 공격을 하는도다, 그들이 막대기로 이스라엘의 지배자의 뺨을 치리로다,

② 베들레헴 에브라다야, 너는 유다 족속 중에 작을지라도 이스라엘을 다스릴 자가 네게서 내게로 나올 것이라, 그의 나아감은 옛적부터 있었으며 영원부터 있었느니라,

③ 그 결과 산고를 겪는 여인이 해산하기 까지는 이스라엘은 버려질 것이니라, 그리고 그의 남은 형제들은 돌아와서 이스라엘에 합류할 것이니라,

④ 그가 여호와의 능력과 그 하나님 여호와의 이름의 위엄을 의지하고 서서, 그 떼에게 먹여서 그들로 안연히 거하게 할 것이라, 이제 그가 창대하여 땅 끝까지 미치리라,

⑤ 이 사람은 우리의 평강이 될 것이라, 앗수르 사람이 우리 땅에 들어와서 우리 궁들을 밟을 때에는 우리가 일곱 목자와 여덟 군왕을 일으켜 그들을 치리니,

⑥ 그들이 칼로 앗수르 땅을 황무케하며 니므롯 땅의 어귀를 황무케 하리라, 앗수르 사람이 우리 땅에 들어와서 우리 경계들을 밟을 때에는 그가 우리를 그에게서 건져내리라,

⑦ 또 야곱의 남은 자들이 많은 백성들의 한가운데에 있으리니, 여호와께로부터 내리는 이슬 같고 풀 위에 내리는 소나기 같아서 사람을 기다리지 아니하며 인생을 기다리지 아니하는도다,

⑧ 야곱 족속의 남은 자들은 이방인들 중에 있으리니, 많은 민족들의 한 가운데에 있을 것이니라, 그것은 양 떼 중의 젊은 사자 같아서 만일 지나간즉 밟고 찢으리니, 능히 구원할 자가 없을 것이라,

⑨ 네 손이 네 대적 위에 들려서 네 모든 원수를 진멸하기를 바라노라,

⑩ 여호와께서 가라사대, 그 날에 이르러는 내가 너의 말을 너의 중에서 멸절하며 너의 병거를 훼파하며,

⑪ 너의 땅의 성읍들을 멸하며 너의 모든 견고한 성을 무너뜨릴 것이며,

⑫ 내가 또 복술을 너의 손에서 끊으리니, 네게 다시는 점장이가 없게 될 것이며,

⑬ 내가 너의 새긴 우상과 주상을 너의 중에서 멸절하리니, 네가 네 손으로 만든 것을 다시는 섬기지 아니하리라,

⑭ 내가 또 너의 아세라 목상을 너의 중에서 빼어 버리고 너의 성읍들을 멸할 것이며,

⑮ 내가 또 진노와 분한으로 청종치 아니한 나라에 갚으리라, 하셨느니라.

● 6장

① 너희는 여호와의 말씀을 들을지어다, 내게 이르시기를, 너는 일어나서 산 앞에서 논쟁하여 작은 산으로 네 목소리를 듣게 하라, 하셨나니,

② 너희 산들과 땅의 견고한 지대들아, 너희는 여호와의 쟁변을 들으라, 여호와께서 자기 백성과 논쟁하시며 이스라엘과 변론하실 것이라,

③ 오 내 백성아, 내가 네게 무엇을 행하였으며, 내가 어떻게 너를 지치게 하였느냐? 너는 내게 입증할지니라,

④ 내가 너를 에집트 땅에서 인도하여 내어 종노릇 하는 집에서 속량하였고, 모세와 아론과 미리암을 보내어, 네 앞에 행하게 하였었느니라,

⑤ 내 백성아, 너는 모압 왕 발락의 꾀한 것과 브올의 아들 발람이 그에게 대답한 것을 추억하며 싯딤에서부터 길갈까지의 일을 추억하라, 그리하면 나 여호와의 의롭게

행한 것을 알리라, 하실 것이니라.

⑥ 내가 무엇을 가지고 여호와 앞에 나아가며 높으신 하나님께 경배할까? 내가 번제
물 일년 된 송아지를 가지고 그 앞에 나아갈까?

⑦ 여호와께서 천천의 수양이나 만만의 강수 같은 기름을 기뻐 하실까? 내 허물을 위
하여 내 맏아들을 내 영혼의 죄를 인하여 내 몸의 열매를 드릴까?

⑧ 사람아 주께서 선한 것이 무엇임을 네게 보이셨나니, 여호와께서 네게 구하시는
것이 오직 공의를 행하며 인자를 사랑하며 겸손히 네 하나님과 함께 행하는 것이
아니냐?

⑨ 여호와께서 성읍을 향하여 외쳐 부르시나니, 완전한 지혜는 주의 이름을 경외함이
니라, 너희는 매를 순히 받고 그것을 정하신 자를 순종할지니라.

⑩ 악인의 집에 오히려 불의한 재물이 있느냐? 축소시킨 가증한 에바가 있느냐?

⑪ 내가 만일 부정한 저울을 썼거나 주머니에 거짓 저울추를 두었으면 깨끗하겠느냐?

⑫ 그 부자들은 폭력으로 가득하였고 그 거민들은 거짓을 말하니, 그 혀가 입에서 거
짓되도다.

⑬ 그러므로 나도 너를 쳐서 중히 상하게 하였으며, 네 죄를 인하여 너를 적막하게 하
였나니,

⑭ 네가 먹으나 배부르지 못하고 속이 항상 빌 것이며, 네가 감추나 보존되지 못하겠
고, 보존된 것은 내가 칼에 붙일 것이며,

⑮ 네가 씨를 뿌리나 추수하지 못할 것이며, 감람을 밟으나 기름을 네 몸에 바르지 못
할 것이며, 포도를 밟으나 술을 마시지 못하리라.

⑯ 너희가 오무리의 율례와 아합 집의 모든 행위를 지키고 그들의 꾀를 좇으니, 이는
나로 너희를 황무케 하며, 그 거민으로 사람의 치솟거리를 만들게 하여 함이라, 너
희가 내 백성의 수욕을 담당하리라.

● 7장

① 나에게는 얼마나 비탄스러운가! 나는 포도원에서 떨어진 포도 줄기에서 여름 과일
을 모으는 사람 같으니라, 거기에는 먹을 포도송이 하나 없으며 내가 좋아하는 이
른 무화과들도 없도다.

② 이와 같이 선인이 세상에서 끊쳤고 정직 자가 인간에 없도다, 사람들이 다 피를 흘
리려고 매복하며 각기 그물로 형제를 잡으려 하고,

③ 두 손으로 악을 부지런히 행하도다, 그 군장과 재판자는 뇌물을 구하며, 대인은 마음의 악한 사욕을 발하며 서로 연락을 취하니,

④ 그들의 가장 선한 자라도 가시 같고 가장 정직한 자라도 찔레 울타리보다 더하도다, 그들의 파숫군들의 날, 곧 그들의 형벌의 날이 임하였으니, 이제는 그들이 요란하리로다,

⑤ 너희는 이웃을 믿지 말며 친구를 의지하지 말며, 네 품에 누운 여인에게라도 네 입의 문을 지킬지어다,

⑥ 아들이 아비를 멸시하며 딸이 어미를 대적하며 며느리가 시어미를 대적하리니, 사람의 원수가 곧 자기의 집안 사람이리로다,

⑦ 오직 나는 여호와를 우러러 보며, 나를 구원하시는 하나님을 바라보나니, 나의 하나님이 나를 들으시리로다,

⑧ 나의 대적이여, 나로 인하여 기뻐하지 말지어다, 나는 엎드러질지라도 일어날 것이요, 어두운데 앉을지라도 여호와께서 나의 빛이 되실 것임이로다,

⑨ 내가 여호와께 범죄하였으니 주께서 나를 위하여 심판하사, 신원하시기까지는 그의 노를 당하려니와 주께서 나를 인도하사, 광명에 이르게 하시리니, 내가 그의 의를 보리로다,

⑩ 나의 대적이 이것을 보고 부끄러워하리니, 그는 전에 내게 말하기를, 네 하나님 여호와가 어디 있느냐? 하던 자라 그가 거리의 진흙 같이 밟히리니, 그것을 건축하는 날 곧 그 날에는 지경이 넓혀질 것이라,

⑪ 네 성벽을 건축하는 날, 곧 그 날에는 지경이 넓혀질 것이라,

⑫ 또한 그 날에는 그가 내게로 돌아오리니, 앗수르에서, 그 견고한 성읍들에서, 요새에서 강까지, 또 바다에서 바다에 이르기까지, 그리고 산에서 산에 이르기까지니라,

⑬ 그럼에도 불고하고 그 땅은 그곳에 거하는 자들, 곧 그들의 행위들의 열매로 인하여 황폐하게 되리라,

⑭ 원컨대, 주님의 백성, 곧 갈멜의 한가운데 숲 속에서 외롭게 거하는 주님의 상속의 양떼를 주님의 막대기로 먹이소서, 옛날같이 바산과 길르앗에서 먹이옵소서,

⑮ 말씀하시기를, 네가 에집트의 땅에서 나오던 날들에 한 것같이 내가 그들에게 놀아운 일들을 보이리라, 하시니라,

⑯ 이방인들이 보고 그들의 모든 힘으로 말미암아 당황하리니, 그들이 자기들의 손으

로 그들의 입을 막을 것이요, 그들의 귀는 벙어리가 되리라,

⑰ 그들이 뱀처럼 티끌을 핥으며 땅에 기는 벌레처럼 떨며, 그 좁은 구멍에서 나와서 두려워하며, 우리 하나님 여호와께서 돌아와서 주로 인하여 두려워하리이다,

⑱ 주와 같은 신이 어디 있으리이까? 주께서는 죄악을 사유하시며 그 기업의 남은 자의 허물을 넘기시며 인애를 기뻐하심으로 노를 항상 품지 아니하시나이다,

⑲ 다시 우리를 불쌍히 여기셔서 우리의 죄악을 발로 밟으시고 우리의 모든 죄를 깊은 바다에 던지시리이다,

⑳ 주님께서는 우리 조상들에게 맹세하신대로 야곱에게는 성실을 베푸시며 아브라함에게는 자비를 베푸시리이다.

나훔

· 본 성경듣기는 QR코드 인식으로 들을 수 있습니다

● 1장

① 니느웨에 대한 엄중한 경고요, 엘고스 사람 나훔이 환상으로 본 것에 관하여 쓴 것이라,

② 여호와는 투기하시며 보복하시는 하나님이시라, 여호와는 보복하시며 진노하시고 자기를 거스리는 자에게 보복하시며 자기를 대적하는 자에게 진노를 간직하시는도다,

③ 여호와는 노하기를 더디 하시며 권능이 크시며 죄인을 결코 사하지 아니하시느니라, 여호와의 길은 회리바람과 광풍에 있고 구름은 그 발의 티끌이로다,

④ 그는 바다를 꾸짖어 그것을 말리우시며 모든 강을 말리우시나니, 바산과 갈멜이 쇠하며 레바논의 꽃이 시드는도다,

⑤ 그로 인하여 산들이 진동하며 작은 산들이 녹고, 그의 앞에 서는 땅 곧 세계와 그 가운데 거하는 자들이 솟아 오르는도다,

⑥ 누가 능히 그 분노하신 앞에 서며 누가 능히 그 진노를 감당하랴? 그 진노를 불처럼 쏟으시니 그분으로 인하여 바위들이 깨어지는도다

⑦ 여호와는 선하시며 환난 날의 산성이시라, 그는 자기에게 신뢰하는 자들을 아시느니라,

⑧ 그가 범람한 물로 그곳을 진멸하시고 자기 대적들을 흑암으로 쫓아내시리라,

⑨ 너희가 여호와를 대하여 무엇을 꾀하느냐? 그가 온전히 멸하시리니 재난이 다시 일어나지 아니하리라,

⑩ 가시덤불 같이 엉크러졌고 술을 마신 것 같이 취한 그들이 마른 지푸라기 같이 다 탈것이어늘,

⑪ 여호와께 악을 꾀하는 한 사람이 너희 중에서 나와서 사특한 것을 권하는도다,

⑫ 여호와께서 말씀하시기를, 그들이 비록 강장하고 중다할지라도 반드시 멸절을 당하리니, 그가 없어지리라, 내가 전에는 너를 괴롭혔으나 다시는 너를 괴롭게 하지 아니할 것이라,

⑬ 이제 네게 지운 그 명에를 내가 깨뜨리고 너의 결박을 끊으리라,

⑭ 나 여호와가 네게 대하여 명하였나니, 네 이름이 다시는 전파되지 않을 것이라, 내가 네 신들의 집에서 새긴 우상과 부은 우상을 멸절하며 네 무덤을 예비하리니, 이는 네가 야비하기 때문이니라,

⑮ 볼지어다, 아름다운 소식을 가져오며 화평을 전하는 자의 발이 산 위에 있도다, 유다여 네 절기를 지키고 네 서원을 갚을지어다, 악인이 진멸되었으니 그가 다시는 네 가운데로 통행하지 아니하리로다,

● 2장

① 파괴하는 자가 너를 치러 올라왔나니 너는 산성을 지키며 길을 파수하며 네 허리를 견고히 묶고 네 힘을 굳게 할지어다,

② 여호와께서 야곱의 영광을 회복하시되, 이스라엘의 영광 같게 하시나니, 이는 약탈자들이 약탈하였고 또 그 포도나무 가지를 없이 하였음이라,

③ 그의 용사들의 방패는 붉고 그의 무사들의 옷도 붉으며, 그들이 준비를 마친 날에 병거의 철이 번쩍이고 노송나무 창이 요동하는 도다,

④ 그 병거는 거리에 미치게 달리며 대로에서 이리 저리 빨리 가니, 그 모양이 횃불같고 빠르기 번개 같도다,

⑤ 그가 그 존귀한 자를 생각해 내니, 그들이 엎드러질 듯이 달려서 급히 성에 이르러 막을 것을 예비하도다,

⑥ 강들의 수문이 열리고 왕궁이 소멸되며,

⑦ 정명대로 왕후가 벌거벗은 몸으로 끌려가며, 그 모든 시녀가 가슴을 치며 비둘기 같이 슬피 우는도다,

⑧ 니느웨는 예로부터 물이 모인 못 같더니, 이제 모두 도망하니, 서라, 서라 하나 돌아 보는 자가 없도다,

⑨ 은을 노략하라! 금을 늑탈하라! 그 저축한 것이 무한하고 아름다운 기구가 풍부 함이니라,

⑩ 니느웨가 공허하였고 황무하였도다, 거민이 낙담하여 그 무릎이 서로 부딪히며 모든 허리가 아프게 되며 모든 낯이 빛을 잃도다,

⑪ 이제 사자의 굴이 어디뇨? 젊은 사자의 먹는 곳이 어디뇨? 전에는 수사자 암사자가 그 새끼 사자와 함께 거기서 다니되 그것들을 두렵게 할 자가 없었으며,

⑫ 수사자가 그 새끼를 위하여 먹이를 충분히 찢고 그 암사자를 위하여 무엇을 움켜서는 취한 것으로 그 굴에 채웠고, 찢은 것으로 그 구멍에 채웠었도다,

⑬ 만군의 여호와의 말씀에 내가 네 대적이 되어 너의 병거들을 살라, 연기가 되게 하고, 너의 젊은 사자들을 칼로 멸할 것이며, 내가 또 너의 노략한 것을 땅에서 끊으리니, 너는 사자(messenger)의 목소리가 다시는 들리지 아니하리라 하셨느니라,

● 3장

① 화 있을진저, 피 성이여 그 속에서는 거짓과 강포가 가득하며 늑탈이 떠나지 아니하는도다,

② 휙휙하는 채찍 소리, 굉굉하는 병거 바퀴, 소리 뛰는 말 달리는 병거,

③ 충돌하는 기병, 번쩍이는 칼 번개 같은 창, 살륙 당한 떼, 큰 무더기 주검, 무수한 시체여 사람이 그 시체에 걸려 넘어지니,

④ 이는 마술의 주인된 아리따운 기생이 음행을 많이 함을 인함이라, 그가 그 음행으로 열국을 미혹하고, 그 마술로 여러 족속을 미혹하느니라,

⑤ 만군의 여호와의 말씀에 내가 네 대적이 되어서 네 치마를 걷어쳐 네 얼굴에 이르게 하고 네 벌거벗은 것을 열국에 보일 것이요,

⑥ 내가 또 가증하고 더러운 것을 네 위에 던져 능욕하여 너로 구경거리가 되게 하리니,

⑦ 그 때에 너를 보는 자가 다 네게서 도망하며 이르기를, 니느웨가 황무하였도다, 누가 위하여 애곡하며, 내가 어디서 너를 위로할 자를 구하리요? 하리라, 하시도다,

⑧ 네가 어찌 노아몬보다 낫겠느냐? 그는 강물 사이에 있으므로 물이 둘렸으니 바다가 성루가 되었고 바다가 성벽이 되었으며,

⑨ 에티오피아와 에집트가 그 힘이 되어 한이 없겠고 붓과 루빔이 그의 돕는 자가 되었으나,

⑩ 그가 포로가 되어 사로잡혀 갔고, 그 어린 아이들은 길 모퉁이 모퉁이에 메어침을 당하여 부서졌으며, 그 존귀한 자들은 제비 뽑혀 나뉘었고, 그녀의 모든 힘센 사람

들은 사슬에 결박되었나니,

⑪ 너도 취한바 되어 숨으리라, 너도 대적을 인하여 피난처를 찾아보리라,

⑫ 너의 모든 산성은 무화과나무의 처음 익은 열매가 흔들기만 하면 먹는 자의 입에 떨어짐과 같으리라,

⑬ 너의 중 장정들은 여인 같고 너의 땅의 성문들은 너의 대적 앞에 넓게 열리고 빗장들은 불에 타도다,

⑭ 너는 물을 길어 에워싸일 것을 예비하며, 너의 산성들을 견고케 하며 진흙에 들어가서 흙을 밟아 벽돌 가마를 수리하라,

⑮ 거기서 불이 너를 삼키며, 칼이 너를 베기를 자벌레 먹는 것같이 하리라, 네가 자벌레 같이 스스로 많게 하고, 메뚜기 같이 스스로 많게 할지어다,

⑯ 네가 네 상인들을 하늘의 별보다 많게 하였으나, 황충이 땅의 소산을 다먹고 날아감과 같이 그들이 날아가 버렸느니라,

(Thou hast multiplied thy merchants above the stas of heaven: the cankerworm spoileth, and fleeth away.-KJV)

(You have increased the number of your merchants till they are more than the stars of the sky, but like locusts they strip the land and they fly away.-NIV)

(You have made your traders more numerous than the stars of the heavens; like grasshoppers that shed their skins and fly away.-NAB)

(You've multiplied shops and shopkeepers-more buyers and sellers than stars in the sky! A plague of locusts, cleaning out the neighborhood and then flying off.-THE MESSAGE0

⑰ 너의 방백은 메뚜기 같고 너의 대장은 큰 메뚜기 떼가 추운 날에는 울타리에 깃들였다가 해가 뜨면 날아감과 같으니, 그 있는 곳을 알 수 없도다,

⑱ 앗수르 왕이여! 네 목자들은 잠자고 있고 네 귀족은 누워 쉬며, 네 백성은 산들에 흩어지나 그들을 모으는 자가 없도다,

⑲ 너의 다친 것은 고칠 수 없고 네 상처는 중하도다, 네 소식을 듣는 자가 다 너를 향하여 손뼉을 치나니, 이는 너의 끊임없는 악행을 받고 느끼지 않은 자가 없음이 아니기 때문이니라.

하박국

· 본 성경듣기는 QR코드 인식으로 들을 수 있습니다

● 1장

① 선지자 하박국이 받은 여호와의 계시라.

② 여호와여 내가 부르짖어도 주께서 듣지 아니하시니 어느 때까지이리이까? 내가 강포를 인하여 외쳐도 주께서 구원치 아니하시나이다,

③ 어찌하여 나로 간악을 보게 하시며 패역을 목도하게 하시나이까? 대저, 겁탈과 강포가 내 앞에 있고 변론과 분쟁이 일어났나이다,

④ 이러므로 율법이 해이하고 공의가 아주 시행되지 못하오니, 이는 악인이 의인을 에워쌌으므로 공의가 굽게 행함이니이다,

⑤ 여호와께서 가라사대, 너희는 열국을 보고 또 보고 놀라고 또 놀랄지어다, 너희 생전에 내가 한 일을 행할 것이라, 너희가 들을지라도 너희가 믿지 아니하리라,

⑥ 보라, 내가 사납고 성급한 백성 곧 땅의 넓은 곳으로 다니며, 자기의 소유 아닌 거할 곳들을 점령하는 바벨로니아 사람을 일으켰나니,

⑦ 그들은 두렵고 무서우며 심판과 위령이 자기로 말미암으며,

⑧ 그 말은 표범보다 빠르고 저녁 이리보다 사나우며 그 기병은 원방에서부터 빨리 달려오는 기병이라, 마치 식물을 움키려하는 독수리의 날음과 같으니라,

⑨ 그들은 다 강포를 행하러 오는데 앞을 향하여 나아가며 사람을 사로잡아 모으기를 모래 같이 많이 할 것이요,

⑩ 열왕을 멸시하며 방백을 치소하며 모든 견고한 성을 비웃고 흉벽을 쌓아 그것을 취할 것이라,

⑪ 그들은 그 힘으로 자기 신을 삼는 자라, 이에 바람 같이 급히 몰아 지나치게 행하여 득죄하리라,

⑫ 오 주님이신 나의 하나님이시여 나의 거룩한 분이시여, 주님께서는 만세전부터 계시지 아니하시나이까? 우리가 사망에 이르지 아니하리이다, 오 여호와여, 여호와께서는 심판하기 위하여 그를 두셨나이다, 오 권능의 하나님이시여, 주님께서는 징계하시려고 그들을 세우셨나이다,

⑬ 주님께서는 눈이 정결하시므로 악을 참아 보지 못하시며, 죄악을 보실 수도 없나이다, 그럼에도 불구하고 어찌하여 주님께서는 반역을 행하는 자들을 바라만 보시고 사악한 자가 자기보다 더 의로운 사람을 삼키는데도 침묵을 지키시나이까?

⑭ 주님께서는 사람을 바다의 물고기 같게 만드시고, 지휘자 없는 바다속 생물들 같게 만드셨나이까?

⑮ 그가 낚시로 모두 취하며 그물로 잡으며, 초망으로 모으고 인하여 기뻐하고 즐거워하여,

⑯ 그물에 제사하며 초망 앞에 분향하오니, 이는 그것을 힘입어 소득이 풍부하고 먹을 것이 풍성케됨이니이다,

⑰ 그러므로 그들이 자기들의 그물을 비우고 계속해서 이 민족들을 아끼지 아니하고 죽여야 하리이까?

● 2장

① 내가 내 파수하는 곳에 서서 나를 성루에 세우고, 그분께서 내게 말씀하실 것과 내가 책망받을 때에 내가 무엇으로 대답하는지를 지켜보리라,

② 그때에 여호와께서 내게 대답하여 가라사대, 너는 이 묵시를 기록하여 판에 명백히 새기되 달려 가면서도 읽을 수 있게 하라,

③ 이 묵시는 정한 때가 있나니, 그 종말이 속히 이르겠고 결코 거짓되지 아니하리라, 비록 더딜지라도 기다리라, 지체되지 않고 정녕 응하리라,

④ 보라 높임을 받은자의 마음은 교만하고 그의 안에서는 강직하지 못하나, 그러나 의인은 그 신앙으로 말미암아 사는 것이니라,

⑤ 또한 참으로 그는 술로 범죄하는 자요, 그는 교만하며 가만히 있지 아니하고, 그 욕심을 지옥같이 넓히며 또 그는 사망 같아서 족한줄을 모르고, 자기에게로 만국을 모으며 만민을 모으나니,

⑥ 그 무리가 다 속담으로 그를 평론하며 조롱하는 시로 그를 풍자하지 않겠느냐? 곧 이르기를, 화 있을진저, 자기 소유 아닌 것을 모으는 자여, 언제까지 이르겠느냐?

볼모 잡은 것으로 무겁게 짐진 자여,

⑦ 너를 물 자들이 홀연히 일어나지 않겠느냐? 너를 괴롭게 할 자들이 깨지 않겠느냐? 네가 그들에게 노략을 당하지 않겠느냐?

⑧ 네가 여러 나라를 노략하였으므로 그 모든 민족의 남은 자가 너를 노략하리니, 이는 네가 사람의 피를 흘렸음이요, 또 땅에 또 성읍에 그 안의 모든 거민에게 강포를 행하였음이니라, 하리라,

⑨ 재앙을 피하기 위하여 높은데 깃들이려 하며, 자기 집을 위하여 불의의 이를 취하는 자에게 화 있을진저,

⑩ 네가 여러 민족을 멸한 것이 네 집에 욕을 부르며, 너로 네 영혼에게 죄를 범하게 하는 것이 되었도다,

⑪ 담에서 돌이 부르짖고, 집에서 들보가 응답하리라,

⑫ 피로 읍을 건설하며 불의로 성을 건축하는 자에게 화 있을진저,

⑬ 민족들이 불 탈 것으로 수고하는 것과 열국이 헛된 일로 곤비하게 되는 것이 만군의 여호와께로 말미암음이 아니냐?

⑭ 대저 물이 바다를 덮음 같이 여호와의 영광을 인정하는 것이 세상에 가득하리라,

⑮ 이웃에게 술을 마시우되 자기의 분노를 더하여 그로 취케 하고 그 하체를 드러내려 하는 자에게 화 있을진저,

⑯ 네게 영광이 아니요, 수치가 가득한즉, 너도 마시고 너의 할례 아니한 것을 드러내라, 여호와의 오른손의 잔이 네게로 돌아올 것이라, 더러운 욕이 네 영광을 가리우리라,

⑰ 대저, 네가 레바논에 강포를 행한 것과 짐승을 두렵게 하여 잔해한 것, 곧 사람의 피를 흘리며 땅과 성읍과 그 모든 거민에게 강포를 행한 것이 네게로 돌아오리라,

⑱ 새긴 우상은 그 새겨 만든 자에게 무엇이 유익하겠느냐? 부어 만든 우상은 거짓 스승이라 만든 자가 이 말하지 못하는 우상을 의지하니 무엇이 유익하겠느냐?

⑲ 나무더러 깨라 하며 말하지 못하는 돌더러 일어나라, 하는 자에게 화 있을진저, 그것이 교훈을 베풀겠느냐? 보라 이는 금과 은으로 입힌 것인즉, 그 속에는 생기가 도무지 없느니라,

⑳ 오직 여호와는 그 성전에 계시니, 온 천하는 그 앞에서 잠잠할지니라.

● 3장

① 시기오놋에 맞춘 선지자 하박국의 기도라,

② 여호와여 내가 주께 대한 소문을 듣고 놀랐나이다, 여호와여 주는 주의 일을 이 수년 내에 부흥케 하옵소서, 이 수년 내에 나타내시옵소서, 진노 중에라도 긍휼을 잊지 마옵소서!

③ 하나님이 데만에서부터 오시며 거룩한 자가 바란산에서부터 오시도다(셀라), 그 영광이 하늘을 덮었고 그 찬송이 세계에 가득하도다,

④ 그 광명이 햇빛 같고 광선이 그 손에서 나오니, 그 권능이 그 속에 감추었도다,

⑤ 온역이 그 앞에서 행하며 불덩이가 그 발 밑에서 나오도다,

⑥ 그가 서신즉, 땅이 진동하며 그가 보신즉, 열국이 전률하며 영원한 산이 무너지며 무궁한 작은 산이 엎드러지나니, 그 행하심이 예로부터 그러하시도다,

⑦ 내가 본즉, 구산의 장막이 환난을 당하고 미디안 땅의 휘장이 흔들리도다,

⑧ 여호와여, 주께서 말을 타시며 구원의 병거를 모시오니, 강들을 분히 여기심이니이까

⑨ 주께서 활을 꺼내시고 살을 바로 발하셨나이다(셀라), 주께서 강들로 땅을 쪼개셨나이다,

⑩ 산들이 주를 보고 흔들리며 창수가 넘치고 바다가 소리를 지르며 손을 높이 들었나이다,

⑪ 주의 날으는 살의 빛과 주의 번쩍이는 창의 광채로 인하여 해와 달이 그 처소에 멈추었나이다,

⑫ 주께서 노를 발하사 땅에 둘리셨으며 분을 내사 열국을 밟으셨나이다,

⑬ 주께서 주의 백성을 구원하시려고 기름 받은 자를 구원하시려고 나오사, 악인의 집머리를 치시며 그 기초를 끝까지 드러내셨나이다(셀라),

⑭ 그들이 회리바람처럼 이르러 나를 흩으려 하며 가만히 가난한 자 삼키기를 즐거워하나 오직 주께서 그들의 전사의 머리를 그들의 창으로 찌르셨나이다,

⑮ 주께서 말을 타시고 바다 곧 큰 물의 파도를 밟으셨나이다,

⑯ 내가 들었으므로 내 창자가 흔들렸고 그 목소리로 인하여 내 입술이 떨렸도다, 무리가 우리를 치러 올라오는 환난 날을 내가 기다리므로 내 뼈가 썩이는 것이 들어왔으며 내 몸은 내 처소에서 떨리는도다,

⑰ 비록 무화과나무가 무성치 못하며 포도나무에 열매가 없으며 감람나무에 소출이

없으며 밭에 식물이 없으며 우리에 양이 없으며 외양간에 소가 없을지라도,

⑱ 나는 여호와를 인하여 즐거워하며 나의 구원의 하나님을 인하여 기뻐하리로다,

⑲ 주 여호와는 나의 힘이시라, 나의 발을 사슴과 같게 하사, 나로 나의 높은 곳에 다니게 하시리로다, 이 노래는 영장을 위하여 내 수금에 맞춘 것이니라.

스바냐

· 본 성경듣기는 QR코드 인식으로 들을 수 있습니다

● 1장

① 아몬의 아들 유다 왕 요시아의 시대에 스바냐에게 임한 여호와의 말씀이라, 스바냐는 히스기야의 현손이요, 아마랴의 증손이요, 그다랴의 손자요, 구시의 아들이었더라,

② 여호와께서 가라사대, 내가 지면에서 모든 것을 진멸하리라,

③ 내가 사람과 짐승을 진멸하고 공중의 새와 바다의 고기와 거치게 하는 것과 악인들을 아울러 진멸할 것이라, 내가 사람을 지면에서 멸절하리라, 나 여호와의 말이니라,

④ 내가 유다와 예루살렘 모든 거민 위에 손을 펴서 바알의 남아 있는 것을 그곳에서 멸절하며 그마림이란 이름과 및 그 제사장들을 아울러 멸절하며,

⑤ 무릇 지붕에서 하늘의 일월성신에게 경배하는 자와 경배하며 여호와께 맹세하면서 말감을 가리켜 맹세하는 자와,

⑥ 여호와를 배반하고 좇지 아니한 자와 여호와를 찾지도 아니하며 구하지도 아니한 자를 멸절하리라,

⑦ 주 여호와 앞에서 잠잠할지어다, 이는 여호와의 날이 가까왔으므로 여호와가 희생을 준비하고 그 청할 자를 구별하였음이니라,

⑧ 여호와의 희생의 날에 내가 방백들과 왕자들과 이방의 의복을 입은 자들을 벌할 것이며,

⑨ 그 날에 문턱을 뛰어 넘어서 폭력과 속임으로 그들의 신들의 성전을 채운 자들을 내가 벌하리라,

⑩ 나 여호와가 말하노라, 그 날에 어문에서는 곡성이 제 이구역에서는 부르짖는 소

리가 작은 산들에서는 무너지는 소리가 일어나리라,

⑪ 막데스 거민들아, 너희는 애곡하라, 가나안 백성이 다 패망하고 은을 수운하는 자가 끊어졌음이니라,

⑫ 그 때에 내가 등불로 예루살렘에 두루 찾아 무릇 찌끼 같이 가라앉아서 심중에 스스로 이르기를, 여호와께서는 복도 내리지 아니하시며 화도 내리지 아니하시라, 하는 자를 벌하리니,

⑬ 그들의 재물이 노략되며 그들의 집이 황무할 것이라, 그들이 집을 건축하나 거기 거하지 못하며 포도원을 심으나 그 포도주를 마시지 못하리라,

⑭ 여호와의 큰 날이 가깝도다, 가깝고도 심히 빠르도다, 여호와의 날의 소리로다, 용사가 거기서 심히 애곡하는도다,

⑮ 그 날은 분노의 날이요, 환난과 고통의 날이요, 황무와 패괴의 날이요, 캄캄하고 어두운 날이요, 구름과 흑암의 날이요,

⑯ 나팔을 불어 경고하며 견고한 성읍을 치며 높은 망대를 치는 날이로다,

⑰ 내가 사람들에게 고난을 내려 소경 같이 행하게 하리니, 이는 그들이 나 여호와께 범죄하였음이라, 또 그들의 피는 흘리워서 티끌 같이 되며 그들의 살은 분토 같이 될지라,

⑱ 그들의 은과 금이 여호와의 분노의 날에 능히 그들을 건지지 못할 것이며, 이 온 땅이 여호와의 질투의 불에 삼키우리니, 이는 여호와가 이 땅 모든 거민을 멸절하되 놀랍게 멸절할 것임이니라.

● 2장

① 부끄러운 백성들아, 함께 모일지어다, 함께 모인지어다,

② 명령이 시행되기 전, 광음이 겨 같이 날아 지나가기 전, 여호와의 분노의 날이 너희에게 이르기 전,에 그리할지어다,

③ 여호와의 규례를 지키는 세상의 모든 겸손한 자들아, 너희는 여호와를 찾으며 공의와 겸손을 구하라, 너희가 혹시 여호와의 분노의 날에 숨겨질 수 있으리라,

④ 가사가 버리우며 아스글론이 황폐되며 아스돗이 백주에 쫓겨나며 에그론이 뽑히우리라,

⑤ 해변 거민 그렛 족속에게 화 있을 진저, 팔레스타인 사람들의 땅 가나안아, 여호와의 말이 너희를 치나니, 내가 너를 멸하여 거민이 없게 하리라,

⑥ 해변은 초장이 되어 목자의 움과 양떼의 우리가 거기 있을 것이며,

⑦ 그 지역은 유다 족속의 남은 자에게로 돌아갈지라, 그들이 거기서 양떼를 먹이고 저녁에는 아스글론 집들에 누우리니, 이는 그들의 하나님 여호와가 그들을 권고하여 그 사로잡힘을 돌이킬 것임이니라,

⑧ 내가 모압의 비방과 암몬 자손의 악담을 들었나니, 그들이 내 백성을 비방하고 스스로 커서 그 경계를 침범하였느니라,

⑨ 그러므로 만군의 여호와 이스라엘의 하나님이 말하노라, 내가 나의 삶을 두고 맹세하노니, 장차 모압은 소돔 같으며, 암몬 자손은 고모라 같을 것이라, 찔레가 나며 소금 구덩이가 되어 영원히 황무하리니, 나의 끼친 백성이 그들을 노략하며 나의 남은 국민이 그것을 유업으로 얻을 것이라,

⑩ 그들이 이런 일을 당할 것은 교만하여 스스로 커서 만군의 여호와의 백성을 훼방함이니라,

⑪ 여호와가 그들에게 두렵게 되어서 세상의 모든 신들을 쇠진케 하리니, 이방의 모든 해변 사람들이 각각 자기 처소에서 여호와께 경배하리라,

⑫ 에티오피아 사람들아, 너희도 내 칼에 살륙을 당하리라,

⑬ 여호와가 북방을 향하여 손을 펴서 앗수르를 멸하며, 니느웨로 황무케 하여 사막 같이 메마르게 하리니,

⑭ 각양 짐승이 그 가운데 떼로 누울 것이며, 가마우지와 해오라기가 그 기둥 꼭대기에 깃들일 것이며, 창에서 울 것이며 문턱이 적막하리니, 백향목으로 지은 것이 벗겨졌음이라,

⑮ 이는 기쁜 성이라 염려 없이 거하며 심중에 이르기를, 오직 나만 있고, 나 외에는 다른이가 없다 하더니, 어찌 이같이 황무하여 들짐승의 엎드릴 곳이 되었는고? 지나가는 자마다 치소하여 손을 흔들리로다,

● 3장

① 불결하고 더러운 곳, 포악한 그 성읍이 화 있을진저,

② 그가 명령을 듣지 아니하고, 교훈을 받지 아니하며, 여호와를 의뢰하지 아니하고, 자기 하나님에게 가까이 나아가지 아니하였도다,

③ 그 가운데 관리들은 부르짖는 사자요, 그 지배자들은 아침까지 아무것도 남겨놓지 않는 저녁의 이리떼들이요,

④ 그녀의 선지자들은 교만하고 믿을 수 없는 자들이요, 그녀의 제사장들은 성소를 더럽히고 율법을 범하였도다,

⑤ 그 중에 거하신 여호와는 의로우사, 불의를 행치 아니하시고, 아침마다 간단 없이 자기의 공의를 나타내시거늘 불의한 자는 수치를 알지 못하는도다,

⑥ 내가 열국을 끊어 버렸으므로 그 망대가 황무하였고 ,내가 그 거리를 비게 하여 지나는 자가 없게 하였으므로, 그 모든 성읍이 황폐되며 사람이 없으며 거할 자가 없게 되었느니라,

⑦ 내가 이르기를, 너는 오직 나를 경외하고 교훈을 받으라, 그리하면 내가 형벌을 내리기로 정하기는 하였거니와 너의 거처가 끊어지지 아니하리라, 하였으나, 그들이 부지런히 그 모든 행위를 더럽게 하였느니라,

⑧ 나 여호와가 말하노라, 그러므로 내가 일어나 벌할 날까지 너희는 나를 기다리라, 내가 뜻을 정하고 나의 분한과 모든 진노를 쏟으려고 나라들을 소집하며 열국을 모으리라, 온 땅이 나의 질투의 불에 소멸되리라,

⑨ 그 때에 내가 열방의 입술을 깨끗케 하여 그들로 다 나 여호와의 이름을 부르며 일심으로 섬기게 하리니,

⑩ 내게 구하는 백성들 곧 내가 흩은 자의 딸이 에티오피아의 강들 건너편에서부터 예물을 가지고 와서 내게 드릴지라,

⑪ 그 날에 네가 내게 범죄한 모든 행위를 인하여 수치를 당하지 아니할 것은 그 때에 내가 너의 중에서 교만하여 자랑하는 자를 제하여, 너로 나의 성산에서 다시는 교만하지 않게 할 것임이니라,

⑫ 그러나 내가 너희 중에 온유하고 겸손한 이들을 남겨 두리니, 그들은 여호와의 이름을 믿고 의지할 것이니라,

⑬ 이스라엘의 남은 자는 악을 행치 아니하고, 거짓을 말하지 아니하며, 입에 속이는 혀가 없으며, 먹으며 누우나 놀라게 할 자가 없으리라,

⑭ 시온의 딸아 노래할지어다, 이스라엘아 기쁘게 부를지어다, 예루살렘 딸아 전심으로 기뻐하며 즐거워할지어다,

⑮ 여호와가 너의 형벌을 제하였고 너의 원수를 쫓아 내었으며, 이스라엘 왕 여호와가 너의 중에 있으니, 네가 다시는 화를 당할까 두려워하지 아니할 것이라,

⑯ 그 날에 사람이 예루살렘에게 이르기를, 두려워하지 말라, 시온아, 네 손을 늘어 뜨리지 말라,

⑰ 너의 하나님 여호와가 너의 가운데 계시니, 그는 구원을 베푸실 전능자시라, 그가 너로 인하여 기쁨을 이기지 못하여 하시고 너를 잠잠히 사랑하시며, 너로 인하여 즐거이 부르며 기뻐하시리라, 하리라,

⑱ 내가 엄숙한 집회로 인하여 슬퍼하는 자들을 모아들이리니, 그들은 네게 속한 자들이요, 이 집회에 대한 비난이 네게 무거운 짐이 되었느니라,

⑲ 그 때에 내가 너를 괴롭게 하는 자를 다 벌하고, 절뚝거리는 자를 구원하며, 쫓겨난 자를 모으며, 온 세상에서 수욕 받는 자로 칭찬과 명성을 얻게 하리라,

⑳ 내가 그 때에 너희를 이끌고 그 때에 너희를 모을지라, 내가 너희 목전에서 너희 사로잡힘을 돌이킬 때에 너희로 천하 만민 중에서 명성과 칭찬을 얻게 하리라, 나 여호와의 말이니라.

학개

· 본 성경듣기는 QR코드 인식으로 들을 수 있습니다

● 1장

① 다리오 왕 이년 유월, 곧 그 달 초하루에 여호와의 말씀이 선지자 학개를 통하여 스알디엘의 아들 유다 총독 스룹바벨과 여호사닥의 아들 대제사장 여호수아에게 임하니라, 가라사대,

② 만군의 여호와가 말하여 이르노라, 이 백성이 말하기를, 여호와의 전을 건축할 시기가 이르지 아니하였다, 하느니라,

③ 여호와의 말씀이 선지자 학개에게 임하여 가라사대,

④ 오 너희 곧 너희가 이 전은 황폐하여졌는데, 지금 너희가 널판으로 붙인 집들에서 거할 때냐?

⑤ 그러므로 이제 나 만군의 여호와가 말하노니, 너희는 너희의 할 일들을 유심히 살펴볼지니라,

⑥ 너희가 많이 뿌릴지라도 수입이 적으며 먹을지라도 배부르지 못하고 마실지라도 흡족하지 못하며, 입어도 따뜻하지 못하며 일군이 삯을 받아도 그것을 구멍 뚫어진 넣음이 되느니라,

⑦ 나 만군의 여호와가 말하노니, 너희는 너희의 갈 길들은 살펴 볼지니라,

⑧ 너희는 산에 올라가서 나무를 가져다가 전을 건축하라, 그리하면 그로 인하여 기뻐하고 또 영광을 얻으리라, 나 여호와가 말하였느니라,

⑨ 너희가 많은 것을 바랐으나 도리어 적었고, 너희가 그것을 집으로 가져갔으나, 내가 불어 버렸느니라, 나 만군의 여호와가 말하노라, 이것이 무슨 연고뇨? 이는 내 집은 황폐하여졌는데 너희는 각각 자기의 집을 위하여 달음질하여 돌아다녔기 때문이니라,

⑩ 그러므로 너희로 인하여 하늘은 이슬을 그쳤고 땅은 산물을 그쳤으며,

⑪ 내가 땅과 산들과 곡식과 새 포도즙과 기름과 땅이 내는 것과 사람들과 가축 위에와 그리고 손이 수고하는 모든 것 위에 가뭄을 불러 들였도다, 하시니라.

⑫ 스알디엘의 아들 스룹바벨과 여호사닥의 아들 대제사장 여호수아와 남은바 모든 백성이 그 하나님 여호와의 목소리와 선지자 학개의 말을 청종하였으니, 이는 그들의 하나님 여호와께서 그를 보내셨음을 인함이라, 백성이 다 여호와를 경외하매,

⑬ 때에 여호와의 사자 학개가 여호와의 명을 의지하여 백성에게 고하여 가로되, 나 여호와가 말하노니, 내가 너희와 함께하노라, 하셨느니라, 하니라,

⑭ 여호와께서 스알디엘의 아들 유다 총독 스룹바벨의 마음과 여호사닥의 아들 대제사장 여호수아의 마음과 남은바 모든 백성의 마음을 흥분시키매, 그들이 와서 만군의 여호와 그들의 하나님의 전 역사를 하였으니,

⑮ 때는 다리오왕 이년 유월 이십 사일이었더라.

● 2장

① 칠월 곧 그 달 이십 일일에 여호와의 말씀이 선지자 학개에게 임하니라, 가라사대,

② 너는 스알디엘의 아들 유다 총독 스룹바벨과 여호사닥의 아들 대제사장 여호수아와 남은 백성에게 고하여 이르라,

③ 너희 중에 남아 있는 자, 곧 이전의 이전 영광을 본 자가 누구냐? 이제 이것이 너희에게 어떻게 보이느냐? 이것이 너희 눈에 보잘 것 없지 아니하냐?

④ 그러나 나 여호와가 이르노라, 스룹바벨아, 스스로 굳세게 할지어다, 여호사닥의 아들 대제사장 여호수아야, 스스로 굳세게 할지어다, 내가 너희와 함께 하노라, 만군의 여호와의 말이니라,

⑤ 너희가 에집트에서 나올 때에 내가 너희와 언약한 말과 나의 영이 오히려 너희 중에 머물러 있나니, 너희는 두려워하지 말지어다,

⑥ 나 만군의 여호와가 말하노라, 조금 있으면 내가 하늘과 지구와 바다와 육지를 진동시킬 것이요,

⑦ 또한 만국을 진동시킬 것이며 만국의 보배가 이르리니, 내가 영광으로 이 전에 충만케 하리라, 만군의 여호와의 말이니라,

⑧ 은도 내 것이요, 금도 내 것이니라, 만군의 여호와의 말이니라,

⑨ 이 전의 나중 영광이 이전 영광보다 크리라, 만군의 여호와의 말이니라, 내가 이 곳에 평강을 주리라, 만군의 여호와의 말이니라,

⑩ 다리오왕 이년 구월 이십 사일에 여호와의 말씀이 선지자 학개에게 임하니라, 가라사대,

⑪ 나 만군의 여호와가 말하노니, 너는 제사장에게 율법에 대하여 물어 이르기를,

⑫ 사람이 옷자락에 거룩한 고기를 쌌는데 그 옷자락이 만일 떡에나 국에나 포도주에나 기름에나 다른 식물에 닿았으면 그것이 성물이 되겠느냐? 하라, 학개가 물으매 제사장들이 대답하여 가로되, 아니니라,

⑬ 학개가 가로되, 시체를 만져서 부정하여진 자가 만일 그것들 중에 하나를 만지면 그것이 부정하겠느냐? 제사장들이 대답하여 가로되, 부정하겠느니라,

⑭ 이에 학개가 대답하여 가로되, 여호와의 말씀에 내 앞에서 이 백성이 그러하고 이 나라가 그러하고 그 손의 모든 일도 그러하고 그들이 거기서 드리는 것도 부정하니라,

⑮ 이제 청컨대, 너희는 오늘부터 이전 곧 여호와의 전에 돌이 돌 위에 첩놓이지 않았던 때를 추억하라,

⑯ 그 때는 이십 석 곡식더미에 이른즉, 십석 뿐이었고 포도즙 틀에 오십 그릇을 길으려 이른즉, 이십 그릇 뿐이었었느니라,

⑰ 나 만군의 여호와가 말하노라, 내가 너희 손으로 지은 모든 일에 폭풍과 곰팡과 우박으로 쳤으나 너희가 내게로 돌이키지 아니하였었느니라,

⑱ 너희는 오늘부터 이전을 추억하여 보라, 구월 이십 사일 곧 여호와의 전, 지대를 쌓던 날부터 추억하여 보라,

⑲ 곡식 종자가 오히려 창고에 있느냐? 포도나무 무화과나무 석류나무 감람나무 열매가 맺지 못하였었느니라, 그러나 오늘부터는 내가 너희에게 복을 주리라,

⑳ 그 달 이십 사일에 여호와의 말씀이 다시 학개에게 임하니라, 가라사대,

㉑ 너는 유다 총독 스룹바벨에게 고하여 이르라, 내가 하늘과 땅을 진동시킬 것이요,

㉒ 왕국들의 보좌를 엎을 것이요, 열방의 세력을 멸할 것이요, 그 병거들과 그 탄 자를 엎드러뜨리리니, 말과 그 탄 자가 각각 그 동무의 칼에 엎드러지리라,

㉓ 나 만군의 여호와가 말하노라, 스알디엘의 아들 내 종 스룹바벨아, 나 여호와가 말하노라, 그 날에 내가 너를 취하고 너로 인장같이 만들리니, 이는 내가 너를 택하였음이니라, 여호와의 말이니라.

스가랴

· 본 성경듣기는 QR코드 인식으로 들을 수 있습니다

● **1장**

① 다리오왕 이년 팔월에 여호와의 말씀이 잇도의 손자 베레갸의 아들 선지자 스가랴에 임하여 말씀하시기를,

② 나 여호와가 너희 조상들로 인하여 심히 불쾌하였느니라,

③ 그러므로 너는 그들에게 고하기를, 만군의 여호와께서 이처럼 이르시되, 너희는 내게로 돌아오라, 나 만군의 여호와의 말이니라, 그리하면 내가 너희에게로 돌아가리라, 나 만군의 여호와의 말이니라,

④ 너희는 너희조상들을 본받지 말라, 옛적 선지자들이 그들에게 외쳐 가로되, 만군의 여호와께서 말씀하시기를, 너희가 악한 길, 악한 행실을 떠나서 돌아 오라, 하셨다, 하나, 그들이 듣지 않고 내게 귀를 기울이지 아니하였느니라, 나 여호와의 말이니라,

⑤ 너희 조상들이 지금 어디 있느냐? 선지자들이 영원히 살겠느냐?

⑥ 내가 종 선지자들에게 명한 내 말과 내 전례들이 어찌 네 조상들에게 임하지 아니하였느냐? 그러므로 그들이 돌이켜 이르기를, 만군의 여호와께서 우리 길대로 우리 행위대로 우리에게 행하시려고 뜻 하신 것을 우리에게 행하셨도다, 하였다, 하셨느니라, 하라,

⑦ 다리오왕 이년 십일월 곧 스밧월 이십 사일에 잇도의 손자 베레갸의 아들 선지자 스가랴에게 여호와의 말씀이 인하여 이르시니라,

⑧ 내가 밤에 보니 사람이 홍마를 타고 골짜기 속 화석류나무 사이에 섰고 그 뒤에는 홍마와 자마와 백마가 있기로,

⑨ 내가 가로되, 내 주여 이들이 무엇이니이까? 내게 말하는 천사가 내게 이르되, 이

들이 무엇인지 내가 네게 보이리라, 하매,

⑩ 화석류나무 사이에 선 자가 대답하여 가로되, 이는 여호와께서 지구를 두루 다니라고 보내신 자들이니라,

⑪ 그들이 화석류나무 사이에 선 여호와의 사자에게 고하되, 우리가 지구를 두루 다녀보니 온 지구가 평안하여 정온하더이다,

⑫ 여호와의 사자가 응하여 가로되, 만군의 여호와여, 여호와께서 언제까지 예루살렘과 유다 성읍들을 용서하지 아니하시려나이까? 이를 노하신지 칠십년이 되었나이다, 하매,

⑬ 여호와께서 내게 말하는 천사에게 선한 말씀 위로하는 말씀으로 대답하시더라,

⑭ 내게 말하는 천사가 내게 이르되, 너는 외쳐 이르기를, 만군의 여호와의 말씀에 내가 예루살렘을 위하여 시온을 위하여 크게 질투 하며,

⑮ 그러나 나는 안심하고 있는 이방인들을 심히 불쾌하게 여기노니, 이는 내가 조금 노하였어도 그들에게 고난을 더하였음이라,

⑯ 그러므로 여호와가 이처럼 말하노라, 내가 불쌍히 여겨서 예루살렘에 돌아왔은즉, 내 집이 그 가운데 건축되리니, 예루살렘 위에 먹줄이 치어지리라, 나 만군의 여호와의 말이니라, 하셨다, 하라,

⑰ 다시 외쳐 이르기를, 만군의 여호와의 말씀에 나의 성읍들이 넘치도록 다시 풍부할 것이라, 여호와가 다시 시온을 안위하며 다시 예루살렘을 택하리라, 하셨다, 하라,

⑱ 내가 눈을 들어 본즉, 네 뿔이 보이기로,

⑲ 이에 내게 말하는 천사에게 묻되 이들이 무엇이니이까? 내게 대답하되 이들은 유다와 이스라엘과 예루살렘을 헤친 뿔이니라,

⑳ 때에 여호와께서 공장 네 명을 내게 보이시기로,

㉑ 내가 가로되, 그들이 무엇하러 왔나이까? 하매, 대답하여 가라사대, 그 뿔들이 유다를 헤쳐서 사람으로 능히 머리를 들지 못하게 하매, 이 공장들이 와서 그것들을 두렵게 하고 이전에 뿔들을 들어 유다 땅을 헤친 이방인들의 뿔들을 떨어 치려 하느니라, 하시더라.

● 2장

① 내가 또 눈을 들어 본즉 한 사람이 척량줄을 그 손에 잡았기로,

② 네가 어디로 가느냐? 물은즉, 그가 내게 대답하여 말하기를, 예루살렘을 척량하여 그것의 길이가 얼마이고 그것의 넓이가 얼마인지 알아보고자 하노라, 하니라,

③ 그때에 내게 말하는 천사가 나가매, 다른 천사가 나와서, 그를 맞으며,

④ 이르되, 너는 달려가서 그 소년에게 고하여 이르기를, 예루살렘에 사람이 거하리니, 그 가운데 사람과 육축이 많으므로 그것이 성곽 없는 촌락과 같으리라,

⑤ 여호와의 말씀에 내가 그 사면에서 볼 성곽이 되며 그 가운데서 영광이 되리라,

⑥ 여호와의 말씀에 내가 너를 하늘의 사방 바람 같이 흩어지게 하였거니와 이제 너희는 북방 땅에서 도망할지니라, 여호와의 말이니라,

⑦ 바벨론 성에 거하는 시온아, 이제 너는 피할지니라,

⑧ 만군의 여호와께서 이같이 말씀하시되, 너희를 노략한 열국으로 영광을 위하여 나를 보내셨나니, 무릇 너희를 범하는 자는 그의 눈동자를 범하는 것이라,

⑨ 내가 손을 그들 위에 움직인즉, 그들이 자기를 섬기던 자에게 노략거리가 되리라, 하셨나니, 너희가 만군의 여호와께서 나를 보낸줄 알리라,

⑩ 여호와의 말씀에 시온의 딸아, 노래하고 기뻐하라, 이는 내가 임하여 네 가운데 거할 것임이니라,

⑪ 그 날에 많은 나라가 여호와께 속하여 내 백성이 될 것이요, 나는 네 가운데 거하리라, 네가 만군의 여호와께서 나를 네게 보내신줄 알리라,

⑫ 여호와께서 장차 유다를 취하여 거룩한 땅에서 자기 소유를 삼으시고 다시 예루살렘을 택하시리니,

⑬ 무릇 혈기 있는 자들이 여호와 앞에서 잠잠할 것은 여호와께서 그 성소에서 일어나심이니라, 하라, 하더라,

● **3장**

① 대제사장 여호수아는 여호와의 사자 앞에 섰고 사단은 그의 우편에 서서 그를 대적 하는 것을 여호와께서 내게 보이시니라,

② 여호와께서 사단에게 이르시되, 사단아, 여호와가 너를 책망하노라, 예루살렘을 택한 여호와가 너를 책망하노라, 이는 불에서 꺼낸 그슬린 나무가 아니냐? 하실 때에,

③ 여호수아가 더러운 옷을 입고 천사 앞에 섰는지라,

④ 여호와께서 자기 앞에 선 자들에게 명하사, 그 더러운 옷을 벗기라, 하시고, 또 여

호수아에게 이르시되, 내가 네 죄과를 제하여 버렸으니, 네게 아름다운 옷을 입히리라, 하시기로,

⑤ 내가 말하되, 정한 관을 그 머리에 씌우소서, 하매, 곧 정한 관을 그 머리에 씌우며 옷을 입히고 여호와의 사자는 곁에 섰더라,

⑥ 여호와의 사자가 여호수아에게 증거하여 가로되,

⑦ 만군의 여호와 말씀에 네가 만일 내 도를 준행하며 내 율례를 지키면 네가 내 집을 다스릴 것이요, 내 뜰을 지킬 것이며 내가 또 너로 여기 섰는 자들 중에 왕래케 하리라,

⑧ 대제사장 여호수아야! 명심하여라, 너와 네 앞에 앉은 네 동료들도 내 말을 명심할 것이니라! 자, 이제 내가 브렌취(가지)라는 내 종을 데려오리니라,

(Hear now, O Joshua the high priest, thou, and thy fellows that sit before thee: for they are men wondered at: for behold, I will bring forth my servant the BRANCH.-KJV)

(" 'Listen, O high priest Joshua and your associates seated before you, who are men symbolic of things to come: I am going to bring my servant, the BRANCH.-NIV)

("Hear, O Joshua, high priest! You and your associates who sit before you! For they are signs of things to come! I will surely bring my servant the BRANCH.-NAB)

(" 'Careful, High Priest Joshua-both and your friends sitting here with you, for your friends are in on this, too! Here's what I'm doing next: I'm introducing my servant Branch.-THE MESSAGE)

⑨ 만군의 여호와가 말하노라, 내가 너 여호수아 앞에 세운 돌을 보라 한 돌에 일곱 눈이 있느니라, 내가 새길 것을 새기며 이 땅의 죄악을 하루에 제하리라,

⑩ 만군의 여호와가 말하노라, 그 날에 너희가 각각 포도나무와 무화과나무 아래로 서로 초대하리라, 하셨느니라.

● 4장

① 그때에 나와 대화하였던 천사가 돌아와서 나를 깨웠는데 이는 마치 사람이 잠에서 깨우임 같더라,

② 그가 내게 묻되, 너에게 무엇이 보이느냐? 하므로 내가 대답하되, 내가 보니 순금 등대가 있는데 그 꼭대기에 주발 같은 것이 있고, 또 그 등대에 일곱 등잔이 있으며, 그 등대 꼭대기에 등잔에는 일곱 관이 있고,

③ 그 등대 곁에 두 감람나무가 있는데, 하나는 그 주발 우편에 있고, 하나는 그 좌편에 있나이다, 하고,

④ 내가 내게 말하는 천사에게 물어 가로되, 내 주여 이것들이 무엇이니이까? 하니,

⑤ 내게 말하는 천사가 대답하여 가로되, 네가 이것들이 무엇인지 알지 못하느냐? 하므로 내가 대답하여 내 주여 내가 알지 못하나이다, 하니,

⑥ 그가 내게 일러 가로되, 여호와께서 스룹바벨에게 하신 말씀이 이러하니라, 만군의 여호와께서 말씀하시되, 이는 힘으로 되지 아니하며, 능으로 되지 아니하고, 오직 나의 영으로 되느니라, 하시니라,

⑦ 큰 산아 네가 무엇이냐? 네가 스룹바벨 앞에서 평지가 되리라, 그가 머릿돌을 내어 놓을 때에 무리가 외치기를 은총 은총이 그에게 있을지어다, 하리라, 하셨고,

⑧ 여호와의 말씀이 또 내게 임하여 가라사대,

⑨ 스룹바벨의 손이 이 전의 지대를 놓았은즉, 그 손이 또한 그것을 마치리라, 하셨나니, 만군의 여호와께서 나를 너희에게 보내신 줄을 네가 알리라, 하셨느니라,

⑩ 작은 일의 날이라고 멸시하는 자가 누구냐? 이 일곱은 온 세상에 두루 행하는 여호와의 눈이라, 다림줄이 스룹바벨의 손에 있음을 보고 기뻐하리라,

⑪ 내가 그에게 물어 가로되, 등대 좌우의 두 감람나무는 무슨 뜻이니이까? 하고,

⑫ 다시 그에게 물어 가로되, 금 기름을 흘려 내는 두 금관 옆에 있는 이 감람나무 두 가지는 무슨 뜻이니이까?

⑬ 그가 내게 대답하여 가로되, 네가 이것이 무엇인지 알지 못하느냐? 대답하되, 내 주여 알지 못하나이다,

⑭ 가로되, 이는 기름 발리운 자 둘이니 온 세상의 주 앞에 모셔 섰는 자니라, 하더라,

● 5장

① 내가 다시 눈을 든즉, 날아가는 두루마리가 보이더라,

② 그가 내게 묻되 네가 무엇이 보이느냐? 하기로 내가 대답하되 날아가는 두루마리를 보나이다, 그 장이 이십 규빗이요, 광이 십 규빗이니이다,

③ 그가 내게 이르되, 이는 온 지면에 두루 행하는 저주라, 무릇 도적질하는 자는 그

이편 글대로 끊쳐지고, 무릇 맹세하는 자는 그 저편 글대로 끊쳐지리라,

④ 만군의 여호와께서 가라사대, 내가 이것을 발하였나니, 도적의 집에도 들어가며, 내 이름을 가리켜 망령되이 맹세하는 자의 집에도 들어가서 그 집에 머무르며 그 집을 그 나무와 그 돌을 아울러 사르리라, 하셨느니라,

⑤ 내게 말하던 천사가 나아와서 내게 이르되, 너는 눈을 들어 나오는 이것이 무엇인가? 보라, 하기로,

⑥ 내가 묻되, 이것이 무엇이니이까? 그가 가로되, 나오는 이것이 에바니라, 또 가로되, 온 땅에서 그들의 모양이 이러하니라,

⑦ 이 에바 가운데에는 한 여인이 앉았느니라, 하는 동시에 둥근 납 한 조각이 들리더라,

⑧ 그가 가로되, 이는 악이라, 하고 그 여인을 에바 속으로 던져 넣고 납 조각을 에바 아구리 위에 던져 덮더라,

⑨ 내가 또 눈을 들어 본즉, 두 여인이 나왔는데 학의 날개 같은 날개가 있고, 그 날개에 바람이 있더라, 그들이 그 에바를 천지 사이에 들었기로,

⑩ 내가 내게 말하는 천사에게 묻되, 그들이 에바를 어디로 옮겨 가나이까? 하매,

⑪ 내게 이르되, 그들이 시날 땅으로 가서 그를 위하여 집을 지으려함이니라, 준공되면 그가 제 처소에 머물게 되리라, 하더라,

● 6장

① 내가 또 눈을 들어 본즉, 네 병거가 두산 사이에서 나왔는데 그 산은 구리로 된 산이더라,

② 첫째 병거는 홍마들이, 둘째 병거는 흑마들이,

③ 셋째 병거는 백마들이, 넷째 병거는 어룽지고 건장한 말들이 메었는지라,

④ 내가 네게 말하는 천사에게 물어 가로되, 내 주여 이것들이 무엇이니이까?

⑤ 천사가 대답하여 가로되, 이는 하늘의 네 영인데 온 세상의 주 앞에 있다가 나가는 것이라 하더라,

⑥ 흑마는 북편 땅으로 나가매, 백마가 그 뒤를 따르고, 어룽진 말은 남편 땅으로 나가고,

⑦ 건장한 말은 나가서 땅에 두루 다니고자 하니, 그가 이르되, 너희는 여기서 나가서 땅에 두루 다니라 하매, 곧 땅에 두루 다니더라,

⑧ 그가 외쳐 내게 일러 가로되, 북방으로, 북방으로 나간 자들이 북방에서 내 마음을 시원케 하였느니라, 하더라,

⑨ 여호와의 말씀이 내게 임하여 이르시되,

⑩ 사로잡힌 자 중 바벨론에서부터 돌아온 헬대와 도비야와 여다야가 스바냐의 아들 요시아의 집에 들었나니, 너는 이 날에 그 집에 들어가서 그들에게서 취하되,

⑪ 은과 금을 취하여 면류관을 만들어, 여호사닥의 아들 대제사장 여호수아의 머리에 씌우고,

⑫ 고하여 이르기를, 만군의 여호와께서 말씀하시되, 보라, 순이라 이름하는 사람이 자기 곳에서 돋아나서 여호와의 전을 건축하리라,

⑬ 그가 여호와의 전을 건축하고 영광도 얻고, 그 위에 앉아서 다스릴 것이요, 또 제사장이 자기 위에 있으리니, 이 두 사이에 평화의 의논이 있으리라, 하셨다, 하고,

⑭ 그 면류관은 헬렘과 도비야와 여다야의 아들 헨을 기념하기 위하여 여호와의 전 안에 두라, 하시니라,

⑮ 먼데 사람이 와서 여호와의 전을 건축하리니, 만군의 여호와께서 나를 너희에게 보내신줄을 너희가 알리라, 너희가 만일 너희 하나님 여호와의 말씀을 청종할진대, 이같이 되리라.

● 7장

① 다리오왕 사년 구월, 기슬래의 달 사일에 여호와의 말씀이 스가랴에게 임하니라,

② 그때에 벧엘 사람들이 사례셀과 레겜멜렉과 자기들의 사람들을 보내어 여호와 앞에 기도하게 하고,

③ 만군의 여호와의 전에 있는 제사장들과 선지자 들에게 물어 가로되, 우리가 여러 해 동안에 행한대로 오월간에 울면서 내 자신을 구별해야 하나이까? 하매,

④ 만군의 여호와의 말씀이 내게 임하여 이르시되

⑤ 온 땅의 백성과 제사장들에게 이르라, 너희가 칠십년 동안 오월과 칠월에 금식하고, 애통하였거니와 그 금식이 참으로 나를 위하여 한 것이냐?

⑥ 너희의 먹으며 마심이 전혀 자기를 위하여 먹으며 자기를 위하여 마심이 아니냐?

⑦ 여호와가 이전 선지자로 외친 말을 너희가 청종할 것이 아니냐? 그 때에는 예루살렘과 사면 읍에 백성이 거하여 형통하였고, 남방과 평원에도 사람이 거하였었느니라,

⑧ 여호와의 말씀이 스가랴에게 임하여 이르시되,

⑨ 만군의 여호와가 이미 말하여 이르기를, 너희는 진실한 재판을 행하며 피차에 인애와 긍휼을 베풀며,

⑩ 과부와 고아와 나그네와 궁핍한 자를 압제하지 말며, 남을 해하려 하여 심중에 도모하지 말라, 하였으나,

⑪ 그들이 청종하기를 싫어하여 등으로 향하며 듣지 아니하려고 귀를 막으며,

⑫ 그 마음을 곰강석 같게 하여 율법과 만군의 여호와가 신으로 이전 선지자를 빙자하여 전한 말을 듣지 아니하므로 큰 노가 나 만군의 여호와께로서 나왔도다,

⑬ 만군의 여호와가 말하였었노라, 내가 불러도 그들이 듣지 아니하였은즉, 그들이 불러도 내가 듣지 아니하고,

⑭ 회리바람으로 그들을 그 알지 못하던 모든 열국에 헤치리라, 한 후로 이 땅이 황무하여 왕래하는 사람이 없었나니, 이는 그들이 아름다운 땅으로 황무하게 하였음이니라, 하시니라.

● 8장

① 만군의 여호와의 말씀이 임하여 가라사대,

② 만군의 여호와가 말하노라, 내가 시온을 위하여 크게 질투하며, 그를 위하여 크게 분노함으로 질투하노라,

③ 나 여호와가 말하노라, 내가 시온에 돌아왔은즉, 예루살렘 가운데 거하리니, 예루살렘은 진리의 성읍이라 일컫겠고, 만군의 여호와의 산은 성산이라 일컫게 되리라,

④ 만군의 여호와가 말하노라, 예루살렘 길거리에 늙은 지아비와 늙은 지어미가 다시 앉을 것이라, 다 나이 많으므로 각기 손에 지팡이를 잡을 것이요,

⑤ 그 성읍 거리들은 뛰노는 소년들과 소녀들로 가득하리라,

⑥ 만군의 여호와가 말하노라, 이 일이 그 날에 남은 백성의 눈에는 놀랍게 보일지라도, 내 눈에 어찌 기이하겠느냐? 만군의 여호와의 말이니라,

⑦ 만군의 여호와가 말하노라, 내가 내 백성을 동방에서부터 서방에서부터 구원하여 내고,

⑧ 인도하여다가 예루살렘 가운데 거하게 하리니, 그들은 내 백성이 되고, 나는 성실과 정의로 그들의 하나님이 되리라,

⑨ 만군의 여호와가 말하노라, 만군의 여호와의 집 곧 전을 건축하려고 그 지대를 쌓던 날에 일어난 선지자들의 입의 말을 이 때에 듣는 너희는 손을 견고히 할지어다,

⑩ 그 날 전에는 사람도 삯을 얻지 못하였고, 짐승도 삯을 받지 못하였으며, 사람이 대적을 인하여 출입에 평안치 못하였었나니, 이는 내가 뭇사람으로 서로 치게 하였음이어니와,

⑪ 만군의 여호와가 말하노니, 이제는 내가 이 남은 백성을 대하기를, 전일과 같이 아니할 것인즉,

⑫ 곧 평안한 추수를 얻을 것이라, 포도나무가 열매를 맺으며 땅이 산물을 내며 하늘은 이슬을 내리리니, 내가 이 남은 백성으로 이 모든 것을 누리게 하리라,

⑬ 유다 족속아, 이스라엘 족속아, 너희가 이방 가운데서 저주가 되었었으나, 이제는 내가 너희를 구원하여 너희로 축복이 되게 하리니, 두려워 말지니라, 손을 견고히 할 지니라,

⑭ 만군의 여호와가 말하노라, 전에 너희 열조가 나의 노를 격발할 때에 내가 그들에게 재앙을 내리기로 뜻하고 뉘우치지 아니하였었으나,

⑮ 이제 내가 예루살렘과 유다 족속에게 은혜를 베풀기로 뜻하였었나니, 너희는 두려워 말지니라,

⑯ 너희가 행할 일은 이러하니라, 너희는 각기 이웃으로 더불어 진실을 말하며, 너희 성문에서 진실하고 화평한 재판을 베풀고,

⑰ 심중에 서로 해하기를 도모하지 말며, 거짓 맹세를 좋아하지 말라, 이 모든 일은 나의 미워하는 것임이니라, 나 여호와의 말이니라,

⑱ 만군의 여호와의 말씀이 내게 임하여 이르시되,

⑲ 만군의 여호와가 말하노라, 사월의 금식과 오월의 금식과 칠월의 금식과 시월의 금식이 변하여, 유다 족속에게 기쁨과 즐거움과 희락의 절기가 되리니, 오직 너희는 진실과 화평을 사랑할지니라,

⑳ 만군의 여호와가 말하노라, 그 후에 여러 백성과 많은 성읍의 거민이 올 것이라,

㉑ 이 성읍 거민이 저 성읍에 가서 이르기를, 우리가 속히 가서 만군의 여호와를 찾고 여호와께 은혜를 구하자, 할 것이면 나도 가겠노라, 하겠으며,

㉒ 많은 백성과 강대한 나라들이 예루살렘으로 와서 만군의 여호와를 찾고 여호와께 은혜를 구하리라,

㉓ 만군의 여호와가 말하노라, 그 날에는 방언이 다른 열국 백성 열명이 유다 사람 하

나의 옷자락을 잡을 것이라, 곧 잡고 말하기를, 하나님이 너희와 함께하심을 들었나니, 우리가 너희와 함께 가려 하노라, 하리라, 하시니라.

● 9장

① 여호와의 말씀이 하드락 땅에 경고하여 있고 그것이 다메섹에 머물니, 세상 사람과 이스라엘 모든 지파의 눈이 여호와를 우러러 봄이니라,

② 그 접경된 하맛에도 임하겠고, 두로와 시돈은 넓은 지혜가 있으니, 그들에게도 임하리라,

③ 두로는 자기를 위하여 보장을 건축하며 은을 티끌 같이 정금을 거리의 진흙 같이 쌓았은즉,

④ 주께서 그를 쫓아 내시며, 그의 바다 권세를 치시리니, 그가 불에 삼키울지라,

⑤ 아스글론이 보고 무서워하며 가사도 심히 아파할 것이며, 에그론은 그 소망이 수치가 되므로 역시 그러하리라, 가사에는 임금이 끊칠 것이며 아스글론에는 거민이 없을 것이며,

⑥ 아스돗에는 잡족이 거하리라, 내가 팔레스타인 사람들의 교만을 끊고,

⑦ 그 입에서 그 피를 그 잇사이에서 그 가증한 것을 제하리니, 그도 남아서 우리 하나님께로 돌아와서 유다의 한 두목 같이 되겠고 에그론은 여부스 사람 같이 되리라,

⑧ 내가 내 집을 둘러 진을 쳐서 적군을 막아 거기 왕래하지 못하게 할 것이라, 포학한 자는 다시는 그 지경으로 지나지 못하리니, 이는 내가 내 눈으로 친히 봄이니라,

⑨ 시온의 딸, 크게 기뻐할지어다, 예루살렘의 딸, 즐거이 부르지어다, 보라, 네 왕이 네게 임하니니, 그는 공의로우며 구원을 베풀며 겸손하여서 나귀를 타리니, 나귀의 작은 것 곧 나귀새끼니라,

⑩ 내가 에브라임의 병거와 예루살렘의 말을 끊겠고 전쟁하는 활도 끊으리니, 그가 이방 사람에게 화평을 전할 것이요, 그의 정권은 바다에서 바다까지 이르고, 유브라데 강에서 땅 끝까지 이르리라,

⑪ 또 너로 말할진대, 네 언약의 피를 인하여 내가 너의 갇힌자들을 물 없는 구덩이에서 놓았나니,

⑫ 소망을 품은 갇혔던 자들아, 너희는 보장으로 돌아올지니라, 내가 오늘날도 이르노라, 내가 배나 네게 갚을 것이라,

⑬ 내가 유다로 당긴 활을 삼고 에브라임으로 먹인 살을 삼았으니, 시온아, 내가 네 자

식을 격동시켜 헬라 자식을 치게 하며 너로 용사의 칼과 같게 하리라,

⑭ 여호와께서 그 위에 나타나사, 그 살을 번개 같이 쏘아내실 것이며, 주 여호와께서 나팔을 불리시며 남방 회리바람을 타고 행하실 것이라,

⑮ 만군의 여호와께서 그들을 호위하시리니, 그들이 원수를 삼키며 물매돌을 밟을 것이며, 그들이 피를 마시고 즐거이 부르기를 술취한 것 같이 할 것인즉, 피가 가득한 동이와도 같고 피 묻은 제단 모퉁이와도 같을 것이라,

⑯ 이 날에 그들의 하나님 여호와께서 그들을 자기 백성의 양떼 같이 구원하시리니, 그들이 면류관의 보석 같이 여호와의 땅에 빛나리로다,

⑰ 그의 형통함과 그의 아름다움이 어찌 그리 큰지! 소년은 곡식으로 강건하며 처녀는 새 포도주로 그러하리로다.

• 10장

① 봄에 비가 내려야 하는 때에는 여호와께 비를 구하여라, 그리하면 여호와께서는 천둥 구름을 만드시고 소낙비를 내려서 밭의 곡식을 모든 사람들에게 주시리라,

(Ask ye the LORD rain in the time of the latter rain; so the LORD shall make bright clouds, and give them showers of rain, to every one grass in the field.-KJV)

(Ask the LORD for rain in the springtime; it is the LORD who makes the storm clouds. He gives showers of rain to men, and plants of the field to everyone.-NIV)

(Ask the LORD for rain in the spring season, the LORD who brings storm clouds, and heavy rains, who gives to everyone grain in the fields.-NAB)

(Pray to GOD for rain-it's time for the spring rain-to GOD, the rainmaker, Spring thunderstorm maker, maker of grain and barley.-THE MESSAGE)

② 이는 우상들은 헛된 것을 말하며 복술자는 진실치 않은 것을 보고 거짓꿈을 말한즉, 그 위로함이 헛되므로 백성이 양 같이 유리하며 목자가 없으므로 고통을 당하였도다,

③ 내가 목자들에게 노를 발하며 내가 수염소들을 벌하리라, 만군의 여호와가 그 무리 곧 유다 족속을 권고하여 그들로 전쟁의 준비와 같게 하리니,

④ 모서리 돌이 그에게로서 말뚝이 그에게로서 싸우는 활이 그에게로서 권세 잡은 자가 다 일제히 그에게로서 나와서,

⑤ 싸울 때에 용사 같이 거리의 진흙 중에 대적을 밟을 것이라, 여호와가 그들과 함께 한즉, 그들이 싸워 말탄 자들로 부끄러워하게 하리라,

⑥ 내가 유다 족속을 견고하게 하며 요셉 족속을 구원할지라, 내가 그들에게 자비를 베풀음으로 그들로 돌아오게 하리니, 그들이 내게 내어 버리움이 없었음 같이 되리라, 나는 그들의 하나님 여호와라, 내가 그들에게 응답하리라,

⑦ 에브라임이 용사 같아서 포도주를 마심 같이 마음이 즐거울 것이요, 그 자손은 보고 기뻐하며 여호와를 인하여 마음에 즐거워하리라,

⑧ 내가 그들을 향하여 휘파람 불어 모을 것은 내가 그들을 구속하였음이라, 그들이 전에 번성하던 것 같이 번성하리라,

⑨ 내가 그들을 열방에 뿌리려니와 그들이 원방에서 나를 기억하고 그들의 자녀와 함께 다 생존하여 돌아올지라,

⑩ 내가 그들을 에집트 땅에서부터 이끌어 돌아오고 그들을 앗수르에서부터 모으며, 길르앗 땅과 레바논으로 그들을 이끌어 가리니, 그 거할 곳이 부족하리라,

⑪ 내가 그들로 고난과 함께 바다를 지나게 하며 바다 물결을 치리니, 나일의 깊은 곳이 다 마르겠고, 앗수르의 교만이 낮아지겠고 에집트의 홀(왕권상징지팡이)이 없어지리라,

⑫ 내가 그들로 나 여호와를 의지하여 견고케 하리니, 그들이 내 이름을 받들어 왕래하리라, 나 여호와의 말이니라,

● 11장

① 레바논아 네 문을 열고 불이 네 백향목을 사르게 하라,

② 너 잣나무여 곡할지어다, 백향목이 넘어졌고 아름다운 나무가 훼멸되었음이로다, 바산의 상수리 나무여 곡할지어다, 무성한 삼림이 엎드러졌다,

③ 목자의 곡하는 소리가 남이여, 그 영화로운 것이 훼멸되었음이로다, 어린 사자의 부르짖는 소리가 남이여, 이는 요단의 자랑이 황무하였음이로다,

④ 여호와, 나의 하나님이 가라사대, 너는 잡힐 양떼를 먹이라,

⑤ 산 자들은 그들을 잡아도 죄가 없다, 하고, 판 자들은 말하기를, 내가 부요케 되었은즉, 여호와께 찬송하리라, 하고, 그 목자들은 그들을 불쌍히 여기지 아니하는도

다,

⑥ 여호와가 말하노라, 내가 다시는 이 땅 거민을 불쌍히 여기지 아니하고, 그 사람을 각각 그 이웃의 손과 임금의 손에 붙이리니, 그들이 이 땅을 칠지라도 내가 그 손에서 건져내지 아니하리라, 하시기로,

⑦ 내가 이 잡힐 양떼를 먹이니, 참으로 가련한 양이라, 내가 이에 막대기 둘을 취하여 하나는 은총이라 하며 하나는 연합이라 하고 양떼를 먹일새,

⑧ 한달 동안에 내가 그 세 목자를 끊었으니, 이는 내 마음에 그들을 싫어하였고, 그들의 마음에도 나를 미워하였음이라,

⑨ 내가 가로되, 내가 너희를 먹이지 아니하고 죽는 자는 죽는대로 망할 자는 망할대로 그 나머지는 피차 살을 먹는대로 두리라, 하고,

⑩ 이에 은총이라 하는 막대기를 취하여 잘랐으니, 이는 모든 백성과 세운 언약을 폐하려 하였음이라,

⑪ 당일에 곧 폐하매 내게 청종하던 가련한 양들은 이것이 여호와의 말씀이었던줄 안지라,

⑫ 내가 그들에게 이르되, 너희가 좋게 여기거든 내 값을 내게 주고 그렇지 아니하거든 말라하니 그들이 곧 은 삼십을 달아서 내 값을 삼은지라,

⑬ 여호와께서 내게 이르시되, 그들이 나를 헤아린바, 그 준가를 토기장이에게 던지라, 하시기로, 내가 곧 그 은 삼십을 여호와의 전에서 토기장이에게 던지고,

⑭ 내가 또 연락이라 하는 둘째 막대기를 잘랐으니, 이는 유다와 이스라엘 형제의 의를 끊으려 함이었느니라,

⑮ 여호와께서 내게 이르시되, 너는 또 우매한 목자의 도구들을 취할지니라,

⑯ 보라, 내가 한 목자를 이 땅에서 일으키리니, 그가 없어진 자를 마음에 두지 아니하고 흩어진 자를 찾지 아니하며, 상한 자를 고치지 아니하고 강건한 자를 먹이지 아니하며 오히려 살찐 자의 고기를 먹으며 또 그 발굽을 찢으리라,

⑰ 화 있을진저, 양떼를 버린 못된 목자여, 칼이 그의 팔과 우편 눈에 임하리니, 그의 팔은 완전히 마르고 그의 우편 눈은 완전히 어두워지리라, 하시니라,

● **12장**

① 이스라엘에 관한 여호와의 말씀의 경고라, 여호와 곧 하늘을 펴시며 땅의 터를 세우시며 사람 안에 심령을 지으신 자가 가라사대,

② 보라, 사람들이 유다와 예루살렘을 포위할 때에 내가 예루살렘을 주위의 모든 백성들에게 떨리는 잔이 되게 하리라,

③ 그 날에는 내가 예루살렘으로 모든 백성들에게 무거운 돌이 되게 하리니, 무릇 그것을 드는 자는 크게 상할 것이라, 천하 만국이 그것을 치려고 모이리라,

④ 여호와가 말하노라, 그 날에 내가 모든 말을 쳐서 놀라게 하며 그 탄 자를 쳐서 미치게 하되, 유다 족속은 내가 돌아보고 모든 백성들의 말을 쳐서 눈이 멀게 하리니,

⑤ 유다의 두목들이 심중에 이르기를, 예루살렘 거민이 그들의 하나님 만군의 여호와로 말미암아 힘을 얻었다, 할지라,

⑥ 그 날에 내가 유다 두목들로 나무 가운데 화로 같게 하며 곡식단 사이에 횃불 같게 하리니, 그들이 그 좌우에 에워싼 모든 백성들을 사를 것이요, 예루살렘 사람은 다시 그 본 곳 예루살렘에 거하게 되리라,

⑦ 여호와가 먼저 유다 장막을 구원하리니, 이는 다윗의 집의 영광과 예루살렘 거민의 영광이 유다보다 못하게 하려 함이니라,

⑧ 그 날에 여호와가 예루살렘 거민을 보호하리니, 그 중에 약한 자가 그 날에는 다윗 같겠고, 다윗의 족속은 하나님 같고, 그들의 앞에 있는 여호와의 천사와 같이 되리라,

⑨ 그날에 내가 예루살렘을 치러 오는 모든 이방인들을 찾아내어 멸망시키기로 힘쓰리라,

⑩ 내가 다윗의 집과 예루살렘 거민에게 은총을 간구하는 영을 부어 주리니, 그들이 그 찌른바 그를 바라보고 그를 위하여 애통하기를, 그의 유일한 아들을 위하여 애통하듯 하며 그를 위하여 통곡하기를, 그의 첫번째 아들을 위하여 통곡하듯 하리로다,

⑪ 그 날에 예루살렘에 큰 애통이 있으리니, 므깃도 골짜기 하다드림몬에 있던 애통과 같을 것이라,

⑫ 온 땅 각 족속이 따로 애통하되 다윗의 족속이 따로 하고, 그 아내들이 따로 하며 나단의 족속이 따로 하고 그 아내들이 따로 하며,

⑬ 레위의 족속이 따로 하고 그 아내들이 따로 하며, 시므이의 족속이 따로 하고 그 아내들이 따로 하며,

⑭ 모든 남은 족속도 각기 따로 하고 그 아내들이 따로 하리라,

• 13장

① 그 날에 죄와 더러움을 씻는 샘이 다윗의 족속과 예루살렘 거민을 위하여 열리리라,

② 만군의 여호와가 말하노라, 그 날에 내가 우상의 이름을 이 땅에서 끊어서 기억도 되지 못하게 할 것이며, 거짓 선지자와 더러운 영을 이 땅에서 떠나게 할 것이라,

③ 사람이 오히려 예언할 것 같으면 그 낳은 부모가 그에게 이르기를, 네가 여호와의 이름을 빙자하여 거짓말을 하니 살지 못하리라, 하고 낳은 부모가 그 예언할 때에 칼로 찌르리라,

④ 그 날에 선지자들이 예언할 때에 그 환상을 각기 부끄러워할 것이고 사람을 속이려고 털옷도 입지 아니할 것이며,

⑤ 말하기를, 나는 선지자가 아니요 나는 농부라 내가 어려서부터 사람의 종이 되었노라 할 것이요,

⑥ 어떤 사람이 그에게 묻기를, 네 두 팔 사이에 상처는 어찜이냐? 하면 대답하기를, 이는 나의 친구의 집에서 받은 상처라 하리라,

⑦ 만군의 여호와가 말하노라, 칼아 깨어서 내 목자 내 짝된 자를 치라, 목자를 치면 양이 흩어지려니와 작은 자들 위에는 내가 내 손을 드리우리라,

⑧ 여호와가 말하노라, 이 온 땅에서 삼분지 이는 멸절하고 삼분지 일은 거기 남으리니,

⑨ 내가 삼분지 일을 불 가운데 던져 은 같이 연단하며 금 같이 시험할 것이라, 그들이 내 이름을 부르리니, 내가 들을 것이며 나는 말하기를, 이는 내 백성이라 할 것이요, 그들은 말하기를, 여호와는 내 하나님이시라, 하리라,

• 14장

① 여호와의 날이 이르리라, 그 날에 네 재물이 약탈되어 너의 중에서 나누이리라,

② 내가 모든 이방인들 모아 예루살렘과 싸우게 하리니, 성읍이 함락되며 가옥이 약탈되며 부녀가 욕을 보며 성읍 백성이 절반이나 사로잡혀 갈 것이나, 남은 백성은 성읍에서 끊쳐지지 아니하리라, 하시니라,

③ 그 때에 여호와께서 나가사, 그 이방인들을 치시되 이왕 전쟁 날에 싸운 것 같이 하시리라,

④ 그 날에 그의 발이 예루살렘 앞 곧 동편 감람산에 서실 것이요, 감람산은 그 한 가

운데가 동서로 갈라져 매우 큰 골짜기가 되어서 산 절반은 북족으로 절반은 남으로 옮기고,

⑤ 그 산 골짜기는 아셀까지 미칠지라, 너희가 그의 산 골짜기로 도망하되, 유다 왕 웃시야 때에 지진을 피하여 도망하던 것 같이 하리라, 나의 하나님 여호와께서 임하실 것이요, 모든 거룩한 자가 주와 함께하리라,

⑥ 그 날에는 빛이 없겠고 광명한 자들이 떠날 것이라,

⑦ 여호와의 아시는 한 날이 있으리니, 낮도 아니요 밤도 아니라, 어두워 갈 때에 빛이 있으리로다,

⑧ 그 날에 생수가 예루살렘에서 솟아나서 절반은 동해로 절반은 서해로 흐를 것이라 여름에도 겨울에도 그러하리라,

⑨ 여호와께서 천하의 왕이 되시리니, 그 날에는 여호와께서 홀로 하나이실 것이요, 그 이름이 홀로 하나이실 것이며,

⑩ 온 땅이 아라바 같이 되되 게바에서 예루살렘 남편 림몬까지 미칠 것이며, 예루살렘의 높이 들려 그 본처에 있으리니 베냐민 문에서부터 첫문 자리와 성 모퉁이 문까지 또 하나넬 망대에서부터 왕의 포도주 짜는 곳까지라,

⑪ 사람이 그 가운데 거하며 다시는 저주가 있지 아니하리니, 예루살렘이 안전하게 서리로다,

⑫ 예루살렘을 친 모든 백성에게 여호와께서 내리실 재앙이 이러하니, 곧 섰을 때에 그 살이 썩으며 그 눈이 구멍 속에서 썩으며 그 혀가 입속에서 썩을 것이요,

⑬ 그 날에 여호와께서 그들로 크게 요란케 하시리니, 피차 손으로 붙잡으며 피차 손을 들어 칠 것이며,

⑭ 유다도 예루살렘에서 싸우리니, 이 때에 사면에 있는 열국의 보화 금 은과 의복이 심히 많이 모여질 것이요,

⑮ 또 말과 노새와 약대와 나귀와 그 진에 있는 모든 육축에게 미칠 재앙도 그 재앙과 같으리라,

⑯ 예루살렘을 치러 왔던 열국 중에 남은 자가 해마다 올라와서 그 왕 만군의 여호와께 숭배하며 초막절을 지킬 것이라,

⑰ 천하 만국 중에 그 왕 만군의 여호와께 숭배하러 예루살렘에 올라오지 아니하는 자에게는 비를 내리지 아니하실 것인즉,

⑱ 만일 에집트 족속이 올라오지 아니하여 참여치 아니 할 때에는 그들 위에 비가 내

리지 아니하게 하시고, 여호와께서는 그들에게 전염병을 가져 오실 것이라, 이 전염병은 장막의 연회를 축하하러 올라오지 아니하는 이방인들을 치신 그 전염병이니라,

⑲ 이것은 초막절을 지키러 올라오지 아니하는 에집트 사람들이나 이방인들이 받을 벌이니라,

⑳ 그 날에는 말 방울에까지 여호와께 성결이라 기록될 것이라, 여호와의 전에 모든 솥이 제단 앞 주발과 다름이 없을 것이니,

㉑ 예루살렘과 유다의 모든 솥이 만군의 여호와의 성물이 될 것인즉, 제사 드리는 자가 와서 이 솥을 취하여 그 가운데 고기를 삶으리라, 그 날에는 만군의 여호와의 전에 가나안 사람이 다시는 있지 아니하리라.

말라기

· 본 성경듣기는 QR코드 인식으로 들을 수 있습니다

● 1장

① 여호와께서 말라기를 통하여 이스라엘에게 말씀하신 계시의 말이라,

② 여호와께서 가라사대, 내가 너희를 사랑하였노라 하나 너희는 이르기를, 주께서 어떻게 우리를 사랑하셨나이까? 하는도다, 나 여호와가 말하노라, 에서는 야곱의 형이 아니냐? 그러나 내가 야곱을 사랑하였고,

③ 에서는 미워하였으며 그의 산들을 황무케 하였고 그가 받은 유업을 사막의 늑대에게 붙였느니라,

④ 에돔은 말하기를, 우리가 무너뜨림을 당하였으나 황폐된 곳을 다시 쌓으리라, 그들은 쌓을지라도 나는 헐리라, 사람들이 그들을 일컬어 사악한 지역이라 할 것이요, 여호와의 영영한 진노를 받은 백성이라 할 것이며,

⑤ 너희는 목도하고 이르기를, 여호와께서는 이스라엘 지역 밖에서 크시다 하리라,

⑥ 내 이름을 멸시하는 제사장들아, 나 만군의 여호와가 너희에게 이르기를, 아들은 그 아비를 좋은 그 주인을 공경하나니, 내가 아비일진대 나를 공경함이 어디 있느냐? 내가 주인일진대 나를 두려워함이 어디 있느냐? 하나 너희는 이르기를, 우리가 어떻게 주의 이름을 멸시하였나이까? 하는도다,

⑦ 너희가 더러운 떡을 나의 단에 드리고도 말하기를, 우리가 어떻게 주를 더럽게 하였나이까? 하는도다, 이는 너희가 주의 상은 경멸히 여길 것이라 말함을 인함이니라,

⑧ 만군의 여호와가 이르노라, 너희가 눈 먼 희생으로 드리는 것이 어찌 악하지 아니하며 저는 것 병든 것으로 드리는 것이 어찌 악하지 아니하냐? 이제 그것을 너희 총독에게 드려보라, 그가 너를 기뻐하겠느냐? 너를 사람 취급하겠느냐?

⑨ 만군의 여호와가 이르노라, 너희는 나 하나님께 은혜를 구하기를, 우리를 긍휼히 여기소서 하여 보라, 너희가 이같이 행하였으니, 내가 너희 중에 하나인들 받겠느냐?

⑩ 만군의 여호와가 이르노라 너희기 내 단 위에 헛되이 불사르지 못하게 하기 위하여 너희 중에 성전 문을 닫을 자가 있었으면 좋겠도다, 내가 너희를 기뻐하지 아니하며 너희 손으로 드리는 것을 받지도 아니하리라,

⑪ 만군의 여호와가 이르노라, 해 뜨는 곳에서부터 해 지는 곳까지의 이방 민족 중에서 내 이름이 크게 될 것이라, 각처에서 내 이름을 위하여 분향하며 깨끗한 제물을 드리리니, 이는 내 이름이 이방 민족 중에서 크게 될 것임이니라,

⑫ 그러나 너는 말하기를, 여호와의 상은 더러웠고 그 위에 있는 실과 곧 식물은 경멸히 여길 것이라 하여 내 이름을 더럽히는도다,

⑬ 너희는 또 말하기를, 이 일이 얼마나 힘든 일인가 하여 나를 화를 나게 한다, 만군의 여호와께서 말씀하시기를, 너희는 상한 짐승, 절름거리거나 병든 짐승을 몰고 와서 네물로 바치는데 내가 그러한 것을 너희 손에서 달갑게 받겠느냐? 여호와께서 말씀하시느니라.

(Ye said also, Behold, what a weariness is it, and ye have snuffed at it, saith the LORD of hosts; and ye brought that which was torn, and the lame, and the sick; thus ye brought an oiffering: should I accept this of your hand? Saith the LORD.-KJV)

(And you say, 'what a burden!' and you sniff at it contemptuously," says the LORD Almighty. "When you bring injured, crippled or diseased animals and offer them as sacrifices, should I accept them from your hands?" says the LORD.-NIV)

(You say, "See what a burden this is!" and you exasperate me, says the LORD of hosts; You bring in what is mutilated, or lame, or sick; you bring it as an differing! Will I accept it from your hands? Says the LORD.-NAB)

(and when you say, 'I'm bored-this doesn't do anything for me.' You act so superior, sticking your noses in the air-act superior to me, GOD-of-the-Angel-Armies! And when you do offer something to me, it's a handme-down, or broken, or useless. Do you think I'm going to accept it? This is GOD speaking to you!-THE MESSAGE)

⑭ 자기 짐승 가운데 수컷이 있어서, 그것으로 바치기로 맹세하고서는 , 여호와께 흠 있는 것을 바치며 속이는 자는 저주를 받을 것이니라, 정녕 나는 위대한 왕이요, 내 이름이 이방인들 가운데 두려움이기 때문이니라.

● 2장

① 너희 제사장들아, 이제 너희에게 이같이 명령하노라,

② 만군의 여호와가 이르노라, 너희가 만일 듣지 아니하며 마음에 두지 아니하여 내 이름을 영화롭게 하지 아니하면, 내가 너희에게 저주를 내려 너희의 복을 저주하리라, 내가 이미 저주하였나니, 이는 너희가 그것을 마음에 두지 아니하였음이니라,

③ 보라, 내가 너희의 종자를 견책할 것이요, 똥 곧 너희 절기의 희생의 똥을 너희 얼굴에 바를 것이라, 너희가 그것과 함께 제하여 버림을 당하리라,

④ 만군의 여호와가 이르노라, 내가 이 명령을 너희에게 내린 것은 레위와 세운 나의 언약이 항상 있게 하려 함인줄을 너희가 알리라,

⑤ 레위와 세운 나의 언약은 생명과 평강의 언약이라, 내가 이것으로 그에게 준 것은 그로 경외하게 하려함이라, 그가 나를 경외하고 내 이름을 두려워하였으며,

⑥ 그 입에는 진리의 법이 있었고, 그 입술에는 불의함이 없었으며, 그가 화평과 정직한 중에서 나와 동행하며 많은 사람을 돌이켜 죄악에서 떠나게 하였느니라,

⑦ 대저 제사장의 입술은 지식을 지켜야 하겠고, 사람들이 그 입에서 율법을 구하게 되어야 할 것이니, 제사장은 만군의 여호와의 사자가 됨이어늘,

⑧ 너희는 정도에서 떠나 많은 사람으로 율법에 거치게 하도다, 나 만군의 여호와가 이르노니, 너희가 레위의 언약을 파하였느니라,

⑨ 너희가 내 도를 지키지 아니하고 율법을 행할 때에 사람에게 편벽되이 하였으므로 나도 너희로 모든 백성 앞에 멸시와 천대를 당하게 하였느니라, 하시니라,

⑩ 우리는 한 아버지를 가지지 아니하였느냐? 한 하나님의 지으신 바가 아니냐? 어찌하여 우리 각 사람이 자기 형제에게 속임수를 행하여 우리 조상들의 언약을 욕되게 하느냐?

⑪ 유다는 속임수를 행하였고 이스라엘과 예루살렘 중에서는 가증한 일을 행하였으

며, 유다는 여호와의 사랑하시는 그 성결을 욕되게 하여 이방 신의 딸과 결혼하였으니,

⑫ 이 일을 행하는 사람에게 속한 자는 깨는 자나 응답하는 자는 물론이요, 만군의 여호와께서 제사를 드리는 자도 여호와께서 야곱의 장막 가운데서 끊어 버리시리라,

⑬ 너희가 이런 일도 행하나니, 곧 눈물과 울음과 탄식으로 여호와의 단을 가리우게 하도다, 그러므로 여호와께서 다시는 너희의 헌물을 돌아보지도 아니하시며 그것을 너희 손에서 기꺼이 받지도 아니하시거늘,

⑭ 너희는 이르기를, 어찜이니까? 하는도다, 이는 너와 너의 어려서 취한 아내 사이에 여호와께서 일찍이 증거하셨음을 인함이니라, 그는 네 짝이요, 너와 맹약한 아내로되 네가 그에게 궤사를 행하도다,

⑮ 여호와는 영이 유여하실지라도 오직 하나를 짓지 아니하셨느냐? 어찌하여 하나만 지으셨느냐? 이는 경건한 자손을 얻고자 하심이니라, 그러므로 네 심령을 삼가 지켜 어려서 취한 아내를 배반하지 말지니라,

⑯ 이스라엘의 하나님 여호와가 이르노니, 나는 이혼하는 것과 학대로 옷을 가리우는 자를 미워하노라, 만군의 여호와의 말이니라, 그러므로 너희 심령을 삼가 지켜 속임수를 행치 말지니라,

⑰ 너희가 말로 여호와를 괴로우시게 하고도 이르기를, 우리가 어떻게 여호와를 괴로우시게 하였나 하는도다, 이는 너희가 말하기를, 모든 행악하는 자는 여호와의 눈에 선히 보이며 그에게 기쁨이 된다, 하며 또 말하기를, 공의의 하나님이 어디 계시냐? 함이니라.

● 3장

① 만군의 여호와가 이르노라, 보라, 내가 내 사자를 보내리니, 그가 내 앞에서 길을 예비할 것이요, 또 너희의 구하는바 주가 홀연히 그 전에 임하리니, 곧 너희의 사모하는바 언약의 사자가 임할 것이라,

② 그의 임하는 날을 누가 능히 당하며 그의 나타나는 때에 누가 능히 서리요? 그는 금을 연단하는 자의 불과 표백하는 자의 잿물과 같을 것이라,

③ 그가 은을 연단하여 깨끗게 하는 자 같이 앉아서 레위 자손을 깨끗게 하되, 금 은 같이 그들을 연단하리니, 그들이 의로운 제물을 나 여호와께 드릴 것이라,

④ 그 때에 유다와 예루살렘의 헌물이 옛날과 고대와 같이 나 여호와께 기쁨이 되려

니와,

⑤ 내가 심판하러 너희에게 임할 것이라, 술수하는 자에게와 간음하는 자에게와 거짓 맹세하는 자에게와 품군의 삯에 대하여 억울케 하며, 나를 경외치 아니하는 자들에게 속히 증거하리라, 만군의 여호와가 말하였느니라,

⑥ 나 여호와는 변경하지 아니하나니, 그러므로 야곱의 자손들아 너희가 소멸하지 아니하느니라,

⑦ 만군의 여호와가 이르노라, 너희 조상들의 날로부터 너희가 나의 규례를 떠나 지키지 아니하였도다, 그런즉, 내게로 돌아오라, 그리하면 나도 너희에게로 돌아가리라, 하였더니 너희가 이르기를, 우리가 어떻게 하여야 돌아가리이까? 하도다,

⑧ 사람이 어찌 하나님의 것을 도적질 하겠느냐? 그러나 너희는 나의 것을 도적질하고도 말하기를, 우리가 어떻게 주의 것을 도적질 하였나이까? 하도다, 이는 곧 십일조와 헌물이라,

(Will a man rob GOD? Yet you have robbed me. But you say, Wherein have we robbed thee? In tithes and offerings.-KJV)

("Will a man rob GOD? Yet you rob me. "But you ask, 'How do we rob you?' "In tithes and offerings.-NIV)

(Can anyone rob GOD? But you are robbing me! And you say, "How have we robbed you?" Of tithes and contributions!-NAB)

("Being by being honest. Do honest people rob God? But you rob me day after day. "You ask, 'How have we robbed you?' "The tithe and the offering-that's how!-THE MESSAGE)

⑨ 너희 온 나라가 나의 것을 도적질하였으므로 너희가 저주를 받았느니라,

⑩ 만군의 여호와가 말하노라, 너희의 온전한 십일조를 창고에 들여 나의 집에 양식이 있게 하고, 그것으로 나를 시험하여 내가 하늘 문을 열고 너희에게 복을 쌓을 곳이 없도록 붓지 아니하나 보라,

⑪ 만군의 여호와가 이르노라, 내가 너희를 위하여 황충을 금하여 너희 토지 소산을 멸하지 않게 하며, 너희 밭에 포도나무의 과실로 기한 전에 떨어지지 않게 하리니,

⑫ 너희 땅이 아름다워지므로 열방이 너희를 복되도다, 하리라, 만군의 여호와의 말이니라,

⑬ 여호와가 이르노라, 너희가 완악한 말로 나를 대적하고도 이르기를, 우리가 무슨

말로 주를 대적하였나이까? 하는도다,

⑭ 이는 너희가 말하기를, 하나님을 섬기는 것이 헛되니, 만군의 여호와 앞에 그 명령을 지키며 슬프게 행하는 것이 무엇이 유익하리요?

⑮ 지금 우리는 교만한 자가 복되다 하며, 악을 행하는 자가 창성하며, 하나님을 시험하는 자가 화를 면한다 하노라, 함이니라,

⑯ 그 때에 여호와를 경외하는 자들이 피차에 말하매, 여호와께서 그것을 분명히 들으시고 여호와를 경외하는 자와 그 이름을 존중히 생각하는 자를 위하여 여호와 앞에 있는 기념책에 기록하셨느니라,

⑰ 만군의 여호와가 이르노라, 내가 나의 정한 날에 그들로 나의 특별한 소유를 삼을 것이요, 또 사람이 자기를 섬기는 아들을 아낌 같이 그들을 아끼리니,

⑱ 그 때에 너희가 돌아와서 의인과 악인이며 하나님을 섬기는 자와 섬기지 아니하는 자를 분별하리라.

● 4장

① 만군의 여호와가 이르노라, 보라, 극렬한 풀무 불 같은 날이 이르리니, 교만한 자와 악을 행하는 자는 다 초개 같을 것이라, 그 이르는 날이 그들을 살라 그 뿌리와 가지를 남기지 아니할 것이로되,

② 내 이름을 경외하는 너희에게는 의로운 해가 떠올라서 치료하는 광선을 발하리니, 너희가 나가서 외양간에서 나온 송아지 같이 뛰리라,

③ 또 너희가 악인을 밟을 것이니, 그들이 나의 정한 날에 너희 발바닥 밑에 재와 같으리라, 만군의 여호와의 말이니라,

④ 너희는 내가 호렙에서 온 이스라엘을 위하여 내 종 모세에게 명한 법 곧 율례와 법도를 기억하라,

⑤ 보라 여호와의 크고 두려운 날이 이르기 전에 내가 선지자 엘리야를 너희에게 보내리니,

⑥ 그가 아비의 마음을 자녀에게로 돌이키게 하고, 자녀들의 마음을 그들의 아비에게로 돌이키게 하리라, 돌이키지 아니하면 두렵건대 내가 와서 저주로 그 땅을 칠까 하노라, 하시니라.

기독교성서연구원의 전현 위원들

정남덕 : 고려대 법대졸, 전 주식회사 신화기공 총괄이사

SHIN HWA ENGINEERING & MACHCHINERY

N.D.JUNG / Executive Director.

국승규 : 동국대학교 대학원 경제학 박사, 전 원광대학교 경영대학원장,
　　　　중앙도서관장 역임, 전문경영인(CEO)학회 부회장 역임

심희언 : 현재 ㈜ 시무텍 대표이사, ENT Trading 대표

김홍열 : 전 16대 해군참모총장

이영국 : 전 동화은행 지점장

이주봉 : 전 아주대 인문대학장

황동렬 : 전 경찰대학교 교수

구운회 : 전 수출입은행 북경지사장

고명회 : 현 학교법인 삼성학원 이사장

백용수 : 현 인하대학교 의과대학 교수

정호연 : 현 인천사랑병원 내과 소화기센터장

저작권 등록

1. 등록번호 　　　　　 | 제 C-2018-029210호

2. 저작물의 제호(제목) | 하나님의 숨소리

3. 저작물의 종류 　　 | 2차적 저작물〉 어문

4. 저작자 성명(법인명) | 정남덕 인천광역시 중구 운남서로

5. 창작년월일 　　　 | 2017년 12월

6. 등록년월일 　　　 | 2018년 10월 29일

7. 등록사항 　　　　 | 저작자: 정남덕

　　　　　　　　　 | 창작 : 2017. 12

〈저작권〉 제53조에 따라 위와 같이 등록되었음을 증명합니다.

2018년 10월 30일

한국저작권위원회